1 MONTH OF
FREE
READING

at
www.ForgottenBooks.com

By purchasing this book you are eligible for one month membership to ForgottenBooks.com, giving you unlimited access to our entire collection of over 1,000,000 titles via our web site and mobile apps.

To claim your free month visit:
www.forgottenbooks.com/free983742

ISBN 978-0-260-89916-3
PIBN 10983742

This book is a reproduction of an important historical work. Forgotten Books uses
state-of-the-art technology to digitally reconstruct the work, preserving the original format
whilst repairing imperfections present in the aged copy. In rare cases, an imperfection in
the original, such as a blemish or missing page, may be replicated in our edition. We do,
however, repair the vast majority of imperfections successfully; any imperfections that
remain are intentionally left to preserve the state of such historical works.

REVUE
D'ÉCONOMIE POLITIQUE

COMITÉ DE DIRECTION :

Paul CAUWÈS,
Professeur à la Faculté de droit
de Paris.

Charles GIDE,
Professeur à la Faculté de droit de Montpellier,
Chargé de cours à la Faculté de droit de Paris.

Dr Eugen SCHWIEDLAND,
Vienne.

Edmond VILLEY,
Doyen de la Faculté de droit de Caen,
Correspondant de l'Institut.

Raoul JAY,
Professeur à la Faculté de droit
de Paris.

Auguste SOUCHON,
Professeur adjoint à la Faculté de droit
de Paris.

SECRÉTAIRES DE LA RÉDACTION.

PRINCIPAUX COLLABORATEURS :

MM. **d'Aulnis de Bourouill**, professeur à l'Université d'Utrecht. — **de Boeck**, professeur à la Faculté de droit de Bordeaux. — **de Böhm-Bawerk**, ministre des finances d'Autriche. — **Brentano**, professeur à l'Université de Munich. — **Bücher**, professeur à l'Université de Leipzig. — **Clark**, professeur à Columbia-University de New-York. — **Denis**, professeur à l'Université de Bruxelles. — **Duguit**, professeur à la Faculté de droit de Bordeaux. — **Fournier de Flaix** — **Foxwell**, professeur à University College de Londres. — **François**. — **Garnier**, professeur à la Faculté de droit de Nancy. — **Issaïev**, professeur au Lycée Alexandre, à Saint-Pétersbourg. — **Larnaude**, professeur à la Faculté de droit de Paris — **Levasseur**, membre de l'Institut. — **Macleod**, à Londres. — **Mahaim**, professeur à l'Université de Liège — **du Maroussem.** — **Germain Martin**, chargé de conférences à la Faculté de droit de Paris. — **Mataja**, conseiller au Ministère du Commerce à Vienne. — **Menger**, professeur à l'Université de Vienne, correspondant de l'Institut de France. — **Nitti**, agrégé à l'Université de Naples. — **Piernas**, professeur à l'Université de Madrid. — **Rougier**, professeur à la Faculté de droit de Lyon. — **Sauzet**, professeur à la Faculté de droit de Paris. — **Schmoller**, professeur à l'Université de Berlin. — **Turgeon**, professeur à la Faculté de droit de Rennes. — **Walras**, professeur à l'Université de Lausanne. — **Wuarin**, professeur à l'Université de Genève.

QUINZIÈME ANNÉE

54263
1901

PARIS
LIBRAIRIE DE LA SOCIÉTÉ DU RECUEIL Gal DES LOIS ET DES ARRÊTS
(FONDÉ PAR J.-B. SIREY), ET DU JOURNAL DU PALAIS
ANCIENNE Mon L. LAROSE & FORCEL
22, RUE SOUFFLOT, 5me ARROND¹

L. LAROSE, DIRECTEUR DE LA LIBRAIRIE

1901

REVUE
D'ÉCONOMIE POLITIQUE

RÉVOLUTION MONÉTAIRE DU XVIᵉ SIÈCLE

Les deux plus importantes révolutions monétaires des temps modernes sont celle qui, au xvıᵉ siècle, a suivi la découverte de l'Amérique et celle qui, au xıxᵉ siècle, a été la conséquence de l'exploitation des placers et mines d'or en Californie, en Australasie, en Sibérie, dans l'Afrique du sud et des mines d'argent des États-Unis. L'une et l'autre ont été décrites et appréciées à plusieurs reprises par des historiens, des statisticiens et des économistes. Nous avions nous-même consacré, dans la première édition de l'*Histoire des classes ouvrières en France,* un chapitre à l'abaissement de la valeur de l'argent au xvıᵉ siècle; nous avons repris et développé cette étude et nous espérons que les lecteurs y trouveront des renseignements nouveaux et un enseignement profitable à l'histoire économique.

Grande valeur commerciale de l'argent et prospérité agricole à la fin du xvᵉ *siècle.* — Dans le cours du xvıᵉ siècle, pendant que la rivalité de la France et de la Maison d'Autriche, puis les passions et les luttes religieuses agitaient le monde et occupaient la scène, il s'est produit une révolution économique lente et presque inaperçue dans la première moitié du siècle, rapide et très sensible dans la seconde moitié, préjudiciable aux uns, avantageuse aux autres, incomprise de presque tous, qui modifia profondément les conditions du marché commercial et la fortune des particuliers : la révolution monétaire.

Après la guerre de Cent Ans, les métaux précieux que fournissaient presque exclusivement les mines d'Europe ne suffisaient plus sans doute aux besoins du commerce renaissant, puisqu'ils augmentaient de valeur. Les prix étaient descendus plus bas qu'on ne

les avait vus depuis plusieurs siècles [1] et.ils restèrent bas jusqu'au
règne de François Iᵉʳ. En 1506, Louis XII se plaignait que « les
prix d'or et d'argent étaient haussés » [2], et ne sachant à qui s'en
prendre, il accusait les orfèvres et les marchands des foires [3]. En
1514, on exploitait en France des mines d'argent, et François Iᵉʳ
donnait des lettres patentes pour encourager et réglementer ce
travail [4]; il fallait que l'argent fût devenu rare pour qu'on songeât
à en tirer d'un pays où les filons, sauf quelques exceptions, sont
très pauvres.

Cette rareté n'empêchait pas le revenu et la valeur de la terre
de monter avec la prospérité générale du royaume que la paix
intérieure favorisait et que les expéditions de Charles VIII et de
Louis XII en Italie, même les premières campagnes de François Iᵉʳ
jusqu'à la journée de Pavie, n'altérèrent pas sensiblement. « La
rente des terres, bénéfices et seigneuries, dit Claude de Seyssel
en parlant du règne de Louis XII, a cru généralement et plusieurs

---

[1] On ne peut pas, ainsi que nous l'avons fait remarquer plusieurs fois, déterminer
avec précision le pouvoir de l'argent. M. le Vicomte d'Avenel, dans *L'histoire économique de la propriété de l'an 1200 à l'an 1800* (4 vol.), pense que le pouvoir de l'argent ayant monté, « la vie avait baissé du tiers au quart de ce qu'elle coûte aujour-
d'hui, de 1375 à 1400; qu'elle était devenue, en 1401-1450, quatre fois et demi et en
1451-1500 six fois moins chère qu'à l'heure actuelle ».

[2] M. d'Avenel pense que la hausse des prix, c'est-à-dire la baisse de l'argent,
commença à se faire sentir dès le règne de Louis XII; en tout cas, cette hausse ne
commence à se manifester sur les prix du froment qu'il a donnés par année qu'à partir
de l'année 1515, c'est-à-dire du règne de François Iᵉʳ. Sous le règne de Louis XII,
le prix de l'hectolitre s'était maintenu entre 3 et 4 francs (évaluation en monnaie
actuelle d'après le poids de métal fin de la monnaie du temps); il ne s'était élevé à
près de 4 fr. 40 qu'à l'occasion de trois mauvaises récoltes, en 1499, en 1501 et en
1505. En 1510, il était tombé un peu au-dessous de 3 francs, et, s'il se releva dans les
quatre années suivantes, il n'atteignit cependant pas tout à fait 4 francs. En 1515, au
contraire, il dépassa tout à coup 6 francs et il ne descendit plus que très rarement au-
dessous de ce prix.

[3] « Et aussi que paravant a esté transportée grande quantité de matière d'or et
d'argent, tant en billon et vaisselle que autrement, par notre dite ville de Lyon
durant les foires, et par les ports marins et autres passages et détroits de nostre
royaume, païs et seigneuries; et aussi qu'il a esté battu et forgé grande quantité de
vaisselle d'or et d'argent par les orfèvres de nostre royaume et par eux et par les
jouailliers, merciers et marchands vendue et distribuée en plusieurs foires et marchez
tant à nos sujets qu'aux étrangers, à plus grand et excessif prix qu'il n'est dit et
déclaré en nos dites ordonnances, pourquoi les prix d'or et d'argent sont haussez, à
nostre très grand préjudice et dommage, et au détriment, pauvreté et destruction du
bien de la chose publique de nostre dit royaume, païs et seigneuries, et pourroit estre,
si par nous n'y estoit pourveu ». 22 septembre 1506. — *Ordonn.*, t. XXI, p. 311.

[4] Juillet 1514. — *Ordonn.*, t. XXI.

sont de plus grand revenu par chaque année qu'ils ne se vendaient du temps même de Louis XI pour une seule fois » [1]. Claude de Seyssel, tout en exagérant, exprimait le sentiment de ses contemporains. La population, avons-nous dit, augmentait; la charrue sillonnait de nouveau les champs abandonnés pendant la guerre; on défrichait des landes et des forêts. « Plusieurs lieux ou grandes contrées, inutiles ou en friche ou en bois, sont à présent tous cultivés et habités de villages et maisons, tellement que la tierce partie du royaume est réduite en culture depuis trente ans » [2]. Aussi vit-on se produire en même temps deux phénomènes contradictoires en apparence : le prix du blé restant stationnaire au-dessous du niveau qu'il avait atteint cent ans auparavant, et le revenu de la terre augmentant [3].

Abondance des métaux précieux et renchérissement. — En 1520, il y avait vingt-huit ans que l'Amérique était découverte. Mexico était au pouvoir de Fernand Cortez, et bientôt Pizarre allait conquérir le Pérou. Le Nouveau Monde commença dès lors à enri-

---

[1] Claude de Seyssel.

[2] Claude de Seyssel disait aussi : « Suis informé par ceux qui ont principale charge des finances du royaume, gens de bien et d'autorité, que les tailles se recouvrent à présent beaucoup plus aisément et à moins de contrainte et de frais sans comparaison qu'elles ne faisaient du temps des rois passez ». — « Les vignerons se contentaient du breuvage qui aux vendanges est faict avec de l'eau mis dedans le marc, après que le vin est tiré de dessus ledict marc, mais de présent veullent boire du meilleur vin, comme les maistres, sans eau ni mixtion aucune ».

[3] Voici, d'après M. d'Avenel, la moyenne de la valeur et du revenu de la terre de labour, du prix du blé et du seigle depuis la guerre de Cent Ans jusqu'à la bataille de Pavie. Ces moyennes sont sans doute contestables; néanmoins, comme elles sont fondées, ainsi que nous l'avons déjà dit, sur la plus grande somme d'observations puisées à diverses sources et en divers lieux qu'un auteur ait réunies jusqu'ici pour ce sujet en France, elles doivent, jusqu'à preuve du contraire, être considérées comme donnant mieux que tout autre chiffre une idée de la réalité. Les prix sont exprimés en francs, valeur intrinsèque, c'est-à-dire que 1 franc représente 4 gr. 50 d'argent fin de la monnaie du temps.

PÉRIODES	TERRE DE LABOUR		PRIX MOYEN de l'hectolitre de	
	Valeur moyenne de l'hectare	Revenu moyen de l'hectare	Blé	Seigle
	francs	francs	francs	francs
1451-1475	48	4 80	3 25	2 30
1476-1500	97	8 10	4 »	3 »
1501-1525	95	8 »	4 »	3 30

chir de ses trésors l'Espagne qui déversa sur l'ancien continent une
grande quantité de métaux précieux. On estime que, de 1520 à
1544, les mines ont produit environ 90.000 kilogrammes d'argent
par an [1].

C'était beaucoup plus que ne produisait auparavant l'Europe.
L'équilibre fut rompu : les métaux précieux, augmentant en quantité plus rapidement que la richesse générale, perdirent de leur
valeur. Toutefois l'amoindrissement ne fut pas proportionnel à
l'augmentation de la quantité, parce que les progrès du commerce
nécessitèrent sur le marché une demande plus considérable d'argent et que d'ailleurs il n'y a jamais un rapport mathématique de
quantité entre les deux termes, métaux précieux et richesse. La
France, à qui la guerre rendait alors plus difficiles les communications avec l'Espagne, ressentit moins brusquement que les pays du
midi de l'Europe les effets de cette révolution [2].

Mais lorsque la paix de Cateau-Cambrésis eut rétabli les communications entre les deux États, que les mines du Potosi eurent
été découvertes (1545) et que l'Europe eut commencé à recevoir
chaque année plus de 300.000 kilogr. d'argent [3] ; lorsque enfin la
politique religieuse eut étroitement uni les deux pays jusque-là
ennemis, les métaux précieux coulèrent abondamment d'Espagne
en France. Nous savons déjà qu'ils étaient l'article principal de
l'importation espagnole.

Toutes les classes de la société ressentirent alors les effets de
l'avilissement de l'argent. La partie de la noblesse, surtout de la

[1] Un des écrivains qui ont traité ce sujet avec le plus d'autorité, Sœtbeer, évalue la
production annuelle des métaux précieux de 1493 à 1520, à 47.000 kilogrammes d'argent et à 5.800 kilogrammes d'or, valant ensemble environ 30 millions de francs de
notre monnaie actuelle. Dʳ A. Petermanns, *Mitteilungen Erganzungheft*, nº 57. J'ai
donné dans un ouvrage publié en 1858, *La question de l'or*, une histoire sommaire de
la production des métaux précieux.

[2] Les Pays-Bas, qui étaient alors sous l'autorité du roi d'Espagne, les ressentirent de
bonne heure. Dès 1527, les fonctionnaires y recevaient un supplément de traitement
« à cause de la cherté des vivres qui est à présent ». Les Francs-Comtois, qui étaient
aussi sujets du roi d'Espagne, déploraient en 1546 la cherté « qui règne partout et principalement dans le comté de Bourgogne ».

[3] Sœtbeer indique comme chiffres probables de la production :

	Argent.	Or.
de 1545 à 1560.	311.600 kilogr.	8.510 kilogr.
de 1561 à 1580.	299.500 —	6.840 —
de 1581 à 1600.	418.900 —	7.380 —

petite noblesse, dont le revenu se composait de censives payables
en argent à un taux perpétuel et immuable et qui ne trouva pas
dans les emplois publics une compensation à la diminution de son
revenu, fut fortement atteinte. Au contraire, la bourgeoisie commerçante s'enrichit par l'élévation des prix comme par l'activité
des affaires ; durant cette période, beaucoup de bourgeois acheté-
rent des terres et firent ensuite souche de seigneurs.

Sous le règne de Charles IX, le peuple murmure : les écrits sur
ce sujet se multiplient, et les rois, dans leurs ordonnances, se
plaignent « du prix excessif à quoy sont venues toutes choses » [1].
« Ce qui se vendait auparavant un teston (valeur intrinsèque : environ 2 francs) se vend un écu (environ 10 fr. 50) pour le moins »,
écrit Brantôme vers la fin du siècle.

Le prix des marchandises, les plus communes comme les plus
rares, a en effet considérablement augmenté. Un chapon, qui en
1501 était payé 4 sous, en vaut 5 en 1598 ; une pinte de vin, qu'on
trouvait aisément pour 4 deniers au commencement du siècle, est
taxée à 3 sous par ordonnance de 1577, et aucun marchand ne veut
la donner à ce taux. De 18 sous 4 deniers, la voie de bois s'est élevée, dès 1575, à 4 livres 15 sous. La livre de chandelle valait 1 sou
en 1402 ; elle en vaut plus de 5 en 1589 ; elle en valut 7 à la fin

---

[1] Les édits de 1567 et de 1577 font mention de la cherté. En 1567, l'article Iᵉʳ de
l'ordonnance s'exprime ainsi : « Le dit seigneur veut et ordonne qu'en la ville de Paris
le prix du gros bois soit et demeure en son ancien et ordinaire taux, sans iceluy hausser : à savoir de soixante sols tournois la charté, remplie de soixante busches, de la
jauge et mesure requise, dont l'anneau et estallon sera planté et attaché ès-places
publiques, où la vente est accoutumée d'estre faite ». L'ordonnance (Fontanon, t. I,
p. 897) se plaint qu'avec une voie de gros bois de 60 sous, les regrattiers fassent
200 cotrets qu'ils vendent 100 sous ou 6 fr. et leur enjoint de vendre au parisis le tournois, c'est-à-dire avec augmentation seulement de 25 p. 100 ; fait défense aussi aux
charretiers et porteurs de demander plus grand salaire sous peine du fouet et des
galères. En 1577, le roi, parlant de l'exportation des blés, dit : « Il s'en est ensuivy non
seulement une *cherté excessive de toutes choses,* mais aussi une très grande perte et
diminution en nos finances » (Fontanon, t. II, p. 527). L'édit de 1577 réglemente le métier de tavernier « pour oter les abus, *prix excessif* et désordre qui s'y était engendré »
(Fontanon, t. I, p. 1143). « Les denrées estant surhaussées et renchéries... », dit
Henri III dans le préambule du tarif des douanes de 1581. Un édit du 3 janvier 1583
s'exprime ainsi : « Nos prédécesseurs roys ayant faict infinies ordonnances sur la réduction et *prix excessif* à quoy sont venues toutes choses, et bien que de nostre part à
nostre advenement à la couronne nous ayons faict tout ce qui nous a esté possible
pour y establir quelque bon ordre et règlement au soulagement de nos dits sujets »
(Fontanon, t. I, p. 1169). Ce témoignage est encore confirmé par un autre édit de la même
année (3 mars 1583) : « Pour à quoi remédier et faire cesser les excuses de la *cherté*
desdites marchandises de bois... »

du siècle [1]. Les denrées et les objets manufacturés subirent une augmentation du même genre.

Le transport d'une pièce de vin d'Orléans à Paris, qui coûtait environ 9 francs (valeur intrinsèque en monnaie actuelle) pendant le premier quart du xviᵉ siècle, en coûtait 18 vers la fin du siècle [2].

Les acheteurs, comme d'ordinaire, commencèrent par accuser la spéculation des vendeurs. A Paris, on dénonce en 1524 les bouchers qui, dit-on, « achetant un mouton 40 sous et un bœuf 28 livres contre quatre cents moutons qu'ils ont eu pour 20 à 25 sous et cinquante bœufs pour 17 à 18 livres, font payer toute la viande au prix du mouton et du bœuf le plus coûteux » [3].

Variations du prix du blé au XVIᵉ siècle. — Il n'existe pas de mesure exacte de la valeur commerciale des monnaies aux diverses époques de l'histoire et, par conséquent, pas de moyen de calculer

[1] De la Mare, *Traité de la police*, t. II, p. 631.

[2] Mantellier, *Valeur des denrées à Orléans*, p. 32.

[3] Leber, *Appréciation de la fortune privée au moyen âge*, et Dupré de Saint-Maur, *Essai sur les monnaies*. A Soissons, les souliers d'hommes valaient 1 fr. 25 (monnaie du temps traduite en monnaie actuelle) en 1492, 1 fr. 35 en 1531, 2 francs en 1563, 2 fr. 62 en 1571, 4 fr. 45 en 1598. Les 1.000 kilogrammes de bois sont évalués par le vicomte d'Avenel à 4 francs en 1526-1550, et à 8 francs en 1576-1600. Voici d'après le même auteur, le prix moyen de quelques marchandises :

Prix de divers métaux (le kilog.).

PÉRIODES	FER	CUIVRE	PLOMB
1476 1500.	0,41	1,18	0,64
1501-1525.	0,82	0,95	0,61
1526-1550.	0,30	1,25	0,46
1551-1575.	0,50	1,35	0,36
1576-1600.	0,61	1,67	0,52

Prix de la laine et des tissus de laine.

| PÉRIODES | TISSUS DE LAINE | | | LAINE BRUTE le kilog. |
	DE LUXE le mètre	ORDINAIRES le mètre	COMMUNES le mètre	
1476-1500.	»	»	4,14	0,70
1501-1525.	24,61	»	3,65	»
1526-1550.	»	12,96	4,72	1,00
1551-1575.	45,36	10,86	4,64	0,90
1576-1600.	20,90	15,96	3,42	1,30

avec précision leur dépréciation. Plusieurs auteurs ont cru trouver
cette mesure dans le prix du blé, denrée de première nécessité,
dont les prix peuvent être d'ordinaire étudiés avec plus de suite
que ceux d'aucune autre marchandise [1]; mais le blé a sa valeur
propre qui varie beaucoup suivant les circonstances particulières
et l'état général de l'agriculture, d'une année à l'autre et surtout
d'un lieu à un autre [2], et cette valeur ne saurait être la règle de
toutes les autres. Néanmoins il est intéressant, surtout lorsqu'on
traite de la condition des ouvriers, d'apprécier les changements du
prix du blé et autres céréales alimentaires [3].

Or, depuis 1530, les prix du blé à Paris étaient consignés sur
un registre après chaque marché par les jurés mesureurs de grains
de la Halle. Ces registres existent : c'est un document authentique [4].
Nous en avons tiré le prix moyen du setier par périodes décennales
et par périodes de la révolution monétaire, et nous avons calculé
le pouvoir que l'argent avait à chaque période d'acheter le blé,
comparé à son pouvoir actuel, c'est-à-dire la quantité moyenne de
blé qu'achetait un même poids d'argent fin alors et aujourd'hui.
Ajoutant dans une dernière colonne, comme terme de comparaison,
le prix de l'hectolitre de blé tel qu'il a été évalué par le vicomte
d'Avenel d'après des données recueillies non seulement à Paris,
mais dans nombre de provinces de France [5], nous avons dressé

[1] Nous avons même employé ce moyen dans la brochure intitulée *Une méthode pour mesurer la valeur de l'argent* (*Journal des Economistes*, 1856) et dans la première édition de l'*Histoire des classes ouvrières*, mais en faisant les réserves que nous donnons ici.

[2] Cette valeur variait beaucoup plus qu'aujourd'hui dans un temps où les commucations étaient difficiles. Exemple : en 1527, l'hectolitre valait 4 fr. 50 à Marseille, 7 fr. 25 à Albi, 9 fr. 30 à Orléans et 16 francs à Fontenay-le-Comte (Voir d'Avenel).

[3] Le prix du seigle a suivi à peu près les mêmes variations que celui du blé.

[4] Le document se trouve aux *Archives nationales* dans les registres de la Halle de Paris, K. K.; il comprend dix-sept volumes, du n° 962 au n° 979 pour la période 1520-1600. Dans la première édition de l'*Histoire des classes ouvrières*, nous avions donné en appendice, ainsi que nous venons de le dire dans la note n° 1, le tableau de ces prix avec quatre prix pour chaque année. Nous nous contentons, dans celle-ci, de renvoyer à l'article que nous avons inséré dans le *Journal des Economistes* et de donner seulement les moyennes décennales.

[5] Voir *Histoire économique de la propriété, des salaires, des denrées*, par le vicomte d'Avenel, I et II. A la fin de cet ouvrage, publication faite par le ministère de l'instruction publique dout nous étions le commissaire, nous avons placé un graphique représentant d'une part : 1° le prix du blé depuis le xiiie siècle jusqu'à nos jours, d'après les moyennes annuelles calculées par M. d'Avenel jusqu'en 1800, ensuite d'après les documents officiels; 2° comme termes de comparaison, plusieurs courbes que nous

le tableau ci-dessous de la valeur de l'argent comparée à celle du blé pour Paris et pour la France.

Tableau de la valeur de l'argent comparée à celle du blé.

PÉRIODES	PRIX A LA HALLE DE PARIS			Prix de l'hectolitre de blé en France par période de 25 ans exprimé en monnaie actuelle. (évaluation de M. d'Avenel).
	Moyennes décennales du prix du setier, exprimé en grammes d'argent fin.	Moyenne du prix du setier par période de la révolution monétaire exprimé en grammes d'argent fin.	Pouvoir comparatif qu'a eu l'argent, à chaque époque, pour acheter du blé, le pouvoir étant 1 en 1863-1890.	
				francs
1500-1520.	"			
1520-1529.	50,5 *a* ⎰	19,9	7,7	1500-1525 4
1530-1539.	54,9 ⎱	55,4	2,8	1526-1550 7
1540-1549.	55,5 ⎱			
1550-1559.	60,7 ⎰	"	"	1551-1575 12
1560-1569.	91,2 ⎱			
1570-1579.	114,7 ⎰	110,1	1,4	1576-1600 20
1580-1589.	124,5			

Comparaison avec la fin du xixᵉ *siècle.*

| | | | | |
| 1863-1890. . . . . . | " | " | 1 " *b* | " |

a Ces moyennes décennales sont calculées d'après quatre prix (janvier, avril, juillet, novembre) pour chaque année dans notre mémoire intitulé *Une méthode pour mesurer la valeur de l'argent.* Nos calculs diffèrent un peu de ceux qu'a faits sur le même document M. des Cilleuls parce qu'il a pris seulement le prix du premier marché de janvier.

b En prenant, en nombre rond, 20 fr. comme prix moyen de l'hectolitre durant la période 1863-1890. De 1891 à 1898, le prix moyen a été plus bas, conséquence d'un approvisionnement plus facile à l'étranger.

Pouvoir commercial de l'argent et variations de la livre tournois. — Si l'on se bornait au résultat du tableau précédent, c'est-à-dire si l'on ne considérait que le blé pour apprécier le pouvoir de l'argent, on serait induit à conclure qu'à Paris, dans la période

avons dressées d'après des documents originaux, entre autres les prix de la Halle de Paris. La courbe de ces prix et celle des moyennes de M. d'Avenel coïncident presque partout, le prix de Paris étant en général un peu au-dessous de la moyenne de la France. Il est à remarquer que dans les années de grande cherté, comme 1523, 1531, 1551, 1563, le prix à Paris reste bien au-dessous de la moyenne générale de la France, parce que les rois faisaient beaucoup d'efforts pour approvisionner le marché de la capitale; cependant en 1573, les prix se rapprochent beaucoup : 29 fr. (évaluation en monnaie actuelle) à Paris et 30 fr. 42 en moyenne en France ; en 1587, 37 fr. 75 à Paris et 42 fr. 46 en France. En 1591, année du siège, il a été beaucoup plus cher à Paris (52 fr. 53) que dans le reste de la France (35 fr.). A partir de l'entrée de Henri IV à Paris, le prix du blé a toujours été à Paris sensiblement au-dessus de la moyenne de la France ; mais la hausse et la baisse se manifestent les mêmes années sur les deux

de 1560-1590, ce pouvoir était relativement au pouvoir actuel comme 1,4 est à 1 et que pour la France entière, dans la période 1576-1600, il était exactement le même qu'aujourd'hui, on commettrait une erreur.

En effet le blé était alors relativement plus cher que de nos jours. Le vicomte d'Avenel calculant sur des données plus nombreuses et variées, empruntées à la valeur vénale et au revenu de la terre, au prix des denrées et d'un certain nombre de produits manufacturés et aux salaires, a cru pouvoir fixer ainsi le pouvoir de l'argent, l'unité représentant le pouvoir actuel :

$$\text{Période : } 1451\text{-}1500. \quad\text{— Pouvoir : } 6$$
$$\text{—}\qquad 1501\text{-}1525 \qquad\text{—}\qquad 5$$
$$\text{—}\qquad 1526\text{-}1550 \qquad\text{—}\qquad 4$$
$$\text{—}\qquad 1551\text{-}1575 \qquad\text{—}\qquad 3$$
$$\text{—}\qquad 1576\text{-}1600 \qquad\text{—}\qquad 2\ 1/2$$

Nous admettons provisoirement ces résultats comme étant ceux qui, fondés sur un ensemble de marchandises, paraissent exprimer le moins imparfaitement une relation de pouvoir qui ne peut jamais courbes. Voici, comme renseignement complémentaire, le prix probable par province au XVIᵉ siècle, d'après le vicomte d'Avenel.

Moyennes provinciales et régionales des prix du blé, d'après le vicomte d'Avenel.

PÉRIODES	Ile-de-France	Picardie	Normandie	Angoumois, Aunis, Saintonge	Berri	Poitou	Anjou et Maine	Orléanais	Champagne	Dauphiné	Comtat Venaissin	Moyennes générales
1476-1500	2,90	1,27	2,41	16,33	»	»	»	4,91	»	7,08	11,65	4 »
1501-1525	3,30	»	1,68	»	1,86	»	»	6,94	»	2,51	»	4 »
1526-1550	4,79	»	3,23	5,38	3,81	16 »	»	6,76	»	21,15	»	7 »
1551-1575	11,09	»	5,38	23,99	»	23,69	»	11,32	»	14,09	»	12 »
1576-1600	19,31	»	6,78	51,35	8 »	»	»	15,44	28,95	18,41	»	20 »

PÉRIODES	Bourgogne	Lorraine	Alsace	Flandre	Languedoc	Limousin	Franche-Comté	Roussillon	Bretagne	Provence	Artois	Moyennes générales
1476-1500	»	»	4,46	»	4,10	4,11	»	»	»	»	»	4 »
1501-1525	»	»	3,63	»	5,19	24,58	»	»	»	4,82	»	4 »
1526-1550	»	»	6,65	10,80	8,57	»	»	»	»	4,50	»	7 »
1551-1575	»	7,25	12,08	22,43	16,68	21,90	21 »	»	»	»	12 »	12 »
1576-1600	»	11,20	13,40	36,62	30,93	45,57	»	»	»	33,67	»	20 »

être connu que par approximation et pour le calcul précis de laquelle les données ne sont pas suffisantes au xvie siècle.

Cet abaissement de la valeur des métaux précieux aurait suffi à lui seul pour bouleverser bien des fortunes. L'altération des monnaies qui, dans le cours du siècle, diminua de près de moitié la quantité d'argent contenue dans la livre tournois, aggrava la situation. A la fin du xve siècle [1] on taillait 11 livres tournois dans un marc d'argent fin (245 gr.); la livre contenait par conséquent 21 gr. 25 de métal précieux, autant qu'en contiennent virtuellement aujourd'hui 4 fr. 71 [2]. En 1602, on taillait au marc 20 livres 5 sous 4 deniers; la livre contenait donc 9 gr. 84 d'argent fin, autant que

[1] Ordonnance du 31 août 1493, N. de Wailly, *Mém. de l'Acad. des inscript. et belles-lettres*, t. XXI, p. 348.

[2] Autant du moins qu'ils en contiendraient si les pièces divisionnaires étaient comme la pièce de 5 francs, frappées à 900/1000 de fin.

Voici les moyennes de ces diminutions, telles que les a calculées M. d'Avenel :

DATES	NOMBRE de livres tournois taillées dans 1 marc d'argent (245 grammes)	POIDS de la livre tournois en grammes d'argent	VALEUR INTRINSÈQUE de la livre tournois en francs (à raison de 1 fr. pour 4 gr. 50 d'argent fin)
1455-1511	11 liv. 13 s.	21 .»	4,64
1512-1540.	13 liv. 12 s.	18 »	3,92
1541-1560.	16 liv. »	15 »	3,34
1561-1572.	17 liv. 10 s.	14 »	3,11
1573-1579.	18 liv. 17 s.	13 »	2,88
1580-1601.	21 liv. »	11.50	2,57

Quoique la Valeur intrinsèque de la monnaie, c'est-à-dire le poids de métal fin contenu dans l'unité monétaire soit, comme nous l'avons dit à plusieurs reprises, bien plus facile à déterminer que la Valeur commerciale de la monnaie, cependant cette Valeur intrinsèque même donne, quand on étudie le moyen-âge ou le xvie siècle, matière à des interprétations diverses, soit parce que l'or et l'argent n'était pas le même qu'aujourd'hui, soit parce que le seigneuriage n'était pas le même sur toutes les espèces monnayées. Voici un exemple tiré de la Valeur de l'écu au soleil :

N. de Wailly (p. 257) donne pour l'an 1602 comme Valeur intrinsèque de l'écu d'or au soleil au titre légal . . . . 11 fr. 14

       au titre de tolérance. . . . . 11 fr. 02

M. de Foville (p. 2), calculant d'après le cours légal de l'or et de l'argent combinés et conformément aux tables de Wailly, trouve 2 fr. 92 pour la livre en 1602 et par conséquent pour un écu de 3 livres . . . . 8 fr. 76

Le vicomte d'Avenel (p. 482), calculant seulement d'après la monnaie d'argent qu'il regarde comme étant alors la monnaie régulatrice, trouve 2 fr. 39 pour la livre en 1602, et partant pour un écu . . . . 7 fr. 17

Suivant N. de Wailly (p. 350) le quart d'écu, monnaie d'argent, valait 1 fr. 98 à 1 fr. 96 dont le quadruple est. . . . . 7 fr. 92

2 fr. 18. Or, si l'on multiplie ces poids d'argent par le pouvoir que
M. d'Avenel a hypothétiquement assigné au métal argent, on trouve
28 fr. 26 pour l'année 1497 et 5 fr. 45 pour l'année 1602 : ce qui
signifie qu'on achetait cinq fois moins de marchandises avec 1 livre
tournois d'argent en 1600 qu'en 1500.

Nous savons que c'était par l'Espagne que les métaux précieux
venaient en France. Jusqu'en 1545, il paraît que les Espagnols ont
tiré d'Amérique une valeur (non un poids) à peu près égale en or
et en argent. Depuis la découverte des mines du Potosi, l'argent
l'emporta et fournit annuellement une valeur quatre fois plus considérable que l'or. Le rapport des deux métaux se trouva par suite
modifié ; plus en Espagne [1], il est vrai, au XVI° siècle, qu'en France
où, malgré de nombreuses variations dans la frappe des monnaies,
le rapport était encore à peu près le même à la fin qu'au commencement du siècle : 11 liv. 8 pesant d'argent contre 1 livre d'or en
1497, et 11 liv. 9 en 1602.

Néanmoins on sentit aussi en France les effets de la surabondance du métal blanc. La principale monnaie d'or était l'écu au
soleil, qui était reçu pour 36 sous en 1497 et pour 40 sous en 1519.
Quand les pièces d'argent se déprécièrent, il fallut en donner davantage pour avoir de la monnaie d'or ; le change s'éleva et les
rois essayèrent de rétablir l'équilibre par des ordonnances qui léga-
lisaient cette hausse : par celle de 1574 qui porta l'écu à 58 sous
et par celle de 1575 qui le porta à 60 sous. La hausse continua et,
suivant l'expression de la cour des monnaies, « le peuple poussa
l'écu jusqu'à 68 sous ». C'est alors que les Etats de Blois fixèrent
l'écu à 3 livres 5 sous.

La cour des monnaies blâma cette mesure qui, suivant elle, ne
pouvait remédier au mal et conseilla de faire de l'or le seul étalon
monétaire et de l'écu l'unité de monnaie de compte. Le roi suivit
le conseil, et, par l'édit de septembre 1577, décida que dorénavant
on ne compterait plus que par écus, l'écu valant 3 livres, et que
toutes les monnaies d'argent seraient ramenées au pied de l'or.

---

[1] En Espagne, le rapport était en 1497 de 10,75 à 1 et en 1612 de 13,90 à 1. V. *Histoire de la monnaie, 1252-1894*, par M. A. Shaw, p. 51.

Du temps de Philippe de Valois, il est dit dans une ordonnance que « le marc d'or
fin vaudra et courra pour douze marcs d'argent ». N. de Wailly, *op. cit.*, p. 195,
donne comme variations extrêmes du rapport de l'argent à l'or 10,56 et 11,20 sous
Louis XI. La réforme de 1602 le porta à 11,60.

La cour des monnaies avait eu une vue juste des conditions de stabilité d'un système monétaire. Cependant la réforme, qui blessait des intérêts, souleva des protestations; Froumenteau dénonce l'édit comme « la principale foudre qui a foudroyé » les fortunes, beaucoup de personnes perdant par là une partie de leurs rentes. D'ailleurs la France ne paraît pas avoir été assez riche alors en or pour faire de ce métal le régulateur des valeurs. Ces considérations et d'autres amenèrent Henri IV à supprimer par édit de 1602 le compte par écus et à revenir au compte par livre en attribuant à l'écu au soleil une valeur de 3 livres 5 sous [2] et en établissant entre les deux métaux le rapport de 11,6 à 1 [3].

En calculant sur les deux fixations extrêmes, 36 sous en 1497 et 3 livres 5 sous en 1602, on trouve que la monnaie d'or avait suivi la monnaie d'argent; le créancier recevait à peu près une pièce pour solder une dette qui aurait exigé deux pièces au commencement du siècle.

Ajoutez à cela qu'en supprimant dans la seconde moitié du XVI⁰ siècle comme monnaie de compte la livre parisis qui était d'un quart plus forte que la livre tournois [1], le roi avait encore contribué à abaisser la valeur de la monnaie courante dans la contrée où cette livre était, sinon toujours, du moins souvent en usage.

Les conséquences de la révolution monétaire ont été considérables et diverses. Relativement à la terre, elle en a augmenté la valeur vénale et la rente; elle a diminué la charge des cultivateurs qui payaient des censives fixes et amoindri d'autant le revenu des propriétaires qui les touchaient. Relativement à l'industrie et au commerce, elle a activé la circulation par l'abondance du numéraire et par le stimulant de la hausse des prix. Elle a été dommageable aux ouvriers, dont le salaire ne s'est pas élevé et ne s'élève pas en général dans le cours d'une révolution de ce genre aussi vite que le prix des denrées. Elle a douloureusement affecté la condition de toutes les personnes qui, comme les rentiers, vivaient d'un revenu fixe en livres ; en effet, les familles qui n'avaient pour

---

[1] Le poids intrinsèque de la pièce était resté légalement à peu près le même, 11,60 en or en 1498 et 11,14 en 1602.

[2] A la taille de 240 livres 10 sous au marc d'or et de 20 livres 15 sous au marc d'argent.

[3] A la Halle de Paris, le marché du 17 juillet 1568 est le dernier où le prix des céréales soit enregistré en monnaie parisis. Voir *Arch. nat.*, KK., 969, f. 6, I, 412.

fortune qu'un revenu de ce genre et qui n'avaient pas été en situation de l'augmenter par leur travail ou par de nouveaux contrats,
n'avaient plus, sous le règne de Henri IV, le quart des ressources
dont leurs grands-pères avaient joui sous Louis XII. Il n'est pas
inutile d'examiner de près quelques-unes de ces conséquences [1].

Le prix de la terre. — Le revenu et la valeur vénale de la terre
augmentèrent considérablement : augmentation plus apparente que
réelle ; car s'il fallait donner en l'an 1600 cinq fois plus de livres
tournois qu'en 1500 pour acquérir un domaine, on doit considérer,
comme nous venons de le faire, que la livre renfermant moitié
moins d'argent, on ne donnait guère en fait que deux fois et demie
plus de métal précieux [2], et que, le pouvoir de l'argent ayant baissé
peut-être de 6 à 2 1/2, on donnait en définitive une valeur à peu
près équivalente aux deux époques, autrement dit un nombre de
livres tournois avec lesquelles l'acquéreur et le vendeur pouvaient
se procurer en 1600 à peu près les mêmes marchandises qu'avec

---

[1] Comme les métaux précieux provenant de l'exploitation des mines américaines se
sont répandus dans presque toute l'Europe, l'Europe en a ressenti partout les effets.
Voici quelques témoignages relatifs à l'Angleterre. Après la guerre des Deux Roses,
l'Angleterre a eu à la fin du xvᵉ siècle et au commencement du xviᵉ siècle une période pendant laquelle l'histoire économique parle de la hausse du salaire réel et de la condition
avantageuse de l'ouvrier anglais (*Travail et salaire en Angleterre*, par Thorold Rogers,
traduction, p. 295). Puis au xviᵉ siècle, dit Thorold Rogers (*Ibid.*, p. 316), « le travailleur anglais fut assailli de deux côtés à la fois. On lui payait son salaire en monnaie
falsifiée... Toutes les denrées nécessaires à la vie avaient monté dans la proportion de
1 à 2 1/2, ses salaires dans celles de 1 à 1 et 1/2... » A partir de l'année 1562, les juges
de paix anglais ont à plusieurs reprises publié des tarifs portant un maximum des
salaires.

[2] Voici, d'après les calculs (calculs, nous le répétons, qui sont des approximations
nécessairement peu précises) du vicomte d'Avenel, quels auraient été en moyenne, de
1501 à 1600, le prix et le revenu des terres et des maisons :

Prix et revenus des terres (l'hectare) et des maisons.

PÉRIODES	Terres labourables		Prés		Vignes		Bois		Maisons à Paris		Maisons de villes de province		Maisons de villages	
	Prix	Revenu	Prix	Revenu	Prix	Revenu	Prix	Revenu	Prix	Revenu	Prix	Revenu	Prix	Revenu
1476-1500	97	8.10	123	10	448	19	55	4	951	80	1.227	102	123	10
1501-1525	95	8.00	468	44	191	16	70	5	4.060	147	1.700	121	207	11
1526-1550	131	11.00	437	19	378	31	90	7	5.133	366	1.470	105	137	10
1551-1575	441	17.40	514	37	705	50	130	8	3.485	249	1.407	100	182	13
1576-1600	317	19.40	448	48	518	34	400	14	7.016	437	1.856	116	263	16

un nombre de livres·cinq·fois moindre en 1500. Le changement
d'ailleurs n'était pas le même pour tous les genres de propriété [1].

Paris, dont la population avait beaucoup augmenté dans le cours
du xvie siècle malgré la crise des guerres civiles, est le lieu où la
valeur vénale du sol s'est le plus accrue [2].

Si les propriétaires fonciers qui exploitaient eux-mêmes leurs
·domaines ruraux, qui donnaient à loyer leurs champs et leurs maisons, ou, qui les vendaient, n'ont rien perdu et même ont presque
toujours gagné, il n'en est pas de même des possesseurs de censives et autres rentes foncières, ou de créances chirographaires et
·hypothécaires à ·longue échéance. Ceux-ci ont perdu doublement
par la diminution de poids de la livre tournois et par la diminution
du·pouvoir de l'argent ; si bien que ceux qui avaient en 1500 un
revenu pouvant acheter une quantité de marchandises égale à celle
que ·procureraient aujourd'hui 1.000 fr., paraissent n'avoir pu,
avec le même revenu nominal, acheter que pour une valeur d'environ 200 fr. (monnaie actuelle). Pour ceux-là la révolution monétaire était une ruine [3]. Beaucoup de seigneurs se sont trouvés
appauvris par la diminution de valeur du métal aggravée par l'altération des monnaies.

D'autre part, comme l'abondance des métaux et le renchérisse-

---

[1] M. d'Avenel a essayé de calculer le prix moyen de chaque espèce de propriété
foncière, calcul d'autant plus hasardeux que le nombre des cas était moindre et que
ces cas pouvaient être d'espèces très diverses, comme par exemple pour les maisons
dans les villes ; néanmoins ces données, quelque discutables qu'elles soient, contribuent à éclairer la question. M. d'Avenel a trouvé que, de 1500 à 1600, le prix avait
varié environ dans la proportion de 100 à 333 pour les terres labourables, à 167 pour
les prés, à 271 pour les vignes, à 285 pour les bois, à 340 pour les maisons dans Paris,
et seulement à 109 et à 127 dans les villes de province et dans la campagne.

[2] L'accroissement y apparaît beaucoup plus grand encore si l'on compare la fin de
la guerre de Cent Ans, où le prix d'une maison à Paris était de 696 fr. (période 1451-
1475), et la fin du xvie siècle où il était de 7.016 fr. : le prix a plus que décuplé ; le
revenu (58 fr. en 1451-1475 et 437 fr. en 1576-1600) n'a pas tout à fait décuplé, probablement parce que l'intérêt de l'argent avait baissé et qu'on capitalisait à un denier
plus fort. Ces moyennes sont loin d'être certaines ; mais elles expriment des changements vraisemblables.

[3] Mais, si les créanciers perdirent, d'autre part, les débiteurs gagnèrent. Les cens
qui avaient été fixés entre seigneurs et tenanciers au moyen-âge et qui étaient stipulés
payables en argent, étaient restés nominalement les mêmes ; mais en réalité, ils avaient
subi toutes les dépréciations de la monnaie. Aussi ce qui avait été dans le principe le
prix raisonnable du loyer de la terre, finit dans les dernières années du xvie siècle (et
plus encore plus tard vers la fin du xviiie), par n'être qu'une redevance insignifiante.
C'est pourquoi beaucoup de propriétaires, auxquels le contrat permettait·de racheter
le fonds, s'empressèrent de le faire au xvie siècle.

ment même des marchandises étaient un stimulant pour le commerce; qui fut florissant pendant la première moitié du siècle et procura encore de grands profits aux plus habiles dans la seconde moitié, beaucoup de marchands s'enrichirent et, comme nous l'avons dit, achetèrent des terrres aux seigneurs. Il y eut ainsi un accroissement de la richesse mobilière et un déplacement de la fortune immobilière au profit de la bourgeoisie.

Augmentation du salaire nominal et diminution du salaire réel. — Les salariés se trouvaient dans une condition intermédiaire.

Leur salaire augmenta nominalement. On trouve, en effet, dans les vingt premières années du siècle, pour les journaliers et manœuvres, des salaires de 16 deniers (en 1500, à Soissons), de 1 sou 6 deniers (en 1501, à Romorantin), de 1 sou 10 deniers à 2 sous 6 deniers (en 1507, Normandie), de 20 deniers (en 1507, Nantes), de 1 sou 6 deniers (en 1520, Troyes). On en trouve, dans les vingt dernières années, de 3 sous (en 1583, Soissons), de 4 sous à 6 sous, de 7 sous 6 deniers (en 1584-1586, Orléans), de 6 sous (en 1585, Boulogne-sur-Mer), 4 sous (en 1588, Artois); 3 sous (en 1589, Soissons), 10 sous (en 1590, Nantes), de 6 à 8 sous (en 1591, Orléans), de 8 sous (en 1592, Nîmes). On peut dire, d'après des données peu nombreuses, mais concordantes, que le salaire nominal du manœuvre avait à peu près triplé [1].

De 1500 à 1520, des maçons et tailleurs de pierres avaient reçu 3 à 5 sous (en 1501, Saint-Malo), 3 sous 9 deniers à 5 sous (en 1505, Nevers), 3 à 5 sous (en 1506, Normandie), 5 sous (en 1510, Troyes), 3 sous 9 deniers à 4 sous 2 deniers (en 1513-1515, Orléans). De 1580 à 1606, ils reçoivent 10 et 12 sous (en 1586-1591, Orléans), 12 sous (en 1592, Nîmes), 12 à 15 sous (en 1593-1599, Orléans), 5 à 8 sous (en 1598, Issoudun). De certains autres salaires enregistrés dans les tableaux du vicomte d'Avenel se dégage, quoique beaucoup moins nettement, une impression semblable, à savoir que le salaire nominal a plus que doublé [2].

Mais, comme dans le même temps le poids d'argent fin contenu dans la livre avait diminué de moitié, la quantité de métal précieux que l'ouvrier recevait en échange de son travail avait bien moins

---

[1] En effet la moyenne des prix de la première période est de 1 sou 8 deniers, celle des prix de la seconde est de 5 sous 11 deniers.

[2] Voir vicomte d'Avenel, t. III, p. 392 et suiv.

changé que le nombre de sous et deniers ne le fait supposer.
M. d'Avenel, transformant en monnaie actuelle le salaire du journalier non nourri, trouve en effet qu'il recevait en moyenne
60 centimes en 1501-1525, 70 centimes en 1526-1550, 75 centimes
en 1551-1575, 78 centimes en 1576-1600. L'accroissement est
seulement de 30 p. 100 : ce qui est bien différent du triplement
ou doublement dont en apparence il avait bénéficié.

Derrière la valeur intrinsèque de la monnaie il reste à en considérer la valeur commerciale, c'est-à-dire le pouvoir d'achat d'un
poids de métal fin. Nous avons vu que comparativement au pouvoir
actuel exprimé par l'unité, M. d'Avenel l'évalue à 5 en 1500 et
à 2 1/2 en 1576-1600 : d'où le salaire du journalier aurait eu
à la première époque une puissance égale à 3 francs actuels
(0 fr. 60 × 5) et égale à 1 fr. 95 (0 fr. 78 × 2,5) à la seconde; le
salaire réel aurait donc, si ces évaluations sont suffisamment
exactes, diminué de plus d'un tiers. Cette diminution se serait
produite non dès le commencement du siècle où la révolution
monétaire ne se faisait pas encore sentir, mais depuis 1540 environ [1]. On a observé plusieurs fois et dans divers pays un phénomène analogue lorsque s'est produite une hausse prolongée des
prix, due à l'affaiblissement de la monnaie : les salaires montant,
mais moins vite et moins haut que le prix des marchandises, surtout moins que les denrées alimentaires, et les salariés subissant
un amoindrissement de bien-être [2].

On le constate en rapprochant le salaire du journalier du prix
du froment. On s'aperçoit qu'à la fin du xvᵉ siècle (période de
l'histoire où le rapport est le plus avantageux au salarié), le salaire
de 250 jours de travail par an équivalait au produit de 32 hectares
de terre de labour; qu'au commencement du xviᵉ siècle, malgré
une notable diminution due surtout à l'accroissement du revenu de
la terre, il était encore équivalent au produit de 19 hectares,

---

[1] Avant le milieu du xviᵉ siècle, la condition matérielle de l'ouvrier était bonne, si
l'on en croit Lippomano (*Relations des ambass. vénit.*); on peut toutefois penser que
le Vénitien exagérait quelque peu : « Le porc est l'aliment accoutumé des pauvres
gens, mais de ceux qui sont vraiment pauvres. Tout ouvrier veut manger les jours
gras du mouton, du chevreuil, de la perdrix, aussi bien que les riches, et les jours
maigres du saumon, de la morue, des harengs salés qu'on apporte des Pays-Bas et
des îles septentrionales en grande abondance ».

[2] Je l'ai constaté pour la France de 1850 à 1857 dans *La question de l'or* et pour les
États-Unis de 1862 à 1877 dans *L'ouvrier américain*.

tandis qu'en 1600, il ne représentait plus que celui de 9 hect. 1/2 [3]. La condition du journalier à la campagne avait donc empiré. Elle avait, dans certaines localités, d'autant plus empiré que les nombreux défrichements du xvi° siècle avaient restreint les espaces laissés à la vaine pâture ; que beaucoup de seigneurs s'étaient approprié, à titre de domaine personnel, des terres communes et des forêts sur lesquelles leurs hommes avaient eu jusque-là des droits de jouissance [1].

Si l'on essaye de traduire en diverses consommations alimentaires le salaire du manœuvre, on trouve une nouvelle preuve de la diminution de son bien-être. Il avait pu, avec le prix de sa journée, acheter 18 lit. 40 de froment ou 26 de seigle en 1451-1475, et il en achetait encore 14 lit. 6 ou 18 en 1501-1525 ; il n'en achetait plus que 3 lit. 90 ou 5 en 1576-1600. En viande de bœuf, la diminution était moindre : de 4 kilogr. 3, ou 2 kilogr. 7, à 1 kilogr. 8.

C'est qu'au xvi° siècle, le blé semble avoir été, comme nous l'avons remarqué, une des marchandises qui ont le plus renchéri [1], et,

---

[1] Voici, d'après le vicomte d'Avenel, quel aurait été le rapport à diverses époques (rapport qu'il ne faut pas prendre à la lettre, mais qui contient une indication instructive) :

Fin du xv° siècle.	32 hectares	
1501	19 »	par 250 jours de travail.
1550	15 »	
1600	9 1/2 »	
1890	15 »	par 300 jours de travail.

[2] « Du temps de mon père, écrivait en 1560 (non sans exagération probablement, *laudator temporis acti*), le sieur de Gouberville dans son journal, on avait tous les jours de la viande, les mets étaient abondants, on engouffrait le vin comme si c'eût été de l'eau. Mais aujourd'hui tout a bien changé, tout est coûteux, la nourriture des paysans les plus à leur aise est bien inférieure à celle des serviteurs d'autrefois ». Ce témoignage est à rapprocher de celui de Lippomano.

[3] Il ne faut pas oublier que le prix du blé s'est élevé dans la proportion de 1 à 5, puisque l'hectolitre valait 4 francs (c'est-à-dire 18 grammes d'argent fin) en 1501-1525 et 20 francs (c'e-t-à-dire 90 grammes d'argent fin) en 1576-1600. Or le prix de 20 fr. a été à peu près la moyenne du prix de l'hectolitre de froment, de 1863 à 1890, à une époque où le salaire moyen du journalier est de 2 fr. 50. En admettant 2 1/2 comme l'expression du pouvoir de l'argent à la fin du xvi° siècle relativement au pouvoir actuel, un poids d'argent de 20 francs représente la valeur commerciale de 50 francs au pouvoir actuel. 50 francs l'hectolitre serait un prix de famine qui causerait dans la classe ouvrière une affreuse misère.

Avec son salaire annuel, le journalier du commencement du xvi° siècle achetait 36 hectolitres de blé, celui de la fin du siècle en achetait seulement 9 3/4. Il en achète aujourd'hui (avec 300 jours de travail) 37 1/2. Mais il faut redire, comme nous l'avons déjà fait, que l'ouvrier mangeait très peu de pain blanc ; il paraît avoir mangé relatived'autre part, le travail de l'homme, une de celles qui ont renchéri le moins.

Le salaire des ouvriers de métier paraît avoir subi à peu près les mêmes variations que celui des journaliers [2].

Le poids de la monnaie, sa valeur commerciale, et sa valeur sociale. — Quand on connaît le poids de métal fin contenu dans l'unité monétaire et approximativement le pouvoir commercial de l'argent à deux époques, on possède déjà une sorte d'étalon pour mesurer la fortune d'une population.

Mais il manque encore un élément pour apprécier aux deux époques le bien-être ou, plus exactement, le sentiment de bien-être qu'éprouvent les personnes situées dans les diverses conditions sociales : cet élément est la somme moyenne de consommations que chacun juge nécessaire pour soutenir son rang au milieu de ses égaux dans la condition sociale où il vit. Ce troisième élément est trop personnel, trop variable et trop délicat pour être représenté par un chiffre ; cependant il importe de savoir qu'il existe. En général, cette somme devient plus considérable à mesure qu'une société s'enrichit, parce que l'homme est ainsi fait que ses besoins se multiplient dans la mesure et souvent par delà la mesure de ses moyens de satisfaction. Un ouvrier du xvi° siècle ne mangeait pas de pain blanc ; aujourd'hui dans la plupart des villes il n'en mange pas d'autre ; il a l'habitude de consommer du sucre et du café que ses ancêtres ne connaissaient pas. Il était vêtu très simplement et il usait rarement de linge blanc ; aujourd'hui à Paris il s'habille le

ment beaucoup de porc et il pouvait alors acheter avec son salaire les deux tiers de la viande de porc qu'il achèterait aujourd'hui.

[2] Voici le tableau dressé par M. d'Avenel. Il fait suite à ceux que nous avons donnés (t. I, p. 669).

Moyennes générales des salaires (exprimées en monnaie actuelle).

PÉRIODES	JOURNALIERS, ouvriers agricoles, par jour		MAÇONS non nourris par jour	CHARPENTIERS non nourris par jour	PEINTRES, couvreurs et plâtriers, non nourris par jour
	nourris	non nourris			
1501-1525	0,30	0.60	0,81	0,82	0,86
1526-1550	0,29	0,70	0,98	1,14	0,88
1551-1575	0,33	0,75	0,96	1,01	1 »
1576-1600	0,36	0,78	1,20	1,19	1,17

dimanche comme le bourgeois. Il allait à pied ; aujourd'hui il se
croirait misérable s'il ne pouvait de temps à autre prendre le chemin de fer ou l'omnibus. Les mœurs ont changé, et il faut de nos
jours une somme d'unités de pouvoir d'argent plus forte qu'autrefois pour vivre dans la même condition sociale.

Il y a donc, comme nous l'avons déjà dit, trois degrés dans la
connaissance de la valeur de l'argent : 1° la connaissance du poids
de métal fin contenu dans l'unité monétaire ; 2° celle de la valeur
commerciale de cette unité ; 3° celle de sa valeur sociale. Nous
connaissons suffisamment la première ; nous pouvons avoir une
certaine notion approximative de la seconde et conclure des deux
que la livre tournois valait beaucoup moins en 1600 qu'en 1500.
Nous sommes impuissants à déterminer la troisième ; toutefois nous
pouvons affirmer qu'elle était beaucoup plus grande au XVIe siècle
qu'à la fin du XIXe, c'est-à-dire que pour tenir son rang, rang de
gentilhomme ou rang d'ouvrier, il y avait beaucoup moins d'argent
à dépenser alors qu'aujourd'hui parce que le nombre des besoins
à satisfaire était beaucoup moindre.

Les ordonnances royales contre le renchérissement. — Les
ouvriers qui, au commencement du siècle, travaillaient à la maçon-
nerie du château de Gaillon, avaient eu 3 à 4 sous par jour ; les
manœuvres, 1 sou 4 deniers ou 2 sous au plus [1]. En 1549, une
augmentation s'était déjà produite : le salaire d'un maçon était de
5 sous, celui d'un manœuvre de 3 sous [2] ; en 1557, il s'élevait,
pour le premier, à 5 sous 7 deniers 1/2 et, pour le second, à
4 sous 4 deniers 1/2 [3] ; quinze ans plus tard, en 1572, une ordonnance royale fixait le salaire des maçons à 12 sous, et celui des
manœuvres à 6 sous, « sans qu'ils puissent, ne leur soit loisible
prendre ne recevoir plus grand prix » [4]. Mais toute ordonnance de

---

[1] *Doc. inédits.* — *Comptes des dépenses de la construction du château de Gaillon,*
par A. Deville.

[2] A Dieppe, *Archives nat.*, Ms. Monteil, KK, 1338, n. 167.

[3] A Caen, *ibid.*, n. 175.

[4] Fontanon, I, p. 904. 19 avril 1572. *Police de Paris, 8 avril 1572, par les officiers
de Sa Majesté, sur le prix, débit de diverses marchandises, règlement sur le devoir
et salaire de plusieurs sortes d'ouvriers, manouvriers, gens de métier, laboureurs et
vignerons...,* p. 904.

« Art. 16. — Et enjoint à tous gens de mestier et manouvriers, vacquer à leur mes-
tiers, et travailler, sur peine du foüet, au cas qu'ils fussent trouvez vagabons par la
ville et fauxbourgs.

» Art. 17. — Sçavoir est, lesdits maistres maçons, charpentiers, tailleurs de pierre

ce genre est au-dessous de la vérité; les salaires avaient déjà en
réalité dépassé ces chiffres, et ils continuèrent encore à s'élever
dans les dernières années du siècle.

Dans tous les corps de métiers il se produisit des augmentations
de même genre. Il ne paraît pas y avoir eu sous ce rapport de différence entre les villes où les métiers étaient organisés en jurandes
et celles où ils étaient libres [1]. Mais l'augmentation que les maîtres
n'étaient pas disposés la plupart du temps à offrir spontanément,
à laquelle même ils résistaient au nom de la coutume comme à une
aggravation de charges, se produisait lentement, inégalement, à la
suite de l'augmentation du prix des denrées et grâce aux plaintes
réitérées, voire même aux coalitions des ouvriers qui souffraient
du renchérissement.

Dès le commencement de la crise, en 1544, les ordonnances
nous signalent déjà les souffrances de la classe industrielle causées
par la cherté des vivres. « Nos sujets en plusieurs Estats sont en
ce tellement grevez et offensez que ceux qui ont quelque patrimoine
et revenu n'en sçauroient vivre, encore moins les artisans et le
menu peuple du labeur de leurs mains, par ce moyen contraints
hausser et augmenter les salaires et prix accoutumez de leurs ouvrages, vacations et peines; au danger de pis, s'il n'y est promptement pourvu » [2].

La royauté, effrayée des conséquences de cette cherté générale,
essaya d'y apporter des remèdes. Mais, ignorant la véritable cause
d'une transformation inévitable, elle prit des mesures insignifiantes ou fausses. Elle fit ce qu'on faisait d'ordinaire aux époques de
disette : elle restreignit l'exportation, mit un droit à la sortie des
blés, des vins, des toiles, défendit d'exporter des grains sans auto-

---

de ceste dite Ville et fauxbourgs, prévosté, Vicomté et ressort, douze sols tournois pour
journée entière, et lesdits manœuvres, gens de bras, laboureurs et Vignerons, six sols
tournois, sans qu'ils puissent, ne leur soit loisible prendre ne receVoir plus grand prix
et salaire. Et si ès autres lieux est accoustumés gagnés moins, le prix sera diminué.
Et besongneront à cinq heures du matin, dès le premier aVril, jusqu'au quinziesme
septembre, et finiront à sept heures du soir : et le reste de l'année à six heures du matin, et finiront à six heures du soir ».

[1] Exemple : en 1415, le maçon était payé 1 fr. 37 à Rouen, Ville jurée, et 1 fr. 75 à
Aliermont, Ville libre.

[2] *Traité de la police*, t. II, p. 61, nov. 1544. Bien aVant cette époque, on Voit dans
une Ville Voisine de la Franche-Comté, possession espagnole, à Grenoble, l'échevinage
subVentionner en 1629 les bouchers « pour qu'ils n'augmentent pas le prix de la
Viande ».

risation spéciale, prohiba entièrement la vente à l'étranger des laines, lins et chanvres français [1] ; elle ordonna que le blé ne serait vendu que sur les marchés et que le menu peuple ferait sa provision avant que les boulangers eussent le droit d'acheter [2].

Attribuant le renchérissement au désordre des marchés, elle créa des offices de vendeurs de bois, de foin, de charbon [3], de poisson [4] ; elle surchargea ainsi la marchandise d'une taxe nouvelle. Elle réglementa les professions d'hôtelier, de cabaretier et de marchand de vin en gros, lesquelles ne purent être exercées dès lors qu'avec une permission royale : elle croyait abaisser par là le prix des vivres [5]. Elle réunit quelques métiers rivaux : ce fut peut-être la plus sage de ses mesures [6]. Elle porta des ordonnances contre les regratiers et les monopoleurs. Elle fixa le prix des marchandises ; l'ordonnance de 1567, confirmée par celle de 1577, a pour principal objet d'arrêter le renchérissement en dressant le tarif de toutes les denrées [7]. On connaît les effets ordinaires

---

[1] Ordonnance de 1577. — Fontanon, t. II, p. 527.

[2] *Traité de la police*, t. II, p. 64. — Ordonnance de nov. 1544.

[3] Fontanon, t. I, p. 1166, 3 mars 1583. — Création de trente offices.

[4] *Ibid.*, t. I, p. 1169, 3 janv. 1583.

[5] *Ibid.*, t. I, p. 1143. — Ordonnance de 1581.

[6] Réunion des corroyeurs et baudroyeurs. L'ordonnance signale les « differens continuels qui sont entre eux dont provient en partie la cherté des cuirs ». — Ordonnance de 1567 (art. 4). — Fontanon, t. I, p. 822.

[7] Voici un des articles de cette ordonnance :

Police pour la volaille et le gibier.

« Ledit seigneur deuëment informé que la grande superfluité des Viandes, qui se fait ès nopces, festins et banquets, apporte la charté des Volailles et gibbier : Veut et entend que l'ordonnance sur ce faite soit renouvellée et gardée : et pour la contravention d'icelle soient punis des peines y apposées tant ceux qui font tels festins que les maitres d'hostels qui les dressent et conduisent, et les cuisiniers qui les servent.

Le plus gros chapon, sept sols.	Le bizet, vingt deniers.
La meilleure poulle, cinq sols.	La grive, quinze deniers.
Le gros poullet, vingt deniers.	La douzaine d'alouettes grasses, quatre sols.
Le pigeon, douze deniers.	
Le connil de garenne, six sols.	Le pluvier, trois sols.
Celuy de clapier, trois sols.	La sarcelle, trois sols.
La perdrix, cinq sols.	Le canard sauvage de rivière, quatre sols.
La beccasse, quatre sols.	
Le beccassin, vingt deniers.	Le canard de paillier, trois sols.
La caille, dix-huict deniers.	(Fontanon, t. I, p. 812 et 832. — Ordonnance de 1567).
Le gros ramier, trois sols.	

Pour les draps de soye.

« Sa Majesté, désirant remédier au prix excessif des draps de soye, qui depuis quelde ces lois de maximum. Elles risquent d'augmenter la cherté qu'elles avaient pour but d'arrêter parce que le marchand, réduit à vendre en fraude, fait payer à l'acheteur le danger qu'il court.

Aussi ces efforts de la royauté furent-ils impuissants. Ses ordonnances, en attestant sa sollicitude, n'ont guère servi qu'à accuser son ignorance des causes et à fournir à l'histoire quelques aveux du renchérissement.

Elle s'en prit particulièrement aux ouvriers [1], sans s'apercevoir probablement qu'ils étaient au nombre des plus lésés par la révolution monétaire et que l'augmentation de leur salaire nominal était non la cause, mais la conséquence du renchérissement. Elle leur défendit de rester dans les villes inoccupés et sans maître et ordonna à Paris de mettre en prison ceux qui, faute d'être embauchés par des particuliers, n'iraient pas demander du travail aux ateliers publics [2]. Elle voulut arrêter la hausse du salaire en tarifant le prix de la journée, comme elle le faisait pour le prix des denrées. L'ordonnance de 1572 fut promulguée à cet effet. Elle n'est pas la seule du genre ; en outre, dans mainte localité, la municipalité édicta, comme la royauté, des ordonnances de maximum [3].

que temps en ça, par le monopole des marchands, s'est si fort augmenté, a Voulu y estre mis le taux qui s'ensuit, à saVoir :

Pour le Velours de Rège, façon de Lyon, Milan et AVignon, des moindres sortes, et le Velours demy fin de Gennes, l'aune . . . .   ii. esc. i. tiers.
Le Velours renforcé . . . .   ii. esc. ii. tiers ».

[1] Dans l'ordonnance de noVembre 1544, le roi s'exprime ainsi, plaignant plutôt les salariants que les salariés. Voir le texte p. 74.

[2] (18) « Et où ils ne trouVeront personne qui les requière, seront tenus avant l'heure de sept heures en esté et huict heures du matin en hyver, eux transporter par deVers ceux qui ont la charge des œuVres publiques et communes de ceste dite Ville et faubourgs, pour y serVir tout le long du jour, et seront payez et salariez au prorata du prix accoustumé estre baillé à ceux qui besongneront lors esdits ouVrages : le tout sur peine du fouët pour la première fois, et de plus grieſve punition pour la seconde.

(19) « Et au cas qu'après la dite heure passée, lesdits manouVriers, maistres ou compaignons, seront trouVez oisifs ès ruës ou places de ladite Ville de Paris ou ailleurs, sans soy appliquer à aucune besongne, seront prinz et constituez prisonniers ès prisons du Chastelet de Paris, par le premier examinateur ou sergent, et leur sera fait leur procez, comme Vagabonds, et punis ainsi qu'il appartiendra ». Fontanon, t. I, p. 904. Ordonnance du 19 aVril 1572.

[3] Exemple : A Bourges, le 30 mars 1595, le prévôt, « sur les plaintes des monopoles que font les vignerons lesquels de jour a aultres encherissent leurs journées », défend aux bourgeois de donner plus de 10 sous par journée d'homme, 4 par journée de femme dans Bourges et ses faubourgs, plus de 8 sous pour les hommes et 3 sous pour les femmes à la campagne ; plus de 8 sous à la Ville et de 6 sous 6 deniers à la campagne

La révolution monétaire expliquée par Bodin. — Pendant qu'au milieu même de cette révolution quelques écrivains, doués d'un optimisme imperturbable, déclaraient que rien n'avait renchéri depuis plusieurs centaines d'années [1], un philosophe plus clairvoyant pénétrait le secret de la dépréciation :

« Nous voyons, écrivait Bodin en 1578, que, depuis cinquante ans, le pris de la terre a creu, non pas au double, ains au triple... Autrefois... la journée d'un homme étoit estimée 12 deniers, celle d'une femme 6 deniers... On ne peut dire que depuis soixante ans tout n'aye encheri dix fois autant pour le moins ». Il avait déjà écrit, dans sa brochure de 1568, que cette cherté provenait de trois causes : « La principale est *presque seule* (que personne jusques icy n'a touchée) est l'abondance d'or et d'argent qui est aujourd'huy en ce royaume... » Il lui assignait cinq causes en 1578.

« Mais, dira quelqu'un, d'où est venu tant d'or et tant d'argent? »

Bodin répondait : Du commerce extérieur que les Français ne connaissaient pas autrefois et de la découverte de l'Amérique. « Le Castillan ayant mis soubz sa puissance les terres nefves pleines d'or et d'argent, en a rempli l'Espaigne... Il est incroyable et toutefois véritable qu'il est venu du Péru, depuis l'an 1533, plus de 100 millions d'or et deux fois autant d'argent [2]. Voilà les moyens qui nous ont apporté l'or et l'argent en abondance depuis deux cents ans (Ici Bodin se trompait)... Il y en a beaucoup plus en Espagne et en Italie qu'en France. Aussi tout est plus cher en Espagne qu'en Italie, et même le service et les œuvres de main, ce qui attire nos Auvergnats et nos Limousins en Espagne (comme j'ai su d'eux-mêmes) parce qu'ils gagnent au triple de ce qu'ils font en France ». Bodin conclut avec une remarquable droiture de sens économique, au sujet du commerce extérieur, qu'il « doit être franc et libre pour la richesse et la grandeur d'un royaume », et,

---

si le maître donne le vin. Voir aussi le texte cité en note, t. I⁰ʳ, p. 600, à propos du compagnonnage. — *Archives de la ville de Bourges avant 1790*, par H. Jongleux, t. I, p. 165.

[1] *Les paradoxes du seigneur de Malestroit, conseiller du roi et maistre ordinaire de ses comptes, sur le faict des monnoyes, presentez à Sa Majesté au mois de mars MDLXVI.* — Imprimé à Paris en 1566, Malestroit prétend que ce n'est pas la Valeur de l'argent qui a changé, mais seulement la quantité d'argent contenue dans la livre tournois ; c'est ainsi, dit-il, que le muid de vin, qui valait 4 liVres, en Vaut 12.

[2] *Discours par Jean Bodin sur le rehaussement et diminution des monnoyes*, Paris, 1578. Bodin avait déjà émis cette opinion dans la *Réponse aux paradoxes de Malestroit*, publiée en 1568.

au sujet des monnaies, « qu'un prince qui altère prix de l'or et de
l'argent ruine son peuple, son pays et lui-même » [1]. Il avait trouvé
la véritable raison de la cherté ; l'argent s'avilissait en se multipliant.

Les autres causes secondaires signalées par Bodin étaient les
monopoles des corps de métiers, les disettes fréquentes, le luxe,
l'altération des monnaies qui avaient contribué à précipiter et à
exagérer la révolution économique.

Mais aussi, ce que ne disait pas Bodin, c'est que l'abondance des
métaux précieux venant des pays étrangers avait facilité le commerce, augmenté le capital mobilier qui n'avait eu jusque-là qu'un
très petit rôle dans l'économie de la France et qui commence dès
lors à prendre de l'importance, accru la consommation en enrichissant ceux dont les denrées se vendaient plus cher et stimulé la production. L'industrie florissante du xviᵉ siècle a dû une partie de sa
prospérité à cette révolution et en a tempéré les effets fâcheux ;
car, si la classe ouvrière souffrit d'une diminution du salaire réel,
le travail du moins ne lui fit pas défaut, quoique le nombre des
mendiants ait été considérable à cette époque.

De l'exposé des faits qui précèdent on peut tirer quelques conclusions :

1° Quoiqu'il soit inexact de dire que la valeur de la monnaie soit
exactement proportionnelle à la production annuelle ou même à la
quantité de métaux précieux existant dans le commerce et qu'il ne
soit pas précisément exact de dire qu'elle est proportionnelle au
rapport existant entre la quantité de métaux précieux existant et la
quantité de marchandises à vendre, il est certain qu'il y a un rapport entre l'un et l'autre terme et qu'au xviᵉ siècle la baisse de
valeur de la monnaie a été le résultat de l'abondance de l'argent,
augmentant plus rapidement que le commerce, quoique le commerce ait pris alors un grand développement;

2° Les contemporains ressentent les effets, bons ou mauvais, d'une
révolution de cette espèce, sans en comprendre toujours les causes ;
sauf quelques esprits perspicaces comme Bodin, ils ne les ont pas
comprises au xviᵉ siècle et l'administration a été entraînée par là à
prendre de fausses mesures.

---

[1] Voir *J. Bodin et son temps*, 2ᵉ partie, ch. III, par Baudrillart.

3° Une des plus fausses, laquelle d'ailleurs ne se liait pas à l'abondance des métaux, a été l'altération des monnaies ; en diminuant le poids de métal fin contenu dans la livre, les rois ont aggravé la crise et la valeur de l'unité monétaire s'est trouvée doublement abaissée.

4° La diminution de la valeur des monnaies est quelquefois un stimulant pour le commerce ; elle est souvent profitable pendant un temps aux cultivateurs qui vendent leurs denrées ; elle est presque toujours et pendant toute la crise, préjudiciable aux salariés dont le salaire ne hausse pas aussi promptement que le prix des denrées ; elle est d'une manière définitive, après comme avant la crise, préjudiciable à ceux qui ont un revenu fixe, rentiers, etc.

E. LEVASSEUR,
Membre de l'Institut.

LES INSECTES SOCIAUX ET LA SOCIÉTÉ HUMAINE

Les sociétés des insectes peuvent, à un double point de vue, intéresser le sociologue : d'une part, les formes les plus différenciées de ces sociétés, leur organisation compliquée, les manifestations variées de leur activité méritent d'être comparées avec ce que nous observons dans les sociétés humaines ; d'autre part, ces mêmes sociétés, et les sociétés animales en général, montrent la limite que ne peut dépasser le développement progressif de l'ordre social, en l'absence d'une intelligence comparable à celle de l'homme. Je me hâte d'ajouter que je ne refuse point l'intelligence aux fourmis, aux abeilles ni à beaucoup d'autres animaux, c'est-à-dire que je leur reconnais la capacité d'apprendre et de régler leurs actions en conséquence des connaissances acquises dans le cours de leur vie. Mais cette faculté d'apprendre et de profiter des leçons de l'expérience, pour modifier sa propre personnalité, n'est chez la fourmi la plus intelligente, que le rudiment, l'ombre à peine reconnaissable de la perfectibilité individuelle que nous trouvons actuellement chez l'homme, même le moins civilisé.

A mon avis, cette perfectibilité a son point de départ dans le sentiment du beau et du bien, dans le désir d'améliorer et d'embellir sa personne et ce qui l'entoure, désir que l'on observe chez tous les hommes, même les plus primitifs. L'homme des cavernes paléolithiques esquissait déjà en artiste les bêtes de ses forêts ; les sauvages de toute race chargent leur corps d'anneaux, de colliers ou de tatouages variés ; leurs armes et leurs ustensiles sont ornés de gravures, de sculptures ou de franges. Tel est l'effet de l'inquiétude inventive de l'homme, se perdant d'habitude en futiles variations sur des sujets toujours les mêmes, donnant naissance, de temps à autre, aux brillantes étincelles du génie, aux germes individuels du progrès social.

Rien de pareil ne nous est connu des insectes, ni des animaux en général. Non pas que l'initiative individuelle ne se montre souvent chez eux avec évidence ; mais l'esprit inventif qui a mis l'outil dans la main de l'homme et l'a perfectionné, tandis qu'il passait de génération en génération, semble leur manquer totalement.

Bien des observateurs, admirant l'ordre et l'industrie des insectes, ont été amenés à leur attribuer les intentions, les pensées, les
motifs de conduite qui eussent inspiré leur auteur, s'il eût eu
forme de fourmi ou d'abeille, tout en gardant ses sentiments et son
intelligence d'homme. C'est là une sorte d'anthropomorphisme
dont il faut se garder. Forel, et surtout Wasmann, se sont attachés à combattre cette tendance. Wasmann arrive à l'excès opposé
et refuse toute véritable intelligence aux animaux : c'est là question de définition ; avant de juger, il faut bien établir ce que l'on
entend par « intelligence » et déterminer la place de la limite qui
la sépare de l'instinct. Wasmann attribue à l'instinct tout ce qui
n'est pas intelligence humaine et appelle instinctifs des actes que
M. Forel et moi considérons comme intelligents. Il me suffira
d'avoir indiqué l'existence de ce débat qu'il n'y à pas lieu de rouvrir ici [1].

Pour nous former une notion exacte de la valeur des sociétés
des insectes, il sera utile de rechercher quelles sont leurs formes
les plus simples et peut-être les plus primitives ; quelles conditions
présociales ont pu être le point de départ des sociétés.

Il y a trois ans à peine, l'on ignorait l'existence d'insectes travaillant en couples à établir leur progéniture, lorsque Henri Fabre,
à qui l'entomologie doit tant de belles observations, fît connaître la
vie domestique des géotrupes [2]. Un couple de ces gros bousiers
creuse, sous une fiente, un puits dans la terre et le remplit de la
matière qui servira de nourriture à ses larves. Un puits rempli et
bouché, le même couple en prépare un second et ainsi de suite
jusqu'à la fin de la saison chaude ; puis il hiverne sous terre, pour
recommencer au printemps suivant, peut-être pendant plusieurs
années.

Il faut arriver aux oiseaux pour trouver d'autres exemples de

[1] V. Wasmann, *Die zusammengesetzten Nester und gemischten Kolonien der
Ameisen*, Munster 1891. — *Instinkt und Intelligenz im Thierreich*, Freiburg i/Br.,
1re édit., 1897 ; 2e édit. 1899. — *Vergleischende Studien über das Seelenleben der
Ameisen, etc.*, Freiburg i/Br., 1re édit., 1897 ; 2e édit., 1900, etc. — Cpr. aussi les critiques et polémiques suscitées par ces écrits : Emery, Forel, Ziegler, etc. dont on trouve
les titres dans la dernière des publications de Wasmann que je viens de citer.
[2] *Souvenirs entomologiques*, 5e série. Paris, 1897.

vie conjugale; toutefois, notre ignorance des mœurs des insectes est encore si grande que l'on peut s'attendre à bien des surprises et aux découvertes les plus inattendues.

Quoi qu'il en soit, isolé ou multiple, le cas des géotrupes représente l'exception. La règle, chez les insectes non sociaux, est que la femelle seule s'occupe de creuser ou construire un nid pour y déposer ses œufs et de leur assurer, d'une façon ou d'une autre, la nourriture.

C'est surtout chez les hyménoptères que l'on rencontre les exemples les plus remarquables et les plus variés de la nidification exclusivement maternelle. A ce même ordre appartiennent les insectes sociaux les plus nombreux et les mieux connus : abeilles, guêpes, fourmis. Dans ces sociétés, le sexe féminin domine, remplit toutes les fonctions sociales, le mâle étant réduit au rôle pur et simple d'agent indispensable de la reproduction. De profondes différences morphologiques et biologiques le distinguent de la femelle et en font un être à part, presque étranger à la société dans laquelle il est né.

Tout autre est, comme on sait, la constitution sociale des termites : chez ces insectes, le mâle diffère à peine de la femelle, tant que celle-ci n'est pas encore enflée et déformée par l'énorme développement de ses ovaires. Les castes stériles, ouvriers et soldats, dérivent de larves mâles et femelles indifféremment, tandis que, chez les hyménoptères sociaux, tous les neutres sont des femelles stériles.

Les termites sont les plus anciens; leur origine se perd dans la nuit des temps paléozoïques et aucune forme vivante connue ne vient jeter quelque lumière sur ce qu'ont pu être leurs ancêtres, au début de leur développement social.

Nous trouvons, au contraire, parmi les abeilles non sociales, des conditions que l'on peut considérer comme l'état primitif qui a pu être le point d'origine de la formation des sociétés.

Il n'y a de véritable société organisée chez les insectes que là où il existe des neutres, c'est-à-dire des individus dont les organes sexuels sont atrophiques, incapables de fonctionner, ou dont la fonction est faible et insignifiante dans les conditions habituelles. Sans neutres, il peut y avoir des associations plus ou moins durables, mais ne comprenant qu'une seule génération. Les sociétés véritables se composent de deux générations au moins, vivant ensemble : ·la mère fondatrice et ses filles, chez les hyménoptères ; le couple fondateur et ses enfants, chez les termites.

Les abeilles non sociales, du genre *Halictus,* ont, dans le courant de la belle saison, plusieurs générations successives. Dans chaque génération, plusieurs femelles s'associent en groupe pour creuser ensemble un profond boyau souterrain, d'où partent des galeries d'embranchement, conduisant au nid de chacune d'elles. La ponte terminée, les mères meurent ; plus tard, la nouvelle génération répare et continue les chemins souterrains creusés par leurs mères ou en creuse de nouveaux et nidifie à son tour. — Si l'on suppose, avec Verhoeff [1], que la durée de la vie des mères puisse se prolonger assez pour qu'elles assistent à l'éclosion de leurs filles et que les deux générations continuent à travailler en commun au même nid, l'on aura ainsi une ébauche de société à laquelle il ne manquerait plus que la différenciation du sexe féminin en génératrices et ouvrières pour être comparable à la société des guêpes ou des bourdons.

Nous pouvons imaginer comment ce dernier·pas s'est accompli : l'association de la mère avec ses filles, étant avantageuse à l'espèce, a été favorisée par la sélection naturelle ; les mères dont les premières filles se sont développées le plus vite ont trouvé en elles une aide dans la lutte pour l'existence. Ce développement précoce a pu être obtenu, grâce à un approvisionnement hâtif et par suite insuffisant, des cellules renfermant les premiers œufs pondus ; il en est sorti des femelles petites, mal nourries, capables de travailler, mais stériles ou à peu près. Il y a eu castration par disette alimentaire, arrêt de développement des ovaires, probablement plus physiologique qu'anatomique.

Les guêpes communes de nos pays (genre *Vespa)* nous présentent un état se rapprochant de la société primitive hypothétique que je viens d'esquisser. Une femelle fécondée en automne passe l'hiver dans une cachette bien abritée et fonde, au printemps suivant, un nouveau nid. Elle construit les premières cellules, y pond des œufs et élève les larves qui en éclosent [2]. Surchargée de travail

[1] C. Verhoeff, *Biologische Aphorismen über einige Hymenopteren, Dipteren und Coleopteren; Verhandl. des Nat.-Ver. f. d. Rheinlande,* année 48, Bonn. 1891. — V. aussi Emery, *Ueber Entstehung der Social lebens bei Hymenopteren;* |*Biolog. Centralblatt,* 14 Bd., p. 60 et 62, 1894.

[2] Janet. *Vespa·Crabro L,* Histoire d'un nid dès son origine, *In Mém. Soc. zool. France,* VIII, 1895.

par sa triple occupation de cartonnière, de pondeuse et de nourrice, elle ne donne à ses larves que l'alimentation strictement nécessaire; celles-ci donnent origine à des femelles petites et stériles, à des ouvrières. A mesure que le nombre des ouvrières augmente, la mère réduit petit à petit son activité extérieure; elle sort de moins en moins du nid; les ouvrières cartonnent et pourvoient à l'approvisionnement du nid, où les larves, toujours plus nombreuses et plus goulues, consomment d'énormes quantité de vivres, car la fécondité de la mère s'accroît dans le repos. Dans les conditions normales, les ouvrières sont stériles ou à peu près. Mais, que la mère vienne à mourir prématurément, et l'économie du nid est bientôt changée. Plus de nouvelle ponte de la mère; les larves existant à l'époque de sa mort dans le nid achèvent successivement leur développement et deviennent ouvrières; par cela le nombre des avaleuses de nourriture diminue, tandis que celui des pourvoyeuses augmente. La société nage dans l'abondance; les ouvrières mangent elles-mêmes ce qu'elles apportent et que, dans la condition normale, elles eussent livré à leurs nourrissons. Surnourries, comme l'a montré Marchal [1], les plus jeunes ouvrières deviennent pondeuses, pondeuses vierges, car il n'y a pas alors de mâles dans le nid; la disette les avait rendues stériles, l'abondance les fait devenir fécondes à leur tour. Nous avons, dans ce fait, la contrepreuve de ce que leur stérilité est essentiellement un cas de castration alimentaire, par suite de nourriture insuffisante.

Cependant, le cas des guêpes n'est pas tout à fait aussi simple que la forme primitive hypothétique à laquelle je l'ai comparé. Chez les guêpes, en effet, la castration alimentaire a lieu régulièrement, si bien qu'il ne se produit ordinairement pas de formes intermédiaires entre les ouvrières et les femelles fécondes, fondatrices de nouvelles sociétés, pour l'année suivante : ouvrières et femelles constituent déjà deux classes distinctes dans la société.

Peut-être les bourdons et d'autres genres de guêpes offrent-ils des conditions sociales encore plus primitives, surtout en ce qui concerne l'existence de formes de transition entre les ouvrières et les femelles parfaites. Les observations anciennes d'Huber sur les bourdons paraissent l'indiquer et mériteraient d'être reprises et complétées.

[1] Marchal. La reproduction et l'évolution des guêpes sociales, *Archives zool. expér.*, 3, IV, 1896.

Le dimorphisme des femelles fécondes et stériles est à peine marqué chez les guêpes et les bourdons par des modifications de la taille et de quelques détails de la coloration. Il devient bien plus apparent chez les abeilles proprement dites (genre *Apis*). Des différences profondes dans la forme des organes distinguent ici la « reine » des ouvrières ; en outre, les aptitudes, les instincts des deux formes ne sont pas moins différents. La société a atteint une organisation plus parfaite, par suite du développement d'une classe ouvrière et de l'instinct particulier qui préside à l'élevage des larves, destinées à devenir les unes reines, les autres, de beaucoup les plus nombreuses, ouvrières.

Le principe fondamental de la constitution des sociétés des hyménoptères est l'exclusion de la majeure partie des membres femelles de la fonction de la reproduction, réservée à une seule ou à un petit nombre d'individus. Son application instinctive suffit à déterminer la formation des sociétés les plus simples ; les individus stériles n'auraient pas plus de raison d'exister seuls que n'en auraient les demi-fleurons stériles de certaines composées, sans le voisinage des fleurons qu'ils entourent. Leur association avec les femelles fécondes constitue la société. Et la durée de la société dépend directement de la durée de la vie de la femelle fondatrice : lorsque celle-ci ne vit qu'un an, nous avons les sociétés annuelles telles que celles des guêpes d'Europe et des bourdons. Dans les sociétés persistantes des abeilles et des fourmis, les femelles fécondes vivent plusieurs années.

L'existence des ouvrières étant donnée, leur type, leurs propriétés, la forme de leurs organes, leurs instincts ont dû être successivement modifiés dans le cours de la phylogénèse ; c'est au perfectionnement des instincts, se développant dans différentes directions, que se rattache l'origine des industries tant admirées des insectes sociaux, abeilles et fourmis.

La plus grande variété des instincts s'observe chez les fourmis. C'est aussi chez ces insectes que le polymorphisme des femelles atteint son plus haut degré. Dans certains genres, il ne viendrait à l'esprit de personne, d'après l'aspect des différents individus isolés, que la femelle féconde et l'ouvrière du même nid appartiennent à une seule espèce. Il y a plus : souvent, chez les fourmis (comme chez les termites), il existe deux sortes de neutres, constituant deux types distincts, ouvrières et soldats, ou bien réunis par une série de formes intermédiaires, ouvrières petites, moyennes et grandes. Les différences de forme et de taille entre les ouvrières d'une même espèce sont parfois énormes : chez les *Pheidologeton* de l'Inde, les plus grands individus peuvent atteindre cent fois le volume des petits, dont ils diffèrent, en outre, par leur tête énorme.

Ce polymorphisme des ouvrières est en rapport avec des fonctions (j'allais dire des professions) différentes des diverses sortes d'individus dans la fourmilière ; elles sont si distinctes, par leur aspect et leur conduite, qu'on les désigne souvent par le nom de « castes ». Mais ce mot a un sens bien différent appliqué à la société humaine ou à celle des fourmis. Castes ou classes sociales ont chez l'homme une origine ethnique de race dominante ou soumise, ou du moins de condition sociale héréditaire ; chaque classe se reproduit par elle-même, au sein de la société. Chez la fourmi ou l'abeille, l'ouvrière, la guerrière, la reine sont sœurs ; les besoins de la société, au moment de leur naissance, ont fait décider, sans amour ni mépris pour aucune d'elles et en vertu d'actes purement instinctifs, que telle larve serait élevée pour un état, telle autre pour un autre ; et ces classes, sauf celle des femelles fécondes ou reines, sont incapables de se reproduire, mais proviennent des œufs de la seule classe féconde. Entre ces classes, pas de rivalité possible.

La spécialisation organique de l'individu donne à l'unité sociale une stabilité parfaite. Bien mieux que la société humaine, la société des insectes mérite d'être comparée à un organisme, et cet organisme a son centre naturel dans la mère commune, ou dans un petit nombre de mères associées. Dans l'organisme d'un animal vivant, un certain nombre de cellules germinales plus ou moins isolées au milieu du soma, servent à la reproduction et transmettent de génération en génération l'hérédité de l'individu ; de même, dans l'organisme social des insectes, les individus féconds, bien moins nombreux que les stériles, constituent un groupe germinal au sein du soma social. Le soma individuel ou social est destiné à périr, tandis que les cellules germinales comme les individus féconds se perpétuent dans les organismes ou dans les sociétés de l'avenir.

Telle est, dans son caractère fondamental, la condition des sociétés relativement simples chez les insectes, de celles dont le corps social est constitué par une seule espèce, sans tenir compte d'animaux domestiques, de parasites et d'intrus de toute sorte, que l'on rencontre souvent en grand nombre, dans les nids des fourmis et des termites. Mais il y a des sociétés de fourmis, dans lesquelles deux espèces différentes vivent ensemble et forment deux classes sociales d'origine différente. La constitution de ces sociétés mérite d'être considérée à part.

Le type le plus remarquable de ce genre de société est celui de la fourmi amazone (*Polyergus rufescens*) ayant pour associée ou auxiliaire, la fourmi noire-cendrée (*Formica fusca*) ou plus rarement la fourmi mineuse (*Formica rufibarbis*). Si nous ouvrons un nid de cette sorte, nous y trouverons une femelle féconde amazone avec un nombre plus ou moins grand d'ouvrières de la même espèce, mêlées à une masse bien plus considérable d'ouvrières noir-cendrées ou mineuses. Pas de femelle féconde de l'espèce auxiliaire. Des nymphes ouvrières auxiliaires, des larves et nymphes de tout âge et de tout sexe de l'amazone peuvent se trouver dans le nid, ainsi que des femelles et mâles ailés de cette espèce. La population dominante, la seule qui se reproduise dans le nid par les œufs de sa reine, est donc l'amazone.

La classe auxiliaire stérile ne s'accroît que par importation de nymphes ravies à des fourmilières de son espèce.

Les observations classiques de P. Huber, confirmées par les recherches subséquentes, ont montré que tout le travail ordinaire de la fourmilière, le soin de bâtir, de pourvoir aux vivres, d'élever les larves, incombe aux auxiliaires, tandis que les amazones sont oisives dans le nid, incapables même de prendre leur nourriture, si elle ne leur est offerte par les auxiliaires. Mais ces mêmes amazones déploient hors du nid leur activité spéciale : leur armée, d'un élan irrésistible, attaque dans ses expéditions les sociétés de noir-cendrées ou de mineuses qui se trouvent dans le voisinage, pour leur enlever leurs nymphes. Celles-ci subiront leur métamorphose et écloront à la vie active dans le nid des amazones dont elles deviendront la caste ouvrière, tandis que les amazones en sont la caste guerrière.

L'analogie avec la société humaine nous fait comparer naturellement les amazones à une noblesse guerrière, s'imposant par droit de conquête à une race vaincue de serfs ou d'esclaves. Mais la ressemblance n'est que superficielle; nulle contrainte ne vient modifier l'activité instinctive des ouvrières auxiliaires, qui s'exerce

dans la fourmilière mixte aussi librement que dans une fourmilière indépendante de leur espèce. Il n'existe entre les deux castes
aucune rivalité, aucun motif de discorde.

L'origine de cette organisation sociale est bien différente de
celle des conditions analogues dans les sociétés humaines! L'étude
d'une autre espèce jettera quelque lumière sur la question.

Chez la fourmi sanguine (*Formica sanguinea*), il y a aussi des
auxiliaires appartenant aux mêmes espèces que celles de l'amazone; mais leur nombre est bien moindre et elles peuvent même
manquer. Les sanguines ne sont pas exclusivement guerrières;
elles prennent part à tous les travaux du nid avec leurs auxiliaires; le recrutement de ces dernières se fait comme chez les amazones, par enlèvement de nymphes dans les nids du voisinage.

L'instinct esclavagiste des fourmis amazones et sanguines tire
vraisemblablement son origine de l'habitude qu'ont beaucoup d'espèces de fourmis, et la fourmi sanguine elle-même, de piller les
fourmilières d'autres espèces dont elles enlèvent les larves et les
nymphes, pour les transporter dans leur nid et les dévorer ensuite.
De jeunes ouvrières, écloses des nymphes étrangères, dans le nid
des pillards, ont pu ainsi devenir des auxiliaires chez les ancêtres
des fourmis esclavagistes actuelles. Cette explication de l'origine
des fourmilières à esclaves a été proposée par Darwin et est généralement acceptée. L'observation montre que les jeunes fourmis
récemment métamorphosées, prises dans différentes fourmilières
de la même espèce ou même dans des fourmilières d'espèces différentes, n'ont pas les unes envers les autres les tendances hostiles
que l'on remarque chez les fourmis plus âgées. Ecloses dans le nid
étranger, les jeunes auxiliaires prennent l'odeur du nid où elles
vivent et sont reconnues comme concitoyennes et amies par les
autres habitantes du nid, comme étrangères et ennemies par les
fourmis de leur nid d'origine.

En rassemblant dans un appareil de jeunes fourmis d'espèces
diverses, l'on a pu former ainsi des fourmilières mixtes artificielles
de composition fort variée. Mais on rencontre aussi, quoique rarement, à l'état de nature, des fourmilières mixtes composées de
deux espèces qui forment habituellement des sociétés sans mélange.
Il est probable qu'une partie au moins de ces sociétés doivent leur
formation à l'éclosion fortuite de jeunes ouvrières étrangères provenant de nymphes pillées.

D'autres cas de fourmilières mixtes naturelles anormales doivent avoir une autre origine : ce sont des fourmilières mixtes par alliance. Elles ont pu se former par l'association de deux femelles d'espèce différente, fondant ensemble un nid commun, ou encore par la fusion de deux fourmilières voisines, après un état de guerre plus ou moins long. Foret a composé artificiellement des fourmilières de ce genre en mêlant dans un sac la population de deux nids; après une période de querelles individuelles et de petits combats, la paix finit par s'établir et la population artificiellement mélangée travaille en bonne harmonie à l'établissement d'une fourmilière commune [1]. Ce genre de fourmilière mixte a bien plus de ressemblance que celle des amazones avec une société humaine formée du mélange de plusieurs éléments ethniques, car chaque espèce peut avoir ses femelles fécondes et se reproduit par elle-même. Malgré cela, il n'y a pas de suprématie d'une espèce sur l'autre, pas de différence de niveau social ni de lutte de classes.

Je ne ferai que signaler l'existence de formes dégénérées de la constitution esclavagiste que l'on observe chez quelques espèces de fourmis, telles que les *Strongylognathus testaceus :* l'espèce auxiliaire est la fourmi des gazons *(Tetramorium caespitum) :* elle est plus forte que l'espèce maîtresse et celle-ci est incapable de toute offensive sérieuse et dépourvue d'instincts guerriers. La classe guerrière est descendue au rang de parasite. Wasmann pense que les fourmilières à auxiliaires de *Strongylognathus testaceus-Tetramorium* se constituent par alliance et que plus tard les *Strongylognathus* tuent la femelle féconde des *Tetramorium*. Chez une espèce voisine, *Strongylognathus Huberi,* Forel a montré l'existence de restes de l'instinct belliqueux, ce qui fait supposer, chez les ancêtres du genre, des mœurs analogues à celles des fourmis amazones [2].

Avec quelque peu d'imagination, l'on a pu tirer des mœurs des fourmis à auxiliaires des considérations morales fort édifiantes sur l'influence dégradante de l'esclavage, étant admis que le soi-disant esclavage des fourmis puisse être identifié à celui des sociétés

---

[1] Voir Forel, *Les fourmis de la Suisse*, 1874, et Wasmann, *Die zusammengesetzten Nester*, etc.

[2] L'on peut regarder, comme degré extrême de la dégénération d'une société mixte, le parasitisme de la femelle d'*Anergates*. Chez cette fourmi, il n'y a pas d'ouvrières; la femelle vit en intruse, dans une fourmilière de *Tetramorium caespitum* qui la nourrit, et nourrit et soigne aussi sa progéniture.

humaines. En effet, la comparaison n'est pas sans un fond de
véritable analogie; la spécialisation de la race guerrière, la rendant
incapable de remplir les fonctions les plus nécessaires de la vie
sociale, la place sous la dépendance de la race travailleuse et
transforme sa domination en une sorte de parasitisme. Heureusement n'y a-t-il pas d'agitateurs politiques chez les fourmis, pas de
révolution sociale possible dans leur république!

Le nom de république n'est pas moins impropre, lorsqu'on l'applique aux sociétés des fourmis, que celui de monarchie, appliqué à la
société des abeilles. République ou monarchie impliquent la notion
de l'existence d'un gouvernement, d'une direction permanente ou
temporaire, appartenant à une personne, à un conseil ou au moins
à la délibération du peuple rassemblé. Rien de pareil chez les insectes sociaux qui se trouvent politiquement sous un régime d'anarchie
complète, réglé uniquement par la puissance de l'instinct qui réside
en chaque individu et le contraint d'agir, d'accord avec les autres,
poussé par les mêmes sensations, à satisfaire les mêmes besoins
individuels et collectifs.

Sauf les différences inhérentes à la constitution physique de
chaque individu, tous les habitants de la ruche ou de la fourmilière sont égaux. L'ouvrière minuscule qui, chez les fourmis cou-
peuses de feuilles *(Atta)*, ne sort jamais du nid et passe sa vie à
tondre les hyphes du jardin à champignons, n'est pas l'inférieure
de l'ouvrière géante à tête énorme qui défend la cité contre les
ennemis du dehors. Dans la fourmilière mixte de l'amazone ou de
la sanguine, la fourmi auxiliaire noir-cendrée est conduite par son
propre instinct à faire l'ouvrage que les guerrières négligent ou
seraient incapables de faire.

Il y a toutefois, chez les fourmis, une division du travail indépendante de l'existence de classes morphologiquement différentes
les unes des autres. Ainsi Lubbock a remarqué que, dans une de
ses fourmilières de *Formica fusca,* un petit nombre d'ouvrières
était occupé à aller et venir du nid aux provisions que l'observateur mettait à la disposition des fourmis. Lubbock emprisonna une
partie des pourvoyeuses : elles furent remplacées par d'autres, en
sorte que leur nombre demeura à peu près constant[1]. Le nombre
des fourmis chargées de l'exploitation d'un monceau de vivres varie
suivant son importance. Celle qui a découvert le trésor y revient

[1] Lubbock, *Ants, Bees and Wasps*, p. 46.

bientôt, seule ou suivie d'une ou plusieurs compagnes. Il y a eu
communication d'une nouvelle intéressant les autres fourmis, entraînement à suivre l'exemple d'une compagne; mais rien n'indique
qu'un ordre soit parti d'une autorité quelconque, déléguant telle ou
telle autre fourmi à un office déterminé.

L'initiative individuelle et l'entraînement de l'exemple se montrent avec la plus grande évidence dans les expéditions des fourmis amazones. « Ce qu'il y a de certain, écrit Forel, c'est que
» chaque départ dans une direction quelconque, soit lorsque les
» fourmis sortent de leur nid, soit lorsqu'elles sont arrêtées et
» indécises au milieu de leur course, vient toujours à la suite de
» l'impulsion donnée par un petit noyau d'ouvrières, tantôt de
» celles de la tête, tantôt de celles de la queue, tantôt de celles du
» gros de l'armée. Tandis que l'armée entière indécise cherche de
» tout côté, on voit tout à coup, à une place quelconque, un mou-
» vement très restreint de quelques fourmis qui précipitent leur
» allure, se frappent de leur front et s'élancent dans une direction,
» serrées les unes contre les autres, en fendant la foule des indé-
» cises. Celles-ci ne les suivent point toutes à la fois, mais parmi
» celles qui ont donné le signal, il y en a qui retournent continuel-
» lement en arrière et qui se jettent au milieu des indécises, les
» frappent l'une après l'autre de leur front; dès qu'une fourmi a
» reçu cet avertissement, elle suit le mouvement. Les amazones
» veulent être suivies. Si une tête d'armée s'est formée comme je
» viens de l'indiquer (peut-être est-ce une seule fourmi qui com-
» mence le mouvement), et si, malgré les émissaires qu'elle envoie
» en arrière, elle n'est pas suivie par le gros de l'armée ou au
» moins par un certain nombre de fourmis, on la voit hésiter, fai-
» blir, puis retourner en arrière. C'est ainsi que, lorsque deux
» têtes se forment à la fois dans deux directions différentes, la plus
» faible cède le plus souvent et revient sur ses pas. Nous verrons
» que ce n'est pourtant pas toujours le cas. C'est surtout afin de
» s'assurer qu'elles sont suivies que les ouvrières marchant en tête
» retournent constamment en arrière, laissant leur place à celles
» qui les suivaient immédiatement, comme l'a observé Huber » [1].
Ce n'est donc pas un chef élu ou s'imposant aux autres qui commande ou dirige ; ce n'est pas non plus une fourmi déterminée qui

Forel, *Fourmis de la Suisse*, p. 296.

guide la colonne en marchant à sa tête, car cette tête ne reste pas la même et se renouvelle continuellement.

Comment se dirigent les fourmis amazones? Forel pense avec raison que c'est par la connaissance qu'elles ont des lieux₮ par le moyen d'explorateurs qui parcourent isolément les environs de la fourmilière. C'est de ces explorateurs, sans doute, que partent les impulsions directrices dans les expéditions; impulsions aisément suivies par une troupe douée d'une certaine capacité d'orientation et marchant en masse serrée et en direction plus ou moins rectiligne.

Bien des observations, qui ont été publiées surtout sur des fourmis exotiques, tendent à prouver que des individus à grosse tête font l'office de directeurs, surveillants ou chefs de file. Je pense qu'il ne faut accueillir de pareilles conclusions que sous bénéfice d'inventaire; elles sont trop suspectes de cet anthropomorphisme qui a induit en erreur nombre d'observateurs, en Europe même, et dont les critiques de Wasmann ont fait justice.

L'impulsion à un mouvement général, partant d'un individu qui entraîne un petit groupe et se transmettant de celui-ci à la masse entière, s'observe aussi bien dans les foules humaines que chez les fourmis. Il n'est pas besoin d'organisation spéciale pour que ce phénomène se manifeste : la masse est là, inquiète, agitée, prête à se mouvoir; qu'un mot, qu'un acte suggère un sentiment collectif, la voilà qui part, violente, irrésistible. J'ai dit « un mot » : Voici encore une ressemblance entre les fourmis et la foule humaine; car, comme on sait, les fourmis ont aussi leur langage, langage sans doute bien simple et imparfait, composé de chocs et d'attouchements, mais suffisant pour communiquer les sentiments que ces insectes éprouvent à l'approche du danger, à la découverte d'aliments, pour transmettre l'impulsion à une action. Par le contact des antennes, les fourmis reconnaissent leurs amis et leurs ennemis et demandent leur nourriture; par le choc de leurs têtes, elles s'entraînent mutuellement à l'ouvrage ou à la bataille.

Il y a donc lieu de comparer le peuple des fourmis à une foule humaine. Il a, comme cette foule, le sentiment social de sa cohésion, de son unité collective; il subit, comme elle, la suggestion mutuelle et l'entraînement de l'exemple.

Mais à part ce fonds commun, dès que l'organisation sociale atteint un degré plus élevé, la fourmi, l'insecte social quel qu'il soit, s'éloigne de l'homme. Le principe fondamental de ses sociétés est essentiellement différent de celui des sociétés humaines : ce principe c'est que la masse ne prend aucune part à la fonction biologique de la reproduction. Cette masse est stérile par elle-même et a pour centre un ou quelques individus reproducteurs dont la conservation est condition *sine qua non* de la durée de la société.

Fondée sur le polymorphisme, la société des insectes se complique par le développement progressif du polymorphisme même ; nous voyons se différencier les différentes formes d'individus stériles, ouvrières grandes et petites, soldats spécialisés pour des fonctions particulières à remplir au sein de l'organisme social. Tout cela, sans aucune apparence d'autorité supérieure, coordonnant le travail de chacun. Pas de droits personnels à défendre, ni de devoir à imposer : chacun accomplit spontanément la tâche à laquelle il se trouve adapté par sa structure corporelle et à laquelle son instinct le pousse. Un mécanisme automatique, dont les rouages nous sont encore à peu près inconnus, règle la fonction fondamentale, celle de l'élevage, en juste quantité, des différentes sortes d'individus dont la société se compose.

Cette fonction fondamentale n'existe pas chez l'homme dont les sociétés n'atteignent une organisation élevée qu'à la suite de l'institution d'un ordre social, reposant sur des droits et des devoirs, reconnus de tous et défendus contre les prétentions des individus par un pouvoir personnel ou collectif.

Même là où, chez les fourmis, deux espèces vivent ensemble, constituant une société mixte, l'amazone ravisseuse et guerrière, la noir-cendrée ouvrière étrangère, ravie au berceau, le même accord instinctif règne entre les deux castes, coopérant sans rivalité au bien-être commun. Encore ici, pas de droits ni de devoirs, pas d'autorité, pas de gouvernement.

Un certain degré de polymorphisme des individus existe sans doute aussi dans la société humaine : il détermine les aptitudes personnelles; il dépend à son tour en partie de la condition sociale et professionnelle de chaque individu qui en modifie l'être physique et moral. Ce polymorphisme est irrégulier ; il ne provient pas d'un élevage systématique, mais principalement des variations individuelles, du mélange des hérédités des ascendants et de l'influence du milieu extérieur sur l'individu, pendant son développement. Sauf des exceptions dont le nombre est insignifiant, tous sont capables de se reproduire. Lorsque, comme dans le cas des sociétés compliquées des peuples civilisés, il existe des classes sociales, chacune d'elles a des intérêts différents de ceux des autres classes et chaque famille est en concurrence avec les autres familles de sa classe. Le fait que chaque individu est capable de se reproduire et de prendre part à la fondation d'une famille crée une foule de rivalités qui ne sauraient exister dans les sociétés des insectes. Ce sont ces rivalités qui font naître dans toute société humaine le besoin d'une autorité personnelle ou collective. D'autres contrastes ont pour cause la puissance de la personnalité humaine, l'inquiétude qui pousse l'homme à s'efforcer d'embellir ou d'améliorer soi-même et ce qui l'entoure; c'est ce que l'on pourrait appeler l'instinct du progrès. Je ne chercherai pas ici si des vestiges de cet instinct ne se trouvent pas chez les animaux; mais aucun, à cet égard, ne s'approche de l'homme. C'est là une des marques les plus caractéristiques de la nature humaine; c'est la raison principale de l'instabilité de tout ce qui est humain, l'ordre social non excepté.

Par ce point encore, la société humaine diffère profondément des sociétés des insectes. Celles-ci peuvent se modifier et ont dû se modifier dans le cours des siècles; mais leurs changements ne sont pas le produit de luttes intestines, d'innovations pensées et voulues. Elles n'ont jamais soutenu que des luttes extérieures qui ont agi comme agents de sélection, dans le combat des sociétés entre elles, contre leurs ennemis de tout genre ou contre les forces de la nature.

Il faut descendre aux hordes égalitaires et à peu près anarchiques des sauvages les plus primitifs pour trouver quelque chose qui puisse être comparé directement aux sociétés des insectes. Encore cette comparaison ne laisserait-elle reconnaître qu'une bien petite somme de ressemblances, à côté de différences profondes. Nous pouvons dire qu'entre l'homme et les insectes sociaux, il n'y a guère d'autre point commun que le besoin de vivre en société. Aussitôt que cette société s'organise et se perfectionne, les différences deviennent de plus en plus profondes et tout à fait irréductibles.

L'importance sociologique de l'étude des insectes sociaux se réduit donc à peu de chose. Il ne saurait être question d'imiter dans la société humaine l'organisation des fourmilières : il faudrait pour cela que les hommes devinssent fourmis en perdant l'activité toute naturelle de leur esprit, le désir insatiable du mieux, cause de troubles et de luttes, sans doute, mais pourtant source de bien-être et condition nécessaire du progrès.

Charles EMERY,

Professeur de zoologie à l'Université de Bologne.

LA CONCILIATION ET L'ARBITRAGE OBLIGATOIRES EN NOUVELLE-ZÉLANDE [1]

L'idée de terminer les conflits entre patrons et ouvriers par la conciliation et l'arbitrage a été apportée en Australie de la Grande-Bretagne et des États-Unis. De même que les syndicats de ces deux derniers pays, les syndicats australasiens ont demandé d'abord des conseils privés de conciliation ; quelques-uns ont été essayés dans des industries particulières à la suite d'un commun accord entre patrons et travailleurs : c'est ainsi que l'industrie de la chaussure eut ses conseils de conciliation de bonne heure à peu près dans toutes les colonies. En Australasie comme en Amérique, la cordonnerie se fait à la machine dans de grands ateliers où les ouvriers apprennent à se connaître, à comparer leurs salaires, à échanger leurs griefs et à s'unir pour réclamer des concessions au patron ; celui-ci, d'autre part, a intérêt à produire régulièrement, sans à-coups, et, par conséquent, à éviter les grèves. Dans ces circonstances, il n'est pas étonnant que la fabrication mécanique des chaussures ait été l'un des premiers métiers où l'on essaya la conciliation privée. A Lynn (Massachusets), l'un des centres où les machines ont été pour la première fois appliquées à la cordonnerie, les ouvriers et les patrons formèrent d'un commun accord, un conseil de conciliation dès le 21 juillet 1870 [2]. Des conseils analogues furent créés plus tard dans le même métier en Sud-Australie, en Nouvelle-Zélande et dans plusieurs colonies australasiennes.

C'était dans l'époque où les syndicats d'Australasie ne croyaient pas à l'utilité de l'action politique, présentaient directement aux patrons leurs demandes, et cessaient le travail quand ils n'obtenaient pas satisfaction. Mais la grande grève de 1890 aboutit à la ruine de plusieurs syndicats ; les ouvriers crurent que leur salut était dans l'intervention des pouvoirs publics qu'ils avaient si longtemps considérés avec défiance. Ils nommèrent des députés ouvriers et désormais les revendications ouvrières prirent la forme de projets

---

[1] Cpr. les articles précédents de M. Antoine Bertram sur *Le mouvement ouvrier en Australasie* et sur *Quelques expériences de conciliation par l'État en Australasie* dans la *Revue d'Economie politique* de 1897. L'étude suivante de M. Métin fait partie d'un rapport qui sera prochainement publié par l'Office du travail français.
(Note de la Direction).

[2] *Bulletin of the Department of Labor* (États-Unis), janv. 1897.

de loi. Entre autres propositions, on demanda à l'Etat d'établir la
conciliation officielle, et même l'arbitrage obligatoire. Des lois établissant la conciliation ou l'arbitrage officiel ont été adoptées successivement en Nouvelle-Galles du Sud (1892), en Sud-Australie
(1894), en Nouvelle-Zélande (1894). La première repose sur la
bonne volonté des parties, la seconde établit l'obligation dans certains cas qui ne sont pas toujours clairement définis, la troisième
institue une obligation nette et universelle [1].

Or, en Nouvelle-Galles et en Sud-Australie les ouvriers et les
patrons se prêtent de mauvaise grâce à la conciliation officielle. En
Nouvelle-Zélande, au contraire, cette institution, toujours combat-
tue avec acharnement par les patrons, est accueillie comme un
progrès triomphal par les ouvriers. Le *Labour Party* de Sud-Australie, hostile à la conciliation telle qu'on la pratique dans cette
colonie, réclamait aux élections générales de 1899, l'arbitrage à la
manière de la Noûvelle-Zélande. Nous allons examiner ce modèle [2].

La loi sur la conciliation et l'arbitrage obligatoire en Nouvelle-
Zélande a été présentée en 1892, repoussée deux années de suite
par la Chambre haute, votée enfin en août 1894 et mise en pratique
en janvier 1895.

Son titre complet est le suivant : Loi pour encourager la formation des associations industrielles et faciliter la solution des conflits
iŋdustriels par la conciliation et l'arbitrage (*An Act to encourage
the formation of industrial unions and associations and to faci-
litate the settlement of industrial disputes by conciliation and
arbitration*). Cette loi a été proposée par M. Reeves, ministre du
travail dans un cabinet très favorable aux ouvriers. Son auteur
s'est inspiré des demandes présentées par les syndicats de la colo-

---

[1] Ces trois lois et le fonctionnement des deux premières ont été étudiés par M. Bertram, dans cette *Revue*, année 1897, p. 539 s.

[2] Henri Demarest Lloyd : *A country without strikes, A visit to the Compulsory arbitration Court of New-Zealand*. New-York, Doubleday, Page et Cⁿ, 1900, in-8º.
M. Lloyd, qui a visité la Nouvelle-Zélande quelques semaines avant moi, a étudié dans
cet ouvrage un grand nombre de décisions des conseils de conciliation et de la cour
d'arbitrage.

La série des décisions des conseils et de la cour se trouve dans le *Journal of the
Department of Labour*, publié par le ministère du travail de Nouvelle-Zélande, à Wel-
lington.

nie ; il a fait, avant de rédiger la loi, une étude consciencieuse des différents systèmes de conciliation par l'État, dont il a exposé les résultats dans un rapport précédant le projet. Sa conclusion est que ces systèmes seraient excellents s'ils ne reposaient sur la bonne volonté. Il faut donc imposer l'obligation : or ce mot, dans l'espèce, a deux sens : au début, recours à la conciliation ; à la fin, devoir, pour les deux parties, de se conformer à la décision rendue. En Nouvelle-Zélande, ces deux obligations sont entières. La grève et le lockout sont interdits.

Tout syndicat à partir de sept membres, toute organisation de patron et tout patron isolé sont sujets à la loi. Un seul patron fait exception, l'État. Or l'État néo-zélandais emploie à lui seul plus d'ouvriers que tous les autres entrepreneurs de la colonie [1] : La catégorie la plus nombreuse des salariés de l'État est celle des employés de chemins de fer. Quand la loi fut appliquée, ils en bénéficièrent d'abord, parce que l'exploitation des voies ferrées avait été confiée à des commissaires qui étaient des hommes d'affaires en dehors de la politique. Mais depuis, l'État a repris ses chemins de fer qui sont administrés par un ministre, et les travailleurs de la voie ferrée ne sont plus sous la compétence des Conseils de conciliation et de la Cour d'arbitrage. Une telle situation ne pourrait durer dans un pays radical comme la Nouvelle-Zélande, si le gouvernement, systématiquement favorable à la cause ouvrière, ne donnait à ses ouvriers autant d'augmentation de salaires et d'heures de loisir que les syndicats peuvent en obtenir par la conciliation officielle. Néanmoins, les syndicats s'inquiètent de cette exception. Leur congrès colonial de 1899 a réclamé le retour des travailleurs de la voie ferrée au régime commun.

Sous ce régime, les conflits sont portés d'abord devant le Conseil local de conciliation (*Board of conciliation*). Il y a plusieurs de ces conseils, composés chacun de membres élus, moitié par les syndicats ouvriers, moitié par les associations de patrons : les patrons isolés ne sont pas électeurs ; néanmoins, ils peuvent être assignés par le syndicat comme ceux qui sont associés. Par suite, nul moyen pour eux de se soustraire à l'application de la loi en refusant d'entrer dans une organisation. D'autre part, ils ne peuvent traduire devant le Conseil que les ouvriers syndiqués. Les patrons essayent-

---

[1] La seule grève qui ait eu lieu depuis 1894 a été faite par des maçons non syndiqués, au service de l'État.

ils, comme en Nouvelle-Galles et en Sud-Australie, de remplacer les syndiqués par des non syndiqués pour arguer que le travail a repris et que le Conseil n'a pas à intervenir ? Ils ne le peuvent, d'après la loi même, si l'affaire est déjà en conciliation. Dans le cas contraire, les ouvriers renvoyés (et les patrons abandonnés par leurs ouvriers) ont six semaines pour se pourvoir devant le Conseil. Le patron n'a donc aucun avantage à renvoyer ses ouvriers.

Le Conseil local essaye d'arranger le conflit à l'amiable ; s'il n'y réussit pas, il rédige un rapport et renvoie l'affaire à la Cour centrale d'arbitrage. Il n'existe aucun moyen pour les parties de se soustraire à la juridiction de cette Cour, pas même le refus de comparaître. La Cour se compose de deux délégués élus l'un par les associations de patrons, l'autre par les syndicats ouvriers, et d'un président désigné par le Gouvernement. Le président actuel est un juge de la Cour suprême.

La Cour peut ordonner la comparution de témoins, la production des papiers et livres de commerce, enfin de tous les éléments nécessaires à son enquête.

Par exemple, dans un conflit entre ouvriers et manufacturiers en chaussures, les patrons d'Auckland prétendirent qu'ils pouvaient payer des salaires moins élevés que dans les autres villes parce qu'ils avaient plus de frais que les autres patrons. La Cour les obligea de faire, par leurs livres, la preuve de leurs allégations ; et après examen, elle leur donna tort. Aucune autre institution de ce genre n'a ou n'exerce un tel pouvoir.

Chaque partie peut, avec le consentement de l'autre, se faire représenter par un avocat. La Cour rend un jugement conforme à l'équité et à la conscience.

Ces jugements peuvent être rendus pour deux ans ou moins au gré de la Cour. A leur expiration ils peuvent être renouvelés. Ainsi une sentence rendue pour un an dans un différend entre patrons et ouvriers cordonniers, a été renouvelée à son expiration pour deux années [1].

Le jugement peut être rendu exécutoire : c'est ce qui arrive dans la plupart des cas : la sanction est une amende pouvant aller jusqu'à 250 fr. pour un particulier et 12.500 fr. pour une association.

Les jugements de la Cour sont définitifs : Un article de la loi

Lloyd, p. 53.

déclare formellement qu'ils ne sont sujets à aucun appel et à aucune
confirmation ou cassation devant quelque juridiction que ce soit.
C'est une précaution contre les appels qui auraient pu être introduits devant la Cour suprême de la colonie ou le Conseil privé
d'Angleterre. Il serait peut-être arrivé la même chose qu'en Amérique où les patrons ont fait plusieurs fois déclarer inconstitution-
nelles par les Cours suprêmes des Etats ou par la Cour suprême
nationale, les mesures de protection ouvrière adoptées par les législations locales.

La Cour centrale a fort à faire : dans la majorité des cas, on fait
appel des décisions locales ; aussi la procédure est-elle longue. Les
syndicats se plaignaient, pendant mon séjour, qu'un appel entraî-
nât un délai d'une année.

En Nouvelle-Zélande, les frais de témoins seuls sont à la charge
des parties. Les autres dépenses sont payées par le budget de la
colonie. Elles se sont élevées à 110.000 fr. pour les quatre premières années (1895-1899). Le recours à l'arbitrage est donc à peu
près gratuit pour les parties, ce qui est un avantage très appréciable pour les syndicats.

La conciliation et l'arbitrage fonctionnent mécaniquement avec
ou contre le consentement des parties. L'obligation d'y recourir est
si nettement formulée que le législateur n'a pas cru devoir donner
aux Conseils ou à la Cour centrale le droit d'intervenir directement
dans certains cas, comme en Sud-Australie. Cependant M. Reeves,
en présentant le projet, a dit que le temps viendrait où l'Etat pourrait prendre une telle initiative. Il faisait probablement allusion au
cas où le patron et les ouvriers s'entendraient au détriment du
public, par exemple pour faire hausser les prix : ce danger ne s'est
pas encore manifesté nettement.

Jusqu'à présent les effets de la conciliation officielle ont été
d'empêcher les grèves et lockouts, et surtout de créer une jurisprudence nouvelle, interprétant les anciennes lois, ou encore innovant
hardiment en faveur des syndicats ouvriers. On ne saurait trop
insister sur l'importance de ce résultat. C'est, en effet, surtout
depuis la publication de la loi de 1894 que la Nouvelle-Zélande est
devenue la terre d'élection vers laquelle se tourne l'attention des
partis ouvriers et des réformateurs sociaux du reste de l'Australasie et de toutes les parties du monde. Auparavant le contrat de travail a été amendé bien des fois et toujours en faveur des ouvriers

Depuis, les décisions sans appel de la Cour centrale ont réglé par des arrangements différents suivant les professions et les districts, mais dans le même esprit favorable à la cause ouvrière, tout ce qui ne pouvait être tranché par une loi unique. Le programme des syndicats, contenu jusqu'alors par les barrières rigides des lois générales, a pénétré, grâce aux petites brèches des décisions particulières jusqu'au fond même du contrat entre patron et ouvrier. La transformation était indiquée avant la loi, dès l'avènement du ministère libéral-ouvrier Ballance en 1890. Elle a pu être achevée grâce à la loi, dont nous allons examiner les effets.

I. *Encouragements aux associations de patrons et aux syndicats ouvriers, qui profitent particulièrement aux syndicats.* — Rappelons que la loi a, d'après son titre, deux objets et que le premier indiqué consiste à *encourager la formation des unions industrielles,* c'est-à-dire à organiser les patrons et les ouvriers. Son application a eu pour effet d'augmenter le nombre des associations de patrons et des syndicats d'ouvriers. On peut considérer comme caractéristique à ce propos une décision de la Cour centrale (janvier 1900) par laquelle les ouvriers, dans les métiers où la préférence doit être donnée aux syndiqués, sont invités à travailler de préférence chez les patrons groupés en associations. Tel est bien l'esprit de la loi.

En fait, ce sont les ouvriers qui trouvent avantage à se grouper. La preuve en est dans une décision de la Cour centrale favorable à un syndicat de ferblantiers et de tôliers. La Cour regrette de ne pouvoir étendre le bénéfice de sa décision à certains ouvriers en poêles non organisés, mais elle les invite à se syndiquer afin qu'ils puissent avoir les mêmes avantages que les précédents. La loi elle-même encourage la formation de syndicats, comme toutes les lois sur la conciliation officielle, puisque l'application de ces lois serait impossible si les ouvriers restaient isolés. La loi néo-zélandaise est la moins exigeante de toutes sur les conditions nécessaires à l'existence d'un syndicat ; elle se contente en effet d'un minimum de sept membres et de la déclaration ordinaire. Les Conseils et Cours se montrent disposés à donner aux syndiqués le droit d'être employés avant les non syndiqués, partout où ce privilège paraît être la coutume du métier ; elles se contentent en général d'ajouter la restriction suivante : « pourvu que les syndiqués soient aussi bons ouvriers que les autres ». Ainsi, dans une première décision rendue pour l'industrie des chaussures, la Cour avait simplement engagé les patrons à donner la préférence aux syndiqués. Dans une deuxième décision, elle a repoussé la proposition des patrons, formulée dans ces termes : « Les industriels ne feront pas de différence entre les membres du syndicat des ouvriers en chaussures de Nouvelle-Zélande et les non syndiqués ». Et la Cour a reproduit le texte même de la proposition des syndiqués, savoir :

« Les industriels emploieront (*shall employ*) les membres de la fédération des travailleurs en chaussures de Nouvelle-Zélande de préférence aux syndiqués ; »... avec la restriction générale indiquée plus haut, c'est-à-dire pourvu que les syndiqués soient aussi bons ouvriers que les autres. Cette tendance à favoriser les syndiqués est générale. On voit par exemple le Conseil local de conciliation de Christchurch reconnaître aux employés d'épicerie syndiqués la préférence sur les autres pour trouver du travail et enjoindre aux patrons d'avertir le bureau du syndicat vingt-quatre heures à l'avance avant d'engager un employé.

Le même conseil reconnaît la même préférence : — aux peintres syndiqués à condition qu'ils ouvrent un bureau de placement dans un rayon d'un mille (1,610 m.), à partir de la Poste centrale ; — aux fondeurs de fer syndiqués, à condition que leur association soit ouverte à tous les ouvriers de bonnes vie et mœurs.

Dans quelques circonstances, au contraire, les Conseils et la Cour n'ont pas admis ce droit de préférence pour les syndiqués. Par exemple, la Cour a reconnu à une compagnie de mines d'or le droit de choisir les ouvriers qui lui convenaient, après que cette compagnie eut établi que ses mineurs n'étaient pas sérieusement organisés. A plusieurs reprises la Cour a refusé de donner aux syndicats des marins le monopole d'être embarqués sur les navires des armateurs néo-zélandais, parce que ceux-ci ont prouvé que les membres des syndicats ne suffiraient pas au service ; en compensation, elle accorde au bureau de la trade-union le droit de visiter les navires et de s'assurer que les matelots y sont traités conformément aux lois et aux conventions. Dans tous ces cas les patrons ont dû faire la preuve que les demandes des syndicats n'étaient pas justifiées. Enfin la Cour a refusé d'accorder au syndicat des mécaniciens de Christchurch le droit de préférence pour le travail, parce qu'il comprenait seulement 17 ouvriers sur 151 de la profession et surtout parce qu'il n'était pas ouvert à tous les ouvriers. Les conditions restrictives sont en effet absolument contraires à l'esprit de la loi.

On peut donc dire que les Conseils et la Cour font non seulement œuvre de conciliation et d'arbitrage, mais de plus s'inspirent de la première partie du titre de la loi pour favoriser le développement des associations industriel'es, et que ce développement est, par la force même des choses, plus favorable aux syndicats ouvriers qu'aux syndicats de patrons.

En outre, les Conseils et la Cour font prévaloir la *coutume du métier,* c'est-à-dire la préférence pour les syndiqués, partout où elle s'appuie sur quelques précédents, ce qui est un nouvel encouragement à l'organisation ouvrière.

Enfin, plusieurs décisions sont une invitation directe à cette organisation. La plus générale de ces décisions a été rendue par la Cour d'arbitrage. La Cour y rappelle, en faveur des syndicats, d'abord le premier titre de la loi, puis la *coutume du métier,* et elle ajoute l'argumentation suivante : « Les avantages procurés par les trade unions à leurs membres ne sont pas obtenus sans frais : par conséquent il n'est que juste — à condition que l'accès de la trade-union ne soit pas fermé — de donner la préférence aux syndiqués, et si les non-syndiqués ne veulent pas payer le léger droit et les cotisations qui leur donnent droit à ces avantages, ils n'ont rien à réclamer » [1].

On peut donc dire que la loi néo-zélandaise donne, comme toutes les lois sur la conciliation officielle, une prime à l'organisation ouvrière, et que cette prime est plus avantageuse que dans tous les autres pays.

II. *Élévation des salaires, diminution des heures de travail.* — Les Conseils et la Cour ont interprété les lois générales sur les heures de travail et les ont complétées dans chaque district et dans chaque profession en légitimant la *coutume du métier,* telle qu'elle est établie par les trade-unions. Les demandes des unions peuvent se résumer ainsi :

1° La journée de huit heures ;

2° Fixation d'un salaire minimum ;

3° Diminution du nombre des apprentis.

Voyons quel accueil les Conseils et la Cour ont fait à ces demandes.

Sur le premier point, une loi générale assure aux ouvriers la

---

[1] Cité par A.-D. Lloyd, p. 64.

semaine de 48 heures, qui se répartissent ainsi : 5 journées de 9 heures, travail le samedi matin, repos le samedi après-midi et le dimanche. Les décisions ont fixé le détail des arrangements dans les professions où patrons et ouvriers n'étaient pas d'accord. Elles ont aussi donné à la question des heures supplémentaires la solution proposée par les syndicats, savoir : les heures supplémentaires sont légales [1] ; elles se payent à un tarif plus élevé, généralement une heure et demie pour une heure dans le travail au temps et suivant un tarif proposé par le Conseil dans le travail aux pièces.

Sur la question des salaires, un *minimum* est réclamé par toutes les trade-unions, mais la Nouvelle-Zélande, pas plus que les autres États, ne s'est aventurée à le fixer par une loi générale. Les Conseils locaux de conciliation ont essayé de l'établir, dans la plupart des cas en décidant que le salaire minimum est le salaire de l'ouvrier moyen. Les trade-unions voudraient qu'il fût celui du bon ouvrier. La Cour centrale a refusé cet avantage aux mécaniciens de Christchurch, en déclarant que s'il était accordé, les bons ouvriers pourraient seuls trouver de l'ouvrage, et que les autres seraient refusés par les patrons et tomberaient dans la misère. Le salaire est fixé aux pièces ou par semaine de tant d'heures : les ouvriers en chaussures ont obtenu de la Cour 50 fr. pour 48 heures ; les épiciers ont obtenu du Conseil de Christchurch, 37 fr. 60 ; les ouvriers en confection de Dunedin ont obtenu de la Cour 32 fr. 60 pour 45 heures. Les ouvriers peuvent naturellement demander à être payés au-dessus du tarif minimum. Un salaire inférieur peut être payé, mais seulement avec l'autorisation du Conseil local : le Conseil s'est ainsi réservé le droit de ne pas fermer absolument les ateliers aux ouvriers âgés ou peu exercés. L'intervention des Conseils en matière de salaires a été très bien accueillie par toutes les organisations ouvrières. Dans les deux plus importantes, le *Trades Hall* de Christchurch et celui de Dunedin, tous les délégués de syndicat se félicitaient de la loi, à l'exception d'un plâtrier. Celui-ci reconnaissait d'ailleurs qu'il n'était pas un adversaire de la loi, qu'il la croyait seulement inutile parce que son syndicat avait obtenu ce qu'il désirait des patrons, sans recourir à la loi. Mais tous les autres déclaraient qu'un tel résultat était dû à la certitude

---

[1] Beaucoup de syndicats anglais et la plupart des partisans de la limitation de travail pensent que les heures supplémentaires ne devraient pas être autorisées. Voir leurs arguments dans S. et B. Webb : *Industrial Democracy*, London, 1898, t. I, p. 330 s.

que les patrons avaient de perdre leur cause s'ils la portaient devant le Conseil. Tous s'accordaient à trouver qu'une décision officielle, obligatoire pendant un ou deux ans, est plus avantageuse pour l'ouvrier qu'un contrat privé sans garanties certaines. D'après les renseignements que j'ai recueillis, le salaire moyen d'un ouvrier qualifié à Christchurch ou à Dunedin serait de 10 shillings (12 fr. 60) par jour en moyenne, le taux le plus élevé de toute l'Australasie ; le principal bénéfice de la loi serait d'avoir rendu les salaires beaucoup plus uniformes. J'ajouterai que la Cour a cherché à réprimer le *sweating system* en adoptant dans ses décisions les propositions des ouvriers en chaussures et des ouvrières en confection contre le travail à domicile.

La question des apprentis est particulièrement aiguë dans les pays anglais parce que les écoles professionnelles y sont peu nombreuses et qu'un jeune homme n'y peut guère apprendre un métier qu'en passant par l'atelier. Il en résulte que les patrons sont tentés d'employer beaucoup d'apprentis, et que les syndicats réclament, dans presque tous les cas portés devant les Conseils, la réduction du nombre des apprentis. La Cour a consenti à fixer une proportion entre le nombre des ouvriers et celui des apprentis dans le cas des ouvriers en chaussures, des ouvrières en confection. Les Conseils se sont inspirés des nécessités locales. Celui de Christchurch n'a pas voulu restreindre le nombre des apprentis mécaniciens, sous prétexte que les élèves de son école des manufactures ne pouvaient pas recevoir d'enseignement pratique ailleurs que dans les ateliers. Il touchait à la véritable solution de la difficulté, c'est-à-dire la création d'écoles professionnelles, qui est réclamée par plusieurs membres des partis ouvriers australasiens.

III. *L'opinion des patrons.* — Tous les patrons sont contre la loi de conciliation et d'arbitrage obligatoire. Beaucoup d'entre eux ont refusé de prendre part aux élections des Conseils locaux et le gouvernement a dû, dans plusieurs cas, désigner d'office les membres patrons de ces Conseils. Mais, malgré toute la mauvaise volonté du monde, il est impossible d'échapper à la compétence des Conseils et de la Cour ; on a vu en effet que tout patron, même s'il ne fait partie d'aucune association, peut être cité devant les Conseils ou la Cour. Ceux-ci de plus peuvent étendre une décision rendue dans un cas particulier à tous les ateliers ou chantiers de la même profession. Néanmoins l'opposition faite par les patrons à la loi est

catégorique, et sans exception. Tous ceux que j'ai vus m'ont dit :
« La journée de huit heures, soit ! la conciliation et l'arbitrage
obligatoires ; jamais! ». Les associations de patrons ont pour but
principal de protester contre la loi et son interprétation. Je fus invité
à une réunion de celle de Christchurch ; j'y entendis deux délégués
des patrons boulangers qui se plaignaient d'une récente décision
suivant laquelle ils ne pouvaient avoir qu'un apprenti par deux
ouvriers. Or, sur les 69 patrons de Christchurch, 66 travaillent avec
un mitron et un apprenti ; s'ils étaient obligés de remplacer l'apprenti par un second ouvrier, ils déclaraient qu'ils fermeraient boutique. L'association les engagea à plaider devant le Conseil le
maintien du *statu quo*, sous prétexte que mettant eux-mêmes la
main à la pâte, ils devaient être considérés comme ouvriers.

J'ai visité dans leurs ateliers plusieurs des membres importants
de la même association, deux fabricants de meubles, deux fabricants d'instruments aratoire, un tisseur de laine. Tous se sont
plaints de l'élévation et de l'uniformité des salaires qui est la principale raison de la faveur que les ouvriers témoignent à la loi ; tous
se plaignent de la multiplicité des appels à la conciliation ; le mois
précédent, vingt-six décisions avaient été publiées dans le Journal
du département du travail. Tous m'ont déclaré aussi qu'ils s'adres-
seraient prochainement au Conseil pour demander une réduction
de salaires. « En attendant, disaient les fabricants d'instruments
aratoires, nous importons un nombre toujours plus grand de pièces
toutes faites des Etats-Unis et nous nous contentons de faire le
montage ».

Il est vrai que l'importation peut être arrêtée par les droits de
douane, qui sont déjà presque prohibitifs. C'est sans doute grâce à
eux, que l'industrie néo-zélandaise a continué à se développer depuis
la loi. En tous cas, elle ne cesse de progresser. M. Reeves, l'auteur
de la loi de conciliation, aujourd'hui agent général de Nouvelle-
Zélande à Londres, a parfaitement établi ce point dans plusieurs
lettres aux journaux anglais. Le fait semble prouver que la marge
entre les prix des salaires et les profits attendus est assez large pour
qu'on puisse notablement augmenter les premiers sans faire disparaître les seconds. Du reste la protection douanière permet aux
fabricants de retrouver une partie de leurs bénéfices en élevant les
prix de vente et ils n'y ont pas manqué. Le prix des objets fabriqués en Nouvelle-Zélande a augmenté ; mais la faculté d'achat de

la classe la plus nombreuse a augmenté aussi, et, en pays anglais, les ouvriers dépensent beaucoup. L'industrie se développe donc, mais ne risque-t-elle pas de rester stationnaire quand elle satisfaira les besoins des 700.000 habitants de Nouvelle-Zélande? Les produits manufacturés de la colonie sont trop chers pour être exportés même si les pays étrangers ne répondaient point par des droits de représailles au tarif de Nouvelle-Zélande. La colonie serait donc réduite à fabriquer pour elle seule. C'est une hypothèse que les partisans de la loi acceptent parfaitement. « Nous aimons mieux, m'ont affirmé plusieurs d'entre eux, produire pour nous seuls et garder nos lois ouvrières jusqu'à ce que le monde extérieur les ait adoptées ».

Les essais de conciliation tentés en Australasie donnent trois enseignements : 1° la conciliation et l'arbitrage par l'Etat n'ont aucune efficacité tant qu'ils ne sont pas obligatoires; 2° les patrons sont partout hostiles à la conciliation officielle, quoique beaucoup d'entre eux admettent la conciliation privée; 3° les ouvriers ne sont favorables à la conciliation officielle qu'en Nouvelle-Zélande. On peut même dire que, dans le monde entier, les syndicats sont en général défavorables à la conciliation par l'Etat. J'insiste sur ce fait en l'éclairant par les observations suivantes. La conciliation et l'arbitrage officiels ont été proposés en 1899, aux Congrès des trade-unions anglaises par M. Ben Tillet, qui les avait étudiés en Nouvelle-Zélande, et la proposition a été repoussée à une grosse majorité. Ce vote était conforme au sentiment de tous les leaders syndicaux que j'ai vus aux Etats-Unis. Tous m'ont déclaré qu'ils n'admettraient jamais que l'Etat pût leur imposer une solution, parce que l'Etat représente les intérêts des patrons. Tout en reconnaissant que le gouvernement de Nouvelle-Zélande est favorable aux syndicats, ils jugeaient ceux-ci bien imprudents d'avoir accepté une intervention qui pourrait se tourner contre eux si l'opinion publique prenait le parti des patrons et se prononçait en faveur d'une réduction de salaires ; alors, en effet, la Cour, jugeant selon l'équité, obligerait les ouvriers à se résigner sans lutte. Quoiqu'un pareil avenir soit peu probable, il paraît certain que les ouvriers de Nouvelle-Zélande, en acceptant la loi avec tant de faveur, ont

songé surtout à l'encouragement qu'elle donne aux unions industrielles.

Ce qu'ils ont vu dans la loi, c'est moins la conciliation et l'arbitrage obligatoires que le moyen de rendre à peu près obligatoires :

1° Le syndicat ouvrier :

2° Le contrat collectif entre patron et syndicat au lieu du contrat individuel entre patron et ouvriers isolés ;

3° L'introduction, pour une ou deux années, dans ce contrat, de
la *coutume du métier,* c'est-à-dire d'avantages réclamés avec persistance par les syndicats et accordés quelquefois par les patrons
dans des circonstances exceptionnelles et passagères ;

4° Le minimum de salaires et la répression du *Sweating-system.*

Albert MÉTIN.

L'ESSOR ÉCONOMIQUE DU JAPON D'APRÈS QUELQUES PUBLICATIONS RÉCENTES [1]

Le Japon est, de l'aveu unanime, un des pays qui ont le plus fortement attiré l'attention des visiteurs de l'Exposition. Il en est peu assurément qui marchent d'un pas aussi rapide dans la voie du progrès et ses transformations industrielles en particulier méritent d'être signalées dans une Revue d'économie politique, aux peuples un peu endormis de la vieille Europe.

Aussi bien le Japon ne peut être rangé, comme on le dit quelquefois, dans la catégorie des peuples neufs. L'Empire du soleil levant est un des plus antiques foyers de civilisation du monde. Il brillait déjà d'un vif éclat sept cents ans avant l'ère chrétienne : il a traversé les siècles, non pas immuable sans doute, mais en conservant assez de vitalité pour laisser sur les institutions et les mœurs d'aujourd'hui une forte empreinte. Presque inconnu aux Européens, il fut oublié du reste du monde. Mais, quand au milieu du xixe siècle on s'avisa de lui offrir une place parmi les nations civilisées, en disant : « C'est un petit pays qui vient de naître », on s'aperçut bientôt que le soi-disant nouveau-né marchait déjà tout seul et même à grands pas. A peine avait-on commencé à l'initier aux sciences de l'Europe, qu'on remarqua la rapidité avec laquelle il se les assimilait. Un jour — c'était en 1894 — une guerre éclate entre lui et le peuple chinois, un géant, semblait-il, à ses côtés. On prédit naturellement la victoire du géant et ce fut l'enfant qui triompha !

Depuis le mois de juillet 1899, les barrières qui séparaient encore les Japonais des étrangers ont disparu. Le pays a été entièrement ouvert, les juridictions consulaires ont été abolies. La justice est maintenant rendue comme en Europe, et le Japon est, à ce point

---

[1] Nous avons rédigé cette courte notice, principalement d'après diverses publications faites par le Japon à l'occasion de l'exposition universelle et dont nous citerons en note les principales. Mentionnons aussi les ouvrages suivants : *Résumé statistique de l'empire du Japon* (en japonais et en français), Tokio, 1900, 158 p., in-4 ; *General view of Commerce and Industry in the Empire of Japan*, 1900, 455 p., in-8, avec cartes et plan ; *Le Japon, essai sur les mœurs et les institutions*, par J. Hitomé, Paris (Larose), 1900, 306 pages, ouvrage illustré de 74 photogravures hors texte ; *Die gesellschaftliche und wirthschaftliche Entwickelung in Japan*, par le Dr Tokuzo Fukuda, Stuttgart (Cotta), 1900, X-190 pages, in-8, ouvrage fort utile pour comprendre l'évolution économique du Japon depuis les origines de la civilisation dans ce pays.

de vue, comparable à toutes les grandes nations civilisées. Après
trente années de discussions approfondies, sa législation a été
réformée et unifiée. Son code civil, inspiré du nouveau code allemand, est une des œuvres législatives les plus remarquables de
l'époque contemporaine.

Le Japon est le seul pays d'Asie qui ait une constitution (elle date
du 11 février 1889). La souveraineté appartient à l'empereur, mais
le pouvoir législatif appartient à une Diète qui se compose d'une
chambre des pairs et d'une chambre des députés. Le peuple possède, sous quelques réserves, la liberté de la parole, la liberté de
la presse, la liberté d'association et la liberté des cultes. Les Japonais ne témoignent plus aucune hostilité au christianisme. De la
haine, ils sont passés à l'indifférence. La religion est, d'ailleurs,
.chose secondaire pour les classes dirigeantes [1] ; aucune place n'est
faite à l'instruction religieuse dans l'éducation publique, on ne se
préoccupe que d'enseigner (sur des bases purement rationnelles, en
éliminant toute croyance surnaturelle), l'amour de la patrie, la fidélité au souverain, la piété filiale, le respect des vieillards, le culte
de la famille et celui des morts.

C'est vers le développement de l'industrie, du commerce, de
l'agriculture que les Japonais portent surtout aujourd'hui leur effort
et les progrès qu'ils ont déjà réalisés méritent au plus haut point
de fixer notre attention.

Les Japonais eux-mêmes ont d'ailleurs conscience de l'importance économique que leur pays a prise depuis quelques années.
L'enthousiasme avec lequel ils demandaient, il y a quelques mois, à
prendre part à l'Exposition fut extraordinaire, plus de 3,000 deman-

[1] Qu'il nous suffise de faire remarquer à l'appui de cette constatation, que le mariage
n'a jamais été considéré comme un acte religieux. Les cérémonies dont il est l'occasion ont un caractère purement laïque. Mais on est sévère pour les mœurs conjugales
et la polygamie, qui exista jadis, a depuis longtemps disparu. « Douces, obéissantes,
modestes, extrêmement réservées, nos Japonaises, dit M. Hitomé, ressemblent à des
fleurs délicates qui vont se briser au moindre souffle du vent. Les jeunes filles se
tiennent toujours loin des jeunes gens. Elles ne leur serrent jamais la main ; on en
voit souvent qui n'osent ni manger, ni parler devant eux. Comparées aux femmes
étrangères, les Japonaises paraissent d'une timidité exagérée ; à l'occasion, elles
savent déployer une énergie extraordinaire, elles ressemblent aux Lacédémoniennes.
Leur douceur ne les empêche pas d'être courageuses quand il s'agit du devoir et de
l'honneur. Et au point de vue intellectuel, elles ne le cèdent pas aux hommes. Juger
les Japonaises par une certaine *Madame Chrysanthème*, une prostituée de la dernière
catégorie que nos ouvriers n'oseraient pas toucher, c'est comme si l'on jugeait la société
française par les singularités d'un hameau isolé de la Bretagne ».

des d'admission parvinrent en peu de jours au ministère de l'agriculture et du commerce de Tokio ! 2,500 demandes furent d'abord
retenues ; faute d'emplacement suffisant, il fallut encore en rejeter
700, et réduire notablement la quantité des objets à expédier.

Nous laisserons ici de côté ce qui concerne l'art rétrospectif.
Nous ne dirons rien des trésors artistiques par lesquels les Japonais
ont cherché à nous séduire et qui nous ont permis de comprendre
quelle était déjà au moyen-âge la civilisation de ce peuple trop souvent méconnu [1]. Nous ne voulons parler que de sa civilisation
actuelle, qui nous offre le contraste curieux d'un peuple rompant
brusquement avec ses vieilles traditions et ses habitudes séculaires,
avide d'apprendre et d'imiter, assoiffé de progrès et ayant presque
réalisé en un demi-siècle l'évolution que les nations européennes
ont mis si longtemps à accomplir. Or, ce n'est pas exagérer que de
dire que l'industrie japonaise tient dès maintenant une place notable sur les marchés du monde. Il est particulièrement intéressant à
cet égard de comparer les industries proprement japonaises avec
celles qui, importées d'Europe ou d'Amérique, se sont développées
au Japon dans le dernier quart du xixe siècle.

Il en est, parmi les premières, quelques-unes pour lesquelles les
Japonais sont depuis longtemps nos maîtres. Telles la fabrication
des porcelaines, celle des laques, celle des bronzes. C'est l'organisation féodale d'autrefois qui paraît avoir suscité et développé ces
talents décoratifs qui assurent toujours à l'art japonais une légitime
célébrité.

L'industrie de la céramique date du xvie siècle, de l'époque où,
à la suite d'une expédition heureuse en Corée, les vainqueurs
ramenèrent des artistes coréens pour établir des manufactures à
Kioto et dans plusieurs autres localités.

L'industrie de la laque a atteint son plus haut degré de perfec-

---

[1] Il est aussi facile qu'agréable de suivre à travers les siècles l'évolution artistique du
Japon à l'aide de l'admirable ouvrage que la Commission impériale vient de faire
paraître sous la direction de M. T. Hayashi, commissaire-général : *Histoire de l'art
du Japon*, Paris, Brunoff, 1 vol. gr. in-4°, de xv-280 pages, avec de splendides illustra-
tions. S'il est permis cependant de mêler quelques critiques aux éloges, avouons que dans
les productions de l'art japonais, de l'architecture en particulier, la grâce du détail, le
pittoresque de la décoration, l'harmonie des couleurs sont plus remarquables que le
souffle inspirateur des conceptions. Les lignes manquent d'ampleur et on chercherait
vainement au Japon des élans comparables à ceux qui firent jaillir du sol de notre
vieille Europe occidentale l'art ogival. On n'y trouverait pas même la puissance archi-
tecturale qui se révèle au Cambodge dans les admirables ruines du temple d'Angkor.

tion à la fin du xvii° siècle. Aujourd'hui divers procédés sont perdus. Cette industrie avait fléchi au milieu du xix° siècle ; l'Exposition de 1900 a ranimé la production japonaise et attesté l'ingéniosité des fabricants de Tokio et de Yokohama. Les objets de bronze et les cloisonnés sont aussi des industries vraiment japonaises pour lesquelles il y a des procédés particuliers qui se transmettent comme des secrets de père en fils. C'est ainsi que certaines porcelaines de *Satsuma* ne sont fabriquées que par une seule famille et que certains objets en bronze sont le monopole d'un petit nombre d'artisans.

Que dire des soieries ? Elles ont émerveillé tous les visiteurs du Palais des tissus ! Cette industrie vit surtout aujourd'hui des commandes de la classe aristocratique, car les Japonais des classes inférieures ont renoncé à porter des vêtements de soie pour acheter des lainages ou des cotonnades à bas prix. La production des étoffes de soie de diverses espèces s'est élevée en 1898 à près de 72 millions de yen (les trois quarts ont été consommés sur place, un quart a été vendu à l'étranger). Dans cette industrie éminemment nationale, les progrès réalisés sont considérables, si l'on songe qu'en 1893 tout le pays ne produisait que pour une valeur de 19 millions de yen [1]. Ce sont aujourd'hui les soieries qui tiennent le premier rang au Japon comme articles d'exportation.

Les Japonais sont aussi des maîtres pour la fabrication du papier et des objets en paille et en osier. On sait que le papier est employé au Japon pour les usages les plus divers : on en fait même des vêtements. Il convient surtout de rappeler que ce sont des papiers du Japon qui servent aux éditeurs les plus raffinés de l'Europe pour les ouvrages de grand luxe. Le papier japonais est imité dans plusieurs papeteries françaises et surtout anglaises. Mais ces imitations sont bien inférieures au véritable papier du Japon.

Là où ils sont devenus les écoliers de l'Europe et de l'Amérique, les Japonais ont fait leur apprentissage avec une incroyable célérité : leurs fabriques de cotonnades et de lainages rivalisent avec celles de l'Angleterre et de l'Allemagne. Ils ont introduit déjà avec succès des fabriques d'horlogerie, des verreries, des fabriques de produits chimiques. Ils ont aussi d'importants chantiers pour la construction des navires et des ateliers remarquablement installés pour la fabrication du matériel de chemins de fer.

[1] *Moniteur officiel du Commerce*, 22 nov. 1900, p. 801.

Le Japon a, pour développer les industries qui tiennent aujour-
d'hui la première place dans la vie économique du monde, la bonne
fortune de posseder de riches mines de toutes sortes, sur lesquelles
le beau volume publié par le Bureau des mines nous renseigne
admirablement [1]. Il nous suffira d'en extraire quelques chiffres : de
1892 à 1897, la production de l'or a passé de 469.380 yen à
1.198.472 ; celle du cuivre de 5.712.227 à 7.829.957 ; celle du
fer de 364.628 à 1.016.282 ; celle du pétrole de 197.595 à
346.886, etc , et les augmentations en quantité sont, par suite de
la baisse des prix, généralement plus fortes que les augmentations en
valeur. Quant à la houille, le Japon en est abondamment pourvu.
Ses mines lui assurent pour l'avenir une situation privilégiée. L'île de
Kiou-Siou a été surnommée la Pensylvanie du Japon et on a découvert d'énormes gisements dans l'île d'Yéso : on évalue à 400 milliards de tonnes les réserves qu'elle contient. « Actuellement, le
rendement annuel dépasse un million de tonnes. Le développement
incessant de la marine et des industries diverses, et l'avantage
qu'il y a à fournir de houille les ports asiatiques, ont poussé les
Japonais à imprimer une activité considérable à tout ce qui
concerne l'exploitation des mines de charbon tant anciennes
que nouvelles... Cette activité a augmenté dans des proportions
telles, qu'en vingt ans le Japon en est arrivé à *centupler* les
quantités de houille extraites en 1877. Quatre dixièmes de cette
production sont vendus à l'étranger, le reste est consommé sur
place [2].

Le développement commercial du Japon n'est pas moins remarquable que son développement industriel. La situation géographique de ce pays tout insulaire, que l'Océan découpe de toutes parts
en multipliant les golfes, les baies, les criques, les anses, favorise
l'essor maritime et le développement des lignes de navigation. La
première ne remonte qu'à l'année 1868, époque de la Révolution
qui renversa le Taïcoun. Aujourd'hui des services réguliers et fréquents relient les ports japonais aux ports coréens et chinois, à
l'Amérique, à l'Europe. En trente ans, le mouvement commercial est
passé de 26.226.545 yens (chiffre de 1868) à 443.255.904 (chiffre

---

[1] *Les mines du Japon*, ouvrage rédigé par le Bureau des mines et publié par la Commission impériale du Japon. Paris, Brunoff, 1900, xv-530 pages in-8 avec cartes,
p ofils, coupes et plans.
[2] *Moniteur officiel du commerce*, 22 novembre 1900, p. 798.

de 1898) [1]. Depuis six ans, c'est-à-dire depuis la guerre sino-japo-
naise, l'accroissement est particulièrement accentué. L'exportation
du thé, celle des fleurs, celle des bronzes et des ivoires, font chaque année de nouveaux progrès. C'est surtout l'exportation des
produits manufacturés qui devient inquiétante. Il y a une branche
de l'industrie japonaise, dit le *Commercial Intelligence* de Londres, dont les fabricants européens ne semblent pas s'être suffisamment préoccupés. Il s'agit d'*imitations de produits manufacturés
européens,* créés spécialement pour l'exportation. Ainsi beaucoup
de voitures d'enfants qu'on suppose de fabrication anglaise viennent du Japon. Quantité de jouets soi-disant allemands sont de
provenance japonaise. Le Japon gagne en outre beaucoup de terrain en ce qui concerne les articles de vannerie. Les paniers de
voyage causent un sérieux préjudice aux malles en cuir anglaises.
Ces paniers, pourvus de poignées en cuir et vendus 5 ou 6 shellings
pièce, ont une contenance égale à celle de valises en cuir valant
25 shellings. Les articles en laque, principalement les plateaux à
thé, sont préférés à ceux de fabrication anglaise [2].

L'état de choses actuel présage une grande prospérité économique pour l'avenir. L'étude des ports japonais est particulièrement
instructive à cet égard. Quelques chiffres suffiront pour montrer avec
quelle rapidité ils se développent. Dans la période décennale 1888-
1898 le mouvement du port de Kobé est passé de 314 navires jaugeant 489.997 tonnes à 1.001 navires jaugeant 1.457.112 tonnes.
A Yokohama, le mouvement a presque doublé : nous trouvons en
1898, 382 navires jaugeant 827.971 tonnes contre 248 jaugeant
498.173 tonnes en 1888. Les ports de Nagasaki, Hakodate, Niigata
sont également très en progrès.

Et ce qu'il importe de noter, c'est que dans tous ces ports la
proportion des navires japonais est considérable. Le Japon, en
effet, dans les premières années de son développement industriel,
avait été forcé de recourir, pour porter ses produits au delà des
mers, aux navires d'autres puissances. Il ne tarda pas à reconnaître
que faire du commerce maritime avec les navires des autres c'était
se réduire à un rôle passif et laisser à des rivaux souvent mal inten-
tionnés la part du lion. Les Japonais sentent bien que la mer est

---

[1] V. sur le commerce extérieur du Japon en 1899, *Moniteur officiel du commerce,*
22 novembre 1900, p. 798. Il s'est élevé au chiffre de 485.144.581 yens (214.776.959
à l'exportation et 220.367.622 à l'importation). Le yen vaut 2 fr. 65.

[2] *Moniteur officiel du commerce,* 6 décembre 1900, p. 872.

aujourd'hui de plus en plus le champ de manœuvre des nations,
l'endroit où se déploie l'esprit d'entreprise des divers peuples. Ils
sont encore tributaires de l'Angleterre et de l'Allemagne (car ils ne
s'adressent guère à la France) pour les steamers à marche rapide.
Mais les chantiers de construction se développent et le temps n'est
pas éloigné où pour la construction de leurs navires ils pourront se
suffire à eux-mêmes. Ils comprennent déjà que la construction des
navires n'est pas une industrie comme les autres, que le développement de la marine marchande a une importance considérable à
la fois pour la prospérité économique et pour la grandeur politique
du pays. Ils commencent à se rendre compte que le navire est un
instrument de propagation non seulement des produits mais aussi
de l'influence et du prestige.

On pourrait déjà citer bien des exemples de cette habile politique. Ainsi, jusqu'à ces dernières années, c'était par les soins de
commerçants étrangers en résidence au Japon que se faisait la
presque totalité du commerce du thé. On vient de fonder une
Société de commerçants japonais qui se propose d'expédier directement le thé japonais dans tous les pays du monde. On s'occupe,
en outre, au laboratoire du Ministère de l'agriculture et du commerce, d'une nouvelle machine à préparer le thé dont on espère de
grands avantages.

Ce n'est pas seulement le commerce extérieur qui se développe,
c'est à l'intérieur également que de grandes transformations se sont
opérées : le premier chemin de fer a été construit en 1872. Et le
dernier rapport (septembre 1899) nous apprend qu'il existe déjà
au Japon 3.561 milles de voies ferrées (appartenant, les unes au
Gouvernement, les autres à des Compagnies), et que 2.203 milles
sont actuellement en construction. Le réseau télégraphique et
téléphonique est considérable. Il n'y a pas moins de 1.200 bureaux
de postes et télégraphes.

Les sciences qui touchent au commerce sont cultivées avec
grand soin. La notice publiée par le Ministère de l'instruction
publique nous montre l'importance que prend l'enseignement
professionnel et donne un résumé de l'ordonnance n° 10, de 1899,
qui réglemente les études dans les écoles de commerce du premier
et du second degré [1]. La plus importante de ces écoles est celle de

---

[1] Cf. *Report on commercial education in Japan*, dans les publications du Foreign
office, *Miscellaneous series*, n. 502.

Tokio fondée en 1885. Le Trésor en subventionne 16 autres. Des écoles de marine marchande viennent d'être créées. Les écoles d'arts et métiers et celles de génie civil sont aussi l'objet d'une vive sollicitude [1]. Enfin, les Chambres de commerce organisées à l'instar de nos Chambres françaises se multiplient; il y en a déjà une soixantaine. Favorables en général au libre-échange, elles poussent le gouvernement à conclure des traités de commerce, qui leur apparaissent comme le meilleur moyen d'assurer aux relations du Japon avec les autres pays du monde une grande stabilité [2].

En dépit des progrès qu'y ont faits l'industrie et le commerce, le Japon reste un pays éminemment agricole. 26 millions d'habitants sur 45 vivent de la culture du sol, qui est généralement fertile. Il est encore médiocrement cultivé et ne produit pas tout ce qu'il pourrait donner, mais de grands progrès se sont déjà accomplis.

L'agriculture japonaise a une tendance marquée à convertir le sol en rizières partout où il y a de l'eau, car les rizières rapportent

[1] Les écoles sont nombreuses au Japon : il y en a une en moyenne pour 600 habitants. Tout le monde aujourd'hui sait lire, écrire et compter. Il y a des collèges dans les plus petites villes : c'est par des contributions volontaires que la plupart sont entretenus.

Quant à l'Université de Tokio, bien que n'ayant guère que 25 ans d'existence (car ce n'était auparavant qu'une sorte d'école secondaire), elle a pris aujourd'hui un développement extraordinaire. Les étudiants japonais peuvent y trouver tous les enseignements supérieurs. Elle comprend six Facultés : Droit, Médecine, Génie civil, Lettres, Sciences, Agriculture. Les programmes généraux sont beaucoup plus complets que ceux de nos Universités françaises. Et le nombre des chaires est extraordinaire.

Les progrès étonnants faits dans ces derniers temps par le Japon, dit M. Deniker rendant compte de l'exposition cartographique de ce pays (*La Géographie, Bulletin de la Société de géographie*, numéro du 15 novembre 1900, page 386), sont dus surtout à une forte et intelligente organisation de l'instruction publique qui a formé des spécialistes pour toutes les branches de l'activité intellectuelle. Les manuels de géographie sont très bien faits et, grâce à l'activité de la Société anthropologique de Tokio, fondée en 1888, l'étude de l'homme est vivement poussée au Japon. Pays de cyclones et de tremblements de terre, le Japon a aussi admirablement organisé la lutte contre ces terribles phénomènes. Le service météorologique signale les cyclones en marche et cherche par des observations recueillies sur tous les points du territoire à déterminer les conditions générales dans lesquelles se produisent les grands mouvements atmosphériques.

[2] Un article du *Forum* sur le journalisme au Japon nous apprend qu'il y a dans ce pays 745 périodiques dont 150 journaux quotidiens. Il y a vingt ans le Japon ne possédait pas un seul journal digne de ce nom. Aujourd'hui la situation de rédacteur en chef est très estimée, et beaucoup de hauts fontionnaires s'occupent de journalisme. Les publications périodiques japonaises s'efforcent surtout de renseigner leur lecteur sur ce qui se passe à l'étranger.

davantage. Les prairies naturelles ou artificielles sont rares. Le
gouvernement encourage de son mieux la mise en valeur du pays.
Un bureau spécial a été chargé, il y a dix ans, des territoires incultes et on a déjà défriché 42.780 cho.

La répartition du sol laisse malheureusement beaucoup à désirer.
Depuis la réforme politique de 1869, qui a donné aux cultivateurs
le droit de posséder la terre, beaucoup de petits propriétaires, se
trouvant gênés, ont hypothéqué leurs biens ou même ont été
réduits à les vendre, et la terre passe ainsi peu à peu aux mains
de grands propriétaires qui, ne faisant pas valoir eux-mêmes, ne
s'occupent pas beaucoup d'améliorer les terres et d'employer les
méthodes nouvelles. Il faudrait, pour tirer la population agricole
de sa misère, mettre des capitaux à la portée des petits agriculteurs. La main-d'œuvre étant très bon marché, on donne la préférence aux cultures qui exigent beaucoup de bras, et le riz est une
de celles qui en demandent le plus. C'est pourquoi il est si cultivé.
La culture des plantes industrielles que les seigneurs favorisèrent
jadis pour augmenter leurs revenus est aussi très florissante dans
certains kan : l'indigo de l'île de Sikok est renommé. Le tabac de
l'île de Kiu-Siu et le camphre de Formose sont très estimés.

La notice concernant l'agriculture au Japon nous montre aussi
le progrès qu'a fait la culture du chanvre, celle de l'awa, de l'iliye
et du sarrasin, celle du daïzu qui tient comme le riz une grande
place dans l'alimentation, celle des plantes à tubercules comme la
patate et la pomme de terre dont la récolte sera bientôt assez considérable pour fournir la nourriture des bestiaux et répondre aux
besoins des distilleries, celle des légumes, des fruits, des plantes
médicinales et des diverses plantes qui servent à la fabrication du
papier.

Les paysans se servent encore d'instruments primitifs, mais ils
les manient avec adresse et se mettront vite au courant des méthodes et des procédés qu'on leur inculque peu à peu. L'enseignement agronomique, qui a pris une certaine importance depuis quelques années, comme le prouvent les dix volumes de comptes-rendus
déjà publiés, rend de grands services à cet égard.

Il y a déjà au Japon un enseignement supérieur, un enseignement moyen et un enseignement primaire de l'agriculture; le premier est donné à l'institut agronomique de l'Université de Tokio et
comprend quatre sections. Le second, récemment transféré du

ministère de l'agriculture et du commerce au ministère de l'instruction publique, est donné dans 36 écoles à la fois théoriques et
pratiques. Enfin on a créé 39 écoles complémentaires qui sont maintenant subventionnées par l'Etat et le nombre doit prochainement
s'accroître. Elles prennent les jeunes gens au sortir de l'école primaire et les initient aux méthodes nouvelles. Des conférences sont
en outre donnés dans les villages par des professeurs désignés qui
répondent aux questions qu'on leur pose et dirigent des expériences.

Un certain nombre de fermes modèles et dix stations agronomiques ont été organisées dans les différentes parties de l'Empire ;
on y pratique les expériences les plus variées, on y donne des
consultations, on y fait des analyses, on y organise des voyages
d'études et des enquêtes qui commencent à porter leurs fruits. Les
Japonais, s'ils ne sont pas encore des agriculteurs experts, sont
depuis longtemps du moins des jardiniers excellents. Ils cultivent
leurs champs comme des maraîchers d'Europe, à la pioche et à la
bèche : ils n'y laissent pas de mauvaises herbes et utilisent avec
soin tout ce qui peut servir d'engrais.

Les forêts, qui occupent près de la moitié de la surface du pays,
sont admirables : c'est une richesse notable pour l'avenir. Leur
administration est répartie entre 16 « conservations » autour desquelles se groupent des inspecteurs au nombre de 313 et des sous-
inspecteurs au nombre de 1914, chargés de surveiller leur exploitation d'après un plan méthodique élaboré l'an dernier [1]. Les spé-
cimens envoyés à Paris pour l'Exposition ont donné aux connais-
seurs une idée de la beauté des essences variées dont la croissance
est favorisée par les courants marins venus du Sud-Est qui apportent au Japon un grande quantité de pluie mêlée d'air chaud [2].

Cette poussée vers le progrès est de nature à nous frapper d'autant plus que le Japon s'accroît de 400.000 habitants par an et que
déjà les parties moins peuplées, comme les îles d'Hokkaïdo et de
Formose, ne peuvent plus suffire à recevoir le trop plein de l'émigration. Les Japonais se répandent de plus en plus dans le monde
et savent intéresser les peuples qu'ils visitent à leurs produits. Et,

[1] Il existe une école forestière depuis 1882.
[2] La direction des forêts au ministère de l'agriculture a publié pour l'Exposition une
description des zones forestières du Japon (Paris, Brunoff, 46 pages), une description
des produits forestiers (58 pages) et une iconographie des essences forestières (138
pages) très scientifiquement établie.

d'ailleurs, ils ne quittent pas leur pays en simples émigrants ; à la différence des Chinois, ils apportent avec eux l'élément féminin et font souche. S'ils se plient aisément, en apparence, aux habitudes européennes, ils conservent au fond de leur cœur un vif amour pour leur patrie et comme un fond de chauvinisme qui permet de penser que le développement de l'Orient pourrait constituer un jour, pour la sécurité économique de l'Europe, un danger. On prétend que certains diplomates japonais considèrent déjà l'Europe comme une collectivité vieillie et usée. On attribue, par exemple, au comte Okuma les paroles suivantes : « L'Europe présente aujourd'hui bien des symptômes de décrépitude. Le siècle prochain verra ses constitutions en morceaux et ses empires en ruine ».

Profitant, dans l'ordre industriel, des qualités des races qui sont habituées à se contenter de peu et à vivre de maigres salaires, ils empruntent discrètement à l'Occident les mesures (dont nous sommes quelquefois prodigues) concernant le bien-être de l'ouvrier, le relèvement des salaires, la transformation des idées et des goûts [1].

Bien que la féodalité ait été détruite au Japon, l'entrepreneur fait encore dans une large mesure la loi à l'ouvrier : « Préoccupé exclusivement du progrès de la production, il néglige souvent, dit M. Saïto, de protéger ses ouvriers et ne remarque pas que le travail qui leur est imposé dépasse leurs forces ». L'idée de protection ouvrière s'introduit cependant peu à peu et paraît devoir s'appliquer avec discernement dans la mesure surtout où elle pourra assurer au pays le « personnel vigoureux et habile nécessaire pour soutenir la concurrence industrielle des autres puissances ».

En 1897 et 1898, le Japon a subi une petite crise. Les Japonais avaient épuisé trop vite leurs ressources pécuniaires et beaucoup de compagnies industrielles avaient été ruinées par des excès de spéculation. « La situation, écrit M. Steenackers, gérant du consulat de France à Yokohama [2], s'est sensiblement améliorée ; de nouvelles sociétés se sont constituées. Le capital nominal de toutes les sociétés atteignait, en décembre dernier, 1.119.669.844 yens. D'ailleurs, en dépit des crises, les industries japonaises continuent à se développer. Les indigènes, obligés il y a peu d'années encore, d'acheter à l'étranger tous les articles façonnés, sont arrivés a

---

[1] V. le livre de M. Saïto sur la protection ouvrière au Japon. Paris, Larose, 1900, 190 p. in-8º.

[2] *Moniteur officiel du commerce*, 22 nov. 1900.

s'affranchir en grande partie de la main-d'œuvre extérieure à laquelle ils suppléent presque entièrement. C'est pourquoi leurs achats de matières premières dépassent actuellement de beaucoup ceux des produits ouvrés... »

Le filage des cotons, par exemple, né d'hier, s'est développé à un point tel que ses produits occupent le deuxième rang parmi les articles exportés à l'étranger. A l'heure actuelle, il y a au Japon 78 filatures activant plus d'un million de broches. Et les progrès réalisés dans le tissage des laines ne sont pas moins dignes d'intérêt [1].

Ce sont surtout les traités de commerce conclus en 1899 et l'abandon des dernières mesures dictées par l'esprit d'exclusivisme qui auront une grande importance pour l'avenir. C'est en se plaçant à ce point de vue qu'on peut dire avec M. Fukuda [2], que le Japon est un monde nouveau et qu'il est entré définitivement dans le grand courant de la civilisation universelle. C'est le terme d'un processus qui est atteint : c'est en même temps le point de départ d'une ère nouvelle.

Mais il y aura forcément, comme le remarque cet auteur, une période de transition qui pourrait se prolonger assez longtemps. D'abord les transformations économiques contemporaines sont l'œuvre d'un parti, celui des Shizoku, qui a les faveurs du gouvernement ; elles ne viennent pas de ceux (les Chouins) chez qui l'esprit d'entreprise est aujourd'hui le plus accentué. En outre, la bourgeoisie japonaise est encore peu développée ; toutes les réformes sont dues jusqu'ici à une impulsion gouvernementale. La famille, enfin, qui joue encore dans le mécanisme social un rôle considérable, perd de sa cohésion, sans que l'individu se soit encore émancipé, sans qu'il ait rompu complètement les liens qui l'attachent à elle.

C'est au point de vue juridique seulement, dit encore M. Fukuda, que le courant individualiste de notre temps a modifié la situation des membres de la famille les uns vis-à-vis des autres. Mais au point de vue économique et social, les mœurs et les habitudes anciennes persistent. Cet état de choses implique entre la situation légale et la situation de fait un défaut d'harmonie d'autant plus

---

[1] V. le rapport précité de M. Steenackers.
[2] *Op. cit.*, p. 185.

grave que l'affaiblissement des idées religieuses est plus sensible.
On peut dire qu'il n'y a plus de religion positive au Japon. Dans
les classes instruites, le Bouddhisme est tombé dans un grand discrédit. La doctrine de Confucius est impropre à favoriser l'essor
économique et à stimuler l'activité. Elle ne sert plus qu'à soutenir
ce qui reste de pratiques féodales dans les rapports des seigneurs
avec les paysans. Quant au christianisme, il ne fait actuellement
aucun progrès [1].

. Ce qu'il y a de plus vivant en matière religieuse, c'est le culte
des ancêtres sur lequel repose en partie la vie morale du peuple ;
ce culte des ancêtres est soutenu par l'esprit de famille qui s'est
perpétué à travers les siècles et qui maintient entre les membres
d'une même famille une grande solidarité. Dans la pratique, il se
manifeste par le droit d'aînesse : on ne reconnaît pas aux enfants
de droits égaux à la succession. C'est pourquoi l'émancipation des
Japonais, au point de vue économique, ne pourra se faire que lentement, surtout parmi les populations rurales qui considèrent toujours
la propriété comme une fonction et un devoir plutôt que comme un
droit. A mesure qu'on pénètre dans l'intérieur du pays, on y découvre des traditions communautaires plus invétérées ; mais même dans
les villes, parmi les artisans, elles demeurent assez vivaces. Dans
quelle mesure pourront-elles se concilier avec les aspirations chaque jour plus accentuées des Japonais, à devenir une nation industrielle ? Dans quelle mesure la transformation d'un peuple d'artisans
en un peuple d'ouvriers est-elle possible ? C'est ce que l'avenir
nous apprendra. Le professeur Edouard Suess, qui n'est pas seulement un géologue éminent, mais aussi un économiste de haute
valeur, disait naguère au parlement de Vienne :

« Le monde traverse en ce moment une période de transformations importantes. Partout il se produit une crise qui nuit sensiblement à l'écoulement des produits aussi bien qu'à l'amélioration des
prix. La première secousse est venue des Etats-Unis : elle a été
dirigée spécialement contre la production agricole de l'Europe. La
seconde crise à laquelle nous assistons est plus dangereuse encore.
Si l'Asie orientale prend conscience de sa force, la lutte ne sera
pas dirigée exclusivement contre les produits agricoles mais contre
tous les produits de l'industrie, de la grande industrie comme de la

[1] Il n'y a que 25 à 30,000 chrétiens au Japon.

petite. L'importance du traité de paix sino-japonais ne consiste pas principalement dans le fait de savoir si le Japon conserve ou non la presqu'île de Liaotoung et l'île de Formose. Elle consiste surtout dans les conséquences morales des victoires consacrées dans ce traité ».

Ces inquiétudes, dont la presse anglaise et allemande s'est maintes fois fait l'écho, on les conçoit, car dans cette lutte internationale qui ne connaît ni armistices ni frontières, les peuples chez lesquels la main-d'œuvre est moins chère et qui savent appliquer à la mise en valeur d'un pays naturellement privilégié les ressources d'un esprit ingénieux et patient, sont forcément des concurrents redoutables. Pour nous, Français, nous suivrons avec plus de sympathie que de défiance ces transformations : la jalousie est indigne des peuples civilisés. La France a toujours proclamé plus haut que tous les autres que la lumière de la civilisation est comme celle du soleil, que tous les peuples ont également droit à ses rayons et que nul ne doit s'affliger de la voir se répandre sur toute la terre. Le développement des pays qu'elles ont contribué à éclairer, doit être la joie de toutes les nations conscientes de leurs devoirs envers ceux qui sont moins avancés qu'elles-mêmes dans la voie du progrès.

G. BLONDEL.

LES PRÊTS ET LES AVANCES DANS LES BANQUES MODERNES [1]

Il arrive fréquemment qu'une personne ait besoin d'argent durant un temps plus ou moins long, qu'elle ne veuille ou ne puisse pas soit réaliser certains objets ou certaines marchandises, soit tirer des lettres de change escomptables, et qu'elle préfère ou doive s'adresser non à un ami mais à un professionnel : elle *emprunte* à un « banquier ». Celui-ci est alors, généralement, un de ces « prêteurs » dont les actes se trouvent par la force même des choses friser plus ou moins nettement l'usure ; nous nous occuperons cependant des prêts, parce qu'ils peuvent faire l'objet d'opérations en banque et de franches opérations de banque.

Au sens étroit du mot, on entend par « prêts » les opérations les plus voisines de celles qui portent ce nom dans la vie courante : le *mutuum* ordinaire. La confiance en la solvabilité et l'honorabilité bien connue du bénéficiaire y apparaissent très souvent avec le rôle principal ; très souvent aussi, des objets mobiliers sans marché régulier, tels que des bijoux, des diamants ou des tableaux, sont remis en gage. Le terme « avances » s'applique, au contraire, aux prêts, garantis par des titres, des métaux précieux ou des marchandises *aisément réalisables* sur un *marché* où se concentrent *une offre et une demande relativement intenses* (dans une bourse surtout, rarement sur un marché proprement dit, très exceptionnellement dans une foire).

Nous conserverons cette terminologie, si factice qu'elle paraisse au premier abord et si peu respectée qu'elle soit, même en France, où elle est courante : ne dit-on pas, à Paris, aussi bien « prêt » qu' « avance » sur valeurs ? Cependant, comme ces deux catégories d'opérations sont de natures différentes par suite du caractère des garanties fournies, nous préférons séparer l'étude de l'une de celle de l'autre. Après quelques mots rapides sur les « prêts », nous insisterons assez longuement sur les « avances sur titres et sur marchandises », pour entrevoir enfin une combinaison nouvelle et

[1] Cet article est extrait d'un manuel théorique et pratique, intitulé : *Les Banques de dépôt, les Banques de crédit et les sociétés financières*, qui paraîtra chez l'éditeur de cette Revue le 10 mars 1901, prix : 5 francs.

intéressante — l'alliance étroite de marchés à terme sur marchandises aux opérations d' « avances » — dans sa réalisation pratique et dans ses conséquences.

I. PRÈTS ORDINAIRES

Les banquiers font des prêts ordinaires à leurs clients qui se trouvent momentanément dans la gêne. Mais ce genre d'opérations ne rentre pas dans le cadre étroit des opérations de banque; il ne joue généralement qu'un rôle minime, sinon presque nul dans l'activité de ceux d'entre eux qui s'y livrent. Les capitaux ainsi placés sont immobilisés; en échange de la somme remise, on ne reçoit aucun titre plus ou moins aisément négociable; il faut attendre jusqu'à l'échéance pour retrouver ses fonds; et l'absence de garanties ou la présence de garanties difficilement réalisables n'assure pas l'exécution des engagements au terme fixé ou à une époque voisine de celle-ci.

Passons vite sur un exemple fréquent et très simple. Une personne a des titres en dépôt dans une banque; elle a besoin d'argent durant quelque temps et, pour tel ou tel motif, ne veut pas vendre ses valeurs; sous la garantie morale de celles-ci [1], on lui prêtera une certaine somme. Le désir de rendre service à un client estimé et considéré sera d'un grand poids dans la décision. Il en est de même, lorsqu'il s'agit d'une personne, qui, régulièrement chaque mois, charge son banquier d'encaisser d'importantes lettres de change ou fait de notables remises, surtout si l'on a la certitude que le prêt sera purement momentané. Mais l'opération se présente alors presque toujours sous la forme d'ouvertures de crédit, d'*overdrafts*.

Aucune relation étroite peut n'exister entre l'emprunteur et la banque. Une personne dont la richesse est bien connue désire une certaine somme pour un motif quelconque, d'ordre privé par exemple; elle l'obtiendra; mais elle devra souvent fournir, en garanties, tels objets de valeur (bijoux, etc.) ou une hypothèque [2].

---

[1] En France, le banquier a un droit de rétention, ce qui fait que de tels prêts sont des « avances » embryonnaires.

[2] Nous ne parlerons pas ici des prêts sur *warrants agricoles*, parce qu'ils ne jouent presque aucun rôle dans l'activité de nos banques de dépôt ou de crédit.

Parfois, les « prêts » se rapprochent beaucoup plus franchement des opérations ordinaires de banque. Le client signe un *billet,* dont plusieurs personnes cautionnent le remboursement. Nous nous trouvons ici en face d'un papier de crédit, sans doute impossible à négocier dans un pays comme le nôtre où l'escompte a une fonction précise et se confine dans un champ étroit, mais, en tout cas, plus ou moins digne d'attention selon la solvabilité de ceux qui se sont ainsi engagés. C'est par cette voie qu'assez longtemps on alimenta à Bâle plusieurs entreprises industrielles des bourgs avoisinants ; les pertes subies de ce chef furent cependant si sensibles, que maintenant l'on hésite fort souvent à accepter de tels billets, lorsqu'ils portent de brillantes signatures.

Enfin, les prêts hypothécaires ne sont pas totalement inconnus des banques de dépôt, des banques de crédit et des sociétés financières. Plusieurs sociétés françaises font des prêts sur des navires nationaux. Les « banques » anglaises ne craignent pas de couvrir une fraction de leur capital social par des créances gagées par un droit réel sur un immeuble rural ou urbain, dans un même esprit que des sociétés d'assurances. Mais nous sortons ainsi de notre domaine et rentrons dans le champ d'activité des crédits fonciers.

N'insistons pas sur tous ces points, qui n'ont guère d'intérêt en ce qui concerne les *banques* tant françaises qu'allemandes. En Angleterre, ces opérations ne sont pas très fréquentes, car il y existe toute une classe plus importante que partout ailleurs de personnes, qui se livrent exclusivement ou presque aux « prêts » (*money lenders*) et auxquelles la voix publique a donné le nom significatif de « requins » (*sharks*), pour réclamer un intérêt variant entre 50 et 100 p. 100 par an. C'est là une plaie terrible pour le petit et moyen commerce anglais, qui n'a pu s'habituer à la lettre de change. Dès que le besoin d'argent se fait vivement sentir, et qu'il faut s'adresser à un « requin », l'entreprise, minée, commence à déchoir, et la faillite survient à brève échéance.

II. Avances sur titres et sur marchandises

Les avances sur titres et sur marchandises ont pris peu à peu dans la banque moderne une forme et une place assez particulières, presque aussi particulières que l'escompte, bien que nettement différentes sur plusieurs points. Elles ne sont, en principe, que momentanées, à court terme généralement ; si on les renouvelle presque indéfiniment en circonstances ordinaires, elles peuvent cesser à chaque échéance. Elles ne procurent à l'emprunteur qu'une fraction de la valeur actuelle des titres ou des marchandises, et laissent ainsi une marge sensible pour les éventualités. Enfin, elles ne visent ou ne devraient viser que les titres ou marchandises objets d'un trafic large, sinon très large ; car, en calculant même des marges plus notables dans les cas où le marché serait étroit, on n'en risquerait pas moins de se trouver en face d'un client incapable de procéder à une réalisation, ou de ne pouvoir y procéder soi-même, dans des conditions même très défavorables.

Ce sont là les conséquences du désir, très général dans le monde de la banque, d'employer une fraction plus ou moins importante des disponibilités à vue ou à court terme à des opérations à court terme et d'une liquidation relativement aisée. D'ailleurs, plus le banquier aura en vue une couverture correcte des dépôts, plus il sera sévère dans l'octroi de ses avances ; et, moins il aura en vue une couverture correcte des dépôts, pour faciliter directement ou indirectement ses émissions par exemple, moins il sera sévère dans l'octroi de ses avances.

Les avances offrent donc un avantage sur l'escompte : elles sont à couvert, et ont des chances de le demeurer par suite des marges exigées. En sens inverse, elles ont un notable inconvénient, dans les pays où l'on a coutume d'individualiser les titres franchement : elles n'y permettent point, ou elles n'y permettent guère tout au moins de trouver dans l'opération elle-même une source de crédits, comme cela a lieu pour la lettre de change par la voie du réescompte des traites ; et il en est également ainsi pour les connaissements et pour les warrants.

Dans les banques de dépôt et les prudentes banques de crédit, les avances ont lieu à court terme, à deux ou trois mois, quittes à être renouvelées ; elles ne masquent donc pas de franches immobilisations. Mais leur caractère de crédits concédés à plus ou moins court terme découle plus des conditions suivantes que de celle-ci. Sans doute, les avances peuvent avoir et ont parfois lieu expressément pour d'assez longues périodes ; mais ce n'est là qu'un cas exceptionnel ou relativement tel : l'immobilisation des capitaux, à laquelle on ne prend pas souvent assez garde en temps de prospérité économique, provient très généralement de ce que titres et marchandises n'ont point de marché ou n'ont qu'un marché étroit.

Il est d'usage courant, et sans notable exception, de n'avancer qu'une fraction de la valeur actuelle des titres et des marchandises. Une marge est calculée, qui doit parfois être couverte à l'aide de numéraire ou d'un nouveau gage lors des fluctuations défavorables des cours; elle varie selon les risques auxquels la banque s'expose et le désir qu'elle a de faire l'opération. Les considérations de personnes jouent un rôle ici comme lors de toutes les autres opérations de banques; mais, elles tendent cependant à perdre leur ancienne importance dans les sociétés où l'on restreint à un minimum l'initiative de chacun.

Nous arrivons, avec la nature du *marché* des titres et des marchandises que l'on offre en garantie, au point vraiment capital. Un banquier, qui veut couvrir ses disponibilités à vue et ne songe pas à étendre, par la voie d'avances, le débouché de ses émissions ou des produits d'une société amie, doit dès l'abord se poser la question suivante : le marché de ces titres, de ces marchandises est-il *large?* S'il est étroit, toute réalisation rapide sera peu aisée en circonstances ordinaires; elle ne sera possible généralement, alors surtout qu'il s'agira d'un fort « paquet », que dans des conditions très défavorables. En temps de crise plus ou moins accentuée, le gage deviendra momentanément inutile ou presque : toute vente ne sera pas seulement difficile; les capitaux prêtés se trouveront immobilisés.

Nous comprenons ainsi pourquoi, d'une part, les banquiers désintéressés au classement des titres ou au placement des marchandises doivent faire attention plus à la largeur du trafic qu'à la hauteur des cours, et, de l'autre, pourquoi les avances, qui facilitent les émissions et l'écoulement de stocks, doivent être considérées comme dangereuses, nettement différentes des autres.

Précisons ces indications, en supposant que l'opération ait lieu par la remise de fonds; les avances par la voie d'*acceptations* de lettres de change, aussitôt négociées, sont fort voisines; elles ne diffèrent des autres que par la façon dont s'obtient l'argent : elles feront l'objet d'explications complémentaires au chapitre suivant.

Les banques françaises disent, dans les prospectus qu'elles répandent dans le public : « Nous consentons à nos clients des avances sur titres et sur marchandises à des conditions variables, qui s'établissent à nos guichets selon l'importance de l'opération et la nature des titres ou des marchandises, mais seulement jusqu'à concurrence des $x/100$ maximum de leur valeur au cours du jour, et à la condition que ces avances ne seront faites que pour 90 jours au plus ; elles peuvent être renouvelées ; les remboursements anticipés, même partiels, sont acceptés ».

Le cadre de l'opération est ainsi nettement dessiné. Supposons qu'une personne, porteur de titres ou d'un warrant ordinaire, se présente aux guichets d'une banque. Un débat s'établit entre le client et l'employé de celle-ci, sur les points suivants : a) le taux de l'intérêt et souvent aussi le taux d'une commission supplémentaire, plus exactement complémentaire ; b) la fraction de la valeur actuelle des titres ou des marchandises, que l'on avancera ; c) le temps que les avances dureront et, toujours plus fréquemment, la faculté de rembourser les sommes prêtées avant l'échéance et même par fractions.

a) Le taux de l'intérêt depend du taux officiel ou privé de l'escompte et plus directement, en général, du taux des avances consenties par la banque d'émission. Très souvent encore, le banquier perçoit en plus une commission essentiellement variable : c'est là une façon d'*arrondir* le taux de l'intérêt ; si les avances ont lieu à la banque d'émission à 3 1/2 ou 4 p. 100, on s'arrangera de façon à faire payer ainsi aux clients 5 p. 100 environ.

b) Lorsque les risques de l'opération influent seuls sur l'esprit du banquier, la marge exigée est parfois de 10 p. 100 pour les valeurs très solides, tels que des fonds d'Etats nationaux ou les marchandises très courantes et peu spéculatives, et augmente plus ou moins sensiblement selon la nature des titres ou de l'article. En France, elle varie généralement de 20 à 50 p. 100 ; encore écarte-t-on, bien entendu, les actions de Compagnies dont l'activité est quelque peu douteuse ou nettement aléatoire. Lorsque la banque a grand désir de concéder des avances, afin d'abandonner un « paquet » de valeurs qui pèse depuis longtemps sur son portefeuille, ou afin de favoriser une industrie, l'écart diminue.

Quant à la couverture ultérieure des marges en cas de fluctuations défavorables des cours, que l'on trouve stipulée fréquemment, surtout en plusieurs pays étrangers, elle est légitime ; mais elle peut masquer des abus et placera souvent le client dans une situation très difficile, *alors même que la banque serait encore à cou-*

vert. En France, les clauses de cette nature perdent sans cesse de leur importance primitive. En Allemagne, elles persistent, — moins léonines peut-être qu'autrefois, pour les maisons dont la spécialité est d'étrangler aisément la clientèle.

c) Les avances sont généralement remboursables au bout de deux ou de trois mois et renouvelées selon le commun accord des parties. La faculté de rendre avant l'échéance, en totalité ou partiellement, les sommes prêtées se généralise toujours plus franchement : après avoir défalqué l'intérêt pour le nombre de jours restant à courir, on en est venu à défalquer même, en France tout au moins, une fraction correspondante de la commission perçue.

Précisons, en quelques mots cette situation, en ce qui concerne d'abord les valeurs, ensuite les marchandises.

I. *Valeurs*. — Dans plusieurs pays, en Allemagne par exemple, et partout dans les milieux peu honnêtes, les banquiers se réservent expressément ou tacitement la faculté de rendre d'autres titres que ceux qu'on leur a remis, parfois aussi de se faire consentir eux-mêmes de nouvelles avances. Ceci, qui est assez légitime ou tout au moins s'explique au besoin avec la législation allemande, comporte généralement une grave menace. Le banquier peut spéculer avec les valeurs de sa clientèle, et les abus que prouvent sans cesse des procès scandaleux devraient écarter le public des petites maisons où l'on pratique ainsi.

Si l'individualisation des titres gêne les banquiers, ceux-ci n'ont qu'à employer la voie des reports. Il faut d'ailleurs remarquer qu'en France les reports « en bourse » et en « banque » gagnent sans cesse en importance. Les avances ne jouent guère de rôle que dans les relations des banques avec leur clientèle industrielle et commerciale ; encore s'agit-il alors fréquemment « d'avances en comptes courants », c'est-à dire d'un intermédiaire entre les avances proprement dites et les ouvertures de crédit. si ce n'est d'ouvertures de crédits ordinaires. Lorsqu'un financier veut placer ses disponibilités, il ne pratique plus guère que des reports, car il obtient ainsi des titres non individualisés, qui peuvent en tous instants faire l'objet d'une vente ou d'avances.

Les avances (*lombards*) continuent au contraire à jouer un rôle important en Allemagne, où elles servent beaucoup à classer les titres qui sont presque sans marché ou qui n'ont qu'un marché étroit.

Les banquiers, qui ont besoin d'espèces, ne s'y gênent point pour remettre à la *Banque d'Empire* les valeurs déposées en garantie et se faire consentir ainsi un nouveau prêt ; ils les réalisent assez souvent pour en racheter d'autres semblables à l'expiration de l'opération. Les ouvertures de crédit, reposant sur un dépôt de titres, y sont cependant plus fréquentes dans les relations avec le commerce et l'industrie ; et là, plus que partout ailleurs, les banques remettent aux clients non des espèces mais une acceptation qui procure des sommes plus ou moins notables à un intérêt aussi bas que possible.

En Angleterre et notamment à Londres, les avances ont lieu très généralement selon des principes assez stricts ; mais elles y perdent de leur importance avec le développement des ouvertures de crédit garanties par des valeurs, — conséquence de la tenue de comptes courants. Dans la capitale, les « banquiers » prêtent aux « courtiers » soit « *at call* », soit « *at short notice* » c'est-à-dire « à vue » ou « à court terme ». Ils reçoivent dans le premier cas des lettres de change de premier ordre ou des valeurs ; une marge les met à l'abri d'une dépression brusque et notable des cours ; la faculté de procéder rapidement à la négociation des garanties fournies rend bien l'argent remboursable à vue. Les seconds se présentent sous la forme d'avances-reports, pour ainsi dire : l'argent est remis à l'époque des liquidations et engagé pour la quinzaine suivante ; le contrat a lieu entre les banquiers et les courtiers avec une certaine marge ; les titres ne sont pas individualisés.

Voisines des avances sur valeurs sont les avances sur métaux précieux, dont nous n'avons pas à parler ici, car ce sont là des opérations qui rentrent beaucoup plus fréquemment dans l'activité de banques d'émission, que dans celles de banques ordinaires.

II. *Marchandises.* — Lors d'avances sur marchandises, toutes les pièces doivent être exigées par la banque : non seulement le connaissement, le warrant ou la lettre de voiture, mais la police d'assurance et parfois aussi le certificat d'origine ; et l'on doit bien faire attention que tout soit en règle.

En France où les magasins généraux délivrent des warrants à échéance de trois mois, on parle non pas d' « avances » mais d' « escompte » : peu importe le titre que l'on donne à l'opération et sa nature plus ou moins proche de telle ou telle ; il s'agit ici d'un billet documentaire, qu'endosse le bénéficiaire et qu'il peut généralement retirer en tout instant contre remboursement des sommes avancées.

Les banques font toujours plus fréquemment des avances sur marchandises en route, non seulement sur celles qui sont chargées par des vapeurs à destination de l'Europe, mais même sur celles qui, comme les sucres, gagnent d'un pays quelque autre voisin : elles recherchent quelle confiance méritent les voituriers et entrepositaires, et suivent d'un œil attentif les divers déplacements du gage.

III. Marchés a terme et avances sur marchandises ; bordereaux a ordre et certificats de couverture.

Nous voudrions parler quelque peu d'une combinaison, qui, connue à l'état embryonnaire sur la place du Havre tout au moins, a déjà rendu quelques services et nous semble appelée à en rendre de beaucoup plus notables. Elle permettrait de rémunérer sensiblement mieux un même capital, d'arriver avec des fonds moindres à de plus brillants résultats et de fournir aux jeunes forces une source vive d'éléments pour leur activité. C'est d'une alliance étroite de la couverture en bourse des marchandises par la voie du marché à terme (*hedging*) et des avances, sur laquelle nous allons insister, car elle augmenterait les garanties de la banque et celle-ci, en conséquence, élèverait sans crainte le montant de ses crédits.

Notre prétention est de résoudre ainsi, en large partie et en ce qui concerne les marchandises objets d'un trafic de bourse, l'*antinomie* naturelle qui existe entre la *sécurité* d'une banque et le *pourcentage des avances*. Nous espérons assurer par cette voie une lutte plus égale entre nos négociants, mal soutenus par nos banquiers, et les négociants allemands, servis admirablement par leurs agents financiers.

Indiquons, tout d'abord, les bases de l'importation des marchandises négociables à terme.

Des grains, des cotons ont été achetés et vont être embarqués en Amérique. Il s'agit, d'une part, de *payer* le commerçant ou le commissionnaire américain qui s'est chargé de l'opération et, de l'autre, de *s'assurer* contre la baisse des cours, si l'importation ne se trouve point déjà faite en couverture de tel ou tel autre marché.

Sur l'ordre d'un de ses clients, une banque étrangère, au nom bien connu à travers le monde, *accepte* une lettre de change contre remise des documents. Quant au *marché de prévoyance,* il a lieu par la voie de la vente à terme de quantités identiques ou voisines de marchandises de qualité presque identique, sinon plus ou moins voisine.

N'insistons pas sur les acceptations de lettres de change, qui nous retiendront longtemps au chapitre suivant, et arrivons immédiatement au contrat de couverture.

Le marché à terme n'est pas seulement une grande institution de spéculation ; c'est aussi, en sens inverse, une grande institution d'assurance contre la hausse et la baisse des cours. Veut-on *couvrir* des marchandises ? On *vend du terme.* Au contraire, a-t-on passé un *marché de fourniture* avec telle administration ? On *achète du terme.* Mais, ainsi, on ne s'assure pas, à proprement parler, un *débouché ;* on ne s'assure qu'une *certaine somme.* Si les marchandises sont déjà vendues à la consommation ou que leur qualité ne soit point livrable, on ne songe point à « livrer effectivement » ; de plus, le livraison n'aura lieu que rarement lorsque la qualité sera assez nettement supérieure à la qualité ordinaire, déclarée « livrable ». La preuve de l'exactitude de cette observation résulte notamment du fait que la marché de couverture a lieu parfois dans le pays de production lui-même, souvent sur une place étrangère.

Le mécanisme de l'importation est, dès lors, très généralement le suivant : achat de marchandises de qualité fort moyenne, sinon excellente dans la région productrice elle-même et vente sur le marché à terme avec un profit plus ou moins sensible, parfois même avec une perte ; opération en bourse semblable à la première, mais en sens inverse, et vente immédiate ou presque immédiate du stock détenu d'après échantillon, soit en disponible, soit à livrer. Celui qui traite ainsi ne s'expose à aucun risque ; c'est de son habileté comme *marchand ordinaire,* connaisseur des qualités et des besoins particuliers de la consommation, que dépendent ses bénéfices. Le résultat de l'opération proviendra de l'écart entre le prix de la vente à terme et l'achat en pays de production et de l'écart entre le prix de la vente sur le marché effectif et de l'achat à terme.

Les opérations à terme ont lieu directement entre négociants de la même place à moins que l'institution que l'on appelle « caisse de liquidation » ne s'interpose : Celle-ci ne fait pas seulement

que faciliter les règlements différentiels ; le plus généralement
elle devient la contrepartie réelle des commerçants et assure l'exécution du contrat. Pour se garantir contre les conséquences de
hausses ou de baisses, elle exige un « *original deposit* », le dépôt
d'une certaine somme dès la délivrance du bordereau et l'enregistrement du marché sur ses livres, et la couverture de « *margins* »,
la remise d'autres sommes et de nouvelles garanties à mesure que
les cours deviennent plus défavorables.

Ce que nous proposons, c'est d'établir un *lien étroit* entre la
couverture sur le marché à terme et les avances sur marchandises,
de telle façon que, la réalité de la couverture se trouvant affirmée et
les conséquences de la baisse des prix s'atténuant encore en large
mesure, les banques puissent se mettre plus complètement à l'abri
et augmenter sans danger la quotité des avances. Nous voudrions
donc combiner à la garantie juridique, qui résulte de la détention
d'un connaissement ou d'un warrant et de l'engagement du client,
d'une part la garantie *morale* qui provient de la certitude que le
marché n'est pas un acte de spéculation et, de l'autre, la garantie
effective, provenant du cautionnement de la dette.

Reste à résoudre le problème posé ; en d'autres termes, comment
pourrait-on établir des relations directes immédiates entre l'acheteur à terme et le banquier? — *Créer des bordereaux endossables
assez voisins des polices d'assurances à ordre.* Qu'importe à l'acheteur? Il ne connaîtra toujours que sa contre-partie primitive et
s'adressera à elle, à moins que quelque personne ne se présente à
l'échéance avec le bordereau régulièrement endossé et ne se
déclare prête à livrer les marchandises.

Examinons quelles garanties ces bordereaux donneraient à la
banque, en supposant que la contre-partie du négociant couvert soit
tout d'abord un autre négociant, ensuite une caisse de liquidation.

Dans le premier cas, la banque devrait rechercher surtout si
l'acheteur à terme est bien solvable : elle est dans une position
voisine de celle où elle se trouve chaque fois qu'on lui offre une
caution. Le bordereau ne fournira alors qu'une garantie variable
selon les personnalités en jeu. Mais, comme les maisons d'importation n'ont nul souci de se trouver à l'échéance en face d'un débiteur insolvable, comme elles savent choisir leurs contre-parties, il ne
s'agit pas ici d'une solution simplement théorique.

Lorsqu'une caisse de liquidation serait en cause, la banque n'au-

rait qu'à étudier quel capital social assure l'exécution du marché,
parce que le système de *deposits* et de *margins* réduit sensiblement
les dangers. Si les marges n'étaient pas couvertes par son client,
elle saurait les couvrir elle-même. Que l'importateur tombe en
faillite, et elle pourra *soit* couvrir les marges pour se trouver
indemne après une simple et minime perte d'intérêts ; *soit* faire sur
le marché à terme une opération semblable et en sens inverse, et
vendre les marchandises pour retenir sur la différence entre le prix
d'achat et celui de la vente à terme l'écart entre les avances consenties et le prix de la réalisation effective des marchandises ; *soit,*
enfin, abandonner purement et simplement le bénéfice de l'opération
à terme.

La caisse de liquidation remettrait à chacun de ses clients un bordereau à ordre ou un *certificat de couverture*. La conséquence de
la délivrance d'un tel certificat serait de lier les parties primitives
et d'empêcher un règlement par différences jusqu'à la remise du
certificat soit inutilisé, soit revêtu d'un « bon pour décharge » ou
d'un « endos ».

Ce système ne saurait gêner que le commerçant qui voudrait
« spéculer » ; or celui-ci (désirant renoncer au bénéfice de la couverture par suite des circonstances) pourrait facilement se dégager
des liens qui le lient et demander des avances *ordinaires*.

Nous ne prévoyons qu'une seule objection. Qui viendra affirmer
que la qualité en route ou en magasin est bien « livrable » à terme
ou supérieure à la qualité livrable ? Pour les marchandises en magasin, aucun obstacle, on les fera expertiser. Quant aux marchandises
en route, nous ne nous trouvons en face que de difficultés voisines
de celles qui se présentent au cas de tous crédits d'acceptation. Des
certificats d'origine et d'autres pièces quelconques pourront généralement faire disparaître tous les doutes. L'employé, qui serait
chargé des avances, devrait cependant avoir une certaine connaissance du trafic de bourse des principales marchandises.

Malheureusement, les directeurs de nos plus notables institutions
de crédit n'aiment guère les combinaisons qui laissent aux agents
une latitude assez grande, et une telle liaison des marchés à terme
et d'avances sur marchandises n'est possible qu'avec des employés
que n'abasourdit point une crainte maladive et qui jouissent d'une
certaine liberté dans leurs appréciations.

André E. Sayous.

CHRONIQUE LÉGISLATIVE

Décembre 1900.

I. Débats parlementaires

§ 1. Chambre.

Projet de budget pour l'exercice 1901. — Projet de loi sur la réforme des boissons.

La Chambre a continué le système des doubles séances. Elle n'a pourtant pas pu achever en temps utile le vote du budget et il a fallu une fois de plus recourir aux douzièmes provisoires.

A propos du budget de l'instruction publique, a été soulevée la grosse question de la réforme de l'enseignement secondaire. Le Ministre a informé la Chambre qu'il avait saisi de la question le Conseil supérieur de l'Instruction publique, comme il en avait le devoir, et qu'il apporterait très prochainement à la Chambre le résultat de ses délibérations, la liberté d'action du Parlement restant entière. Le Parlement peut tout faire, suivant la maxime de Gladstone : on nous permettra seulement d'insinuer qu'il ferait sagement en reconnaissant qu'il n'a pas, pour trancher une semblable question, une compétence qui saute aux yeux. Il est permis de supposer que celle du Conseil supérieur est mieux établie et nous pouvons affirmer qu'il a été cependant bien hésitant et bien divisé sur la question. Il ne paraîtra peut-être pas sans intérêt de faire connaître très sommairement aux lecteurs de la *Revue* les solutions auxquelles il s'est finalement arrêté dans la session extraordinaire de décembre 1900.

Trois questions principales lui étaient soumises : l'une concernant l'organisation du baccalauréat plus encore que son principe même ; la seconde, la réforme de l'enseignement secondaire classique ; la troisième, celle de l'enseignement secondaire moderne.

Pour le baccalauréat, le Conseil supérieur a été d'avis qu'il soit passé dorénavant devant des jurys composés de professeurs de facultés et de professeurs de l'enseignement secondaire en exercice ou retraités ; qu'aucun ajournement ne soit prononcé sans une délibération spéciale du jury réuni à cet effet et sans que le livret scolaire porte la mention qu'il a été visé ; enfin qu'aucun sujet d'épreuve écrite ne porte sur l'analyse d'un des textes d'auteurs portés au programme.

En ce qui concerne l'enseignement secondaire, il a été posé en principe que l'étude de la langue latine serait le fond commun de l'enseignement classique ; à l'issue de la classe de troisième, les élèves pourront opter entre ces trois directions : l'étude du grec, celle des sciences et celle des langues vivantes, tout en restant réunis pour les études communes, notamment celle du latin.

Enfin, l'enseignement moderne, qui s'était posé depuis son avènement en émule et en rival de l'enseignement classique, devra être nettement orienté vers la préparation aux carrières agricoles, industrielles, commerciales et coloniales. Il comprendra, dans son intégrité, six années d'études divisées en deux cycles : le premier, de quatre années, à la suite desquelles sera délivré, s'il y a lieu, un diplôme d'études secondaires ; le second, de deux années, à la suite desquelles pourra être délivré un diplôme de baccalauréat (il paraît que, sans ce mot magique, l'enseignement moderne eût été découronné), mais d'un baccalauréat spécial, passé en un seul examen et qui n'ouvrira les portes ni des Facultés de droit, ni des Facultés de médecine, ni des Facultés des lettres.

C'est là, si elle est exécutée dans l'esprit qui a finalement triomphé, non sans mal, au sein du Conseil, la grosse partie de la réforme au point de vue économique.

L'enseignement moderne a été une superfétation inutile tant qu'il a aspiré uniquement à servir de déversoir à l'enseignement classique et à faire des bacheliers visant aux mêmes buts que ceux de l'enseignement classique. Il peut contribuer grandement au développement économique s'il est sérieusement et sans arrière-pensée orienté vers la préparation aux carrières industrielles et commerciales : c'est là sa véritable, sa seule raison d'être.

Entre temps, la Chambre, se remettant du désarroi dont nous parlions dans notre précédente chronique, a mené à bonne fin la réforme du régime des boissons, et le projet, voté par le Sénat, a été converti en une loi qui a été promulguée le 30 décembre et dont nous résumons, dans la deuxième partie, les principales dispositions. C'est une des plus importantes et, à notre avis, des plus bienfaisantes réformes fiscales qui aient été faites en ces derniers temps.

§ 2. Sénat.

Projet de loi ayant pour objet la protection de la santé publique.

Dans les discussions auxquelles s'est livré le Sénat en attendant
que le budget lui soit envoyé par la Chambre, nous noterons, indépendamment de la loi sur le régime des boissons, dont nous donnons ci-après les dispositions essentielles, celle relative à la protection de la santé publique, une importante question, que le Sénat
avait discutée déjà en première lecture au commencement de l'année 1897.

Dans la discussion générale, M. le Dr Labbé a dit que presque
tous les pays d'Europe, l'Angleterre et l'Allemagne en tête, la
Russie, l'Autriche, l'Italie, l'Espagne, le Danemark, la Suède, la
Norwège, la Roumanie, la Serbie avaient fait une loi sur la santé
publique et qu'il était incroyable que la France n'eût pas encore
la sienne. Il a avancé que l'Angleterre, à la suite de sa loi sanitaire du 11 août 1875 et de l'ensemble des mesures qui l'a complétée, avait vu notamment la mortalité par la scarlatine descendre
de 1078 par million d'habitants dans la période 1860-1869, à 200,
dans la période 1890-1899 et la fièvre typhoïde, pour la période
correspondante, passer de 895 à 146 décès. En Allemagne, où la
vaccination et la revaccination sont obligatoires, il y a eu, dans
l'année 1897, 5 décès par la variole sur 53 millions d'habitants,
alors que le *Bulletin municipal* de la ville de Paris en accuse 17
pour une semaine!

Le rapporteur a résumé les dispositions essentielles de la loi, qui
avaient bien pu être perdues de vue.

Malgré les efforts de M. Treille, qui voulait au moins limiter la
règlementation aux agglomérations urbaines, c'est-à-dire supérieures à 2.000 habitants, le Sénat a voté le principe de l'article
premier, ainsi conçu : « Dans toute commune, le maire est tenu,
afin de protéger la santé publique, de déterminer, après avis du
Conseil municipal et sous forme d'arrêtés municipaux portant règlement sanitaire : 1° les précautions à prendre en exécution de l'article 97 de la loi du 5 avril 1884 pour prévenir ou faire cesser les
maladies transmissibles. . . . . . . ; 2° les prescriptions destinées
à assurer la salubrité des maisons et de leurs dépendances, des
voies privées closes ou non à leurs extrémités, des logements loués
en garni et des autres agglomérations, quelle qu'en soit la nature,

notamment les prescriptions relatives à l'alimentation en eau potable ou à l'évacuation des matières usées. — Ce principe a été voté par 215 voix contre 7. . . . . les sept sages ! a dit un malicieux.

L'article 4 porte que la liste des maladies auxquelles sont applicables les dispositions de la présente loi sera dressée, dans les six mois qui en suivront la promulgation, par un décret du Président de la République, rendu sur le rapport du ministre de l'intérieur, après avis de l'Académie de médecine et du Comité consultatif d'hygiène de France ; elle pourra être révisée dans la même forme.

Une importante modification a été apportée à l'article 5, qui, dans le projet, imposait la déclaration de tout cas de l'une des maladies transmissibles d'abord au médecin, puis subsidiairement au chef de famille, au maître d'hôtel ou directeur d'établissement, enfin aux personnes ayant soigné le malade : l'obligation n'a été admise qu'en ce qui concerne le médecin ; c'est bien naturel et la prescription n'en sera que mieux obéie, toute la responsabilité incombant à un seul.

II. DOCUMENTS OFFICIELS

Dans le n° du 4 décembre a été promulguée la loi ayant pour objet de permettre aux femmes munies de diplômes de licencié en droit de prêter le serment d'avocat et d'exercer cette profession.

Une loi du 12 décembre 1900 (*J. O.* du 13 décembre) a autorisé le Ministre des Travaux publics à opérer le rachat des concessions de chemins de fer de la Compagnie franco-algérienne. — Un décret postérieur (*J. O.* du 23 décembre) autorise, à titre transitoire, l'exploitation en régie des chemins de fer de ladite Compagnie.

Dans le même numéro, on trouvera le compte rendu sommaire sur la marche de la mission Foureau-Lamy de Ouargla au lac Tchad.

Le *Journal officiel* du 20 contient le texte de la loi portant création d'un budget spécial pour l'Algérie. — Nous en avons indiqué les principales conditions dans notre précédente chronique, en résumant la discussion législative sur ce sujet.

Dans le numéro du 22, est le texte d'une loi portant modification à celle du 19 mars 1895, relative à l'amélioration du port du Havre et de la Basse-Seine.

Une loi du 25 décembre (*J. O.* du 29) a modifié la loi du

31 mars 1899, ayant pour objet l'institution de caisses régionales
de crédit agricole mutuel et les encouragements à leur donner, en
décidant que « le montant des avances faites aux caisses régionales ne pourra excéder le quadruple du montant du capital versé
en espèces ».

Dans le même numéro du 29 septembre, se trouve le rapport au
Président de la République sur l'application de la loi du 12 juin
1893, concernant l'hygiène et la sécurité des travailleurs dans les
établissements industriels.

La loi concernant le régime des boissons a été promulguée dans
le *Journal officiel* du 30 décembre. En voici les dispositions principales :

« Article premier. — Les droits de détail, d'entrée et de taxe
unique actuellement perçus sur les vins, cidres, poirés et hydromels, sont supprimés. — Le droit de fabrication des bières est
abaissé à 25 centimes par degré-hectolitre. — Les vins, cidres,
poirés et hydromels restent, quelle que soit la quantité, soumis au
droit général de circulation dont le taux, décimes compris, est
fixé uniformément à 1 fr. 50 par hectolitre pour les vins et à
80 centimes par hectolitre pour les cidres, poirés et hydromels. —
Le droit de consommation sur les eaux-de-vie, esprits, liqueurs,
fruits à l'eau-de-vie, absinthes et autres liquides alcooliques non
dénommés est fixé à 220 francs par hectolitre d'alcool, décimes
compris.

» Art. 5. — L'exercice des débits de boissons est supprimé.
Dans les communes où il n'existe pas de surveillance effective et
permanente aux entrées, toute personne qui vend en détail des
boissons reste seulement assujettie, dans les caves, magasins et
autres locaux affectés au commerce, aux visites des employés de
la régie qui pourront effectuer les vérifications et prélèvements
nécessaires pour l'application des lois concernant les fraudes commerciales et les fraudes fiscales.

» Art. 6. — . . . .
Les bouilleurs de cru qui distillent exclusivement les produits
désignés par la loi du 14 décembre 1875 continuent à être affranchis de la déclaration de leur fabrication, sauf les exceptions prévues à l'art. 10 ci-après.

» Art. 10. — Sont soumis au régime des bouilleurs de profession les bouilleurs de cru qui, dans le rayon déterminé par

l'art. 20 du décret du 17 mars 1852, exercent par eux-mêmes ou par l'intermédiaire d'associés la profession de débitant ou de marchand en gros de boissons. — Sont également soumis au privilège des bouilleurs de profession, les bouilleurs de cru qui font usage d'appareils à marche continue pouvant distiller par vingt-quatre heures plus de 200 litres de liquide fermenté, d'appareils chauffés à la vapeur ou d'alambics ordinaires d'une contenance totale supérieure à 5 hectolitres. Il leur est toutefois accordé une allocation en franchise de 20 litres d'alcool pur par producteur et par an pour consommation de famille. — Par dérogation au paragraphe précédent, les alambics ambulants peuvent avoir une contenance de plus de 5 hectolitres sans que les producteurs qui en font usage perdent le privilège des bouilleurs de cru. — Les bouilleurs de cru, convaincus d'avoir enlevé ou laissé enlever de chez eux des spiritueux sans expédition ou avec une expédition inapplicable, indépendamment des peines principales dont ils sont passibles, perdront leur privilège et deviendront soumis au régime des bouilleurs de profession pour toute la durée de la campagne en cours et de la campagne suivante.

» Art. 13. — Le gouvernement interdira par décrets la fabrication, la circulation et la vente de toute essence reconnue dangereuse et déclarée telle par l'Académie de médecine.

» Art. 15. — La taxe de dénaturation de 3 francs par hectolitre d'alcool pur établie par la loi du 16 décembre 1897 est supprimée. Elle est remplacée par un droit de statistique de 25 centimes ».

Dans le même numéro du 30 septembre est promulguée une loi portant fixation du budget spécial de l'Algérie pour l'exercice 1901. Il contient enfin un décret modifiant la nomenclature des établissements insalubres, dangereux ou incommodes.

Le *Journal Officiel* du 31 décembre a promulgué la loi portant ouverture sur l'exercice 1901 de crédits provisoires applicables au mois de janvier 1901 et montant à la somme de 498.880.368 francs et autorisation de percevoir pendant le même mois les impôts et revenus publics.

On trouvera dans le même numéro du 31 le texte de la loi fixant les conditions du travail des femmes employées dans les magasins, boutiques et autres locaux en dépendant. Cette loi dispose que les magasins, boutiques et autres locaux en dépendant, dans lesquels des marchandises et objets divers sont manutentionnés ou offerts au public par un personnel féminin, devront être, dans chaque salle, munis d'un nombre de sièges égal à celui des femmes qui y sont employées (art. 1er). Elle charge les inspecteurs du travail d'assurer l'exécution de la loi et leur donne à cet effet entrée dans lesdits établissements (art. 2). La loi doit y être affichée, ainsi que les noms et adresses des inspecteurs et inspectrices de la circonscription (art. 3). Les peines sont une amende de 5 francs à 15 francs pour chaque contravention ; de 16 à 100 francs en cas de récidive dans les douze mois, avec faculté d'ordonner l'affichage du jugement et l'insertion, aux frais du contrevenant, dans un ou plusieurs journaux du département (art. 4, 5 et 6).

Edmond VILLEY.

BULLETIN BIBLIOGRAPHIQUE

Adolphe Coste, *L'expérience des peuples et les prévisions qu'elle autorise.*
In-8, 648 pages. Paris, chez Alcan.

Il serait difficile de mettre plus de bonne grâce que l'auteur à faciliter la tâche du lecteur ou du critique. Dans sa préface, en effet, il prend la précaution d'indiquer quelles sont les parties que pourront se contenter de lire : 1° « les amis généreux » qui consentiront à disposer de quatre ou cinq heures pour leur lecture ; 2° ceux qui ne pourront y consacrer qu'une heure ; 3° et ceux même qui ne pourront lui accorder que quelques minutes. Nous avons été plus larges que les amis même de la première catégorie et nous n'avons pas à le regretter.

Cependant le titre du livre est un peu inquiétant, car l'expérience des peuples c'est un champ qui est bien vaste et les prévisions que nous pouvons en tirer risquent d'être bien maigres. Et la lecture du livre confirme cette inquiétude : c'est toute une histoire de la civilisation que l'auteur nous esquisse, sous sa triple forme politique, religieuse, économique, plus une quatrième que l'auteur appelle l'évolution de la solidarité. On comprend que cette dernière est l'évolution sociale sous forme de groupements, familles, castes, classes, partis, associations de tout genre, mais comme ces groupements peuvent avoir à la fois le caractère politique, religieux ou économique et sont inhérents à toute forme de l'activité humaine, on ne s'explique guère pourquoi l'auteur en a fait une catégorie à part dans l'évolution sociale.

Chacune de ces évolutions fait l'objet d'un livre et chacune passe par sept phases qui se correspondent exactement et qui font l'objet d'un chapitre ; mais sur ces sept il en est deux qui peuvent être éliminées de chaque série — parce qu'elles constituent l'une une rétrogradation (moyen-âge, système féodal, catholicisme), l'autre une remise en marche qui annule la précédente (la renaissance, réforme, etc.) — en sorte que les sept périodes se réduisent à cinq essentielles, qui se correspondent à peu près et que nous pouvons, pour abréger, résumer dans le tableau synchronique ci-après (il est vraiment surprenant que l'auteur ne l'ait pas dressé lui-même).

Ce tableau est suggestif et je le croirais fort utile comme méthode pédagogique, mais il est trop symétrique pour s'adapter à la turbulence des faits : l'évolution ne marche point comme un régiment à une revue aussi correctement alignée. Même au point de vue de la composition de l'ouvrage, le lecteur qui doit retraverser à chaque livre chacune des sept périodes, sans lui faire grâce des deux qui se trouveront finalement éliminées, ne laisse pas que de juger cet exercice fatigant.

	POLITIQUE	RELIGION	ÉCONOMIQUE	SOLIDARITÉ
1er AGE	Patriarchat. Pouvoir absolu.	Culte des morts.	Troc. Propriété familiale.	Clan. Gens.
2e AGE	Cité. Gouvernement militari-religieux.	Polythéisme.	Séparation des métiers. Monnaie. Propriété individuelle.	Classes.
3e AGE	Etat. Administration. Légistes.	Monothéisme.	Division du travail. Commerce. Propriété mobilière	Nations.
4e AGE	Régime parlementaire. Bourgeoisie. Ploutocratie.	Protestantisme. Rationalisme.	Moteurs mécaniques. Fabriques. Commerce international.	Partis politiques.
5e AGE	Aristocratie intellectuelle. Gouvernement juridique.	Symbolisme.	Sociétés par actions. Syndicats. Crédit. Vivifacture.	Associations libres.

Il suffit de jeter les yeux sur ce tableau pour voir que la cinquième période (ou la septième si on ne veut rien éliminer) est à peine commencée, c'est précisément celle de l'avenir, c'est le domaine de ces « prévisions » que nous promettait le titre de l'ouvrage. Ces prévisions c'est donc que nous marchons vers le règne de la justice, le gouvernement des plus instruits et non des plus riches, vers la religion de la morale indépendante et « de l'espérance » (espérance de quoi ? c'est ce que l'auteur ne nous dit pas), vers le libre groupement des hommes sous toutes les formes, et vers une paternité qui, en s'élargissant progressivement, embrassera toute la famille humaine.

Pour ne prendre parmi ces prévisions que celles qui touchent à l'avenir économique, nous sommes d'autant plus disposés à les admettre qu'elles sont aussi les nôtres, je veux dire celle des *coopératistes*. M. Coste préfère désigner sa solution sociale sous le nom de *syndicalisme :* nous trouvons ce nom déplaisant parce qu'il suggère, du moins pour toutes les réalisations que nous connaissons, des idées de lutte, d'égoïsme professionnel et corporatif que le coopératisme a précisément pour idéal de bannir. Mais si les noms diffèrent, les idéals sont pareils. M. Coste voit l'avenir sous la forme d'une multitude de groupements « imbriqués » qui suffisent pour protéger l'individu mais non pour l'opprimer, parce que l'individu ne donnera à chacun d'eux qu'une part de son activité et de sa personnalité. Et nous disions il y a une quinzaine d'années déjà : « Je vois, comme le prophète Fourier, le monde rempli de millions d'associations de toute nature... et chaque homme faisant partie chacun non pas d'une seule, mais de dix, de vingt, de cinquante associations différentes » [1]. Et en fait d'associationnisme, je ne crois pas qu'on découvre grand chose de plus que ce visionnaire. Mais c'est une observation ingénieuse de M. Coste que déjà au moyen-âge le fait d'appartenir à la fois à la société civile et à la société religieuse, à l'Etat et à l'Eglise, a été une garantie de liberté et comme une anticipation de ce régime à venir où chaque individu serait « poly-social ».

M. Coste croit que la propriété individuelle en tant que pouvoir dirigeant a fait son temps ; qu'elle est en train d'abdiquer et que d'elle-même elle aspire à se réduire au rôle de salarié. Et il en voit pour preuve l'empressement des propriétaires à donner leurs biens à ferme, et des capitalistes à chercher des bons placements et de préférence même des placements en rentes ou obligations. J'avoue que ces preuves me paraissent assez douteuses : il ne me paraît démontré que la richesse soit en train de perdre son pouvoir ; certes il est bien vrai que « dans une assemblée d'actionnaires le millionnaire, le décamillionnaire ou l'hectomillionnaire ne pèsera pas plus que le petit capitaliste *qui a autant d'actions que lui* », mais précisément c'est cette dernière supposition qui est un peu naïve, car un hectomillionnaire n'a pas l'habitude de répartir ses placements de façon à n'avoir qu'une action ou obligation dans chaque entreprise : il les achète par gros paquets, et c'est le petit capitaliste au contraire qui, pour ne pas mettre « tous ses œufs dans le même panier », divise son petit avoir en unités. Cependant comme M. Coste nous avons plus d'une fois, au grand scandale des économistes, annoncé le régime futur du salariat des capitaux. Mais pour les réduire à ce rôle subordonné, nous comptons moins sur le renoncement du capitaliste que sur le développement des sociétés coopératives qui ont pour règle générale de refuser au capital toute part au profit en même temps que toute part dans la direction et de lui accorder seulement son juste intérêt, son juste salaire. Et nous croyons bien, comme M. Coste, que les socialistes qui font de l'abolition de la propriété individuelle l'article premier de leur programme, se battent un peu contre des moulins à vent.

M. Coste lie toute son évolution sociale au mouvement de la population. Voilà, pour lui comme pour le professeur Loria qui a réclamé, parait-il, ses droits d'auteur, le grand ressort de l'évolution sociale, et avec son esprit systématique il rattache chacune de ces cinq phases à un degré progressif dans la concentration de la population : à la première il n'y a point encore de ville, c'est la tribu, le château ou au plus le bourg ; à la seconde, la cité ; à la troisième, la métropole (?) ; à la quatrième, la capitale ; à la cinquième, le centre fédéral (sans doute international ?) ; après quoi il ne restera plus évidemment qu'un dernier degré pour atteindre la cité mondiale et l'évolution s'arrêtera faute de pouvoir aller plus loin.

Ces explications simplistes de l'évolution nous paraissent avoir exactement la même valeur que celles qui font du climat ou du milieu le seul facteur de l'évolution. Pourtant l'auteur rejette celles-ci avec dédain : « elles sont anti-sociologiques », dit-il. Pourquoi plus que l'autre? M. Coste prend pour

[1] *Coopération*, p. 75 et 208.

exemple l'Angleterre et déclare que ce ne sont pas ses mines de fer et de houille qui ont fait ses destinées. Soit, mais qui pourra croire que ses destinées eussent été pareilles si elle n'eût pas été une île ?

Il y a d'ailleurs dans ce livre beaucoup d'affirmations qui ne laissent pas que d'étonner un peu, citons au hasard :

L'instinct social des animaux prenant un essor imprévu par la domestication. — Nous aurions cru tout le contraire : la domestication détruit toutes les sociétés animales sauvages, témoins celles des éléphants et des chiens; heureusement pour les sociétés de fourmis qu'elles n'ont pas encore été domestiquées !

La surproduction dans l'agriculture devant entraîner la fin du régime protectionniste. — Du tout! la protection sous forme de droits à l'importation sera remplacée par des primes à l'exportation, voilà tout. Voyez les sucres, demain les blés, après-demain les vins.

L'armée rangée à côté de la famille, de l'école et de l'Eglise, comme un des quatre organes « harmonisateurs et solidarisateurs ». — Pauvre solidarité, puisque l'auteur déclare lui-même qu'il faut chercher « le progrès de la solidarité par l'affranchissement de l'individu ». Et nous n'admettons pas davantage que « la valeur militaire exige une rencontre assez rare de qualités très spéciales ». C'est de toutes les vertus, certes! la moins rare et la plus universellement répandue : on ne connaît aucun peuple qui n'ait fourni d'excellents soldats, sauf peut-être les Chinois, et encore !

Enfin les calculs laborieux auxquels se livre l'auteur pour déterminer « l'indice de la puissance » de chaque nation nous paraissent absolument fantaisistes, à moins que nous n'y ayons rien compris. L'auteur, pour chaque pays, prend trois chiffres : celui indiquant la population de la capitale, celui indiquant la population des grandes villes, celui indiquant la population rurale : il les multiplie l'un par l'autre et prend la racine cubique; voilà l'indice 155 pour l'Angleterre, 136 pour la Russie, 121 pour l'Allemagne, 100 pour la France, 74 pour les Etats-Unis, etc.; et j'admets d'ailleurs que ces indices paraissent assez rapprochés de la vérité (sauf le dernier pourtant). Mais faisons une supposition : voici deux pays dont l'un a 1 comme population de la capitale, 3 pour les grandes villes, 9 pour les campagnes; nous avons $1 \times 3 \times 9 = 27$ dont la racine cubique est 3; et voici l'autre à l'inverse ayant 9 comme capitale, 3 comme grandes villes, 1 comme campagnes (je crois que ces chiffres correspondent assez à certaines colonies australiennes) : les facteurs étant les mêmes, quoique intervertis, l'indice de puissance sera le même, ce qui revient à dire que la concentration de la population est chose indifférente, c'est-à-dire le contraire de ce que l'auteur voulait démontrer ?

Il y a encore d'autres calculs pour dégager l'index de la socialité : les résultats en sont des plus surprenants, car ils placent la France avant l'Allemagne, et l'Espagne au quatrième rang de tous les pays, fort au-dessus de l'Italie, de la Russie, des Etats-Unis et même de la Suisse !

Mais d'autre part nous pourrions faire, en suivant le livre de M. Coste, une énumération aussi longue d'idées ingénieuses et fines : ce ne serait même que justice. Pourtant, comme il faut nous borner, contentons-nous d'une seule; c'est que le progrès social ne serait pas lié au progrès intellectuel, que nous ne devons peut-être pas tant à la Grèce, par exemple qu'on le croit, et que la phrase de Duruy, qui ne fait d'ailleurs qu'énoncer une idée classique, que « Marathon sauva la civilisation du monde » n'est qu'une phrase. Peut-être la civilisation eût-elle autant gagné à la victoire des Perses. C'est un peu comme les historiens qui prétendent aujourd'hui, et non sans de solides raisons, que la France aurait beaucoup gagné à n'avoir pas de Jeanne d'Arc et à se laisser conquérir par les Anglais. Tout cela est bien possible, mais que faut-il en conclure, sinon que puisque, même en ce qui concerne le passé, nous ne pouvons reconnaître si le chemin suivi par l'histoire a été le bon, à plus forte raison avons-nous peu de chance de le discerner pour l'avenir? et ainsi « les prévisions tirées de l'expérience des peuples » nous apparaissent comme fort problématiques.

Ch. Gide.

Aftalion, *L'œuvre économique de Simone de Sismondi*. Paris, chez Pédone, 1899, 1 vol., 268 pages.

La mode est aux précurseurs. On les fait sortir de leur tombeau l'un après l'autre et cela ne fait pas l'affaire des vivants parce que ceux-ci s'aperçoivent généralement que ce qu'ils avaient cru trouver de la meilleure foi du monde, d'autres l'avaient dit avant eux.

Entre tous les précurseurs, Simone de Sismondi ne pouvait être oublié. Du reste il ne l'avait jamais été. Toujours au contraire il avait été cité, mais généralement on l'exhibait comme un des Ilotes ivres, destiné à montrer jusqu'où peut s'égarer un économiste de talent qui a dévié de la bonne voie. Il s'agissait donc pour celui-ci non de le déterrer mais de le réhabiliter. C'est ce qu'a fait M. Aftalion, quoiqu'avec certaines réserves.

Il fait avec raison du grand Genévois, Italien de nom, le père de l'*Economie sociale* opposée à l'Economie politique ou chrématistique. Il le place « à la source de deux grands mouvements de la pensée économique dans ce siècle », du socialisme dit scientifique et du socialisme d'Etat. Il pourrait même en compter « trois », car le socialisme chrétien protestant ou même catholique (quoique Sismondi fût protestant) peut aussi, à certains égards, se réclamer de lui.

Mais M. Aftalion pense que toute cette partie de la doctrine critique de Sismondi qui vise la grande industrie et le machinisme « est vaine et surannée ». Toutes les écoles aujourd'hui « acceptent la victoire définitive de la grande industrie ». Cette affirmation est peut-être un peu catégorique. Non seulement elle oublie certaines doctrines, comme celle de Ruskin ou de Tolstoï, qui ne sont pas absolument négligeables, mais encore serait-il nécessaire de préciser mieux ce qu'il faut entendre par grande industrie, car en fin de compte elle peut se présenter sous des formes bien différentes, qui ne nous sont même point encore toutes connues et dont quelques-

unes ne scraient peut-être pas absolument inconciliables avec les idées de
Sismondi.

Néanmoins l'étude de M. Aftalion est faite dans un esprit très désintéressé et exempt de préjugés.

Ch. Gide.

Emilio Cossa, *Del consumo delle richezze,* Bologne, 1898, 2 fascicules, 276
et 230 pages, 1898.

Nous devons signaler, quoique avec quelque retard, l'étude de M. Emile
Cossa, le fils du regretté professeur de Pavie.

Suivant une méthode très habituelle chez les jeunes économistes italiens,
M. Emile Cossa, dans une première partie, expose simplement, et sans aucune
discussion critique, les théories de tous les économistes tant soit peu connus
de tous pays — il n'y en a pas moins de 102! — sur la consommation; et
dans une seconde partie il fait la synthèse de ces opinions multiples.

Ce sont là des genres d'ouvrages qui sont fort utiles comme instruments
de recherche et de travail pour les professeurs, mais qui ne sont pas d'une
lecture agréable. Rien de plus monotone que cette interminable revue
d'opinions qui, en somme, se ressemblent plus ou moins. D'autre part, la
seconde partie, la synthèse, n'est guère elle-même que la répétition de ces
mêmes théories déjà vues, seulement arrangées dans un ordre méthodique
et quelque peu triées de façon à éviter les contradictions.

Je crains qu'on n'arrive pas à grand chose par cette méthode, et surtout dans la matière choisie par M. E. Cossa : car c'est précisément celle
où la littérature économique est la plus pauvre et la moins intéressante et
celle où il serait le plus nécessaire non de savoir ce qu'on a dit jusqu'à ce
jour, mais de frayer des chemins nouveaux. On a dit que la théorie de la
consommation attend encore son Adam Smith; c'est dire qu'elle est toute
à créer. Mais celui que l'on attend et qui la créera pourra tirer bon parti
de l'étude consciencieuse de M. Cossa.

Ch. Gide.

Comte Matsukata Masayoshi, *Report on the adoption of the Gold stan-
dard in Japan.* Tokio, Imprimerie officielle.

Ce volume, publié par le gouvernement impérial du Japon en langue
anglaise, contient tous les renseignements et documents officiels sur la
réforme législative qui, en 1897, a introduit l'étalon d'or au Japon. Une préface du comte Matsukata Masayoshi, ministre des finances, par l'initiative
de qui cette réforme fut accomplie, résume brièvement les étapes qui ont
fait passer le Japon du monométallisme argent au bi-métallisme, puis au
monométallisme or. Au reste, la question théorique de la supériorité du
monométallisme sur le bimétallisme n'est pas discutée dans le livre, mais
elle est, à toutes les lignes, supposée.

C'est une chose admirable que l'aisance et la rapidité avec laquelle ces économistes tout frais éclos, ces ministres à peine débarrassés de leur double sabre et de leur casque féodal, ont mené à bien une réforme que des pays vieillis dans la science de la finance n'ont pu réussir qu'à grand peine ou n'ont pas même pu aborder! Il est vrai que le gouvernement a mis fort heureusement à profit l'indemnité de 200 millions de yens, 1 milliard de francs environ, qu'il a fait payer à la Chine et qu'il a eu la précaution de se faire payer en chèques sur la Banque de Londres. Avec ce chèque, il a encaissé des souverains anglais et avec cet or anglais il a fait monnayer ses yens d'or. Quant à ses yens d'argent, il en a vendu la plus grande partie et n'a perdu sur cette vente qu'une trentaine de millions de francs qui ont été couverts par le bénéfice obtenu sur la frappe de la monnaie d'appoint.

Nous avons en même temps sous les yeux un rapport sur « la Croix Rouge ». Nulle part peut-être elle n'est mieux organisée. Nous n'avons pas à en parler ici, mais il démontre que les Japonais sont devenus aussi habiles dans l'art de la charité que dans celui des finances. Il est évident que nous devons abandonner l'axiome sociologique sur lequel nous avons vécu jusqu'à présent, à savoir que la haute civilisation était un privilège réservé à la race blanche et aux nations chrétiennes. Cette découverte est grosse de conséquences.

CH. GIDE.

Desmars, *Un précurseur d'Adam Smith en France, J.-J.-L. Graslin.* Chez Larose, Paris, 1 vol. in-8, 256 pages.

Voici un autre précurseur beaucoup moins connu que Sismondi et dont le nom sera probablement une révélation pour plusieurs. Précurseur d'Adam Smith, dit le titre du livre, et non, comme on pourrait le croire, puisqu'il s'agit d'un Français, des Physiocrates : la mention est très intentionnelle. En effet, Graslin, qui fut un contemporain des physiocrates — il est mort en 1790 et son principal ouvrage l'*Essai analytique sur la richesse et l'impôt* est de 1767 — ne fut pas un membre de leur école mais au contraire un critique. Son livre a pour but de démontrer « l'erreur qui sert de base au tableau économique » et notamment de réfuter l'idée maîtresse du système, à savoir que la terre est seule productive et doit seule payer l'impôt et que l'industrie et le commerce sont stériles.

C'est à ce point de vue que l'auteur le classe comme précurseur d'Adam Smith, classement un peu hasardé pourtant, car à d'autres égards Graslin se sépare autant d'Adam Smith que des physiocrates. D'abord il est pour la balance du commerce et même, d'après les physiocrates, « mercantiliste ». De plus, il a de vagues aspirations communistes « qui l'ont fait classer, par quelques-uns des historiographes de cette époque, parmi les précurseurs du socialisme ». Notamment il dénie au capital toute existence propre en tant que facteur de la production. Il est vrai que M. Desmars s'efforce de justifier Graslin de ces imputations et de démontrer que Graslin ne fut communiste ou mercantiliste que dans la mesure où il partageait les préjugés de

ses contemporains. Sans doute, mais c'est justement là ce qui compromet
un peu son rôle de « précurseur ». Mais à d'autres égards, il mérite bien ce
qualificatif. Par exemple cette définition de la valeur « en raison comparée
du degré de besoin et du degré de rareté » est une formule grosse de conséquences et vraiment supérieure à son temps, d'autant plus que Graslin
exclut absolument toute idée de matérialité.

Au fait qu'était Graslin? Les Nantais le savent très bien, ils ont une belle
place qui porte son nom. Il était receveur général des fermes à Nantes et,
par de grands travaux, il transforma la ville. Le portrait placé en tête de
l'élégant volume de M. Desmars est d'une physionomie fine et spirituelle et
dans les beaux salons de ce financier on ne devait pas s'ennuyer.

Ch. Gide.

Dr Giovanni Montemartini, *La teoria delle produttivita marginali*, 1 vol.,
230 pages. Pavie, 1899.

Dans une curieuse leçon d'ouverture du cours qu'il professe à Genève,
M. Pantaleoni montrait les développements qu'avait pris dans ces derniers
temps la théorie de l'utilité finale, comment on avait pu l'étendre de la sphère
de l'échange, où elle semblait d'abord devoir rester enfermée, à celle de la production, par cette simple réflexion que l'acte de production n'était en somme
qu'un acte d'échange, le semeur échangeant le grain qu'il sème contre la
gerbe qu'il récoltera — à cette seule différence près que l'échange, au lieu
de se faire entre l'homme et un autre homme, se fait entre l'homme et la
nature; et comment on avait pu aussi bien l'étendre à la consommation,
l'épargne n'étant aussi que l'échange d'un bien présent contre un bien
futur, etc.

M. Montemartini, qui est, croyons-nous, un élève de M. Pantaleoni, développant ces indications, s'est attaché à exposer les applications de la théorie
de l'utilité finale ou marginale dans tous les phénomènes de la production.
De même que dans l'échange chaque nouvelle fraction acquise représente
une satisfaction décroissante et chaque nouvelle fraction cédée un sacrifice
croissant, de même dans toute production chaque nouvel accroissement
représente une satisfaction décroissante obtenue au prix d'un labeur ou
d'un sacrifice quelconque croissant. C'est la loi du rendement non proportionnel, qu'on croyait autrefois applicable seulement à la production agricole, et qui est « le plus fondamental de toute la théorie nouvelle ». La productivité finale ou marginale sera celle de cette dernière unité additionnelle au delà de laquelle l'homme n'a plus d'avantage à poursuivre. Et
ainsi les théorèmes s'enchaînent à perte d'haleine...

Si M. Montemartini a eu pour intention d'exposer ces théories en style
clair et intéressant pour le profane, je n'ose dire qu'il ait parfaitement
atteint son but. La lecture de son livre est certainement plus ardue que
celle des auteurs mêmes qu'il veut expliquer. Il me semble que s'il avait
procédé évolutivement en montrant comment l'observation d'un fait psychologique assez simple, celui du minimum d'effort, s'était peu à peu élargie

jusqu'à former une science, ses lecteurs auraient fait cette ascension ardue avec plus de facilité, tandis que j'ai peur que beaucoup ne restent en route.

CH. GIDE.

Félix Martin y Herrera, *Curso de Economia politica.* Buenos-Ayres, chez Lajouane, in-8, 448 pages, 1900.

M. Herrera est professeur d'économie politique à la Faculté de droit et de science sociale de Buenos-Ayres. C'est son cours qu'il nous donne, mais ce n'est qu'un premier volume qui contient la production et la consommation. L'auteur ne paraît pas s'être préoccupé de justifier ce rapprochement. Il se borne à dire que « la consommation dirige et limite la production ». Théoriquement c'est incontestable, mais en fait peut-être serait-il plus vrai de dire que c'est la production qui limite et dirige la consommation, car le consommateur, du moins dans l'ordre économique actuel, est l'être le plus passif qui se puisse imaginer.

La lecture de ces traités écrits par nos collègues des pays d'outre-mer nous cause généralement une déception. C'est que nous n'y retrouvons que les doctrines et les faits qui nous sont familiers parce qu'ils ont déjà été exposés dans tous les manuels classiques, alors que nous y cherchons des faits nouveaux propres à des pays lointains, et aussi les idées nouvelles que, semble-t-il, — c'est probablement une illusion — devrait suggérer le spectacle d'un nouveau monde. Cette fois nous n'éprouvons pas tout à fait la même déception ; il serait excessif de dire que le livre de M. Herrera contient des idées neuves, mais il nous donne du moins, ce qui est bien quelque chose, des faits et des chiffres empruntés au pays où il vit et qui donnent à son livre une saveur spéciale. Au reste, il nous dit lui-même, dans sa préface, que son but n'est pas seulement d'exposer « les théories communes à toute agglomération humaine qui constitue un organisme social mais aussi les conditions naturelles, les facteurs numériques, les antécédents historiques, ethnographiques et finalement les dispositions législatives propres à une nation déterminée ». C'est un programme excellent : peut-être l'auteur ne l'a-t-il pas encore appliqué assez hardiment. Pour prendre un exemple entre cent, sur le luxe je trouve les opinions de Baudrillart, Leroy-Beaulieu ou même les nôtres, mais j'aurais été plus heureux d'apprendre de notre collègue comment le luxe se manifeste sur les bords de la Plata, comment il y est jugé et quels sont les effets qu'il peut produire en bien ou en mal dans une population rare et sur une terre vierge.

Cependant, je le répète, le livre paraît bien documenté : on y trouvera des renseignements intéressants sur les encomiendas indigènes, sur le régime des terres publiques, sur le développement des chemins de fer, sur le nombre des machines, les statistiques des professions, etc.

Et pour les étudiants de son pays, il contient un exposé clair et impartial de l'état actuel de la science économique.

CH. GIDE.

François Escard, *Le fermier normand de Jersey*, 60 pages.
Pierre du Maroussem, *La Société générale des papeteries du Limousin.*
48 pages. Paris, Secrétariat de la Société d'économie sociale, 1900.

Ces deux brochures font partie de la série des *Ouvriers des Deux-Mondes*
publiée par l'Ecole Le Play, depuis près d'un demi-siècle.

La première rentre dans le plan ordinaire de ces monographies. Mais
la seconde inaugure un genre nouveau : celui des *monographies d'industries.*
On a fort élargi en effet la méthode des monographies de familles : on a
fait des monographies de communes, des monographies de régions. Voici
une monographie non pas même d'une fabrique déterminée, mais d'un
groupe de fabriques. Sans doute le cadre est susceptible de s'élargir indéfiniment, mais il faut bien admettre que, dans la mesure même où il s'élargit, il perd une partie des avantages qui l'avaient fait adopter. Le jour où
l'on fera par exemple, ce qui ne tardera pas du train dont on y va, une
« monographie » de l'industrie européenne, évidemment la méthode monographique crèvera comme la grenouille de la fable.

Les sept papeteries qui font l'objet de cette étude forment une organisation unitaire. M. du Maroussem ne veut pas l'appeler un *trust* parce que,
dit-il, le *trust* est simplement une coalition de fabriques en vue du relèvement des prix, tandis qu'ici il y a fusion par l'absorption des entreprises
individuelles dans le nouvel organisme créé (nous pensions que c'est
précisément cette dernière définition qui est celle du trust : mais peu
importe). Et à cette occasion l'auteur nous donne un appendice sur cette
intéressante question des Trusts, puis un autre sur « la Banque spéciale des
valeurs industrielles » qui a lancé cette entreprise, et un autre encore sur
les calculs à faire pour placer son argent, car c'est l'habitude dans toutes
ces « monographies », où l'on serait un peu resserré, d'ouvrir des fenêtres
d'où l'on regarde le vaste monde.

Il semble que pour écrire ces monographies d'industrie il faudrait en
choisir une qui eût déjà une longue vie et qui pût nous instruire par son
histoire. L'histoire d'un enfant de deux ans ne saurait être très instructive.
Or tel est précisément le cas de « la Société des papeteries du Limousin » ;
elle a été fondée il y a deux ans, et pour le moment, dit l'auteur, « elle
fait halte ». C'est un peu tôt.

Ch. Gide.

———————

Georges Bry, doyen de la Faculté de droit d'Aix. *Histoire industrielle et
économique de l'Angleterre depuis les origines jusqu'à nos jours.* Paris,
Larose, éditeur.

L'Angleterre nous a devancés dans la grande évolution industrielle du
siècle qui finit, autant que dans la réforme de son régime politique. Aussi
rien de ce qui concerne nos voisins d'Outre-Manche ne saurait nous laisser
indifférents. Non pas que nous devions nous attacher à une adaptation ser-
vile d'institutions dont certaines cadrent mal avec le génie politique ou

économique de notre race. On ne saurait trop réagir contre ce travers trop
commun chez nous, de vouloir copier aveuglément un peuple avec lequel
nous n'avons que peu d'affinités politiques, économiques ou morales. Mais
il est nécessaire de regarder plus souvent que jadis au delà de nos frontières et d'approfondir dans tous ses détails l'économie nationale et industrielle de tous nos voisins. La paix économique doit être comme la paix
politique, on l'a oublié trop souvent, une paix armée et prête à se
défendre.

À cet égard, comme à beaucoup d'autres, l'œuvre nouvelle de M. Georges
Bry nous fournit de précieux enseignements. Etudier dans sa longue évolution à travers les siècles l'histoire économique d'un peuple est une tâche
ardue. Appliquer cette étude à l'Angleterre nécessite un immense labeur.
La haute compétence de M. Bry dans les questions d'économie et de législation industrielles lui a permis de l'affronter avec un plein succès.

Son livre constitue la synthèse et le complément de tous les ouvrages
déjà parus sur la matière et sur les multiples questions qui s'y rattachent.
Mais parmi tant d'œuvres diverses, les unes sont écrites en langue étrangère et peu accessibles à la masse du public; les autres, anciennes déjà par
leur date, ne peuvent servir à l'étude des faits contemporains. L'ouvrage de
M. Bry vient donc bien à son heure, l'auteur a eu le constant souci de
puiser aux sources les plus récentes et les plus autorisées, parmi lesquelles
il convient de citer les traités : de Thorold Rogers sur l'interprétation économique de l'histoire, et l'histoire du commerce et de l'industrie ; de
Seeley sur l'expansion britannique, de Cunningham et Mac-Arthur sur
l'histoire industrielle et commerciale de l'Angleterre. Une riche et précieuse bibliographie placée à la fin de l'ouvrage nous permet de nous
reporter à toutes les œuvres consultées.

L'histoire économique d'une nation n'est qu'un aspect particulier de son
histoire générale. Pénétré de cette vérité, l'auteur a placé en tête de chacune des grandes divisions de son ouvrage un chapitre préliminaire où il
donne un résumé des principaux faits politiques de l'époque à laquelle se
rattachent les transformations économiques étudiées par lui, et il tire de
leur rapprochement une foule de remarques ingénieuses et d'aperçus
encore inédits. Cette méthode que l'on ne saurait trop louer permet à
l'auteur de faire tout à la fois œuvre d'économiste et d'historien; de suivre
pas à pas dans leurs phases diverses : la naissance, le développement et
l'épanouissement complet de la puissance industrielle et commerciale de
l'Angleterre, d'en interroger toutes les causes et d'en mesurer tous les
effets.

Mise en valeur et régimes successifs du sol, des mines et des manufactures; condition des individus et des groupements professionnels; organisation des finances; naissance et progrès du crédit public et privé: développement et exploitation d'un commerce maritime gigantesque et d'un
empire colonial presque sans limites : aucun facteur de cet immense essor
économique qui ne soit analysé, scruté, mis en pleine lumière.

Dans l'histoire générale de l'Angleterre, il est un certain nombre de
points culminants; la conquête anglo-saxonne, la conquête normande, la

Grande Charte de 1215, l'avènement de Henry VIII, et enfin au XVIII° siècle le traité de Paris. Tels sont les points de repère auxquels M. Bry a fort judicieusement rattaché les divisions de son ouvrage. Il comprend cinq périodes dont la dernière va jusqu'à nos jours. Analyser même sommairement pour chacune d'elles la riche moisson de faits économiques recueillis serait une tâche trop longue pour un simple compte-rendu.

Citons simplement parmi les principaux phénomènes étudiés : pour la première période, la condition des terres et des personnes à l'apparition du régime féodal; pour la seconde, l'émancipation des villes, l'organisation et le développement des corporations; pour la troisième, les modifications dans les tenures féodales, la révolution agricole provoquée par l'industrie lainière, l'éclosion du commerce maritime, le développement des manufactures par l'immigration flamande, la première organisation pour la défense des salaires contre l'arbitraire des fixations légales, les conséquences économiques de la révolte de Wat Tyler.

La quatrième période marque avec l'avènement de Henri VIII les débuts du prodigieux essor de l'Angleterre. L'auteur y étudie la naissance et le développement des grandes entreprises de commerce et de colonisation, l'acte de navigation et son influence sur l'essor de la marine britannique, les progrès de la grande propriété terrienne favorisés par maintes spoliations, et ceux de l'industrie facilités par l'immigration protestante du continent : l'ordre mis dans les finances sous le contrôle du parlement, le crédit public et privé développé par les banques. Mais la même époque voit aussi s'accroître le paupérisme et se consommer l'oppression de l'Irlande, la ruine de la petite propriété et l'asservissement légal de la classe ouvrière.

Enfin dans la cinquième et dernière période l'auteur embrasse toute l'histoire économique de l'Angleterre contemporaine, celle dont l'étude a pour nous l'intérêt le plus actuel et le plus immédiat.

C'est d'abord la transformation industrielle créée par le machinisme à la fin du siècle dernier, l'accroissement de la richesse en haut et de la misère en bas de l'échelle sociale. Puis la révolution des idées succède à celle de la matière, la classe ouvrière met à profit les rivalités des deux aristocraties du sol et de l'usine, obtient de l'une des lois protectrices du travail, de l'autre l'abrogation des lois sur les céréales. Les Trade-Unions s'organisent, mettent fin à l'esclavage manufacturier, font passer les grèves et les coalitions de la catégorie des crimes dans celle des droits, organisent les conseils de conciliation et d'arbitrage et traitent avec les unions de patrons de puissance à puissance. Enfin la mutualité et la coopération sous toutes ses formes prennent un magnifique essor.

Quant à la classe capitaliste et commerçante, elle triomphe de l'aristocratie foncière en lui imposant avec John Bright et Cobden le régime libre-échangiste qui sert ses intérêts.

La prépondérance industrielle commerciale et maritime de l'Angleterre, favorisée par des traités de commerce avec tous les peuples du continent, est suivie d'une prospérité financière inouïe, qui fait de la place de Londres la banque du monde entier, et du crédit public de l'Angleterre le premier crédit de l'Europe. Enfin ses colonies centuplées s'étendent sur le sixième de la terre habitable et semblent fournir des débouchés indéfinis à l'impérialisme de ses fonctionnaires et de ses marchands.

Et pourtant, malgré cette puissance industrielle, commerciale et financière sans égale dans le monde entier; malgré cette expansion coloniale formidable qui ne connaît ni obstacles, ni traités, le colosse anglais a des pieds d'argile sur lesquels semble déjà vaciller son « splendide isolement ». M. Bry nous montre en terminant comment l'Angleterre a fini par ruiner son agriculture au profit de son commerce, à tel point qu'elle ne produit plus le dixième de ce qu'elle consomme, et que sur le paupérisme industriel se greffe aujourd'hui le paupérisme agricole; comment son industrie menacée pour la première fois par l'essor interrompu des Etats-Unis et de l'Europe en vient à préconiser le retour à des mesures protectionnistes, la création d'un vaste zollverein avec ses colonies et les périlleuses aventures de l'impérialisme africain. Comment enfin l'intérêt égoïste de son industrie et de son commerce, devenu depuis des siècles le seul mobile, la seule esthétique et la seule morale de tout un peuple en a fait l'exterminateur « the extirpating race » de tous les peuples qu'il asservit, de l'Irlande aux Indes et du Cap à l'Egypte, ce qui, au seul point de vue économique, est un fâcheux résultat.

N'est-il pas à craindre, en outre, pour l'Angleterre qu'elle ne finisse par armer contre elle dans une irrésistible coalition les forces et les intérêts de toutes les puissances continentales que la foi anglaise, émule de la foi punique, a dupées ou trahies tour à tour?

Il n'en est pas moins utile de méditer, pour en faire notre profit, les causes qui ont déterminé et développé la prodigieuse puissance économique de nos voisins : le respect discipliné du principe d'autorité, s'alliant avec le culte des libertés individuelles garanties depuis la Grande Charte de 1215 : la foi dans la puissance de l'énergie individuelle, de l'initiative pratique et tenace, du « self help », mélangée au génie de l'association sous ses formes les plus fécondes et les plus vastes. Enfin la stabilité dans les institutions et les traditions politiques ne faisant pas obstacle à la conquête patiente des réformes sociales, obtenues graduellement depuis deux siècles, sans révolution et sans secousses.

Tel est l'enseignement dans lequel se résume l'œuvre éminente de M. le Doyen de la Faculté d'Aix. Il n'en est pas aujourd'hui de plus fécond et de plus nécessaire.

H. BABLED.

Eduard Hahn, *Die Wirthschaft der Welt am Ausgange des XIXten Iahrhunderts.* Heidelberg (Carl Winter), 1900, viii-320 pages, gr. in-8.

Le xixᵉ siècle a été pour la plupart des pays du monde un siècle de transformations économiques plus profondes, plus rapides qu'à aucune autre époque de l'histoire, et c'est un beau sujet qu'a voulu traiter M. Hahn en nous présentant un tableau d'ensemble de la vie économique actuelle. Son livre comprend deux grandes parties : la première est purement des-

criptive, la seconde renferme une série de projets de réforme relatifs aux
principales manifestations de cette vie économique si troublante. Peut-être
l'auteur a-t-il assumé une tâche un peu au-dessus de ses forces. La pensée
est parfois flottante, les réflexions souvent banales, les problèmes les plus
difficiles sont éludés, et la critique est un peu insuffisante. Admettons que
M. Hahn ait surtout voulu poser les questions. Nous reconnaîtrons volontiers
que son livre est au moins une table des matières très suggestive, qu'il renferme (sans parler de citations et d'indications bibliographiques précieuses)
une quantité de renseignements utiles et donne un intéressant aperçu de
quelques-unes des principales difficultés de l'heure présente. Il est très
propre à faire sentir que la bataille industrielle et commerciale qui met les
nations aux prises est devenue plus âpre qu'elle ne l'a jamais été et qu'elle
provoque de tous côtés une prodigieuse dépense d'activité, de hardiesse,
d'énergie. On peut même dire que sa lecture complète utilement les enseignements que vient de nous donner cette Exposition universelle, qui était
avant tout une Exposition internationale de commerce et d'industrie, et
qui a étalé sous nos yeux des éléments de comparaison si instructifs.

Ce ne sont pas les premiers chapitres et les considérations générales sur
les idées du xviiie siècle, sur les conceptions de J.-J. Rousseau, sur la pro-
clamation des principes de liberté, d'égalité, de fraternité, qui méritent le
plus de retenir l'attention. Nous ne reprocherons pas à M. Hahn d'être hostile au socialisme. Mais il ne faudrait cependant pas aller jusqu'à dire que
toutes les difficultés de l'heure présente viennent de la poussée socialiste,
laquelle est un fruit de la Révolution française, issue, à son tour, des idées
de Rousseau. Cette explication simpliste n'est pas plus suffisante que la
critique dirigée contre l'influence néfaste de Paris, cette ville « haïssable »
où l'auteur est tenté de voir la source de toutes les misères morales.

On lira avec plus de plaisir les chapitres consacrés au développement du
commerce international. M. Hahn fait avec raison remarquer que ce développement ne date en réalité que de la fin du xviiie siècle. Sans doute il y
avait déjà auparavant des relations commerciales importantes entre les
divers Etats, mais ils ne s'empruntaient pas, comme ils le font maintenant,
des choses de première nécessité. Les contrées de l'ouest nous fournissaient des épices, mais on n'avait pas l'idée d'en faire venir du blé. Ce
développement des relations commerciales a été bien plus lent que le progrès des découvertes. Et ce n'est qu'au cours du xixe siècle que les régions
baignées par les mers du sud ont été entraînées dans le courant du commerce international.

Mais si celui-ci a pris aujourd'hui d'incroyables proportions, son extension, il faut le reconnaître, s'est un peu faite au hasard. Son caractère
saillant c'est non pas la mise en valeur rationnelle des contrées peu à peu
découvertes, mais leur exploitation brutale faite sans aucun souci de l'avenir, parfois même avec une complète inintelligence. Au lieu de civiliser et
de coloniser les régions nouvelles qu'il se flattait d'annexer à son domaine,
l'Européen les a mises au pillage, quand il ne les a pas mises à feu et à sang.
Les droits des indigènes, il les a foulés aux pieds. L'intervention soi-disant
civilisatrice des industriels, des commerçants et des marchands a été le

plus souvent néfaste pour les populations, qu'ils ont cherché à exploiter avec une telle rapacité qu'ils ne se sont pas même attachés à un système; on pourrait trouver dans les événements actuels de Chine un commentaire tristement instructif des réflexions de M. Hahn. Faut-il rappeler ce que le comte d'Elgin écrivait en 1857 : « Je juge amèrement ceux qui, poussés par l'intérêt le plus égoïste, foulent aux pieds cette antique civilisation... Je remporterai d'ici cette impression générale que notre commerce repose sur des principes déshonnêtes vis-à-vis des Chinois et corrupteurs pour notre peuple ». Et il ajoutait, en quittant Fou-Tchéou, le 30 août 1858 : « Je quitte sans aucun regret cet abominable Orient, abominable non point en lui-même, mais parce qu'il est entièrement couvert des témoignages de notre violence, de nos fraudes, de notre mépris du droit ».

En accroissant la prospérité matérielle, le développement du commerce international a fait un tort considérable à la vraie civilisation et rendu très difficile la solution de certains problèmes sociaux. Pour comble de malheur, l'organisation du commerce est aussi imparfaite que l'est celle du monde ouvrier, ou que celle du suffrage universel au point de vue politique. Sans doute, on peut citer quelques tentatives d'organisation dictées d'ailleurs le plus souvent par un égoïsme lamentable, mais en somme l'individualisme étant la note dominante de notre vie commerciale actuelle, l'immense majorité des commerçants, en dépit de leurs qualités naturelles, agissent dans un esprit de cupidité vulgaire et souvent peu intelligente. Et les souffrances de ceux que font pâtir leurs agissements (souffrances dont ils comprennent très mal les causes) ne les touchent nullement.

On voit par ces quelques idées que nous ont suggérées les chapitres où M. Hahn parle du commerce que son livre ne manque pas d'âpreté et est propre à soulever quelques protestations. L'auteur reconnaît d'ailleurs que le commerce international n'est pas le seul coupable. Il a dû s'adapter aux formes que l'industrie internationale a prises de son côté et ces formes laissent aussi beaucoup à désirer. « Ces formes tendent à faire peser la plus lourde part des charges sur les nationaux producteurs et à favoriser à leurs dépens les producteurs étrangers ». Nous ne voulons pas contredire cette affirmation que nous aimerions d'ailleurs voir confirmer par des chiffres. Il n'est guère douteux cependant que les populations industrielles de l'Allemagne, que l'auteur vise plus particulièrement, ne bénéficient pas comme elles le devraient du magnifique essor du pays. Elles sont écrasées par un poids terrible et marchent vers une crise inévitable que ne fera que précipiter la concurrence déjà si inquiétante des peuples asiatiques, des Chinois et des Hindous.

L'un des plus graves inconvénients du commerce international c'est qu'il crée, sans se demander quelles conséquences cette création peut avoir, les besoins, souvent factices, qu'il désire satisfaire. Il lui importe peu d'imposer aux nationaux des privations, pourvu qu'il puisse lutter victorieusement contre ses concurrents. Cette lutte par elle-même aurait parfois une grande utilité si elle n'était pas troublée profondément par la spéculation qui se mêle de plus en plus au commerce régulier dont elle rend le fonctionnement loyal presque impossible. Le chapitre consacré par M. Hahn à la spé-

culation est un des plus étudiés, il entrebâille la porte des coulisses de la
Bourse et nous montre l'influence néfaste de ce spéculateur « à qui il est
indifférent que ses spéculations portent aujourd'hui sur des boissons, demain
sur des cuirs, après-demain sur des médicaments et qui ne se préoccupe
guère de savoir si les titres fictifs qu'il négocie parlent du Transvaal ou du
Klondyke. Et c'est pourtant la spéculation qui domine en souveraine à
travers mers et montagnes sur la théorie comme sur la pratique ».

C'est aussi avec un sentiment assez délicat des besoins véritables de l'humanité laborieuse et productrice que M. Hahn parle de la question ouvrière,
et spécialement de la question des logements ouvriers. « Rien, dit-il, n'a
plus contribué à l'abaissement moral de notre classe productrice que le
misérable état des logements ouvriers et on songe involontairement aux
temps de la Rome impériale où la misère des logements a contribué si fortement à la chute de l'antique civilisation ».

Le tableau qu'il nous présente de la vie économique moderne est certainement la meilleure partie du livre. Nous ne dirons que quelques mots
de la seconde (la plus courte), où il explique ses idées sur le libéralisme, une vieille doctrine qui a encore trop de partisans et qui est en partie responsable de la désorganisation actuelle de la société, sur la plouto-
cratie qui est une des conséquences du libéralisme, sur la nécessité d'une
véritable aristocratie et d'une organisation des cadres sociaux. Instruire et
former le peuple, la masse des travailleurs, ce devrait être la tâche par
excellence que devraient se proposer ceux qui, par suite de circonstances
souvent fortuites, sont (sans l'avoir mérité) les privilégiés de la fortune et
de l'humanité. Combien y en a-t-il en vérité qui ne se dérobent pas à cette
tâche ? Combien y en a-t-il qui comprennent pourquoi l'ordre social actuel
régi par la loi de la concurrence ne répond ni aux conditions matérielles de
la production, ni aux intérêts de la répartition sociale, ni, sous le rapport
moral et intellectuel, aux aspirations qui caractérisent notre époque. On
parle volontiers de solidarité, mais on s'en tient à cette solidarité libérale
qui n'est qu'un mensonge, qui repose sur l'identité des intérêts, alors que
les intérêts des différentes classes de la population sont si manifestement
distincts. Sans être toujours parfaitement net dans ses critiques — peut-
être les avons-nous mal comprises — M. Hahn sent que les flots du mouvement social montent, montent toujours et que la question sociale pourrait bien submerger la question économique. Aucune action d'en haut, pas
même des lois d'exception, ne saurait les arrêter. Le malaise social envahit
des couches de plus en plus étendues. Le livre que nous signalons est certainement utile pour aider à comprendre les aspirations vagues et divergentes de notre temps et pour éclairer ceux qui travaillent avec un sentiment généreux et désintéressé à la réforme de la société contemporaine.

G. BLONDEL.

D**r Adolf Weber**. *Die Geldqualität der Banknote. Eine juristisch-socialœko-
nomische Untersuchung*. Leipzig, Duncker et Humblot, 1900, XII-84 pages,
in-8.

Nous signalerons volontiers à nos lecteurs l'intéressante étude de
M. Weber qui, sous une forme parfois un peu prétentieuse, contient de fines
réflexions sur la monnaie et le billet de banque. L'auteur a pris pour point
de départ de ses déductions les conclusions de Price et de Mac Leod. La
question fondamentale qu'il veut résoudre (après beaucoup d'autres) est
celle de savoir si le billet de banque est une monnaie comparable à l'argent.

L'étude de ce grave problème le conduit d'abord à présenter un résumé
(son premier chapitre ne peut avoir d'autre prétention) de ce qui a été dit
de mieux sur la monnaie, les différentes sortes de monnaie, et spécialement sur le rôle économique et le rôle juridique de la monnaie dans la vie
actuelle de l'humanité.

M. Weber étudie ensuite, et il le fait avec méthode, le problème qu'il
s'est posé. Il nous explique comment s'est formé le billet de banque, nous
montre son origine dans le fonctionnement des banques de dépôt en Italie à partir du XIIᵉ siècle, et explique l'intérêt de cette création au point
de vue économique d'abord, au point de vue juridique ensuite. Il conclut
par une vive critique des économistes, tels que Wagner, Luigi Cossa, Conrad, Lexis qui se refusent à voir dans le billet de banque une sorte de
monnaie. Il n'accepte pas davantage les théories de Hertzka et de Hilde-
brandt (dont se rapprochent celles de M. P. Leroy-Beaulieu) d'après lesquelles on peut dire que le billet de banque remplace la monnaie en ce
sens qu'il permet qu'on en ait moins. Mais au fond ces auteurs n'estiment
pas que c'en soit une.

M. Weber paraît s'être surtout inspiré, comme l'a fait G. Schmoller, des
idées d'Adam Smith et de Ricardo, admises aussi par Bastiat, qui écrivait
dans un curieux opuscule intitulé *Maudit argent*, les lignes suivantes : Vous
avez un écu. Que signifie-t-il en vos mains? Cet écu témoigne que vous
avez rendu un service à la société... Il témoigne, en outre, que vous n'avez
pas encore retiré de la société un service réel équivalent comme c'était
votre droit. Pour vous mettre à même de l'exercer, quand et comme il vous
plaira, la société vous a donné un *titre,*un *bon* de la République. Or, une
pièce de monnaie n'est pas autre chose qu'un *bon* qui nous donne le droit
de nous faire délivrer, sous certaines conditions, une part des richesses existantes. Et ce rôle de bon peut être joué par une feuille de papier aussi bien
que par un morceau de métal.

Il serait impossible à un gouvernement, ajoute M. Weber, de donner une
valeur à un objet qui n'en aurait aucune. Cela lui serait aussi malaisé que
de transformer du papier en or. Le papier monnaie est bien un véritable
argent, ce qu'on peut appeler *Kreditgeld*.

Nous avons regretté de ne trouver dans le travail que nous signalons ici
aucune allusion à la remarquable étude de Ch. Menger (publiée dans cette
Revue, février 1892), qui, étudiant la question des variations de valeur de la

monnaie, proposait une solution assez hardie, consistant dans la création d'une monnaie dont la valeur eût pu être invariable et par conséquent en dehors de la loi commune. On pourrait en effet, semble-t-il, arriver à ce résultat en émettant cette monnaie dans des proportions calculées de façon à neutraliser les causes de variations au fur et à mesure qu'elles se produiraient. La chose serait théoriquement possible à la condition qu'une semblable monnaie fût émise sous la forme d'une monnaie de papier internationale. Or, jusqu'ici la monnaie métallique peut seule prétendre jouer le rôle de monnaie universelle, tandis que la monnaie de papier est essentiellement une monnaie nationale.

La lecture du livre de M. Weber est propre aussi à faire sentir qu'on a peut-être un peu trop tourné en ridicule cette affirmation qu'on peut, en créant de la monnaie de papier, accroître la richesse générale. La chose est théoriquement faisable jusqu'à concurrence de la quantité de monnaie métallique existante, pourvu toutefois que tous les pays du monde ne procèdent pas *simultanément* à cette transformation. Si les espèces d'or et d'argent étaient offertes à la fois par tous les pays qui chercheraient à s'en débarrasser, immédiatement elles perdraient à peu près toute valeur.

Le livre de M. Weber est accompagné d'une bibliographie assez complète qui pourra rendre, à l'occasion, quelques services.

G. BLONDEL.

REVUE L'ÉCONOMIE POLITIQUE

La *Revue d'Economie Politique* a reçu et publiera dans ses prochains numéros les **articles suivants :**

H. DENIS : *L'Union de crédit de Bruxelles* (suite). — GOBLOT : *La division du travail.* — Raoul JAY : *L'organisation légale du travail et les groupements professionnels.* — HITIER : *L'agriculture moderne et sa tendance à s'industrialiser.* — H. TRUCHY : *Le système de l'imposition directe d'Etat en France* (suite). — Maurice HEINS : *La notion de l'Etat* (suite). — DALLA VOLTA : *Francesco Ferrara et son œuvre économique.* — Laurent DECHESNE : *La spécialisation et ses conséquences.* — Ch.-M. LIMOUSIN : *Le socialisme devant la sociologie.* — Albert AFTALION : *Le développement des principaux ports maritimes de l'Allemagne.*

Liste des ouvrages déposés aux Bureaux de la Revue,

BUNZEL (Gustav) : *Der Handel*, in-8 (Schimpff, lib , Trieste). — RACCA (Vittorio) : *Il sindacato del Ferro in Italia*, in-8 (Roux et Viarengo, lib., Turin). — Count MATSUKATA MASAYOSHI : *The post-bellum financial administration in Japan*, in-8 cart. (The « Kokumin Shimbun » office) (Tokio, Japon).

ERRATUM

Dans le compte rendu du livre de Henri Renvall par M. Schauman, p. 832, ligne 31, au lieu de « le génial *positiviste* et politicien finlandais Anders Chydenius » lire « le génial *pasteur* et politicien finlandais André Chydenius.

Le Gérant : L. LAROSE.

24,403. — BORDEAUX, IMPRIMERIE Y. CADORET, RUE POQUELIN-MOLIÈRE, 17.

REVUE
D'ÉCONOMIE POLITIQUE

L'AGRICULTURE MODERNE ET SA TENDANCE A S'INDUSTRIALISER

INTRODUCTION

L'idée d'*industrialisation* dans le domaine agricole. — Sa double sphère d'application quant à la production et quant à l'écoulement des produits ; division du sujet.

L'étude qu'on va lire n'a d'autre prétention que de mettre un peu de précision sous certaines formules répétées couramment et dont l'usage paraît peut-être d'autant plus commode que le sens de ces formules est et reste plus mal défini. Or, sous la plume de ceux qui s'intéressent aux choses de la vie rurale. une expression revient sans cesse : *L'agriculture s'industrialise,* disent-ils, ou, plus volontiers, *l'agriculture doit s'industrialiser ;* ce futur étant employé pour marquer qu'il reste encore beaucoup de chemin à parcourir dans la voie, où on conseille aux agriculteurs de s'engager et que, si l'on peut déjà noter un certain nombre d'étapes comme franchies, nombreuses sont celles qui restent encore à parcourir. Que faut-il donc entendre par cette *industrialisation* de l'agriculture, si toutefois ce néologisme est permis ; quelles sont les différentes idées qui s'abritent sous cette expression ? La question nous a paru mériter un examen quelque peu approndi, étant donné surtout que les promoteurs de la formule voient dans l'application de celle-ci le moyen d'apporter un remède ou au moins une atténuation à l'état de souffrance permanente que connaît l'agriculture du vieux monde. Nous avons pensé que la meilleure méthode à suivre, pour mettre quelque clarté dans la matière, c'était de consigner les résultats acquis, en groupant les faits qui peuvent être rattachés à l'idée d'industrialisation de l'agriculture. Ces faits constituent comme autant de jalons indiquant la voie nouvelle, et par là la marche devient plus sûre et plus rapide pour ceux qui ne font encore que s'engager sur la route que d'autres plus hardis ont déjà frayée.

En ne nous attachant pour l'instant qu'aux idées maîtresses, et en cherchant à ne dégager qu'elles seules, on peut, pour délimiter les grandes lignes du sujet, indiquer tout d'abord que la tendance de l'agriculture à s'industrialiser s'est affirmée et s'affirme dans une double sphère. La formule s'est appliquée *dans le domaine de la production* d'abord ; on a conseillé aux cultivateurs sinon de copier les procédés de l'industrie, la chose n'était pas possible, du moins de s'en inspirer et de s'en rapprocher, autant que le permettait la nature des choses, et l'idée féconde jetée en circulation a porté des fruits. On est arrivé à produire davantage et à produire plus économiquement ; c'était le but que l'on s'était proposé.

A une date plus voisine de nous, la formule : *l'agriculture doit s'industrialiser*, tout en continuant à viser le domaine de la production agricole, a pris un second sens, qui est venu s'ajouter au premier et dans une certaine mesure le compléter. On ne conseille plus seulement à l'agriculture de s'industrialiser quant à ses procédés de production, on la convie encore à s'inspirer de l'exemple de l'industrie *quant à l'écoulement de ses produits. Après l'organisation en vue d'une meilleure production, l'organisation en vue d'une meilleure vente des produits.* Tel est le second sens de la formule ; c'est avec cette nouvelle portée qu'elle a été à différentes reprises répétée aux grandes assises agricoles de 1900, soit à Versailles au Congrès de la vente du blé, soit à Paris à la session annuelle de la Société des agriculteurs de France ou au Congrès international de l'agriculture. A la séance d'ouverture de cette dernière assemblée, un des hommes, qui dans le monde parlementaire se sont le plus occupés des choses agricoles, M. Méline, marquait très nettement les deux étapes successives de la transformation agricole dont nous sommes les témoins et dégageait les deux sens successifs de la formule d'industrialisation.

Le congrès international de 1889, disait en substance M. Méline, faisant un retour vers le passé, s'est occupé surtout des conditions de la production et la conclusion qui se dégage de ses travaux, c'est que la *production agricole doit de plus en plus être assimilée à la production industrielle* et qu'il faut lui assurer un outillage et des moyens d'action qui la mettent sur le même pied. Le but poursuivi est aujourd'hui presque atteint ; depuis dix ans, l'agriculture a fait des pas de géant dans la voie du progrès agricole.

Mais immédiatement M. Méline ajoutait qu'à peine ces résultats acquis l'agriculture s'était trouvée en face d'un nouveau problème. « Comme il est écrit qu'en ce monde rien n'est parfait, que le travail humain rencontre toujours des difficultés nouvelles et imprévues et que l'homme n'a jamais droit au repos, il se trouve qu'après tant d'efforts nous nous trouvons en face d'un nouveau problème.

L'élévation des rendements, en augmentant la production, a provoqué presque partout un abaissement des prix de vente, un abaissement des cours, qui ne laisse plus à l'agriculture une marge de bénéfices suffisante pour la rémunérer de son travail et qui a créé une nouvelle crise qu'on peut appeler la crise des prix.

Cette crise des prix s'est fait sentir principalement pour le blé. Elle a provoqué de nombreuses controverses.....

Quelles que soient vos résolutions, ajoutait M. Méline, je suis convaincu que vous arriverez à cette conclusion que l'agriculture entre maintenant dans une nouvelle phase et qu'il faut qu'elle concentre désormais ses efforts sur le complément d'organisation qui lui manque encore et qui explique en grande partie ses souffrances actuelles.

Elle a assez fait pour la production; il est temps maintenant qu'elle s'occupe de la vente et, pour cela, il est indispensable qu'elle se donne l'organisation commerciale qui lui manque.

Ici encore, il faut qu'elle imite l'industrie et lui emprunte ses procédés. L'industrie ne se borne pas à fabriquer de la bonne marchandise. Quand elle est créée, elle cherche à la vendre dans les meilleures conditions possibles, en évitant soigneusement de se mettre entre les mains d'intermédiaires ou de spéculateurs qui lui prendraient le meilleur de ses bénéfices.

C'est là ce qui manque à l'agriculture, surtout au producteur de blé, et ce qui le perd. Il est à la merci des intermédiaires qui prélèvent sur lui tout ce qu'il pourrait gagner. On doit donc arriver à la réorganisation du marché des produits agricoles »[1].

[1] Discours de M. Méline au Congrès international de l'agriculture, 2 juillet 1900. VIe Congrès international d'agriculture, II, Compte-rendu des travaux, p. 53. Rapprocher le discours de M. de Vogué à la 31e session de la Société des agriculteurs de France, le 20 juin 1900, *Bulletin de la Société des agriculteurs de France*, 1er juillet 1900. A Versailles, le Congrès de la Vente du blé, sous la présidence de M. Paisant, conformément, du reste, aux promesses de son titre, s'est consacré exclusivement à

Peut-être pourrait-on, pour caractériser cette seconde phase de la transformation agricole et la distinguer de la première, employer le terme de *commercialisation*. Ce qu'il y a de certain, c'est que de toute part on convie l'agriculture au renouvellement de ses méthodes. Le monde rural, lent à s'émouvoir par tempérament, a fini par prêter l'oreille aux appels qu'on lui adressait, non pas que, pris dans son ensemble, il se rende compte de la transformation économique universelle qui lui impose un bouleversement de ses habitudes traditionnelles. Les éléments de la question sont trop complexes pour que la masse puisse les saisir. Dans les milieux agricoles, on tâtonne, on cherche avec la notion confuse qu'il y a quelque chose à faire, sans arriver toujours à dégager l'idée directrice, et beaucoup sont les collaborateurs inconscients de la transformation à laquelle ils sont mêlés. Une élite seule se rend compte et marche avec conscience du but à atteindre ; les autres suivent, entraînés par la vertu de l'exemple.

Cependant lambeau par lambeau, propagée par la parole et la plume, la vérité se dégage. Une idée est une semence, il faut lui laisser le temps de germer et de grandir. Le travail des idées se poursuit imperceptible souvent à l'œil de l'observateur ; quand l'idée est juste, elle finit par triompher. Comme on l'a dit, l'esprit mène le monde et le monde n'en sait rien [1]. L'idée d'industrialisation pénètre chaque jour plus profondément dans le monde agricole, elle le travaille et le transforme. Dans la mesure de nos forces, nous voudrions aider à son triomphe, et pour cela le meilleur moyen est, ce nous semble, de chercher à dégager l'idée plus nettement en montrant et ce qui a déjà été fait sous son action et ce qui reste à faire pour la réaliser d'une façon plus complète. Nous allons donc suivre l'application de l'idée d'industrialisation dans le domaine agricole, en examinant ce qu'elle a donné et ce qu'elle promet de donner encore, successivement au point de vue de la production et au point de vue de l'écoulement des produits. Ce sera la division toute naturelle de notre étude.

---

la question d'*écoulement* du produit agricole le plus important de l'agriculture française, du blé. On trouvera l'analyse des travaux du Congrès de Versailles dans le *Journal d'agriculture pratique*, n° du 5 juillet 1900.

[1] Caro, *Problèmes de morale sociale*, préface.

PREMIÈRE PARTIE

L'INDUSTRIALISATION DANS LE DOMAINE DE LA PRODUCTION AGRICOLE

Généralités.

Conditions opposées de la production industrielle et de la production agricole : la part prépondérante de l'homme dans la première, sa part restreinte dans la seconde ; le rôle effacé de l'homme en face de la nature, agent principal de la production agricole. — L'idée d'industrialisation de l'agriculture correspond à un accroissement de la part de l'homme dans l'œuvre de la production agricole. Comment l'homme a accru sa part et rapproché, en conséquence, la production agricole de la production industrielle, sous l'empire de quelles causes la transformation s'est produite : l'agriculture travaillant pour le débouché et visant à l'abaissement de son coût de production. Les différents chefs d'infériorité reconnus à la production agricole par rapport à la production industrielle, l'idée d'*industrialisation* correspondant à l'atténuation de la triple infériorité admise traditionnellement.

C'est dans le domaine de la production, en premier lieu, qu'il convient, avons-nous dit, de rechercher l'application de l'idée d'industrialisation. Or, de prime abord, il faut le reconnaître, il semble y avoir quelque chose de paradoxal dans le rapprochement qu'il s'agit d'établir entre la production agricole et la production industrielle. Ces deux branches de l'activité humaine ne semblent-elles pas, en effet, séparées par des différences telles qu'il ne saurait être question d'une assimilation possible? Cela saute pour ainsi dire aux yeux, quand on examine les conditions respectives de la production agricole et de la production industrielle.

Dans l'industrie manufacturière, l'homme apparait maître des forces limitées qu'il s'agit de mettre en jeu. Il gouverne ces forces à son gré, ralentissant ou précipitant leur action. Le problème consiste à avoir la matière première à manipuler et la force nécessaire pour la travailler; il est dans la puissance de l'homme d'augmenter l'une et l'autre à un moment donné. De là aux périodes, où la demande de produits est considérable, l'activité fiévreuse de l'usine, dévorant jour et nuit la matière première, la rendant transformée, souvent en quelques heures, parfois même en quelques minutes. Dans l'usine l'homme est maître du travail, il gouverne en maître la production, qu'il s'agisse de convertir le minerai en fer, le blé en farine, la laine en étoffe.

Tout autre est la situation de l'agriculteur, qu'il s'agisse pour lui de produire un sac de blé, une balle de laine, un kilogramme de viande; et la différence tient à ce que l'homme ici n'est plus le

maître absolu des forces en jeu, mais simplement le collaborateur
de la nature, à laquelle revient le principal rôle dans l'élaboration
du produit. S'agit-il, par exemple, de produire du grain, l'homme
prépare le champ, le fume, le laboure, l'ensemence. Le jour où
cette dernière opération est terminée, quand le cultivateur s'éloigne, une fois la semence répandue et recouverte d'une légère
couche de terre, le gros de sa tâche est achevé; jusqu'au jour de
la récolte, le principal rôle appartiendra aux agents naturels. C'est
sous leur action que va s'élaborer la plante, que se transformeront
l'azote, le carbone, l'eau pour former le tissu vivant. A part quelques opérations, au cours de la végétation, opérations utiles mais
à la rigueur non indispensables, telles que sarclage, roulage, etc.,
l'homme se bornera à assister au travail de la nature et sur elle il
n'a guère de prise. Aux impatiences de l'homme, elle oppose la
torpeur de ses périodes d'engourdissement, pendant lesquelles la
terre semble endormie et l'homme n'a pas trouvé le moyen de
provoquer le réveil avant l'heure fixée par le cours immuable des
saisons; il ne lui appartient pas de hâter la montée de la sève dans
la tige et l'élaboration du grain; bien plus, l'expérience lui a
appris que, le jour où il sème, il ne saurait sans témérité escompter
le résultat de la récolte, car pendant les mois qui séparent l'opération initiale et l'opération finale, mille forces peuvent agir en dehors
de la volonté de l'homme, qui anéantissent ou tout au moins compromettent l'espoir de la récolte. Voilà l'idée essentielle qu'il ne
faut pas perdre de vue, quand on examine le rôle respectif de
l'homme et de la nature associés dans une mesure bien inégale à
l'œuvre de la production agricole. On s'est du reste livré à des calculs pour établir avec des chiffres la part respective de l'homme et
de la nature et ces chiffres ont une véritable éloquence, car ils
établissent l'énorme disproportion existant entre ce qui représente
la part de la nature et la part de l'homme. Pour un hectare de blé,
la part de l'homme est évaluée à trente ou trente-cinq journées de
travail attelé, c'est-à-dire que le travail de l'homme correspondrait
à celui de onze chevaux-vapeur pendant vingt-quatre heures. En
face, voici la part de la nature, la somme de travail dépensée par
elle dans l'élaboration du produit récolté sur un hectare ensemencé
en blé : les découvertes de la physique moderne permettent d'évaluer cette somme de travail à celle que produiraient deux mille
six cents chevaux-vapeur travaillant pendant vingt-quatre heures;

et ce calcul est applicable à toutes les cultures à peu de différences près. En d'autres termes, au cultivateur exploitant cent hectares avec dix chevaux et autant d'ouvriers, la nature fournit pour sa part de collaboration une force équivalente à celle d'une machine de treize cents chevaux-vapeurs, qui travaillerait sans répit pendant toute la période végétative. En résumé, le travail dont l'homme est maître compte pour quatre ou cinq millièmes dans l'œuvre de la production. Telle est la part infime de l'homme comparée à celle de la nature dans le domaine de la production agricole [1] ; voilà du même coup établie la différence essentielle entre la production agricole, où le rôle de l'homme est si mince et la production industrielle, où le rôle de l'homme est si considérable. Comment dès lors parler d'un rapprochement possible de l'une et de l'autre.

La chose est possible pourtant et on la considère comme telle, quand on parle d'*industrialisation* de l'agriculture, puisque le mot même évoque l'idée d'un rapprochement, qu'on tient pour réalisable au moins sur certains points. Avant de préciser ces points, ce qu'on s'efforcera de faire par la suite, il importe de dégager l'idée directrice qui domine le mouvement d'industrialisation. Or, venons-nous de dire, tandis que l'homme est maître de la production industrielle, il n'est dans la production agricole que le second, l'auxiliaire de la nature qui joue le premier rôle. Puisque là est l'opposition essentielle entre les deux situations, l'idée d'une atténuation de l'opposition doit logiquement correspondre à un accroissement, à un développement du rôle de l'homme dans l'œuvre de la production agricole. En augmentant sa propre part dans l'œuvre qu'il poursuit en collaboration avec la nature, l'homme rapproche les conditions de la production agricole des conditions de la production industrielle. Cette part, l'homme l'a-t-il augmentée ?

Il a augmenté son rôle dans la production, d'abord en développant par son action propre la puissance de productivité du sol. A côté de la fertilité naturelle, il a créé en quelque sorte la fertilité artificielle du sol, fruit de son travail. L'homme a prodigué travail et capital pour donner à la plante un milieu plus parfaitement approprié à ses exigences, pour lui permettre de mieux développer ses

---

[1] Pour plus de détails et pour le développement de la comparaison, dont l'idée essentielle n'est qu'indiquée ici, consulter un remarquable rapport de M. Tisserand, rédigé à l'occasion de l'exposition de Vienne, en 1873. — V. *Journal d'Agriculture pratique*, 1874, II, p. 765 s.

racines et d'atteindre son maximum de puissance ; l'homme a transformé des contrées entières, marnant les terres fortes, draînant les
terres humides, irriguant les terres sèches ; il a accumulé dans le
sol les matières fertilisantes, s'ingéniant pour accroître la fertilité
naturelle du sol à utiliser tous les résidus de la consommation humaine, eaux d'égoûts, vidanges, résidus d'usines, etc., c'était déjà
beaucoup et cependant l'homme ne s'en est pas tenu là. Il a d'autre
part augmenté son rôle dans la production soit en introduisant
dans la culture des plantes nouvelles, soit surtout en perfection-
nant les plantes antérieurement cultivées. C'est l'homme notamment qui, à force de patience, de recherches persévérantes, a modifié les aptitudes de la plante, créant les variétés dites à grand
rendement, c'est-à-dire susceptibles d'utiliser plus largement les
ressources mises à leur disposition. Ainsi, soit en travaillant à élever la puissance d'absorption de la plante, soit en plaçant la plante
dans des conditions plus favorables à son développement, conditions qui lui permettent de donner tout son effet utile, l'homme
accroît chaque jour son action dans l'œuvre de la production
agricole [1]. L'homme s'est ingénié à aider en quelque sorte la terre
dans l'œuvre de la production. La part de l'homme s'est trouvée
accrue dans l'œuvre commune, et l'homme s'est trouvé avoir diminué
ce qui est dans la production la part de la terre et de la nature,
sinon d'une façon absolue du moins d'une façon relative par comparaison avec sa propre part accrue. Ce faisant, l'homme a travaillé à diminuer la distance qui sépare la production agricole de
la production industrielle. Il a rapproché la première de la seconde,
la marque et la caractéristique de celle-ci étant précisément le rôle
prépondérant que l'action de l'homme exerce sur son fonctionnement.

Telle est la portée en quelque sorte philosophique de l'industrialisation de l'agriculture, telle nous apparaît l'idée dominante qui
préside à cette transformation, quand on fait ce qu'on peut appeler

---

[1] Quant à cette double action de l'homme dans l'œuvre de la production agricole,
consulter l'*agriculture allemande à l'exposition universelle de 1900*. Bonn, 1900,
p. 28 s., 43 s. *Coup d'œil rétrospectif sur le développement de l'agriculture allemande sous le* xixe *siècle*. Spécialement sur le perfectionnement de la plante agent
d'absorption et sur l'introduction des plantes nouvelles, cpr. Jean Brunhes, *L'homme
et la terre cultivée*, p. 4 s. Neufchâtel, 1900. C'est un résumé de l'histoire de l'agriculture au xixe siècle paru dans le *Bulletin de la Société Neufchâteloise de géographie*,
XII, 1899, p. 219 à 260.

de l'économie rurale spéculative. Reconnaissons maintenant, pour être exact, que ceux qui emploient couramment le terme d'industrialisation se placent à un point de vue plus terre à terre et que par la force même des choses ils ont été amenés à serrer de plus près le domaine de la réalité et des applications tangibles. C'était le cas notamment de Mathieu de Dombasle, quand l'un des premiers, sinon le premier, il comparait la ferme à une fabrique de produits. Esprit à compréhension très large et très élevée, il était sans doute parfaitement capable de dégager l'idée directrice, qui devait présider à la transformation de la production agricole, mais homme de pratique en même temps que de théorie, en contact journalier dans son entreprise de Roville avec les réalités d'une exploitation agricole, il voyait derrière les notions abstraites les applications concrètes. Lorsque Mathieu de Dombasle jetait en circulation l'idée d'industrialisation, il pensait à telle méthode, à tel procédé déterminé qu'il tenait pour susceptible d'être transporté du domaine industriel dans le domaine agricole, il avait la conviction qu'il y aurait pour l'agriculture profit et bénéfice à cet emprunt. Ceux qui après l'agronome de Roville ont repris la comparaison de la ferme et de l'usine se sont comme lui tenus sur le terrain des applications pratiques, c'est-à-dire qu'ils se sont attachés à signaler successivement les différents points, sur lesquels on pouvait obtenir une atténuation de l'opposition traditionnelle entre la production agricole et la production industrielle. Il ne saurait dans cette étude être question de relever ces points un à un, nous voudrions nous efforcer de procéder par voie de synthèse, en dégageant les principaux chefs autour desquels se peuvent grouper les applications si variées de l'idée d'industrialisation ; nous l'essaierons tout-à-l'heure, mais auparavant, peut-être y aurait-il intérêt à rappeler sous l'influence de quelles causes et à partir de quelle époque ces tendances nouvelles se sont manifestées.

Comme l'indique le nom de Mathieu de Dombasle cité plus haut, il s'agit d'un mouvement dont les origines ne doivent pas être recherchées très haut dans le passé, puisque l'œuvre du fondateur de Roville remonte à 1828 et Mathieu de Dombasle peut être tenu en la matière pour un précurseur ; c'est surtout dans la seconde moitié du XIXe siècle que l'idée d'industrialisation a été vulgarisée. Qu'il suffise de rappeler les noms de Lavergne et de Lecouteux pour les morts, ceux de MM. Grandeau, Risler, Tisserand pour les

vivants. Le mouvement d'industrialisation de l'agriculture est donc
un phénomène tout voisin de nous et nous assistons à son développement. On peut dire, croyons-nous, que la culture a cherché à
s'approprier certains des procédés de l'industrie à partir du jour où,
comme l'industrie, elle s'est mise à *travailler pour le débouché* [1];
une formule, que Lecouteux a répétée après Léonce de Lavergne,
formule très concise et très éloquente dans sa concision, parce
qu'elle traduit exactement la révolution profonde, qui a bouleversé
la production agricole et qui en la soumettant aux mêmes conditions
économiques que la production industrielle l'a rapprochée de celle-
ci. Quand l'agriculteur s'est donné pour principal objectif d'exporter les produits de son exploitation, il a abandonné la vieille conception, il n'a plus travaillé, et produit principalement pour consommer ses produits, il a travaillé et produit principalement pour vendre. De tout temps la production agricole a eu ce double but, nous
voulons seulement indiquer qu'il s'est effectué une modification
radicale quant à l'importance respective des deux objectifs poursuivis. Celui qui était au premier plan est passé au second, cédant
à son rival la première place. La ferme est devenue une manufacture de produits destinés à la vente à titre principal comme la
manufacture de produits industriels proprement dits. L'agriculteur
comme l'industriel a travaillé pour le débouché, comme l'industriel
il a dû, pour s'assurer le maintien de ses débouchés, s'ingénier à
diminuer son coût de production, seul moyen de lutter contre la
concurrence de ses rivaux. Sous l'action du même aiguillon que
l'industriel, l'agriculteur a recouru aux mêmes procédés pour arriver à produire à meilleur compte. La preuve que là est bien la
raison essentielle qui a inspiré toute cette transformation réalisée
ou en passe de se réaliser, c'est que la transformation n'est saisissable que là où l'idée s'est fait jour et l'idée elle-même s'est imposée
avec une force irrésistible pour tout homme clairvoyant le jour où,
la révolution accomplie dans le régime des transports, a bouleversé
les conditions anciennes du marché. L'agriculture de nos pays à
vieille civilisation s'est trouvée en face de la concurrence singulièrement redoutable des pays neufs. Elle a compris que pour elle la
question qui se posait était une question de vie ou de mort. Avec la

---

[1] « La culture peut devenir une industrie dès que s'ouvre le débouché régulier ».
De LaVergne, *Essai sur l'Economie rurale de l'Angleterre.* Paris, 1855, 2ᵉ édit., p. 170.

suppression des distances disparaissait le monopole, dont elle avait joui à peu près complètement jusque là sur le marché européen [1]. En face d'une rivale, contre laquelle ne la défendaient plus les océans franchis en quelques semaines, favorisée par le prodigieux abaissement des frets, l'agriculture s'est attachée à diminuer son coût de production, elle a cherché son salut dans l'appropriation de procédés et de pratiques qu'elle constatait favoriser le développement de l'industrie.

Or il est possible, ce nous semble, de grouper sous trois chefs les efforts réalisés dans le sens que nous venons d'indiquer, ou si l'on préfère, il y a eu affirmation d'une triple tendance de la part de l'agriculture orientée vers une voie nouvelle. Traditionnellement, on tenait l'agriculture pour placée dans un état d'infériorité par rapport à l'industrie :

1° Quant au rendement des capitaux et du travail que l'on considérait comme soumis, à partir d'un point très vite atteint, à la loi du rendement moins que proportionnel en agriculture, tandis qu'ils bénéficiaient du rendement proportionnel dans l'industrie jusqu'à une limite sinon indéfinie, du moins beaucoup plus éloignée.

2° Quant à l'application de la division du travail, la spécialisation n'étant susceptible de recevoir en agriculture que des applications rudimentaires, par comparaison avec celles que comporte et que connaît en pratique l'industrie [2].

3° Quant aux progrès et aux économies réalisés dans la production et au point de vue du coût de production par l'emploi généralisé de la machine, et par la substitution du travail à la tâche plus économique et plus productif au travail à la journée. La machine apparaissait comme réservée à l'usine, l'agriculture ne pouvait utiliser qu'un outillage rudimentaire, le travail humain restait chez elle le principal agent, et encore sous sa forme la moins productive, quand il s'agit du travail loué, sous celle de travail à la journée [3].

---

[1] Zolla, *Les questions agricoles d'hier et d'aujourd'hui*, 2ᵉ série, p. 310. Alcan, 1895.

[2] Ces deux premiers chefs d'opposition entre la production agricole et la production industrielle sont très nettement formulés par Roscher, *Traité d'économie politique rurale*, Guillaumin, 1888, traduction Vogel, p. 59. Le second avait été déjà signalé par Adam Smith dans ses développements sur la division du travail. « La nature de l'agriculture ne comporte pas une aussi grande subdivision de travail que les manufactures ni une séparation aussi complète des travaux ». *Recherches sur la nature et les causes de la richesse des nations*, t. I, ch. I, *De la division du travail*.

[3] Cette infériorité quant au travail salarié dans le monde agricole est relevée par

Quand ón dit que l'agriculture s'industrialise, la formule implique que sur les trois points indiqués l'opposition énoncée plus haut s'atténue et on aboutit aux trois propositions suivantes :

1° Sous l'influence de causes qui seront développées ultérieurement, grâce au perfectionnement des procédés techniques, grâce à une connaissance plus exacte des lois qui président à l'élaboration de ses produits, l'agriculture moderne peut augmenter très largement les quantités de capital et de travail qu'elle incorpore au sol et obtenir cependant de ces nouvelles incorporations un accroissement de produits au moins proportionnel. De ce chef, se trouve très atténuée, sinon supprimée, l'infériorité traditionnellement admise de l'agriculture par rapport à l'industrie ; l'agriculture, à l'heure actuelle, tend, au point de vue du rendement des capitaux et du travail qu'elle incorpore au sol, à se rapprocher de l'industrie. Etant donné le progrès réalisé, étant donné que l'agriculture a reculé sensiblement et peut espérer reculer plus loin encore dans l'avenir, la limite à partir de laquelle commence à s'appliquer la loi du rendement décroissant des capitaux et du travail par elle employés, l'agriculture moderne se donne pour but d'ouvrir au sol le crédit maximum de capital et de travail qu'il est susceptible d'absorber ; incorporer au sol capital et travail jusqu'à la limite où le sol peut les absorber, tout en donnant un produit proportionnel, tel est l'idéal de la culture nouvelle qui considère que pour elle le moyen le plus sûr d'abaisser ses prix de revient, c'est de pratiquer ce qu'on peut appeler la saturation du sol.

2° A l'imitation de l'industrie, quoique dans une mesure plus restreinte, l'agriculture tend à s'inspirer du principe fécond de la division du travail. Sans atteindre une spécialisation aussi complète que l'usine, l'entreprise agricole tend à se spécialiser de plus en plus dans telle ou telle branche déterminée. Une catégorie d'entreprises agricoles se donnera pour principal objectif la production végétale ; une autre, la production animale, et dans chacune de ces catégories les exploitations se spécialiseront plus étroitement : les unes, donnant la place prépondérante à telle culture déterminée, les autres à telle autre ; de même, les fermes à bétail se spécialisant dans la production de la viande, du lait, du

M. Gide : « C'est surtout dans la production agricole que l'infériorité du salariat se révèle.., parce qu'on ne peut recourir au travail à prix fait que d'une façon exceptionnelle ». *Principes d'économie politique*, 7e édition, p. 491, note 1.

beurre, etc. ; cette spécialisation s'adaptant chaque jour davantage aux conditions du milieu où chaque exploitation se trouve placée ; cette spécialisation plus étroite étant rendue possible par le développement des voies de communication et chaque exploitation agricole se trouvant délivrée du souci jadis obsédant de se suffire à elle-même par sa propre production.

3° L'agriculture tend de plus en plus à économiser le travail humain pour lui substituer, comme l'industrie, le travail mécanique, agent plus rapide, surtout plus régulier et presque toujours moins coûteux. Là où elle continue à employer le travail humain, elle cherche à l'améliorer comme productivité, en substituant autant que possible au travail à la journée le travail à la tâche reconnu plus productif. En poursuivant cette double réforme dans l'ordre du travail, l'agriculture s'efforce, comme l'industrie, d'abaisser son coût de production.

Telle nous apparaît devoir être comprise avec cette triple portée la formule de l'*industrialisation* dans le domaine de la production agricole. La première partie de notre étude sera consacrée au développement successif des trois propositions que nous venons d'énoncer.

(*A suivre*). Joseph HITIER,

*Professeur-adjoint à la Faculté de droit
de l'Université de Grenoble.*

LA SPÉCIALISATION ET SES CONSÉQUENCES

AVERTISSEMENT

Est-il besoin d'insister sur l'importance de la spécialisation, connue généralement sous le nom de division du travail ? Qu'on s'occupe d'économie politique, industrielle ou commerciale, ou bien de sociologie ou même de biologie, on la rencontre inévitablement sur son chemin.

Quoique ce phénomène se trouve à la base de toute organisation sociale, et qu'il prenne chaque jour plus d'importance, sa théorie, telle qu'elle existe actuellement en économie politique, offre cependant bien des points faibles.

Essaye-t-on seulement de préciser ses caractères, ou d'établir un classement des diverses formes sous lesquelles il peut se présenter, on s'aperçoit bientôt qu'il est impossible d'y parvenir aussi longtemps qu'on persiste à faire rentrer les faits dans le concept de division du travail : l'expérience des économistes en témoigne. D'autre part, si l'on reconnaît que ce phénomène favorise la production en permettant de se procurer avec moins de peine les biens nécessaires à la subsistance, on perd généralement de vue qu'il place les hommes, à des degrés divers, dans un état de mutuelle dépendance, et les unit par une solidarité de fait à laquelle ils ne peuvent se soustraire. Or cette dernière conséquence présente une importance de tout premier ordre ; car elle renferme la condamnation de l'individualisme égalitaire que les physiocrates nous ont légué ; elle intéresse ainsi directement la morale et le droit, dont elle raffermit et renouvelle les principes, en leur donnant une base d'ordre économique, c'est-à-dire nettement positive et rigoureusement scientifique. Et cependant, cette conséquence est généralement passée inaperçue. C'est qu'elle ne pouvait logiquement se rattacher à l'ancienne conception de « division du travail » établie par Smith, tandis que, au contraire, la notion de *spécialisation* rend parfaitement compte de cette relation de causalité. Enfin, tandis que A. Smith ne parle guère que de la division du « travail », il se trouve qu'en réalité ce fait intéresse toute la production. Il importe donc, ainsi qu'on essayera de le démontrer, de substituer à la notion de division du travail, celle de spécialisation de la production.

Ces exemples montrent suffisamment quelles importantes lacunes présente encore la théorie qui nous occcupe.

Il nous reste à dire un mot de la méthode que nous avons suivie. Depuis A. Smith, il n'y a guère que le professeur Buecher qui ait entrepris une révision sérieuse de la théorie de la division du travail ; on verra plus loin ce que nous pensons de ses innovations. Mais disons tout de suite que notre point de vue diffère sensiblement du sien. M. Buecher entremêle deux manières de voir bien différentes : tantôt il formule des définitions générales, applicables à tous les temps et à tous les lieux, ainsi que des lois de causalité ; tantôt, au contraire, se tenant plus étroitement à la méthode historique, il s'attache à la formation de concepts réalistes, et se préoccupe de lois de développement, d'évolution. En ce qui nous concerne, nous avons limité nos investigations au premier de ces points de vue, nous bornant à la théorie *générale* de la spécialisation de la production, non pas, à la vérité, que nous méconnaissions l'utilité de la méthode historique, mais afin de limiter notre domaine [1].

Cependant, on n'a point perdu de vue le danger que peut offrir un emploi inconsidéré de la méthode que nous avons adoptée. Nous nous sommes efforcé de ne point verser, soit dans l'abus de ces définitions dont la précision n'a d'égale que le caractère imaginaire des faits qu'elles représentent, soit dans des déductions dont l'exactitude logique ne trouve que peu ou point d'application dans la réalité. Toujours, nous avons eu présent à l'esprit ce principe qu'en matière économique et sociale, une théorie, quelque attrayante qu'elle puisse paraître en elle-même, n'est admissible qu'à la condition de servir à l'explication des faits. Aussi avons-nous eu soin d'appuyer au moyen d'exemples empruntés à la réalité, les affirmations dont toute la portée pouvait ne point apparaître à première vue. A cet effet, non seulement nous avons puisé au fonds déjà si riche des faits acquis à la science économique, en les présentant de manière à mettre en lumière les vérités qui pouvaient s'en dégager, mais nous en avons aussi apporté de nouveaux à l'appui de nos affirmations.

---

[1] Rappelons ici *La division du travail* étudiée au point de vue historique du professeur Schmoller, dans la *Revue d'économie politique*, 1889 et 1890.

Si nous ne nous abusons, l'étude que nous présentons au public peut être considérée comme l'une des plus sérieuses qui aient paru jusqu'à ce jour sur la spécialisation de la production, et nous serions étonné si ceux qui prendront la peine de la lire n'en retiraient pas quelque enseignement. C'est dans cet espoir que nous la livrons à la publicité. En tout cas, ces pages sont le fruit de beaucoup de recherches et de méditations ; ceci, on peut au moins l'affirmer avec certitude.

CHAPITRE PREMIER

LA THÉORIE DE LA SPÉCIALISATION AVANT SMITH

§ 1. Ancienneté de l'idée de spécialisation.

C'est seulement depuis A. Smith que l'étude de la division du travail a pris, dans la science économique, la place si importante qu'elle y occupe actuellement; l'idée en est cependant connue depuis longtemps. On citerait difficilement un auteur ayant traité des sciences politiques avec quelque développement, à qui elle aurait tout à fait échappé. La plupart en ont au moins signalé l'importance, depuis Xénophon, Socrate et Aristote dans l'antiquité, jusqu'à Thomas d'Aquin au moyen-âge, et Berkeley, Rousseau, Turgot, Beccaria et Ferguson, à l'époque moderne [1].

Voici, par exemple, ce que Socrate pensait à ce sujet, suivant les opinions que Platon lui prête dans sa *République*. Socrate, traitant de la justice dans l'Etat, suppose qu'il s'agisse de créer une société. « Ce qui donne naissance à la société, dit-il, n'est-ce pas l'impuissance où chaque homme se trouve de se suffire à lui-même et le besoin qu'il éprouve de beaucoup de choses? » [2]. Pour satisfaire ces besoins divers, la spécialisation s'impose : « Il se fait plus de choses et elles se font mieux et plus aisément, lorsque chacun fait celle à laquelle il est propre, dans le temps marqué et sans souci de tout autre soin ». Puis, abandonnant la question de la spécialisation envisagée dans l'intérieur d'un pays, Socrate fait remarquer qu'un Etat doit encore se pourvoir de certaines choses de provenance étrangère, que, par conséquent, il lui faudra produire certaines marchandises au delà des limites de ses propres besoins,

---

[1] V. Roscher, *Grundlagen der Nationaloekonomie*, 21e édition, p. 149.
[2] *République*, liv. II, *medio*.

afin de pouvoir les échanger contre celles du dehors qui lui manquent ; d'où, la nécessité d'une classe de citoyens chargés de ce
soin, commerçants, marins, etc.

De même Beccaria, le célèbre auteur du *Traité des délits et des
peines,* écrivait au xviiiᵉ siècle : « L'expérience apprend à chacun
qu'en appliquant la main et l'intelligence toujours au même genre
d'ouvrage et aux mêmes produits, ces derniers sont plus aisément
obtenus, plus abondants et meilleurs, que si chacun faisait isolément et pour lui seul, toutes les choses nécessaires à la vie... Les
hommes se divisent de cette manière en classes et conditions diverses pour l'utilité commune et privée » [1].

§ 2. *La séparation des arts et des professions d'après A. Ferguson.*

Il importe d'insister davantage sur les opinions de A. Ferguson,
contemporain de A. Smith, esprit à la fois pénétrant et synthétique
qui joua un rôle considérable dans le mouvement des idées au
xviiiᵉ siècle. Frappé de l'importance de ce phénomène, qu'on devait
désigner plus tard sous la dénomination de division du travail, et
qu'on ferait mieux d'appeler la spécialisation de la production, il
lui consacra, dix ans avant Smith, un examen particulier sous le
titre de *séparation des arts et des professions* [2]. Ces pages, d'une
portée générale, conviennent très bien comme introduction à l'étude
plus approfondie que nous allons faire de la spécialisation de la
production ; de plus, elles présentent cet intérêt tout particulier,
d'avoir, dit-on, servi de modèle à Smith [3].

[1] Cité par Marx, *Capital,* vol. 1, chap. XIV, § 5.
[2] *Essai sur l'histoire de la Société civile,* Paris, 1783. Cet ouvrage parut en anglais
en 1767, et celui de A. Smith sur la *Richesse des nations* en 1776.
[3] Cette opinion générale, qu'on rencontre aussi bien chez K. Marx que chez Leroy-
Beaulieu et même chez le professeur Buecher, le plus récent théoricien de la division
du travail, ne paraît cependant reposer sur aucun fondement sérieux. En note du
chapitre XIV, § 5 du premier volume du *Capital,* Marx appelle Ferguson « l'élève de
A. Smith », et il renvoie le lecteur à sa *Misère de la philosophie* où il prétend avoir
déjà « expliqué suffisamment le rapport historique entre Ferguson, A. Smith, Lemontey et Say ». Or, dans ce dernier ouvrage, il ne fait en réalité que poser cette même
affirmation, sans la démontrer davantage (ch. II, § 2, *medio*). D'ailleurs, il paraît bien
difficile que A. Smith ait été l'élève de Ferguson ; nés, l'un en 1724, l'autre en 1723,
ils étaient donc contemporains ; tandis que Ferguson enseigna à Edimbourg, Smith,
après avoir étudié pendant trois ans à Glasgow, entra en 1740 à l'Université d'Oxford,
où il étudia pendant sept ans, puis, après seulement un court séjour à Edimbourg, où
il fit des cours publics, il devint professeur de logique à l'Université de Glascow. De
plus, nous n'avons trouvé dans les diverses biographies de Smith que nous avons pu

« Il est évident, écrit Ferguson [1], qu'un peuple... ne peut faire
de grands progrès dans les arts de la vie jusqu'à ce qu'il ait séparé
et départi à différentes personnes les différentes tâches qui demandent une attention et une adresse particulières ». Aussi la séparation des arts et des professions fut-elle, pour ainsi dire, inconnue
des peuples primitifs ». Cependant, la durée de la paix et l'espérance d'échanger une chose pour une autre, transforment insensiblement le chasseur et le guerrier en artisan et en commerçant.
Les hasards, qui distribuent inégalement les moyens de subsistance,
l'inclination, des circonstances favorables décident les hommes à
embrasser des occupations différentes, et le sentiment de l'utilité
les conduit, sans dessein prémédité de leur part, à subdiviser leurs
professions. L'artiste éprouve que, plus il peut resserrer son attention et la borner à une partie de quelque ouvrage, plus son travail
est parfait et plus il augmente la quantité de ses productions. Tout
entrepreneur de manufacture s'aperçoit que ses frais diminuent et
que ses profits croissent, à mesure qu'il subdivise les tâches de ses
ouvriers et qu'il emploie un plus grand nombre de mains à chacun
des détails de l'ouvrage ».

Mais si cette méthode offre des avantages, elle présente aussi
le grave inconvénient de vouer une partie de la société à des
occupations purement mécaniques, monotones et déprimantes. « Il
y aurait même lieu de se demander si la capacité totale d'une
nation croît en proportion du progrès des arts. Plusieurs arts
mécaniques n'exigent aucune capacité ; ils réussissent parfaitement
lorsqu'ils sont totalement destitués des secours de la raison et du
sentiment... Ainsi, on pourrait dire que la perfection, à l'égard
des manufactures, consiste à pouvoir se passer de l'esprit, de
manière que, sans effort de tête, l'atelier puisse être considéré
comme une machine dont les parties sont des hommes... »

Ferguson entrevoit même l'influence que la séparation des arts
et des professions exerce sur la formation des classes sociales et
sur leur hiérarchie ; il examine dans un chapitre particulier « la
subordination qui suit la séparation des arts et des professions ».

---

consulter, aucune indication de nature à confirmer cette opinion ; aucune ne mentionne
même le nom de Ferguson, tandis que, par contre, elles parlent de Hutchéson, comme
ayant été l'un des maîtres de Smith. Ajoutons enfin que si les théories de Smith et de
Ferguson présentent certaines analogies, elles offrent aussi des différences notables.

[1] IVe partie, chap. I et II.

Il attribue cette subordination à trois causes : à des différences de talent et de disposition naturelle, à l'inégalité dans le partage de la propriété, et aux habitudes qui se contractent dans la pratique des arts. « Certaines occupations sont libérales, d'autres sont mécaniques. Elles exigent des talents et inspirent des sentiments différents ; et soit que ce soit ou ne soit pas la raison qui fasse préférer les unes aux autres, il est juste de proportionner l'estime et le rang dus à des hommes qui exercent certains emplois et certaines professions à l'influence que leur genre de vie a réellement sur la culture de leur esprit et sur leur façon de penser ».

Conclusion assez vague, à la vérité, d'un problème dont Ferguson eut cependant le mérite d'entrevoir l'importance.

CHAPITRE II

LA DIVISION DU TRAVAIL SELON A. SMITH

§ 1. *Notions et espèces diverses.*

Ce n'est pas chez le père de l'économie politique qu'il faut s'attendre à rencontrer des définitions précises et des classifications rigoureuses. L'eût-il même voulu, qu'il ne lui aurait guère été possible, sur une matière aussi peu étudiée encore et aussi réfractaire, par sa nature, aux idées exactes, d'édifier de toutes pièces un système complet de lois, de définitions et de termes scientifiques irréprochables. D'ailleurs, son enseignement s'adressait surtout à des praticiens ; car, suivant l'idée qu'il se faisait de l'économie politique, celle-ci constituait tout autant un art qu'une science [1].

Cependant, encore que nous nous proposions d'étudier la division du travail à un point de vue plus particulièrement scientifique et de tenter des définitions et des classifications aussi précises que possible, nous n'entendons pas condamner la méthode suivie par Smith : dans un enseignement encore aussi peu avancé que l'économie politique, dont on n'est même pas encore parvenu à circons-

---

[1] « L'économie politique, écrit-il, au commencement du liv. IV, considérée comme une branche de la science de l'homme d'État ou du législateur, se propose deux objets distincts : premièrement de procurer au peuple un revenu ou des moyens de subsistance abondants, ou, plus exactement, de le rendre capable de se procurer lui-même ce revenu ou ces moyens de subsistance ; et secondement, de pourvoir l'État ou la République d'un revenu suffisant pour les services publics. Elle se propose d'enrichir à la fois le peuple et le souverain ».

crire le domaine ou à définir l'objet, ce n'est pas trop que toutes
les méthodes, si l'on veut voir surgir quelque clarté du sein des
conceptions vagues et de la terminologie indécise, qui constituent
encore aujourd'hui l'un de ses caractères les plus évidents en tant
que science.

Il ne faut donc pas s'étonner si l'on ne rencontre dans les *Recher-*
ches sur les causes de la richesse des nations [1] aucune définition
de la division du travail, l'auteur s'en référant purement et simplement aux exemples qu'il donne pour faire connaître ce qu'il
entend par là.

D'abord, il envisage la division du travail telle qu'elle se présente dans certaines fabrications particulières (*particular manufac-*
tures) qu'il s'agisse, soit d'une fabrication peu importante pouvant
s'effectuer entièrement dans le même établissement, soit d'une
fabrication plus considérable réclamant le concours de plusieurs
ateliers. Puis, sans insister davantage sur l'importante distinction
qu'il vient de faire, Smith passe directement à l'exposé de son
exemple fameux de la fabrication des épingles. Il constate que,
dans une manufacture de dix personnes occupées à cette production
et où la division du travail est convenablement organisée, chaque
ouvrier parvient à en confectionner en moyenne 4,800 par jour;
tandis qu'une personne travaillant seule et n'ayant point subi d'éducation appropriée n'en ferait pas 20, peut-être pas une, en un jour.
Smith distingue de cette forme de la division du travail, celle qu'il
étudie ensuite sous le nom de séparation des différentes industries
et occupations (*separation of different trades and employments*)
et qui fait que « dans toute société perfectionnée, le fermier n'est
généralement rien d'autre qu'un fermier; l'industriel rien d'autre
qu'un industriel ».

En somme, Smith, sans se soucier d'établir ni définition précise
ni classement rigoureux, distingue en fait la division du travail
telle qu'elle se présente dans la fabrication des produits industriels,
que cette fabrication soit entièrement comprise dans un seul établissement ou qu'elle exige le concours de plusieurs, et ensuite, la
séparation des industries et des emplois. Ces distinctions, il les a
établies, sinon explicitement, du moins implicitement. Il faudrait

---

[1] Nous nous sommes servi de l'édition anglaise de 1868, la division du travail s'y
trouve traitée dans les trois premiers chapitres.

donc se garder de croire qu'elles lui ont complètement échappé,
ainsi qu'on serait tenté de le faire, si l'on s'en tenait trop fidèlement aux critiques de M. Buecher.

§ 2. Ses conséquences.

Aux yeux de Smith, la conséquence la plus importante de la
division du travail est d'en augmenter la productivité. C'est la toute
première idée qui sort de sa plume au début de son ouvrage : « Les
plus grandes améliorations apportées aux forces productives du
travail... paraissant avoir été les effets de la division du travail ».
Telle est l'idée maitresse de son chapitre premier.

Ensuite, il explique comment il se fait que la division du travail
favorise la productivité. « Cette grande augmentation dans la quantité d'ouvrage qui, en vertu de la division du travail, peut être
exécutée par le même nombre de personnes, est due à trois circonstances différentes : 1° à l'augmentation de la dextérité de chaque ouvrier particulier; 2° à l'économie du temps qui est généralement perdu à passer d'un genre d'ouvrage à un autre; finalement,
à l'invention d'un grand nombre de machines qui facilitent et abrè-
gent le travail et permettent à un seul homme d'exécuter l'ouvrage
de plusieurs. »

Sans nous engager avec Smith dans l'examen spécial de chacun
de ces points, faisons seulement remarquer qu'il paraît s'être fortement exagéré l'importance des perfectionnements apportés par
les ouvriers aux machines qu'ils employent[1].

§ 3. Ses causes.

Maintenant, avant d'aborder la question des rapports qui peuvent exister entre la division du travail et l'échange, insistons
quelque peu sur une curieuse affirmation de Smith. Selon lui,
« l'échange est la conséquence naturelle d'une certaine inclination
de la nature humaine..., l'inclination à marchander, à troquer et à
échanger une chose contre une autre. Elle est commune à tous les
hommes, et on ne la rencontre chez aucune autre race d'animaux,
qui ne semblent pas la connaître, pas plus qu'aucune autre espèce
de contrat. » Buecher s'élève vivement contre cette idée d'une incli-

---

[1] Nombre d'inventions sont dues, non point à des praticiens poussés par la nécessité,
mais à des chercheurs donnant libre cours, dans leurs loisirs, à leur curiosité scientifique. — V. Tarde, *Études de psychologie sociale*, Paris, 1898.

nation à l'échange innée chez l'homme [1]. Tout ne nous paraît pourtant pas à rejeter dans le texte cité. Quand on l'analyse de près, on y trouve deux affirmations : 1° l'inclination à l'échange est propre à tous les hommes; 2° elle n'est propre qu'à eux, les animaux ne la possédant pas.

Pour pouvoir vérifier l'exactitude de ces deux propositions, il est nécessaire de distinguer deux espèces d'échange. Ou bien il s'agit d'un simple échange de services, sans convention, sans préoccupation d'égalité de prestations, ainsi que cela se présente dans. la famille et dans la tribu primitive. Or cet échange-là est évidemment propre à tous les hommes et à tous les temps. Mais il n'est pas propre aux hommes seulement, car certains animaux le pratiquent entre eux, tels que les fourmis et les abeilles, qui, d'ailleurs, pratiquent également la division du travail.

Ou bien, on peut entendre l'échange dans un sens plus étroit, il s'agit alors d'un échange de biens matériels ou de services entre unités économiques différentes, s'opérant au moyen d'une convention et s'inspirant de l'égalité des prestations ou principe de la justice commutative. C'est un troc, une vente ou un achat. Appelons-le, pour le distinguer de l'autre, l'échange-marchandage. Or celui-ci n'est point; comme l'autre, propre à tous les hommes et à tous les temps ; car dans la forme primitive d'organisation économique, elle fait défaut. Spencer en a relevé des cas probants dans ses *Institutions professionnelles* (§ 251). Mais, par contre, il est vrai que l'échange-marchandage est propre seulement aux hommes; car les animaux ne pratiquent ni le troc, ni la vente, ni l'achat.

Smith, pas plus que Buecher n'a fait cette distinction. En réalité, il n'a envisagé qu'une seule de ces deux espèces d'échange, l'échange-marchandage, ainsi qu'il le donne d'ailleurs clairement à entendre, quand il parle de « l'inclination humaine à troquer, marchander et échanger ». Dans ce sens-là, Smith avait certes raison d'écrire que seuls les hommes pratiquent l'échange à l'exclusion des animaux, ce que Buecher n'a pas vu. Mais il avait tort d'affirmer que l'échange ainsi compris, résultait d'une inclination propre à la nature humaine, puisqu'il est inconnu dans les sociétés primitives, et ici nous sommes d'accord avec Buecher.

---

[1] K. Buecher, *Arbeitstheilung*, dans *Die Entstehung der Volkswirthschaft*, 2e éd., p. 292. Ce livre a été soigneusement traduit en Français sous le titre *Études d'histoire et d'économie politique*, par Hansay. Paris-Bruxelles, 1901.

·Si Smith avait su dégager de la notion d'échange-marchandage cette autre notion plus générale que nous lui avons opposée tout à l'heure, il aurait pu avec quelque raison considérer cet échange entendu dans le sens large, « comme le principe qui fournit l'occasion à la division du travail », ainsi que le porte l'intitulé de son second chapitre; compris de cette manière, l'échange apparaît en effet, comme le phénomène complémentaire de la division du travail, l'un et l'autre allant de pair, dans l'organisme vivant comme dans l'organisation sociale.

Mais Smith, en considérant l'échange comme le « principe fournissant l'occasion à la division du travail », n'eut réellement en vue que l'échange-marchandage. Aucun doute n'est possible à cet égard, quand on le voit développer son idée par l'exemple suivant : « Dans une peuplade de pasteurs ou de chasseurs, il se fait qu'une personne réussit mieux que d'autres dans la confection des arcs et des flèches ; ayant l'occasion de les échanger avec ses compagnons contre du bétail ou de la venaison, il s'aperçoit qu'il peut de la sorte en obtenir davantage que s'il devait s'en procurer lui-même directement. Son intérêt le pousse ainsi à faire de la confection des arcs et des flèches sa principale occupation, et il devient une sorte d'armurier ».

Smith se trompe évidemment en considérant la possibilité d'échanger une chose contre une autre, comme l'occasion nécessaire de la division du travail ; car chez ce même peuple primitif on voit, avant même qu'il connaisse l'échange-marchandage en aucune manière, la chasse et la guerre devenir l'occupation spéciale des hommes, tandis que la culture du sol, la préparation des aliments incombent aux femmes.

Buecher n'a pas manqué de relever, avec talent d'ailleurs, cette erreur [1]. Toutefois Marx l'avait fait avant lui dès le premier volume de son *Capital*. « L'échange, disait-il, ne crée pas la différence des sphères de production ; il ne fait que les mettre en rapport entre

---

[1] Au Moyen-Age, là même où ne se pratiquait pas encore l'échange (vente, achat, etc.), on rencontrait parfois une division du travail très développée. Tel était le cas de la confection des manuscrits dans les monastères : l'un corrigeait le livre, un second était chargé de l'écriture, un troisième indiquait les paragraphes, un quatrième soignait la ponctuation et un cinquième la peinture ; un autre collait les cahiers et les liait entre des tablettes de bois; un autre préparait ces planchettes, un autre y adaptait le cuir, un autre enfin préparait les petites plaques de cuivre servant d'ornement (Buecher)..

elles et les transforme ainsi en branches plus ou moins dépendantes de l'ensemble de la production sociale » [1].

En réalité, il n'est pas possible de poser un principe uniforme de causalité successive entre l'échange et la division du travail ; on ne peut pas dire qu'en règle générale l'échange joue le rôle d'antécédent vis-à-vis de celle-ci. La vérité est qu'ils réagissent l'un sur l'autre, quelle que soit l'espèce d'échange dont il s'agisse. Dans l'organisme vivant aussi bien que dans la famille, dans la tribu primitive ainsi que dans la société actuelle, on rencontre et l'échange au sens large, et la division du travail, chacun de ces phénomènes se trouvant intimement lié à l'autre.

Mais il convient de faire une restriction à l'égard de l'échange-marchandage. Ce que celui-ci implique nécessairement, ce n'est pas une division du travail ou une spécialisation quelconque, mais la spécialisation sociale, la division de la production entre différentes unités économiques qui échangent. La spécialisation telle qu'on la rencontre dans une unité économique (communauté familliale ou entreprise industrielle) ne l'accompagne pas nécessairement. Toutefois, le développement de la division du travail dans une manufacture peut se trouver favorisé par les progrès de l'échange-marchandage ; mais l'inverse est également vrai.

§ 4. Ses limites.

Ceci nous mène à la question traitée dans le troisième chapitre de Smith. « Comme quoi la division du travail est limitée par l'extension du marché », porte l'intitulé de ce chapitre, qui débute ainsi : « Comme c'est le pouvoir d'échanger qui fournit l'occasion à la division du travail, il se fait que cette division doit toujours être limitée par l'étendue de ce pouvoir, c'est-à-dire, en d'autres termes, par l'étendue du marché. Lorsque le marché est très restreint, personne ne peut trouver d'encouragement à se consacrer entièrement à un seul emploi, faute de pouvoir échanger toute cette part qui excède le produit de son propre travail et dépasse sa propre consommation ». Ce principe n'est exact qu'à la condition d'avoir seulement en vue l'échange-marchandage ; car autrement, il ne pourrait être question de marché. C'est bien ainsi d'ailleurs que Smith l'entend. Sinon, on pourrait lui opposer des cas où l'échange

[1] Chap. XIV.

n'est plus limité par le marché, mais bien par l'importance de la communauté, tels que celui des organisations économiques communautaires du moyen-âge, par exemple.

La division du travail que Smith a particulièrement en vue ici est celle qui consiste à faire d'une seule espèce de travail, l'occupation exclusive d'une personne sa vie durant, c'est-à-dire la spécialisation professionnelle. Ceci ressort du texte même du chapitre : on n'y rencontre, parmi les exemples cités par l'auteur, que des cas de ce genre, tels que ceux du boucher, du boulanger, du brasseur, etc. C'est là de la division du travail entre les unités économiques formant la société. Quant à la division du travail dans une manufacture et à la spécialisation, non seulement humaine mais mécanique, qu'on y rencontre, Smith ne voit point les rapports étroits qui les lient, dans leurs progrès, à l'étendue du marché. Il ne voit pas comment il se fait que la division du travail fort développée et la spécialisation mécanique qui se rencontrent dans la grande industrie de fabrique, en exigeant une production en masse d'objets semblables, entraînent comme condition indispensable un marché assez étendu pour présenter un débouché suffisant. Faisons encore remarquer qu'ici non plus l'étendue du marché, cette manifestation extérieure de l'inclination à l'échange, n'est pas nécessairement l'occasion de la division de la production si développée qui caractérise la grande industrie ; celle-ci, au contraire, peut très bien aussi en être la cause ainsi que le démontre, depuis plusieurs siècles, la politique commerciale et coloniale de l'Angleterre cherchant à étendre son marché afin d'écouler les produits de sa grande industrie spécialisée.

CHAPITRE III

LES DISTINCTIONS ÉTABLIES PAR BUECHER

Buecher, dans sa remarquable étude sur la division du travail [1], a beaucoup critiqué la doctrine de Smith. Peut-être même a-t-il été parfois trop sévère envers le père de l'économie politique ; on peut se demander s'il en a su apprécier à sa juste valeur la méthode, qui, pour être différente de la sienne, n'en présente pas moins des avantages propres. Quoi qu'il en soit, Buecher est sans doute l'économiste qui, depuis Smith, a fourni la contribution la plus

[1] *Op. cit.*

sérieuse à la théorie de la division du travail. L'un de ses grands
mérites est d'avoir essayé de distinguer avec plus de précision
qu'on ne l'avait fait jusque là les diverses espèces de division du
travail, tout en indiquant leurs caractères et les motifs des distinctions nouvelles qu'il établissait.

§ 1. *Morcellement de la production et division du travail.*

D'abord, il insiste sur la distinction qu'il y a lieu de faire, selon
lui, entre la division du travail qui s'opère entre les diverses
manufactures qui concourent à la production d'un même objet, et
celle qui se fait dans l'intérieur de chaque manufacture; on a vu
que cette distinction n'avait pas échappé à Smith aussi complètement que Buecher semble le croire [1]. Mais ce dernier trace beaucoup plus nettement cette distinction et donne à chacune des deux
espèces du phénomène un nom différent, appelant l'une la division de la production (*Produktionsteilung*) et l'autre, le morcellement du travail (*Arbeitszerlegung*). « Nous voulons, dit-il, désigner
par les termes division de la production, la division de tout un
processus de production en plusieurs parties indépendantes, tandis
que nous appellerons la décomposition d'une partie de la production en simples travaux élémentaires non indépendants par eux-
mêmes, morcellement du travail ». Quel mélange incohérent de
principes de division multiples!

Considérons d'abord les *idées* opposées l'une à l'autre dans ce
classement. D'après le savant professeur, il s'agirait tantôt de la
division de tout un *processus* de fabrication, et tantôt de la division d'une partie seulement de ce *processus*. Mais on ne voit pas
clairement les limites qui séparent de ses parties le *processus*
complet de fabrication pris dans son ensemble Chaque usine cons-
tituera-t-elle une de ces parties, ou bien chaque entreprise particulière (fabrique ou groupe d'ateliers indépendants travaillant à la
commission pour un patron commun), ou bien sera-ce le fait de
passer d'une partie de la fabrication à une autre par un transfert
de propriété de la matière ouvrée, qui formera la séparation entre
les diverses parties du *processus* complet ? S'agit-il, par exemple,
de la production des draps, le *processus* complet comprendra vraisemblablement le nettoyage et la préparation de la laine, le filage,

---

[1] *Supra*, ch. II, § 1 *in fine.*

le tissage ; mais faudra-t-il y comprendre aussi l'élevage des moutons, la production du charbon alimentant la machine à vapeur, la fabrication de la colle servant à l'encollage de la chaîne, celle du savon employé dans le lavage et le foulage, celle de l'huile servant à l'ensimage de la laine ou au graissage des machines et des courroies, enfin, celle de l'acide sulfurique employé dans le carbonisage; faut-il y comprendre aussi la fabrication des machines et accessoires de machine, cardes, courroies, etc., et enfin les industries qui pourvoient à l'entretien de la main-d'œuvre, alimentation, logement et habillement de l'ouvrier ? Car ces diverses branches de l'industrie étant absolument indispensables à la production des draps, à quel titre pourrait-on les exclure du *processus* complet?

Mais ce n'est pas seulement sur la différence qui sépare la partie du tout, que Buecher se fonde pour établir sa distinction entre la division de la production et le morcellement du travail; il croit aussi reconnaître une différence dans les rapports existant entre les parties séparées par la division du travail dans l'un et l'autre cas : les parties résultant de la division de la production seraient indépendantes l'une de l'autre, tandis que les parties résultant du morcellement du travail ne seraient pas indépendantes par elles-mêmes. Mais on ne voit pas que les diverses manufactures coopérant à une même production finale, soient sensiblement moins dépendantes l'une de l'autre que les diverses opérations qui s'effectuent dans l'usine; comment les fabricants de draps pourraient-ils se passer des éleveurs de moutons qui leur fournissent la laine !

Non seulement la distinction entre les deux idées de division du travail que Buecher oppose entre elles n'apparaît pas bien nettement, mais la différence entre les dénominations qu'il leur donne ne trouve pas d'explication satisfaisante. D'une part, il s'agirait selon lui de la *division de la production* et, d'autre part, du *morcellement du travail.* Ainsi, la séparation des diverses parties d'un *processus* de production constituerait une *division*, et la séparation des diverses parties de la production dans les limites d'une manufacture serait un *morcellement.* Pourquoi cette différence d'expression ; pourquoi ne dirait-on pas aussi bien morcellement dans le premier cas, et division dans le second ? De plus, d'après Buecher, ce serait d'une part la production qui se divise, tandis que, d'autre part, ce serait le travail. Cette appellation de travail, que les économistes emploient encore dans les acceptions les plus variées, doit évidem-

ment se comprendre ici (abusivement) dans son sens le plus·large,
comme synonyme de production ; car, dans une usine, ce n'est pas
seulement le travail au sens strict ou la main-d'œuvre, qui se divise ;
c'est aussi et surtout la machine et son fonctionnement;-ainsi qu'on
le verra plus loin. Alors, pourquoi choisir ici, tantôt le mot travail,
et tantôt le mot production, puisque ces deux expressions sont en
réalité employées comme synonymes ?

§ 2. La spécialisation professionnelle.

Buecher assigne aussi une place particulière à la spécialisation
professionnelle, phénomène par lequel un genre d'ouvrage déterminé devient pour toute ·la vie l'occupation exclusive d'une personne. Ferguson l'appelait la séparation des arts et des professions,
et Smith lui avait assigné une place distincte dans son chapitre premier, sous la dénomination de séparation des industries et des
emplois.

Mais Buecher croit devoir aller plus loin et distinguer deux espèces de spécialisations professionnelles, en tenant compte de leur
origine. *Historiquement,* il se présente des cas où une occupation
se spécialise de telle sorte, qu'elle devient une profession qui
n'existait pas auparavant. Ainsi se formèrent nombre de professions,
au commencement du moyen-âge, lorsque les communautés primitives se décomposèrent. C'est ce que Buecher appelle la formation
des professions. Le cas s'en présente encore de nos jours, par
exemple quand apparaît la fabrication d'un objet nouveau inconnu
auparavant.

Buecher distingue de cette formation des professions, ce qu'il
appelle la spécialisation ou division de la profession, par laquelle
une personne dont la profession comprenait d'abord plusieurs
espèces d'occupation, se spécialise ensuite dans l'une d'elles. Cette
distinction entre la formation des professions et la division de l'une
d'elles ne présente guère qu'un intérêt historique. La différence
qui lui sert de base existe uniquement dans le point de départ, dans
la cause *occasionnelle ;* car une fois que la profession existe, on ne
voit pas quelle différence de caractère elle peut offrir suivant
qu'elle se sera formée de l'une ou de l'autre manière, et l'on ne
voit pas non plus de différence importante dans les conséquences
qui peuvent en résulter.

Faisons aussi nos réserves sur le sens trop restreint attribué ici par Buecher au mot spécialisation. Nous espérons pouvoir démontrer plus loin que le phénomène étudié par les économistes sous le nom de *division* du travail n'est autre, en réalité, que la *spécialisation* de la production.

§ 3. *Déplacement du travail.*

Buecher nous parle enfin d'une dernière espèce de division du travail, qu'il considère comme « l'une des plus intéressantes » et qu'il appelle le déplacement du travail (*Arbeitsverschiebung*). — En réalité, il ne s'agit donc plus ici d'une *division*, mais bien d'un *déplacement* de travail! — Ce phénomène se manifeste, par exemple, lorsque l'emploi de nouvelles machines refoule dans la production de celles-ci une partie du travail qui était autrefois immédiatement consacré à la production des objets de consommation. Alors, « une partie du travail total est reporté d'un stade postérieur vers un stade antérieur ». Ce doit être une espèce bien particulière de déplacement de travail, car qui ne voit que toute division du travail au sens rigoureux des termes en implique nécessairement un déplacement quelconque. Quel est donc le caractère propre, essentiel, de ce déplacement du travail que Buecher a en vue? Réside-t-il dans la spécialisation qui s'opère dans la fabrication des *moyens* de production, par opposition à celle de la fabrication des produits? L'auteur ne semble pas l'entendre ainsi. Car, après avoir cité l'exemple de la fabrication des machines à coudre venant s'intercaler comme stade nouveau dans le *processus* de la confection des vêtements, il conclut : « L'essentiel est que le nouveau procédé de production des vêtements comprenne un plus grand nombre d'opérations de travail différentes et réclame, par conséquent, plus de main-d'œuvre ». — Mais tel n'est-il pas aussi bien le propre de toute division nouvelle de la production, soit entre plusieurs usines, soit dans une même manufacture, d'augmenter le nombre des opérations à effectuer? Et quant à l'augmentation de la main-d'œuvre requise, voilà, certes, une condition bizarre, tout à fait contraire aux caractères de la division du travail. Car si celle-ci accroît généralement la productivité, ce n'est point en augmentant, mais bien en réduisant la quantité de travail humain requise par unité produite!

On le voit, les distinctions établies par le professeur Buecher laissent beaucoup à désirer. Dans ses concepts, l'idée essentielle ne se trouve pas suffisamment mise en lumière et débarrassée des conditions accessoires, et les noms qu'il adopte, souvent, ne se justifient pas.

CHAPITRE IV

LA DIVISION DU TRAVAIL D'APRÈS LES AUTRES ÉCONOMISTES DU XIXᵉ SIÈCLE

§ 1. *D'après K. Marx.*

Marx a consacré à l'examen de la division du travail le chapitre XIV du premier volume de son *Capital*.

L'idée de morcellement du travail que nous avons rencontrée chez Buecher s'y trouve déjà. Dans l'édition française du premier volume du *Capital*, datant de 1872, il parle déjà de travail parcellé et de travailleur parcellaire. Le travailleur parcellaire et son outil, tel est le titre du § 2 du chap. XIV. Par travaux parcellés, Marx y entend les opérations simples résultant de la décomposition du travail dans les manufactures.

Dans le § 3, Marx fait une distinction curieuse que nous rejetons, d'ailleurs, entre deux formes de la division du travail dans les manufactures qu'il considère comme essentiellement différentes l'une de l'autre, suivant que le produit doit sa forme définitive « à un simple ajustement mécanique de produits partiels indépendants ou bien à une série de procédés et de manipulations connexes ». Ainsi, la fabrication des horloges, telle qu'elle se pratiquait autrefois, rentrerait dans la première catégorie : chacune des diverses parties étant exécutée séparément par des ouvriers indépendants travaillant chacun de leur côté, et l'horloge apparaissant seulement au dernier stade, par l'ajustement de ces parties. Au contraire, la fabrication d'une locomotive serait un cas de la seconde catégorie, la locomotive devant passer successivement par les différents stades d'un certain *processus* de production, par « une série de procédés et de manipulations connexes ». Selon Marx, l'intérêt de cette distinction résiderait dans cette conséquence importante, que l'une de ces formes de division du travail permet la transformation ultérieure de la manufacture en grande industrie de fabrique, et l'autre, point.

Mais cette diversité de conséquence est très contestable, selon nous. Contrairement à Marx, on pourrait établir que la manufacture

à domicile s'accommode, non seulement du genre de production qui
consiste en « un simple ajustement mécanique de produits partiels
indépendants » comme celle des horloges, mais aussi de cet autre
genre de production qui comprend « une série de procédés et de
manipulations connexes », à condition seulement que le produit à
obtenir ne soit pas aussi difficile à transporter qu'une locomotive!
On voit même, dans certains endroits, la fabrication des draps à
domicile résister victorieusement à la concurrence de l'industrie de
fabrique [1]; or, il s'agit bel et bien ici d'une série de manipulations
et d'opérations connexes, le fabricant donnant sa matière première
au dehors pour la faire successivement tisser, teindre et apprêter.
La distinction faite par Marx ne paraît donc pas fondée.

Une autre distinction bien plus importante établie par lui dans
son § 4 est celle qui existe entre la division du travail considérée
soit dans une manufacture, soit dans la société, c'est-à-dire, d'une
part la division *manufacturière*, et d'autre part la division *sociale*
du travail. Marx fonde cette distinction sur deux bases : d'abord
sur la différence des relations qui mettent en rapport les personnes
entre qui se fait, soit la division sociale, soit la division manufacturière. Dans le premier cas, « les produits respectifs sont les
marchandises. Et qu'est-ce qui caractérise, au contraire, la division
manufacturière du travail? C'est que les travailleurs parcellaires
ne produisent pas de marchandises... L'intermédiaire des travaux
indépendants dans la société, c'est l'achat et la vente de leurs
produits ». Voilà une différence qui paraît bien difficilement admissible. Car, peut-on dire qu'entre le fabricant de draps qui fait
tisser ses chaînes au dehors, et l'entrepreneur de tissage à la
commission qu'il charge de ce soin en lui payant simplement le
prix de la façon, peut-on dire qu'il n'existe point entre eux de
division sociale du travail, mais seulement une division manufacturière? Peut-on caractériser raisonnablement de cette manière les
relations qui se nouent entre l'industriel et l'entrepreneur de transports ou tout autre espèce de spécialiste dont on paye les services
et à qui l'on n'achète aucune marchandise? Telles sont pourtant les
conséquences auxquelles conduirait l'application de la proposition
avancée par Marx. Il y a mieux encore : c'est qu'en appliquant ce

[1] Ainsi, en Angleterre, vers le milieu de ce siècle, et en Belgique, actuellement.
Voir notre brochure *la Grève contre le tissage à deux métiers*, 1897, et *l'Évolution
économique et sociale de l'industrie de la laine en Angleterre*, Paris, Larose, 1900.

principe, on irait à l'encontre de cette autre affirmation sur laquelle
Marx fonde aussi sa distinction entre division manufacturière et
sociale du travail : « La division manufacturière du travail, déclare-
t-il, suppose une concentration des moyens de production dans la
main d'un capitaliste; la division sociale du travail suppose leur
dissémination entre un grand nombre de producteurs marchands
indépendants les uns des autres ». Et bien, alors, dans quelle
catégorie faire rentrer le cas du grand propriétaire de tissage à
façon, cité tout à l'heure? Puisque celui ci n'achète pas la matière
première et ne vend pas la marchandise, on doit, en vertu du
premier principe, le considérer comme un travailleur parcellaire;
mais, d'autre part, comme c'est un capitaliste concentrant entre
ses mains les moyens de production, usine, force motrice, outillage,
il faut en même temps le considérer en vertu du second principe,
comme l'une de ces personnes indépendantes entre qui s'effectue
la division sociale du travail, et ce serait alors dans les limites de
sa propre fabrique que s'opèrerait en réalité la division manufacturière! Conclusion absurde, qui condamne son point de départ.
Celui-ci était vicieux en ceci, que, pour établir sa distinction entre
division sociale et manufacturière du travail, Marx a voulu se
baser *en même temps* sur deux principes de division qui renfer-
maient des éléments contradictoires.

§ 2. *D'après F. List.*

Abordons maintenant l'examen d'une notion particulière de
division du travail, établie par F. List dans son *Système de l'Economie politique,* et que Buecher a tort, croyons-nous, de rejeter
complètement. List admet l'existence du principe de la persistance
et de la continuation du travail *(Prinzip der Stetigkeit und
Werkfortsetzung).* « De même que dans toutes les institutions
humaines, dit-il, il se trouve aussi dans l'industrie, à la base des
fonctions importantes, une loi naturelle qui a beaucoup de commun
avec la loi naturelle de la division des opérations commerciales et
l'union *(Konfoederation)* des forces productives, et dont l'essence
réside en ceci, que plusieurs générations consécutives unissent
également leurs forces vers un même but commun et se partagent
également entre elles les efforts qu'il exige » [1]. Ainsi, la division

[1] D'après Buecher, p. 241.

du travail n'existerait pas seulement dans l'espace, mais aussi dans le temps, plusieurs générations contribuant chacune pour une part distincte à l'œuvre commune. Par exemple, un fabricant entreprend la fondation d'une industrie nouvelle, tandis que son successeur n'aura plus qu'à la maintenir en activité. C'est grâce à la collaboration de plusieurs générations successives que s'édifièrent au Moyen-Age ces superbes monuments de l'architecture ogivale. De même, les générations allemandes antérieures à 1870 travaillèrent à l'organisation politique de l'Empire; sur laquelle il devint possible dans la suite d'appuyer une industrie, un commerce prospères.

Cependant, la persistance du travail de List n'est pas, au sens strict, une division du travail. Mais elle renferme les éléments essentiels de ce phénomène encore mal défini, qui est en réalité la spécialisation de la production. Ce que contient le principe de List n'est autre que la spécialisation dans le temps, au lieu de la spécialisation dans l'espace, ainsi qu'on l'entend le plus souvent.

Elle entraine cette conséquence importante, propre à toute spécialisation : l'interdépendance des parties coopérant à l'œuvre commune, c'est-à-dire l'interdépendance des générations successives, et c'est sur la solidarité qui en résulte que se fonde la théorie des emprunts publics, pour légitimer l'engagement des générations à venir par les générations présentes.

§ 3. D'après Eugène de Philippovich.

Parmi les économistes contemporains, Eugène de Philippovich [1] distingue la division *sociale* et la division *technique* du travail. La première s'opère dans les limites de la société et elle en crée les groupes professionnels de fonctionnaires, militaires, industriels, etc. La seconde se manifeste dans chaque groupe social et y crée des degrés hiérarchiques.

Mais on se demande quelle hiérarchie la division technique du travail peut bien établir entre les industriels, par exemple. De plus, ce n'est pas seulement la division sociale du travail qui crée des groupes professionnels, mais aussi la division technique ; ainsi, dans le groupe social des industriels, elle créera d'autres groupes

---

[1] *Grundriss der Politischen Oekonomie*, 1893. Depuis lors cette théorie a été sensiblement transformée par son auteur. V. la 3e éd., 1899.

sociaux, ceux d'employés, d'ingénieurs, de contre-maîtres et d'ouvriers, ainsi que les groupes professionnels des charpentiers, mécaniciens, fileurs, armuriers, etc.

L'auteur nous avertit d'ailleurs que ses deux espèces de division
du travail s'entrecroisent. Et en effet, le principe servant de base
à ses distinctions n'est pas unique ; il y en a au moins deux. D'une
part, quand il parle de division sociale, il se préoccupe des *limites*
dans lesquelles peut se faire la division du travail, et quand il
parle de division technique, il se place au point de vue de la *nature
des rapports* existant entre les diverses parties qui se partagent la
production. S'agit-il de la division du travail considérée dans les
limites de la société, ou bien dans d'autres limites, premier principe de distinction ; s'agit-il d'une division avec ou sans hiérarchie,
second principe. Tous deux s'entrecroisent malheureusement dans
le classement de M. de Philippovich.

De plus, il convient de faire des réserves sur le choix de l'expression division *technique* du travail. Pourquoi technique ?
Serait-ce parce que l'auteur avait surtout en vue la division propre
aux entreprises industrielles ? Alors, mieux vaut employer l'expression division *industrielle*.

§ 4. D'après Schoenberg.

Une autre classification faite par M. Schoenberg [1], a le mérite de
se baser sur un principe de division unique. Se plaçant exclusivement au point de vue des limites dans lesquelles se fait la division
de la production, l'auteur distingue d'abord la division du travail
dans les entreprises ou économies particulières, puis dans les limites
nationales, puis enfin dans les limites mondiales. C'est clair et
précis.

Mais si ces trois concepts de division du travail sont rigoureusement définis, les dénominations qui leur sont données ne se justifient pas toutes aussi aisément. Il n'y a rien à redire à l'appellation de division *internationale* du travail, que l'auteur assigne à
celle qui se présente entre nations, dans les limites mondiales ; ce
terme rend bien l'idée qu'il renferme. Mais, pourquoi nommer division technique celle qui s'opère dans les entreprises ou économies

---

[1] *Dictionnaire des sciences politiques* du professeur Conrad, 2ᵉ édit., vᵒ *Arbeit*
§ 6.

particulières ; quel sens peut-on bien attribuer ici au mot « technique » ? En quoi par exemple la division du travail qui se présente
dans la famille ou dans une entreprise commerciale est-elle technique ? Quant au terme « spécialisation professionnelle », par lequel
il entend la division de la production dans les limites nationales, il
ne paraît pas adéquat à la pensée ; en réalité, la spécialisation professionnelle se présente aussi dans les limites d'une seule entreprise
industrielle par exemple, puisque celle-ci embrasse plusieurs professions différentes ; elle se présente même entre nations, les cultivateurs fabricants ou commerçants d'un pays produisant très souvent pour des consommateurs étrangers.

§ 5. D'après Kleinwaechter.

Enfin, le professeur Kleinwaechter nous donne une tout autre
classification [1]. Il distingue premièrement la division temporelle du
travail (*zeitliche*), qui a lieu quand une seule personne divise son
travail en plusieurs opérations, de façon à exécuter ensemble les
actes semblables ; d'où, économie du temps qui serait nécessaire
pour changer de besogne (changement d'outils, de lieu, de vêtements, etc.). Puis secondement, la division personnelle du travail
par laquelle plusieurs personnes se divisent entre elles diverses
occupations ; telle est la séparation des professions et celle des
divers travaux qui, dans une fabrique, sont répartis entre différents ouvriers. Enfin troisièmement, la division topique du travail
(*raeumliche*), qui consiste en ce que les diverses branches de la
production se divisent selon les lieux — pays, partie de pays,
quartier d'une ville, etc.

Cette classification est certes à la fois plus rigoureuse, plus précise et plus complète que les précédentes. Il y aurait cependant
quelques observations à présenter sur les expressions « division
temporelle et division personnelle » du travail. Quant aux critiques
d'un ordre plus général portant sur la notion même de la division
du travail, elles trouveront mieux leur place dans la suite de cette
étude.

Dans l'aperçu que nous venons de donner des diverses notions
de division du travail selon les principaux économistes, on n'aura
point rencontré les opinions de savants éminents tels que Mill et

----

[1] *Manuel d'économie politique* du professeur Schoenberg, 4e édit., p. 199.

Roscher. C'est que le premier n'a fourni aucune idée nouvelle à la théorie, telle que Smith l'avait exposée avant lui; Et l'on peut en dire autant de Roscher qui, comme on le sait, s'est peu préoccupé dans ses écrits des théories statiques, concentrant surtout son attention sur le côté historique et pratique de l'économie politique.

CHAPITRE V

L'ASSOCIATION DU TRAVAIL D'APRÈS LES ÉCONOMISTES

§ 1. *Notion.*

Le fait de la division des opérations de la production et de leur répartition entre les divers facteurs productifs se trouve intimement lié à celui de l'association qui réunit ces mêmes facteurs. Cet ensemble de parties diverses concourant à une production commune, se présentera sous un aspect tout différent selon le mode d'organisation de la division de la production. A telle forme de division, correspondra telle forme d'association. Division et association apparaissent donc comme les deux faces d'une même question ; dans la réalité, il s'agit d'un seul fait, considéré à deux points de vue distincts mais inséparables.

§ 2. *Cette vérité a échappé à Buecher comme à Smith.*

La plupart des économistes en ont eu plus ou moins conscience, ce qui fait dire à Buecher : « Sans doute, la formation du concept d'association du travail et sa longue survivance dans la littérature économique proviennent de cette impression obscure qu'il doit y avoir un principe économique opposé à la division du travail ». — En réalité, il ne s'agit pas d'un principe « opposé » , mais plutôt complémentaire ; et ce n'est pas seulement une obscure impression qui a poussé les économistes à le reconnaître ; ceux-ci ont vu plus clair que M. Buecher ne veut bien l'admettre ; ils ont su poser le doigt sur le point intéressant et essentiel, Wakefield et Mill les premiers.

Buecher, qui ne paraît pas avoir saisi toute la portée de leurs observations, envisage d'une tout autre manière le problème de l'organisation de la production ou association du travail, et il n'aboutit qu'à des concepts historico-empiriques d'*association* qu'il se contente d'aligner purement et simplement à la suite des concepts de *division* du travail, comme si les uns et les autres étaient

considérés d'un point de vue unique, comme si leurs caractères
propres étaient régis par un même principe de distinction. Aussi
les pages qu'il consacre à l'association et à la communauté du travail, quoiqu'elles renferment des aperçus ingénieux et instructifs
au point de vue de l'observation des faits, ne jettent-elles aucune
lumière sur le fait de l'association, envisagé *dans ses rapports
essentiels* avec la division de la production.

Il est vrai que ce point de vue a également échappé à Smith. Il
est même étonnant qu'un génie aussi pénétrant, qui assigna une
aussi grande place à l'étude de la division du travail, n'ait pas
pensé à envisager ce phénomène au point de vue de l'association
des parties entre lesquelles se répartit l'œuvre de la production
divisée. Il est vrai que cette lacune devait être bientôt comblée, au
moins en partie, par Wakefield et par les économistes qui lui succédèrent, J. St. Mill en tête.

§ 3. *La coopération simple et la coopération complexe d'après les Anglais.*

Ce dernier entend bien réparer l'oubli du maître. S'il examine
encore dans ses *Principes of Political Economy* la division du
travail, il ne l'étudie que d'une manière accessoire; à la fin d'un
chapitre principalement consacré à la coopération ou association du
travail *of cooperation or the combination of labour,* ainsi qu'il
intitule le chapitre VIII du livre I[1]. Dans l'énumération des circonstances qui favorisent la production, y écrit-il, nous en avons
laissé une sans l'aborder, qui, à cause de son importance et des
nombreux sujets de discussion qu'elle renferme, demande à être
traitée à part. C'est la coopération, ou l'action combinée des nombres. De ce grand adjuvant de la production, un seul côté, connu
sous le nom de division du travail, a attiré une grande partie de
l'attention des économistes; à très juste titre, d'ailleurs, mais à
l'exclusion d'autres cas et d'autres exemples rentrant aussi dans
l'application de ce vaste principe. M. Wakefield fut, je crois, le
premier à faire remarquer qu'une partie du sujet était prise d'une
façon malheureuse, pour le tout; qu'un principe plus fondamental
gît sous celui de la division du travail et l'englobe.

---

[1] De même M. Gide, dans ses excellents *Principes d'économie politique,* commence
son chapitre consacré à la division du travail par un exposé de la coopération complexe.

La coopération, fait-il observer, est de deux espèces différentes :
d'abord, la coopération qui a lieu lorsque plusieurs personnes
s'aident mutuellement dans la même occupation ; secondement la
coopération qui a lieu lorsque plusieurs personnes s'aident mutuellement dans des occupations différentes. On pourrait les appeler
coopération simple et coopération complexe. Plusieurs hommes qui
s'unissent pour soulever un fardeau, un groupe de marins qui tendent un cordage, ce sont là des cas de coopération simple. Quant
à la coopération complexe, elle se présentera par exemple dans une
usine, où patron et ouvriers de divers métiers unissent leurs différentes aptitudes pour la fabrication d'un même produit, ou bien
dans l'activité des diverses professions coopérant à la vie sociale.

§ 4. *Opinions des autres économistes.*

Voyons ce que peuvent nous apprendre encore à ce sujet les
autres économistes. Marx distingue dans un sens tout à fait particulier deux espèces de coopération. D'abord, la coopération simple
« qui trouve tout préparé son matériel en hommes et en choses ».
Tel le cas de cette forme de manufacture qui se borne à réunir
sous une seule direction les divers métiers qui concourent à une
même production. Mais quand chaque ouvrier en vient à se spécialiser dans une occupation particulière de son art, de façon à mieux
s'adapter au genre de production de la manufacture, il s'agit alors
d'une autre espèce de coopération, différente de la coopération simple. Mais on ne voit pas que cette distinction projette quelque
lumière sur la théorie générale des relations essentielles existant
entre l'association et la division du travail.

Sous ce rapport, le § 64, consacré par Roscher [1] à l'association
du travail (*Arbeitsvereinigung*), est plus explicite. « En tout cas,
dit-il, à la division du travail doit correspondre la réunion du travail ; ce sont, en réalité, les deux faces d'un même concept du
travail social ». Mais, sans approfondir cette proposition, l'auteur
se contente de mentionner en note la distinction si importante
faite par Wakefield entre la coopération simple et la coopération
complexe.

Chez M. de Philippovich, nous rencontrons la notion d'association examinée d'une manière à la fois plus abstraite et plus pré-

[1] *Op. cit.*

cise et présentée comme étroitement liée à celle de division du
travail. « La division du travail, dit-il, consiste dans le fait de
l'exécution séparée de divers travaux dans un but commun. Elle
suppose, comme toute division, une unité du point de vue de laquelle
le travail de l'individu apparaît, non pas comme quelque chose de
renfermé en lui-même, d'existant par lui-même, mais comme une
partie d'un tout plus considérable. Cette unité est donnée soit par
l'ensemble de la société ou par l'une de ses organisations partielles ».

Kleinwaechter, parmi les diverses notions d'association du travail qu'il mentionne, oppose à la division personnelle du travail
(la spécialisation dans des occupations différentes), « cette organisation du travail suivant laquelle les individus, dans l'exécution de
la tâche complète, se partagent entre eux les occupations particulières ». D'autre part, il reproduit l'idée de coopération simple
sous le nom de simple association de travail ou coopération.

En France, M. Gide unit étroitement l'étude de la division du
travail à celle de la coopération.

Somme toute, la théorie des relations existant entre l'association
et la division du travail serait encore à faire presque complètement, s'il fallait s'en tenir à l'enseignement actuel des économistes.

CHAPITRE VI

LA SPÉCIALISATION D'APRÈS LES NATURALISTES

Il est étonnant que les économistes proprement dits, abstraction
faite, par conséquent, des adeptes de la sociologie, n'aient pas
encore essayé d'utiliser les transformations que les naturalistes ont
fait subir à la théorie de la division du travail après l'avoir introduite dans leur science. Il y a lieu de croire, pourtant, que cette
théorie gagnerait beaucoup à s'inspirer des acquisitions de ces
derniers. En cette matière, il existe, en effet, des analogies frap-
pantes entre la vie organique et la vie sociale. La spécialisation
des études économiques a sans doute empêché ces rapprochements. Ceux-ci ont cependant fourni en sociologie des résultats
assez remarquables pour empêcher qu'on les rejette sans un sérieux
examen.

Il est vrai qu'il n'en faudrait pas non plus faire un emploi

abusif, en procédant, par exemple, à des assimilations superficielles ou en tirant des conclusions prématurées, ainsi que l'ont
fait certains sociologues. Mais en agissant avec prudence et discernement, il peut être utile, croyons-nous, de rapprocher les concepts et les lois de l'un et de l'autre domaine et de voir si ceux qui
ont acquis droit de cité dans l'un d'eux ne peuvent pas aussi jeter
quelque lumière sur les faits de l'autre.

Les naturalistes en ont les premiers donné l'exemple en emprun-
tant à l'économie politique certaines de leurs théories. Car ce
serait une erreur de croire que l'économie politique ou la sociologie peuvent seules faire des emprunts utiles aux sciences naturelles; l'inverse est également vrai. L'étude de la division du
travail en peut servir de preuve; les premiers emprunts ont été
faits par les sciences naturelles à l'économie politique; la biologie,
ainsi avancée, fournit à son tour des idées utiles à la sociologie; et
nous pensons que sur la question de la division du travail, l'économie politique pourrait aussi, avec avantage, faire quelques
emprunts, soit à la sociologie, soit directement à la biologie. Elle
ne ferait, d'ailleurs, le plus souvent, que reprendre son bien, augmenté et amélioré par son séjour dans les autres sciences. Mais
elle devrait, bien entendu, ne reprendre ces idées ainsi transformées, qu'après un examen préalable et en les pliant aux exigences
de son domaine particulier.

Dans le phénomène qui nous occupe, ce qui frappa d'abord les
économistes, ce fut la division qu'il entraîne, la « division du travail ». Au contraire, ce qui attira surtout l'attention des naturalistes
lorsque ceux-ci le rencontrèrent à leur tour dans leurs investigations, ce fut l'association des parties concourant, dans leurs fonctions
diverses, à une fin commune. Ils commencèrent donc par emprunter à la vie sociale l'idée d'association. Constatant que certains
végétaux et certains animaux sont formés d'une foule d'êtres
minuscules, cellules vivantes possédant chacune, jusqu'à un certain
point, une structure et une activité propres, ils comparèrent ces
amas de cellules à des sociétés d'hommes; pour en expliquer le
groupement et le fonctionnement, ils ne crurent mieux faire que
d'imaginer que ces cellules se conduisaient comme si elles étaient
des hommes réunis en société. On affirme que dès le XVIIIe siècle,
Buffon et Goethe avaient entrevu cette explication; elle fut reprise
et développée par les naturalistes du siècle suivant, tels que

Milne Edwards, Dugès et Virschow, et aujourd'hui, elle paraît avoir définitivement acquis droit de cité dans la biologie.

Non seulement les naturalistes puisèrent au fonds commun des idées courantes sur l'homme, l'idée d'association, mais ils empruntèrent directement à une science particulière, à l'économie politique, celle de la division du travail. Haeckel, cherchant à expliquer le développement de l'organisme, lui emprunta « l'image fondamentale » de la division sociale du travail, qu'il appelait « le ressort le plus important de l'évolution progressive », de même que d'ailleurs Darwin emprunta à Malthus sa conception de la sélection [1].

Les biologistes, une fois maîtres des notions d'association et de division du travail, qu'ils eurent le bon esprit de ne pas séparer l'une de l'autre, exploitèrent aussitôt l'importante distinction établie par Wakefield entre la coopération complexe et la coopération simple. Ils trouvèrent que celle-ci caractérise les animaux rudimentaires, simples agrégats de cellules homogènes exécutant toutes les mêmes fonctions ; de telle sorte qu'une partie quelconque d'entre elles est capable de subsister seule, sans le secours du reste de l'agrégat et sans compromettre l'existence de ce dernier.

Au contraire, l'autre forme de coopération, ou coopération complexe, ne se présente que chez les êtres perfectionnés, les *organismes* au sens strict du mot. Les diverses parties de l'organisme ont des structures différentes et des fonctions spéciales, la différenciation des organes et la spécialisation des fonctions caractérisant le passage de la forme rudimentaire à la forme perfectionnée.

L'organisme, par la coopération complexe qui unit ses diverses parties, présente un ensemble *complexe* d'organes et de fonctions, ce qui n'était point le cas pour l'animal rudimentaire, simple agrégat de cellules homogènes à coopération simple. Et comme cet ensemble complexe d'organes et de fonctions doit concourir à un but commun, entretenir la vie, la *coordination* s'impose entre elles, ainsi que la *subordination* à certains organes qui dirigent l'ensemble. L'organisme apparaît aussi comme un tout indivisible de parties complémentaires, aucune d'elles ne pouvant subsister seule, toutes se trouvant vis-à-vis l'une de l'autre et par rapport à l'ensemble, dans une condition d'*interdépendance* et de *solidarité*. Enfin, on peut de plus affirmer que la vie de l'ensemble ne dépend pas, au

[1] Schaeffle, *Bau und Leben des sozialen Koerpers*, vol. II, 1878, p. 46.

même degré, de tous les organes ; elle dépend surtout de ceux qui
occupent un rang élevé dans la hiérarchie, et des autres, à un
moindre degré : tandis que la perte d'une main n'entraîne pas la
mort de l'organisme, une lésion grave du cerveau ou du cœur lui
est fatale : l'utilité des organes et des fonctions est donc proportionnelle au grade qu'ils occupent dans la hiérarchie.

On peut résumer ainsi les caractères de l'ensemble à coopération
complexe ou *organisme :* spécialisation des fonctions et différenciation des organes, complexité, hiérarchisation ou subordination
à un but commun, interdépendance et solidarité, enfin, utilité proportionnelle au degré hiérarchique.

Voilà notre ancienne notion économique d'association et de division du travail singulièrement transformée et développée. Pourquoi
ne l'appliquerait-on pas sous cette forme nouvelle aux phénomènes
de la vie sociale ?.

CHAPITRE VII

LA SPÉCIALISATION SELON LES SOCIOLOGUES

L'entreprise fut tentée, sinon par les économistes, en tout cas
par les sociologues. Ceux-ci allèrent même beaucoup plus loin, en
assimilant la société à un organisme d'une nature particulière ou
superorganisme ; et ils le firent en parlant d'un point de vue dont
nous ne nous ne préoccuperons pas ici, du point de vue dynamique
ou évolutif. Tel est le trait commun aux doctrines de Spencer en
Angleterre, Schaeffle en Autriche et de Greef en Belgique, des
adeptes pour la plupart de cette science nouvelle, la sociologie, dont
A. Comte avait entrevu la constitution comme le couronnement des
sciences biologiques.

Nous n'avons pas à nous étendre ici sur cette théorie de la
société, dite théorie *organique* ou *organiciste,* d'autant moins que
son utilité est encore discutée par les sociologues eux-mêmes.
D'aucuns lui reprochent d'avoir donné lieu à de graves abus ou
même d'avoir été funeste aux progrès de la science sociale. Novicow, l'un des défenseurs convaincus de ce système, reconnaît que
« les organicistes ont établi beaucoup d'analogies superficielles,
puériles et même complètement fausses »[1]. Les adversaires de

[1] J. Novicow, La théorie organique des sociétés, *Annales de l'institut international
de sociologie.* Paris, 1899, vol. V.

l'organicisme ne se sont pas fait faute de relever les erreurs de cette espèce, attaques auxquelles les partisans répondent « qu'on attribue souvent aux organicistes des analogies que ceux-ci n'ont jamais faites, ou qu'ils ont même parfois repoussées de toutes leurs forces ». Les controverses les plus vives surgissent sur des questions de terminologie se rapportant même aux faits les plus essentiels ; ainsi les organicistes ne sont pas encore parvenus à se mettre d'accord sur ce qu'il convient d'entendre par organisme.

Les organicistes, avons-nous dit, se sont placés à un point de vue tout particulier. Avant tout, ils se sont préoccupés d'expliquer l'histoire, l'évolution des formes sociales, en posant au préalable cette hypothèse, que « l'évolution des groupes humains appelés sociétés, suit, dans ses grandes lignes, les mêmes phases que l'évolution des groupes de cellules appelés individus » [1]. Mais ils se sont bornés à comparer le développement social à celui des organismes vivants (ontogénèse), et non pas à celui des sociétés animales (philogénèse), eu égard aux difficultés qu'il y a d'observer la naissance de ces dernières, leur développement et leur mort, ainsi que Schaeffle le faisait déjà remarquer dans son *Bau und Leben*. Des sociétés animales qui présentent pourtant une remarquable division du travail, comme celles des fourmis, des abeilles ou des castors, se trouvèrent ainsi écartées du domaine de leurs recherches, encore qu'elles nous offrent, au point de vue statique, des exemples extrêmement curieux d'association et de division du travail.

Les sociologues organicistes, tout en essayant d'éclairer la science sociale par les sciences biologiques, n'ont cependant pu s'empêcher de reconnaître qu'il existe entre l'organisme social et l'organisme animal des différences importantes, telles que le défaut de continuité de l'organisme social, et le défaut ou le moindre degré de conscience et de spontanéité de l'organisme vivant. Cependant, il faut aussi reconnaître avec eux qu'il y a des ressemblances incontestables entre les phénomènes des deux ordres. Or, parmi ces ressemblances, la plus importante et la mieux caractérisée réside précisément dans les phénomènes de groupement et d'association, d'une part la coopération simple, d'autre part la coopération complexe, avec la spécialisation et les autres phénomènes qui l'accompagnent.

[1] *Ibid.*

Sans insister ici sur la coopération simple, fait peu compliqué,
où l'analogie saute aux yeux et dont les applications et les conséquences économico-sociales offrent relativement peu d'intérêt,
arrêtons-nous à la coopération complexe, à la spécialisation.

Dans la formule du progrès selon Spencer, l'idée de la spécialisation joue un rôle essentiel. D'après lui, le progrès est « une intégration toujours plus grande de l'ensemble, accompagnée d'une
intégration, d'une différenciation et d'une dépendance mutuelle
toujours plus grande des parties, aussi bien que des fonctions et
d'une tendance à l'équilibre des fonctions des parties intégrées »[1].
Et quant à la subordination, « les hommes, écrit-il, ne peuvent
s'élever à l'état d'agrégat social, qu'à la condition de créer entre
eux des inégalités quant à l'autorité, et l'action d'une organisation
qui rend l'obéissance obligatoire, peut seule les faire concourir, en
qualité de tout, à une action commune »[2].

Cependant, Spencer n'a pas su tirer du rapprochement des faits
de spécialisation et de coopération tels qu'ils se présentent respectivement dans la nature et dans la société, tout le parti possible.
Arrivé à l'étude des *Institutions professionnelles et industrielles,*
il n'a pas su se dégager suffisamment des notions et de la terminologie des économistes, alors que, au moyen de la conception de la
spécialisation que lui fournissait la biologie, il aurait pu renouveler la théorie économico-sociale de la division du travail.

Toutefois, il a apporté à celle-ci quelques contributions utiles.
Ainsi, il oppose à la division sociale du travail la division « individuelle » restée inaperçue avant lui. Il constate qu'une seule personne peut diviser son propre travail de façon à le rendre plus
productif, et il démontre cette affirmation au moyen d'un exemple
décisif[3]. De plus, il distingue une division « topique » du travail,
ou selon les lieux. Telle peuplade établie sur des territoires giboyeux
s'adonnera à la chasse, telle autre habitant les bords de la mer
s'occupera de pêche, telle autre d'agriculture, d'extraction minière, etc. Autant de spécialités dues à la diversité des lieux. A
cette notion, il oppose celle qu'il appelle la division « locale », c'est-
à-dire celle qui s'opère dans les limites d'un endroit déterminé.

---

[1] Spencer, *Premiers principes de sociologie,* introd., p. 54.
[2] Spencer, *Introduction à la science sociale,* p. 64.
[3] Spencer, *Institutions professionnelles et industrielles,* Paris, 1896. Voir aussi
infra, chapitre X, § 1, A, d.

Enfin, il s'arrête aussi à cette division du travail qu'on rencontre dans les manufactures [1] et qui attira surtout l'attention de A. Smith.

En ce qui concerne la coopération, Spencer distingue : 1° la coopération consciente ou militante, « où le commandant en chef, les officiers et les simples soldats qui forment une armée agissent consciemment de concert pour atteindre un but définitif » ; et 2° la coopération inconsciente ou industrielle, où « les hommes engagés dans les offices de tout genre, poursuivant séparément un but particulier, agissent ensemble pour remplir un but public auquel ils ne pensent pas ». Cependant, la coopération consciente se présente aussi dans les affaires ; « de nos jours, il a surgi divers modes de travail en commun, dans un but industriel, accompagnés de la conscience d'atteindre une même fin » [2]. En réalité, la coopération consciente est plus ancienne dans l'industrie que Spencer ne paraît le penser, car on la rencontre dans tout atelier réunissant plusieurs ouvriers, c'est-à-dire dans des conditions qui se présentaient déjà dans l'antiquité.

En somme, on ne rencontre dans les écrits que le philosophe anglais a consacrés particulièrement à l'examen des faits économiques, ni définitions exactes, ni classifications rigoureuses; aussi bien au sujet de la division du travail qu'en ce qui concerne la coopération. Il n'a guère insisté sur la relation étroite qui unit les idées de division et d'association du travail, et l'on ne peut que regretter qu'il n'ait pas suffisamment fait profiter de ses acquisitions antérieures la théorie économique de la division du travail.

Lindner, un penseur autrichien contemporain de Schaefle, se basant surtout sur l'examen des faits psychiques, appliqua aussi à la vie sociale l'idée de la spécialisation. Selon lui, l'état social se caractérise par deux principes : 1° l'individuation dite division du travail en économie politique, c'est-à-dire la spécialisation, et 2° la combinaison (*Combination*) qui fait que, dans l'intérêt de tous, les individus à spécialisation différente s'attirent. Et Lindner a soin de faire observer que l'individuation et la combinaison marchent de pair et augmentent parallèlement [3].

Selon Schaefle, le développement de l'organisme « est tout comme celui du corps social, une différenciation progressive d'éléments

---

[1] *Op. cit.*, § 73 à 75.
[2] *Ibid.*, § 170.
[3] G. A. Lindner, *Ideen zur Psychologie der Gesellschaft*, Vienne, 1871, liv. I, § 1.

homologues, unie à une solidarité et à une communauté toujours
croissante des parties » [1]. Déjà dans son Manuel d'économie politique publié quelques années auparavant, il s'était écarté de la
notion de division du travail courante chez les économistes : « Le
langage scientifique, écrivait-il, emploie l'expression division du
travail la plupart du temps sans le savoir, dans le sens large de coordination (*Gliederung*) du système social de production, tant de la
fortune nationale, que du travail envisagé dans une entreprise particulière » [2]. Et il disait à la page suivante : « La coordination sociale
du travail et de la fortune ne peut pas se borner à une division,
mais plus s'étend la division, plus il faut accorder d'attention à
l'association la plus efficace (dans un rapport quantitatif convenable)
des éléments réunis dans le même groupe et à la direction unitaire
des fonctions partielles dépendant les unes des autres. Association
et division du travail sont deux modes phénoménaux différents d'un
même et unique fait économique ».

On voit quel parti les sociologues ont su tirer de l'idée de spécialisation qui n'est autre pourtant que celle de division du travail,
empruntée d'abord à l'économie politique par les naturalistes et
transformée par eux.

De tout ce qui précède, il résulte que la théorie de la division du
travail, telle qu'elle existe en économie politique, prête le flanc à
bien des critiques : les faits n'y sont ni délimités, ni classés d'une
manière rigoureuse, leurs caractères ne sont point fixés avec précision, et la façon dont on explique leurs relations causales ne laisse
pas non plus l'esprit satisfait. Certains auteurs n'ont vu dans le phénomène qu'une *division* du travail et ceux qui ont aussi porté leur
attention sur l'idée d'*association* de travail, ne sont point parvenus
à établir clairement les rapports essentiels existant entre cès deux
faces opposées de la question. Pressentant que le phénomène important étudié jusqu'à présent sous le nom de division du travail est
moins celui de la division que celui de la spécialisation, les biologistes et à leur suite les sociologues se sont définitivement arrêtés
à cette dernière conception. L'idée de la division du travail, empruntée par les biologistes à l'économie politique et transformée en

[1] *Bau und Leben*, vol. II, p. 34,
[2] *Das gesellschaftliche System*, vol. II, 1873.

celle de spécialisation, fut ainsi reprise par les sociologues. Il importe, pensons-nous, que les économistes la reprennent à leur tour, développée et perfectionnée par ce cycle de gestation dans les autres sciences et essayent de l'appliquer aux faits de leur domaine : elle peut y apporter, enrichie par ces transformations successives, des lumières nouvelles.

CHAPITRE VIII

LA DIVISION DU TRAVAIL CONCERNE EN RÉALITÉ TOUTE LA PRODUCTION

Il convient donc de procéder à une révision complète du concept même de division du travail et de lui substituer celui de spécialisation de la production, l'idée de spécialisation remplaçant celle de division, et la notion de production, celle de travail.

L'idée comprise par les mots « division du travail » n'est pas neuve, puisqu'on peut la faire remonter aux philosophes de l'antiquité ; mais ce fut A. Smith qui, le premier, lui donna cette dénomination qui lui est restée dans la science économique, et qui lui sied si mal à notre avis. Qu'A. Smith l'ait préférée à toute autre, on le conçoit aisément : il ne faisait que se conformer ainsi à sa propre conception de la valeur et de la production. On n'ignore pas en effet que le grand économiste, réagissant contre l'enseignement des physiocrates, qui assignaient à la nature un rôle prépondérant dans la production, admit au contraire le travail comme le facteur principal, et qu'il le considéra, bien avant Marx, comme le fondement de la valeur. A ses yeux, l'idée de production se confondait donc en quelque sorte avec celle de travail ; dire division du travail n'était donc pour lui qu'une manière précise de désigner la division de la production. — Mais les raisons qui guidèrent Smith dans le choix de cette expression ont-elles subsisté dans la science économique ? Tous les économistes qui ont après lui parlé de la division du travail, se sont-ils ralliés en même temps à sa théorie de la production et de la valeur, admise par eux comme définitivement démontrée et incontestable ? — Nullement ! Dès lors, pourquoi représenter l'idée de production par celle de travail et trancher ainsi à notre insu la question de la nature essentielle de la production et du fondement de la valeur ? Puisqu'il s'agit bien en réalité de division de la production, on ne voit aucune raison de parler de division du travail [1].

Constatation surprenante! De tous les économistes postérieurs à Smith, y compris même ceux qui ne l'ont pas suivi dans sa théorie de la valeur et de la production, aucun n'a pensé à rejeter cette expression inexacte. C'est à peine si l'un ou l'autre s'est permis en passant de formuler quelques réserves sur la propriété de ce terme ; Schæfle par exemple, qui s'arrête un instant déconcerté devant cette expression malheureuse, et constaté qu'on l'emploie la plupart du temps dans un sens tout autre que celui qu'on serait tenté de lui donner à première vue.

Expression malheureuse, c'est bien ainsi qu'il faut la qualifier, car elle a engendré des erreurs. Ainsi Roscher, ne s'apercevant pas qu'il faut entendre travail dans le sens de production, et prenant ce mot dans son acception étroite de travail humain (ainsi qu'on devrait toujours le faire d'ailleurs [2]), en arrive à cette conclusion erronée, que cet effet se fera surtout sentir dans les cas où le travail l'emportera comme facteur de la production [3]: Il essaye de démontrer cette affirmation en comparant l'industrie à l'agriculture : selon lui, si les progrès redevables à la division du travail se présentent plus rarement dans la seconde que dans la première, c'est parce que le travail y joue, comme facteur de la production, un rôle beaucoup plus effacé. — Mais qui ne voit que c'est précisément dans les occupations où l'intervention du travail est la plus réduite, qu'on rencontre la division et la spécialisation poussées à leurs limites les plus étendues ! Ce sont en réalité les machines, le facteur capital par conséquent et non le travail, qui permettent la division de la production si extraordinairement développée de la grande industrie, et en même temps les grands progrès qu'on y constate dans la productivité. Spécialisera-t-on jamais les hommes comme les machines? — Non, sans doute, fort heureusement!

Ce n'est pas seulement la spécialisation [4] du *travail*, qu'on rencontre dans l'industrie, mais aussi la spécialisation mécanique,

---

[1] De même, il importe de ne pas confondre la productivité du travail avec la productivité personnelle de l'ouvrier. V. notre étude *La productivité du travail et les salaires*. Paris, Larose, 1899.

[2] V. la note précédente.

[3] *Op. cit.*, § 59.

[4] On verra dans le chapitre suivant pourquoi nous adoptons le terme *spécialisation*, qu'on peut en attendant considérer comme l'équivalent de *division*.

parfois même à un plus haut degré que la première, dans la grande industrie de fabrique par exemple.

Sans doute, le passage de la petite industrie de métier à la grande industrie *manufacturière* s'accompagne d'une remarquable spécialisation du *travail*, au sens étroit. Un ouvrier n'y exécute plus qu'une seule des opérations innombrables qui, auparavant, incombaient toutes au même artisan. C'est ce qui a surtout frappé les économistes dès le xviiie siècle. Mais en même temps s'opérait aussi une spécialisation des instruments de travail. Dès qu'on en vint à ne plus employer qu'à une seule opération tel outil, qui jadis servait à plusieurs, on s'aperçut qu'il y avait avantage à lui faire subir certaines transformations, afin de mieux l'approprier à l'usage particulier qui lui était assigné. Les instruments du même genre perdirent ainsi leur forme commune ; ils se subdivisèrent de plus en plus en espèces différentes, dont chacune reçut une forme fixe adaptée à un seul usage. « Cette différenciation et cette spécialisation des instruments de travail caractérisent la manufacture. A Birmingham, on produit environ 500 variétés de marteaux, dont chacune ne sert qu'à un seul *processus* particulier de production et un grand nombre de ces variétés ne sert qu'à des opérations diverses du même *processus* [1]. »

Quant à la grande industrie *mécanique*, elle se distingue moins par la spécialisation du travail que par celle des machines. Un outillage perfectionné rend inutile la spécialisation manuelle des aptitudes, tellement difficile et lente à acquérir, qu'au moyen-âge elle réclamait de longues années d'apprentissage ; c'est la machine, la machine-outil, qui, au lieu de l'ouvrier, exécute aujourd'hui directement l'acte matériel de la production, la machine qui, spécialisée à un degré que l'homme ne pourrait jamais atteindre, s'acquitte de sa tâche avec une précision et une régularité inaccessibles à l'artisan le plus habile. Les aptitudes manuelles spéciales devenues inutiles disparaissent ici, faisant place à des qualités générales d'instruction, d'intelligence et d'attention, qui peuvent convenir à la direction de machines diverses. De nos jours, les métiers, les tondeuses et les laineuses mécaniques fournissent, avec une rapidité extraordinaire, des draps d'une régularité d'exécution et d'un fini de beaucoup supérieurs à ceux qu'on pouvait obtenir à

[1] Marx, *Capital*, vol. I, chap. XIV.

. la main, et cependant le nouveau procédé exige beaucoup moins d'habileté manuelle spéciale et de force musculaire.

Bien plus! Il arrive souvent qu'une spécialisation de l'outillage se produit sans qu'aucune spécialisation du travail l'accompagne. Ainsi, le même tisserand dirigera indifféremment un métier large et un métier étroit, ou même tous les deux à la fois, et pourtant chacune de ces machines possède une structure propre, adaptée à des fabrications différentes.

Parfois même une spécialisation importante s'opère dans l'outillage sans entraîner seulement une augmentation sensible de la tâche de l'ouvrier. Par exemple, lorsqu'on ajoute à la machine dont l'ouvrier avait déjà la direction, la surveillance d'une seconde machine plus perfectionnée placée dans son voisinage et qui, une fois pourvue de sa matière première, la transformera seule sans requérir aucun soin particulier, telle la fraiseuse automatique américaine.

Ainsi donc, si la spécialisation du travail paraît avoir joué le plus grand rôle dans l'industrie manufacturière, il n'en est plus de même aujourd'hui dans l'industrie mécanique. Ici, la spécialisation du travail diminue, et c'est la machine, le capital par conséquent, qui s'y trouve surtout spécialisé.

Enfin, il arrive aussi que ce n'est ni le capital ni le travail qui offre la spécialisation la plus prononcée, mais bien la nature, comme dans l'agriculture, l'élevage, la pêche ou les mines. A la rigueur, la nature ne se spécialise pas, économiquement parlant, à moins d'envisager des périodes extrêmement longues, et en tout cas, on ne la spécialise pas sans y faire intervenir le travail ou le capital; mais elle se présente à nous dans des conditions données de spécialité [1] qui s'imposent, dont il faut nécessairement tenir compte et qui exercent une influence considérable sur la production et la richesse des peuples.

On voit clairement, par ce qui précède, que les termes usuels de division du travail contiennent en réalité bien autre chose que ce qu'ils disent. Ce n'est pas seulement la division du *travail* qu'ils désignent, mais la spécialisation de la *production,* quel qu'en soit le facteur.

---

[1] Comme nous n'avons pas à nous préoccuper ici des lois d'évolution, nous nous sommes abstenu en général de dégager ce sens étroit du terme *spécialisation*. Mais ici il s'agissait de mettre en évidence le point de vue statique; d'où, notre choix du mot *spécialité*.

CHAPITRE IX

C'EST LA SPÉCIALISATION ET NON LA DIVISION QUI EST ESSENTIELLE

Essayons maintenant de démontrer que ce n'est pas l'idée de division qui est essentielle, mais bien celle de spécialisation, au moins dans les cas de coopération complexe, c'est-à-dire les plus nombreux et les plus importants.

« Les plus grands progrès de la productivité semblent avoir été engendrés par la division du travail », déclarait Smith au commencement de son fameux ouvrage sur la richesse des nations. C'est bien là, en effet, l'un des côtés les plus intéressants, non pas à la vérité de la *division*, mais de la *spécialisation* de la production. L'augmentation de productivité apparaît comme sa conséquence la plus importante, comme son effet le plus certain, au point qu'on peut la considérer comme l'un des caractères essentiels de toute spécialisation convenablement organisée. Aussi est-il compréhensible que la plupart des économistes se soient longuement arrêtés à l'étude de la division du travail.

Mais c'est bien moins la division que la spécialisation, qui présente cette vertu précieuse, quoi qu'en aient dit les économistes en versant dans une erreur devenue pour ainsi dire classique. A. Smith, lui-même, n'échappe pas à ce reproche : insuffisamment maître de la notion de spécialisation de la production, qu'il appelait division du travail, mais comprenant cependant très bien l'influence qu'elle peut exercer sur la production, il lui arriva d'attribuer cette propriété à la division dans des cas où, manifestement, la spécialisation seule était en jeu.

Ainsi, après avoir comparé entre eux un forgeron ordinaire, un forgeron qui fait des clous d'une manière non exclusive, et un troisième qui ne fait que des clous, il constate que la production de ce dernier est de beaucoup la plus considérable. Or, c'est là d'après Smith un exemple d'augmentation de productivité due à la *division* du travail. Et pourtant ici rien ne se divise : en quoi le travail d'un forgeron ne faisant que des clous est-il plus divisé que celui du forgeron ordinaire exécutant toute espèce d'objet? N'est-ce pas plutôt l'activité de ce dernier, qui est la plus divisée, puisque, au contraire du forgeron de clous, il doit exécuter les besognes les

plus diverses [1]? Ce n'est donc pas la division qui rend l'occupation
du forgeur de clous plus productive que celle du forgeur ordinaire.
Qu'est-ce alors? C'est la *spécialisation* de son travail, le fait d'avoir
limité ses occupations à une fabrication particulière, celle des clous,
de s'y être adapté, d'avoir acquis par là, dans cette besogne spéciale, une dextérité plus grande.

Smith reconnaît à la vérité que la division du travail peut accroître la productivité, grâce à la dextérité qu'acquiert un ouvrier qui
exécute toujours la même besogne. Seulement, il ne considère cette
augmentation de dextérité que comme une circonstance de la *division* du travail, qui cependant, ainsi qu'on l'a vu, est ici tout à
fait hors de cause. L'exemple du forgeron démontre bel et bien
qu'un accroissement de productivité peut résulter de la spécialisation seule, sans qu'aucune division intervienne.

On peut même affirmer que la division est incapable à elle seule
d'exercer la moindre influence salutaire sur la production. On ne
voit effectivement aucun cas où elle pourrait entraîner cette conséquence. La journée d'un sauvage renferme certainement un nombre considérable d'occupations nécessairement séparées les unes des
autres, c'est-à-dire divisées : successivement il pêche, chasse,
répare ses filets, sa barque, son arc, etc., et chacune de ces opérations se subdivise à son tour en une multitude d'actes distincts. Et
pourtant, quelle faible productivité ! Celle-ci, précisément, ne pourra
faire de progrès que le jour où la division de son travail diminuera :
lorsque sa journée ne sera plus divisée en un nombre aussi considérable d'occupations, lorsqu'il se sera *spécialisé,* par exemple, dans la
confection des arcs et des flèches, alors seulement son travail deviendra plus productif.

Tout homme obligé d'exécuter seul diverses opérations, doit bien
les diviser, à moins de les faire toutes ensemble, hypothèse
absurde ! Or, ces conditions de travail sont précisément les moins
favorables au point de vue productif. Mais veut-on s'arranger de
manière à expédier sa besogne le plus rapidement possible, c'est-
à-dire de la façon la plus productive, on se gardera bien de la
diviser davantage, mais, au contraire, on groupera les opérations
identiques qu'elle comporte et on les exécutera à la suite; en
d'autres termes, on se spécialisera successivement dans chaque
espèce d'opération différente.

[1] Cfr. Buecher, p. 282.

Voici un employé qui doit écrire et expédier vingt lettres d'affaires identiques à vingt personnes différentes. Composition du texte, écriture, pliage des·lettres, mise sous enveloppe, inscription des adresses et collage des timbres, autant d'actes divers qu'il lui faudra bien exécuter séparément, de quelque manière qu'il s'y prenne. Mais s'il veut opérer de la façon la plus productive, il exécutera l'un après l'autre tous les actes de même espèce : après avoir composé le texte, il se placera devant sa machine à écrire, et, le brouillon sous les yeux, il écrira ses vingt lettres d'une seule traite. Ici apparaissent les avantages de la spécialisation : débarrassé du souci de la composition, il n'aura plus qu'à porter son attention sur une reproduction fidèle du texte; à mesure que les copies se succèderont, il devra de moins en moins consulter l'original, dont la teneur s'imprimera de plus en plus dans sa mémoire; les groupes de lettres entrant dans la formation des mots identiques se présenteront de plus en plus aisément sous ses doigts; la surveillance de la machine se fera plus facilement; de plus, il ne devra point se déplacer après chaque copie comme il aurait dû le faire s'il avait voulu mettre sous enveloppe et adresser chaque lettre immédiatement après l'avoir écrite; autant de circonstances se résolvant en une économie de temps, en un accroissement de productivité [1]. Des faits analogues de spécialisation se présentant dans les autres opérations, il se trouvera que l'employé aura ainsi organisé son travail de la façon la plus productive, sans l'avoir pourtant divisé en aucune manière.

Comme on peut le voir, ce n'est point la division, mais la spécialisation qui accroît la productivité.

Cependant, il est des cas où la spécialisation ne joue aucun rôle et où, à première vue, on serait tenté d'attribuer à la division l'augmentation de productivité qui se manifeste : tel est celui de la coopération simple. Des portefaix unissent leurs efforts pour soulever un lourd fardeau, des matelots pour tendre un câble, des passants font la chaîne pour alimenter le réservoir d'une pompe à incendie, des briquetiers pour mettre leurs briques en tas. Ici, point de spécialisation, et pourtant ces groupes fournissent des tâches auxquelles ils ne pourraient suffire sans une certaine organisation. Mais y a-t-il division? En quoi le travail de cinq porte-

---

[1] Cpr. l'exemple de Spencer, *infra*, X, 1, A, d.

faix qui soulèvent un fardeau en unissant leurs efforts est-il plus
divisé que si chacun d'eux venait s'y essayer sans succès l'un
après l'autre? En quoi le travail des passants faisant la chaîne est-
il plus divisé que si chacun allait au puits remplir son seau pour
venir ensuite le verser dans le réservoir de la pompe? Plus
divisé? Au contraire, il l'est moins que si chacun agissait de son
côté sans se préoccuper des autres. Ce qui favorise la productivité
dans tous ces cas de coopération simple, c'est précisément l'absence de division : on s'y trouve en présence de tâches qui,
dépassant les forces d'un seul, ne peuvent pas être divisées, qu'on
ne peut exécuter qu'en une fois, par un seul effort, ou, ce qui
revient au même, par la réunion et le concours de plusieurs forces,
c'est-à-dire tout le contraire de la division! Vraiment, l'on ne
pourrait employer ici de dénomination plus impropre que celle de
division du travail!

En résumé, en aucun cas la *division* du travail ne favorise la
production ; elle ne constitue pas le fait essentiel. Le phénomène
généralement étudié sous cette dénomination est en réalité celui de
la spécialisation sauf, bien entendu, dans les cas exceptionnels et
sans importance de coopération simple qui, ne présentant pas de
spécialisation, offrent d'ailleurs encore moins de division.

Il est une autre raison de se prononcer en faveur du concept de
spécialisation et d'y faire rentrer les faits groupés tant bien que
mal sous l'étiquette trompeuse de division du travail. L'étude de ce
phénomène ne nous intéresse pas seulement par l'influence qu'il
exerce sur la productivité, mais aussi par la condition d'interdépendance, de solidarité où il place les divers facteurs productifs
vis-à-vis l'un de l'autre. Ferguson entrevoyait déjà cette conséquence, lorsqu'il parlait de la « subordination qui suit le partage
des arts et des professions ». Mais elle échappa complètement à
Smith. On ne voit point, d'ailleurs, comment son concept de division du travail aurait pu l'y conduire. Au contraire, le seul examen
de la notion de spécialisation permet de constater et de comprendre
comment celle-ci doit nécessairement engendrer dans la réalité cet
état d'interdépendance, de solidarité, auquel on vient de faire allusion.

CHAPITRE X

LA COOPÉRATION SIMPLE ET LA COOPÉRATION COMPLEXE

§ 1. *La coopération simple.*

La coopération simple consiste, selon nous, dans le concours quantitatif de plusieurs facteurs, pour l'accomplissement d'un acte productif dépassant les forces d'un seul et qui, par conséquent, ne peut se diviser en plusieurs opérations qui seraient exécutées séparément. Développons les divers termes de cette définition.

Il s'agit d'un acte « dépassant les forces d'un seul » ; par exemple lorsque des hommes unissent leurs efforts pour soulever un lourd fardeau, pour tendre un câble, pousser une barque à l'eau, ou écarter un rocher qui barre la route.

« Dépassant les forces d'un seul et ne pouvant se diviser en opérations exécutables séparément » doit s'entendre naturellement de l'opération prise telle qu'elle est. A la vérité, il se pourrait qu'en l'exécutant d'une autre manière, on parvint à l'accomplir sans coopération simple ; par exemple, si l'ouvrier se servait d'un cric pour soulever son fardeau ; alors, il n'y aurait plus coopération simple, mais complexe, c'est-à-dire le concours de facteurs productifs différents, hétérogènes. Mais aussi, il s'agirait d'une autre opération. De même, les passants, au lieu de faire la chaîne pour alimenter le réservoir de la pompe, pourraient, en se munissant chacun d'un seau et en faisant la navette entre le puits et la pompe, exécuter l'opération d'une manière divisée, sans coopération ; mais, encore une fois, l'opération ne serait plus la même ; dans le premier cas, elle consistait dans le simple mouvement des bras et du tronc ; or le transport des seaux par ce seul mouvement n'est possible que par une file d'hommes couvrant toute la distance qui se trouve entre le puits et la pompe ; ajoutons qu'en procédant ainsi, séparément, on ne pourrait pas fournir dans le même temps la même besogne, condition essentielle dans notre cas, puisqu'il s'agit d'accumuler en peu d'instants de grandes quantités d'eau.

La coopération consiste dans le concours de plusieurs « facteurs productifs », et non pas uniquement dans celui de plusieurs hommes. Elle peut en effet réunir des facteurs productifs autres que le travail : tel est le cas de plusieurs locomotives traînant un lourd convoi sur une pente, alors que, séparément, aucune d'elles ne parviendrait à l'ébranler. De même, on voit dans des cas très nombreux et très importants des groupes de petits capitaux permettre la réalisation d'entreprises qu'on tenterait en vain si on les y engageait séparément, telles que la construction de ponts ou de hauts fourneaux, le creusement de canaux, ou l'organisation des services publics.

Puisque l'opération dépasse les forces d'un seul, « elle ne peut se diviser ». Il convient de remarquer cette particularité de la coopération simple, dont on a cependant jusqu'à présent rattaché l'étude à celle de la « *division* du travail ». Il était vraiment bizarre d'admettre au nombre des cas où se faisaient sentir les heureux effets de la « division du travail » ceux-là même où le plus haut degré de productivité s'obtient en respectant l'indivisibilité de la tâche !

La coopération exige le « concours » des divers facteurs. Plusieurs hommes travaillant ensemble ne coopèrent pas nécessairement. Ainsi l'on rencontre dans certaines formes de *sweating system* des groupes d'ouvriers indépendants réunis dans le même atelier, par cette seule circonstance qu'ils y ont loué leur place au locataire principal ; il n'y a cependant entre eux aucune coopération [1].

Il en est de même des membres de la tribu sauvage, qui se réunissent pour aller à la pêche afin de ne pas se trouver seuls. Tel, aussi le cas des anciennes fileuses à la main du comté d'York, qui s'assemblaient en plein air avec leurs rouets, uniquement pour avoir le plaisir de bavarder en travaillant. Pour qu'il y ait coopération, il faut de plus que les divers facteurs groupés concourent tous à l'exécution d'une tâche commune. Ceci est vrai de toute espèce de coopération, qu'elle soit simple ou complexe. Bref, le concours est un élément essentiel de toute coopération. La dénomination de coopération, qui en évoque de suite l'idée à l'esprit, se justifie donc très bien.

Mais la coopération simple ne consiste que dans un « concours quantitatif », et non qualitatif, de forces identiques ; c'est un simple agrégat de facteurs homogènes interchangeables. Elle exclut toute idée de spécialisation. En cela, elle se distingue essentiellement de la coopération complexe.

---

[1] A Vienne, notamment, d'après Schwiedland. V. notre compte rendu dans la *Revue d'économie politique*, 1898, p. 1005.

Le concours constitue donc le caractère le plus important de la coopération simple. Car c'est par lui uniquement que la productivité se trouve ici favorisée et non point par une « division », quelconque. La nécessité où se trouvent les divers facteurs productifs de concourir à une tâche commune est la seule circonstance qui puisse les obliger à se lier l'un à l'autre et exiger entre eux une certaine harmonie, une certaine organisation, quoique très rudimentaire, très simple, ainsi que l'indique parfaitement la qualification de *simple* appliquée à ce genre de coopération.

La coopération simple ne présente pas beaucoup d'intérêt. Le fait est fort « simple » en lui-même, ses caractères sont peu remarquables, ses conséquences peu importantes. Il n'entraîne guère de progrès dans la production. Il en est tout autrement de la seconde forme de coopération, ou coopération complexe, à cause précisément de la spécialisation qui l'accompagne.

§ 2. *La spécialisation et la coopération complexe.*

On a vu que Wakefield définissait la coopération complexe, celle « qui a lieu lorsque plusieurs personnes s'aident mutuellement dans des occupations différentes ». En effet, ce qui la distingue nettement de la coopération simple, c'est que les divers facteurs productifs n'exécutent point des opérations identiques, mais des opérations différentes ; en d'autres termes, la coopération complexe se présente toujours accompagnée de spécialisation.

Il y a spécialisation ou spécialité de la production, selon nous, lorsque l'acte productif total est divisé en un certain nombre d'opérations différentes, attribuées chacune, d'une façon plus ou moins durable, aux diverses parties (ou facteurs productifs) de l'ensemble producteur, de sorte que chaque opération est confiée à la partie la plus apte à l'exécuter. De même que dans la coopération simple, les divers facteurs productifs concourent à une opération commune ; mais, de plus, ils sont spécialisés dans des parties différentes de cette opération.

La coopération complexe, grâce à la spécialisation qui l'accompagne, est bien autrement importante au point de vue productif que la coopération simple. Sous ce rapport, c'était seulement dans le concours vers un but commun que résidait tout l'intérêt de la coopération simple ; mais quant au concours des parties s'ajoute la spécialisation, un immense progrès s'accomplit. On a vu déjà que c'est en réalité à la spécialisation qu'il faut attribuer dans les cas les plus importants et les plus nombreux ces grands progrès de la productivité qu'on a généralement considérés à tort comme les conséquences de la division du travail. Si l'on en voulait de nouvelles preuves, il suffirait de parcourir les lignes où A. Smith explique par quelles circonstances la division du travail favorise la productivité : toutes celles qu'il invoque à propos sont bel et bien des phénomènes de spécialisation : la première qu'il mentionne est l'augmentation de dextérité de chaque ouvrier particulier, c'est-à-dire, selon nous, une conséquence de la spécialisation du travail au sens étroit; dans la seconde circonstance qu'il indique, le seul point intéressant véritablement notre question, la suppression de la mise en train résultant de la variété des occupations, dérive également de la spécialisation du travail; quant à la troisième circonstance, les perfectionnements techniques inventés par les ouvriers spéciaux, inutile de s'y arrêter; son importance étant fortement contestable et ayant été contestée d'ailleurs à très juste titre par Marx et par Buecher notamment.

Si l'on y ajoute la spécialisation des machines et la spécialité des conditions naturelles dont on a déjà parlé, on peut se faire une idée du rôle joué par la spécialisation de la production. A quelle misérable situation l'homme ne se verrait-il pas réduit, s'il devait produire indistinctement toutes les utilités de l'existence, s'il lui fallait se passer de cette infinité de machines spéciales dont il tire si grand profit, et si, contraint à renoncer à cette remarquable spécialité que lui offre la nature des diverses régions du globe, il devait se borner aux richesses d'une seule d'entre elles !

Mais la spécialisation entraîne une autre conséquence tout aussi importante que l'augmentation de la productivité, et qu'on a généralement perdue de vue : elle accroît l'interdépendance des divers facteurs concourant à une production commune. Elle intéresse ainsi directement les relations sociales, en les resserrant, en les compliquant et en augmentant la solidarité de fait qui unit les hommes; elle étend ainsi son action jusqu'au cœur même de la morale et du droit.

(*A suivre*).   Laurent DECHESNE.

LE DÉVELOPPEMENT DES PRINCIPAUX PORTS MARITIMES

DE L'ALLEMAGNE [1]

La situation géographique de l'Allemagne ne paraissait pas appeler les ports de ce pays à un grand développement. A n'examiner que la carte, à considérer la position de l'Allemagne au centre du continent européen, la longueur de ses frontières terrestres, à côté de l'exiguité relative de sa périphérie maritime [2], il semblerait que tout dût pousser le commerce allemand à se faire principalement par la voie de terre avec les nombreux États qui bornent et entourent l'Allemagne. Depuis une trentaine d'années, cependant, ou même depuis un demi-siècle, le commerce maritime de l'Allemagne suit une progression continue ; ses transactions avec les contrées situées hors d'Europe, en particulier, et accessibles seulement par mer, se multiplient ; ses ports grandissent ; sa marine marchande s'accroît ; de plus en plus « les destinées de l'Allemagne sont sur mer. » Aujourd'hui, près des trois quarts du trafic total de l'Allemagne empruntent la route maritime ; sa marine marchande est la seconde du monde ; et certains de ses ports jouissent d'une brillante prospérité. Hambourg est devenu le premier port du continent, le second de l'Europe après Londres. Ses statistiques nous apportent le témoignage, pour 1899, d'une activité maritime de 15 millions et demi de tonneaux de jauge, et d'un commerce de 3.600 millions de marks, ou en monnaie française, de près de 4 milliards et demi de francs [3]. A côté de lui, Brême sur la mer du Nord, et sur la Baltique, Stettin, Luebeck, Kiel, et même Dantzig et Koenigsberg, participent aussi, avec plus ou moins de rapidité, au même mouvement général d'extension.

Je me propose d'étudier les causes et l'intensité du développement des principaux ports maritimes de l'Allemagne. Je montrerai

[1] Ce travail est le résultat d'une enquête que j'ai faite en Allemagne, de juillet à octobre 1900, comme titulaire d'une bourse de Voyage de la Société des Amis de l'Université de Paris, à qui j'exprime ici toute ma gratitude.

[2] Sur les 7.675 kilomètres de frontières de l'Allemagne, l'étendue des côtes est de 2.470 kilomètres seulement, soit moins du tiers.

[3] Je convertis, comme on le fait d'ordinaire, la monnaie allemande en monnaie française au taux un peu inexact de 80 marks pour 100 francs.

que ce développement ne provient pas de mesures législatives,
comme, par exemple, de la création de ports francs, ou de circonstances passagères. Il est la conséquence nécessaire de l'état économique présent de l'Allemagne, de l'augmentation de sa population,
de l'insuffisance de sa production agricole, de la puissance d'exportation de ses fabriques, en un mot de la transformation de
l'Allemagne en un État de plus en plus industriel. Les ports allemands peuvent ainsi conserver l'espoir d'une prospérité vraiment
durable. Il me faudra reconnaître pourtant, avec certains penseurs
allemands, que l'évolution économique de l'Allemagne, si elle a eu
pour effet l'essor de ses ports maritimes, n'est pas en elle-même
sans dangers. Les pays où, comme en Angleterre depuis longtemps,
et en Allemagne depuis peu, le commerce extérieur s'amplifie aux
dépens du commerce intérieur, les pays qui ont besoin de beaucoup acheter à l'étranger et de lui vendre beaucoup, risquent de
se voir fermer les débouchés dont ils vivent, et sont menacés de
crises redoutables.

Les causes générales du développement des ports allemands,
d'abord —, les installations maritimes des ports, leur nouvel aménagement, la marine marchande, l'établissement de ports francs,
bref le développement de l'organe ensuite —, le développement de
la fonction en dernier lieu, c'est-à-dire les progrès du mouvement
maritime et commercial des ports, avec les causes de prospérité
particulières à chacun d'eux —, telles seront les trois grandes divisions de cette étude. Quelques considérations générales, pour terminer, me serviront de conclusion.

J

LES CAUSES GÉNÉRALES DU DÉVELOPPEMENT DES PORTS ALLEMANDS

I. L'ÉVOLUTION ÉCONOMIQUE DE L'ALLEMAGNE. — Le facteur primordial de la prospérité actuelle des ports allemands, celui dont l'influence apparaît prépondérante, c'est la transformation profonde
qui s'accomplit dans l'état économique de l'Allemagne depuis une
trentaine d'années. L'Allemagne qui, vers le milieu du xix° siècle,
restait encore un pays principalement agricole a dû devenir un pays
principalement industriel. Je dois succinctement décrire cette
intéressante évolution pour en dégager les conséquences de très
grande importance en notre matière.

La population allemande s'accroît avec une rapidité qui, loin de s'arrêter, s'est accentuée encore en ces dernières années. Le territoire qui aujourd'hui constitue l'empire allemand avait une population de 40.805.000 habitants en 1870. D'après les évaluations officielles, il comptait une population de près de 56 millions d'habitants au milieu de l'année 1900. L'augmentation moyenne annuelle qui de 1870 à 1890 était de 430.000 âmes atteint, depuis 1895, près de 800.000 âmes [1]. Et l'émigration ne vient plus déverser dans les pays étrangers le trop plein de la population allemande. Importante autrefois, l'émigration allemande s'abaisse maintenant à des chiffres insignifiants. Le nombre des émigrants, qui se montait en 1881 à 220.902, tombe à 97.103 en 1890, à 23.740 en 1899 [2].

Les besoins de cette population sans cesse accrue, de cette population de 56 millions d'habitants pour une superficie à peine plus étendue que celle de la France, deviennent chaque jour plus considérables, et la production agricole indigène ne parvient plus à les satisfaire.

Vers 1840-1850, l'Allemagne, pays agricole, demandait peu de marchandises à l'étranger. Elle se contentait, pour son alimentation, des produits de sa terre, et se bornait à importer des denrées coloniales pour un chiffre peu élevé. Ses industries travaillaient le lin, la laine indigène, et faisaient venir peu de matières premières du dehors [3]. Mais aujourd'hui les produits du sol allemand ne suffisent plus à une population si augmentée.

Ce n'est pas que l'on assiste ici à un phénomène analogue à celui qui s'est produit en Angleterre après la suppression des droits sur les céréales. La superficie cultivée ne diminue pas. Elle augmente même. En particulier, les terres ensemencées en céréales,

---

[1] Voici par milliers d'habitants, le tableau plus précis des progrès de la population allemande dans les territoires qui forment aujourd'hui l'empire allemand :

1841	32.987	1880	45.095
1850	35.312	1890	49.241
1860	37.611	1895	52.001
1870	40.805	1900	55.976

(V. *Statistiches Jahrbuch für das Deutsche Reich*, 1900, p. 2). La densité de la population est de 100 habitants par kilomètre carré au lieu de 72 en France.

[2] En 1881, pour 1.000 habitants, la proportion des émigrants était de 4,86. Elle est de 0,43 en 1899, soit 11 fois moindre (*Stat. Jahrbuch.*, 1900, p. 15).

[3] V. Paul Voigt, *Deutschland und der Weltmarkt*. Preussische Jahrbücher, 1898, t. XCI, p. 240 s.

en froment, seigle, orge ou avoine, ne se restreignent pas. Elles
s'étendent, au contraire, quoique de peu. Et comme, d'autre part,
le rendement à l'hectare, grâce à de meilleurs procédés de culture,
s'élève, la production annuelle en céréales progresse très sensiblement [1].

Mais l'accroissement de la production indigène, quelque notable
qu'il apparaisse, n'est cependant pas aussi rapide que l'accroissement de la demande allemande. Pour une bonne partie de sa consommation alimentaire, ainsi que pour une grosse fraction des
matières premières nécessaires à son industrie, l'Allemagne doit
recourir aux importations étrangères.

C'est ce que nous prouvent les statistiques du commerce extérieur de l'Allemagne. Ces statistiques, il est vrai, ne permettent pas
de comparaisons, portant sur un grand nombre d'années, d'une
entière rigueur scientifique. Les déclarations minutieuses en
douane, les estimations précises en valeur ne datent que depuis
1880. Et depuis, des remaniements dans les procédés statistiques,
l'entrée dans le Zollverein en 1888, de Hambourg et de Brême, rendent encore difficiles les rapprochements de chiffres. Mais si, pour
plus de sûreté, on ne remonte pas au delà de l'année 1890, des
comparaisons d'une précision suffisante deviennent possibles.

Or, en 1890, déjà, les importations d'objets d'alimentation étaient
de 1.397 millions de marks. Elles se montent en 1899 à 1.728 millions.
L'augmentation est de 23 p. 100 en valeur. Mais en cette matière,
à cause de la baisse du prix des denrées agricoles, les chiffres relatifs au poids sont plus significatifs. Au lieu de 4.741 mille tonnes
en 1890, l'Allemagne a importé 7.852 mille tonnes d'articles d'alimentation en 1899. Le progrès au poids, dans un espace de neuf
années, est de 66 p. 100.

Et on ne doit pas croire que ce soit de denrées coloniales principalement que l'Allemagne s'alimente à l'étranger. L'introduction de
café, thé, cacao, en 1899, reste inférieure à 160 millions de marks.
Mais les importations de céréales atteignent 540 millions en 1899
après s'être montées à 650 millions de marks, ou 810 millions de
francs en 1898. L'Allemagne, en particulier, est tributaire de
l'étranger pour les 30 p. 100 de sa consommation en froment. Elle

---

[1] La superficie emblavée, par exemple, a passé de 1.956.441 hectares en 1889 à
2.016.490 hectares en 1899. La production en froment s'est élevée de 2.372.413 tonnes
en 1889, à 3.847.447 en 1890.

a acheté au dehors, en 1899, 1.370 mille tonnes de blé d'une valeur de 180 millions de marks. Les importations d'animaux vivants et de produits animaux s'élèvent encore à 563 millions de marks.

Au contraire, les exportations alimentaires n'augmentent que légèrement. L'exportation a été de 478 millions de marks en 1899 au lieu de 470 millions en 1890 [1].

Aux larges importations de denrées alimentaires s'ajoutent des importations plus considérables encore de matières premières. L'Allemagne a fait venir 2.607 millions de marks de matières premières étrangères en 1899, c'est-à-dire 840 millions de marks, 48 p. 100, de plus qu'en 1890. Les exportations de matières premières n'ont augmenté que de 300 millions de marks dans le même intervalle [2].

Afflux croissant des marchandises étrangères en Allemagne, progrès continu du trafic d'importation, cette situation devait être, on

[1] Presque la moitié de cette exportation, soit 203 millions, est due à la production sucrière qui présente en Allemagne une importance bien connue. Voici, d'après les *Statistische Jarhbücher* allemands, le tableau des importations et exportations alimentaires, au commerce spécial, depuis 1890.

	IMPORTATIONS.		EXPORTATIONS.	
	mille tonnes	millions de marks	mille tonnes	millions de marks
1890.	4.741,5	1.397,0	1.692,8	470,7
1895.	5.866,2	1.389,8	2.035,9	416.0
1897.	7.524,3	1.614,7	2.525,1	515,6
1898.	8.590,8	1.819,1	2.512,5	504,1
1899.	7.852,3	1.728,4	2.497,0	478,8

La France qui importait 1.445 millions de francs d'objets d'alimentation en 1890, n'en importe plus que 951 millions en 1899, soit moitié moins que l'Allemagne, et 828 millions en 1900 (chiffres provisoires). Les exportations alimentaires françaises atteignent 675 millions de francs en 1899, chiffre légèrement supérieur aux exportations allemandes. (V. *Tableau général du commerce de la France*, 1899, I, p. 47 et s.)

[2] Voici pour les matières premières, les chiffres des importations et des exportations, en millions de marks, au commerce spécial allemand.

	IMPORTATIONS.	EXPORTATIONS.
1890.	1.767,4	708,3
1895.	1.805,4	722,4
1897.	2.100,1	814,8
1898.	2.246,5	856,3
1899.	2.607,1	1.016,1

En France, les importations de matières premières ont passé de 2.341 millions de francs en 1890, à 2.839 millions en 1899. Elles ont augmenté de 500 millions de francs en neuf ans, au lieu de plus d'un milliard de francs en Allemagne.

l'entrevoit déjà, grandement favorable à la prospérité des ports allemands.

Mais, d'autre part, l'Allemagne devait rembourser a l'étranger le prix des marchandises qu'elle achetait en si grandes quantités. C'est ainsi que pour payer ses importations, et aussi pour satisfaire les besoins sans cesse grossis de sa population, l'Allemagne a dû développer ses industries, étendre ses exportations industrielles. Un brillant essor industriel devenait pour elle une nécessité impérieuse. On sait assez, sans que j'aie besoin de m'attarder ici, même à de brèves indications, combien l'Allemagne a réussi à remplir cette tâche urgente, on connaît la remarquable expansion industrielle à laquelle elle est parvenue en si peu d'années [1].

D'Etat principalement agricole, l'Allemagne se transformait ainsi, sous la poussée de sa population, en un puissant Etat industriel. Tandis que vers le début du xixe siècle, les 80 p. 100 de ses habitants vivaient de la vie agricole, les 70 p. 100 encore en 1840, les 50 p. 100 en 1870, la population rurale allemande tombait aux 42,5 p. 100 de la population totale en 1882, aux 35,5 p. 100 au recensement de 1895. Inversement, la population industrielle et commerciale ne cessait d'augmenter [2].

Aussi, tandis que l'agriculture allemande restait incapable de répondre à la demande allemande, son industrie, au contraire, allait pouvoir écouler au dehors de larges excédents de produits manufacturés. En même temps qu'elle augmentait sa production industrielle, l'Allemagne, grâce à l'habileté souvent signalée de son personnel commerçant, savait élargir ses débouchés, se créer une clientèle exotique considérable. A l'inverse de ce que nous avons remarqué pour les denrées alimentaires et les matières premières, pour les produits fabriqués, ce sont les exportations

[1] Georges Blondel, *L'essor industriel et commercial du peuple allemand*, 3e édit., 1900.

[2] De 1882 à 1895 le recul de la population agricole a été non seulement relatif, mais encore absolu :

	1882	1895	PAR CENT HABITANTS.	
			1882	1895
Population agricole. . . .	19.225.455	18.501.307	42,5	35,7
Population industrielle. .	16.058.080	20.253.241	35,5	39,1
Population commerciale .	4.531.080	5.966.846	10,0	11,5

(V. *Statistik des Deutschen Reichs*, Neue Folge, vol. 102).

qui dépassent les importations, et dont les progrès sont le plus rapides.

L'Allemagne a importé 1.147 millions de marks de produits industriels en 1899. Mais elle en a exporté 2.712 millions contre 2.147 en 1890. L'accroissement est de 27 p. 100 depuis 1890. L'Allemagne vend aujourd'hui à l'étranger pour près de 3.400 millions de francs de marchandises fabriquées [1].

Avec ce double courant, en sens contraire, des importations de denrées alimentaires et matières premières, et des exportations de produits manufacturés, le commerce spécial allemand, dans son ensemble, devait bénéficier d'une progression très considérable.

Un document officiel estime le commerce spécial de l'Allemagne à 1.400 millions de marks en 1850, à 4.200 millions en 1870 [2]. En 1899, à la suite d'un brillant mouvement d'ascension [3], le

---

[1] A elle seule, l'exportation des produits de l'industrie textile atteint 880 millions de marks, et celle des produits métallurgiques, machines et instruments, près de 700 millions. Au commerce spécial, le mouvement d'entrée et de sortie des produits fabriqués a été le suivant, en millions de marks :

	IMPORTATIONS.	EXPORTATIONS.
1890.	981,1	2.147,5
1895.	925,5	2.179,5
1897.	965,9	2.304,5
1898.	1.015,1	2.396,2
1899.	1.147,6	2.712,1

L'exportation industrielle française, certainement en progrès, bien qu'on affirme parfois le contraire, n'a cependant passé que de 1.999 millions de francs en 1890 à 2.267 millions en 1899. L'augmentation a été de 268 millions de francs contre 705 millions de francs en Allemagne. En 1899, l'exportation de produits fabriqués de l'Allemagne dépasse de 1.123 millions celle de la France.

[2] V. *Die Seeinteressen des Deutschen Reichs...*, II, p. 2.

[3] Voici le détail, depuis 1880, de ce progrès du commerce spécial allemand :

	IMPORTATIONS.		EXPORTATIONS.	
	Mille tonnes.	Millions de marks.	Mille tonnes.	Millions de marks.
1880.	14.171,0	2.859,9	16.401,2	2.946,2
1890.	28.142,8	4.274,9	19.365,1	3.409,6
1895.	32.537,0	4.246,1	23.829,7	3.424,1
1897.	40.162,3	4.864,6	28.019,9	3.786,2
1898.	42.729,8	5.439,7	30.094,3	4.010,6
1899.	44.652,3	5.783,6	30.403,2	4.368,4

En 1900, par un nouveau progrès, le commerce spécial allemand a atteint 77.608.567 tonnes, dont 45.926.158 à l'importation et 32.682.409 à l'exportation. Le commerce spécial français est loin de progresser d'une manière aussi accélérée. De 8.501 mil-

commerce spécial allemand atteignit le chiffre élevé de 10.152 millions de marks, soit plus de 12 milliards et demi de francs.

L'augmentation, en 1899, a été de 74 p. 100 sur 1880, de 32 p. 100 sur 1890.

Le progrès, particulièrement sensible à l'importation, y a été de 102 p. 100 depuis 1880, de 35 p. 100 depuis 1890, contre 71 et 26 p. 100 à l'exportation. Aussi, tandis que l'excédent des importations sur les exportations flottait entre 800 et 900 millions vers 1890, il dépasse en 1899 1.400 millions de marks. Vers le milieu du XIXᵉ siècle, la balance du commerce de l'Allemagne, pays pauvre et agricole, se soldait plutôt par un excédent d'exportations. Aujourd'hui, en Allemagne aussi, comme en Angleterre ou en France, la balance peut se solder sans danger par un déficit. Les intérêts des capitaux allemands placés à l'étranger, les bénéfices très importants résultant du fret maritime, et d'autres créances allemandes encore, permettent à l'empire allemand une consommation de produits exotiques supérieure aux exportations.

L'Allemagne est entrée ainsi depuis vingt ou trente ans dans une phase nouvelle de son histoire économique. Le marché extérieur a pris pour elle, comme déjà depuis longtemps pour l'Angleterre, une importance relative qu'il n'a pas en d'autres pays, en France, par exemple. La France se suffit davantage à elle-même. Elle exporte moins, mais elle a aussi moins besoin d'importer. Par comparaison avec l'Allemagne — car il s'agit ici de nuances, et il convient de ne pas exagérer —, elle vit plus enfermée dans ses frontières. Au contraire, l'Allemagne obligée de s'approvisionner largement au dehors, doit aussi y chercher des débouchés plus étendus.

La politique économique allemande s'est inspirée des nécessités de cette situation. Elle s'est efforcée d'assurer aux industries nationales les débouchés dont elles avaient besoin. Et elle n'a pas craint parfois, pour conserver une suffisante clientèle à ses fabriques, d'affaiblir la protection de l'agriculture indigène. Assurément on ne doit pas aller jusqu'à parler de prétendues tendances libérales de la législation douanière allemande, et opposer comme on l'a fait l'esprit de conciliation des traités de commerce allemands à la rigueur intransigeante de notre système du double tarif. La seule réduction

lions, en 1880, il passe à 8.189 millions en 1890, et 8.670 millions en 1899. En 1900, il est de 8.486 millions (chiffres provisoires), dont 4.408 millions à l'importation et 4.078 millions à l'exportation.

de droits de quelque importance dans les traités de commerce allemands porte sur les céréales. La taxe sur le blé et le seigle, de 5 marks au tarif autonome a été abaissée à 3,50 marks au tarif conventionnel, à un taux sensiblement inférieur ainsi à notre droit de 7 fr. Il n'est point d'autre réduction notable. Mais par les célèbres traités de décembre 1891 avec les pays de l'Europe centrale, par les traités postérieurs, après une guerre de tarifs, avec la Russie, l'Espagne, par les traités et conventions conclus avec tous les Etats européens, sauf le Portugal, et avec la plupart des pays extra-européens avec lesquels l'Empire est en relations commerciales, l'Allemagne a donné à ses exportations industrielles, grâce à la durée pour laquelle les traités ont été passés, une certaine sécurité qui leur a été fort précieuse [1]. La législation douanière a donc contribué à la spécialisation industrielle de l'Allemagne. Elle a favorisé l'exportation de ses fabriques, et facilité l'importation de denrées alimentaires.

Dans un pays où, par suite de l'état économique général et un peu aussi par suite de la politique douanière, le marché extérieur prend une telle extension, le mouvement maritime et commercial des ports ne saurait manquer de s'accroître avec une grande rapidité. Places de transit naturelles pour les marchandises allemandes dirigées sur l'étranger, et pour les produits exotiques pénétrant en Allemagne, les ports allemands devaient tirer avantage de ce large courant des importations agricoles et des exportations industrielles qui caractérise aujourd'hui le commerce allemand. Le profit devait être d'autant plus considérable que c'est le commerce maritime qui, beaucoup plus que le commerce terrestre, a bénéficié de la situation présente de l'Allemagne. La nature des marchandises que l'Allemagne demande à l'étranger, et celle des produits qu'elle est susceptible d'y envoyer, allait pousser le trafic commercial allemand à emprunter surtout la voie de mer.

On a vu la large place que prennent dans l'ensemble des importations allemandes les denrées alimentaires et les matières premières. Or ces produits, l'Allemagne doit, principalement, et parfois

---

[1] Depuis la dénonciation par l'Angleterre, sur les instances du Canada, du traité qui la liait à l'Allemagne, et en attendant qu'intervienne un nouveau traité, les avantages de la nation la plus favorisée ont été accordés à l'Angleterre, ainsi qu'à ses colonies, à l'exception du Canada et de Barbados. Le bénéfice de la nation la plus favorisée a été également reconnu aux Etats-Unis par la convention du 13 juillet 1900.

même exclusivement, les faire venir de pays accessibles seulement
par mer. Les denrées coloniales, les céréales, les matières premières
de l'industrie textile, coton, laine, soie, les matières premières de
l'industrie métallurgique et la houille dont elle peut encore avoir
besoin, les peaux et cuirs, les nitrates et engrais nécessaires à son
agriculture, c'est aux contrées situées hors d'Europe, c'est aux
Etats-Unis, à l'Amérique du Sud, République-Argentine, Brésil,
Chili, c'est encore aux Indes-Anglaises, à l'Australie, et en Europe,
c'est à un pays maritime, l'Angleterre, que l'Allemagne doit surtout les demander.

J'ai dit, d'autre part, l'importance des produits fabriqués dans
les exportations allemandes. Ces marchandises adoptent également
en partie la voie de mer. Elles sont envoyées en quantités considérables au delà de l'Atlantique, dans l'Amérique du Nord ou du Sud,
ou encore vers l'Extrême-Orient, ou aussi dans les Etats scandinaves et les ports de la Russie. De plus, une grosse fraction des
exportations agricoles allemandes, le sucre en particulier, se dirige
vers l'Angleterre et les Etats-Unis.

Aussi constate-t-on les chiffres élevés auxquels parvient le commerce de l'Allemagne avec les pays accessibles seulement par mer.
Sur les 10 milliards de marks de l'ensemble du commerce spécial
allemand, en 1899, le trafic avec l'Angleterre seule se monte déjà
à plus de 1.600 millions. En Europe, encore, le commerce avec les
États scandinaves qui se fait presque tout entier par mer est de
près de 550 millions. Hors d'Europe, le trafic atteint 1.300 millions
avec les États-Unis, dépasse 700 millions avec l'Amérique du Sud
et du Centre. En Asie, les transactions avec les Indes anglaises, la
Chine, le Japon ne sont pas bien inférieures à 450 millions. Le
total des échanges est de 160 millions avec l'Australie, de 150 millions avec l'Afrique.

En rassemblant ces données, on trouve déjà que les 30 p. 100
environ du commerce spécial allemand se font avec les pays extra-
européens et les 20 p. 100, encore, par mer, en Europe, avec
l'Angleterre et la Scandinavie.

Mais il est d'autres États, avec lesquels le trafic, s'il ne s'effectue
pas exclusivement par mer, est cependant en partie maritime. Les
informations précises manquent, il est vrai, sur ce point. Il devient
difficile, par suite, d'établir rigoureusement la somme à laquelle se
monte l'ensemble du commerce spécial maritime de l'Allemagne.

Un document officiel essaie cependant de faire cette évaluation. Par des calculs un peu compliqués, mais qui paraissent probants, l'auteur de ce document parvient à conclure que les 70 p. 100 du commerce spécial de l'Allemagne s'effectuent par la voie de mer [1]. Le commerce maritime allemand atteindrait ainsi 7 milliards de marks, en 1899, ne laissant que 3 milliards au commerce terrestre.

Une étroite corrélation rapproche ainsi les caractères présents de la production et du commerce allemand. La transformation de l'Allemagne à l'intérieur, en un État industriel, a eu, comme conséquence, dans les transactions extérieures, l'importance croissante du commerce maritime. L'ancienne Allemagne de la première moitié du XIXe siècle, vivant des produits de son sol et enfermée dans ses frontières européennes, disparaît peu à peu devant une Allemagne industrielle et dont l'avenir est sur mer. Le trafic maritime d'un pays continental comme l'Allemagne atteint aujourd'hui près de 8.800 millions de francs, n'est surpassé, en Europe, que par le commerce de la maritime Angleterre. Le développement des grands ports allemands ne constitue pas un événement isolé dans l'ensemble de l'économie nationale allemande. La prospérité de ces ports d'une part, et, l'impuissance de la culture allemande à suffire à l'approvisionnement de la population, la nécessité d'un brillant élan industriel, d'autre part, ne représentent, en réalité, que des aspects différents d'un même phénomène. Lorsqu'à Hambourg, et aussi à Brême, à Stettin, on s'arrête à contempler l'intense mouvement du port, on doit songer que cette activité n'est que la résultante de causes qu'il faut chercher au cœur même du pays. C'est l'incessant accroissement des besoins nationaux qui attire vers les bassins et les quais la foule des navires qui y viennent mouiller, et c'est l'essor industriel de l'Allemagne qui fournit aux bateaux le riche chargement avec lequel ils repartent.

L'évolution économique de l'Allemagne a donc été le facteur principal du progrès des ports. Comparées à cette cause fondamentale, les autres causes de prospérité, quelque précieuses qu'elles apparaissent, ne présentent cependant qu'une importance de second rang.

---

[1] *Die Steigerung der Deutschen Seeinteressen von 1896 bis 1898...* Theil II.

II. L'Amélioration des voies fluviales. — Pays continental,
l'Allemagne est baignée par la mer, en particulier par la mer du
Nord, par où s'effectue le commerce avec les pays extra-européens,
sur une étendue de côtes relativement faible. Une bonne partie de
l'Allemagne est éloignée de la mer du Nord par des distances considérables, atteignant 500 à 800 kilomètres et davantage. Aussi,
avec les conditions économiques nouvelles de l'Allemagne, qui,
pousse tout son commerce vers la côte, l'amélioration des voies de
transport devenait-elle un problème d'un intérêt capital. Assurément cette amélioration a pour but de satisfaire aux exigences du
commerce intérieur aussi bien qu'à celles du commerce extérieur.
Mais en nous tenant aux besoins du commerce maritime qui seuls
nous intéressent ici, l'œuvre à accomplir était grandement nécessaire. Des frais de transports réduits, à l'intérieur du pays, sont
indispensables, dans l'état actuel de la concurrence internationale,
à une industrie d'exportation. Ils sont utiles également pour la
circulation aisée des matières premières importées, et aussi peut-
être pour celle des produits alimentaires dans une contrée qui ne
se suffit pas à elle-même. Il fallait faciliter les communications
avec la mer, rapprocher économiquement de la côte les districts
les plus reculés de l'Allemagne, diminuer la distance entre les ports,
maritimes et les centres industriels ou les régions populeuses. Il
fallait, par l'approfondissement des voies fluviales, la construction
de canaux, la réduction des tarifs de chemin de fer, faire de l'Allemagne un pays pénétrable du dehors dans toutes ses parties, et à
l'inverse ayant accès de partout vers la mer. Tout ce qui, à cet
égard, a déjà été réalisé, a contribué efficacement à la prospérité
des ports allemands, et je dois l'indiquer brièvement.

Pour ce qui est des améliorations fluviales [1], d'abord, la tâche à
remplir était double. On devait relier entre eux par des canaux les
différents bassins allemands. Mais on devait surtout régulariser,
corriger le cours des fleuves, leur donner une profondeur qui les
rendit praticables par des bateaux d'un tirant d'eau et d'une capacité considérable. Une grande partie de cette œuvre a été déjà
exécutée, comme je voudrais le montrer par une revue rapide des

[1] V. l'intéressante enquête faite par M. Laffite sous les auspices de la Société « La
Loire navigable ». *Etude sur la navigation intérieure en Allemagne.*

résultats obtenus pour ceux des fleuves allemands dont les ports que nous aurons à étudier constituent les points terminus.

La Weser, il est vrai, le fleuve de Brême, malgré les améliorations faites, n'offre encore à la navigation fluviale [1] qu'une voie insuffisante. Elle reste impraticable en amont de Brême aux bateaux de plus de 350 tonnes et d'un tirant d'eau supérieur à un mètre. Elle ne présentera de plus grandes profondeurs qu'après que sera adopté par le *Landtag* prussien le projet du canal du Centre, du canal de l'Elbe au Rhin. Brême propose, en effet, comme annexe à ce projet, de canaliser de son côté la Weser supérieure, et de dépenser à ce travail les 42.268.000 marks nécessaires [2].

Les résultats obtenus ont été beaucoup plus importants pour l'Elbe, le fleuve à qui Hambourg doit en partie sa grandeur. L'Elbe n'était encore dans la première moitié du xixᵉ siècle qu'une voie incommode, irrégulière, souvent encombrée. La correction du fleuve, longtemps retardée par les rivalités entre les Etats riverains, entra dans une période active, à partir de 1842 pour son parcours en Prusse, et après l'incorporation du Hanovre dans la monarchie prussienne et plus tard après la formation de l'empire allemand, pour tout son parcours en Allemagne [3]. Aujourd'hui, l'Elbe présente aux basses eaux des profondeurs de 0ᵐ80 en Bohême, de 0ᵐ94 en Allemagne jusqu'à Magdebourg, et de 1ᵐ16 de Magdebourg à Hambourg. Aux hautes eaux, les mouillages, de Hambourg jusqu'à Magdebourg, y sont de 2 mètres [4]. Tandis qu'en 1842, les plus gros bateaux de l'Elbe avaient une capacité de 150 tonnes, tandis qu'en 1870 encore les bateaux de 200 tonnes pouvaient difficilement dépasser Magdebourg, aujourd'hui des bateaux de 800 et parfois de 1.000 tonnes, avec 1ᵐ85 de tirant d'eau, parviennent jusqu'à Magdebourg et peuvent continuer leur route en amont de cette ville [5]. La charge moyenne sur les bateaux de l'Elbe qui, vers 1851-1860 atteignait à peine 89 tonnes en remontant le fleuve, et

---

[1] Quant à la navigation maritime sur la Weser, ainsi que sur la section inférieure des autres fleuves allemands, en aval des ports, j'en reparlerai plus loin, à propos des travaux d'aménagement des ports eux-mêmes.

[2] V. *Bremen und seine Bauten,*... 1900, p. 701, 716 et s.

[3] V. Buchheister, Wasserbaudirektor, *Die Elbe und der Hafen von Hambourg*, 1899, p. 7 et s.

[4] V. la publication officielle, *Der Elbstrom, sein Stromgebiet und seine wichtigsten Nebenflüsse*, I, p. 305 et s.

[5] Buchheister, *loc. cit.*; Buchheister, *Die heutigen Schiffahrtsverhaeltnisse der Elbe.* Das Schiff, 27 octobre 1899.

56 tonnes à la descente, est en 1897 respectivement de 234 et de 226 tonnes [1].

Les affluents de l'Elbe ont bénéficié du même travail de réfection. La Saale à gauche a été canalisée de manière à devenir accessible à des bateaux de 300 tonnes et davantage. A droite, la Havel et son propre affluent la Sprée, la rivière de Berlin, ont reçu des profondeurs qui leur permettent de recevoir des bateaux de 400 tonnes.

Dès le XVIIe siècle avait été entreprise et exécutée l'œuvre de la jonction des bassins de l'Elbe et de l'Oder. Le canal de Finow au Nord, le canal de Frédéric-Guillaume plus au sud, furent creusés dans ce but. Le second, ouvert seulement aux bateaux de 125 tonnes a été pour ainsi dire remplacé depuis une dizaine d'années par le canal de l'Oder à la Sprée, aux mouillages suffisants pour des bateaux de 400 à 500 tonnes. Quant au premier, à peine accessible aux chalands de 170 tonnes, il perdra toute importance le jour où sera construit le canal de Berlin à Stettin. Ce canal, praticable par des bateaux de 600 tonnes coûterait 42 millions de marks environ; les deux villes intéressées de Berlin et de Stettin se déclarent prêtes à supporter ensemble la charge des intérêts et de l'amortissement du tiers de cette somme, soit de 14 millions. Le canal de Berlin à Stettin depuis longtemps à l'étude, après des retards fort préjudiciables pour Stettin, fait partie maintenant du projet du canal de l'Elbe au Rhin, et attend le vote favorable de la Chambre prussienne [2].

La Trave, la courte rivière de Lübeck, était reliée à l'Elbe par le canal de Stecknitz, devenu tout à fait insuffisant. Le 16 juin 1900 a été inauguré solennellement le canal de l'Elbe à la Trave. Ce canal, sur lequel Lübeck fonde de grandes espérances, a une longueur de 67 kilomètres, et avec ses profondeurs de $2^m 50$ à 3 mètres, il peut recevoir des bateaux de 800 tonnes et de plus de $1^m 75$ de tirant d'eau. Il a coûté jusqu'ici environ 26 millions de marks, dont 7.500.000 marks versés par le gouvernement prussien, le reste par la ville libre de Lübeck [3].

---

[1] Kurs, *Zeitschrift für Binnenschiffahrt*, 1899, p. 339.

[2] V. *Die Verbesserung der Wasserstrasse zwischen Berlin und der Ostsee*, Berlin, 1897 ; *Jahresbericht des Vorsteher-amtes der Kaufmannschaft*, Stettin, 1899, p. 3.

[3] V. Rehder, *Der Bau des Elbe Trave Kanals*. Zeitschrift für Binnenschiffahrt, 1899, p. 190 s., 221 s.

L'Oder, le fleuve de Stettin, n'avait pas moins besoin que l'Elbe d'améliorations sérieuses. En 1819, les bateaux de 20 ou 25 tonnes y apparaissaient une exception. Aujourd'hui, en aval de Breslau, circulent de grands chalands de 58 mètres de long, 1^m50 de tirant d'eau et d'une capacité de 500 tonnes [1]. En amont de Breslau, peuvent encore remonter jusqu'à Cosel des bateaux de 400 tonnes. Le tonnage moyen, la durée de la navigation, restent, il est vrai, sur l'Oder, plus faibles que sur les deux autres grands fleuves de l'Allemagne, l'Elbe et le Rhin [2]. Les progrès accomplis par la navigation sur l'Oder n'en sont pas moins fort remarquables.

Dans son parcours allemand, la Vistule, qui traverse Dantzig, a été régularisée de manière à devenir accessible aux bateaux de 300 tonnes. Le Pregel, la rivière de Kœnigsberg, a atteint en amont de cette ville des profondeurs de 0^m70 à 1^m50 aux basses eaux. Il reçoit des bateaux d'un tonnage inférieur à 200 tonnes [3].

Le port de Kiel, et d'une manière générale les ports allemands, ont bénéficié de l'ouverture du canal de l'empereur Guillaume, canal plutôt maritime que fluvial, qui relie la Baltique à la mer du Nord. Construit surtout, on le sait, pour des raisons stratégiques, le canal de l'empereur Guillaume, qui a coûté 156 millions de marks, et qui s'étend sur une longueur de 98,6 kilomètres, présente des profondeurs de 9 à 10 mètres, afin de pouvoir être utilisé par les grands cuirassés. Le canal a aussi une importance commerciale et économique notable. En 1899, il a été fréquenté par 26.524 navires jaugeant ensemble 3.451.273 tonneaux, soit un tonnage de 47 p. 100 supérieur à celui de 1897 [4].

Les améliorations réalisées dans le réseau des voies fluviales allemandes ont donc été fort considérables. Il y a une vingtaine d'années, le total des routes navigables atteignait 12.441 kilomètres. Il est, en 1899, de 14.168 kilomètres. Mais le progrès a beaucoup moins consisté dans l'augmentation des voies navigables que dans la correction, la régularisation, l'approfondissement des fleuves, ainsi que le montre la comparaison suivante.

[1] *Der Oderstrom, sein Stromgebiet und seine wichtigsten Nebenflüsse,...* I, p. 234.
[2] Sympher, *Die Wirtschaftliche Bedeutung des Rhein-Elbe-Kanals*, II, App., p. 22.
[3] Laffite, *op. cit.*, p. 32 s.
[4] *Statistisches Jahrbuch...*, 1900, p. 78.

Pouvaient ou peuvent être parcourus par des bateaux d'un tirant
d'eau de [1] :

	En 1880	En 1899
1^m 50 et au-dessus.	2.139,2 km.	5.239,0 km.
1^m —	4.623,6	7.075,4
0^m 75 —	2.325,4	599,4
Moins de 0^m 75 —	3.352,9	1.254,4
Total des routes navigables . .	12.441,1 km.	14.168,2 km.

Il y a vingt ans, plus des deux cinquièmes des voies navigables
n'offraient même pas à la batellerie des mouillages de 1 mètre.
Dans un sixième seulement, on trouvait des mouillages supérieurs
à 1^m 50. Aujourd'hui, ce sont les mouillages supérieurs à 1^m 50
que l'on rencontre dans près des deux cinquièmes des routes navigables. Et on ne doit se contenter de mouillages inférieurs à
1 mètre que dans un septième de ces routes.

La batellerie a su très heureusement tirer parti des transformations du réseau fluvial allemand. On a perfectionné le matériel,
remplacé de plus en plus les anciens bateaux en bois de faible
contenance par de larges chalands de fort tonnage, souvent en fer
ou en acier, augmenté le nombre et la puissance de traction des
remorqueurs. Les statistiques quinquennales allemandes sur l'état
de la flotte fluviale nous prouvent les progrès accomplis [2] :

	Nombre de bateaux de toutes catégories.	Tonnage total.	Bateaux au-dessus de 300 tonnes.
1877.	17.653	1.377.222	411
1882.	18.715	1.658.266	696
1887.	20.390	2.100.705	1.112
1892.	22.848	2.760.553	1.721
1897.	22.564	3.370.447	2.519

En vingt ans ainsi, le total des bateaux de toutes catégories
n'augmente que légèrement. Mais l'accroissement a été rapide
pour les navires supérieurs à 300 tonnes : leur nombre a sextuplé.
L'augmentation de la capacité des bateaux apparaît de même dans
le tonnage global de la batellerie allemande qui devient deux fois
et demi plus considérable pour un chiffre de bateaux peu accru.
Le tonnage moyen des chalands a, en effet, plus que doublé. Il
passe de 79 tonnes en 1877 à 160 tonnes en 1897. Au lieu de

[1] Stat. Jahrbuch .., 1881, p. 105; 1900, p. 64.
[2] Vierteljahreshefte zur statistik des Deutschen Reichs, 1899, II, p. 51.

198 remorqueurs en 1877, la flotte fluviale allemande en possède 876 en 1897. Au lieu de 570 bateaux à vapeur de toutes espèces en 1877, il en existait 1.953 en 1897. A elle seule, la flotte fluviale de Hambourg se montait en 1899 à 5.857 bateaux d'une capacité totale de 374.614 tonnes.

Or, la voie fluviale est, pour le trafic commercial, une voie essentiellement économique. Toute extension du réseau fluvial, particulièrement du réseau fluvial à mouillages profonds, lorsque la batellerie sait en tirer le parti, permettant une plus large circulation des marchandises par eau, équivaut, par elle seule, à une baisse sensible de frais qui grèvent le transport des marchandises dans le pays. Mais, de plus, les conditions meilleures de la navigation, l'approfondissement des routes navigables, le perfectionnement de la batellerie, ont amené des réductions sensibles des prix du fret fluvial, dans le détail desquelles je ne puis entrer ici. Toutes ces améliorations ont entraîné une progression marquée du commerce fluvial en Allemagne. Les statistiques allemandes nous permettent de suivre année par année le mouvement ascendant du trafic dans les ports fluviaux et lieux de passage les plus importants [1]. Lorsque j'aurai à parler du commerce des ports maritimes, je montrerai l'importance croissante des arrivages et des départs de marchandises par les routes navigables intérieures. Je ne dois en ce moment qu'indiquer le progrès du trafic dans l'ensemble du réseau allemand.

Par une lacune regrettable, des statistiques officielles générales manquent sur ce point. Mais, d'après une étude récemment faite par Sympher, en l'espace de vingt ans, le total des marchandises transportées se serait élevé de 10.400.000 tonnes en 1875 à 23.400.000 tonnes en 1895, il aurait donc plus que doublé. Calculé en tonnes kilométriques, le trafic a passé de 2.900 millions de tonnes en 1875 à 7.500 millions en 1895. Le réseau navigable étant à peu près resté le même, d'après Sympher, et étant évalué par lui à 10.000 km., le tonnage moyen kilométrique serait monté de 290.000 à 750 000 tkm [2].

---

[1] V. *Vierteljahreshefte zur statistik des Deutschen Reichs*, 1900, II, 14.

[2] Sympher, *Die Zunahme der Binnenschiffahrt in Deutschland*, Zeitschrift für Binnenschiffahrt, 1899, p. 150 et s. D'après les tableaux de la *Statistique de la navigation intérieure*, en France, le tonnage moyen kilomètrique ne s'est élevé, de 1875 à 1895, que de 182.000 à 306.000 tkm. Le trafic a été de 1.964 millions de tkm. sur une longueur navigable de 10.770 km. en 1875, et de 3.766 millions de tkm. seulement en 1895 sur un réseau fréquenté de 12.281 km. L'étendue du réseau fréquenté étant

Ces brefs renseignements suffisent, pour montrer combien a dû contribuer à la prospérité des ports maritimes le développement de la navigation intérieure en Allemagne. Si les conditions économiques présentes de l'Allemagne nécessitent un ample trafic maritime, ce trafic n'est en grande partie devenu possible que grâce au secours de la navigation fluviale qui, à des prix réduits, draine, d'une part, vers les ports, les marchandises destinées à l'exportation, et va, d'autre part, chercher dans les ports les produits étrangers nécessaires à la consommation nationale qu'elle distribue dans l'ensemble du pays.

III. La politique prussienne en matière de tarifs de chemin de fer. — Aux facilités de transport dues aux routes fluviales s'ajoutent pour le plus grand avantage des ports maritimes les facilités dues à l'extension du réseau des voies ferrées. Mais en ce qui concerne les voies ferrées, je ne veux dégager ici que les bénéfices qui résultent pour les ports, des tarifs réduits, des tarifs d'exception, *Ausnahme-tarife*, introduits par l'administration prussienne. Les mérites respectifs de la route fluviale et des tarifs réduits de chemins de fer sont très discutés en Allemagne. Les uns vantent les bienfaits du transport plus économique par eau ; les autres proclament la supériorité des tarifs réduits de chemins de fer, susceptibles d'assurer une circulation peut-être aussi économique, et de l'assurer non pas pour toutes les marchandises comme sur la voie fluviale, mais seulement pour certaines d'entre elles, conformément aux besoins des pays et de la politique douanière suivie par lui [1]. Je n'ai pas à entrer dans ce débat. Du point de vue spécial où je me place, tarifs d'exception et améliorations fluviales contribuent parallèlement aux progrès du trafic maritime et au développement des ports de l'Allemagne. Mais ils y contribuent inégalement ; la navigation intérieure présente en notre matière

demeurée à peu près la même qu'en 1895, le trafic a atteint, depuis, 4.576 millions de tkm. en 1898, et 4.489 millions en 1899. Il reste encore très inférieur au trafic allemand, ce qui s'explique d'ailleurs en partie par la configuration plus compacte de la France n'exigeant pas autant qu'en Allemagne les transports à longue distance.

[1] V. en faveur des chemins de fer et contre les voies fluviales, Ulrich, *Staffeltarife und Wasserstrassen*, 1894 ; *Staatseisenbahnen, Staatswasserstrassen und die Deutsche Wirtschaftspolitik*, 1898. — *Contrà*, Kurs, *Zeitschrift für Binnenschiffahrt*, 30 avril, 15 juin, 15 juillet 1898 ; *Jahrbücher für Nationalökonomie und Statistik*, février 1899.

une importance beaucoup plus considérable que les tarifs réduits
de chemin de fer.

On sait l'intérêt que présente la politique prussienne en matière
de tarifs d'exception. Dans les pays où l'exploitation du réseau ferré
est aux mains de sociétés privées, les administrations de chemins
de fer ne sont poussées à la concession de tarifs spéciaux réduits
que par l'avantage particulier que les Compagnies peuvent en
escompter. Elles abaissent les tarifs dans l'espérance de voir, par
l'augmentation du trafic, s'élever à la fois le revenu brut et le
revenu net. Mais en Prusse l'État, propriétaire et maître des chemins de fer, a pu obéir à d'autres visées. Certes, l'administration
prussienne se préoccupe elle aussi des résultats purement financiers
des réductions de tarifs. On a pu même leur reprocher vivement
en Allemagne de s'en trop préoccuper[1]. Mais en même temps elle
s'inspire de motifs d'intérêt plus général. Elle s'efforce par le jeu
des tarifs de protéger l'industrie et l'agriculture nationale contre la
concurrence étrangère sur le marché intérieur et les marchés
extérieurs. En tous cas, des spéculations d'ordre privé ne viennent
pas en Prusse, par certaines concessions de tarifs de pénétration,
fausser et contrecarrer les principes généraux de la politique économique, de la politique douanière suivie par le pays.

Le cadre de cette étude m'interdit d'examiner sous ses divers
aspects la matière des tarifs d'exception allemands. Je dois me borner à ne parler que des tarifs susceptibles d'apporter un complément de trafic aux ports maritimes de l'Allemagne[2]. Je grouperai
ces tarifs sous deux idées directrices. Les uns nous intéressent
parce qu'ils constituent des tarifs d'exportation par mer, les autres
parce qu'ils constituent des tarifs de pénétration ou de transit destinés à favoriser les ports allemands aux dépens des ports étrangers[3].

---

[1] V. par exemple, Kaufmann, *La politique française en matière de chemins de fer*,
trad. française par Hamon, p. 472, 473.

[2] Pour les explications qui suivent, j'ai pu utiliser des documents communiqués par
le ministère des travaux publics, à Berlin, et qui ne sont pas dans le commerce.

[3] Je rappelle les dispositions générales des tarifs *ordinaires* prussiens. Le transport
des *colis* est soumis à un tarif décroissant qui, de 22 pfennigs par tonne kilométrique
en grande vitesse et 11 pfennigs en petite vitesse, pour une distance inférieure à
50 kilomètres, descend successivement jusqu'à 12 et 6 pfennigs pour les distances
supérieures à 500 kilomètres. Je néglige les frais complémentaires d'expédition. — Le
tarif *général* du transport *par wagon complet* est de 6 pfennigs pour toute marchandise ne pouvant se réclamer d'aucun tarif spécial. Mais le bénéfice de tarifs *spéciaux*

Les premiers de ces tarifs à la vérité, les tarifs d'exportation, même par mer, ne concernent, en général, qu'indirectement les ports. Les réductions concédées par ces tarifs ont pour objet de soutenir l'industrie et l'agriculture allemandes dans leur lutte contre la compétition étrangère sur les marchés extérieurs, de les appuyer dans la recherche de débouchés plus larges. Aussi arrive-t-il parfois que des réductions de cette nature sont accordées à l'exportation non seulement par les ports allemands, mais encore par les ports étrangers. Il reste cependant que dans la mesure où l'abaissement des tarifs développe l'exportation par les places maritimes allemandes, ces places en bénéficient ; un aliment complémentaire est apporté à leur trafic commercial et maritime.

L'énumération complète de toutes les exceptions apportées aux tarifs *ordinaires* en vue de l'exportation par mer vers l'étranger ou les colonies allemandes [1] deviendrait vite fastidieuse. Une taxe générale n'existe en effet que pour le transport, depuis les gares intérieures jusqu'aux ports allemands, des petits *colis* destinés à l'exportation maritime [2]. Mais pour les expéditions *par wagons complets,* il n'a été formulé aucun principe d'ensemble. Sur la réclamation des intéressés, l'administration prussienne consent, quand elle les trouve opportunes, pour telle ou telle catégorie de marchandises, des réductions plus ou moins considérables. Il suffira donc de montrer par quelques exemples les tendances de la politique allemande en cette matière.

Des tarifs d'exception importants ont pour but de développer les exportations industrielles allemandes. Parmi ceux-ci, il faut mettre au premier rang, ceux qui sont relatifs aux produits des puissantes industries métallurgiques allemandes. Les marchandises en fer et

par wagons complets est accordé à une série de marchandises énumérées dans les publications officielles. Le tarif spécial I, relatif principalement à des produits manufacturés, est de 4,5 pfennigs ; le tarif spécial II est de 3,5 pfennigs ; le tarif spécial III, relatif principalement à des matières premières est de 2,6 pfennigs jusqu'à 100 kilomètres et de 2,2 pfennigs pour les distances dépassant 100 kilomètres. Dans le cas cependant où le chargement du wagon, supérieur à 5 tonnes, n'atteint pas 10 tonnes, le prix du transport est majoré (tarif général A[1], tarif spécial A[2]).

[1] Pour toute expédition faite de l'intérieur vers les ports allemands avec le bénéfice des réductions des tarifs d'exportation, *Ausfuhrtarife,* preuve doit être apportée de la réexportation effective par mer du port vers l'étranger ou les colonies dans les six mois.

[2] Le tarif est réduit à 6, 7 pf. par tkm. pour quelque distance que ce soit, alors que suivant le tarif ordinaire, en petite vitesse, le prix du transport est de 11 pf. la tkm ; jusqu'à 50 kilomètres et ne décroît ensuite que lentement.

en acier bénéficient de tarifs fort abaissés, en vue de l'exportation maritime [1]. Des réductions plus sensibles encore sont venues tout récemment favoriser les expéditions ayant pour objet l'exportation en Extrême-Orient spécialement encouragée en ces dernières années par l'Allemagne [2]. Les produits en plomb, ou zinc, jouissent aussi de tarifs très modérés [3].

La sollicitude de l'administration prussienne s'étend également aux exportations agricoles. Lorsqu'en 1894 furent créés les bons d'importation destinés à faciliter l'écoulement à l'étranger du trop plein de la production en froment des provinces orientales prussiennes, un tarif réduit [4] est venu permettre aux places éloignées de la côte de plus de 100 kilomètres de bénéficier, aussi bien que les places plus proches, des avantages de la nouvelle loi. Kœnigsberg, Dantzig et aussi Stettin attachent à ces tarifs une grande importance.

On voit par ces hypothèses comment la politique des tarifs de chemin de fer peut venir se souder, comme une annexe précieuse, à la politique économique générale de l'Etat, et comment elle aide au développement de l'exportation, à l'accroissement du trafic des places maritimes.

Mais je dois une mention spéciale à des tarifs d'exception particuliers, destinés à favoriser l'extension du commerce allemand avec le Levant et la côte orientale de l'Afrique.

Un accord conclu en 1890 entre les différentes directions des chemins de fer allemand, l'administration des chemins de fer orientaux, et la compagnie de navigation, la *Deutsche Levante Linie,* établit un service de transport direct et à prix très réduits, par Hambourg, entre les gares de chemin de fer allemandes, et différents ports de la Grèce, la Turquie, la Bulgarie, les ports russes de la mer Noire, ainsi que les gares intérieures des chemins de fer orientaux. Selon les termes de cet accord, la compagnie, la *Deuts-*

---

[1] Le tarif est de 1,7 pf. la tkm. au lieu du tarif ordinaire de 2,6 pf. pour le fer et l'acier expédiés vers les ports depuis des places distantes de plus de 200 kilomètres. Les marchandises en fer et en acier inscrites au tarif spécial II paient également, sous la condition de leur réexportation maritime, 1,7 pf. au lieu du prix de 3,5 pf. au tarif ordinaire. Pour les produits fabriqués du tarif spécial I, au lieu de 4,5 pf.; certains ne paient que 1,7, ou encore 2,5 à 2,2 pf., les autres 3,5 à 2,8 pf.

[2] Au lieu de 4,5 et 3,5 pf. au tarif ordinaire, le tarif s'abaisse, en particulier pour le matériel de chemin de fer, à 1,4 et 1,2 pf.

[3] Le prix par tkm. varie entre 2,2 et 3 pf. au lieu que le tarif ordinaire serait de 4,5 où 6 pf.

[4] Le tarif est de 1,43 pf. au lieu de 4,5 pf. au tarif ordinaire.

che Levante Linie diminue sensiblement les prix du fret maritime. Mais, de leur côté, les chemins de fer allemands abaissent très considérablement aussi, pour le parcours en Allemagne, les frais de transport des marchandises expédiées de toute gare allemande à destination du Levant [1]. La réduction sur les chemins de fer allemands et les bateaux de la *Deutsche Levante Linie* est si forte qu'un quintal de telle marchandise ne paie que 4 ou 5 marks pour parvenir depuis une ville du centre de l'Allemagne jusqu'aux ports orientaux, alors que son expédition par Marseille d'une ville intérieure française coûterait 15 ou 20 francs. Ainsi est détourné vers Hambourg un trafic qui, normalement, devrait se faire par les ports italiens et autrichiens. Ainsi surtout se développe rapidement le commerce de l'Allemagne avec le Levant [2].

Une convention semblable à celle du Levant a été conclue en avril 1895 entre les administrations de chemin de fer allemandes et la compagnie, la *Deutsche Ost Afrika Linie,* pour le transport des marchandises à prix réduit depuis les gares intérieures de l'Allemagne jusqu'à une série de ports de l'Afrique orientale, en passant par Hambourg. Le nouveau tarif a contribué à relever de

---

[1] Pour les colis, le tarif, fort diminué, Varie entre 4,5 et 2,3 pf., au lieu de 11 à 6 pf. au tarif ordinaire. Pour les marchandises par wagon complet, le tarif, décroissant avec la distance, est de 1,5 à 1,7 pf. au lieu de 3,5 et 2,6 pf. en ce qui concerne certaines catégories de produits du tarif spécial II et III, de 2,3 à 2,0 pf., au lieu de 4,5 pour certaines marchandises du tarif spécial I

[2] Voici, par exemple, *en milliers de marks,* la Valeur des exportations de Hambourg vers quelques pays du Levant, en 1890 et 1899 :

Exportations vers	1890	1899
Turquie d'Europe	1.449	7.207
Bulgarie et Serbie.		851
Ports russes de la Mer Noire.	1.671	8.236
Grèce	1.086	2.662
Roumanie	1.050	2.424
Turquie d'Asie	?	1.987
Total	5.256	23.367

(V. les *Tabellarische Uebersichten des Handels und der Schiffahrt Hamburgs,* 1890 et 1899). De 1890 à 1899, les exportations globales de Hambourg Vers l'étranger n'ont augmenté que de 25 p. 100, alors que Vers le Levant elles ont ainsi plus que quadruplé. — En 1890-1891, la première année qui suit l'application du tarif du Levant, le total des marchandises transportées par chemin de fer, selon les conditions de ce tarif, s'élevait à 5.160 tonnes. En 1899-1900 ont été transportées 24.638 tonnes, soit un progrès, à l'égard de 1890-1891, de 377 p. 100.

manière notable les exportations vers la côte orientale de l'Afrique [1].

Grâce aux tarifs d'exportation, les ports allemands bénéficient ainsi d'une politique qui poursuit en général d'autres desseins que leur prospérité. Mais c'est directement aussi que l'Administration des chemins de fer prussiens cherche à favoriser les ports allemands, à développer leur trafic au détriment des ports étrangers. Elle le fait, soit par l'établissement de tarifs de pénétration pour des marchandises qu'en général l'Allemagne ne produit pas, soit par l'institution de tarifs de transit pour des expéditions directes entre les ports allemands et toute une série de pays étrangers.

Les tarifs de pénétration visent surtout à protéger les ports de la mer du Nord, Hambourg et Brême, contre la concurrence des ports d'Anvers et de Rotterdam ainsi que contre celle des ports français. Dans cette histoire de la lutte entreprise par l'administration allemande contre la rivalité des grands ports belges et hollandais, il est une page particulièrement intéressante : c'est celle qui concerne les efforts faits pour détourner vers les ports allemands et les chemins de fer un trafic qui, normalement, devrait s'effectuer par les ports belges ou hollandais et le Rhin.

Le Rhin offrait une magnifique voie naturelle aux importations exotiques vers les provinces du Rhin et la Westphalie. Mais les points terminus de cette voie se trouvent à l'étranger. Aussi l'administration prussienne, peu de temps après l'incorporation au *Zollverein* de Hambourg et de Brême qui eut lieu en 1888, va-t-elle travailler à attirer vers ces ports une partie du commerce avec les provinces rhénanes et westphaliennes qui se faisait par Anvers et Rotterdam. Par le jeu des tarifs, elle tend à abaisser le prix du transport, des ports allemands de la mer du Nord vers ces provinces, au-dessous du prix de transport depuis les ports rivaux, malgré une distance de 200 ou de 250 kilomètres plus considérable. Une série de tarifs réduits relatifs au pétrole, aux céréales, au coton, au riz, aux denrées coloniales sont successivement établis [2].

---

[1] Le total des marchandises transportées par chemin de fer conformément au tarif de 1895 a passé de 3.588 tonnes en 1895-1896, à 17.437 tonnes en 1899-1900, soit un progrès de 386 p. 100.

[2] Le pétrole expédié des ports allemands par chemin de fer vers le Rhin et la Westphalie paie jusqu'à 2,2 pf. seulement, au lieu de la taxe ordinaire de 6 pf. Les céréales et les produits de la minoterie paient 3,3 pf. au lieu de 4,5 ; mais sur les réclamations des populations agricoles, le tarif de pénétration des céréales est restreint à l'avoine et

La lutte contre les ports étrangers se compliquait d'une guerre de tarifs entre les chemins de fer et les compagnies de navigation sur le Rhin. Les ports fluviaux allemands du Rhin, Mannheim, en particulier, protestèrent vivement contre la politique des tarifs qui, sous prétexte de soutenir les ports maritimes, entravait le trafic normal des ports intérieurs et des voies navigables [1]. Des efforts actifs furent faits pour paralyser les effets des tarifs de chemins de fer, pour empêcher la diminution du commerce sur le Rhin. Pour le pétrole, par exemple, on paraît y avoir complètement réussi. Après un ralentissement momentané de la circulation du pétrole sur le Rhin, de nouvelles réductions du fret fluvial, le renouvellement du matériel, la création de bateaux citernes, maintinrent au trafic sur le Rhin, aux affaires en pétrole entre Mannheim et les ports belges et hollandais, leur importance ancienne [2]. Mais pour d'autres marchandises, pour le coton, par exemple, il semble bien que la politique prussienne en matière de chemins de fer a constitué un secours précieux contre la concurrence des places étrangères pour les ports allemands, spécialement pour Brême qu'il s'agissait surtout de favoriser [3].

Tout un système de tarifs de pénétration a été institué aussi au profit des ports allemands pour les envois directs vers l'Allemagne du sud-est, Francfort et au delà, la Bavière, etc. Seulement ici à

au maïs. Le coton bénéficie d'un tarif de 2,2 pf. au lieu de 4,5; le riz acquitte 2,7 pf. au lieu de 3,5; le café, le tabac, les raisins secs paient 3,5 pf. au lieu de 6.

[1] V. contre la politique de l'administration des chemins de fer, Landgraf, *Die fortgesetzte Konkurrenzirung der grossen Wasserstrassen durch die Deutschen Staatseisenbahnen*, 1897; Dufourny et Landgraf, *Der Rhein in seiner technischen und wirtschaftlichen Bedeutung*, 1898, p. 24 s., 79 s. En faveur des tarifs différentiels, Ulrich, *Staatseisenbahnen, Staatswasserstrassen*, p. 13.

[2] Le tarif d'exception relatif au pétrole a été appliqué à partir du 25 novembre 1886. Les expéditions de pétrole de Brême et des autres petits ports de la Weser inférieure vers la Westphalie et les provinces du Rhin se montèrent en 1886 à 26.000 tonnes. Elles atteignirent 41.000 tonnes en 1889. Mais elles diminuèrent ensuite jusqu'à 15.000 tonnes seulement en 1899 (V. *Statistik der Güterbewegung auf deutschen Eisenbahnen*, 1886, 1889, 1899). Aussi Ulrich reproche-t-il amèrement aux partisans de la navigation rhénane la satisfaction exprimée par eux des résultats obtenus, c'est-à-dire d'un état de choses qui augmente la prospérité des ports étrangers aux dépens des ports allemands.

[3] L'abaissement jusqu'à 2,2 pf. du tarif relatif au coton transporté vers la Westphalie, les provinces du Rhin et l'Alsace date du 1er mars 1889. En 1889, les expéditions de Brême vers ces trois régions s'élevaient à 27.000 tonnes. En 1899, elles atteignent 78.000 tonnes, elles ont donc presque triplé. Les réductions des tarifs ont vraisemblablement beaucoup contribué à cette augmentation. (Cf. *Statistik der Güterbewegung auf deutschen Eisenbahnen*, 1889, 1899.)

la compétition avec les ports belges et hollandais s'ajoutait une concurrence contre les ports et les chemins de fer français. Aussi, en
même temps que les ports allemands, les ports hollandais et belges
bénéficient-ils également d'une baisse du prix du transport pour
leurs expéditions vers l'Allemagne méridionale. Mais la baisse
demeure d'ordinaire moins forte pour eux, de manière à assurer une
situation plus avantageuse aux ports allemands.

Les tarifs relatifs au transport en transit depuis les places maritimes allemandes jusqu'à l'étranger, auxquels j'arrive maintenant,
ont pour but à la fois de favoriser le trafic de transit par les lignes
ferrées allemandes, et le mouvement commercial des ports allemands. Ils prolongent l'*hinterland* des ports, augmentent leur
arrière pays allemand d'un arrière pays étranger, font d'eux les
ports non seulement de l'Allemagne, mais encore ceux de la Suisse,
de l'Autriche ou de la Russie. La plupart de ces tarifs sont relatifs
à l'expédition en transit vers l'étranger des marchandises *importées par mer* dans les ports. Mais il en est aussi qui, en sens inverse, visent à développer les *exportations maritimes* de marchandises venues de l'étranger par chemin de fer dans les ports.

Les premiers concernent le transit depuis les ports allemands
jusque dans l'Europe centrale, ou même méridionale et orientale,
la Suisse, l'Autriche, la Galicie, la Russie, la Pologne, la Roumanie. Ici encore le dessein de concurrencer les ports et les chemins
de fer français, ainsi que les ports autrichiens et italiens du bassin
de la Méditerranée, a atténué la lutte contre les places belges et
hollandaises Des réductions parfois égales à celles dont bénéficient
les envois depuis les ports allemands, parfois moindres, ont été
également accordées aux ports de Belgique et de Hollande. Ces
réductions, relatives, par exemple, aux denrées coloniales [1], au
coton [2] au riz [3], au tabac [4], sont fort variées, suivant l'éloignement
du pays de destination et la nature de la compétition à vaincre. Le

---

[1] Au lieu du tarif normal de 6 pf. la tkm., le café, le cacao et d'autres denrées coloniales ne paient que 3,8 pf. depuis les places maritimes allemandes jusqu'en Bohême,
en Autriche et en Hongrie, 3,68 seulement jusqu'en Suisse.

[2] Au lieu de 4,5 pf. le coton paie 3,09 pf. pour les expéditions vers la Suisse, 3,0 pf.
vers l'Autriche, 2,2 vers la Pologne, 1,75 vers la Russie.

[3] Au lieu du tarif ordinaire de 4,5 pf., le riz est soumis à un tarif de 3,26 pf. vers la
Suisse, 2,69 vers l'Autriche, 2,61 vers la Pologne, 2,51 vers la Galicie, 3,0 vers la
Roumanie.

[4] Au lieu de 6 pf., le tabac acquitte 3,68 pf. vers la Suisse, 3,43 vers l'Autriche, 5,26
vers la Galicie.

tarif spécial au coton présente, en particulier, un intérêt considérable pour Brême. Il permet à cette ville de larges exportations de
coton vers l'Autriche, la Russie, la Pologne, contribue à conserver
au marché de coton à Brême toute l'importance qu'il possède depuis
longtemps [1].

C'est en ce qui concerne les ports de la Baltique, et surtout
Dantzig et Kœnigsberg, que nous trouvons des tarifs de transit
réduits ayant pour objet la réexportation maritime des marchandises reçues en transit, par chemin de fer, de l'étranger, de la Russie,
de la Pologne. On verra plus tard que la situation de Dantzig et
de Kœnigsberg, leur faible *hinterland* allemand, leur proximité de
la frontière russe et polonaise singularisent leur commerce, lui
donnent un caractère différent de celui des autres ports allemands.
Ces dissemblances apparaissent déjà en matière de tarifs de chemin
de fer. Tandis que pour Brême et Hambourg, il s'agissait d'attirer
vers ces villes un trafic qui normalement devrait passer par Anvers
et Rotterdam, il s'agit ici, au contraire, de conserver à Dantzig et à
Kœnigsberg un commerce naturel que la politique russe en matière
de tarifs de chemin de fer s'efforce de détourner vers les ports de la
mer Baltique. Pour résister à ces tendances russes, l'administration
prussienne introduit en faveur de Dantzig et Kœnigsberg des tarifs
de transit réduits, en vue de la réexportation maritime. Les tarifs
ont trait, par exemple, au bois russe, ou encore au sucre de Russie [2], malgré les protestations jugées peu fondées de l'industrie
sucrière prussienne. Pour ce qui est des céréales russes, l'administration prussienne, depuis 1893, soumet leur transport en transit en
Allemagne à des tarifs exactement identiques à ceux dont jouissent
en Russie les céréales à destination des ports russes. Cependant ce
régime ne satisfait pas le commerce de Kœnigsberg et de Dantzig.
Grâce à certaines mesures spéciales, la Russie parvient encore à
diriger vers ses ports le trafic des céréales, au détriment des ports
prussiens de la Baltique.

---

[1] Les expéditions totales en coton de Brême vers l'intérieur par chemin de fer s'élèvent en 1899 à 203 000 tonnes. J'ai déjà fait allusion aux 78.000 tonnes dirigées vers
la Westphalie, les provinces du Rhin et l'Alsace. Vers la Bavière sont envoyées
43.000 tonnes. Vers l'étranger sont transportées 90.000 tonnes dont 50.000 pour l'Autriche-Hongrie, 26.000 pour la Russie et la Pologne, 10.000 pour la Suisse (V. *Stat.
der Güterbewegung...*, 1899, p. 84).

[2] Le tarif pour le bois est de 1,8 à 2,2 pf. au lieu du tarif ordinaire de 3,0 à 2,2 pf. ;
le tarif pour le sucre est de 3,5 pf. au lieu de 4,5 pf. (tarifs de mai et octobre 1899).

Les considérations succinctes auxquelles j'ai dû me restreindre peuvent suffire à montrer l'action heureuse que la politique des tarifs exerce sur le développement des ports allemands. Mais parmi ces ports, c'est Brême principalement, semble-t-il, qui bénéficie des efforts de l'administration prussienne. Brême n'est pas située comme Hambourg sur un grand fleuve qui, par son long cours et celui de ses affluents, lui assure une vaste zone commerciale prolongée jusqu'en Bohême et en Autriche. C'est artificiellement à l'aide des tarifs réduits de chemin de fer qu'il a fallu amplifier l'*hinterland* de Brême. La politique prussienne en matière de tarifs d'exception qui a servi à l'accroissement du trafic de l'ensemble des ports allemands, doit particulièrement nous apparaître comme une des causes notables de la prospérité de Brême. Mais, d'une manière générale, tarifs d'exportation, tarifs de pénétration et de transit, tout le système complexe de tarifs dont j'ai parlé, atteste comment, aux mains de l'Etat, les voies ferrées peuvent devenir un instrument précieux pour réaliser les desseins que se propose la politique nationale [1].

II

LE DÉVELOPPEMENT DE L'ORGANE

Il ne suffisait pas pour les progrès du commerce maritime, résultant, comme on l'a vu, de l'évolution économique générale de l'Allemagne, de l'amélioration des moyens de transport intérieurs. Il fallait encore perfectionner l'aménagement de ces grandes gares maritimes que sont les ports, augmenter la marine marchande nationale, toujours plus favorable à l'extension du trafic indigène que la marine étrangère. L'œuvre de l'agrandissement des ports, de l'accroissement de la marine marchande, du développement de l'organe, se soude donc à l'œuvre de l'amélioration des routes intérieures. Installations maritimes, flotte marchande, ne sont qu'un fragment de cette partie importante de l'économie nationale que constituent les voies de communication.

Je continue ainsi l'examen des causes de la prospérité des ports allemands. Mais nous sommes ici en présence de causes que l'on peut tout autant considérer comme des effets. Assurément, un

---

[1] V. cependant toutes les critiques que Kaufmann (*op. cit.*, p. 471 et s., 937) adresse à la politique prussienne en matière de tarifs réduits de chemin de fer.

port pourvu de tous les perfectionnements de l'outillage moderne
attire à lui un trafic plus considérable. Mais c'est aussi bien le
progrès des transactions qui pousse aux constructions et aux travaux devenus indispensables. L'organe. et la fonction se développent parallèlement. C'est dans la mesure où la fonction s'est
accrue ou. est susceptible de recevoir un nouvel accroissement que
s'élargit et s'enrichit l'organe. La corrélation entre l'importance
des travaux exécutés, des dépenses faites, et l'intensité du mouvement commercial et maritime des ports nous apparaîtra constamment au cours de cette étude.

Le renouvellement des installations maritimes a coïncidé, pour
divers ports allemands, avec la création de zones ou de quartiers
francs dans le port. Aussi est-ce l'intérêt que ces franchises ont
présenté pour les ports allemands que je.dois d'abord considérer
avant de passer à l'examen des améliorations techniques entreprises dans les ports.

I. L'ÉTABLISSEMENT DE PORTS FRANCS [1]. — On sait qu'il n'est plus,
à proprement parler, de ports francs en Europe. Il existe seulement dans certains ports des zones, des quartiers francs, considérés comme territoires étrangers au point de vue de la douane et
où les marchandises étrangères peuvent être importées, assorties,
manipulées, et d'où elles peuvent être réexportées sans avoir été
astreintes à aucun paiement de droits autres que des droits insignifiants de statistique. Le fisc intervient seulement lorsque, de
l'enceinte franche, les marchandises pénètrent en territoire douanier. Ce sont des ports francs de cette nature qui ont été constitués
en Allemagne.

D'autres institutions que les ports francs, il est vrai, peuvent
offrir au trafic des facilités analogues à celles que leur offre la
franchise partielle du port. L'Allemagne possède ainsi des entrepôts où la liberté des manipulations est beaucoup plus considérable
qu'en France. Elle a, outre ce que nous appellerions des entrepôts
réels, des entrepôts privés, soit sans surveillance douanière per-

---

[1] Je résume ici sur certains points, et je développe sur d'autres, des idées exposées
avec plus d'ampleur dans ma brochure : *Les ports francs en Allemagne et les projets
de création de ports francs en France.* Conférence faite à la Société d'économie
politique nationale le 9 janvier 1901.

manente, soit, au contraire, avec cadenassement douanier, des *Transitlager,* des *Theilungslager,* des *Weinlager,* où la possibilité des triages, mélanges, coupages de toutes sortes, va bien au delà des faibles tolérances de la douane à l'égard de nos entrepôts *fictifs.* L'admission temporaire, avec réexportation presque toujours à l'identique, a également une grande importance en Allemagne. L'admission en franchise se fait parfois dans des *fabriques cadenassées,* aux issues fermées ou surveillées par la douane, qui contrôle rigoureusement les entrées et sorties, de manière à s'assurer de la sincérité des réexportations à l'identique.

Mais ces facilités ne sont obtenues qu'au prix de frais considérables. De plus, la liberté des manipulations ou transformations demeure restreinte. De là, le désir des villes maritimes allemandes de voir la franchise concédée à une partie de leur port.

Jusqu'à une époque toute récente, la franchise s'étendait à Hambourg et à Brême à l'ensemble de la ville. Tandis que Lübeck, en effet, avait consenti à entrer dès 1867 dans l'Union douanière allemande, dans le *Zollverein,* Hambourg et Brême résistèrent plus longtemps aux instances pressantes du gouvernement prussien et du gouvernement impérial, demeurèrent jusqu'en 1888 villes franches en même temps que villes libres. Il fallut de longues négociations et jusqu'à des menaces pour leur faire accepter leur incorporation au *Zollverein.* Encore l'Empire dût-il admettre que la franchise serait réservée à une portion du port de Hambourg et de Brême ; il dut indemniser aussi partiellement les deux villes hanséatiques des frais que rendait nécessaire l'aménagement des nouvelles zones franches, par une contribution de 40 millions de marks pour Hambourg et de 12 millions pour Brême [1].

Depuis, d'autres places maritimes ont obtenu la franchise d'une partie de leur port. La Prusse a voulu pour ses villes de Stettin et de Dantzig des facilités semblables à celles dont bénéficiaient les deux républiques hanséatiques. Une zone franche a été ouverte au trafic, à Stettin, le 23 septembre 1898, et une autre à Neufahrwasser, l'avant-port de Dantzig, le 5 avril 1899. A Altona également est aménagé en ce moment un quartier franc, et l'inauguration s'en fera prochainement. Au printemps prochain commenceront les

[1] V. les lois du 16 février 1882 et 31 mars 1885, *Reichsgesetzblatt,* 1882, p. 39 ; 1885, p. 79.

travaux d'établissement d'une section franche à Emden. Et Lübeck,
à son tour, souhaite une faveur semblable à celle dont jouissent
Hambourg et Brême.

Le régime de ces « ports francs » allemands, pour continuer à
employer une expression inexacte, mais commode, n'est pas le
même à Hambourg et dans les autres ports. Hambourg seul possède ce que la terminologie allemande appelle un *Freihafen*,
c'est-à-dire une zone franche où peuvent s'élever des fabriques.
Ailleurs, dans les *Freibezirk*, n'existe que la liberté de mélanger,
manipuler, de toutes façons, les marchandises, sans la possibilité
de leur transformation industrielle.

Mais dans le *Freihafen*, comme dans le *Freibezirk*, est interdit
tout commerce de détail. Les quelques restaurants qui existent
dans le port franc de Hambourg n'y vendent que des denrées
ayant satisfait aux obligations douanières. Les marchandises débarquées dans le port franc ne pouvant y être consommées, doivent
nécessairement en sortir, soit après y avoir simplement séjourné,
soit après y avoir subi une manipulation ou une transformation
quelconque. Si elles sont réexportées à l'étranger, elles échappent
par là même à toute intervention douanière. Si, au contraire, elles
pénètrent dans le territoire douanier allemand, elles tombent sous
le coup des tarifs. Mais il convient de préciser de suite quel tarif
leur est applicable, et on verra plus loin l'importance de cette
question.

Les marchandises qui ont subi une façon industrielle dans le
Freihafen de Hambourg, bénéficient, en général, à leur entrée
en pays douanier des avantages de la nation la plus favorisée, et
n'acquittent que les droits réduits du tarif conventionnel. Mais le
droit qu'elles acquittent est le droit sur le produit ouvré et non pas
seulement le droit sur la matière première qui a servi à les fabriquer. Aussi l'exportation en territoire douanier ne reste possible
que pour les marchandises pour lesquelles la différence entre les
droits sur la matière première et le produit fabriqué est peu considérable. Mais cette différence, au contraire, étant assez sensible
pour la plupart des objets, la réexportation à l'étranger s'impose
le plus souvent. La concurrence sur le marché intérieur, sur le
marché allemand, deviendrait, en effet, trop difficile avec les établissements industriels situés en pays douanier qui, eux, n'ont payé
que les droits moins élevés sur la matière première.

Mais la situation est autre — et c'est ce qu'il importe de mettre
en lumière — pour les produits qui ont passé par le port franc
sans y avoir été industriellement transformés. Pour ceux-ci, la
réexportation à l'étranger n'est nullement une nécessité. Ils peuvent
pénétrer dans l'intérieur de l'empire sans que leur emmagasinement dans l'enceinte franche ait aggravé leur condition à l'égard
de la douane. 'ils proviennent d'un pays qui a conclu un traité de
commerce avec l'Allemagne, ou qui au moins a obtenu les avantages de la nation la plus favorisée, ils conservent le bénéfice de leur
origine et jouissent des réductions du tarif conventionnel. Bien
plus, si des marchandises provenant de pays différents, mais avec
lesquels l'Allemagne est liée par traité sont assorties, mélangées
dans la zone franche, le produit mélangé n'acquitte encore que les
droits du tarif conventionnel. Dans le cas seulement où un des
produits entrant dans le mélange viendrait d'une contrée dont les
envois demeurent soumis en Allemagne aux rigueurs du tarif autonome, du tarif général, les dispositions de ce tarif trouveraient à
s'appliquer.

Malgré ce régime, les autorités douanières allemandes affirment
ne pas craindre la fraude. D'ailleurs, cette double circonstance
que, d'une part, les traités de commerce allemands n'accordent de
réductions de droits que pour un petit nombre d'articles, et que,
d'autre part, presque tous les Etats européens — le Portugal excepté
— et une grande partie des Etats extra-européens, bénéficient de la
clause de la nation la plus favorisée, fait que dans la pratique, le
plus souvent, un seul tarif est applicable, de sorte que l'hypothèse
de la fraude ne se présente même pas.

La situation qui est faite à leur introduction en pays douanier
aux marchandises ayant séjourné dans le port franc explique les
avantages que les villes maritimes allemandes trouvent à la franchise partielle de leur port.

Au point de vue maritime, le régime des ports francs allemands
permet aux navires venant de l'étranger de débarquer dans la zone
franche l'intégralité de leur cargaison. Ils y débarquent non seulement les produits qui, après manipulation, seront réexportés à
l'étranger, mais aussi ceux qui sont destinés à être réexpédiés en
territoire douanier, et dont le passage par la zone franche n'empire
pas leur condition à l'égard de la douane. Ils échappent ainsi à
toutes les formalités des déclarations sommaires, et en détail, à toutes

les lenteurs qu'entraîne la nécessité de la présence à bord des préposés du fisc. Ils peuvent décharger et recharger rapidement sans
perdre en pourparlers avec la douane un temps qui, pour les vapeurs
surtout, est particulièrement précieux.

Mais c'est le commerce principalement qui tire profit de la franchise du port. L'avantage le plus considérable à cet égard, et sur lequel
je n'ai pas besoin d'insister, consiste dans la faculté de la réexportation à l'étranger, sans paiement de droits et sans les frais de
l'entrepôt, des marchandises exotiques, après des manipulations,
triages et mélanges de toutes sortes. Mais outre le commerce de
réexportation, le commerce d'importation en Allemagne aussi bénéficie de la franchise du port. On achète à l'étranger à un moment
favorable. On emmagasine les marchandises dans les locaux de
l'enceinte franche. Et là, sans avoir à satisfaire immédiatement aux
obligations douanières, à débourser des sommes qui peuvent trouver ailleurs un placement rémunérateur, on attend les commandes
qui peuvent aussi bien venir de l'intérieur que de l'étranger.

Enfin le port franc, du moins le port franc de Hambourg, le
Freihafen, présente quelque intérêt pour l'industrie d'exportation.
Mais cet intérêt ne paraît pas bien considérable. D'après une communication faite au consulat général de France à Hambourg,
83 établissements industriels occupant 10.000 ouvriers environ
existent dans le quartier industriel du port franc. Mais ce sont en
très grande partie des chantiers de construction navale établis là
pour des raisons de commodité technique et non pas pour tirer
parti de la franchise du port : la loi allemande autorise, en effet,
même en pays douanier, l'entrée en franchise des matériaux
nécessaires à la construction et à la réparation des navires. Aussi,
en mettant hors de compte les chantiers de construction et quelques fabriques annexes, on n'est plus en présence que d'établissements occupant ensemble quelques 2.500 ouvriers seulement.
Encore ces établissements étaient-ils là, pour la plupart, avant
l'accession de Hambourg au *Zollverein* et y sont-ils restés. Quelques fabriques aussi trouvent avantage à s'élever dans le port
franc à cause de la possibilité d'y être, au bord même de l'Elbe,
en communication directe avec les navires. Seules, peut-être, les
usines à rectifier l'alcool, fabriques de liqueurs et spiritueux, trouvent une utilité réelle à s'installer au port franc. Mais cette utilité,
au moins pour certaines d'entre elles, n'est-elle pas dans la faculté

de fabriquer librement, en échappant aux sévérités des lois d'empire contre les fausses marques et les liquenrs falsifiées, ces
cognacs ou rhums à 25 ou 30 francs l'hectolitre, ces *Façonweine*,
ces vins « de façon », de contrefaçon, qui ne sont pas le plus pur
de la renommée commerciale de Hambourg? Les chiffres de l'exportation de vins et liqueurs de Hambourg, presque égaux ou même
souvent très supérieurs aux chiffres de l'importation, alors que le
prix moyen assez élevé à l'entrée s'abaisse singulièrement à la sortie, en même temps sans doute que la qualité du produit, donnent
à cette supposition plus qu'un simple caractère de vraisemblance[1].

La raison principale pour laquelle l'importance industrielle du
port franc de Hambourg demeure relativement faible, c'est, comme
on a pu le deviner, la nécessité de fait, pour un grand nombre de
marchandises, de la réexportation à l'étranger, à cause de l'obligation d'acquitter, pour pénétrer en pays douanier allemand, les
droits sur le produit fabriqué, et non pas seulement les droits sur
la matière première. Le débouché extérieur comporte toujours
quelque incertitude. On court de grands risques à ne travailler
que pour les marchés exotiques et lointains. Les fabricants préfèrent s'établir à Hambourg dans la ville douanière, dont le développement industriel devient très remarquable, de manière à conserver
la possibilité de l'écoulement de leurs marchandises à l'intérieur
aussi bien qu'à l'étranger.

C'est pour les facilités du commerce que le port franc est constitué. Cette affirmation apparaît nécessairement exacte pour les
Freibezirk allemands où ne peut s'élever aucun établissement
industriel ; mais elle le reste aussi à un très haut degré pour le
Freihafen de Hambourg.

Malgré son peu de succès, la section industrielle du port franc
de Hambourg demeure l'objet d'assez vives critiques de la part de
l'administration centrale prussienne. L'empire n'a consenti en 1882
que de mauvaise grâce aux privilèges de Hambourg. Si, depuis, de
nombreux *Freibezirk* ont été créés, Hambourg est resté le seul
Freihafen allemand. Le gouvernement impérial regrette le rétré-
cissement des débouchés pour certains produits allemands qui
résulte de la faculté de ne transformer dans le port franc de Hambourg que les seules marchandises étrangères. Il se plaint aussi de

[1] V. sur les fraudes et sophistications des Vins et liqueurs dans le port franc de
Hambourg, ma brochure déjà citée.

la situation de faveur faite aux industries de Hambourg dans leur
concurrence avec les industries du reste de l'empire sur les marchés
extérieurs. Et il propose des mesures sévères contre les falsifications de vins et de liqueurs préjudiciables au bon renom des produits allemands à l'étranger. Mais sauf ce dernier point, vu le petit
nombre d'établissements industriels autres que les chantiers de
construction, dans le port franc de Hambourg, on ne peut guère
voir dans les reproches de l'Administration prussienne qu'un procès de principe, présentant surtout un intérêt théorique.

Si donc on néglige le côté industriel des ports francs, on doit
reconnaître que les avantages maritimes et commerciaux de la
franchise du port ont assurément aidé à la prospérité de Hambourg
et de Brême. A Stettin et à Dantzig, la création des zones franches
est encore trop récente pour qu'elle ait pu donner des résultats
appréciables.

Mais, même à Hambourg et à Brême, il ne faudrait pas attribuer
à la franchise du port une importance exagérée. On connaît la cause
principale des progrès rapides des ports allemands : l'évolution
économique de l'Allemagne, sa transformation en un Etat de plus
en plus industriel. A côté de ce facteur décisif de l'essor des ports
allemands, la franchise n'a eu pour eux qu'une utilité secondaire
et complémentaire.

La preuve de cette assertion apparaîtra mieux plus tard lorsque
j'arriverai à l'analyse du commerce des ports, de celui de Hambourg, en particulier. Je montrerai alors comment ce commerce se
modèle sur le commerce global de l'Allemagne, comment, d'après
la nature des marchandises entrées et sorties, il apparaît intimement lié à la situation économique présente de l'Allemagne. Mais
je puis signaler dès maintenant la proportion relativement faible
des marchandises qui, importées à Hambourg, par exemple, de
l'étranger, ne pénètrent pas en territoire douanier, mais sont réexportées, c'est-à-dire des marchandises qui bénéficient directement
de la franchise du port. Les informations précises manquent, il est
vrai, sur ce point. Mais de la comparaison des statistiques du commerce de Hambourg se dégagent des indications générales et qui
suffisent.

Le total des marchandises importées par mer à Hambourg en
1899 se monte à une valeur de 1.984 millions de marks. La valeur
des exportations de Hambourg, — du port franc et de la ville

douanière, la statistique ne distingue pas, — vers l'intérieur de l'empire, par l'Elbe supérieure et par chemin de fer, atteint 1.409 millions de marks[1]. La différence est de 574 millions de marks. Mais les besoins d'une population de 750.000 habitants[2] sont assez considérables pour qu'ils aient absorbé une grosse partie de ces 574 millions. De sorte que dans le total de 3 milliards et demi de marks, auquel s'élève le commerce de Hambourg, le trafic de réexportation maritime facilité par la franchise du port est loin de prendre une place prépondérante.

On peut, d'autre part, rapprocher le chiffre des importations de l'intérieur de l'Allemagne à Hambourg, soit 1.338 millions de marks, du chiffre des exportations maritimes, soit 1.606 millions. L'excédent du chiffre des exportations n'est que de 268 millions. Mais pour arriver à une évaluation de l'ensemble des réexportations maritimes, il faudrait, cette fois, pouvoir majorer ce chiffre de la somme des marchandises reçues de l'intérieur que Hambourg a consommées[3].

Une analyse plus détaillée du commerce de Hambourg permettra d'approcher de plus près encore la réalité. Voici, suivant la nature des marchandises, le double mouvement, *en millions de marks,* des importations à Hambourg par mer, et des exportations de Hambourg vers l'intérieur, par l'Elbe et par chemin de fer, en 1899.

	Objets d'alimentation.	Matières premières et mi-fabriquées.	Produits fabriqués.
Importations par mer.	631,5	1.148,4	204,2
Exportation par l'Elbe et par chemin de fer.	402,9	807,0	199,9

Hambourg importe par mer 631 millions de marks de produits alimentaires et réexporte vers l'intérieur 403 millions. La différence

---

[1] V. *Tabellarische Uebersichten des Handels und der Schiffahrt Hamburgs*, 1899, tableau III.

[2] La population de la ville de Hambourg atteint 704.669 habitants d'après le recensement de 1900. Celle de l'Etat de Hambourg qui comprend, en outre, le port de Cuxhaven, etc., dépasse 750.000 habitants.

[3] Le commerce *maritime* total de Hambourg atteint 3.590 millions de marks, en 1899 ; son commerce *avec l'intérieur* 2.748 millions. La différence est de 842 millions de marks ou de 1.053 millions de francs. Or la différence entre le commerce *général* et le commerce *spécial* de Marseille est de 743 millions de francs, en 1899, pour un trafic égal à la moitié seulement de celui de Hambourg. On ne peut sans doute pas comparer entre eux ces deux ordres de chiffres. Il s'en dégage pourtant cette impression que le commerce de réexportation maritime doit être relativement aussi important et peut être plus important à Marseille où il n'existe pas de port franc qu'à Hambourg.

est soit consommée sur place, soit réexportée par mer. La réexportation n'apparaît notable que pour les denrées coloniales, le café en
particulier, et aussi pour les vins et liqueurs dont la multiplication
se fait à Hambourg dans de vastes proportions. Des 124 millions
de café débarqués à Hambourg, en 1899, 74 millions ont été expédiés vers l'intérieur, 49 réexportés, le reste consommé à Hambourg;
Hambourg a reçu 51 millions de tabac et cigares en 1899; il en a
envoyé 40 millions à l'intérieur, réexportant une partie de la différence. L'importation maritime de vins et de liqueurs a été de
37 millions; la réexportation atteint 38 millions, malgré ce que la
consommation locale a absorbé; l'importance de la réexportation
maritime est ici certaine, elle l'est même trop!... Mais pour les
autres denrées alimentaires, la très grosse portion des marchandises importées par mer sert à la consommation sur place, ou se
dirige vers l'intérieur de l'Allemagne et les autres ports allemands.
Pour les céréales, par exemple, l'importation maritime atteint
175 millions et les réexportations par mer seulement 44 millions,
dont une partie encore est rechargée vers d'autres ports allemands.

Quant aux matières premières, ce sont aussi des produits extra
européens que le commerce réexporte partiellement. Sur 72 millions
de marks de nitrates chiliens importés, 43 vont vers l'intérieur,
15 sont réexportés. Sur les 46 millions de caoutchouc introduits
dans le port, 26 empruntent la voie de terre, 17 reprennent la voie
de mer. Sur 52 millions de pétrole, 7 retournent à l'étranger. Mais la
très grosse partie des matières premières de l'industrie textile et
métallurgique importées à Hambourg est destinée aux besoins de
l'industrie nationale. C'est ainsi que sur 247 millions de coton,
laine, soie, jute, venus à Hambourg, 175 millions sont dirigés vers
les fabriques allemandes de l'intérieur, 62 millions sont envoyés
par mer à l'étranger ou à d'autres ports allemands. L'importation
de métaux, pierres, minerais s'élève à 147 millions dont la réexportation terrestre en Allemagne absorbe 108 millions.

Pour les produits fabriqués, la réexportation doit être insignifiante ou même nulle. Les arrivages par mer atteignent 204 millions
et les sorties par terre 200 millions. D'autre part, par la voie terrestre parviennent à Hambourg pour 656 millions de produits fabriqués. Une partie reste à Hambourg et il n'en est embarqué sur mer
que 576 millions. Il apparaît bien ainsi que la presque totalité des

exportations de marchandises fabriquées à Hambourg porte sur des
produits de provenance allemande, et que ni la réexportation, ni la
fabrication au port franc, comme je l'ai indiqué, n'atteignent des
proportions considérables.

Ces renseignements statistiques prouvent donc que le commerce
de Hambourg est avant tout dominé par les besoins de la consommation intérieure et la puissance d'exportation des industries nationales. Il faut renoncer à voir dans les ports francs de Hambourg et
de Brême de sortes de vastes entrepôts internationaux isolés de
l'Empire vivant d'une vie propre indépendante, où les navires de
tous les pays viennent apporter leurs marchandises et où viennent
également s'approvisionner tous les peuples. Au contraire, le développement de Hambourg et de Brême dépend étroitement de l'état
économique général de l'Allemagne. Hambourg et Brême sont principalement des places de commerce nationales, des places de transit naturelles pour les marchandises exotiques qui pénètrent dans
l'intérieur de l'Allemagne et pour les produits que l'Allemagne
écoule à l'étranger. La réexportation n'y joue qu'un rôle secondaire.
Elle n'a d'importance que pour une certaine catégorie de denrées,
café, tabac, fruits du sud, riz, nitrates, caoutchouc, et aussi vins et
liqueurs. Pour ces denrées Hambourg et Brême, grâce à la franchise
de leur port, mais peut-être surtout grâce à leur situation, sont les
intermédiaires naturels entre les contrées extra-européennes et les
Etats du Nord, la Scandinavie et la Russie, aussi bien que les courtiers de commerce de l'Allemagne. Le port franc contribue par là à
la prospérité des deux grandes villes hanséatiques. Il y ajoute.
Mais il s'en faut qu'il puisse en être considéré comme le facteur
principal. Sans la franchise de port et avec de simples entrepôts,
les progrès de Hambourg et de Brême n'eussent vraisemblablement
pas été de beaucoup inférieurs à leurs progrès actuels.

Il reste néanmoins que la franchise partielle du port a pu être
pour Hambourg et pour Brême la source d'une certaine activité
complémentaire. Mais il ne s'ensuit pas que la création de zones
franches dans les ports français, surtout avec le régime qu'on nous
propose, produise les mêmes résultats.

En France, en effet, n'existe pas la simplicité des tarifs douaniers
allemands. Tarif maximum et minimum, tarif spécial aux produits
de la Suisse, tarif relatif aux importations coloniales, le tarif appliqué aux marchandises algériennes et celui qui concerne les denrées

tunisiennes, surtaxe d'entrepôt et surtaxe d'origine, cette complexité
de tarifs a entraîné les promoteurs de la création de zones franches
en France à une conception du port franc très différente de la conception allemande. Avec notre multiplicité de tarifs, conserver aux
marchandises le bénéfice de leur origine serait favoriser une fraude
très active et presque impossible à déjouer. Comment s'assurer que
des produits ayant séjourné plus ou moins longtemps dans l'enceinte
franche proviennent bien de l'Algérie, de l'Indo-Chine française et
non pas d'un pays dont les importations sont soumises aux droits
du tarif minimum ou même maximum ; comment surtout la douane
s'assurera-t-elle que ces produits sont venus directement de leur
lieu d'origine et n'ont pas passé par un entrepôt étranger. Aussi,
pour couper court à la fraude, les partisans des ports francs propo-
sent-ils que les marchandises pénétrant de l'enceinte franche en
territoire douanier français, se voient appliquer le trafic maximum
augmenté des surtaxes d'entrepôt [1]. De cette façon la réexportation
s'imposerait toujours en fait. Le port franc deviendrait exclusivement un port de réexportation.

Mais alors disparaîtraient la plupart des avantages que l'Allemagne tirait de la franchise des ports grâce à son régime douanier
qui maintenait aux marchandises ayant passé par la zone franche
le bénéfice de leur provenance.

Les navires venant de l'étranger ne pourraient plus débarquer
l'intégralité de leur chargement dans le port franc. Ils ne pourraient y débarquer les marchandises destinées à la consommation
intérieure : ce serait les frustrer des avantages des réductions de
taxes auxquelles elles ont droit. Les bateaux devront mouiller tour
à tour dans le port douanier et le port franc. Ils n'éviteront aucune
des formalités douanières anciennes ; la perte de temps sera même
plus considérable.

De même, le commerce ne pourra pas emmagasiner dans les
vastes locaux du port franc les produits exotiques destinés à la
consommation intérieure aussi bien qu'à la réexportation. L'entrée
des marchandises dans la zone franche impliquerait, en fait, renonciation au marché national. Il devient fort douteux alors que le
commerce utilise beaucoup la zone franche. Il préférera d'ordinaire faire venir les marchandises dans l'entrepôt réel, qui malgré

---

[1] V. Charles Roux, *Notre marine marchande*, p. 252 ; Estrine, Richard et Gouin,
Un port franc à Marseille, p. 20.

ses inconvénients possibles lui laissera du moins la possibilité
d'écouler les produits en France, et de ne pas compter uniquement
sur le débouché étranger toujours chanceux.

C'est ce qui se produira en pratique. On fera d'abord admettre
les produits étrangers à l'entrepôt. Et après seulement qu'on sera
certain d'une commande étrangère, on enverra parfois la marchandise dans le quartier franc pour y subir un complément de manipulations interdit à l'entrepôt. L'intérêt présenté par la franchise
du port se restreint singulièrement. Loin que l'on évite les frais et
les formalités de l'entrepôt, à ces frais s'ajouteront ceux d'un
second emmagasinement et d'un nouveau transport.

Mais c'est sur l'utilité industrielle de la franchise du port qu'on
a insisté parfois. Seulement, à cet égard, l'exemple de Hambourg
nous a montré que le succès industriel du port franc reste nécessairement modeste. Le succès en France serait encore moins brillant,
puisque l'obligation d'acquitter les droits du tarif maximum, aggravés de la surtaxe d'entrepôt fermerait plus complètement encore
qu'en Allemagne aux industriels du port franc le marché intérieur.
Ne produire que pour l'étranger, pour une demande lointaine sujette
à d'incessantes variations, sans pouvoir bénéficier en même temps
du débouché national plus proche, plus sûr, dont les besoins sont
plus connus, présente des dangers auxquels on ne consentira pas
aisément à s'exposer. L'industrie, comme le commerce, désertera
le port franc.

Les avantages naturels du port franc sont d'ordre commercial.
Ce sont agrandis et augmentés ceux de l'*entrepôt*. On se prépare
de graves mécomptes en y cherchant principalement des avantages
industriels, des avantages analogues à ceux de l'*admission temporaire*. Aussi, sans parler d'autres inconvénients de la franchise,
contrefaçons, étiquettes frauduleuses ou plutôt équivoques, serait-
il peu sage de gaspiller pour de maigres résultats les sommes notables que nécessiterait la constitution de quartiers francs dans les
ports. Si la complexité de nos tarifs rend impossible l'introduction
d'un régime semblable à celui dont bénéficient les ports francs allemands, le plus prudent serait de renoncer entièrement à la création de ports francs en France.

(*A suivre.*)   Albert Aftalion,

*Chargé de cours d'économie politique
à l'Université de Lille.*

CHRONIQUE LEGISLATIVE

Janvier 1901.

1. Débats parlementaires

§ 1. Chambre.

Projet de loi relatif au contrat d'association. — Interpellation relative à la crise du tissage des soies pures et au relèvement de la sériciculture.

Après avoir vidé quelques interpellations, la Chambre a abordé la discussion du fameux projet de loi sur les associations, l'un des principaux articles du programme de défense républicaine — défense qui, on nous l'a dit avec franchise, est entrée maintenant dans la voie de l'offensive. Ce projet de loi a beaucoup plus un caractère politique qu'économique, et nous ne nous y arrêterons pas. Nous ne pouvons nous empêcher de constater avec tristesse que, dans les dispositions qu'on se propose de voter, l'esprit de secte a plus de part que l'esprit libéral, et l'esprit de secte n'a jamais rien produit de bon ni de durable.

La Chambre a discuté une interpellation de M. Morel et de plusieurs de ses collègues relative à la crise du tissage des soies. Les représentants de l'industrie du tissage des soies se plaignent amèrement du traité franco-suisse de 1895. En 1892, lors de la discussion du tarif général des douanes, une protection de 3 fr. 72 fut accordée aux tissus mélangés, protection qui équivalait à 33 p. 100 *ad valorem*. Cette industrie, disent-ils, a prospéré. Une protection de 3 francs fut accordée à l'industrie du moulinage, protection suffisante. De même une protection de 3 francs fut accordée à l'industrie des soies moulinées teintes. Enfin, quand on est arrivé aux tissus de soie pure, on leur a donné une protection de 4 francs au tarif minimum et de 6 francs au tarif maximum. Tout se tenait, tout était en harmonie. Mais, en 1895, lors de la convention avec la Suisse, on modifia le tarif minimum et, de 4 francs, le droit fut abaissé à 2 fr. 40 et 2 francs; et cet abaissement a eu son effet aussi bien vis-à-vis de l'Allemagne et de l'Autriche que de la Suisse. Or, il y a là une anomalie, une véritable protection à rebours : le droit sur la matière première est de 3 francs et l'objet fabriqué n'est protégé que par un droit de 2 francs ; c'est une prime à l'importation de la matière fabriquée, c'est-à-dire au profit du travail

etranger. — C'est une nouvelle preuve des difficultés inextricables
de la protection douanière. La Chambre a clos cette interpellation
en votant, à l'unanimité, un ordre du jour ainsi conçu : « La Chambre invite le Gouvernement à prendre les mesures nécessaires, lors
du renouvellement prochain des conventions commerciales entre
les Etats de l'Europe centrale, pour assurer aux tissus de soie pure
des garanties douanières équivalentes à celles qui seraient stipulées dans d'autres conventions ».

§ 2. Sénat.

Projet de budget pour l'exercice 1901.

Le Sénat a commencé la discussion du budget pour l'exercice
1901. On se rappelle que le projet relatif au régime fiscal des successions figure en tête du budget. Nous avons résumé, dans notre
chronique de décembre dernier, les grandes lignes du projet, et
nous avons constaté que le principe de la progression d'après
l'importance des successions, qui avait soulevé au début de graves
controverses, avait été admis cette fois par la Chambre sans même
que la question de principe ait été discutée. Il n'en a pas été de
même au Sénat : la haute assemblée, à la vérité, avait voté en
première délibération le texte adopté par la Chambre ; mais il avait
été entendu que toute discussion de principe était renvoyée à la
deuxième délibération. C'est, là pour le dire en passant, une procédure fâcheuse ; car on laisse ainsi s'établir des précédents qui
deviennent des arguments. M. de Lamarzelle a montré le danger
du projet, en rappelant cette parole de M. Cochery : « Ce qu'on
veut, c'est faire remarquer l'impôt progressif par la réforme des
successions » ; et plusieurs, en effet, ne s'en sont pas caché ;
notamment le ministre actuel des finances, qui disait à la tribune
du Sénat le 2 mars 1900 : « Il y a deux principes dans le projet
de loi : le premier, la déduction des dettes ; et le second, qui est la
conséquence du premier, la progression dans nos lois fiscales ».
La déduction des dettes, nous dit l'orateur, n'est que le sucre servant à praliner la pilule qu'on veut faire avaler au Sénat. Le Sénat
l'a avalée, malgré les efforts de M. Emile Labiche, de M. Théodore Girard, de M. Lelièvre.
Le ministre des finances — qui n'a pas craint de se couvrir de
l'autorité de M. Léon Say, l'adversaire le plus irréconciliable de

l'impôt progressif — a présenté la taxe nouvelle comme un correctif de l'improportionnalité des impôts indirects. Il s'est autorisé de l'opinion de Stuart Mill, qui, en effet, adversaire en principe de l'impôt progressif, admettait qu'il serait juste et utile de l'appliquer dans la fixation des droits sur les legs et sur les successions; mais un auteur n'est pas une raison et il serait certainement difficile de justifier une pareille distinction! Le ministre a cependant affirmé — et cela est bon à retenir — que la taxe proposée était, non un but, mais un simple moyen de combler le déficit causé par la déduction du passif des successions, et qu'il ne s'était nullement proposé l'introduction de tarifs progressifs dans notre système fiscal.

M. Waldeck-Rousseau est venu à la rescousse, et lui aussi a invoqué ce pauvre Léon Say, disant que ,« il y a une progression qui est une conséquence nécessaire de la proportionnalité ». On se rappelle involontairement cette boutade : « Donnez-moi quatre lignes d'un homme et je me charge de le faire pendre ». L'orateur n'a pas craint de dire que l'impôt *dégressif* qui était proposé était le contraire du véritable impôt *progressif*. C'est vrai à un certain point de vue; on peut prendre l'échelle d'un côté ou de l'autre et on marche en sens contraire; seulement c'est un pur jeu de mots! Mais le Sénat a été convaincu, et, après avoir rejeté divers amendements de M. Emile Labiche, de M. Pichon et de plusieurs autres, il a voté l'article 1er du projet contenant le tarif des nouveaux droits, par 172 voix contre 84.

II. Documents officiels

Une loi du 31 décembre 1900 (*J. O.*, 1er janvier 1901) autorise la ville de Paris à établir des taxes directes et indirectes en remplacement des droits d'octroi sur les boissons hygiéniques.

Dans le numéro du 14 janvier est un rapport au Président de la République sur la situation et le fonctionnement de la Caisse nationale d'épargne pendant l'année 1899. — On y voit que, au 31 décembre 1899, il y avait 3.318.461 livrets en circulation, soit plus de 230.000 de plus qu'à la fin de l'exercice 1898. L'avoir général des déposants atteignait 929 millions, alors que, l'année précédente, il était seulement de 875 millions.

Le *Journal Officiel* du 20 contient un rapport au Président de la République sur les opérations de la Caisse nationale des retraites pour la vieillesse pendant l'année 1899.

Dans celui du 21 est un rapport au ministre de la marine sur les naufrages et autres accidents de mer en 1898.

Une loi du 29 janvier (*J. O.* du 30) porte ouverture sur l'exercice 1901 de crédits provisoires applicables au mois de février et autorisation de percevoir pendant le même mois les impôts et revenus publics.

Dans le numéro du 31 janvier, on trouvera le rapport au Président de la République sur l'administration de la justice criminelle pendant l'année 1898.

Edmond VILLEY.

CONCOURS D'AGRÉGATION DES FACULTÉS DE DROIT

(Extrait de l'arrêté ministériel).

Art. 1er. — Des concours s'ouvriront à Paris aux dates ci-après désignées, pour dix places d'agrégé des Facultés de droit.

Le 1er Octobre 1901

Section de droit privé et de droit criminel, *trois places.*
Section des sciences économiques, *trois places.*

Le 7 Octobre 1901

Section de droit public, *deux places.*
Section d'histoire du droit, *deux places.*

Art. 2. — Les registres d'inscription sont clos deux mois avant l'ouverture desdits concours.

Art. 3. — MM. les Recteurs des Académies sont chargés, chacun en ce qui le concerne, de l'exécution du présent arrêté.

Fait à Paris, le 24 janvier 1901.

Georges LEYGUES.

Karl Bücher, *Etudes d'histoire et d'économie politique,* traduites par A. Hansay, avec une préface de H. Pirenne. — Bruxelles, Lamertin et Paris, Alcan, 1901. 1 vol. in-8°, xii-366 pp.

Voici une traduction qui n'est pas une trahison. Le fait est assez rare pour être signalé. Ce m'est un plaisir d'autant plus vif que j'ai eu, jadis, à dénoncer ici même [1] un attentat de traducteur contre un livre de premier ordre.

Celle-ci est d'une scrupuleuse fidélité. Elle répond aux désirs de tant d'hommes d'études qui, éloignés de la science allemande par ignorance de la langue, ne se contentent pas d'à peu près, mais veulent en connaître les œuvres marquantes telles qu'elles sont.

M. Hansay, qui est archiviste, a du texte tout le respect souhaitable. Non seulement il n'y entremêle point d'explications personnelles, mais il ne propose sa version qu'avec la plus modeste réserve. Si l'auteur invente une terminologie nouvelle, — et le cas est fréquent chez M. Bücher, — il aura soin de vous donner, entre parenthèses, le mot allemand. On dira peut-être que c'est inutile, puisque la traduction s'adresse à ceux qui ne lisent pas l'allemand. C'est une erreur. Il y a bien des lecteurs qui, connaissant la langue à demi, n'osent affronter un gros volume de 300 pages, sont heureux de le lire en traduction, et à qui le mot original apprendra quelque chose, précisera l'équivalent français. En outre, un terme scientifique, surtout s'il est nouveau, est susceptible de plusieurs versions ; il est très utile de faire la connaissance du mot textuel, afin de le retrouver sous ses divers déguisements. Ainsi, *Hauswerk* serait aussi bien *industrie à domicile* qu'*industrie domestique*, et la confusion cependant serait très grossière.

La traduction de M. Hansay a le défaut de ces qualités, je veux bien le reconnaître : elle garde un fort parfum germanique. Certaines tournures, qui se répètent malheureusement, restent étranges en français. Le style conserve de la lourdeur. Je pense que c'est inévitable, du moment qu'on veut être rigoureusement précis. Il faudra toujours, je le crains, choisir entre ces deux maux : perdre en exactitude ce qu'on gagnera en facilité, en élégance vraiment françaises. Pour ma part, je n'hésite pas, et je me résigne en pensant qu'au fond, l'allemand est intraduisible dans notre langue. Tous ceux qui s'y sont essayé s'étonneront au contraire du résultat remarquable auquel est arrivé le travail patient et minutieux de M. Hansay.

Quant au livre en lui-même, qui est enrichi d'une jolie préface de M. Pirenne, c'est une bonne fortune de le voir prendre place dans la littérature économique en France. Il a fait époque en Allemagne où il a obtenu un succès considérable, et notre *Revue* s'honore d'en avoir fait connaître

---

[1] V. *Du danger des traductions. Revue d'économie politique,* 1896, p. 489.

une grande partie à ses lecteurs. C'est, en effet, comme une synthèse ou un schéma de nombreuses études d'histoire économique. M. Bücher est autant économiste qu'historien. Il nous livre ici non pas seulement des aperçus fragmentaires ou des *descriptions* historiques, mais la quintescence de ce que l'économie politique a à apprendre de l'histoire. Il n'y a pas un ouvrage, à ma connaissance, qui ouvre de plus larges horizons sur l'interprétation économique du passé, ou qui apprenne davantage « à penser en économiste ».

Le volume renferme neuf études d'intérêt très divers.

Les quatre premières tracent le tableau de l'évolution économique de la société. « L'état économique primitif », c'est-à-dire celui des préhistoriques et des sauvages nous est restitué dans toute sa réalité, grâce surtout aux ressources de l'ethnologie contemporaine. Il n'est plus permis désormais de parler de l'homme à l'état de nature comme Adam Smith et Ricardo, ni comme Jean Jacques. Pour montrer ensuite les « origines de l'économie nationale » [1], M. Bücher détermine avec une netteté magistrale les caractères des trois grandes périodes de notre évolution économique : période familiale, période urbaine ou communale et période nationale.

Le « développement historique des modes d'exploitation industrielle » n'est pas inconnu des lecteurs de cette *Revue*. Ils en ont eu la primeur en 1892 [2]. Mais cette étude est singulièrement élargie dans le volume actuel. Les cinq formes d'exploitation industrielle : industrie domestique, travail loué, métier, industrie à domicile et fabrique, y sont plus complètement étudiées, distinguées et comparées.

L'auteur y a ajouté une trentaine de pages du plus haut intérêt sur « la disparition du métier », où il a mis à profit la monumentale enquête du *Verein für Sozialpolitik,* dont il avait eu la direction.

Après des recherches très curieuses sur les « origines de la presse périodique », où le point de vue économique domine toujours, voici trois études de toute première importance pour la théorie de l'économie politique. Elles forment un chapitre développé de manuel. C'est la révision complète [3] de la notion de la *division du travail.* Il ne s'agit pas seulement d'une critique de la théorie classique et des clichés répétés à satiété depuis Adam Smith, mais il s'agit d'une nouvelle classification et d'une nouvelle analyse des phénomènes de l'association et de la division du travail, qui se termine par des considérations très suggestives sur « la formation des classes sociales ».

La dernière étude sur les « migrations intérieures et le régime des villes » est une discussion délicate de statistique démographique où foisonnent des aperçus nouveaux.

Une même pensée, au fond, et une même méthode forment un lien solide entre ces articles divers. Ce ne sont, en somme, que des exemples, pour

[1] Cet essai a fait l'objet d'une adaptation par M. Ch. Favre, dans cette *Revue* de janvier 1894.

[2] V. *Revue d'économie politique,* juillet 1892, p. 625, sous le titre de : Les formes d'industrie dans leur développement historique.

[3] V. *Revue,* 1893, p. 397.

montrer à l'œuvre l'évolution des phénomènes économiques ; des modèles
aussi, pour indiquer comment la *morphologie* économique doit sortir de
l'histoire. A chaque pas, on sent l'économiste et le théoricien dominer le
document et le fait. La science française possède-t-elle un seul ouvrage du
même caractère ? Je le cherche en vain. C'est pourquoi je pense que le
volume de M. Bücher est de nature à rendre les plus grands services. Pour
tous ceux qui enseignent, notamment, c'est un précieux auxiliaire à recommander aux étudiants, à côté d'un manuel.

Ernest Mahaim.

Simon (Charles), consul général de Roumanie à Mannheim. *Considérations
sur la baisse du prix du blé en France et les moyens d'y remédier*. Paris,
Roustan, viii-103 p. in-12, 1900.

En dépit des magnifiques développements de l'industrie qui ont accru si
puissamment l'aisance d'une partie des populations de l'Europe, la question
agraire mérite toujours de fixer l'attention, et l'un des sujets les plus légitimes de récrimination des agriculteurs européens, c'est assurément la
baisse du prix du blé. Cette baisse a des causes diverses. Elle vient en partie des progrès mêmes de l'agriculture qui ont augmenté considérablement
la production, ce qui a nécessairement entraîné un avilissement des cours.
L'auteur du travail que nous signalons ici le reconnaît, car il arrive à proclamer dans sa conclusion la « nécessité de réduire la culture du blé, sous
peine de voir, malgré toutes les interventions gouvernementales, les cours
s'effondrer de plus en plus ». Il a voulu surtout, à défaut de cette mesure
radicale, chercher des moyens provisoires d'atténuer la crise actuelle et
de prévenir les dangers qui résultent actuellement pour l'Europe de la concurrence américaine. Il estime en effet que c'est présentement cette concurrence qui est la cause principale des souffrances et des récriminations
des agriculteurs. Le développement économique des Etats-Unis lui paraît
un immense péril. Ils nous font aujourd'hui concurrence non seulement
pour les blés et les farines que préparent des moulins perfectionnés, mais
aussi pour les objets fabriqués. N'étant pas forcés d'entretenir une armée
permanente, les Américains peuvent, malgré le coût élevé de la vie au-delà
de l'Atlantique, offrir en définitive leurs marchandises à meilleur marché.
A l'abri de hautes barrières douanières, ils ont formé d'immenses trusts
ou syndicats qui, armés de capitaux prodigieux [1], sont merveilleusement
outillés pour la production et pour la vente. Que ces trusts aient des inconvénients pour le pays lui-même, qu'ils accaparent le marché intérieur et
obligent les habitants à acheter leurs marchandises très cher, cela n'est
pas douteux, mais il faut reconnaître à notre point de vue européen, que,
dans cette lutte si âpre qui met aux prises tous les peuples du monde, ils
ont créé au profit de l'Amérique une arme de guerre terrible ; ils sont main-

---

[1] L'ensemble des trusts américains dispose actuellement d'une force de 35 milliards
et demi.

tenant en état de céder sur tous les marchés étrangers une partie de leur production à des prix contre lesquels il est impossible de lutter.

L'Allemagne et la France sont également menacées. M. Simon estime qu'une entente entre les deux pays pour se défendre aurait la plus grande utilité.

Quelles seraient les mesures à prendre? Peut-on espérer voir, comme certaines personnes l'ont demandé, se former une sorte de syndicat franco-germanique qui comprendrait plusieurs millions de cultivateurs? « C'est là, dit avec raison l'auteur, une fantaisie de l'imagination qui ne pourra jamais devenir une réalité ». Mais ne pourrait-on étudier plus sérieusement qu'on ne l'a fait jusqu'ici la question de la vente sur le marché intérieur? « Théoriquement, comme l'a justement remarqué M. Domergue, les cultivateurs sont maitres des prix... C'est faute d'entente qu'ils vendent à des prix de ruine... Ils vendent, nous dira-t-on, parce qu'ils ont besoin d'argent; mais n'a-t-on pas fait à leur profit une loi sur le warrantage des récoltes? S'ils l'ignorent ou s'ils ne savent pas s'en servir, c'est aux sociétés d'agriculture de les éclairer ». M. Simon nous renseigne sur une mesure qui a donné de bons résultats en Allemagne en affranchissant les blés du Rhin de la concurrence de ceux de l'Est et en provoquant ainsi le relèvement des cours. Nous voulons parler des *bons d'importation.* En cas d'exportation d'un certain nombre de produits agricoles, déterminés par la loi, il est délivré aux exportateurs des acquits de douane qui permettent d'introduire en franchise une quantité de *la même* céréale, égale à celle qui est sortie du pays. C'est une sorte de prime que reçoivent ainsi les exportateurs, avec cette différence toutefois que l'Etat n'a rien à débourser.

Ainsi lorsque les provinces orientales de l'Allemagne exportent leurs blés à l'étranger contre des bons d'importation, et ne les envoient plus dans les provinces rhénanes, celles-ci peuvent acquitter avec des bons d'importation les droits de Douane qu'elles ont à payer sur les céréales qu'elles importent. Les bons d'importation de l'Est ne servent ainsi qu'à payer les taxes douanières sur les quantités importées à l'Ouest. Il ne se produit par suite que de simples *échanges* entre blés allemands et blés étrangers, échanges par suite desquels l'Allemagne ne perçoit ni un centime de plus, ni un centime de moins sur les céréales. Les exportations n'ont donc aucune importance pour les finances de l'Empire.

M. Simon, dont le livre est antérieur aux dernières discussions de notre Parlement, estime que la France ne saurait cependant *pour le moment* créer des bons d'importation analogues. Il faudrait, dit-il, que l'agriculture française commençât par restreindre la culture du blé, et considérât que la France importe de grandes quantités d'avoine, d'orge, de maïs : c'est donc vers ces cultures qu'elle devrait porter son activité. L'idéal serait qu'il restât, entre la production et la consommation, une marge de 5 à 10 p. 100. Si on en arrivait là, le commerce des céréales pourrait régler l'offre et la demande, et l'agriculteur français pourrait bénéficier bien mieux qu'aujourd'hui d'une protection douanière qui, comme il arrive en Allemagne, se traduirait plus pleinement dans les prix.

Si les idées de M. Simon, dont cette analyse donne un aperçu, sont contestables, elles méritent du moins d'être signalées à tous ceux que préoccupe la situation de nos populations rurales si éprouvées.

G. BLONDEL.

Henri Hauser, *Colonies allemandes impériales et spontanées.* 140 pp.
Paru chez MONY.

Par ces deux épithètes, un peu étonnées d'être ainsi rapprochées, M. Hauser indique clairement son intention qui est de traiter à fois des colonies rattachées politiquement à l'empire allemand et des groupements de population allemande que l'émigration a créés en pays étrangers, notamment aux Etats-Unis, au Brésil et même en Palestine. L'Allemagne, en effet, présente cette particularité qu'elle dispose d'une émigration surabondante, mais qu'elle n'a presque point de colonies de peuplement parce qu'elle est arrivée trop tard. Son émigration est donc obligée de se déverser ailleurs, de se perdre dans des nationalités étrangères et ainsi elle ne concourt pas, comme l'émigration anglaise, à la grandeur politique de la mère-patrie quoique pourtant elle serve encore et très efficacement à son développement économique. Le même phénomène se manifeste, d'ailleurs, et sur une bien plus grande échelle, pour l'Italie.

Le premier acte de colonisation allemande est de 1883 : dix-sept ans seulement! et le fait que dans un si court espace de temps, pas même le quart d'une vie d'homme, l'empire colonial allemand a conquis plus de 2 millions 1/2 de kilomètres carrés (plus de 4 fois la superficie de la métropole) avec plus de 16 millions de sujets, mérite assurément une page nouvelle dans l'histoire de la colonisation. M. Hauser vient de l'écrire avec autant de précision que de sobriété.

Ce fascicule n'est d'ailleurs que le premier d'une série d' « Etudes coloniales » qui embrasseront sans doute tous les pays.

Ch. GIDE.

Walras, *Eléments d'économie politique pure.* 4e édition, chez PICHON. Paris, 1900, un vol. in-8°, 492 pages.

La *Revue* a publié à maintes reprises des comptes rendus des ouvrages de M. Walras et en particulier de celui-ci, qui contient la théorie de l'économie politique, c'est-à-dire « la théorie de la détermination du prix sous un régime hypothétique de libre concurrence », et qui forme le premier volume d'une sorte de trilogie, dont le deuxième volume traite de l'économie sociale et le troisième de l'économie politique appliquée.

Nous nous bornons donc à signaler la nouvelle édition de celui-ci. Ce n'est pas peu de chose pour un livre comme celui-ci, qui n'est accessible qu'à un nombre assez limité de lecteurs, que d'arriver à sa 4e édition. Je crains bien qu'il ne fût encore qu'à sa première, s'il n'eut compté que des lecteurs français, mais il a trouvé audience ailleurs: « Si la France du xix⁰ siècle, écrit l'auteur avec quelque mélancolie, qui a vu naître la science nouvelle (l'économie mathématique) s'en est complètement désintéressée par étroitesse bourgeoise, le xx⁰ siècle qui n'est pas loin sentira le besoin, même en France, de remettre les sciences sociales aux mains d'homme d'une culture générale habitués à manier à la fois l'induction et la déduction, le raisonnement et l'expérience. Alors l'économique mathématique prendra son rang à côté de l'astronomie et de la mécanique mathématique et ce jour-là aussi justice nous sera rendue ».

Ch. GIDE.

Pedro da Veiga Filho, *Monografia sobre o convenio financeiro do Brazil* 62 pages, Saint-Paul, 1899.

M. Veiga Filho, professeur à la Faculté de droit de Saint-Paul, au Brésil, est l'auteur de nombreuses publications, particulièrement sur la situation économique et financière de son pays. Nous avons rendu compte ici de l'une d'elles sur « l'Etat de Saint-Paul ».

Celle-ci expose — dans ses précédents, dans ses négociations, dans les appréciations en sens divers auxquelles elle a donné lieu, et dans ses conséquences possibles — la grande opération financière de 1898 qui a abouti à la création du *funding loan* (le fonds consolidé) et a sauvé le Brésil de la banqueroute

De 1895 à 1898, la baisse énorme dans le prix des cafés, une baisse de près des trois quarts, avait réduit presque de moitié la valeur de l'exportation de ce produit qui représente une grosse part de ses exportations totale. Le Brésil qui jusqu'alors payait l'intérêt de ses emprunts à l'étranger avec son café, se trouva dans l'impossibilité de continuer. La rente 5 p. 100 descendit à 47 : la banqueroute était imminente et même elle était conseillée par plusieurs hommes d'Etat qui estimaient qu'il est certains cas où il peut arriver à un pays honnête, tout comme à un honnête homme, d'être obligé de cesser ses paiements.

Cependant cette opinion ne prévalut pas et on préféra avoir recours à une opération compliquée qu'on pourrait appeler une suspension de paiements provisoire. Le gouvernement décréta que pendant trois ans, du 1er janvier 1898 au 30 juin 1901, il ne paierait pas les intérêts de sa dette, mais qu'il délivrerait en échange des titres de rente dont les intérêts seraient payés à partir de cette date. Et ce sont ces titres de rente (environ 250 millions de francs en capital) qui constitue le *funding loan*.

Le gouvernement pourra-t-il à l'échéance qui s'approche reprendre le paiement des intérêts? C'est très douteux et M. Veiga Filho semble même lui conseiller de ne pas le faire, estimant qu'il faut donner au pays le temps de refaire ses forces productives. En attendant, le cours des rentes s'est fort relevé, et le *funding loan* qui a pour garantie spéciale et hypothécaire les douanes de Rio, est à 87.

La monographie de M. de Veiga Filho est un chapitre intéressant de science financière.

Ch. GIDE.

Frederico Flora, *Le finanze degli stati composti.* Torino, 1900.

Trois catégories d'États composés ou non unitaires sont étudiées par M. Flora au point de vue de leur système financier. Dans cette brochure, d'une centaine de pages, l'auteur n'a point prétendu nous donner une étude détaillée des finances des diverses Confédérations, Unions réelles et États fédéraux ; mais il s'est efforcé, non sans finesse, de dégager ce qu'il y a de caractéristiques dans la manière dont chacun de ces types d'État se procure des ressources et pare aux dépenses qui lui incombent. La discussion théorique s'illustre d'ailleurs d'exemples empruntés à l'étude des finances allemandes, américaines, autrichiennes et suisses.

Ce qui distingue surtout, pour M. Flora, au point de vue financier la Confédération d'États de l'État fédéral, c'est que la première taxe les États et non les individus. Ce sont les États adhérents qui lui fournissent des ressources, au moyen de contributions, mesurées sur leur population ou leur richesse. Le gouvernement central ne peut donc lever l'impôt lui-même, il n'a pas de ressources « autonomes ». C'est là d'ailleurs une circonstance qui nuit beaucoup à son indépendance et qui en prépare la ruine, à partir du moment où les contributions cessent d'être régulièrement et rigoureusement versées.

Dans l'État fédéral, au contraire, il y a deux finances distinctes : les finances fédérales pour la satisfaction des besoins généraux du peuple, et les finances spéciales de chaque État. Cette duplicité est la condition de l'indépendance du gouvernement central et des gouvernements locaux et la coordination des deux systèmes financiers doit être établie de telle façon que les méthodes fiscales employées ne compromettent pas les résultats l'une de l'autre.

Ce qui est la caractéristique de l'État fédéral, c'est donc l'existence de ressources autonomes au profit du gouvernement central, et parmi ces ressources, d'impôts proprement dits, qui doivent être de préférence des impôts indirects, les services à la charge du gouvernement central étant tels, qu'il faut y parer au moyen de ressources très élastiques et très productives. Les impôts directs conviennent moins et devront être abandonnés aux États particuliers.

Quant aux Unions réelles, M. Flora les considère comme un type intermédiaire entre les deux précédents. L'Union réelle a une finance « commune, mais non indépendante ». La plus grande partie de ses ressources provient de contingents des États qui la composent : un compromis financier fixe pour un temps plus ou moins long le contingent de chaque État, sans qu'on se base nécessairement pour la répartition sur leur population ou leur richesse. Quant à l'existence d'impôts autonomes, elle impliquerait une ingérence continue de l'organisme commun dans les États particuliers, et la sujétion à l'Union de leurs citoyens, ce qui est contraire à la nature de l'Union « qui peut avoir des lois de contenu identique, mais non une loi commune ». Par les caractères financiers, sinon par les caractères juridiques, l'Union réelle se rapproche donc de la Confédération.

Nous ne suivrons pas M. Flora dans l'étude qu'il fait, — étude intéressante d'ailleurs, — des finances de l'Allemagne, de l'Autriche, de la Suisse et des États-Unis, à différentes époques. Par les quelques mots que nous avons pu consacrer à la partie systématique de l'œuvre, nous croyons avoir indiqué déjà, malgré la brièveté de notre résumé, quelles questions encore peu agitées, — et dignes pourtant de l'être, — sont soulevées dans sa brochure.

René GONNARD.

Victor Arreguine, *En que consiste la superioridad de los Latinos sobre los Anglo-Sajones.* Buenos-Ayres, 1900.

Ce livre d'un Sud-Américain, paraissant à peu près au moment où le congrès hispano-américain, réuni à Madrid, témoigne de la conscience prise enfin des dangers et des intérêts communs, ce livre, encore qu'il contienne peu d'aperçus réellement originaux, présente pour des lecteurs français un sérieux intérêt.

Il témoigne en effet, d'une manière frappante, du degré auquel la culture française pénètre les Latins de l'autre côté de l'Atlantique. Tout est français dans le livre de M. Arreguine, les idées et la forme, tout sauf la langue. Et l'on se sent très porté, en le lisant, à admettre que, malgré toutes les dénégations, ce vocable de « Latins » en tant surtout qu'il suppose une opposition au terme « Anglo-saxons » exprime une réalité très concrète. Il y a indiscutablement une parenté beaucoup plus étroite entre l'un de nous et un Argentin comme M. Arreguine qu'entre un habitant de Dunkerque et son voisin de Douvres.

Quant à la thèse même soutenue par l'auteur, en contradiction directe avec M. Demolins, peut-être est-elle, scientifiquement, aussi indémontrable que cette dernière; ce sont là, en quelque sorte, matières de foi. On peut prouver la supériorité d'une race dans un ordre d'idées; mais lorsqu'on aura prouvé celle de l'autre dans un ordre d'idées différent, qui dira laquelle de ces deux supériorités est la plus éminente? Les uns admireront toujours et avant tout l'énergie du caractère, les autres la générosité des sentiments ou l'aptitude aux idées générales. Quoi qu'il en soit, l'on ne peut guère faire autrement qu'accorder à notre auteur que les Latins, ainsi qu'il le dit, l'emportent tout au moins par un plus grand altruisme, un génie plus expansif, plus sensible, plus généralisateur, un esprit plus novateur dans l'ordre religieux, politique et scientifique, un plus complet développement des facultés artistiques, une conception plus prédominante de la justice, de l'égalité, de la fraternité. Ce sont là, à tout prendre, conclut M. Arreguine, des supériorités qui en valent bien d'autres, et qui font de l'idéal latin un idéal plus humain que son rival anglo-saxon.

René GONNARD.

Luigi Einaudi, *Un principe mercante.* Torino, 1900.

C'est sur l'élaboration d'une race latine nouvelle, de sang mixte, à la fois espagnole, italienne et française qu'attire notre attention M. Einaudi dans son très documenté volume, « Un principe mercante ».

Sur le vaste territoire de l'Argentine, au fonds de population d'origine ibérique, vient en effet se superposer chaque année un flot d'émigrants excessivement considérable et appartenant presque tous aux trois grandes nationalités latines.

Les Italiens sont les plus nombreux de beaucoup. « Il quadro della immigrazione italiana del Argentina dal 1857 al 1899 e un epopea »; plus d'un million d'Italiens, entre ces deux dates, seraient venus s'établir sur le sol d'un pays dont la population totale, en 1895, n'est encore que de 3.954.000 âmes. Actuellement, la population italienne sur ce chiffre est encore, déduction faite des naturalisés, de 496.059 hommes, soit la moitié de la population étrangère, 1.004.527 habitants. L'autre moitié est composée en majeure partie d'Espagnols, 18 p. 100 environ et de Français, près de 10 p. 100. Encore faut-il ajouter que les contingents suisse et autrichien sont principalement composés de Triestins, de Tessinois et d'habitants de Trente.

Les immigrants italiens exercent un peu tous les métiers. Ils ne constituent pas, au dire de M. Einaudi, dans l'Argentine, cette plèbe « unskilled » qu'ils sont parfois ailleurs. Là, au contraire, artisans, colons « contadini », mariniers, c'est grâce à eux, que la pampa commence à devenir une terre des plus productives en froment; c'est par eux que sont en grande partie monopolisés la navigation fluviale et le cabotage. Le commerce enfin s'accroît rapidement entre l'Italie et l'Argentine ; rien que pour la décade 1887-1896, l'importation a augmenté pour l'Italie de 25 p. 100, tandis que celle de l'Allemagne et des États-Unis restait stationnaire, que celle de l'Angleterre ne s'accroissait que de 13 p. 100 et que celle de la France, hélas! baissait de 40 p. 100. Désormais l'Italie arrive première après l'Angleterre, comme nation importatrice dans l'Argentine.

« De l'initiative de ses enfants et de la sagesse de ses gouvernants, conclut M. Einaudi, il dépend qu'au XXe siècle notre patrie soit un petit pays perdu dans un coin de la Méditerranée ou un grand pays étendant sa civilisation et sa langue sur deux continents ».

René GONNARD.

Léon d'Antonay et G. Valran, *De la préparation méthodique d'une mission coloniale.* Paris, Rousseau, 1900.

Une brochure intéressante et instructive, très sobre, très nourrie. Les auteurs ne se perdent pas en considérations; hommes d'action avant tout, ils vont au fait; et leur monographie contient un grand nombre de détails précieux, méthodiquement disposés, sur l'organisation que doit avoir une mission commerciale aux colonies pour être fructueuse.

« Une affaire coloniale doit se préparer »; excellent principe, et qui, malgré sa simplicité, ne saurait trop être répété. La colonisation aventurière n'est plus de mise au seuil du xxᵉ siècle. Trois points doivent attirer l'attention du chef d'entreprise : le choix du produit; celui de l'intermédiaire, qui doit s'interposer entre lui et le producteur; enfin le mécanisme des opérations par lesquelles l'agent se procurera le produit.

Il serait à souhaiter que les hommes d'expérience qui ont vécu et commercé aux colonies résumassent brièvement et d'une façon précise leurs idées et leurs observations dans des monographies analogues aussi nombreuses que possible. De tels ouvrages seraient excellents pour développer, au meilleur sens du mot, chez la génération nouvelle, « le sens colonial ».

René GONNARD.

REVUE L'ÉCONOMIE POLITIQUE

La *Revue d'Economie Politique* a reçu et publiera dans ses prochains numéros les **articles suivants :**

H. DENIS : *L'Union de crédit de Bruxelles* (suite). — GOBLOT : *La division du travail.* — Raoul JAY : *L'organisation légale du travail et les groupements professionnels.* — HITIER : *L'agriculture moderne et sa tendance à s'industrialiser* (suite). — H. TRUCHY : *Le système de l'imposition directe d'Etat en France* (suite). — Maurice HEINS : *La notion de l'Etat* (suite). — DALLA VOLTA : *Francesco Ferrara et son œuvre économique.* — Laurent DECHESNE : *La spécialisation et ses conséquences* (suite). — Ch.-M. LIMOUSIN : *Le socialisme devant la sociologie.* — Albert AFTALION : *Le développement des principaux ports maritimes de l'Allemagne* (suite). — GIDE : *La crise du vin en France et les associations agricoles.* — VANDERVELDE : *L'Economie rurale en Belgique.* — Dᵣ R. THURNWALD : *L'Egypte ancienne. Son état social et économique.*

Liste des ouvrages déposés aux Bureaux de la Revue.

BENINI : *Principii di demografia*, in-18 cart. (Barbera. Florence). — CROCE : *Matérialisme historique et économie marxiste*, in-12 (Giard et Brière) — SÉE : *Les classes rurales et le régime domanial en France au moyen-âge*. in-8 (Giard et Brière). — KOHN : *L'alcoolisme en France et le rôle des pouvoirs publics dans la lutte contre le cabaret*, in-8 (Librairie du Recueil Sirey). — APOSTOL : *L'artèle et la coopération en Russie*, in-12 (Guillaumin). — ROYAUME DE BELGIQUE : *Les industries à domicile en Belgique*. tome III, in-8 (Office du Travail, à Bruxelles). — Von TUGAN-BARGNOWSKY : *Studien zur theorie und Geschichte der handelskrisen in England*, in-8 (Fischer, à Iéna). — BULLACK : *La langue bleue*, in-8. — DE SEILHAC : *La verrerie ouvrière d'Albi*, in-12 (Rousseau).

LA RIFORMA SOCIALE

Directeurs : NITTI, L. ROUX et EINAUDI.

Décembre 1900.

Il cinquantenario di un Apostolo (Emmanuel SELLA).
Il serVizio d'ispezione nell'amministrazione dell'interno (Emilio ALESSIO).
La rendita e il Valore della terra e la piccola proprieta in Italio nell'ultima Ventennio (Francesco COLETTI).
La questione delle quote minime immobiliari (Luigi DINA).
Su i recente casi di Napoli (NITTI).
Cronache e RiViste.

GIORNALE DEGLI ECONOMISTI

Décembre 1900.

Janvier 1901.

Le Gérant : L. LAROSE.

24,475. — BORDEAUX, IMPRIMERIE Y. CADORET, RUE POQUELIN-MOLIÈRE, 17.

REVUE
D'ÉCONOMIE POLITIQUE

LA CRISE DU VIN EN FRANCE ET LES ASSOCIATIONS DE VINIFICATION [1]

I

Il n'est personne qui ne s'intéresse au sort des vins de France, même ceux qui ne boivent que de l'eau. Voilà des siècles, des milliers d'années, que la vigne est française, que le vin remplit nos verres et que nos chansonniers l'ont célébré comme celui qui était si heureux

> De se dire en vidant son verre
> Qu'ils n'en ont point en Angleterre !

Les sociologues attribuent même au vin quelques-unes des qualités natives de notre race, la gaieté, la vaillance, l'esprit, l'enthousiasme facile, comme aussi la griserie trop prompte, auxquelles les buveurs de bière ne sauraient prétendre, et je ne crois pas exa-

---

[1] Cette conférence a été donnée le 20 mai 1900 au *Musée social,* sous la présidence de M. Dupuy, ministre de l'agriculture.

Je n'aurais pas songé à la publier, si les circonstances actuelles et la mévente des vins ne donnaient un intérêt actuel et une confirmation singulière aux prévisions qui y sont énoncées.

J'ai ajouté seulement quelques notes pour indiquer les faits survenus depuis la date de la conférence. Je reproduis aussi, d'après le compte-rendu du *Temps*, l'allocution prononcée par M. le Ministre après cette conférence

« Le Ministre de l'agriculture loue ce que le conférencier a dit sur les bienfaits de la coopération dans l'industrie du vin ; mais il fait ses réserves sur la gravité de la crise dont cette industrie serait menacée. M. Ch. Gide a peut-être fait de cette crise un tableau un peu trop sombre. Il ne faut pas oublier que notre pays ne produit pas assez de vins pour ses besoins ; cette production n'est en moyenne que de 70 millions d'hectolitres (55 millions exceptionnellement l'an dernier) et nous importons par an pour 300 millions de francs de vins étrangers.

» La vigne peut donc se développer chez nous sans inconvénient majeur et peut-être ne faudrait-il pas s'alarmer exagérément de la baisse du prix des vins. La baisse du prix pour les objets de luxe est un phénomène général et le vin est un objet de luxe ».

gérer en disant que par une superstition où il peut y avoir quelque
petite âme de vérité, le génie du vin paraît lié au destin et au génie
même de la France, de telle sorte que la fin de l'un, si jamais elle
se réalisait, serait aussi la fin de l'autre, comme ces vieilles légen-
des, celle de la Dame Blanche d'Avenel, par exemple, qui nous
montraient le sort d'une noble famille associé à celui d'un esprit
familier qui grandissait avec elle, déclinait avec elle et mourait en
elle.

Je suis donc assuré que personne ne pourrait se défendre de
quelque sentiment d'appréhension non seulement gastronomique,
économique ou agricole, mais patriotique, s'il pouvait croire que
l'avenir de la vigne et du vin sont menacés en France. Or cette
crainte est malheureusement très fondée.

Assurément la crainte que je viens d'exprimer paraîtrait bien
vaine et quelque peu absurde à ceux qui visiteraient nos vignobles
et particulièrement ceux de mon pays, de l'Hérault et du Gard. Au
contraire, ils ne pourraient que s'extasier devant les résultats déjà
obtenus qui dépassent toute prévision. Non seulement la terrible
dévastation causée par le phylloxéra qui a passé, il y a vingt ans,
sur tout le midi de la France et l'a dépouillé, en trois ou quatre ans,
de tout le magnifique vignoble qui le recouvrait, comme un tapis
qu'on roule après la fête pour l'emporter laissant la terre nue, non
seulement cette dévastation a été complètement réparée et un nouveau tapis vert qui a coûté 2 ou 3 milliards recouvre la moitié de
la France, de Lyon à Bordeaux, mais encore on obtient de ces
vignes nouvelles des prodiges de fécondité que nos pères n'avaient
jamais connus et n'auraient même jamais imaginés !

Autrefois, quand une vigne donnait en moyenne 1 kil. ou 1 kil. 1/4
de raisins par souche, ce qui représentait 3.500 à 4.000 litres (35
à 40 hectolitres) par hectare, le propriétaire s'estimait très satisfait : c'était le rendement normal. Il suffisait pour lui procurer un
joli revenu. Aujourd'hui, on arrive à produire jusqu'à 10 et 12 kil.
par souche (soit plus de 300 hectolitres par hectare), et même, j'en
ai vu des exemples, jusqu'à 30 kil. de raisins par souche, et cela
non pas en serre, ou en treille, ou en jardin, mais en grande culture. C'est donc un rendement dix fois supérieur à celui du passé,
un passé qui est d'hier.

On y est arrivé par cinq moyens cumulés :

1° Par le choix de *cépages* particulièrement fertiles, tels les Ara-

mons à gros grains sphériques, dont une seule grappe peut peser
1 kil. et qui peuvent porter jusqu'à 20 à 30 grappes. Il faut soutenir les sarments par de petits bâtons. Les vignes de Canaan ne
devaient rien être à côté;

2° Par divers systèmes de *taille*, par des sarments conduits sur
fil de fer qui poussent à la fructification;

3° Par les *engrais*, non seulement de ferme mais chimiques.
Autrefois on ne fumait pas la vigne; aujourd'hui on enfouit 8 à
10 kil. au pied de chaque souche;

4° Par le choix des *terrains*. Autrefois la vigne était la culture
des terrains pauvres, là où rien d'autre ne pouvait pousser : c'est
pour cela qu'elle faisait la fortune des coteaux secs et caillouteux
de notre France méridionale. Aujourd'hui on la plante et on la cultive dans les terres d'alluvion les plus profondes et les plus riches,
celles qui servaient autrefois pour la luzerne ou les céréales;

5° Enfin et surtout par *l'eau,* le plus important des cinq facteurs,
et ce n'est même qu'avec l'aide de ce dernier que les quatre précédents peuvent produire leur effet. Sans l'eau, ils risquent de rester
impuissants. On a commencé par épuiser toute l'eau des rivières
avec des machines élévatoires à vapeur, puis on a puisé dans le
Rhône, mais comme tous les vignobles n'ont pas la chance d'être
aux bords des rivières ou du fleuve, on va chercher sous terre les
couches d'eau souterraines, même à 10, 20, 50, 100 mètres de profondeur. M. Mir, dans l'Aude, a été la chercher à 500 mètres de
profondeur, comme le puits artésien de Grenelle. On la fait monter
avec des machines à vapeur et notre terre étonnée qui n'avait
jamais reçu, depuis qu'il y a une terre, que quelques gouttes d'eau
tombées d'un ciel avare et bues avidement aussitôt que reçues,
se voit chaque été inondée par des fleuves d'eau vive qui surgissent
des profondeurs du sol et qui ne sont pas moins étonnés que la
terre, car si celle-ci n'avait jamais vu l'eau, eux n'avaient jamais
vu le soleil et le ciel !

Et on voit en deux jours la feuille jaunie reverdir et la grappe
altérée se gonfler de jus. Le miracle de l'eau transformée en vin
se renouvelle. Il est vrai qu'il y a longtemps que les marchands de
vin le pratiquaient, mais ici il se renouvelle réellement et non par
fraude : c'est la nature elle-même, c'est la vigne qui, dans le laboratoire mystérieux de ses racines et de ses feuilles, transforme l'eau
en vrai vin.

Et nous ne sommes qu'au commencement de cette évolution. Il n'y a guère que dix ans que cette culture intensive est commencée, et en ce qui concerne l'irrigation, on peut dire qu'elle est d'hier, je ne parle pas de la submersion par les eaux des rivières qui est un peu plus ancienne, mais de l'utilisation des eaux souterraines.

Hé bien! mais pourriez-vous me dire : où est donc la crise que vous nous annonciez pour la vigne et pour le vin? Vous ne nous montrez jusqu'ici que des sujets de joie et d'orgueil patriotique? Oui, mais voici le revers de la médaille.

D'une part, la surproduction est inévitable. Il est vrai que les statistiques paraissent démentir cette crainte, car quoiqu'on plante tous les ans un grand nombre d'hectares, le nombre total d'hectares plantés décroît depuis vingt ans[1]. Mais ceux qui disparaissent ce sont les vignobles cultivés selon l'ancien système qui produisaient 20 ou 30 hectolitres, tandis que ceux qu'on replante ce sont les vignobles à la nouvelle mode qui produisent plus de 100 hectolitres par hectare. Ceux qui meurent ce sont ceux plantés sur les terrains pauvres, ceux qui naissent ce sont ceux plantés sur les sols les plus féconds de notre pays. On peut dire hardiment que chaque hectare nouvellement planté représente comme puissance productive trois ou quatre de ceux qu'on arrache.

La preuve c'est que la production du vin, qui s'était élevée jusqu'à 80 millions nets en 1874 et qui était effroyablement descendue, il y a vingt ans, jusqu'à 20 millions d'hectolitres (23.200.000 hectolitres en 1879), n'a pas continué à diminuer. Au contraire depuis 1889 elle n'a cessé de remonter : elle a touché deux fois, en 1893 et l'année dernière, 50 millions hectolitres, et avec l'Algérie et la Tunisie qui n'existaient pas autrefois en tant que vignobles, 55 millions. Nul doute que nous ne remontions au chiffre de 80 millions et que nous ne le dépassions[2]. Songez donc que d'ici peu il y aura 2 millions d'hectares replantés : or 80 millions hectolitres pour 2 millions d'hectares, cela ne représente qu'une moyenne de 40 hecto-

---

[1] La superficie du vignoble français avant le phylloxéra s'est élevée jusqu'à 2.400.000 hectares : il y a dix ans, en 1889, elle n'était plus que de 1.817.000, et en 1899 elle était tombée au-dessous de 1.700.000 hectares. Mais pour l'année 1900 l'évaluation officielle est de 1.730.000 hectares, en sorte que la marche ascendante a déjà repris et que dans une seule année l'accroissement du vignoble a été de 32.000 hectares.

[2] Six mois après que cette conférence était prononcée, la récolte de 1900 atteignait près de 70 millions d'hectolitres (67.352.661 chiffre officiel).

litres à l'hectare. C'est une moyenne très faible au taux de rendement actuel. Soumis au régime de culture intensive dont je parlais.
tout-à-l'heure, ces 2 millions d'hectares pourraient produire 2 à 300
millions d'hectolitres, c'est-à-dire beaucoup plus que ce que boit de
vin le monde entier.

Mais alors cette question se pose tout naturellement : Qui le
boira? — Il ne faut pas s'imaginer que la consommation du vin soit
illimitée. Beaucoup de gens en France disent : Oh! si l'on abolis-
sait les octrois, si l'on supprimait les droits sur les vins, si l'on
empêchait la fabrication et la vente des vins de raisins secs et de
sucre, surtout si l'on empêchait l'entrée des vins espagnols et italiens, les débouchés ouverts au vin français seraient illimités. C'est
une erreur. Sans doute toutes ces mesures élargiraient un peu le
marché, mais il faut bien se dire que ce marché est très restreint.
Je crois qu'on peut affirmer que la France ne peut pas boire plus
de 60 millions d'hectolitres de vin. La population de la France est de
38 millions, dont 10 millions d'enfants au-dessous de 15 ans : restent 28 millions d'adultes. Comptons un litre par tête et par jour
pour les 14 millions d'hommes et un demi-litre pour les 14 millions
de femmes. Cela ferait 76 millions d'hectolitres. Mais en réalité les
trois quarts des femmes ne boivent pas de vin et un cinquième des
hommes, pour ne parler que des départements à cidre ou à bière,
n'en boivent pas non plus.

Vous me direz peut-être qu'il y a 25 ans nous avons eu déjà
une récolte de 80 millions qui, pourtant, a été absorbée? Mais à
cela il faut répondre d'abord que cette récolte était exceptionnelle
et que par conséquent la consommation a pu se répartir sur plusieurs années. La moyenne de la période anti-phylloxérique de
1870 à 1878 n'a pas dépassé 50 à 55 millions. Il faut répondre surtout qu'à cette époque on brûlait beaucoup plus de vin qu'aujour-
d'hui parce que l'alcool de vin était presque le seul employé dans
le commerce des boissons, tandis qu'aujourd'hui la concurrence
d'alcools à vil prix (de grains, pommes de terre, de bois même) l'a
éliminé. Enfin et surtout il faut dire, et c'est là le fait le plus grave
pour la viticulture, que depuis cette époque la consommation du
vin a diminué et. tend à diminuer de plus en plus.

Pourquoi? Par une foule de raisons.

1° Parce qu'autrefois on ne buvait que du vin, c'était la seule
boisson nationale — aujourd'hui il y a plusieurs boissons concur-

rentes et non nationales : — pour les gens distingués, le thé, et
pour ceux qui ne le sont pas, la bière, sans compter le cidre qui
existait bien autrefois, mais dont la production et par suite la consommation se sont aussi fort accrues. Songez donc que l'année
dernière la récolte du cidre a été de 20 millions d'hectolitres [1].

Il est vrai que les producteurs et consommateurs de vin ont le
naïf orgueuil de croire que s'il y a des hommes qui boivent autre
chose que du vin, c'est parce que ces malheureux ne peuvent pas
faire autrement, le vin étant chez eux trop rare ou trop cher. Mais
c'est une erreur : les buveurs de cidre et même beaucoup de bu-
veur de bière, en tout cas tous les buveurs de thé, le sont par goût
et non par nécessité.

2° Parce qu'autrefois l'alcoolisme n'existait pas et que l'alcool est
le plus terrible concurrent du vin. Autrefois tous les ouvriers, quand
ils allaient au cabaret, se faisaient servir un litre de vin, mais cette
habitude se perd et plus encore peut-être en province qu'à Paris.
Aujourd'hui les ouvriers se font servir une absinthe ou un petit
verre d'eau-de-vie.

Il y a déjà de ce chef un gros déchet. D'ailleurs l'homme qui a
pris l'habitude de boire l'alcool se dégoûte généralement du vin.
La preuve c'est que les départements où l'on boit le plus d'alcool
sont précisément ceux où l'on boit le moins de vin et inversement [2].
Or songez que la quantité d'alcool que l'on boit en France augmente
tous les jours, elle atteint presque le chiffre effrayant de 2 millions
d'hectolitres. Je n'exagère certainement pas en disant que ces
2 millions d'hectolitres d'alcool consommés représentent une consommation supprimée de 20 millions d'hectolitres de vin.

3° Parce qu'autrefois tout le monde considérait le vin comme une
boisson saine, hygiénique, fortifiante par excellence. On disait que
le vin était le lait des vieillards, on pensait qu'un verre de vin
chaud guérissait le refroidissement et qu'un verre de vin vieux

---

[1] En 1900, elle s'est élevée à 30 millions d'hectolitres (chiffre officiel 29.408.848).

[2] A Paris, ce balancement ou plutôt cette concurrence entre le vin et l'alcool est
très visible, ainsi qu'il apparaît dans les chiffres suivants :

	1897	1898	1899
Vin.......	4.800.000 hect.	4.400.000 hect.	5.000.000 hect.
Alcool...	180.000 hect.	200.000 hect.	150.000 hect.

Le tableau serait bien plus frappant si nous avions les chiffre de 1900 et surtout de
1901.

faisait revenir les morts. Aujourd'hui, précisément par réaction contre ce danger de l'alcoolisme que je viens de signaler, on condamne en bloc toutes les boissons alcooliques y compris le vin et on conteste absolument leur vertu hygiénique.

Un médecin qui inscrirait sur son ordonnance, pour remonter un convalescent ou rajeunir un vieillard, du vieux bordeaux, se croirait un vieux fossile lui-même ; il ordonnera une injection de sérum, voilà !

Je ne me plains pas de cette réaction au point de vue hygiénique et moral, quoique je la croie exagérée et même imprudente aussi longtemps du moins que nous aurons à lutter contre l'alcoolisme, car ainsi que je le disais tout à l'heure, de même que l'alcool est l'ennemi du vin, le vin est le plus sûr antidote de l'alcool. Je crois aussi, avec plusieurs hygiénistes, que le vin est vraiment utile pour le travailleur manuel, particulièrement pour celui qui travaille au grand air, pour le travailleur agricole. Mais je suis tout disposé à reconnaître qu'un très grand nombre de gens pourraient s'en passer et ne s'en porteraient que mieux, et d'ailleurs la florissante santé de beaucoup d'abstinents le prouve surabondamment.

Mais c'est précisément parce que cette réaction s'appuie sur de bonnes raisons qu'elle est fort inquiétante pour la vente du vin.

Il est incontestable que le nombre des abstinents, c'est-à-dire des buveurs d'eau ou de lait, augmente beaucoup de par le monde. Ils sont déjà la majorité dans certains pays comme en Norwège, en Suède et aux États-Unis, et en France même, ils ne sont déjà plus une quantité négligeable. J'ai vu dans bien des restaurants de Paris, même des restaurants ouvriers, des carafes de lait sur les tables.

En sorte que par une fatalité singulière, ce pauvre vin se trouve éliminé à la fois et par les alcooliques et par les tempérants ! Le jour vient où la France sera partagée en deux camps : ceux qui ne boivent plus que de l'alcool et ceux qui ne boivent plus que de l'eau !

Je connais une famille d'un de mes bons amis où les enfants ne boivent que de l'eau par goût autant que par hygiène, la mère ne boit que du thé... et le domestique-homme ne boit que de l'absinthe. Le père de famille seul boit un ou deux verres de vin par repas.

Le danger est si réel, et commence à être si bien senti par les viticulteurs, qu'une ligue vient de se constituer pour prêcher la réhabilitation et propager l'usage du vin : c'est *la Ligue vinicole universelle*. Une Ligue pour apprendre aux Français à boire le vin, voilà un événement inouï et bien symptomatique ! La ligue a été fondée en Gironde, mais elle a aujourd'hui des associés et des représentants dans toute la France et publie un journal, *la Ligue vinicole,* qui a pour programme de réfuter « toutes les calomnies intéressées répandues contre le vin ». Et elle offre un prix de 500 fr. au mémoire qui démontrera « l'utilité du vin au point de vue de l'hygiène et de la thérapeutique ». Elle distribuera gratis du vin dans le département du Nord pour en donner le goût aux buveurs de bière.

4o Mais plus que toutes les causes que je viens d'énumérer, la plus inquiétante pour l'avenir du vin en France, c'est le fait que notre population est stationnaire. Si, comme en Allemagne, notre population augmentait de 500.000 nouveaux consommateurs chaque année, il y aurait là, en dépit de toutes les causes déprimantes que je viens d'indiquer, un accroissement de la demande, une extension des débouchés qui ferait plus que les compenser. C'est une chose vraiment étrange que, dans cette question, un fait si énorme passe généralement inaperçu. J'ai lu bien des articles et entendu bien des conversations sur cette question des vins, eh bien ! parmi tous ceux qui s'en préoccupaient, qui s'ingéniaient pour trouver les moyens d'éliminer quelques millions d'hectolitres de vins artificiels ou qui se réjouissaient parce qu'un traité avec la Suisse nous ouvrait une exportation de 200.000 hectolitres, je n'en ai pas vu un seul qui songeât à se poser cette question si simple : Quelle serait la situation de la viticulture si, depuis 1870, la population de la France s'était accrue, comme celle de l'Allemagne, de 15 millions de nouveaux consommateurs français, soit de près d'une moitié en sus de notre population actuelle ? En supposant que la capacité de consommation de la France fût, comme je l'ai évaluée, de 60 millions d'hectolitres, elle s'élèverait à 87 millions !

C'est donc un débouché intérieur de près de 30 millions d'hectolitres qui se serait ouvert à la viticulture ! Voilà la vraie solution, et à côté de laquelle toutes les autres ne seront jamais que de misérables palliatifs.

Et ce n'est pas seulement sur l'avenir de la viticulture que cette situation pèse comme la pierre d'un sépulcre ; c'est sur l'avenir de l'agriculture tout entière et sur la valeur de la terre elle-même. Par tout pays et en tout temps, la valeur de la terre est directement proportionnelle au nombre de ses enfants : là où la population reste stationnaire, la valeur reste stationnaire ou plutôt — comme toujours la culture progresse et que l'offre des produits agricoles s'accroît, ainsi que nous venons de le voir pour le vin — si la demande reste la même, la valeur des produits de la terre et de la terre elle-même tend à décroître.

Vous êtes-vous demandé comment les propriétaires fonciers dans des pays comme l'Angleterre et la Belgique, où le libre-échange règne et où, par conséquent, les produits agricoles étrangers entrent librement, ne sont pas complètement ruinés ? Sans doute le revenu des terres et les fermages baissent, mais la valeur des terres en capital grandit constamment par le seul fait de la population qui s'y presse. Il n'est guère de lord anglais qui n'ait sur ses terres, des villages, même des villes, où les terrains bâtis et même avoisinants acquièrent une valeur énorme. Il leur suffit d'en vendre ou d'en louer quelques parcelles pour compenser largement la baisse de leurs fermages. Et qu'importe que leur revenu décroisse si leur capital augmente? Ils peuvent, au besoin, emprunter sur cette valeur et sans risques.

Mais laissons ce triste contraste et revenons à notre question.

De cette double cause : accroissement énorme dans la production, diminution dans la consommation, c'est-à-dire accroissement de l'offre, diminution de la demande, doit résulter d'abord un *avilissement du prix du vin*. Déjà cette année, dans notre Midi, grâce à la grosse récolte, il ne se vend pas. Une bonne part de la dernière récolte est encore dans les caves ou n'en sort que lentement au prix de 12 francs l'hectolitre et même au-dessous. Que sera-ce quand nous en produirons le double [1] ?

Il y a un pays dans lequel cette surproduction exercera des ravages terribles : c'est l'Algérie. Cette colonie, la perle de notre empire colonial, avait eu une jeunesse difficile. Ces dernières

---

[1] Précisément la récolte de 1900 a été énorme et a jeté sur le marché 70 millions d'hectolitres qui sont venu s'ajouter au stock de 30 millions d'hectolitres des récoltes précédentes existant encore en cave, c'est-à-dire que la France a de quoi boire pendant deux ans! Aussi les prix sont-ils tombés, en septembre 1900, à 5 francs l'hectolitre (j'en ai même vu vendre à 2 fr. 50) et à la date où j'écris ces lignes, les prix ne se sont pas relevés.

années, elle s'est jetée dans la viticulture parce qu'elle y a vu la richesse et l'avenir. De magnifiques exploitations, plus belles que dans la métropole, s'y sont créées et font des bénéfices ; mais, nos colons algériens n'ayant pas beaucoup de capitaux, la plupart se sont fondées sur le crédit et elles sont loin encore d'avoir pu amortir le capital de premier établissement. Vienne la baisse des prix, les déficits, et ce sera l'impossibilité de rembourser, la ruine pour les emprunteurs et aussi, par contre-coup, pour les prêteurs, les banques et les grandes compagnies foncières ! La Tunisie aussi subira le contre-coup de cette crise, mais un peu moins, les possibilités de culture étant plus variées.

L'avilissement du prix n'est pas encore le pire mal : elle l'est pour le producteur, mais, en revanche, on peut dire qu'elle est un bien pour le consommateur. Il peut espérer voir le vin à deux sous la bouteille. Voilà une consolation, du moins pour ceux qui en boivent !

Oui, mais le vin à deux sous la bouteille ne sera pas de très bon vin, ce serait vraiment trop demander, et voici alors l'autre danger, *l'avilissement de la qualité !*

Cet avilissement dans la qualité est inévitable pour deux motifs :

1° Parce qu'un vin qui a été produit à force d'engrais et d'eau et par une culture forcée, est une sorte de produit artificiel, ou tout au moins industriel, qui ne vaudra jamais ceux qu'une vigne indolente, une terre caillouteuse et un soleil de feu font mûrir naturellement sur les coteaux. Virgile, dans sa Géorgique, disait : *Bacchus amat colles.* Bacchus aime les coteaux, oui, mais il n'aime pas à avoir les pieds mouillés et à s'asseoir dans les marécages. Et c'est là pourtant, dans les marais où autrefois coassaient les grenouilles, qu'aujourd'hui on l'a fait descendre.

2° Parce que les propriétaires des terrains anciens, des vraies terres à vigne, ne peuvent plus soutenir la concurrence des vignes nouvelles. Comment voulez-vous qu'un vigneron qui a sa vigne dans les cailloux, dans « le grès » qui fait le vin bon, mais qui récolte à grand'peine 40 hectol. à l'hectare, puisse soutenir la concurrence du viticulteur de la plaine submersible qui en récolte 200 ? Celui-ci peut faire un bénéfice et même un gros bénéfice en vendant son

---

¹ En ce moment, janvier 1901, on voit sur tous les murs de Paris du vin offert à *vingt centimes* le litre.

vin à 10 francs l'hectolitre : même, à la rigueur, il pourrait couvrir
ses frais à 6 francs l'hectolitre, car les frais maxima de culture ne
dépassent pas 1.000 francs par hectare ; or 200 hectolitres à
6 francs donnent 1.200 francs. Mais, l'autre, le vigneron des grès,
quoiqu'il ait moins de frais de production, ne peut guère les abaisser au-dessous de 600 francs par hectare. Or, s'il récolte 30 à
40 hectolitres, son prix de revient est de 15 à 20 francs l'hectolitre, c'est-à-dire le triple du prix de son concurrent.

Or le commerce lui paiera-t-il son vin trois fois plus ? Nullement !
c'est à peine s'il consentira à en payer 2 ou 3 francs de plus.

Que faire alors ? Arracher sa vigne pour la remplacer par une
autre culture ? Il ne le peut, car telle est précisément la robusticité
de la vigne qu'elle peut pousser là où rien d'autre ne pourrait
croître. Il n'a qu'une ressource, c'est de s'ingénier lui aussi pour
obtenir la quantité, soit en creusant des puits pour avoir de l'eau,
soit en remplaçant ses exquis et fins cépages d'autrefois par le
gros ventru d'Aramon, soit même, il faut bien le confesser, en
mettant dans ses cuves, au moment des vendanges, de l'eau en
quantité suffisante pour faire tomber son vin au niveau des vins de
plaine. J'ai vu, au moment des vendanges, faire queue autour des
fontaines publiques comme si le feu avait pris à toutes les maisons
du village ! Tout le monde connaît, au moins de nom, le muscat
de Lunel ? Hé bien ! les propriétaires des vignes qui donnaient ce
nectar les arrachent pour les remplacer par de l'Aramon : le vin
se vendra, il est vrai, 15 francs au lieu de 80 francs et vaudra
comme goût dix fois moins, mais comme ils en récolteront dix fois
plus, ils y gagneront au lieu d'y perdre. Et cet exemple lamentable
sera suivi partout ! Et les bons vins de France, ces vins qui, quoique ne portant pas les grands noms des crus de Bordeaux ou de
Bourgogne, quoique n'étant pas des vins nobles, étaient souvent
exquis, surtout en vieillissant, tous disparaîtront l'un après l'autre
pour faire place à un vin d'un type uniforme, fabriqué en grandes
masses et à bas prix, l'article de bazar.

Tel est donc le danger qui nous menace. Il est double. Pour le
propriétaire des terrains pauvres du vieux vignoble français, c'est
la ruine. Pour les consommateurs, c'est la disparition des qualités
qui avaient fait la joie de tant de générations d'honnêtes buveurs
et qui avaient fait aussi quelque chose pour étendre le nom et
l'amour de la France dans le monde. Et le génie du vin, ce génie

que j'évoquais au début de cette conférence, il ne rit plus dans son
verre : mélancoliquement il s'y est noyé.

II

A ce danger quel remède ?

Le plus sage, peut-être, serait de reconnaître humblement qu'il
n'y en a point, que c'est là la manifestation d'une évolution naturelle qui tend, dans tous les domaines, aujourd'hui à chercher le
bon marché au détriment de la qualité, à produire par grandes
masses, sur un même type répété à des milliers d'exemplaires.

Cependant cette solution par le laisser-faire serait un peu pessi-
miste et un peu fataliste. Il n'est pas démontré que le procès de
l'évolution agricole soit pareil à celui de l'évolution industrielle.
Il y a certaines causes spéciales qui ont poussé à la surproduction
et, par là, à l'avilissement de la qualité.

D'abord on pourrait indiquer l'action imprudente de la loi et du
gouvernement. Par l'exemption d'impôts des terres plantées en
vignes et le dégrèvement d'impôts du sucre employé à la fabrication des vins artificiels, le législateur a poussé à la surproduction des vins naturels et des vins artificiels à la fois. La majoration des droits de douane, afin d'éliminer les vins italiens et espagnols, a maintenu au dedans des prix exagérés, exagéré est bien le
mot, puisque jusqu'à ces dernières années les vins de submersion
qui représentaient 7, 8, 10 francs au plus du prix de revient, se vendaient de 15 à 18 francs : c'étaient des prix de monopole. Aussi ont-
ils créé en peu de temps des fortunes considérables et surexcité une
véritable *furia* de plantation. Mais le jour ne va pas tarder où les
viticulteurs français qui protestaient contre tout traité de commerce
avec l'Espagne et l'Italie, dans la crainte de voir leurs vins entrer
chez nous, réclameront avec instance des traités de commerce avec
ces mêmes pays, dans l'espoir d'ouvrir leurs portes toutes grandes
à nos vins : ils seront tous libre-échangistes comme ils l'étaient
d'ailleurs il y a trente ans. L'un d'eux me le disait : Nous « rede-
viendrons libre-échangistes dès que nous y aurons intérêt ». J'aime
cette franchise toute méridionale.

Malheureusement il n'est pas probable que les autres pays se
prêtent à ce petit jeu de la porte ouverte ou fermée tour à tour,
suivant nos convenances. Je crois que si un gouvernement eût été

assez prévoyant pour voir venir la surproduction et assez fort pour
lutter contre l'imprévoyance des viticulteurs — ce serait, il est vrai,
demander un gouvernement 'introuvable — s'il avait eu la main
assez ferme pour conserver à la France son rôle de grand marché
des vins, acheteur et fournisseur du monde entier, il aurait pu
lui ménager une précieuse clientèle et de grands débouchés pour
l'avenir. Aucun pays ne peut produire d'aussi bons vins ni à aussi
bon marché que le nôtre. Mais le moment psychologique est passé
maintenant. Tous les pays ont appris aujourd'hui à faire leur vin :
ils sont venus l'apprendre chez nous.

Mais si c'est le législateur et le viticulteur eux-mêmes qui m'apparaissent comme les auteurs responsables de la crise actuelle en
ce qui concerne la surproduction, c'est le commerce qui est le
facteur responsable de l'autre face de la crise : l'avilissement de
la qualité.

Et pourquoi ? parce qu'il ne paie guère plus cher le bon vin que
le médiocre. Il recherche, il est vrai, un certain degré alcoolique
et, pour les vins rouges, une certaine couleur, parce qu'alors il
peut s'en servir pour faire des coupages, mais quant aux autres
qualités il s'en moque : la seule qualité qu'il recherche c'est le
bon marché. Quand un propriétaire vante le bouquet, le moelleux,
le corps, le fruité de son vin, les commerçants lui rient au nez et
lui répondent qu'ils n'en ont que faire. Il leur suffit que le client
puisse le boire.

Dans ces conditions, que peut faire le producteur ? La réponse
est dans tous les journaux vinicoles. Tous lui donnent le même
conseil : Cherchez la quantité et non la qualité !

Si telle est la cause du mal, le remède est facile à trouver en
théorie mais non en pratique. Il consisterait à établir une série de
prix pour le vin suivant les qualités et suivant les terrains, établie de
telle sorte qu'il y eût autant et même plus de profit pour l'agriculteur à rechercher la qualité que la quantité. Si, par exemple, l'Etat
décidait (c'est une hypothèse absurde mais simplement destinée à
illustrer ma pensée) que les vins de submersion se vendrait 8 francs
l'hectolitre et les vins de coteaux 25 francs et que cette tarification
pût être imposée au marché, en ce cas non seulement on conserverait les vins de coteaux mais encore on arrêterait la surproduction, car les propriétaires des terres fertiles et irrigables n'ayant plus
grand profit, même avec la production maxima, à produire du

vin, les rendraient à l'emploi auquel la nature les avaient destinés,
à la production du fourrage, des céréales ou du jardinage.

Il y aurait un autre remède plus radical et plus simpliste, c'est
celui d'ailleurs qui a été appliqué en France presque à toutes les
époques de notre histoire, jusqu'à la Révolution du moins : la limitation par l'Etat de la superficie plantée en vignes et la prohibition
d'en planter de nouvelles sans autorisation. Si tyrannique que
paraisse une telle mesure, elle a été appliquée maintes fois dans
notre histoire. En l'an 92 déjà, Domitien donna l'ordre d'arracher
toutes les vignes plantées en Gaule. En 1566 Charles IX, et en
1577 Henri III fixèrent l'étendue maxima de vignobles par canton.
Et en 1731 un édit défendit toute plantation nouvelle de vigne sans
l'autorisation de l'intendant. Pour l'obtenir, il fallait établir, après
enquête, que le terrain était impropre à tout autre culture.

Il va sans dire que je ne propose ni ne souhaite le retour à ce
régime coercitif. Si j'ai cité ces faits, c'est pour montrer que la question actuelle de la surproduction du vin et la recherche des moyens
pour la conjurer n'est pas d'hier. Mais les mêmes résultats ne pourraient-ils pas être atteints par la liberté ?

Je le crois : c'est ici que nos *Associations de vinification* entrent en scène. On désigne sous ce nom des associations de viticulteurs qui s'entendent pour faire leur vin en commun. A cette
fin, chaque propriétaire-associé, au moment des vendanges, au
lieu de faire cuver et de loger son vin dans sa propre cave, apporte
ses raisins dans la cuve de la société ; celle-ci pèse et paye ces raisins, les transforme en vin par les procédés les plus perfectionnés,
garde ce vin dans ses caves, le vend ensuite et répartit les bénéfices entre ses membres au prorata des quantités livrées. Les plus
célèbres et les plus prospères de ces associations sont celles des
vignerons des bords du Rhin, ou plutôt de l'Ahr, mais il en existe
aussi en Italie, sous le nom de *cantines* [1], en Autriche, et aussi dans
certains cantons suisses, notamment dans le Valais. En France,
dans le pays du vin, il n'en existe aucune ; il y a bien quelques
associations pour la vente du vin en commun, mais non pour la
fabrication du vin, pour la vinification, sauf deux ou trois essais, à
Cadillac (en Gironde), à Nuits (en Bourgogne), à Domery (Champa-

---

[1] La grande société coopérative de consommation *l'Union militaire* de Rome non
seulement *vend* mais *fait* elle-même son vin dans trois celliers installés dans trois
régions vinicoles.

gne). La raison doit en être cherchée d'abord sans doute dans le
caractère très individualiste et très misonéiste du paysan ou même
du propriétaire français, mais aussi dans un meilleur sentiment, à
savoir le plaisir que le propriétaire français éprouve à faire lui-
même son vin, à le faire avec amour et à le faire toujours bien
meilleur que celui du voisin ! Cette opération est comme le couronnement et la récompense d'une année de labeur, et c'est avec un
respect religieux que le propriétaire déguste, dans une tasse d'ar·
gent, le vin de sa première cuvée. Il ne le déguste pas tout de suite,
il le regarde en se tournant et en s'inclinant du côté du nord, comme
le Musulman qui fait sa prière du côté de la Mecque (c'est parce
que le jour est le meilleur, comme pour les ateliers de peintre), il
lui imprime un mouvement rotatoire, il le flaire, il appelle son bayle
pour le regarder avec lui, il se gargarise largement pour en savou-
rer la première fois le bouquet, la seconde fois le corps, la troisième fois le fruité, puis finalement il le crache, non par dégoût,
vous pouvez croire, mais parce que tel est le rite, et il conclut :
Fameux, mon vin !

Mais que reste-t-il de toute cette émouvante opération quand on
doit verser ses tombereaux de raisins dans une cave anonyme ? Le
paysan français aime trop son vin, d'un amour trop jaloux, c'est
ce qui l'empêche de s'associer. Mais il y viendra ! il y viendra,
parce que l'installation de celliers est aujourd'hui un luxe très coûteux avec tous ses appareils mécaniques, ses pressoirs, ses norias
élévatoires, ses fouloirs-égrappoirs, ses moteurs à pétrole, luxe
que les propriétaires très riches peuvent seuls se payer et dont les
agriculteurs plus modestes chercheront à économiser les frais. Ils
y viendront parce que l'usage de vendre ses raisins commence déjà
à se répandre beaucoup : chaque jour, en septembre, il part des
gares d'Avignon, Tarascon, Arles, Nîmes, etc., des trains entiers
qui ne sont composés que de wagons remplis de raisins. On les
vend à des négociants du centre ou du nord qui font du vin avec
ces raisins ou les revendent à des particuliers qui le font chez eux.
Donc, ceux qui vendent leurs raisins à ces négociants consentiraient
aussi bien à le vendre à une société dont ils seraient membres ; il
n'y a plus qu'un petit pas à faire. Et le jour où le propriétaire associé éprouvera, en dégustant le vin de l'association, la même satisfaction qu'en dégustant le sien, le jour où il pourra dire : « Il
est réussi *notre* vin » ! avec autant de fierté qu'il disait naguère « il

est réussi *mon* vin! » un grand progrès moral — et non pas seulement économique — aura été accompli, car on peut même dire
que toute la solution de la question sociale consiste uniquement à
changer la première personne du singulier par la première personne du pluriel, le *Moi* par le *Nous.*

Mais, me direz-vous, en quoi ces associations apporteraient-elles
un remède au mal? Tout simplement en jouant le rôle que je prê-
tais par hypothèse à l'État, en fixant une échelle des prix suivant
la qualité. Les associations allemandes ne se bornent pas à peser
les raisins apportés par chacun; elles n'acceptent que certaines
espèces ; elles éliminent les raisins qui sont de qualité inférieure ;
elles mesurent le degré gleucométrique, c'est-à-dire la proportion
de sucre contenue dans le moût, et qui est lui-même en raison de
la nature du cépage, de sa maturité, de l'exposition de la vigne.
Elles doivent aussi vérifier le degré d'acidité et fixent une augmentation ou diminution du prix suivant que le raisin est supérieur ou
inférieur au type normal. Les associations du Valais ont même,
d'après les renseignements que m'a fournis M. de Rocquigny, un
coefficient différent suivant la situation des vignobles d'où proviennent les raisins.

Il faut bien dire que cette échelle des prix est précisément une
des causes qui rendent l'association difficile, chaque propriétaire
prétendant que ses cépages et ses terrains sont aussi bons que ceux
des voisins. Mais tout de même on peut arriver à lui faire comprendre qu'il ne peut pas avoir à la fois la quantité et la qualité. Cette
difficulté, qui est très sérieuse pour les vins *faits*, est moindre pour
les vins *à faire*, car il s'agit ici d'apprécier et de comparer des
raisins seulement; c'est plus facile. Tout le monde sait dans le midi
que les Clairettes valent plus que les Carignans et ceux-ci plus que
l'Aramon et il y a, en effet, trois prix différents sur le marché :
c'étaient à la dernière récolte (1899), 17 fr., 14 et 12.

De plus, ces associations, même là où elles n'établissent pas
d'échelles de prix et mettent tous leurs membres sur le même pied,
se donnent au moins pour but de maintenir une certaine marque,
le nom d'un certain cru, ou même d'en créer un nouveau. Telle a
été l'origine des associations allemandes de l'Ahr, en 1868. L'histoire des associations que vient de publier dans une étude très
intéressante un de mes collègues de l'Université, M. Berget, professeur à Lille, est très instructive à cet égard. Le vin rouge de

l'Ahr était autrefois un excellent cru très apprécié. Peu à peu les propriétaires se sont laissés aller à vendre leurs raisins au commerce, et du jour où le contact entre producteurs et consommateurs a été perdu, le nom du cru s'est perdu aussi et sa valeur avec le nom. Grâce à leurs associations, ils l'ont reconquis et ont relevé sa valeur. Elles ont relevé le prix du kilogramme de raisins de 0 fr. 40 à 1 fr., le prix du vin de 0 fr. 80 à 2 fr., et celui de la terre de 7.500 fr. à 20.000 l'hectare!

Il ne manque pas en France de crus du pays qui, sans avoir la réputation des grands vins, des vins nobles, jouissaient cependant d'une réputation très méritée. Rien que dans mon département du Gard, j'en connais cinq ou six : le Langlade, les costières de Saint-Gilles, le Lédenon, le Tavel, le Château-Neuf du Pape! On les a laissé perdre. Des associations de vinification les ressusciteraient. Elles pourraient même en créer là où il n'y en a jamais eu, car, en somme, il en est de la célébrité des vins comme de celle des personnes : la nature y est pour quelque chose, mais le savoir-faire y est pour beaucoup. Et cela change du tout au tout la valeur d'un vin que d'avoir un nom ; un vin anonyme, si bon qu'il soit, ne se vendra pas plus que le prix courant; un vin qui a une marque connue, alors même qu'il n'est pas meilleur, acquiert immédiatement une plus-value du double, du triple. Les associations de vinification ont toutes conféré une plus-value aux vins de leurs propriétaires. Elles répondent donc parfaitement à notre préoccupation qui est de sauver la qualité de nos vins. Elles lui ont conféré aussi une réputation de sincérité, de pureté, parfaitement justifiée, et elles ont fait par là quelque chose de plus grand que d'améliorer le vin, elles ont amélioré les propriétaires : elles ont conféré ou plutôt restitué aux producteurs, en même temps qu'aux produits, les vertus anciennes et, faisant coup double, elles ont réalisé à la fois la probité dans l'homme et dans le vin !

Mais, me diront les commerçants en vins, ce n'est pas notre faute si nous ne payons pas la qualité et si nous ne cherchons que le bon marché, c'est la consommation qui nous l'impose et nous ne faisons qu'exécuter ses ordres. Vos associations de vinification n'y changeront rien, c'est le goût du public qu'il faudrait changer!

Il y a dans cette objection du vrai et du faux. Il est très vrai que le goût des consommateurs est absolument perverti, à tel point

qu'ils ne savent plus distinguer un vin naturel d'un vin artificiel
et que même, à Paris du moins, sans hésiter, ils préféreraient le
second, mais ce qui est vrai également, c'est que c'est le commerce
qui les a pervertis, de même qu'il a démoralisé les producteurs en
leur apprenant à mettre de l'eau et de l'acide tartrique et des bi-
sulfites dans leur vin. C'est lui, le commerce, qui, à force de leur
vendre des gros vins d'Espagne, des vins alcoolisés, des vins dé-
doublés, des vins de raisins secs, des vins de figues sèches, leur a
fait perdre le goût du vin de France et a même contribué pour une
grande part à la diminution de la consommation du vin, car de
ceux qui ont bu les vins alcoolisés les uns y ont pris goût et sont
devenus alcooliques, les autres en ont pris le dégoût et sont devenus
buveurs d'eau !

Du reste, le commerce des vins sait si bien qu'il a dégoûté et
effrayé le public qu'il se déguise aujourd'hui sous le masque du
propriétaire. Tous les négociants en vins dans notre région achètent un petit coin de terre pour pouvoir mettre sur leur papier
« vins de propriétaire » ou une vignette représentant leur « château ».

Ils ont inventé une autre duperie qui n'est pas moins gracieuse.
Fin juillet, ils envoient à leurs clients en colis postal de jolies caisses
de bois avec du papier de dentelles contenant 3 kil. de raisins
offerts en cadeau, comme primeurs de leur propriété... Ces jolies
petites caisses, avec les raisins dedans, s'achètent aux halles. Au
moment voulu il y en a des montagnes sur le marché.

Et c'est ce commerce qui rejette la responsabilité sur le consommateur ! Il n'y a rien à faire avec lui qu'à l'éliminer en le remplaçant par un organe plus perfectionné, par l'association coopérative.

Mais en ce qui touche le consommateur, le cas n'est pas déses-
péré. On peut essayer de lui refaire le goût : c'est une affaire
d'éducation. Or ici, comme moyen efficace de refaire cette éducation, nous retrouvons la coopération, mais cette fois sous la forme de
société de consommation. Vous savez tous ce que l'on appelle de ce
nom : des consommateurs groupés pour acheter en commun et en
gros toutes les denrées qu'ils consomment, le vin aussi par conséquent. Or, ces sociétés se piquent d'honneur généralement pour
fournir à leurs membres des denrées de premier choix. Il en est
plusieurs qui envoient chaque année des délégués en mission pour
choisir et faire les achats chez les propriétaires. La *Société du* xviii^e

arrondissement se fait envoyer des échantillons de vins par le commerce : on opère une première sélection ; puis les échantillons retenus, désignés par de simples numéros et sans indication des noms des fournisseurs, font l'objet d'une dégustation de tous les membres du Comité. On vote : l'échantillon qui réunit la majorité de suffrages est choisi. Et je puis assurer, pour en avoir goûté moi-même dans leur cave, que des membres du comité ont fort bon goût, car leur vin est excellent.

Ils prennent non le meilleur marché, mais le meilleur — naturellement dans certaines limites de prix. Mais enfin, ils ne regardent pas à 10 centimes le litre pour en avoir du bon. Or pensez que 10 centimes le litre, c'est 10 francs par hectolitre, c'est-à-dire une différence énorme pour le producteur et qui suffit pour transformer la ruine en fortune !

Hé bien ! il y a 3 ou 400.000 coopérateurs en France, c'est-à-dire un million de consommateurs en comptant leurs familles ; il pourrait y avoir tout le monde, si tout le monde voulait adhérer à quelque société de consommation. Or je crois que dans ce cas le goût du public serait modifié. Il apprendrait à demander les bons vins et à les payer ce qu'ils valent, et comme nos sociétés de consommation trouveraient vis-à-vis d'elles précisément nos associations de vinification ayant pour tâche de produire un bon vin et de le garantir, le problème serait résolu. L'union entre le consommateur et le producteur permettrait de protéger le viticulteur contre la concurrence des terrains inférieurs, de protéger le consommateur contre les falsifications du commerce, de faire remonter Bacchus joyeux sur ses collines et de conserver à la France, dans un temps où elle n'est pas si riche en gloires, la gloire de ses vins !

Ch. Gide.

LA NOUVELLE RÉGLEMENTATION DE LA JOURNÉE DE TRAVAIL

ET SES PREMIERS EFFETS DANS LA GRANDE INDUSTRIE DU NORD DE LA FRANCE

Le développement universel de la législation protectrice des travailleurs est l'un des phénomènes les plus saillants du siècle qui vient de se clore. Quelle que soit la doctrine que l'on professe, il n'est plus permis aujourd'hui de considérer l'intervention de l'Etat dans les rapports du capital et du travail comme le simple caprice d'un législateur ignorant et maladroit. Tous les pays parvenus à un certain état de civilisation économique ont été amenés à prendre des mesures analogues en faveur des classes ouvrières, parce que les conditions du travail ont été partout transformées ou détériorées de la même manière par l'envahissement du machinisme et de la grande industrie [1], et que partout aussi le mouvement démocratique a été assez puissant pour déterminer les pouvoirs publics à prendre en mains les intérêts des classes les plus faibles dans la lutte économique. Le progrès de la législation sociale n'est donc qu'un aspect particulier de l'évolution des sociétés vers la grande production capitaliste et la démocratie; et il est étrange que des penseurs appartenant à l'école réaliste, qui s'inclinent volontiers devant les lois de développement historique, s'attardent encore à contester le principe de l'intervention de l'Etat; il semble qu'en face d'un fait aussi universel et aussi durable que l'extension du rôle tutélaire de l'Etat à l'égard des travailleurs, il ne leur reste plus qu'à discuter des questions de convenance et d'adaptation particulière à des milieux sociaux déterminés.

En France, le mouvement des idées et de la législation en ce sens a été plus lent peut-être que dans d'autres pays tels que l'Angleterre et l'Allemagne. Cependant, au point de vue de la durée du travail industriel, nous avons été les premiers, en 1848, à établir une limitation applicable aux ouvriers adultes; nous avons, dès cette époque,

[1] Cette idée a été particulièrement développée par M. Paul Cauwès, président du Congrès international de 1900 pour la protection légale des travailleurs, dans son beau discours d'ouverture (*Rapports et compte-rendu du Congrès*, p. 449 et s.; Rousseau, 1901, in-8°).

limité leur journée à 12 heures, sans d'ailleurs organiser un service de contrôle propre à assurer l'application efficace de la loi. Depuis lors, d'autres Etats sont entrés dans la même voie : la Suisse en 1877, l'Autriche en 1885, ont adopté pour les ouvriers adultes dans l'industrie le maximum de 11 heures ; la Russie, en 1897, celui de 11 heures et demie. Notre loi du 30 mars 1900, qui vient de réduire la journée de travail dans l'industrie à 11 heures immédiatement, 10 heures et demie et 10 heures en 1902 et 1904, non seulement pour les femmes et les enfants, mais aussi pour les hommes adultes employés dans les mêmes locaux, nous a placés au rang des pays les plus avancés. Lorsque la durée légale de la journée sera de 10 heures, notre régime de travail sera à peu près le même qu'en Angleterre, où les hommes bénéficient en fait de la limitation à 56 heures et demie par semaine établie par la loi au profit des femmes et des enfants[1]. Par cette importante réforme

---

[1] Cette durée du travail hebdomadaire est générale dans les industries textiles, dans celles du bâtiment et de la construction des voitures ; mais la durée est plus courte ailleurs, dans la métallurgie, la construction des navires, l'imprimerie, les mines de houille, etc ; et dans aucune branche de la grande industrie, la durée moyenne, sur l'ensemble des régions et des établissements, n'est plus élevée (Board of Trade, *Return relating to hours of work in 1850, 1860, 1870, 1880 and 1890*, août 1890).

En Allemagne, à la suite de la loi du 1er juin 1891, établissant la limite de 11 heures pour les femmes et 10 heures pour les enfants de 14 à 16 ans, la journée des adultes a été généralement abaissée à 10 ou 11 heures, même dans les industries textiles (Congrès international de 1900 pour la protection légale des travailleurs. *Rapport* de M. le Dr Hitze, p. 136 et 137).

En Autriche, la journée de 10 heures est assez générale, même dans l'industrie textile où plus de la moitié des ouvriers l'ont obtenue ; cependant certains établissements ne se contentent pas de la journée légale de 11 heures, et les autorisations d'heures supplémentaires sont assez nombreuses (Id., *Rapport* de Mme Hél. Gumplowicz, p. 147 et s.).

En Suisse, la journée est encore de 11 heures pour la moitié des ouvriers industriels, principalement dans l'industrie textile, où les autorités locales accordent en outre des prolongations qui se sont élevées en moyenne, dans ces deux dernières années, à 5 heures par ouvrier et par an (Id., *Rapport* de M. le Dr Schuler, p. 8 et s.).

En Belgique, la limitation légale du travail des enfants et des jeunes filles a eu souvent pour conséquence, en fait, de restreindre la journée des adultes à la même durée. Par arrêtés royaux pris en exécution de la loi du 13 décembre 1889, cette durée est de 11 heures et demie dans les industries du lin et du coton, 11 heures un quart dans celle de la laine (Id., *Rapport* de M. Verhaeghen, p. 198).

Dans presque toute l'Australie, les ouvriers ont pu, par la seule force de leurs Unions, obtenir la journée de 8 heures ; mais ils ont voulu garder le droit de faire des heures supplémentaires pour un salaire plus élevé. Il ne s'agit pas d'ailleurs, en Australie, de grande industrie (Id., *Rapport* de M. Métin, p. 376).

Aux Etats-Unis, la loi ne règlemente pas le travail des ouvriers adultes ; elle se borne,

législative, votée sans opposition pour ainsi dire, on peut mesurer
le chemin parcouru en France depuis le jour, encore peu éloigné,
où le Gouvernement français, sollicité d'envoyer des représentants
à la Conférence de Berlin en 1890, demandait que la question de
la limitation du travail des adultes fût expressément réservée.

On sait dans quelles conditions la loi de 1900 fut proposée par
le Gouvernement et votée par le Parlement. La loi du 2 novembre
1892 sur le travail des enfants, des filles mineures et des femmes
dans les établissements industriels avait établi trois catégories
d'ouvriers et ouvrières protégés : 1° Les enfants de 13 à 16 ans,
qui ne pouvaient travailler plus de 10 heures par jour ; 2° Les adolescents de 16 à 18 ans, qui ne pouvaient travailler plus de 60 heures
par semaine, avec un maximum de 11 heures par jour ; 3° Les
femmes au-dessus de 18 ans, qui ne pouvaient travailler plus de
11 heures par jour. A ces trois catégories, il fallait encore ajouter :
4° Les ouvriers mâles adultes, dont la journée, dans les usines et
manufactures, ne pouvait excéder 12 heures de travail effectif,
d'après la loi du 9 septembre 1848.

De telles inégalités dans la durée de l'emploi du personnel ouvrier
étaient incompatibles avec les nécessités du travail industriel. Dans
les ateliers où des enfants, des femmes et des hommes concourent
à un même travail, la loi de 1892 était difficilement applicable, il
fallut le reconnaître dès le premier jour.

La Chambre des députés, qui avait voulu l'unification de la journée à 10 heures, s'était cependant résignée à accepter les amendements du Sénat rompant l'unité du projet, dans l'espérance que, par
la force des choses, la durée la plus courte s'imposerait à toutes les
catégories d'ouvriers. En fait, il n'en fut rien.

´ Dans les établissements qui employaient en majorité des femmes et des enfants, on unifia la journée de travail à 11 heures
pour tous les ouvriers indistinctement, sans tenir compte de la

dans la plupart des Etats et dans l'Union même, à établir la journée de 8 heures pour
les travaux publics, et à fixer à 8 ou 10 heures la journée légale au-delà de laquelle, à
moins de stipulations contraires, les heures de travail devront être payées en supplément ; cependant quelques Etats, Georgie, Caroline du Sud, ont limité à 11 heures le
travail de tous les ouvriers dans les manufactures de coton et de laine (*Second special
Report of the Commissioner of Labor, Labor Laws*, rev. ed., Washington, 1896. — Pour
les législations européennes, *Bulletin of the Department of Labor, Foreign Labor
Laws*, par Willoughby, numéros de novembre 1899, janvier, mars, mai et septembre
1900).

limite de 10 heures établie par la loi au profit des enfants. On
s'était, au début, conformé à la loi dans un certain nombre de
fabriques, en faisant cesser le travail des enfants une heure
avant celui des adultes ; mais on s'empressa d'établir l'unification
à 11 heures du jour où le Gouvernement, s'autorisant de la proposition Maxime Lecomte votée par le Sénat en 1894, fit savoir
qu'il tolérerait pour le personnel protégé les journées ne dépassant
pas 11 heures.

Ailleurs, on remplaça les enfants, quand ils étaient peu nombreux, par des ouvriers au-dessus de 18 ans. Plus souvent, on
recourut au système des relais, pour maintenir le moteur et les
métiers en activité pendant 12, 13 et 14 heures de suite, sans soumettre cependant le personnel protégé à un travail effectif de plus
de 11 heures. On fixait, pour les différentes catégories d'ouvriers,
des heures différentes d'entrée, de repos et de sortie ; on faisait
entrer les enfants et les femmes plus tard que les hommes, on les
renvoyait plus tôt, on leur donnait des repos plus prolongés, en
échelonnant les heures où les ouvriers devaient se mettre au
travail. On remplaçait les absents par de petits groupes d'ouvriers
supplémentaires, qui se portaient successivement d'un métier à
l'autre pour combler les vides ; c'étaient les équipes dites roulantes,
volantes ou tournantes. Ou bien l'on se contentait d'imposer au
reste de l'équipe ordinaire le soin de remplacer les absents par une
vigilance plus étendue. De toutes façons, on parvenait à ne faire
travailler individuellement les femmes et les enfants que 11 heures,
sans arrêter un seul instant la marche des machines pendant la
journée entière de 12 heures ou plus.

Ce système de relais, si compliqué et si incohérent, avait de multiples inconvénients. Pour le chef d'industrie lui-même, difficultés
d'application, désorganisation du service en cas d'absence ou d'accident, faible productivité du travail et qualité souvent médiocre
du produit. Pour les enfants et les femmes, longues heures de présence à l'atelier, ou vagabondage autour de l'usine ; dislocation de
la famille ouvrière, dont les divers membres avaient tous des
heures différentes de départ, de rentrée et de repas. Par dessus
tout, impossibilité d'un contrôle sérieux et efficace de la part des
inspecteurs du travail, et pleine facilité laissée aux industriels pour
frauder la loi. Une réforme s'imposait donc.

Je n'ai pas besoin de rappeler ici les propositions, rapports et

discussions qui se succédèrent sans aboutir, au cours de ces dernières années [1], jusqu'au jour où le Ministre du Commerce, publia
sa résolution de faire observer à date fixe la loi de 1892 limitant à
dix heures la journée des enfants, et obtint le vote de la loi du
30 mars 1900. Ces faits sont encore présents à la mémoire de tous.
Mais il me paraît nécessaire de présenter le commentaire de la loi
nouvelle avant de la suivre dans ses applications.

SECTION I

COMMENTAIRE DE LA LOI DU 30 MARS 1900

La loi de 1900 contient une série de dispositions qui doivent être
analysées séparément. La rédaction de cette loi est malheureusement très défectueuse et soulève de nombreuses difficultés d'interprétation, qui rendent la tâche du commentateur aussi ingrate que
celle de l'Administration chargée de l'appliquer.

La loi concerne les établissements industriels visés par la loi du
2 novembre 1892, c'est-à-dire les usines, manufactures, mines,
minières et carrières, chantiers, ateliers et leurs dépendances, en
un mot tous les ateliers industriels de quelque nature qu'ils soient,
publics ou privés, laïques ou religieux, même lorsqu'ils ont un
caractère d'enseignement professionnel ou de bienfaisance; à
l'exception des établissements où ne sont employés que les membres de la famille sous l'autorité soit du père, soit de la mère, soit
du tuteur. Il n'est fait aucune distinction pour l'application de la
loi entre les ouvriers payés à l'heure, à la journée ou au mois, et
ceux qui sont payés à la tâche.

Il ressort d'un tableau statistique annexé aux *Rapports sur l'application pendant l'année 1899 des lois règlementant le travail* [2]
que la nouvelle loi doit s'appliquer dans 164.968 établissements,
parmi lesquels 101.571 ont un personnel mixte, les autres n'employant qu'un personnel exclusivement féminin. Le personnel soumis à la loi de 1900 comprend 449.807 enfants, 618.735 femmes et

---

[1] V. l'historique dans les rapports : de M. Dron à la Chambre des députés, 28 déc.
1895, *J. off., Doc. parl.,* Ch. des dép., 1896, I, p. 219; de M. Dubief à la Chambre,
11 déc. 1899, *J. off., Doc. parl.,* Ch. des dép., session ext., p. 341 ; de M. Max. Lecomte au Sénat, 15 mars 1900, *J. off., Doc. parl.,* Sénat, I, p. 56.

[2] Ministère du commerce, 1900, p. 546.

1.130.422 hommes, au total 2.198.964 ouvriers, soit 81 ·p. 100 de total du personnel existant dans l'ensemble des établissements industriels soumis à l'inspection en 1899.

La loi de 1900, ayant ainsi tracé son champ d'application, édicte pour tous les établissements visés une double série de règles, les unes relatives à la durée du travail, les autres à son organisation.

I. En ce qui concerne la durée du travail :

1° La journée ne pourra excéder 11 heures de travail effectif pour les jeunes ouvriers et ouvrières jusqu'à l'âge de 18 ans et pour les femmes.

2° Elle sera réduite à 10 h. 1/2 au bout de 2 ans à partir de la promulgation de la loi, et à 10 heures au bout d'une nouvelle période de 2 ans. Cette disposition, comme la précédente, est contenue dans l'art. 1er, modifiant l'art. 3 de la loi du 2 novembre 1892.

3° et 4° Ces mêmes limitations, d'après l'art. 2 modifiant l'art. 1er du décret-loi du 9 septembre 1848, sont applicables aux hommes adultes dans les établissements qui les emploient·dans les mêmes locaux que les personnes visées par la loi de 1892.

Quant aux hommes adultes qui ne travaillent pas dans les mêmes locaux que des femmes ou des enfants, ils restent simplement soumis·à la loi du 9 septembre 1848, qui limite leur journée à douze heures de travail effectif dans les usines et manufactures. Le sens de ces expressions a été fixé par une Circulaire ministérielle du 25 novembre 1885; on ne doit entendre par là que les établissements à moteurs mécaniques ou à feu continu et leurs dépendances, et les fabriques occupant plus de vingt ouvriers réunis en atelier, conformément à la loi du 22 mars 1841 sur le travail des enfants dans l'industrie, qui était encore en vigueur à l'époque où celle de 1848 fut votée. Le travail des ouvriers adultes n'est donc aucunement limité dans les petits ateliers sans moteur mécanique où ils sont seuls employés. ·

On remarquera que la loi française, à la différence de la loi anglaise, établit une limite journalière au lieu d'une limite hebdomadaire des heures de travail. Il en résulte qu'on ne pourrait allonger la journée de travail au-delà de, la durée légale pendant les cinq premiers jours de la semaine, pour raccourcir ensuite celle du samedi. Il en aurait été autrement, si l'on avait adopté un amendement présenté par M. l'abbé Lemire à la Chambre des députés dans la séance du 21 décembre 1899, qui tendait à établir,

comme régime immédiat et définitif, le maximum de onze heures
par jour et soixante heures par semaine ; la durée du travail aurait
pu être fixée à onze heures pendant les cinq premiers jours et à
cinq heures le samedi, dans les établissements où l'on aurait préféré
ce régime à la journée uniforme de dix heures. L'amendement a
été repoussé comme autorisant définitivement la journée de onze
heures que l'on voulait proscrire à partir de 1902. En fait, cette
excellente pratique de la courte journée du samedi n'est pas encore
entrée dans nos mœurs ; à part quelques expériences du système
anglais tentées en Normandie, les rares établissements qui ont
admis une journée plus courte dans la semaine l'ont fixée au lundi,
parce que le travail est plus mou ce jour là et donne des résultats
plus médiocres.

La loi contient, dans son article 2, une expression vague de signification douteuse. Pour que la limitation de la journée s'applique
aux hommes adultes, il ne suffit pas qu'ils soient employés dans
les mêmes établissements que des femmes ou des enfants, il faut
encore qu'ils le soient dans *les mêmes locaux*. Ces mots ont été
ajoutés par le Sénat, sans que le rapporteur, M. Maxime Lecomte,
ait jugé à propos de les définir : le rapport se contente de donner
cette explication : « Pour qu'il n'y ait aucune équivoque (!), nous
avons ajouté, d'ailleurs, les mots « dans les mêmes locaux », ne
voulant réglementer le travail des hommes adultes que dans le
cas de simultanéité avec celui des ouvriers protégés par la loi de
1892 ». Mais à la Chambre des députés, le rapporteur, M. Dubief,
a compris la nécessité d'une définition, et, dans son deuxième rapport du 27 mars 1900, il s'est exprimé en ces termes, auxquels le
Ministre du Commerce a formellement adhéré dans la séance du
30 mars : « Que veut dire « dans les mêmes locaux » » ? S'agit-il
d'une salle unique ? Suffira-t-il d'une cloison pour que les locaux
soient différents ? Sera-t-on dans les mêmes locaux, lorsqu'on tra-
vaillera à des étages différents d'une même maison ? Seul, l'esprit
général dans lequel est conçue la loi doit nous fixer à cet égard, et
il nous semble qu'on doit entendre par « mêmes locaux » ceux où se
fait non seulement un travail en commun du personnel protégé, mais
tous ceux qui servent de lieu de travail à toute industrie où tous les
efforts sont combinés pour concourir à une même production » [1].

[1] *J. off.*, *Doc. parl.*, Ch. des dép., session ord. de 1900, I, p. 776, col. 2.

Effectivement, il n'y a pas d'expression plus ambiguë que celle de « mêmes locaux ». Elle peut signifier une même salle, un même étage, un même bâtiment sous un seul toit, une série de bâtiments accolés les uns aux autres, un ensemble de bâtiments séparés par une cour intérieure et reliés par un passage couvert. L'interprétation du rapporteur à la Chambre et du Ministre est très large, mais elle tend à établir une base différente. Comme elle embrasse tous les lieux où les travaux sont connexes et combinés de manière à fournir un produit commun, il importe peu que les ateliers où s'exécutent ces travaux soient matériellement séparés ; l'étendue d'un même local de travail est déterminée par l'enchaînement technique de la production plutôt que par la topographie des lieux.

Bien que l'interprétation soit hardie, nous pouvons l'accepter, comme étant la seule qui se soit produite au cours de la discussion et qui nous éclaire sur les intentions du législateur. On observera d'ailleurs que, même ainsi entendus, les mots « mêmes locaux » n'ont pas un sens aussi large que le mot « établissement » qui figurait seul dans le projet primitif. On ne doit pas, en effet, considérer comme mêmes locaux, bien qu'ils puissent être compris dans un même établissement industriel, des ateliers où le travail s'applique à des industries différentes, tels que forges et ateliers de serrurerie installés dans une filature ; ni même, à mon sens, des ateliers consacrés à la fabrication successive d'un même produit, lorsque le produit, au sortir de chacun d'eux, possède une individualité distincte comme produit marchand (ateliers de filature, retorderie, tissage, teinturerie juxtaposés dans un même établissement).

On peut se demander encore, à propos de la limitation du travail des ouvriers adultes à onze heures, si les travaux pour lesquels le décret du 17 mai 1851 avait, soit autorisé une ou deux heures supplémentaires d'une façon temporaire ou permanente (teintureries et apprêts, blanchisseries, fabriques de sucre et de produits chimiques, etc.), soit même supprimé complètement toute limite légale (travaux des chauffeurs et gardiens de nuit, mouture des grains, imprimeries, fonte des métaux, travaux intéressant la défense nationale, nettoiement des machines à la fin de la journée, travaux urgents en cas de force majeure, etc.), peuvent encore donner lieu, pour les ouvriers adultes, aux mêmes prolongations au-delà de la journée de onze heures, dans les ateliers où des femmes ou des enfants sont employés. Le doute serait permis, si la question n'avait pas été traitée et résolue dans la discussion au Sénat [1]. La Commission, par l'organe de son rapporteur et de M. Waddington, a formellement reconnu que la loi nouvelle laissait intact l'art. 2 de la loi de 1848, qui autorise le pouvoir exécutif à déterminer, par règlements d'administration publique, les exceptions à la journée de douze heures; la loi nouvelle ne touche donc pas au décret du 17 mai 1851, autorisé à l'avance par cet article 2 de la loi de 1848. Il est seulement à désirer que ce texte, qui n'est plus en harmonie avec les conditions nouvelles de l'industrie, soit soumis à une refonte générale.

II. En ce qui concerne l'organisation du travail, l'art. 1er, modifiant plusieurs textes de la loi de 1892, contient les dispositions suivantes :

1° La journée de travail doit être coupée par un ou plusieurs repos, dont la durée totale ne peut être inférieure à une heure, et pendant lesquels tout travail est interdit.

2° Ces repos, dans chaque établissement, sauf les usines à feu continu, et les mines, minières ou carrières, auront lieu aux mêmes heures pour toutes les personnes protégées par la présente loi.

3° L'organisation du travail par relais est interdite pour les personnes protégées par les articles précédents, sauf dans les usines à feu continu et les établissements qui seront déterminés par un règlement d'administration publique.

4° Le travail par postes ou équipes successives reste permis; mais le travail de chaque équipe sera continu, sauf l'interruption pour les repos.

5° Le travail à double équipe des femmes et des enfants, autorisé entre 4 heures du matin et 10 heures du soir par la loi de 1892 (art. 4, § 2 et 3) cessera de l'être dans ces limites à l'expiration d'un délai de deux ans à partir de la promulgation de la loi; à dater de cette époque, il devra être restreint dans les limites du travail de jour, entre 5 heures du matin et 9 heures du soir, sauf pour les travaux souterrains des mines, minières et carrières.

Pour l'intelligence de ces dispositions, il faut bien distinguer entre l'organisation du travail par postes ou équipes successives,

---

[1] Séance du 26 mars 1900, *J. off.*, *Déb. parl.*, Sénat, p. 178.

et l'organisation par relais. Dans la première combinaison, les ouvriers se succèdent sans jamais travailler en même temps que ceux qu'ils ont remplacés. Lorsque le travail de chaque poste est discontinu, l'un d'eux, par exemple, prenant le travail de 4 heures du matin à 8 heures et demie, le second de 8 heures et demie à 1 heure du soir, le premier reprenant de 1 heure à 5 heures et demie et le second de 5 heures et demie à 10 heures du soir, on dit que les équipes sont chevauchantes ou intermittentes.

Les équipes chevauchantes sont interdites pour le personnel protégé. Il en résulte indirectement que le temps de travail des équipes successives se trouve dès maintenant abrégé d'une heure pour chacune d'elles. La journée totale de la double équipe s'étend bien, comme auparavant, sur un espace de dix-huit heures; mais par cela même que le travail de chaque équipe, coupé par un repos d'une heure, doit être continu, il ne peut plus embrasser effectivement la moitié complète du laps de dix-huit heures, au moyen d'une combinaison de double alternance, et se trouve par le fait réduit à huit heures. Encore ce régime est-il provisoire; à partir du 30 mars 1902, les limites du travail de la double équipe seront resserrées entre 5 heures du matin et 9 heures du soir, de sorte que le travail de chacune d'elles ne pourra dépasser sept heures. Dans ces conditions, il est peu probable que les établissements qui ont établi des équipes successives dans des ateliers mixtes trouvent avantage à conserver ce système.

L'organisation du travail par relais est différente. Comment définir les relais? Dans la discussion de la loi, lorsqu'on a voulu distinguer les relais des équipes, on a principalement désigné par relais les équipes roulantes ou tournantes, qui passent d'un métier à l'autre pour remplacer momentanément les ouvriers absents. Mais il ne paraît pas douteux que les relais ont un sens plus large, et désignent aussi les combinaisons dans lesquelles certains ouvriers, commençant ou finissant leur travail avant ou après les autres, se trouvent momentanément remplacés dans leur besogne par les ouvriers présents de l'équipe ordinaire. Si l'on s'en tient là, on définira les relais, par opposition aux équipes, tout système dans lequel des ouvriers, qui remplacent d'autres ouvriers dans leur travail, doivent, à un certain moment de la journée, se trouver au travail en même temps que ceux qu'ils ont remplacés. Enfin, on peut donner aux relais une signification plus large encore, et enten-

dre par là toute organisation comportant pour les ouvriers d'un
même local de travail dès heures différentes d'entrée, de repos et
de sortie, alors même que ces ouvriers, employés à des travaux
différents, n'auraient pas à se remplacer les uns les autres.

Les relais sont interdits à deux reprises successives par l'art. 1er
de la loi de 1900 : directement, par l'art. 11, § 3 nouveau de la loi
de 1892, et indirectement, par l'art. 3, § 3 nouveau, qui prescrit
que les repos auront lieu aux mêmes heures pour toutes les personnes protégées par la présente loi. Toutefois, ces deux dispositions
n'ont pas tout à fait la même portée.

Il est important de déterminer exactement le sens du mot relais.
Lui donne-t-on sa signification la plus étroite, en le restreignant
aux équipes tournantes? On autorisera les heures différentes d'entrée et de sortie, même pour les ouvriers d'un même métier, à la
condition qu'ils ne soient pas remplacés par une équipe volante au
commencement et à la fin de la journée, et qu'ils prennent tous
leur repos en même temps. Il sera donc permis de prolonger
pendant douze heures la marche d'un métier à filer, en faisant
travailler sur ce métier la moitié de l'équipe de 5 heures du
matin à 5 heures du soir, et l'autre moitié de 6 heures du matin à
6 heures du soir, avec repos simultané pour toute l'équipe de midi
à 1 heure.

Donne-t-on au mot relais son sens intermédiaire, en désignant
par là tout remplacement (autre que celui des équipes successives),
mais rien que les remplacements dans un même travail? On interdira
bien les heures d'entrée et de sortie différentes pour les ouvriers
travaillant à un même métier, sans distinguer si les absents sont
remplacés par une équipe volante, ou simplement par le reste des
ouvriers ordinaires du même métier. Mais on permettra d'assigner
aux ouvriers de la préparation et de la filature, voire même aux
ouvriers de chaque métier à filer, des heures successives d'entrée
et de sortie. Ces combinaisons compliquées seront légales, pourvu
que les repos soient simultanés pour tout le personnel ; elles permettront notamment de maintenir un régime de travail à double
équipe à côté d'un régime simple pour des travaux différents, à la
condition que les repos coïncident.

Mais ces licences que l'on prétendrait introduire à la faveur
d'une interprétation restrictive des relais sont en contradiction
complète avec l'esprit de la loi, qui a voulu garantir l'unité de la

famille ouvrière et reconstituer la vie commune au foyer en imposant l'unification du travail. Comme l'a dit M. Dubief dans son deuxième rapport, « il faut que, cette loi une fois votée, l'unification du travail dans les établissements mixtes soit réalisée : entrée au travail à la même heure, repos à la même heure, sortie à la même heure » [1]. Nous considèrerons donc comme relais toute organisation de travail différente pour les diverses catégories d'ouvriers dans les mêmes locaux, quelle que soit d'ailleurs la variété de leurs travaux. Nous verrons prochainement que cette large compréhension des relais est confirmée par une autre circonstance de la discussion au Sénat.

Un arrêt de cassation, qui sera commenté plus loin, donne une autre raison pour interdire les heures d'entrée et de sortie différentes ; c'est qu'en édictant que les repos auront lieu aux mêmes heures, la loi vise aussi bien le repos qui clôt la journée de travail que celui qui la divise.

Ces prescriptions, relatives aux équipes et aux relais, soulèvent une difficulté beaucoup plus grave qui concerne l'étendue du personnel protégé. Qu'elles soient inapplicables aux hommes adultes travaillant dans d'autres locaux que des femmes ou des enfants, cela ne fait aucun doute ; ces ouvriers peuvent être organisés en relais, en équipes chevauchantes, en doubles ou triples équipes travaillant le jour et la nuit, avec des heures d'entrée, de repos et de sortie différentes ; pourvu que chaque ouvrier ne travaille pas plus de douze heures sur vingt-quatre, dans une usine ou manufacture, la loi est satisfaite. Mais les restrictions concernant les équipes et relais s'appliquent-elles aux hommes qui travaillent dans les mêmes locaux que des femmes ou des enfants ?

Pour le contester, on a invoqué le texte de la loi de 1900. Cette loi, dit-on, comprend deux articles qui forment comme deux lois distinctes et simplement juxtaposées : l'art. 1er n'est autre qu'un texte modifié de la loi de 1892 sur le travail des femmes et des enfants, et l'art. 2 un texte également modifié de la loi de 1848 sur le travail des hommes. Or, l'art. 2, le seul qui vise expressé-

---

[1] *J. Off.*, *Doc. parl.*, Ch. des dép., session ordinaire 1900, I, p. 776, col. 1. — Dans la discussion au Sénat, M. Fougeirol exprimait la même idée, lorsqu'il demandait, à propos d'un cas particulier, comment l'industriel organiserait son travail pour que les ouvriers entrent à la même heure et aient leur repos au même moment (*J. Off.*, *Déb. parl.*, Sénat, 26 mars 1900, p. 177).

ment les ouvriers adultes, ne leur étend que la limitation de la journée à onze heures, plus tard à dix heures et demie et dix heures. Quant à la règle des repos simultanés, à l'interdiction des relais, à la continuité du travail des équipes successives, ce sont là des dispositions contenues dans l'art. 1er, qui ne s'appliquent aucunement aux ouvriers adultes, puisque la loi de 1892, dont l'art. 1er est le texte modifié, ne concerne que les femmes et les enfants. C'est ainsi que M. Maxime Lecomte l'a compris lui-même dans son rapport au Sénat et dans sa déclaration à la séance du 26 mars 1900 : « L'art. 1er s'occupe des personnes protégées par la loi du 2 novembre 1892, c'est-à-dire des enfants et des femmes... ; la loi, en ce qui concerne les hommes adultes, ne dit pas autre chose que ce que dit l'art. 2, c'est-à-dire n'édicte aucune autre exigence que la journée de onze heures et n'interdit ni travail de nuit, ni travail par équipes successives »[1]. La loi n'interdit pas non plus, pour les hommes employés dans les ateliers mixtes, les heures différentes d'entrée, de repos et de sortie, ni les relais, ni les équipes chevauchantes.

Cette interprétation, pour spécieux que soit l'argument, ne me paraît pas résister à un examen plus réfléchi, parce qu'elle détruit l'économie générale de la loi. En matière législative, et surtout lorsqu'il s'agit de lois rédigées avec autant de négligence que celle du 30 mars 1900, il n'est pas permis d'interpréter un texte sans recourir aux discussions qui l'ont préparé. Or, si l'on se reporte à la discussion qui eut lieu au Sénat, on aperçoit que la solution précédente est en opposition manifeste avec l'intention du législateur.

Dans la séance du 26 mars 1900, on a discuté longuement la question de savoir si la loi ne gênerait pas gravement l'industrie des tulles, dans laquelle le travail des hommes employés à la fabrication des tulles est organisé par doubles ou triples équipes de jour et de nuit, tandis que celui des femmes et des enfants occupés à la préparation et au finissage est un travail de jour prolongé pendant 11 heures. Le rapporteur, établissant sa distinction entre les deux articles de la loi, disait bien que l'art. 2 s'applique seul aux hommes, et qu'il se borne à leur interdire le travail prolongé au delà de 11 heures, lorsque leur travail est simultané avec celui des per-

[1] *J. off.*, *Débats parl.*, Sénat, 26 mars 1900, p. 176.

·sonnes protégées par la loi de 1892. Mais cette explication, qui
laissait d'ailleurs planer une équivoque sur la manière dont il fallait
.entendre le travail simultané, ne satisfit personne, et ne calma aucunement les appréhensions des représentants de l'industrie des tulles.
Il n'a paru douteux à aucun des autres orateurs, ni à M. Sébline, ni
à M. Fougeirol, ni à M. Waddington, ni au Ministre, que les deux
organisations, travail à double ou triple équipe pour les hommes,
travail de 11 heures dans le jour pour les femmes et les enfants,
ne pouvaient coexister dans un même local de travail, à cause de
la différence qui en résulterait nécessairement dans les heures de
repos, d'entrée et de sortie des différentes catégories du personnel.
On considérait donc que la loi nouvelle devait s'appliquer aux
hommes dans toutes ses dispositions, et leur imposer, comme aux
femmes et aux enfants, la simultanéité des entrées, repos et sorties. Aussi demandait-on, en songeant à l'industrie des tulles, une
exception à cette règle en faveur des établissements qui seraient
spécifiés dans un règlement d'administration publique ; et le Sénat
s'appropria si bien cette interprétation, qu'il donna satisfaction aux
auteurs de l'amendement, marquant ainsi que, dans sa pensée, un
règlement d'administration publique serait nécessaire pour soustraire une industrie à l'obligation de faire coïncider exactement le
travail des hommes avec celui des femmes et des enfants dans les
ateliers mixtes [1].

Le législateur a-t-il donc rédigé la loi d'une façon tellement
maladroite, qu'il y ait mis justement le contraire de ce qu'il voulait
y mettre ? Non ; il est possible, même en s'en tenant à la lettre, de
retrouver sa pensée, et d'échapper à une interprétation judaïque
qui la dénature. Bien que l'art. 1er de la loi de 1900 ne soit
qu'un ensemble de textes modifiés de la loi de 1892 relative aux
femmes et aux enfants, comme l'art. 2 n'est qu'une disposition
modifiée de la loi de 1848 relative aux hommes, ces textes de deux
lois anciennes se trouvent renouvelés, ils subissent une sorte de
novation en figurant tous les deux dans la loi nouvelle, ils se pénètrent et se fondent dans un ensemble unique, qui est la loi du
30 mars 1900.

Ce qui le prouve, c'est que les mots « présente loi », dans la
plupart des cas où ils sont employés par les art. 1 et 2 de la loi de

---

[1] *J. off.*, *Déb. parl.*, Sénat, 26 mars 1900, p. 175-179.

1900, ne peuvent désigner que cette loi elle-même, dans laquelle
les dispositions rajeunies des deux lois précédentes viennent s'associer intimement. Quand l'art. 1er dit qu' « au bout de deux ans à
partir de la promulgation de la *présente loi,* les dispositions exceptionnelles concernant le travail de nuit prévues aux § 2 et 3 du
présent article cesseront d'être en vigueur », ou encore que « l'organisation du travail par relais... sera interdite... dans un délai de
trois mois à partir de la promulgation de la *présente loi* », il n'est
pas douteux que « la présente loi » signifie la loi de 1900, dans
laquelle certaines dispositions de la loi de 1892 sont venues s'amal-
gamer. De même, lorsque l'art. 2 dit qu' « au bout de deux ans, à
partir de la promulgation de la *présente loi,* la journée sera réduite
à 10 heures et demie », il vise la loi de 1900 dans laquelle le décret-
loi de 1848 se trouve confondu. J'en conclus que « les personnes
protégées par la *présente loi* », ou, un peu plus bas « les personnes protégées par les articles précédents », auxquelles l'art. 1er
impose la simultanéité des repos, l'interdiction des relais, la continuité du travail par équipes, sont bien toutes les personnes protégées par la présente loi de 1900, enfants, femmes, hommes adultes
mêmes — protégés expressément par l'art. 2 de cette loi — et
non pas seulement les personnes protégées par l'ancienne loi de
1892.

Quelques tribunaux ont d'abord jugé que les règles de l'art. 1er
sur l'organisation du travail ne s'appliquaient jamais aux ouvriers
adultes ; mais la Cour de cassation, par arrêt du 26 janvier 1901, a
décidé que les ouvriers adultes employés dans les établissements à
personnel mixte sont au nombre des personnes protégées par la
présente loi dont il est question dans l'art. 1er, et qu'en conséquence
« la loi n'est obéie qu'autant que, sans distinction d'âge ni de sexe,
et sous la seule réserve d'exceptions formelles, le travail pour tous,
dans les établissements à personnel mixte, commence, s'interrompt
et cesse aux mêmes heures ». Cette décision a une portée générale ;
car si l'on applique aux hommes adultes, comme personnes protégées, les prescriptions de l'art. 1er relatives aux relais et aux repos
simultanés, il n'y a aucune raison pour refuser de leur étendre
aussi la dernière prescription du même article, relative au travail
continu par équipes ; cette disposition, comme les précédentes, est
faite pour les personnes protégées par la présente loi. Le même
arrêt tranche enfin, dans le sens le plus large, la question des

repos simultanés ; il décide que, quand bien même le repos qui divise la journée serait simultané, la loi ne serait pas satisfaite si les entrées et sorties étaient fixées à des heures différentes pour les différentes catégories d'ouvriers, parce que le repos qui clôt la journée de travail ne se placerait pas aux mêmes heures [1].

Le Sénat, nous l'avons vu, a adopté l'amendement de M. Waddington, pour que le Gouvernement puisse, par règlement d'administration publique, permettre à l'industrie des tulles en particulier d'établir des heures d'entrée, de repos et de sortie différentes pour les ouvriers tullistes et pour les autres ouvriers ou ouvrières occupés à d'autres travaux dans les mêmes ateliers. Au lieu d'insérer cette exception dans la disposition concernant les repos simultanés (art. 3 modifié de la loi de 1892), il l'a insérée dans la disposition qui interdit les relais (art. 11, § 3 modifié de la loi de 1892). Nous trouvons là une preuve nouvelle qu'aux yeux du législateur, toute différence dans les heures d'entrée et de sortie, même pour des ouvriers occupés à des travaux absolument différents, constitue un relai qu'un règlement peut autoriser dans certains établissements. Si l'on refusait de donner au mot relai ce sens étendu, pour le restreindre aux équipes tournantes ou aux remplacements dans un même travail, on priverait le Gouvernement du droit d'autoriser les heures différentes d'entrée, repos et sortie dans les fabriques de tulles, contrairement à la volonté manifeste du législateur.

En revanche, il est difficile d'admettre qu'un règlement puisse autoriser les équipes chevauchantes dans les ateliers mixtes. Ce mode de travail, bien que pratiqué dans un grand nombre de fabriques de tulles, où deux équipes se partagent par quarts les heures de jour et de nuit, n'a été signalé à aucun moment dans la discussion de la loi, ni au Sénat, ni à la Chambre des députés ; toute la démonstration précédente au sujet des intentions du législateur fait donc défaut ici. Le Sénat a voulu nettement que l'industrie des tulles pût être dispensée par règlement de la simultanéité des heures de travail et de repos ; mais il n'a pas songé à permettre qu'elle fût dispensée de la continuité du travail par équipes, puisque son attention n'a jamais été attirée sur ce point. La rédaction de l'art. 11, § 3 nouveau de la loi de 1892, confirme cette manière de voir ; la

---

[1] *Bull. de l'Office du Travail,* février 1901, p. 130.

faculté, pour le Gouvernement, d'établir une exception par règle
ment en faveur de certains établissements est prévue dans le premier alinéa de ce texte, relatif à l'organisation du travail par
relais; mais elle n'est pas rappelée dans le deuxième alinéa, relatif au travail continu des équipes successives. On peut essayer, il
est vrai, d'étendre les droits du Gouvernement, en comprenant les
équipes parmi les relais; effectivement, l'art. 11, § 3 nouveau
semble bien considérer le travail à double équipe prévu par l'art. 4,
§ 2 de la loi de 1892 comme un relais, puisqu'il l'excepte expressément de l'interdiction des relais. Néanmoins, il serait audacieux
d'en conclure qu'un règlement, par cela seul qu'il peut autoriser
les relais, peut permettre les équipes chevauchantes. Celles-ci
sont frappées, par le deuxième alinéa de notre texte, d'une interdiction spéciale, qui ne se confond pas avec celle des relais prévue
par le premier alinéa. L'équipe chevauchante est interdite à cause
de son intermittence et non pas à titre de relais, puisque toute
organisation par équipes est un relais licite de plein droit, à moins
de discontinuité dans le travail. La faculté donnée au Gouvernement de lever l'interdiction des relais n'emporte donc pas celle de
lever l'interdiction du chevauchement.

Toute contravention concernant les repos, relais et équipes,
ayant sa source dans les dispositions de la loi de 1892 modifiées
par la loi de 1900, est soumise aux règles édictées par loi de 1892 ;
le tribunal de simple police est donc compétent, sauf le cas de
récidive, et la peine est celle de l'amende prévue par l'art. 26 de
la loi de 1892, sans distinguer si la contravention s'applique au
travail des hommes ou à celui des femmes et des enfants. Au contraire, les contraventions relatives à la durée du travail des hommes, ayant leur principe dans la loi de 1848 modifiée par la loi de
1900, doivent être déférées au tribunaux correctionnels, qui appli-
queront l'amende de 5 à 100 francs établie par la loi de 1848.

Telle est la loi dont nous avons à étudier l'étendue d'application
et les effets dans la grande industrie du Nord de la France. Nous
envisagerons d'abord les conséquences que la limitation de la journée et la suppression des relais ont eues dans les industries atteintes immédiatement, principalement dans les grandes industries
textiles. Nous nous occuperons ensuite des exceptions et difficultés
que présentent les règles sur les repos, les relais et les équipes
dans certaines industries, notamment dans l'industrie des tulles.

SECTION II

LIMITATION DE LA JOURNÉE DE TRAVAIL ET SUPPRESSION DES RELAIS ; LEURS EFFETS SUR LA PRODUCTION ET LES SALAIRES DANS LA GRANDE INDUSTRIE TEXTILE

La loi est encore trop récente pour qu'il soit possible de vérifier certains effets à longue échéance que l'on attribue parfois à la réduction du temps de travail : régularisation de la production, diminution du chômage, concentration de l'industrie par la disparition des entreprises les plus faibles et les plus mal outillées. Mais il est possible de recueillir dès maintenant des renseignements sur d'autres conséquences plus immédiates de la loi, et de savoir quelle influence la diminution de la journée de travail a exercée sur la production et les salaires dans les industries intéressées.

L'enquête dont les résultats vont être exposés a été faite dans l'arrondissement de Lille, si remarquable par l'importance de ses industries agglomérées. Cette région est le siège principal de l'industrie textile en France ; or, c'est dans cette industrie que la journée de travail est restée la plus longue ; c'est pour elle que les inspecteurs du travail disaient en 1894 : « Dans les manufactures du département du Nord, la loi de 1848 et la loi de 1874 n'avaient jamais été sérieusement observées ; on y travaillait 13, 14 heures par jour » [1]. L'application de la loi de 1900 devait donc être particulièrement intéressante à observer dans l'industrie textile du Nord.

Les informations contenues dans cette étude ont été puisées à diverses sources : auprès des fabricants, des directeurs et contre-maîtres, des ouvriers et syndicats ouvriers, enfin des inspecteurs du travail, qui n'ont rien épargné pour me faciliter la tâche [2].

D'après l'Office du travail, la journée de travail, en 1897, dépassait onze heures en province dans 27 p. 100 des établissements,

---

[1] *Rapports sur l'application pendant l'année 1894 des lois réglementant le travail*, p. 156. — Pour Tourcoing, notamment, V. *Rapports* de 1897, p. 169. — Les industriels des Vosges et de la Normandie n'étaient certainement pas plus respectueux de la légalité.

[2] J'adresse ici des remerciements particuliers à MM. Coussot, Bellon et Gillet, inspecteurs départementaux du travail ; M. Gillet, inspecteur à Tourcoing, m'a fourni le plus précieux concours dans mes recherches sur la filature de coton et la filature de laine.

occupant 20 p. 100 des ouvriers [1]. Pour la région du Nord, il suffit d'un coup d'œil sur les tableaux de la publication officielle pour voir que cette durée n'est guère dépassée en dehors de l'industrie textile. Les mines, les industries céramiques, les industries chimiques, les verreries, les papeteries, les imprimeries, les industries d'alimentation, les grands ateliers de confection de vêtements, etc., ne sont donc pas touchés, en général, par la nouvelle limitation légale.

La journée de travail se prolonge au-delà de onze heures dans quelques autres industries, mais d'une façon exceptionnelle et intermittente. Il en est ainsi, notamment, dans l'industrie du bâtiment pendant les longues journées d'été. De même, dans les industries métallurgiques, fonderies, chaudronneries, ateliers de constructions mécaniques, etc., la journée de onze heures est dépassée aux époques de grande activité. Elle l'est aussi, à certains moments, dans la teinturerie des étoffes. Ces différentes industries, lorsqu'elles emploient des ouvriers de moins de dix-huit ans, doivent désormais se soumettre à la loi en toutes circonstances, à moins qu'elles ne puissent, pour le travail des adultes, invoquer les dispositions exceptionnelles du décret du 17 mai 1851.

Nous pouvons donc restreindre notre étude à la grande industrie textile. Ses différentes branches, peignages de laine, filatures de coton, de lin et de laine, tissages mécaniques, doivent être observées séparément, parce que la loi ne les a pas toutes atteintes immédiatement, et qu'elle n'a pas eu, dans celles qu'elle a touchées, des effets identiques sur la production et les salaires.

1° *Peignages de laine.* — L'industrie de la laine, dans l'arrondissement de Lille, est concentrée à Roubaix et à Tourcoing [2].

Le travail, dans les peignages de laine, est très irrégulier. Grâce aux facilités d'écoulement que donne le marché à terme des laines peignées, les négociants peuvent, sans courir de trop gros risques, acheter la laine brute par grandes masses, parce qu'ils la reven-

---

[1] *Salaires et durée du travail*, Résultats généraux, IV, p. 62.

[2] Sections de l'inspection du travail (5ᵉ circonscription)	Etablissements de peignage	Peigneuses mécaniques	PERSONNEL OUVRIER			
			Hommes	Femmes	Enfants	Total
3ᵉ (Roubaix)	11	1.049	6.233	1.987	354	8.574
4ᵉ (Tourcoing. . . .	11	601	2.193	673	79	2.945
	22	1.650	8.426	2.660	433	11.519

dent immédiatement à terme comme laine peignée. Au lieu d'échelonner leurs achats de matières premières sur le cours de l'année
entière, de manière à fournir la filature dans la mesure de ses
besoins successifs et réguliers, ils préfèrent acheter en bloc, dès le
moment de la tonte en Australie et dans l'Amérique du Sud, toute
la laine brute qu'ils jugent nécessaire à la consommation de l'année.
Ces laines arrivent en France à partir de décembre; les négociants,
pressés par leurs engagements, imposent alors aux peignages qu'ils
font travailler à façon un travail ininterrompu de jour et de nuit.
Les fabricants acceptent d'ailleurs très volontiers ce régime de production à outrance, qui leur permet de répartir leurs frais généraux fixes sur une plus grande masse de produits. La période d'activité dure jusqu'en juin, et se prolonge même plus longtemps dans
certains établissements ; elle est suivie d'une morte-saison pendant
laquelle le travail de jour est seul conservé ; dans un petit nombre
de peignages, on partage alors ce travail entre les deux équipes
de jour et de nuit, en occupant chacune d'elles trois jours par
semaine; ou bien encore, dans les établissements où l'on se montre
moins soucieux de conserver un personnel stable et d'assurer la
subsistance de tous, on renvoie une partie des ouvriers employés
l'hiver.

Avant la mise en vigueur de la loi de 1900, les femmes et les
enfants employés le jour (et remplacés la nuit par des hommes
adultes, généralement par des vieillards) ne fournissaient déjà qu'un
travail effectif de onze heures. Mais, pendant la période d'activité,
le moteur de l'usine ne s'arrêtait ni jour ni nuit, et la journée de
douze heures pour les hommes se reliait sans interruption à la nuit
de douze heures ; au moyen des relais et repos successifs, les femmes et les enfants suivaient le travail pendant la journée de douze
heures, sans enfreindre individuellement la limite de onze.

Cette pratique est devenue impossible, et le travail de jour a dû
être réduit à onze heures pour tout le personnel; le moteur s'arrête
une heure pour le repos au milieu de la journée, et tout travail est
alors suspendu. C'est un grand bienfait, dans une industrie où le
travail est rendu pénible par une température toujours fort élevée,
qui dépasse souvent 40°.

Les ouvriers des peignages ne sont jamais payés aux pièces,
parce que la production présente des différences très sensibles qui
dépendent de la qualité des laines mises en œuvre et non de l'acti-

vité personnelle de l'ouvrier; tous sont donc payés à la journée, ou
plus généralement à l'heure. Depuis que la journée a été raccour-
cie d'une heure, le tarif à l'heure a été relevé un peu partout, pour
que l'ouvrier pût gagner à peu près le même salaire journalier
qu'auparavant.

Quant à la production, elle a subi une diminution exactement
proportionnelle d'un douzième. Il était difficile, en effet, de provoquer un effort plus intense chez des ouvriers payés au temps.
D'ailleurs, il n'est guère possible d'obtenir davantage dans une
industrie où l'ouvrier est le simple surveillant d'une machine. En
peignage, c'est la machine seule qui produit, c'est elle qui commande
la production. Après le triage, le désuintage et le lavage, le rôle
de l'ouvrier se borne à fournir la matière aux cardes, aux *gills-box,*
aux peigneuses, aux lisseuses et finisseuses, et à recevoir le produit
quand il sort de la machine. La productivité du travail dans un
temps donné ne peut être augmentée que par le perfectionnement
du machinisme, et les fabricants de Roubaix et Tourcoing, toujours
à l'affût des améliorations, n'ont pas attendu la loi actuelle pour
introduire dans leurs ateliers les peigneuses à grand rendement les
plus perfectionnées, pour les laines qui comportent ce mode de traitement.

Peut-être cependant parviendra-t-on à la longue à couvrir en
partie le déficit par de meilleures habitudes de travail, s'il est vrai,
comme le prétend un directeur employé dans une société de peignage qui possède des établissements en France et en Angleterre,
que le travail des ouvriers français est moins productif que celui
des ouvriers anglais dans des conditions parfaitement égales [1]. Mais,
actuellement, il n'est pas vraisemblable que les fabricants essaient
de pousser la production. La crise que subit l'industrie lainière a
amené plusieurs peignages à réduire spontanément la journée de
travail au-dessous même de sa durée légale. Aussi l'application de
la loi de 1900 n'a-t-elle rencontré aucune opposition ni soulevé
aucune difficulté.

2° *Filatures et retorderies de coton.* — En filature, la production
est encore commandée par la machine, mais d'une manière moins
étroite qu'en peignage; nous n'aurons donc pas à constater, en

---

[1] *Rapports sur l'application pendant l'année 1898 des lois réglementant le travail,*
p. 151.

filature, une réaction aussi directe et aussi sensible de la diminution du temps de travail sur la production.

La filature du coton est très importante dans l'arrondissement de Lille, et se développe tous les jours depuis l'application du régime douanier de 1892 [1].

La loi de 1900 a touché très vivement l'industrie du coton, qui avait conservé jusque-là la journée de 12 heures, avec relais pour le personnel protégé. Il a fallu supprimer les relais, et réduire d'une heure la journée de travail des hommes et la marche des métiers.

Le coton, à la différence de la laine, subit le travail préparatoire d'épuration et de peignage dans la filature même. Il passe d'abord par les batteurs et les cardes qui malaxent la matière brute, la débarrassent des graines et des corps étrangers et la livrent en rubans floconneux; le coton de qualité supérieure, à longues fibres, est ensuite soumis à l'action d'une peigneuse. Au battage et au cardage, le travail est suivi par des hommes payés à l'heure.

La préparation se poursuit aux étirages et aux bancs à broches. Les étirages sont des machines disposées en séries, qui réunissent plusieurs rubans de coton cardé ou peigné en un seul qu'elles étirent, régularisent en fibres parallèles et amincissent progressivement. Les bancs à broches, également disposés en séries, ont pour office non seulement de réunir et d'étirer de nouveau les rubans en mèches plus minces, mais de soumettre les mèches à une première torsion qui leur donne plus de consistance. Les différentes machines par lesquelles passe successivement une même matière forment un assortiment. La surveillance de ces machines est confiée à des femmes dites soigneuses (étireuses et bambrocheuses), qui sont payées suivant la production.

[1] , Sections de l'inspection du travail	Établissements	Broches	PERSONNEL OUVRIER			
			Hommes	Femmes	Enfants	Total
1re (Lille en partie, Cysoing, Lannoy, Seclin, Pont-à-Marcq.)	37	729.420	1.563	1.968	1.422	4.953
2e (Lille O. et S.-O., Armentières, Haubourdin, La Bassée, Quesnoy-sur-Deûle)	24	518.240	2.010	1.820	1.419	5.249
3e (Roubaix)	30	458.750	1.495	1.366	836	3 697
4e (Tourcoing)	36	446.546	1.259	1.708	1.119	4.086
	127	2.152.956	6.327	6.862	4.796	17.985

Après la préparation, le filage. Les mèches de coton sortent du banc à broches enroulées sur des bobinots que l'on porte au métier à filer pour le garnir d'après ses besoins. Le filage est effectué soit par des métiers renvideurs, soit par des métiers continus, suivant la nature du filé que l'on veut obtenir, fil de trame, fil de chaîne ou fil à coudre, et suivant sa grosseur. Dans tous les cas, l'opération consiste à étirer légèrement et à tordre les mèches assemblées par deux ou par trois, pour les transformer en filés d'une certaine grosseur désignée par un numéro. Ainsi, en coton, le n° 93 signifie 93.000 mètres de fil simple au demi-kilo; le numéro est donc d'autant plus élevé que le fil est plus fin.

Dans le métier renvideur, un chariot garni de broches est animé d'un mouvement automatique de va-et-vient. Les fils, entre les bobinots fournisseurs placés en arrière du métier et les broches fixées en avant du chariot, passent par trois opérations successives. Ils subissent d'abord l'étirage en passant par deux paires de petits cylindres lamineurs fixés au métier et animés de mouvements inégaux ; attirés par les cylindres, les fils se déroulent librement des bobinots. Puis, se laissant entraîner par le chariot au fur et à mesure qu'ils sortent des cylindres, ils sont tordus par le mouvement rotatoire des broches dans le temps que le chariot s'écarte du métier. Le renvidage ou embobinage des fils autour des fuseaux en carton qui enveloppent les broches s'opère ensuite lorsque le chariot revient au métier ; le filage par étirage et torsion se trouve alors momentanément interrompu.

Les métiers renvideurs les plus nouveaux portent généralement 1.000 à 1.100 broches ; pour deux métiers se faisant vis-à-vis, l'équipe se compose habituellement d'un chef appelé fileur, de deux rattacheurs adultes et d'un enfant appelé bacleur ; parfois cependant, l'un des deux rattacheurs est lui-même âgé de moins de dix-huit ans. Le travail consiste à surveiller la marche des deux métiers, à rattacher les fils qui cassent, à remplacer les bobinots fournisseurs quand ils sont épuisés, et à faire les levées, c'est-à-dire à récolter les fuseaux quand ils sont remplis ; travail assez fatigant, à cause de la longueur des métiers qui mesurent 37 mètres lorsqu'ils portent 1.000 broches, et du mouvement du chariot qui, lorsqu'il s'écarte, oblige l'ouvrier à se courber en deux pour continuer un rattachage. Aussi les femmes ne sont-elles pas employées aux renvideurs dans les filatures de coton. Les ouvriers y sont payés suivant la production ; souvent aussi, ils ont un salaire fixe journalier, avec des primes pour toute production dépassant un certain minimum ; cependant, à Lille, les rattacheurs et bacleurs sont généralement payés à la journée.

Les métiers continus, au contraire, n'ont pas de partie mobile ; l'étirage, la torsion et l'embobinage sur les fuseaux s'y font d'une façon continue. Le travail de surveillance et de rattachage, étant moins fatigant que sur les renvideurs, est confié à des femmes ; une ou plusieurs fileuses, suivant le nombre des broches, surveillent un métier à double face ; elles sont payées aux pièces.

Après le filage, les filés sont à l'état de produits marchands et peuvent être vendus pour le tissage comme fils de chaîne ou fils de trame. Mais ils ne peuvent servir comme fils à coudre, ni même comme fils à tisser pour certains tissus, sans avoir été réunis à plusieurs et tordus ensemble ; il y a donc, soit dans les filatures, soit dans des établissements distincts, des retorderies dans lesquelles on emploie également des métiers renvideurs et des métiers continus, qui réunissent et tordent les fils sans les étirer de nouveau. A la retorderie, ce sont encore des femmes qui sont employées, même aux métiers renvideurs, parce que les fils, ayant plus de résistance, cassent moins souvent qu'au filage ; ces ouvrières sont payées aux pièces.

En somme, nous trouvons, dans la filature de coton, trois organisations du travail différentes :

1° Au battage et au cardage, des hommes payés à l'heure, parce qu'ils se bornent à surveiller et à alimenter des machines qui produisent sans la participation de l'homme. La situation est donc ici tout à fait la même que dans les peignages de laine. La journée ayant été réduite d'une heure sur douze, la production a diminué exactement d'un douzième, de sorte qu'il a fallu, dans beaucoup d'établissements, augmenter le nombre des cardes pour maintenir la préparation à la hauteur des besoins de la filature. Quant au tarif à l'heure, il a été élevé un peu partout, mais non toujours dans une proportion suffisante pour parfaire le salaire antérieur.

2° L'organisation du travail, dans un établissement, est la même pour tous les emplois auxquels les femmes sont affectées avec des enfants : aux étirages et bancs à broches, aux métiers continus de filature, aux métiers renvideurs et continus de retorderie. Dans certaines fabriques, principalement à Lille, la journée était déjà de onze heures pour ces sortes de travaux avant la loi de 1900, de sorte que cette loi n'a rien changé à la situation : la production et les salaires sont restés les mêmes, sauf dans quelques maisons où les repos étaient mal observés. Mais la préparation en onze heures, qui avait été calculée pour alimenter exactement la filature pendant douze heures, s'est trouvée trop forte du jour où les métiers à filer n'ont plus tourné que onze heures. On a donc fait chômer quelques machines de préparation, en attendant l'augmentation du matériel de filage ; ou bien on a entrepris la fabrication de fils plus gros, qui demandent, pour un même appareil de préparation, un moindre temps de filage ; ou enfin on a employé des ouvriers spéciaux au nettoyage des métiers à filer, de manière à consacrer la journée entière de onze heures au filage pendant toute la semaine.

Dans d'autres fabriques, la marche des métiers se prolongeait douze heures, avec des relais pour le personnel ; il arrivait d'ailleurs constamment que les ouvrières, intéressées à la production, abrégeaient d'elles-mêmes leurs repos et travaillaient plus de onze heures. Ces longues journées se rencontraient surtout à la préparation, dans des établissements qui, ayant des assortissements insuffisants, ne trouvaient pas d'autre moyen pour alimenter régulièrement les métiers à filer en numéros variés. Là, on a dû renoncer aux relais, établir les repos simultanés et réduire à onze heures la durée journalière de la marche des machines. La production s'en est ressentie ; mais, grâce à la disparition du détestable système des relais, la diminution n'a été nulle part proportionnelle à celle du temps. Sur les bancs à broches principalement, la vigilance de l'ouvrière a une grande influence sur la production, parce que les ruptures de mèches nécessitent l'arrêt momentané du métier ; une bonne ouvrière peut souvent éviter ces interruptions, ou au moins en réduire la durée. Sur l'ensemble des travaux de préparation, filage et retordage auxquels les femmes sont employées, la production à l'heure s'est relevée de 2 à 4 p. 100, de sorte que la production journalière, au lieu d'être réduite d'un douzième ou 8,33 p. 100, ne l'a été que de 4 à 6 p. 100. D'autre part, le tarif aux pièces a été généralement augmenté de 4 p. 100, parfois plus, de sorte que le salaire journalier des ouvrières est resté le même, ou n'a subi qu'une faible diminution, rarement supérieure à 2 p. 100.

3° Sur les métiers renvideurs de filature, les hommes travaillent seuls avec l'aide d'un enfant. Avant la loi de 1900, la journée des

·hommes était partout de douze heures, mais le bacleur arrivait plus tard ou partait plus tôt; telle était du moins la règle, trop souvent abandonnée à la discrétion du fileur chargé de diriger l'équipe. Il a donc fallu, pour se conformer à la loi nouvelle, réduire d'une heure la durée du travail.

Il s'en est suivi, dans beaucoup de filatures de la région, une grève importante, qui a privé de travail pendant quelques semaines plusieurs milliers d'ouvriers. A Lille, les patrons déclarèrent, dès la mise en vigueur de la loi, qu'ils maintiendraient les salaires à la journée et qu'ils donneraient aux fileurs une augmentation de 4 p. 100. Les fileurs ne s'en contentèrent pas. Ils estimaient que la production serait diminuée d'un douzième, et que, pour compenser exactement le déficit de leur salaire, il leur fallait une augmentation de près d'un douzième, ou 8 p. 100. Ils faisaient remarquer que les patrons, en maintenant les salaires à la journée, se montraient généreux aux dépens des fileurs; car, suivant un régime particulier à la filature lilloise, c'est le fileur qui reçoit pour toute l'équipe le salaire de quinzaine calculé suivant la production du métier, et qui est chargé de payer à ses auxiliaires, rattacheurs et bacleur, le salaire fixe dont le taux est établi par la maison; or, les ouvriers auxiliaires conservant leur salaire fixe pour un travail diminué de douze heures par quinzaine, l'augmentation de 4 p. 100 accordée au fileur devait tout au plus lui permettre de payer ses hommes au même taux sans subir une perte de leur chef, mais n'était pas suffisante pour lui garantir l'intégrité de son propre salaire. Ainsi, en supposant qu'avec le régime précédent un fileur, conduisant deux métiers renvideurs de 1.000 broches chacun avec l'aide de deux rattacheurs et un bacleur, ait gagné un salaire moyen de 168 fr. par quinzaine, sur lequel il donnait 96 fr. à ses auxiliaires et gardait 72 fr. pour lui, ce fileur ne devait plus recevoir, si la production du métier en onze heures était réduite d'un douzième, que 154 fr. par quinzaine, augmentés de 4 p. 100, soit 160 fr. 15; ayant toujours à payer 96 fr. à ses trois aides, il n'aurait pour lui que 64 fr. 15 au lieu de 72 fr., soit une diminution de près de 11 p. 100.

Bien que les fileurs fussent à Lille des ouvriers privilégiés, qui gagnaient jusque là un salaire moyen de 6 fr. par jour, tandis que les rattacheurs ne recevaient guère que 3 fr. 25, tous les ouvriers du coton se solidarisèrent avec eux et la grève devint générale.

Les ouvriers considérèrent qu'il y avait là une question de principe et que, si un seul salaire était touché à la première application de la loi, tous seraient menacés de diminution lorsque la journée serait de nouveau réduite en 1902 et 1904. Ils estimaient enfin que, dans l'état prospère où se trouvait alors la filature de coton, les filateurs pouvaient facilement consentir à une augmentation de 8 p. 100. De leur côté, les fabricants se faisaient un point d'honneur de ne pas céder; ils tenaient à briser le syndicat, pour rester maîtres de la situation dans l'avenir.

Il est assez curieux d'observer que, dans ce conflit, les rôles ordinaires se trouvaient intervertis. Généralement, ce sont les patrons, ou au moins les économistes partisans du laisser-faire, qui prétendent, lorsqu'il s'agit de combattre l'intervention législative, que, dans une industrie mécanique comme la filature, où la production est réglée par la machine, toute diminution de la journée de travail doit entraîner une diminution à peu près proportionnelle de la production; et inversement, les partisans des lois de fabrique favorables aux ouvriers cherchent à montrer qu'indépendamment du perfectionnement du machinisme, un travail plus intense de l'ouvrier peut contribuer à maintenir la production en cas de raccourcissement de la journée. Ici, au contraire, la réduction du temps de travail étant un fait accompli, c'étaient les patrons qui prétendaient que les ouvriers étaient parfaitement capables, en apportant une plus grande diligence dans leur travail, de conserver leur salaire avec l'aide d'une augmentation de 4 p. 100, et même de ramener un jour la production à son état antérieur; c'étaient au contraire les grévistes qui contestaient la possibilité d'un accroissement de la production horaire, en se fondant sur le rôle prépondérant de la machine dans le rendement du travail.

Les fabricants faisaient encore observer que, depuis l'introduction des nouveaux métiers, dont tous les mouvements sont automatiques, le fileur n'avait plus, en qualité de conducteur du métier, un rôle prépondérant qui justifiât une différence du simple au double entre son salaire et celui des rattacheurs, comme à l'époque où la production dépendait de son habileté à régler les mouvements du métier et à diriger la marche du chariot. D'ailleurs, ajoutaient-ils, toute augmentation de production, résultant d'un travail plus énergique du fileur et de ses aides (que le fileur intéresse à la production par une petite prime), doit profiter exclusivement au fileur; il suffirait, dans l'exemple précédent, d'une augmentation de 5 p. 100 sur le produit de la quinzaine payé 160 fr. 15, pour que le fileur obtînt un supplément de 8 fr. et retrouvât son salaire antérieur de 72 fr. sur 168.

En fait, les ouvriers, après avoir résisté sept semaines, durent céder et rentrer aux conditions primitivement fixées par les patrons.

Quels ont été les résultats depuis la reprise du travail, en juin 1900? Il est encore bien tôt pour se prononcer; l'expérience ne sera concluante que lorsque les souvenirs d'une lutte où les amours propres étaient engagés se seront atténués, lorsque les ouvriers auront pu s'entraîner progressivement à un travail plus énergique. Encore restera-t-il, pour fausser quelque peu l'expérience, la perspective des échéances de 1902 et 1904, auxquelles la même question se représentera; les ouvriers, ayant à réclamer plus tard une augmentation des tarifs aux pièces pour défendre leurs salaires menacés par de nouvelles réductions du temps de travail, ont encore intérêt aujourd'hui à ne pas pousser la production, pour ne pas fournir des armes contre eux dans l'avenir. En dehors même de la volonté des ouvriers, le raccourcissement de la journée de travail ne pourra donner ses résultats complets qu'au bout d'une longue période, lorsque la population ouvrière renouvelée aura pu acquérir plus de vigueur et atteindre un niveau moral plus élevé. Les résultats actuellement observés n'ont donc qu'une valeur tout à fait provisoire.

Dans quelques établissements, la production s'est trouvée réduite d'un douzième environ. Le fait a été constaté principalement dans des filatures de numéros fins, à Lille et à Roubaix. Là, les salaires ont nécessairement fléchi, malgré l'augmentation de 4 p. 100; quelques filateurs ont cependant maintenu les salaires antérieurs en accordant d'emblée une augmentation de 8 p. 100.

A l'inverse, dans un petit nombre d'autres filatures, la production, au dire des patrons ou des directeurs de fabriques, n'a subi aucune réduction.

Mais, dans la plupart des établissements (14 sur 23 filatures observées), à Lille comme à Roubaix et à Tourcoing, si la production à l'heure a augmenté de 2 à 4 p. 100, la production totale de la journée a diminué de 4 à 6 p. 100. Cependant, grâce à l'augmentation de tarif assez générale de 4 p. 100, les salaires se sont maintenus ou ont à peine fléchi, de 1 à 2 p. 100 tout au plus. Les fileurs, spécialement, ont mieux conservé leurs salaires dans les maisons où les rattacheurs sont payés aux pièces.

Ces différences, observées dans une période transitoire, ne doivent pas étonner, si l'on songe aux nombreuses inégalités qui existent entre les divers établissements. Il n'y a peut-être pas deux filatures qui se trouvent dans des conditions identiques pour le calcul du salaire, l'organisation du travail, l'état du matériel, la qualité des matières, la grosseur des filés, le degré de torsion qui leur est donnée, etc. Souvent même, les conditions diffèrent dans une même fabrique d'une époque à l'autre, ce qui rend très difficile la comparaison des résultats.

Comment parvient-on, dans la plupart des fabriques, à accroître la productivité du travail ? Les procédés sont extrêmement variés, et l'on ne peut guère se flatter d'en dresser une nomenclature complète ; voici quelques indications à titre d'exemples.

Du côté du travail : — Exactitude plus grande dans les entrées et les sorties ; mise en train immédiate dès le coup de sifflet du contre-maître, et travail continu jusqu'à l'heure du repos ou de la sortie. — Améliorations dans l'organisation du travail : suppression des relais et présence constante du bacleur ; prolongation du grand repos de la journée, porté de une heure à une heure et demie, pour permettre à l'ouvrier de réparer ses forces ; parfois, suppression de l'un ou des deux petits repos d'un quart d'heure le matin et dans la journée, pour éviter les ralentissements ; suppression d'une heure de nettoyage sur trois le samedi, etc. — Progrès dans l'art de conduire le métier, habileté plus grande à en régler la marche, soins plus minutieux dans l'entretien, le nettoyage et le graissage des pièces. C'est là un point capital, si l'on veut réduire au minimum les chances d'arrêt du métier et de rupture des fils ; un fileur qui connaît bien son métier sait prévoir les accidents qui peuvent se produire, il vérifie les cordes, prévient le contre-maître quand elles sont trop lâches, entretient le métier de manière à obtenir le maximum de rendement ; sous cette habile direction, les ruptures, étant moins fréquentes, sont plus vite réparées, quoique l'équipe se remue beaucoup moins qu'une autre. — Diligence plus grande dans le travail, notamment le lundi ; promptitude à rattacher les fils cassés, à remplacer les bobinots fournisseurs de mèches quand ils sont épuisés, à faire la levée des bobines quand elles sont pleines. A ce point de vue, le progrès est favorisé par la réduction même

de la journée. L'ouvrier qui faisait des journées de douze heures
arrivait au travail déjà fatigué par le labeur prolongé des jours
précédents ; son travail, médiocre pendant la première et la
deuxième heure, donnait ensuite le maximum, et se relâchait de nouveau à la fin de la journée, surtout pendant la douzième heure. Sur
les nouveaux métiers de 1.000 broches (1.400 broches même, quand
ils portent des canettes minces), la surveillance et le rattachage
demandent une attention constante qu'il est difficile de soutenir
pendant onze ou douze heures de suite, comme à l'époque où les
métiers n'avaient pas plus de 400 broches.

Du côté de l'outillage : — Augmentation et amélioration du matériel
de préparation, de manière à livrer aux métiers à filer des mèches
en quantités suffisantes, mieux travaillées, plus résistantes, plus
serrées sur les bobinots de bambroches pour qu'il soit moins souvent nécessaire de remplacer ces bobinots sur le métier. Amélioration du matériel de filage, remplacement des anciens métiers par
de nouveaux modèles portant des broches plus nombreuses, plus
longues, et capables de tourner plus vite. Augmentation de la vitesse
des broches. Amélioration de la matière première, emploi de coton
sous-filé, d'une qualité supérieure à celle qui serait strictement
suffisante pour le numéro de fil que l'on veut obtenir, de manière
à diminuer le nombre des ruptures.

Il est évident qu'il est bien plus difficile de regagner la production
de l'heure supprimée dans les établissements où le travail était déjà
bien organisé, la matière de qualité supérieure et le matériel entièrement neuf. Là, on ne peut guère serrer davantage le travail ; il
est également difficile d'augmenter la vitesse des broches ; si l'on
dépasse une vitesse de 6.000 tours à la minute pour les gros fils,
et de 9.000 à 10.000 tours pour les fins, on compromet la qualité
du fil, qui devient sec et cassant lorsqu'il est soumis à une torsion
trop rapide, et l'on reperd en ruptures ce que l'on gagne en vitesse.
Dans d'autres filatures, au contraire, où l'on a rajeuni le matériel,
on a pu augmenter la vitesse des broches, et obtenir des ouvriers
un effort plus intense [1].

---

[1] J'ai vu, dans une filature, deux métiers d'expérience portant chacun 1.046 broches,
qui tournaient à la vitesse de 9.500 tours à la minute, vérifiée au compteur, pendant
que le chariot faisait trois volées et demie. On a pu obtenir ainsi, sur chaque métier,
17 kilos 600 de filés n° 93 en 11 heures, au lieu de 15 kilos 500 que l'on obtenait précédemment en 12 heures avec une vitesse de 8.000 tours. Mais il a fallu employer du

Il paraît plus difficile d'accroître la productivité du travail dans les filatures de numéros fins que dans les autres. Avec les gros fils, les bobines se remplissent plus vite, et les levées sont beaucoup plus fréquentes ; les fils cassés doivent être rattachés plus rapidement, parce que le chariot, au lieu de faire deux ou trois volées par minute, en fait cinq ou six. Aussi adjoint-on parfois à l'équipe un deuxième bacleur sur les métiers à filer les gros numéros. La part du travail est donc plus grande dans les filatures qui fabriquent les gros fils, et le travailleur y est plus capable d'accroître la production par un effort plus énergique. J'ajoute que, dans les fils fins, le travail doit être plus soigné et par conséquent moins hâtif.

Ces circonstances variées expliquent la diversité des résultats obtenus dans les différents établissements. Cependant les filateurs estiment généralement qu'au bout d'un an au plus, on aura regagné partout 4 p. 100 sur les 8 p. 100 qui représentent la production de la douzième heure ; les filateurs de Lille pensent même qu'avec le temps, la journée de onze heures pourra devenir aussi productive que celle de douze, de sorte que les fileurs seront en état non seulement de conserver leur ancien salaire, mais même de le dépasser avec l'augmentation de 4 p. 100 qui leur a été accordée. Les fabricants fondent leur opinion sur l'expérience déjà faite dans les filatures de lin, dont il sera bientôt question, et sur l'exemple des ouvriers anglais. En Angleterre, suivant certaines personnes qui possèdent des filatures dans les deux pays, et y ont suivi le travail de près, l'ouvrier produit 5 p. 100 en plus dans des conditions parfaitement égales. Mais l'expérience n'est peut-être pas tout à fait concluante pour la France ; il ne faut pas oublier que le fileur anglais, indépendamment des qualités qui peuvent tenir à la race, aux traditions professionnelles, au genre de vie, à la nourriture, est généralement soumis à un apprentissage qui fait défaut en France ; il ne subit pas la longue interruption du service militaire ; enfin il acquiert une habileté supérieure par la spécialisation même des

coton supérieur, de Géorgie au lieu de Jumel, et en augmenter la quantité ; les frais de combustible, d'huile et d'usure se sont élevés ; et, comme la vitesse du chariot a été accélérée plus encore que celle des broches, de manière à diminuer quelque peu la torsion, le travail est devenu plus fatigant pour les ouvriers. Cependant ils ne se sont pas plaints, parce que, malgré une diminution de tarif de 50 à 45 centimes au kilo, l'équipe a pu, en produisant 35 kilos 200 au lieu de 31 sur les deux métiers, gagner 15 fr. 85 au lieu de 15 fr. 50 par jour, tout en travaillant une heure de moins ; l'augmentation a d'ailleurs profité exclusivement au fileur, qui a pris 7 fr. 85 au lieu de 7 fr. 50.

filatures anglaises, qui, opérant pour un marché très étendu, peuvent s'adonner exclusivement à la fabrication de certains numéros
dans une série très restreinte. De cette extrême division du travail,
les fileurs anglais tirent encore un autre avantage : ils n'ont que
rarement à opérer ces changements de bobinots, ces « cassages de
métiers. », qui viennent si souvent et si longtemps interrompre la
production dans nos filatures, obligées d'accepter et d'exécuter
successivement des commandes portant sur les numéros les plus
variés.

3° *Filatures de lin et filteries.* — L'industrie du lin est une industrie lilloise; presque tous les établissements qui la représentent en
France sont en effet cantonnés dans la région de Lille [1].

La loi de 1900 n'a pas atteint cette industrie, parce que la journée
y avait été réduite à 11 heures sans relais, dès le jour où le service
de l'inspection du travail avait tenu la main à l'exécution (au moins
partielle), de la loi du 2 novembre 1892. Cette différence avec l'industrie du coton s'explique par le nombre considérable de femmes
et d'enfants employés dans la filature de lin. Tandis que l'industrie
du coton n'occupe, sur les métiers renvideurs de filature, que des
hommes assistés d'un petit nombre d'enfants, l'industrie du lin
n'emploie que des femmes et des enfants au filage comme à la préparation. Les métiers à filer le lin sont tous en effet des métiers
continus, ne portant pas plus de 80 à 120 broches sur chaque face,
et tournant à la vitesse de 3.500 à 6.000 tours à la minute; le lin,
à cause de sa moindre élasticité, ne supporterait pas la légère traction résultant du mouvement d'écartement du chariot; en revanche, le lin, à la différence du coton, peut être filé, même dans les
numéros fins, sur des métiers continus, parce qu'il se laisse
mouiller. Or le travail du filage, sur les métiers continus, con-

[1]

Sections	Etablissements	Broches	PERSONNEL OUVRIER			
			Hommes	Femmes	Enfants	Total.
1re	53	262.738	3.426	5.940	3.555	12.921
2e	30	148.122	1.158	3.632	2.558	7.348
4e	7	45.000	320	1.001	833	2.154
	90	455.860	4.904	10.573	6.946	22.423

Le Comité linier du Nord ne compte, dans l'arrondissement de Lille, en 1899, que
57 établissements possédant 415.211 broches, sur 69 établissements et 471.870 broches
dans toute la France (*Bulletin de l'Office du Travail*, 1899, p. 984). Je suppose qu'il
ne compte pas dans ces chiffres les fabriques de fil à coudre ou filteries.

vient aux femmes, parce qu'il y faut de la dextérité plutôt que de
l'agilité et de la vigueur. Une seule fileuse suffit pour surveiller
une face du métier, avec l'aide d'une équipe volante de jeunes
démonteuses (ou varouleuses), qui se porte de métier en métier
pour faire les levées. Les hommes ne sont guère employés, en
dehors des besognes extra de chauffeurs, mécaniciens, manœuvres,
etc., que pour le peignage à la main des lins à longues fibres qui
ne sont pas soumis au peignage mécanique, et pour le paquetage
des écheveaux. Il en est autrement d'ailleurs dans les filteries, où le
personnel est exclusivement masculin ; mais le nombre des enfants
y est considérable.

Ces conditions propres à l'industrie linière expliquent pourquoi
les filateurs de lin, à la différence de ceux du coton, ont dû renoncer
à la journée de 12 heures pour tous leurs ouvriers dès la mise en
vigueur de la loi de 1892 ; le système des relais, appliqué à la totalité du personnel d'une usine, aurait présenté de trop graves difficultés. Seules, les quelques filatures de lin de la région de Tourcoing avaient conservé la journée de 12 heures au moyen des
relais, et se sont trouvées atteintes par la loi de 1900. Partout
ailleurs, dans le Nord, l'unification s'était faite à 11 heures pour
toutes les catégories d'ouvriers, grâce à la tolérance de l'Administration, qui n'avait pas cru pouvoir exiger l'observation de la loi à
l'égard des enfants sans bouleverser l'industrie. Aujourd'hui, cette
unification est consacrée par la loi et les industriels sont en règle
avec elle, au moins jusqu'en 1902.

Bien que la loi de 1900 n'ait rien changé aux conditions du travail dans l'industrie du lin, il est intéressant de rappeler les effets
qu'y produisit la réduction de la journée de travail à 11 heures lors
de l'application de la loi de 1892. Presque toutes les ouvrières,
aussi bien celles de la filature que celles de la préparation, sont
payées à la journée ; leurs salaires ont été conservés pour la journée
de 11 heures tels qu'ils étaient fixés pour celle de 12. Quant aux
dévideuses, qui sont généralement aux pièces, leur tarif a été légèrement augmenté dans quelques établissements. Quoique le salaire
au temps ne soit pas favorable à un accroissement de la productivité du travail, la production journalière, au bout d'un certain
temps, est revenue à son ancien niveau dans un grand nombre de
filatures ; dans quelques autres, elle a diminué, mais faiblement, et
nulle part de plus de 4 p. 100.

En filterie, les ouvriers, retordeurs, glaceurs, pelotonneurs, etc., ont pu conserver leur salaire sans augmentation de tarif.

Les procédés par lesquels on est parvenu à ces résultats sont les mêmes qu'en filature du coton ; mais ici, comme il s'agissait d'ouvrières payées à la journée, il a fallu, pour obtenir plus d'exactitude et de diligence au travail, une discipline plus rigoureuse exercée par les contre-maîtres. On a surtout gagné du temps en interdisant l'habillage et la coiffure pendant la marche. Jusque-là, les ouvrières ne procédaient à leur toilette de travail qu'après l'heure fixée pour la mise en marche, et elles commençaient leur toilette de sortie avant l'heure ; pour des ouvrières françaises, c'était là une cause de perte de temps très sensible. Depuis que la journée n'est plus que de 11 heures, on tient la main à empêcher l'envahissement du temps de travail par les soins de la toilette, et l'on y a réussi à peu près. On a aussi amélioré l'organisation du travail à la préparation, et rajeuni le matériel ; par là, on a obtenu une production plus forte, car on compte qu'un métier neuf donne 50 p. 100 de plus qu'un vieux métier de même modèle.

On rencontre, dans les filatures de lin, la même variété de conditions que dans les filatures de coton ; aussi les résultats ont-ils été variables suivant les établissements. C'est ainsi qu'un grand industriel qui dirige deux filatures distinctes, l'une plus ancienne, et l'autre toute récente, où le matériel est entièrement neuf et le travail mieux organisé, a pu éviter toute perte de production dans la première, grâce à des réformes que rendait possibles son organisation antérieure, et n'a pu regagner dans l'autre que la moitié du douzième. Néanmoins les différences de résultats sont moins sensibles dans l'industrie du lin que dans celle du coton, parce que la journée de 11 heures y est d'une application beaucoup plus ancienne. L'expérience y a été en somme très favorable, et permet d'envisager avec confiance celle qui se poursuit actuellement pour le coton avec un personnel ouvrier bien supérieur.

(*A suivre*).   Maurice BOURGUIN,
Professeur d'économie politique à l'Université de Lille.

UNE FORME NOUVELLE D'ORGANISATION DU TRAVAIL [*]

PAR LES GROUPEMENTS PROFESSIONNELS [1]

Le monde industriel contemporain paraît fatigué de l'anarchie. Il souffre des luttes perpétuelles auxquelles le condamne la liberté illimitée de la concurrence. Il aspire à quelque organisation du travail et commence à s'apercevoir que, seul, le développement des groupements professionnels lui pourra donner cette organisation [2]. Les alliances qui, dans plusieurs industries anglaises, associent pour la règlementation des profits et des salaires le syndicat patronal et le syndicat ouvrier nous en fournissent une preuve nouvelle particulièrement intéressante.

M. J.-E. Smith, fabricant de lits métalliques à Birmingham, a été l'initiateur et s'est fait l'apôtre de ces alliances. Les nombreux articles qu'il a écrits pour les défendre nous permettent d'exposer comment ses idées et ses projets se sont formés, précisés. Nous essaierons d'employer, le plus souvent possible, les expressions mêmes dont il s'est servi.

M. Smith a une grande expérience de l'industrie. Il a été succes-

---

[1] E.-J. Smith, *The new trades combination movement,* Londres, Rivingtons, 1899. — Adress delivered at Hanley, Straffordshire, on January 23 rd 1899, by E.-J. Smith. — E.-J. Smith, *A living wage and a living profit,* the Forum, January 1900. — E.-J. Smith, *Some recent criticisms on the new trades combination movement,* the Economic Review, april 1900. — Wm. Lupton, *A history and Review of the new trades combination movement,* the Birmingham Review and Record, october 1898. — Oscar Parker, *The bedstead Association; its present statutes and prospects,* the Furnisher, march 1900. — Wm. Lupton, *British trades Combination on the E J. Smith Principle.* Birmingham Review and Record, september 1899. — Ed. Bernstein, *Neue formen gewerblicher Verbindung in England,* Neue Zeit, 19 november 1898. — Robert Liefmann, *Die Allianzen, gemeinsame monopolistische Vereinigungen der Unternehmer und Arbeiter in England,* Jahrbücher für Nationalœkonomie und statistik, 25 oktober 1900. — *L'association dans l'industrie,* par E.-J. Smith, Limoges, 1899. — D. Aubry, *Les alliances industrielles en Angleterre,* Réforme économique du 10 février 1901. — Je tiens à remercier ici M. Smith qui a bien voulu m'envoyer plusieurs des études que je viens de citer.

[2] V. sur le mouvement qui nous amène ou plutôt nous ramène à une organisation du travail dans laquelle les groupements professionnels seront appelés à jouer un rôle prépondérant : Raoul Jay, *L'organisation du travail par les syndicats professionnels,* Revue d'économie politique, avril 1894, *L'évolution du régime légal du travail,* Revue politique et parlementaire, juin 1897.

sivement ouvrier, contre-maître, commis-voyageur, directeur
d'usine, patron indépendant, administrateur de compagnie. Il est
arrivé à cette conviction qu'un grand nombre de fabricants ne font
plus de profit : la concurrence les oblige à vendre à un prix insuffisant à couvrir les frais de production. Dans un vigoureux tableau,
il nous montre comment cette concurrence arrive parfois à transformer en peu de temps les conditions de travail. Je traduis presque littéralement [1] :

« Une industrie a été prospère pendant des années, les ouvriers
recevaient de bons salaires, le public ne se plaignait pas des prix
qui lui étaient demandés. Tout à coup, un des fabricants prend la
résolution de développer son industrie, agrandit son établissement,
construit de nouveaux ateliers. Il aura ainsi augmenté ses frais
généraux. Il lui faudra, dès lors, à tout prix, accroître son chiffre
d'affaires. Ou bien c'est un nouveau venu dans la fabrication qui,
pour se faire une clientèle, se croit obligé de donner aux acheteurs
des avantages nouveaux et est ainsi amené à réduire les prix. Quel
que soit le cas, les anciennes maisons ne laisseront pas sans résistance leurs affaires passer en d'autres mains. Elles réduiront aussi
les prix, plus peut-être que leurs nouveaux concurrents; une pani-
que se produira, ce sera une course folle pour gagner ou conserver
les affaires ; le reste, c'est-à-dire la ruine de tous, ne sera plus
qu'une question de temps ».

Certains économistes, il est vrai, enseignent que la concurrence
guérit elle-même les maux qu'elle a faits, que des fabricants ne sauraient continuer longtemps à vendre à perte, que par suite la concurrence excessive et déloyale finira par s'éliminer d'elle-même.

M. Smith admet, comme eux, que, lorsqu'un homme ne trouve
plus rien à manger, il est bien obligé de mourir de faim. « Mais il
n'en vient pas là du premier coup. Il cherchera d'abord à vivre à
moins de frais, à diminuer sa nourriture; il mendiera, il volera
peut-être. Un long temps s'écoulera avant qu'il ait épuisé ces diverses ressources. Un manufacturier est un homme comme les
autres. Il diminuera ses dépenses, ce qui n'est pas toujours une
bonne chose pour le public ; il mendiera en obtenant de ses créanciers quelque arrangement qui lui permette de ne payer que la

---

[1] Comparez les remarquables observations de Sidney et Beatrice Webb sur la lutte
entre le manufacturier et le commerçant en gros, *Industrial Democracy*, II, p. 662.

moitié de ce qu'il leur doit ; il volera en enlevant à ses ouvriers les salaires équitables auxquels ils ont droit. Il mourra peut-être à la fin, mais sa mort même répandra l'infection autour de lui. Il en entraînera d'autres dans sa perte et laissera la ruine derrière lui » [1].

L'indifférence, l'ignorance, sont d'ailleurs, si l'on en croit notre auteur, plus encore que le désir de ruiner des rivaux, responsables de la triste situation où se trouvent un trop grand nombre d'industriels. Beaucoup d'entre eux, en effet, ne sauraient plus calculer exactement les frais de production des articles qu'ils livrent à la consommation ou ne voudraient plus s'en donner la peine. Il n'en est guère sans doute qui soient dès l'abord disposés à le reconnaître. Mais insistez, demandez au fabricant quels sont les frais de production d'un objet déterminé. Les révélations [2] commenceront : M. Smith affirme que dans les vingt industries diverses dont il a pu étudier les conditions, la majorité des fabricants ne se rendait pas un compte précis du coût de production des objets sortant de leurs fabriques [3]. Les estimations qu'ils donnaient de leurs frais généraux variaient de 5 à 35 p. 100 sans que rien pût justifier d'aussi considérables différences. Beaucoup ne savaient pas en réalité ce qu'ils devaient ou non comprendre dans ces frais généraux.

Aux industriels désireux d'améliorer leur situation, M. Smith conseille tout d'abord de se réunir et de déterminer ensemble le coût moyen de production des objets qu'ils fabriquent [4]. Cela fait, il s'efforcera de les amener à prendre, les uns vis-à-vis des autres, l'engagement de ne pas vendre à un prix qui ne permettrait pas de couvrir le coût de production, ainsi déterminé, augmenté d'un profit dont le taux aura été également fixé par l'association.

La détermination collective du coût de production des objets

[1] Smith, *The new trades combination movement*, p. 16.
[2] Smith, *loc. cit.*, p. 21.
[3] *Eod. loc.*, p. 20.
[4] On trouve dans les publications de M. Smith d'intéressants détails sur la façon d'établir le coût moyen de production. Voyez notamment l'étude de M. W. A. Addinsell Chartered accountant à Birmingham, *A new System of cost taking in trade*, insérée à la page 37 du livre de M. Smith, *The new trades combination movement*.
Les expériences faites avec le nouveau sytème ont permis à M. Addinsell de faire les deux constatations intéressantes que voici : 1° dans un très grand nombre d'industries, les frais généraux sont d'environ 15 p. 100 ; 2° les frais généraux sont ordinairement, à très peu de chose près, les mêmes dans les grands et les petits établissements.

manufacturés, l'engagement pris par les fabricants de respecter les décisions de l'association qu'ils ont formée, sont nécessaires à la réalisation du plan dont nous proposons de faire connaître les grandes lignes. Ils n'en constituent pas cependant la partie originale.

M. Smith est aujourd'hui pleinement convaincu que, même établie sur les bases que nous venons d'indiquer, l'association patronale est, à elle seule, impuissante à assurer d'une façon durable le relèvement du profit, la réforme des mauvaises habitudes contractées par les industriels. Bien des fois déjà, lés industriels de certaines branches de fabrication ont réussi à créer de pareilles associations. Mais « nous connaissons tous l'histoire de ces associations. Les marchands ne tardent pas à raconter de la façon la plus détaillée comment tel ou tel membre de l'association a violé l'engagement pris par lui. Quelques-uns de leurs récits sont exacts, le plus grand nombre est de pure invention. Malheureusement les commis-voyageurs, les représentants des industriels les prennent tous pour vérité pure et ont soin de les transmettre à leurs maisons respectives sans en rien laisser perdre. Les patrons font preuve de la même crédulité que leurs agents, si bien que l'industrie tout entière a bientôt pris les armes ; la majorité des fabricants ne veut plus laisser exploiter sa bonne foi par des concurrents malhonnêtes. C'est la fin de ces associations » [1].

En somme, rien ne sera fait tant qu'une sanction efficace ne garantira pas l'exécution des engagements pris. Mais cette sanction, où la trouver ?

Cette sanction efficace, M. Smith croit qu'on ne peut la trouver que dans une entente entre l'association patronale et les ouvriers organisés. Certains industriels ne veulent pas accepter l'idée d'une pareille entente. M. Smith a renoncé à s'occuper d'eux.

Pourquoi les ouvriers n'apporteraient-ils pas leur concours à l'association formée par les fabricants? Ils souffrent, comme leurs patrons, des résultats de la concurrence illimitée. C'est par la baisse des salaires que le fabricant essaiera de compenser les baisses de prix auxquelles il se trouve contraint. S'il ne réussit pas à imposer directement à ses ouvriers cette baisse des salaires, il tentera d'y aboutir indirectement. Les anciens ouvriers seront renvoyés pour

---

[1] *Eod. loc.*, p. 10.

laisser la place à de nouveaux venus moins exigeants, la manufacture sera, s'il est possible, transportée à la campagne dans quelque
région où le taux des salaires est resté plus bas, etc. [1].

Ajoutons que l'association patronale pourra payer aux ouvriers
leurs concours, faire hausser le salaire en même temps que le profit.

M. Smith veut donc que l'association patronale conclue un contrat
ferme avec l'association ouvrière. S'il n'existe pas d'association
ouvrière dans l'industrie, les patrons devront au préalable amener
les ouvriers à l'organiser.

Les patrons s'engageront à n'employer que des ouvriers faisant
partie de l'association ouvrière; les ouvriers, à ne travailler que
pour les patrons membres de l'association patronale. Il sera
entendu que les conditions du travail existantes et constatées dans
l'accord intervenu ne pourront pas être modifiées ou au moins rendues plus défavorables aux ouvriers, tant que l'accord subsistera.

Une première prime ou avance sur les salaires payés à ce moment sera accordée aux ouvriers le jour où les prescriptions de
l'association patronale relatives aux profits ou aux prix entreront en
vigueur.

De nouvelles primes proportionnelles devront être payées à chaque augmentation du taux du profit ou du prix de vente [2]. Mais,
tandis que la première prime est définitivement acquise à l'ouvrier
et ne peut lui être enlevée tant que l'accord subsiste, les primes
ultérieures suivront en baisse comme en hausse les modifications
apportées au taux des profits.

La détermination de la première prime accordée aux ouvriers
est, comme la première détermination des frais de production et des
profits, faite sans la participation des ouvriers. Ils seront, au contraire, appelés à délibérer sur les augmentations ou diminutions
ultérieures des profits ou des prix. Ces augmentations ou diminutions ne pourront être, en effet, décidées que par un comité de
conciliation où les ouvriers et les patrons seront également représentés. Un arbitre interviendra lorsqu'une majorité ne pourra se
former dans le comité [3].

[1] *Eod. loc.*, p. 15.
[2] Généralement, la prime est de 5.p. 100, pour une augmentation de prix de
10 p. 100. L'*Association dans l'industrie*, par E.-J. Smith, p. 12.
[3] Il paraît qu'en fait, on n'a jamais encore eu besoin, dans aucune alliance, de recourir à l'arbitrage.

Le comité ne pourra pas modifier le taux des salaires payés pour les divers travaux exécutés par les ouvriers au moment de la conclusion de l'alliance, mais si une fabrication nouvelle est introduite, il lui appartiendra de régler les conditions dans lesquelles seront payées aux ouvriers les opérations que cette fabrication nouvelle comporte. Tous les conflits qui s'élèveraient entre patrons et ouvriers doivent être portés devant le comité.

Telle apparaît, dans ces grandes lignes, l'organisation du travail préconisée par M. Smith.

Cette organisation fut d'abord introduite dans l'industrie des lits métalliques. Des alliances ont été depuis formées dans une vingtaine d'autres industries [1]. M. Smith estime qu'elles comprennent aujourd'hui environ 500 industriels et 30.000 ouvriers [2].

Les avantages que les industriels peuvent trouver dans de pareilles alliances sont évidents. Il semble qu'elles doivent également être, à certains points de vue importants, favorables aux ouvriers.

Elles obligent les patrons à reconnaître le syndicat ouvrier, à se mettre en rapports habituels avec lui. Bien mieux, elles font des patrons les recruteurs, parfois même les organisateurs du syndicat ouvrier. A Birmingham, M. Bernstein a pu constater qu'elles avaient eu pour résultat d'augmenter sensiblement le nombre des membres de la « National amalgamated Society of Brassworkers » [3].

En ce qui concerne le salaire, le fonctionnement de ces alliances présente une grande analogie avec celui des échelles mobiles [4]. Il y a là, cependant, une forme d'échelle mobile plus favorable aux ouvriers que celles qui ont été le plus ordinairement employées, notamment dans les houillères anglaises. Cette forme particulière d'échelle mobile assure aux ouvriers des avantages qu'ils ont depuis longtemps revendiqués : un contrôle des profits et des prix dont dépend l'élévation ou l'abaissement des salaires, et surtout ce minimum pour lequel les mineurs du pays de Galles du Sud ont vainement soutenu, en 1898, une grève de plusieurs mois [5].

Par là, les alliances ne sont pas comme les échelles mobiles

---

[1] *L'association dans l'industrie,* par M. Smith, p. 6.

[2] Smith, *A living profit and a living wage,* p. 9.

[3] Ed. Bernstein, *Neue Formen Gewerblicher Verbindung in England, Neue Zeit,* 19 nov. 1898, p. 233.

[4] Liefmann, *loc. cit.,* p. 457.

[5] Leproux, ingénieur des mines, *La grève des ouvriers mineurs du pays de Galles, Annales des mines,* 9ᵉ série, XIV, 1898, p. 463.

pures et simples, en contradiction avec la revendication d'un *living wage* indépendant des fluctuations du prix. Et c'est là, pour nous, une considération capitale.

M. Davis, président du *Trades council*, de Birmingham, déclarait, en 1898, que là où elles avaient pris pied, ces alliances avaient agi à l'avantage des deux parties, ouvriers et patrons [1].

On peut se demander si ces alliances seront aussi avantageuses au consommateur. Et c'est particulièrement à ce point de vue qu'elles ont été parfois très vivement attaquées. Patrons et ouvriers ne pourront-ils pas s'entendre pour rançonner sans merci un consommateur incapable de se défendre?

M. Smith ne croit pas à ce danger. Il affirme qu'en fait les industriels n'ont jamais, jusqu'ici, cherché à s'assurer que des profits infiniment modérés, insuffisants plutôt qu'exagérés, qu'au besoin les ouvriers, intéressés à ne pas voir se fermer les débouchés, s'opposeraient à une élévation excessive des prix. A ceux que ces affirmations ne rassureraient pas complètement pour l'avenir, il fait remarquer que les intérêts des consommateurs sont garantis par cela même que l'accès de l'industrie reste libre. Les alliances ne prétendent pas au monopole. Si elles réussissaient à élever d'une façon considérable le taux du profit dans une industrie donnée, cette industrie se verrait vite envahie par des concurrents nouveaux désireux de prendre leur part de bénéfices exceptionnels. La surproduction ne tarderait pas à ruiner les alliances ou à les obliger à diminuer les prix.

Nous ne nions pas la valeur de l'argument. Est-il cependant décisif? Une entreprise industrielle ne s'improvise pas du jour au lendemain. Il faut, pour la créer, certaines connaissances, certaines capacités, des capitaux parfois importants. L'alliance est d'autre part, nous le savons, armée pour se défendre contre ceux de ces nouveaux venus qui voudraient baisser les prix. Elle a un trésor de guerre destiné à les combattre, *the fighting fund*. Si l'alliance est fortement constituée, ces nouveaux venus ne doivent pas même trouver des ouvriers qui consentent à travailler pour eux.

L'alliance ne sera-t-elle jamais tentée d'user de ses forces pour limiter le nombre des concurrents?

---

[1] Bernstein, *loc. cit.*, p. 233. Dans l'industrie des lits métalliques, l'avance obtenue par les ouvriers depuis la création de l'alliance a été, d'après M. Oscar Parker, de 40 p. 100. — V. *The Furnisher*, March 1900.

Nous sommes disposés à penser avec M. Ashley.[1] que le développement des alliances, comme en général le développement des coalitions de producteurs, aurait pour effet de rendre plus actuel que jamais ce problème du *juste prix* qui a tant occupé les théologiens du moyen-âge et dont l'importance a été trop méconnue par la plupart des économistes contemporains.

M. Ashley prévoit que la loi pourrait bien obliger quelque jour les alliances à rendre public le taux des profits de leurs membres[2]. On ne saurait affirmer qu'elle ne sera jamais amenée à aller plus loin, à prescrire, dans l'intérêt des consommateurs, une tarification officielle des profits et des prix.

La question de l'intervention de la loi dans le fonctionnement des alliances doit d'ailleurs, à notre avis, se poser d'une façon plus large[3].

Ces alliances pourront-elles donner tout ce qu'on en peut attendre si le législateur leur refuse sa protection? Nous en doutons fort. Nous avons vu la Fédération des brodeurs de la Suisse orientale et du Vorarlberg maintenir pendant quelques années des salaires et des prix minima mais obligée enfin de laisser tomber la plupart des salutaires prescriptions qu'elle avait voulu imposer à l'industrie, obligée de reconnaître qu'elle ne pouvait, sans le secours de la loi, accomplir toute son œuvre[4]. Les alliances anglaises ne seront-elles jamais amenées à faire un pareil aveu?

Et tout d'abord, la concurrence étrangère ne va-t-elle pas, sous un régime de libre échange, rendre vaine toute entente limitée aux industriels d'une seule nation? M. Smith nous montre l'association plus forte pour se défendre contre cette concurrence étrangère que ne le sont les industriels isolés. Mais comment l'association luttera-t-elle le plus souvent contre la concurrence étrangère, M. Smith lui-même nous l'apprend. En abaissant les prix, au moins sur certains articles, en les abaissant même au-dessous du coût de production, c'est dire en allant elle-même à l'encontre du but qu'elle s'est proposé[5].

---

[1] Ashley, *Surveys historic and Economic*. London, 1900, p. 389.

[2] Ashley, *eod. loc.*, p. 398.

[3] V. Liefmann, *loc. cit.*, p. 472.

[4] Raoul Jay, *Études sur la question ouvrière en Suisse, Une corporation moderne*, p. 262.

[5] Smith, *The new trades combination movement*, p. 73 et s.

Et puis, même en supposant les alliances à l'abri de la concurrence étrangère, la concurrence intérieure, l'action des *côtoyeurs*,
c'est-à-dire « des ouvriers ou patrons égoïstes ou malins qui laissent s'engager les autres pour rester libres de leur faire concurrence en usant de la faculté de diminuer les prix, juste assez pour
enlever le travail » [1], ne suffira-t-elle pas à empêcher ces alliances
de durer et surtout de devenir le régime général de l'industrie, ou
si elles y arrivent, ne sera-ce pas en employant à l'égard des
réfractaires des moyens de coercition beaucoup plus fâcheux que
ne le serait l'action de la contrainte légale?

Peut-être, en somme, le plus grand service que rendent des
alliances comme celles que nous venons de décrire, est-il d'indiquer
et d'ouvrir la voie aux hommes d'Etat que préoccupe le problème
de l'organisation légale du travail industriel.

Raoul JAY.

---

[1] Conférence de M. Perrenoud, *Génevois* du 18 mars 1892.

LE SYSTÈME DES IMPOTS DIRECTS D'ÉTAT EN FRANCE

Suite [1].

III

Tels sont donc les caractères essentiels de notre imposition directe. Ceci déterminé, une autre question est à résoudre : que vaut le système? Une question de ce genre est complexe et doit être examinée sous divers aspects. Je me placerai successivement aux trois points de vue suivants, qui me paraissent permettre un examen suffisant des qualités ou des défauts d'un système fiscal. Le système est-il commode pour le contribuable? Est-il productif pour l'Etat? Satisfait-il à la justice?

Le système est-il commode pour le contribuable? Il n'est pas douteux que cette condition soit remplie. Tout impôt comporte une certaine somme de vexations et de gêne pour le contribuable; mais, ici, cette somme est aussi réduite que possible. Il y a le minimum de contacts entre le contribuable et le fisc. Celui-ci ne pose pas de questions indiscrètes; il ne demande pas de déclaration, sauf pour quelques taxes assimilées; il n'institue pas de débat contradictoire sur l'évaluation des revenus imposables; il se contente de regarder l'extérieur et l'apparence des choses. Il demande à connaître la valeur locative, chose relativement aisée à apprécier et qui, d'ailleurs, dans les villes, résulte souvent de baux écrits. Il compte du dehors les portes et fenêtres. Il ne cherche pas les bénéfices professionnels réalisés; il table sur des moyennes qu'il obtient par une série de présomptions ingénieuses. S'agit-il des valeurs mobilières? C'est chez la personne morale débitrice du coupon qu'il perçoit l'impôt et fait ses investigations, ce n'est pas chez la personne privée créancière. S'agit-il de biens au soleil, terres et maisons? Pour les maisons, il en évalue le revenu tous les dix ans; pour les terres, il a des évaluations si anciennes que la génération qui paie n'y a même pas en général assisté.

V. *Revue d'économie politique*, décembre 1900, p. 937 et suiv.

Il n'y a pas de quiétude plus grande que celle du contribuable français. Il n'est point appelé à participer, autrement que par l'élection de ses représentants au Parlement et dans les conseils locaux, à l'établissement de l'impôt qu'il devra payer. Tout se passe en dehors de lui; contrôleurs et répartiteurs travaillent sans qu'il y soit mêlé et, d'ailleurs, sans qu'il manifeste le désir d'y être mêlé. Il sait seulement que le travail nécessaire s'accomplit dans l'ombre des bureaux, et qu'avec le printemps les feuilles d'impôt apparaîtront. Les sommes demandées sont lourdes, mais c'est moins le fait du système fiscal que des besoins sans cesse grandissants de l'État. Et comme l'a écrit le ministre actuel des finances dans l'exposé des motifs de son projet d'impôt sur le revenu [1], « les Français paient tous les impôts qu'on veut, pourvu qu'ils soient le moins possible en contact avec l'Administration, pourvu qu'on les laisse tranquilles ».

Un fait atteste les qualités pratiques du système et l'accoutumance des populations : c'est le taux peu élevé des frais de perception et spécialement des frais de poursuite. Pour les frais de perception, nous avons [2] une statistique officielle un peu ancienne déjà, 1884, mais les données n'ont pas pu depuis cette date sensiblement changer. Ces frais, qui étaient en 1828 de 5 p. 100 et en 1876 de 3,5 p. 100, s'élevaient en 1884 à 3,7 p. 100. Quant aux frais de poursuite, l'Administration des finances les fait connaître chaque année. Pour l'exercice 1899, ils ont été de 1.728.700 fr., soit 1,86 p. 100; pour 1898, ils avaient été de 1.763.700 fr., soit 1,92 p. 100; pour 1897, de 1.712.400 fr., soit 1,88 p. 100 [3].

Cette commodité de recouvrement, c'est le bon côté des impôts réels et des impôts assis sur les signes extérieurs. Il faut y chercher la raison de notre fidélité à ces deux principes, et dans la crainte de perdre cette passivité en face du fisc; mais aussi cette quiétude, le principal motif des résistances que suscite chez la majorité des contribuables toute tentative pour orienter les impôts directs dans le sens de la personnalité.

[1] *Bulletin de statistique et de législation comparée*, 1900, XLVII, p. 450.

[2] *Ibid.*, 1884, XVI, p. 15.

[3] *Ibid.*, 1900, XLVII, p. 135. — *Annuaire statistique de la France*, 19ᵉ vol., p. 330. Les frais de poursuite y indiqués s'appliquent aux contributions directes proprement dites et aux taxes assimilées; ils sont calculés sur le total des perceptions réalisées pour le compte de l'Etat, des départements et des communes.

Il est certain que les systèmes d'impôts directs pratiqués autour de nous impliquent pour le contribuable des contacts plus fréquents avec le fisc et une somme plus considérable d'ennuis et de tracas. En Angleterre [1], l'income-tax, pour les revenus compris dans les cédules A et D, a pour base la déclaration du contribuable [2]; l'assesseur transmet à toutes les personnes susceptibles d'être assujetties à l'income-tax à raison des revenus compris dans l'une de ces cédules les formules de déclaration à remplir [3]. Le contribuable opère personnellement, en rédigeant sa déclaration, les déductions auxquelles la loi lui donne droit. Une déclaration tardive ou inexacte l'expose à une amende de 20 livres et au triple droit, ou à une amende de 50 livres. L'assesseur ou, pour la cédule D, le commissaire-adjoint [4], reçoit les déclarations et les vérifie ; il ne demande, d'ailleurs, aucune justification : ou bien il accepte purement et simplement la déclaration, ou bien il augmente le chiffre des revenus déclarés, sans être tenu d'entendre l'intéressé. Les rôles ainsi établis par les assesseurs peuvent être rectifiés par le contrôleur (surveyor). Celui-ci a le droit de modifier les rôles en y inscrivant des contribuables nouveaux, en augmen-

---

[1] *Handwörterbuch der Staatswissenschaften*, 2ᵉ édit., vᵒ *Einkommensteuer, Grossbritannien und Irland.* — L'impôt sur le revenu et l'impôt sur les revenus dans les pays étrangers. Notes réunies par la Direction générale des contributions directes, 1894.

[2] La cédule A comprend les revenus de la propriété foncière, terre et bâtiments ; non pas le profit de l'exploitant, mais le revenu seul de la propriété considérée comme capital ; par conséquent, le fermage ou le loyer ou, si le propriétaire exploite lui-même, la part du revenu qui correspond au fermage ou au loyer. C'est donc l'impôt du propriétaire, Owners' tax. D'ailleurs, conformément au principe que l'income-tax frappe le revenu à sa source, c'est à l'occupant que la déclaration est demandée et l'impôt réclamé ; si l'occupant est un fermier ou un locataire, il en retiendra le montant au propriétaire. La cédule D comprend les profits, revenus, gains tirés du commerce, de l'industrie, des professions libérales ou de toute autre source de revenus non comprise dans une autre cédule. C'est la plus productive des cédules : en 1897-1898, elle donnait à l'État 9.828.377 livres sur un produit total de 17.171.377 livres.

[3] V. dans « l'impôt sur le revenu... » la reproduction d'une formule de déclaration pour la cédule D, p. 305.

[4] Des garanties particulières sont accordées aux contribuables de la cédule D ; ils ont affaire à un agent créé spécialement pour eux, le commissaire-adjoint ; en outre, s'ils craignent les indiscrétions, ils peuvent demander à adresser leur déclaration au commissaire spécial, fonctionnaire ambulant, étranger à la localité. Les assesseurs et commissaires-adjoints sont des agents locaux nommés par les commissaires généraux. Les commissaires spéciaux sont des fonctionnaires, ainsi que les inspecteurs et contrôleurs. Les contribuables usent peu, d'ailleurs, de la faculté de s'adresser au commissaire spécial.

tant le chiffre des revenus imposables, en supprimant ou en recti-
fiant les déductions ou atténuations indiquées par le contribuable.
C'est à partir du jour de la publication des listes que les contribuables sont admis à réclamer; les réclamations sont portées
devant les commissaires généraux de district ou, pour la cédule D,
devant ceux-ci ou devant les commissaires spéciaux si le contribuable le préfère. C'est au contribuable à faire la preuve. Il convient enfin d'ajouter que l'income-tax ne pèse que sur une minorité.
Depuis 1895, les revenus au-dessous de 4.000 fr. sont indemnes.

En Italie [1], le contribuable qui jouit d'un revenu net supérieur à
400 francs est tenu de faire la déclaration de ses revenus mobiliers. Dans la seconde quinzaine de mai, les commissions communales préparent la liste des contribuables de la commune. Cette liste
est transmise aux agents des contributions directes. Après avoir
reçu et le cas échéant complété la liste, l'agent envoie au maire les
formules de déclaration. Du 1er au 31 juillet, tout contribuable est
tenu de déposer à l'agence des impôts directs ou à la mairie la
déclaration de ses revenus mobiliers, laquelle doit indiquer le
montant de ses revenus bruts et nets par cédule; la déclaration
n'est exigée que tous les deux ans pour les bénéfices des commerçants, des industriels, et les gains des professions libérales. L'agent
des contributions directes examine et rectifie les déclarations, et
procède à la détermination des revenus imposables, en prévenant
les intéressés des rectifications qu'il a cru devoir apporter à leurs
déclarations. Les personnes qui n'ont pas fait de déclarations sont
taxées d'office. Les droits de l'agent des contributions directes sont
étendus; il peut requérir des officiers publics les extraits des documents qu'il juge nécessaires; citer les contribuables à comparaître
pour fournir telle explication ou telle preuve que besoin est; avoir
accès dans les locaux affectés à l'exercice des commerces et industries; citer à comparaître toute personne pouvant fournir des renseignements relatifs à l'assiette de l'impôt; compulser les livres des
compagnies et sociétés anonymes; se faire représenter les titres de
revenus déclarés. Il prend d'ailleurs en considération la valeur
locative de l'habitation. L'évaluation faite par l'agent ne devient
définitive que si le contribuable, se taisant, l'accepte par ce silence
même; s'il réclame, on cherche à obtenir un accord amiable sur le

[1] Dalla Volta, *L'impôt sur la richesse mobilière en Italie, Revue du droit public,*
VIII, p. 209.

chiffre de revenu contesté ; il y a là comme un marchandage pour l'établissement de l'impôt, et on joue des deux côtés au plus fin. L'accord intervenu est constaté par une déclaration datée et signée des deux intéressés, l'agent du fisc et le contribuable. Si l'accord est impossible, le contribuable peut réclamer soit devant la commission administrative, pour la question de fait, soit devant l'autorité judiciaire pour la question de droit.

En Prusse [1], la déclaration du revenu global est obligatoire pour les contribuables ayant un revenu net supérieur à 3.000 marks ; ceux qui ont un revenu compris entre 900 marks, limite inférieure de l'impôt, et 3.000 marks sont taxés d'office ; la déclaration est pour eux facultative, mais devient obligatoire dans les cas où le président de la commission d'établissement la requiert. Quatre organismes superposés concourent à l'assiette de l'impôt. Le conseil communal doit, avant le commencement des travaux d'évaluation, établir une liste complète des personnes, sociétés ou associations imposables, et recueillir des renseignements aussi complets que possible sur les sources de revenu des contribuables. Puis fonctionnent : la commission d'évaluation préalable (Voreinschätzungs-kommission) dans la commune ; la commission d'établissement de l'impôt (Veranlagungskommission) dans chaque circonscription de taxation [2] ; la commission d'appel (Berufungskommission). On n'a pas ménagé les moyens d'instruction. Le président de la commission d'établissement et cette commission elle-même doivent recueillir toutes indications utiles sur les conditions de fortune des contribuables. Ils peuvent les autoriser, sur leur demande ou d'office, à discuter en personne les éléments de leur cote d'impôt ; ils peuvent réclamer le concours des fonctionnaires administratifs, et prendre connaissance de tous les livres, registres, documents, appartenant à l'État et à la commune. La commission peut en outre appeler des témoins et des experts. Les mêmes pouvoirs appartiennent à la commission d'appel et à son président ; de plus cette commission peut exiger la confirmation par serment devant la juridiction compétente des dépositions des témoins et des avis des experts.

---

[1] Loi du 24 juin 1891. V. la traduction dans l'*Annuaire de législ. étrang.*, 1892, p. 242. *Handwörterbuch der Staatswissenschaften*, 2e édit., Vo *Einkommensteuer* (Deutschland).

[2] Chaque cercle forme une circonscription de taxation : dans le même cercle, il peut être formé plusieurs circonscriptions (art. 33).

La déclaration même est quelque chose d'assez compliqué. Elle doit comprendre non seulement le montant total des revenus, mais aussi indiquer de laquelle ou desquelles des quatre sources suivantes ils proviennent : 1° capital mobilier (intérêts, rentes, dividendes, parts de bénéfices, produits, créances de toute espèce); 2° biens fonciers (exploitation agricole et forestière, fermage, location, valeur locative de la maison habitée par son propriétaire, valeur en argent des produits de l'exploitation consommés dans le ménage); 3° commerce, industrie, mines et carrières; 4° occupations lucratives de toute espèce (traitements, appointements, rémunérations, rétributions, salaires, honoraires, pensions, etc.). L'impôt ne frappe que le revenu net, et par conséquent la déclaration doit indiquer les déductions à faire pour la détermination de ce revenu : intérêts des dettes et rentes, contributions aux caisses d'assurances contre la maladie, les accidents, versements aux caisses de retraite, primes d'assurance sur la vie, dépenses faites pour l'acquisition et le maintien du revenu, etc. La loi a prévu le cas où le contribuable serait incapable d'estimer lui-même son revenu imposable, et d'après l'art. 27 il est permis au contribuable, sur sa demande, de remplacer dans sa déclaration les indications en chiffres par des renseignements au moyen desquels la commission pourra faire l'estimation du revenu. Enfin un système de pénalités rigoureuses vient sanctionner les prescriptions de la loi.

On ne peut point douter que de tels systèmes d'impôts soient plus vexatoires que le mode français de constatation de la matière imposable. La constatation directe du revenu et le contrôle des déclarations prêtent à l'arbitraire; les dissensions politiques peuvent exercer là leur influence. D'autre part, la fraude trouve un terrain. où se déployer largement. Il ne faut pas sans doute prendre au pied de la lettre l'appréciation tant de fois citée de Stuart Mill sur l'income-tax, que c'est un impôt sur la conscience plutôt que sur le revenu. Il reste vrai cependant que la conscience des contribuables est en général peu scrupuleuse, que tel qui se croit et qui est par ailleurs assez honnête homme n'hésite pas à tromper l'État, et que la morale publique est fort en retard pour ce qui est de l'accomplissement du devoir fiscal. En fait, il est incontestable que, dans tous les systèmes de constatation directe, la fraude est largement pratiquée. Il y a sur ce point des documents classiques : pour l'Angleterre, le rapport des commissaires du revenu intérieur sur

leur administration de 1856 à 1869 [1] ; pour l'Italie [2], l'exposé des
motifs présenté, en 1877, par le ministre Depretis, lors de la réforme
de l'impôt sur la richesse mobilière, et le projet de loi du 23 novembre 1893 [3]· En Prusse, il a été beaucoup parlé de la fraude dans
la discussion de la loi de 1891, et les résultats fiscaux de la
réforme ont démontré que, sous le régime antérieur, moins rigoureux, des dissimulations considérables se produisaient.

Il y a des faits significatifs, des dispositions légales qui sont
l'aveu de la fraude pratiquée. Dans beaucoup de cantons suisses,
par exemple, l'impôt sur le capital ou l'impôt sur le revenu comporte pour les veuves et les orphelins des atténuations particulières. Or ce ne sont pas seulement des considérations d'humanité
qui ont conduit à cette solution, c'est aussi en certain cas le désir
de ne pas faire à cette catégorie de contribuables un sort plus
rigoureux qu'aux autres ; l'inventaire qui a lieu à la mort du mari
ou du père révèle au fisc la totalité de la fortune imposable, il ne
permet pas à la veuve et aux enfants de ne payer l'impôt, comme
le font la plupart des contribuables, que sur une portion du capital
ou du revenu. A Saint-Gall, la veuve et les orphelins peuvent
défalquer le quart de leur fortune, quel qu'en soit le montant; une
veuve millionnaire, par exemple, ne sera imposée que pour
750.000 francs [4], En Italie, les revenus dérivant des traitements,
pensions, salaires, payés par l'Etat, les provinces et les communes,
sont frappés à un taux moins élevé que les autres produits du
travail personnel, que les traitements et salaires privés ; ceux-ci
sont taxés au taux de 9 p. 100, ceux-là au taux de 7,50 seulement :
faveur qui n'est qu'apparente et qui compense à peine l'impossibilité
où sont les fonctionnaires de rien dissimuler de leur traitement.

Ce sont là des faits qui méritent l'attention. Nous sommes sans
doute enclins en France à exagérer quelque peu les inconvénients
inhérents à des systèmes d'impôts qui démontrent en somme leur

[1] *Bulletin de la Société de législation comparée*, février 1872; communication de
M. René Laboulaye, p. 107.

[2] Rapport général présenté par M. Coste au nom de la Commission extra-parlementaire de l'impôt sur les revenus, procès-verbaux, II, p. 1023 et s.

[3] *L'impôt sur le revenu et l'impôt sur les revenus*, p. 377. V. d'ailleurs sur l'appréciation des systèmes anglais et italien, sur les fraudes pratiquées et les critiques
adressées aux procédés de constatation, Chailley-Bert, *L'impôt sur le revenu*, 1re part.,
sect. I, chap. III et IV, et sect. II, chap. V.

[4] Max de Cérenville. *Les impôts en Suisse.* Lausanne, 1898, p. 94.

vitalité et leur possibilité d'application par leur durée même, par le fait que, lorsqu'on les réforme, c'est dans le sens d'une plus grande rigueur des procédés de constatation et d'une personnalisation plus accentuée de l'impôt, — comme en Prusse en 1891 — par leur conquête enfin continue des législations étrangères. Mais ces inconvénients existent; ils ne sont pas négligeables; notre système d'impôts réels et d'impôts assis sur les signes extérieurs du revenu les exclue. C'est une constatation qu'il est juste de faire.

IV

La question de productivité est plus complexe et ne comporte pas des conclusions aussi précises.

1° Certaines considérations donneraient à penser que le système français d'impôts directs manque de la qualité précieuse entre toutes au point de vue purement financier, l'élasticité : qualité primordiale, car la tâche de l'impôt est de couvrir les dépenses publiques, et c'est un mauvais impôt que celui qui ne peut pas suivre leur marche; qualité dont le prix se fait d'autant plus sentir que s'accentue le phénomène — plus intense chez nous que partout ailleurs, mais universel cependant et qu'on aurait tort de croire spécial à l'Etat français — de l'accroissement continu des charges budgétaires.

Il y a d'abord le fait que j'ai mis en lumière au début de cette étude : la décroissance relative du produit de l'impôt direct. Dans le budget de l'an IX les impôts directs représentent 37,50 p. 100 du total des ressources ordinaires et 64,35 p. 100 du total des impôts; dans le budget de 1851, les proportions sont : 24,20 et 28,09; dans le budget de 1900, 16,79 et 19,25. Les impôts directs ont perdu leur prééminence originaire ; devant eux, et très loin devant, ont passé les impôts indirects, impôts sur les actes et mutations (enregistrement et timbre), impôts de consommation, monopoles fiscaux.

M. Ad. Wagner a dressé, pour la période 1847-1894, un tableau qui fait parfaitement ressortir la croissance moindre des impôts directs[1]. Il range les impôts en quatre groupes : impôts directs — enregistrement et timbre — impôts de consommation (y compris le

---

[1] Wagner, *Finanzwissenschaft, dritter Theil, Ergänzungsheft*, p. 137.

monopole des tabacs) — petits impôts [1], et il indique pour chacun de ces groupes le pourcentage de son produit en 1847, 1870, 1885, 1894, et l'accroissement réalisé par rapport à 1847. Voici ce tableau :

Pourcentage.

	1847	1870	1885	1894
Impôts directs	30,2	21,5	16,6	18 [2]
Enregistrement et timbre	23,1	29	26,3	23,9
Impôts indirects de consommation .	42,3	46	48,6	51,8
Petits impôts	4,4	3,5	8,5	6,3

Accroissement en prenant 1847 comme point de départ.

	1847	1870	1885	1894
Impôts directs	100	100,3	134,6	161,3
Enregistrement et timbre	100	175,9	279	280
Impôts indirects de consommation .	100	152,5	281,7	331,8
Petits impôts.	100	114,2	475,6	397,6
Moyenne. . . .		140,5	245,2	278

La seconde partie surtout du tableau est intéressante parce qu'elle montre d'une façon frappante combien, dans l'effort fiscal qu'a rendu nécessaire depuis 1847 l'augmentation des dépenses, conséquence elle-même des vicissitudes de notre politique intérieure et extérieure, les impôts directs ont été ménagés [3]. Il n'a pas paru possible au législateur de les élever dans la même proportion que les impôts indirects ; ils ont semblé offrir moins d'élasticité que ceux-ci.

Ce défaut, au moins relatif, d'élasticité s'est manifesté notamment après la guerre de 1870 ; la plus grande partie des ressources nouvelles qu'il a fallu créer a été demandée aux impôts indirects

---

[1] Sont rangés sous la rubrique « petits impôts » : les taxes assimilées — le monopole des allumettes — le monopole de la poudre — l'impôt sur le papier (aboli) — sur les huiles minérales (aboli) — sur les huiles végétales et animales — sur les stéarines et bougies — sur les Vinaigres — sur les transports par chemins de fer et autres Voitures — les droits divers et recettes à différents titres perçus par l'Administration des contributions indirectes (Wagner, *loc. cit.*, p. 59).

[2] La différence entre le pourcentage des impôts directs dans ce tableau (18) et celui que j'ai indiqué pour 1900 (19,25) s'explique par le fait que dans ce tableau les taxes assimilées ne figurent pas parmi les impôts directs.

[3] Il est inutile de multiplier les chiffres et les tableaux. On trouvera un tableau instructif dans Nicolas, *op. cit. :* c'est le rapport, par période, des divers éléments de recette à la dépense totale, de l'an IX à 1875. La même conclusion s'en dégage.

et surtout aux impôts de consommation [1]. Alors que le principe
de la solidarité nationale eût commandé de répartir également sur
tous les citoyens les conséquences financières de la calamité commune, c'est la classe la moins aisée qui les a, par l'impôt de consommation, le plus durement subies [2]. Il s'est produit à ce moment
non pas seulement un accroissement, ce qu'il n'était au pouvoir de
personne d'éviter, mais un déplacement de charges.

Ce fait ressort de la comparaison des budgets de 1869 et de 1876,
ce dernier ayant été choisi parce que les créations ou augmentations
d'impôts nées de la guerre y font sentir complètement leurs effets.

Budget de 1869.

	Francs.	p. 100.
Contributions directes et taxes assimilées.	339.571.635	19,09
Forêts.	10.413.522	0,58
Domaines.	11.153.178	0,63
Enregistrement et timbre	456.983.648	25,69
Douanes et sels.	144.612.874	8,13
Contributions indirectes	627.379.876	35,26
Postes.	94.628.616	5,32
Produits divers.	94.347.397	5,30
Total des ressources ordinaires. . . . F.	1.779.090.746	100,00

Budget de 1876.

	Francs.	p. 100.
Contributions directes, taxes assimilées et taxe sur le revenu des valeurs mobilières.	443.961.757	17,27
Forêts.	38.064.680	1,48
Domaines.	13.330.315	0,52
Enregistrement et timbre	606.159.000	23,57
Douanes et sels.	236.933.250	9,21
Contributions indirectes.	998.615.455	38,83
Postes	110.176.000	4,29
Produits divers.	124.288.125	4,83
Total des ressources ordinaires . .	2.571.528.582	100,00

Il apparaît, à l'examen de ces deux budgets, que tandis que la

[1] Wolowski, Rapport fait au nom de la Commission du budget de la Chambre pour
1876; *Journ. officiel*, Chambre 1875, documents n° 3183, p. 7188. Cf. Chambre Débats,
séance du 11 décembre 1876, p. 9245. Discours de M. Rouvier, et *contra* Mathieu
Bodet, *Les finances françaises de 1870 à 1878*, II, chap. XXV.

[2] M. Leroy-Beaulieu, appréciant cette politique financière, a porté un jugement
sévère, mais dont on ne peut pas dire qu'il l'est trop : « Une assemblée qui se vantait
de restaurer l'ordre moral dans le pays et de préserver les grands principes sociaux,
aura donné un des plus manifestes exemples d'égoïsme de classe que l'histoire nous
présente ». *Traité de la science des finances*, 6° édition, I, p. 333.

proportion des impôts de consommation a sensiblement augmenté, passant pour les contributions indirectes, douanes et sel de 43,39 à 48,04, celle des impôts directs a diminué, passant de 19,09 à 17,27. Il est possible d'ailleurs de faire ressortir d'une façon plus précise encore le ménagement dont ont bénéficié les impôts directs. Si l'on considère que dans les 50 budgets qui se placent de 1851 à 1900 la proportion de ces impôts dans l'ensemble des ressources ordinaires s'est abaissée de 24,20 à 16,79 p. 100, on voit que la diminution moyenne par année est en chiffres ronds de 0,15 p. 100 (exactement 0,1482). Or dans les huit budgets de 1869 à 1876, la diminution totale étant de 1,82, la diminution moyenne est de 0,23 (exactement 0,22705). La décroissance relative des impôts directs s'est donc accélérée aux heures de désastre, attestant de la part des classes aisées et dirigeantes un sacrifice moindre que de la part du reste de la nation.

A ce point de vue, d'autres systèmes d'imposition directe paraissent offrir une plus grande élasticité. C'est un fait bien connu qu'en Angleterre l'income-tax porte, comme les autres catégories d'impôts, sa part des surcharges qu'imposent, le cas échéant, les circonstances politiques [1]. Son taux s'abaisse et s'élève selon que diminuent ou augmentent les besoins de l'Etat, et le tracé des variations de l'income-tax donnerait comme le schéma de l'histoire politique de l'Angleterre. Un exemple tout récent nous en est offert. Pour couvrir les frais de la guerre sud-africaine, sir Michaël Hicks Beach, Chancelier de l'Echiquier, proposait à la Chambre des communes, le 5 mars 1900, avec d'autres expédients financiers, des augmentations d'impôts, et de celles-ci la plus considérable est celle de l'income-tax. Les paroles du ministre anglais méritent d'être citées textuellement. « En premier lieu, je m'adresse à l'income-tax. L'income-tax a toujours été considéré comme l'impôt le plus susceptible d'être augmenté en cas de guerre, et ce, pour la raison évidente qu'on peut l'augmenter quand les besoins de la guerre l'exigent et le diminuer quand la guerre est finie, sans troubler d'une manière sensible le commerce et les affaires. L'income-tax a été la principale source dont les ministres qui eurent à faire modifier les impôts à l'époque de la guerre de Crimée tirèrent les augmentations de recettes dont ils avaient

---

[1] Chailley-Bert, *L'impôt sur le revenu*, 1re partie, sect. I, chap. I.

besoin, et depuis cette époque, plus d'une fois, la presque totalité des augmentations d'impôts occasionnées par des guerres moins importantes et par des préparatifs de guerre est retombée sur l'income-tax ». Sir Michaël Hicks Beach proposait, en conséquence, d'élever à 1 schelling par livre le taux de l'income-tax, précédemment fixé à 8 pences ; proposition adoptée par les Communes. Le produit des augmentations d'impôts pour l'exercice 1900-1901 est évalué de la façon suivante :

Augmentation de l'income-tax.	6.500.000	livres sterling.
Droit de timbre sur les « contract notes » .	150.000	—
Augmentation des droits sur la bière	1.752.000	—
» sur l'alcool	1.015.000	—
sur le tabac	1.100.000	—
sur le thé.	1.800.000	—

L'augmentation de l'impôt direct est supérieure au total des autres [1].

2° Voilà donc un premier fait qui pourrait nous incliner à porter un jugement défavorable sur le système français d'imposition directe au point de vue de la productivité : le produit en a relativement décru depuis un siècle et en outre le système n'a pas participé, dans la mesure qui légitimement lui incombait, à l'effort financier de la période 1870-1876. Une autre considération est de nature à fortifier ce jugement : c'est que le produit de l'impôt direct est aux ressources générales du budget dans une proportion moindre que dans la plupart des budgets étrangers.

Voici, en effet, pour les pays suivants : Russie, Angleterre, Italie, Belgique, Pays-Bas, Prusse, Autriche, Hongrie, Espagne, les chiffres : 1° de la recette budgétaire totale évaluée ou réalisée; 2° du montant évalué ou réalisé des impôts directs; le tout ramené à l'unité monétaire française.

Russie [2]	{	Recettes budgétaires totales	4.120.621.557 francs.
(Exercice 1898)	{	Impôts directs.	270.036.132 »
Angleterre [3]	{	Recettes budgétaires totales	2.922.500.000 »
(Exercice 1900-1901)	{	Impôts directs.	531.250.000 »

[1] *Bulletin de statistique*, 1900, XLVII, p. 295.
[2] *Bulletin de statistique*, 1899, XLVI, p. 503.
[4] *Ibid.*, 1900, XLVII, p. 295; les recettes sont établies sur la base des impôts de l'exercice précédent et abstraction faite des augmentations nécessitées par la guerre sud-africaine; l'exposé du Chancelier de l'Echiquier fait clairement cette distinction qui a l'avantage d'éliminer un élément perturbateur temporaire.

Italie [1]		Recettes budgétaires totales	1.714.785.628 francs.
(Exercice 1899-1900)		Impôts directs.	482.312 900 »
Belgique [2]		Recettes budgétaires totales	452.246.618 »
(Exercice 1900)		Impôts directs.	56.135.000 »
Pays Bas [3]		Recettes budgétaires totales	303.918.688 »
(Exercice 1900)		Impôts directs.	71.421.000 »
Prusse [4]		Recettes budgétaires totales	1.748.127.129 »
(Exercice 1899)		Impôts directs.	228.914.625 »
Autriche [5]		Recettes budgétaires totales	1.763.755.691 »
(Exercice 1898)		Impôts directs.	301.565.355 »
Hongrie [6]		Recettes budgétaires totales	1.220.516.108 »
(Exercice 1898)		Impôts directs.	242.893.000 »
Espagne [7]		Recettes budgétaires totales	885.998.215 »
(Exercice 1900)		Impôts directs.	376.020.790 »

La proportion des impôts directs aux recettes budgétaires totales est la suivante :

Russie . . . . . 6 55 p. 100.
Angleterre. . . 18 18 —
Italie . . . . . . 28 13 —
Belgique . . . . 12 41 —

[1] *Bulletin*, 1900, XLVII, p. 315.

[2] *Bulletin*, 1900, XLVII, p. 85.

[3] *Bulletin*, 1899, XLVI, p. 501.

[4] *Bulletin*, 1899, XLVI, p. 402. Les budgets prussiens et les budgets de l'Empire ne sont plus désignés maintenant que par le premier millésime. En ce qui concerne le budget prussien, les bases de calcul ne sont pas exactement les mêmes que pour les autres. Ce budget a une contexture toute particulière, tenant à ce que les produits des exploitations agricoles ou industrielles de l'Etat occupent parmi les recettes une place prépondérante. L'Etat prussien est un grand propriétaire et un grand exploitant. Au budget de 1899, les domaines figurent pour 26.400.000 marks, les forêts pour 71.742.100 marks, les mines, usines et salines pour 149.289.988 marks, les chemins de fer pour 1.285.962.519 marks, soit au total 1.533.394.607 marks, sur une recette totale de 2.326 327.348 marks. Dans les autres budgets, on a pris comme base de calcul les recettes brutes ; dans celui-ci, il n'était pas possible, étant donnée l'importance des produits domaniaux, de procéder ainsi sans fausser complètement les résultats : les chemins de fer, par exemple, sont inscrits en recette brute pour 1.285.962.519 marks, et en dépenses d'exploitation pour 754.953.111 marks ; faire les calculs sur la recette brute, c'était évidemment enfler d'une façon artificielle le total des ressources budgétaires. Aussi les calculs ont-ils été établis sur les recettes nettes en ce qui concerne : a) le ministère de l'agriculture (domaines et forêts) ; — b) le ministère du commerce (mines, usines, salines) ; — c) les chemins de fer. On n'a tenu compte de la recette brute que pour les impôts, comme dans les autres budgets. Il y a ainsi dans les chiffres obtenus pour la Prusse, comparativement aux chiffres obtenus pour les autres Etats, quelque inexactitude ; mais elle est beaucoup moindre que celle qui eût été commise en prenant ici comme base de calcul la recette brute pour les produits domaniaux.

[5] *Annuaire de l'Economie politique et de la statistique*, 1899, p. 888.

[6] *Ibid.*, p. 891.

[7] *Bulletin de statistique*, 1900, XLVII, p. 552.

Pays-Bas. . . . 23 50 p. 100.
Prusse . . . . . 13 09 —
Autriche . . . . 17 10 —
Hongrie . . . . 19 90 —
Espagne . . . . 42 44 —   ..
France (1900) . 16 79 —

La France arrive ainsi au septième rang, n'ayant derrière elle
que la Belgique, la Prusse et la Russie. Encore à l'égard de ce
dernier pays peut-on dire que la comparaison est à peu près sans
valeur en raison des différences de développement et de régime
économique, politique et financier. Ce ne serait donc, à prendre
seulement les pays entre lesquels la comparaison peut être utilement faite, qu'en Belgique et en Prusse que la quote-part des
impôts directs dans les recettes budgétaires serait moindre qu'en
France. Cette quote-part étant en moyenne dans les pays mentionnés — la Russie mise à part — de 21,84 et n'étant en France
que de 16,79, les impôts directs occupent une place moindre dans
le budget français que dans la moyenne des budgets étrangers [1].
Veut-on calculer la moyenne en tenant compte du budget russe?

[1] Déterminer avec une rigueur scientifique la part respective des impôts directs et
des autres catégories de recettes dans les budgets des principaux pays serait un travail des plus ardus qui ne pourrait, à mon sens, être accompli d'une façon tout à fait
satisfaisante que par la collaboration des services de comptabilité des divers Etats. Il
y faudrait l'étude minutieuse non seulement de chaque budget, mais de chaque mécanisme financier; les dénominations officielles des impôts sont loin d'être toujours
exactes, et il peut y avoir lieu de ranger parmi les impôts directs un impôt qualifié
indirect ou inversement. Il conviendrait en outre : 1° d'opérer sur des moyennes plutôt que sur les chiffres d'une année; 2° de tenir compte des budgets locaux (provinces,
départements, communes) où la proportion des éléments de recettes est souvent très
différente de ce qu'elle est dans le budget de l'Etat; 3° pour les Etats à forme fédéra-
tive, de tenir compte du budget fédéral; 4° de faire le départ des recettes brutes et
des recettes nettes. J'estime cependant que des résultats même imparfaits et approximatifs ne sont pas sans utilité; ils donnent l'orientation générale des budgets au point
de vue de la nature des recettes, et cela peut être considéré comme suffisant pour
l'objet de cette étude. On trouvera un essai de statistique fiscale comparée dans le
travail bien connu de M. Cerboni « Statistica comparata » (extrait du onzième rapport
de la Direction générale de comptabilité). Les résultats essentiels en sont exposés
dans le *Bulletin de statistique du ministère des finances*, 1887, XXI, p. 550. Cpr.
de Kaufmann, *Les finances de la France*, liv. vi, chap. XXII et XXIII; Schæffle, *Die
Steuern, besonderer Teil, drittes Buch*, p. 507 s. — V. aussi l'enquête du gouvernement anglais sur les budgets des principaux pays, *Bulletin de statistique*, 1882, II,
p. 154, 286 et 334. Un travail approfondi a été publié par M. de Kaufmann dans les
Jahrbücher für Nationalœkonomie und Statistik, février 1889, sur les budgets de la
Prusse, de l'Autriche, de l'Italie, de la France, de l'Angleterre et de la Russie. On
en trouvera le résumé dans le *Bulletin de statistique du Ministère des finances*, 1889,
XXV, p. 542.

Elle est de 20,14, supérieure encore à la proportion française. On aboutit donc toujours à la même constatation.

Comparaison dans le temps, avec les budgets français antérieurs, comparaison dans l'espace, avec les budgets étrangers, la même conclusion paraît s'en dégager, qui serait le défaut d'élasticité de notre imposition directe. Ne nous hâtons pas cependant de conclure : la question a plusieurs aspects, et il y a d'autres éléments à dégager.

3o Considérons le sacrifice que, dans les divers pays que nous avons cités, l'impôt direct d'Etat représente pour le contribuable, c'est-à-dire la somme à laquelle il s'élève par tête. Le chiffre des impôts directs divisé par le chiffre de la population donne les résultats suivants :

France . . . F.	15	20
Russie	2	80
Angleterre [1] . .	13	20
Italie	13	80
Belgique	8	40
Pays-Bas. . . .	14	»
Prusse	7	30
Autriche	12	50
Hongrie	14	20
Espagne	20	70

Dans ce tableau, la France n'arrive plus au septième rang comme dans le précédent, mais au second. La moyenne de l'impôt direct par tête étant, la Russie mise à part, de 13 fr. 01 et, Russie comprise, de 11 fr. 87, dans l'un et l'autre cas, l'impôt direct en France atteint un chiffre bien supérieur.

Comment se fait-il que, au-dessous de la moyenne, si l'on considère la proportion des impôts directs au total des recettes budgétaires, nous soyons au-dessus quant au chiffre d'impôts par tête? La raison en est limpide : c'est que nos budgets sont plus gros que ceux des autres pays. La recette budgétaire totale, par tête, recette pour l'Etat, charge pour le contribuable, est plus élevée en France que partout ailleurs. Voici les chiffres : France, 90 fr. 70 ; Russie,

[1] Le chiffre pour l'Angleterre est afférent à l'exercice 1900-1901, mais calculé, selon la remarque déjà faite, d'après les taux d'impôts des exercices antérieurs. Si on prend pour l'income-tax le taux d'exception établi en vue de la guerre sud-africaine, on trouve un total d'impôts directs de 693.750.000 fr. et un chiffre par tête de 17 fr. 35, supérieur à celui de la France. Preuve remarquable de l'élasticité du système anglais. Mais le taux actuel est un taux de guerre, anormal, sur lequel on ne peut pas raisonner.

43 fr. 70; Angleterre, 72 fr. 10; Italie, 53 fr. 50; Belgique,
68 fr. 50; Pays-Bas, 60 fr. 80; Prusse, 54 fr. 80; Autriche,
73 fr. 50; Hongrie, 71 fr. 70; Espagne, 48 fr. 97 [1].

Nous arrivons cette fois en tête, avec une avance assez forte sur
les autres pays. Rien d'étonnant par conséquent à ce que l'impôt
direct en France, tout en n'entrant que pour une proportion relativement peu élevée dans le total des recettes budgétaires, représente
cependant pour le contribuable un sacrifice plus lourd que presque
partout ailleurs.

Il y a là un élément nouveau de nature à modifier l'appréciation
à laquelle semblaient conduire, sur la productivité du système, les
considérations et les calculs d'abord présentés. D'une façon absolue, l'impôt direct produit plus chez nous que dans les autres pays,
l'Espagne exceptée. Si, relativement à la recette totale, il produit
moins qu'il n'a produit au début et au milieu du siècle, et moins
aussi qu'il ne produit ailleurs, la raison n'en est-elle pas beaucoup
moins dans un défaut d'élasticité du système que dans l'élévation
démesurée de la recette totale, conséquence de l'accroissement des
charges publiques?

Aussi bien convient-il, pour permettre une appréciation aussi
exacte que possible de cette question complexe, de tenir compte
d'un certain nombre de faits. Un fait d'une importance essentielle,
c'est que les impôts directs en France, ou plus précisément les quatre
contributions directes proprement dites, ne sont pas seulement les
fournisseurs de l'État, mais ceux aussi des départements et des
communes. Sur ce point comme sur quelques autres, notre organisme fiscal a une allure un peu archaïque. Tandis que les autres

---

[1] On a compté ici la recette budgétaire totale et non pas seulement la recette fiscale
proprement dite selon le procédé habituellement suivi. Peu importe la forme sous
laquelle l'État effectue ses recettes; sauf l'emprunt qui est une charge surtout pour
l'avenir, et le tribut de guerre payé par le Vaincu au Vainqueur, toute recette de l'État
est une charge pour les citoyens, parce qu'elle est un prélèvement d'une partie du
produit de l'activité nationale. Que l'État fasse ce prélèvement au moyen d'un des
modes de l'impôt, ou qu'il le fasse en exploitant des entreprises considérables, comme
en Prusse, cela ne change rien au fond des choses. Dans les deux cas, il y, a un produit qui est soustrait à l'appropriation individuelle au profit de la collectivité. On ne
prétend pas ici comparer ces deux procédés, ni affirmer la supériorité de l'un ou de
l'autre. On prétend seulement que, d'un point de vue synthétique, on n'a pas à distinguer, voulant dégager la charge qui pèse sur les citoyens, si la recette de l'État provient ou non d'un impôt proprement dit.

pays s'orientent de plus en plus vers la séparation des impôts généraux et des taxes locales, nous en sommes restés au système des
centimes additionnels. Les contributions directes subissent de ce
chef une surcharge considérable ; calculer le poids de l'impôt
d'après le montant seulement de la part qui revient à l'Etat, c'est
se placer en dehors de la réalité, car le contribuable qui reçoit sa
feuille d'avertissement se préoccupe plus du total à payer que de la
répartition de ce total entre l'Etat, le département et la commune.
Pour lui, l'impôt direct est un bloc, et un bloc pesant, puisque les
centimes additionnels locaux ne sont pas très loin de doubler le
principal et les centimes généraux.

Voici, pour l'année 1898 [1], le tableau, par contribution, de la
part revenant à l'Etat, aux départements et aux communes :

	En milliers de francs.			
	Etat	Départements	Communes	Total
Contribution foncière.	178.676	108.122	106.789	393.587
Contribution personnelle et mobilière.	92.572	39.241	37.870	169.683
Contribution des portes et fenêtres	59.005	14.300	22.555	95.860
Contribution des patentes	132.900	27.223	38.779	198.902
Les quatre contributions ensemble.	463.153	188.886	205.993	858.032

Pour la contribution foncière, les centimes additionnels font plus
que doubler l'impôt; dans l'ensemble, la part des départements et
des communes est d'environ 46 p. 100 et celle de l'Etat de 54 p. 100.
L'identité d'objet des impôts directs locaux et des impôts directs
d'Etat n'a pas peu contribué à ralentir la force ascensionnelle de
ceux-ci.

Il y a pour tout impôt une certaine marge de productivité ; cette
marge, dans notre système d'impôts directs, a été accaparée au
profit des besoins locaux. C'est un fait remarquable que les centimes additionnels départementaux et communaux ont crû beaucoup
plus vite que le principal et les centimes généraux. De 1838 à 1891,
l'accroissement du produit revenant à l'Etat dans les quatre contributions directes a été de 53 p. 100 ; celui du produit revenant
aux départements de 181,2 p. 100 ; celui du produit revenant aux

[1] *Annuaire statistique de la France,* 19e Volume 1899, p. 350, 351.

communes de 467,4 p. 100 [1]. Rien n'est plus propre que cette
constatation à expliquer la force d'inertie qui dans le budget de
l'État caractérise les impôts directs et surtout les quatre vieilles
contributions. On ne peut pas tirer deux moutures du même sac ;
l'effort fiscal, en matière d'impôts directs, s'est produit surtout
pour le compte des départements et des communes ; il était impossible qu'il s'accomplît avec la même intensité pour le compte de
l'État.

Les budgets locaux ont suivi, au point de vue de la proportion
établie entre les impôts directs et les indirects, une marche inverse
de celle qu'a suivie le budget de l'État. Dans celui-ci, la prédomi-
nance a passé des premiers aux seconds ; dans ceux-là, elle a passé
des seconds aux premiers. Dans la période 1847 à 1896, les centimes additionnels se sont élevés de 49,5 p. 100 à 55,1 p. 100 de
l'ensemble des impôts locaux ; les octrois, par contre, se sont abaissés de 50,5 p. 100 à 44,9 p. 100 [2].

Un autre fait est à considérer : il y a dans le budget de l'État, à
côté des impôts qualifiés officiellement directs, et outre la taxe sur
les valeurs mobilières qu'il n'y a point d'hésitation à ranger dans
la même catégorie, des impôts proches parents de ceux-ci, et qui
ont dans une certaine mesure les mêmes caractères économiques
et la même incidence : ce sont les droits de mutation et notamment
les droits de succession. On peut dire des droits de succession en
particulier que ce sont des impôts directs non périodiques [3]. Or ces
droits sont chez nous à un taux assez élevé, et la réforme proposée
en 1895, ballotée depuis cette époque entre la Chambre et le
Sénat, et qui vient d'être incorporée au budget de 1901, les
élève encore. En ce qui concerne les valeurs mobilières, ce serait
une erreur de considérer la taxe de 4 p. 100 sur le revenu comme
la seule charge périodique qui les grève ; le droit de timbre et le
droit de transmission fonctionnent dans la majorité des cas comme
supplément à la taxe sur le revenu ; le possesseur d'une obligation

---

[1] Projet de budget pour 1893, *Journal officiel,* chambre, documents, 1892, annexe
n. 1959, p. 344.

[2] Wagner, *loc. cit.,* p. 58.

[3] Il est intéressant de trouver l'expression de cette idée, non pas seulement sous la
plume des théoriciens de la science financière, mais, comme une notion courante,
dans des documents d'ordre pratique. Voyez notamment l'exposé financier du Chancelier de l'Echiquier pour l'exercice 1900-1901. *Bulletin de statistique,* mars 1900,
p. 295.

au porteur se voit enlever jusqu'à près de 13 p. 100 du montant de son coupon [1].

Il y a donc dans cette question de la productivité des impôts directs des éléments extrêmement complexes. Je crois qu'on peut tirer des considérations diverses qui ont été exposées deux conclusions, l'une tout à fait affirmative, l'autre un peu moins, mais offrant cependant un degré suffisant de certitude.

La première, c'est que le système, dans sa forme actuelle, a atteint son maximum de productivité. On ne voit pas sur lesquels des éléments qui le composent pourrait porter une surcharge un peu forte. La création de quelques nouvelles taxes assimilées, voilà à quoi doit se borner l'effort d'invention du législateur : miettes d'impôts ; encore la matière n'est-elle pas inépuisable, et après la taxe sur les vélocipèdes et les automobiles, il ne reste plus guère à imposer que les pianos et les bateaux de plaisance. On peut songer plus sérieusement à élever, en la transformant, la contribution mobilière, et à porter à 4 p. 100 l'impôt foncier des propriétés bâties. C'est le fond de beaucoup des projets de réforme présentés dans ces dernières années. Mais si cela se fait, le produit en sera employé soit à dégrever l'impôt foncier des terres, soit à supprimer en tout ou en partie l'impôt des portes et fenêtres, impôt condamné, dont l'arrêt de mort a été prononcé par le Parlement en 1892 [2], et qui n'a de raison de subsister que l'impossibilité où l'on est de le supprimer sans compensation.

Si l'on tient compte de la surcharge des centimes additionnels, et des deux taxes directes purement communales (prestations et taxe sur les chiens), on arrive à un chiffre d'impôts directs par tête qui est considérable. Pour l'exercice 1898, les quatre contributions directes ont fourni 858.032.000 francs, plus 1.061.374 francs pour frais d'avertissement ; les taxes assimilées, 39.761.045 francs ; les taxes municipales, 68.529.846 francs [3] ; la taxe sur les valeurs

[1] Stourm, *Systèmes généraux d'impôts,* chap. XVIII ; Manchez, *Les charges comparées de la propriété agricole et de la propriété mobilière.*

[2] Loi du 18 juillet 1892, art. 1er : « La contribution des portes et fenêtres est supprimée et remplacée par une taxe représentative calculée à raison de 2,40 p. 100 du revenu net imposable de la propriété foncière bâtie à partir du 1er janvier 1894. Là loi portant fixation des contributions directes pour l'exercice 1894 déterminera les mesures d'exécution ».

[3] *Annuaire statistique de la France,* 1899, p. 331. Le tableau donné à cette page indique, pour les quatre contributions directes et les frais d'avertissement, un total de

mobilières, 70.197.500 francs [1] ; au total, 1.037.581.765 francs, ce qui fait par tête 26 fr. 90.

Pourrait-on tirer davantage d'un autre système d'impôts quel qu'il soit? Ce n'est pas probable. S'en tiendra-t-on aux impôts réels et fondés sur les signes extérieurs du revenu ? Notre organisme fiscal est au point de vue technique bien conçu ; il est arrivé à son rendement maximum, et les augmentations de recettes qu'on pourrait réaliser ne serviraient, le cas échéant, qu'à permettre d'opérer les dégrèvements nécessaires. Passera-t-on à l'impôt personnel et aux procédés de taxation directe? Les pays qui ont un système d'impôts directs établi sur ces bases lui font produire moins que le nôtre. Il n'est donc pas démontré que le nôtre ainsi transformé fût susceptible de produire plus qu'à l'heure actuelle. Il y a de bonnes raisons de penser que le niveau des recettes ne pourrait pas sensiblement changer. Les procédés de taxation directe, par cela même qu'ils impliquent dans une mesure plus ou moins large la collaboration du contribuable, ne donnent des résultats satisfaisants que s'il y a chez celui-ci un certain minimum de bonne foi et d'acceptation volontaire : condition qui tend à se réaliser d'autant moins que le taux de l'impôt est plus élevé et que l'exagération des exigences fiscales semble libérer les consciences. L'exemple de l'Italie est là pour nous montrer quelle somme de résistances, et par conséquent de fraudes, trouve devant soi l'impôt sur le revenu à hauts tarifs. Considérons en outre que la raison d'être de l'établissement chez nous de l'impôt personnel sur le revenu ou sur le capital serait son caractère de contre-poids à l'improportionnalité de nos énormes impôts indirects, et son adaptation plus souple que celle des impôts actuels aux situations individuelles : il comporterait à la base des exemptions ou atténuations, il tiendrait compte des charges de famille ; ce qu'il gagnerait par là en valeur sociale, il le perdrait en force productive, et un tarif même progressif ne donnerait vraisemblablement pas plus que la proportionnalité mathématique d'aujourd'hui. En fait les projets gouvernementaux d'impôt sur le revenu n'ont pas été présentés comme devant accroître la somme totale des impôts directs, mais comme devant autrement et mieux la répartir. Dans le projet de M. Doumer, l'impôt sur le revenu remplaçait la

---

875.697.898 francs, mais il y a lieu de retrancher les remises accordées sur la contribution foncière, en vertu de la loi du 21 juillet 1897.

[1] *Bulletin de statistique*, 1899, XLV, p. 125.

contribution personnelle-mobilière et celle des portes et fenêtres. Dans celui de M. Caillaux, il remplace en outre l'impôt foncier des propriétés non bâties, 40 p. 100 du principal des propriétés bâties, 35 p. 100 du principal de l'impôt des patentes, ces trois impôts ou fractions d'impôts étant abandonnés aux communes.

Il nous faut donc tenir pour certain, tant que la preuve expérimentale du contraire n'aura pas été fournie, qu'il est pratiquement impossible d'accroître la charge de l'impôt direct. La proportion de l'impôt direct dans nos recettes budgétaires demeurera par la force des choses relativement modeste ; elle ne pourrait s'élever que par la diminution des dépenses au niveau desquelles la recette doit se tenir, et c'est là un phénomène improbable ; bornons-nous à souhaiter que les dépenses restent ce qu'elles sont, ou du moins que leur progrès ne dépasse pas celui de la richesse nationale. L'impôt direct, quelle qu'en soit la forme, n'a qu'une productivité assez limitée ; dans un État ayant de grands besoins financiers — et tous les États civilisés sont dans ce cas — les impôts sur les actes juridiques et sur la circulation des biens, les impôts de consommation à large base, les grands monopoles fiscaux, sont une nécessité inéluctable. Reste à voir si cette nécessité ne doit pas avoir sa contre-partie dans l'organisation et les caractères de l'impôt direct, et si cet impôt, condamné à ne jouer dans les circonstances présentes qu'un rôle fiscal de second ordre, n'a pas en revanche une fonction compensatrice essentielle.

(*A suivre*).   H. Truchy.

CHRONIQUE LEGISLATIVE

Février 1901.

I. Débats parlementaires

§ 1. Chambre.

*Propositions de loi relatives aux Conseils de prud'hommes. — Interpellation de
M. Berthelot sur la Tunisie. — L'impôt progressif dans les successions.*

La Chambre, après avoir continué la discussion du projet de loi
relatif au contrat d'association, qu'elle a dû suspendre pendant
l'indisposition du président du Conseil, a abordé alors diverses propositions relatives aux Conseils de prud'hommes. Il s'agit de propositions déjà anciennes, que la Chambre avait discutées en 1892
et le Sénat en 1894. Le rapporteur, M. Charles Ferry, a signalé les
deux points principaux sur lesquels la Chambre est en dissidence
avec le Sénat : celui de savoir si le bénéfice de la juridiction
prud'homale sera étendu aux employés du commerce et de l'industrie, et celui de savoir si l'électorat sera étendu aux femmes. Après
une très courte discussion générale, dans laquelle M. Beauregard
a exposé sa proposition, l'urgence a été déclarée et la Chambre a
passé à la discussion des articles.

La juridiction des Conseils de prud'hommes a été notablement
élargie par la Chambre qui, sur un amendement de M. Groussier,
a voté le texte suivant (art. 1er) : « Les Conseils de prud'hommes
sont institués pour terminer par voie de conciliation les différends
qui peuvent s'élever à l'occasion du contrat de louage d'ouvrage :
1° Entre les patrons ou leurs représentants et les employés, ouvriers ou apprentis du commerce et de l'industrie qu'ils emploient ;
2° entre l'Etat, les départements, les communes, les établissements
publics ou leurs représentants et les ouvriers et employés non
fonctionnaires de leurs entreprises industrielles ; ces derniers seront déterminés par règlement d'administration publique.

La Commission proposait de limiter la compétence des Conseils,
même pour la conciliation, à la valeur de 2.000 fr. ; mais, sur la
proposition de M. Muzet, la Chambre a supprimé toute limitation
en ce qui concerne la conciliation, et il semble, en effet, qu'il n'y
ait nul inconvénient à cela.

M. Lagasse a fait adopter, malgré la Commission et le Gouvernement, un amendement étendant encore la compétence de ces Conseils aux différends entre les entrepreneurs de spectacles ou leurs représentants et les artistes, choristes, musiciens et employés de théâtre de toute catégorie. Cette innovation ne paraît pas heureuse; les employés de théâtre rentraient de droit dans la définition précédente et, quant aux artistes, cette juridiction d'exception n'était nullement indiquée pour eux. Il a été déclaré, d'autre part, que la loi ne s'appliquait pas aux ouvriers agricoles, pour lesquels un projet spécial a été déposé.

La Chambre a adopté une disposition qui, comme on l'a fait remarquer, semble bien impliquer la reconnaissance du marchandage : c'est le § 3 de l'article 1er, ainsi conçu : « Leur mission, comme conciliateurs ou comme juges, s'applique également aux différends entre ouvriers à l'occasion du travail ».

La grande innovation de la loi, avec l'élargissement de la compétence des conseils de prud'hommes, est l'admission des femmes comme électeurs et même comme éligibles. En ce qui concerne l'électorat, il n'y a même pas eu de discussion; mais, quand on est venu à l'éligibilité, on a assisté à un singulier spectacle : pour combattre l'éligibilité, réclamée par MM. Groussier et Antide Boyer et repoussée par la Commission, le rapporteur a dit très clairement qu'on avait eu tort déjà d'accorder aux femmes l'électorat, que les Chambres de commerce, consultées sur cette question, repoussaient cette réforme au nombre de 51 contre 24 et « qu'il ne voyait pas sans quelque inquiétude, et des inquiétudes très sérieuses pour les mœurs françaises, des milliers de femmes aller attendre par longues files, aux mairies, le moment où elles pourront voter ». Mais alors, pourquoi avez-vous décrété que la femme serait électeur? Plus logique que le rapporteur, la Chambre en a conclu, par 376 voix contre 161, qu'elle serait éligible.

M. Beauregard proposait de remédier à un inconvénient sérieux de l'organisation actuelle des Conseils de prud'hommes : le bureau de jugement étant composé d'un nombre impair, nécessairement l'un des deux éléments, soit patron, soit ouvrier, détient entre ses mains la majorité; c'est l'élément auquel appartient le président qui a la prépondérance, et, comme on l'a dit, « l'égalité ne résulte que d'une sorte de compensation d'inégalités successives ».

M. Beauregard proposait que le bureau de jugement fût composé d'un nombre égal de prud'hommes patrons et de prud'hommes ouvriers, et que, en cas de partage, le litige fût tranché dans les quarante-huit heures par un arbitre, désigné à l'avance par le Conseil. On a répondu que ce serait tuer l'institution que de la subordonner à l'arbitre, qui deviendrait juge unique et l'amendement a été repoussé par 386 voix contre 173, et le texte suivant a été voté : « Le bureau de jugement se compose du président ou du vice-président, siégeant alternativement et d'un nombre toujours égal de prud'hommes patrons et de prud'hommes ouvriers : ce nombre est au moins de deux patrons et de deux ouvriers ».

M. Chénel a appelé l'attention de la Chambre sur une situation assez particulière, résultant du vote qui confère aux femmes l'éligibilité, en lui proposant de décider que « l'homme et la femme unis par le mariage ne pourront siéger ensemble dans le même conseil ou dans la même section de conseil ». Voyez-vous, disait-il, la femme nommée présidente ou vice-présidente — et la galanterie française l'exige — et le mari siégeant sous son autorité et pouvant être, au besoin, rappelé à l'ordre par elle! Le ministre a répondu qu'il y aurait aussi inconvénient à ce que père et fils siégeassent en même temps et il a pensé qu'il suffirait, à l'art. 42, de viser l'art. 63 du décret du 20 avril 1810 qui prévoit que dans les tribunaux les parents et alliés jusqu'au degré d'oncle ne pourront siéger ensemble que moyennant une dispense. Malheureusement des époux ne sont ni des parents ni des alliés !

L'article 32 limite à 500 fr. la compétence en dernier ressort des conseils de prud'hommes et décide que cette compétence, en ce qui concerne les demandes reconventionnelles, est déterminée par le taux de la demande principale. L'appel, s'il y a lieu, est porté devant le tribunal civil et jugé comme en matière commerciale, sans assistance obligatoire d'un avoué. L'ensemble du projet de loi a été adopté à l'unanimité.

Entre temps, la Chambre a discuté une intéressante interpellation de M. Berthelot sur la situation faite à la Tunisie par le désaccord permanent entre la population française et le résident général [1]. M. Berthelot a fait un long réquisitoire contre l'administration de la Régence. Il a affirmé qu'elle réservait toutes ses faveurs pour

---

[1] V. à cet égard un article de M. Paul Leroy-Beaulieu dans le *Journal des débats* du mercredi 20 février, article reproduit dans l'*Économiste français* du 23 février, p. 238.

les étrangers et toutes ses rigueurs pour les Français ; il a critiqué le régime des impôts, l'augmentation du nombre des fonctionnaires et des dépenses, le système des concessions faites pour les travaux publics, notamment dans les ports. Il s'est plaint encore de la main-mise du résident général sur la justice qu'il aurait mise à sa dévotion par des gratifications sous des prétextes divers et des torts infligés à différents colons français, et il a demandé une enquête complète par un inspecteur des finances sur la gestion financière de la Tunisie.

M. Albin Rozet a présenté de la Régence un tableau bien diffé-rent. Il a vanté le mérite des quatre résidents généraux qui s'y sont succédé depuis vingt ans, la valeur et la stabilité des collaborateurs choisis par eux et, après avoir exposé surtout le développement de l'enseignement, il a demandé au ministre « de dire que le protectorat restera généreux et paisible, digne de la France et que les colons et les indigènes resteront toujours unis ».

Puis M. Bienvenu Martin a parlé de la colonisation, de la vente des terres et des prêts fonciers, et M. Thomson, du régime douanier et de l'assimilation douanière de la Tunisie à la métropole. Il sem-ble que ces grands problèmes dépassaient un peu les limites de l'interpellation.

Le ministre des affaires étrangères a assez bien résumé le réqui-sitoire de M. Berthelot ; « la Tunisie est un pachalik ; le résident général est un pacha et se conduit en pacha » ; et il a pris le malin plaisir de rapprocher de ce réquisitoire les appréciations optimistes et élogieuses que le même M. Berthelot, rapporteur du budget de la Tunisie, formulait en 1899. M. Delcassé a mis en lumière l'excel-lent état des finances de la Régence ; depuis 1885, sur quinze bud-gets, treize sont en excédent, deux seulement en déficit, à cause de récoltes désastreuses, et cela malgré 6 millions et demi de dégré-vements depuis 1884. Au point de vue du traitement fait aux Euro-péens, le ministre a montré, en passant en revue les différentes sources de revenu, que, dans le total de 29.644.000 fr., les Euro-péens payaient 6.329.000 fr., soit 21 p. 100, et les indigènes, 23.315.000 fr., soit 79 p. 100. Il a ensuite présenté le tableau du développement économique de la Régence et il a affirmé la néces-sité pour la France de rester fidèle à la politique du protectorat, telle qu'elle a été suivie, qui a donné d'excellents résultats. Ce dis-cours, très substantiel et très précis, a obtenu un vif succès.

M. Morinaud a déploré l'envahissement de l'étranger en Tunisie, qu'il voudrait voir peuplée de colons français. Il faut au‑plus tôt amener en ce pays 8 à 10.000 familles de cultivateurs français. Où les trouverez-vous ? a dit quelqu'un : nos campagnes se dépeuplent tous les jours ! Et l'objection ne laisse pas que d'être embarrassante. Finalement, M. Morinaud voudrait que la Tunisie fût déclarée terre française, pour qu'elle fût soumise aux lois françaises et, en particulier, aux dispositions du Code civil concernant l'acquisition de la., qualité de citoyen français.

On a encore entendu M. d'Estournelles, puis de rechef M. Berthelot, puis MM. Delcassé et Camille Pelletan, et finalement la Chambre a adopté un ordre du jour de nature à donner satisfaction à tout le monde et dont voici les termes : « La Chambre, approuvant les déclarations du Gouvernement, et comptant sur lui pour apporter au fonctionnement du protectorat, dans la limite des‑ressources de la régence, les améliorations nécessaires au développement économique et intellectuel du pays et de la colonisation française, et pour faciliter à la Chambre l'exercice de son contrôle sur‑ la création des futures lignes de chemins de fer, passe à l'ordre du jour ».

Il s'est produit, quand le projet de budget est revenu du Sénat à‑ la Chambre, un incident qui mérite d'être noté. Le tarif progressif voté par la Chambre et adopté par le Sénat pour les droits de succession s'arrêtait à un million. M. Anthime Ménard, trouvant que cela n'était pas logique — en quoi il n'avait pas absolument tort — proposa d'ajouter la disposition suivante : « Lorsque la part nette recueillie par chaque ayant-droit sera supérieure à 3 millions, le montant des droits de mutation par décès ou entre vifs, tel qu'il résulte des articles 1 à 17, sera majoré d'un dixième ; si cette part nette est supérieure à 5 millions, il sera majoré d'un quart; si elle est supérieure à 10 millions, il sera majoré de moitié et, s'il est supérieur à 20 millions, il sera porté au double. Si logique que cela fût, c'était dangereux pour le sort du budget ; car le Sénat, qui avait eu la main forcée pour voter le tarif progressif, l'aurait sans nul doute rejeté tout en bloc s'il lui fût revenu ainsi complété. M. Klotz eut une pensée ingénieuse : Etendons encore la réforme de M. Anthime Ménard, mais disjoignons-la du budget. La disjonction n'était pas difficile à obtenir : elle fut votée par 352 voix contre 200. Mais M. Klotz et ses partisans voulaient la discussion immédiate de la nouvelle proposition. En vain leur représentait-on qu'on ne peut pas majorer des tarifs qui ne sont pas encore votés. La majorité donna raison à M. Klotz et à ses amis : l'urgence fut votée par 370 voix contre 80. Une partie de la droite était trop heureuse de l'aubaine pour la laisser échapper, et voici le texte qui a été finalement voté par 388 voix contre 103 : « Lorsque la part nette recueillie par chaque ayant-droit sera supérieure à un million, le montant des droits de mutation par décès ou entre-vifs sera majoré de un douzième ; supérieure à 2 millions, de un dixième ; supérieure à 3 millions, de un huitième ; supérieure à 5 millions, de un quart ; supérieure à 10 millions, de moitié ; supérieure à 20 millions, du double ; supérieure à 50 millions, du double et demi ; supérieure à 100 millions, du triple ». Et comme le ministre donnait des craintes, la Chambre s'est réunie en une nouvelle séance pour voter, par 373 voix contre 44, l'ordre du jour suivant, proposé par M. Gauthier de Clagny : « La Chambre, comptant sur le Gouvernement pour défendre devant le Sénat la proposition qu'elle vient de voter, passe à l'ordre du jour ». En Angleterre, le cabinet dirige la Chambre ; chez nous, c'est le contraire!

§ 2. Sénat.

Budget de l'exercice 1901. — Proposition de loi sur la création de bons d'importation sur les blés.

Le Sénat a voté, à grandes journées, le budget de l'exercice 1901, qui, après avoir fait deux fois la navette entre le Sénat et la Chambre, a été définitivement adopté le 25 février et promulgué au *Journal officiel* du 26.

Après quoi, le Sénat a repris, dans sa séance du 28 février, la discussion d'une importante question concernant l'exportation et l'importation des blés et farines et la création de bons d'importation [1]. L'urgence a été déclarée. Il s'agit, en somme, de créer, par un moyen détourné, une prime de 7 fr. par quintal à l'exportation du blé. L'agriculture est, à coup sûr, dans une très pénible situation : ceux qui le nient ne connaissent pas ce dont ils parlent. Cependant il semble qu'on ait épuisé pour elle toutes les ressources de la protection douanière en frappant les blés étrangers d'un droit qui

---

[1] Voir notre chronique législative de juillet 1900, p. 723, et celle d'août-septembre 1900, p. 826.

est progressivement monté à 7 fr. par quintal et que c'est s'engager dans une voie bien dangereuse que celle des primes d'exportation. La question est des plus graves. La discussion n'a été
qu'amorcée dans la dernière séance de février : nous y reviendrons
dans notre prochaine chronique pour constater l'échec de la proposition, que le Sénat a repoussée.

II. Documents officiels.

Le *Journal officiel* du 4 février contient un rapport adressé au
président de la République par la Commission supérieure des Halles
centrales de Paris sur la situation des Halles pendant l'année 1900.

Celui du 6 contient le texte de la loi du 4 février sur la tutelle
administrative en matière de dons et legs.

Dans le même n° du 6 est également un rapport du ministre des
colonies au Président de la République, suivi de décrets relatifs :
1° au tarif des douanes en Nouvelle-Calédonie ; 2° au régime de
l'octroi de mer dans cette colonie.

Dans le n° du 7 février se trouve le rapport adressé au Président
de la République par la Commission du contrôle de la circulation
monétaire pour l'exercice de 1900.

Le *Journal officiel* du 17 contient le rapport au ministre des
travaux publics sur la statistique de l'industrie minérale, de l'industrie métallurgique et des appareils à vapeur pendant l'année
1899. Nous y relevons les chiffres suivants : La production des
combustibles minéraux s'est élevée à 32.862.700 tonnes, représentant une valeur de 407.546.000 fr. Sur les lieux d'extraction, la
tonne a valu, en moyenne, 12 fr. 41 en 1899, au lieu de 10 fr. 85
en 1897 et 11 fr. 22 en 1898. Notre importation s'est élevée à
11.227.000 tonnes ; si l'on en déduit une exportation de 1.026.000
tonnes, il reste une importation réelle de 10.200.000 tonnes. — Le
nombre des ouvriers employés dans les mines a passé de 162.100
à 170.000 ; le nombre des ouvriers employés dans les carrières et
minières est d'environ 134.000, dont la majeure partie ne sont pas
occupés d'une façon continue durant toute l'année. Le produit des
usines métallurgiques a été de 3.985.000 tonnes comme produits
bruts et de 2.824.000 comme produits ouvrés, le tout réuni représentant une valeur d'un milliard en chiffres ronds. — On a compté,
en 1899, 87.372 chaudières et 27.156 récipients dans les établis-

sements industriels et agricoles ; 11.885 locomotives et 2.758 chaudières accessoires sur les chemins de fer et tramways ; 2.907 chaudières et 1.329 chaudières auxiliaires sur les bateaux de la marine marchande. En tout, 106.165 chaudières et 27.743 récipients, représentant une puissance de 8.078.000 chevaux-vapeur.

Dans le *Journal officiel* du 26 février est promulguée la loi portant fixation du budget général des dépenses et des recettes de l'exercice de 1901.

Edmond VILLEY.

La classe des Lettres et des Sciences morales et politiques de l'Académie Royale de Belgique vient de nommer les membres du jury chargés de décerner le prix Emile de Laveleye.

Ce sont MM. A. BEERNAERT, ministre d'Etat ; le professeur V. BRANTS de l'Université de Louvain ; le professeur A. PRINS de l'Université de Bruxelles, tous trois membres titulaires de l'Académie ; NYS, professeur de droit international à l'Université libre de Bruxelles ; QUACK, professeur à l'Université d'Amsterdam ; G. SCHMOLLER, professeur à l'Université de Berlin, et E. MAHAIM, professeur à l'Université de Liège.

On sait que le prix Emile de Laveleye, qui a été constitué en 1895 par une souscription internationale, et qui a une valeur de 2.400 francs, est décerné, tous les six ans, « au savant belge ou étranger, vivant au moment de l'expiration de la période de concours, dont l'ensemble des travaux sera considéré, par le jury, comme ayant fait faire des progrès importants à l'économie politique et à la science sociale y compris la science financière, le droit international et le droit public, la politique générale ou nationale ».

C'est la première fois que ce prix sera décerné. Le jury doit avoir pris sa décision dans le délai de dix-huit mois.

BULLETIN BIBLIOGRAPHIQUE

Roscher-Stieda, *Nationalökonomik des Handels und Gewerbfleisses.* Stuttgart, Cotta, édit., 7ᵉ édit., 1 vol. de 1120 p.

La *politique commerciale et legislation industrielle* forme le troisième volume du « Traité » magistral du défunt Roscher. La 7ᵉ édition de ce volume a été confiée à M. Stieda, successeur de Roscher, à Leipzig, qui a mis tous ses soins à ce volume. Il lui a donné un cachet d'actualité qui était d'autant plus nécessaire, que la dernière édition datait déjà de 1887, celle de 1892 n'ayant été qu'une réédition de la précédente. M. Stieda a réussi à donner, par ses chapitres modernes, un contre-poids aux exposés historiques, à la *mousse,* qui formait la majeure partie de cet ouvrage. Espérons que bientôt il aura pris suffisamment possession du livre pour *agrandir* encore les *additions,* et pour raccourcir, en revanche, la masse d'annotations qui n'ont souvent qu'un intérêt *purement historique,* et qui touchent les peuples de l'antiquité ou du moyen-âge.

P. E.

Ashley, *Histoire et doctrines économiques de l'Angleterre,* t. II, 578 pages. Paris, chez Giard et Brière.

Les étudiants en sciences économiques et sociales sont bien plus heureux que nous ne l'étions ! J'ignore s'ils feront mieux, je l'espère, mais, en tous cas, ils sont singulièrement mieux équipés que nous ne l'étions comme instruments de travail. D'abord ils savent un peu mieux les langues étrangères. De plus, pour ceux qui ne les connaissent pas — et ils sont encore nombreux — des éditeurs paternels leur offrent en langue française les publications les plus intéressantes de l'étranger. A peine de notre temps avions-nous quelques traductions des grands classiques, la collection des grands économistes de Guillaumin, mais aujourd'hui voici la Bibliothèque internationale, publiée par la librairie Giard et Brière, sous la direction de M. Alfred Bonnet, qui offre à la nouvelle génération un enseignement vraiment mondial : d'Allemagne, les deux frères Menger, Wagner, Schmoller, Böhm-Bawerk ; d'Italie, Cossa, Pantaleoni ; d'Angleterre, Marshall et Bastable ; des Etats-Unis, Patten, Carrol Wright, Ashley, les uns déjà traduits, les autres qui vont l'être. Si cette entreprise ne trouvait pas une clientèle suffisante parmi les étudiants en sciences sociales et parmi les professeurs des Universités populaires qui sont légion aujourd'hui, ce serait d'un fâcheux augure.

Nous avons déjà rendu compte en son temps (*Revue d'économie politique,* 1893) du livre de M. Ashley d'après l'édition anglaise : nous le signalions déjà comme le meilleur livre d'histoire économique qu'on pût lire et, quoique spécial à l'Angleterre, le plus instructif pour l'histoire économique de tous pays. La traduction française, qui d'ailleurs a été revue par l'auteur, n'a fait que confirmer cette impression. Nous avons relu avec le même plaisir le chapitre intitulé *la doctrine canonique,* quoique, malgré ce titre un peu trop compréhensif, il ne traite guère que de la doctrine sur l'intérêt. Mais les chapitres sur *l'assistance publique et privée,* sur *la suprématie des villes,* ne sont guère moins instructifs. J'aime moins le chapitre sur les corporations. Il y a des détails intéressants, mais « la place de la gilde dans l'histoire industrielle», quoiqu'une des sections porte ce titre, ne ressort pas bien clairement.

Le titre anglais est *Histoire économique de l'Angleterre :* l'éditeur français a ajouté *et des doctrines,* peut-être pour attirer les étudiants en doctorat qui, par une singulière bizarrerie de notre programme officiel, ont à répondre sur l'histoire des doctrines, mais non sur l'histoire des faits! Cette addition est justifiée en ce qui concerne le dernier chapitre qui est consacré à la doctrine canonique du prêt à intérêt, mais partout ailleurs on ne trouvera que l'histoire des faits et des institutions et c'est d'ailleurs celle-là qui est la bonne.

Une bibliographie détaillée placée en tête de chaque chapitre sera particulièrement appréciée par ceux qui voudront faire de ce livre un instrument de travail.

Ch. GIDE.

Hubert Bourgin, *Proudhon,* 1 vol., petit in-8°, 99 pages. Paris, chez Bellais.

Ce petit volume fait partie de la « Bibliothèque socialiste », petits traités de propagande, comme les *tracts* anglais, à 0 fr. 50 le volume et qui doivent paraître à peu près tous les mois.

Je ne sais si c'est une idée heureuse d'avoir choisi Proudhon et son œuvre pour sujet d'un de ces petits traités. L'œuvre touffue, multiforme et, il faut bien l'avouer, si incohérente de ce pamphlétaire, ne se prête guère à la vulgarisation.

Au point de vue de la propagande, mieux vaudrait sans doute une anthologie des pages les plus éloquentes de Proudhon, sans se préoccuper de chercher à les relier par un exposé systématique, par exemple ses anathèmes contre la propriété foncière, contre l'intérêt, contre le communisme, contre l'Église.

Le livre de M. Bourgin contient une biographie de Proudhon, un résumé de ses principaux ouvrages, une appréciation de « ce qu'il a détruit, de ce qu'il a retenu, de ce qu'il a créé, de ce qu'il a transmis » et encore une histoire de son école et une liste de toutes les œuvres de Proudhon, tout cela en 90 petites pages! Je plains et j'admire M. Bourgin pour la peine qu'a dû lui coûter une semblable tâche, mais je plains aussi le lecteur qui voudra s'assimiler, sous une forme aussi condensée, cette énorme masse de nourriture intellectuelle.

Ch. GIDE.

Maurice Lauzel, *Manuel du coopérateur socialiste*, petit in-8°, 100 pages. Paris, chez Bellais.

Ce traité fait partie de la même série que le précédent, là petite Bibliothèque socialiste.

Il se divise en trois parties : la théorie, l'organisation pratique (sous forme d'une monographie de l'*Union de Lille*), et les renseignements juridiques pour la constitution d'une société avec modèle de statuts. Le tout forme un petit guide excellent, très précis et dont les coopérateurs bourgeois pourront faire leur profit aussi bien que les coopérateurs socialistes.

Au fait, en quoi diffèrent-ils ? L'auteur nous l'apprend dans un petit chapitre intitulé : *Caractères spéciaux à une coopération socialiste*. Quels sont ces caractères ? 1° Être affilié au parti socialiste ; 2° Faire de la propagande socialiste ; 3° Consacrer une partie des bonis à cette propagande. Le tout se résume en cette formule : « Le coopérateur bourgeois se soucie de la coopération pour les bénéfices personnels qu'elle lui rapporte. Le coopérateur socialiste use de la coopération comme d'un moyen propre à atteindre un but différent de ce moyen. Ce but est la révolution sociale ».

Hé bien ! nous connaissons une multitude de sociétés coopératives qui ne rentrent ni dans l'un ni dans l'autre des deux termes de cette formule antithétique. Ce sont celles qui cherchent dans la coopération quelque chose de plus que des dividendes à toucher mais qui néanmoins n'y cherchent point un moyen de réaliser la révolution sociale. Les unes y cherchent un moyen d'améliorer les conditions d'existence du peuple par une réorganisation du commerce et la suppression des intermédiaires, les autres y voient un moyen d'organiser la mutualité, l'assurance, la retraite ou même le crédit gratuit, les autres un moyen d'éducation et comme un enseignement supérieur à la fois social et politique de la solidarité ; les autres, plus ambitieuses, y voient un moyen de remplacer l'entreprise patronale par des associations de consommateurs pourvoyant directement à tous leurs besoins et ceux-ci sont les plus fidèles au programme de Rochdale. Aureste, M. Lauzel connaît très bien, puisqu'il les énumère très exactement, tous ces buts. Mais il nous répondrait peut-être que tout cela c'est précisément « la Révolution sociale ». A cela nous n'avons rien à objecter, sinon qu'il faudrait d'abord définir ce que c'est que la Révolution sociale.

En ce moment, ce qui sépare les sociétés coopératives qui se disent socialistes de celles que l'on qualifie de bourgeoises, c'est que celles-là veulent, tandis que celles-ci ne veulent point, s'occuper de politique, ni affecter une partie quelconque de leurs bonis à une propagande *politique* (je ne dis pas *sociale* ou même *socialiste*). C'est la question qui a été discutée avec passion en juillet dernier au Congrès des sociétés de consommation convoqué par la Bourse socialiste et qui a été effleurée dans le Congrès international des mêmes sociétés réuni à l'occasion de l'Exposition. Nous aurions été curieux de connaître sur ce point l'opinion de l'auteur du Manuel, mais nous l'y avons vainement cherchée.

Ch. Gide.

Germain Martin, *Les associations ouvrières au* xviiie *siècle,* 1 vol., 288 pages. Paris, chez Rousseau.

M. Germain Martin, qui nous a déjà donné deux gros volumes sur « La grande industrie en France sous le règne de Louis XIV et sous celui de Louis XV », continue ses publications sur l'histoire économique de la France.

Ce livre est une sorte de commentaire de la fameuse loi Le Chapelier de 1791, si souvent citée et si peu étudiée, qui prohiba toutes les associations professionnelles et qui n'a été abrogée que récemment par la loi de 1884.

M. Germain Martin croit que cette loi ne fut qu'une « loi de circonstances », dictée par la crainte des émeutes. Et il cite des textes intéressants à l'appui de cette opinion, notamment les paroles du rapporteur lui-même : « Nous avons de fortes raisons de croire que l'institution de ces assemblées a été stimulée dans l'esprit des ouvriers, moins dans le but de faire aug_ menter leurs salaires que dans l'intention secrète de fomenter des troubles ».

Mais, d'autre part, il démontre et tous les faits cités dans le livre prouvent, en effet, surabondamment, que les associations ouvrières, les compagnonnages, étaient fort mal vus depuis leur création au xve siècle jusqu'au xviiie et même prohibées par maintes lois, et que « le législateur de 1791 a fait revivre la législation de l'ancien régime ». Mais cette seconde interprétation ne paraît pas s'accorder très bien avec la première, car une loi qui fait revivre ou plutôt qui ne fait que prolonger une tradition législative de quatre siècles ne peut guère être qualifiée de loi de circonstance.

On sait que l'école sociale catholique, et notamment le comte de Mun, a maintes fois dénoncé la loi Le Chapelier comme la manifestation du génie même de la Révolution, l'affirmation satanique de l'individualisme le plus absolu. Mais on voit ce qu'il faut penser de cet anathème, si l'on adopte l'une ou l'autre des interprétations de M. Germain Martin, car, ou bien cette loi n'a été qu'une loi de circonstances, une mesure de police, ou bien elle n'a été qu'une survivance de l'ancien régime et le seul génie qui s'y manifeste, c'est celui de la vieille monarchie française.

La loi Le Chapelier n'occupe cependant que la fin du volume : le reste, qui sert d'introduction, est consacré à l'histoire des associations ouvrières, des compagnonnages; ces chapitres sont remplis de détails amusants et instructifs sur l'organisation, les pratiques, les rites de ces associations, sur leurs démêlés avec les patrons et avec la police.

Comme pièces justificatives, il y a une curieuse ordonnance de l'Intendant du Languedoc pour défendre aux Compagnons du devoir et aux Gavots de se mêler du placement des ouvriers.

Ch. GIDE.

REVUE D'ÉCONOMIE POLITIQUE

La *Revue d'Economie Politique* a reçu et publiera dans ses prochains numéros les **articles suivants :**

H. DENIS : *L'Union de crédit de Bruxelles* (suite). — GOBLOT : *La division du travail.* — HITIER : *L'agriculture moderne et sa tendance à s'industrialiser* (suite). — H. TRUCHY : *Le système de l'imposition directe d'Etat en France* (suite). — Maurice HEINS : *La notion de l'Etat* (suite). — DALLA VOLTA : *Francesco Ferrara et son œuvre économique.* — Laurent DECHESNE : *La spécialisation et ses conséquences* (suite). — Ch.-M. LIMOUSIN : *Le socialisme devant la sociologie.* — Albert AFTALION : *Le développement des principaux ports maritimes de l'Allemagne* (suite). — VANDERVELDE : *L'Economie rurale en Belgique.* — Dr R. THURNWALD : *L'Egypte ancienne. Son état social et économique.* — A.-A. ISSAÏEV (Saint-Pétersbourg) : *Altruisme, égoïsme et intérêt de classe.* — G. BLONDEL : *La situation économique de l'empire allemand au début du XXe siècle.* — Maurice BOURGUIN : *La nouvelle réglementation de la journée de travail et ses premiers effets dans la grande industrie du Nord de la France* (suite).

Liste des ouvrages déposés aux Bureaux de la Revue.

Totomiantz und Toptschjan : *Die sozial œkonomische Turkei,* in-12 (Prager, libraire, à Berlin).

Banque de France : *Assemblée générale des actionnaires. Compte-rendu au 31 janvier 1901.*

Eugen von Bœhm Bawerk : *Capital und Capitalzins. Erste Abtheilung, Geschichte und kritik der Capitalzinstheorien,* in-8 (Wagner, libraire, à Innsbruck).

Salka Goldmann : *Danziger Verfassungskämpfe unter polnischer Herrschaft,* in-8 (Teubner, libraire, à Leipzig).

Labriola : *Del concetto teorico della societa civile. Prelezione accademica,* in-8 (Auteur professeur à l'Université de Rome).

Lescure : *Du double régime foncier de la Tunisie. Droit musulman et loi foncière,* in-8 (Imprimerie Borrel, à Tunis).

Guesde : *Etat, politique et morale de classe,* in-12 (Giard et Brière).

Soulier : *Les institutions de retraites des compagnies de chemins de fer,* in-8 (Guillaumin).

Lœb : *The legal property relations of married parties. A study in comparative legislation,* in-8 (Columbia University Press, New-York).

GIORNALE DEGLI ECONOMISTI

Février 1901.

La situazione del mercato monetario (X.).

Sul principio economico, replica all'articolo del prof. Pareto (B. CROCE).

Sul principio economico (V. PARETO).

La riforma monetaria in Austria Ungheria (G. CRIVELLARI).

La rinnovazione dei trattati di commercio e gli interessi della provincia di bari (A. BERTOLINI e A. GRAZIADEI).

La teorica economica della municipalizzazione dei pubblici servigi (G. MONTEMARTINI).

Previdenza (i guadagni delle casse di risparmio) (C. BOTRONI).

Cronaca (premi alla marina e dazio sul grano) (F. PAPAFAVA).

Rassegna delle riviste (francesi, inglesi, americane).

Le Gérant : L. LAROSE.

24,562. — BORDEAUX, IMPRIMERIE Y. CADORET, RUE POQUELIN-MOLIÈRE, 17.

REVUE
D'ÉCONOMIE POLITIQUE

LA NOUVELLE RÉGLEMENTATION DE LA JOURNÉE DE TRAVAIL

ET SES PREMIERS EFFETS DANS LA GRANDE INDUSTRIE DU NORD DE LA FRANCE

Suite [1]

4° *Filatures et retorderies de laine* [2]. — Tandis que les plus belles parties de la toison sont peignées dans des établissements distincts, les laines courtes sont simplement cardées dans les filatures mêmes. Après avoir été lavées, épurées, séchées, mélangées à divers déchets de laine tels que les blouses rognées par les peigneuses, et même à des déchets de coton dans une proportion variable, ces laines passent par trois cardes différentes. Les opérations sont conduites par des ouvriers payés à l'heure. Par application de la loi nouvelle, leur journée a été réduite de 12 à 11 heures, et la production a diminué dans la même proportion. Mais le salaire journalier de ces ouvriers a été généralement maintenu au moyen d'une augmentation de 8,33 p. 100 du tarif antérieur. La situation, au cardage de la laine, ne diffère donc pas de ce qu'elle est au peignage de la laine et au cardage du coton. Mais, dans les carderies qui occupaient des femmes pendant 11 heures le jour, et des hommes pendant 12 heures la nuit, la loi de 1900 n'a entraîné aucune modification.

La différence des laines peignées et cardées entraîne une différence entre les filatures. Dans les filatures de laine cardée, la

[1] V. *Revue d'économie politique*, mars 1901, p. 236 et suiv.

[2]

| Sections | Etablissements | Broches | PERSONNEL OUVRIER | | | |
			Hommes	Femmes	Enfants	Total.
3e.	60	450.596	2.029	2.365	1.233	5.627
4e.	123	692.649	2.679	3.340	1.750	7.769
	183	1.143.245	4.708	5.705	2.983	13.396

21

matière, en sortant de la troisième carde qui la divise en minces
rubans pour la rouler en mèches arrondies, est portée directement
au métier à filer sur des bobinots. Mais dans les filatures de laine
peignée, la laine venant du peignage est préalablement soumise,
comme le coton, à l'action de machines de préparation : *gills-box*
garnis de peignes, et étirages qui réunissent les rubans de laine,
les étirent et parallélisent les fibres ; puis, pour les laines moyennes et courtes, finisseurs qui frottent les rubans de manière à opérer la liaison des fibres et à les rouler en mèches continues ; pour
les laines longues, bancs à broches qui font l'étirage et la torsion
comme pour le coton. A ces assortiments de préparation, les ouvrières ne travaillaient déjà que 11 heures avant la loi de 1900, sauf
de très rares exceptions ; la loi n'a donc apporté aucun changement à leur égard. Il en est de même des ouvrières occupées aux
métiers continus de filature et de retorderie.

Aux métiers renvideurs, certains filateurs de laine de Roubaix
et de Tourcoing emploient à la fois des hommes et des femmes.
Les métiers portent beaucoup moins de broches que ceux du coton,
parce que les broches doivent être plus espacées à cause de·la
nature du textile ; cependant les équipes doivent être plus nombreuses, parce que les fils de laine cassent plus souvent que les fils
de coton ; les ruptures sont surtout fréquentes sur les métiers à
filer la laine cardée, parce que ces métiers, au lieu de faire l'étirage entre les cylindres lamineurs, le font à la volée, par l'arrêt
des cylindres pendant le dernier tiers de la course du chariot.
Pour deux métiers de 500 à 650 broches, on trouve un fileur, des
rattacheurs et des bacleurs des deux sexes, au total un personnel
de 5 à 7 ouvriers en moyenne, dont l'importance varie suivant le
nombre des broches, la nature, la qualité et la destination de la laine,
peignée ou cardée, grosse ou fine, teinte ou écrue, pour tissus ou
pour bonneterie. Ces ouvriers ont presque tous un salaire fixe à
l'heure, auquel s'ajoutent des primes lorsque la production hebdomadaire dépasse un certain taux.

Dans les périodes d'activité, beaucoup de filatures de laine cardée,
à Roubaix et Tourcoing, marchent jour et nuit comme les peignages.
Mais, à l'époque de la mise en vigueur de la loi de 1900, on n'en
était pas là ; dans plusieurs fabriques, la journée était descendue à
11 heures ou 11 heures et demie à cause de la stagnation des
affaires. Cependant, dans la plupart des filatures, les broches des

renvideurs tournaient encore 12 heures par jour, avec des relais pour le remplacement des femmes et des enfants. La production s'est ressentie de la réduction de la journée à 11 heures. Quelques fabriques ont pu regagner plus de moitié, ou même la totalité de la production de la douzième heure, grâce à une activité plus grande des travailleurs, à la suppression des relais qui nuisaient à la production et à la qualité des produits, grâce aussi à l'amélioration du matériel et à l'accroissement assez fréquent de la vitesse des broches. Mais, dans les deux tiers des établissements observés, la perte à été d'un douzième ou de près d'un douzième, soit à cause de l'extrême perfectionnement du matériel et de la bonne organisation du travail, qui avait déjà permis de serrer de près le rendement théorique, soit plutôt à cause de la crise qui sévit aujourd'hui sur le commerce et l'industrie de la laine : dans l'état actuel des affaires, les fabricants ne poussent pas à la production sur les renvideurs, et quelques-uns d'entre eux ne font même tourner leurs métiers que 10 heures, parfois moins encore. Il est donc probable que, le jour où les affaires reprendront, la production de 11 heures sera plus forte qu'elle ne l'est aujourd'hui, et se rapprochera davantage de celle de 12; ce résultat paraît devoir être atteint particulièrement dans la filature pour bonneterie.

Dans la plupart des établissements où la production a fléchi, le salaire fixe de la journée de douze heures a été conservé, et le minimum de production à partir duquel se calculent les primes a été abaissé, de sorte que le salaire hebdomadaire s'est maintenu à son ancien taux ou n'a diminué que légèrement; parfois même il s'est relevé pour les rattacheurs, par suite de la tendance des fabricants à réduire la différence entre le salaire de ces ouvriers et celui des fileurs [1]. Pressés par les revendications de leurs ouvriers, qui sont Français pour la plupart et moins malléables que les Belges employés dans les filatures de coton à Roubaix-

---

[1] Dans une filature de laine peignée de 14.000 broches par exemple, nous trouvons les chiffres suivants, comme moyenne du salaire hebdomadaire, sur 52 semaines en 1899, et sur 37 semaines en 1900. Dans cette usine, très bien organisée, la production a baissé d'un douzième, et le salaire a été élevé dans la même proportion, mais sur des bases différentes suivant les catégories d'ouvriers.

	Fileurs.	Rattacheurs.	Bacleurs.
1899 (12 heures). . . F.	38 03	26 69	12 90
1900 (11 heures). . . .	37 39 (— 1,6 0/0)	27 74 (+ 3,9 0/0)	13 54 (+ 4,9 0/0)

Tourcoing, les filateurs de laine, à la suite de grèves partielles plus ou moins prolongées, ont dû faire des sacrifices importants pour préserver le salaire ; le fait est d'autant plus intéressant que leur industrie est une industrie d'exportation. Le salaire n'a subi une baisse importante, proportionnelle à la diminution de la journée, que dans quelques filatures où la crise se fait plus vivement sentir.

Les résultats, au point de vue de la production, sont donc moins favorables dans la filature de laine que dans la filature de coton ; mais l'expérience s'y fait dans de bien plus mauvaises conditions, et ne peut être tenue pour définitive. Quoi qu'il en soit, nous constatons là, comme dans les filatures de coton et de lin, une certaine diversité d'effets qui tient à la même cause, l'inégalité des conditions dans lesquelles se trouvent les divers établissements.

5° *Tissages mécaniques*[1]. — Nous y comprendrons les tissages de toute espèce, sauf les tissages à la main, quel que soit l'objet de la fabrication : toiles, rubans de fils, tissus de coton et mélangés, velours de lin et de coton, étoffes de laine pour l'habillement et pour l'ameublement, tapis, etc.

Dans la plupart des tissages de Tourcoing, la journée de travail était de 11 heures pour les femmes et les enfants, mais elle était restée de 12 heures pour les hommes. C'était là une situation particulière à l'industrie de cette ville ; partout ailleurs, la loi nouvelle n'a pas fait sentir son application dans les tissages, parce que la journée y était déjà fixée à 11 heures pour toutes les catégories d'ouvriers. Le régime datait soit de la mise en vigueur de la loi de 1892, soit même d'une époque antérieure. Il est d'ailleurs impossible d'établir des relais pour les ouvrières sur les métiers à tisser : si plusieurs tisseurs ou tisseuses se succédaient dans la fabrication d'une même pièce d'étoffe, la transition se laisserait apercevoir, et le décompte du salaire, ainsi que l'imputation des fautes, présenteraient de trop grandes difficultés.

Quant au résultat, il a été partout identique : la réduction d'une

Sections	Etablissements	Métiers	PERSONNEL OUVRIER			
			Hommes	Femmes	Enfants	Total.
1re	56	6.359	3.642	1.681	1.229	6.652
2e	71	8.853	7.415	3.594	2.675	13.684
3e	141	21.900	10.761	4.084	2.974	17.819
4e	89	10.456	6.545	2.244	1.681	10.470
	357	47.568	28.363	11.603	8.559	48.525

heure de travail sur douze n'a en rien affaibli la production, de sorte que les salaires, bien que maintenus à leur ancien tarif, n'ont pas diminué ; telle est la réponse unanime des patrons comme des ouvriers, dans tous les genres de tissages, à Armentières comme à Lille et à Roubaix, pour les travaux des bobineuses, ourdisseuses, lamiers et pareurs occupés à la préparation des rouleaux de chaîne, pour ceux des canettières chargées de préparer les canettes de la trame, comme pour les travaux de tissage des tisserands et tisserandes. Toutes les fois qu'on a voulu, pour faire face à des commandes pressées, prolonger le travail au-delà de onze heures, on a compromis la qualité et augmenté la somme des frais généraux en combustible, éclairage, usure des machines, etc., sans obtenir une production sensiblement plus élevée. On y a naturellement renoncé.

C'est qu'en tissage, la production dépend bien plus du travail humain, et bien moins du machinisme qu'en filature. Un bon tisseur surveille sans cesse le métier ou les deux métiers qu'il est chargé de conduire ; il est attentif à prévoir les accidents qui peuvent arrêter le métier, et s'assure que les organes de transmission fonctionnent bien ; il raccommode rapidement les fils de chaîne qui cassent, pour éviter les fautes, car s'il laisse la navette continuer sa marche en embrouillant les fils, il doit perdre ensuite un temps considérable à défaire les duites jusqu'au point où se trouve le défaut. Le tisseur ne peut guère gagner du temps sur le remplacement des canettes dans la navette ; mais il peut, si l'un de ses métiers s'arrête par suite de l'épuisement d'une canette pendant qu'il est occupé à rattacher un fil de chaîne sur l'autre métier, abandonner momentanément cette besogne qui est plus longue, pour remplacer immédiatement la canette vide et remettre en marche le premier métier. Le bon ouvrier se met exactement au travail, ne le quitte qu'à l'heure du repos ou de la sortie, et fournit autant d'ouvrage le lundi que les autres jours. De là, pour des travaux de même nature, des différences considérables de salaires entre les ouvriers, l'un gagnant par exemple 1.700 francs par an, quand l'autre n'en gagne que 1.100. Tous les industriels constatent un travail plus énergique à la fin de la semaine, quand il s'agit pour l'ouvrier de regagner le temps perdu au début pour parfaire le salaire hebdomadaire habituel ; tous constatent aussi une production beaucoup plus forte dans la quinzaine qui précède la fête du pays, la « ducasse ». Il y a donc, en tissage, une grande élasticité dans la productivité du travail.

On pourrait croire que des ouvriers payés aux pièces donnent toujours leur maximum d'efforts pour gagner le plus fort salaire possible. En fait, il n'en est pas toujours ainsi. Beaucoup d'ouvriers aux pièces limitent volontairement leur production, et pèsent même sur leurs camarades trop zélés pour les empêcher de dépasser un certain taux de production. Parfois, ils agissent ainsi par esprit de solidarité, dans la pensée qu'en développant le rendement, ils priveraient les ouvriers en chômage de toute chance de trouver du travail, ou exposeraient quelques-uns de leurs camarades à la perte de leur emploi; souvent aussi, ils craignent, non sans raison, que les patrons, en voyant les salaires augmenter avec les produits, ne diminuent les tarifs. Enfin, dans certaines couches de population encore peu progressives, l'ouvrier ne travaille que pour obtenir un certain salaire qu'il considère comme nécessaire, mais aussi comme suffisant. Il se contente du genre de vie qu'il a toujours eu, et ne se donne pas de mal pour l'améliorer. Suivant l'observation si juste de M. Lujo Brentano, on ne peut attendre des ouvriers d'un pays un surcroît d'efforts que s'ils éprouvent un surcroît de besoins, s'ils ont l'esprit assez développé pour avoir le désir d'élever leur niveau d'existence [1]. Les tisseurs du Nord ne paraissaient pas disposés à fournir ce surcroît d'efforts, parce qu'ils n'aspiraient pas à rendre leur condition meilleure, jusqu'au jour où le raccourcissement de la journée de travail a menacé leur salaire habituel et leur manière de vivre traditionnelle.

Dans le même sens, j'ai entendu dire, par un fabricant d'Armentières, que l'alcoolisme y avait diminué depuis l'abaissement de la journée à onze heures, parce que le tisseur avait compris qu'un travail plus exact et moins relâché lui était nécessaire pour conserver son salaire. Si le fait est exact — et je n'ai nulle raison d'en douter —, on voit ce que vaut l'argument de certains adversaires des courtes journées de travail, qui affectent de craindre que les heures enlevées à l'atelier ne soient consacrées au cabaret.

Tels sont les effets actuels de la loi, dans les industries textiles de l'arrondissement de Lille : pas d'application immédiate (sauf à

[1] *Des rapports entre le salaire, la durée du travail et sa productivité*, Revue. d'économie politique, 1893, p. 273 et s.

Tourcoing) dans les filatures de lin ni dans les tissages, où la journée avait été déjà abaissée à onze heures antérieurement, sans que la production en eût souffert dans les tissages, ni même dans la plupart des filatures de lin ; réduction d'une heure sur la journée des hommes, et suppression des relais pour le personnel protégé par la loi de 1892, dans les peignages de laine, les filatures de coton et les filatures de laine. Dans les peignages, la production a subi une diminution assez exactement proportionnelle à celle du temps de travail ; mais les salaires, tous fixés au temps, sont restés à peu près intacts. Dans les filatures, les effets du raccourcissement de la journée sur la production ont été variables suivant les établissements. En coton, à part quelques maisons où la supériorité de l'outillage et de l'organisation du travail ne permettait pas d'obtenir une augmentation immédiate de la production horaire, à part quelques autres filatures où, pour des raisons inverses, on a pu maintenir par des améliorations sensibles la production journalière antérieure, on peut considérer comme un fait général une réduction correspondant à peu près à la moitié de la production de la douzième heure. Le salaire, dont le tarif a été généralement relevé de 4 p. 100, est donc resté le même, ou n'a subi qu'une légère diminution. Pour la laine, la réduction de la production a été proportionnelle à celle de la journée dans beaucoup de filatures, à cause du mauvais état des affaires ; mais, là aussi, les tarifs ont été augmentés, plus encore que dans la filature de coton, de sorte que le salaire n'a pas été atteint, on ne l'a été que faiblement. On a d'ailleurs la ferme confiance, dans les milieux industriels, que la production se relèvera encore, tant par l'amélioration de l'outillage que par l'activité plus grande des ouvriers, dans l'industrie de la laine aussi bien que dans l'industrie du coton.

Ces observations montrent toutefois qu'il faut se garder, en pareille matière, des affirmations absolues soit dans un sens, soit dans l'autre, et qu'il est dangereux de poser en loi générale que la diminution du temps de travail provoque un accroissement relatif de la production suffisant pour compenser la perte du temps retranché. Chaque industrie doit être envisagée à part, parce qu'elle subit les effets de la réduction dans des conditions qui lui sont particulières ; et l'on peut en dire à peu près autant, en filature, de chaque établissement.

La baisse de la production pèse sur l'ouvrier aux pièces, lorsqu'il n'est pas couvert de cette perte par une augmentation de tarif ; dans le cas contraire, la perte incombe au patron. Dans tous les cas, le fabricant supporte, par le fait de la réduction du produit, une charge relativement plus lourde du chef de certains frais généraux, tels que l'intérêt et l'amortissement du capital, le loyer, les impôts et assurances, les traitements, etc., qui restent fixes, quelle que soit la durée du travail. Mais, du côté des frais proportionnnels à la durée du travail, tels que frais de chauffage, éclairage, graissage, usure des machines, etc., il réalise un bénéfice lorsque la production horaire augmente en conséquence du raccourcissement de la journée, comme c'est le cas ordinaire.

Quel sera, en 1902 et 1904, l'effet sur la production et sur les salaires des nouvelles réductions de la journée à dix heures et demie et dix heures ? Il est difficile de le prévoir à. cette distance.. Cependant, en tissage, on peut croire que l'ouvrier regagnera la plus grande partie, sinon la totalité de la production antérieure. La différence de la production réelle et de la production théorique est encore de 40 à 50 p. 100 dans la plupart des tissages, tandis qu'elle n'est que de 5 à 10 p. 100 en filature ; le travail du tisseur, encore aujourd'hui, est plus mou que celui du fileur ou rattacheur, et la marge est assez grande pour qu'il lui soit possible d'accroître sa production à l'heure, le jour où ses forces ne seront plus affaiblies par un travail trop prolongé. Déjà l'expérience de la journée de 10 heures a été faite momentanément dans certaines maisons de Roubaix, Tourcoing et Armentières ; dans des tissages où l'on fabrique des étoffes artistiques pour ameublement, on n'a rien perdu, et l'on se félicite du nouveau régime qui, fatigant moins l'ouvrier, lui permet d'apporter plus de soin à son travail ;.dans·un tissage de toile ordinaire, le salaire hebdomadaire est tombé de 21 fr. 50 à 20 fr. 25, de sorte que la perte de la production et du salaire a été de 5,81 p. 100, au lieu de la perte proportionnelle du onzième ou 9,1 p. 100.

Si la production diminue par le fait de l'abaissement de la journée à 10 heures, on essaiera peut-être d'obtenir de l'ouvrier·qu'il conduise un plus grand nombre de métiers. Actuellement, le tisseur de toile dirige seul un grand métier ; ou bien il conduit deux petits métiers, avec ou sans l'aide d'un apprenti, suivant qu'il fait de. la toile pure ou du tissu mélangé. Peut-être lui donnera-t-on trois ou. quatre métiers à surveiller, en augmentant le nombre de ses aides ;

peut-être cherchera-t-on à introduire, pour les tissus communs,
des métiers nouveaux qui permettent de réaliser une économie
considérable sur la main d'œuvre ; mais on se heurtera probablement à une résistance très vive des ouvriers.

En filature de lin, de coton et de laine, il sera beaucoup plus
difficile de combler le déficit. S'il est déjà malaisé de retrouver le
produit de la douzième heure, il le sera bien plus encore de retrouver celui de la onzième, alors que la vitesse des broches et la densité du travail ont été portées à peu près à leur maximum. Néanmoins,
il est permis de penser que certaines améliorations peuvent encore
être réalisées dans le matériel ; les assortiments de préparation
ne sont pas partout au complet, et les métiers ne sont pas tous du
modèle le plus récent — l'observateur ne voit jamais que ceux
qu'on lui montre, mais il en est d'autres qui se cachent dans les
anciens bâtiments. — Du côté du travail, on pourra sans doute
obtenir quelques progrès nouveaux ; il est difficile de croire que
l'ouvrier, travaillant dix heures au lieu de onze, ne soit pas capable d'une attention et d'une activité plus soutenues, surtout s'il
peut déjeuner avant de se mettre au travail. De petites réformes
sont encore possibles ; on peut veiller plus rigoureusement à interdire l'habillage et le goûter pendant le temps de travail ; supprimer
l'un au moins des petits repos d'un quart d'heure qui sont nécessaires avec la journée de onze ou douze heures, mais le sont moins
avec celle de dix ; porter la journée du lundi de neuf à dix heures
dans certains ateliers. En filature de coton, on essaiera peut-être de
supprimer le deuxième rattacheur, comme en Angleterre, dût-on
le remplacer par un deuxième bacleur, naturéllement payé moins
cher ; pour la laine, on cherchera des réformes analogues. On tentera sans doute, si le Gouvernement n'y met bon ordre en révisant
le décret du 17 mai 1851 dans un sens qui bannisse toute équivoque,
de mettre le nettoyage des métiers en dehors de la journée de travail, dans les établissements où cette organisation n'est pas encore
en vigueur, etc.

Si toutefois ces moyens sont insuffisants pour maintenir la production, qu'adviendra-t-il des salaires ? Tout dépendra des conditions économiques dans lesquelles se trouvera l'industrie à l'époque
où elle sera atteinte. Si l'industrie est prospère et que les patrons
aient besoin d'ouvriers, le salaire ne diminuera pas ; mais, dans le
cas contraire, il faut s'attendre à une baisse, au moins momentanée.

Il est fort possible cependant que les salaires ne diminuent en aucun cas dans la filature de lin; ils sont tellement bas dans cette industrie, à cause de l'emploi prépondérant de la main-d'œuvre féminine, qu'on peut les considérer comme étant à peu près irréductibles; d'ailleurs, leur tendance actuelle est à la hausse, à cause de l'attraction qu'opèrent les filatures de coton. Mais, dans l'industrie du coton, les chances de baisse sont plus fortes, surtout pour les salaires aux pièces; à la faveur des tarifs de 1892, on a monté un grand nombre de broches dans la région du Nord, et l'on en monte de nouvelles tous les jours, de sorte que la surproduction est à craindre pour l'avenir.

En dehors des industries textiles, beaucoup d'autres industries seront touchées par la réduction de la journée à 10 heures. Je n'ai pas le moyen d'en prévoir les conséquences.

SECTION III

EXCEPTIONS ET DIFFICULTÉS RELATIVES A L'ORGANISATION DU TRAVAIL, NOTAMMENT DANS L'INDUSTRIE MÉCANIQUE DES TULLES, DENTELLES ET GUIPURES.

L'industrie des tulles existe en France sur différentes places, à Caudry près Cambrai, Saint-Quentin, Lyon, Lille même; mais elle a son siège principal à Calais, où elle fut importée d'Angleterre en 1817. La fabrique de Calais, qui fait, comme celle de Caudry, la dentelle de coton, mais qui produit surtout la dentelle de soie, comprend aujourd'hui 1.850 métiers, qui appartiennent à 360 fabricants et occupent 14.000 à 15.000 ouvriers de fabrique. Sur le chiffre total des fabricants, 170 possèdent 3 métiers au maximum, et 130 en possèdent de 4 à 7; pour économiser les frais généraux, ces petits fabricants, qui sont souvent d'anciens employés, dessinateurs et ouvriers tullistes, installent leurs métiers dans des usines importantes où ils trouvent l'emplacement et la force motrice en location.

Jusqu'à l'application de la loi de 1900, le travail avait, à Calais, une double organisation. Pour les travaux de préparation et de finissage, occupant les dessinateurs, perceurs de cartons, les ouvriers et ouvrières chargés de préparer les rouleaux de chaînes et les bobines, les ouvrières travaillant au raccommodage, décou-

page, pliage des pièces fabriquées, etc., le travail était de 10
à 11 heures par jour, suivant les établissements. Mais, pour la
confection des tulles sur le métier, le travail, qui coïncidait à peu
près avec le précédent dans la morte-saison de l'année, était au
contraire ininterrompu de jour et de nuit pendant les mois d'activité
de novembre à avril. Sur chaque métier, deux ouvriers adultes se
succédaient alors alternativement; mais au lieu de fournir un travail
continu, l'un de jour et l'autre de nuit, ils se partageaient le jour et la
nuit par fractions inégales, pour éviter à l'un d'eux un travail de nuit
prolongé, qui eût été trop fatigant à cause de l'extrême ténuité des
fils que l'ouvrier doit surveiller et rattacher. Ainsi, dans certaines
maisons, la première équipe travaillait de 2 à 9 heures du matin
et de 1 à 6 heures du soir, soit $7 + 5 = 12$ heures; la deuxième
prenait le travail de 9 heures du matin à 1 heure et de 6 heures
du soir à 2 heures du matin, soit $4 + 8 = 12$ heures; les équipes
changeaient d'ailleurs chaque semaine l'attribution des quarts.
Ailleurs, la division du temps était un peu différente : première
équipe, de 1 à 9 heures du matin et de 1 à 7 heures du soir, soit
$8 + 6 = 14$; deuxième équipe, de 9 heures du matin à 1 heure
et de 7 heures du soir à 1 heure, soit $4 + 6 = 10$. Quel que fût
le régime, le métier, dans cette période de l'année, tournait généralement d'une façon continue toute la semaine, sauf arrêt du
samedi soir 6 heures au lundi matin 9 heures, soit une durée totale
de 129 heures, qui se trouvait réduite de quelques heures dans les
maisons où les ouvriers avaient de petits repos intercalaires.

Les tullistes sont aidés dans leur travail par de jeunes ouvriers,
les remonteurs, qui sont chargés de fixer les bobines en forme de
disques métalliques, sur des montures métalliques appelées chariots,
pour former les milliers de navettes qui doivent fonctionner sur le
métier. Le travail de remontage, qui peut durer deux heures, est
intermittent, et se renouvelle une, deux, quatre fois par 48 heures,
suivant le numéro du fil, à un moment quelconque du jour ou de la
nuit. Les inspecteurs du travail ont eu, de ce chef, à constater de
nombreuses infractions à la loi, pour l'emploi pendant la nuit de
remonteurs âgés de moins de 18 ans. Les conditions du travail de
nuit pour ces remonteurs sont d'autant plus fâcheuses que, dans
la plupart des fabriques, il n'y a pas de remonteurs attitrés, de
sorte que les jeunes ouvriers séjournent une partie de la nuit dans
la cour de l'usine, en attendant qu'on les embauche pour la beso-

gne temporaire du remontage[1]. Il faudrait, pour éviter le travail
de nuit aux remonteurs, que le fabricant possédât un troisième jeu
de navettes ; mais, comme il y a 1.200 à 4.000 navettes sur chaque
métier, c'est une dépense qui peut s'élever à 5.000 fr. par métier.

Les tullistes sont des ouvriers bien payés, dont le salaire monte
en moyenne à 50 ou 60 fr. par semaine, atteint fréquemment 70 à
80 fr., et s'élève même au delà pour certains ouvriers. Avant 1890,
les tarifs variaient suivant les maisons ; en 1890, le syndicat l'Union
des tullistes, triomphant des résistances qui lui furent opposées,
lock out, contre-syndicat ouvrier, obtint un tarif uniforme, qui a
fait cesser les tiraillements individuels et donné pendant dix ans une
certaine régularité aux rapports entre patrons et ouvriers.

Si les tullistes reçoivent des salaires aussi élevés, c'est qu'ils sont
des ouvriers très habiles, et que leur travail est pénible dans la période
de l'année où le quart de nuit alterne avec le quart de jour. Le travail
de nuit est généralement considéré comme une nécessité dans l'industrie des tulles pour deux raisons : les métiers coûtent fort cher,
de 20 à 25.000 fr. et parfois plus, de sorte que, pour alléger la
charge du capital en intérêt et amortissement, l'entrepreneur tend
à la répartir sur la plus forte production possible ; d'autre part, l'industrie des tulles est une industrie de luxe soumise à tous les caprices de la mode ; la demande, affirme-t-on, se porterait sur d'autres
articles ou sur des produits étrangers, si la fabrication française ne
donnait pas satisfaction à ses brusques exigences. Sur les marchés
étrangers, l'industrie des tulles, qui a exporté pour 84 millions de
produits en 1899, rencontre de vives concurrences, celles de Plauen
en Saxe, de Saint-Gall, Varsovie, Barcelone et surtout Nottingham,
où battent 3.000 métiers. Or, les frais généraux de l'industrie,
impôts, coût des bâtiments et des machines, prix du charbon, etc.,
sont plus élevés en France qu'en Angleterre, et les fils de coton
sont chargés, à leur entrée en France, d'un droit de 25 p. 100 de
leur valeur. Si l'on voulait supprimer dans les fabriques françaises
le travail de nuit, qui existe à Nottingham, il faudrait doubler à peu
près le nombre des métiers, et grever le produit d'une charge
supplémentaire qui entraverait gravement l'exportation.

Bien qu'il soit toujours difficile à un observateur ordinaire de

---

[1] *Rapports sur l'application pendant l'année 1898 des lois règlementant le travail,*
p. 159. Y noter un incident caractéristique, qui montre combien le sens de la légalité
est encore peu développé chez certains fabricants de Calais.

faire la comparaison des frais qui pèsent sur une industrie dans deux pays comme la France et l'Angleterre, il est cependant certains points sur lesquels on peut avoir des données positives, lorsqu'on cherche à apprécier l'intensité d'une concurrence qui ne porte d'ailleurs que sur un article relativement secondaire de la fabrication de Calais, la dentelle de coton. Les frais généraux sont plus élevés en France, cela paraît incontestable. Mais la surcharge résultant des droits sur les fils de coton est en partie compensée, pour les dentelles de coton vendues à l'étranger, par une prime de sortie montant à 60 p. 100 des droits afférents à la quantité de coton que contient le produit exporté. Que cette prime soit payée au négociant exportateur plutôt qu'au fabricant, il n'importe; elle favorise indirectement le fabricant dans la vente de ses produits au négociant exportateur, et j'imagine que si l'on proposait de la supprimer, la fabrique entreprendrait une chaude campagne pour la défendre. Quant aux salaires, ceux des tullistes de Nottingham sont encore supérieurs à ceux des ouvriers de Calais; en 1883, ils étaient de 3 à 5 livres par semaine, et, s'il est vrai qu'ils ont été abaissés de 20 p. 100 en 1889, ils restent encore de 60 à 100 fr. en moyenne[1]. Enfin la durée du travail est sensiblement inférieure à Nottingham; le travail y est aussi organisé par quarts, mais les métiers ne tournent que 20 heures sur 24, avec arrêt de minuit à 4 heures du matin; et comme le travail commence le lundi à 9 heures du matin, pour finir le samedi à midi, le total des heures de marche pour un métier est de 103 par semaine; peut-être même faut-il en retrancher encore quelques petits repos intercalaires, et réduire ce chiffre hebdomadaire à 95 heures.

L'organisation du travail jusque-là pratiquée à Calais ne pouvait être conservée après la loi du 30 mars 1900. On sait, en effet, que cette loi interdit, dans les ateliers mixtes, les heures de repos différentes, les relais et les équipes chevauchantes. Des doutes se sont cependant élevés sur le point de savoir si la loi était applicable à la fabrique de Calais.

On a prétendu d'abord que les locaux dans lesquels travaillent d'une part les ouvriers et ouvrières de la préparation et du finissage, occupés onze heures par jour, et, d'autre part, les tullistes

---

[1] *Returns of wages published between 1830 and 1886*, p. 128; Londres, Eyre and Spottiswood, 1887 (publ. officielle). — Office du Travail, *Les associations professionnelles ouvrières*, II, p. 437.

faisant leurs quarts par équipes alternantes, sont des locaux séparés, parfaitement distincts, de sorte que la nouvelle réglementation
légale du travail n'atteindrait pas les ateliers où travaillent seuls
les ouvriers tullistes, qui sont tous des ouvriers adultes (en admettant que les remonteurs qui les assistent à certains moments soient
tous âgés de plus de dix-huit ans). Il était cependant difficile de
soustraire d'une façon générale la fabrication des tulles à l'application de la loi de 1900 sur cette seule base d'une distinction des
locaux. Les métiers sont bien installés, le plus souvent, dans des
salles distinctes de celles où se font les travaux de préparation et
de finissage ; mais ces salles se trouvent généralement sous le même
toit, dans un même bâtiment, ou tout au moins dans des bâtiments
communiquants, parfois au même étage avec la simple séparation
d'une cloison ; une interprétation, même étroite, de l'expression
« mêmes locaux » — et nous savons combien est large celle qui a
été donnée à la Chambre par le rapporteur — laisserait encore la
plus grande partie de l'industrie calaisienne soumise à l'empire de
la loi pour ses métiers à tisser. Aussi n'est-ce pas de ce côté que
s'est porté l'effort principal de la discussion.

On s'est appliqué surtout à démontrer que la loi de 1900 se bornait, en ce qui concerne les hommes employés dans les mêmes
locaux que les personnes protégées par la loi de 1892, à limiter
leur journée de travail, sans toucher à l'organisation de leur travail.
Les fabricants de Calais auraient donc toute liberté pour maintenir
à l'égard des tullistes le régime des quarts, bien que ce soit un
travail discontinu par équipes et que les heures d'entrée, de repos
et de sortie de ces ouvriers ne coïncident pas avec celles des autres
ouvriers et ouvrières de l'usine.

On se rappelle que le Sénat avait à l'avance ruiné cette thèse,
en adoptant un amendement qui avait précisément pour but de
permettre au Gouvernement de soustraire les ouvriers tullistes à la
règle des repos simultanés. Aussi la prétention d'établir une distinction entre les deux articles de la loi de 1900, le premier exclusivement applicable aux femmes et aux enfants, le second aux
hommes adultes, après avoir triomphé momentanément devant les
tribunaux inférieurs, a été formellement condamnée par la Cour
de cassation. Il faut donc y renoncer définitivement.

Dans ces conditions, la fabrique de Calais ne pouvait, en ce qui
concerne le travail des tullistes, échapper à la loi de 1900 qu'en

obtenant du Gouvernement un règlement d'administration publique autorisant en sa faveur une dérogation ; encore cette dérogation ne pouvait-elle, pour des raisons développées antérieurement, s'appliquer qu'à l'interdiction des relais et à la règle des repos simultanés, mais non à l'interdiction des équipes chevauchantes. A défaut de règlement, la fabrique ne pouvait adopter que l'un des trois systèmes suivants : — 1° Travail de jour, de 11 heures au maximum, pour toutes les catégories du personnel, avec les mêmes heures d'entrée, repos et sortie ; — 2° Travail de jour dans les conditions précédentes, avec travail de nuit de 12 heures au maximum sur les métiers pour une deuxième équipe d'adultes [1] ; — 3° Travail à double équipe, entre 4 heures du matin et 10 heures du soir (régime autorisé jusqu'au 30 mars 1902), soit, pour chaque équipe, un travail continu de huit heures coupé par un repos d'une heure ; mais le travail des ouvriers et ouvrières occupés à la préparation et au finissage devrait alors coïncider exactement avec celui de l'une des équipes de tullistes, soit entre 4 heures du matin et 1 heure du soir, soit entre 1 heure et 10.

Malheureusement, l'étendue d'application de la loi de 1900 n'a pas été définitivement fixée dès le début comme elle l'est aujourd'hui. Bien que la circulaire ministérielle du 17 mai 1900 eût attribué à la loi le sens large qui a prévalu depuis, l'interprétation qu'elle contenait, obligatoire pour les agents de l'Administration, ne l'était ni pour les tribunaux, ni même pour les citoyens, tant que les tribunaux ne s'étaient pas prononcés. Avant l'arrêt de la Cour de cassation du 26 janvier 1901, les fabricants ont donc cru pouvoir conserver le système des quarts, tout en réduisant dans une certaine mesure le temps de travail ; les ouvriers l'ont repoussé comme étant à la fois pernicieux et illégal, et le conflit a éclaté à une époque où la légalité était encore incertaine. Le travail a été suspendu pendant trois mois, et, finalement, les ouvriers ont dû rentrer à l'atelier aux conditions fixées par les patrons, sans que ces conditions puissent encore être considérées comme définitives,

---

[1] En admettant même, avec la Cour de cassation, que l'intervalle entre deux journées de travail soit un repos qui doive être simultané pour tous les ouvriers, il ne me paraît pas possible d'étendre cette obligation du repos simultané à des ouvriers qui ne se sont trouvés, à aucun moment de la journée, travailler en même temps que des femmes et des enfants. Le législateur de 1900 n'a pas eu l'intention d'interdire le travail de nuit à des adultes qui ne rencontrent pas les travailleurs de jour ; pour eux, l'atelier n'est plus mixte.

puisque le règlement d'administration publique établissant des dérogations en faveur de l'industrie des tulles n'a pas encore été pris.

A Calais, l'Administration ne mit la fabrique en demeure de se conformer à la loi que dans le courant du mois d'octobre 1900. Les intéressés consultèrent le service de l'inspection du travail, qui indiqua les trois régimes de travail compatibles avec la loi. Le travail de jour sans travail de nuit ne fut d'abord accepté par personne; faute de matériel suffisant, les patrons n'auraient pu maintenir leur production antérieure, et les ouvriers n'auraient pu être tous occupés; une partie d'entre eux, le quart ou le tiers, seraient restés sans emploi. La Chambre syndicale des fabricants, repoussant la proposition de l'Union des tullistes qui lui demandait de nommer des délégués pour arriver à un accord, décida que les ouvriers tullistes effectueraient leur travail en deux équipes par journée et par nuit de onze heures continues (Lettre de la Chambre syndicale à l'Union, du 10 octobre 1900). Mais l'Union. considérant que le travail de nuit de onze heures consécutives était inapplicable et au-dessus des forces humaines, déclara qu'elle n'admettait que la double équipe entre 4 heures du matin et 10 heures du soir, c'est-à-dire le régime de huit heures de travail.

La situation devenait menaçante. Pour éviter une grève imminente, le Comité de la Chambre syndicale des fabricants désigna trois délégués, qui se mirent en rapports avec ceux de l'Union. Le 13 octobre, une convention fut signée par les uns et les autres, qui établissait deux systèmes de travail; celui de la double équipe à travail continu entre 4 heures du matin et 10 heures du soir, et celui de la journée de onze heures. Avec les raccourcissements prévus pour le lundi et le samedi, la durée de la marche d'un métier à deux équipes était réduite à 93 heures par semaine. Ce système de travail était établi pour trois mois à titre d'essai; passé ce délai, si l'expérience montrait que l'application de la loi nouvelle était préjudiciable à l'industrie et aux ouvriers, les deux syndicats devaient unir leurs efforts pour obtenir un décret réglementant le travail sur d'autres bases.

Pendant trois semaines, la convention fut loyalement exécutée de part et d'autre, et le régime des huit heures de travail par équipe appliqué dans toutes les fabriques. Cependant, dès les premiers jours, quelques-uns des membres les plus influents du Comité, tout

en reconnaissant « qu'il fallait s'exécuter jusqu'à nouvel ordre »,
marquaient leur hostilité et protestaient contre la convention ; on
étudiait, au Comité, un mode de travail semblable à celui de
Nottingham, soit vingt heures de travail par quarts de cinq heures.
En même temps, un contre-syndicat tout récemment formé, l'Emancipation, comprenant un petit nombre d'ouvriers tullistes, protestait
de son côté contre la loi de 1900, contre le travail à deux équipes
entre 4 heures du matin et 10 heures du soir, « parce qu'il force
l'ouvrier à un séjour trop long à l'atelier », et concluait en faveur
du mode de travail de Nottingham. L'Emancipation oubliait, dans
sa protestation contre le régime de huit heures, qu'avant la loi nouvelle, certains quarts de nuit avaient déjà une durée continue de
huit heures. Enfin, le 22 octobre, l'Emancipation annonçait qu'elle
organisait parmi les tullistes un referendum sur le système des
quatre quarts, et chargeait les patrons de faire remettre les bulletins
de vote au siège du Syndicat. Au Comité des fabricants, dans la
séance du 17, on s'était déjà préoccupé de ce referendum, et l'on
pensait qu'il serait bien accueilli. On proclama comme résultats
1455 votes favorables au système des quarts.

Le système de la double équipe entre 4 et 10, qui avait été
établi par la convention, était en soi parfaitement conforme à
la loi ; mais, par sa combinaison avec la journée de onze heures
pour le reste du personnel, il se trouvait être illégal, puisque les
heures d'entrée, repos et sortie n'étaient pas les mêmes pour toutes
les catégories d'ouvriers. Sur la remarque qui en fut faite par
l'inspecteur du travail, l'Union ouvrit des négociations avec la
Chambre syndicale, en vue d'adopter, d'un commun accord, une
combinaison régulière pour les travaux de jour. Il est difficile
d'imaginer comment on aurait pu modifier le régime dans un sens
conforme à la loi, autrement qu'en faisant coïncider le travail de
la préparation et du finissage avec celui de l'une des équipes de
tullistes, ou bien en le partageant lui-même entre deux équipes
travaillant en même temps que celles des tullistes. Quoi qu'il en
soit, la Chambre syndicale des fabricants, considérant la convention
comme « virtuellement dénoncée », refusa de suivre les pourparlers,
et décida qu'à partir du 12 novembre, le système des vingt heures
de travail par quarts serait établi et organisé de la façon suivante :

	JOUR			NUIT	
	Première	Repos simultané de	Deuxième	Première	Deuxième
Double équipe d'ouvriers tullistes . .	7 1/2 m. — midi 1/2	1 h. 1/2	2 s. — 8 s.	8 s. — 1 m.	3 1/2 m. - 7 1/2 m.
Equipe unique des autres ouvriers et ouvrières	7 1/2 m. — midi 1/2		2 s. — 8 s.		

C'était la déclaration de guerre. L'Union estimant que la décision des fabricants violait à la fois la convention et la loi, décida à son tour, le 11 novembre, que ses membres ne reprendraient le travail que dans les termes de la convention et avec une majoration de tarifs de 20 p. 100. Sur un nombre de tullistes évalué à 2.612 par les uns, à 2.231 par les autres, il y eut 1.833 grévistes selon les premiers, 1.961 suivant les seconds. Mais les fabricants, se constituant en Association générale pour la résistance, et voulant priver les grévistes des ressources que pouvait leur fournir encore le travail des femmes et des enfants, décidèrent le *lock out* pour le 26 novembre, en allouant cependant une indemnité de 20 francs par semaine aux tullistes qui n'avaient pas quitté jusque-là leur métier. De ce jour, 14.000 ouvriers et ouvrières se trouvèrent sans travail. Seuls, trois ou quatre petits fabricants, représentant au total 14 métiers, tournaient encore; mais les teinturiers, apprêteurs et fournisseurs de matières premières, « se réunissant à l'appel de l'Association des fabricants », prirent la résolution de les mettre en interdit.

La situation se modifia peu jusqu'à la fin de la grève. Appelés, comme les autres intéressés, devant le Président du Conseil des ministres, les délégués de l'Union déclarèrent cependant qu'ils adhèreraient à un règlement d'administration publique qui réduirait de trois quarts d'heure le repos de chaque équipe; le travail serait ainsi porté à huit heures trois quarts par équipe et la marche du métier à 102 heures par semaine. A la fin de janvier, les patrons décidèrent la réouverture des ateliers à partir du 23, avec le régime provisoire d'un seul ouvrier par métier, travaillant de jour pendant onze heures en même temps que le reste du personnel. Les grévistes tinrent bon; mais quelques jours après, le 6 février 1901, ayant épuisé leurs ressources, ils durent reprendre le travail, avec le régime provisoirement établi par les patrons, de onze heures par jour sans travail de nuit, régime qui laissait plusieurs centaines d'entre eux sans travail. Les patrons déclarèrent qu'ils ne pourraient reprendre tout leur ancien personnel que si le Gouvernement autorisait le rétablissement du travail par quarts. Depuis lors, ils ont spontanément rétabli ce mode de travail; et les ouvriers, ayant échoué dans leur revendication de huit ou neuf heures continues par équipe, craignant d'autre part que les patrons ne suppriment le travail de nuit s'ils sont contraints de renoncer aux quarts, acceptent une situation qu'ils n'ont plus le moyen d'améliorer.

On peut s'étonner qu'une grève de cette importance ait pu se prolonger pendant trois mois. Pour les patrons, elle était singulièrement onéreuse et compromettante pour l'avenir; c'est, en effet, vers le 15 janvier que les voyageurs, munis de leurs carnets d'échantillons, partent pour visiter la clientèle et recevoir les ordres au compte des négociants; devant l'incertitude créée par la grève, les modèles de la fabrique calaisienne risquaient de n'être pas proposés ou acceptés, et la saison pouvait être perdue tout entière. Mais beaucoup de fabricants, surtout parmi les plus importants, avaient en magasin des stocks considérables, notamment en valenciennes, laizes et galons, qui purent être avantageusement écoulés [1]. D'autre part, pendant toute la durée du chômage, les métiers furent entretenus par les tullistes de l'Émancipation. Ce syndicat contenait, pour des raisons d'ordre local, un certain nombre de membres du Parti ouvrier; ces membres furent blâmés de ce fait par la Fédération du Nord de leur parti.

Quant aux grévistes, ils ont pu tenir trois mois grâce à des ressources exceptionnelles. L'Union des tullistes est un syndicat déjà ancien et puissant; au produit de ses cotisations accumulées, il a pu ajouter en 1899 un lot de 100.000 francs provenant de l'une de ses obligations; des subsides importants lui sont venus de différentes organisations ouvrières, notamment des Trade-Unions anglaises, qui se sont souvenues que l'Union calaisienne avait envoyé une somme de 14.000 francs aux mécaniciens anglais pendant

---

[1] *Bulletin mensuel de la Chambre syndicale des fabricants de tulles de Calais,* décembre 1900, p. 121. — Les fabricants n'ont pas eu besoin d'accepter les offres séduisantes d'un M. Jardine, fabricant de métiers près de Nottingham, qui leur proposait, pour les affranchir de la tyrannie des syndicats et des lois qui les protègent, un asile dans son usine, bâtie spécialement à l'usage des métiers Jardine, entourée de maisons ouvrières de style tout à fait moderne (avec l'eau et le gaz) et située dans un centre où l'on trouve des ouvriers libres autant qu'on le désire. Cette proposition, qui a fait le tour de la presse française dans des études de fond, n'a pas déterminé l'émigration de l'industrie nationale.

la grève de 1898, et qui lui ont fourni une centaine de mille francs. L'Union a donc pu allouer à ses membres un secours hebdomadaire de 15 francs pendant les premières semaines, et de 5 francs dans les dernières.

Dans cette malheureuse grève, les fabricants n'ont pas craint de rompre la convention qui les hait, et de sacrifier trois mois de production, pour faire triompher un mode de travail décidément contraire à la loi. L'ingénieuse combinaison des quarts élaborée par eux paraît bien se conformer à la loi en établissant des heures d'entrée, de repos et de sortie simultanées — encore peut-on observer que les groupes de personnes qui entrent, se reposent et sortent aux mêmes heures ne sont pas composés de la même manière le matin et le soir, de sorte que l'organisation du travail n'est pas la même pour tout le monde, contrairement au vœu du législateur ; — mais cet arrangement est certainement illégal comme rompant le travail de chaque équipe. Il établit la coïncidence des heures, dont l'industrie pourrait être dispensée par un règlement ; mais il maintient les équipes chevauchantes, que le Gouvernement ne pourrait pas autoriser, lors même qu'il y serait favorable. Les fabricants n'ont donc vaincu que pour s'apercevoir finalement que leur solution est de toute façon impraticable dans les ateliers mixtes.

En revanche, les prétentions primitives des grévistes étaient réellement excessives. En établissant les vingt heures de travail par quarts, les fabricants réduisaient déjà de quatre heures par jour la marche des métiers ; le régime des huit heures par équipes, en supposant qu'un règlement eût autorisé sa combinaison avec la journée de onze heures, aurait réduit cette marche de huit heures par jour, et aggravé d'un tiers la charge des frais généraux fixes ; avec l'augmentation de 20 p. 100 que les ouvriers réclamaient pour éviter une diminution de leur salaire journalier, la surcharge aurait été considérable. Il est vrai que cette réclamation de salaires n'a été émise qu'après coup, en réponse au rétablissement du régime des quarts, et il est permis de supposer qu'elle n'aurait pas été soutenue jusqu'au bout. Les grévistes ont toujours fait preuve d'un véritable esprit de conciliation, et se sont montrés disposés à céder même sur la durée du travail ; ils n'ont lutté de toute leur énergie que contre le système des quarts. Système préférable, sans doute, au travail de nuit pendant douze heures consécutives, mais en lui-même détestable : il découpe en menues tranches la vie de l'ouvrier, brise toute communauté d'existence au foyer, et interdit à l'homme les repos complets et réparateurs. Il a fallu toute la force des habitudes acquises pour que ce mode de travail ait été accepté si longtemps par les ouvriers.

Quelle peut être l'issue de cette situation ? Ou bien les fabricants, s'en tenant à l'observation de la loi, établiront le régime qu'ils ont adopté quelque temps, onze heures de jour pour les tullistes comme pour le reste du personnel, sauf à réduire la journée à dix heures et demie et dix heures aux époques fixées par la loi : s'ils ne rétablissent pas le travail de nuit, ils devront augmenter le nombre des métiers pour ramener la production à son chiffre antérieur ; s'ils le rétablissent, ils seront obligés d'observer la limite des forces humaines, et amenés sans doute, sous la pression des intéressés, à réduire progressivement le travail de l'équipe de nuit. Ou bien, en admettant qu'un règlement d'administration publique soustraie l'industrie des tulles à la règle des entrées, repos et sorties simultanés, les fabricants, s'ils jugent à propos d'en profiter, établiront une double ou une triple équipe de tullistes. Celles des équipes qui travailleront à certaines heures en même temps que les femmes et les enfants occupés dans les mêmes locaux, bien qu'affranchies de la simultanéité du travail, resteront toujours, à mon sens, soumises à toutes les autres limitations établies ou confirmées par la loi de 1900. On aboutira nécessairement à l'une de ces solutions, qui se seraient présentées les mêmes, mais dans des conditions beaucoup plus favorables pour les ouvriers, si ceux-ci avaient su éviter le conflit et ménager leurs ressources pour le moment où la légalité aurait été fixée.

En dehors de l'industrie des tulles, d'autres établissements demanderont peut-être à être compris dans un règlement d'administration publique qui les autorise à pratiquer les relais. Ainsi la teinturerie des étoffes se plaint des graves inconvénients des repos simultanés. Les bains de teinture sont des opérations qui doivent être continues et surveillées sans interruption par l'ouvrier chargé de maintenir la température égale et la teinte semblable à celle de l'échantillon. Si une partie du personnel n'est pas autorisée à suivre les bains pendant que l'autre se repose, il faudra sans doute, pour certaines étoffes, renoncer à faire trois séries d'opérations par jour et se contenter de deux passes, l'une le matin avant le repos et l'autre dans la journée, à moins encore que les teinturiers ne remplacent les enfants par des adultes.

Cependant on peut soutenir que le décret du 17 mai 1851, qui reste applicable aux ateliers mixtes, autorise pour les adultes, dans les teintureries, le travail de plus de 11 heures, même pendant les repos. La question se présente également pour les ouvriers de la torréfaction dans les manufactures de tabacs. Il serait bon que le règlement qui remplacera le décret de 1851 précisât ces différents points.

Dans les peignages de laine, j'ai entendu quelques plaintes isolées sur le même sujet. Les relais étant interdits, il faut interrompre les bains de lavage pendant les repos, et retirer la laine qui se feutrerait et durcirait si elle séjournait dans l'eau de savon sans être agitée; il faut donc, quand le travail reprend, réchauffer les bains qui n'ont pu être terminés avant le repos. De même, on ne peut, pendant les pauses, laisser la laine sur les rouleaux de séchage des lisseuses, où elle jaunirait; il faut donc, à la reprise, perdre dix ou quinze minutes pour regarnir les machines. Je ne pense pas, cependant, que ces inconvénients soient assez graves pour déterminer les fabricants à solliciter l'autorisation d'établir des relais.

Les mines et les usines à feu continu, telles que verreries, papeteries, sucreries, distilleries, usines de produits chimiques, etc., sont affranchies par la loi de la règle des repos simultanés (art. 3, § 3 nouveau). Cette dispense me paraît entraîner l'autorisation des relais, même dans les mines, bien qu'elles ne soient pas rappelées expressément parmi les exceptions dans l'art. 11, § 3 nouveau qui interdit les relais. Toutes ces industries peuvent donc conserver leurs combinaisons de relais pendant les repos et leurs systèmes de doubles ou triples équipes à travail de jour ou de nuit coexistant avec une organisation de travail différente pour les femmes et les enfants, pourvu que les équipes qui travaillent à certaines heures du jour dans les mêmes locaux que des femmes et des enfants se conforment aux autres conditions posées par la loi de 1900.

Dans un petit nombre de filatures du Nord, on avait adopté une double organisation de travail assez semblable à celle qui était en vigueur à Calais : d'une part, pour certains travaux, une équipe de jour travaillant onze heures ; d'autre part, pour la préparation et la filature, deux équipes travaillant neuf heures chacune d'une façon discontinue entre 4 heures du matin et 10 heures du soir; soit que les équipes alternassent par quarts de quatre heures et demie, soit que la première restât au travail de 4 heures du matin à 2 heures du soir, sauf une heure de repos entre midi et 1 heure, pendant laquelle elle était temporairement remplacée par la seconde, qui reprenait sans interruption de 2 à 10. La production pouvait ainsi se poursuivre sans discontinuer pendant 18 heures de marche. Mais le système prêtait aux plus graves abus; les femmes étaient souvent employées dans les deux équipes successivement, sans que l'on pût le constater efficacement; en dehors de toute fraude, elles étaient obligées de passer 13, 14 heures ou même davantage à l'usine, lorsqu'elles n'avaient pas le temps de rentrer chez elles pendant les repos.

Désormais, ces pratiques sont interdites; le travail de chaque équipe doit être continu; et si l'on veut conserver pendant deux ans encore le travail à double équipe entre 4 heures du matin et 10 heures du soir, il faut étendre ce mode de travail à tout le personnel de l'usine, car il n'est pas vraisemblable que les filatures soient comprises parmi les établissements qui seront exceptionnellement autorisés à établir des heures différentes pour les différents ouvriers. J'ai déjà expliqué pourquoi ce régime, ne comportant désormais que huit heures de travail pour chaque équipe, paraissait appelé à disparaître. Il ne sera pas regretté par l'immense majorité des industriels, qui lui reprochent de donner un avantage considérable aux établissements situés dans des régions où la main-d'œuvre est abondante, et d'imprimer à la production une allure désordonnée. Pour les ouvriers, il est également fâcheux qu'une industrie jouisse de trop grandes facilités pour prendre une brusque expansion; ils se trouvent alternativement attirés et rejetés suivant les vicissitudes de l'industrie, de sorte que toute combinaison, comme celle de la double équipe, qui favorise la marche irrégulière de la production, aggrave la précarité de leur condition.

CONCLUSION

La loi du 30 mars 1900 est complexe, et ses effets le sont également. Nul ne songera à s'en étonner. On aurait pu souhaiter sans doute plus de précision et de clarté dans la rédaction du texte; le législateur, à ce point de vue, porte sa part de respon-

sabilité dans la grève de Calais. Mais il est inévitable qu'une loi qui
touche au régime du travail industriel sous ses formes innombrables renferme des dispositions compliquées. Rien n'est simple dans
nos civilisations modernes; il faut donc prendre son parti de la
complication des solutions législatives, à moins d'être capable de
satisfaire son esprit et sa conscience en appliquant mécaniquement
la solution simpliste du laisser faire à tous les problèmes du monde
moderne.

La loi de 1900 n'atteint immédiatement qu'un petit nombre d'industries, parmi lesquelles les peignages de laine, les filatures de
laine et de coton ont subi de la façon la plus sensible les effets de
la réduction de la journée à onze heures et de l'interdiction des
relais. Ces effets ont été déjà résumés; on a vu que partout où la
production dépend exclusivement des opérations mécaniques, c'est-
à-dire dans le peignage et le cardage, la réduction de temps a naturellement entraîné une diminution proportionnelle de la production ;
à l'inverse, dans l'industrie du tissage, où le travail humain est le
facteur principal, la production n'a pas fléchi quand la journée a
été abaissée à onze heures antérieurement à la loi de 1900; enfin,
dans la filature, qui occupe une situation intermédiaire, les résultats,
d'ailleurs variables suivant les conditions propres à chaque établissement, ont généralement montré qu'il est possible, avec le temps,
de regagner la plus grande partie de la production de la douzième
heure. Quant aux salaires journaliers, grâce à des augmentations
de tarifs, ils se sont maintenus à leur ancien taux, ou n'ont fléchi
que dans une faible proportion, rarement supérieure à 2 p. 100.

La loi nouvelle n'a eu nulle part pour effet, à ma connaissance,
d'allonger d'une heure la journée de travail des enfants. On sait
que ce fut là le grief d'une fraction de la Chambre contre le projet,
qualifié d'infanticide. En fait, la limitation à 10 heures pour les
enfants n'était nulle part observée.

Je n'ai pas constaté non plus que la loi nouvelle ait eu pour conséquence le renvoi d'ouvriers âgés de moins de 18 ans. Quels que
soient, aux yeux des industriels, les inconvénients de l'observation
de la loi dans les ateliers mixtes, il est rare qu'ils soient supérieurs
à ceux du renvoi des enfants. Remplacer les enfants par des adultes,
c'est recourir à un personnel plus coûteux, moins discipliné, moins
apte à apprendre le métier; c'est sacrifier l'apprentissage et tarir
les sources du recrutement dans l'industrie.

Les seules difficultés soulevées par la loi, au point de vue des opérations industrielles, se sont présentées dans la teinturerie et dans l'industrie des tulles, que gêne l'interdiction des relais et des organisations de travail différentes; elles sont de celles qui peuvent être levées par un règlement d'administration publique. Mais la loi a été l'occasion de deux grèves importantes, l'une sur une question de salaires, dans les filatures du Nord, l'autre sur une question d'organisation du travail, dans l'industrie calaisienne. Ici les ouvriers, réclamant une augmentation de salaires pour parer à un déficit possible de la production, ont lutté dans la crainte que la loi ne leur portât préjudice; là, ils ont cherché à tirer avantage de la loi pour écarter un mode de travail qui leur pesait, et lui substituer le régime des huit heures. Les patrons ont opposé une résistance énergique et victorieuse à des revendications qu'ils jugeaient excessives et trop onéreuses pour leur industrie. En outre, ils ont voulu, dans les deux cas, briser le syndicat qui leur tenait tête; et cet objectif paraissait tenir tant de place dans les préoccupations des industriels de Calais, qu'il y a lieu de se demander s'ils attachaient réellement une importance de premier ordre au maintien des quarts, ou s'ils ne luttaient pas plutôt *pro coroná*. « Ce que les fabricants entendent avant et par dessus tout, c'est de rester maîtres absolus chez eux » [1]. Prétention admissible, sans doute, si les fabricants étaient seuls en face de leur outillage; injustifiable, au contraire, vis-à-vis des hommes auxquels ils font appel pour rendre cet outillage productif. Dans la grande industrie moderne, les rapports du capital et du travail ne peuvent être régularisés que par le respect réciproque des deux parties organisées collectivement; la véritable paix sociale n'est pas dans l'abaissement et la soumission perpétuelle de l'une d'elles, mais dans l'équilibre des forces.

C'est un fait remarquable que l'extrême facilité avec laquelle s'est opérée la réduction de la journée de 12 à 11 heures dans les peignages et les filatures; la limitation a été accueillie comme une mesure naturelle, appropriée aux circonstances et attendue par tout le monde. Evidemment, la réduction à 10 heures et demie et 10 heures présentera plus de difficultés; les industries atteintes seront beaucoup plus nombreuses, la production sera plus sensible-

---

[1] *Bulletin mensuel de la Chambre syndicale des fabricants de tulles de Calais*, décembre 1900, p. 118.

ment affectée et les salaires s'en ressentiront, partout où les entrepreneurs n'auront pas un grand besoin. de main d'œuvre et ne se heurteront pas à la résistance de forces ouvrières solidement organisées Mais le législateur a eu la sagesse d'établir à l'avance des délais successifs ; les industriels, ainsi prévenus, peuvent prendre leurs mesures à l'avance et s'outiller en conséquence ; les ouvriers ont le temps de s'entraîner à un travail plus exact et plus productif. Si toutefois le salaire journalier diminue, la baisse sera probablement modérée et atténuée, pour les ouvriers aux pièces, par un relèvement des tarifs et par une nouvelle augmentation probable de la production à l'heure. Elle ne sera d'ailleurs qu'une réaction passagère dans le mouvement progressif qui paraît être la loi des salaires dans les sociétés modernes.

Insuffisance et état arriéré du matériel, longues journées de travail, qualité médiocre du travail, bas salaires et coût élevé de la main-d'œuvre relativement au produit, sont des conditions qui s'enchaînent fatalement ; les exemples abondent dans les divers pays pour en fournir la preuve et la contre-preuve. La loi de 1900, par la contrainte qu'elle exerce, agit comme un ferment du progrès, obligeant les patrons à améliorer l'organisation du travail, à augmenter la vitesse des métiers, à adopter les derniers perfectionnements du machinisme pour maintenir la production de 11 heures au niveau de celle de 12 ; forçant d'autre part les ouvriers à transformer un travail mou et prolongé en travail plus court et plus dense. Ces effets sont incontestables ; la loi est venue secouer la routine des uns et des autres, fournissant une excellente illustration de ce que peut l'intervention de l'Etat pour suppléer à l'inertie des individus. A l'avenir, les ateliers mal outillés, mal éclairés, mal aérés, ne pourront plus continuer à vivoter en soutenant la concurrence au moyen de prolongations abusives du travail ; ils devront se transformer ou disparaître.

Certes, on aurait pu, en France comme en Angleterre, aux Etat-Unis ou en Australie, attendre que la réduction de la journée de travail des adultes résultât des efforts coalisés de la classe ouvrière. Mais celle-ci est encore trop faiblement organisée dans notre pays pour qu'elle ait été capable de réaliser ce progrès avant de longues années. Prise dans son ensemble, elle est certainement consciente de l'intérêt qui s'attache à la diminution des heures de travail : les vœux des divers congrès ouvriers, les dépositions des

représentants des organisations ouvrières dans les enquêtes, les
grèves sur les questions de durée du travail, en témoignent suffisamment [1]. Mais combien peu nombreuses les grèves de cette nature
qui réussissent ! Et, en dehors des organisations ouvrières, combien
est faible encore, chez la plupart des ouvriers pris individuellement,
la notion de cet intérêt ! Les trois huit ont provoqué à certains
moments des démonstrations importantes ; on y a vu, dans le monde
ouvrier, une solution à la question du chômage, en même temps
qu'un moyen d'élévation pour le travailleur. Mais quand il s'agit,
au lieu d'une manifestation platonique en faveur d'un idéal lointain,
d'une action efficace à exercer, au prix d'un effort ou d'un sacrifice,
en vue d'obtenir une réforme immédiate plus modeste, ou simplement
en vue de faire observer pratiquement une réglementation légale,
trop souvent l'individu se dérobe. Chez l'homme déprimé par un
travail quotidien trop prolongé, le souci de la culture intellectuelle,
de la vie en famille, de la santé même, n'est pas assez développé
pour triompher de l'inertie, de la crainte, ou de la préoccupation
immédiate du salaire ; et l'on ne peut méconnaître que cette préoccupation est légitime au point de vue individuel. Pour sortir de ce
cercle vicieux, il faut donc l'action d'une force extérieure, qui est la
loi ; les Trade-Unions anglaises le comprennent elles-mêmes, et
réclament aujourd'hui l'intervention législative à l'appui de leurs
principales revendications, notamment celle des huit heures.

Dans le Nord de la France, en particulier, la plupart des ouvriers
de l'industrie textile n'ont encore qu'un développement assez limité.
C'est ainsi qu'ils paraissent faire peu de cas des mesures d'hygiène
prises en leur faveur. Un inspecteur du travail dans le Nord ayant
demandé à l'un d'eux ce qu'il pensait des installations destinées à
l'évacuation des poussières dans une filature de lin (il y a quelques
établissements qui sont à ce point de vue des modèles du genre),
l'ouvrier répondit que tous ses camarades et lui auraient préféré recevoir chaque matin un verre de genièvre : « cela aurait

---

[1] Ch. Rist, *La journée de travail de l'ouvrier adulte en France et sa limitation par
la loi*, p. 118 et s. ; Larose, 1898, in-8. — En dix ans, de 1890 à 1899 inclus, on compte
472 grèves ayant pour cause une demande de diminution des heures de travail, et
141.651 grévistes ; il y a eu réussite dans 197 cas, s'appliquant à 43.164 ouvriers ; transaction dans 93 cas, pour 31.800 ouvriers ; échec complet dans 182 cas, pour 66.627 ouvriers. La proportion des grévistes pour cet objet n'est que de 9 p. 100, tandis qu'elle
est de 61 p. 100 pour les questions de salaire (Ministère du commerce, *Statistique
des grèves pendant l'année 1899*, p. 294).

coûté moins cher et nous aurait fait beaucoup plus de bien » [1].

Laissés à eux-mêmes, ces ouvriers n'auraient certainement pas senti le besoin de changer leur mode de travail traditionnel, et de renoncer à leurs habitudes un peu relâchées, pour avoir une journée plus courte. Non seulement ils n'auraient pas imposé à leurs patrons une réduction du temps de travail, mais ils ne l'auraient probablement pas acceptée, si elle leur avait été proposée sous la condition de se soumettre à une discipline plus exacte et de fournir une plus grande somme d'activité. En supposant que l'expérience eût été tentée, elle n'aurait pas pu sans doute se prolonger assez longtemps pour donner des résultats favorables et décisifs ; les ouvriers y auraient d'eux-mêmes renoncé dès les premières semaines, en constatant une diminution de leurs salaires. Les inspecteurs du travail ont toujours eu beaucoup de difficultés pour relever les contraventions à la loi de 1892, à cause de la complicité des ouvriers, qui se laissent dominer par la crainte d'un renvoi ou d'une diminution de salaire. Aussi la limitation de la journée par la loi de 1900 a-t-elle plutôt inquiété les travailleurs aux pièces ; ils n'envisageaient que la conséquence immédiate, le contre-coup possible sur les salaires dans les semaines les plus prochaines, sans se rendre compte qu'en définitive ce sont les longues journées à travail relativement mou qui font les salaires inférieurs.

Mais les syndicats ouvriers ont une perception plus haute et plus juste des véritables intérêts de la classe ouvrière ; ils ont applaudi à la loi, et peut-être sauront-ils veiller à son exécution dans tous les ateliers. A Calais, les tullistes, qui sont à vrai dire des ouvriers d'élite, ont constamment manifesté leur sympathie pour cette loi de progrès social, et ils ont lutté pour la faire respecter, pensant que, si la classe ouvrière se désintéressait des lois portées en sa faveur, le Parlement se montrerait lui-même moins disposé à lui accorder d'autres réformes. On peut dire que la loi de 1900, venant après celle de 1898 sur les accidents, a produit dans les milieux ouvriers un effet moral profond et prolongé ; les travailleurs acquièrent la notion de plus en plus nette que la force sociale des lois et des tribunaux, dont ils n'avaient guère éprouvé pendant longtemps que la rigueur, s'exerce aussi pour la protection de leurs intérêts légitimes.

[1] *Rapports sur l'application pendant l'année 1898 des lois réglementant le travail,* p. 176.

Du côté des patrons, non seulement on s'est accoutumé à l'idée que l'Etat peut légitimement intervenir pour la protection des salariés, non seulement on a mieux appris, sous le ferme contrôle du service de l'inspection du travail, à s'incliner devant les prescriptions des lois de fabrique, mais il ne paraît pas douteux que, dans la filature au moins, on a accueilli la loi nouvelle avec une véritable satisfaction. On trouve en effet, chez la plupart des industriels, beaucoup moins d'intransigeance que chez les économistes du laisser faire. La Chambre de commerce de Lille, dès le 29 janvier 1892, déclarait que le premier effet du régime douanier devait être de permettre à l'industriel d'en faire profiter tous ses ouvriers par une réduction de la journée à onze heures avec le salaire actuel. Au Congrès international de 1900 pour la protection légale des travailleurs, c'est le président du Comité linier du Nord de la France, M. Paul Le Blan, qui est venu lui-même réclamer l'interdiction du travail de nuit et diverses autres mesures législatives[1].

La faveur avec laquelle beaucoup de fabricants envisagent la réglementation légale du travail s'explique par diverses raisons. C'est l'intérêt bien entendu des patrons d'avoir autour d'eux une population ouvrière saine, vigoureuse, qui ne soit pas épuisée par les excès de travail, une population d'un niveau moral et intellectuel élevé, capable par conséquent de fournir un travail de qualité supérieure, apte à diriger des métiers délicats et à suivre les grandes vitesses nécessaires à la grande production. En dehors de ce point de vue général et à longue portée, les filateurs redoutaient l'application rigoureuse de la loi de 1892 ; ils sollicitaient eux-mêmes l'unification à onze heures que la loi de 1900 a réalisée. Par dessus tout, ils comptaient sur la limitation légale, et par conséquent obligatoire pour tous, de la journée de travail, pour

---

[1] « L'industrie linière demande la suppression de tout travail de nuit dans toutes les industries textiles, qu'il s'agisse de filature ou de tissage. Nous demandons que la journée de onze heures pour les hommes adultes soit admise dans tous les cas, et qu'on supprime ce qui reste de la loi de 1848. Nous demandons que l'on détermine par régions les heures d'entrée et de sortie des ateliers ; de la sorte, on réduira beaucoup les chances de fraude. Les industriels sont tout disposés à respecter la loi. Ils ne demandent qu'une chose, c'est qu'elle soit également respectée par tout le monde ». Au même Congrès, M. Eugène Motte, député de Roubaix, chef de plusieurs grands établissements de peignage et filature de laine, tout en faisant les plus expresses réserves au sujet du peignage, déclarait que, pour la filature, on peut supprimer le travail de nuit presque sans exception (Congrès international de 1900 pour la protection légale des travailleurs, *Rapports et compte-rendu*, p. 518 et 521).

régulariser la marche de l'industrie et enrayer la surproduction.
Les filateurs de lin, en particulier, qui avaient dû réduire la journée à onze heures dès la mise en application de la loi de 1892,
appelaient de tous leurs vœux une limitation légale qui s'imposerait également aux filatures de coton, parcequ'ils voulaient lutter
à armes égales contre la concurrence des fils de coton, succédanés
des fils de lin. Les filateurs de coton eux-mêmes comprenaient la
nécessité d'une réglementation ; ils reconnaissaient les inconvénients des relais et leur fâcheuse influence. Tous applaudirent à la
restriction légale de l'emploi de la double équipe, qui permettait à
quelques établissements de faire aux autres une concurrence difficile à soutenir.

Mais si les filateurs avaient un intérêt si général et si évident à
limiter la production, que n'a-t-on abandonné à leur libre initiative
la réalisation d'une réforme bienfaisante pour tous, au lieu de
l'imposer par voie législative ? La raison en est bien simple, et les
rapports des inspecteurs du travail nous éclairent suffisamment
sur ce point. « Si tous les filateurs de coton attendent le vote de
cette loi, il n'y en a aucun cependant qui, dans le département du
Nord, se déciderait à prendre l'initiative d'une telle mesure qui
serait susceptible de le placer dans un état d'infériorité vis-à-vis
des concurrents qui ne le suivraient pas. Comme le dit l'inspecteur de la 2e section : A l'heure actuelle, l'industrie de coton présente le spectacle assez suggestif de patrons qui font douze heures
malgré eux et contre leurs intérêts les plus immédiats » [1].

Certes, les industriels ont intérêt à ménager les forces et les
réserves d'énergie de la population ouvrière ; mais c'est un intérêt
général et éloigné qui s'efface, pour chaque fabricant, devant son
intérêt personnel et immédiat à obtenir la plus forte production
possible. Bien plus, l'intérêt même le plus immédiat, pour l'ensemble
des entrepreneurs, est de ne pas pousser la production au-delà des
besoins du marché ; mais l'intérêt individuel de chaque producteur
pris isolément est d'accroître sa production pour réduire ses frais
généraux et augmenter ses profits ; il ne s'arrêtera donc dans
cette voie que le jour où il y sera contraint par une baisse de prix
telle, qu'il ne couvrirait plus ses frais s'il continuait à produire sur

[1] *Rapports sur l'application pendant l'année 1898 des lois réglementant le travail,*
p. 152.

le même pied. Sans doute, les fabricants s'aperçoivent bien qu'en poursuivant tous cette ligne de conduite, ils aboutissent fatalement un jour à une surproduction préjudiciable à tous ; aussi essaient-ils parfois de limiter la production par des ententes. Ainsi, à différentes reprises, sous la menace d'une crise, les filateurs de coton du Nord et de l'Est, ou bien les filateurs de laine de Roubaix, Tourcoing et Fourmies, se sont engagés réciproquement, non pas à adopter la journée de onze heures, qui leur aurait rendu trop difficile le rétablissement ultérieur de la journée de douze heures, mais à suspendre le travail une journée ou une demi-journée par semaine. Mais ces ententes n'ont jamais été de longue durée ; les engagements, dont l'exécution ne pouvait être exactement contrôlée, étaient violés par des syndiqués peu scrupuleux ; ceux mêmes qui les tenaient, et qui payaient régulièrement l'amende lorsqu'ils faisaient travailler le samedi, ne s'exécutaient qu'à contre-cœur ; les résistances individuelles avaient vite fait de rompre le pacte.

Nul exemple n'est mieux fait pour montrer combien l'individu laissé à lui-même est impuissant à réaliser le progrès, et combien est incomplète l'idée de Bastiat, qu'il suffit en tout, pour obtenir le plus grand bien, de laisser faire l'individu guidé par son intérêt personnel, parce que chacun aspire à rendre sa condition meilleure et tend ainsi à concourir au bien général. Lors même que l'intérêt immédiat de l'individu se confond de la manière la plus évidente avec l'intérêt collectif, l'individu est encore incapable de satisfaire ce double intérêt, toutes les fois que le succès de ses efforts doit dépendre du concours de tous les autres intéressés. Cette vérité, si sensible notamment dans les circonstances où il faut prendre des mesures de défense contre l'inondation ou le phylloxéra, se confirme encore dans notre cas d'une manière éclatante. Il suffit de la résistance égoïste de quelques-uns pour que la crainte de cette concurrence paralyse la bonne volonté de tous les autres et entrave une réforme profitable à tous, désirée par l'immense majorité des intéressés. En pareil cas, s'il s'agit d'un intérêt public de premier ordre, il faut que le législateur intervienne pour établir une obligation qui s'impose à tous ; il faut qu'il prenne des mesures pour que l'observation en soit rigoureusement contrôlée et sanctionnée, à l'Ouest comme au Nord, de telle sorte que les hommes respectueux de la légalité ne soient pas victimes de la concurrence déloyale des autres. Il n'est pas de circonstance où la contrainte législative, réclamée par la majorité de ceux mêmes qui la subissent, se trouve mieux justifiée.

Tout le mouvement de la civilisation moderne nous porte à la réduction progressive de la journée de travail dans l'industrie. Ce n'est pas que, par eux-mêmes, les progrès extraordinaires du machinisme aient eu pour effet de réduire l'effort du travailleur et de raccourcir sa durée; en fait, ils n'ont guère servi qu'à accroître sa productivité; et tout au contraire, l'énorme accroissement du capital fixe dans l'industrie a eu plutôt pour conséquence, tant que la liberté a prévalu, de déterminer les entrepreneurs à allonger la journée de travail, pour réduire la charge relative de l'intérêt et de l'amortissement en la répartissant sur une plus grande masse de produits. Mais, quoi qu'en puissent dire les détracteurs de leur temps, le progrès des idées morales a suivi de près le progrès matériel; l'esprit public, dans les Etats industriels, ne souffrirait plus aujourd'hui de tels abus; et, lorsque les salariés n'ont pas été assez forts pour en obtenir le redressement, les pouvoirs publics se sont chargés eux-mêmes de l'opérer.

Il ne faut pas que l'avenir de la race soit compromis, la vie de famille rompue, l'énergie physique du travailleur brisée, le développement intellectuel et moral de l'homme entravé par un labeur d'une durée excessive. Et ceci est vrai pour l'homme adulte comme pour la femme et l'enfant; la réglementation du travail des hommes ne se justifie pas seulement parce qu'elle est nécessaire pour une application efficace des prescriptions concernant les femmes et les enfants, dans les pays où les associations ouvrières sont incapables d'obtenir l'unification; elle porte sa justification en elle-même, parce que les adultes mêmes ont un droit personnel à la protection légale de leur intégrité physique et morale. Assurer à tous un minimum de culture, préserver de l'étouffement la frêle semence en lui ménageant un champ libre où elle puisse se développer à l'aise, telle est la mission de tout Etat soucieux de la valeur de ses membres, tel est le devoir le plus étroit de l'Etat démocratique. Aussi est-il regrettable que le législateur de 1900 se soit montré si timide, et n'ait pas étendu le bienfait de la limitation aux ouvriers adultes de tous les ateliers industriels.

Tel n'est pas le sentiment de ceux qui protestent encore contre toute protection légale des adultes au nom de la liberté des conventions. Protestation vaine, contre un mouvement irrésistible qui emporte cette fiction usée. Il n'est pas sans mérite, certes, de rester fidèle à une cause, en dépit des échecs qu'elle subit. Mais n'est-il pas plus digne aussi d'un esprit libre de se soustraire à l'influence inconsciente du milieu, de l'intérêt de classe, et d'apporter, dans le jugement des questions sociales, autre chose que la sérénité et l'optimisme de l'homme que n'opprime jamais le souci du lendemain?

Oui, sans doute, la loi restreint la liberté de l'employeur; mais c'est la liberté d'abuser, dans certaines circonstances, de la pression que le besoin peut exercer sur celui qui vit de la main à la bouche. Oui, la loi restreint même la liberté du travailleur; mais c'est la liberté de fournir un travail excessif au détriment de sa santé et de son intelligence, au détriment même de son intérêt économique éloigné et des intérêts généraux de sa classe, puisqu'une pratique générale des heures supplémentaires et des longues journées a pour effet certain de déprécier la main d'œuvre et d'aggraver la précarité du salaire. La liberté de travailler et de faire travailler est restreinte, mais c'est afin de sauvegarder pour le plus grand nombre une liberté plus essentielle, le libre exercice des facultés qui constituent la personne humaine. Ces restrictions sont, au fond, du même ordre que celles qui ont pour objet la sécurité : à la liberté anarchique de l'état de nature, qui est la négation de la liberté pour les individualités les plus faibles, l'Etat substitue la liberté réglementée en vue de la protection des droits de l'individu. Cette réglementation pose la manière d'être de la liberté en société, dans le but d'obtenir la plus grande puissance de développement pour les individus ; loin d'être contraire à l'individualisme, elle en est la véritable garantie: au lieu d'un individualisme négatif qui, par préjugé contre l'Etat, laisse écraser ceux que les conditions sociales réduisent à l'infériorité dans le conflit économique, elle s'inspire d'un individualisme positif tout pénétré de solidarité.

C'est l'honneur de notre pays d'avoir compris ce devoir démocratique, et d'avoir devancé les autres dans la voie de la réglementation du travail des ouvriers adultes. Tôt ou tard, sous la pression des forces ouvrières et de l'opinion publique, son exemple sera suivi dans tous les pays industriels.

Maurice BOURGUIN,
Professeur d'économie politique à l'Université de Lille.

LE SYSTÈME DES IMPOTS DIRECTS D'ÉTAT EN FRANCE

Suite [1].

V

Ce n'était pas la tâche la plus malaisée que d'apprécier le système des impôts directs, soit au point de vue de la commodité, soit au point de vue de la productivité. Il y a plus de difficultés à formuler une opinion sur la question de savoir dans quelle mesure il est conforme à la justice et quelles sont à cet égard les critiques qui peuvent être faites.

On pourrait peut-être considérer comme indispensable de dégager tout d'abord cet idéal de justice à la mesure duquel l'impôt doit être jugé, et il paraîtra à quelques-uns d'une mauvaise méthode de n'en point énoncer dès maintenant la formule. Cette formule, il serait très difficile de la donner *a priori* et d'une façon abstraite ; et cela d'ailleurs serait sans utilité. Elle se dégagera naturellement des observations et des appréciations qui seront présentées. Il suffit pour le moment de s'en référer à cette idée générale et un peu vague d'égalité sur laquelle tout le monde est d'accord : l'impôt doit frapper chacun en raison de ses facultés. Ce nous sera un fil conducteur suffisant pour entrer en matière ; ce n'est qu'après avoir pénétré plus avant dans le sujet qu'il y aura lieu et qu'il sera possible de donner à cette conception un peu imprécise des contours plus fermes.

Il ne s'agit pas d'ailleurs, on voudra bien le remarquer, d'apprécier les mérites et les défauts de chaque impôt direct en particulier. Je ne me propose d'étudier que le système, et si j'ai à étudier tel ou tel impôt, ce ne sera que comme portion d'un ensemble où comme représentatif d'un des caractères essentiels qui donnent au système sa physionomie propre.

Deux ordres de critiques peuvent, à mon sens, être dirigés contre le système des impôts directs : le premier vise la façon inégale dont sont traités les divers revenus ; le second, l'insuffisante détermina-

---

[1] V. *Revue d'économie politique*, décembre 1900, p. 937 et s., et mars 1901, p. 279 et suiv.

tion des facultés imposables. J'examinerai tout d'abord ces deux points. Je chercherai ensuite à dégager ce qu'on peut appeler la philosophie du système, à apprécier la valeur économique et sociale de la conception dont il découle, à indiquer la conception nouvelle qui pourrait être substituée à celle-ci.

* *

L'inégalité de traitement revêt deux formes. D'une part les diverses catégories de revenus ne sont pas frappées au même taux; d'autre part il y a des revenus qui sont exempts, du moins au titre de l'impôt sur les revenus, qui ne payent par conséquent aucun impôt particulier et qui ne contribuent que comme parties intégrantes des facultés globales, par les impôts qui frappent au moyen du procédé indiciaire ces facultés.

* *

§ 1. Ceux des impôts directs qui, frappant non le revenu total mais telle ou telle catégorie de revenus, tiennent dans notre système français le rôle d'impôts sur les revenus, n'ont pas entre eux ce lien de l'unité de taux qui caractérise par exemple l'income-tax anglais. D'un autre côté les différences existantes ne répondent point à l'idée de discrimination telle qu'elle se manifeste notamment dans l'impôt italien sur la richesse mobilière.

Le rapprochement des taux de prélèvement sur la propriété bâtie, sur la propriété non bâtie, sur les valeurs mobilières, sur les revenus soumis à la patente, donne l'impression de l'arbitraire et de l'incohérence. La commission extra-parlementaire de l'impôt sur les revenus a pu dresser, avec les données fournies par l'administration, le tableau suivant [1] :

CONTRIBUTIONS	REVENUS	IMPÔTS D'ÉTAT	
	millions	mille fr.	p. 100
A. Propriétés bâties	2.085	77.861	3,73
B. Propriétés non bâties	2.000	118.575	5,93
C. Valeurs mobilières	1.676	67.049	4,00
D. { Patentes	3.000	122.308	4,08
{ Mines	52	3.124	6,00
	8.813	388.917	4,41

[1] Commission extra-parlementaire, Procès-Verbaux, t. II, p. 1077. Les données du tableau se réfèrent à l'année 1893.

Les inégalités constatées s'accentuent encore si l'on ajoute à l'impôt d'Etat la surcharge des impôts locaux. Ceux-ci représentent les p. 100 de prélèvement suivants :

CONTRIBUTIONS	IMPÔTS LOCAUX	
	mille fr.	p. 100
A. Propriétés bâties.	69.925	3,35
B. Propriétés non bâties	125.680	6,28
C. Valeurs mobilières	»	»
D. { Patentes.	63.452	2,11
{ Mines.	»	»
	259.057	2,94

Enfin l'addition de ces deux résultats donne le tableau suivant :

CONTRIBUTIONS	ENSEMBLE	
	mille fr.	p. 100
A. Propriétés bâties.	147.786	7,08
B. Propriétés non bâties	244.255	12,21
C. Valeurs mobilières.	67.049	4,00
D. { Patentes	185.760	6,19
{ Mines.	3.124	6,00
	647.974	7,35

Une correction doit être faite à ce tableau en ce qui concerne les valeurs mobilières ; la taxe de 4 p. 100 n'est pas seule à considérer ; dans beaucoup de cas les droits de timbre et de transmission fonctionnent en fait comme taxes sur le revenu et se traduisent par un prélèvement périodique. Il y a lieu d'ajouter aux 4 p. 100 le montant moyen de ces deux droits, soit 3,83 p. 100 [1] ; le taux réel de l'impôt sur les valeurs mobilières ressort ainsi — comme le constate le rapporteur de la commission — à 7,83 p. 100. Nous avons donc les deux séries suivantes de taux, selon que l'on considère les impôts d'Etat seuls ou que l'on y ajoute les impôts locaux.

	Impôts d'Etat seuls	Impôts d'Etat et impôts locaux
Propriétés bâties.	3,73	7,08
Propriétés non bâties.	5,93	12,21
Valeurs mobilières.	7,83	7,83
Patentes	4,08	6,19
Mines.	6,00	6,00

[1] Procès-Verbaux, *loc. cit.*

Nous faisions remarquer dans la première partie de cette étude qu'un des caractères de notre organisation fiscale en matière d'impôts directs était de constituer plutôt une juxtaposition qu'un véritable système. Cette affirmation trouve une preuve solide dans les chiffres précités : ceux-ci font éclater le manque de coordination, l'absence d'une conception d'ensemble L'impression ressentie ne peut que s'affermir par la réflexion. Un examen attentif conduit à des remarques qui n'ont peut-être pas toujours pour résultat de faire apparaître les inégalités comme accrues, dont quelques-unes au contraire tendraient soit à atténuer, soit à justifier dans quelque mesure certaines d'entre elles, mais qui, d'autre part, mettent plus fortement en relief la confusion et le défaut d'une exacte justice dans l'imposition des différents revenus.

Tout d'abord on peut noter, comme circonstance atténuante à l'élévation du taux de l'impôt sur les propriétés non bâties (centimes additionnels compris), que l'inégalité provient surtout de l'impôt local. Or il n'est pas illégitime que la propriété foncière supporte l'impôt local dans une plus large mesure que les autres catégories de revenus, puisqu'elle profite plus largement aussi des dépenses locales [1]. Et toutefois il ne faut pas faire fonds plus que de raison sur cette remarque ; elle peut justifier un écart modéré du taux, mais difficilement l'écart existant ; si d'ailleurs elle vaut pour la différence de traitement du revenu foncier et du revenu mobilier, on ne voit pas en tout cas comment elle justifierait celle qui existe entre le revenu de la propriété bâtie et le revenu de la propriété non bâtie ; la propriété bâtie dans les villes profite des dépenses locales comme fait dans les villages la propriété non bâtie.

D'autre part, pour les valeurs mobilières, les taxes qui les frappent sont des taxes de superposition en tant qu'elles frappent des dividendes, intérêts ou profits distribués par des sociétés soumises à la patente [2]. Ces sociétés paient deux fois l'impôt pro-

[1] M. Leroy-Beaulieu, *Traité de la science des finances*, 6ᵉ édit., I, p. 383, s'exprime à ce sujet dans les termes suivants : « Ils (les propriétaires) doivent considérer qu'une forte partie des centimes additionnels à l'impôt foncier sont destinés à des dépenses de travaux publics, ou à l'intérêt et à l'amortissement d'emprunts contractés pour des travaux publics qui leur sont immédiatement et directement profitables. Au lieu de regarder cette partie des centimes additionnels comme un impôt, il faut la considérer comme une sorte de contribution à un syndicat local de propriétaires formé pour le développement des travaux de viabilité dans la commune ou dans le district ».
[2] Voyez la discussion qui s'est élevée sur ce point à la commission extra-parlementaire. Séances des 12 et 17 octobre 1894. Procès-verbaux, p. 372 et 381.

fessionnel ; une première fois en tant que personnes juridiques exerçant une profession soumise à la patente ; une seconde fois dans la personne de leurs actionnaires ou obligataires assujettis à la taxe de 4 p. 100 ; le revenu du capital engagé dans l'affaire subit deux formes de prélèvements. Remarque qui peut servir à double fin : ne veut-on tenir compte, pour apprécier l'imposition des valeurs mobilières, que de la taxe sur le revenu proprement dite, elle servira à justifier la modération dont ces valeurs bénéficient comparativement à d'autres sources de revenus, notamment la propriété foncière non bâtie ; elle fera par contre ressortir combien est pesant le fardeau fiscal des valeurs mobilières, si l'on ajoute à la taxe sur le revenu le poids moyen des droits de timbre et de transmission. A l'un et l'autre points de vue d'ailleurs, le traitement reste inégal sans qu'on en puisse trouver de raison suffisante.

Enfin, les taux d'imposition qui ressortent des tableaux ci-dessus ne sont la plupart que des taux moyens, résumant et dissimulant une variété déconcertante de situations soit régionales, soit individuelles, qui bénéficient ou qui souffrent de taux les uns bien au-dessous, les autres bien au-dessus de la moyenne. Pour l'impôt foncier des propriétés non bâties, il y a entre les départements, entre les arrondissements, entre les communes, des écarts prodigieux. D'après l'enquête de 1879-1883 [1], le taux moyen, en principal seulement, ressortait à 4,49 p. 100 ; le taux maximum était celui du département des Hautes-Alpes, 7,21 p. 100, le minimum celui du département de la Corse, 0,95 p. 100 ; en descendant des départements aux communes, les inégalités s'accroissaient naturellement : la commune la plus imposée était celle d'Archiac (Charente-Inférieure), 30 p. 100 ; la moins imposée, celle de Coti-Chiavari (Corse), 0,19 p. 100. Et il ne s'agit que des taux en principal, que les centimes additionnels viennent plus que doubler ! Et l'état du cadastre est, entre les contribuables d'une même commune, une source de nouvelles inégalités ! Le dégrèvement accordé par la loi du 8 août 1890 et réparti entre 82 départements, 338 arrondissements, 25.770 communes, a quelque peu atténué les différences constatées en 1883, mais est loin de les avoir fait disparaître. Il y a telle commune, celle de Floirac

_____
[1] Nouvelle évaluation du revenu foncier. Paris, 1883.

(Gironde), qui supporte encore, après l'opération de 1890, un taux
en principal de 26,70 p. 100 [1].

On trouvera peut-être une consolation à ces lamentables constatations dans la pensée qu'il y a là moins un vice du système que
les défectuosités particulières d'un impôt, et qu'il est possible de
réformer celui-ci sans modifier la structure de celui-là. L'évaluation
actuellement poursuivie des revenus de la propriété non bâtie
permet d'espérer le rajeunissement de l'impôt sur les terres sur
des bases sans doute analogues à celles adoptées en 1890 pour
l'impôt sur les maisons. Mais le même caractère de moyenne, et
par conséquent jusqu'à un certain point de fiction, se retrouve
dans le taux d'autres impôts, et comme la conséquence cette fois,
non plus de défectuosités particulières, mais d'un principe essentiel du système. Tel est le cas pour la patente. L'application ici
du procédé indiciaire ne permet pas de connaître le revenu réel de
l'imposable; la patente n'est assise que sur des probabilités de
bénéfices moyens, et le taux de 4,08 p. 100 pour l'impôt d'Etat,
de 6,19 p. 100 pour l'ensemble, que nos tableaux indiquent, peut
se trouver beaucoup diminué ou beaucoup accrû selon les situations
individuelles. Il est d'ailleurs remarquable que par le jeu même
du procédé indiciaire et de l'imposition du bénéfice moyen probable, ce sont, pour une catégorie donnée de patentables exerçant
leur profession dans des conditions extérieures sensiblement analogues, les gains les plus modestes qui se trouvent le plus lourdement frappés. Le taux moyen apparent se décompose en une série
de taux réels inversement proportionnels aux bénéfices; et ainsi
l'inégalité s'accomplit dans le sens le plus directement contraire
aux notions unanimement acceptées de justice fiscale. Enfin, pour
les valeurs mobilières aussi, le taux exprimé n'est de même qu'une
moyenne, du moins si l'on fait entrer en ligne de compte les droits
accessoires de timbre et de transmission; une valeur au porteur
peut subir un prélèvement très supérieur aux 7,83 p. 100 du
tableau [2]. Bref, pour comparer utilement entre eux les taux d'imposition des diverses sources de revenus, il faut voir sous les taux
moyens la diversité des taux réels pour une même catégorie, et

---

[1] Rapport au Ministre des finances sur les opérations du répartement et du sous-
répartement en 1890 pour 1891. Paris, 1891.
[2] Voyez le calcul dans Stourm, *Systèmes généraux d'impôts*, chap. XVIII.

considérer combien s'en trouvent accrues les inégalités que les tableaux font ressortir d'une catégorie à l'autre.

§ 2. L'inégalité prend une autre forme, plus grave encore que la précédente. Certaines sources de revenus sont exemptées de tout impôt particulier ; ce sont : les fonds d'Etat français [1], les bénéfices de l'exploitation agricole, les créances hypothécaires et chirographaires, les traitements, salaires, gages, et quelques autres revenus professionnels. Ce n'est pas à dire que ces catégories de revenus soient complètement indemnes ; elles sont frappées par les impôts qui atteignent ou prétendent atteindre le revenu global, l'impôt personnel-mobilier et l'impôt des portes et fenêtres. La commission extra-parlementaire évalue ainsi la charge de ces deux impôts par rapport au revenu total [2] :

	Impôts d'Etat.	Impôts locaux.	Ensemble.
Contribution personnelle-mobilière.	0,59 0/0	0,46 0/0	1,05 0/0
Contribution des portes et fenêtres.	0,29 0/0	0,17 0/0	0,46 0/0
Total.	0,88 0/0	0,63 0/0	1,51 0/0

Les revenus exempts ne payent, du chef de ces deux impôts généraux, que sur le pied de 0,88 p. 100 (impôts d'Etat), et 1,51 p. 100, au total. Les autres revenus payent cela d'une part, et en outre l'impôt qui leur est propre, aux différents taux que nous avons indiqués.

L'inégalité dont bénéficient ainsi les revenus exempts peut-elle se justifier ? Reprenons chacune des catégories énumérées et voyons s'il existe des raisons suffisantes de les ménager.

1° *Fonds d'Etat Français.* Deux ordres de considérations ont été invoqués.

L'argument de moralité. L'Etat, en échange du capital apporté par le crédi-rentier, s'est constitué débiteur d'un intérêt annuel ; il n'a pas le droit de réduire le payement convenu par un prélève-

---

[1] En ce qui concerne les fonds d'Etat étrangers, ils sont grevés d'un droit de timbre au comptant destiné à tenir lieu dans une certaine mesure des impôts qui frappent les autres valeurs. Lois du 13 mai 1863, du 8 juin 1864, du 25 mai 1872, du 28 décembre 1895, du 13 avril 1898. Les valeurs mobilières étrangères mériteraient d'ailleurs une étude spéciale que nous ne pouvons faire ici.

[2] Procès-Verbaux, *loc. cit.*

ment, à quelque titre et sous quelque dénomination que ce soit. S'il le fait, il agit en malhonnête homme, il commet un abus de pouvoir. Ce sont là d'assez gros mots ; ils ont été prononcés. « L'Etat — a dit M. Léon Say [1] — décrète ainsi l'abolition des dettes à son profit, il agit d'autorité dans la pensée qu'il n'a pas besoin, comme un simple particulier, de s'inquiéter du renom d'honnête homme. La morale privée n'est pas faite pour lui, et sa morale, qui est la morale publique, est fondée sur d'autres principes. Il y a deux morales ». Les précédents que l'on pourrait invoquer n'ont aucune valeur : « Ce sont de simples abus de la force. Il n'y a pas de crimes, de vols, de pillages, en effet, dont on ne trouve des exemples dans l'histoire, ce qui ne justifie ni les crimes, ni les vols, ni les pillages. La force aura primé le droit, et le droit n'est pas atteint » [2]. D'ailleurs l'Etat s'est expressément engagé à ne point mettre d'impôt sur la rente ; depuis la Révolution il a toujours respecté les rentiers, et a fait à cet égard de solennelles promesses. Le 27 août 1790, l'Assemblée nationale « renouvelle et confirme les arrêtés des 17 juin et 13 juillet par lesquels elle a mis les créanciers de l'Etat sous la sauvegarde de l'honneur et de la loyauté français. En conséquence elle déclare que dans aucun cas et sous aucun prétexte il ne pourra être fait aucune nouvelle retenue ni réduction quelconque sur aucune des parties de la dette publique » [3]. Lors de la grande banqueroute de l'an VI, après le remboursement des deux tiers de la dette — en papier sans valeur — le tiers consolidé bénéficie d'une déclaration nouvelle. L'article 98 de la loi du 9 vendémiaire an VI est ainsi conçu : « Chaque inscription au Grand-Livre de la dette publique, tant perpétuelle que viagère, liquidée ou à liquider, sera remboursée pour les deux tiers de la manière établie ci-après ; l'autre tiers sera conservé en inscription au Grand-Livre et payé sur ce pied à partir du deuxième semestre de l'an VI. Le tiers de la dette publique conservé en inscriptions est déclaré exempt de toute contribution présente et future ».

Après l'argument de moralité, l'argument économique, qui se tire de l'incidence d'un impôt sur la rente. L'impôt, dit-on, frappe en réalité le capital et se traduit par une diminution de la valeur du

---

[1] *Revue politique et parlementaire*, IV, p. 401 ; *L'impôt sur la rente*.

[2] Léon Say, *loc. cit.*

[3] *Ibid.*

titre ; un titre de 100 francs de rente, qui seraient réduits par l'impôt à 96, ne vaudra plus sur le marché des valeurs mobilières le même prix qu'auparavant, mais un prix diminué de la somme en capital que représentent les 4 francs de rente retranchés. Et de là, on tire deux conséquences. D'abord le détenteur actuel du titre de rente serait seul frappé par l'impôt ; c'est une confiscation partielle, dont l'exproprié subit seul les conséquences. Supposez en effet qu'il vende son titre ; l'acheteur fait son compte avant de se décider à acquérir ; il payera les 96 francs nets de rente au taux de l'intérêt du jour ; il les payera par conséquent moins cher qu'il n'eût payé, avant l'établissement de l'impôt, les 100 francs nets. « Il y a, dit M. Léon Say [1], un co-propriétaire de l'inscription totale dont il est devenu acquéreur. Que ce co-propriétaire soit l'État ou un particulier quelconque, cela est indifférent à l'acheteur ; il vit dans l'indivision du titre, dans une proportion déterminée avec partage des produits ». Il y a plus : on démontre que le détenteur actuel a déjà payé sur son titre de rente l'impôt qui n'existe pas encore ; il l'a payé au moment où il a acquis ce titre ; quand il a acheté 100 francs de rente, il les a payés plus cher que le même revenu en obligations de chemins de fer par exemple, car celui-ci n'est qu'un revenu brut, dont l'impôt retranche quelque chose, la rente est un revenu net. La différence des prix, à sécurité égale du titre, doit être de la somme correspondante à la part du revenu prélevée par l'impôt ; de sorte que le capitaliste qui place son argent en rentes sur l'État, au lieu de le placer en obligations, ne bénéficie pas de l'exemption d'impôt ; le prix de l'unité de revenu net est le même dans les deux cas, c'est le prix déterminé par le taux de capitalisation du moment. Si vous établissez l'impôt sur la rente, vous lui ferez payer une seconde fois l'impôt déjà payé sous forme d'augmentation du prix d'achat.

Ni l'un ni l'autre arguments ne sont probants. Des réfutations décisives en ont été maintes fois présentées, que je me bornerai à résumer.

L'assimilation qu'on voudrait établir entre l'État qui prélève un impôt sur la rente et le particulier qui refuserait de payer ses dettes ne soutient pas l'examen. M. Fernand Faure [2] l'a fort bien

---

[1] *Loc. cit.*

[2] *Revue politique et parlementaire*, V, p. 18, L'impôt sur la rente.

expliqué : « Le particulier supposé n'a qu'une seule qualité vis-à-vis de son créancier, celle de débiteur. Il ne peut, par conséquent, à lui seul, y rien changer... La situation de l'État est toute différente. L'État, lui, possède dans ses rapports avec les rentiers une double qualité. Il est débiteur de l'intérêt qu'il a promis de payer. Il est en même temps créancier de l'impôt qu'il a non seulement le droit, mais le devoir d'exiger de tous les citoyens sans exception. La qualité de contribuable ne s'efface pas dans le citoyen qui prête ses capitaux à l'État. Le droit du rentier et les obligations des contribuables ne sont nullement contradictoires ; ils peuvent se trouver réunis dans la même personne. Pourquoi, dans la personne de l'État, la qualité de débiteur d'intérêts excluerait-elle la qualité de créancier d'impôt ? »

Quant à la question des engagements formels que l'Etat aurait pris de ne pas imposer la rente, il semble bien qu'en fait cela ne visait que les impositions particulières que la rente seule aurait subies, non pas l'application à la rente du droit commun fiscal. Telle était la pensée clairement exprimée par l'Assemblée nationale dans le décret des 4-10 décembre 1790. « L'Assemblée nationale, se référant à ses décrets des 17 juin, 27 juillet, 27 août et 7 octobre qui consacrent des principes invariables sur la foi publique, *et à l'intention qu'elle a toujours manifestée de faire contribuer les créanciers de l'Etat, comme citoyens, dans l'impôt personnel, en proportion de toutes leurs facultés,* déclare qu'il n'y a pas lieu à délibérer sur la motion qui lui a été présentée tendant à établir une *imposition particulière* sur les rentes dues par l'Etat [1] ». Il s'agissait alors de marquer, par des déclarations solennelles, la rupture avec les habitudes anciennes. L'histoire des rentiers dans l'ancien régime est un martyrologe : interruptions et retards dans le payement des intérêts, réductions arbitraires du taux, c'est de la part de l'Etat une longue suite de manques de foi. « On compte, dit Chamfort, cinquante-six violations de la foi publique depuis Henri IV jusqu'au ministère de M. Loménie inclusivement » [2]. L'Etat, en 1790 et en l'an VI, s'engageait à pratiquer d'autres mœurs. La question est aujourd'hui toute différente. Les valeurs mobilières payent une taxe sur le revenu ; il faudrait justifier que

[1] Fernand Faure, *loco citato.*
[2] Cité par Taine, *L'ancien régime,* livre IV, chapitre III (édition in-16).

les rentes en doivent seules rester indemnes. Il ne s'agit plus de
protéger les rentiers contre des abus, mais de protéger le reste des
contribuables contre le privilège des rentiers; car ce qu'ils ne
payent pas, d'autres le payent pour eux. C'est le principe de l'égalité devant l'impôt qui est en cause. Et lors même qu'on admettrait,
contrairement à la vraisemblance, que le législateur de la Révolution a entendu exonérer la rente des impôts de droit commun, ce
seraient là des promesses sans valeur. S'il y a un droit inaliénable
pour les Etats modernes, c'est bien celui de lever l'impôt sur tous
les citoyens.

Mais ne faut-il pas prendre garde aux effets surprenants que les
phénomènes de l'incidence produiraient dans un impôt sur la rente,
et n'y a-t-il pas là un motif pratique d'écarter un impôt qui en,
théorie serait juste? Il convient de remarquer d'abord que ce n'est
pas à propos de la rente seulement que l'incidence doit agir; c'est
aussi à propos des autres valeurs mobilières; quand l'Etat met un
impôt sur les coupons d'actions ou d'obligations, on peut, avec la
même vraisemblance, conjecturer que le titre va baisser de la valeur
capitalisée de l'impôt. Cela ne doit pas être moins exact des maisons
et des terres; le raisonnement a d'ailleurs été en ce qui les concerne
bien des fois présenté. De sorte que toutes les fois qu'il s'agirait
d'un impôt réel, prélevant à la source une portion d'un revenu de
capital, il y aurait une impossibilité économique à frapper personne
autre que le détenteur actuel; ce malheureux serait exproprié d'une
fraction de son capital, après quoi la fraction restante continuerait
à produire entre ses mains, puis entre celles de ses successeurs, un
revenu diminué sans doute, mais net d'impôt. Ainsi le voudrait la
force des choses. Si ce raisonnement vaut contre l'impôt sur la
rente, il valait aussi contre l'impôt sur les autres valeurs mobilières
et contre le double impôt foncier; s'il n'a point valu contre ceux-ci,
pourquoi vaudrait-il contre l'impôt sur la rente?

D'ailleurs les faits constatés ne confirment pas les conclusions
tirées du raisonnement. Il y a eu plusieurs occasions en France
d'observer l'influence d'un impôt perçu sur les valeurs mobilières :
l'établissement d'un droit de transmission par abonnement en 1857,
celui de la taxe sur le revenu et l'augmentation du droit d'abonnement en 1872, l'élévation de 3 p. 100 à 4 p. 100 de la taxe sur le
revenu en 1890. On a pu observer en certaines de ces occasions
une baisse des valeurs frappées, mais cette baisse n'a pas été de la

valeur en capital correspondant au prélèvement opéré sur le revenu,
et elle n'a pas été durable ; l'effet produit sur les cours n'a été
que passager, et paraît se rattacher plutôt à l'impression désagréable éprouvée par les porteurs de titres qu'à la cause mathématique
qu'on prétend devoir agir si rigoureusement. Parfois même il n'y a
pas eu d'effet appréciable : l'obligation de chemins de fer, cotée à
la fin de novembre 1890 440 fr. environ, atteignait en janvier
1891, après l'application de la surtaxe de 1 p. 100, le cours de
446 fr. [1]. En bonne logique cependant, la surtaxe aurait dû produire une réduction de 5 fr. environ sur la valeur en capital du
titre, et il n'avait point manqué de prophètes pour l'annoncer.
M. Coste a présenté à la Commission extra-parlementaire un
tableau fort intéressant à cet égard [2]. C'est le relevé, de 1855 à
1894, du cours des obligations de chemins de fer comparé au cours
de la rente. Dans cette période, les obligations ont été frappées trois
fois, en 1857, en 1872, en 1890, alors que la rente demeurait
indemne ; or la diminution croissante du revenu de l'obligation par
rapport aux titres de rente n'a pas neutralisé l'action des causes
qui poussaient à l'augmentation de sa valeur en capital [3]. L'impôt
n'agit dans le sens de la baisse que d'une façon passagère et qui
n'est pas toujours nettement appréciable. Voici ce tableau, le prix
de la rente étant représenté par 100.

	ANNÉES	Le prix de la rente étant représenté par	Le prix des cinq obligations est de	OBSERVATIONS
I	1855	100	86,02	
	1856	»	85,87	
	1857		80,68	1er juillet : droit de 0,12
	1858		81,53	p. 100
	1859		86,05	
	1860	..	86,06	
II	1868	..	92,30	
	1869	»	93,85	
	1870		97,55	
	1871	»	108,14	
	1872		103,94	1er juillet : taxe de 3 p. 100
	1873		98,25	et droit de 0,20 p. 100
	1874		93,65	
	1875		95,22	

[1] Stourm, *Systèmes généraux d'impôts*, p. 369.
[2] Procès-Verbaux, séance du 13 mars 1895, p. 943.
Notamment en raison de ce que les titres émis à 300 fr. sont remboursables à 500 fr.

ANNÉES	Le prix de la rente étant représenté par	Le prix des cinq obligations est de	OBSERVATIONS
1888	100	97,64	
1889	»	96,92	
1890		94,66	
III 1891		94,28	1ᵉʳ janvier : taxe de 4 p. 100
1892		94,08	
1893		94,37	
1894		92,72	Contestation de la durée de la garantie d'intérêts

Nota. — Les cinq obligations de chemins de fer sont les suivantes : obligations 3 0/0 anciennes Paris-Lyon-Méditerranée, Midi, Nord, Orléans, Ouest. Leur coût a été calculé aux cours moyens de l'année.

En 1857, l'établissement de l'impôt a certainement agi sur les cours et même d'une façon très sensible ; mais cela ne dura pas, et dès 1859 le prix comparatif de la rente et des obligations était revenu au niveau antérieur. En 1872, il y a une chute apparente considérable du cours de l'obligation, mais ce qui se passe en réalité, c'est la hausse de la rente au sortir de la dépression de 1870 et 1871. Le prix comparatif de l'obligation, qui était monté fort au-dessus de celui de la rente, revient à son niveau normal parce que la rente monte de nouveau, et il est impossible de dire dans quelle mesure l'impôt exerce une influence au milieu des autres causes qui agissent sur le marché. En 1891, année d'application de la surtaxe, il y a une légère baisse par rapport à 1890 ; mais on est alors dans une période de baisse du prix comparatif des obligations, qui se poursuit depuis 1888 et qui continue encore en 1892. Le fait général qui se dégage de ce tableau, c'est que, malgré les impôts, le prix de l'obligation tend à se rapprocher du prix de la rente.

Il est évident que l'établissement d'un impôt sur des valeurs mobilières peut agir comme une cause de baisse des cours. Mais cette baisse doit-elle nécessairement se produire, dans tous les cas, et surtout doit-elle être du montant capitalisé de l'impôt ? Est-elle durable ou seulement passagère ? Ce sont des questions qui ne comportent pas de solution à *priori* ; il n'y a rien de plus qu'une cause de baisse venant prendre place au milieu des influences qui en des sens divers agissent sur le marché ; prétendre résoudre la difficulté par un raisonnement simpliste, ce n'est que fournir un bon exemple de l'abus de la méthode déductive en économie politique. Il est impossible de tirer des soi-disant règles de l'incidence un argument contre l'impôt sur la rente. En admettant que ces règles soient susceptibles un jour de détermination précise — ce qui me paraît extrêmement douteux, car il n'y a dans l'incidence qu'un conflit qui se règle par la loi du plus fort économiquement ou socialement — elles ne sont pas actuellement déterminées d'une façon assez sûre pour qu'on en fasse état. Les raisonnements sur l'incidence se sont révélés jusqu'à présent très ingénieux en théorie, mais très inexacts en fait. C'est par un raisonnement sur l'incidence que les physiocrates aboutissaient à la conception d'un impôt unique sur la terre ; et le seul de leurs disciples qui, étant prince, ait pu se passer la fantaisie d'en tenter l'application, ne paraît pas avoir fait une expérience heureuse [1]. L'Etat ne doit pas abriter derrière des argumentations aussi aléatoires ses défaillances à rigoureusement appliquer le principe de l'égalité devant l'impôt : qu'il établisse l'impôt selon la justice ; quant aux influences multiples qui sont de nature à modifier en fait la répartition légale, il n'est pas en son pouvoir de les déterminer exactement ni d'en empêcher l'action.

2° *Profits de l'exploitation agricole.* Les revenus professionnels sont en principe frappés par la patente. Or, il n'en est point ainsi des revenus tirés de l'exploitation agricole. L'art. 17, § 3 de la loi du 15 juillet 1880 décide, conformément d'ailleurs aux dispositions des lois antérieures : « Ne sont pas assujettis à la patente... ; 3° les laboureurs et cultivateurs, seulement pour la vente et la manipulation des récoltes et fruits provenant des terrains qui leur appartiennent ou par eux exploités, et pour le bétail qu'ils y élèvent, qu'ils entretiennent ou qu'ils y engraissent ».

Il est vrai que le cultivateur paye l'impôt foncier pour sa terre, et n'est-ce pas là pour lui l'équivalent de la patente ? Non, et quelques simples réflexions feront apercevoir la différence. Ce qui est atteint par l'impôt foncier, c'est le revenu de la terre considérée comme capital, c'est la valeur locative. Le revenu net, qui aux termes de l'art. 1er de la loi de 1790 est l'assiette de la contribution foncière, a été défini de la façon la plus claire par l'instruction de l'Assemblée nationale faisant suite à cette loi et qui en est le commentaire officiel. L'instruction commence par entrer dans de longs

---

[1] Garçon, Un prince allemand physiocrate, *Revue du droit public et de la science politique.* Année 1895, IV, p. 85.

détails sur la façon dont ce revenu net sera calculé. On devra calculer d'abord le revenu brut de chaque champ, c'est-à-dire évaluer
la totalité de ses produits vendus, consommés ou conservés ; puis il
faudra déduire les frais de culture, récolte, semence, entretien :
« ... Il faut y comprendre les objets suivants : l'intérêt de toutes
les avances premières nécessaires pour l'exploitation, l'entretien des
bâtiments, celui des instruments aratoires, tels que charrues, voitures, etc.; l'entretien et l'équipement des animaux qui servent à la
culture ; il faut encore déduire les renouvellements d'engrais, le
salaire des ouvriers, *les salaires ou bénéfices du cultivateur qui
partage et dirige leurs travaux* »[1]. Cette dernière phrase est caractéristique, puisqu'elle exclut du revenu net imposable les salaires
ou bénéfices de l'exploitant. Voici qui l'est plus encore. Après avoir
indiqué tous ces calculs longs et difficiles à faire, l'instruction donne
le moyen simple, pratique, de déterminer le revenu imposable :
« Une grande connaissance des récoltes que donne un territoire,
des avances et des frais qu'elles exigent peut suppléer amplement
à tous ces calculs, ainsi que le prouve l'expérience presque toujours
sûre de ceux qui prennent ou donnent à bail des propriétés territoriales. Le prix moyen de fermage est le véritable produit net...
Chaque estimateur doit se pénétrer de ces principes et se dire à lui-
même : si j'étais propriétaire de ce bien, je pourrais trouver à
l'affermer raisonnablement tant; si j'étais dans le cas d'en être
fermier, je pourrais en rendre la somme de tant » [2]. Le revenu
imposable, c'est donc la valeur locative, le prix auquel la terre
peut être affermée, le revenu qu'elle donne comme capital, abstraction faite du profit à tirer de l'exploitation. A la commission extra-
parlementaire de l'impôt sur les revenus, le Directeur général des
contributions directes a confirmé que telle était en pratique l'interprétation administrative [3].

Il y a donc bien un revenu agricole que notre système d'impôts
directs, en tant que système d'impôts sur les revenus, n'atteint pas :
c'est celui qui se tire, l'intérêt du capital foncier une fois mis à
part, de l'exploitation, le véritable revenu professionnel, comparable aux revenus industriels et commerciaux qui sont assujettis à la
patente. Dans le cas où la terre est donnée à ferme, la distinction

---

[1-2] *Recueil méthodique des lois*, décrets et règlements sur le cadastre de la France.
[3] Procès-Verbaux, I, p. 487.

se fait d'elle-même. Le fermage payé au propriétaire constitue le revenu frappé par l'impôt foncier. Le revenu du fermier ne supporte point d'impôt, du moins d'impôt qui l'atteigne directement comme tel ; l'entrepreneur de culture n'est pas traité par le fisc sur le même pied que l'entrepreneur de commerce ou l'entrepreneur d'industrie de la ville voisine. Il en est de même en cas de métayage. Dans les législations qui comportent un système complet d'impôts sur les revenus, le revenu agricole n'est pas indemne. En Angleterre, à côté de la cédule A de l'Income-tax, qui comprend les revenus fonciers proprement dits, il y a la cédule B qui comprend les revenus tirés de l'exploitation du sol ; c'est la cédule des fermiers. L'impôt italien sur la richesse mobilière vise dans sa cédule B les revenus temporaires à la production desquels concourent simultanément le capital et le travail, et parmi ces revenus ceux des fermiers ; les revenus des métayers ont été rangés dans une cédule spéciale et relativement ménagés.

Lorsque la terre est exploitée par son propriétaire, la distinction est moins saisissante, mais n'est pas moins certaine. Le propriétaire exploitant devrait, s'il tenait une comptabilité exacte, faire deux parts dans son revenu : le revenu foncier dont il continuerait à jouir s'il donnait sa terre à bail ; le revenu d'exploitation, qui, dans la même hypothèse, irait au fermier ; l'un est un revenu de capital, l'autre est un revenu mixte, qui dérive à la fois du capital d'exploitation (distinct du capital foncier) et du travail personnel. Dans une législation qui admettrait la discrimination des revenus, cette distinction entre le revenu de capital et le revenu mixte aurait une grande importance. Il importe peu qu'en fait le propriétaire exploitant considère en général son revenu en bloc. Théoriquement, en comptabilité, la coexistence des deux catégories de revenus n'est pas contestable.

Quelques chiffres ne seront pas inutiles pour déterminer la portée pratique des considérations présentées. Le nombre des fermiers s'élève, d'après l'enquête agricole de 1892 [1], à 1.061.041, soit 22,15 p. 100 du nombre des exploitants ; celui des métayers à 344.168, soit 7,18 p. 100. Il y a donc au total 29,33 p. 100 des exploitants pour lesquels il n'y a pas de confusion possible entre le revenu foncier et le revenu de l'exploitation. D'autre part, d'après

---

[1] *Statistique agricole de la France*, enquête de 1892, p. 369.

la même enquête, la valeur du capital d'exploitation (exploitants
directs et indirects) est estimée ainsi [1] :

		en millions de francs.
Valeur des animaux de ferme.	. . . . . .	5.202
—	matériel agricole	1.500
—	semences	483
—	fumier.	832
	Total. . . .	8.017

Il y a donc un capital de plus de 8 milliards qui ne se trouve pas
frappé d'un impôt analogue à celui qui frappe les capitaux engagés
dans des exploitations commerciales et industrielles.

Ce revenu professionnel agricole, pourquoi est-il indemne? Ce
n'est pas à coup sûr pour des raisons de principe; il est de la
même catégorie économique que les autres revenus assujettis à la
patente; c'est un profit. Pourquoi deux poids et deux mesures? Le
jour où l'on voudrait constituer un système véritable d'impôts sur
les revenus et faire disparaître les incohérences actuelles, il serait
d'une stricte justice de frapper ce revenu. Telle est d'ailleurs la
conclusion à laquelle s'était arrêtée, après des débats approfondis,
la Commission extra-parlementaire. Elle rangeait parmi les revenus
mixtes, imposables à la cédule D, les profits agricoles ; elle recourait d'ailleurs à une présomption pour la détermination du revenu
taxable, qui devait être estimé à la moitié de la valeur locative des
terres cultivées, telle qu'elle résulterait de l'évaluation nouvelle projetée. Ce procédé est imité de celui qui est pratiqué pour la cédule
B de l'Income-tax.

Mais la création d'un impôt sur les profits de l'exploitation agricole n'a jamais en fait été conçue comme possible que liée à un
remaniement complet des impôts directs. La question est beaucoup
plus complexe que celle de l'impôt sur la rente. On ne peut songer
à introduire purement et simplement un impôt sur les profits agricoles dans le système existant, par esprit de symétrie, parce qu'il y
a un trou à boucher, et cela pour plusieurs raisons. D'abord l'état
chaotique de l'impôt foncier. Tant que l'impôt foncier restera le
modèle de répartition archaïque, vicieuse et contraire au bon sens
qu'il est actuellement, et tant que les centimes additionnels locaux
feront plus qu'en doubler le poids, il ne pourra être pratiquement

[1] *Ibid.*, p. 440, 441.

question que de dégrèvements, non pas de nouvelles taxes. D'autre part, la contribution mobilière joue dans les communes rurales le rôle d'un impôt sur le revenu ; elle est souvent assise en fait sur le profit d'exploitation. Enfin il y aurait lieu de rechercher si certains impôts, soit d'État, comme la taxe à demi-tarif sur les chevaux et voitures, soit communaux, comme les prestations, ne pèsent pas trop lourdement sur les populations agricoles.

La Commission extra-parlementaire présentait en effet l'impôt sur les profits agricoles comme conditionné par la réforme de l'impôt foncier d'une part, par la suppression d'autre part de la contribution mobilière et de celle des portes et fenêtres. La conception d'ensemble est alors simple et assez élégante. Plus d'impôts frappant le revenu global ; une série d'impôts saisissant à leur source les diverses catégories de revenus, revenus de capitaux, revenus mixtes, revenus du travail. Dans un système fiscal ainsi construit, il est évident que le profit agricole doit être atteint au même titre que les autres revenus mixtes. D'après des calculs ingénieux faits par l'administration des contributions directes, la substitution du nouvel impôt aux deux impôts supprimés se serait traduite par un dégrèvement sensible pour l'agriculture [1], ce qui aurait présenté la réforme, aux yeux d'un grand nombre d'électeurs, sous un aspect agréable. Le projet de loi de M. Cochery [2], ministre des finances, qui s'inspirait dans une assez large mesure des travaux de la Commission, — qui notamment témoignait d'une certaine hardiesse en proposant l'impôt sur la rente — ne comportait pas la création d'un impôt sur les profits de l'exploitation agricole. Il y a toujours loin d'une conclusion logique à une possibilité pratique ; d'ailleurs le projet, s'il supprimait la contribution des portes et fenêtres, laissait subsister, sous un autre nom, la contribution mobilière, et ne comprenait pas la réforme immédiate de l'impôt foncier.

3° *Ni les créances hypothécaires ou privilégiées, ni les créances chirographaires ne sont assujetties à l'impôt.* Il y a là des revenus importants. M. Boutin, dans le rapport publié en 1894 par le *Bulletin de l'Institut international de statistique* [3], donnait les

---

[1] Séance du 16 novembre 1894, Procès-Verbaux, II, p. 593 et s.

[2] Projet du 4 juin 1896, Chambre, 1896, *Documents*, n. 1912, p. 401.

[3] *Bulletin de l'Institut international de statistique*, 1894, VII, 2ᵉ livraison, p. 366. *Procès-verbaux de la Commission extra-parlementaire*, p. 253. Dans une récente

chiffres officiels suivants, qui rendent compte il est vrai d'une situation déjà assez ancienne, de la situation au 31 décembre 1876. Le chiffre total des créances certaines et déterminées, garanties par des inscriptions, non rayées ni périmées, s'élevait à cette date à 14.369.096.326 francs, ce qui, avec un taux de placement hypothécaire de 5 p. 100, donnerait une somme annuelle d'intérêts de 687.000.000 francs. M. Boutin ajoutait que ces chiffres lui paraissent être au-dessous du montant actuel de la dette hypothécaire. Pour les créances chirographaires, il n'est pas douteux que le montant en est considérable, mais il n'existe aucune statistique.

En ce qui concerne les créances hypothécaires, une seule objection a été présentée contre leur imposition. On a dit : vous allez renchérir le taux des emprunts et c'est, en définitive, l'emprunteur qui en souffrira [1]. C'est toujours l'objection de l'incidence, comme pour l'impôt sur la rente; elle reste aussi peu probante. Prétendre que le fardeau de l'impôt sera rejeté, par l'enchérissement des emprunts, sur les propriétaires qui ont besoin d'argent est une affirmation sans preuve. Il est possible que cela se produise, il est possible aussi que cela ne se produise pas. Tout dépend des circonstances, de l'état du marché de l'argent, de la situation respective des parties, du taux courant de l'intérêt. Le propriétaire qui emprunte a besoin d'argent, mais le capitaliste qui prête est en quête de placements. Que de gens qui vont prier leur notaire de leur trouver un bon placement sur hypothèque ! Il faut renoncer, quant on veut établir ou modifier un impôt, à se préoccuper de l'incidence. L'État doit nous donner la justice dans l'impôt en tant que cela dépend de lui; or les effets de l'incidence lui échappent complètement.

L'objection perd d'ailleurs toute valeur pratique si l'on admet que l'imposition de la créance hypothécaire a pour corollaire indispensable la déduction, sur le revenu foncier imposable, des intérêts dus par le propriétaire de l'immeuble grevé. Il n'y a rien là que de

étude « La dette hypothécaire et les résultats des institutions de crédit foncier en France et à l'étranger », M. Besson estime que la situation hypothécaire de 1876 n'a pas sensiblement changé, et que les chiffres présentés par M. Boutin peuvent encore être tenus pour exacts. *Journal de la Société de statistique de Paris*, 1900, p. 369 et s.

[1] Voyez la discussion sur ce point à la Commission extra-parlementaire, séance du 9 juillet 1894, p. 91 s.

rigoureusement juste, et c'est une des lacunes de l'impôt foncier, que de frapper le revenu de l'immeuble sans tenir compte des dettes. Cela est tout à fait choquant même en se plaçant au point de vue de l'impôt réel, qui est celui de notre législation. L'impôt réel a la prétention de frapper la chose, la matière imposable elle-même, abstraction faite de la personne. Or ici, il frappe une matière imposable qui n'existe pas ; l'hypothèque est assez généralement considérée comme un démembrement de la propriété ; l'impôt qui frappe la propriété hypothéquée de la même manière que la propriété franche frappe pour une part une propriété qui n'est plus là ; pour être en accord avec la conception même de l'impôt réel, il devrait aller la chercher où juridiquement elle se trouve, entre les mains du créancier. Logiquement, c'est la déduction des intérêts dans le revenu foncier qui doit conduire à l'impôt sur la créance hypothécaire, plutôt que celui-ci à celle-là. En tout cas, l'introduction simultanée des deux dispositions dans notre législation enlèverait toute portée à l'objection de l'incidence ; la situation du propriétaire grevé ne deviendrait peut-être pas meilleure qu'aujourd'hui, si l'incidence annoncée se produit ; mais elle ne pourrait pas devenir moins bonne, puisque c'est lui qui en ce moment paye l'impôt. Cette introduction simultanée élimine aussi toute préoccupation fiscale dans l'affaire et laisse l'Etat en présence d'une question de pure justice [1].

La commission extra-parlementaire de l'impôt sur les revenus s'était arrêtée à cette solution : déduire du revenu foncier les intérêts des créances hypothécaires, imposer ces intérêts comme revenu du créancier. La créance devait être déclarée, non il est vrai par le créancier, mais par le débiteur.

Le projet ministériel du 9 février 1897 [2] — qui n'est jamais venu en discussion — s'appropria ces dispositions sous la forme suivante : le propriétaire peut demander à déduire de l'impôt foncier l'impôt sur le revenu des créances hypothécaires ou privilégiées qui grèvent son immeuble ; il paye cet impôt et en reçoit quittance, que le créancier est tenu d'accepter jusqu'à due concurrence en payement des intérêts. Toute stipulation contraire est interdite, et

---

[1] Une loi du 28 juin 1872 avait établi un impôt sur les créances hypothécaires, mais sans déduction correspondante sur l'impôt foncier. Elle souleva des protestations et se heurta à des difficultés d'application qui la firent abroger dès le 30 décembre 1872.

[2] Chambre, *Document*, 1897, n. 2266, p. 251.

considérée comme non avenue. En somme, cela revient à faire deux parts dans l'impôt foncier, et à dire que pour une part le propriétaire pourra en récupérer le montant sur le créancier.

En ce qui concerne les créances chirographaires, il y a deux objections à leur imposition. Tout d'abord la difficulté de les connaître ; dans une législation qui répugne à la déclaration de son revenu global et même de ses revenus partiels par le contribuable, cette difficulté est grave. On n'a pas ici la ressource, comme pour les créances hypothécaires, de demander la déclaration au débiteur : où est l'intérêt de celui-ci à la faire ? On n'a, en échange de l'impôt qui atteindrait le créancier, aucune déduction à lui offrir, et ceci est une conséquence de l'éloignement que nous manifestons pour l'impôt personnel. Dans un système d'impôts réels, on peut bien déduire les dettes qui ont, par la sûreté qui les accompagne, un caractère également réel, mais non celles qui constituent une obligation purement personnelle. Il n'y a point un bien déterminé du débiteur sur lequel porte la créance chirographaire, et dont la dette chirographaire puisse être déduite. C'est une des infériorités des impôts réels. Et ceci nous conduit à la seconde objection : l'imposition des créances chirographaires fera double emploi ; le débiteur payera autant que si, la dette n'existant pas, son revenu global était intact et net ; le créancier touchant un revenu qui a déjà payé l'impôt dans un autre patrimoine, payera une seconde fois en tant que ce revenu sera sien. Ce n'est pas que la situation soit sans exemple dans notre droit fiscal : le dividende de l'actionnaire paye deux fois l'impôt, comme revenu collectif que frappe selon le droit commun la patente, dans le patrimoine social, et dans le patrimoine de l'actionnaire comme revenu individuel que frappe la taxe de 4 p. 100. Mais on comprend qu'on ne soit pas empressé à multiplier des situations qui mettent en relief le défaut d'unité et de logique de nos impôts directs. La Commission extra-parlementaire avait pour ce motif rejeté l'imposition des créances chirographaires. Le projet déjà mentionné du 9 février 1897 les atteignait par une voie détournée en élevant de 0 fr. 05 p. 100 du montant de l'obligation à 0 fr. 15 p. 100 le droit de timbre proportionnel sur le titre de la créance. Mais c'était là un simple expédient, destiné à parer au déficit que laissait, malgré l'imposition des créances hypothécaires, la déduction correspondante accordée au revenu foncier.

4° Il y a enfin des revenus professionnels en grand nombre qui sont indemnes : certains revenus mixtes, à la formation desquels concourent le capital et le travail et qui sembleraient devoir rentrer dans le cadre des revenus assujettis à la patente ; la plupart des revenus du travail, quelques-uns sous la forme de gains, honoraires, les autres sous la forme de traitements, salaires et gages.

Parmi les premiers, quelques immunités mises à part qui sont légitimement fondées sur la modicité habituelle de la profession, il n'y a guère à citer de notable que les profits de l'exploitation des mines et ceux de l'exploitation des journaux et revues, des « feuilles périodiques », selon l'expression de la loi du 15 juillet 1880. Pour les mines, il y a un impôt spécial qui figure parmi les taxes assimilées, la redevance des mines, et qui tient lieu de la patente. Pour les « feuilles périodiques », il y a certes de sérieuses et d'intéressantes considérations à faire valoir sur le rôle de la presse dans notre vie sociale, mais il faudrait autre chose pour justifier un privilège fiscal. La fonction éducatrice que la presse aspire à remplir implique comme premier devoir la soumission au droit commun. On serait d'ailleurs heureux d'être convaincu que dans la discrétion du législateur la crainte n'entre pour aucune part [1].

Parmi les revenus du travail exempts, il en est de tout à fait analogues à d'autres que la patente frappe. Tandis que le médecin, l'avocat, l'ingénieur, l'architecte payent patente, l'homme de lettres, l'auteur dramatique, le peintre, le sculpteur, le musicien, le professeur libre, ne payent point. Cela est difficilement compréhensible ; tous les travaux d'ordre intellectuel doivent être soumis au même régime. D'ailleurs aucune difficulté pratique ; ce serait une simple extension de la patente des professions libérales, qui ne comporte, comme on sait, que le droit proportionnel sur la valeur locative. Ce n'est pas à dire que ce soit là un bon régime fiscal ; c'en est à mon sens un très médiocre que cette taxe de patente sur le loyer venant s'ajouter à la taxe semblable de la contribution mobilière. Mais puisqu'on l'a trouvé assez bon pour les uns, il doit l'être aussi pour les autres ; en acceptant les données de notre législation, constatons qu'elle renferme des inégalités de régime qui ne se justifient pas.

L'autre catégorie de revenus du travail, ce sont les traitements,

---

[1] Dans le projet de révision des patentes actuellement soumis au Sénat, les « feuilles périodiques » sont assujetties à la contribution des patentes, *Journal officiel*, 1900 Sénat, *Documents*, n. 141, p. 468.

gages et salaires. Il y a lieu de faire une remarque, qui s'adresse
d'ailleurs à tous les revenus du travail, quelle qu'en soit la forme
ou la dénomination, et qui précisera la portée de ces observations.
Je n'entends pas me préoccuper ici de savoir s'il conviendrait
d'appliquer un taux d'impôt moins élevé aux revenus du travail
qu'aux autres, et si un tel impôt ne comporterait pas, au point de
vue des revenus taxables, une limite minima. Ces deux questions
de discrimination et d'exonération à la base, j'estime qu'elles se
résolvent par l'affirmative, mais nous les retrouverons plus tard et
sous une forme plus générale. Il ne s'agit pour le moment que de
traiter la question de l'imposition des revenus du travail, abstraction faite des modalités, et en partant des données générales de
notre droit fiscal ; dans un système qui comporte des impôts sur
les revenus, les revenus du travail doivent-ils, en principe, être
indemnes ? Voilà toute la question. Toutefois, il n'est pas douteux
qu'en fait si un impôt de ce genre venait à être établi, il serait
d'un taux bien plus modéré que les impôts qui frappent les revenus
de capital, et qu'il laisserait en dehors de ses prises la presque
totalité des salaires et des gages, et une grande partie des traitements, dont la modicité ne se prêterait guère à un nouvel impôt.
Cela ramène à quelque chose d'assez mince l'importance pratique
de la question, tant au point de vue de l'Etat qu'à celui du contribuable.

Le problème ainsi dégagé des considérations à côté, ne paraît
pas bien ardu. Il est difficile d'apercevoir pour quelles raisons les
revenus du travail seraient en principe indemnes de l'impôt qui
frappe les autres revenus.

On a fait valoir cependant que notre système fiscal se trouvait
précisément satisfaire ici, par son abstention même, à l'idée de
discrimination. Les revenus qui dérivent en tout ou en partie d'un
capital sont frappés deux fois, par la contribution mobilière, impôt
général, et par un impôt spécial qui est la contribution foncière ou
celle des patentes, ou la taxe des valeurs mobilières. Les revenus
du travail ne sont frappés qu'une fois, par l'impôt général ; ils sont
ménagés, comme le veut la théorie de la discrimination, et notre
système fiscal est par là conforme aux données les plus modernes
de la science financière.

Il faut convenir que dans ce cas notre système fiscal serait
moderne sans le savoir et qu'il y aurait là non pas un résultat voulu

et conscient, mais l'effet d'une formation fragmentaire, poursuivie
au hasard des nécessités financières, sans conception directrice.
La justification est d'ailleurs insuffisante. Elle n'aurait de valeur que
si, d'une part, la contribution mobilière était vraiment un impôt
sur le revenu, que si d'autre part les impôts spéciaux qui frappent
les revenus dérivés du capital étaient moins lourds. Or aucune de
ces deux conditions n'est réalisée. La contribution mobilière s'est,
il est vrai, émancipée dans beaucoup de communes des règles
légales au point de devenir une sorte d'impôt sur le revenu sans
principes assurés, mais c'est dans les communes rurales ; dans les
communes urbaines, où est payée et dépensée la plus forte part
des honoraires, gains, traitements, salaires ou gages, la contribution mobilière est demeurée plus conforme aux textes et elle n'est
qu'un impôt sur le loyer, sans corrélation précise avec le revenu.
En outre, elle n'opère qu'un prélèvement en moyenne assez faible
sur les ressources du contribuable : 0,59 p. 100 du chef de l'impôt
d'Etat, 1,05 p. 100 avec l'impôt local [1] ; si l'on veut y joindre la
contribution des portes et fenêtres, cela fait au total respectivement
0,88 et 1,51 p. 100 [2]. Or tandis que les revenus du travail ne paient
que cela, les revenus de la terre payent de plus, en moyenne, impôt
d'Etat et impôts locaux réunis, 12,21 p. 100 ; ceux des maisons,
7,08 p 100 ; les profits commerciaux et industriels 6,19 p. 100 ; les
valeurs mobilières 4 p. 100, si l'on ne compte pas, et 7,83 p. 100
si l'on compte les droits de timbre et de transmission par abonnement [3]. De pareils écarts ne sont pas suffisamment expliqués par
l'idée de discrimination. Il n'est pas équitable que tel directeur de
compagnie industrielle ou financière, à 50.000 ou 100.000 fr. de
traitement, ne soit imposé du chef de ce traitement qu'à la contribution mobilière, tandis que de petits paysans ou de petits rentiers,
comme il y en a tant en France, seront imposés pour leurs champs
ou leurs obligations à des taux extrêmement élevés. Il y a des
revenus du travail fort opulents qui jouissent d'une immunité injustifiable.

Mais par quels procédés le fisc connaîtra-t-il les revenus du travail ? La difficulté est sérieuse dans un système fiscal qui ne veut pas
de la constatation directe et de la déclaration par le contribuable. Elle
apparaît pour tout ce qui n'est pas soit traitements publics, soit traite-

_____

[1,2,3] Commission extra-parlementaire, Procès-Verbaux, *loc. cit.*, p. 1077.

ments servis par des sociétés dès maintenant soumises aux investigations du fisc. Dès lors qu'on ne veut pas demander aux bénéficiaires
des honoraires, gains, traitements, salaires, la déclaration de ce qu'ils
reçoivent, et qu'on ne veut pas non plus la demander au patron pour
ses commis, employés, ouvriers, il faut recourir une fois de plus au
procédé des signes extérieurs [1]. Et quand on parle de signes extérieurs,
il y en a un qui se présente tout de suite, c'est le loyer; il serait d'ailleurs superflu de se mettre en frais d'imagination pour en trouver
d'autres, car c'est ici le seul utilisable. Telle est la conclusion à
laquelle a en effet abouti la commission extra-parlementaire. Elle
proposait : 1° pour les traitements publics et pour ceux distribués
par des sociétés soumises déjà aux investigations du fisc, d'opérer
la retenue d'office; 2° pour tous les autres revenus du travail non susceptibles de constatation directe, de faire porter l'imposition sur la
valeur locative de l'habitation. C'est d'ailleurs le procédé employé
pour taxer celles des professions libérales qui sont assujetties à la
patente. La commission toutefois apportait au procédé indiciaire un
correctif. Beaucoup de gens ont, avec un traitement, d'autres ressources, et imposer leur traitement d'après leur loyer ce serait
appliquer souvent un taux d'impôt exagéré. Aussi la commission,
surmontant la répugnance que le mot même de déclaration semblait lui inspirer, avait-elle admis que le contribuable aurait la
faculté, si la taxe fondée sur le loyer était trop lourde, de faire la
déclaration de son traitement ou plus généralement de ses revenus
de travail, et qu'il serait alors, sous la condition bien entendu de justifier de l'exactitude de ses dires, taxé d'après ses revenus déclarés [2].

La taxation des revenus du travail par le procédé indiciaire avec
le correctif surtout de la déclaration facultative, pourrait être
admise dans un système qui ne comporterait pas d'autre part un
impôt général assis d'après le même procédé. C'était le cas du système proposé par la commission extra-parlementaire, duquel la
contribution mobilière et la contribution des portes et fenêtres
étaient exclues, comme des impôts radicalement mauvais et con-

[1] M. Fernand Faure avait en effet proposé à la commission extra-parlementaire de
demander au patron la déclaration pour le compte des personnes employées par lui;
cette proposition ne fut pas adoptée. Voir séance du 9 novembre 1894, Procès-verbaux, I, p. 533.
[2] Procès-verbaux, II, p. 1057 s.

damnés. Mais le système de la commission s'est trouvé incapable
de fournir un rendement suffisant; il est apparu qu'en fait, pour le
moment, des impôts spéciaux sur les diverses branches de revenus
ne pouvaient pas satisfaire aux nécessités financières, et qu'un
impôt général de superposition était indispensable, si bien que la
contribution mobilière et la contribution des portes et fenêtres,
plusieurs fois condamnées, vivent encore. Tant qu'elles vivront, la
taxation des revenus du travail par le procédé indiciaire sera impraticable. Frapper le loyer sous prétexte d'atteindre le revenu global,
puis le frapper encore comme manifestation du revenu du travail,
cela ne se conçoit guère. Il est vrai que ce double emploi est réalisé
déjà par la coexistence de la mobilière et de la patente, et qu'en
particulier la patente des professions libérales, ne comportant que
le droit dit proportionnel, n'est en fait que la doublure de la contribution mobilière. Mais ce régime soulève de trop légitimes plaintes
pour qu'il puisse être sérieusement question de l'étendre. D'ailleurs
le procédé indiciaire n'est plus dans la période des conquêtes; il
garde ses positions de plus en plus malaisément et il les perdra à
coup sûr tôt ou tard; il n'a plus en lui que la force d'inertie, non
pas l'énergie neuve par laquelle un principe étend ses prises. Nous
sommes donc amenés à constater tout à la fois, et une inégalité de
plus dans notre système d'impôts directs, et l'impossibilité en fait
d'y remédier tant que les bases essentielles du système n'auront
pas été changées.

VI

Des critiques d'un autre ordre peuvent être dirigées contre le
système des impôts directs ; elles concernent la prépondérance
donnée au procédé des signes extérieurs pour la constatation du
revenu imposable.

Il y a de ce procédé trois applications : dans la contribution des
patentes, dans la contribution des portes et fenêtres, dans la contribution mobilière. Dans celle-ci, le signe extérieur, c'est la valeur
locative de l'habitation personnelle; c'est le nombre ou la nature
des portes et fenêtres dans la contribution de ce nom. Dans la contribution des patentes, c'est un peu plus compliqué. La législation
de 1880, faite d'ailleurs sur le modèle de la législation de 1844,
repose sur les quatre principes suivants :

A. A des professions différentes correspondent des profits différents ; d'où la classification des professions d'après leur ordre présumé d'importance.

B. Pour la même profession, les profits tendent à varier en raison de l'importance de la population ; toutefois cela n'est considéré comme exact que pour les professions proprement commerciales qui tirent leur bénéfice en tout ou en partie de la clientèle locale ; la règle ne s'applique pas aux professions industrielles ; donc graduation des taxes selon la population de la commune, mais seulement pour les professions énumérées dans les tableaux A et B.

C. Pour la même profession et dans des communes de population égale, le profit peut être différent ; les indices professionnels qui exprimeront le mieux ces différences individuelles dans le profit réalisé sont notamment : la valeur locative des magasins, ateliers, usines, bref des locaux affectés à l'exercice de la profession ; le nombre des employés ou des ouvriers occupés. Donc il y aura des taxes graduées selon la valeur locative des locaux professionnels, selon les éléments matériels de production, selon le nombre des employés et ouvriers.

D. L'homme qui réalise des profits élevés vit plus largement que celui dont le gain est modique ; notamment il occupe une habitation plus confortable. La valeur locative de l'habitation devra donc entrer en ligne de compte ; pour les professions dites libérales, cette valeur, et celle des locaux professionnels, sont même les bases uniques de la taxation.

De tous les signes extérieurs dont nos lois font état, le plus notable est certainement la valeur locative de l'habitation : il est employé deux fois, dans la mobilière et dans la patente ; comme base de la mobilière, il est présumé manifester l'ensemble du revenu de chacun, et il s'oppose ainsi aux procédés de constatation directe qui fonctionnent en d'autres pays. C'est principalement sur ce signe extérieur que porteront nos observations ; les autres cependant appellent quelques remarques.

* *

§ 1. Il n'y a évidemment qu'une relation assez lointaine entre le nombre des portes et fenêtres d'une habitation et le revenu de l'occupant. C'est un signe extérieur qui vient se greffer sur un autre : la valeur locative est déjà un signe extérieur du revenu, et souvent peu exact, nous le verrons ; le nombre des portes et fenêtres est à

son tour comme un signe extérieur et comme un facteur de la valeur
locative. Le procédé, contestable en lui-même et sous sa forme
simple, le devient plus encore lorsqu'il est élevé à la deuxième
puissance.

On ajoute communément un autre reproche. La taxe des portes
et fenêtres ne tient pas compte de la valeur de la maison ; elle est
aussi lourde pour une maison située dans un quartier pauvre,
éloigné, que pour une maison d'un quartier à la mode, alors que
les habitants de celle-ci seront en général plus riches que les habitants de celle-là. Ce serait donc un impôt moins que proportionnel.
Le reproche est en partie fondé, et c'est pour remédier à ce défaut
de proportionnalité que quelques villes, Paris notamment, ont été
autorisées à répartir la contribution d'après un tarif spécial qui
tient compte de la valeur locative des maisons. Mais il ne faudrait
pas en exagérer la portée. L'établissement, par la loi du 21 avril
1832, de taxes réduites pour les maisons de moins de six ouvertures, a fait à beaucoup d'habitations modestes une situation assez
favorable. Cela ressort d'une expérience curieuse faite par l'administration des contributions directes. Il avait été question, il y a
quelques années, de remplacer la contribution des portes et fenêtres par une taxe représentative calculée à raison de 2,50 p. 100
du revenu net des maisons. L'Administration a fait l'application
fictive de la taxe à 62.509 propriétés ; elle a constaté que beaucoup
de maisons à moins de six ouvertures se trouveraient plus fortement imposées après la réforme qu'avant, et qu'ainsi la contribution des portes et fenêtres avait, dans une certaine mesure, un
caractère progressif ou du moins dégressif [1]. Les résultats de l'expérience font également ressortir que le rapport des taxes actuelles
à la valeur locative des propriétés est extrêmement variable, et
montrent ainsi *à fortiori* quels écarts il peut y avoir entre le taux
de la contribution et le revenu des occupants.

Outre cet inconvénient, la contribution des portes et fenêtres a
celui d'être un obstacle à la mise en pratique des conseils de l'hygiène moderne, qui veut partout l'air et la lumière. Elle peut pousser
à restreindre le nombre des ouvertures dans les maisons ; le grief,

---

[1] Rapport présenté par M. Cavaignac au nom de la Commission du budget de l'exercice 1892 ; Chambre, *Documents*, 1891, n. 1511, p. 1433. Le tableau qui résume les
résultats de l'expérience contient d'ailleurs des erreurs de calcul qui montrent avec
quelle prudence il faut utiliser les statistiques, même officielles.

à force d'avoir été répété, est banal. Il avait d'ailleurs été formulé au cours même de la discussion de la loi du 4 frimaire de l'an VII, sous la forme grandiloquente de l'époque. Théodore François Huguet, membre du Conseil des anciens, s'écriait : « Ne pourrait-on pas trouver un impôt moins rebutant et moins odieux ?... Quoi ! si, pour adorer la divinité au lever du soleil, je veux ouvrir une fenêtre à l'Orient, il faudra payer un impôt ! Quoi ! si, pour réchauffer le corps débile de mon vieux père, je veux faire percer une fenêtre à l'aspect du midi, il faudra payer un impôt ! Quoi enfin ! si, pour me garantir des chaleurs de thermidor, je veux ouvrir une fenêtre au nord, il faudra encore payer un impôt ! [1] » Personne au surplus ne défend la contribution des portes et fenêtres ; mais pour la supprimer, il faudrait une refonte générale des impôts directs.

* *

§ 2. Les signes extérieurs utilisés pour l'assiette de la patente n'ont également qu'une valeur assez faible, quelle que soit l'ingéniosité du législateur à les multiplier pour individualiser l'impôt, et à les modifier pour tenir le système au courant des transformations que subissent sans cesse les procédés commerciaux et industriels. J'ai déjà fait remarquer que les signes choisis n'exprimaient, par la force des choses, qu'une moyenne ; qu'ils ne correspondaient qu'à une simple possibilité de bénéfices, non à des bénéfices réellement effectués ; qu'enfin la contribution des patentes pouvait devenir, par le fait de l'emploi du procédé indiciaire, un impôt progressif à rebours pour des catégories de contribuables qui se trouvent dans des conditions apparentes semblables. Les taxes de patentes ont un caractère forfaitaire ; mais ce n'est pas un forfait individuel, c'est un forfait collectif, qui s'applique non pas au profit moyen de chaque contribuable individuellement considéré, ce qui serait une solution assez satisfaisante, mais à celui d'un groupe plus ou moins étendu, ce qui répond d'une façon beaucoup moins exacte à l'idée de justice distributive. Sans aller jusqu'à la constatation directe du profit, il y a cependant deux éléments dont la connaissance permettrait de serrer la réalité de plus près, c'est le capital engagé dans l'entreprise, expression de la puissance productive, et le chiffre d'affaires. Mais la crainte de mesures qualifiées d'inquisitoriales,

---

[1] Cité par Stourm, *Les finances de l'ancien régime et de la Révolution*, I, p. 267.

qui domine tout notre système d'impositions directes, ne permet pas d'y avoir recours.

Que la patente assise sur les signes extérieurs soit avec le profit réalisé dans une relation très peu précise, c'est ce que reconnaissent ceux-là mêmes qui repoussent les procédés de taxation directe. La commission extra-parlementaire de l'impôt sur les revenus avait adressé aux Chambres de commerce un questionnaire qui leur demandait un avis sur les trois modes de taxation suivants : taxation d'office, système des signes extérieurs, déclaration. Les réponses ont été unanimement favorables au maintien de la présomption assise sur les signes extérieurs [1], mais plusieurs des Chambres de commerce ont reconnu l'inexactitude grave de ce mode de constatation. Celle de Bayonne, par exemple, s'exprime ainsi : « N'arrive-t-il pas fréquemment, dans les professions libérales, aussi bien que dans le commerce et l'industrie, que les moins imposés gagnent beaucoup plus que des confrères ou des concurrents qui payent une plus forte patente? *Dans la pratique, il n'y a donc aucune relation entre le chiffre de la patente et celui du revenu* » [2]. De même, la Chambre de commerce de Marseille. « Certains commerces, certaines industries, peuvent se trouver portés dans le même tableau, dans la même classe, représenter par l'ensemble de leurs installations la même valeur locative, et cependant donner des résultats bien différents » [3]. Enfin M. Delaunay-Belleville, combattant au nom de la Chambre de commerce de Paris la taxation directe des revenus, avouait cependant que l'impôt sur les signes extérieurs n'est pas juste et « qu'il produit des inégalités flagrantes » [4].

Aussi bien suffit-il pour s'en convaincre de lire les rapports parlementaires, très nombreux, qui ont trait aux modifications proposées aux taxes de patente. A l'occasion notamment de la révision quinquennale de 1895, la question a été longuement étudiée, soit à la Chambre des députés, soit au Sénat, et d'ailleurs, nous voici à l'échéance de la révision suivante sans que les propositions issues

---

[1] C'est ce qui s'est produit d'ailleurs toutes les fois qu'on a consulté les Chambres de commerce; en 1880 par exemple, pour la préparation de la loi du 15 juillet, en 1896, lors de la discussion du projet d'impôt sur le revenu de M. Doumer.

[2] Procès-Verbaux, I, p. 318.

[4] Procès-Verbaux, I, p. 339.

[4] *Ibidem*, p. 323.

de celle de 1895 aient été votées. Il en est tout au moins sorti trois rapports extrêmement utiles à consulter[1]; les modifications auxquelles ils concluent ne débordent point le cadre actuel de l'impôt; ce ne sont donc pas des machines de guerre contre le système des signes extérieurs, qu'ils tendent seulement à perfectionner. Or, on y trouve à foison des exemples de taxations aléatoires ou d'inégalités certaines, que ce système engendre naturellement. Nous en emprunterons quelques-uns au dernier en date et au plus complet de ces rapports, celui qu'a présenté au Sénat M. Gauthier.

Les agents de change de Paris sont mieux traités que leurs confrères de province; la patente en principal ne représente pour eux que 0,28 p. 100 du prix des charges, tandis que pour ceux-ci elle représente 0,76 p. 100. La commission du Sénat propose de relever la patente des agents parisiens jusqu'à 0,37 p. 100; à ce taux, ils seront encore favorisés, soit par comparaison aux agents de province, soit par comparaison à l'ensemble des patentables, pour lesquels le principal de la patente représente en moyenne un peu plus de 3 p. 100 du revenu, tandis que pour eux il ne sera encore que de 2,31 p. 100.

On s'est aperçu aussi que les officiers ministériels ne payaient (en principal, comme tous les taux indiqués dans le rapport) que 0,81 p. 100 de leurs bénéfices nets; la commission propose des modifications de tarif qui feront monter le taux à 1,74 p. 100. C'est encore loin du taux moyen général, et d'ailleurs toutes les catégories d'officiers ministériels ne seront pas traitées de même; les greffiers seront frappés d'après le taux de 0,93 p. 100, les avocats au conseil d'Etat d'après celui de 2,22 p. 100; les notaires, avoués, commissaires priseurs et huissiers s'échelonneront à des taux divers entre ces deux extrêmes.

La patente actuelle des facteurs aux halles de Paris (dont le titre officiel est maintenant mandataires aux halles) ne ressort de même qu'à 0,81 p. 100 du bénéfice; entre eux il y a de fortes inégalités, et le taux est moins lourd pour ceux qui, ayant les plus gros cau-

[1] Rapport de M. Dubost au nom de la commission du budget. Chambre, *Documents*, 1895, n. 1459, p. 840. Rapport de M. Moret au nom de la commission chargée d'examiner et de rechercher les améliorations que peut comporter la contribution des patentes. Chambre, *Documents*, session extraordinaire de 1897, n. 2810, p. 199. Rapport de M. Gauthier au nom de la commission des patentes, Sénat, *Documents*, 1900, n. 141, p. 468.

tionnements, font vraisemblablememt le plus de bénéfices, que pour les autres. Pour le groupe de patentables dont le cautionnement moyen est de 5.300 fr. et le bénéfice net moyen estimé à 15.600 fr., la patente est de 233 fr., soit un taux de 1,47 p. 100; pour un autre groupe dont le cautionnement est de 35.000 fr., et le bénéfice de 88.800 fr., elle est de 595 fr., soit un taux de 0,67 p. 100.

Chez les marchands de vins en gros, il y a des résultats extraordinaires. Le rapport de M. Gauthier donne des tableaux qui indiquent à combien se monte la patente par hectolitre vendu. Si l'on ne prend que le droit fixe, on voit que l'hectolitre de vin de champagne et l'hectolitre de vin ordinaire payent la même taxe; que la liqueur et l'apéritif à base de vin payent une taxe six fois moindre que le vin ordinaire. Si l'on prend la patente totale, on voit que le vin mousseux paye moins que le vin ordinaire, que les liqueurs et apéritifs à base de vin payent trois fois moins que le vin ordinaire, et que le vin de champagne ne paye que trois fois plus, alors que les liqueurs et apéritifs à base de vin valent trois ou quatre fois plus, et le vin de champagne quinze fois plus que les vins ordinaires. D'autre part la taxe ressort par hectolitre, pour le marchand qui vend annuellement moins de 200 hectolitres, à un chiffre 124 fois plus élevé que pour le marchand de vin vendant annuellement plus de 50.000 hectolitres. Et si l'on ne considérait que le droit fixe, la différence serait celle de 1 à 482. La commission propose de nouvelles bases de taxation qui, comme toujours, ne feront disparaître qu'une partie des inégalités constatées.

A côté des patentables qu'on surcharge, il y a ceux qu'on dégrève parce que les conditions économiques de leur industrie ou de leur commerce ont changé, et que la présomption de bénéfices à peu près exacte autrefois, ne l'est pas du tout aujourd'hui. C'est le cas des courtiers en laine et des courtiers en soie, des représentants de commerce, des mouliniers en soie, des lapidaires, etc... Le cas des filatures de laine peignée ou cardée est un peu plus compliqué. En 1894, cette industrie demande une diminution de tarif, et en 1895, le gouvernement la propose en effet aux Chambres; mais le projet de 1895 n'est pas encore voté, et la Commission du Sénat s'aperçoit maintenant que la situation économique est devenue plus favorable pour cette industrie; elle ne consent qu'une réduction moindre que celle de 1895. Exemple pris en passant, et qui montre combien l'impôt sur les signes extérieurs est difficile à asseoir dans un système industriel et commercial qui se transforme sans cesse, renversant les présomptions fiscales le plus judicieusement établies. [1]

Les procédés techniques se modifient, et la valeur des indices choisis disparaît du même coup. C'est le phénomène que nous rencontrons dans la papeterie mécanique. « Dans la plupart des usines, dit le rapport, l'ancien outillage a fait place à des engins perfectionnés. L'ancienne tarification ne s'accordait plus avec les transformations subies par l'industrie du papier; il a donc fallu la modifier ». De même pour l'imprimerie : « La presse à bras d'un prix peu élevé, mais ne produisant qu'un travail long, imparfait et coûteux, a fait place dans tous les établissements de quelque importance à la presse mécanique qui assure à la fois la rapidité du tirage, le fini de l'exécution et l'économie de la main-d'œuvre. On ne se trouve donc plus en présence d'une profession manuelle, mais d'une véritable industrie, dont la place est marquée dans le tableau C. ». Il faudrait encore citer les brasseurs et les blanchisseurs, et bien d'autres.

La législation des patentes est la recherche d'un équilibre qui se dérobe toujours. Pour une difficulté résolue, il y en a dix qui apparaîtront demain; pour une inégalité à laquelle on remédie tant bien que mal, combien d'autres qui se forment et se développent incessamment! Avec les lenteurs inévitables du travail législatif, une loi risque d'être déjà vieillie au moment même où elle est promulguée. C'est un véritable travail de Pénélope que la détermination des indices et signes extérieurs en matière de patente. Il n'y a pas de législation plus instable : le Directeur général des contributions directes a pu dire à la commission extra-parlementaire [1] qu'il y avait eu trente-six lois sur la patente depuis celle de 1791. Cette partie de notre droit fiscal est donc un perpétuel devenir, comme le sont les modes mêmes d'activité économique qu'il s'agit d'atteindre. On devra modifier éternellement les bases de taxation déjà tant de fois modifiées, et pour n'obtenir jamais qu'une justice incertaine. Il est impossible de lire les travaux parlementaires si nombreux consacrés à la législation des patentes sans être frappé tout à la fois, et de la conscience, de l'ingéniosité, du sincère et scrupuleux désir de justice avec lesquels est faite la déter-

---

[1] Séance du 5 oct. 1894. Procès-Verbaux, I, p. 324.

mination des tarifs, et de l'aléa, de l'arbitraire, de l'incertitude
quant aux résultats qui y demeurent fatalement attachés. C'est
une justice à laquelle on a mis un bandeau sur les yeux, et qui
procède au petit bonheur.

§ 3. De tous les indices du revenu en usage dans notre droit
fiscal, c'est la valeur locative de l'habitation qui est le principal.
Or c'est un indice aussi peu précis et satisfaisant que les autres.
Son emploi ne pourrait conduire à des résultats acceptables que si
la relation du loyer aux facultés contributives était à peu près constante. Mais c'est une relation très variable, soit que l'on considère
des contribuables habitant des communes différentes, soit que l'on
considère des contribuables habitant la même commune.

1° Elle varie de commune à commune, de région à région. Le
taux des loyers dépend essentiellement des circonstances locales
qui font que le nombre des maisons, c'est-à-dire l'offre, est plus ou
moins considérable par rapport à la population, c'est-à-dire à la
demande; il dépend aussi de la cherté des constructions, c'est-à-dire
de la cherté des terrains, des matériaux, de la main-d'œuvre; il
dépend des habitudes du pays, du degré du confort qu'on est accoutumé de chercher dans son logement, tous éléments qui changent
sensiblement du nord au midi, de l'est à l'ouest et qui varient sous
l'action des multiples causes économiques ou sociales par lesquelles
la distribution de la population dans un pays est sans cesse modifiée. Dans telle ville, délaissée après avoir connu des époques de
prospérité — et cela n'est pas si rare, avec les déplacements de
l'activité industrielle — les loyers seront, comme on dit, à rien;
dans telle autre, que le courant économique porte à son tour à la
fortune, ils seront exorbitants. Une garnison donnée ou retirée
fera la fortune ou la ruine des propriétaires, comme du commerce
local; c'est cette répercussion économique qui allume tant de
passions autour des questions de ce genre; on accorde une garnison
comme autrefois un bénéfice. C'est un fait notoire que dans beaucoup de villes de l'est, et surtout dans les petites villes où le phénomène, en raison de leur peu d'étendue, se manifeste avec le plus
d'intensité, les loyers ont été notablement relevés par la présence
de fortes garnisons. Il a parfois été question d'allouer pour ce motif
des indemnités spéciales aux officiers des régiments stationnés dans
cette région.

D'une façon générale, on peut admettre que le taux des loyers tend à s'accroître avec la population de la commune; il en coûte plus cher de se loger dans une grande ville que dans une petite et dans une petite ville que dans un village. Tous les projets de lois de ces dernières années qui ont pour objet la réforme de la contribution mobilière constatent ce fait. Le projet déposé par M. Cochery au nom du gouvernement le 9 février 1897 [1], nous indique, par catégories de communes selon la population, la valeur locative moyenne d'habitation pour un ménage, valeur qu'on peut considérer comme l'expression la meilleure de la cherté des loyers; elle est de :

80 francs dans les communes de		200 habitants et au-dessous.		
81 —	—	201	— à	500 habitants.
86 –		501	— à	1.000 —
100 –		1.001	— à	2.000 —
138 –	—	2.001	— à	5.000 —
218 ·	—	5.001	— à	10.000 —
265 —	—	10.001	— à	20.000 —
279 ·		20.001	— à	30.000 —
305 ·		30.001	— à	50.000 —
318 ·—	—	50.001	— à	100.000 —
298 ·	—	100.001	— à	200.000 —
340 · ·	—	200.001	— et	au-dessus.
499 —	dans la Ville de Paris.			

La tendance à la hausse en raison de l'importance de la population ressort clairement de ce tableau. Toutefois, il n'en faudrait pas tirer des conclusions trop précises, et s'imaginer qu'on pourrait dégager la loi de cette hausse avec assez d'exactitude pour corriger la défectuosité de l'indice loyer. Il est curieux de remarquer que la valeur locative moyenne est moindre (298) dans les villes de 100.000 à 200.000 habitants que dans celles de 50.000 à 100.000 (318) et même dans celles de 30.000 à 50.000 (305). D'autre part, ce ne sont là que des moyennes qui peuvent cacher une grande diversité de situations locales. Deux communes de la même catégorie peuvent avoir un taux de loyer assez différent; telle commune peut avoir un taux de loyer plus élevé que telle autre appartenant à une catégorie où la moyenne est cependant supérieure. Il n'existe pas à ma connaissance de statistique permettant de faire sur ce point, pour la France, une démonstration

[1] *Journal officiel.* Chambre, *Documents,* 1897, n. 2266, p. 251.

complète. Toutefois, le projet de 1897 donne quelques indications intéressantes : il s'agit encore de catégories, et par conséquent de moyennes ; mais le cercle est plus restreint. On a comparé
par département des communes de même catégorie, et il en est
ressorti la preuve de variations sensibles d'un département à
l'autre. Le travail a porté sur quatre départements et a donné les
résultats suivants :

CATÉGORIES DE COMMUNES	AIN valeur locative moyenne	BASSES-ALPES (id.).	LOIRET (id.).	VOSGES (id.).
1.000 habitants et au-dessous.	87	55	100	61
1 001 à 2.000 habitants . . .	111	96	129	89
2.001 à 5.000 » . . .	154	110	155	13ɜ
5.001 à 10.000 » . . .	»	127	211	199
10.001 à 30.000 » . . .	241	»	»	279

Cette statistique, bien que portant encore sur des moyennes,
accuse déjà des écarts très frappants. Nul doute que des comparaisons individuelles entre communes n'en accuseraient de plus
frappants encore. Chacun sur ce point peut faire appel à sa propre
expérience ; soit qu'on ait résidé successivement dans plusieurs
villes de France, soit qu'on ait fréquenté quelque peu chez les
fonctionnaires civils ou militaires, on n'est pas sans avoir acquis
en ces matières une documentation d'autant plus ample que la
façon de se loger et les difficultés qu'on trouve à le faire selon ses
goûts sont une des plus précieuses ressources de la conversation
mondaine. Une publication de la Direction générale de la statistique d'Italie [1] donne quelques renseignements intéressants sur le
prix des loyers dans différentes villes italiennes ou étrangères.
Voici notamment le prix mensuel d'un appartement de six pièces,
non meublé (voir page suivante).

Il ressort de ce tableau non seulement que d'une ville à l'autre
il y a des écarts considérables, mais que les loyers sont loin d'être
les mêmes dans des villes de même population. Venise et Bologne
ont presque le même nombre d'habitants et les loyers sont plus
élevés dans la première ; Catane, qui a des loyers presque doubles
de ceux de Bologne, a une population beaucoup moindre.

[1] Cité par Dalla-Volta dans son Étude sur l'impôt sur la richesse mobilière en
Italie, *Revue du droit public et de la science politique*, VIII, p. 209 et s.

POPULATION totale de la commune	VILLES	LOYER MOYEN D'UN APPARTEMENT DE 6 PIÈCES, DE 1838 A 1891		
		MAXIMUM (francs)	MOYEN (francs)	MINIMUM (francs)
436.179	Rome.	110—115	80—110	60
518.110	Naples	150	—	60
424.195	Milan	125—160	—	50—67
331.180	Turin	75—83	—	42—55
272.039	Palerme.	58	50	42
211.355	Gênes.	115—100	67	58
198.404	Florence	50—40	—	25—20
146.415	Venise.	65	—	35
143.471	Bologne.	50	—	25
117.519	Catane	100	60	40
2.424.705	Paris	—	335	—
252.106	Bordeaux	—	92	—
176.138	Bruxelles	—	65—25	—
1.578.794	Berlin.	350—150	85—62	31—16
335.186	Breslau	—	34	—
291.374	Leipzig	—	42	—
276.522	Dresde	—	40	—
817.299	Vienne	330—220	165—220	—
155.471	Trieste	154	100	—
4.211.058	Londres.	—	105—75	—

Cette statistique ne peut pas conduire, en ce qui concerne la France, à une démonstration directe; il est clair cependant que les causes de variation qui agissent en Italie agissent aussi chez nous, et que la relation du loyer au revenu n'a rien de stable d'une commune à l'autre.

2° Cette relation n'est pas stable non plus si l'on compare entre eux les contribuables habitant une même commune.

A. Une première cause de variation réside dans l'importance du revenu. C'est un fait généralement tenu pour certain que sur les petits revenus la dépense afférente au logement opère un prélèvement proportionnellement plus élevé que sur les moyens et gros revenus [1]. La dépense, étant de première nécessité, ne se laisse pas comprimer autant que celles qu'on peut qualifier de luxe ou de demi-luxe. La loi de 1791 avait, dans l'établissement de la cote mobilière, tenu compte de ce fait; elle ne frappait pas directement le loyer, comme aujourd'hui; elle concluait du loyer au revenu, et frappait celui-ci : or, le passage du loyer au revenu ne se faisait pas selon une règle uniforme : il fallait, pour obtenir celui-ci, multiplier celui-là par un chiffre qui s'élevait avec la valeur locative.

[1] V. notamment Leroy-Beaulieu, *Traité de la science des finances*, 6ᵉ édition, I, liv. II, chap. VII. — Cf. Held, *Die Einkommensteuer*.

Un.loyer au-dessous de 100 livres étant présumé être la moitié du revenu, on le multipliait par 2 ; un loyer de 100 à 500 livres était multiplié par 3 ; et ainsi de suite jusqu'aux loyers de 12.000 livres et au-dessus qui étaient présumés représenter le douzième et demi du revenu.

L'idée générale qui avait inspiré le législateur de 1891 est exacte ; mais les dispositions destinées à la réaliser étaient tout à fait arbitraires et il est impossible qu'il en soit autrement. On peut bien admettre en gros que la proportion du loyer au revenu varie quand le loyer s'élève, mais c'est une variation qui n'est pas susceptible de mesure précise, et sur l'intensité de laquelle les conditions démographiques locales ont une influence considérable. Une statistique dressée pour cinq villes allemandes le montre clairement [1] :

REVENUS	BERLIN en 1876	HAMBOURG en 1872	BRESLAU en 1880	LEIPZIG en 1875	DRESDE en 1880
Jusqu'à 600 marks	41,6	26,5	28,7	29,9	26,8
De 601 à 1.200 marks	24,7	23,5	21	21,2	18,4
De 1.201 à 1.800 »	21,8	18,9	20,8	19,7	16,3
De 1.801 à 2.400 »	21,6	19,5	19,1	20,4	15,9
De 2.401 à 3.000 »	18,6	18,8	19,7	18,3	15,4
De 3.001 à 3.600 »	21,3	17,9	19,8	16,9	15,3
De 3.601 à 4.800 »	18,6	17,8	18,3	15,5	15,4
De 4.801 à 6.000 »	17,9	18,3	18,3	15,4	14,6
De 6.001 à 12.000 »	15	16,7	13,7	13,1	13
De 12.001 à 30.000 »	11,7	12,2	8,9	8,4	9,9
De 30.001 à 60 000 »	8,8	8,1	3,7	5,5	7,1
Au-dessus de 60.000 marks	3,6	3,9	3,4	1,9	3,9

.La décroissance du rapport n'est pas régulière ; parfois il s'élève au lieu de s'abaisser quand on passe à une catégorie supérieure : ainsi à Dresde, quand on passe de la sixième à la septième ; à Leipzig de la troisième à la quatrième ; à Breslau de la quatrième à la cinquième et de la cinquième à la sixième ; à Hambourg de la troisième à la quatrième et de la septième à la huitième ; à Berlin de la cinquième à la sixième. Il ne faut d'ailleurs pas perdre de vue que le fait d'opérer sur des moyennes donne au phénomène plus de régularité qu'il n'en comporte en réalité, et que la justice en fait d'impôt n'est réalisée que si l'on envisage les situations concrètes individuelles et non les situations fictives que présente l'examen par catégories.

Cité par Hector Denis, *L'impôt*, dixième leçon, p. 206.

Il y a une autre constatation qui inspire une salutaire prudence, et détourne de prétendre en pareille matière poser des lois générales. Elle ressort de l'étude des monographies de famille; les monographies sont ici d'une importance capitale, puisque précisément elles nous mettent sous les yeux des situations réelles, et non, comme les statistiques, le type abstrait d'une catégorie. Or la plupart des budgets ouvriers monographiés selon la méthode de Le Play nous présentent un rapport de la dépense de logement au revenu plus faible que celui qu'on est généralement porté à adopter, et bien au dessous de celui auquel la statistique présentée tout à l'heure permettait de conclure. Pour ne prendre que des budgets parisiens, nous avons celui du compositeur typographe qui donne le rapport 11,2 p. 100; celui du chiffonnier, 9,3 p. 100; celui du charpentier, 8,7 p. 100; celui du tailleur d'habits, 5,2 p. 100; celui du tisseur en châles, 3,3 p. 100; celui du porteur d'eau, 9,3 p. 100; celui du manœuvre à famille nombreuse, 12,2 p. 100; celui de l'Auvergnat brocanteur en boutique, 10,2 p. 100; celui du serrurier forgeron, 9,6 p. 100; celui du brigadier de la garde républicaine, 5,8 p. 100 [1]. Nous voilà bien loin des proportions élevées que la méthode statistique parait établir pour les revenus modestes dans les cinq villes allemandes de tout à l'heure; et s'il faut choisir entre les deux résultats, c'est la méthode monographique qui mériterait ici le plus de créance [2].

B. Un second élément fait varier la relation du loyer au revenu dans la même commune : c'est l'ensemble des circonstances qui pousseront le contribuable à se loger plus ou moins grandement, à habiter tel quartier plutôt que tel autre ; c'est la profession, ce sont les charges de famille, ce sont aussi les goûts et les habitudes de chacun. Il y a des professions qui entraînent la nécessité de paraître, souvent avant que d'être : un appartement élégant et bien situé sera, pour l'avocat, le médecin, l'architecte, un des moyens d'attirer la clientèle riche ; il sera pour le banquier un instrument de crédit. De la profession dépend souvent aussi le quartier qu'on habite ; il n'y a si petite ville qui n'ait son quartier à la mode, où sont les magasins achalandés, où est la vie, le mouvement du pays ;

[1] Cheysson et Toqué, *Les budgets comparés de cent monographies de famille.* — V. *infra*, p. 386.

[2] M. Denis, dans son livre sur l'*Impôt*, évalue à 8,9 p. 100 le rapport de la dépense du logement à la dépense totale dans le budget moyen de l'ouvrier belge *L'impôt*, 5ᵉ leçon, p. 104.

beaucoup de commerçants au détail sont forcés d'y demeurer :
gantiers, chemisiers, cordonniers ou tailleurs à clientèle bourgeoise.
Aux abords, et comme à l'ombre du Palais de justice, on trouve en
toute ville de cour d'appel bon nombre de basochiens. Or il en
coûte plus ou moins cher de se loger selon les quartiers. Il est
vrai que la question ne se pose guère que pour les grandes villes, et
que le développement des transports urbains affranchit de plus en
plus les citadins de ces servitudes professionnelles : libération bienfaisante surtout pour les employés et les ouvriers, dont l'usine ou
le grand magasin ne déterminent plus comme autrefois le groupement à leurs alentours. Les charges de famille du contribuable lui
vaudront de prendre un logement plus grand : dépense accrue,
non revenu plus élevé : la contribution mobilière est plus dure
pour les nombreuses familles que pour les célibataires et les ménages sans enfants. Chacun enfin aménage son budget à sa guise ;
à ressources égales, tel mettra à se loger selon ses goûts tout ce
que sa situation comporte de bien-être et de confort, tel autre ro-
gnera sur cet article de dépense pour se mettre dans un autre un
peu plus au large ; et si des virements de cette sorte sont plus
faciles aux gens aisés qu'aux petites gens, ils ne sont point cependant interdits à ceux-ci. Il y a en France pas mal de budgets modestes qui représentent quelque chose de plus que le tout à fait
strict nécessaire, qui ont une certaine élasticité, dont chacun par
conséquent peut garder son individualité, sa physionomie. Là encore les moyennes statistiques sont trompeuses, qui, en face de chaque catégorie de revenu, mettent un taux correspondant de loyer ;
du haut en bas de l'échelle des revenus, il faut par la pensée
substituer à l'abstraction de ce taux uniforme la réalité d'une multitude de taux divers, dont chacun est la résultante des circonstances qui façonnent le budget du contribuable.

C. Enfin, dans beaucoup de communes, la relation du loyer au
revenu n'est plus seulement variable et incertaine, elle s'évanouit
pour ainsi dire complètement : ce sont les communes rurales, c'est-à-
dire la majorité des communes de France. J'ai antérieurement présenté à ce sujet des remarques et des statistiques qui paraissent
suffisantes ; je n'y reviendrai pas.

* *

§ 4. C'est donc un indice du revenu bien fragile que la valeur
locative de l'habitation ; il est possible que, comme on l'a dit à la

Constituante et comme l'ont répété les économistes, ce soit de tous les signes extérieurs le moins trompeur, mais il l'est encore beaucoup. Cette conclusion peut se vérifier, d'une part, par un nouvel examen des budgets monographiés d'après la méthode de Le Play ; d'autre part, par le rappel de la déviation que, par la force des choses, la contribution mobilière a subie en France.

1° Voici, d'après les données de l'ouvrage de MM. Cheysson et Toqué [1], les taux de la dépense de logement dans un certain nombre de familles ouvrières ; je n'ai relaté ici que des budgets d'ouvriers industriels. Pour chaque famille j'ai indiqué le chiffre total de dépenses, le taux de la dépense de logement, et le nombre des personnes vivant ensemble ; le numéro joint au nom est celui que porte la monographie correspondante dans l'ouvrage en question.

	DÉPENSE totale	Nombre de personnes	Taux de la dépense de logement
	francs		p. 100
Compositeur-typographe de Paris (1)	1.751 10	4	11,2
Chiffonnier de Paris (2)	969 69	3	9,3
Maître-blanchisseur de Clichy (3)	4.957 83	5	2,1
Charpentier de Paris (4)	2.103 88	4	8,7
Carrier des environs de Paris (5)	1.986 01	6	3,5
Tailleur d'habits de Paris (6)	3.348 07	4	5,2
Tisseur en châles de Paris (7)	2.207 80	6	3,3
Débardeur et piocheur de craie de la banlieue (8)	1.841 97	7	3,6
Porteur d'eau de Paris (9)	1.965 39	5	9,3
Manœuvre à famille nombreuse de Paris (10)	2.469 40	11	12,2
Serrurier-forgeron de Paris (12)	3.647 »	7	9,6
Cordonnier de Malakoff (13)	2.132 30	3	10,1
Brigadier de la garde républicaine (14)	3.195 06	4	5,8
Décapeur d'outils en acier d'Hérimoncourt (17)	1.460 59	3	4,8
Monteur d'outils en acier d'Hérimoncourt (18)	1.516 14	3	6,6
Tisserand des Vosges (19)	1.912 83	6	5,2
Charron des forges de Montataire (20)	2.979 80	8	5,0
Faïencier de Nevers (21)	2.261 35	6	8,7
Tisserand de Mamers (23)	543 90	6	10,5
Ferblantier d'Aix-les-Bains (24)	1.819 95	4	9,9
Lingère de Lille (25)	603 »	2	11,9
Eventailliste de Sainte-Geneviève (29)	1.605 29	2	14,6
Gantier de Grenoble (30)	1.924 25	7	3,1

Si l'on met à part quelques exceptions, par exemple deux familles à gain extrêmement faible (n. 23, tisserand de Mamers et n. 25 lingère de Lille), et une famille à gain élevé (maître blanchisseur de Clichy n. 3), il s'agit là de familles qui se trouvent dans les

_____
[1] Cheysson et Toqué, *loc. cit.*

conditions moyennes de la vie ouvrière, qui doivent avoir sensiblement le même niveau d'existence, d'habitudes et de goûts. Or il y a entre elles, au point de vue de la dépense de logement, des écarts notables, et je ne pense pas que l'on puisse dégager la loi de ces variations. La dépense la plus forte (14,6 p. 100) est celle de la famille n. 29, dans laquelle la dépense totale est de 1.605 fr. et qui ne comprend que deux personnes; la plus faible (2,1), celle de la famille n. 3, dans laquelle la dépense totale est de 4.957 fr., mais qui comprend cinq personnes; et, en écartant celle-ci comme exceptionnellement aisée, il y a la famille n. 30, avec une dépense de logement de 3,1 p. 100, une dépense totale de 1.924 fr. et sept personnes. Si l'on prend les six dépenses de logement les plus fortes (n. 1, 10, 13, 23, 25, 29), on y trouve sans doute deux familles à ressources tout à fait modiques (n. 23 et 25), et la famille de onze personnes du manœuvre parisien (n. 10), mais on y trouve aussi le cordonnier de Malakoff (n. 13), famille de trois personnes seulement et dépense totale de 2.132 fr. qui est loin par conséquent d'être parmi les moins aisées. Si l'on prend les six dépenses de logement les plus faibles (n. 3, 5, 7, 8, 17 et 30), il y figure à la fois la famille du décapeur d'outils en acier (n. 17) avec trois personnes seulement, et les familles du débardeur (n. 8) et du gantier (n. 30), l'une et l'autre avec sept personnes. Il y a dans ce même groupe deux familles de six personnes et une de cinq, tandis que, dans le groupe à dépenses de logement fortes, il y a deux familles de deux personnes, et une de trois. Le cas des deux familles d'Hérimoncourt est particulièrement curieux : métiers similaires (décapeur et monteur d'outils en acier), deux chiffres presque égaux de dépense totale (1.460 fr. 59 et 1.516 fr. 14), même nombre de personnes dans la famille (trois). Dans l'une, cependant, le taux de la dépense de loyer est de 4,8 p. 100; dans l'autre, il est de 6,6 p. 100.

Il n'y a point dans tout cela de rapports constants et nécessaires. Rien n'est plus propre que cet examen à faire apparaître l'incertitude de l'indice loyer ; et cette conclusion se fortifie de ce qu'il s'agit là de budgets modestes où toutes les dépenses sont un peu à l'étroit, dans lesquels il n'y a que peu de marge laissée au libre choix et aux goûts personnels dans l'affectation des ressources. La différenciation des budgets individuels croît avec leur importance, et en même temps décroît la valeur de l'indice loyer.

2° L'impossibilité de frapper équitablement le revenu à travers
le loyer se révèle encore par le déviation que dans la pratique
a subie la contribution mobilière. L'application stricte des dispositions légales qui prescrivent de répartir, dans chaque commune,
le contingent (après déduction du montant des cotes personnelles)
au prorata de la valeur locative, aurait conduit à des résultats
tels qu'elle ne se fait point dans la plupart des communes : presque 34.000. La statistique a été antérieurement donnée. Un membre de la commission extra-parlementaire de l'impôt sur les revenus
a exposé à ses collègues, avec la compétence technique d'un ancien
contrôleur des contributions directes, comment les choses se passent en dehors des villes. La citation est un peu longue, mais vaut
la peine d'être faite intégralement [1] : « Voici ce qui se passe : le
contrôleur lit la matrice mobilière, il énumère les noms et les bases
de l'imposition. A un moment, il est arrêté par des répartiteurs qui
lui disent : Monsieur le Contrôleur, comment? Jean-Pierre n'a que
10 francs pour sa cote mobilière, pour sa maison ? — Mais oui, dit
le contrôleur. — Mais ce n'est pas assez! On procède alors à des
comparaisons, on va chercher quelques maisons de valeur locative
égale, et le contrôleur prouve que Jean-Pierre, à 10 francs, est suffisamment imposé. Seulement les répartiteurs disent : Permettez!
nous connaissons la situation de cet homme ; s'il continue à habiter
la maison de son père, c'est peut-être par insouciance, par avarice,
mais il n'est pas logé comme il devrait l'être ; cet homme est riche,
il peut payer, il faut que vous augmentiez sa cote et, en même
temps, vous allez avoir l'obligeance de diminuer la cote de tel
autre, d'Antoine qui, lui, a des charges de famille, qui a été malheureux ces dernières années. Nous savons que sa maison vaut
autant que celle de Jean-Pierre, mais nous vous demandons ces
modifications parce que c'est la justice même ».

L'écart entre l'impôt tel qu'il est et l'impôt tel qu'il devrait être
selon l'ordre de la loi est considérable. Nous avons sur ce point
une enquête faite en 1894 par l'administration des contributions
directes sur la demande de la commission extra-parlementaire. On
a recherché quelles seraient les conséquences de la situation de
droit substituée à la situation de fait dans la répartition de la contribution mobilière ; les expériences ont été faites dans six commu-

---

[1] Procès-Verbaux, séance du 29 octobre 1894, I, p. 478.

nes appartenant à six départements différents : Calvados, Côtes-du-Nord, Dordogne, Loiret, Meuse et Pas-de-Calais. Le nombre des chefs de famille imposés à la cote mobilière dans ces six communes était de 732 ; en substituant la valeur locative réelle d'habitation aux bases actuelles de la répartition, on obtenait les résultats suivants : 350 contribuables subissaient une augmentation et 382 bénéficiaient d'une diminution. Ce qu'il y a d'intéressant, et ce qui montre bien quelles corrections heureuses les mœurs ont ici apportées à la loi, c'est que sur les 350 contribuables augmentés, il y en avait 41 dans une situation très peu aisée, 155 réputés peu aisés, 124 aisés et 30 très aisés. Quant aux 382 contribuables diminués, ils se répartissaient ainsi : 22 très peu aisés, 175 peu aisés, 147 aisés, 38 très aisés [1]. L'emploi rigoureux de la valeur locative comme base de répartition aurait donc eu pour effet de rehausser la taxe de 196 contribuables dont la situation comportait des ménagements, et de diminuer celle de 185 contribuables aisés ou riches.

D'ailleurs, ce n'est pas seulement au dernier degré de l'échelle, pour la répartition individuelle, que la pratique s'est montrée réfractaire à l'emploi de la valeur locative. Le même phénomène s'est produit pour la répartition des contingents entre les départements, les arrondissements et les communes; elle ne s'est jamais faite et ne se fait pas à l'heure actuelle au prorata des valeurs locatives. La Constituante n'avait pas à sa disposition les éléments statistiques nécessaires pour opérer une répartition de ce genre; les contingents furent distribués, comme ceux de la contribution foncière, sur la base des impôts directs et indirects payés par chaque généralité, d'après un système assez compliqué qu'il est inutile d'exposer ici en détail. La loi du 3 nivôse an VII (23 décembre 1798) fixa les contingents : pour un tiers, à raison de la population; pour deux tiers, à raison du montant par circonscription de la contribution des patentes; ce procédé, aussi empirique que le précédent, dura jusqu'en 1820. La loi du 23 juillet 1820 vint décider qu'à partir de 1821 les contingents seraient répartis au prorata des valeurs locatives. Cette disposition conforme à la logique ne put pas être exécutée; elle aurait modifié trop de cotes individuelles et lésé trop d'intérêts. Dès 1821, le gouvernement

[1] Procès-Verbaux, séance du 16 novembre 1894, II, p. 594.

est obligé de demander dans la loi de finances l'ajournement de la
nouvelle détermination des contingents, et d'année en année le
sursis est prorogé, si bien que la Révolution de 1830 arrive sans
que la question résolue en droit par la loi de 1820 ait été résolue
en fait. Le Gouvernement de Juillet la reprend. La loi du 26 mars
1831 sépare la contribution personnelle de la contribution mobi-
liaire, laisse à celle-ci son caractère d'impôt de répartition et fait
de la première un impôt de quotité ; elle ne vécut qu'un an, et fut
remplacée par la loi du 21 avril 1832 qui est encore le texte organique en la matière. La loi de 1832 a réuni de nouveau les deux
contributions, et décidé que la répartition des contingents se ferait
d'après trois éléments : un tiers au prorata du montant des cotes
personnelles ; un tiers au prorata des anciens contingents ; un tiers
au prorata du montant des valeurs locatives [1]. La répartition
actuelle procède encore de celle-là.

On ne s'étonnera peut-être pas beaucoup que ces bases de répartition qui subsistent depuis soixante-dix ans aient eu à l'origine un
caractère provisoire. Elles n'avaient été adoptées que comme un
pis-aller, et la loi même de 1832 ordonnait qu'il serait présenté
aux Chambres, dans la session de 1834, un nouveau projet de
répartition, et que celle-ci serait ensuite révisée tous les cinq ans.
Cette partie de la loi de 1832 est restée, comme la loi de 1820, inexé-
cutée. Des délais successifs furent demandés par le gouvernement
en 1834 et en 1835. Une loi du 14 juillet 1838 prescrivit un recensement complet des habitations et des valeurs locatives ; l'opération fut commencée en 1841, et suscita dans plusieurs villes, à
Toulouse, à Lille, à Grenoble, à Clermont-Ferrand, des troubles
graves et parfois sanglants. Les résultats de ce travail restèrent
d'ailleurs inutilisés. Le seul effort vers la péréquation qui ait été
fait, c'est les dispositions de la loi du 4 août 1844 ; cette loi décide
que les contingents départementaux doivent être diminués du
montant des cotisations afférentes aux maisons détruites, et augmentés proportionnellement à la valeur locative des maisons nouvellement construites et reconstruites ; l'augmentation est du ving-

---

[1] Ce mode de répartition n'était prescrit que pour la formation des contingents
départementaux. Pour celle des contingents d'arrondissements et de communes, les
conseils généraux et d'arrondissement devaient faire état seulement du nombre des
personnes passibles de la cote personnelle et des valeurs locatives telles que les
avaient déterminées les opérations faites de 1821 à 1829.

tième de la valeur locative réelle. Il s'agit là d'une péréquation à
longue échéance, qui ne serait accomplie que le jour où toutes les
maisons antérieures à l'application de la loi de 1844 auraient été
remplacées par des maisons construites depuis cette date; péréquation à si longue échéance que, par le seul effet du temps qui
s'écoule et du changement que les années apportent à toutes choses, elle se défait par un bout à mesure qu'elle se fait par l'autre,
des valeurs locatives estimées en 1830 ou en 1860 n'étant évidemment plus les mêmes en 1900. Le recensement général des valeurs
locatives, poursuivi de 1887 à 1889 en vue de la réforme de l'impôt
foncier des propriétés bâties, a été le point de départ de plusieurs
propositions de péréquation soumises aux Chambres; aucune n'a
abouti. Il a paru préférable de garder les anciennes bases de
répartition, tout empiriques et insuffisantes qu'elles fussent, plutôt
que d'en adopter de nouvelles qui, pour être plus logiques, n'auraient pas été en fait meilleures, et auraient troublé, sans profit
appréciable pour l'idée de justice, beaucoup de situations acquises.
On aurait, non pas guéri, mais changé les infirmités de l'impôt[1].

La valeur locative n'a donc pas réussi à prendre ou à garder la
place qui théoriquement lui était assignée dans l'organisme de la
contribution personnelle mobilière, soit au point de vue de la détermination des contingents, soit au point de vue de la répartition
individuelle. C'est la condamnation par les faits de la valeur locative
comme indice du revenu; l'idée de la faire servir à atteindre l'ensemble des facultés contributives est une conception purement
logique, qui ne s'est jamais transformée en réalité pratique. La
contribution personnelle mobilière n'a pu jouer le rôle d'impôt sur
le revenu qu'à la condition d'être infidèle aux textes légaux qui la
régissent; en tant qu'elle reste conforme à la loi, et fondée par
conséquent sur la valeur locative, elle n'est qu'un impôt de consommation sur la dépense d'habitation[2].

(*A suivre*).   H. Truchy.

---

[1] Sur la péréquation des contingents, voyez : Rapport de M. Jules Roche au nom
de la Commission de la Chambre chargée d'examiner le projet de M. Dauphin,
Chambre, *Documents*, 1887, p. 728, n. 1758. — Rapport de M. Cochery au nom de la
Commission du budget de l'exercice 1895, Chambre, *Documents*, 1894, p. 980, n. 764.
— Léon Say, *Dictionnaire des finances*, v° *Péréquation*.

[2] Cf. sur l'appréciation de la valeur locative comme base d'un impôt sur le revenu
Wagner, *Finanzwissenschaft, dritter Theil*, § 191-194; Schäffle, *Die Steuern, besonderer Theil*, § 169.

L'AGRICULTURE MODERNE ET SA TENDANCE A S'INDUSTRIALISER

Suite [1].

LE PREMIER CHEF D'INDUSTRIALISATION

*L'accroissement de la puissance d'absorption quant au capital et au travail
des entreprises agricoles modernes.*

SOMMAIRE. — L'agriculture moderne s'industrialise en ce sens qu'elle absorbe dans
ses entreprises plus de capitaux et de travail que l'agriculture d'autrefois. Double
proposition résumant les conditions de l'agriculture actuelle quant aux capitaux et
au travail qu'elle emploie : *a)* possibilité d'apports nouveaux de capital et de travail
dans les entreprises agricoles avec, pour ces nouveaux apports, une rémunération
non inférieure à celle obtenue par les incorporations antérieures; *b)* nécessité
impérieuse, comme condition du succès, de réaliser ces apports nouveaux là où il
est établi qu'ils donnent un rendement proportionnel.

I

La puissance d'absorption du sol accrue quant au capital et au travail; le système
des avances. Pourquoi ce système peut paraître dangereux; la loi du rendement
moins que proportionnel en agriculture limitant l'effort de l'homme. Origine et
développement de la formule de décroissance chez les économistes proprement dits
et chez les représentants de l'économie rurale; l'adhésion de Roscher. Les contradicteurs de la loi; la formule de *saturation* opposée à la formule de *décroissance;*
celle-ci, caractéristique du passé; celle-là, caractéristique du présent. La part de
vérité que contient la formule de décroissance. Portée relative de la loi qui réserve
les progrès de la technique agricole : la limite où commence la décroissance n'est
pas immuable; l'agriculture *s'industrialise* quand elle recule cette limite. Comment
l'agriculture a reculé cette limite à l'époque actuelle; l'œuvre de l'agriculture moderne quant au sol et quant à la plante; le résultat incontestable : l'accroissement
du produit brut; l'augmentation au moins correspondante du produit net, la preuve
dans les faits, les chiffres d'une monographie-type : la ferme de Fresne. Comment
ont été rémunérés à Fresne les apports nouveaux de capital et de travail.

II

Nécessité impérieuse, comme condition de succès de réaliser les nouveaux apports,
là où il est établi qu'ils donnent un rendement non décroissant. Les causes de cette
nécessité, à savoir la baisse du prix des produits et l'augmentation des frais de production sous l'influence de l'élévation du prix de la main d'œuvre. La vérification
de la formule par l'étude de la monographie de Fresne. Le salut cherché dans la
répartition des charges sur un produit brut porté au maximum. Conclusion qui se
dégage de l'étude des faits rangés sous le premier chef d'industrialisation : l'accroissement de la puissance d'absorption des entreprises agricoles; la régularité plus
grande des rendements. Que l'agriculture prise dans son ensemble est loin d'avoir
atteint la limite, à partir de laquelle les incorporations de capital et de travail cessent

---

[1] V. *Revue d'économie politique,* février 1901, p. 105 et suiv.

d'obtenir une rémunération proportionnelle. Pourquoi il n'est pas à souhaiter qu'elle atteigne trop vite cette limite, en imitant ce qu'on a appelé l'agriculture d'avant-garde.

« *Plus on dépense par hectare jusqu'à la limite nécessaire pour obtenir le maximum de produit brut en argent, que comportent les milieux économiques, moins on dépense par quintal ou par hectolitre récolté* » [1]. Celte formule de Lecouteux trouve sa place naturelle en tête d'un chapitre qui ne saurait être autre chose que le commentaire de cette proposition. Elle met en relief ce qu'il y a de vraiment original dans la conception nouvelle, que l'agriculture de nos jours s'est faite de ses conditions de succès ; elle traduit en loi une vérité entrevue et sentie souvent d'une façon plus ou moins confuse, qui gagne à être rendue avec cette précision scientifique.

La formule correspond à l'ordre d'idées que nous avons cherché à dégager précédemment ; elle nous montre l'agriculture, surtout dans nos pays de vieille civilisation, opérant sur des terres, où l'homme a créé comme une seconde fertilité, fruit de son labeur, à côté de la fertilité naturelle, terres pour lesquelles, quand on analyse les facteurs de la production et quand on décompose les éléments ayant collaboré au produit total, on constate que la part devant être attribuée à l'action de l'homme tend à s'accroître de plus en plus par comparaison à celle de la nature. La formule est comme un acte de foi en la puissance créatrice des entreprises agricoles, dans lesquelles l'action de l'homme, sous forme d'incorporation au sol de capital et de travail, prend une place chaque jour plus considérable ; elle traduit toute une transformation comme orientation de l'agriculture et aussi comme conditions du fonctionnement des entreprises agricoles. La formule suppose en effet que cette intervention chaque jour plus active de l'homme dans l'œuvre

[1] Lecouteux, *Cours d'économie rurale*, 2e édit., II, p. 449. Rapprocher la formule donnée quant à la production du bétail : « *Plus on dépense par tête de bétail et par quintal vivant jusqu'à la limite nécessaire pour obtenir le maximum de produit brut en argent que comportent les milieux économiques, plus on abaisse le prix de revient du bétail et de ses produits* ». Au cours des développements qui vont suivre, nous raisonnerons, en nous en tenant à peu près exclusivement à l'ordre d'idées auquel se réfère la première formule, celle indiquée au texte. Nous raisonnerons sur l'hypothèse de la culture proprement dite et de l'incorporation au sol du capital et du travail, laissant au lecteur le soin de faire application des idées exposées aux hypothèses auxquelles se réfère la formule relative au bétail.

de la production agricole s'appuie sur des données rationnelles;
elle suppose à la tête des entreprises agricoles des hommes instruits
à la fois des progrès techniques de la pratique agricole et des
conditions économiques du milieu où ils opèrent et réglant sur cette
double série d'éléments la conduite de leur exploitation. Il est
évident que cette activité de l'homme doit être d'autant plus rigoureusement dirigée d'après des données rationnelles, que cette activité s'affirme d'une façon plus intense, sous peine de voir capital
et travail incorporés au sol ne donner que des résultats inférieurs
à l'effort dépensé. Or tout cela est relativement nouveau.

Il fut un temps où l'agriculture n'était pas tenue pour une industrie exigeant des capitaux et l'intervention d'hommes instruits;
c'était un métier de pauvres gens réservé à peu près exclusivement à ceux qu'on appelait avec un certain dédain *les paysans,*
successeurs des pagani et des serfs courbés sur la glèbe, sorte de
race inférieure vouée à la routine, à l'ignorance, et dans ce métier le travail des bras jouait le principal rôle; le cultivateur,
c'était surtout celui qui, suivant l'antique croyance, fécondait le
sillon de la sueur de son front. Le capital, l'intelligence, allaient à
l'industrie, séduits par le merveilleux essor que le développement
de la grande industrie et le perfectionnement incessant de son
outillage donnaient à la production manufacturière. Ce qu'il fallait,
pour vivifier l'agriculture et la sortir de l'ornière où elle se traî-
nait, c'était ramener à elle une partie des forces vives que l'industrie avait à peu près en totalité confisquées à son profit. Ceux-là
le comprirent, qui entreprirent une sorte de croisade pour la propagation d'une idée nouvelle : celle d'une agriculture régénérée
appelant à elle le capital et l'intelligence, c'est-à-dire incorporant
au sol des capitaux dans une mesure beaucoup plus large, pour
exploiter la fertilité ainsi créée par l'œuvre de l'homme à côté de
la fertilité naturelle et pour appliquer à l'exploitation du sol des
méthodes rationnelles basées sur des données scientifiques.

L'agriculture avait pu vivre plus ou moins misérablement en
s'en tenant à sa conception primitive; les conditions économiques
nouvelles lui imposaient une transformation radicale : elle devait
appeler à elle les capitaux. La terre, comme l'usine, réclamait des
avances des agriculteurs, et le mot est singulièrement expressif,
car il implique une idée de crédit, de confiance dans le sol et dans
son aptitude à faire valoir les capitaux qui lui sont confiés.

On place des capitaux dans l'entreprise agricole comme dans l'usine, pour obtenir un accroissement de la puissance productrice. C'est en ce sens que l'agriculture *s'industrialise*. C'est avec ce premier sens que le mot revient sans cesse dans toutes les publications, brochures, discours, dont les auteurs s'ingénient à organiser le crédit agricole [1], c'est-à-dire à mettre à la disposition de l'agriculture les moyens d'augmenter sa puissance de production.

Pratiquement, l'idée se traduit par des chiffres que l'expérience a fixés. Quand il s'agit pour un individu de se lancer dans une entreprise agricole, on lui indique comme condition initiale la nécessité d'apporter un capital de tant, proportionnel à l'étendue du sol qu'il veut exploiter. De tout temps, sera-t-on tenté de dire, la culture du sol a été soumise à ces exigences qui n'ont par conséquent rien de moderne. Du jour où l'homme a entrepris de défricher le sol et de le cultiver, au lieu de se contenter des productions spontanées, il lui a fallu un matériel et si rudimentaire fût-il, ce matériel a constitué l'embryon de capital qui avec le temps s'est développé. Les choses ont marché depuis, et le capital d'une ferme moderne est autrement considérable que celui de l'exploitant primitif. Mais le principe est resté le même; ce qui a varié, ce sont les chiffres. Il y a là une application particulière d'une loi plus générale qui régit tout le développement de la civilisation.

Sans doute l'observation ainsi présentée contient une part de vérité; mais ce qui est nouveau dans la conception moderne et ce qui nous semble mériter d'être dégagé comme tel, c'est d'abord la possibilité à l'heure présente, dans l'état actuel de la technique agricole, avec les perfectionnements qu'elle a reçus, la possibilité pour l'agriculture d'absorber des quantités de capital et de travail beaucoup plus considérables qu'autrefois, en promettant aux nouveaux apports une rémunération non inférieure à celle des capitaux et du travail antérieurement employés. Cette rémunération reste

---

[1] Comp. toute la discussion sur le crédit agricole au Congrès international d'agriculture de 1889. Comptes-rendus sténographiques, p. 248 s. La même idée de capital confié au sol est traduite encore par la formule d'*industrialisation* au cours de la discussion sur l'indemnité pour plus-value en fin de bail par M. Baudrillart : « Il faut pousser l'agriculture dans la voie de l'industrie », et par M. Tellier : « L'agriculture sera industrielle ou elle ne sera plus ». Congrès international, p. 245.

proportionnelle jusqu'à une limite, qui a été singulièrement reculée
depuis un demi-siècle surtout et qui est susceptible d'être reculée
progressivement encore dans l'avenir.

C'est en second lieu la nécessité impérieuse, là où il est constaté
qu'il y a place pour une nouvelle incorporation au sol de capital et
de travail avec rendement proportionnel à l'effort dépensé, de
pratiquer cette incorporation. Cet apport supplémentaire dans ces
conditions n'est pas facultatif; il s'impose en ce sens que c'est
grâce à lui qu'on obtient par l'élévation du produit brut l'accroissement du produit net; il est la condition du succès de l'entreprise.

Ainsi possibilité de nouvelles incorporations au sol de sommes
considérables de capital et de travail avec rendement proportionnel
et là où cette possibilité est constatée, caractère obligatoire de cet
apport, telle est la double proposition qui résume à notre avis la
conception de l'agriculture s'industrialisant au premier sens que
nous avons reconnu au mot [1].

Cette double proposition, il nous faut maintenant l'établir, sous
peine d'être accusé de jeter l'agriculture dans une voie dangereuse.
D'aucuns lui prédisent les déceptions les plus cruelles et la veulent
mettre en garde contre ceux qui la leurreraient d'espoirs trom-
peurs, et pour cela ils lui crient qu'avant d'appeler à elle de
nouveaux capitaux, elle doit méditer la loi qui régit sa production,
celle du *rendement moins que proportionnel*. Il nous faut examiner
ce que vaut l'avertissement et chercher sur quoi reposent les
craintes de ceux qui ont dressé devant le monde agricole, comme
une sorte d'épouvantail destiné à le paralyser, cette célèbre loi du
rendement moins que proportionnel du capital et du travail en
agriculture. S'il est vrai que cette loi avec le sens qu'on lui donne
gouverne la production agricole, elle impose aux cultivateurs la
plus grande prudence et ce n'est qu'avec une extrême réserve
qu'ils peuvent augmenter leurs apports de capital et de travail.

---

[1] Le lecteur pourra constater, en lisant les formules données au texte, que l'application
de la loi présentée n'est pas donnée comme uniVerselle. Nous connaissons l'histoire
des mécomptes de certaines entreprises de culture à gros capitaux, nous ne l'oublions
pas. Ces faillites retentissantes laissent intact le principe, car, pour toutes ces entreprises, on pourrait établir que leur insuccès a tenu à ce qu'on a Voulu faire de la culture
à gros capitaux là où elle n'aVait pas place, parce que précisément le sol n'était pas
capable de donner un rendement proportionnel à l'effort dépensé, parce qu'il n'était
pas capable d'absorber utilement les quantités de capital et de travail qu'on a Voulu y
incorporer.

Sans nier que la puissance de production du sol ne soit susceptible d'être considérablement accrue du fait de l'homme confiant à la terre capital et travail, on a observé que ce crédit ne saurait être indéfiniment accru, qu'il était des limites à la faculté d'absorption par le sol du capital et du travail ; que si par exemple l'incorporation d'une somme de 1.000 fr. dans un hectare de terre sous forme de capital proprement dit et de travail donnait un produit de 200 fr., on n'était pas en droit de conclure de ce résultat qu'avec une incorporation de 2.000 fr. on obtiendrait nécessairement un produit de 400 fr. Autrement dit, en doublant, triplant les doses de capital et de travail appliquées à une étendue de terre qui reste constante, on ne double pas, on ne triple pas nécessairement le rendement. A la différence de l'industrie, où la proportionnalité entre le rendement et l'effort dépensé serait susceptible sans être indéfinie, d'être maintenue et poussée très loin, dans le domaine agricole on arriverait très vite à la décroissance et à la non proportionnalité du rendement par rapport à la dépense et cette infériorité de l'agriculture est devenue une sorte d'axiome consigné dans une formule souvent répétée : *Le produit de la terre, passé une certaine limite, n'est pas proportionnel à la quantité de capital et de travail* [1] ; ou encore : *quoique en général chaque augmentation de travail fasse augmenter le produit, en agriculture, cette augmentation n'est pas en proportion de celle du travail* [2].

Si la formule est exacte, on voit tout de suite de quelles conséquences elle est grosse. On ne pourrait conseiller à l'agriculture l'incorporation au sol de nouvelles quantités de capital et de travail qu'avec une extrême prudence, sans jamais perdre de vue la loi qui régirait la production agricole et la placerait dans un état d'infériorité vis-à-vis de la production industrielle : ce ne serait que sous cette réserve qu'on pourrait parler de l'industrialisation de l'agriculture. Quelle est donc la véritable portée de la formule ; ne renferme-t-elle pas certaines exagérations et quelle est la part de vérité qu'elle contient ? Questions préjudicielles à examiner. Après quoi, si nous reconnaissons exacte comme principe la loi de décroissance dans le domaine agricole, nous aurons à rechercher dans quelle mesure les progrès réalisés par la technique agricole

---

[1] Garnier, *Traité d'économie politique*, 7ᵉ édition, p. 90.
[2] Senior, *Lectures*, 5ᵉ proposition.

ont reculé la limite, où commence à s'appliquer la loi de décroissance, et par conséquent diminué d'autant l'opposition entre la production agricole et la production industrielle.

La loi du rendement décroissant, présentée comme régissant le
domaine de la production agricole, est d'origine anglaise ; elle
fait partie de cet ensemble de propositions pessimistes, qui ont valu
à la science anglaise son surnom de science de malheur (lois de la
rente. de la population, des salaires). C'est du reste Ricardo lui-
même, qui, au cours de son exposé de la théorie de la rente, a émis
d'une façon incidente l'idée sur laquelle repose la loi [1].

A propos de la théorie de la rente et pour faire apparaître la
seconde cause génératrice de la rente, Ricardo touche à la théorie
du rendement décroissant. Il indiqué que la différence de rendement des capitaux successivement incorporés au sol constitue une
rente au bénéfice des premiers capitaux par comparaison avec les
capitaux incorporés par la suite. Ricardo s'en tient là, car pour lui
ce qu'il y a d'intéressant, c'est la rente et la théorie du rendement
décroissant n'est que l'accessoire [2].

[1] Toute la théorie de la rente est basée, on le sait, sur cette observation qu'il existe
entre les terres des différences de fertilité et que les besoins croissants de l'humanité
contraignent l'agriculture à appliquer ses efforts à des terres de fertilité décroissante,
de sorte qu'après avoir cultivé les terres nos 1, 2, 3 (le numéro correspondant au degré
de fertilité), on descend successivement aux numéros 4, 5, 6, etc. Le fait de descendre un nouvel échelon a pour conséquence l'apparition d'une rente au bénéfice de la
terre classée au degré immédiatement précédent et l'augmentation de la rente existante
au bénéfice de toutes celles classées plus haut.

Or avant d'étendre la mise en culture de la terre 1 à la terre 2, qui par hypothèse
donne 20 p. 100 de moins comme produit, il y aura intérêt, dit Ricardo, à consacrer
les capitaux, au lieu de les employer à la terre 3, à augmenter la productivité du
champ 1. *Le produit ne sera pas doublé par l'emploi d'un capital double*, mais la
diminution de rendement ne sera peut-être que de 15 p. 100 par rapport au rendement
du premier capital et comme employé dans la terre 2, le capital subit une diminution
de 20 p. 100; comme rendement, il y a encore bénéfice à opérer ainsi. Ricardo ne fait
qu'indiquer en passant, en la donnant du reste comme une chose certaine, la décroissance de productivité des capitaux successivement incorporés dans un même sol. Il ne
cherche pas à la démontrer. Ricardo, *Œuvres complètes, Collection des principaux
économistes*, XIII, p. 42, 43. Guillaumin.

[2] Il convient de rappeler qu'à peu près à la même date que Ricardo, Malthus et surtout Edward West, formulaient la loi du rendement décroissant. Malthus l'indiquait à
plusieurs reprises dans ses *Principes d'Economie politique*, chap. III, sect. II et
sect. V; mais, comme Ricardo, il avait surtout en vue la théorie de la rente et n'abor-
dait la loi du rendement décroissant qu'à propos de la rente et à titre accessoire. West
lui consacre plus de place dans son *Essay on the application of capital to land*.
(Londres, 1815). Après avoir rappelé que la division du travail et l'emploi des machines
augmentent la productivité du travail et du capital, il ajoute que dans le domaine agri-

C'est Stuart Mill qui a réduit en loi l'observation de Ricardo et qui a donné à la théorie toute son ampleur en lui consacrant un chapitre entier dans ses *Principes d'économie politique* [1]. Voici le passage capital : « Après une certaine période peu avancée dans le progrès de l'agriculture, aussitôt qu'en réalité l'espèce humaine s'est adonnée à la culture avec quelque énergie et y a appliqué des instruments passables, depuis ce moment, la loi de la production résultant de la terre est telle que dans tout état donné d'habileté et d'instruction agricole, *le produit ne s'accroît pas dans une proportion égale;* en doublant le travail, on ne double point le produit; on peut exprimer la même chose en d'autres termes : *tout accroissement de produit s'obtient par un accroissement plus que proportionnel dans l'application du travail à la terre.* Cette loi générale de l'industrie agricole est la proposition la plus importante de l'économie politique » [2].

Du passage précédent de Stuart Mill, il importe de ne pas négliger les premières lignes; elles nous montrent l'économiste anglais convaincu que l'agriculture est entrée depuis longtemps déjà dans la phase du rendement décroissant, car il y a longtemps que « l'espèce humaine s'est adonnée à la culture avec quelque énergie et y a appliqué des instruments passables »; or ce serait depuis cette époque qu'au dire de Mill aurait commencé à se faire sentir la loi du rendement moins que proportionnel. Sans doute à l'application de cette loi Mill admet bien qu'il peut être apporté des atténuations temporaires. « Même après que la terre a été cultivée avec assez de soin pour que la simple application d'un nouveau travail ou d'une quantité additionnelle d'engrais donnée ne rapporte pas

---

cole on se heurte à un obstacle. Là on n'obtient pour un terrain donné un accroissement de productivité qu'au prix de sacrifices proportionnellement plus considérables que le résultat acquis et de ce chef se trouvent plus que neutralisés les heureux effets de l'application des machines et de la division du travail. Comp. Cannan, *The origin of the law of diminishing returns. The economic journal,* mars 1892, p. 65 s. Valenti, *La base agronomica della teoria della rendita.* Bologne, 1896, p. 79.

[1] *Principes d'économie politique,* traduction Dussard et Courcelle-Seneuil. Paris, Guillaumin, 1873, 3e édit., I, p. 203 s.

[2] *Ibidem,* p. 204. Les mêmes formules avec des variantes insignifiantes reviennent au cours du chapitre. Par exemple, p. 214: « A mesure que la population augmente et qu'on fait des efforts plus persévérants pour forcer la puissance productive de la terre, *toute quantité nouvelle de matériaux et de subsistances doit s'obtenir par une augmentation plus que proportionnelle de travail* », et p. 209 : « Cette doctrine *que le produit de la terre, toutes choses égales d'ailleurs, n'augmente qu'au prix d'un travail proportionnellement plus grand,* est plus souvent ignorée que contestée ».

un revenu proportionné à la dépense, il peut encore arriver que l'application d'une quantité nouvelle beaucoup plus considérable de travail et de capital en vue d'améliorer le sol, même au moyen de drainage et d'amendements, soit aussi libéralement récompensée par le produit qu'une portion quelconque du capital et du travail déjà employés » [1]. Stuart Mill reconnaît donc qu'en face de la loi de décroissance il y a une force antagonique, celle du progrès. Chaque perfectionnement dans la production notamment combat l'application de la loi de décroissance, et Mill appelle cette force antagonique la marche générale de la civilisation. Elle comporte en effet des éléments complexes : à côté des causes qui agissent directement à l'encontre de la loi de décroissance, il en est d'autres qui ne la combattent que d'une façon indirecte. Mais, de toute façon, pour Mill, ces causes n'arrivent pas à neutraliser la loi de décroissance. Des deux forces opposées, celle qui pousse au rendement décroissant finit par l'emporter sur celle qui combat la décroissance pour quiconque embrasse le développement général et ne s'attache pas à une période limitée dans le temps. Après une suspension momentanée, la loi de décroissance reprend son cours, quand un accroissement ultérieur de la population exige une quantité encore plus considérable d'aliments ; la nouvelle augmentation n'est alors obtenue qu'à l'aide d'un emploi plus que proportionnel de travail et de capital.

Infiniment plus brillantes apparaissent par contre les perspectives ouvertes à l'activité humaine dans le domaine industriel et ici va se marquer l'opposition. Stuart Mill constate que sans doute les matériaux de l'industrie sont tous tirés de la terre, et que, par conséquent, en dernière analyse, la loi de diminution régit le monde industriel comme le monde agricole, mais il observe que le prix de la matière première, ne formant généralement qu'une très faible portion du prix entier de fabrication, la part du travail agricole dans la production des marchandises fabriquées n'est qu'une faible fraction de l'ensemble du travail dépensé dans le produit. La grosse part du travail appartient à la fabrication proprement dite. Or, en ce qui concerne le travail de fabrication, l'application de la division du travail et le perfectionnement des machines, les

[1] *Principes...*, p. 208.
[2] *Principes...*, p. 215.

inventions, toute une série de causes, en un mot, tendent à en augmenter la puissance de production. Dans l'industrie, une seule
cause tend à diminuer la puissance productive du travail et c'est
relativement la moins importante, toutes les autres tendent à la
développer et ce sont précisément les plus importantes.

On saisit nettement l'opposition et le contraste et les destinées
de l'agriculture apparaissent d'autant plus tristes qu'on dépeint
plus brillantes celles de sa rivale. A cette infériorité l'agriculture
n'aurait qu'à se résigner. Inutile pour elle de chercher à se révolter contre ce qui est présenté comme une conséquence de la nature
des choses. L'infériorité de l'agriculture est irrémédiable, elle tient
à ce que le rôle de l'élément agent naturel prédomine dans le
domaine agricole, alors que sa place est beaucoup moindre dans le
domaine industriel.

Comment l'école anglaise a-t-elle été amenée à formuler ses conclusions pessimistes sur la productivité du travail appliqué à la
terre? Il est facile, je crois, de le déterminer.

Il y a eu d'abord une première cause : l'influence de la conception générale de la rente du sol et l'exagération du concept de
fertilité naturelle. Il ne faut pas oublier en effet que la loi de
décroissance a été formulée à titre incident par Ricardo au cours
de son exposé de la théorie de la rente et présentée comme partie
intégrante de cette théorie, puisqu'elle explique l'une des hypothèses de rente. Or, la théorie de la rente a eu pour effet de tenir en
quelque sorte les économistes anglais hypnotisés sur la fertilité
naturelle du sol ; ils ont attaché à celle-ci une importance capitale
plus grosse qu'elle n'a en réalité. L'agriculture leur est apparue
avant tout comme exploitant les qualités naturelles du sol; l'idéal
pour elle serait de n'être que cela, car, quand elle veut être autre
chose, c'est-à-dire créatrice de fertilité, elle produit plus chèrement
que la nature. Le capital et le travail qui opèrent sur l'élément
fertilité naturelle, s'emploient dans des conditions plus rémunératrices que le capital et le travail qui créent une fertilité artificielle
pour ensuite s'exercer sur elle. Les premiers capitaux et la première mise de travail sont consacrés à exploiter la fertilité naturelle, ce qui est employé par la suite est utilisé dans des conditions
moins avantageuses, partant donne un rendement décroissant. Une
pareille déduction apparaît comme éminemment logique, étant donné
le point de départ, l'exagération de la notion de fertilité naturelle.

Il y a un privilège pour les terres les plus fertiles par rapport aux terres inférieures ; il y a aussi un privilège pour le capital et le travail incorporés d'abord au sol par rapport aux quantités incorporées par la suite.

Voilà où conduisait l'enchaînement logique des idées. Il faut ajouter que d'autre part les faits ont exercé leur action sur l'élaboration de la théorie. C'est un phénomène, qui, du reste, a été à maintes reprises signalé que celui qu'on a l'occasion de constater ici. Il est presque sans exemple qu'une doctrine économique ne porte pas l'empreinte du milieu dans lequel elle a été élaborée, parce que l'esprit humain a une tendance à généraliser les résultats pratiques qu'il lui est donné de constater et à les réduire en loi. Or, quand Mill, après Ricardo, formulait la loi de décroissance, l'un et l'autre subissaient l'influence des faits. L'agriculture de leur temps ne connaissait pas les méthodes qui ont renouvelé l'agriculture dans la seconde moitié du xixᵉ siècle. On n'avait pas de notions suffisantes pour utiliser rationnellement la faculté qu'a le sol d'absorber capital et travail ; on concluait que cette faculté d'absorption était très limitée, c'est-à-dire qu'on généralisait les résultats qu'on avait sous les yeux. Ceux qui pratiquaient le régime des nouvelles incorporations obtenaient sans doute un produit brut plus élevé, mais le supplément ainsi obtenu était payé plus cher que le produit antérieurement obtenu, auquel il venait s'ajouter. Le travail et le capital, auxquels on devait ce supplément, avaient rendu proportionnellement moins que le travail et le capital précédemment engagés.

La chose était sensible surtout quant à l'incorporation au sol des quantités additionnelles de capital sous forme d'engrais. On ne connaissait guère alors que le fumier. Celui-ci coûtait cher, obtenu par l'augmentation du bétail nécessitant de grosses soles de racines et de fourrages et surtout il avait l'inconvénient de ne pas restituer au sol, dans une proportion correspondant à ses besoins, les éléments nécessaires. Pour apporter au sol sous forme de fumier la quantité d'acide phosphorique dont il a besoin, on est amené à apporter un excédent d'azote ; dépense improductive et parfois nuisible, parce que souvent l'excès d'azote entraîne la verse pour les céréales et retarde la maturité [1]. Telles étaient pourtant les

---

[1] Grandeau, *Journ. d'agric. prat.*, 1899, I, p. 562. — Cpr. *Der Betrieb der deutschen Landwirtschaft*, traduction française, p. 106.

conditions de l'agriculture au temps de Mill. Rien d'étonnant à ce
que les capitaux employés sous cette forme défectueuse aient paru
soumis à la loi du rendement décroissant, qui semblait régir également la productivité du travail supplémentaire incorporé au sol,
car on n'avait pas alors les instruments puissants et perfectionnés
qui permettent aujourd'hui de réaliser économiquement des opérations jadis onéreuses [1]. Voilà comment des faits qu'il lui était donné
d'observer, Mill n'hésitait pas à dégager la loi du rendement moins
que proportionnel des capitaux et du travail en agriculture [2].

De la loi de décroissance admise comme une espèce de dogme par
les maîtres de la science économique, les spécialistes de l'économie rurale s'emparèrent à leur tour, comme s'ils voulaient prendre
à tâche de décourager les hommes de pratique qui seraient tentés
de la méconnaître. Roscher notamment, après avoir fait observer
qu'un plus fort produit brut ne garantit pas toujours la supériorité
du produit net, formule inattaquable présentée en ces termes,
admettait l'idée de décroissance comme loi de la production agricole. Il consentait à reconnaître que la loi pouvait fléchir en pré-

[1] L'observation est surtout frappante pour les opérations dites de défoncement.
Celles-ci, sans parler de leur application à la reconstitution du vignoble, ont joué un
rôle capital dans les régions à betteraves et à céréales, en permettant ce que Lecouteux a
appelé la conquête du sous-sol et les Allemands la *culture en profondeur* (*Der Betrieb*,
p. 101 de la traduction française). Or ce n'est guère qu'au commencement de la seconde
moitié du XIXe siècle qu'on a construit les charrues dites défonceuses. Il suffit de rappeler les discussions que suscita leur apparition, vers 1860, quand Vallerand, à Moufflaie
dans l'Aisne, se constitua le champion des défonceuses. V. *Journ. d'agric. prat.*, 1860,
II, p. 93 s., 193 s. — L'application de la vapeur au labourage de défoncement n'est
devenue pratique que dans les vingt-cinq dernières années. En 1868, fut, pour la première fois, employé en Allemagne près de Magdebourg un appareil de labourage à
vapeur (V. *Der Betrieb*, p 102 de la traduction française). D'autre part, les opérations
superficielles, qui jouent un grand rôle dans la culture moderne spécialement au printemps, non seulement en détruisant les mauvaises herbes, mais en activant la nitrification par l'ameublissement du sol, ne sont devenues économiques que pratiquées
mécaniquement. Or l'introduction des différentes variétés d'instruments de cet ordre
a suivi la généralisation des semis en ligne avec les semoirs mécaniques et tout ce
mouvement n'a pris son véritable essor qu'à une date postérieure au temps de Mill.
Voir chiffres des enquêtes décennales sur le matériel agricole de 1862, 1882, 1892.
Statistique de 1882, p. 399 ; de 1892, p. 409 et 410.

[2] Avec Mill ou à sa suite, toute une lignée d'économistes adopta comme un axiome
la loi de décroissance. Dans leurs *Traités généraux d'économie politique*, Senior,
Rossi, Garnier la reproduisent presque sans la discuter (Senior, *Lectures*, vo *Proposition* ; Rossi, *Cours d'écon. polit.*, I, p. 115 ; Garnier, *Tr. d'écon. polit.*, 7e édit., p. 90.
Plus près de nous, on retrouve la loi adoptée par Nazzani, *Saggio sulla rendita fondiaria*, p. 9 ; par Loria, *La rendita fondiaria*, p. 2 ; par Walcker, *Land and its Rent*,
p. 13.

sence de progrès techniques, mais il revenait vite à l'idée maîtresse, quand il écrivait : Tout systéme de culture intensif n'est possible qu'à la condition du renchérissement du produit [1], formule laconique qui implique à la base du raisonnement comme prémisse la loi de décroissance [2].

Aussi on semblait dire aux cultivateurs : prenez garde, une loi inexorable pèse sur vous qui vous interdit les longs espoirs et les vastes pensers ; sans cesse, il faut vous souvenir que la nature a posé une limite à la puissance productive de votre travail. Une fois cette limite atteinte, le résultat cessera d'étre proportionnel à votre effort. Ne prenez donc pas pour l'expression d'une vérité absolue le conseil que le fabuliste a mis dans la bouche du laboureur mourant à l'adresse de ses enfants :

> TraVaillez, prenez de la peine,
> C'est le fonds qui manque le moins.

La formule n'est vraie que d'une vérité relative. Les économistes sont tenus à plus de précision et à plus de rigueur que les poètes, ils remplissent leur rôle, quand ils remettent au point les formules quelque peu hasardées des profanes et Lafontaine, pour êtrę exact, aurait dû faire intervenir dans son petit cours de culture intensive la notion du rendement moins que proportionnel corrigée par l'augmentation du prix des produits.

Des développements de Roscher, c'est bien en effet une doctrine de prudence et de réserve qui se dégage et lui-même le précise, quand il déclare la culture intensive possible seulement à la condition préalablę d'un renchérissement du produit. Or, depuis vingt-cinq ans, nous avons assisté, les statistiques agricoles en font foi, à une baisse sensible dęs denrées agricoles. Si la formule de Roscher est exacte, la période que nous traversons est éminemment contraire au développement de la culture intensive, celle-ci exigeant un renchérissement des produits. Or il se trouve justement que la période en question a été en fait celle du développement le plus actif de la culture intensive sous l'impulsion de théoriciens qui ont

---

[1] Roscher, *Traité politique d'économie rurale,* traduct. Vogel, § 33, p. 121.

[2] Voici en effet comment doit être restitué le raisonnement complet. L'accroissement de produits qu'on obtient aVec une culture intensiVe est au point de vue de la quantité du produit inférieur à l'effort dépensé. Il faut donc que l'élévation dans la Valeuŗ du produit compense l'infériorité dans la quantité obtenue. On a produit plus chèrement, il faut, pour que l'opérątion ne soit pas désastŗeuse, Vendŗe plus chèrement aussi.

pris le contrepied de la formule de Roscher. Roscher avait dit : La culture intensive n'est possible qu'avec le renchérissement des produits ; l'école adverse est venue dire : En face de l'abaissement des produits, cherchez votre salut dans la culture à gros produit brut obtenu par les gros apports de capital et de travail, là est le remède à la crise et il semble bien que les faits aient donné raison à l'école nouvelle.

Est-ce à dire que la loi de décroissance soit fausse? D'aucuns l'ont pensé. Ils ont repris les données du problème et ils sont arrivés à substituer des formules optimistes aux formules pessimistes de leurs prédécesseurs. Ici encore, nous le verrons, il y a l'influence des faits qui s'est exercée et peut-être s'est-on trop hâté de généraliser les résultats vraiment merveilleux qu'offraient certaines exploitations ; mais à supposer que l'on soit allé trop loin dans ce mouvement de réaction contre les doctrines antérieures, il est incontestable que la doctrine nouvelle a été une doctrine féconde par les progrès qu'elle a inspirés et les initiatives qu'elle a suscitées.

De tout temps, il faut le reconnaître, la théorie de la décroissance a rencontré des contradicteurs. Sans parler de Carey et de sa discussion des doctrines ricardiennes, qu'il eut le tort de conduire trop exclusivement au point de vue de l'ordre des cultures, à l'époque même de Stuart Mill, Jones [1] émettait des doutes sur la prétendue rigueur scientifique de la loi du rendement moins que proportionnel ; mais les coups les plus rudes ont été portés à la loi de décroissance par Valenti, qui a consacré à la discussion de la loi toute la seconde partie de son livre *La basa agronomica della teoria della rendita*.

Après Jones, Valenti a très nettement dégagé l'idée qu'il existe

---

[1] *An essay on the distribution of wealth and on the sources of taxation* Londres, 1831. Jones a entrevu une vérité que Valenti a par la suite dégagée avec plus de précision et cette vérité il l'a rendue dans une comparaison assez ingénieuse. Il est incontestable, a-t-il dit, que la puissance de production du sol a une limite, non définie du reste, et susceptible d'être reculée avec le progrès de la culture. Mais de ce que cette limite existe, on n'est pas en droit de conclure que l'homme, avant de l'atteindre, et au fur et à mesure qu'il s'en rapproche, voit nécessairement ses efforts n'obtenir qu'une rémunération décroissante. Nous savons que la taille de l'homme est limitée et qu'au-dessus d'un certain point, la croissance se fait au détriment de la force. Est-ce une raison pour soutenir que l'enfant qui croît pour arriver à sa stature normale perde à chaque pouce gagné un peu de sa force et que chaque pouce acquis par l'enfant pour atteindre sa stature normale le soit au prix d'une diminution de force croissante? *Op. cit.*, p. 201 s.

une limite que dans un état donné la production agricole ne peut dépasser. C'est ce qu'il appelle la loi de *saturation,* qui domine toutes les formes de l'activité humaine, loi universelle et générale que Schæffle a mise en relief. Mais il se refuse à admettre que, jusqu'à ce que cette limite soit atteinte et au fur et à mesure qu'on se rapproche de ce point de saturation, le rendement du capital et du travail en agriculture soit nécessairement décroissant. Roscher après Thünen a fait la part trop belle à la théorie de la décroissance et s'est rendu la démonstration trop facile avec son exemple célèbre, emprunté à l'application de capitaux successifs sous forme d'engrais. Un demi pouce d'épaisseur d'engrais sur un acre de terre augmentant la récolte de moitié, un second demi pouce ne donnerait plus que trois huitièmes d'augmentation, un troisième un quart, etc. [1]. On fait apparaître très vite les phénomènes de décroissance quand on raisonne sur un champ donné et sur l'application du capital ou du travail sous une forme unique.

Ce sont là des raisonnements d'hommes de pure théorie et ce n'est pas ainsi qu'il faut envisager le problème, en considérant une forme unique d'application de capital et de travail au sol, pas plus qu'il ne faut envisager l'application du capital et du travail en bloc pour une exploitation. L'un et l'autre procédés ont le tort de ne pas tenir compte de la réalité des faits. Or, dans la pratique, capital et travail reçoivent les affectations les plus variées. Sur un même domaine, une partie des terres peut avoir besoin d'être drainée, une autre irriguée, une partie réclame des opérations de défoncement, pour l'autre elles sont inutiles. A côté de ces premières séries d'emplois du capital du travail, il y en a une foule d'autres, le marnage, le chaulage, l'application de toutes les matières fertilisantes, après le fumier, les engrais chimiques, apport d'azote, d'acide phosphorique, de potasse, etc. Enfin, à côté des emplois du capital sous forme d'application directe au sol, l'emploi du capital sous forme de constructions agricoles [2]. Les variétés sont

---

[1] Roscher, *Grundlagem der Nationalökonomie,* 17ᵉ Auflage, p. 377.

[2] De toutes les applications du capital à une exploitation agricole, celles qui semblent conduire le plus rapidement à l'idée de décroissance, sont celles qui consistent en constructions. On a maintes fois signalé l'erreur commise dans des installations de corps de bâtiments auxquels ont fait défaut les récoltes à emmagasiner. Si les vrais cultivateurs font en principe prévaloir les incorporations directes au sol et leur exploitation sur les autres emplois, ils reconnaissent que l'amélioration de leurs cours de ferme spécialement quant à un meilleur aménagement de leurs fumiers ou l'établisse-

quasi infinies [1]. Le praticien au courant des besoins de son exploitation parcourt, peut-on dire, toute la série de ces applications si
variées, il passe de l'une à l'autre. Sa science consiste à ne pas
dépasser pour chacune d'elles le point où il y a saturation. Moyennant quoi il n'y a pas de raison pour que la quatrième, la cinquième forme d'incorporation de capital et de travail à une exploitation donne des résultats inférieurs aux précédentes, et on peut
raisonner de même pour un champ déterminé. Après une opération
de drainage, il y aura chaulage, puis apport d'azote, d'acide phosphorique, etc, puis ces mises de fonds seront comme fécondées en
quelque sorte par un système de culture profonde, etc. Ici encore il
n'y a pas de raison pour que les dernières opérations soient moins
productives que les premières et voilà comment Valenti est conduit à affirmer la loi de saturation avec rendement proportionnel
jusqu'à la limite de saturation.

Valenti, subissant lui aussi l'influence des faits, traduit sous
forme de loi les résultats obtenus dans les exploitations les plus
avancées de notre époque. Il constate que pratiquement les cultivateurs, qui connaissent et les ressources de la science moderne et
les forces pour ainsi parler de leur exploitation, arrivent à doser
en quelque sorte leurs incorporations successives de capital et de
travail, de façon à ne pas dépasser le point où ces incorporations
atteignent leur maximum d'effet utile. Il constate que cette précision de dosage est devenue possible. Il généralise les résultats
obtenus.

N'y a-t-il pas dans sa formule une part quelque peu exagérée
faite à l'optimisme? Peut-être bien, à côté d'une grosse part de
vérité cependant. Il n'y a pas sans doute de raison pour que les
opérations variées qu'énumère Valenti et que le cultivateur mo-

---

ment d'une fosse à purin pour recueillir les déjections liquides peuvent être un emploi
essentiellement productif pour le capital ainsi employé. MM. Dehérain et Grandeau
ont signalé quelle était du chef du mauvais aménagement des cours de ferme en
France la perte d'azote annuelle qu'il faut ensuite compenser par l'apport de matières
que nous expédie l'étranger, spécialement le Chili sous forme de nitrate de soude.
M. Grandeau considère que nous pourrions économiser annuellement une somme de
120 millions de francs par un meilleur aménagement des fumiers. Valenti, *op. cit.*;
p. 103.

[1] Valenti a dressé la liste des emplois que peut recevoir ainsi le capital et le travail
dans une exploitation, je renvoie à son énumération, *op. cit.*, p. 92 s. Elle se trouve
indiquée dans les traités d'économie rurale, tels que ceux de Lecouteux ou de Piret,
Cpr. encore Squarey, *L'agriculture en Angleterre*, le capital de la ferme, p. 168.

derne peut effectuer en s'appuyant sur des données rationnelles
ne soient pas également productives, se succédant les unes aux
autres. Mais il faut tenir compte de ce fait aussi que dans la pratique le cultivateur qui série ses applications successives réalise
d'abord celles qui lui paraissent avoir le caractère d'utilité le plus
manifeste, à savoir les plus productives, réservant les autres pour
plus tard et ne leur donnant que les derniers rangs. Or ceci ne
ramène-t-il pas à l'idée de décroissance par une voie indirecte?

Voilà pourquoi nous ne croyons pas que l'on puisse rejeter
radicalement la formule de Mill et pourquoi dans une certaine mesure il faut en tenir compte. La formule, au surplus, ne l'oublions
pas, est trop souple et trop élastique pour pouvoir être condamnée. Il y a, en effet, dans la formule, un tempérament qui en
atténue singulièrement la portée, puisque les plus convaincus
parmi les tenants de la loi de décroissance admettent que la limite,
le point où commence à se produire la décroissance, n'est pas
immuable; qu'il est des périodes où les progrès nouveaux de la
technique agricole permettent de nouvelles incorporations au sol
avec rendement proportionnel.

Dans ces conditions, la loi de décroissance perd beaucoup de
son importance, car, quand on veut pratiquer de nouvelles incorporations au sol, si l'on est tenté de se laisser arrêter par la loi, on
doit se rappeler qu'il est des périodes où la loi est suspendue
comme application, parce que le point de décroissance a pu être
reculé et que, dans ces conditions, la loi ne condamne pas nécessairement tout nouvel emploi de capital et de travail à être moins
productif que les emplois antérieurs.

Ce qui est plus dangereux que la formule même, c'est l'état d'esprit qu'elle dénote et les tendances qu'elle implique. Celui qui est
pénétré de cette idée que sauf progrès constaté et certain, l'emploi
de nouveaux capitaux en agriculture n'est pas destiné à recevoir
une rémunération proportionnelle à l'effort dépensé, celui-là sera
toujours un timoré ; il se demandera toujours s'il est en face d'une
de ces circonstances nouvelles qui entraînent la suspension du jeu
de la loi. Il manquera de confiance dans le sol et dans sa vertu
fécondante quant à un crédit à lui ouvert. Voilà où est le danger. La
formule de Valenti implique au contraire une franche confiance
dans le sol et dans sa productivité accrue, elle élargit l'horizon du
cultivateur que l'autre formule rétrécit et c'est ce qui fait à notre

avis son incontestable supériorité. L'une et l'autre des deux formules correspondent à des étapes différentes dans le développement des conditions agricoles. La formule de Mill nous semble correspondre au passé, celle de Valenti au présent, sinon pour elles-mêmes d'une façon absolue, du moins par les tendances qu'elles révèlent.

Ainsi tout en réservant ce qui est plutôt question de tendance, il nous semble que des deux formules on peut dégager une idée commune sur laquelle on est d'accord. De chaque côté, quelle que soit la formule à laquelle on s'attache, on reconnaît que la puissance d'absorption du sol est susceptible d'être développée et que, par conséquent, de ce chef peut être diminuée l'infériorité traditionnelle de l'agriculture par rapport à l'industrie, dont la puissance d'absorption est plus considérable. Nous sommes donc en droit de dire que l'agriculture s'industrialise, lorsque nous constatons qu'elle augmente sa puissance d'absorption quant au capital et au travail ; peu importe la formule sous laquelle on traduit ce résultat, qu'on dise qu'elle recule le point où commence le rendement moins que proportionnel ou bien qu'on dise qu'elle recule le point où se produit la saturation. L'essentiel, c'est le résultat.

Les hommes de pratique, sans prendre grand souci de ces discussions d'ordre plutôt théorique, ont su mettre à profit les découvertes et les enseignements de la science contemporaine. Sous son impulsion, ils ont renouvelé leurs méthodes, perfectionné leur outillage et ainsi depuis un demi-siècle, surtout depuis vingt-cinq ans, s'est merveilleusement développée la puissance productrice des entreprises agricoles, absorbant et s'assimilant des quantités considérables de capital et de travail. Nous allons constater comment l'agriculture moderne a développé sa puissance productrice et sa puissance d'absorption liées l'une à l'autre, en retraçant, dans ses grandes lignes, l'œuvre double qu'elle a accomplie et quant au sol et quant à la plante.

(*A suivre*).

Joseph HITIER,

Professeur adjoint à la Faculté de droit
de l'Université de Grenoble.

CHRONIQUE LEGISLATIVE

Mars 1901.

I. Débats parlementaires.

§ 1. Chambre.

Projet de loi relative au contrat d'association.

La Chambre a continué la discussion du projet de loi relative au contrat d'association et l'a définitivement voté le 29 mars. Je lis dans certaines feuilles que c'est une loi de liberté ; il suffit, pour s'édifier à cet égard, d'en citer deux textes, l'article 2 et l'article 13.

Art. 2 : « Les associations de personnes *autres que les associations religieuses* pourront se former librement, sans autorisation ni déclaration préalable ; mais elles ne jouiront de la capacité juridique que si elles se sont conformées aux dispositions de l'article 5 ».

Art. 13 : « *Aucune congrégation religieuse ne peut se former sans une autorisation donnée par une loi,* qui déterminera les conditions de son fonctionnement ». — Si la loi s'était bornée à refuser la personnalité civile aux associations ou congrégations qui n'auraient pas rempli les conditions prescrites par elle et même à prendre des garanties contre l'extension de la mainmorte, nous n'aurions pu que l'approuver. Mais déclarer que toute association pourra se fonder librement *à l'exception des associations religieuses* (art. 2) ; défendre à des citoyens de se réunir pour vivre en commun, *quel que soit leur nombre,* si leur objet est la prière (art. 13), et, par surcroît, interdire l'enseignement à quiconque appartiendrait à une association religieuse non autorisée (art. 14), ce n'est pas faire une loi libérale, mais une œuvre de sectaire, c'est raviver de gaieté de cœur les querelles religieuses : nous espérons encore, pour l'honneur de la liberté et pour la paix publique, que ce projet sera grandement amendé par le Sénat.

§ 2. Sénat.

Proposition de loi sur l'exportation et l'importation des blés et la création de bons d'importation. — Proposition de loi ayant pour objet de garantir leur travail et leurs emplois aux réservistes et aux territoriaux. — Projet de loi tendant à autoriser la ville de Paris à établir une taxe directe sur la valeur locative des locaux commerciaux et industriels. — Projet de loi sur les patentes.

Nous annoncions dans notre dernière chronique le commencement d'une importante délibération sur une proposition, votée par la

Chambre, concernant l'exportation et l'importation des blés et la création de bons d'importation et en même temps l'échec de cette proposition, que le Sénat a repoussée après une très ample et très intéressante discussion. C'était, nous l'avons dit, tout simplement une prime d'exportation que l'on demandait d'instituer sous le nom de bon d'importation. Le Sénat a entendu quelques excellents discours ; celui du ministre de l'agriculture a été particulièrement serré et incisif.

Le ministre a reconnu le bien fondé de certaines critiques adressées au fonctionnement de l'admission temporaire et il a résumé l'économie du nouveau projet soumis par lui au Conseil supérieur de l'agriculture : le projet consiste à obliger l'importateur à payer immédiatement le droit et à interdire la faculté de remise en entrepôt, c'est-à-dire que si l'obligation d'exporter n'est point exécutée dans le délai de deux mois, le droit de 7 fr. restera acquis ; enfin le projet prescrit à l'importateur de faire connaître le nom de son exportateur à la douane, qui en prendra note, et celui dont le nom a été donné devra exporter lui-même, c'est-à-dire apurer la soumission de l'importateur.

Le ministre a répondu ensuite aux différents arguments invoqués à l'appui de la proposition et il a fait ressortir le peu de logique qu'il y aurait, parce que certaines institutions sont critiquables, au lieu de les améliorer ou de les changer, à en faire une à côté, qui serait sans doute plus critiquable que les autres. Et le ministre s'est attaché à mettre en évidence le caractère tout à fait exceptionnel et anormal de la mesure proposée. Supposez, a-t-il dit en terminant, qu'on exporte 10 millions de quintaux — ce n'est pas un chiffre énorme — ; le Trésor décaissera 70 millions de francs : au profit de qui ? Admettons que le blé augmente de 2 fr., il y aura 20 millions pour les producteurs de blé ; les 50 autres millions iront aux intermédiaires, aux spéculateurs ! Et puis, si vous augmentez de 2 fr. le quintal de blé, vous augmentez le pain de deux centimes le kilogramme : sur la consommation générale de la France, cela représente 160 millions !

Le Sénat a refusé, par 176 voix contre 103, de passer à la discussion des articles, et il a aussitôt, par un vote unanime, renvoyé à la Commission des douanes un contre-projet de M. Prevet, qui supprime l'admission temporaire des blés et admet que toute exportation de blé ou de farines donnera lieu à la délivrance par la douane d'un bon d'importation, donnant droit de faire entrer une matière première correspondant au produit exporté.

Le Sénat a repris ensuite — c'était la quatrième fois — l'examen de la proposition de loi, votée par la Chambre, ayant pour objet de garantir leurs travaux et leurs emplois aux réservistes et aux territoriaux appelés à faire leur période d'instruction militaire. Il a voté la proposition, mais en repoussant, avec grande raison d'ailleurs, une disposition qui avait été votée à l'unanimité par la Chambre.

L'article 3 porte que « en cas de violation des articles précédents (portant que l'appel sous les drapeaux ne sera pas une cause légitime de rupture du contrat de travail) par l'une des parties, la partie lésée aura droit à des dommages-intérêts qui seront arbitrés par le juge, conformément aux indications de l'article 1780 du Code civil ». C'était le droit commun et il n'y avait qu'à s'en tenir là. Mais la Chambre a eu l'idée d'ajouter cette disposition, spéciale et exorbitante : « Toutefois si l'ouvrier ou l'employé a travaillé depuis au moins un mois dans l'atelier ou le magasin, cette indemnité ne pourra être inférieure aux appointements de deux mois pour l'employé et au salaire d'un mois pour l'ouvrier ». Le Sénat a fort bien fait de repousser une disposition contraire aux principes généraux du droit; reste à savoir si la proposition lui reviendra encore. Elle n'a d'ailleurs pas une grande urgence.

Ensuite le Sénat a abordé l'examen du projet de loi, voté par la Chambre, tendant à autoriser la ville de Paris à établir une taxe directe sur la valeur locative des locaux commerciaux et industriels, dans le but de compléter les taxes de remplacement de l'octroi : cette taxe serait de 1 pour 100. Le projet a été voté, malgré l'opposition de M. Poirrier, qui trouvait inique qu'un impôt général tel que celui qui pesait sur les boissons hygiéniques fût remplacé par un impôt qui ne frapperait qu'une catégorie de citoyens, les commerçants et les industriels. Le Sénat a pensé sans doute, comme Franklin, que le commerçant porte sur sa facture le montant des taxes qu'il paie!

Enfin est venu en discussion le projet de loi, voté par la Chambre, relatif à la contribution des patentes (art. 3 à 18 détachés du projet de loi portant fixation du budget général des dépenses et des recettes de l'exercice 1898). Une proposition de MM. Piot et Bernard, portant que « l'impôt de la patente sera dégressif suivant le nombre des enfants du chef de famille soumis à cet impôt », a

été adoptée, malgré le rapporteur et le commissaire du gouvernement, à une très faible majorité il est vrai (125 voix contre 118);
mais la constitution qui nous régit depuis 25 ans n'a-t-elle pas été
votée à une voix de majorité? L'idée de M. Bernard et de M. Piot
est excellente; peut-être trouverait-elle plus naturellement son
application dans un impôt général que dans un impôt spécial aux
commerçants et industriels.

La question des grands magasins était une des grosses questions
de la matière. La commission proposait : une taxe déterminée dans
certains cas, une série de taxes par spécialités pour les établissements importants, une taxe progressive sur les chevaux et voitures,
une taxe progressive sur les employés, un droit proportionnel sur
le loyer. « Voilà, a dit M. Gustave Denis, en combattant les conclusions de la commission, l'arsenal fiscal en ce qui concerne les
grands magasins ». M. Denis a cité l'exemple d'un grand magasin
qui paie actuellement un million de patente, et qui paierait
1.600.000 fr. d'après les tarifs de la commission sénatoriale;
2.500.000 fr. d'après ceux de la Chambre des députés. On veut, a
dit l'orateur, enrayer la concurrence par la taxe; on n'y réussira
pas; le magasin auquel il était fait allusion fait plus de 150 millions
d'affaires par an. Mettez lui une surcharge de 1.500.000 fr., comme
l'a fait la Chambre des députés, et il lui suffira pour s'y soustraire
d'élever de 1 p. 100 ses prix de vente, ce dont le client ne s'aper-
cevra pas.

Le rapporteur s'est appliqué à démontrer que la taxe proposée
sur le nombre des employés n'était progressive qu'en apparence,
qu'elle était en réalité proportionnelle, parce que l'expérience a
prouvé que, tandis que le revenu des magasins de plus de 500 employés varie de 10 à 12.000 fr. par tête d'employé, celui des magasins de 400 à 500 varie de 8 à 10.000 fr., celui des magasins de
300 à 400, de 5 à 7.000 fr. et celui des magasins de 100 à 200, de
2.000 à 2.500 fr.; en d'autres termes, au fur et à mesure que le
nombre des employés augmente dans les magasins, le revenu net
produit par chacun des employés existants augmente dans la même
proportion; chaque employé venant s'ajouter à ceux déjà occupés
augmente le revenu de chacun d'eux.

M. Prevet a mis en évidence les conséquences des taxes progressives proposées par la commission sur le nombre des employés.
« Vous invitez l'employeur, a-t-il dit, par les charges que vous lui

imposez et en présence desquelles il ne peut oublier les intérêts dont il a la garde, à ne prendre que le plus petit nombre d'employés possible et à leur demander la plus grande somme de travail possible. Les femmes qui pourraient être employées dans les grands magasins en souffrent particulièrement ; on aime mieux employer deux hommes que trois femmes, parce qu'ils coûtent le même prix et qu'ils sont plus forts ». Et M. Prevet proposait de baser l'impôt exclusivement sur la valeur locative.

Le rapporteur a répondu, avec l'approbation du ministre des finances, que plus il entre d'éléments dans la base d'établissement d'un impôt, plus cet impôt a de chances d'être en rapport direct avec le revenu. Il a fait, en passant, le bilan du Bon-Marché. L'administration évalue le revenu de ce magasin à 12 ou 13 millions de francs ; mais ce n'est là que le revenu apparent, distribué, qui va soit aux porteurs d'actions, soit aux caisses de tout ordre, caisses de réserve, caisses de secours et de bienfaisance. Il y a d'autres revenus, qui vont à l'augmentation de l'outillage, des installations, du capital roulant. En 1880, le Bon-Marché représentait un capital de 20 millions, soit 400 parts à raison de 50.000 francs par part. Aujourd'hui, ce capital est de 200 à 210 millions. Depuis 1880, le Bon-Marché a acheté pour plus de 15 millions de terrains, sur lesquels il a bâti des immeubles qui ont doublé ou triplé de valeur ; depuis 1880, il a augmenté dans de grandes proportions le stock des marchandises en magasin et il a acquis un capital réservé et un capital réel considérable. Si, du capital actuel, qui ne monte pas à moins de 205 à 210 millions, on défalque les 20 millions que le Bon-Marché possédait en 1880, il reste un capital de 180 millions acquis en 17 ou 18 ans par l'accumulation des revenus réservés ; cela représente 10 à 11 millions de revenu employés tous les ans en accroissement de capital et qui, ajoutés aux 12 millions de revenus apparents, font bien un revenu total d'environ 23 millions.

M. Gustave Denis a répliqué, non sans raison, que le législateur n'a pas le droit de s'en prendre au premier magasin de France, au mieux agencé, au plus habilement dirigé et de lui dire : « Vous êtes très habile ; vous avez su, par votre vigilance, organiser vos magasins de façon à doubler, à tripler vos bénéfices : vous en devez une part à l'État ». Ce ne serait pas précisément encourager le progrès et ce ne serait pas juste.

M. Poirrier, président de la Commission, a témoigné des excellentes intentions de cette dernière ; elle n'a nullement visé à enrayer la concurrence : elle n'a voulu accabler personne ; elle s'est efforcée d'établir la stricte proportionnalité dans l'impôt.

Cependant le Sénat a fait violence à la commission en lui renvoyant les amendements de MM. Denis et Prevet ; la commission a consenti à composer et l'on s'est mis d'accord sur un texte nouveau qui détermine la taxe applicable aux grands magasins, c'est-à-dire tous ceux qui occupent habituellement plus de dix employés. Nous aurons l'occasion d'y revenir.

II. DOCUMENTS OFFICIELS.

Dans le *Journal officiel* du 4 mars est un rapport au Président de la République, suivi d'un décret modifiant l'ordonnance du 15 novembre 1846 sur la police, la sûreté et l'exploitation des chemins de fer. « La révision poursuivie, dit le rapport, s'est inspirée de trois ordres différents de considérations : d'une part, accentuer ou préciser les pouvoirs du ministre, insuffisamment définis dans l'ordonnance ; d'autre part, remanier les dispositions techniques, d'un caractère suranné, pour les mettre en harmonie avec les progrès réalisés depuis l'origine des chemins de fer ; enfin, combler une lacune de la réglementation, qui ne contient absolument aucune disposition visant l'hygiène publique ».

Dans le numéro du 23 mars a été promulguée une loi autorisant la Ville de Paris à établir une taxe directe sur la valeur locative des locaux commerciaux et industriels. Dans le même numéro, on trouvera un décret modifiant le tarif spécial des douanes à la Martinique.

Le *Journal officiel* du 29 mars contient le texte d'une loi qui modifie celle du 8 juillet 1890 sur les délégués à la sécurité des ouvriers mineurs.

Edmond VILLEY.

Inglis Palgrave, *Dictionary of Political Economy*. — 3 vol. in 8°, chez
Macmillan, Londres.

Nous sommes un peu en retard pour rendre compte de ce grand ouvrage
dont la publication, d'abord par fascicules puis par volumes, s'est étendue
de 1891 à 1899. Mais, à vrai dire, même à ce moment un compte-rendu
est encore prématuré, car ce n'est que par un usage prolongé, c'est-à-dire
au bout d'un temps assez long, que de semblables ouvrages peuvent être
appréciés.

Ces neuf années employées à la publication de ces trois volumes, comprenant un total de 2.100 pages à deux colonnes et en petits caractères, « ne
représentent, nous dit l'auteur, qu'une faible part de la durée réelle du
travail consacrée à cette œuvre qui a rempli la plus grande part de sa vie ».
Cependant, il va sans dire que M. Inglis Palgrave n'a rédigé lui-même
qu'une petite partie des articles qui figurent dans ce dictionnaire. Il a eu
recours à 193 collaborateurs dont les noms se trouvent à la fin du dernier
volume (car dans le corps de l'ouvrage ils ne sont désignés que par des initiales cabalistiques). La plupart des articles de fond ont été écrits naturellement par des Anglais. Cependant ce dictionnaire est plus international
que d'autres, car il comprend aussi un grand nombre d'économistes étrangers; les Français n'y sont qu'au nombre de trois. Du reste, dans cette
longue liste, figurent plus de noms de spécialistes financiers, administrateurs, hommes d'affaires, que de professeurs. Ceci indique la grande place
qui a été accordée dans ce dictionnaire aux questions pratiques. En cela il
diffère du dictionnaire français Guillaumin et du dictionnaire allemand
Conrad qui sont plus théoriques.

Toutefois, M. Inglis Palgrave a fait aussi une grande place à l'histoire
des faits, à celle des doctrines et aux nouvelles méthodes psychologiques,
mathématiques, etc. On y trouvera des études spéciales sur les « écoles »
économiques de chaque pays : l'anglaise, l'américaine, l'allemande, l'autrichienne, la française, l'italienne, la russe, l'espagnole — quoique, à vrai
dire, la littérature économique de chacun de ces pays soit trop hétérogène
pour qu'on puisse la qualifier d' « école ».

Presque tous les articles sont très courts et diffèrent par là des articles-
monographies qui sont nombreux dans les dictionnaires français et allemands. Là même où l'énormité du sujet a exigé de grands développements,
par exemple *Political Economy, Cooperation,* l'auteur a préféré répartir la
matière entre plusieurs petits articles confiés à des collaborateurs différents.

Le Dictionnaire est particulièrement riche en biographies. On peut même
dire qu'il y a excès. J'en ai relevé plus de 400 sur la table générale, mais je
ne sais pourquoi cette table n'en donne qu'une petite partie : sur les tables
spéciales à chaque volume, il doit y en avoir plus de mille. Sans doute

M. Inglis Palgrave a raison de dire dans sa préface que c'est précisément
sur les économistes les plus inconnus que les renseignements fournis par
un Dictionnaire sont les plus utiles, parce qu'il est plus malaisé de remonter aux originaux. Néanmoins, je doute qu'aucun des lecteurs du Dictionnaire puisse retirer un profit quelconque des notices biographiques consacrées (pour ne parler que des auteurs français) à Emeric de Lacroix,
Laboulinière, le chanoine Masselin, Morel Vindé, Mézague, Naveau, de Saint-
Félix, pseudonyme de Lottin, etc. Et la place consacrée à ces inconnus
aurait pu être employée plus avantageusement pour d'autres à qui le
nombre de lignes a été un peu trop parcimonieusement mesuré, par
exemple au socialiste Pecqueur qui eut des idées neuves et profondes et
que son biographe n'a très probablement pas lu.

On trouvera même, dans le Dictionnaire, une gravure, une seule : un
fac-simile des billets émis par Owen pour sa banque d'échange.

L'auteur, dans l'introduction du dernier volume, dit qu'il a la conscience
que beaucoup d'omissions et d'imperfections n'ont pu être évitées. Et en effet
elles sont inévitables dans une première édition d'un ouvrage aussi considérable. En voici quelques-unes que le hasard de nos recherches nous a
révélées.

Le mot de *Copartnership*, qui est si important dans l'association coopérative
de production et sur la définition exacte duquel le congrès de l'Alliance
coopérative à Delft a délibéré sans parvenir à s'entendre, est absent. Il est
vrai que le mot et le fait qu'il désigne se trouvent indiqués dans l'article
sur la coopération de production. Mais il méritait un article, ou tout au
moins un renvoi, à sa place alphabétique.

Les mots *Comités ouvriers, Conseils d'usine, Chambres d'explication,* qui
servent à désigner en Autriche, en France et en Belgique une même institution destinée à prévenir les conflits entre patrons et ouvriers et introduire
dans la fabrique un petit régime parlementaire, ne se trouvent pas non plus
dans le Dictionnaire. Et même l'institution qu'ils désignent n'est pas étudiée
ailleurs, sauf erreur de notre part.

En revanche, on y trouve le mot de *Chambre ardente,* tribunal extraordinaire créé pour juger des empoisonneurs sous Louis XIII et dont on n'aperçoit guère l'intérêt économique.

Nous n'avons trouvé nulle part le mot *Municipal monopolies* (pas même
comme sous-division du mot *monopoly,* sauf quelques lignes dans l'article
Monopolies in the United States), et pourtant il y a eu récemment des livres
entiers publiés sous ce titre et la question est de la plus grande importance
théorique et pratique.

Enfin certains mots, quoique indiqués, le sont vraiment en trop peu de
lignes. Pour ne citer qu'un seul exemple, il est vraiment incroyable que les
Trusts et *Cartels,* qui désignent un des phénomènes les plus considérables
de notre temps, tant par l'énormité de ses proportions que par ses conséquences possibles, n'occupent, le premier, que quarante lignes et le second
que quatorze. Je vois bien que le premier article renvoie au mot *Monopolies
in the United States,* mais pourquoi ? Il ne s'agit pas d'un phénomène spécial
aux Etats-Unis, quoiqu'il y ait pris, il est vrai, plus d'ampleur qu'ailleurs.

Inutile de dire, malgré ces petites lacunes, que le Dictionnaire de M. Inglis Polgrave doit avoir sa place dans toute bibliothèque d'économiste.

Ch. GIDE.

———————

Achille Loria, *La sociologia*, 1 vol., petit in-8°, 194 pages. Padoue, chez Ducker.

Voici un recueil de sept conférences données à l'Université de Padoue l'année dernière. L'objet de la science sociologique, les théories de Comte,. d'Herbert Spencer, de Weissmann, d'Ammon, de Kidd, de Marx en ce qui concerne seulement le « matérialisme historique », la méthode sociologique sous sa triple forme, linguistique, évolutive et coloniale, enfin les théories sur l'origine de la famille, voilà le contenu de ce petit volume. Il y aurait évidemment assez de matières pour en faire un beaucoup plus gros et même plusieurs. Mais M. Loria s'est proposé seulement et il ne pouvait en effet se donner un autre but dans ses conférences, « d'initier ses auditeurs, sans trop de fatigue, à l'étude de la science nouvelle ».

On retrouvera dans ses conférences, plus encore peut-être que dans ses livres, parce que la forme oratoire s'y prête mieux, l'éclat du verbe, l'abondance des images, le pittoresque des comparaisons et aussi la clarté de l'exposition qui ont rendu célèbre le professeur de Padoue. Il est certaines pages de ces conférences, notamment celles qui exposent la théorie de Weissmann, qui sans doute restent gravées à jamais dans la mémoire des auditeurs.

Cependant, en ce qui concerne la nature même et la définition de la sociologie, je crains que l'impression laissée aux auditeurs ou aux lecteurs ne soit pas aussi nette. M. Loria, en effet, définit la sociologie comme « l'analyse (ne serait-ce pas plutôt la synthèse?) de toutes les manifestations les plus diverses de la vie collective ». Elle absorbe donc toutes les autres sciences sociales? Oui, mais pour les revivifier. « L'histoire cesse d'être la monotone chronique des fastes militaires et dynastiques pour devenir l'exposé méthodique des transformations et de l'évolution des nations. Le droit abandonne le vieux formalisme dans lequel il s'encroûtait pour se plonger dans l'analyse approfondie des rapports vivants entre les individus et les classes. L'économie politique devient l'économie sociale, se revivifie au contact de la doctrine féconde de l'évolution et entreprend l'étude morphologique des rapports intervenant entre la propriété et le travail dans les phases successives de l'histoire, etc. ». Mais tout cela ne nous explique pas pourquoi, si la sociologie n'est qu'un sang nouveau infusé dans les vieilles sciences, on continue à en faire une science distincte, « une science nouvelle » et pourquoi M. Loria lui-même, dans ses conférences, la traite comme telle?

Ch. GIDE.

Charles Conant, *The United States in the Orient*, 1 vol. 238 p., chez Houghton, Boston.

Ce livre est intéressant. L'auteur s'efforce de démontrer que l'impérialisme est imposé aux Etats-Unis par des nécessités économiques. Les Etats-Unis ont laissé imprudemment, au cours du xixe siècle, les autres pays se partager le monde ; ils risquaient de ne plus trouver de débouchés pour leur industrie et de voir celle-ci se casser les ailes dans son essor vertigineux. De 1870 à 1900, la population a augmenté de 100 p. 100, les exportations de 212 p. 100, la production du fer de 600 p. 100, celle de l'acier de 1.200 p. 100. Ce n'est pas seulement aux produits qu'il s'agit de trouver de nouveaux débouchés, c'est plus encore aux capitaux.

Car M. Conant est particulièrement préoccupé par la surproduction des capitaux due à l'épargne grossissante. Tant que le produit annuel du pays est consommé au fur et à mesure, cela va bien ; mais quand une partie de ce produit s'investit sous forme d'épargne, la situation devient inquiétante, car il faut trouver un emploi à cette épargne et un moment vient — il est déjà venu pour tous les pays riches — où ils ne peuvent plus trouver d'emploi qu'en doublant inutilement les entreprises déjà existantes ou en tentant des entreprises aléatoires et souvent ruineuses. Dans ces conditions une seule solution possible : trouver des pays neufs qui consentent à absorber ce trop-plein de l'épargne et à lui ouvrir des emplois productifs. Voilà pourquoi l'amiral Dewey a pris les Philippines et un autre amiral, dont j'ai oublié le nom, Cuba.

Si cette explication était fondée, elle fournirait un argument fâcheux aux socialistes qui enseignent que le capitalisme est l'auteur responsable des guerres qui désolent la terre et que cette raison doit suffire à elle seule pour que tous les hommes de cœur dussent en souhaiter l'abolition. Mais la démonstration économique de l'auteur nous paraît peu exacte. D'abord nous ne comprenons pas comment il peut y avoir une part quelconque du produit annuel qui ne soit consommée : tout est consommé immédiatement, la part épargnée aussi bien que l'autre ; inutile donc de se forger ce souci. De plus, nous ne voyons pas comment ces petites îles de Cuba et des Philippines pourront absorber le trop-plein des capitaux américains : autant annexer l'étang de Berre pour y déverser le Mississipi !

Le continent américain suffit amplement pour offrir des débouchés illimités et pendant des siècles — je ne dirai pas aux produits, car sa population est encore trop faible pour en consommer beaucoup — mais à l'épargne des Américains. La véritable raison de l'impérialisme américain, c'est la griserie d'un peuple grandi trop vite et qui trouve sa moitié de continent déjà trop petite pour lui.

Rendons justice d'ailleurs aux bonnes intentions de l'auteur qui pense que l'impéralisme de son pays aura pour résultat d'assurer la libre concurrence pour tous sur les marchés du monde, « equality of opportunity for all » — excepté sur le marché des Etats-Unis évidemment — et la paix dans la liberté : *ense petit placidam sub libertate quietam*, c'est paraît-il la devise de l'Etat de Massachussetts. M. Conant compare même son pays, dans les glorieuses luttes qu'il va soutenir, à la Grèce luttant contre les Perses. Ces Perses, qui sont-ils ? Nous, sans doute, et ce sont les Yankees qui sont les Grecs !

Ch. GIDE.

————

Vandervelde, *Le Collectivisme et l'évolution industrielle.* Paris, librairie Bellais, 1 vol. petit in-8°, 286 pages.

Ce petit volume, qui fait partie de la série de la *Bibliotheque socialiste,* est assurément le résumé de la doctrine collectiviste le plus précis, le plus clair, le plus scientifique, le plus élégant qui existe à ce jour et il faut ajouter surtout qu'il n'en est aucun qui présente le collectivisme sous une forme plus aimable.

Je crois qu'on peut reconnaître ici l'influence lénitive et pratique à la fois exercée sur le collectivisme marxiste par le coopératisme, et c'est ce qui fait le trait caractéristique du socialisme belge dont Vandervelde, dans ce petit livre, ne fait qu'exposer éloquemment les doctrines. Il est vrai qu'il rejette l'opinion de « ces esprits enclins à l'optimisme qui espèrent que la transformation sociale sera l'œuvre des sociétés coopératives », mais pourtant, à la fin du volume, il déclare que « le meilleur moyen de concevoir, d'une manière intelligible et concrète, le mode de production socialiste... c'est de supposer, sur le modèle de nos grandes sociétés belges, par exemple, une coopérative géante, ayant pour associés tous les citoyens d'un pays ou d'une région plus ou moins vaste, possédant, comme propriété sociale, tout l'outillage productif de toutes les grandes industries et dans laquelle tous les membres, à la fois producteurs et consommateurs, donneraient leur travail intellectuel ou manuel, éliraient directement ou indirectement leurs administrateurs et leurs chefs de service et produiraient toutes les utilités nécessaires à la satisfaction de leurs besoins ».

A cette différence près, qu'au lieu d'une seule coopérative géante — qui nous paraît inquiétante pour la liberté de production et de consommation et qui, d'ailleurs, nous paraît contraire à cette loi, biologique et sociale à la fois, qui ne permet pas aux organismes de dépasser certaines dimensions — nous préférons nous représenter la société fictive sous la forme d'une ou plusieurs fédérations de sociétés coopératives ; à cette différence près, nous acceptons très bien cet idéal social et c'est bien ainsi que nous nous représentons ce que nous avons appelé « la République coopérative ».

Il est très certain que sous un semblable régime social « le champ de répartition individuelle » serait beaucoup plus limité que sous le régime actuel, autrement dit, les causes occasionnelles des grandes fortunes deviendraient très rares ; cependant, il resterait (du moins faut-il l'espérer, car certains en doutent) « un produit net » dans le sens physiocratique de ce mot, qui devrait être réparti entre les citoyens, c'est-à-dire par définition, entre les sociétaires, suivant certaines règles que M. Vandervelde s'abstient sagement de préciser, mais que nous disons simplement être celles que les sociétaires auront eux-mêmes fixées par leurs statuts.

Il y a bien encore un gros fossé qui sépare les collectivistes des coopératistes, c'est l'expropriation préalable qui apparaît aux premiers comme
indispensable et aux seconds comme fâcheuse et d'ailleurs impraticable.
M. Vandervelde n'y renonce pas. « Seule, l'expropriation de la classe
capitaliste, par des actes de volonté collective, peut assurer l'émancipation
intégrale des producteurs ». Mais il la rend aussi bénigne que possible en
indemnisant les propriétaires vivant avec l'argent pris aux capitalistes
morts, et même il ne tient pas particulièrement à cet expédient : il en
propose d'autres, notamment une ingénieuse de M. Solvay, le grand industriel belge, et s'en remet finalement pour le choix « aux conjonctures
sociales ».

M. Vandervelde reconnaît, comme Bernstein, que la petite propriété, la
petite industrie, le petit commerce tendent à se multiplier plutôt. Seulement, il ne voit pas là un argument contre la réalisation du collectivisme,
parce que ces petits propriétaires lui apparaissent de plus en plus misérables, de plus en plus rétrogrades et surtout de plus en plus dépendants de
la grande propriété et de la grande industrie.

De même aussi la division de la propriété sous forme d'actions et d'obligations, au lieu de lui apparaître comme une évolution vers une forme nouvelle, vivace et plus démocratique de la propriété, lui apparaît comme
une dépersonnalisation, une volatilisation de la propriété « dont la portée
révolutionnaire est décisive ».

Ch. GIDE.

Jeremiah W. Jenks, *The Trust problem*, 1 vol. petit in-8, 282 pages.
Chez Maclure, New-York.

Ce petit livre nous paraît donner un excellent résumé de tout ce qu'il
importe de savoir sur ce grand fait économique qui a marqué la fin du
XIXe siècle. Et non seulement sur l'organisation de ces coalitions, mais sur
les causes économiques qui les ont fait naître.

Les premiers chapitres consacrés à la concurrence et aux gaspillages
(*wastes*) causés par la concurrence, sont particulièrement intéressants.
M. Jenks donne une énumération très complète et très précise de tous les
faux frais qu'entraîne nécessairement la concurrence : commissionnaires
et commis-voyageurs, réclames, frais de transport inutiles, insuffisance de
la division du travail, absence des hautes capacités dirigeantes, etc. — et
qui, cumulées, ont ce résultat paradoxal de faire payer les produits plus
cher sous le régime de la concurrence que sous celui du monopole. De là
la nécessité, dans une économie plus avancée, de recourir à un monopole'
artificiel qui est le *Trust*.

M. Jenks ne croit pas que le développement des Trusts doit être attribué,
comme on est enclin à le croire, à des causes artificielles, notamment au
régime protectionniste. Il fait observer, non sans raison, semble-t-il,
que si par la suppression des droits protecteurs on rétablissait la libre
concurrence internationale, ce sont les Trust qui en souffriraient le moins

et qui même seraient probablement les seuls à survivre. D'ailleurs, en ce cas, il se formerait immédiatement des *Trust* internationaux.

L'auteur recherche ensuite dans quels cas et dans quelle mesure il peut être permis de dire que tout Trust est un monopole, et il admet en effet que la plupart méritent le titre de « monopoles capitalistes », c'est-à-dire qu'ils ont le pouvoir, malgré la concurrence potentielle, de s'attribuer d'une façon permanente des profits supérieurs à ceux qui résulteraient d'un régime de libre concurrence.

Mais cette élévation du profit implique-t-elle nécessairement une élévation du prix ? Peut-être non, car elle peut aussi bien être réalisée par une économie sur les frais de production, et dans cette dernière hypothèse le public ne serait pas lésé, mais les ouvriers pourraient l'être par un abaissement de leurs salaires. Il y a diverses éventualités possibles qui se trouvent soigneusement étudiées dans le livre de M. Jenks et même illustrées par plusieurs diagrammes, mais sur lesquelles l'auteur ne nous donne pas de conclusions catégoriques, vraisemblablement parce que l'expérience ne nous permet pas encore de la formuler.

Dans un dernier chapitre, l'auteur énumère très consciencieusement les biens et les maux résultant des Trusts et parle des mesures législatives prises pour tâcher de conjurer ces maux. Cette partie législative est un peu insuffisante. Il est vrai que l'auteur pense que toute mesure législative — autre que l'obligation de publicité — doit être provisoirement écartée.

Ch. GIDE.

Derouin, Gory et **Worms**, *Traité théorique et pratique d'assistance publique*, 2 vol. in-8°. Paris, chez Larose.

La collaboration de trois auteurs, tous trois faisant partie à divers titres de la haute administration de l'Assistance publique, M. Derouin comme secrétaire général, M. Gory comme inspecteur, M. Fernand Worms comme membre du Conseil de surveillance et, en plus, sous forme d'introduction, celle de M. Berthélemy, professeur de droit à la Faculté de Droit, c'est beaucoup ! Mais ce n'est pas trop pour un énorme ouvrage de 1500 pages bourré de textes et de chiffres.

L'ouvrage est intitulé « Traité *théorique* et pratique ». Il faudrait s'entendre sur la signification de la première de ces épithètes. Si l'on entend par théorique, comme on pourrait s'y attendre, les discussions des principes d'économie sociale sur lesquels repose l'assistance publique, par exemple la question de savoir si l'assistance publique est un droit pour tous les indigents ou seulement pour certaines catégories? si elle devrait avoir un caractère obligatoire ou simplement facultatif? si elle est supérieure ou inférieure à l'assistance privée? si elle doit l'éliminer ou la compléter ou coopérer avec elle? en quoi notre système d'assistance publique en France diffère de ceux des pays étrangers? quelles seraient les réformes qu'il attend, pour les vieillards par exemple? Sur tout cela le livre est muet, sauf les 12 pages d'introduction de M. Berthélemy. Là notre collègue, rejetant à la fois et la thèse individualiste qui ne voit dans l'assistance que l'exercice d'une *vertu* chez celui qui la fait et la thèse socialiste qui voit dans l'assistance l'acquittement d'une *dette,* conclut qu'elle est une *nécessité* sociale et même qu'elle est un acte de *justice* sociale parce qu'il est équitable que tous les citoyens d'un pays participent aux dépenses qu'entraîne l'assistance, puisque tous sont appelés à en profiter. Pour lui, d'ailleurs, elle n'exclut pas les œuvres d'assistance privée qu'il compare aux corps de francs-tireurs coopérant avec les troupes régulières (il serait peut-être plus juste de les comparer aux ambulances de la Croix-Rouge coopérant avec les ambulances militaires).

Mais les douze pages de M. Berthélemy, si pleines qu'elles soient, paraîtront cependant un peu insuffisantes pour les économistes ou les sociologues.

Aussi bien ce gros livre n'est pas fait pour eux. Ce n'est pas un livre d'économie sociale, c'est un traité de droit administratif. Il est fait pour les hommes de lois, les hommes d'affaires, les hommes de gouvernement, pour tous ceux qui ont à mettre la main à cet énorme et compliqué mécanisme qui s'appelle l'Assistance publique ou qui, pour une cause quelconque, ont besoin d'en connaître les rouages. Ceux-là trouveraient difficilement sans doute un répertoire plus complet. On y trouvera tout, jusqu'aux traitements des infirmiers et concierges. Cependant nous n'y avons pas trouvé précisément ce que nous avions eu la curiosité d'y chercher, c'est-à-dire le budget général de l'Assistance publique en France; on y trouve très détaillé celui de l'Assistance publique à Paris, mais non pour la province. Peut-être n'y a-t-il point de statistiques officielles pour la province, cela serait surprenant pourtant !

Les attributions de l'Etat, des départements et des communes en matière d'assistance, l'organisation intérieure des hospices, l'administration des bureaux de bienfaisance, les sources des biens et revenus des établissements publics d'assistance avec de longs détails (plus de 300 pages) sur les dons et legs, leur capacité et les actes de leur vie civile, leur comptabilité, le contentieux, les services départementaux des enfants abandonnés et des aliénés, le service nouveau de l'assistance médicale gratuite, tels sont les titres des principaux chapitres et ils donnent une idée suffisante du plan et de l'utilité de cet énorme répertoire.

Ch. GIDE.

Henri Sée, *Les classes rurales et le régime domanial en France au moyen-âge.* Paris, Giard et Brière, 1901 (Bibliothèque internationale d'Economie Politique), 1 vol. in-8° de xxxvii-638 pages.

Ce livre est l'un des plus importants qui aient été écrits sur le régime agraire du moyen-âge, et l'un des plus consciencieux : il intéressera à la fois les historiens, les économistes et les sociologues. Il comble une lacune de la littérature historique, car, jusqu'à présent, il n'existait pas d'histoire des classes rurales en France au moyen-âge, qui fût une œuvre vraiment scientifique : on ne possédait que quelques bonnes monographies régio-

nales, trop peu nombreuses encore. Aussi l'auteur a-t-il dû presque toujours travailler de première main, dépouiller un nombre énorme de documents, de cartulaires surtout. Il les a étudiées avec un soin minutieux, et
les érudits apprécieront la rigoureuse méthode critique dont il a fait usage.

M. Henri Sée s'est proposé d'étudier l'évolution des classes rurales depuis
le ixe siècle jusqu'au milieu du xive siècle. Il nous montre comment, dans
cette période, l'esclavage a définitivement disparu pour faire place au servage, et comment ensuite le serf, grâce aux affranchissements, s'est ache-
miné peu à peu vers la liberté personnelle et la possession de la terre. Il
prouve que ces transformations sont surtout l'œuvre de phénomènes *économiques*, que si les propriétaires se sont décidés à améliorer le sort de leurs
paysans, c'est qu'ils y ont été incités par leur désir d'accroître la production
de leurs domaines, de mettre en valeur des terres encore incultes.

Mais l'auteur ne s'est pas borné à étudier l'histoire d'une classe sociale ;
il considère que le fait dominant de la vie rurale, à l'époque féodale, c'est
l'organisation de ce qu'il appelle le *régime domanial* : c'est grâce à ce régime
que le seigneur dispose sur son domaine d'une autorité souveraine et soumet à une infinité de redevances et de services les paysans qui cultivent ses
terres. Il analyse longuement les diverses catégories de redevances et de
services, et montre comment ils se sont peu à peu atténués au cours du
moyen-âge, comment les droits arbitraires se sont fixés, comment beaucoup de redevances en nature se sont transformées en taxes pécuniaires,
ce qui a adouci sensiblement l'exploitation seigneuriale. — Sur les origines du régime domanial, M. H. Sée a écrit un chapitre particulièrement
intéressant : il croit, avec Fustel de Coulanges, qu'il faut les chercher principalement dans l'organisation du domaine rural, telle qu'elle existe déjà
à l'époque romaine, et il estime que l'avènement de la féodalité a eu pour
premier effet de fortifier le régime domanial. Dans les derniers siècles du
moyen-âge, sous l'influence de phénomènes économiques et politiques
d'une portée très générale, ce régime tend à s'altérer, mais il a des assises
si profondes, qu'il subsistera encore pendant de longs siècles, jusqu'à la
Révolution française qui le ruinera définitivement.

Si l'auteur a choisi comme date extrême de son étude le milieu du xive
siècle, c'est qu'alors la condition des paysans s'est fixée dans ses traits
essentiels jusqu'à la fin de l'Ancien Régime. Dans les derniers siècles du
moyen-âge, l'exploitation seigneuriale s'est notablement adoucie, mais, à
ce moment même, le pouvoir royal, en créant des impôts publics, en suscitant de grandes guerres générales, accable les populations rurales de
charges nouvelles, qui compensent largement la diminution des redevances et des services domaniaux.

M. Henri Sée déclare avec raison que, si l'on peut saisir avec précision les
principales phases de l'évolution sociale des populations agricoles et du
régime domanial, il est singulièrement plus difficile de se faire une idée
exacte de la condition matérielle et morale des paysans au moyen-âge. Il
croit cependant pouvoir établir que cette condition a été assez misérable :
non seulement ils sont accablés de redevances et de services innombrables,
mais encore le régime féodal les condamne à une *insécurité* de tous les

instants. La société aristocratique et militaire du moyen-âge méprise les vilains et les considère comme des êtres inférieurs, que l'on peut durement exploiter sans aucun scrupule.

Il est encore une conséquence fort importante du régime domanial que l'auteur s'est appliqué à mettre en lumière : tous les paysans ont fini par être casés sur la terre *seigneuriale ;* tous ont reçu une tenure, qui est bientôt devenue pour eux un véritable patrimoine. La tenure est un usufruit héréditaire, grevé de redevances et de services : que les droits domaniaux disparaissent, et elle deviendra la pleine propriété du paysan. C'est donc au moyen-âge que s'est élaborée la petite propriété paysanne qui est encore aujourd'hui l'un des traits les plus caractéristiques de l'état social de la France.

Le livre de M. Henri Sée aura aussi contribué à nous faire comprendre combien la conception de la propriété au moyen-âge diffère de celle qui nous est familière : l'on voit, à la fois, le suzerain, le vassal et le tenancier exercer, à des titres différents, des droits sur la même terre. Le paysan lègue sa tenure à ses enfants ; les droits d'usage dont jouissent collectivement les habitants d'un même domaine, constituent à certains égards une véritable propriété. C'est dire qu'au moyen-âge la propriété a un caractère plus complexe, moins net et moins abstrait que de nos jours. — Cette consciencieuse étude tendrait encore à prouver que les transformations sociales sont surtout déterminées par des causes économiques, mais l'auteur est loin de méconnaître l'influence que peuvent exercer sur l'évolution de la Société l'organisation juridique et les événements politiques.

C. D.

Francis Laur, ancien député, *De l'accaparement, essai doctrinal.* Paris, 1900, 315 pages : 7 fr. 50.

Si l'ouvrage de M. Laur est intéressant, et il l'est en effet, il ne le doit ni au charme d'un style trop lâche, dans lequel par exemple notre démocratie est dépeinte par les qualificatifs de *chatouilleuse* et *extrême*, ni à la profondeur d'une science économique qui pourrait se résumer en un seul mot : opportunisme. Mais il le doit assurément à la passion que l'auteur a apportée dans la rédaction d'un livre préparé depuis longtemps, et vécu, pour ainsi dire, par lui. Si l'on songe que c'est ce même M. Laur, qui, en 1888, interpellait le ministre d'alors sur l'affaire du syndicat des cuivres, et que c'est lui aussi qui, tout récemment, dénonçait à la Chambre les dangers d'un accaparement international du borax, on conçoit facilement que l'auteur ait traité son sujet avec une compétence toute particulière, mais aussi avec une ardeur dont il faut faire hommage au rédacteur de l'*Echo des Mines,* plus qu'à l'homme de science. Et j'aurais aimé qu'à la place du sous-titre de ce livre, M. Laur eût indiqué au lecteur qu'il y trouverait la réunion d'articles déjà parus dans la presse périodique.

Quoi qu'il en soit de cette critique, qui n'est pas sans porter avec elle sa contre-partie, car les qualités d'un bon journaliste ne sont pas chose négli-

geable, M. Laur conclut à une modification de l'art. 419 du Code pénal;
celui-ci cesserait de s'appliquer aux marchandises fabriquées, pour ne plus
viser que les matières premières ou denrées alimentaires de première
nécessité. Il y a là une solution tout au moins discutable. M. Laur a prêté
une oreille favorable aux économistes et aux industriels qui attribuent à
la formation des cartels la prodigieuse fortune économique de nos voisins
d'Outre-Rhin. Mais il ne paraît pas se souvenir que nos agriculteurs tiennent exactement le même langage et que le cartel est, tout au moins pour
l'instant, le remède à la mode contre la crise agricole.

Et puis, M. Laur prétend compléter l'article 419 en y insérant, non plus
seulement la prohibition de l'achat ou de la vente en vue d'accaparer, mais
encore des pénalités contre ceux *qui tendent à ne pas produire la matière
première ou les denrées alimentaires de première qualité, ou à ne les produire
que d'une façon insuffisante pour la consommation générale.* Cette proposition
part sans doute d'un excellent naturel et témoigne de la sollicitude de l'auteur pour les intérêts généraux de la société. Mais il serait un peu inquiétant qu'on commençât à punir les gens pour des faits de pure abstention.
C'est une véritable révolution que M. Laur accomplit, sans avoir l'air d'y
toucher, dans notre droit pénal, et même on pourrait parler de révolution,
en prenant le mot dans son sens le plus extensif; car c'est presque du collectivisme que cette prétention d'obliger l'industriel à produire en quantité déterminée.   Marcel PORTE.

Edgard Allix, docteur ès-sciences juridiques et économiques, *Des reports
dans les Bourses de valeurs.* Paris, GIARD et BRIÈRE, 1900. 1 vol., 295 pages,
6 francs.

M. Allix, qui est un esprit distingué et méthodique, nous apporte
aujourd'hui une consciencieuse étude sur les reports de Bourse; elle a le
mérite d'être aussi claire que pouvait le permettre la complexité du sujet,
dont on pourrait dire avec le Portugais José de la Vega : *Confusion de
confusiones.*

C'est, à notre connaissance, la première étude d'ensemble consacrée, en
France, aux reports : ceux-ci sont envisagés successivement par l'auteur
au point de vue économique et au point de vue juridique. Nous passerons
sur ce dernier point de vue, nous bornant à signaler que M. Allix considère
le report comme « un contrat synthétique *sui generis* dont la vente est
l'ingrédient ».

En ce qui concerne plus spécialement le côté économique de la question,
il faut savoir gré à M. Allix de la netteté avec laquelle il précise la notion
de report, et distingue le report direct du report indirect (encore qu'en
pratique cette distinction soit sans importance, du moins dans les Bourses
françaises). Puis il donne des renseignements intéressants sur l'époque de
conclusion et la durée des reports, sur les courtages et les impôts perçus à
l'occasion de ces opérations. Mais les deux chapitres les plus importants
sont ceux qui concernent le prix des reports et leurs fonctions économiques :

M. Allix montre que la source des bénéfices réalisés par l'opération du report est dans le *temps* qui a laissé le loisir au crédit de l'Etat de s'affermir, à la fortune publique de progresser, et conséquemment aux valeurs de Bourse de se bonifier. — L'auteur ne se dissimule pas d'ailleurs les dangers que peut présenter l'usage des reports, en favorisant notamment la spéculation au détriment de l'agriculture et de l'industrie. Mais la question qui se pose alors est celle de la légitimité de la spéculation et « dans l'appréciation des questions de Bourse, pour une nation engagée dans la lutte économique, il ne s'agit point de la moralité de tel ou tel mode de spéculation, mais de la question technique des moyens d'assurer une formation des prix satisfaisants et de la question politique du développement du marché français aux dépens de ses rivaux ».

L'ouvrage de M. Allix est écrit dans une langue très nette et très ferme. Ceux qu'intéressent les questions de Bourse trouveront en lui un guide très sûr, sur un terrain particulièrement difficile.

Marcel Porte.

Roscher-Pœhlmann, *Grundlagen der Nationaløkonomie*, 1 vol. de 900 pages. Stuttgard, 1900. Cotta, édit.

La 23ᵉ édition des *Principes d'économie politique* du défunt Roscher, que contient ce livre, forme le 1ᵉʳ volume du « Traité » de l'auteur (cpr. la *Revue* de 1901, p. 308). Cet ouvrage n'est pas inconnu au public français, ayant été traduit dans le temps par Wolowski. Le remaniement des dernières éditions a été confié à M. Pœhlmann, auteur d'une dizaine d'ouvrages historiques ayant surtout trait à l'ancienne Grèce et à Rome. On devine bien que cet auteur s'est anxieusement abstenu de toucher à la masse d'annotations *historiques* et *ethnographiques* qui alourdissent l'œuvre du fondateur de l'école historique en économie politique. Il est vrai, il a ajouté au livre çà et là un nouveau paragraphe, et nombre de citations d'ouvrages récents. Malheureusement les additions de l'édition présente se trouvent sous forme d'*annexe* à la *fin* du volume, p. 838-888, ce qui rend leur lecture bien incommode. Nous désirerions vivement que la piété historique envers l'auteur n'empêchât pas la modernisation indispensable de son œuvre, fût-ce au prix de certaines *coupures* résolues.

Un détail typographique : les noms des auteurs cités sont imprimés dans la plupart des cas en caractères espacés, d'autres fois, cependant, en caractères ordinaires; cpr. p. 577, note 8, p. 317, notes 1, 3, 5, p. 312, note 7, p. 302, note 8 et dans un très grand nombre d'autres passages. L'auteur songerait-il à créer par là des signes distinctifs en faveur des auteurs de « premier », « second » ou « troisième » rang et ainsi de suite... par analogie avec les titres et décorations dont on a l'habitude d'affubler les savants? De cette façon on pourrait bien arriver à orner la *citation* d'astérisques, de « grandes croix » etc., suivant les décorations qui ornent les auteurs heureux...

Constatons, en outre, que le « registre des auteurs cités » est parfois inexact et surtout particulièrement incomplet. P. E.

REVUE D'ÉCONOMIE POLITIQUE

La *Revue d'Economie Politique* a reçu et publiera dans ses prochains numéros les **articles suivants :**

H. Denis : *L'Union de crédit de Bruxelles* (suite). — Goblot : *La division du travail.* — Hitier : *L'agriculture moderne et sa tendance à s'industrialiser* (suite). — H. Truchy : *Le système de l'imposition directe d'Etat en France* (suite). — Maurice Heins : *La notion de l'Etat* (suite). — Dalla Volta : *Francesco Ferrara et son œuvre économique.* — Laurent Dechesne : *La spécialisation et ses conséquences* (suite). — Ch.-M. Limousin : *Le socialisme devant la sociologie.* — Albert Aftalion : *Le développement des principaux ports maritimes de l'Allemagne* (suite). — Vandervelde : *L'Economie rurale en Belgique.* — Dr R. Thurnwald : *L'Egypte ancienne. Son état social et économique.* — A.-A. Issaïev (Saint-Pétersbourg) : *Altruisme, égoisme et intérêt de classe.* — G. Blondel : *La situation économique de l'empire allemand au début du XXᵉ siècle.* — Hauser : *Les origines du capitalisme.* — Jean Bergman (Stockholm) : *La lutte contre l'alcool en Suède.* — G. A. Frei (Haubinda) : *La réforme de l'instruction moyenne au point de vue social.* — Auguste Fovel (Chigny) : *Le rôle social de l'alcool.*

GIORNALE DEGLI ECONOMISTI

Mars 1901.

La situazione del mercato monetario (X.).
Utilita limite e costo di riproduzione (D. Berardi).
Un capitolo di storia sociale della francia (R. Dalla Volta).
La teoria del salario nella storia delle dottrine e dei fatti economici (A. Graziani).
A proposito del censimento (R. Benini, L. Bodio).
Previdenza (in attesa dei rendiconti 1900 delle casse di risparmio (C. Bottoni).
Cronaca (il nuovo ministero (F. Papafava).
Rassegna delle riviste (italiane, tedesche).
Nuove pubblicazioni (R. Benini, Baron Ch. Mourre, F. Virgilii).
Indice alfabetico per nomi d'autori della seconda serie dal gennaio al 31 dicembre 1900.

LA RIFORMA SOCIALE

Mars 1901.

Lo stato presente della Bulgaria (Boris Minzes).
Osservazioni sui bilanci communali (Masé-Dari).
La questione del pane e cooperazione (R. Dalla Volta).
Lo sviluppo delle strade ferrate alla fine del secolo xix (Trochia).
Problema ferroviario ed il nuovo ministerio (Brunicardi).
Cronache e Riviste.

THE ECONOMIC JOURNAL

Mars 1901.

Notes on the economic aspects of the war (Robert Giffen).
The statistics of municipal trading (Row-Fogo).
Contracting-out from the workmen's compensation act (Mona Wilson).
Some features of the economic movement in Ireland (Bastable).
Reviews, Notes and Memoranda.

Le Gérant : L. LAROSE.

24,627. — BORDEAUX, IMPRIMERIE Y. CADORET, RUE POQUELIN-MOLIÈRE, 17.

REVUE
D'ÉCONOMIE POLITIQUE

L'AGRICULTURE MODERNE ET SA TENDANCE A S'INDUSTRIALISER

Suite [1].

LE PREMIER CHEF D'INDUSTRIALISATION

L'accroissement de la puissance d'absorption quant au capital et au travail des entreprises modernes (suite).

Sommaire. — I : § 1. L'œuvre de l'homme quant au sol.
§ 2. L'œuvre de l'homme quant à la plante.
§ 3. Les résultats. La rémunération des nouveaux efforts de capital et de travail comparée à celle des efforts antérieurs.
II : La nécessité impérieuse des nouveaux efforts, là où il est établi qu'ils donnent un rendement non décroissant. Les causes de cette nécessité. Pourquoi il faut s'efforcer de répartir les charges sur un produit brut porté au maximum. Conclusion : l'accroissement de la puissance d'absorption des entreprises agricoles; la régularité plus grande des rendements.

§ 1

« La chimie transforme à la lettre la terre en un laboratoire et la terre-usine a pour conséquence inévitable l'agriculture-industrie » [2]. Ce mot de Baudrillart résume la révolution accomplie au cours de ce siècle dans le domaine agricole, et le rôle capital joué par la science dans la transformation de la production agricole. C'est en effet la science qui est venue en aide à l'agriculture, lui rendant possible l'emploi judicieux de ses forces, apprenant au cultivateur les exigences de son sol et les moyens de les satisfaire rationnellement, lui apprenant aussi les ressources de ce sol et l'art de les utiliser.

La chimie agricole est une science relativement récente. M. Déhérain a pu dire qu'elle datait de l'apparition de l'*Economie rurale* de Boussingault. Or celle-ci ne remonte qu'à 1837. Jusque-là, si on n'ignorait pas complètement les causes de la stérilité du sol et les moyens de la combattre, du moins n'avait-on sur ces

---

[1] V. *Revue d'économie politique*, février 1901, p. 105 et s., et avril 1901, p. 392 et s.
[2] Baudrillart, *Revue des Deux-Mondes*, juillet 1891.

questions capitales que des données purement empiriques. On
savait par expérience qu'il fallait donner à la plante une certaine
somme d'éléments, on s'efforçait de les lui fournir à peu près
exclusivement avec le fumier produit par un bétail généralement
mal nourri ; et comme l'expérience avait révélé l'insuffisance des
éléments fertilisants ainsi rendus au sol, on recourait à la jachère,
pour réparer par elle l'épuisement dû aux prélèvements opérés par
les récoltes. La jachère avait sa raison d'être ; dans l'ignorance où
l'on était des phénomènes complexes dont la terre était le théâtre,
il était bon qu'on laissât à cette terre le soin et par conséquent le
temps de donner libre jeu à ces phénomènes naturels [1]. Ici encore,
nous saisissons une application très nette de l'idée qui domine toute
la conception ancienne de l'agriculture. L'homme s'efface devant
la nature par sentiment de son impuissance ; il s'en remet à la
nature du soin de reconstituer l'énergie du sol, qu'il a lui-même
épuisée par une série de récoltes. Il ne sait et ne peut pas lui-
même, avec ses propres forces, atteindre le résultat.

[1] Brunhes, *L'homme et la terre cultivée*, p. 19. La jachère aidait notamment à la
reconstitution des réserves d'azote dans le sol, surtout les façons multiples données
au sol pendant l'année de jachère, labours répétés et façons superficielles avaient pour
conséquence la transformation des réserves d'azote en nitrates. La nitrification devenait très active et le blé cultivé à la suite de la jachère trouvait un milieu essentiellement favorable, souvent même trop favorable, car l'excès d'azote amenait la verse.
La théorie de la jachère, c'est-à-dire l'explication de son rôle basée sur des données
scientifiques, a été donnée seulement à une date voisine de nous. Nous savons quel
rôle jouent dans cette formation des nitrates les infiniment petits, les micro-organismes, dont les beaux travaux des Schlœsing, des Müntz, des Winogradsky nous ont
révélé l'existence. Les façons répétées dispersent le ferment nitrique et facilitent son
action. — V. Déhérain : *Les ferments de la terre*, *Revue des Deux-Mondes*, juin 1893,
p. 385 s. Nos pères voulaient, en faisant de la jachère, que la terre se reposât. C'était à
l'influence de cette année de repos qu'ils attribuaient la richesse des récoltes qui suivaient. En réalité, dans cette terre dite au repos, le travail intérieur était porté au
maximum, on y réalisait sans le savoir les conditions nécessaires à l'activité des ferments, qui amènent l'azote à la forme essentiellement assimilable de nitrate. Déhérain, *Les plantes de grande culture, le blé*, *Revue des Deux-Mondes*, 1er mai 1893,
p. 180 ; Déhérain, *Le travail du sol et la nitrification*, *Annales agronomiques*, XIX,
p. 401. La science moderne, en expliquant le rôle de la jachère, a pu, en face de ces
avantages reconnus empiriquement depuis longtemps, signaler les inconvénients
insoupçonnés de cette pratique séculaire Le sol nu, qui ne porte pas de récoltes et où
se forment des nitrates en abondance sous l'influence des façons culturales données à
la jachère, laisse dans les années humides une partie de ces nitrates s'échapper dans
le sous-sol, entraînés qu'ils sont par les eaux. C'est ce qu'on peut induire pour la
jachère des expériences conduites à Grignon par M. Déhérain quant aux pertes
d'azote nitrique qui se produisent à l'automne dans les terres dépouillées de récolte
et contre lesquelles M. Déhérain conseille la pratique des cultures dérobées. *Revue
des Deux-Mondes*, juin 1893, p. 395 s. : *Les ferments de la terre*.

Les travaux de Boussingault et de Liebig, vers le milieu du
XIXe siècle, jetaient l'agriculture dans une voie nouvelle, en soule-
vant le voile qui jusqu'alors avait recouvert les mystères du sol [1].
Grâce à eux, à leurs émules, à leurs successeurs, l'agriculture
apprenait à connaître le rôle respectif des différent éléments
nécessaires à l'élaboration de la plante ; l'analyse permettait de
déterminer la richesse des terres, quant à la présence de ces éléments ou au contraire leur pauvreté plus ou moins complète ; l'analyse permettait encore de déterminer ce que prélevaient les différentes récoltes. On avait dès lors des données rationnelles sur
lesquelles asseoir l'introduction méthodique des éléments fertilisants,
en tenant compte de ce qui manquait à un sol déterminé en vertu
de sa composition première, en tenant compte aussi de ce que les
récoltes avaient prélevé, sans oublier non plus les exigences de la
récolte qui allait suivre.

Du coup se trouvait expliquée la fertilité merveilleuse de certaines terres à réputation bien établie [2] et, chose plus importante, en
même temps se trouvait expliquée l'infertilité des régions entières
connues depuis des siècles pour rebelles à certaines cultures ;
l'analyse révélait l'absence dans leur sol de tel élément essentiel,
faute duquel les autres éléments restaient inactifs.

Dès lors, la pratique agricole savait de quel côté elle avait à faire
porter son effort, au lieu de procéder comme autrefois pour ainsi
dire à l'aveugle. On a calculé que sur les 50.000.000 millions
d'hectares que forment en chiffres ronds le territoire agricole de la
France, il n'y avait pas plus de 10 millions de terres *complètes*.
On entend par terres complètes, non pas celles qui peuvent se passer d'apports d'engrais, mais celles où cet apport peut être réduit
à la quantité de matières minérales exportées annuellement par les

---

[1] Nous ne pouvons ici que procéder par voie d'indications. Nous laissons donc de
côté les controverses entre Boussingault et Liebig et renvoyons pour l'exposé scientifique de toute la théorie aux ouvrages spéciaux. Les profanes trouveront un résumé
de toute ces théories et de leur histoire dans la série des articles de M. Déhérain, articles de vulgarisation parus dans la *Revue des Deux-Mondes : Les ferments de la terre*,
1er et 15 mai 1893.

[2] Par exemple, celle des fameuses *terres noires* de Russie, Sibirtzev, *Étude des sols
de la Russie*, mémoire présenté au congrès géologique international. Saint-Pétersbourg,
1897, p. 102-104 s. La fertilité de ces terres réside surtout dans leur haute teneur en acide
phosphorique, trait qu'on retrouve dans les sols d'origine volcanique comme ceux de
l'Auvergne et de la Sicile, aux alentours de l'Etna. Risler, *Géologie agricole*, 2e éd.,
I, p. 126 s.

récoltes ; et en face de ces 10 millions d'hectares constituant les
terres qui ne sont qu'*à entretenir,* il y a la masse énorme des
terres *incomplètes* qu'il faut, en quelque sorte, constituer, élever à
la situation de terres complètes par l'apport de l'élément ou des
éléments qui leur manquent ; 24 millions d'hectares réclament des
apports de chaux et d'acide phosphorique ; 3 millions réclament de
la potasse ; 12 millions enfin sont pauvres en tout [1]. La géologie
agricole naissait, c'est-à-dire l'étude des terrains au point de vue
des cultures. Petit à petit, on dressait la carte spéciale de chaque
pays. On déterminait les caractères généraux de régions entières,
expliquant leurs aptitudes propres ; on descendait ensuite dans le
détail, les cartes agronomiques locales succédaient aux cartes générales, marquant un nouveau progrès [2]. L'agriculture n'avait plus
qu'à profiter des renseignements qui lui étaient ainsi fournis ; on
l'aidait à connaitre sa terre et la connaissance des terres est le fondement de l'agriculture, a dit Olivier de Serres.

Pour satisfaire aux exigences mieux connues de son sol, l'agriculture contemporaine a trouvé offerte à elle toute une série d'engrais nouveaux, qui avaient manqué à l'agriculture d'autrefois.
Celle-ci ne connaissait guère que le fumier, engrais incomplet qui
ne peut rapporter au sol qu'une partie des éléments cédés aux fourrages et aux pailles, puisqu'une partie de ces élements transformés
en viande, lait, laine ont été exportés et ne se retrouvent pas dans
les déjections liquides et solides qui forment la base du fumier. La
vulgarisation des engrais commerciaux a modifié ces conditions
anciennes, en permettant de compléter les fumures et surtout de

[1] Risler, *Géologie agricole,* 2e édit. : *Résultats généraux,* Paris, 1897, 4 vol., Librairie agricole. — Du même auteur, cpr. Congrès international d'agriculture, 1900,
Relation entre la constitution géologique du sol et ses qualités, par M. Risler, I,
p. 249 s. — Sur l'importance de cette connaissance de la constitution géologique du
sol au point de vue agricole, Consulter l'analyse donnée par M. Grandeau de l'ouvrage
de M. Risler, *Journal d'agriculture pratique,* 1897' II, p. 337.

[2] Sur les cartes agronomiques destinées à renseigner les cultivateurs quant aux
qualités chimiques et physiques de leurs terres, par suite quant aux amendements et
engrais dont elles ont besoin, quant aux cultures auxquelles elles sont le plus propres,
consulter Risler, *Cartes agronomiques, VIe congrès international d'agriculture,* I,
p. 251. A l'exposition de 1900, on pouvait trouver un certain nombre de ces cartes
dressées par commune ou par arrondissement et qui pouvaient servir de types, notamment celle de l'arrondissement de Melun. La théorie des cartes agronomiques\, c'est-
à-dire l'exposé des conditions selon lesquelles elles doivent être établies, a fait l'objet
d'un rapport de M. Adolphe Carnot à la Société nationale d'agriculture, *Mémoires de
la Société nationale,* CXXXV, rapport dont M. Zolla a dégagé les idées essentielles,
Questions agricoles, 1re série, p. 1 s.

n'appliquer que le principe *des dominantes*, c'est-à-dire de procéder rationnellement et économiquement, en fournissant à telle terre
plus d'azote, à telle autre plus d'acide phosphorique, à telle autre
plus de potasse, en tenant compte des besoins de chacune d'elles [1].
C'était tout une série d'emplois fructueux qui s'offraient au capital.
Du même coup des régions entières se transformaient grâce à
l'ouverture des voies de communications nouvelles, qui rendaient
possible l'apport de l'élément fertilisant, leur ayant fait défaut jusque-là et qui maintenant s'offrait à elles. C'est l'histoire des pays
granitiques comme le Limousin et la Bretagne, où l'introduction de
la chaux a opéré des merveilles qu'ont développées les apports
d'acide phosphorique sous toutes les formes : phosphates d'os,
phosphates minéraux, scories de déphosphoration, faisant mentir
le proverbe dans lequel le Breton avait mis sa mélancolie et sa
désespérance en face de la lande rebelle à toute transformation :
« Lande tu as été, lande tu es, lande tu seras ». La lande disparaît,
vaincue par l'acide phosphorique ou plutôt fécondée par lui [2].

Pour les terres du type complet ou s'en rapprochant sensiblement, le fait que des quantités énormes d'engrais se trouvaient
mises à la disposition de l'agriculture, sans présenter la même
importance que pour les sols dont nous venons de rappeler la transformation, exerçait aussi une influence considérable. Le fumier
continuait à y rester la base de l'entretien de la fertilité du sol,
mais l'agriculture utilisait de plus en plus largement les engrais
commerciaux pour accroître encore sa puissance productive et réparer les pertes en éléments fertilisants enlevés par ses récoltes.
Sûre de trouver de quoi réparer ces pertes, l'agriculture éliminait
peu à peu la jachère, ce retour périodique de l'année de repos,
pendant laquelle le capital foncier restait improductif. Les cultures
sans interruption succédaient aux cultures et par cette intensité de

---

[1] Lecouteux, *Journal d'agriculture pratique*, 1885, I, p. 766. Autrefois, on fumait
le sol sans s'inquiéter de sa composition ; aujourd'hui, on se demande quels sont les
éléments dont a besoin la plante et sous quelle forme on les lui fournira. *Der Betrieb
der deutschen Landwirtschaft*, traduct. franç., p. 105.

[2] Les mêmes phénomènes se sont produits pour la Sologne. Pour plus de détails
sur ces transformations de régions dans leur ensemble, consulter Déhérain, *Revue
des Deux-Mondes*, 15 août 1894, p. 907, *Les Engrais*. Sur ce qu'on peut appeler la
conquête de la lande bretonne dans les conditions indiquées au texte, on trouvera des
renseignements très complets dans le *Rapport de M. Convert sur le concours des
prix culturaux pour le Morbihan* en 1892. Paris, Masson, 1892 (extrait du *Journal
de l'agriculture*, juin, juillet-août 1892).

vie et de production l'entreprise agricole se rapprochait de l'entreprise industrielle [1].

Quelques chiffres ne seront pas ici inutiles pour donner une idée approximative des effets qu'on peut obtenir d'un emploi rationnel des engrais commerciaux. A titre d'indication, nous reproduisons les résultats publiés en 1897 par le *Journal d'agriculture pratique* [2], à propos de l'emploi du nitrate de soude ; les chiffres se rapportent à 22 départements.et ont été recueillis par M. Grandeau, qui les a empruntés à des rapports de concours ou à des notes fournies par des praticiens. Voici les excédents moyens obtenus par l'emploi de 100 kil. de nitrate, soit environ 15 kil. 5 d'azote à l'hectare.

Blé.	458	kilogs de grains.
Avoine.	653	—
Pommes de terre.	3.570	— de tubercules.
Betteraves fourragères.	20.000	— de racines.
— à sucre	5.600	— de racines.
Prairies.	3.560	— de foin.

Au cours de 20 à 21 fr. les 100 kilogs, il y a dans l'emploi du nitrate de soude la source d'incorporations fructueuses de capital au sol pour l'agriculture et on s'explique l'accroissement constant de la consommation, qui est loin sans doute d'avoir atteint son apogée, et qui, de 1889 à 1898, s'est élevée de 60 p. 100 [3].

[1] La place de plus en plus restreinte faite à la jachère par la culture moderne est un fait bien établi. Les chiffres fournis par l'Allemagne et par la France sont absolument concordants. L'abandon de la jachère pour l'Allemagne est constaté dans les publications déjà citées à propos de l'exposition de 1900, L'*Agriculture allemande à l'Exposition de 1900*, p. 38 s. ; l'*Agriculture allemande, son mouvement, son activité à la fin du XIXe siècle*, p. 187 s. De 1878 à 1893, la jachère aurait diminué de 761.000 hectares environ, elle a complètement disparu dans les exploitations avancées, types de culture intensive comme le domaine de Schlanstedt, en Saxe, sur lequel la première des publications indiquées nous donne (p. 38 et 39) des renseignements significatifs. Sur une surface de 2.320 morgen (le morgen = 1/4 d'hectare), Schlanstedt, de 1817-1821, donnait annuellement 375 morgens à la jachère. Aujourd'hui, sur 2.935 morgens, que comprend le domaine, plus un pouce de terre n'est laissé au repos.

En France, mêmes constatations, restriction de la jachère affirmée par les statistiques décennales, quand on prend l'ensemble de la culture française. La jachère de 1862 à 1882 perd 1.500.000 hectares. *Statistique de 1882*, p. 170. Progrès dans le même sens de 1882 à 1892, 3.643.799 hectares en 1882, contre 3.367.618 en 1892. *Statistique de 1892*, p. 237. Disparition complète dans les exploitations du type intensif. V. à cet égard les détails donnés par M. Convert dans la monographie de la ferme de Fresne sur laquelle nous reviendrons. *La ferme de Fresne*, p. 9, librairie agricole. Paris, 1895.

[2] *Journal d'agriculture pratique*, 1897, p. 348. Cpr. *ibid.*, p. 681, les résultats obtenus par M. Keller, près de Darmstadt, à Ernsthoffen.

[3] *Journal d'agriculture pratique*, 1900, I, p. 561. De 1889 à 1898, la consommation

De ces résultats obtenus avec l'apport d'un supplément d'azote, on peut rapprocher ceux qu'ont donnés des apports judicieusement pratiqués d'acide phosphorique ou encore de potasse [1] et on s'expliquera facilement, dans ces conditions, le développement pris par la consommation de l'ensemble des engrais commerciaux. Les chiffres relatifs aux engrais phosphorés sont particulièrement frappants. En France, la consommation des superphosphates a passé de 425.000 tonnes, chiffre de 1889, à 975.000 en 1899. Celle des scories, à peu près nulle en 1889, atteint en 1899 188.000 tonnes, et à l'étranger le mouvement de progression est aussi accentué [2]. Malgré tout, nous sommes encore loin, très loin même, d'être arrivés, dans l'emploi des engrais commerciaux, à donner à notre sol ce qu'il est capable d'absorber utilement. Nous n'en sommes même pas encore à lui restituer en acide phosphorique les quantités qui sont annuellement exportées par les récoltes.

D'après les calculs de M. Grandeau [3], des 27.000.000 d'hectares sous culture de France, il est exporté chaque année par les récoltes 300.000 tonnes d'acide phosphorique, c'est-à-dire 11 kilogs d'acide phosphorique par hectare, et l'agriculture française ne leur restituerait guère que 140.000 tonnes d'acide phosphorique annuellement, c'est-à-dire 5 kilogs par hectare. Si, d'autre part, on admet

européenne s'est accrue de 395.000 tonnes. Voici les chiffres se rapportant aux différents pays importateurs :

PAYS	CONSOMMATION EN TONNES	
	1889	1898
Allemagne.	302.800	405.390
France.	187.510	247.740
Belgique.	105.150	152.520
Royaume-Uni.	—	131.730
Pays-Bas.	52.310	79.850
Italie.	9.960	20.670
Alsace-Lorraine.	néant	18.280
	667.730 T.	1.050.180 T.

[1] Cons. Grandeau, *Etudes agronomiques*, 1re série, p. 37 à 108. Sur l'action de la potasse et la transformation par elle de domaines composés de terres légères, spécialement en Allemagne sous l'influence de l'exemple donné par le Dr Schultz-Lupitz, cons. *Der Betrieb der deutschen Landwirtschaft*, traduc. franç., p. 109, *Journal d'agriculture pratique*, 1899, 1, 81.

[2] On trouvera des renseignements très complets sur les derniers chiffres de la consommation croissante des engrais phosphatés dans le *Journal d'agriculture pratique*, numéros du 24 janvier et du 2 février 1901 (articles de M. Grandeau).

[3] *Journal d'agriculture pratique*, 1897, II, p. 376.

avec M. Risler que la moitié environ du territoire agricole manque naturellement d'acide phosphorique et qu'il y a de ce chef une opération de constitution en quelque sorte du sol à pratiquer, étant donné que la quantité minima d'acide phosphorique qu'il conviendrait de donner à un hectare serait d'environ 30 kilogs, il faudrait que la culture française consommât 750.000 tonnes d'acide phosphorique, c'est-à-dire cinq fois plus qu'elle n'en emploie actuellement chaque année. Il reste donc du côté de l'emploi des engrais commerciaux beaucoup à faire. Mais ce n'est pas une raison pour ne pas reconnaître l'énorme progrès qui a déjà été réalisé. Dans les exploitations intensives, on n'hésite pas à consacrer des sommes considérables à l'acquisition de matières fertilisantes tirées de l'extérieur [1], et c'est grâce à ces efforts répétés qu'on a pu réaliser la seconde partie du programme que comporte la transformation générale.

Comme tout s'enchaîne et se lie dans la production agricole, ce premier progrès réalisé a permis d'en obtenir un second ; il a permis l'incorporation au sol de nouvelles doses de travail, il a permis d'entreprendre la conquête du sous-sol, car « plus on apporte d'engrais et plus profondément peut aller le soc de la charrue » [2]. Les vieux praticiens professaient une espèce de ter-

[1] En dépit de leur énorme production de fumier obtenue par l'entretien d'un nombreux bétail, les exploitations intensives consacrent normalement à l'achat d'engrais un chiffre égal à celui de la rente, et parfois même plus élevé : 100 à 110 francs par hectare sont des chiffres courants. Comparez à cet égard l'étude de Barral sur Masny près de Douai, celle de Lecouteux sur Champagne près de Juvisy, celle de M. Convert sur Fresne près de Pithiviers. Les apports d'engrais complémentaires tournent autour de 100 francs par hectare. Voici les chiffres de Fresne en détail :

Ecumes de défécation. .	800.000 kilog.	à	2 fr.	les 1.000 k.	. . . . . F.	1.600
Poudrette	50.000	—	2	—	100 k.	1.000
Superphosphate.	40.000	—	8	—	100 k.	3.200
Nitrate de soude	26.000	—	24	—	100 k.	6.240
Chlorure de potassium .	5.000	—	24	—	100 k.	1.200
Sang desséché	3.000	—	21	—	100 k.	760
Plâtre.	10.000	—	13	—	1.000 k.	100
Divers						1.900
				Total. . . . . . F.		15.000

Fresne compte 135 hectares ; c'est donc un peu plus de 100 francs par hectare qui sont consacrés à l'acquisition d'engrais. Convert, *La ferme de Fresne*.

[2] Formule de Grahl rapportée dans la très intéressante publication de la section agricole allemande à l'exposition de 1900, *Der Betrieb der deutschen Landwirtschaft am Schluss der XIX Jahrhunderts*, s. 7, p. 103 de la traduction française.

reur pour ce qu'ils appelaient la terre neuve, c'est-à-dire pour le sous-sol ramené à la surface par des labours profonds et, comme toutes les opinions traditionnelles, la leur contenait une part de vérité. La science moderne a reconnu que la terre ainsi ramenée à la surface a besoin du contact prolongé de l'air, pour que les éléments de fertilité qu'elle contient entrent en activité. En attendant que cette action se soit produite, apportant un énorme accroissement de productivité, il faut donner à ces terres neuves de hautes doses d'engrais pour assurer leur fécondité immédiate.

Avant que se fût généralisée la pratique des engrais chimiques apportant des ressources nouvelles, l'engrais manquait pour mener à bien cette conquête du sous-sol. Aujourd'hui cette conquête est à peu près achevée dans les pays de culture avancée. Des charrues puissantes, d'un poids inconnu, mues par la vapeur ou traînées par des attelages de dix ou douze bœufs, défoncent le sol à une profondeur de 30 à 35 centimètres ; derrière ces charrues, souvent, passent à leur tour des fouilleuses qui ameublissent le fond du sillon, le déchirent de leurs dents à 10 ou 15 centimètres, et cette masse de terre ainsi remuée, enrichie d'engrais, devient un terrain merveilleux pour les riches récoltes [1].

L'amélioration *mécanique* du sol par le défoncement place la plante dans d'excellentes conditions. Le défoncement défend la récolte contre les excès de sécheresse et d'humidité à la fois, car les terres profondément remuées jouissent de la propriété de se dessécher moins vite en été, de se saturer d'eau aussi moins vite par les grandes pluies d'hiver, elles se *battent* moins, comme disent les gens du métier. En même temps, dans le sol ainsi travaillé, mieux aéré, se trouve favorisée l'action de ces micro-organismes, dont nous avons plus haut rappelé le rôle ; grâce à ces opérations culturales, les masses d'azote à l'état inerte que renferme le sol et qui constituent des réserves jusque-là inutilisées, se transforment et prennent une forme assimilable. Or ces réserves du sol sont considérables et le but du cultivateur doit être de les mettre en œuvre. Par elles, il accroît la puissance de production de son sol,

---

[1] On peut suivre dans la collection du *Journal d'agriculture pratique* les controverses que suscita dans le monde agricole cette question capitale du défoncement lorsque, vers 1860, Vallerand, le cultivateur de Moufflaie, dans l'Aisne, introduisit sur son exploitation les premières charrues défonceuses. V. *J. A. prat.*, 1860, II, p. 93 s. et 193 s.

et voilà la double raison d'être de la pratique du défoncement réalisant l'amélioration physique et chimique du sol.

Dans cet ordre d'idées de l'amélioration chimique du sol, les
perspectives s'ouvrent quasi-indéfinies devant l'agriculteur.

L'analyse a révélé la présence de 1 gramme d'azote combiné
par kilo, pour nos terres cultivées de moyenne fertilité, de
2 grammes pour les terres riches. Or, si on admet que les plantes
annuelles s'enfoncent en moyenne à 35 centimètres dans le sol
(chiffre inférieur à la réalité), on trouve que les plantes couvrant
1 hectare ont à leur disposition 4.000 tonnes de terre contenant
4.000 ou 8.000 kilos d'azote [1]. Une récolte de blé ou de betteraves
n'a guère besoin que de 100 à 120 kilos d'azote, quantité infime
par rapport à la masse existant dans le sol. Mais cet azote du sol,
le plus souvent, est engagé dans des combinaisons qui le rendent
inutilisable, et l'œuvre du cultivateur est précisément d'aider cet
azote à se dégager des combinaisons où il est comme prisonnier
pour le rendre utilisable. Quand l'agriculteur en aura trouvé le
moyen, le règne des engrais azotés sera terminé et l'agriculture
sera affranchie de la fraction la plus lourde du tribut qu'elle paie
à l'engrais [2].

Les esprits chagrins seront peut-être tentés de dire que pousser
l'agriculture à l'exploitation de ces réserves d'azote du sol, c'est la
jeter dans la voie qui conduit à la ruine, parce qu'en agissant de la
sorte on arrivera à l'épuisement de ces réserves du sol. Ils peuvent se
rassurer, car l'agriculture moderne sait qu'elle a à sa disposition
des agents merveilleux, qui lui permettent de reconstituer à peu de
frais ces stocks d'azote, au fur et à mesure qu'elle les met en œuvre. Depuis longtemps, la pratique avait reconnu l'influence heureuse de certaines plantes, des légumineuses laissant après leur
passage sur une terre celle-ci plus fertile qu'elles ne l'avaient
trouvée [3]. La science moderne a expliqué le phénomène et a con-

---

[1] Déhérain, *Les ferments de la terre, Revue des Deux-Mondes,* 15 mai 1893,
p. 371.

[2] Déhérain, *Les engrais, Revue des Deux-Mondes,* 15 avril 1894, p. 922.

[3] Olivier de Serres écrivait déjà dans son *Théâtre de l'agriculture* : « L'esparcette
(sainfoin) pousse gaiement en terre maigre, laissant après elle certaine vertu améliorante à l'usage des blés qui sont semés par la suite », et tout est rigoureusement
exact dans la constatation du vieil auteur, y compris l'adaptation du sainfoin aux terres maigres qui ne conviennent pas à la luzerne, la légumineuse par excellence des
terres profondes.

clu que ces légumineuses méritent bien leur nom de plantes *améliorantes*. On avait cru pendant longtemps que ces plantes jouissaient du privilège d'utiliser les réserves du sol dont nous parlions plus haut. Aujourd'hui, leur véritable fonction a été déterminée. Elles fixent l'azote de l'air, grâce aux bactéries qui se développent sur leurs racines [1]. Elles puisent donc dans l'immense réservoir *gratuit* offert par la nature l'azote qu'elles emmagasinent dans le sol. Ainsi s'est trouvé expliqué le rôle joué au cours de ce siècle par la culture des légumineuses, facteur du progrès agricole, et pour l'avenir, avec l'explication de leurs surprenantes propriétés, toute crainte a été écartée. Ainsi s'est trouvée justifiée la place de plus en plus large donnée par la culture avancée aux différentes variétés de légumineuses, spécialement à la plus productive de toutes, à la luzerne, et ceci nous amène naturellement à retracer ce qu'a été l'œuvre de l'agriculture moderne quant à la plante. Puisque l'agriculture transforme à l'aide des végétaux les matières minérales en matières organiques, alimentaires ou industrielles, elle devait s'attacher à augmenter ses moyens de transformation soit en introduisant des plantes nouvelles, soit en améliorant les plantes anciennes. Pour elle, c'était perfectionner son outillage. D'autre part, elle devait faire, à ces plantes nouvelles ou perfectionnées à grande puissance d'absorption, une place de plus en plus considérable dans les assolements. Or, l'agriculture moderne n'a pas failli à cette partie de sa tâche.

§ 2.

Pour utiliser la puissance productrice du sol prodigieusement accrue grâce à l'emploi des procédés que nous venons de rappeler sommairement, la science s'est attachée parallèlement à développer la puissance de la plante, agent incessant d'absorption ; on est arrivé à mettre à la disposition des praticiens ou des agents nouveaux ou des agents anciens améliorés d'une variété et d'une souplesse étonnante, si on peut dire, s'adaptant aux conditions diverses de sol et de climat. Ici encore nous ne pouvons procéder que par voie d'indications et choisir les exemples les plus saillants. Or, dans

---

[1] Les beaux travaux d'Hellriegel, Wilfarth, Berthelot, Schlœsing, Müntz, etc., ont établi définitivement cette propriété des légumineuses aujourd'hui mise hors de conteste. Consulter sur ce sujet les comptes-rendus de l'Académie des sciences, spécialement t. CVII, p. 372, t. CVIII, p. 700 ; communications de M. Berthelot.

l'ordre de ce qui a été fait pour la plante et par la plante, noùs nous bornerons à quelques exemples types avec la betterave à sucre et la pomme de terre pour les cultures relativement récentes, avec le blé pour les cultures de haute date. Ces exemples permettent de saisir le génie de l'agriculture moderne et son nouvel esprit.

Pour la betterave et la pomme de terre, on constate à la fois et l'introduction de ces plantes à une date relativement voisine de noùs et une fois leur culture répandue une action très énergique pour l'amélioration des variétés et l'augmentation de leur puissance de rendement. Comme plantes de grande culture betteraves et pommes de terre appartiennent au xix⁰ siècle. L'acte de naissance de la betterave à sucre remonte, comme on l'a dit, au blocus continental [1] et quant à la pomme de terre, si les campagnes de Parmentier à la fin du xviii⁰ siècle avaient réussi à en démontrer la haute valeur au point de vue de l'alimentation humaine, elle n'existait pas on peut dire comme plante industrielle avant le grand développement pris par la distillerie et la féculerie et elle n'était pas encore utilisée en grand pour l'alimentation du bétail.

Le xix⁰ siècle a fait dans ses assolements une place sans cesse grandissante à ces deux plantes et grâce à elles l'agriculture moderne a pu utiliser les ressources si largement augmentées de ses terres, d'autant plus que, non contente d'accroître les surfaces consacrées à ces cultures, elle s'est attachée, sur ces surfaces sans cesse accrues, à cultiver des variétés à rendement de plus en plus élevé, c'est-à-dire utilisant dans une mesure sans cesse croissante la fertilité du sol. Ici il convient de laisser parler les chiffres, ils rendent tout commentaire inutile ; toutefois une observation doit être formulée. L'agriculture a en quelque sorte sérié ses efforts. Jusqu'à ces vingt dernières années l'accroissement de la production en sucre et pommes de terre a surtout été obtenu par l'accroissement des surfaces cultivées. Depuis vingt ans l'effort a porté principalement sur l'accroissement de puissance de la plante.

En matière de sucre, l'initiative du progrès réalisé quant à la plante est venue d'Allemagne. En France, l'amélioration de la plante au point de vue de la richesse saccharine a été stimulée par l'action de la loi. Quelle qu'ait été la cause, le résultat a été acquis. La

[1] La présence du sucre dans la betteraVe est signalée déjà par OliVier de Serres en 1605, son isolement fut obtenu en 1747 par Magraf, les premiers pains de sucre indigènes furent produits à Berlin en 1799.

betterave utilisée aujourd'hui pour la production du sucre est un instrument perfectionné, si l'on peut dire, capable d'élaborer une quantité de sucre bien supérieure à celle donnée par la betterave d'il y a vingt ans, partant de fournir un produit plus considérable. L'homme a perfectionné la plante à force de patience et par l'emploi de procédés rationnels [1]. Ses efforts dans ce sens ont été récompensés par des augmentations très rapides quant à la quantité de sucre produit par tonne et par hectare. Le tableau suivant en fait foi [2].

CAMPAGNES SUCRIÈRES	Rendement moyen par hectare	Sucre produit ou raffiné	RENDEMENT MOYEN du sucre	
			par tonne de betteraves	par hectare
	tonnes	tonnes	kilogs	kilogs
1882-83.	34.928	362.737	50,5	1756,25
1883-84.	35.356	406.007	55,3	1962,25
1884-85.	31.289	272.962	59,9	1874,21
1885-86.	29.457	265.084	78,3	2306,48
1886-87.	31.900	434.043	88,6	2826,34
1887-88.	22.469	344.744	95,3	2141,29
1888-89.	24.537	412.523	97,6	2374,81
1889-90.	32.394	699.365	104,7	3388,51
1890-91.	29.319	615.242	94,6	2773,57
1891-92.	25.199	577.821	102,6	2585,41

De ce tableau, le trait capital à dégager au point de vue qui nous occupe, c'est le résultat que donne la quatrième colonne, l'accrois-

[1] Quelques détails sur la façon dont la betterave a été améliorée ne seront pas sans intérêt. La betterave est une plante bisannuelle, c'est la seconde année qu'elle porte graine. On appelle porte-graines les betteraves qui, récoltées à l'automne, conservées pendant l'hiver à l'abri des gelées, sont remises en terre au printemps. Elles développent alors les hautes tiges sur lesquelles se forme la graine. Or il a été constaté que les qualités des porte-graines au point de vue de la forme ou au point de vue de la richesse en sucre se retrouvaient dans les betteraves issues de la graine qu'elles avaient fournie. Aussi tout l'effort d'amélioration a porté sur les betteraves mères. On a rigoureusement éliminé des plantations de porte-graines les sujets de conformation non satisfaisante. On a prélevé sur chaque porte-graine avec la sonde un échantillon qui a été soumis à l'analyse, ne conservant comme reproducteurs que les sujets à haute teneur saccharine et par cette pratique d'une sélection persévérante on est arrivé à doubler le rendement en sucre d'une tonne de betteraves. *Der Betrieb der deutschen Landwirtschaft*, traduct. française, p. 125.

[2] Statistique de 1892, p. 185. Il y aurait beaucoup à dire et à expliquer quant aux différents chiffres de ce tableau. On remarquera notamment que l'accroissement de la production en sucre sous l'influence de la loi de 1884 s'est effectuée non par le poids, mais par la teneur saccharine de la betterave qui a progressé. C'était la conséquence du régime introduit en 1884 qui avait pour but de pousser à faire de la betterave riche. Voir pour plus de détails, Convert, *L'industrie agricole*, p. 179 s. Paris, Baillière 1901.

sement du rendement en sucre de la tonne de bètterave passant
de 50 kilog. en 1882 à 102 kilog. en 1892, c'est-à-dire doublant
en dix ans et cela, comme le constate le commentaire officiel, grâce
surtout à une sélection intelligente de la plante [1]. Ainsi, avec une
surface de 223.372 hectares en 1892, la betterave à sucre, en
France, a produit 577.821 tonnes de sucre raffiné, alors qu'en 1882,
avec une surface de 240.465 hectares, elle n'avait donné que
362.737 tonnes, et des résultats à peu près identiques, attribués
aux mêmes causes, sont signalés en Allemagne, et, d'une façon
générale, dans les autres pays producteurs de sucre de betterave [2].

Les mêmes progrès ont été réalisés pour la pomme de terre [3].
L'agriculture a maintenant à sa disposition des variétés à puissance
de rendement jadis inconnue, donnant à la fois un poids bien plus
élevé de tubercules à l'hectare et des tubercules plus riches en
fécule. Sur les anciennes variétés peu prolifiques, les copieuses
fumures n'exerçaient qu'une action assez faible. Ces variétés
n'avaient pas une puissance d'absorption considérable quant aux
éléments fertilisants qu'on mettait à leur disposition. Les variétés

---

[1] Nous ne disons pas que cet accroissement du rendement en sucre soit dû *exclusivement* au progrès réalisé quant à la plante, ce serait inexact; il y a eu aussi l'influence
des perfectionnements apportés dans l'outillage des sucreries et dans les procédés de
fabrication dont il faut tenir compte.

[2] On trouvera des chiffres pour l'Allemagne dans *Der Betrieb der Deutschen Landwirtschaft*, trad. française, p. 124. En 1875-76, la quantité extraite de 100 kilogs de
betterave, était de 8,60 kilogs; elle est de 12,81 pour la campagne 1897-1898. L'accroissement est moins brusque qu'en France; cela tient à ce que l'Allemagne nous avait
précédés dans la voie de l'amélioration de la plante. Voici du reste, résumée dans
l'*Agriculture allemande à l'Exposition de 1900*, p. 51, la situation sucrière de l'Allemagne à 30 ans de distance :

	1870-71	1899-1900
Surfaces cultivées en betteraves . . .	110.285 hectares.	428.142 hectares.
Quantités de betteraves traitées . . .	2.250.918 tonnes.	12.150.042 tonnes.
Production de sucre brut.	186.442 —	1.722.429 —
Importation de sucre	219.755 —	1.200
Importation	14.275 —	1.008.037 —
Consommation totale	221.921 —	757.098 —
Consommation par tête.	5, 5 kilos.	13,78 kilos.

[3] Les transformations apportées dans la culture de la pomme de terre sont dues en
France tout spécialement à la campagne vigoureuse qu'entreprit Aimé Girard pour
faire connaître les variétés à grand rendement et répandre leur culture. On trouvera
tous les renseignements sur la matière dans le livre d'Aimé Girard, *Recherches sur
la culture de la pomme de terre industrielle et fourragère*, et dans les communications faites par l'auteur à l'Académie des sciences, *Comptes-rendus*, t. 108, p. 412,
525, 602; t. CXI, p. 795, 957; t. CXVI, p. 651; t. CXIX, p. 26; t. CXX, p. 969.

nouvelles sont à cet égard toutes différentes, elles sont aptes à utiliser les gros apports d'engrais. Autant d'avantages qui expliquent la grosse supériorité de la Richter's Imperator, de la Blauen Reisen, de la Tsarine, pour ne citer que les variétés les plus connues parmi les nouvelles par rapport aux anciennes. Comme pour la betterave à sucre, l'initiative des progrès réalisés pour la pomme de terre est venue d'Allemagne. De là les noms allemands des principales variétés à grand rendement. C'est d'Allemagne que nous sont venues les variétés fournissant de 30 à 35.000 kilog: de tubercules avec 6 à 7.000 kilog. de fécule, alors qu'on obtenait antérieurement au plus 21 à 22.000 kilog. de tubercules à l'hectare et 3.000 kilog. de fécule. Les Allemands poursuivent leur travail, ils ont créé des instituts, des stations d'essais pour la culture de la pomme de terre [1], couvrant l'Allemagne de tout un réseau de champs d'expérience et dans cette entreprise pour l'amélioration incessante de la pomme de terre, nous saisissons sur le vif cette action de l'homme qui marque d'un caractère si original la culture moderne.

La plante alimentaire par excellence, le blé, a eu, elle aussi, sa large part dans l'œuvre générale d'amélioration. L'action de l'homme s'exerçant tantôt par voie de sélection, tantôt par voie d'hybridation [2], a créé des variétés nouvelles avec épis plus denses et plus longs que supportent des tiges plus résistantes et qui ont pu fournir des récoltes qu'il y a cinquante ans on eût qualifiées de fabuleuses, si on avait alors parlé de rendements dépassant 50 hectolitres à l'hectare [3].

---

[1] Pour les renseignements complémentaires sur le rôle des stations allemandes, on pourra consulter *Der Betrieb*, traduct. française, p. 119 et 120.

[2] C'est par sélection qu'ont été obtenus les fameux blés dits Major Hallet, qui jouissent d'une si grosse réputation dans le monde agricole. En pareil cas, le procédé consiste à réserver pour la semence les plus beaux grains prélevés sur les plus beaux épis, en éliminant les grains de la base et du sommet de l'épi, en ne retenant que les épis de forme parfaite. Comme blé obtenu par hybridation, il y a l'exemple bien connu du Dattel, aujourd'hui si répandu dans le rayon de Paris et dû à M. de Vilmorin. Le dattel est un croisement du chiddam et du prince Albert. En fécondant les pistils du chiddam avec du pollen du prince Albert, on a créé une variété qui a joint aux qualités du chiddam l'avantage d'une paille plus longue et plus forte.

[3] Résultats obtenus par M. Déhérain sur la ferme de M. Porion dans le Pas-de-Calais à Wardrecques, et dans le Nord à Blaringhen; comptes-rendus de l'Académie des sciences, t. CII, p. 185; t. CIII, p. 587; t. CVII, p. 767, *Journal d'agriculture pratique*, 1888, II, p. 751. Comparer les résultats indiqués par la culture du blé à Capelle dans le Nord par Florimond Desprez, *Journal d'agriculture pratique*, 1892-1896, *passim*. Rapprocher les chiffres accusés pour des rendements d'ensemble par les exploitations dont nous parlerons plus bas.

La caractéristique de toutes ces variétés nouvelles est toujours
celle que nous signalions à propos de la betterave et de la pomme
de terre améliorées, c'est l'accroissement de leur puissance d'absorption quant aux matières fertilisantes qu'on leur offre, leur aptitude
à utiliser plus largement la fertilité de la terre à laquelle on les confie.
Ajoutons enfin que, tenant compte des différences de climat, de sol,
l'homme est parvenu à créer des variétés s'adaptant spécialement
aux conditions très diverses de la culture. On a dressé le catalogue
des exigences dominantes de chaque variété, signalant celles qui
s'accommodent mal des terres trop humides et celles qui redoutent
les terres sèches, celles qui craignent les climats rudes et celles qui
les supportent, celles qui supportent les semailles tardives, celles
qui y répugnent. On s'est efforcé de mettre à la disposition de
l'agriculture des variétés correspondant à toutes les situations, et
le cultivateur peut choisir en connaissance de cause [1].

§ 3.

Sous l'action patiente et méthodique de l'homme s'exerçant à la
fois sur le sol et sur la plante dans les conditions que nous venons
de rappeler, une véritable révolution s'est opérée dans la production
agricole depuis cinquante ans, surtout depuis vingt-cinq. C'est le
merveilleux essor pris par les entreprises agricoles, vivifiées par
l'apport rationnel des capitaux et du travail, qui explique la plus-
value du capital foncier accusée par les statistiques de 1852 et 1892
rapprochées l'une de l'autre, passant de 61.189 millions de francs à
85.864 [2]. Cette plus-value tient pour une très large part, que ne

[1] Les avantages des plus importantes variétés ont été signalés avec leurs exigences
principales dans l'ouvrage de Henri de Vilmorin, *Les meilleurs blés*. Paris, 1880.
   Dans la pratique, il est peu fréquent qu'une exploitation agricole adopte à titre
exclusif une variété déterminée pour une double raison, d'abord parce qu'il est rare
que toutes les terres soient de composition et de fertilité égale sur un même domaine ;
on réserve alors les variétés les plus exigeantes pour les meilleures terres ; en second
lieu, parce que les conditions atmosphériques essentiellement changeantes d'une
année à l'autre favorisent tantôt un blé et tantôt un autre. On cherche alors dans la
culture de plusieurs blés comme une espèce d'assurance. Une pratique fréquente
consiste, sauf sur les parcelles où on veut faire la semence pour l'année suivante, à
associer en mélange deux ou-trois variétés. L'expérience a prouvé que c'était le
moyen le plus efficace de combattre l'aléa toujours si redoutable en agriculture, un
choix judicieux permettant d'associer une variété rustique à une autre plus délicate
ou bien encore une variété à paille résistante à une variété sensible à la verse, etc.
On arrive ainsi à plus de régularité dans la production et cette régularité est une des
supériorités de la culture moderne, sur laquelle nous reviendrons.
[2] *Statistique agricole de la France*, 1892, p. 440 et 1882, p. 403. En 1882, avant que

peut pas préciser la statistique, à l'accroissement de productivité du sol. Le sol vaut plus, parce qu'il est susceptible de produire plus et qu'en fait il produit plus sous l'influence des énormes incorporations de capital et de travail pratiquées par la culture. Celles-ci apparaissent saisissantes dans les monographies, où se trouve consignée l'histoire de quelques-unes des plus progressives parmi nos exploitations agricoles [1].

On y voit créée par l'homme, à côté de la fertilité naturelle, comme une seconde fertilité qui s'ajoute à la première, constituant ces terres de *haute graisse* tant prisées des praticiens [2] et de plus en plus l'agriculture s'éloigne de la conception ancienne d'après laquelle elle se bornait à être l'exploitation des qualités naturelles et impérissables du sol suivant le mot de Ricardo et de ses disciples [3].

n'eût encore fait sentir tout son effet la crise agricole, la différence était encore plus frappante, le capital foncier était évalué à 91.584 millions.

[1] Le gros Volume publié à l'occasion de l'exposition de 1900, par M. Nicolas, sur la transformation de son domaine d'Arcy, pourra donner une idée de ce que l'homme a pu faire avec les moyens dont dispose l'agriculture moderne pour *créer*, c'est le mot qui convient ici, un domaine agricole. Sur les 432 hectares d'Arcy, 393 hectares étaient classés terres de quatrième et cinquième classes et en grande partie laissés en friche, les bâtiments étaient en ruine et les chemins n'existaient pas. Tout était à faire et tout a été fait. On en jugera par quelques chiffres. Le drainage d'Arcy et l'établissement des fossés a coûté 121.000 francs. Il a été importé, de 1873 à 1899, 22 millions de kilos d'engrais de toute sorte indépendamment des fumiers produits à la ferme, évalués à 61.372.000 kilos, etc. Aujourd'hui Arcy accuse des rendements de blé de 32 hectol. 56 comme moyenne des six dernières années sur 120 hectares, alors qu'en 1875 on obtenait 14 hectolitres comme moyenne sur 67 hectares, et le reste est à l'avenant, avoines, betteraves, fourrages. *Mémoire sur l'exploitation d'Arcy*, par M. Nicolas, Paris, 1900.

[2] Le fait que souvent dans les pays de grande culture, cet accroissement de la fertilité du sol est l'œuvre du fermier a posé devant l'agriculture moderne le gros problème de l'indemnité au fermier sortant. La question a soulevé bien des polémiques et donné lieu à bien des projets de loi. La presse agricole l'a discutée depuis des années. V. *Journal d'agriculture pratique*, 1889-I, p. 417, 540, 563, 674; Bourguin, *Revue politique et parlementaire*, numéro du 10 février 1899, p. 324; Lechevallier, *La plus-value à accorder en fin de bail au fermier sortant*, VIe *Congrès international d'agriculture*, 1900, I, p. 70 s.

[3] Nulle part peut-être cette transformation ne se manifeste plus nette que dans la production Vinicole. L'ancienne culture de la vigne se rapprochait beaucoup du régime de la cueillette sauf l'exception de quelques Vignobles spéciaux; l'homme, à part quelques opérations rudimentaires, laissait faire la nature; le gros de son rôle, c'était la récolte, le raisin poussait et mûrissait à peu près exclusivement sous l'action de la nature porté sur des terrains de temps immémorial consacrés à la Vigne. Aujourd'hui tout cela est bien changé. Dans les vignobles reconstitués à la suite de l'invasion du phylloxéra, la part de l'homme dans l'œuvre de la production s'est singulièrement accrue. D'abord, c'est l'homme qui a refait la vigne à force de travail et de capital. Il a découvert les plants nouveaux, qui résistent au terrible insecte et avant de les

Tant d'efforts n'ont pas été dépensés en vain et le sol, porté à un plus haut degré de fertilité par l'action de l'homme, a donné des récoltes plus considérables. L'accroissement de la production est un fait indéniable, constaté par les statistiques officielles, auxquelles il faut se reporter pour vérifier la marche ascendante de la production. Il s'affirme pour la France dans les enquêtes décennales. Les chiffres relatifs à la production du blé sont de tous les plus intéressants à signaler et c'est à eux que nous nous référerons, parce qu'il s'agit là de la principale culture de France et parce qu'on a à propos du blé des renseignements plus complets et plus anciens que pour la plupart des autres produits agricoles. Voici les chiffres relevés à la page 108 de l'enquête de 1892, embrassant la période de 1816 à 1890 :

1816-1820.	. . . . .	10 hect. 22	à l'hectare.
1821-1830.	. . . . .	11 hect. 90	—
1831-1840.	. . . . .	12 hect. 17	—
1841-1850.	. . . . .	13 hect. 68	—
1851-1860.	. . . . .	13 hect. 99	—
1861-1870	. . . . .	14 hect. 28	—
1871-1880.	. . . . .	14 hect. 60	—
1881-1890.	. . . . .	15 hect. 65	—
1891-1895.	. . . . .	15 hect. 83	—

Qu'on ajoute les chiffres des dernières années, sauf 1897 (année défavorable), ils marquent toujours le même progrès :

1896.	. . . .	17 hect. 42
1898.	. . . .	19 hect. 79

Il est vrai de dire que 1898 a été une année exceptionnelle.

De 1820 à 1896, l'accroissement du rendement a atteint

confier au sol, il pratique ces opérations de défoncement qui sont le préliminaire de la reconstitution. Aux jeunes plants, on donne pendant trois ou quatre ans, suivant les cas, des façons successives au nombre de quatre en moyenne par an et les calculs les plus autorisés portent de 1.500 à 2.000 francs le prix de la reconstitution d'un hectare de vignes dans la région du Midi. V. *Rapport de M. Convert au Congrès international de 1889*, compte rendu, p. 117-118. Voilà pour l'établissement du vignoble. Il convient de tenir compte de cette première mise de fonds. Il faut tenir compte, d'autre part, une fois la période de rapport atteinte, de la somme incessante de travail et de dépenses que réclame aujourd'hui la culture de la vigne, notamment quant à la lutte contre les maladies cryptogamiques. M. Zolla en a donné récemment le détail dans une de ses revues des questions agricoles de la *Revue politique et parlementaire*, numéro du 10 janvier 1901, p. 177. Tout cela entraîne bien loin du régime de la production spontanée et nous montre au contraire l'action de l'homme s'affirmant de plus en plus et M. Bruhnes a pu très justement parler ici de ce qu'il a appelé les *cultures renouvelées*. Bruhnes, *op. cit.*, p. 7.

46 p. 100, dont moitié applicable à la période 1820-1880, l'autre moitié à la période quatre fois plus courte qui s'est écoulée depuis 1880. Dans les autres branches de la production se manifestent les mêmes progrès. (Voir pour les autres céréales les tableaux de la page 101); pour la pomme de terre, p. 144; pour les fourrages, p. 152 [1]; pour le sucre de betterave, p. 185.

Voilà pour la France, et il ne s'agit pas là de résultats dont nous soyons seuls à avoir le droit de nous enorgueillir. Les rapprochements faits par les statistiques entre notre production et celle des pays voisins nous montrent ailleurs la marche également ascendante de la production. Pour l'Allemagne, en particulier, les publications qu'a provoquées l'Exposition de 1900 ont insisté sur le développement énorme pris par la production agricole qu'elles estiment avoir *quadruplé* au cours du siècle qui vient de finir [2].

Certes, tous ces chiffres constatant l'accroissement de l'ensemble de la production ont leur éloquence, mais celle-ci serait bien plus saisissante encore, si la statistique pouvait faire le départ des mérites et attribuer aux véritables auteurs de l'accroissement constaté ce qui leur est dû. La vérité c'est que, pour la très grosse part, l'accroissement de la production est dû à un nombre relativement faible d'exploitations. Si l'on examine encore les chiffres relatifs au blé, on constate les augmentations les plus fortes dans les départements de culture progressive de la région du Nord et

[1] La différence en moins constatée pour 1892 quant aux fourrages est due aux conditions climatériques et ne doit pas être interprétée comme un recul de la production.

[2] Estimation du Dr Delbruck, recteur de l'Ecole supérieure d'agriculture de Berlin, dans un discours prononcé à l'occasion du centenaire de l'Ecole, rapporté dans *Der Betrieb der deutschen Landwirtschaft*, p. 192 de la traduction française. Il y aurait toutefois, et nous semble, quelques réserves à faire sur certains des procédés d'évaluation du Dr Delbruck. Il dit, par exemple : « Si l'on étudie l'histoire *de quelques exploitations*, on voit qu'indubitablement dans ces cent ans, la production des céréales a doublé par unité de surface ». Il ne s'agit là que de chiffres fournis par *quelques exploitations*, les plus avancées naturellement, ce qui n'empêche pas l'auteur de généraliser quelques lignes plus bas ces résultats qu'il n'a donnés d'abord que comme des résultats particuliers. « *Si maintenant la récolte des grains a doublé* et qu'on lui additionne la culture de la pomme de terre, de la rave et du chou, nous arrivons à cette conclusion : La production agricole dans la culture des plantes a quadruplé au cours du xixe siècle ». M. Grandeau a, dans une de ses chroniques agricoles du *Journal des économistes*, novembre 1900, p. 192, dégagé les chiffres les plus intéressants touchant la production des céréales de l'Europe d'après les documents de l'Exposition universelle. Il résulte de l'ensemble de ces documents que l'Europe Occidentale, en consacrant aux céréales un million et demi d'hectares de moins, à vingt ans de date, 1878-1898, a cependant accru sa production d'un cinquième et presque d'un quart.

du rayon de Paris, c'est-à-dire dans la zone agricole, où s'est développée la culture à gros capitaux et à travail intensif [1]. C'est une première indication qui a son importance. Nous relevons des moyennes de 25 et 23 hect. 9 à l'hectare pour les départements de tête, c'est-à-dire supérieures de 9 et 8 hectolitres à la moyenne que la statistique fixe à 16 hect. 4. Mais il ne faut pas oublier que ces moyennes, si fortes du Nord, de l'Aisne, etc., ne sont obtenues que grâce aux chiffres très supérieurs encore de leurs exploitations les plus avancées, et c'est aux chiffres de quelques-unes de ces exploitations que je voudrais maintenant demander un enseignement en prenant dans le Nord la ferme de Capelle, en Seine-et-Oise la ferme de Champagne près de Juvisy, et enfin celle de Fresne dans le Loiret près de Pithiviers.

M. Florimond Desprez a raconté l'histoire de la transformation de Capelle. En 1852, le père de M. Desprez, qui passait parmi ses voisins pour un bon cultivateur d'alors, se contentait d'une moyenne de 20 hectolitres de blé à l'hectare. Plus de 200 hectares de son exploitation reposaient sur l'argile compacte et imperméable et pour faciliter l'écoulement des eaux on avait coupé les terres à l'infini de fossés, aux berges couvertes de haies et de saules destinés à consolider les levées de terre. Tout cela est aujourd'hui transformé, les fossés ont été comblés, les terres assainies par le drainage ; le chaulage a allégé le sol, les labours profonds devenus possibles ont complété l'œuvre. En 1870, les rendements de Capelle atteignaient une moyenne de 24 à 30 hectolitres à l'hectare. C'était un progrès sensible sur la période de 1852, que la période postérieure à 1870 devait largement dépasser. En 1899, M. Desprez communiquait au *Journal d'agriculture* les résultats obtenus de 1889 à 1898 avec six

---

[1] Enquête de 1892, p. 78. Onze départements dépassent 20 hectolitres comme moyenne dans l'ordre suivant :

1. Seine	26 hect. 8
2. Nord	25 hect. 5
3. Aisne	23 hect. 9
4. Seine-et-Oise	23 hect. 9
5. Oise	22 hect. 8
6. Seine-et-Marne	22 hect. 5
7. Eure-et-Loir	21 hect. 5
8. Ardennes	21 hect. 4
9. Somme	21 hect. 2
10. Haut-Rhin (Belfort)	20 hect. 5
11. Pas-de-Calais	20 hect. 2

variétés différentes de blé à Capelle[1]. On trouvera le tableau détaillé dans le *Journal d'agriculture pratique*. Je ne prends que les chiffres d'ensemble, ils accusent respectivement les moyennes suivantes :

3537 kilogs.

3586 —

3691

3946

3327

4621 —

légèrement abaissées du chef des récoltes de 1891 et 1894, comptées à part. Dans l'ensemble, on arrive à une moyenne de 35 quintaux qui au poids normal de 75 kilogs à l'hectolitre donnent des rendements de 48 hectolitres à l'hectare.

Peut-être sera-t-on tenté de contester la valeur de ces chiffres, en objectant qu'il s'agit, pour cette période de 1889 à 1899, de résultats d'expériences et non de moyennes réelles prises sur l'ensemble de l'exploitation. En tout cas, pareil reproche ne pourra pas être adressé aux résultats constatés à Champagne et à Fresne, car là, nous sommes en présence de moyennes établies sur la production totale d'une exploitation. Le tableau ci-dessous résume les

ANNÉES	Quantités d'hectares ensemencés	Production totale en quintaux	Rapport en argent de la récolte de grain	Prix moyen au quintal	RENDEMENT moyen à l'hectare		Rendement en hectol. par périodes
					En quintaux	En hectol.	
1870.	82ᵇ80ᵃ	1.211	41.462	34 24	»	»	
1871.	60.35	1.328	44.520	33 50	22,00	27,50	
1872.	78.63	2.385	75.017	31 44	30,33	37,91	
1873.	76.62	1.471	58.345	39 65	19,19	23,98	
1874.	90.41	2.162	59.423	25 82	23,91	29,88	31,99
1875.	79.13	2.382	67.790	28 46	30,10	37,62	
1876.	79.76	2.698	81.658	30 25	33,82	42,27	
1877.	87.95	2.283	74.791	32 76	25,95	32,43	
1878.	77.89	1.435	37.113	26 56	18,42	23,02	
1879.	87.37	2.328	74.822	32 14	26,64	33,30	
1880.	78.71	2.630	79.689	30 30	33,41	41,76	
1881.	84.25	2.524	79.758	31 60	29,95	37,43	
1882.	81.67	2.414	64.592	26 75	29,44	36,80	37,91
1883.	84.19	2.448	64.382	26 30	29,08	36,35	
1884.	80.82	2.409	53.528	22 22	29,80	37,25	
1885.	78.95	2.744	60.779	22 15	34,76	43,45	
1886.	78.29	2.352	59.623	25 35	30,04	37,55	
1887.	77.35	2.566	63.046	24 57	33,17	41,46	39,29
1888.	83.06	2.598	66.663	25 66	31,27	39,08	
1889.	84.13	2.350	58.148	24 74	27,93	34,91	

[1] *Journ. d'agric. prat.*, 1899, I, p. 818.

résultats de la ferme de Champagne portant sur des surfaces de 76 à 84 hectares et pendant une période de 20 années, de 1870 à 1889 [1].

A Fresne, on a opéré sur des surfaces de 50 hectares et le tableau ci-joint fait connaître les résultats obtenus de 1883 à 1894.

Années.	Surfaces.	Rendement en quintaux.
1883	50	22,72
1884	48	24,92
1885	49	23,45
1886	48	23,35
1887	50	24,00
1888	50	26,00
1889	50	
1890	49	28,30
1891	50	27,00
1892	49	26,00
1893	50	21,78
1894	50	31,46

Ici encore ce sont des moyennes ascendantes substituant les récoltes de 34 à 35 hectolitres aux anciennes de 20 ou 22 que Fresne connaissait avant d'avoir adopté la culture intensive [2].

C'est à des exploitations du type de celles dont nous venons de relever les rendements qu'il faut se reporter, si l'on veut avoir une idée approximative des résultats que peut donner la culture intensive, Dans les statistiques d'ensemble, les résultats de ces exploitations modèles apparaissent noyés en quelque sorte dans la médiocrité ambiante, les statistiques générales ne peuvent leur donner la place qu'elles méritent, et cela est d'autant plus regrettable qu'aux chiffres relatifs à leur production en blé correspondent des chiffres dénotant un accroissement parallèle dans les autres branches de leur production.

Ces énormes accroissements de production ont été obtenus par des apports supplémentaires de capital et de travail, dont ceux qui n'ont pas vécu de la vie de ces exploitations intensives ne peuvent se faire facilement idée. Quoi qu'il en soit, le fait de l'accroissement du produit brut étant certain, ce qu'il importe d'établir, c'est

---

[1] *Journ. d'agric. prat.*, 1891, II, p. 42. On lira avec grand intérêt toute l'étude de Lecouteux sur *La ferme de Champagne et son histoire*, dont le tableau reproduit au texte est extrait.

[2] Convert, *La ferme de Fresne*, p. 14. Librairie agricole. Paris, 1895.

que cet accroissement du produit brut a été accompagné d'une augmentation correspondante du produit net, autrement dit qu'il n'y a pas eu dans les exploitations qui nous occupent, pour les nouveaux apports de capital et de travail, une rémunération inférieure à celle obtenue par les apports antérieurs.

Sauf le cas toujours exceptionnel de certains dilettantes de l'agriculture s'offrant le luxe d'une exploitation, annexe d'un domaine de chasse le plus souvent, les agriculteurs sont des hommes essentiellement pratiques et on peut dire *a priori* qu'ils ne se sont lancés dans le système des grosses avances que parce qu'ils y ont vu la source de bénéfices. La prospérité des entreprises bien menées dans ces conditions est la preuve que leurs chefs ne s'étaient pas trompés. Mais le raisonnement n'est pas pourtant péremptoire, il est facile de le montrer. Supposons un domaine où on marchait il y a cinquante ans sur le pied de 500 francs de capital à l'hectare, avec 8 p. 100 de rendement du capital engagé : aujourd'hui le capital a été augmenté de 500 francs à l'hectare. Ce nouvel apport ne donne plus que 6 p. 100, c'est-à-dire qu'en fait il y a décroissance de rendement du nouveau capital par rapport à l'ancien. Cependant le cultivateur peut avoir considéré qu'il y avait encore intérêt à pratiquer l'incorporation, trouvant ce rendement de 6 p. 100 encore satisfaisant quoique inférieur au précédent. Il faudrait donc avoir mieux que des données fournies par le raisonnement et forcément un peu vagues, il faudrait pouvoir consulter les comptabilités comparées d'une même entreprise à cinquante ans de date par exemple avant et après l'application de la culture intensive et rapprocher les résultats obtenus avec l'ancien et le nouveau système, le rendement de l'ancien capital engagé et le rendement du capital actuel qui n'est que l'ancien accru des apports nouveaux, on verrait alors quelle rémunération ces derniers ont obtenue et si cette rémunération a été aussi forte que celle obtenue par le capital primitif. Malheureusement, une pareille enquête est difficile à conduire, faute de rencontrer les éléments suffisants pour la mener à bien. Les comptabilités rigoureuses ne sont encore que peu répandues dans le monde agricole ; la plupart du temps elles sont trop sommaires pour qu'on y puisse trouver les renseignements complexes dont on aurait besoin. Enfin là où on rencontre une comptabilité complète pour la période actuelle, cette comptabilité manque presque toujours pour la période afférente à l'ancien système de culture, de sorte que, l'un des termes faisant défaut, il n'y a pas de comparaison possible.

Cependant il existe certains documents, notamment des rapports de commission de primes d'honneur, qui peuvent fournir des indications précieuses pour la solution du problème qui nous occupe et c'est à cette catégorie de documents qu'appartient la monographie déjà plusieurs fois citée de la ferme de Fresne. Or on peut prendre la transformation accomplie à Fresne comme le type de la révolution qui a jeté l'agriculture dans la voie de l'agriculture intensive. Fresne se trouve placée dans des conditions moyennes comme fertilité naturelle, les opérations d'amélioration y ont été les opérations normales, qui se pratiquent dans les régions de culture intensive. L'adoption de la culture des plantes industrielles a donné à Fresne comme partout le signal de la transformation, la transformation de Fresne a donné lieu à des apports nouveaux de capital dont le chiffre se rapproche sensiblement de celui qu'on admet normalement et enfin les rendements obtenus n'ont rien d'extraordinaire, ils peuvent être admis comme une bonne moyenne de production d'exploitation intensive. C'est pour toutes ces raisons que M. Zolla a consacré à l'examen de la monographie de Fresne une des études de ses *Questions agricoles d'hier et d'aujourd'hui;* l'histoire de la transformation de Fresne, écrite avec des variantes de détail, est celle de centaines et de milliers d'exploitations du nord ou de la région de Paris et c'est ce qui fait le grand intérêt de l'étude très complète qu'a consacrée à Fresne M. Convert.

Au témoignage du cultivateur de Fresne, M. Lesage, les 135 hectares de la ferme produisaient en 1850, avec l'ancienne culture triennale à base de jachère, 40 à 42.000 fr. brut, c'est-à-dire environ 300 fr. par hectare. Les frais s'élevaient à 35.000 fr., c'est-à-dire à 260 fr. environ par hectare, laissant un produit net de 5 à 6.000 fr. à l'entrepreneur. Avec la culture nouvelle, la production brute de Fresne atteint 104.000 fr., c'est-à-dire 770 fr. par hectare; les frais s'élèvent à 87.000 fr. environ, c'est-à-dire 645 fr. par hectare, laissant un bénéfice de 17.000 fr. (chiffre rond) à l'entrepreneur.

Nous ne pouvons ici que retenir les chiffres d'ensemble. Il faut, pour le détail, se reporter à la monographie de M. Convert. Voici comment se décomposait, à titre d'indication, le produit brut de Fresne en 1850 : 22 à 23.000 fr. de recettes fournies par la culture végétale (les céréales tenant la grosse place); 18.000 fr. de produits d'origine animale. En regard, voici les principaux chapitres des dépenses : 7.500 fr. pour fermage et impôts; 10.500 fr. pour salaires; 5.500 fr. pour frais généraux; 10.500 fr. pour achat de matières premières.

Le bilan de la culture nouvelle peut se décomposer de la façon suivante :

RECETTES

Betteraves, 1.600.000 kil. à 30 fr. les 1.000 kil. . F.	48.000	⎫
Pommes de terre, 16.600 kil. à 6 fr. les 1.000 kil. .	1.000	⎪ 76.000 francs.
Blé, 1.200 quintaux à 22 fr.	26.400	⎬
Seigle, 375 quintaux à 16 fr.	600	⎭
Paille, 110.000 kil. à 6 fr.	6.600	⎫ 11.800 »
Fourrages, 65.000 kil. à 8 fr. les 100 kil.	5.200	⎭
Plus-Value sur la Vente des bœufs	3.000	⎫
» la bergerie	11.000	⎬ 16.200 »
Vacherie et divers.	2.200	⎭
		104.000 francs.

DÉPENSES

Fermage, impôts, assurances	1.080 francs.
Salaires.	26.000 »
Frais généraux.	10.000 »
Achat de matières premières	39.500 »
	86.300 francs.

Somme toute, avec l'ancien système de culture, 9 p. 100 du produit brut restait à l'entrepreneur; aujourd'hui la part de l'entrepreneur est de 13 p. 100, et comme la production brute est passée de 40.000 fr. à 104.000 fr., il y a bénéfice triplé sur une surface qui est restée la même. Ce résultat a été obtenu à Fresne en portant le capital d'exploitation de 400 à 1.000 fr. par hectare; le capital porté à 1.000 fr. a donné 13 p. 100 à l'entrepreneur, alors que réduit à 400, il ne donnait guère que 9 p. 100 [1]. Tel est le résumé de la situation, et c'est le dernier point qui est pour nous essentiel à retenir. Fresne, il y a cinquante ans, marchait avec un capital de 44.000 fr., dont on tirait 9 p. 100; aujourd'hui Fresne marche avec un capital de 130.000 fr. qui rend 13 p. 100. Il y a eu apport de capital et de travail nouveau pour une somme de 550 fr. par hectare environ, de 86.000 fr. au total et ces apports nouveaux n'ont pas donné un rendement décroissant par rapport aux capitaux antérieurement incorporés. Bien

[1] Zolla, *Questions agricoles,* nouvelle série, p. 16.

loin de là. Dans les conditions économiques où Fresne se trouvait
placée et étant donné l'état de sa culture, il y avait place pour
l'incorporation au sol de doses plus que doublées de capital et de
travail, sans qu'on eût à redouter de voir s'appliquer la loi de
décroissance dans le rendement des nouvelles incorporations;
l'expérience l'a prouvé. Si Fresne avait voulu réaliser brusquement cette transformation et surtout trop hâtivement, avant que
n'eût été reculée pour elle la limite à partir de laquelle commençait à s'appliquer la décroissance, on eût abouti vraisemblablement à un insuccès. L'exploitation de Fresne il y a cinquante ans
n'aurait pas eu la capacité d'absorber utilement les capitaux et le
travail qu'elle s'assimile aujourd'hui. Si avec l'ancienne culture à
base de jachère l'entrepreneur avait engagé dans son exploitation
1.000 fr. de capital à l'hectare, au lieu des 400 dont il se contentait, on peut dire à coup sûr qu'il eût très sensiblement diminué
le rendement du capital engagé, qui de 9 p. 100 qu'il était pour
400 fr. à l'hectare, serait peut-être tombé à 4 ou 5 pour 1.000 fr.
L'entreprise eût gaspillé une partie des forces qu'on aurait mises à
sa disposition.

Fresne, dirigée par un cultivateur avisé, n'est entrée dans la
voie de la culture à grosses avances et à travail intensif que quand
l'ouverture du chemin de fer à proximité de la ferme a permis
l'introduction de la betterave à sucre en lui assurant un débouché.
C'est la plante industrielle, qui, à Fresne comme partout ailleurs, a
donné le signal de la transformation, rendant possible avec l'accroissement du produit brut, l'accroissement parallèle du produit
net prouvé par les chiffres rapportés plus haut. Le cultivateur de
Fresne a réalisé la transformation, dès qu'il a eu conscience qu'elle
devait être avantageuse.

Autour de lui, à la même époque, et placés dans des conditions
sensiblement identiques, beaucoup de cultivateurs ont suivi la
même voie. Les résultats qu'ils ont obtenus ne doivent guère
s'éloigner de ceux que nous connaissons de Fresne. Les chiffres de
Fresne sont, comme dépenses et comme rendements, les chiffres nor-
maux qu'on retrouve à peu près partout en culture intensive et il
n'y a pas, croyons-nous, témérité à affirmer, avec l'exemple de
Fresne généralisé, que la masse des exploitations qui sont passées
à la culture intensive avec un capital de 900 à 1.000 fr. à l'hectare ont pu opérer cette transformation et obtenir des nouveaux

capitaux confiés à la terre une rémunération au moins égale à celle qu'obtenaient les capitaux antérieurs.

Ainsi se trouve justifiée la première proposition que nous énoncions comme caractéristique de la culture actuelle : possibilité pour agriculture moderne d'incorporer au sol des quantités de capital et de travail beaucoup plus considérables qu'autrefois, en obtenant un rendement qui reste proportionnel.

II

J'ai dit en second lieu que là où était constatée la possibilité des apports nouveaux avec rendement proportionnel il y avait nécessité impérieuse de réaliser ces apports ; qu'avec les conditions économiques actuelles, effectuer ces apports s'imposait sous peine de voir tomber à rien le bénéfice de l'entreprise. C'est ce qui nous reste à établir et ici encore nous raisonnerons sur le cas de Fresne. Nous allons voir que pour Fresne la transformation s'est imposée et Fresne, pas plus en ce qui concerne cette seconde partie de la démonstration que pour la première, ne s'est trouvée dans des conditions exceptionnelles, le cas peut donc être généralisé.

Nous avons vu que l'ancienne culture laissait en moyenne à Fresne un bénéfice de 5 à 6.000 fr., c'est-à-dire somme toute un chiffre peu élevé. Supposons pour un instant la culture de 1900 restée conçue et pratiquée sur le type d'autrefois et recherchons ce qu'il est advenu de ces 5 à 6.000 fr. de bénéfices annuels.

Si les conditions de la production de 1900 sont restées identiques à celles de 1850, pas de difficultés. Il est loisible au cultivateur de Fresne de s'en tenir aux bénéfices médiocres dont il se contentait cinquante ans auparavant. Tout en constatant qu'il pourrait avec une nouvelle orientation agricole obtenir, en dépensant plus, un bénéfice net sensiblement supérieur, il préfère rester attaché au type de culture traditionnel, soit ; ce n'est pour lui qu'un manque à gagner. Mais est-il établi que les conditions de la production soient restées identiques? Toute la question est là, et il est facile de constater qu'un double élément est venu bouleverser les conditions anciennes, exerçant une influence très nette dans le sens d'une réduction des bénéfices, à savoir d'une part l'élévation des prix de revient et de l'autre, la baisse des prix de vente, et c'est sous l'action de ce double facteur que la transformation de Fresne s'est présentée comme une opération nécessaire et non pas simplement facultative.

Parmi les éléments qui entrent en ligne de compte dans l'établissement du prix de revient, il est un chapitre qui a subi une hausse générale, c'est celui de la main-d'œuvre. La main-d'œuvre tend à prélever une part de plus en plus forte sur le produit brut [1] et les statistiques décennales constatent le phénomène [2]. A Fresne, cette augmentation du prix de la main-d'œuvre s'est très nettement manifestée. Dans le chapitre des dépenses, les salaires comptaient en 1850 pour une dizaine de mille francs. Aujourd'hui ils atteignent 26.000 francs. Sans doute, cette augmentation tient pour une part très large au développement de la culture intensive qui a nécessité un personnel beaucoup plus nombreux. Mais, même à supposer que le nombre des salariés fût resté stationnaire, ce qui est toujours notre hypothèse, il faudrait, pour les rémunérer aujourd'hui, une somme plus forte qu'en 1850. Le tableau ci-dessous le démontre surabondamment.

Variations des prix de gages à Fresne (nourriture non comprise)
de 1810 à 1893.

	1810 à 1820	1821 à 1830	1831 à 1840	1841 à 1850	1851 à 1860	1861 à 1870	1871 à 1880	1881 à 1890	1891 à 1893
Premier charretier	270	290	300	320	400	480	560	750	750
Deuxième charretier	200	230	250	280	350	400	450	500	500
Troisième charretier	150	170	180	200	280	300	400	450	400
Quatrième charretier ou petit berger	100	105	110	130	130	150	200	250	200
Première servante.	135	150	160	180	250	300	320	400	400
Seconde servante	90	100	110	120	»	»	»	»	»
Vacher ou garçon de cour .	»	»	»	»	450	600	720	600	600
Jardinier	»	»	»	»	»	500	600	650	700

M. Zolla, cherchant quelle a été l'augmentation moyenne de tous les gages à Fresne depuis 1851 jusqu'à 1893, trouve les chiffres suivants :

gages.

1851-1860. 100

1891-1893. 193

ce qui indique une augmentation dépassant 50 p. 100 [3]. D'autre

---

[1] Lecouteux, *Cours d'économie rurale*, II, p. 447.

[2] V. *Statistique agricole*, de 1892, p. 420; de 1882, p. 395. Si la statistique agricole de 1892 constate un léger recul sous l'influence de la crise agricole quant aux chiffres d'ensemble des salaires par rapport à 1882, la hausse n'en reste pas moins très sensible par rapport à la période 1850-1860. Cpr. Zolla, La baisse des prix et la crise agricole, *Monde économique*, 13 avril 1901.

[3] Zolla, *Questions agricoles*, 2ᵉ série, p. 19.

part, pour ne pas être aussi accentuée, la hausse des salaires des tâcherons et journaliers n'en a pas moins été très sensible [1].

Du chef de ce seul accroissement du prix de la main-d'œuvre, ce serait au bas mot 3.500 à 4.000 francs d'augmentation au chapitre des dépenses qu'il faudrait inscrire au budget de Fresne aujourd'hui, en supposant l'ancien système de culture appliqué sans modification et par conséquent le chiffre des bénéfices réduit à 1.500 francs ou 2.000 francs, c'est-à-dire bien compromis. Et ce n'est pas tout. Il faut tenir compte encore du second facteur que nous avons indiqué : la baisse quant à la valeur des produits agricoles. Cette baisse est constatée par les enquêtes décennales. En dépit de l'accroissement des rendements, la statistique de 1892 accuse une diminution de 844 millions sur la valeur de la production brute [2]. Or, parmi les produits plus particulièrement atteints, il faut compter le blé et le blé se trouvait à Fresne, comme partout avec l'ancienne culture, le principal produit de vente. C'était avec le système de la jachère la plante sur laquelle portait le gros effort de la culture. Le blé a valu en moyenne 22 fr. l'hectolitre dans la période 1851 à 1860 ; de 1891 à 1895, 16 fr. 49 [3]. A l'heure où nous écrivons, c'est-à-dire en mai 1901, l'hectolitre de blé sur les principaux marchés de France vaut de 14,50 à 15 francs [4]. Supposons toujours Fresne resté fidèle à l'ancien type de culture avec le blé, base de sa culture, vendant ses 500 à 600 hectolitres de blé avec un écart en moins de 6 fr. par hectolitre, c'est 3.000 à 3.500 fr. de diminution annuelle au chapitre des recettes, ce sont les bénéfices déjà réduits à 2.000 ou 2.500 fr. du chef de l'augmentation du prix de la main-d'œuvre disparaissant pour faire place au déficit sous l'action de l'abaissement des prix de vente et encore en ne tenant compte que de la baisse d'un seul produit, à savoir du blé, et il y aurait encore lieu de tenir compte de la baisse des prix quant à certains produits d'origine animale [5].

[1] Le prix de la journée pour les ouvriers nourris était de 0 fr. 75 de 1820 à 1830. Il est passé à 1 fr. 25 en hiver et de 1 fr. 50 à 2 fr. 50 en été. Convert, *La ferme de Fresne*, p. 23. M. Convert ne nous donne pas les chiffres de 1850 à 1860, ils devaient comme pour les gages des domestiques être intermédiaires entre les deux extrêmes. Il faut tenir compte de ce fait cependant que la hausse générale des salaires s'est surtout accentuée depuis 1850.

[2] Statistique de 1892, p. 442.

[3] *Ibid.*, p. 110.

[4] *Journal d'agriculture pratique*, numéro du 16 mai 1901.

[5] Sur cette baisse générale des produits agricoles atteignant non seulement la France

Le concours des deux facteurs que nous venons d'analyser, hausse du prix de la main-d'œuvre et diminution du prix de vente, aurait donc rendu impossible le maintien à Fresne de l'ancien système de culture. Voilà pourquoi nous avons cru pouvoir écrire que la transformation de Fresne s'est imposée du jour où elle a été possible. Du moment que l'entreprise agricole en question se trouvait pouvoir absober des apports nouveaux de capital et de travail reconnus susceptibles de donner, avec un accroissement de produit brut, un accroissement de produit net, il fallait sous peine de mort s'engager dans la voie nouvelle.

Il s'est trouvé que pour toute une catégorie d'entreprises agricoles, pour celles qui opèrent sur des terres de haute valeur, par conséquent de loyer élevé, qui sont généralement situées dans les régions à salaires élevés, la transformation s'est imposée comme pour Fresne et le problème peut être ramené à la formule de Lecouteux que nous avons placée en tête ce chapitre : « Plus on dépense par hectare jusqu'à la limite nécessaire pour obtenir le maximum de produit brut en argent que comportent les milieux économiques, moins on dépense par quintal ou par hectolitre récoltés »[1]. Autrement dit, il faut chercher dans l'élévation du produit brut l'abaissement du coût de revient de l'unité de produit, là où il est reconnu que la chose est possible et reconnaître cette possibilité est l'affaire de chaque chef d'entreprise. Les conditions sont à cet égard essentiellement variables et ne peuvent être fixées *à priori*. Supposons avec Lecouteux[2] une culture de blé donnant 20 hectolitres à l'hectare, avec des frais de 430 fr., déduction faite de la valeur paille qui reste à l'exploitation, on peut estimer le coût de production du grain à 366 fr. qui, répartis sur 20 hectolitres, donnent par hectolitre un prix de revient de 18 fr. 30. Au cours de 20 fr. l'hectolitre comme prix de vente, c'est encore un bénéfice, en réalité un bénéfice assez maigre. Au cours de 16 ou 15 fr., c'est la production à perte. C'est ici qu'intervient l'homme de progrès. Il constate que son sol, avec une incorporation supplémentaire de dépense de 100 fr. sous

---

mais les autres pays, consulter Zolla, *Annales agronomiques*, 1899, p. 157 s. et spéciament pour l'Angleterre, *L'enquête royale sur la crise agricole*, dont les résultats ont été analysés ici même par notre collègue M. Souchon, *Revue d'économie politique*, mai 1900, p. 421 s.

[1] Lecouteux, *Cours d'économie rurale*, I, p. 449.

[2] Lecouteux, *Cours d'économie rurale*, II, p. 456.

forme d'engrais, de travaux nouveaux, peut en donner par hectare
10 hectolitres de plus. Ces 100 fr. de dépenses supplémentaires
donnent un accroissement de produit de 200 fr. au cours de 20 fr.
l'hectolitre, de 150 fr. au cours de 15 fr. Il n'y a pas à hésiter, il faut
pratiquer l'incorporation nouvelle, la pousser jusqu'à 200 fr. même
s'il est reconnu que la terre puisse absorber fructueusement ce
second supplément, car le rendement porté ainsi à 40 hectolitres
fait tomber plus bas encore le prix de revient de chaque hectolitre
produit. Le double tableau dressé par Lecouteux et que nous reproduisons ici rend d'un façon saisissante l'économie de l'opération en
montrant l'influence des apports supplémentaires [1].

		Rendement et dépenses par hectare de blé	
1° FRAIS FIXES :		20 hectol.	40 hectol.
Loyer, impôts, frais généraux . . . . . . F.	100		
Labours, cultures préparatoires.	60	230	230
Semences et frais de semailles	65		
Sarclages.	5		

2° FRAIS VARIABLES :				
Fumier et engrais chimiques. . . . . . . F.	100		200	
Moisson, battage, frais de magasin, Vente .	70	200	130	430
Intérêts et amortissements.	30		100	
Total des frais dans les deux cas. . . . . F.		430	660	
A déduire paille à 20 francs les 1.000 kilog.		64	128	
Reste à répartir sur le grain.		366	532	
Prix de revient à l'hectolitre		18 30	13 30	

Produit brut et produit net par hectare.

	RÉCOLTE DE FROMENT	
	20 hectol.	40 hectol.
Grain à 20 francs l'hectolitre. . . . . F.	400	800
Paille à 20 francs les 1.000 kilog.	64	128
Produit brut en argent.	464	928
Frais de culture.	430	660
Produit net	34	268

Du tableau précédent, ce qu'il importe de retenir, c'est la notion
des frais *irréductibles*. La culture à 20 hectolitres, comme celle à
'40' comporte une somme de frais fixes à l'hectare qu'on peut
appeler irréductibles. Or, les conditions économiques actuelles font

[1] Lecouteux, *Cours d'économie rurale*, II, p. 456-457.

de plus en plus grosse la somme de ces frais irréductibles. Il n'y
a pas moyen de les réduire d'une façon absolue et c'est pour cette
raison qu'il faut chercher à les diminuer d'une façon relative,
c'est-à-dire s'efforcer de les répartir sur un produit brut plus
élevé. Il ne faut pas hésiter à augmenter ce produit brut au prix
d'une dépense supplémentaire de capital et de travail jusqu'à la
limite où les nouveaux apports peuvent être utilement absorbés,
en quelque sorte digérés par le sol, étant donné que cette limite
varie avec les exploitations et les sols sur lesquels chacun opère
et qu'elle est susceptible d'être progressivement reculée grâce aux
progrès de la technique agricole.   ˈ

   Ce que nous disons du blé est susceptible d'être appliqué aux
autres cultures, et tout cela se résume dans des chiffres quant au
capital à engager par hectare. L'expérience a démontré que plus
sont considérables pour une entreprise les frais irréductibles,
plus impérieusement s'impose pour elle la nécessité de rechercher
les gros produits bruts. En face d'une exploitation capable d'absorber utilement 1.000 francs par hectare, s'arrêter à 500 ou 600,
c'est se condamner à végéter, quelquefois, c'est même se condamner à mourir. Car ce sont les 500 ou les 400 francs d'apport
complémentaire qui sont l'élément vivifiant de l'entreprise et qui
rendront véritablement productifs les premiers apports. Déjà
Mathieu de Dombasle proclamait cette vérité quand, voulant faire
profiter ses successeurs de son expérience de Roville, il confessait
l'insuffisance du capital apporté pour la mise en œuvre de l'entreprise. Or, ce qui était déjà vrai en 1828, l'est devenu bien plus
encore aujourd'hui.

   S'en tenir à l'exploitation de la fertilité naturelle du sol était
possible et est encore à la rigueur possible, là où cette exploitation
peut se faire à peu de frais, mais, là où les frais sont élevés, il faut
de toute nécessité joindre à l'exploitation des facultés naturelles
du sol l'exploitation de ce qu'on peut appeler les facultés artificielles du sol, c'est-à-dire à côté de la fertilité naturelle exploiter
la fertilité créée par l'homme à coup d'argent et de travail, de
façon à répartir sur une plus grosse masse de produits la somme
des frais. De plus en plus, l'agriculture devient l'art de faire valoir
les capitaux confiés au sol et par là s'accuse chaque jour davantage la caractéristique de l'agriculture moderne, faisant de jour en
jour une place plus considérable à ce qui est, dans sa production

totale, dû à l'action de l'homme. On juge de l'intensité d'une entreprise agricole au développement de ses acquisitions de matières premières, c'est-à-dire à l'accroissement des éléments de production mis en œuvre à côté de ceux fournis par la nature. Plus le chiffre de cette catégorie de dépenses s'accroît, plus une entreprise agricole s'éloigne de la conception primitive, pour se rapprocher de l'entreprise industrielle, c'est-à-dire pour être l'exploitation d'une force créée et développée par l'homme. Roscher le constatait quand il écrivait : « L'importance des capitaux immobilisés prévaut de plus en plus sur la nature primitive du sol, en suppléant ce qui manque dans la valeur de celui-ci qu'elle anime en quelque sorte » [1] et pour mesurer le chemin parcouru quant à l'application de l'idée au cours du XIXe siècle, il suffit de comparer les chiffres donnés par Thaer comme ceux d'une culture intensive de son temps et les chiffres d'une culture intensive d'aujourd'hui. Thaer se contentait d'un capital de 168 marks par hectare là où aujourd'hui on atteint 600 et plus [2].

Nous avons suffisamment insisté sur ce qui a été la conséquence immédiate de cette transformation de l'agriculture contemporaine, et en même temps sur ce qui en a été la conséquence la plus facile à saisir : l'accroissement énorme de la production. Nous voudrions, en terminant, indiquer une seconde conséquence également très importante de cette transformation et qu'on a le tort généralement de trop laisser dans l'ombre.

Sous l'action de l'homme plus développée, non seulement la production s'est accrue, mais en même temps elle est devenue plus régulière. L'homme, dans une certaine mesure, a discipliné la production.

M. Tisserand relevait dans une communication à la société nationale d'agriculture [3] le progrès accompli quant à la régularité plus grande des rendements ; M. Convert signalait le fait lui aussi en commentant les résultats de la culture de Fresne [4] et M. Couteaux

---

[1] Roscher, *Traité d'économie politique rurale*, p. 71.

[2] *Der Betrieb der deutschen Landwirtschaft*, traduction française, p. 171.

[3] *Bulletin des séances de la Société nationale*, LIX, année 1899, p. 617.

[4] Convert, *op. loc.*, p. 14. Cpr. la notice sur les excursions qui ont suivi les séances du congrès international de 1900. Visite à la ferme d'Assainvilliers près de Montdidier. « Cette atténuation des écarts entre les années du plus grand et du moindre rendement est le résultat constaté dans les fermes bien cultivées d'ancienne date ». *Compte-rendu du congrès*, t. II, p. 642. L'enquête décennale de 1892 insiste elle aussi sur la plus grande régularité des rendements. Voir *Statistique de 1892*, p. 109. Par contre sur les écarts énormes de rendement que présente l'agriculture russe on

dans une de ses instructives chroniques du *Temps,* expliquait en
excellents termes cette supériorité de l'agriculture progressive.

« Dans la plus grande partie des exploitations rurales, où la routine tient encore une plus large place et où les méthodes de bonne
culture continuent à être trop négligées, les circonstances météorologiques plus ou moins favorables modifient considérablement les
récoltes qui, d'une année à l'autre, peuvent ainsi varier dans la
proportion d'un quart, d'un tiers, et quelquefois de moitié.

» Il n'en est point ainsi sur les terres soumises de très longue date
aux effets salutaires d'une culture tout à la fois intensive et améliorante.

» Lorsque, par exemple, le sol est sain ou qu'il a été assaini, s'il
a été nécessaire, par un bon drainage ; lorsque la couche arable est
naturellement profonde ou qu'elle a été rendue telle par des labours
énergiques et multipliés, et par une longue pratique des cultures
sarclées et des prairies temporaires formées de légumineuses à
longues racines pivotantes telles que la luzerne, alternant à intervalles rapprochés avec le trèfle et le sainfoin ; lorsque, par des dé-
chaumages régulièrement et judicieusement appliqués, ainsi que
par des sarclages fréquents et minutieux, on est parvenu à purger
le sol de toutes les plantes parasites ; lorsqu'enfin par l'emploi des
engrais azotés organiques et notamment du fumier de ferme à forte
dose, complétés par de gros apports d'engrais minéraux phosphatés
et potassiques, les excédents d'engrais non absorbés par les récoltes, s'accumulant chaque année, ont tellement enrichi le sol en
« vieille force » que chaque molécule en soit également imprégnée,
il est évident que, sauf les cas de gelée ou de grêle contre lesquels
l'homme ne peut rien, les plantes placées en des conditions si exceptionnellement favorables auront peu à souffrir des mauvais temps,
et que les récoltes ne présenteront chaque année que des variations
absolument insignifiantes » [1].

Peut-être y a-t-il une note un peu trop optimiste dans le passage
de M. Couteaux que nous avons tenu à reproduire, quand il parle
de variations absolument insignifiantes d'une année à l'autre.
N'empêche que l'agriculture intensive a dans une large mesure
diminué l'aléa de ses entreprises. Elle connaît moins que l'agricul-

---

peut consulter Sagnier, *Excursion agricole en Russie en août 1897.* Paris, 1897,
p. 42. On y trouvera pour un domaine de Podolie, par exemple, un rendement de
34 hectolitres de blé en 1883 rapproché d'un rendement de 5 hectolitres en 1892.

[1] *Le Temps,* 3 juillet 1900.

ture d'autrefois l'usage de la vieille expression : *C'est une année
de blé, d'avoine,* etc. où se traduisait le fatalisme du monde agri-.
cole, reconnaissant sa dépendance des forces naturelles et des
agents atmosphériques. Sans doute elle reste soumise à leur action,
mais elle a appris a en atténuer les effets. Il ne semble même pas
que dans cet ordre d'idées l'agriculture ait dit son dernier mot. Contre ces deux fléaux, si redoutés en particulier des viticulteurs, la
gelée et la grêle, on s'ingénie à lutter et des expériences curieuses
sont tout au moins tentées [1]. Il semble qu'on touche à la période de
l'organisation pratique. Peut-être est-il réservé au xxᵉ siècle de
voir le canon se transformer en auxiliaire des vignerons, brûlant
leur poudre contre les nuages menaçants.

Sans insister sur ces faits plus qu'il ne convient, constatons que
là où l'agriculture est impuissante à conjurer le mal, du moins elle
s'ingénie et dans une large mesure elle réussit à le réparer. Il
n'est guère de période un peu longue, où dans les pays de céréales
les blés d'hiver sous l'action de gels et de dégels successifs ne
soient compromis une fois ou l'autre. L'exemple le plus frappant, à
une date voisine de nous, est celui de l'hiver de 1890-91, où pas
un blé, on peut dire, ne résista dans la région du Nord. Jadis,
c'était la certitude à peu près absolue d'une année de famine. Aujourd'hui l'agriculture a à sa disposition les variétés susceptibles
d'être confiées au sol au printemps ou à la fin de l'hiver, blés dit
de mars, de Noé, de Bordeaux, etc., à l'aide desquels le mal peut
être en grande partie réparé, surtout si on opère sur des terres
riches en éléments de fertilité. En 1899-1900, dans la région betteravière, une grosse partie des blés d'hiver ont dû encore être
resemés au printemps et il n'y a pas eu le déficit énorme qu'on

[1] Nous faisons allusion à la production des nuages artificiels contre les gelées prin-
tanières comme moyen de préserver les vignobles. Grâce à des feux allumés au bord
des vignes et les couvrant d'une épaisse fumée. D'autre part, on mène grand bruit
depuis quelque temps autour des essais tentés en France et en Italie pour la protection des vignobles contre les nuages chargés de grêle qu'on arriverait à dissiper par
le tir de canons, mortiers et autres engins, sans doute, sous l'action de la commotion
produite dans l'atmosphère par les gaz de l'explosion. L'Académie des sciences s'est
montrée quelque peu sceptique et en dépit de l'enthousiasme manifeste au congrès
spécial tenu à Padoue où on a célébré le canon protecteur des vignes, il convient d'attendre des expériences concluantes. — V. compte-rendu de la Société Nationale d'agriculture, séance du 5 décembre 1900, *Journal d'Agriculture pratique* du 13 décembre
1900. On trouvera une étude complète de la question dans la *Revue générale agronomique,* organe des anciens élèves de l'Institut de Louvain, nᵒ d'avril 1901, *Le tir du
canon contre la grêle,* de M. Vandervaeren.

aurait pu craindre, grâce à l'emploi des variétés de printemps.[1]. Ici .donc encore, si l'homme est resté soumis à l'action des forces naturelles, il est parvenu, dans une large mesure, à réparer le mal causé par elle et de ce chef encore il a été donné à la production plus de régularité.

Il faut maintenant de tout cela tirer une conclusion : En présence des résultats que nous venons de constater, étant établi qu'une grande partie des terres livrées à la culture sont encore susceptibles d'absorber des doses nouvelles plus ou moins considérables de capital et de travail, il faut souhaiter, semble-t-il, que, partout où elle est reconnue possible, la culture intensive vienne remplacer la culture d'autrefois et que de plus en plus se généralise le système des gros produits bruts. N'avons-nous pas constaté que les exploitations des plus avancés des pays les plus riches avaient trouvé dans la pratique de ce système de culture le remède à la crise que traverse l'agriculture du vieux monde? Dès lors, pourquoi hésiter ? Cependant des esprits prudents conseillent de ne pas pousser trop vite cette transformation et l'on ne saurait les en blâmer. Sans doute les exploitations progressives dont nous avons parlé plus haut ont trouvé profit à la transformation qu'elles se sont imposée, mais ce profit l'aurait elle trouvé, si le gros de l'armée agricole tout entier avait marché du même pas que cette agriculture d'avant-garde? Là est toute la question et la question ainsi posée implique à notre avis une solution négative. L'accroissement du produit brut pour donner un accroissement ou même le simple maintien du produit net suppose qu'il ne se produit pas parallèlement une dépréciation trop forte dans la valeur des produits. Il y a là une relation qu'il ne faut pas négliger. Or à jeter une masse de produits par trop forte sur le marché, on risque d'entraîner un véritable effondrement des prix. Supposons par la pensée pour un instant la production moyenne de la France en blé atteignant 25 hectolitres seulement par hectare au lieu de la moyenne actuelle de 16. Quelle répercussion aurait sur les prix un pareil accroissement du produit brut? Vraisemblablement ce seraient les cours de 10 à 11 francs l'hectolitre. Dans ces conditions, les avances que nous avons reconnues être encore rémunératrices avec les prix actuels cesseraient de l'être. Si nous avons pu présenter l'accroissement du produit brut obtenu par des dépenses supplémentaires comme un moyen de combattre

---

[1] Sur ce rôle des blés de printemps, cons. Brandin, *J. d'A. P.*, 4 avril 1901, p. 435.

les effets de la baisse du prix, c'est à la condition que cet accroissement même n'ait pas pour conséquence de provoquer une nouvelle baisse des prix, laquelle alors emporterait le bénéfice.

Déjà en présence de la situation actuelle, un cri d'alarme a été poussé. Les publications allemandes de l'Exposition de 1900 mettent le monde agricole en garde contre un développement trop rapide de la culture à gros produits bruts, en face du danger de la pléthore des produits entraînant une nouvelle dépréciation de valeur. De l'autre côté du Rhin, on se demande s'il ne vaudrait pas mieux enrayer le mouvement plutôt que travailler à l'activer. « La possibilité d'augmenter le produit brut semble encore loin d'être épuisée... Mais les limites dans lesquelles cette augmentation du produit brut est rémunératrice ne sont pas si étendues et on se demande dès maintenant très sérieusement, dans les milieux agricoles de l'Allemagne, s'il ne serait pas nécessaire de revenir à la culture extensive. » [1].

Pour enrayer le mouvement de baisse dans la valeur des produits agricoles les gouvernements multiplient les mesures artificielles. On crée ou on cherche à créer des primes à l'exportation sous une forme ouverte ou déguisée. Les primes à la sortie des sucres, établies par l'Allemagne, l'Autriche, la France, correspondent à cet ordre d'efforts [2]. Les propositions de loi récemment soumises aux chambres sur les bons d'importation s'inspiraient de la même idée [3]. Pendant un temps, il a suffi de défendre la production nationale contre la concurrence étrangère en la protégeant par un droit de douane. Aujourd'hui, on s'efforce de trouver au trop plein de la production nationale un écoulement à l'étranger.

Malgré tant d'efforts, les prix sont loin de se relever. Dans ces conditions, pour un temps tout au moins, une grande prudence s'impose aux chefs d'entreprises agricoles. La crise des prix a, dans une notable mesure, rapproché la limite jusqu'à laquelle peuvent

[1] *L'agriculture allemande à l'Exposition de 1900*, p. 71. Cpr. *Der Betrieb*, p. 173 de la traduction française. Cpr. comme tendance le rapport déjà cité de Brandin à la Société nationale d'agriculture analysé dans le *Journ. d'agr. prat.*, 8 avril 1901, p. 436.

[2] Loi du 7 avril 1897 pour la France. Pour plus de détails, consulter Convert, *L'industrie agricole*, p. 187.

[3] Sur les bons d'importation, consulter la discussion à la Chambre des députés de la proposition Rose en juin 1900, et le rapport à la commission du Sénat de M. Viger. Sénat, *Documents parlementaires annexes*, n. 401, séance du 13 déc. 1900, p. 807 s. Le Sénat, après une discussion générale très nourrie, a refusé, on le sait, de passer à la discussion des articles.

être fructueusement pratiquées les incorporations supplémentaires au sol de capital et de travail, neutralisant ainsi une partie du gain dû aux progrès de la technique agricole, laquelle avait beaucoup reculé cette limite. Il faut tenir compte, de toute nécessité, d'un pareil état de choses. Celui-ci n'est-il que temporaire et est-il possible d'en prévoir le terme? Il serait téméraire de se livrer à une prédiction dans un sens ou dans l'autre. Cependant on est en droit de remarquer que la concurrence des pays neufs a joué un grand rôle dans cette crise des prix. Or tout s'épuise, y compris la fertilité des terres vierges. Un jour viendra sans doute où l'agriculture des nouveaux mondes, aujourd'hui pour nous rivale écrasante, connaîtra des conditions moins favorables. Alors, il est permis de l'espérer, l'agriculture européenne sortira de la crise qu'elle traverse, surtout si une population accrue exige pour ses besoins une somme de produits plus considérable.

Si on lui conseille de ne pas aller trop vite pour l'instant dans l'œuvre du développement et de l'accroissement des forces qu'elle est à même de créer, c'est pour ne pas déprécier par la mise en jeu de forces nouvelles accroissant la masse des produits la valeur des produits obtenus par la mise en œuvre des forces déjà en action. Il reste acquis, et cela d'une façon sûre, que la seconde moitié du xixe siècle a été le théâtre d'une véritable révolution agricole, qui, en développant la puissance des entreprises agricoles, en leur donnant une vie plus active, leur a permis d'absorber des quantités de travail et de capital qu'on ne les aurait pas conçues capables, il y a un siècle, de s'assimiler. De plus en plus, l'agriculture du vieux monde exploite dans l'œuvre de la production des forces dont elle est la créatrice ; c'est ce résultat qu'on traduit sous la formule l'*agriculture s'industrialise* au premier sens que nous avons relaté. Mais ce premier sens n'est pas le sens unique de la formule : agriculture qui s'industrialise, c'est aussi et en second lieu, agriculture qui se spécialise, qui s'adapte plus rigoureusement aux conditions du milieu où elle opère, qui notamment ne pratique le système intensif que là où il a économiquement sa raison d'être ; c'est agriculture concentrant ses efforts sur une branche déterminée. Nous développerons dans une prochaine étude cette seconde partie de la formule.

(*à suivre*)

Joseph Hitier,

*Professeur adjoint à la Faculté de droit
de l'Université de Grenoble.*

LE SYSTÈME DES IMPOTS DIRECTS D'ÉTAT EN FRANCE

Suite [1].

VII

Il reste, après avoir indiqué les caractères essentiels de notre système d'impôts directs, et les critiques qui peuvent être formulées contre ce système, à dégager la conception dont il découle. C'est évidemment la conception individualiste pure, et elle se manifeste sous deux formes.

La structure du système révèle, comme préoccupation dominante, celle de protéger le contribuable contre l'arbitraire ou les abus de pouvoir de l'Etat, et contre son ingérence dans le domaine des affaires privées. C'est pour cela que l'impôt est réel, ignorant la personnalité du contribuable, frappant la richesse elle-même dans ses éléments matériels et objectifs plutôt que l'individu qui la détient. C'est pour cela aussi que la constatation directe et concrète de la matière imposable est écartée, et que la loi préfère la présomption tirée des signes extérieurs, qui ne livre au fisc que des apparences et des moyennes. La même préoccupation se marque dans l'attachement que nous avons jusqu'ici gardé à la règle de proportionnalité [2]. La proportionnalité, c'est l'égalité mathématique, c'est l'objectivité dans l'imposition, c'est le rempart contre l'arbitraire ; la progression, c'est la recherche d'une égalité subjective, c'est la multiplicité des combinaisons possibles, c'est par conséquent l'incertitude. Avec l'impôt proportionnel, tous les contribuables, étant soumis à la même règle, sont unis contre les exigences du fisc ; avec l'impôt progressif, ils forment des groupes, des catégories ; les uns sont plus, les autres moins lourdement frappés ; on peut craindre que le fisc n'applique à son profit la maxime *divide ut imperes*.

Le système est individualiste encore en ce qu'il se fonde, sinon

---

[1] V. *Revue d'économie politique*, décembre 1900, p. 937 et s., mars 1901, p. 279 et s., et avril 1901, p. 346 et suiv.

[2] Le budget de 1901 vient d'introduire la progression dans le système fiscal en réalisant la réforme, depuis longtemps en chantier, des droits de succession ; progression assez rigoureuse, puisque le dernier échelon est un taux de 18,5 p. 100 (entre parents au-delà du 6e degré, pour les sommes supérieures à 1 million), mais les taxes successorales ne rentrent pas dans le cadre des impôts directs.

historiquement, du moins logiquement, sur l'idée que l'impôt est
un des termes de l'échange qui se ferait entre l'Etat et l'individu,
le prix payé par l'individu des services que l'Etat lui rend. C'est là
le fondement rationnel notamment de la règle de proportionnalité;
cette règle ne repose pas seulement sur les considérations pratiques
qui viennent d'être indiquées; on lui a cherché, pour l'asseoir plus
solidement, une base théorique, et on a mis en avant l'idée que
l'impôt proportionnel est celui qui assure l'équivalence la plus parfaite entre les services que l'Etat rend à chaque contribuable et le
prix que celui-ci les paie. On peut déjà rencontrer cette idée dans
les écrits de Turgot et de Mirabeau, et dans les rapports ou déclarations de l'Assemblée constituante [1]. Mais elle n'a pas alors la
même direction, pour ainsi dire, que dans la doctrine postérieure.
Elle est invoquée non pas pour défendre le principe de l'impôt proportionnel contre la progression, mais pour attaquer au nom de
l'égalité des citoyens devant l'impôt les privilèges de l'ancien
régime. C'est plus tard, à mesure que la théorie de la progression
se précise et devient plus redoutable, que la théorie de l'impôt
proportionnel est de plus en plus présentée comme l'expression de
l'équivalence des prestations dans le contrat qui se formerait entre
l'Etat et l'individu. Thiers a longuement développé cette idée [2] :
« Chacun — dit-il dans son livre sur la Propriété — doit contribuer
aux dépenses publiques proportionnellement à ce qu'il gagne ou à
ce qu'il possède, par la raison fort naturelle que l'on doit concourir
aux frais de la protection sociale suivant la quantité de biens protégés ». Il ne s'agit en somme que d'appliquer les règles communément pratiquées dans les sociétés lucratives entre particuliers, dans
lesquelles il y a corrélation pour chacun des membres entre ses
apports et ses bénéfices. Thiers indique en effet l'analogie : « Qu'est-
ce donc que la société, sinon une compagnie où chacun a plus ou

---

[1] « L'impôt, dit Turgot, ne devrait être que la mise apportée par chaque individu
dans la vie civile pour avoir part à ses bienfaits, et devrait se proportionner aux avantages qu'en retire le contribuable ». De même Mirabeau : « La contribution du Particulier n'est autre chose que le service qu'il rend au Public, comme aussi la dépense du
Public n'est autre chose que la tutelle des Particuliers, ou la sûreté de l'équivalent qui
doit leur revenir ». Enfin l'Adresse aux Français sur la contribution patriotique :
« L'impôt est une dette commune des citoyens, une espèce de dédommagement et le
prix des avantages que la société leur procure..., une avance pour obtenir la protection
de l'ordre social ».

[2] Thiers, De la propriété, p. 352.

moins d'actions, et où il est juste que chacun paye en raison du nombre de celles qu'il possède ? [1] » Ou bien encore l'impôt est proportionnel comme une prime d'assurance l'est à la valeur assurée : « L'impôt proportionnel, c'est-à-dire l'impôt proportionné à la part des frais que la société est censée avoir faits pour vous, aux services que vous en avez reçus, comme en matière d'assurance la prime est proportionnée à la somme assurée, rien de mieux ; j'aperçois là un principe » [2]. L'impôt prime d'assurance, ça a été une des nombreuses idées d'Emile de Girardin : « L'impôt doit être la prime d'assurance payée par ceux qui possèdent pour s'assurer contre tous les risques de nature à les troubler dans leur possession ou leur jouissance » [3]. Du Puynode [4], Baudrillart [5], expriment les mêmes idées en des termes analogues.

C'est encore en se référant à la conception de l'équivalence du payement aux services que M. Leroy-Beaulieu combat, dans son *Traité de la science des finances,* la théorie de la progression [6] : « Est-ce que rationnellement l'impôt ne doit pas être réparti de telle façon que chacun paye strictement le juste prix des services qu'il reçoit et la juste part qui lui incombe dans les dettes de la société? Que dirait-on d'un boulanger, d'un épicier ou d'un marchand quelconque qui voudrait faire payer sa marchandise non pas un prix uniforme pour la même qualité et la même quantité d'objets, mais à un prix qui s'élèverait selon la fortune de l'acheteur? Ne dirait-on pas que ce système est absurde?... Il ne s'agit nulle-

[1] Thiers, *De la propriété,* p. 355.
[2] *Ibid.,* p. 363.
[3] *L'impôt,* p. 249.
[4] *De la monnaie, du crédit et de l'impôt,* t. II, p. 92 : « 200 fr. de revenu exigent-ils une garantie plus forte, une garde plus difficile, quand un seul les perçoit que lorsqu'ils reviennent à deux, et à deux qu'à trois ? Evidemment non. La proportionnalité est la règle de toutes les polices d'assurances ».
[5] *Manuel d'économie politique,* 5e édit., p. 515-517 : « Le principe, comme dans une compagnie d'assurance contre l'incendie, le principe naturel et juste est de payer le risque en proportion de la valeur garantie, et quelle que soit la nature de cette valeur... L'équité véritable, c'est le paiement proportionnel aux risques courus, à la quantité des biens garantis ». On pourrait même citer Proudhon, s'il n'y avait pas quelques scrupules à le ranger dans la compagnie de tant d'économistes défenseurs de la propriété et des bons principes. Proudhon a poursuivi l'impôt progressif d'une haine vigoureuse ; il l'a traité de mystification et même de bilboquet. Dans sa « Théorie de l'impôt » il définit l'impôt un échange et présente la proportionnalité comme conforme à cette idée d'échange. D'ailleurs il la considère comme conduisant d'aussi injustes conséquences que la progression et il a défendu l'impôt progressif à l'Assemblée nationale.
[6] *Traité de la science des finances,* 6e éd., I, liv. II, ch. II, p. 159-160.

ment pour l'État d'infliger des sacrifices plus ou moins égaux aux
individus, mais bien de recouvrer de chacun d'eux le juste prix des
services rendus et leur juste part dans les intérêts et l'amortissement de la fortune nationale. Ce qu'il faudrait prouver pour appuyer
solidement la théorie de l'impôt progressif, c'est que les frais de
l'État pour la protection des citoyens et de leur fortune croissent
d'une manière plus que proportionnelle à l'augmentation de la fortune des citoyens : c'est en outre que les avantages que l'État assure
aux grandes propriétés ou aux grands propriétaires sont proportionnellement plus considérables que les avantages assurés aux
moyennes ou aux petites propriétés et aux moyens ou aux petits
propriétaires ».

C'est bien la conception purement individualiste, celle de l'individu contre l'État. Le contribuable est considéré comme traitant
avec l'État, et comme traitant selon les règles et coutumes des contrats que les particuliers passent entre eux. Il importe qu'il ne soit
pas lésé dans ce marché, qu'il ne paie point les fournitures de
l'État au-delà de leur valeur, et comme cette valeur est présumée
proportionnelle à l'importance des intérêts matériels du contribuable — ou autrement dit de sa part d'actif dans la grande société
nationale — il payera l'impôt proportionnellement à cette part
d'actif. Il s'agit de protéger le droit individuel contre la lésion, de
même qu'il s'agissait, par le caractère réel et par le caractère indiciaire de l'impôt, de le défendre contre l'arbitraire ou l'indiscrétion
du fisc. La considération du droit individuel est le centre du système. Le législateur est plus préoccupé, dans l'organisation de l'impôt direct, de défendre les droits du contribuable que de formuler
avec rigueur son devoir envers la collectivité et de déterminer avec
précision sa quote-part dans le sacrifice commun. Il veut ne connaître que des apparences, frapper la chose plutôt que la personne,
et il se contente de la présomption — elle perdrait, nous le verrons
tout à l'heure, à être serrée de près — que les bénéfices de la participation sociale sont pour chacun proportionnels à l'ensemble de
ses ressources.

Or, à cette conception, qui est restée celle de la majorité des économistes français, s'en oppose une autre qui envisage dans le contribuable non pas tant l'individu retranché dans son droit comme
dans une forteresse, traitant avec l'Etat au plus juste prix, ainsi
que font entre eux des hommes d'affaires, que le membre d'une

communauté où tous sont unis par des liens si forts et si nombreux,
liens politiques, liens des intérêts matériels, liens des sentiments
moraux, des croyances, des pensées, qu'il est chimérique de prétendre fixer le dividende de chacun dans l'actif social, ou sa responsabilité dans le passif, comme s'il s'agissait d'actionnaires qui
font leurs comptes. Toute la nouveauté de ce point de vue consiste à se rappeler que l'homme est un animal sociable et vit par
groupes, qu'il n'y a point par conséquent d'une part l'Etat, d'autre
part des individus isolés agissant chacun de son côté, mais une
société dont les individus sont membres et dont l'Etat est le représentant pour l'accomplissement de certaines fonctions. La vie en
société implique pour ceux qui y participent des droits et des obligations. La philosophie individualiste et l'école économique libérale
se sont attachées à formuler les droits, elles ont envisagé la société
surtout comme la collection des droits des individus, et c'est de
cette conception que notre système d'impôts directs porte l'empreinte. Un autre aspect des choses tend à prédominer maintenant.
Nous sommes portés à envisager l'individu moins comme force
isolée et autonome que comme partie intégrante du corps social ;
l'individu cesse de nous apparaître comme centre des choses, il
devient fraction d'un ensemble, et c'est la considération de ses
obligations sociales qui passe au premier plan. Ce changement de
point de vue a modifié sensiblement l'aspect des problèmes économiques. En économie financière, il a fait apparaître la nécessité de
serrer de plus près qu'on ne l'avait fait dans la phase précédente
la question de la capacité contributive. On a renoncé à dresser le
compte exact et nominatif de chacun dans les bénéfices que procure la vie en société, tâche illusoire, et à formuler son obligation
fiscale à la mesure de son droit dans l'actif. Les sociétés humaines
ne sont pas de simples sociétés d'intérêt ; ce sont des groupements
naturels et spontanés, la forme normale de notre existence. Pour
subvenir aux besoins communs, la société demande à chacun de
payer selon ses forces ; la détermination de la force contributive,
mesure de l'obligation, est ainsi devenue la préoccupation dominante.

Ce n'est pas là une conception purement doctrinale. Elle est réalisée ou en voie de l'être d'une façon plus ou moins complète et
sous des formes d'ailleurs assez diverses, dans les plus importantes
des législations étrangères. Ces législations, mettant l'accent sur

l'obligation de l'individu plutôt que sur son droit, ont été amenées
à fixer avec beaucoup plus de précision que la législation française
l'étendue et les modalités de la capacité contributive. Il s'est ainsi
formé un certain nombre de théories ou de règles pratiques qui sont
les manifestations de la conception fondamentale.

Une autre idée encore a exercé son influence sur la formation
des systèmes modernes d'impôts directs. On a considéré l'impôt
direct comme devant servir de contre-poids à l'improportionnalité
d'autres formes d'impôt, notamment de l'impôt de consommation.
Celui-ci pèse lourdement sur les classes pauvres et les gains médiocres; par contre l'impôt direct est apparu comme devant être
surtout l'impôt des classes aisées. Il a pour fonction, dans l'ensemble
du système fiscal, d'en assurer l'équilibre; il est l'élément compensateur. Cette notion, qui est restée en France pratiquement inutilisée,
ou à peu près, y serait cependant d'un emploi plus légitime que partout ailleurs. Les impôts intérieurs de consommation sont chez nous
extrêmement élevés et les droit de douane renchérissent encore le
coût de la vie. D'ailleurs les taxes de consommation ne sont pas les
seules à être improportionnelles : les droits de timbre et d'enregistrement le sont aussi dans bien des cas, malgré les réformes réalisées
dans ces dernières années, et ils ont reçu dans notre législation un
développement extraordinaire. L'importance relative de l'impôt direct
est allée, comme je l'ai montré, en diminuant sans cesse, à mesure
que les budgets s'enflaient; la fonction compensatrice qu'il peut
remplir en est devenue plus nécessaire, et plus désirable par
conséquent l'attribution des caractères qui la lui confèrent.

Le type d'impôt direct qui, sous l'action des idées qui viennent
d'être exposées, tend à se dégager, est en opposition radicale avec
le type français. Au lieu de l'impôt réel, assis sur les signes extérieurs, strictement proportionnel et exigible en principe de tous les
contribuables, sauf les indigents, c'est l'impôt personnel, frappant
le revenu vrai directement constaté [1], qui comporte des exemptions
totales ou partielles à sa base, des atténuations pour charges de
famille, des taux différents selon la nature des revenus, et, sous sa
forme la plus logique, un tarif progressif. Type d'impôt dont la

---

[1] Le revenu ou le capital. Les caractères de l'impôt personnel peuvent exister, en
partie au moins, dans l'impôt sur le capital comme dans l'impôt sur le revenu; ce n'est
pas le choix de la matière imposable qui importe à cet égard, mais les procédés de taxation, les modalités de l'imposition, le caractère des tarifs, etc.

forme la plus achevée est l'Einkommensteuer, l'impôt sur le revenu
global, mais dont quelques-uns des caractères essentiels se retrouvent même dans des législations où n'existe pas l'Einkommensteuer, et vers lequel la plupart des systèmes fiscaux s'orientent de
plus en plus nettement.

Reprenons brièvement chacun de ses éléments.

VIII

§ 1. La constatation directe existe dans la plupart des législations
étrangères. Elle fonctionne non pas seulement dans les systèmes
qui comportent l'impôt général sur le revenu global, comme en
Prusse, mais dans ceux aussi qui se rattachent plutôt à la conception de l'impôt sur les revenus, comme en Bavière ou en Angleterre.
Il y a assurément de grandes différences entre l'Einkommensteuer
prussien et l'income-tax anglais, mais ils font contraste tous deux
avec notre système indiciaire d'impôts par l'emploi de la constatation directe. C'est ce qu'on oublie en France quand on oppose la
législation anglaise à la prussienne, et que, pour faire échec à la
conception de l'impôt global, on nous conseille de prendre pour
modèle l'income-tax. Dans les deux cas, l'obstacle à la réforme est
le même : c'est l'abandon du procédé des signes extérieurs. Dans
l'income-tax la cédule D notamment comporte la constatation directe,
j'ai indiqué dans quelles conditions et avec quelle procédure; or
les revenus de cette cédule sont précisément ceux pour lesquels la
déclaration et le contrôle offrent le plus de risques et de difficultés,
les revenus professionnels, les gains réalisés dans l'industrie et le
commerce. On trouve encore la constatation directe dans les systèmes d'impôts sur le capital : aux Pays-Bas, par exemple, dans
l'impôt sur le capital créé par la loi du 27 septembre 1892. Il y a là
par conséquent un mode d'assiette de l'impôt qui est d'un emploi
tout à fait usuel et qui n'est point spécial à l'impôt sur le revenu
proprement dit. Pour ne citer que les principaux exemples, on le
rencontre : dans le groupe des Etats allemands, en Prusse, en
Saxe, en Bavière, en Wurtemberg, au grand duché de Bade; en
Autriche; en Angleterre; en Italie; aux Pays-Bas, soit dans l'impôt
sur le capital, soit dans l'impôt sur les revenus professionnels et
autres revenus; en Norvège; en Suède; au grand duché de Luxembourg, dont la législation nous offre une évolution remarquable des

procédés indiciaires à la constatation directe [1] ; dans la plupart des
cantons suisses, appliqué aux impôts sur le revenu ou aux impôts
sur le capital [2].

La constatation directe peut se faire de deux façons : ou bien les
facultés imposables sont évaluées d'office par les agents du fisc ou
par des commissions, ou bien le contribuable fait une déclaration
soumise à un contrôle et, s'il y a lieu, rectifiée. La déclaration
obligatoire est le procédé le plus employé et apparaît de plus en
plus comme un élément essentiel de tout système qui veut serrer
de près la réalité des situations ; ça a été un des points importants
de la réforme prussienne de 1891 que de l'établir pour les revenus
de plus de 3.000 marks. Il est évident d'ailleurs que la taxation
d'office, la déclaration, le contrôle de la déclaration, comportent
une infinité de modalités selon les pays. J'en ai donné quelques
exemples dans les précédents développements.

Rejeter le système des présomptions légales tirées des signes
extérieurs pour y substituer l'appréciation directe, c'est la condition première de l'adaption de l'impôt aux facultés. Nous savons
ce que vaut le procédé indiciaire, pour en avoir suivi l'application
dans l'impôt des portes et fenêtres, dans l'impôt des patentes et
dans la contribution mobilière : il aboutit à asseoir l'impôt sur des
fictions. La législation française y demeure cependant attachée
et l'appréciation directe des facultés inspire une répugnance jusqu'ici insurmontable : inquisitoriale et vexatoire, ces deux épithètes
sont devenues son signalement. Il n'est pas contestable que les
divers modes de l'appréciation directe ont leurs inconvénients ; soit
que des commissions ou les agents du fisc aient à évaluer d'office
les facultés, soit que le contribuable doive fournir par une déclaration les bases de son imposition, elle satisfait moins que le procédé
indiciaire à la règle de commodité ; elle se prête à l'arbitraire et à
la fraude : l'Angleterre, l'Italie, la Prusse nous en offrent des
exemples. Mais il ne faut rien exagérer ; l'appréciation directe est
devenue en France une sorte d'épouvantail ; les projets d'impôt sur
le revenu ont soulevé un émoi tumultueux ; des hommes éloquents
ont montré la délation fonctionnant partout, l'impôt devenu ma-

---

[1] Denis, *L'impôt*, 13e leçon.
[2] Pour les détails sur la législation en Suisse, Voir Schänz, *Die Steuern der Schweiz
in ihrer Entwickelung seit Beginn des 19 Jahrhunderts.* ; Max de Cérenville, *Les
impôts en Suisse, leur assiette et leur quotité.*

chine de guerre entre les mains du parti au pouvoir, la guerre
civile installée dans chaque ville et dans chaque village. Un simple
coup d'œil au dehors ramène à des opinions plus modérées. Car
enfin, si les procédés de constatation directe ont de tels effets,
comment se fait-il qu'ils soient d'un usage aussi répandu? Comment
se fait-il qu'ils durent dans les pays qui les ont les premiers pratiqués, et qu'ils gagnent du terrain? Il y a eu sans doute à leur sujet des
luttes extrèmement ardentes; en Angleterre, une campagne a été
menée contre la cédule D de l'income-tax [1]; elle n'a pas abouti.
Quand des réformes sont faites dans les législations étrangères,
c'est dans le sens d'une application plus rigoureuse des procédés de
constatation directe; la réforme de l'impôt sur le revenu en Prusse
en 1891 a introduit la déclaration obligatoire; elle a accru les pouvoirs des commissions; elle a rendu l'impôt plus vexatoire et plus
inquisitorial selon nos expressions françaises; elle l'a amélioré, et
on ne conteste' pas que dans l'ensemble elle ait produit de bons
résultats. Il y a des pays qui ont évolué du procédé indiciaire à la
constatation directe : le Luxembourg par exemple; on n'aperçoit
pas d'évolution en sens inverse, on ne voit même pas que, là où
fonctionne la constatation directe, il soit formulé des projets qui
tendent à y substituer le procédé indiciaire. Un système qui
s'adapte à des pays bien différents de mœurs et de constitution
politique ou sociale, qui, loin d'atténuer et d'affaiblir ses caractères
propres, les développe et les fortifie, est un système qui répond
aux nécessités pratiques comme aux aspirations théoriques; il faut
bien, puisqu'il dure et s'étend, qu'il porte en lui plus de germes de
vie que de causes de décadence. On fait valoir, il est vrai, que ce
qui convient aux pays étrangers ne nous conviendrait pas; que,
soit à raison de nos traditions nationales, de notre susceptibilité
à l'égard de l'intrusion de l'État dans nos affaires, soit à raison
de nos divisions politiques, nous ne pourrions pas nous prêter à
l'application des procédés de constatation directe; le procédé indiciaire serait le produit nécessaire du milieu social français. L'argument paraîtra peu probant si l'on considère que les pays où fonctionne la constatation directe sont très différents les uns des autres
et qu'il y en a d'aussi démocratiques que nous, peut-être même de
beaucoup plus démocratiques. Est-il bien facile d'apercevoir en

[1] Chailley-Bert, *L'impôt sur le revenu, loc. cit.*

raison de quoi une institution assez souple pour s'adapter, à la fois
à un grand État monarchique fortement administré comme la
Prusse et à de petites communautés démocratiques et égalitaires
comme les cantons suisses, ne trouverait pas aussi une forme
appropriée au milieu social français? Il est entendu que nous n'aimons pas l'intrusion de l'Etat dans nos affaires; mais les autres
peuples ne l'aiment vraisemblablement pas plus que nous. Les
Anglais, par exemple, qui s'accommodent de l'income-tax, ont un
sentiment assez vif de la liberté individuelle, du moins quand il
ne s'agit pas d'autrui.

Une autre considération est souvent présentée pour le maintien
du procédé indiciaire. C'est un legs de la Révolution, et il est apparu
à cette époque comme une réaction nécessaire contre l'arbitraire
des impôts de l'ancien régime. Là sans doute se trouve, dans l'ordre théorique, la cause la plus énergique de notre attachement au
système. Il a bénéficié du prestige que les idées et les institutions
de la Révolution ont exercé sur la partie libérale et cultivée de
l'opinion. Ceux qui en demandent la disparition s'exposent au
reproche — et on ne se fait pas faute de le leur adresser — de toucher à un héritage en quelque sorte sacré. C'est là une de ces considérations qui ont une valeur plus sentimentale que scientifique,
et qui expliquent un état d'esprit plutôt qu'elles ne peuvent fonder
rationnellement une opinion. La question est de savoir si le procédé
indiciaire, progrès certainement à l'époque de sa création, n'est pas
devenu à l'heure actuelle un instrument insuffisant, qui ne peut pas
servir à la réalisation des conceptions nouvelles. Un fait considérable s'est produit : la déchéance budgétaire de l'impôt direct, que la
Révolution avait placé dans les recettes publiques au premier rang.
Qu'il en soit descendu et qu'à sa place y soit monté l'impôt de consommation proscrit par la Révolution, cela suffit à fausser le système, car il en résulte la nécessité que l'impôt direct soit organisé
de façon à jouer un rôle compensateur. S'il est démontré que le
procédé indiciaire n'a pas la souplesse nécessaire pour lui permettre de jouer ce rôle, faut-il donc néanmoins le conserver? Puis une
conception nouvelle s'est formée, qui conduit, en vue d'une répartition plus juste, à exiger une évaluation plus précise de la capacité
contributive et à accentuer la personnalité de l'impôt; si elle ne
peut se réaliser par l'instrument vieilli du procédé indiciaire, vaut-
il mieux respecter la lettre de l'organisation fiscale de la Révolu-

tion en gardant ce procédé, ou être fidèle à l'esprit de la Révolution en y renonçant?

Certains caractères de notre système fiscal seraient d'ailleurs de nature à faciliter l'application des procédés de constatation directe. C'est d'abord le développement exceptionnel des droits d'enregistrement et de timbre : les bureaux de cette administration sont une mine de renseignements ; ils connaissent les mutations de propriétés entre vifs ou par décès, à titre gratuit ou onéreux, les baux, les cessions de fonds de commerce ou de clientèle ; il n'y a pas d'administration plus *inquisitoriale et vexatoire*. Les receveurs et inspecteurs de l'enregistrement ont des pouvoirs d'investigation étendus à l'égard des sociétés, compagnies, assureurs, entrepreneurs de transports, qui doivent leur communiquer leurs livres, registres, titres, polices, pièces de comptabilité [1]. La perception des taxes successorales notamment est un élément efficace de contrôle à l'égard de l'impôt sur le revenu [2]. Dans le projet d'impôt sur le revenu de M. Doumer, un agent de l'enregistrement faisait partie de la Commission supérieure établie pour l'arrondissement. D'autre part, par le fonctionnement des impôts de consommation, un certain nombre d'industries et de commerces sont sous le contrôle étroit du fisc : débitants de boissons, fabricants de sucre, raffineurs, distillateurs. Enfin l'existence même d'un système indiciaire longtemps pratiqué, entré dans les mœurs, pourrait être largement utilisée. S'il est insuffisant comme mode unique d'assiette de l'impôt, le système indiciaire rendrait des services comme mode de contrôle des résultats obtenus par la constatation directe. En Italie, pour l'impôt sur les revenus mobiliers, l'art. 37 de la loi du 24 août 1877 autorise l'agent des contributions chargé de vérifier les déclarations à tenir compte de la valeur locative de l'habitation. L'organisme si complexe des droits de patente fournirait par exemple, au début au moins et dans la période de transition, un appoint qui ne serait pas négligeable à un système d'imposition des revenus professionnels.

Bref il ne me parait pas, ni que les procédés de constatation directe méritent le mauvais renom qu'ils ont généralement en France, ni qu'ils soient chez nous beaucoup plus difficiles à adapter que dans les autres pays. Il s'est créé à leur égard, dans une partie de

---

[1] Lois du 23 août 1871, art. 22, et du 21 juin 1875, art. 7.

[2] Voyez les dispositions de la loi budgétaire du 26 février 1901 (réforme des droits de succession) et notamment l'art. 15.

l'opinion publique, une sorte de légende, et la crainte qu'ils inspirent a fait échouer tous les projets de réforme qui en comportaient l'emploi. Quant aux autres, ils ont échoué parce qu'ils n'étaient pas viables, et qu'il n'y a aucune réforme sérieuse à tenter tant qu'on s'en tiendra à la théorie des signes extérieurs.

Toutefois la répugnance extrême qui se manifeste à l'égard des procédés « *inquisitoriaux et vexatoires* » dans une partie de l'opinion et dans les milieux politiques commande beaucoup de prudence. Fondée ou non, cette répugnance est un fait et il faut en tenir compte. Il sera nécessaire, si l'on veut faire aboutir la réforme des impôts directs, de procéder avec ménagements. C'est ce que ne faisait pas assez le projet déposé par M. Doumer en 1896 : ce projet instituait l'impôt progressif sur le revenu à l'image de l'Einkommensteuer prussien de 1891, avec déclaration obligatoire pour certains contribuables et taxation d'office par des commissions pour les autres [1]. Il était d'ailleurs modéré dans ses dispositions et fait, semblait-il, pour séduire la majorité des contribuables. Les revenus jusqu'à 2.500 fr. étaient exempts, ce qui laissait hors des prises du nouvel impôt plus de 7 millions de contribuables ; la déclaration n'était obligatoire que pour les revenus supérieurs à 10.000 fr. ; le taux de l'impôt allait de 1 p. 100 pour la fraction de revenu comprise entre 2.500 et 5.000 fr., à 5 p. 100 pour la fraction supérieure à 50.000 fr., de sorte que ce taux de 5 p. 100 était la limite extrême dont les gros revenus se rapprochaient sans jamais l'atteindre, et qu'un revenu de 300.000 fr. par exemple payait 4,71 p. 100. Le projet de M. Doumer a paru tout de même un épouvantail et l'opposition qu'il a soulevée a dépassé les espérances de ses adversaires comme les craintes de ses partisans. C'est qu'il rompait brusquement avec nos habitudes et nous offrait du premier coup un type d'impôt très supérieur certainement au nôtre, mais qui ne pourra être, étant donné notre état d'esprit, que l'aboutissement d'une évolution au cours de laquelle il faudra trouver des formes de transition entre le procédé indiciaire et la constatation directe. Le projet de 1896 a eu le mérite de poser nettement la question et d'indiquer ce qui sera la solution finale ; mais il a effarouché le contribuable, compromettant peut-être pour longtemps la cause de l'impôt personnel.

---

[1] *Journal officiel,* Chambre, documents, n. 1765, p. 45.

Le problème, à l'heure actuelle, est de trouver des formes de transition. Il s'agit, non pas d'éliminer totalement le système des présomptions légales, mais de l'assouplir et de préparer la voie aux procédés de constatation directe. Cela pourra se faire en prenant appui sur la pratique des communes rurales en matière de répartition de la contribution mobilière. Le projet déposé par M. Ribot en 1895 [1] autorisait les répartiteurs, dans les communes rurales [2], à majorer ou à diminuer de moitié, en tenant compte des autres éléments d'appréciation, la cote mobilière assise en principe sur la valeur locative. Ce n'était qu'un essai de la transformation du fait en droit, et pour les communes non rurales le système de la présomption légale était rigoureusement maintenu. Le projet déposé par M. Caillaux en 1900 va plus loin [3]. On distingue entre les communes de moins de 5.000 et de plus de 5.000 habitants. Dans les premières, le contrôleur des contributions directes, avec l'assistance du maire et des répartiteurs, évalue le revenu imposable de chaque contribuable « à l'aide des renseignements qu'il recueille dans la commune et de ceux que lui fournit le receveur de l'enregistrement » (art. 5) ; c'est la renonciation au procédé indiciaire. L'exposé des motifs indique que cela peut se faire sans inconvénient dans les communes à faible population : « Les commissions actuelles de répartition, par leurs connaissances locales, sont parfaitement à même de fournir au contrôleur des contributions directes les renseignements particuliers dont il a besoin pour établir la situation contributive de chaque contribuable. Il s'agira, en effet, de grouper, à l'aide des matrices foncières, les cotes diverses qui peuvent être ouvertes au nom du même propriétaire, de reconnaître les propriétés qui font l'objet de baux et d'évaluer les autres par comparaison, de constater l'étendue des exploitations agricoles, la nature des professions exercées, etc. A l'aide de ces renseignements, complétés par les indications que pourra fournir le percepteur, et celles que possède le receveur de l'enregistrement, le contrôleur aura le moyen, dans les communes rurales, de déterminer presque toujours avec une exactitude suffisante le revenu imposable des contribuables ». Dans les communes de plus de 5.000 habitants, le projet ne

---

[1] *Journal officiel*, Chambre, documents, n. 1560, p. 1390.
[2] Le projet considérait comme communes rurales toutes celles ne dépassant pas 5.000 habitants et qui n'étaient pas chefs-lieux de département.
[3] *Bulletin de statistique*, 1900, XLVII, p. 450.

renonce pas à tirer de la valeur locative la présomption du revenu, mais il donne du jeu au procédé indiciaire. Le contrôleur dresse pour chaque commune un tarif des coefficients à appliquer aux valeurs locatives pour obtenir le revenu imposable; il n'a pas d'ailleurs toute latitude pour la formation de ce tarif. Le projet pose à cet égard trois règles : *a*) le tarif est établi par fractions de valeur locative, chaque fraction devant recevoir l'application d'un coefficient spécial ; *b*) il y a toujours cinq fractions et par conséquent cinq coefficients par commune ; les chiffres qui forment la limite inférieure et la limite supérieure de chaque fraction varient d'ailleurs selon la population, et les communes sont à cet effet rangées en catégories ; *c*) il y a des coefficients minima qui sont respectivement, pour chacune des cinq fractions, de 5, 6, 7, 8, 9 ; il n'y a pas de coefficients maxima. Tout cela est assez compliqué. Le tarif établi par le contrôleur est communiqué au conseil municipal et arrêté par le préfet. La présomption de revenu imposable qui se tire de l'application du tarif admet la preuve contraire. D'une part le revenu peut être évalué directement à un chiffre supérieur par le contrôleur, en ce qui concerne tel ou tel contribuable, comme il l'est par mesure générale dans les communes de moins de 5.000 habitants. D'autre part le contribuable est admis à prouver que son chiffre réel de revenu est inférieur au chiffre présumé, à moins qu'il n'ait été fait application des coefficients minima : dans ce cas, le chiffre de revenu présumé constitue le minimum imposable [1].

[1] Le tableau ci-après, emprunté à l'exposé des motifs, reproduit la forme du tarif et présente l'indication des coefficients minima :

	COMMUNES DE						Coefficients minima
	2000 habitants et au-dessous	2001 à 5000 habitants	5001 à 10000 habitants	10001 à 30000 habitants	30000 habitants et au-dessus	Ville de Paris	
Fraction de la valeur locative	francs	francs	francs	francs	francs	francs	
comprise entre..	0 et 100	0 et 200	0 et 300	0 et 400	0 et 500	0 et 750	5
	100 et 200	200 et 400	300 et 600	400 et 800	500 et 1000	750 et 1500	6
	200 et 400	400 et 800	600 et 1200	800 et 1600	1000 et 2000	1500 et 3000	7
	400 et 1000	800 et 2000	1200 et 3000	1600 et 4000	2000 et 5000	3000 et 7500	8
supérieure à ...	1000	2000	3000	4000	5000	7500	9

Le projet est intéressant comme essai d'orientation vers les procédés de constatation directe. Il a l'avantage de conserver le mécanisme qui fonctionne pour la répartition de la contribution mobilière et, tout en le gardant, de l'assouplir. Il jette un pont entre la vieille méthode et la nouvelle. Mais certaines de ses dispositions ne sont pas heureuses ; tout ce qui est relatif à la formation des tarifs de coefficients est évidemment arbitraire et constitue, selon les expressions mêmes de l'exposé des motifs, un « procédé empirique ». Il vaudrait beaucoup mieux faire tout de suite un pas de plus, et, au lieu de laisser au premier rang, pour les communes de plus de 5.000 habitants, le procédé de l'évaluation du revenu par le loyer, le reléguer à la situation de moyen de contrôle. La rupture avec le système indiciaire serait plus nette. Quoi qu'il en soit, c'est bien dans la voie ouverte par le projet de M. Caillaux qu'il faut chercher à l'heure actuelle la solution du problème fiscal. Les projets du même type que celui de 1896 sont prématurés ; ils se heurtent à trop d'objections et de préjugés. L'adoption d'un système de transition est, dans l'état présent des choses, une étape nécessaire. Les étapes suivantes seront marquées par l'amélioration successive des procédés de constatation, et, en dernier lieu, par l'institution de la déclaration obligatoire.

Le principe de la déclaration obligatoire est certainement celui qui rencontrera le plus de résistance. Je crois que nous en sommes encore assez loin pour le moment. Nous y viendrons par la force des choses, une fois que nous nous serons décidés à laisser là le système vermoulu des signes extérieurs, car il est l'aboutissement logique des procédés de constatation directe. Seulement il ne faut rien brusquer, car ce serait tout compromettre : la déclaration ne peut fonctionner d'une façon satisfaisante que si le contribuable y met un peu de bonne volonté. Certes, il y aurait de la naïveté à trop faire fonds sur la bonne foi des déclarants ; les systèmes de déclaration ne valent que complétés par un contrôle rigoureux. Mais il faut aussi de la part du contribuable ce que j'appellerai un minimum d'adhésion, sans quoi le système, quels que soient les procédés de contrôle, ne sera pas viable. C'est ce minimum d'adhésion qui ferait tout à fait défaut en France pour le moment ; on ne l'obtiendra que par une éducation progressive de l'opinion qui se fera par l'application des autres procédés de constatation directe. Ceux-ci nous mèneront à la déclaration facultative et la déclaration facul-

tative à la déclaration obligatoire. Au reste, on peut soutenir sans
paradoxe qu'elle serait plus profitable que nuisible aux contribuables qui la redoutent le plus, à ceux qui ont de gros revenus ; on
leur attribue généralement plus de fortune encore qu'ils n'en ont,
et une taxation fondée sur la déclaration sera souvent moins lourde
pour eux que la taxation d'office par le contrôleur des contributions
directes ou par une commission. Comme l'a dit M. Gide [1] : « Nous
faisons le pari que si l'on prenait les cent personnes les plus riches
d'une ville quelconque, qu'on fît le total de la fortune que la commune renommée leur attribue, et qu'on le comparât à leur fortune
réelle, on verrait que celle-ci est inférieure de près de moitié à
l'évaluation faite par le public... Le dicton qu'on ne prête qu'aux
riches se trouve ici pleinement justifié ». La déclaration leur serait
une garantie. Mais ce sont là des choses qu'il est sans doute plus
facile de dire que de faire écouter par les intéressés.

La déclaration d'ailleurs ne doit pas être exigée de tous les contribuables. Elle n'a de raison d'être et elle n'est d'une pratique
facile qu'à partir d'un chiffre de revenu qui dépasse un peu la condition moyenne. La plupart du temps, les petits revenus sont exempts
d'impôt, et la limite d'exemption s'élève à mesure que l'impôt a plus
pleinement un caractère compensateur. En Angleterre par exemple
tous les contribuables assujettis à l'income-tax sont tenus de faire
une déclaration, du moins pour certaines cédules ; mais il n'y a
d'assujettis à l'income-tax que les personnes dont les revenus nets
de toute nature dépassent 160 livres sterling (4.000 fr.). En Prusse,
la limite d'exemption pour l'Einkommensteuer est beaucoup plus
basse : 900 marks (1.125 fr.); mais la déclaration n'est en principe
obligatoire que pour les revenus supérieurs à 3.000 marks. En
France, le projet de 1896 n'imposait la déclaration qu'au-dessus
de 10.000 fr. La fixation d'une limite de ce genre est forcément
arbitraire et sujette à contestation ; mais il est certain que, pour
les dernières catégories de revenus soumises à l'impôt, on peut
arriver à les connaître avec une approximation suffisante sans
exiger la déclaration, et que d'ailleurs, pour les petits contribuables
qui ne sont pas habitués à tenir la comptabilité de leurs ressources
et de leurs dépenses, la déclaration, avec son appareil compliqué,
sa distinction du revenu brut et du revenu net, serait quelque chose

---

[1] *Revue d'économie politique*, X, 1896, chronique économique, p. 501.

de peu pratique et en fait, par ses imperfections, de médiocrement efficace. Elle sera toujours un peu un procédé de luxe [1].

*
* *

§ 2. L'imposition du revenu vrai implique la distinction du revenu brut et du revenu net et la déduction des charges inhérentes au premier afin de n'atteindre que le second. Le revenu net est le seul qui indique la capacité contributive; le revenu brut n'est qu'un chiffre qui a besoin d'être corrigé et interprété.

Nos impôts français assis sur les signes extérieurs du revenu ne se prêtent pas à cette distinction; elle ne peut exister ni dans la contribution mobilière, ni dans celle des patentes, ni dans celle des portes et fenêtres, puisque ce n'est pas le revenu qui sert de base à l'impôt, mais des faits extérieurs que la loi présume être en relation avec le revenu. Dans l'impôt sur la terre et l'impôt sur les maisons, il y a au contraire déduction des charges. C'est d'ailleurs, conformément à l'esprit de notre système fiscal, une déduction impersonnelle. Les articles 56 et suivants de la loi du 3 frimaire an VII entrent dans des détails qu'il est inutile de reproduire relativement à l'évaluation du revenu net des terres [2] : il ne s'agit que de moyennes. La loi du 8 août 1890 asseoit l'impôt des propriétés bâties sur la valeur locative, déduction faite d'un quart pour les maisons et d'un tiers pour les usines « en considération du dépérissement et des frais d'entretien et de réparations » (art. 5). La loi du 13 juillet 1900 a porté la déduction à 40 p. 100 pour les usines (art. 2). C'est un forfait. Ni l'un ni l'autre des deux impôts fonciers ne comportent d'ailleurs la déduction des charges hypothécaires, qui serait de mise cependant dans des impôts réels, en tant que conséquence du démembrement de propriété qui peut être considéré comme impliqué dans l'hypothèque, et sans qu'il y eût lieu, en raison précisément du caractère réel, de tenir compte de la cause économique de la dette.

Dans les législations qui veulent atteindre le revenu vrai, la distinction du brut et du net se fait d'une façon beaucoup plus précise, et qui l'est d'autant plus que la personnalité de l'impôt est plus marquée et les procédés de constatation plus rigoureux. En

---

[1] En Italie, cependant, tous les contribuables y sont assujettis et la limite de l'exemption est très basse, 400 lires; mais ce n'est pas un exemple à suivre.

[2] Voyez le *Dictionnaire des finances*, v° *Contribution foncière*.

Prusse, la loi du 24 juin 1891 règle d'une façon extrêmement minutieuse dans son art. 9 la déduction des charges et dettes [1]; il y a lieu de déduire notamment les dépenses qui ont pour objet la production, la sécurité et le maintien du revenu, les intérêts des dettes et les arrérages, à moins (§ 2), qu'ils ne grèvent des sources de revenus non imposables, les amortissements pour dépérissement du matériel d'exploitation, bâtiments, machines, etc., les cotisations aux caisses d'assurance contre les maladies, la vieillesse, les accidents, l'invalidité, les primes d'assurance en cas de décès ou en cas de vie, jusqu'à concurrence de 600 marks. Le contribuable doit dans sa déclaration indiquer les charges dont il demande la déduction: En Italie, où l'impôt ne porte pas sur le revenu global, mais seulement sur le revenu non foncier, l'art. 14 de la loi du 24 août 1877 dit que le contribuable fait sa déclaration en indiquant les exemptions et déductions auxquelles il peut avoir droit;

---

[1] *Handwörterbuch, loc. cit.; — L'impôt sur le revenu et l'impôt sur les revenus* (publication de la Direction générale des contributions directes). Voyez la traduction de la loi de 1891 dans Jacques Derbanne : *la Réforme des impôts en Prusse.* Voici le texte de l'art. 9.

I. Du revenu (art. 7) seront déduits :

1. Les dépenses faites pour percevoir, assurer et conserver le revenu, ainsi que les frais d'endiguement compris dans les impôts communaux ;

2. Les intérêts des dettes et arrérages à la charge des contribuables, lorsqu'ils ne garantissent pas une source de revenus qui n'entrent pas en considération pour l'évaluation ;

Si l'impôt ne pèse que sur les revenus visés à l'art. 2, on ne déduira que les intérêts des dettes qui garantissent une source indigène de revenus, ou qui sont contractées pour son acquisition ;

3. Les charges continues, fondées sur des titres spéciaux ;

4. Les impôts directs d'Etat sur la propriété foncière, les mines, le commerce, ainsi que les impôts indirects qui rentrent dans les frais d'exploitation ;

5. Les sommes mises annuellement de côté, pour amortir la détérioration des bâtiments, machines, ustensiles, etc , lorsqu'elles ne sont pas déjà déduites avec les frais d'exploitation ;

6. Les cotisations dues par le contribuable, en vertu d'une loi ou d'un contrat, aux caisses d'assurance pour les maladies, les accidents, la vieillesse et l'invalidité, à des caisses de retraite ou de secours aux veuves et orphelins ;

7. Les primes d'assurance en cas de décès, ou en cas de vie, payées par le contribuable, si elles ne dépassent pas 600 marks (750 fr.) par an.

II. Au contraire, ne seront pas déduites, notamment :

1. Les sommes affectées à l'amélioration et à l'accroissement de la fortune, à l'extension des affaires, à l'augmentation du capital, à des remboursements.....

2. La dépense faite pour les frais de ménage et d'entretien du contribuable et de sa famille, y compris la valeur des produits et marchandises employés dans ce but, et provenant d'exploitations agricoles ou commerciales appartenant au contribuable.

la distinction du revenu brut et du revenu net est d'ailleurs beaucoup moins complète et moins scientifique qu'en Prusse [1].

Les systèmes d'impôts sur les revenus comportent aussi cette
distinction. En Angleterre, le principe est que l'income-tax n'atteint que le revenu net; on déduit donc les frais et charges grevant
la source même du revenu; dans la cédule D, par exemple, on fera
notamment les déductions suivantes : 1° montant des frais de
réparation aux locaux affectés au commerce, à l'industrie ou à
l'exercice d'une profession libérale; 2° somme représentative des
dépenses d'entretien et de réparation du mobilier, des machines,
ustensiles et objets divers utilisés pour le commerce, l'industrie
ou l'exercice d'une profession libérale (la détermination de ces deux
premières déductions étant basée sur une moyenne calculée pour
les trois dernières années); 3° créances mauvaises ou douteuses;
4° pertes d'argent subies et justifiées; 5° valeur locative des locaux
affectés au commerce, à l'industrie ou à l'exercice d'une profession
libérale, pourvu que ces locaux ne servent pas en même temps à
l'habitation du contribuable; 6° partie de la valeur locative (cette
partie ne pouvant en aucun cas excéder les deux tiers de la dite
valeur locative) lorsque les locaux affectés au commerce, à l'industrie ou à l'exercice d'une profession libérale sont, en même temps,
habités par le contribuable; 7° somme variable à déterminer en raison de la dépréciation des machines, ustensiles et objets divers utilisés pour le commerce, l'industrie ou l'exercice d'une profession
libérale; 8° primes d'assurance sur la vie. Dans toutes les cédules,
on déduit les primes d'assurances sur la vie [2]. En Bavière, les deux
lois de 1899 relatives l'une à l'impôt sur le revenu des capitaux
mobiliers et l'autre à l'impôt sur le revenu (qui ne frappe d'ailleurs
que les revenus non atteints déjà par les contributions sur la propriété bâtie et non bâtie, sur les patentes et sur le revenu des capitaux mobiliers, qui est bien loin, par conséquent, d'être un impôt
sur le revenu global) contiennent des dispositions du même genre [3].

Les projets de réforme français qui introduisent l'impôt personnel et les procédés de constatation directe doivent naturellement

[1] *Handwörterbuch, loc. cit.; — L'impôt sur le revenu et l'impôt sur les revenus.*
Adde Dalla Volta, *Opus citat.*
[2] *Handwörterbuch, loc. cit.*
[3] *Ibid. — Adde Bulletin de statistique du ministère des Finances,* 1900, XLVII,
p. 69 et 186.

s'occuper de la distinction du revenu brut et du revenu net. Le
projet de M. Doumer entrait à cet égard dans de minutieux détails [1].

Le projet de M. Caillaux est beaucoup plus bref, ce qui s'explique
très bien par son caractère de projet de transition, qui n'institue
pas la déclaration et garde en partie le procédé indiciaire. Il se
borne à définir le revenu imposable (art. 3) : « L'impôt général sur
le revenu est assis sur l'ensemble des revenus annuels de toute
nature, provenant des propriétés immobilières et mobilières, du
commerce et de l'industrie, des charges et offices, des professions
libérales, des emplois publics et privés, des pensions et retraites, et
en général de toutes occupations lucratives, sous déduction des
intérêts des emprunts à la charge des contribuables... Pour les
exploitations industrielles et commerciales, il (le revenu imposable)
se compose de l'excédent des recettes brutes réalisées pendant
l'année précédente sur les dépenses inhérentes à l'exercice de la
profession. Il est constitué, en ce qui concerne la production littéraire, artistique ou scientifique, la pratique d'un art et l'exercice

[1] Le texte de l'article 7 du projet était ainsi conçu :

« Pour le calcul du revenu imposable, on déduit du revenu brut :

» 1º Les dépenses nécessaires pour la production et la conservation du revenu ;

» 2º Les intérêts des emprunts contractés par les contribuables ou par leurs auteurs
ainsi que les rentes payées par eux à titre obligatoire ;

» 3º Les contributions foncières et des patentes, les redevances des mines et l'impôt
de 4 p. 100 sur le revenu des valeurs mobilières, ainsi que toutes taxes directes ou
indirectes, générales ou locales, susceptibles d'être considérées comme rentrant dans
la catégorie des dépenses professionnelles ;

» 4º Les sommes que les contribuables paient à l'État, à des compagnies d'assurance
ou à des institutions de prévoyance, en vue de s'assurer soit contre les accidents, la
maladie ou la vieillesse, soit contre l'incendie, la mortalité des bestiaux, la grêle et
autres intempéries ;

» 5º Les primes qui sont payées par les contribuables pour des contrats d'assurance
en cas de décès, à la condition que ces primes ne dépassent pas 500 francs par an ;

» 6º Les frais d'entretien et de réparation des bâtiments, des machines, de l'outillage, etc.

» Ne sont pas déduites :

» 1º Les dépenses faites pour l'augmentation du capital mobilier ou immobilier, pour
l'amélioration d'un terrain, l'accroissement d'une usine, l'amortissement de dettes, la
constitution d'un fonds de réserve et les autres dépenses analogues ;

» 2º Les dépenses de logement et d'entretien du contribuable et de sa famille ; la
valeur de son travail personnel et de celui des membres de sa famille qui habitent
avec lui, ainsi que celle des produits et marchandises provenant de son exploitation
agricole, industrielle ou commerciale, qui sont utilisés pour les besoins du ménage ».
Il y a une analogie remarquable entre ces dispositions et celles de la loi prussienne de
1891 qui ont été citées plus haut.

de toute autre profession libérale, par le montant des droits, recettes ou honoraires perçus pendant l'année précédente, déduction faite des frais qui ont le caractère de dépenses professionnelles ». L'exposé des motifs commente cet article dans les termes suivants : « Le revenu imposable n'est pas le revenu brut que touche le contribuable, mais ce qui lui reste lorsqu'il a payé les dépenses nécessaires pour la production et la conservation de ce revenu... ; en réalité le revenu imposable est constitué par la somme dont le contribuable dispose chaque année tant pour augmenter son capital que pour faire face à ses dépenses de logement, de nourriture, d'entretien, etc. et à celles de sa famille. Cette définition du revenu imposable est conforme à la doctrine et admise par toutes les législations ». Il est certain que, étant donnés les modes d'évaluation du revenu admis par le projet en question, ce sont là des définitions qui n'ont guère qu'un intérêt théorique ; il ne pourrait en sortir d'applications pratiques que dans le cas où le contribuable formulerait une réclamation contre l'estimation du contrôleur. Le contribuable devra alors (art. 7) « faire connaître distinctement, par nature, chacun de ses revenus bruts, et le montant des charges susceptibles d'être admises en déduction en vertu de l'art. 3 ; il devra rapporter la preuve de la réalité de ces charges ».

§ 3. La capacité contributive se mesure d'après le revenu net plus exactement que d'après le revenu brut ; mais le revenu net lui-même n'est pas encore une mesure tout à fait exacte. Le revenu net n'est pas intégralement imposable ; une portion du revenu représente ce qui, dans un état donné de développement social, est considéré comme nécessaire au maintien des conditions normales d'existence, et cette portion doit en principe, sauf le cas de nécessité absolue, être exempte d'impôt [1]. A vrai dire, il n'y a là que l'élargissement de la conception du revenu net. Une fois admis qu'il y a lieu de déduire du total brut des ressources les dépenses faites pour la production et le maintien de ces ressources, il serait contradictoire de ne pas appliquer la règle aux dépenses qui correspondent aux conditions moyennes, pour l'époque, de l'existence

---

[1] Voyez sur la théorie du minimum d'existence, H. Schmidt, *Die Steuerfreiheit des Existenzminimums.*

humaine. L'homme est une force de travail et les frais d'entretien
de cette force sont bien des frais de production. Cette façon de
voir a été critiquée comme trop chrématistique. Il est cependant
licite d'envisager l'homme en tant qu'agent de production ; il est
assurément bien autre chose : il est la fin même du procès de
production ; mais il en est aussi un des facteurs. D'ailleurs ce
n'est pas seulement de la force de travail de l'ouvrier manuel
qu'il s'agit : quel que soit l'objet de l'activité de l'homme, elle
n'est pas un produit net, et il faut défalquer de ses résultats les
dépenses qui représentent les conditions physiologiques et sociales
de son maintien. On arrive à la même conclusion lorsque, au lieu
de considérer le bon entretien de la personne humaine comme
source d'activité économique, on le considère comme but et résultat du groupement social. Si la vie en société est conçue comme
devant favoriser le développement le plus complet possible des
facultés de l'homme et l'accomplissement de sa destinée, l'Etat est
tenu de ne rien prélever sur la fraction des ressources individuelles
qui ne pourrait être diminuée sans que la vie, la force, la santé, ou
le développement de l'être humain fussent plus ou moins compromis.
Cette fraction, ce minimum d'existence, est quelque chose d'intangible, pour autant du moins que l'Etat n'est pas contraint d'en
demander le sacrifice aux individus en des circonstances exceptionnelles. La nécessité lui donnera alors le droit de le faire comme il
a celui d'exiger le sacrifice complet de leur vie. Mais, sauf ce cas et
dans le train ordinaire des choses, une collectivité qui étend les
prises de l'impôt sur le minimum d'existence méconnaît la fin même
du groupement social ; elle tend d'ailleurs à son propre affaiblissement par l'affaiblissement des éléments qui la composent. La
capacité contributive normale n'apparaît qu'au delà de ce minimum.

C'est là une notion purement abstraite du minimum d'existence. Les
choses seraient relativement simples dans l'hypothèse d'un impôt
unique sur le revenu et d'une détermination idéalement parfaite des
revenus individuels. Il n'y aurait qu'à déduire de chaque revenu
les frais moyens d'entretien de la vie humaine, et bien qu'il dût y
avoir de graves difficultés à les fixer avec précision, on y arriverait sans doute par le moyen de l'observation monographique. Mais
en fait c'est infiniment plus compliqué : l'impôt sur le revenu n'est
qu'un impôt parmi beaucoup d'autres. Dans les pays qui ont de

lourds impôts de consommation, une de. ses fonctions est de rétablir dans le système fiscal l'équilibre rompu par l'improportionnalité
de ceux-ci, et la théorie du minimum d'existence peut alors se perdre dans la théorie de l'impôt compensateur; c'est ce qui a lieu,
nous allons le voir, en Angleterre. D'autre part, et en sens inverse,
la plupart des Etats ont de grands besoins d'argent et n'osent se
risquer hardiment dans la voie des exemptions ; ils ne peuvent pas
d'ailleurs frapper à des tarifs trop élevés les revenus taxables sans
que la fraude ouvre des fissures par où s'écoule le plus clair de
l'impôt. Ils sont par là sollicités d'abaisser outre mesure la limite
au-dessous de laquelle l'impôt cesse. Il y là deux tendances contraires qui ont introduit une extrême diversité dans l'application de
l'idée abstraite d'un minimum d'existence libre d'impôt ; c'est à la
fois une des pratiques les plus généralement admises [1] et une de
celles qu'il serait le plus difficile de ramener à l'unité.

L'Angleterre offre un exemple de limite d'exemption placée très
haut. Depuis la réforme introduite par sir William· Harcourt, dans
le budget de 1895, l'income-tax ne frappe pas les revenus inférieurs à 160 livres (4.000 francs). De plus, les revenus jusqu'à
400 livres ne sont frappés que pour ce dont ils dépassent le minimum exempt, et les revenus de 400 à 500 livres bénéficient d'une
défalcation de 100 livres. Il n'y a que les revenus à partir de 500 livres (12.500 francs) qui soient intégralement frappés. L'income-tax
revêt ainsi un caractère compensateur et dégressif qui va au
delà de la théorie du minimum d'existence. L'exemple de l'Angle-
gleterre est intéressant aussi en ce qu'il montre comment, dans un
système qui n'est pas l'impôt sur le revenu global, quelques-uns des
éléments essentiels de l'impôt personnel peuvent être incorporés.
L'income-tax exclut par sa structure même la totalisation des
revenus ; il rentre dans le type de l'impôt sur les revenus. Mais le
contribuable qui veut bénéficier des exemptions ou atténuations
doit faire la preuve que son revenu global n'est pas supérieur à 160,

---

[1] V. dans le *Handwörterbuch*, 2ᵉ édit., vᵒ *Existenzminimum*, un tableau des modalités de l'exemption du minimum dans les diverses législations. Assez souvent d'ailleurs c'est pour des raisons purement pratiques, bien plutôt que pour des considérations
doctrinales, qu'il y a un minimum exempt. Il est certain que, surtout dans les systèmes
de constatation directe, il y a toute sorte d'inconvénients à frapper les petits revenus :
il en coûte à l'Etat beaucoup de peines, de frais et de temps pour établir et recouvrer
les cotes d'impôt qui les concernent, et cela lui rapporte plus de mécontentements que
d'argent.

à 400 ou à 500 livres ; c'est la totalisation facultative, dans l'intérêt seulement du contribuable [1].

Dans la plupart des cantons suisses se rencontre aussi l'exemption d'un minimum, soit pour l'impôt sur le révenu, soit pour
l'impôt sur le capital. La limite d'exemption est d'ailleurs très variable : à Bâle-campagne, elle est fixée à 500 francs de revenu ; à
Bâle-ville, à 1.200 francs pour les célibataires, à 1.500 francs
pour les gens mariés et pour les veufs avec enfants en bas-âge, à
2.000 francs pour les veuves, et ceci fait apparaître le lien qu'il y a
entre le minimum d'existence et les déductions pour charges de
famille dont j'aurai à parler tout à l'heure. Il y a des différences
d'un autre genre. Tantôt l'exemption n'est accordée qu'à ceux dont
le revenu reste en deçà de la limite légale ; tantôt elle profite à tous,
et chaque contribuable peut déduire de son revenu, quel qu'en soit
le montant, le minimum exempt ; à Bâle-ville, par exemple, à
Bâle-campagne, dans les cantons des Grisons, d'Obwald, de Saint-
Gall, d'Appenzell R. E., le premier système s'applique ; c'est le
second, dans les cantons d'Argovie, Zurich, Neufchâtel, Zug, Uri,
Vaud, Soleure. Dans le canton d'Argovie, les premiers 400 francs
de tout revenu ne payent qu'une taxe fixe de 1 franc ; dans celui
de Neufchâtel, chaque contribuable peut déduire 600 francs pour
lui et 200 francs pour chacun de ses enfants de moins de dix-huit
ans ; dans celui de Zurich, c'est 500 francs par contribuable. Le
système de la déduction sur tous les revenus a pour résultat de
donner au tarif de l'impôt un caractère progressif. Divergences
encore sur le point suivant : convient-il d'exempter un minimum
quelle que soit la nature du revenu, ou seulement s'il s'agit d'un
revenu de travail ? Dans le canton de Bâle-ville, l'exemption s'applique au revenu global du contribuable sans en distinguer l'origine, que ce soit un produit du travail, une pension ou l'intérêt
d'un capital. Dans le canton de Vaud, il n'y a pas d'exemption pour
les revenus de capital, tandis qu'il y en a pour les autres. Dans les
Grisons, il y a un système mixte, qui abaisse la limite d'exemption
du revenu quand le contribuable possède un capital ; est exempt
tout revenu inférieur à 200 francs ; en outre, est exempt tout revenu
inférieur à :

---

[1] *L'impôt sur le revenu et l'impôt sur les revenus dans les pays étrangers. Adde
Bulletin de statistique*, 1894, XXXV, p. 465.

800 francs quand le contribuable ne possède pas de capital.

700 francs quand le contribuable possède un capital inférieur à 3.000 francs.

600 francs quand le contribuable possède un capital inférieur à 5.000 francs.

Tout·ceci ne peut être indiqué qu'en passant, mais suffit à montrer qu'il y a là une théorie dont le principe à peine est posé et qui, au point de vue pratique, est encore en pleine formation [1].

Dans l'impôt prussien sur le revenu, l'obligation contributive ne commence qu'au delà de 900 marks de revenu ; en Saxe, à partir de 400 marks. En Italie, l'impôt sur les revenus mobiliers n'est pas perçu lorsque le revenu total du contribuable est inférieur à 400 lires ; cette exemption toutefois n'est pas applicable aux revenus provenant du capital seul (catégories A[1] et A[2]) ; outre l'exemption totale au-dessous de 400 lires, les revenus mixtes, à la formation desquels concourent le capital et le travail, et les revenus du travail (catégories B et C), autres que les traitements et pensions payés par l'État, les provinces et les communes, bénéficient de certaines déductions : déductions de 250 lires sur les revenus de 400 à 500 lires ; de 200 lires sur ceux de 500 à 600 lires ; de 150 lires pour ceux de 600 à 700 lires ; de 100 lires pour ceux de 700 à 800 lires ; enfin sur les revenus de la catégorie D (traitements et pensions payés par l'État, les provinces et les communes), on déduit 100 lires lorsqu'ils sont compris entre 400 et 500 lires [2] (art. 54, 55, 56 et 57 de la loi du 24 août 1877). Des exemptions et atténuations maintenues à des chiffres aussi modestes atteignent à peine le niveau du minimum d'existence, et ne donnent en tout cas à l'impôt aucun caractère compensateur [3].

En France, quelques-uns de nos impôts directs comportent des exemptions totales ou partielles à la base. J'ai cité précédemment la loi du 21 juillet 1897 sur la contribution foncière des propriétés

---

[1] Max de Cérenville, *Les impôts en Suisse*, 2ᵉ partie, tit. I, p. 88 s.

[2] V. le texte dans *L'impôt sur le revenu et l'impôt sur les revenus*.

[3] Il faut tenir compte cependant, dans l'impôt italien, d'une complication qui fait que la limite d'exemption est un peu supérieure à celle indiquée au texte. Le revenu imposable n'est pas toujours le revenu intégral, mais une fraction seulement de ce revenu, fraction plus ou moins grande selon que le revenu dérive du capital, du capital et du travail combinés, du travail, ou de traitements publics. Les exemptions et réductions sont calculées sur le revenu imposable seulement. Il en résulte que dans la cédule B (revenus mixtes), la limite inférieure d'exemption, étant fixée à 400 francs de revenu imposable, l'est à 533 fr. 40 de revenu réel ; dans la cédule C (revenus du travail), à 640 fr. 10 de revenu réel ; dans la cédule D (traitements publics), à 800 francs. Ce ne sont pas encore là des minima très élevés.

non bâties; mais il n'y a eu dans les remises accordées aux petites
cotes foncières aucune préoccupation doctrinale du minimum
d'existence, et la date même de la loi, moins d'une année avant les
élections générales de 1898, en indique assez le caractère. La loi
du 21 avril 1832 n'assujettit à la personnelle-mobilière que les
personnes « non réputées indigentes » (art. 12); mais cela ne se
rattache à vrai dire à aucune théorie; il n'y a évidemment pas lieu
de réclamer l'impôt direct à des personnes qui vivent au moins
partiellement de la charité publique ou privée. On peut, au contraire, considérer comme une tendance plus ou moins consciente à
l'exonération du minimum d'existence les pratiques suivies dans
un certain nombre de villes pour la répartition de la contribution
mobilière, et dont j'ai parlé dans la première partie de cette étude.
La même tendance se retrouve dans la contribution des patentes,
manifestée par une série de dispositions qui ont dégrevé les dernières classes de patentables [1].

Presque tous les projets de réformes du système d'impôts directs
établissent des exemptions ou atténuations à la base, assez larges
pour que l'impôt qui en serait doté pût jouer le même rôle compensateur que l'income-tax anglais. Ce devrait être en effet chez
nous une des fonctions essentielles de l'impôt direct, et comme là
revanche de son effacement progressif. Ce caractère apparaît non
seulement dans les projets d'impôt sur le revenu proprement dit,
mais aussi dans ceux qui se bornent à transformer, en la décorant
ou non d'une appellation nouvelle, la contribution mobilière. Le
projet de M. Doumer n'assujettissait à l'impôt sur le revenu que les
revenus supérieurs à 2.500 fr. : limite plus basse que celle de
l'income tax, mais supérieure à la limite moyenne. Ce minimum
exempt était d'ailleurs déduit de tous les revenus, quelle qu'en fût
l'importance. Le projet de M. Caillaux introduit un système plus
compliqué, le minimum exempt n'est pas uniforme; il va de 1.000 fr.
pour les personnes qui ont leur résidence habituelle dans une commune de 2.000 habitants et au-dessous, à 2.500 fr. pour les Parisiens. Puis, après l'exemption des petits revenus, il y a des atténuations pour les revenus moyens, atténuations qui sont aussi en
relation avec l'importance de la commune où le revenu se dépense;
le taux plein de l'impôt, qui est de 4 p. 100, est réduit à 0,50 p. 100

---

[1] *Dictionnaire des Finances,* v° *Patentes.*

pour la fraction du revenu de chaque contribuable qui ne dépasse
pas le chiffre à partir duquel commence dans la commune l'obligation de payer l'impôt; à 1,50 p. 100 pour une seconde fraction
égale à la première; à 3 p. 100 pour une troisième fraction égale aux
deux précédentes. Toutes ces dispositions, encore qu'un peu complexes, sont certainement très ingénieuses, et sont surtout caractéristiques par la recherche qu'elles impliquent de l'adaptation de
l'impôt bien moins à la grandeur mathématique du revenu qu'à ce
que le revenu représente pour le contribuable de pouvoir économique; la graduation des exemptions et atténuations d'après la population de la commune n'a pas d'autre sens. C'est tout-à-fait l'orientation vers la personnalité de l'impôt. Les mêmes préoccupations se
retrouvent dans les projets qui, ne voulant pas rompre avec le système indiciaire, restent dans le cadre de la contribution mobilière
actuelle. Je prendrai comme exemple entre beaucoup d'autres le
projet déposé par M. Cochery le 4 juin 1896[1]. Ce projet exemptait
de la taxe d'habitation — tel était le nouvel état civil de la contribution mobilière — un minimum de loyer déterminé tous les ans
pour chaque commune par le conseil général dans les limites fixées
par la loi, et ce minimum était déduit même des loyers imposables,
combinaison analogue, *mutatis mutandis*, à celle du projet Doumer.
Mais la valeur des dispositions de ce genre ne peut être qu'assez
faible dans les impôts à base indiciaire. Tout ce qu'implique
d'inexactitude la présomption qui du loyer de l'habitation conclut
au revenu de l'occupant est transposé aux modalités diverses de
l'impôt, tarif, exemptions, atténuations, etc. L'application ici de la
théorie du minimum d'existence et de la théorie de l'impôt compensateur participe de l'infirmité de ces modes de constatation.
C'est une remarque qui ne vise pas spécialement le projet du 4 juin
1896, mais tous les projets du même type. On peut d'ailleurs la
renouveler à propos de chaque tentative faite pour introduire dans
les cadres du système indiciaire l'un ou l'autre des éléments de
l'impôt personnel : c'est là une tâche dont la multiplication même et
l'échec de tous les projets qui l'ont abordée démontrent assez la
vanité.

[1] *Journal officiel,* Chambre, documents, 1896, n. 1912, p. 401.

§ 4. La notion du minimum d'existence conduit aisément à celle
des déductions pour charges de famille. Ce serait une conception
étroite et anti-sociale du minimum d'existence que celle qui l'envi-
sagerait seulement par rapport à l'homme isolé. L'exemption doit
s'étendre, pour l'homme qui est chef d'une famille, à l'entretien
des personnes qui la composent. Si l'on considère dans l'homme la
force de travail, il n'y a de produit net, et par conséquent imposable, que défalcation faite des frais nécessaires, non seulement pour
maintenir cette force en bon état, mais pour la remplacer une fois
usée. Si l'on envisage le pouvoir économique du revenu, on aboutit
à la même conclusion. Le revenu représente pour le contribuable
une certaine somme de satisfactions de besoins ; un revenu net est
grand ou petit non pas d'une façon absolue, mais selon le rapport dans
lequel il se trouve aux besoins de son titulaire. Or ces besoins sont
susceptibles de plus et de moins ; et si, parmi les variations de leur
intensité, beaucoup échappent à l'appréciation du public, il en est
qui, se rattachant à des faits extérieurs, peuvent être mesurées au
moins approximativement, et dont le législateur doit tenir compte
en raison de la valeur sociale qui y est attachée. Les charges de
famille notamment influent sur les besoins ; ceux-ci, pour deux
contribuables ayant par hypothèse le même revenu net, seront plus
ou moins grands selon que les charges de famille seront plus ou
moins élevées ; deux revenus nets mathématiquement égaux peuvent donc correspondre à des capacités contributives différentes.
Un revenu net de 6.000 fr. est pour un célibataire un plus grand
revenu que pour une famille de 4 ou 5 personnes, et une législation
qui cherche l'adaptation précise de l'impôt aux facultés ne doit pas
dans les deux cas, malgré l'égalité du revenu net, prélever la même
somme. Considérées sous cet aspect, les charges de famille ne
comprennent pas seulement les dépenses faites pour les descendants, mais aussi pour les ascendants et autres personnes que le
contribuable aurait l'obligation d'entretenir.

Il y a en effet dans certaines législations des atténuations d'impôts en raison des charges de famille. La loi prussienne de 1891
renferme à cet égard les dispositions suivantes : pour chaque
membre de la famille au-dessous de 14 ans, qui n'a pas de ressources propres impliquant son assujettissement personnel à l'im-

pôt, on retranche du revenu du chef de famille la somme de
50 marks ; cela d'ailleurs ne s'applique qu'autant que le revenu du
chef de famille ne dépasse pas 3.000 marks. En outre il peut être
tenu compte, lors des évaluations de revenus, de certaines circonstances économiques diminuant la force contributive, et parmi ces
circonstances sont rangées les charges extraordinaires résultant de
l'entretien et de l'éducation des enfants, ou de l'obligation de subvenir à l'entretien de parents sans ressources [1]. De même en Autriche, pour l'impôt sur le revenu établi en 1896. Lorsqu'il y a, en outre
des époux, plus de deux membres de la famille n'ayant point de
ressources propres, et que le revenu du chef de famille n'excède
pas 2.000 florins, pour chacun de ces membres au-dessus du chiffre
de deux, on déduit un vingtième du revenu; le minimum de l'atténuation consiste à faire passer le revenu dans la catégorie immédiatement inférieure. Les contribuables dont les revenus ne dépassent pas 5.000 florins bénéficient encore de certaines modérations
d'impôts à raison de circonstances qui affectent notablement leur
capacité contributive, et en particulier des dépenses faites pour l'entretien des parents [2]. En Bavière, la loi de 1899 sur l'impôt sur le
revenu des capitaux mobiliers accorde aux contribuables dont
le revenu provenant de capitaux mobiliers ne dépasse pas le
chiffre annuel de 3.000 marks et dont l'ensemble des revenus ne
dépasse pas 5.000 marks, une modération d'impôt s'ils ont à
supporter des charges extraordinaires à raison de l'entretien et
de l'éducation des enfants ou de l'entretien de parents sans ressources : l'impôt à leur égard est perçu au taux de la catégorie
immédiatement inférieure, et ils sont complètement exempts si le
chiffre de leur revenu les plaçait dans la dernière catégorie. Des
dispositions semblables se rencontrent dans la loi d'impôt sur le
revenu de la même date : les contribuables dont les ressources
totales ne dépassent pas 5.000 marks peuvent, en raison de circonstances particulières, obtenir une réduction consistant dans une
rétrogradation de trois classes au minimum, et parmi ces circonstances figurent celles indiquées plus haut [3].

Mêmes prescriptions à peu près dans la loi saxonne de 1894
relative à l'impôt sur le revenu, modifiant la loi de 1878 : « Les

---

[1] V. sur tous ces points les ouvrages précédemment cités.

[2] *Handwörterbuch*, 2e édit., vo *Einkommensteuer* (OEsterreich).

[3] *Bulletin de statistique du ministère des finances*, 1900, XLVII, p. 71 et 191.

contribuables dont les revenus ne dépassent pas 5.800 marks peuvent obtenir, dans certaines circonstances, d'être inscrits suivant les cas dans l'une des trois classes immédiatement inférieures à celle à laquelle ils appartiendraient d'après le tarif de l'art. 12. S'ils appartiennent aux trois dernières classes, ils peuvent alors obtenir une exemption totale de l'impôt. Les motifs dont il doit être tenu compte pour ce déclassement sont : un grand nombre d'enfants, l'obligation de subvenir aux besoins de parents pauvres..... » (art. 13) [1]. On remarquera qu'il y a une différence sensible entre le système prussien et le système autrichien d'une part, le système bavarois et le système saxon d'autre part. Les premiers contiennent deux sortes de dispositions : les unes impératives et précises qui s'appliquent à des charges de famille strictement définies, les autres qui rangent les charges de famille en général au nombre des circonstances exceptionnelles — les autres étant par exemple la maladie ou l'accident — qui sont de nature à valoir au contribuable une atténuation d'impôts. Les seconds ne contiennent que cette dernière sorte de disposition, qui est quelque chose d'assez semblable à la demande en remise ou modération de notre droit français. Il est certain que c'est le système prussien ou autrichien qui apporte la solution la plus satisfaisante.

Un certain nombre aussi de cantons suisses tiennent compte des charges de famille dans l'évaluation du revenu imposable. Dans le canton de Vaud, chaque contribuable peut déduire du produit net de son travail 700 francs pour sa femme, pour chacun de ses descendants mineurs et pour chacune des personnes envers qui il est tenu de l'obligation alimentaire. C'est, en somme, l'application cumulative à tous les membres de la famille de la déduction du minimum nécessaire à l'existence : c'est la même somme de 700 fr. que le contribuable peut déduire pour lui-même. Dans le canton de Zug, le contribuable chef de famille défalque 900 francs pour lui-même, — tandis que le célibataire n'en défalque que 600 — et 200 francs pour chacun de ses enfants au-dessous de quinze ans. A Soleure, 900 francs pour le chef de famille et 100 francs pour les enfants au-dessous de dix-huit ans ; 700 francs seulement pour le célibataire. A Neufchâtel, 200 francs pour chacun des enfants. On trouve encore des atténuations pour charges de famille dans

[1] *L'impôt sur le revenu et l'impôt sur les revenus*, p. 603.

les cantons d'Appenzell R. E., Bâle-ville, Lucerne et Tessin [1].
Il s'en faut pourtant que ce soit là une théorie passée dans la
pratique universelle. Elle n'est appliquée que dans la minorité des
cantons suisses. Elle ne l'est pas en Angleterre, ni en Italie, ni
dans les Pays-Bas, bien que dans ces diverses législations l'impôt
direct ait un caractère accentué de personnalité, surtout dans la
dernière. Là où elle.est appliquée, elle a généralement le caractère
d'une mesure de faveur pour les petits et moyens revenus, et cesse
au-dessus d'une limite fixée souvent assez bas : 3.000 marks en
Prusse, 2.000 florins en Autriche, 5.000 marks en Bavière, 5.800
en Saxe. Cela peut se justifier par des considérations fiscales,
comme un moyen d'éviter un trop notable amoindrissement du
produit de l'impôt. Mais c'est aussi la marque d'une théorie insuffisamment mûrie, qui n'a pas encore dépouillé la forme sentimentale et qui fait appel à l'esprit de charité alors cependant qu'elle
est fondée en stricte justice. Il n'y a pas de bonnes raisons pour
qu'un revenu même élevé ne bénéficie pas d'une atténuation
d'impôt lorsqu'il a pour contre-partie de lourdes obligations. Le
taux de capacité contributive d'une famille de trois personnes est,
toutes choses égales d'ailleurs, moins élevé que celui d'une famille
de deux personnes, et celui d'une famille de quatre personnes l'est
moins encore. Cela reste vrai, quel que soit le chiffre du revenu,
fût-il de 100.000 francs.

L'État français doit être enclin plus que tout autre à encourager
la fécondité des familles, puisque, sur ce point, l'initiative privée
parait faiblir. La question des déductions pour charges de famille
présente chez nous un intérêt spécial et tous les projets de réforme
des impôts directs s'en préoccupent. Déjà la sollicitude du législateur à l'égard des familles nombreuses s'est manifestée dans certaines dispositions relatives à la contribution mobilière. La loi du
17 juillet 1889, modifiée par celle du 8 août 1890, exonère de la
contribution personnelle-mobilière le père et la mère de sept enfants
vivants, légitimes ou reconnus, lorsque leur cote en principal ne
dépasse pas 10 francs. En 1899, les dégrèvements opérés de ce
chef ont atteint la somme de 517.204 fr. 40 [2]. Ce n'est évidemment
pas beaucoup et on comprend que les projets de réforme aillent
plus loin.

[1] Max de Cérenville, *Les impôts en Suisse*, 2ᵉ partie, tit. I, p. 91.
[2] *Bulletin de statistique*, 1900, XLVIII, p. 146.

Dans le projet de M. Caillaux, il est déduit du revenu imposable pour chacun des enfants mineurs et pour chacun des ascendants à la charge du contribuable, une somme de :

100 francs dans les communes de 2.000 habitants et au-dessous.
120 francs dans les communes de 2.001 à 5 000 habitants.
140 francs dans les communes de 5 001 à 10.000 habitants.
160 francs dans les communes de 10.001 à 30.000 habitants.
200 francs dans les communes de 30 001 habitants et au-dessus.
250 francs à Paris.

C'est le même système de graduation selon l'importance des communes que pour le minimum d'existence et ce n'est, en somme, que l'extension de ce minimum. La déduction s'opère d'ailleurs sur tous les revenus, mais, par le fait même que le montant n'en change pas selon l'importance du revenu, elle devient de moins en moins sensible à mesure que celui-ci s'élève. L'exposé des motifs évalue à un peu plus de 13 millions les dégrèvements pour charges de famille. Les autres projets renferment des dispositions qui, avec des modalités diverses, ne sont pas essentiellement différentes, et il n'y aurait aucun intérêt à les analyser ici.

(*A suivre*).   H. TRUCHY.

LE DÉVELOPPEMENT DES PRINCIPAUX PORTS MARITIMES

DE L'ALLEMAGNE (*Suite*)[1]

II

LE DÉVELOPPEMENT DE L'ORGANE

II. LA RÉFECTION DES PORTS ALLEMANDS ET L'AMÉLIORATION DE LA NAVIGATION MARITIME SUR LES FLEUVES. — Les principaux ports maritimes de l'Allemagne se trouvent en général situés sur le cours inférieur d'un fleuve, assez loin de l'embouchure, à peu près à l'endroit où la navigation fluviale rencontre la navigation maritime. Les faibles profondeurs qu'offrait souvent le fleuve en aval des ports présentaient peu d'inconvénients, autrefois, lorsque le commerce se faisait sur des navires de tonnage modeste. Mais avec les dimensions croissantes des navires de haute mer, et l'incessante augmentation du trafic, l'insuffisance des mouillages, jointe à l'irrégularité du cours du fleuve, à ses changements de lit, son encombrement fréquent, son obstruction par les glaces, devenait une entrave, chaque jour plus vivement ressentie, aux progrès du port. De là cette nécessité pour les places maritimes de posséder à un point plus proche de l'embouchure un avant-port accessible aux plus grands vapeurs. Cuxhaven, par exemple, pour Hambourg, Bremerhaven pour Brème, Travemünde pour Lübeck, Swinnemünde pour Stettin, Neufahrwasser pour Dantzig, Pillau pour Kœnigsberg. De là surtout la nécessité d'approfondir le fleuve, de régulariser son chenal navigable, fixer son lit, protéger ses rives, briser la glace par des bateaux construits à cet effet, tâche à laquelle avec plus ou moins d'activité et de succès, selon les circonstances et selon leurs ressources, vont s'employer les villes maritimes allemandes.

Mais on ne pouvait se contenter de faciliter l'accès du port, il fallait encore renouveler l'aménagement du port lui-même.

L'importance grandissante de la navigation à vapeur, qui demande pour une rémunération suffisante du capital engagé des voyages nombreux et une manutention rapide, exige qu'aux mouil-

---

[1] V. *Revue d'Economie politique* de février 1901, p. 163.

lages en eau libre auxquels il fallait se résigner autrefois dans certains fleuves, vienne s'ajouter la possibilité des mouillages à quai. Il faut alors procéder à la construction de bassins artificiels, creusés en terre, bordés de quais élevés, bassins soit ouverts comme à Hambourg et à Brême, soit fermés et communiquant avec le fleuve par des écluses, comme à Bremerhaven. Sur les quais, il devient bientôt urgent d'augmenter le nombre et la puissance des engins de déchargement, de substituer aux anciennes grues à bras, des grues hydrauliques ou électriques, d'établir à côté des engins d'une force de 1.000 ou 1.500 kilogrammes, des grues pouvant soulever 10, 40, 50 ou même 150 tonnes.

Les marchandises de faible valeur peuvent être débarquées sur le quai, ou rechargées par les grues sans transition du navire sur les wagons qui les emportent. Mais pour les marchandises plus précieuses, il convient d'installer sur le quai, à quelques mètres de l'eau, des halles, des hangars couverts, qui reçoivent *provisoirement* la cargaison des navires. De plus, pour l'emmagasinement *prolongé* des denrées importées, ou pour jouir à l'égard de la douane de privilèges que l'on sait, de vastes greniers-entrepôts sont bâtis, où s'accumulent de larges stocks de marchandises. Mais certaines marchandises nécessitant une installation spéciale, grands *thanks* cylindriques pour le pétrole, silos et élévateurs pour les grains, entrepôt et hangar sont alors réunis et confondus. .

Le transport sur terre dans le port ne peut plus s'effectuer sur de lourds et lents camions. Le long des hangars et des entrepôts courent des rails de chemin de fer, prolongés jusqu'aux gares, de manière à raccorder le transport terrestre au transport maritime.

La navigation fluviale, d'autre part, peut exiger pour les chalands l'aménagement de bassins spéciaux, aux eaux moins profondes et moins agitées. Aux bassins maritimes doivent s'ajouter des bassins de batelage.

Il s'en faut, certes, que tous les ports allemands, dont je parlerai, répondent à cet idéal du grand port moderne dont je viens d'esquisser à grands traits les caractéristiques principales. Mais Hambourg, du moins, peut être présenté comme un des types accomplis du grand port moderne. A Brême aussi on trouve des installations et un outillage perfectionnés. Dans les ports de la Baltique, au contraire, la médiocrité relative du trafic n'a encore permis que des améliorations partielles, mais peu coûteuses.

Approfondissement du cours inférieur du fleuve, réfection du port, cette double œuvre a été entreprise, est exécutée encore aujourd'hui par les villes maritimes allemandes sans plan général, au fur et à mesure des nécessités locales. Deux faits principaux toutefois ont donné récemment l'élan à un ensemble d'importants travaux. L'accession du *Zollverein*, avec la réserve de la franchise partielle, a inauguré depuis 1882-1885 pour les deux grands ports de la mer du Nord, pour Hambourg et pour Brême, une période de constructions et d'agrandissements considérables. L'ouverture du canal de l'empereur Guillaume, entre la Baltique et la Mer du Nord, a entraîné tardivement à une tâche semblable les ports moins favorisés de la Baltique.

* *

§ 1. *Ports de la Mer du Nord.* — a) *Le port de Hambourg.* — Hambourg, situé à 106 kilomètres de l'embouchure de l'Elbe, trouvait dans la section inférieure de ce fleuve une belle route navigable incomparablement supérieure par ses avantages naturels au fleuve de Brême, par exemple, à la Weser inférieure. La voie cependant était loin d'être parfaite. En aval de Hambourg, le bras septentrional de l'Elbe, qui dans sa traversée de la ville conserve une largeur modérée, s'épanouit rapidement. De 387 mètres il passe à 1.400 mètres de large, et à sa jonction avec le bras méridional de l'Elbe, aujourd'hui en partie ensablé, à la pointe de Finkenwaerder, il s'évase jusqu'à 2.800 mètres. Aussi, avec une telle extension de la surface couverte, le fleuve ne présente-t-il que de faibles profondeurs. A la barre de Blankenese, la profondeur de l'Elbe atteignait à peine, vers le milieu du XIXe siècle, 4m50 aux hautes eaux ordinaires et 2m50 aux basses eaux[1]. Aucun navire d'un tirant d'eau supérieur à 4m50 ou 5 mètres ne pouvait pénétrer jusqu'à Hambourg. De plus, l'irrégularité du cours du fleuve, la destruction de ses rives, les ensablements, les inondations, ou les subites pénuries d'eau allant parfois jusqu'à la presque sécheresse, l'obstruction par les glaces, entravaient aussi la navigation.

Cependant aucune œuvre de correction de grande importance ne fut de longtemps entreprise. Au milieu du XIXe siècle, on se contenta, pour augmenter la profondeur de l'Elbe, de travaux de dragage. Les dragues à vapeur dont le chiffre s'est progressivement aug-

[1] Buchheister, Wasserbandirecktor, *Die Elbe und der Hafen von Hamburg*, p. 17 s.

menté sont aujourd'hui, sans compter les petites, au nombre de huit, et les plus récentes draguent jusqu'à 10ᵐ50 et 12 mètres de profondeur.

Il fallait pourtant arriver à la régularisation du fleuve. Le travail, qui devait comprendre aussi la correction d'une partie de l'Elbe supérieure, allait se faire non pas en une seule fois, suivant une conception d'ensemble, mais par fragments successifs. On allait commencer en amont de Hambourg, et descendre peu à peu vers l'embouchure du fleuve.

Jusqu'en 1868, la tâche nécessaire fut constamment ajournée par de longs et vains pourparlers avec le Holstein et le Hanovre, régions riveraines de l'Elbe. Après la réunion du Holstein et du Hanovre à la Prusse, un accord survint. Hambourg put régulariser de 1868 à 1873 le bras septentrional de l'Elbe, depuis Bunthaus, en amont de Hambourg, point où le fleuve se divise en ses deux bras, jusqu'au port. Selon les procédés allemands ordinaires [1], des épis échelonnés (*Buhnen,* ou *Stacken* comme on les appelle à Hambourg), des digues longitudinales (*Parallelwerke*) servirent à approfondir le fleuve en protégeant la rive et resserrant le chenal [2].

Une dizaine d'années plus tard, lorsque l'accession de Hambourg au Zollverein amena la création de nouveaux bassins, on continua l'œuvre commencée en 1868. On donna au chenal même, à l'intérieur de Hambourg, une profondeur égale à celle des bassins que l'on construisait. L'Elbe présente ainsi, dans sa traversée de Hambourg, des profondeurs de 5 m. 90 à 6 m. 30 aux basses eaux, et de 7 m. 80 à 8 m. 20 aux hautes eaux.

On avait à peine touché jusque-là à la correction de l'Elbe en aval de Hambourg. Les projets du gouvernement hambourgeois, à cet égard, demeurèrent longtemps sans effet, par suite de l'opposition du gouvernement prussien avec qui avait été passé l'ancien contrat de 1868. Les ports prussiens d'Altona et de Harbourg, voisins de la grande ville hanséatique, se plaignaient de ses empiètements, de ses détournements de trafic à leur détriment. Après cinq années de négociations, l'entente se fit en 1897. Hambourg prend à sa charge une partie des travaux utiles à Altona et Harbourg. Mais aussi il reçoit la liberté de pousser la régularisation de

[1] Laffite, *op. cit.,* p. 13 s.

[2] V. *Der Elbstrom, sein Stromgebiet und seine wichtigsten Nebenflüsse...,* II, p. 430 s.

l'Elbe, en aval, jusqu'à Nienstedten. Cette tâche de la correction d'une partie de l'Elbe inférieure est déjà presque entièrement achevée. Le chenal reçoit à Nienstedten, tout près et en amont de la barre de Blankenese, une profondeur aux eaux basses de 6 m. 60.

Cependant, l'activité des dragues, tout au long de l'Elbe, ne se ralentissait pas. De plus, contre la glace qui, autrefois, presque tous les hivers, arrêtait la navigation pendant quelques jours et parfois pendant des mois entiers, étaient employés trois grands et quatre petits bateaux brise-glaces, *Eisbrecher,* de telle sorte que depuis 1876 ne s'est plus produite aucune interruption du mouvement maritime [1]. Une centaine de bouées, nombre de balises dont plusieurs surmontées d'une lumière, une trentaine de phares, guident le navire de jour et de nuit, depuis l'embouchure de l'Elbe jusqu'au port.

Aujourd'hui, le fleuve a une profondeur suffisante pour permettre, en temps normal, aux vapeurs ne calant pas plus de 7 m. 20, d'arriver jusqu'à Hambourg sans alléger. En des circonstances favorables, des paquebots d'un tirant d'eau de 8 mètres ont pu parvenir jusqu'au port. Mais ce sont là des exceptions. Ordinairement, les très grands transatlantiques, en particulier ceux de la Compagnie la *Hamburg Amerika Linie,* allègent et certains d'entre eux même mouillent à Brunshausen, à 30 kilomètres de Hambourg.

Les hauts fonds de la barre de Blankenese restent toujours l'obstacle au libre accès jusque Hambourg des paquebots d'un tirant d'eau trop considérable. Les dragages ont, sans doute, sensiblement augmenté la profondeur à cet endroit, la faisant passer, depuis 1850 jusqu'à maintenant, de 2 m. 50 aux basses eaux à 5 m. 50, et de 4 m. 30 aux hautes eaux à 7 m. 20 et 7 m. 50. Mais ces résultats demeurent incomplets. Le travail de correction et d'approfondissement de l'Elbe inférieure a été conduit en trois étapes successives jusqu'en amont de Blankenese. Ils devront être poussés au delà. Il faudra un jour creuser la barre de Blankenese elle-même et continuer la correction du fleuve plus loin, jusqu'à la mer. Ce sera là l'œuvre d'un avenir vraisemblablement prochain.

---

[1] V. sur les *Eisbrecher,* la publication officielle plusieurs fois citée *Der Elbstrom...* III, p. 384 s.

— Tandis que Hambourg a pu se contenter d'efforts relativement
faibles pour régulariser et approfondir son fleuve, il lui a fallu
construire de toutes pièces et agrandir incessamment son port,
devenu aujourd'hui l'un des plus beaux de l'Europe.

Il y a quarante ans, ce qu'on appelle maintenant le port de
Hambourg n'existait pour ainsi dire pas. Rien d'analogue aux
quais, aux bassins actuels. Les navires avaient leurs places de
mouillage en eau libre, amarrés à des pieux qu'on désigne à Hambourg sous le nom de *ducs d'Albe* [1]. Le transport de la cargaison
dans la ville se faisait à l'aide de barques plates appelées *Schuten*.

Vers le milieu du siècle cependant on sentit la nécessité d'un
progrès, le besoin de quais et de bassins comme dans les ports
anglais. Mais tandis qu'en Angleterre la hauteur de la marée a
entraîné l'établissement de bassins fermés, de *docks* communiquant
avec le fleuve par des écluses, la marée à Hambourg, de 1 m. 80
seulement en moyenne, allait permettre la construction de bassins
ouverts. C'est en 1866 que s'ouvre à Hambourg l'ère des installations maritimes, que commence l'entreprise d'édification du port
moderne, entreprise qui, depuis, ne devait plus être arrêtée. Cette
année là, en effet, fut inauguré sur la rive droite du fleuve le premier bassin creusé en terre, bordé de quais, le *Sandthorhafen*.
D'autres suivirent. Vers 1880, Hambourg possédait, sur la rive
droite, quatre bassins avec une superficie terrestre de 21 hectares,
et une surface d'eau de 24 hectares.

Mais en 1882 fut décidée l'entrée de Hambourg dans le *Zollverein* et la création du port franc. Il fallut alors aménager le port
franc, et ce fut l'occasion de nouvelles constructions et de nouveaux
agrandissements.

La zone franche à Hambourg comprend le port maritime presque
tout entier et a une étendue de 984 hectares. Une barrière, sur terre,
et des palissades plongeantes, dans l'Elbe, la séparent du territoire
douanier. Pour permettre la libre circulation entre la section douanière de l'Elbe inférieure et l'Elbe supérieure, entre les bassins
douaniers, l'*Oberhafen* et le *Niederhafen,* a été ouvert le *Zollkanal,*
par où passent les marchandises venues des ports allemands et qui,
par suite, ne sont assujetties à aucun paiement de droits de douane.
Au-delà de ce canal, et au sud de la ville, se trouve le port franc.

[1] V. Buchheister, *op. cit.*, p. 33.

L'interdiction de toute habitation particulière dans l'enceinte franche nécessita l'expropriation de plus d'un millier de propriétaires de maisons occupées par une population de 24.000 habitants. Les maisons furent rasées et sur leurs emplacements s'élevèrent de larges entrepôts.

Les quatre bassins entourés de quais déjà existants sur la rive droite furent compris dans le port franc, dont ils forment aujourd'hui le tronçon le plus ancien. Mais avec le mouvement ascendant du trafic de Hambourg, ils apparaissent déjà insuffisants en 1882. Aussi l'Etat de Hambourg profite-t-il de l'établissement du port franc pour créer de nouveaux bassins. On en ouvre encore sur la rive droite. Mais, la place manquant, on passe à la rive gauche, où les nouveaux bassins sont creusés en face des anciens. En 1888, quand l'accession de Hambourg au *Zollverein,* décrétée en 1882, devint définitive, le port franc comprenait, sans parler de trois bassins fluviaux, huit bassins maritimes, dont le plus grand, le *Segelschiffhafen,* a une superficie de 34 hectares. Au lieu du petit port de 1882, concentré et cantonné sur la rive droite, s'étend, en 1888, un vaste et excellent port franc, à cheval sur les deux rives et pourvu de tous les perfectionnements de l'outillage moderne.

Mais on ne devait pas s'arrêter là. Au fur et à mesure, en effet, qu'on agrandissait le port, s'accroissait le mouvement commercial et maritime. En 1893, on inaugurait de nouveaux bassins maritimes et fluviaux, le *Hansahafen* d'une superficie de 36,5 hectares, le *Indiahafen,* toujours sur la rive gauche de l'Elbe, développant ainsi cette sorte d'évantail que forme le port franc de Hambourg. Aujourd'hui, Hambourg peut s'enorgueillir de ses 14 bassins successivement construits.

En 1897 cependant, il fallait constater à nouveau l'encombrement du port et l'insuffisance des places de mouillage. Aussi, cette année, en même temps que l'on entreprenait le travail de correction de l'Elbe inférieure dont j'ai parlé précédemment, décidait-on l'aménagement sur la rive gauche de trois bassins dont deux pour la navigation maritime. Un troisième bassin maritime sera ouvert plus tard. L'œuvre apparaît déjà bien avancée, on espère son achèvement pour la fin de cette année. Les bassins sont creusés. Une partie des quais dresse déjà sa haute masse. Bientôt, là où hier encore c'était la lande inculte, pourront venir mouiller à 8 mètres de profondeur les plus grands paquebots.

Dans son état présent, le port de Hambourg, avec les agrandissements progressifs qu'il a reçus, présente un peu l'aspect d'un
vaste fer à cheval dont l'ouverture serait à l'extrémité aval de Hambourg. La périphérie est formée par les bassins douaniers, au nord,
les bassins fluviaux, au sud. De cette périphérie se détachent
comme des rayons de circonférence, la série des bassins maritimes
du port franc, allongés et convergeant vers la pointe aval des ports
où se trouve leur entrée, et séparés les uns des autres par d'étroites
bandes de terre, bordées de quais, et couvertes de hangars.

La superficie totale des bassins maritimes achevés atteint
164,4 hect. dont 57,3 sur la rive droite et 107,1 sur la rive gauche.
Celle des bassins de batelage est de 55,4 hect. dans le port franc.
Mais si on ajoute à ces derniers les bassins douaniers également fluviaux, on arrive à un total de 137 hectares, attestant toute l'importance que présente pour Hambourg la navigation fluviale. Les trois
bassins en construction, sans y comprendre le quatrième encore à
l'état de projet, augmenteront de 67 hectares l'étendue des bassins
de Hambourg [1].

La profondeur des bassins maritimes, en général supérieure à
$7^m 50$ aux hautes eaux moyennes, atteint $8^m 20$ dans les bassins les
plus récents, qui, après le creusement de la barre de Blankenese,
pourront ainsi recevoir les plus grands vapeurs. Les bassins
fluviaux présentent, en général, des profondeurs de $5^m 1$. Ils
sont situés en arrière des bassins maritimes et en communication
avec eux de manière à permettre aux chalands de passer de l'Elbe
supérieure au port franc sans affronter les grandes profondeurs de
l'Elbe à l'intérieur de Hambourg [2].

Un grand nombre de navires mouillent amarrés à ces pieux,
dits *ducs d'Albe,* soit à l'intérieur des bassins, soit en rivière.
Non seulement les voiliers, mais beaucoup de vapeurs aussi, se
contentent d'un pareil mouillage, lorsqu'ils transportent des matières
pondéreuses de faible valeur, ou des marchandises qui vont remonter,
par chalands, l'Elbe supérieure. La longueur des mouillages maritimes le long des *ducs d'Albe* est de 10 kilom. 2

Mais les navires trouvent à quai des commodités beaucoup plus

---

[1] V. Nehls, *Statistik über Wasserflaechen, Uferstrecken... in Freihafen und
Zollgebiet,* Hamburg, 1895; Buchheister, *Grœsse und Verhæltniss der einzelnen
Theile eines Seehafens* (Congrès de navigation de Bruxelles, 1898), p. 26 et s.

[2] Buchheister, *Ibid.*

considérables [1]. Sur les quais, dont le développement atteint déjà
aujourd'hui 16 kilom. 5, un outillage perfectionné accélère la
manutention du navire. Près de 500 grues sont employées à cet
effet. Certaines, sans doute, ne sont encore qu'à bras. Mais la
plupart, plus de 350 grues roulantes, sont actionnées par la
vapeur ou l'électricité, et ont une force de 1.500 ou de 2.500 kilogr.
Quelques grues plus puissantes soulèvent des poids de 10 tonnes.
Une grue fixe porte 40 tonnes, une autre 50, et la plus grande,
également fixe, 150 tonnes.

Sauf sur quelques places à quai où le transbordement des produits
de faible valeur se fait directement du navire sur les wagons, les
grues déposent la marchandise dans des hangars édifiés à quelques
mètres de l'eau. L'Etat de Hambourg possède 52 grands hangars,
Schuppen, d'une longueur totale de 10 kilomètres et d'une superficie de 26 hectares. La longueur de chaque hangar, à peine supérieure parfois à 100 mètres, dépasse 250 mètres pour ceux qui ont
été construits en ces dernières années. Leur largeur, restreinte à
14 mètres pour les plus anciens, a reçu 38 mètres chez les plus
récents, et elle aura dans l'avenir 50 ou 60 mètres [2].

Les marchandises qui, après avoir passé par le hangar, doivent
demeurer encore en port franc sont dirigées sur de vastes magasins-
entrepôts *Speicher,* qui, à Hambourg, à la différence de ce que nous
constaterons dans la zone franche de Brême ou de Stettin, se trouvent situés loin des quais et des hangars. La grande étendue du port
franc a permis ici ce que son exiguïté empêchait ailleurs. Aussi,
tandis que la vie maritime du port est toute entière dans les bassins
et sur les quais, la vie commerciale se concentre sur une partie de
la rive droite, toute proche de la ville elle-même, où les greniers-
entrepôts dressent leurs massives constructions rouges. Quelques
mètres ainsi, un pont à traverser, séparent les magasins francs de
ceux de la zone douanière, pour la plus grande facilité des relations

---

[1] C'est pourquoi augmente le nombre des navires qui stationnent à quai. Ont
accosté à quai :

En 1891-1895	3.830 navires	jaugeant	3.225.892	Tx
1896	4.033	» · »	3.286.425	»
1898	4.677	» »	3.970.707	»
1899	4.686	» »	4.347.572	»

[2] Andr. Meyer, *Speicher und Schuppen in Seehæfen,* p. 13 (Congrès de navigation
de Bruxelles, 1898).

commerciales. Les greniers-entrepôts du port franc, édifiés pour la plupart par une société privée, la *Lagerhaus-Gesellschaft*, mais rachetables par l'Etat, élevés en *Blocks* de 150 à 200 mètres de long, lourdes bâtisses toutes semblables, intérieurement séparées en magasins ou bureaux particuliers, couvrent aujourd'hui une superficie de plus de 41.500 mètres carrés, présentent avec leurs cinq ou sept étages une étendue utilisable de 242.000 mètres carrés, et peuvent supporter un poids de marchandises de 400.000 tonnes [1].

Certains produits, à raison de leur nature, sans passer par le hangar, vont directement à l'entrepôt. Il en est ainsi surtout pour le pétrole. Un bassin entier, le *Petroleumhafen,* construit dès 1876, mais agrandi en 1886 et 1895, est réservé au pétrole. Et là ce sont les installations ordinaires pour une pareille marchandise. Le pétrole venu en *vrac* d'Amérique, dans des *thanks steamers* qui ne parviennent souvent jusqu'au bassin qu'après avoir vidé une partie de leur chargement en des allèges citernes aménagées à cet effet, est envoyé directement, par les pompes, du navire dans de vastes *thanks* cylindriques. Des pyramides de fûts, empilés auprès des thanks, servent ensuite à la réexpédition, qui se fait également en *vrac* par wagons-citernes et chalands pétroliers.

Il n'existe pas dans la zone franche de Hambourg, comme dans d'autres ports, d'installations spéciales pour les blés avec silos et élévateurs. Mais on trouve des entrepôts à grains bien aménagés en territoire douanier.

Tandis que les entrepôts en général sont sur la rive droite de l'Elbe, le quartier industriel du port franc avec ses chantiers de construction, ses fabriques de produits chimiques, d'huiles et de liqueurs, est situé sur la rive gauche. Les établissements y jouissent de l'avantage, auquel j'ai déjà fait allusion, d'être, au bord de l'Elbe, en communication directe avec les navires, allèges ou chalands.

Pour le transport des marchandises dans le port franc, 143 kilomètres de lignes ferrées sillonnent les quais, passent derrière les entrepôts et les hangars, et aboutissent aux grandes gares où elles se soudent aux chemins de fer prussiens, assurant ainsi l'évacuation rapide des marchandises qui se dirigent vers

[1] Andr. Meyer, *op. cit.*, p. 4.

toutes les parties de l'Allemagne. Mais le transport se fait aussi par eau. Les entrepôts du port franc, au pied desquels, d'un côté, courent les lignes ferrées, plongent d'un autre côté dans l'eau de canaux ayant 2 mètres à 2ᵐ 25 de profondeur. A l'intérieur de Hambourg aussi, dans la ville même, un réseau de canaux, de *Flethen*, baigne de nombreux magasins ou entrepôts, et communique avec les canaux et les bassins du port franc. De là un transport par eau très actif, et fort pittoresque, sur ces *Schuten*, ces gabarres de Hambourg, qui circulent entre les navires, les entrepôts francs et les entrepôts de la ville, et portent les marchandises dans toutes les directions.

L'excellence des installations dont je viens de parler doit rendre fort désirable aux navires l'accès de Hambourg. Cependant, tant que la correction de l'Elbe inférieure n'aura pas été continuée jusqu'à la mer, l'entrée du port sera interdite aux paquebots d'un très profond tirant d'eau. De là l'intérêt que présente encore le petit avant-port de Hambourg, Cuxhaven, situé à l'embouchure de l'Elbe. Deux bassins y ont été ouverts : l'un, port de refuge pour les bateaux de pêche; l'autre, terminé en 1896, qui avec ses profondeurs de 9 mètres aux eaux basses et de 12 mètres à marée haute peut offrir un sûr abri à plus de cinquante grands vapeurs. La *Hamburg Amerika Linie* a fait de Cuxhaven le point de départ de certains de ses puissants transatlantiques à destination de New-York. Elle a également acquis à bail à Cuxhaven un large espace de terrain où elle édifie une sorte de petite ville pour son personnel, fait construire une centaine de villas pour ses officiers, et quelque quatre cents maisonnettes pour ses ouvriers et ses hommes d'équipage.

— Correction de l'Elbe, agrandissement du port, creusement de bassins avec leurs quais, grues, hangars, tous ces travaux qui, il convient de le remarquer, ont été, en général, exécutés en régie, ont entraîné des frais considérables. C'est l'Etat de Hambourg, souverain de son port, qui a dû se charger de tous les déboursés. Une somme de 40 millions de marks lui a été cependant accordée par l'Empire, au moment de son accession du *Zollverein*, à titre d'indemnité pour les dépenses résultant de cette accession, plutôt qu'à titre de subvention.

D'après une évaluation globale officielle, depuis 1871, la réfection du port de Hambourg aurait coûté quelque 300 millions de marks [1]. Les relevés détaillés des dépenses qu'on a bien voulu me communiquer au Département du Commerce et de la Navigation à Hambourg indiquent un total de 225 millions de marks depuis 1883, depuis les premiers travaux nécessités par l'entrée de Hambourg dans le *Zollverein*, jusqu'en 1899.

Ces travaux, en effet, l'aménagement du port franc, la construction de bassins nouveaux, de canaux, de bâtiments douaniers et aussi l'indemnité aux propriétaires expropriés de la zone franche, ont entraîné une dépense de 130 millions de marks, dont 40 millions supportés par l'Empire.

Les nouveaux bassins inaugurés en 1893 ont coûté 13.400.000 marks. Les bassins en construction ont coûté et coûteront 31.750.000 marks. Avec le port de Cuxhaven et les 9 millions déboursés pour la correction de l'Elbe, en 1897, on arrive à un second total de 61 millions et demi de marks.

Mais l'outillage du port, grues, hangars, ducs d'Albe, dragues à vapeur, bateaux brise-glaces, a demandé aussi une somme de 24 millions de marks. Ainsi se trouve atteint ce chiffre de 225 millions de marks, de 280 millions de francs qui, de 1883 à 1899, en seize ans, ont été dépensés pour le port de Hambourg.

Ces lourdes dépenses ont contribué de manière notable à l'augmentation de la dette publique de Hambourg qui atteignait déjà 234 millions de marks en 1890 et s'élève en 1899 à 375 millions, soit près d'un demi-milliard de francs.

Il est vrai que, d'autre part, le port est pour l'État de Hambourg une source de revenus. Des droits variés frappent les navires venant mouiller à Hambourg. Le plus important de ces droits est le droit de tonnage. Cette taxe, réduite de moitié en certaines hypothèses, et parfois supprimée, est de 12 pf. par mètre cube de jauge nette, soit environ de 34 pf. ou de 0 fr. 43 par tonneau de registre net. Il faut reconnaître la modération de cette taxe qui correspond à la fois au droit de quai perçu en France au profit de l'État, et aux divers droits de tonnage, péage, perçus au profit des villes maritimes [2]. Au droit de tonnage, à Hambourg, s'ajou-

---

[1] *Die Seeinteressen des Deutschen Reichs...*, Theil IV.

[2] Au Havre, par exemple, outre le droit de quai de 1 fr. ou de 0 fr. 50 par tonneau de jauge nette au profit de l'Etat (loi du 27 décembre 1897, art. 1) est perçu au profit de la Ville un droit de péage de 0 fr. 40 ou de 0 fr. 30 et un droit de sauvetage de 0 fr. 05.

tent une taxe légère pour honoraires du capitaine de port et des droits de pilotage.

Ce sont là les seules taxes obligatoires de quelque importance qui frappent les navires pénétrant à Hambourg. Mais si le navire ne se contente pas d'un mouillage le long des *ducs d'Albe,* pour les places à quai, avec usage des grues et des hangars, de nouvelles taxes sont perçues par l'État de Hambourg, propriétaire de l'outillage du port. Un droit d'emplacement de 17,5 pf. par mètre cube de jauge nette ; un droit de manutention de 10 pf. par quintal ; un droit de livraison de 5 à 8 pf. par quintal, etc., augmentent alors les frais. Mais le navire bénéficie d'opérations de déchargement très rapides.

La profession de courtier est libre à Hambourg. Le courtage d'entrée est d'environ 0,50 p. 100 du fret ; le courtage de sortie, de 5 p. 100.

Dans l'ensemble, les taxes acquittées à Hambourg restent sensiblement inférieures aux taxes établies dans nos ports français [1].

Aussi assure-t-on à Hambourg que la ville est loin de couvrir par les droits perçus les frais considérables qu'ont entraînés l'extension et l'amélioration du port. Les droits de tonnage, pourtant, pour lesquels on escomptait au projet de budget de l'année 1900 un ren-

---

[1] C'est ce que montre le compte simulé suivant des frais de port, manutention non comprise, d'un Vapeur de 1.000 tonneaux de jauge net, Venant d'un pays extra-européen et débarquant au HaVre ou à Hambourg l'intégralité de sa cargaison :

Hambourg.			Le Havre.	
»	marks. .	Droits sanitaires. . . . . F.	150	»
239	»	Pilotage d'entrée	200	95
10	»	Barque d'aide.	18	»
»	»	Halage à l'entrée	33	»
»	»	Rapport au tribunal	12	85
20	»	Capitaines visiteurs.	93	35
360	»	Droits de tonnage.	450	»
»	» .	Droits de quai.	1.001	95
70	»	Pilotage de sortie.	69	»
10	»	Barque d'aide.	18	»
»	»	Halage de sortie	33	»
164	»	Courtage	585	»
»	»	Signaux.	5	»
25	»	Honoraires du capitaine de port.	»	
898 marks ou 1.122 francs.			Total. . F. 2.670	»

Un naVire Venant d'un port situé dans les limites du cabotage international paierait, il est vrai, au HaVre, 500 fr. de moins comme droits de quai. La taxe serait plus faible encore en cas de simple escale. Le total des frais de port, au HaVre, resterait cependant supérieur au total des frais à Hambourg.

dement de 2.159.000 marks, les droits de quai qui devaient fournir
3.047.000 marks, les droits de pilotage, les honoraires du capitaine
de port qui, d'après les prévisions, atteindraient ensemble
671.000 marks, paraîtraient devoir aider d'une façon sensible à
payer les intérêts ou même l'amortissement des dettes contractées
pour le port. Mais les chiffres que je viens de rapporter n'indiquent
que le revenu brut. L'administration hambourgeoise affirme que
les frais d'entretien du port réduisent à peu de chose le revenu net.
Ce n'est pas dans le rendement des taxes établies que l'Etat de
Hambourg cherche une compensation des dépenses faites. C'est
dans le développement du trafic, dans le progrès de la prospérité
générale. Hambourg se contente du bénéfice indirect d'un plus
grand bien-être de sa population enrichie par un commerce intense,
sans chercher à atteindre des résultats financiers immédiats [1].

Consciente de ce qu'elle doit à son port, la ville de Hambourg
dépense donc sans compter pour son amélioration. Le *self-govern-
ment* dont elle jouit, d'ailleurs, comme Etat indépendant, comme
petite république autonome dans l'Empire, et sa constitution un
peu oligarchique aussi, ont pu contribuer à la bonne exécution de
l'œuvre entreprise. Grâce au système électoral hambourgeois,
dans les deux chambres locales, à la *Bürgerschaft,* au Sénat,
siègent principalement des hommes d'affaires, riches négociants et
armateurs, au courant des besoins du trafic, très aptes à une
bonne gestion des intérêts, au moins matériels de la ville, qui se
confondent avec les leurs propres. Ils doivent compter sur eux-
mêmes, et n'ont rien à attendre du pouvoir central. Mais aussi, ils
agissent librement, et aucune nécessité d'autorisation ne vient
retarder ou annuler les effets de leurs résolutions souveraines.

— C'est ainsi que s'est agrandi et s'agrandira encore dans l'avenir
le port de Hambourg. J'ai rapidement indiqué les améliorations
anciennes, et dit celles qui sont en cours d'exécution. Mais avec le
mouvement ascendant du trafic de Hambourg, les travaux entrepris
ne sont pas encore achevés, que déjà il faut penser à en commencer
de nouveaux. Les rapports annuels de la chambre de commerce

[1] Le rendement des droits de quai, de péage, de sauvetage au Havre, en 1899, atteint
2.299.931 francs, tandis que ce qui correspond à Hambourg à ces droits, c'est-à-dire les
taxes de tonnage, ne rapporterait que 2.159.000 marks en 1900, ou 2.698.000 francs,
soit 400.000 francs ou 17 p. 100 de plus seulement, pour un mouvement maritime qui
est, on le verra, deux fois et demi plus considérable que celui du Havre.

de Hambourg se terminent toujours par une longue liste de desiderata relatifs aux installations maritimes. On espère bien à Hambourg qu'il ne s'écoulera pas longtemps avant que soit poursuivie enfin jusqu'à la mer l'œuvre de correction de l'Elbe inférieure, et on songe déjà vaguement aussi à des négociations peut-être nécessaires avec l'Empire en vue d'une extension de la zone franche permettant le creusement de nouveaux bassins.

b) *Le port de Brême.* — Hambourg nous est apparue comme une grande ville qui a su excellemment mettre à profit les avantages naturels dont elle bénéficiait pour se hausser jusqu'à sa prospérité présente. Brême, au contraire, peu favorisée par la nature, ne doit la place qu'elle occupe parmi les ports allemands et qui est la seconde, qu'aux efforts incessants de sa population, de son personnel commerçant, et de ses maisons d'armement.

— Enfoncée très avant dans les terres, à 120 kilomètres de l'embouchure de la Weser, Brême, avec les progrès de la navigation moderne, devenait de moins en moins accessible aux navires de haute mer. En 1875, les hauts fonds de la Weser inférieure ne permettaient l'arrivée jusqu'à Brême qu'aux bateaux et allèges calant 2 mètres seulement. En 1885 encore les profondeurs utiles ne dépassent pas 2^m75. Aussi, au cours des siècles, une série d'avant-ports devaient-ils être échelonnés sur la Weser, de plus en plus proches de l'embouchure, de plus en plus éloignés de Brême. C'est Vegesack, à 17 kilomètres de Brême, au début du xviie siècle ; c'est Brake à la fin du même siècle ; c'est enfin, en 1830, à 65 kilomètres en aval de Brême, Bremerhaven, aux mouillages profonds, suffisants pour les plus grands transatlantiques [1].

Mais tandis que le mouvement maritime se trouvait reculé jusqu'à Bremerhaven, tout le mouvement commercial, la Bourse, les maisons de commerce, les magasins et les entrepôts, demeuraient à Brême. Le trafic souffrait de ce dédoublement des opérations entre Brême et son avant-port. Un supplément de frais évalué à 2 marks, au moins, en moyenne par tonne, alourdissait le prix du fret. Et dans ce fleuve embarrassé d'îles, de bancs de sable, au cours irrégulier, tantôt retréci, et tantôt élargi et divisé en un

[1] V. Franzius, *Neue Hafen Anlagen zu Bremen*, 1889, p. 3 s.

grand nombre de bras, barré en outre par la glace presque tous
les hivers, le transport par allèges lui-même ne s'effectuait pas
sans difficultés [1].

Aussi se résolut-on à Brême à rectifier et approfondir la Weser
inférieure jusqu'à Bremerhaven. Le projet très remarquable préparé à cet égard par les administrations compétentes fut mis en
exécution en 1888 à l'époque et à l'occasion de l'entrée de Brême
au *Zollverein*. Par des travaux de dragage, par des épis, et surtout par une belle suite de digues submersibles d'une longueur de
50 kilomètres environ, le cours de la Weser a été régularisé, et
son chenal, rectifié et enserré, fort approfondi[2]. Au lieu de 3 mètres
en 1887, les profondeurs utiles de la Weser atteignaient 4^{m}3 en
1890, et 5 mètres en 1894, comme l'avait fixé le projet. Mais
depuis, les améliorations et les dragages ont continué. En 1900, la
profondeur utilisable a dépassé 5^{m}6 [3]. Aussi le nombre des bateaux
d'un tirant d'eau de 5 mètres qui arrivent à Brême augmente-t-il
sans cesse. En 1891, Brême ne recevait que trois navires calant
4^{m}5 à 5 mètres. En 1899, les chiffres se sont élevés à 194 pour les
navires de 4^{m}5 à 5 mètres, à 181 pour ceux de 5 mètres et au-
dessus [4]. Le succès a dépassé toutes les espérances.

Encouragée par ce résultat, l'administration de Brême a poursuivi l'œuvre de correction au-delà de Bremerhaven, dans « la
Weser extérieure », qui de ce port jusqu'à la mer a une longueur
de 59 kilomètres. Avec le même procédé de digues submersibles,
un seul lit plus profond a été créé à la place des deux bras anciens,
et la profondeur aux hautes eaux de l'estuaire de la Weser atteint
9^{m}50 et davantage.

— En même temps que l'on rapprochait ainsi de Brême une
partie de son mouvement maritime, on se préoccupait d'agrandir
son port et d'augmenter les places de mouillage pour les navires.
Jusqu'en 1888, Brême ne possédait pour ainsi dire pas de bassin
creusé en terre. Les bateaux stationnaient le long de la Weser, en
particulier auprès de la gare de chemin de fer de la Weser, installée à cet endroit pour servir aux transbordements directs entre
navires ou allèges et wagons.

---

[1] V. Franzius (l'auteur du projet de régularisation du fleuve), Bucking, *die Korrek-
tion der Unter Weser*, 1895, p. 7.

[2] *Ibid.*, p. 36.

[3] *Bremen und seine Bauten...*, 1900, p. 705.

[4] *Ibid.*, p. 711.

Mais en 1888, lors de son accession à l'union douanière, Brême se réserva, comme on le sait, une zone franche qui s'étend sur une superficie de 100 hectares. Dans cette enceinte franche a été construit un bassin bordé de quais de 1.850 mètres de long et 120 mètres de large, bassin ouvert, comme à Hambourg, grâce à la faible hauteur de la marée, qui ne dépasse pas en moyenne 1 mètre 50 à Brême. Tandis que l'étendue du territoire franc de Hambourg, dix fois plus considérable que celle du *Freibezuk* de Brême, permettait l'éloignement des hangars et des entrepôts, ici comme à Stettin, l'exiguité de l'emplacement a nécessité la concentration en un même endroit d'installations qui ont à Hambourg leurs quartiers séparés. De chaque côté du bassin s'alignent parallèlement, d'abord, à quelques mètres de l'eau, une rangée de hangars, et derrière, une rangée d'entrepôts. Un ensemble de grues et de lignes ferrées le long des quais, entre les hangars et les entrepôts, et derrière les entrepôts, servent aux divers actes de la manutention depuis les navires jusqu'aux expéditions en wagons vers l'intérieur. Les hangars couvrent une superficie totale de 73.573 mètres carrés, et les entrepôts 22.581 mètres carrés. L'outillage de déchargement, entièrement mû par la force hydraulique, se compose de 74 grues roulantes d'une puissance de 1.500 kilogrammes, en général, de 13 grues fixes dont une pouvant soulever 10 tonnes, et d'une grue flottante de 40 tonnes [1].

En 1890-1891 a été creusé, mais en territoire douanier, un second bassin dépourvu de quais, le *Holz und Fabrikhafen*. La rive méridionale du bassin sert au trafic du bois. Sur la rive septentrionale se dressent de grands moulins à vapeurs et des fabriques d'huiles, en communication directe avec les navires ou chalands.

Le port de Brême est loin de présenter une ampleur d'installations comparable à celle du port de Hambourg. Mais aussi le commerce de Brême n'a pas l'importance considérable de celui de Hambourg. Brême, cependant, a de grandes espérances. Le jour où le canal de l'Elbe au Rhin sera accepté par la chambre prussienne, et où la Weser supérieure sera canalisée, l'extension de l'*hinterland* de Brême imprimera un brillant essor à son trafic. Aussi un vaste projet d'agrandissement du port a-t-il été déjà adopté par les autorités

---

[1] V. *Bremen und seine Bauten*, p. 720 s., 726.

de la ville. Un second bassin franc d'une longueur de 1.720 mètres
et d'une largeur de 100 à 110 mètres viendra s'ajouter à celui qui
existe déjà. On comblera l'entrée actuelle du bassin douanier qui,
allongée, recevra une nouvelle et large ouverture [1]. Les travaux
sont déjà commencés, mais on ne saurait prévoir l'époque de leur
achèvement. On a l'intention, en effet, d'échelonner l'exécution du
projet sur un grand nombre d'années, de procéder par étapes successives, selon que le rendra utile l'augmentation espérée du commerce de Brême.

— Mais l'insuffisance des profondeurs de la Weser inférieure
continuera cependant à interdire aux grands paquebots l'accès de
Brême. Bremerhaven demeure et demeurera encore longtemps le
prolongement nécessaire de Brême.

Bremerhaven, beaucoup plus important que ne l'est l'avant-port
de Hambourg, Cuxhaven, possède aujourd'hui trois bassins creusés
en terre à des époques diverses. La hauteur de la marée dans ce
port qui atteint 3 mètres 60 en moyenne, le danger des envasements,
ont rendu nécessaire la construction de bassins fermés, communiquant par des écluses avec la Weser. A la suite l'un de l'autre,
s'étendent ainsi le vieux, le nouveau bassin, et enfin le *Kaiserhafen*.
Le premier, qui date de 1830, aujourd'hui fort délaissé, se trouve
en dehors de la zone franche. Le nouveau bassin, compris avec le
Kaiserhafen dans l'enceinte franche, a une superficie de 8 hect. 27 ;
son écluse de 22 mètres de large présente une profondeur de
7 mètres 61 aux hautes eaux ordinaires. Mais le bassin le plus
important est le *Kaiserhafen* creusé en 1872-1876 avec une superficie de 5 hectares 5, mais agrandi en 1892-1897 et porté à
20 hectares 75. Son écluse nouvelle a 28 mètres de large et 10 mètres 50 de profondeur aux hautes eaux, de sorte qu'elle peut s'ouvrir utilement pour les plus grands vapeurs.

Peu de hangars et d'entrepôts, et une dizaine de grues seulement
à Bremerhaven. La manutention est en effet réduite au minimum
dans ce port presque uniquement destiné à offrir un mouillage aux
navires trop grands pour pénétrer jusqu'à Brême. La plupart des
opérations consistent en transbordements dans les allèges ou les
wagons qui portent ensuite la marchandise à Brême ou dans l'Alle-

---

[1] V. *Bremen und seine Bauten*, p. 731 s.; *Jahresbericht der Handelskammer zu
Bremen*, 1899, p. 58.

magne intérieure. C'est à Bremerhaven, en particulier, qu'allègent
et mouillent les puissants paquebots de la compagnie le *Nord-
Deutscher Lloyd*.

— Le total des dépenses faites à Brême pour la correction de la
Weser et l'agrandissement des ports atteint près de 100 millions
de marks. La régularisation de la Weser inférieure a coûté, en effet,
30 millions, auxquels s'ajoutent 13 millions pour la Weser extérieure. Le bassin franc a nécessité une dépense de 32 millions dont
12 ont été versés par l'Empire. Un million seulement a été déboursé
pour le bassin douanier de Brême. Mais il a fallu 18 millions pour
l'élargissement du *Kaiserhafen*.

Pour s'indemniser des dépenses faites en vue de la correction
de la Weser inférieure, Brême frappe, avec l'autorisation de l'Empire, les navires pénétrant dans cette rivière d'une taxe de 0,40 à
1,80 mark par tonne de marchandisses débarquée ou embarquée.
Grâce à l'augmentation du nombre de navires arrivant jusqu'à
Brême, l'amortissement de l'emprunt contracté pour l'approfondissement de la Weser inférieure sera parfait beaucoup plus tôt qu'on
ne l'espérait.

Un droit de port très réduit pèse sur les navires mouillant à
Brême. Ce droit et de 3 ou 4 pf. seulement par mètre cube de jauge
nette, avec de légères surtaxes pour un séjour prolongé. Les droits
déjà acquittés dans d'autres ports de la Weser inférieure sont
déduits de la somme à payer à Brême [1].

A Bremerhaven, au contraire, les droits sont assez élevés pour
les vapeurs de fort tonnage. La taxe est de 30 pf. par mètre cube,
soit environ 1 franc 10 par tonneau de jauge nette, pour les vapeurs de plus de 6.800 mètres cubes, sans compter les surtaxes pour
un séjour supérieur à un mois [2]. Mais les voiliers et les vapeurs
de faible et moyen tonnage bénéficient de droits beaucoup plus
modérés, variant entre 3 et 7 pf. par mètre cube de jauge nette.

— Brême a donc assumé comme Hambourg des dépenses qui,
moindres sans doute, lui sont peut-être plus lourdes à supporter. Elle
se déclare prête, néamoins, à de nouveaux déboursés susceptibles
de fournir de nouveaux éléments d'activité à son port. On doit
admirer l'énergie de cette petite république de 150.000 âmes qui,

[1] V. *Aus See nach Bremen Stadt*, 1899, p. 140 et s.
[2] *Ibid.*, p. 117 et s.

en dépit d'une situation naturelle défavorable, ne se laisse pas décourager par la prospérité de sa puissante concurrente hanséatique, rivalise d'effort avec elle, et parvient à conserver et attirer dans son port un mouvement commercial d'importance notable.

§ 2. *Ports de la mer Baltique.* — Situées dans une mer presque fermée, et réduites à un trafic presque local, les villes maritimes de la Baltique se contentèrent pendant longtemps de légères améliorations touchant l'outillage de leur port. Mais en ces derniers temps le canal de l'Empereur Guillaume qui a ouvert aux ports de la Baltique un accès plus aisé sur la mer du Nord a fait naître dans ces places de grands espoirs, excité de vastes ambitions. Les villes de la Baltique ont commencé à prendre part aussi, mais avec des visées plus modestes que celles de leurs rivales de la mer du Nord, à cette œuvre générale d'agrandissements et de perfectionnements maritimes, rendus nécessaires par l'évolution commerciale de l'Allemagne. Ici aussi le but a été double : il a fallu ou il faudra rectifier la voie fluviale, et aussi étendre et améliorer le port lui même.

— *Stettin*, aujourd'hui le premier port de la Baltique, s'efforce de maintenir son rang et de développer son trafic par trois ordres de travaux dont l'un reste encore à l'état de projet.

Depuis longtemps le gouvernement prussien se préoccupe de faciliter aux navires de fort tonnage l'accès jusqu'à Stettin. Des travaux persévérants sur l'Oder inférieure qui, avant d'arriver à la mer, s'épanouit en un large *Haff*, ont permis d'obtenir une profondeur de 7 mètres sur l'Oder et de 8 mètres même sur le Haff, au lieu des mouillages de 4 mètres seulement, que l'Oder offrait encore vers 1840. Du Haff à la mer, la traversée a été rendue plus aisée par le creusement du *Kaiserfahrt*, dont la construction, décidée en septembre 1874, s'est terminée en juin 1880.

Mais on a aussi perfectionné les installations maritimes du port. Les navires mouillent, à Stettin, sur l'Oder et ses deux affluents, le Parnilz et le Duntzig. Certaines parties des rives de ces cours d'eau sont bordées de quais, pourvues de hangars, de grues, et présentent une animation qui contraste heureusement avec le calme mélancolique des autres ports de la Baltique. Mais à ces mouillages sont venus s'ajouter, depuis le 23 septembre 1898, ceux d'un nouveau et beau bassin creusé en terre, le bassin de *Freibezirk* de Stettin.

La zone franche de Stettin comprend 61 hectares dont 22 environ doivent être recouverts d'eau. Deux bassins doivent y être aménagés [1] ; mais jusqu'ici, l'un seulement, le bassin oriental, a pu être ouvert à la navigation. Celui-ci, inachevé encore au moment où je le visitais, a 1.200 mètres de long, 100 mètres de large et 7 mètres de profondeur. L'installation, analogue à celle du bassin franc de Brême, doit se composer de deux rangées parallèles de hangars et d'entrepôts entre lesquels courent des rails de chemin de fer et glissent des grues roulantes. Jusqu'ici, deux hangars et un entrepôt reçoivent les marchandises sur l'une des rives du bassin. Sur l'autre rive, encore déserte, on travaille à l'édification de deux autres hangars. Un grillage de fils de fer entoure la zone franche et la sépare du pays douanier.

C'est l'administration prussienne qui a déboursé en grande partie les sommes nécessaires à l'amélioration de la voie fluviale de Stettin. Mais Stettin a dû prendre à sa charge les 12.562.000 marks qu'a coûtés jusqu'ici son port franc. Sans être une ville libre comme Hambourg ou Brême, Stettin a conservé cependant certains des antiques privilèges dont elle jouissait au moyen-âge. Elle est maîtresse de son port et, comme telle, autorisée à percevoir des droits de port, mais aussi tenue de tous les frais de réfection et d'entretien.

Stettin n'a pas manqué aux devoirs que lui imposait son autonomie partielle. Mais c'est aussi qu'elle espérait voir enfin s'accomplir cette construction du canal de Berlin à Stettin qu'elle réclame depuis longtemps et qui doit attirer à Stettin une partie du trafic avec Berlin, aujourd'hui détourné vers Hambourg. Le long ajournement de l'exécution du canal et son annexion maintenant au projet du canal de l'Elbe au Rhin, dont le sort reste incertain, rend un peu vaines et infructueuses les dépenses faites par Stettin pour l'agrandissement de son port. Et Stettin se plaint amèrement du peu de sollicitude que montre le gouvernement pour les intérêts du premier port prussien.

— *Lubeck* a été plus heureuse que Stettin en ce qui concerne la

[1] V. les explications données par l'auteur du projet : Krause, *Neue Hafen Anlagen in Stettin*, 1899.

construction du canal destiné à étendre son *hinterland* intérieur. Lübeck, la vieille ville hanséatique, ne peut se résigner à la déchéance présente de son antique prospérité, et comme Stettin elle a dressé un plan général des travaux nécessaires. J'ai déjà montré comment, grâce au canal de l'Elbe à la Trave, cette merveilleuse voie commerciale que constitue l'Elbe, depuis la Bohême jusqu'à la côte allemande, a, depuis le mois de juin 1900, un second point terminus, comment Lübeck est devenue le port de l'Elbe sur la Baltique. Les résultats obtenus depuis son ouverture par le nouveau canal aux dépenses duquel Lübeck a contribué pour plus de 18 millions de marks, apparaissent déjà fort satisfaisants. Mais, avant même que ce canal fût achevé, Lübeck entreprenait un autre travail. Elle approfondissait de 3 mètres le cours inférieur de la Trave qui, en 1902, présentera ainsi des profondeurs de 8 mètres à 8 m. 50, plus considérables, par suite, que celles de l'Elbe en aval de Hambourg ou de l'Oder en aval de Stettin [1]. Et à cette nouvelle dépense de 6 millions s'ajoutent encore quelque 4 ou 5 millions déboursés pour l'amélioration du port.

Mais Lübeck a de grandes ambitions. Elle voudrait prolonger son port le long de la Trave et édifier de nouveaux quais. Elle songe à un port industriel, avec des fabriques établies au bord même de la Trave. Elle souhaiterait aussi d'obtenir du gouvernement impérial l'autorisation de créer une zone franche analogue à celles de Brême, Stettin ou Dantzig.

— Le port de *Kiel*, voisin de celui de Lübeck, si important comme port de guerre, ne présente qu'un intérêt beaucoup moindre pour le commerce. Les installations et l'outillage y sont encore fort arriérés.

— A l'autre extrémité de la Baltique, Dantzig et Kœnigsberg n'ont suivi qu'avec une grande lenteur les progrès généraux des ports allemands.

A *Dantzig*, cependant, ou plutôt à son avant-port, à Neufahrwasser, a été inaugurée, le 5 avril 1899, une étroite zone franche de 15 hectares, avec hangars et engins de déchargement, dont 5 hect. 4 sont en superficie d'eau [2]. Mais, à Dantzig même,

---

[1] *Jahresbericht der Handelskammer zu Lübeck*, 1899, p. 83.
[2] *Jahresbericht des Vorsteher-Amtes der Kaufmannschaft zu Dantzig*, 1899, p. 14.

l'outillage demeure fort imparfait. Dans la pénurie d'appareils de
levage, la manutention se fait en partie à dos d'homme [1]. La Vistule inférieure, en aval de Dantzig, a été approfondie jusqu'à
7 mètres. Mais Dantzig demande également la régularisation de la
Vistule en amont, en même temps que sera approfondi le canal
de Bromberg qui relie la Vistule à la Wartke, affluent de l'Oder [2].

A *Kœnigsberg*, sur le Pregel, a été entreprise, depuis 1898, la
construction d'un canal maritime, le Seekanal, qui sera bientôt
achevé après avoir coûté 12 millions de marks, et permettra aux
navires calant 6 m. 50 de parvenir jusqu'à Kœnigsberg au lieu
d'alléger dans son avant-port, à Pillau. A l'intérieur de Kœnigsberg aussi, le Pregel sera approfondi jusqu'à 6 m. 50. Pour ce
travail, ainsi que pour l'amélioration générale du port, une dépense de 7 autres millions est encore prévue [3]. Mais Kœnigsberg
attend surtout l'adoption du projet du canal Masurique, susceptible
d'apporter une sérieuse extension à son *hinterland*. Le canal, qui
coûterait 21 millions de marks, est annexé au projet du canal de
l'Elbe au Rhin. Il rencontre une vive opposition auprès des agriculteurs de la région. Mais on espère, par des digues suffisantes,
les préserver des inondations qu'ils redoutent.

— Les ports de la Baltique sont donc entrés eux aussi dans la voie
de dépenses où s'étaient engagés, il y a quelque quinze ou vingt
ans, les ports de la mer du Nord. Mais leurs dépenses proportionnées à l'étendue de leur trafic restent modiques. L'Allemagne n'a
pas commis la faute de morceler en multiples déboursés des sommes qu'elle a préféré consacrer surtout au développement de ses
deux grandes places maritimes, Hambourg et Brême. Il est vrai
que cette prudente politique a été moins l'effet de la sagesse gouvernementale que de la nature des choses. La question de la participation de l'Etat et des villes aux dépenses des ports ne s'est pas
posée en Allemagne pour les principaux de ces ports. Hambourg,
Brême, Lübeck, républiques libres, Stettin, ville semi-autonome,
étaient seules juges des améliorations nécessaires, et, maîtresses
de ressources importantes, pouvaient les réaliser avec leur propre budget et leur propre crédit. La très grosse portion des som-

---

[1] *Ibid.*, p. 15.

[2] *Jahresbericht...*, 1897, p. 21; 1899, p. 25; *Vierteljahreshefte zur Statistik des
Deutschen Reichs*, 1900, II, p. 9.

[3] *Bericht des Vorsteher-Amtes der Kaufmannschaft zu Kœnigsberg*, 1899, p. 35.

mes déboursées a bien été employée à la réfection des principaux
ports, de celui de Hambourg qui a coûté près de 300 millions de
francs depuis dix-sept ans, et plus de 400 millions depuis 1871,
de celui de Brême qui a coûté 120 millions depuis quinze ans.
Mais c'est que ces sommes ont été déboursées par Hambourg et
Brême elles-mêmes, selon leurs besoins et leurs moyens. Stettin et
Lübeck, au contraire, ne disposant que de revenus plus faibles, n'ont
entrepris que des travaux moins importants mais suffisants pour
leur commerce moins développé. Pour les autres ports, de même,
pour Dantzig, Königsberg, Kiel, ainsi que pour ceux qui ne rentrent pas dans le cadre de cette étude, le gouvernement prussien
s'est contenté de légères subventions proportionnées à la modestie
du but à atteindre.

* *

III. LE DÉVELOPPEMENT DE LA MARINE MARCHANDE ET DE L'INDUSTRIE
DES CONSTRUCTIONS NAVALES. — En même temps que par leurs installations et les facilités de leurs ports francs, les places maritimes
allemandes développaient leur commerce par leur marine marchande, leurs puissantes compagnies de navigation. Au lieu
que le négociant allemand attende chez lui dans des ports bien
aménagés un trafic peut-être lent à venir, il va lui-même, sur des
navires qu'il a construits et qui lui appartiennent, susciter dans les
différentes parties du monde ce progrès des transactions commerciales dont son pays est besogneux. La *Hamburg Amerika Linie*
ou le *Nord Deutscher Lloyd* qui portent par toutes les mers le
drapeau de Hambourg et de Brême, les chantiers de construction
de « Blohm et Voss » avec leurs beaux docks flottants, n'ont pas
moins d'importance pour les deux villes hanséatiques que les nouveaux bassins ou les engins de déchargement. En réalité, la flotte
marchande, les chantiers de construction navale font, aussi bien
que les installations maritimes, partie de l'outillage des ports, qui,
au lieu de demeurer circonscrits sur un point du pays, reçoivent
ainsi une extension artificielle, et sont comme prolongés jusque
dans les régions les plus éloignées. Il convient donc de parler succinctement ici de la flotte commerciale et des constructions navales
de l'Allemagne.

§ 1. — Les progrès très considérables de la marine marchande en
Allemagne doivent peu de chose à l'intervention de l'Etat. Mais il

serait excessif de prétendre qu'ils ne lui doivent rien. Aucune loi
d'Empire n'accorde sans doute de primes à la marine marchande.
Mais de nombreuses lois, sous l'apparence de simples subventions
postales, fournissent de fait à la navigation sous pavillon national
une aide pécuniaire qui n'est pas négligeable.

La loi du 6 avril 1895 accordait pour quinze années à la Compagnie de Brême, le *Nord Deutscher Lloyd,* une subvention de
4.400.000 marks, à charge par cette compagnie d'organiser trois
lignes régulières de navigation entre les ports allemands, d'une
part, et les ports de la Méditerranée, de l'Océanie et de l'Extrême-
Orient, d'autre part. En 1893, la subvention est réduite à 4.090.000
marks par suite de l'abandon de la ligne méditerranéenne. La loi
du 13 avril 1898 augmente de 1.500.000 marks les subsides, les
porte à 5.590.000 marks pour quinze nouvelles années : mais le service postal avec la Chine et le Japon doit devenir bi-mensuel.
Depuis un contrat passé par le *Nord Deutscher Lloyd* avec la
Hamburg Amerika Linie, cette dernière compagnie reçoit aussi
une part de la subvention, et elle contribue à assurer le service
avec l'Extrême-Orient. La loi de 1898, après celle de 1885, stipule
que les paquebots recevront une vitesse moyenne variant entre
12,2 et 14 nœuds à l'heure. En cas de guerre, ils pourront être
pris à bail ou achetés par la marine allemande ; aucun navire ne
doit être vendu à une puissance étrangère. La loi pose encore
d'autres conditions sur lesquelles je reviendrai et qui constituent
un secours indirect fort appréciable à l'industrie allemande des
constructions navales.

Une autre compagnie, la *Deutsche Ost Afrika Linie,* a obtenu
également une subvention postale qui, fixée en 1890 à 900.000
marks, s'élèvera, à partir du 1er avril 1901, à 1.350.000 marks.
La compagnie doit établir une ligne principale de navigation entre
Hambourg et différents ports de la côte orientale et occidentale de
l'Afrique. Une ligne secondaire doit plus particulièrement desservir
l'Afrique orientale allemande. La vitesse moyenne des vapeurs en
service est fixée à 10 et 12 nœuds.

L'Allemagne débourse ainsi annuellement en subventions
6.940.000 marks ou 8.675.000 fr., sans compter quelques centaines de milliers de marks versés encore à différentes compagnies
à titre d'indemnités postales. Ces sommes sont sensiblement supérieures à la stricte rémunération du service rendu par les compa-

gnies. Les travaux préparatoires des lois que j'ai rappelées ne dissimulent nullement d'ailleurs le but que la politique impériale cherche à atteindre. En même temps qu'on a voulu instituer un service postal régulier avec certaines contrées exotiques, on s'efforce de favoriser le développement du commerce avec ces contrées, avec l'Extrême-Orient, et l'Afrique, et aussi de stimuler les progrès de la marine marchande en poussant à l'emploi de puissants paquebots capables de vitesses notables.

Les tarifs spéciaux, dont j'ai parlé, pour le transport de marchandises depuis les places intérieures de l'Allemagne jusqu'au Levant et l'Afrique Orientale par la *Deutsche Levante Linie* et *l'Ost Afrika Linie* constituent encore un secours indirect à la marine marchande, qu'il convient d'ajouter à celui qui résulte des subsides postaux [1].

Mais on doit chercher les véritables causes du rapide essor de la flotte marchande allemande ailleurs que dans les subventions de l'État. Cet essor est dû surtout à l'évolution économique de l'Allemagne, à l'abondance du fret d'entrée et de sortie dans un pays où importations et exportations s'accroissent dans les proportions que l'on sait. Il est dû aussi à la situation des ports allemands sur la carte européenne, qui ne les place pas sur le passage des lignes de navigation des autres pays, qui ne favorise pas les escales dont bénéficient les pavillons étrangers. Il est dû enfin à la hardiesse et l'habileté traditionnelles du monde des commerçants et des armateurs de Hambourg et de Brême.

Il y a un demi-siècle, le commerce maritime de l'Allemagne se faisait en grande partie sous pavillon anglais. En 1840, l'Allemagne ne possédait aucun vapeur. En 1871, encore, la flotte allemande ne comprend guère que des voiliers. Mais les chiffres suivants montrent tous les progrès accomplis depuis [2].

---

[1] Depuis le 1er septembre 1900, le gouvernement bulgare accorde une subvention à la *Deutsche Levante Linie*, qui, de son côté, consent de nouvelles réductions sur le prix du fret et établit un service régulier entre Hambourg et Anvers et les deux ports bulgares de Bourgas et de Varna. Le gouvernement roumain aussi, parmi les mesures destinées à rétablir l'équilibre budgétaire, propose la vente à la même compagnie de la flotte marchande roumaine.

[2] V. *Vierteljahreshefte zur statistik des Deutschen Reichs*, 1900, I, p. 33 s., et *Statistik des Deutschen Reichs*, Neue Folge, 124, I, p. 9.

Tableau du développement de la marine marchande allemande.

	VAPEURS		VOILIERS		TOTAL	
	Nombre	1.000 Tx de registre net	Nombre	1.000 Tx de registre net	Nombre	1.000 Tx de registre net
Au 1er janvier 1871...	147	82,0	4.372	900,4	4.519	982,4
» 1881...	414	215,8	4.226	965,8	4.660	1.181,6
» 1891...	896	723,6	2.757	709,8	3.653	1.433,4
» 1895...	1.043	893,0	2.622	660,9	3.665	1.533,9
» 1897...	1.127	891,9	2.564	601,6	3.691	1.493,5
» 1899...	1.223	1.038,3	2.490	601,1	3.713	1.639,4

La jauge totale de la flotte marchande allemande a augmenté de 66 p. 100 depuis 1871. On constate un recul pour les voiliers. Toute l'augmentation porte sur les vapeurs. L'accroissement du tonnage global pour les vapeurs a été de 1.165 p. 100 de 1871 à 1899; il est encore de 381 p. 100 depuis 1881, de 43 p. 100 depuis 1891. Aucun pays ne peut s'enorgueillir d'une ascension aussi rapide [1].

D'après un document officiel [2], il existerait aujourd'hui 974 maisons d'armement en Allemagne, dont une trentaine seulement ayant une certaine importance. Le Lloyd germanique estime à un demi-milliard de marks la valeur de la flotte allemande dont 400 millions pour les vapeurs.

Durant la première moitié du XIXe siècle et jusqu'au milieu du siècle encore, la flotte de la Baltique était sensiblement supérieure à celle de la mer du Nord dont la concurrence anglaise entravait le développement. Mais aujourd'hui, la situation se trouve renversée. La très grande partie de la flotte allemande est immatriculée dans les ports de la mer du Nord. La jauge totale de la flotte de la mer du Nord s'élève en 1899, à 1.411.387 tonneaux dont 543.853 pour les voiliers et 867.544 pour les vapeurs.

[1] Voici, d'après le bureau *Veritas,* mais en *milliers* de tonneaux de registre *brut,* quel a été l'accroissement des principales marines marchandes du monde depuis 1875 :

	1874-1875			1899-1900		
	Vapeurs	Voiliers	Total	Vapeurs	Voiliers	Total
Angleterre	3.015,8	5.383,7	8.399,5	11.093,8	2.662,2	13.756,0
Allemagne	233,8	810,2	1.044,0	1.873,4	548,2	2.421,6
Etats-Unis	768,7	2.181,7	2.950,4	970,9	1.292,0	2.262,9
Norwège	51,1	1.349,1	1.400,2	672,5	956,7	1.629,2
France	318,8	736,3	1.055,1	986,0	309,8	1.295,0

[2] *Die Steigerung der Deutschen Seeinteressen, von 1896 bis 1898...,* Theil IV.

— A elle seule, la flotte de Hambourg jauge, au 31 décembre 1898, 856.619 tonneaux de registre net, soit presque la moitié de la jauge totale en Allemagne et les progrès réalisés par Hambourg ont été particulièrement considérables comme le prouve ce tableau [1] :

Tableau du développement de la flotte marchande de Hambourg.

	VAPEURS		VOILIERS		TOTAL	
	Nombre	1.000 Tx de registre net	Nombre	1.000 Tx de registre net	Nombre	1.000 Tx de registre net
Au 31 décembre 1850.	9	2.842	317	68.416	326	71.258
» 1860.	17	10.184	469	132.232	486	142.416
» 1870.	37	32.450	402	154.026	439	184.496
» 1880.	128	99.153	363	145.126	491	244.279
» 1890.	312	373.422	275	164.807	587	538.229
» 1895.	360	474.348	320	190.451	680	664.799
» 1897.	377	514.949	300	200.516	677	715.465
» 1899.	439	637.853	287	218.766	726	856.619

On constatera que si à Hambourg l'augmentation est surtout rapide pour les vapeurs, la navigation à voiles conserve cependant son importance. Depuis 1860, on assiste à une augmentation de la jauge globale des voiliers hambourgeois coïncidant avec une diminution de leur nombre. C'est que la navigation à voiles se transforme. Le tonnage moyen des voiliers de Hambourg passe, de 215 tonneaux en 1850, à 762 en 1899. A Hambourg, sont immatriculés 20 voiliers ayant un tonnage supérieur à 2.000 Tx, et un grand cinq-mâts, le *Potosi*, jaugeant 3.854 Tx [2].

Hambourg possède une des deux plus grandes compagnies de navigation de l'Allemagne, la *Hamburg-Amerikanische-Packet-fahrt-Aktien-Gesellschaft*. La *Hamburg-Amerika-Linie* comme on l'appelle plus brièvement, fut fondée le 27 mai 1847 avec un capital de 465.000 marks, à une époque où le trafic avec l'Amérique se faisait tout entier sous pavillon anglais. Cette modeste société, qui, à l'origine, n'avait à sa disposition que des bateaux à voiles, put bientôt acquérir des vapeurs. En 1856, elle achète la *Borussia*, son premier vapeur [3]. En 1868, elle possède

---

[1] V. *Tabellarische Uebersichten des Handels und der Schiffahrt Hamburgs*, 1899, I, tabl. 31, p. 69.

[2] Dans ses derniers voyages, le *Potosi* a navigué à une vitesse moyenne de 7 nœuds à l'heure, et certains jours sa vitesse atteignait jusqu'à 15 ou 16 nœuds.

[3] V. Landerer, *Geschichte der Hamburg-Amerikanische Packetfahrt-Aktien-Gesellschaft*, 1897, p. 4, 35.

10 vapeurs, après avoir vendu tous ses voiliers. A la ligne Ham-
bourg-New-York, s'ajoutent d'autres lignes et la flotte de la
compagnie ne cesse de s'accroître. Le capital social, par un même
mouvement ascendant, monte à 3 millions de marks en 1855, à
15 millions en 1877, 30 en 1890, 45 en 1897 [1], 65 en 1899, 80 en
1900. Vers le milieu de l'année 1900, la compagnie était maîtresse de 70 navires d'une jauge totale de 341.902 Tx de registre
brut et d'une valeur de plus de 100 millions de marks. Elle faisait,
en outre, construire 25 nouveaux navires de 179.000 Tx, ce qui
portera sa flotte à près de 100 navires et plus de 500.000 Tx de
registre *brut*. Une dizaine de grands paquebots ont une capacité
supérieure à 10.000 Tx brut : la *Pennsylvania*, la *Patricia*, la
Pretoria, le *Graf-Waldersee* atteignent 12 à 13.000 Tx ; le *Deutschland* jauge 16.000 Tx et a une force de 33.000 chevaux-vapeurs.
La compagnie a transporté, en 1899, 101.975 passagers et des
marchandises d'un volume total de 3.033.887 mètres cubes.

En y comprenant la *Hamburg-Amerika-Linie*, 191 maisons
d'armement sont immatriculées à Hambourg. Sur 7 d'entre elles,
sociétés anonymes ou en commandite obligées à la publicité de
leur bilan, les statistiques de la Chambre de commerce de Hambourg fournissent tous les ans des renseignements détaillés [2]. Mais

---

[1] *Ibid.*, p. 93, 98.

[2] Voici quelques-uns de ces renseignements, relatifs à l'année 1899, et empruntés à
la dernière statistique parue :

	CAPITAL-ACTIONS	OBLIGATIONS	DIVIDENDES (p. 100)			Nombre des navires	Tonneaux de registre brut
			1897	1898	1899		
Hamburg Amerikanische Packetfahrt Aktien Ge-sellschaft........	65.000.000	12.750.000	6	8	8	69	335.178
Hamburg Süd-Amerika-nische Dampfschiffahrts Gesellschaft.......	11.250.000	3.400.000	12	16	10	29	108.309
Dampfschiffahrts Gesell-schaft « Kosmos »....	11.000.000	—	7 1/2	9	11	25	90.009
Australische Dampfschiffs-Gesellschaft.......	6.750.000	1.700.000	8	10	10	14	59.917
Deutsche Levante Linie..	4.000.000	400.000	6	9	7	20	41.981
Woermann Linie.....	3.600.000	—	—	—	—	21	38.911
Deutsche Ost-Afrika Linie	5.000.000	—	3	3	6	8	24.305

V. *Statistischer Auszug... in Bezug auf Hamburgs Handelszustände im jahre 1899*,
p. 20-25. — V. des chiffres à peu près semblables dans *Die Steigerung der Deutschen
Seen interessen...* Theil, IV, et *Nauticus Jahrbuch 1900*, p. 456, 457.

il existe, en outre, des sociétés en nom collectif fort importantes.

—Brême, dont le trafic reste très inférieur à celui de Hambourg, possède une flotte marchande, relativement fort considérable, puisque sa jauge totale est égale aux trois cinquièmes de celle de la flotte de Hambourg. Le tableau qui suit précise les progrès de la marine marchande de Brême depuis le milieu du xixᵉ siècle [1] :

Tableau du développement de la flotte marchande de Brême.

	VAPEURS		VOILIERS		TOTAL	
	Nombre	1.000 Tx de registre net	Nombre	1.000 Tx de registre net	Nombre	1.000 Tx de registre net
Au 31 décembre 1852.	—	—	240	78.852	240	78.852
» 1862.	9	9.095	268	124.567	277	133.662
» 1872.	33	52.748	219	121.517	252	174.265
» 1882.	81	75.702	263	223.695	344	299.397
» 1892.	180	201.124	225	205.048	405	406.172
» 1895.	206	224.196	217	198.009	423	422.205
» 1899.	275	306.518	251	206.767	526	513.285

Le progrès est de 558 p. 100 depuis 1852. Et à Brême aussi, comme à Hambourg, se maintiennent les chiffres de la marine à voiles.

A Brême siège la puissante compagnie le *Nord Deutscher Lloyd*. Fondée en 1858, avec 4 vapeurs seulement [2], subventionnée par le gouvernement, cette compagnie possède maintenant un capital de 80 millions de marks et une flotte de 85 navires ayant une jauge totale de 353.073 Tx de registre *brut*. Avec les 20 navires en construction, sa flotte atteindra 470.000 Tx de jauge *brute*. Les deux grandes maisons d'armement allemandes auront ainsi, prochainement, une marine de 1 million de Tx. Le *Nord Deutscher Lloyd* a en service 8 paquebots de plus de 10.000 Tx de jauge *brute*, dont l'un, le *Kaiser Whilhelm der Grosse,* jauge 14.349 Tx. La compagnie a distribué à ses actionnaires, en 1897, 1898, 1899, des dividendes de 5 p. 100, 7 p. 100 et 7 1/2 p. 100 [3].

---

[1] *Jahrbuch für Bremische Statistik*, 1899, p. 279.

[2] V. Landerer, *op. cit.*, p. 37; *Bremen und seine Bauten*, 1900, p. 624 s.

[3] *Statistiche Mittheilungen bettrefend Bremens Handel und Schiffahrt*, 1899, p. 38.

Outre cette société, est immatriculée à Brême la Compagnie la
Hansa et plusieurs autres d'importance encore notable [1].

— La marine marchande des ports de la Baltique, autrefois fort
supérieure à celle des ports de la mer du Nord, a beaucoup perdu en
ces derniers temps de son importance relative. Elle décroît même
d'une manière absolue. La marine marchande de la Baltique subit le
contre-coup des conditions économiques nouvelles de l'Allemagne qui
orientent la très grande partie du commerce allemand vers la mer
du Nord, vers la route maritime qui conduit aux pays situés hors
d'Europe et à l'Angleterre. La flotte de la mer Baltique ne sert
guère qu'au trafic à l'intérieur de cette mer, au cabotage et aux
transactions avec la Russie et la Scandinavie. Elle ne comprend
que des navires de faible tonnage bien différents des puissants
transatlantiques de Hambourg et de Brême. La marine commerciale de la Baltique n'entre plus que pour les 13 p. 100 dans la
jauge de la flotte totale allemande; elle est descendue, en 1899, à
une jauge globale de 228.000 Tx, en diminution d'une centaine de
milliers de tonneaux sur ce qu'elle était il y a cinquante ans. Voici,
au 1er janvier 1900, l'état de la flotte immatriculée dans les principaux ports de la Baltique, d'après les rapports de leurs Chambres
de commerce :

> Stettin. . . . . 212 navires avec 41.912 Tx de jauge nette.
> Kiel 101   —   24.891   —
> Dantzig   34   —   17.107
> Lübeck.   26   —   8.793
> Kœnigsberg. .   13   —   ?

[1] Le tableau suivant indique les principales maisons d'armement de Brême avec les
chiffres de leur capital et de leur flotte.

	CAPITAL-ACTIONS	OBLIGATIONS	Nombre de navires	Tonneaux de jauge brute
Nord Deutscher Lloyd.	80.000.000	31.050.000	85	353.073
Dampfschiffahrts Gesellschaft « Hansa ».	15.000.000	4.950.000	35	104.953
Dampfschiffahrts Gesellschaft « Argo ».	7.000.000	320.000	25	35.804
Dampfschiffahrts Gesellschaft « Neptune ».	3.500.000	2.205.000	45	28.016
Rickmers-Reismühlen, Rhederei und Schiffbau Aktien Gesellschaft. . .	13.000.000	5.000.000	7	28.747

(D'après les *Statistiche Mittheilungen betreffend Bremens Handel und Schiffahrt*,
1899, p. 38 et 39. Cf. *Die Steigerung...*, Theil IV.)

Les facteurs économiques de la prospérité de la marine marchande dans la mer du Nord ne se retrouvaient plus ici, et il convient de parler d'une véritable « décadence » de la flotte marchande de la Baltique.

§ 2. — Le développement de l'industrie des constructions navales n'a pas été moins remarquable en Allemagne que celui de la marine marchande. Il ne faudrait pas voir dans ce développement le seul résultat des efforts de l'industrie privée. En réalité, comme la marine marchande, l'industrie des constructions navales a bénéficié, en Allemagne, de secours indirects de l'Etat, secours qui ont exercé sur ses progrès une influence décisive. C'est une vérité assez généralement admise en Allemagne et récemment confirmée par l'enquête de la « Schiffsbau Untersuchung Kommission », que la construction navale·y a pris surtout un grand essor à partir du jour où le *Nord Deutscher Lloyd* a reçu du gouvernement impérial la subvention que l'on sait. Une des conditions les plus intéressantes, en effet, imposées par la loi de 1885 à la compagnie brêmoise, consistait dans l'obligation pour elle de faire construire ses paquebots dans les chantiers allemands et de les faire réparer dans les docks allemands [1]. Depuis 1885, le *Nord Deutscher Lloyd,* et bientôt aussi les autres Compagnies de navigation allemandes, prirent de plus en plus l'habitude de s'adresser à l'industrie nationale au lieu de faire exclusivement leurs commandes en Angleterre. On a calculé que les sommes versées par le *Nord Deutscher Lloyd* aux établissements industriels allemands dépassent le total des sommes reçues à titre de subvention. Les cales de réparation se multiplièrent également et l'Allemagne commença à posséder de nombreux docks flottants.

La loi de 1885 ordonnait aussi que les vapeurs du Lloyd construits en Allemagne le fussent, autant que possible, avec des matériaux allemands, de manière à favoriser la métallurgie nationale. Et pour permettre aux constructeurs d'acheter ces matériaux à bas prix, des réductions sensibles dans les prix de transport depuis les centres métallurgiques jusqu'aux ports ont été accordées par l'Administration des chemins de fer.

Le 1er février 1898, après une conférence réunie à Berlin en 1897, où les représentants de la métallurgie et de la construction

---

[1] V. le § 5 de la loi de 1885, *Reichsgesetzblatt*, 1885, p. 85 et 86.

navale se déclarèrent prêts à faire certains sacrifices, en vue de
l'emploi, par les constructeurs, de la matière première nationale, si,
de son côté, l'Administration des chemins de fer consentait une
nouvelle baisse de ses prix de transport, un nouveau tarif est
entré en vigueur, portant jusqu'à 50 p. 100 la réduction accordée
sur le tarif ordinaire [1]. Les résultats du tarif de 1898 apparaissent
excellents. Dans les conditions de ce tarif, ont été transportées, en
1898-1899, 127.666 tonnes de marchandises au lieu de 48.892 en
1895-1896 [2]. Les importations de l'étranger ont, au contraire,
diminué. Pour tel groupe de marchandises en fer et en acier, destinées à la construction navale, par exemple, l'importation totale est
descendue à 209.000 quintaux en 1899 contre 282.000 en 1898 [3].

Mais si par ces mesures le gouvernement allemand cherche à
protéger à la fois les intérêts de la métallurgie et ceux de la construction navale nationale, c'est pour ces derniers cependant qu'il
montre le plus de sollicitude. La loi de douane de 1879 (§ 5-10)
admet, en effet, l'entrée en franchise des matériaux devant servir
à la construction et à la réparation des navires. Cette franchise
constitue un nouveau secours indirect à l'industrie de la construction, que les constructeurs, bien qu'ils s'efforcent, comme l'a prouvé
la conférence de 1897, d'employer de plus en plus la matière
première indigène, considèrent encore comme nécessaire et fort
précieux.

Ainsi, soit par les clauses insérées aux contrats accordant des
subventions postales, soit par la franchise des matériaux étrangers,
ou la réduction des prix du transport des matériaux indigènes, la
politique allemande encourage l'industrie de la construction navale.
Aussi, aidée en outre par les besoins croissants de l'armement,
cette industrie, presque inexistante en Allemagne, il y a une
trentaine d'années, se développe-t-elle brillamment. Le nombre
des chantiers a plus que quintuplé depuis 1870 : leur capital
total et le personnel des ouvriers employés, sont devenus treize fois
plus considérables [4] :

[1] Le tarif pour les marchandises en fer et en acier destinées à la construction et à
la réparation des navires est de 2,2 pf. à 1,2 pf. la tkm., au lieu de 4,5 pf. à 2,2 pf.
au tarif ordinaire.

[2] D'après des documents communiqués par le ministre des travaux publics à
Berlin.

[3] *Vierteljahreshefte zur Statistik des Deutschen Reichs*, 1900, I, p. 70.

[4] V. *Die Steigerung...*, Theil V.

	Nombre des chantiers	Capital	Ouvriers employés
1870	7	4.800.000	2.800
1880	18	15.300.000	8.500
1890	25	36.100.000	21.800
1900	39	66.100.000	37.750

L'augmentation du nombre et de l'importance des entreprises de construction navale a entraîné, surtout en ces derniers temps, un progrès de plus en plus sensible dans les chiffres de la production annuelle. D'après les statistiques du *Germanischer Lloyd,* le progrès aurait été le suivant depuis 1890, pour les navires d'une jauge brute supérieure à 100 tonneaux.

	Navires construits	Mille Tx de registre brut
1891	83	76
1893	55	54
1895	63	81
1897	74	153
1898	104	153
1899	94	190

Vers 1870, 1880, la jauge des navires construits à l'étranger pour compte allemand atteignait les 60 p. 100 de la jauge totale des navires que la marine marchande allemande faisait annuellement construire. En 1899 et 1900, la proportion tombe à 27 p. 100. La différence est gagnée par l'industrie de construction nationale. Le progrès si remarquable de cette industrie n'apparaît cependant pas encore suffisant; les chantiers ne parviennent pas à satisfaire aux besoins des armateurs, de sorte que des commandes à l'étranger restent nécessaires. Aussi de nouvelles extensions des chantiers existants et l'établissement de nouveaux chantiers sont-ils projetés.

A la différence de ce qu'on a constaté pour la marine marchande, les ports de la Baltique rivalisent victorieusement avec ceux de la mer du Nord pour l'importance de leurs chantiers de construction. Ici en effet n'existait plus un lien étroit entre le développement du trafic du port et celui de l'industrie de la construction. Au contraire, le calme d'un port peu actif paraît plus favorable aux bonnes conditions du travail de construction. Aussi la production des chantiers de la Baltique en ces dernières années, en 1899, en 1900, non seulement se maintient au niveau de celle des chantiers de la mer du Nord, mais encore lui est sensiblement supérieure.

C'est à Hambourg que se trouve l'établissement de construction

navale le plus important de la mer du Nord, celui de la société en
commandite Blohm et Voss, au capital de 6 millions de marks.
Fondé en 1879, cet établissement s'étend aujourd'hui sur une
superficie de près de 16 hectares. Il occupe en moyenne 5.200 ouvriers, et a construit, de 1888 à 1899, en douze ans, 136 navires
d'une jauge *brute* totale de 366.000 tonneaux. La production de
l'année 1899-1900 a été de six navires jaugeant ensemble 53.244 tonneaux. En septembre 1900 restaient en chantier onze vapeurs de
61.200 tonneaux. La société a distribué à ses actionnaires, pour
l'année 1899-1900, un dividende de 8 p. 100.

A Stettin, sont les chantiers du *Vulkan,* société anonyme au
capital de 8 millions de marks. Etablis en 1851, les chantiers du
Vulkan, progressivement agrandis, occupent maintenant une superficie de 25 hectares. Ils emploient 6.000 à 7.500 ouvriers qui ont
reçu comme salaires, en 1899, une somme totale de 7.206.000 marks.
Le *Vulkan* a construit, en 1899, trois navires jaugeant ensemble
32.220 tonneaux de registre *brut*. A la fin de 1899 restaient à construire huit navires d'une jauge *brute* de 82.550 tonneaux parmi
lesquels le grand paquebot de la *Hamburg Amerika Linie,* le
Deutschland, qui fut achevé aux débuts de l'année 1900. Le *Vulkan*
a distribué, en 1899, 1 million de marks en dividendes, soit
12 p. 100 [1].

— En même temps que les navires de la flotte allemande sont de
plus en plus construits en Allemagne, leur réparation aussi, dont
l'Angleterre avait autrefois le monopole, se fait maintenant dans
les bassins de radoub allemands. De jour en jour augmentent le
nombre et la puissance des cales sèches et flottantes. Pour les
docks flottants, en particulier, l'Allemagne, qui en possédait 2
seulement en 1870, 9 en 1880, 17 en 1890, en compte 29 en 1900.

A Hambourg, la maison Blohm et Voss, qui pouvait déjà recevoir les navires avariés dans deux cales flottantes d'une force de 3
et 4.000 tonnes, peut aujourd'hui les accueillir dans un grand dock
flottant d'une force de 17.500 tonnes. Ce dock géant s'étend sur
une longueur de 190 mètres, une largeur de 36 mètres et s'enfonce
jusqu'à 8 mètres de profondeur. Les plus grands paquebots peuvent y être garés. Le soulèvement d'un navire de 13.000 tonneaux
s'effectue en moins d'une heure.

---

[1] V. *Jahresbericht des Vorsterher-Amtes der Kaufmannscaft zu Stettin,* 1899, p. 24.

A Bremerhaven a été inaugurée en septembre 1899 une vaste cale sèche de 231 mètres de long, 33 mètres de large et 10^{m}76 de profondeur, le *Kaiserdock*. Cette immense cale, qui se remplit d'eau en 30 minutes et se vide en 2 h. 1/2, a coûté 6 millions de marks. Elle appartient à l'Etat de Brême, qui l'a cédée à bail pour quarante ans au *Nord Deutscher Lloyd*. Cette société avait déjà auparavant deux autres cales sèches importantes.

A Stettin, le *Vulkan* possède trois docks flottants dont le plus grand, de 155 mètres de long, 25 mètres de large, et 7^{m}4 de profondeur, a une puissance de 12.000 tonnes.

— J'ai ainsi achevé cet aperçu rapide de l'outillage des ports allemands. J'ai montré comment l'extension du commerce maritime, résultat de l'évolution économique de l'Allemagne, a été favorisée par l'amélioration des moyens de transport à l'intérieur, par l'aménagement perfectionné des ports, par le développement de la marine marchande. Il faut arriver maintenant à l'examen de cette extension du commerce elle-même. Après avoir insisté sur l'organe, il faut passer à la fonction.

(*A suivre.*)   Albert AFTALION,
Chargé de cours d'économie politique
à l'Université de Lille.

CHRONIQUE LEGISLATIVE

DOCUMENTS OFFICIELS.

Dans le *Journal officiel* du 14 avril est un rapport au Garde des sceaux sur les résultats de l'application, pendant l'année 1900, des dispositions du code civil relatives à la nationalité et à la naturalisation.

Dans celui du 21 sont promulguées deux lois, en date du 19 avril : l'une, relative à la réparation des dommages causés aux récoltes par le gibier ; l'autre, qui modifie l'article 105 du code forestier, relatif à l'affouage.

Le numéro du 23 avril contient un décret modifiant celui du 30 mai 1899, déterminant les obligations complémentaires et de détail auxquelles sont tenus les brasseurs, par application de l'art. 14 de la loi de finances du 30 mai 1899.

Dans celui du 24 est un décret portant complément à la nomenclature des industries admises à bénéficier des tolérances prévues par la loi du 2 novembre 1892, en ce qui concerne le travail de nuit.

Dans le même numéro du 24, on trouvera un rapport au Président de la République par le Ministre du commerce et de l'industrie sur les sociétés d'habitations à bon marché.

Le numéro du 28 avril contient la déclaration générale de la cour des comptes sur les comptes de l'année 1899.

Edmond VILLEY.

UNIVERSITÉ DE LYON

PRIX BIENNAUX ETIENNE FALCOUZ

Les quatre prix biennaux « Étienne Falcouz », de la valeur de 1000 francs chacun, fondés par décret du 26 mars 1897, au moyen d'une rente annuelle de 4000 francs servie à l'Université de Lyon par M. Augustin Falcouz, sont destinés à récompenser le meilleur mémoire sur une question d'actualité mise au concours par le Conseil de l'Université de Lyon dans chaque ordre d'études intéressant une des Facultés de l'Université : droit, médecine, sciences, lettres.

Sujets proposés pour le concours de 1902.

.. Faculté de Droit. — « *Des chemins de fer métropolitains.* »

Sans vouloir restreindre la liberté des concurrents, la Faculté appelle leur attention sur les points suivants : Régime administratif de l'établissement et de l'exploitation des chemins de fer métropolitains, tant en France qu'à l'étranger ; leur influence sur la situation économique, sociale, démographique, fiscale et administrative des centres urbains qu'ils desservent et des régions périphériques ; leur influence sur la situation politique et économique de l'État dont ils desservent la capitale.

Faculté de Médecine. — « *Des applications médicales de la cryoscopie.* »

Faculté des Sciences. — « *Des dicétones 1. 3.; de leur emploi dans la synthèse organique et de leurs propriétés physiques et chimiques.* »

Faculté des Lettres. — « *La philosophie d'André-Marie Ampère. Insister sur sa psychologie, et présenter un examen critique de sa correspondance avec Maine de Biran.* »

CONDITIONS DU CONCOURS

Pour être admis à concourir, il suffit d'être de nationalité française. Aucune limite d'âge n'est imposée.

Les travaux présentés devront parvenir, francs de port, au Secrétariat de l'Université (Faculté de Médecine), avant le 1er mai 1902, dernier délai.

Facultés de Droit et des Lettres. — Les mémoires ne seront reçus qu'à l'état de manuscrits entièrement inédits. Ils porteront chacun une devise qui sera répétée sur un pli cacheté joint à l'ouvrage et contenant le nom de l'auteur.

L'auteur ne devra pas se faire connaître, sous peine d'être exclu du concours.

Facultés de Médecine et des Sciences. — Les mémoires envoyés pourront être imprimés ou manuscrits.

Les imprimés ne seront reçus que s'ils ont été publiés postérieurement au 1er mai 1901.

CHRONIQUE

La situation économique de l'empire allemand au début du XXᵉ siècle.

Lorsqu'on envisage dans son ensemble la situation économique actuelle de l'Europe, on reconnaît sans peine que cette situation est anormale ou au moins très troublée. Dans plusieurs pays même, l'industrie subit une crise. En France, M. Guillain, dans son rapport sur le budget de 1901, donnait, il y a quelques mois, l'alarme. La situation ne s'est guère améliorée depuis cette époque. Si le malaise dont parlent complaisamment tous les journaux européens n'est pas aussi grave que certains l'ont prétendu, il n'en existe pas moins et il affecte profondément toutes les nations, car il est engendré, au moins en partie, par des causes dont l'effet se fait sentir partout.

Parmi ces causes, il faut mentionner en première ligne la guerre de Chine et celle du Transvaal. Les opérations militaires en Chine ont fermé aux pays européens un débouché important. L'immobilisation de nombreux navires et la consommation de quantités considérables de charbon pour les transports des troupes, ont renchéri le prix du fret. Les dépenses imprévues nécessitées par cette expédition chez toutes les puissances qui y prennent part, ont causé une véritable perturbation sur les marchés financiers.

Le trouble économique a été accru par la durée, bien imprévue aussi, de la guerre du Transvaal. L'approvisionnement du marché en or n'a pas suivi la même progression que les années précédentes; et cette progression était rendue cependant nécessaire par les besoins croissants. L'Angleterre a déjà dépensé 3 milliards 750 millions ; elle a, de plus, perdu des sommes importantes sur diverses sources de sa richesse publique. Les besoins d'argent ont été grands; un resserrement monétaire devait se produire inévitablement dans les pays prêteurs. La crise du charbon a compliqué la situation à un moment où les navires de guerre consommaient de grosses quantités de houille et où l'essor de la métallurgie était étroitement lié au bon marché du combustible.

La crise des charbons a entraîné forcément une crise de la métallurgie. Cette branche de l'industrie avait été très prospère dans le monde entier en 1898 et 1899, et la France avait eu sa large part dans cet essor. La fabrication des fontes, fers et aciers avait procuré partout de notables bénéfices, grâce aux débouchés nouveaux qui s'étaient offerts à ces produits : outillage des industries électriques, entreprises coloniales, accroissement et transformation de l'armement naval et militaire des grandes puissances, extension donnée aux lignes de tramways, amélioration du matériel des voies ferrées. Mais l'année 1900 a marqué un temps d'arrêt. Partout — au moins depuis le mois de juillet — on constate un ralentissement des demandes qui a eu sa répercussion sur la production. La métallurgie, déjà éprouvée par la hausse du charbon et des minerais, l'a été aussi par celle des salaires et l'élévation des frais d'exploitation (due en

partie à l'application de certaines lois de protection ouvrière). Elle a
hésité, et elle hésite encore, à accroître son outillage. Les hauts prix cotés
l'effrayent. La concurrence des Etats-Unis devient chaque jour plus inquiétante ; un certain nombre de hauts-fourneaux, en Belgique notamment,
ont été éteints. Et si on signale çà et là, en ce moment, une légère reprise
d'activité [1], rien pourtant n'indique d'une façon certaine une amélioration durable.

Les industries cotonnières se sont trouvées de leur côté, en 1900, en
butte à de sérieuses difficultés causées surtout par l'augmentation du prix
de la matière première. En Belgique, en Alsace, en Russie la situation est
peu brillante. Ici également la concurrence des pays d'outre-mer grandit
chaque année. On encourage, par exemple, aux Etats-Unis la production
indigène par une majoration artificielle des prix d'exportation. Le Japon à
son tour (qui demande des quantités considérables de coton aux Indes)
développe prodigieusement ses manufactures et concurrence à la fois
l'industrie européenne et celle des Etats-Unis.

L'Allemagne subit forcément le contre-coup de cette évolution. Les statistiques que nous avons sous les yeux prouvent cependant, avec évidence,
que l'année 1900 a été satisfaisante pour elle ; aussi voudrions-nous, en
faisant connaître à nos lecteurs quelques chiffres significatifs, leur permettre de se rendre compte eux-mêmes de la situation et de constater que
la prospérité industrielle du nouvel Empire n'est pas encore sérieusement
ébranlée. On ne saurait reprocher à M. de Thielmann, secrétaire d'Etat à
l'office impérial des finances, d'avoir été trop optimiste lorsqu'il a fait,
devant la Commission du buget, la déclaration suivante : « Nous devons
nous attendre à un certain nombre d'années pendant lesquelles l'essor
précédemment pris par l'Allemagne, s'affaiblira peu à peu ; mais nous
pouvons nous réjouir de constater que cet affaiblissement ne se produira
pas, comme en 1893, sous la forme d'un krach général ». Et le ministre
du commerce [2] avait raison de dire, il y a quelques semaines, dans un
banquet d'industriels, que « le progrès économique de l'Allemagne était, en
dépit d'un léger ralentissement, très satisfaisant, et qu'il n'y avait aucune
crainte à concevoir ».

Si, d'ailleurs, certaines industries éprouvent actuellement quelque malaise, il ne faut pas oublier que la période quinquennale 1895-1899 a été
pour le nouvel Empire une période de prospérité inouïe. Il est impossible
que l'Allemagne ne souffre pas aujourd'hui de la hausse d'un certain nombre
de matières premières qui lui sont indispensables pour alimenter ses usines,
hausse qui est provoquée en partie par l'intensité même de la production.

La concurrence américaine n'est guère moins redoutable pour l'Allemagne que pour l'Angleterre. L'ardeur avec laquelle elle s'est portée, depuis
cinq ans, vers les entreprises industrielles, a forcément amené une surproduction qui dépasse les besoins du pays, et à laquelle il est très difficile de
trouver de nouveaux débouchés.

[1] V. la Revue *Stahl und Eisen*, nᵒˢ de février à mai 1901.
[2] M. Brefeld, le prédécesseur du ministre actuel M. Möller.

Le marché financier allemand a été, en outre, depuis six mois, un peu embarrassé : la réforme de la législation des Bourses lui a été défavorable. Le perfectionnement de l'outillage industriel a exigé des immobilisations considérables de capitaux ; le crédit est devenu cher, le taux de l'escompte est demeuré élevé, l'argent était même si peu abondant au mois d'octobre dernier, que le gouvernement s'adressa à des banquiers de New-York pour un modeste emprunt de 80 millions de marcs [1]. Le krach de plusieurs banques hypothécaires a jeté une grande perturbation sur le marché [2] et la lutte si implacable qui existe entre les agrariens d'une part, les commerçants et les industriels d'autre part, est un gros élément de trouble. Les récentes déclarations de M. de Bülow et d'autres ministres montrent jusqu'à quel point le gouvernement allemand est embarrassé pour trouver un arrangement satisfaisant [3].

Sans entrer dans l'examen détaillé des diverses branches de l'industrie de l'Allemagne au début du xxᵉ siècle, nous voulons au moins reproduire les chiffres qui indiquent au double point de vue poids et valeurs, le mouvement du commerce extérieur pendant la dernière année.

	IMPORTATIONS		EXPORTATIONS	
	En doubles quintaux	En milliers de marcs	En doubles quintaux	En milliers de marcs
1900	459.261.587	5.833.312	326.824.090	4.555.291
1899	446.522.882	5.783.628	304.032.263	4.368.409
1898	427.298.388	5.439.676	300.943.183	4.010.565
1897	401.623.169	4.864.644	280.199.486	3.786.241
1896	364.102.570	4.557.951	257.198.756	3.753.822
1895	325.369.756	4.246.111	238.296.583	3 424.076

[1] L'argent est redevenu très abondant sur le marché monétaire. La cause principale de la dépréciation du cours des emprunts était, au dire de financiers bien informés, due au marché de Londres. Il faut tenir compte aussi de l'abondance extraordinaire des placements hypothécaires, plus importants en Allemagne que dans tout autre pays. La valeur totale des hypothèques prises sur les propriétés allemandes n'est pas inférieure à 40 milliards de marcs. A la fin de 1899, il y avait 6.298 millions de marcs d'obligations hypothécaires en circulation. Cet emploi des capitaux, joint à l'engouement pour les valeurs industrielles, ne laisse guère de disponibilité pour les fonds d'Etat, surtout si l'on considère encore que les caisses d'épargne, les compagnies d'assurance et les autres grands établissements recourent, pour l'emploi de leurs réserves, à des placements hypothécaires.

[2] Mais la situation générale n'est guère ébranlée et les grandes banques ont pu distribuer à peu près les mêmes dividendes que l'an dernier.

[3] On a récemment essayé de comparer numériquement la production industrielle et la production agricole de l'Empire. La première est évaluée à 9.254 millions de marcs, la seconde à 2.697 millions seulement. Ces chiffres ne sont pas de nature à plaire aux agrariens. Encore que le baron de Wangenheim, l'énergique président du *Bund der Landwirthe*, ait dit très haut, paraît-il, à la suite des succès récemment obtenus : « Nous ne sommes pas au bout », une protestation monstre se prépare dans les milieux industriels contre les projets d'élévation des tarifs douaniers et l'émotion est profonde dans tout le pays.

Ainsi, au double point de vue poids et valeurs, exportations et importations n'ont cessé de s'accroître depuis 1895. En poids les importations ont augmenté de 133,89 millions de doubles quintaux et les exportations de 88,53. Mais ce sont les exportations qui cette année ont le plus grandi.

L'accroissement des importations n'a été, par rapport à 1899, que de 12,74 millions de doubles quintaux au lieu de 31,96, tandis que le chiffre des exportations est resté à peu près le même (22,79 au lieu de 25,88).

En valeur, l'augmentation a été, depuis 1895, de 1.587,20 millions de marcs, aux importations et de 1.131,22 aux exportations. Cette année, ce sont les exportations qui ont également le plus augmenté en valeur.

L'accroissement des importations n'a été que 49,68 millions de marcs [1], tandis que l'accroissement des exportations a atteint le chiffre de 137,20 millions de marcs. Déjà l'an dernier le progrès des exportations sur les importations se chiffrait par 13,89 millions de marcs. C'est un résultat dont l'Allemagne peut se féliciter, et les chiffres seraient encore plus significatifs si on ne tenait pas compte du mouvement des métaux précieux. L'excédent des exportations sur les importations attendrait 207,28 millions de marcs.

La comparaison entre les chiffres relatifs aux poids et ceux qui concernent les valeurs montre que l'Allemagne a, pendant l'année qui vient de s'écouler, importé plus de matières premières de faible valeur et exporté au contraire plus d'objets manufacturés ayant une valeur considérable sous un faible poids. C'est l'indice d'une prospérité industrielle dont les Allemands se montrent fiers à juste titre. Nous reproduisons ici un tableau sommaire, par espèces de marchandises, des principaux objets importés :

	1900	1899	1898
Coton et articles de coton	3.852.612	3.943.118	4.205.960
Articles de droguerie et de pharmacie. . . .	11.445.320	12.850.801	14.126.038
Fer et articles de fer	9.831.120	8.398.392	5.238.075
Terre, métaux et métaux précieux	76.288.921	73.568.701	61.517.412
Céréales.	65.381.147	66.456.605	71.721.641
Soie et articles de soie.	64.465	71.284	66.758
Charbons, cokes.	160.648.170	154.369.437	147.238.976
Laine et articles de laine	1.966.304	2.441.417	2.343.519

On voit par ce tableau que c'est surtout l'importation des fers, des métaux, des charbons qui s'est accrue. Le mouvement commencé dans les années antérieures s'est continué. Ainsi, de 6,13 millions de doubles quintaux, l'importation des fers bruts a passé à 7,7. L'importation du coton a au contraire diminué par suite de la crise que cette industrie subit partout en Europe, et des fluctuations qu'éprouvent tous les marchés du monde. Les importations de soie et de laine ont également fléchi. Le krach qui s'est produit en 1900 sur le marché lainier a eu en Allemagne un profond contre-coup.

[1] Ce qui tient surtout à ce que l'Allemagne a dû importer moins de céréales et de denrées agricoles parce qu'elle a fait une bonne récolte.

Il convient seulement de remarquer que l'exportation de tous les produits de l'industrie textile (sauf exception pour les lainages et les soieries) s'est accrue : il y a progrès marqué par rapport aux chiffres de 1899. De légères diminutions se font sentir pour les objets en fer (780.000 doubles quintaux), pour ceux en plomb (40.000), pour les articles d'épicerie (70.000), pour les objets en terre ou en argile (48.000).

Les chiffres relatifs aux valeurs donnent une idée plus juste de la prospérité industrielle d'un pays que les chiffres relatifs aux poids, lesquels subissent trop largement l'influence des matières pondéreuses et des articles bon marché dont le commerce se chiffre par de grosses quantités. Les chiffres relatifs aux valeurs sont plus significatifs de la qualité des objets fabriqués et vendus. Le tableau suivant est à ce point de vue fort instructif :

	1900	1899	1893
Déchets	93.753	82.945	67.419
Coton et articles de coton.	419.895	331.695	336.087
Drogues, couleurs et articles de pharmacie.	249.775	257.833	230.027
Fer et articles de fer.	121.286	107.544	68.209
Terre, métaux et métaux précieux	499.820	499.691	511.169
Céréales.	853.413	857.320	932.080
Peaux et fourrures.	221.348	187.610	184.593
Bois et matériaux à sculpter.	376.272	368.953	387.771
Instruments, machines, vaisseaux.	92.406	81.495	60.750
Cuivre et articles de cuivre	152.907	132.080	101.889
Articles de quincaillerie	46.791	46.803	43.800
Cuir et articles de cuir.	53.957	60.196	61.158
Fils de lin, toiles.	29.407	31.351	31.805
Production littéraire et objets d'art.	48.034	44.449	41.587
Articles d'épicerie et de confiserie	687.348	691.315	693.733
Huiles et graisses.	200.966	200.333	196.785
Soie et articles de soie.	177.853	200.588	165.646
Charbons et cokes.	191.001	157.939	132.941
Animaux et produits animaux	182.372	175.697	143.428
Bestiaux.	150.973	152.252	150.919
Laine et articles de laine.	410.770	559.640	412.655

Ce tableau montre, par exemple, que l'importation des cotons et articles de coton, qui a fléchi quant au poids, a, au contraire, augmenté, en valeur, de 88 millions de marcs. L'importation de la laine, par suite de la baisse de prix de cette marchandise, a, inversement, diminué de 149 millions. L'importation de la soie a baissé de 23 millions ; celle de la toile de 2 millions. Mais, toujours au point de vue valeur, l'importation des fers, des charbons, des peaux, des cuirs, des pierres, des produits d'origine animale a augmenté.

Le tableau des exportations n'est pas moins significatif.

En milliers de marcs

	1900	1899	1898
Coton et articles de coton	300.856	263.391	231.886
Articles de droguerie, de pharmacie et de teinture. . .	347.880	366.582	339.953
Fer et articles de fer	473.431	424.437	365.141
Terre, métaux, métaux précieux.	220.211	237.181	319.454
Céréales.	137.694	122.331	119.429
Verre et articles de verre	46.445	42.596	39.057
Peaux et fourrures	93.596	98.317	83.163
Bois et matériaux à sculpter.	131.655	120.747	114.250
Instruments, machines et véhicules.	281.704	250.455	217.790
Caoutchouc et gutta-percha	73.529	77.289	53.976
Robes, linge et articles de mode	134.696	141.903	107.379
Cuivre et articles de cuivre	139.199	127.240	98.060
Articles de quincaillerie.	154.141	141.568	126.478
Cuir et articles de cuir.	130.522	166.058	148.117
Fil, linge, toile, etc.	32.948	26.737	22.804
Production littéraire et objets d'art.	156.904	139.207	135.323
Articles d'épicerie	384.379	369.921	374.843
Articles de papier et de carton	113.462	97.293	95.915
Soie et articles de soie.	170.067	181.247	158.778
Charbons, cokes, etc.	266.958	233.551	206.292
Articles en argile.	70.857	64.090	59.061
Laine et articles de laine.	354.936	359.315	311.614
Zinc et articles de zinc.	40.120	37.672	31.224

Les Allemands sont en droit de trouver que ces chiffres sont satisfaisants. Il n'y a diminution sensible, en valeur, aux exportations, que pour les produits pharmaceutiques, les couleurs, les vêtements, cuirs, soieries, lainages. Il y a progrès pour tous les autres produits. Même dans l'industrie textile, l'exportation des cotonnades a augmenté de 37 millions et demi de marcs. Dans l'industrie métallurgique, en dépit de l'importance qu'ont prise certaines usines de Belgique, de Suisse, d'Autriche-Hongrie, de Russie, les progrès sont encore plus marqués. Ainsi l'exportation des objets en fer a augmenté de 49 millions de marcs; celle des instruments et machines, de 81 millions; celle des articles en cuivre, de 12 millions; celle de la quincaillerie, de 12 millions et demi; celle des articles en zinc, de 3 millions. Dans la librairie et les objets d'art, l'accroissement est de 17 millions et demi; pour les papiers et cartonnages, de 16 millions; pour les objets en bois, de 11; pour ceux en terre ou argile, de 6 et demi; pour la verrerie, de 4, etc.

La progression des exportations allemandes est, en somme, aussi satisfaisante pour 1900 que pour 1898 et 1899. Il est même permis de prévoir que l'écart plus sensible entre les exportations et les importations est une preuve de la vitalité actuelle de l'industrie allemande.

L'accroissement des exportations concorde, au surplus, avec une augmentation de la consommation nationale de ce peuple germanique, qui, jadis pauvre et modéré dans ses goûts, fait aujourd'hui beaucoup plus de dépenses et devient un peuple riche [1].

Quant aux chiffres relatifs à la *production*, ils sont pour la plupart supérieurs à ceux de 1899, ceux qui concernent les mines et la métallurgie sont particulièrement satisfaisants. La production a augmenté pour la houille de 7,60 p. 100 sur 1899 (101.976.814 tonnes au lieu de 96.844.499) et pour les lignites de 18,57 p. 100 (33.745.628 tonnes au lieu de 28.459.918). La vente a augmenté dans de plus fortes proportions encore : de 7,93 p. 100 pour la houille, de 20,67 p. 100 pour les lignites. Le nombre des ouvriers employés dans les mines de charbon a passé de 342.556 à 375.171, et dans les mines de lignite il a passé de 35.974 à 41.846. La consommation de charbon a augmenté en Allemagne de 115 p. 100 depuis 1871, et le syndicat du Bassin rhénan prévoit une augmentation notable pour 1901. Les usines métallurgiques sont en pleine activité « occupant le maximum de leur personnel, et elles ne peuvent malgré ce travail fournir à toutes les commandes » [2].

De toutes les statistiques relatives à la production, nulle n'est plus brillante que celle qui concerne la production humaine : le recensement de la population qui a eu lieu en décembre 1900 a donné un total de 56.345.014 habitants (dont 27.731.067 du sexe masculin et 28.613.947 du sexe féminin 33 villes ont aujourd'hui plus de 100.000 habitants et leur population réunie est de 9.108.814 âmes. Depuis 1895, le nombre des habitants s'est accru de 7,78 p. 100. C'est la plus forte augmentation qui se soit produite dans le courant des six dernières périodes de cinq années.

En dépit des difficultés graves qui existent entre les industriels et les agrariens, et troublent en ce moment la vie publique du pays, l'Allemagne peut donc envisager l'avenir avec confiance. Elle entre dans le siècle nouveau avec une force acquise déjà considérable et avec le bénéfice d'un développement industriel qui, ainsi que l'écrivait naguère M. Pingaud, est sans exemple jusqu'à ce jour en Europe. Ces succès sont d'autant plus importants à constater que ce n'est pas à une protection particulière de l'Etat qu'ils sont dus. C'est l'initiative privée et non l'action gouvernementale qui a syndiqué les énergies individuelles. C'est la nation elle-même, comme l'a fort bien dit M. Victor Bérard, qui a tout voulu, tout combiné, tout accompli. Personne ne se soustrait à la tâche, personne ne se dérobe

---

[1] Il est particulièrement intéressant de comparer au développement du commerce allemand, en 1900, celui de l'Angleterre et celui des Etats-Unis. On pourra se reporter, pour se faire une idée de la situation du commerce anglais en 1900, à un excellent article *Business in England 1900*, paru dans la *Commercial and financial chronicle*, de New-York, 2 février 1901, p. 216. En dépit de la guerre du TransVaal, les exportations anglaises se sont notablement accrues. Mais ce sont les Etats-Unis surtout dont le commerce extérieur a atteint en 1900 un chiffre que les plus optimistes n'osaient espérer : 2 milliards 290 millions de dollars. Les exportations, qui atteignent 1 milliard 465 millions de dollars, dépassent les importations de 640 millions. C'est un phénomène qui ne s'était jamais vu dans l'histoire économique du monde.

[2] V. lettre de Berlin, *Economiste européen*, 22 février 1901.

à la loi commune, personne ne s'imagine que la prospérité individuelle puisse durer sans la prospérité générale; le petit profit immédiat et personnel se soumet presque toujours au grand bénéfice national et lointain. Cet esprit de discipline et de solidarité, en dépit des rivalités et des controverses économiques auxquelles un grand peuple ne saurait se soústraire, contribue puissamment à la prospérité générale. Et l'Allemagne continue à nous offrir, au milieu de nos divisions, un exemple digne d'être connu et médité.

Georges BLONDEL.

REVUE DES REVUES FRANÇAISES

(Janvier, Février, Mars).

Journal des Economistes. — *N° de janvier.* — M. DE MOLINARI dresse le bilan du XIX° siècle. A l'actif, il inscrit le développement extraordinaire de la puissance productive de l'homme, par la conquête et l'asservissement des forces naturelles. Aux Etats-Unis, par exemple, la richesse nationale était évaluée, en 1850, à 7 milliards 135 millions de dollars, soit à 308 dollars par tête; elle s'élevait, en 1900, à 90 milliards, soit 1.180 dollars par tête; dans la dernière décade seule, l'augmentation aurait été de 35 milliards. M. de Molinari n'indique pas, ce qui était pourtant d'un haut intérêt, quelle est dans ce total formidable de 90 milliards de dollars la part des milliardaires faiseurs de *trusts,* de ces rois du pétrole, de l'acier, du sucre ou du whisky, au profit desquels s'opère une concentration des richesses si inquiétante pour ce pays jadis libre. — En France, le nombre des chevaux-vapeur s'est élevé de 20.000 en 1840 à 6.300.000 en 1897; c'est une somme de travail égale à celle de 63.000.000 d'hommes qui a été mise au service de l'industrie.

La machine n'a pas seulement pour effet d'augmenter la quantité des produits; elle améliore le producteur lui-même; car, si elle dispense l'homme de l'effort physique, elle exige une application constante de sa force intellectuelle et elle engage souvent sa responsabilité morale : par exemple, pour le mécanicien sur sa locomotive et pour l'aiguilleur à son poste. C'est aussi par le progrès industriel que la solidarité s'est accrue entre les hommes; jadis bornée par les frontières des Etats, la solidarité est devenue internationale, lorsque les échanges ont associé les intérêts des individus appartenant à des nations différentes. En 1800, le commerce de l'Angleterre n'atteignait pas 2 milliards de francs, et celui des autres nations réunies s'élevait à peine à ce chiffre. Or, M. Levasseur évaluait dernièrement à 87 milliards pour la période 1894-95 le commerce du monde civilisé. De 1820 à 1900, l'Europe a jeté sur le monde 15 millions d'émigrants qui ont fait souche de peuples nouveaux, agrandi les débouchés de son industrie, et étendu la sphère de la solidarité des intérêts.

Voilà l'actif, et le XIX° siècle laisse un héritage de milliardaire. Malheureusement, il y a un passif. On avait cru que l'accroissement des échanges internationaux, en intéressant tout le monde à la paix, ferait disparaître les guerres ou du moins les rendrait plus rares. Il n'en a rien été. Les guerres n'ont pas été moins nombreuses qu'aux siècles passés, et elles ont été bien autrement destructives et coûteuses : destructives de capitaux, l'ensemble des dettes publiques dans les nations civilisées dépasse actuellement 130 milliards, et cette dette a en grande partie pour cause directe ou indirecte la guerre; destructives de vies humaines, en additionnant les victimes de la guerre depuis la Révolution on arrive à 9.840.000.

Pourquoi ces progrès dans l'art de la destruction, égaux aux progrès dans les arts de la production? C'est que partout les intérêts engagés dans la conservation de l'état de guerre, intérêts militaires et politiques, sont restés prépondérants. Les armées et les fonctions publiques attirent encore de préférence les rejetons de l'ancienne classe dominante et les parvenus de la nouvelle. Les militaires professionnels poussent à la guerre, restée pour eux une source d'honneurs et de profits. Seulement, comme on n'ose plus se faire la guerre entre grandes nations civilisées — il y a trop de risques —, on l'exporte. On « *civilise* » l'Afrique ou bien la Chine.

La guerre n'est pas le seul fléau. Il y a aussi l'extension des attributions de l'Etat. Les révolutions, qui ont eu pour but d'enlever aux oligarchies nobiliaires et cléricales de l'ancien régime le monopole du gouvernement, n'ont eu, en fait, d'autre résultat que d'étendre successivement ce monopole à une classe de plus en plus nombreuse, et les fonctions qui servaient de débouché n'ont plus suffi. Il a fallu les multiplier, malgré les économistes « gens naïfs et incapables d'apprécier ce genre de nécessité ». En France, le nombre des fonctionnaires a passé de 60.000 à 400.000. Le fléau de l'étatisme atteint jusqu'à l'Angleterre.

Il y a enfin le protectionnisme; les droits de douane ont remplacé, pour les grands propriétaires terriens, les redevances féodales, et les ont même étendues aux détenteurs de la propriété industrielle, grâce à de savantes coalitions. En Angleterre, cette coalition s'est rompue sous l'effort de la Ligue contre les lois céréales, et on a espéré à ce moment qu'une ère de liberté et de paix allait s'ouvrir pour le monde. Brève illusion : l'intérêt militariste et l'intérêt protectionniste, l'un aidant l'autre, n'ont pas tardé à reprendre le dessus. Aux impôts que nous devons à l'Etat, sont venus s'ajouter ceux que nous payons à certains producteurs.

Ainsi, une forte part de la plus-value créée par l'industrie a été dévorée par cette trinité malfaisante, le militarisme, l'étatisme et le protectionnisme. Souhaitons, dit en terminant M. de Molinari, que le XX⁰ siècle n'excelle pas seulement, comme son devancier, à produire la richesse, mais qu'il apprenne à la mieux employer — il nous sera permis d'ajouter, et à la mieux répartir.

Dans le même numéro, M. Rouxel fait sur la politique coloniale américaine quelques réflexions qui viennent fort à propos après l'exposé de principes de son rédacteur en chef. L'annexion de Cuba et des Philippines n'est qu'un premier pás. Depuis plusieurs années déjà, le « Musée commercial de Philadelphie » publie des renseignements sur des pays plus ou moins colonisables, Siam, Guatemala, Costa-Rica, etc... L'extension donnée à la marine américaine indique également des intentions belliqueuses et dominatrices. Un livre récent [1] expose les raisons que les Américains croient avoir d'imiter ainsi — en ce qu'elle a de plus fâcheux — la politique des principales nations de l'Europe. A l'heure actuelle, l'Amérique souffre de pléthore : pléthore de produits, de capitaux, de machines et

---

[1] *The United States in the Orient,* par Charles Conant, Boston and New-York, 1900.

d'ouvriers. Comme les autres puissances ferment leurs portes, il faut bien qu'elle s'en ouvre d'autres, et qu'elle conquière les peuples trop faibles pour lui résister.

Ces raisons ne satisfont point M. Rouxel. Il est vrai qu'il y a pléthore en Amérique, mais pourquoi ? A cause du système protecteur, qui y attire les capitaux et les hommes en surabondance, et qui a engendré de grandes misères d'un côté et de grandes richesses d'un autre. Les Etats-Unis n'ont donc qu'à supprimer la protection : la consommation nationale accrue sera un débouché plus ample à l'industrie nationale, et les portes des autres pays cesseront de se fermer quand ils ouvriront les leurs. Faire l'économie du protectionnisme, cela les conduira à faire celle du militarisme : double profit.

N° de février. — M. Nestler-Tricoche nous donne, dans ce numéro et dans celui de mars, deux articles curieux sur les « *Sociétés secretes et assurances fraternelles aux Etats-Unis* ». Ce pays est vraiment la terre d'élection de l'assurance sur la vie. Il y a, à côté des Compagnies régulières dont les opérations, d'après les derniers rapports officiels, s'élèvent à près de 32 milliards de francs, une foule de Fraternités, à forme de Sociétés secrètes, qui font aussi des opérations d'assurances. Leur développement date des quinze ou vingt années qui suivirent la guerre de Sécession. Au 31 décembre 1898, les statistiques dressées par le New-York State Insurance Department donnaient les chiffres suivants :

Nombre de Fraternités d'assurances (environ)	200
Membres assurés	2.600.000

Il faut d'ailleurs faire attention que beaucoup de ces sociétés font autre chose que de l'assurance sur la vie proprement dite. L'auteur entre à cet égard dans des détails techniques qu'il est également impossible de reproduire et de résumer. Il les distingue : d'une part, en institutions faisant des opérations en cas de mort (et subsidiairement de maladie) et en sociétés d'assurances en cas de vie ; d'autre part, en sociétés sans prélèvements et en sociétés avec prélèvements. Ces sociétés ne sont soumises à aucun contrôle gouvernemental. Il paraît que, dans l'opinion des jurisconsultes, il n'y a qu'un lien de droit un peu incertain entre la société et les membres assurés, et que la somme payée par exemple au décès l'un de ceux-ci ne l'est que par un acte purement volontaire et amical des autres. Il n'existe pas, en droit, de moyen d'obliger au versement des prélèvements nécessaires. De fait, d'ailleurs, les co-assurés ne se dérobent jamais ; leur bonne volonté semble même à toute épreuve, et M. Tricoche cite le cas d'une société, le *Royal Arcanum,* dans laquelle, en 1897, le taux du prélèvement ayant été jugé insuffisant fut simplement doublé par une décision du Comité supérieur sans que même une velléité d'opposition se manifestât chez les 40.000 membres de la société.

D'où vient donc le succès de ces sociétés ? Précisément de ce que ce ne sont pas seulement des sociétés d'intérêt. L'auteur est sur ce point fort explicite : « C'est dans le mysticisme sur lequel sont basées ces sociétés, dit-il, que se trouve le secret de leurs succès ; c'est grâce à ce lien de fraternité si puissant, incompréhensible pour ceux qui n'ont pas pénétré l'esprit de la chose, que l'on peut obtenir, à certains moments critiques, de la part des Brothers, des sacrifices impossibles à concevoir dans une institution purement d'affaires ». Constatation précieuse à noter dans une revue attachée aux doctrines du libéralisme classique, et qui fait apercevoir une fois de plus combien est étroite la conception de l'*homo œconomicus,* de cet être abstrait qui ne se déciderait que par des motifs d'intérêt personnel, au sens le plus exclusif de ce mot.

Pour tout ce qui est formalités d'initiation, hiérarchie, gouvernement social, ces Fraternités américaines se rapprochent de la Franc-Maçonnerie, qui peut être considérée comme l'ordre-type. D'ailleurs les nécessités mêmes de la concurrence les ont obligées à se diversifier et souvent à renchérir les unes sur les autres au point de vue du rituel et du cérémonial. Un certain nombre d'ordres s'inspirent des traditions de la Chevalerie : tels sont les *Knights of Saint-John and Malta* et les *Knights of Malta,* ces derniers, par exemple, inscrivant dans leurs Annales : *Jérusalem 1048-America 1889.* Il y en a qui prétendent à une antiquité plus vénérable encore : *The Order of Druids,* ou les *Knights of Pythias* qui font dériver leurs rites de la légende de Damon et Pythias. Parfois aussi ces sociétés revêtent la forme militaire : toujours le militarisme ! Les *Old Fellows* par exemple ont créé une section militaire qui compte 16.170 membres *(Chevaliers of the Patriarchs Militant)* ; ceux-ci portent un uniforme et font des exercices !

En général, les divers groupes ou loges d'un État sont soumis à l'autorité d'un Comité central ; les Comités des différents Etats relèvent à leur tour d'un Comité suprême ayant juridiction sur toute l'Union. Cette règle est presque universellement suivie. Enfin, il y a d'ordinaire, dans chaque loge, un membre qui a reçu du Comité de l'Etat une sorte d'investiture lui donnant le pouvoir de régler sur place un certain nombre de questions.

Il s'est formé en 1886 un *National Fraternal Congress,* dans lequel peuvent se faire admettre tous les ordres ayant au moins 40.000 membres, faisant l'assurance ou donnant de simples secours en cas de décès. En 1896, cinquante Fraternités environ en faisaient partie. Le but de ce Congrès est d'étudier et de perfectionner les règles de l'assurance mutuelle.

M. Grandeau, dans le *Mouvement agricole,* parle du développement des institutions agronomiques aux Etats-Unis. Il résulte des renseignements qu'il apporte que ce peuple d'hommes d'affaires a parfaitement compris l'utilité d'appliquer les méthodes scientifiques à l'agriculture. Le nombre des stations agronomiques est de 54; il y a, en outre, un office des stations, chargé de la haute administration de ces établissements et de la coordination de leurs travaux. Le budget total des recettes dépasse 6 millions (environ 6.200.000 francs), dont 5 1/2 millions à peu près de subventions fournies par l'Union ou par les Etats; 669 personnes, dont 148 chimistes, sont attachées aux stations agronomiques.

Quelques comparaisons : En Allemagne, 69 stations, un budget de recettes de 2.805.000 francs, dont plus de 1 million (1.142.600 francs) fourni par les syndicats et associations agricoles. En France, 65 établissements, un budget de recettes de 700.000 francs à peine, qui se décompose ainsi (exercice 1900) :

Subventions de l'Etat. . . . . F.   287.875
  »   des départements, sociétés agricoles, etc. . . .   247.050
Produit des analyses. 162.450
             Total. . . . F.   697.375

Les ressources par établissement sont de :

    Etats-Unis. . . . . F.   115.000
    Allemagne 40.000
    France. 15.000

N° de mars. — Quelques réflexions de M. RATOIN sur la proposition faite par la Commission des chemins de fer de la Chambre de racheter les réseaux de l'Est, du Midi, de l'Ouest et de l'Orléans.

Les Chambres de commerce ont protesté contre cette proposition. Les partisans du rachat allèguent qu'il pourrait se faire sans bourse délier, l'ensemble des dettes que ces Compagnies ont envers l'Etat, du chef de la garantie d'intérêts, étant supérieur (de 38 millions environ) à l'ensemble des créances qui résulteraient pour elles des conditions du rachat. Mais la Chambre de commerce de Paris a fait observer, et M. Ratoin prend cette observation à son compte, que l'Etat ne peut pas compenser les créances d'un réseau par les dettes d'un autre, qu'en fait les trois Compagnies de l'Est, du Midi et de l'Orléans seraient créancières d'une somme de 126 millions, tandis que la reprise de l'Ouest laisserait un déficit de 160 millions environ que la Compagnie ne pourrait pas rembourser.

D'ailleurs, la façon dont l'Etat exploite les postes, les téléphones, les allumettes, n'est pas encourageante. Sous la pression des intérêts électoraux qui réclameront sans cesse des lignes nouvelles, des abaissements de tarifs, des voyages à demi-place, ou à quart de place, ou même gratis, pour des catégories de plus en plus nombreuses de bénéficiaires, que deviendra le produit de l'exploitation? Et 300,000 agents nouveaux à diriger! alors que l'Etat a déjà tant de soucis administratifs et parlementaires du chef des ouvriers de ses manufactures et de ses arsenaux.

Outre l'exploitation ruineuse, la menace d'un régime oppressif pour le public. Quand on a une difficulté avec une Compagnie, on a encore la ressource — en dehors de l'action judiciaire — de s'adresser au Service du contrôle de l'Etat, et bien que la communauté d'origine des fonctionnaires des Compagnies et des fonctionnaires de l'Etat soit de nature à énerver l'action de ceux-ci, cependant elle est devenue depuis quelques années assez énergique. Mais l'Etat, qui le contrôlera? La Chambre, et évidemment, ce n'est pas une garantie suffisante.

Il y a l'expérience de plusieurs pays étrangers. Le chemin de fer d'Etat, dit M. Ratoin, a donné des résultats médiocres en Allemagne et en Autriche, et désastreux en Hongrie et en Belgique. En Autriche, les déceptions ont été fort graves. Les renseignements que M. Ratoin apporte sur ce point sont d'ailleurs trop sommaires pour être concluants; en des matières aussi

complexes, la comparaison n'est utile qu'à la condition d'être très approfondie. Il est à remarquer que l'auteur ne parle pas de l'exploitation du
réseau d'Etat déjà existant en France; mais il faut bien dire qu'il est extrêmement difficile de se faire sur ce point une opinion ferme. Les divers
rapports parlementaires, qui devraient cependant puiser à bonne source,
donnent des chiffres qui ne s'accordent pas. La première chose à faire, si
l'on pensait sérieusement au rachat des chemins de fer — ce qui nous
paraîtrait du reste une grosse faute au point de vue financier et au point
de vue politique — ce serait de procéder à une enquête rigoureuse, impartiale et complète sur les résultats de l'expérience commencée.

* *

Economiste français. — *5 janvier.* — M. Paul LEROY-BEAULIEU examine
les modifications du régime de l'octroi de Paris, et les taxes de remplacement. La suppression quasi-totale des droits sur les vins paraît à l'auteur
tout à fait louable, et il en tire cette conséquence — qui est fort sujette à
contestation — qu'avec la réduction à 1 fr. 50 par hectolitre tombent toutes
les récriminations, d'ailleurs peu fondées dans leur ensemble, ajoute-t-il,
sur les injustices de notre système d'impôts. D'ailleurs les sacrifices consentis par l'Etat et par la ville ont profité même au petit consommateur, et
le prix du vin commun à Paris a baissé de 10 à 15 centimes par litre. De ce
côté, par conséquent, il y a lieu d'être satisfait. Il n'en est pas de même
pour les taxes de remplacement. M. Leroy-Beaulieu eût voulu un système
de taxes de remplacement conçu de la façon suivante : taxes sur les cercles,
chevaux et voitures, licences municipales, pour 5 millions environ; autant
d'une surtaxe municipale de l'alcool; enfin des centimes additionnels aux
quatre contributions directes pour 35 millions. Au lieu de cela, on a fait
porter presque tout le poids de la réforme sur la propriété foncière, soit
directement (taxe foncière de 2,50 p. 100 sur le revenu net des propriétés
bâties, taxe de 1,0666 p. 100 du revenu net pour l'enlèvement des ordures
ménagères, celle-ci d'ailleurs pouvant être récupérée par le propriétaire
sur les locataires, taxe sur la valeur vénale de la propriété non bâtie) soit
indirectement par les impôts qui tendent à renchérir le prix des loyers
(taxe de 1 p. 100 sur la valeur locative des loyers d'habitation, de 1 p. 100
également sur la valeur locative des locaux commerciaux non occupés,
suppression du prélèvement sur l'octroi pour la décharge des loyers
moyens et nouveau mode de répartition de la mobilière qui en fait une
taxe progressive). Tout cela est très compliqué, et M. Leroy-Beaulieu
déclare qu'à la Chambre personne n'y a rien compris. Il en appréhende
une crise grave de la propriété parisienne et la suspension du mouvement
des constructions.

Il est certain que la propriété va se trouver lourdement grevée. Mais
l'expérience seule dira si l'on a vraiment dépassé la mesure. N'oublions
pas d'ailleurs que dans le prodigieux essor de la valeur foncière à Paris,
au cours du siècle qui vient de s'achever, et surtout dans la seconde moitié,
l'Etat n'avait pas prélevé sa juste part. Le système préconisé par M. Leroy-
Beaulieu, des centimes additionnels aux quatre contributions, serait-il

meilleur ? En ce qui concerne les trois contributions foncière, des portes et fenêtres, et mobilière, la surcharge des centimes additionnels aurait produit à l'égard de la propriété parisienne le même effet que les taxes critiquées. Restent les patentes ; en ce qui concerne le droit dit proportionnel, même objection ; à un autre point de vue, n'y aurait-il pas de graves inconvénients à augmenter encore un impôt aussi mal et aussi irrégulièrement assis que la patente ? Du reste, politiquement, l'imposition de nouveaux centimes additionnels à la patente était une impossibilité pour le Conseil municipal actuel : issu de la coalition des boutiquiers nationalistes et de la bourgeoisie conservatrice, il se serait suicidé en frappant ses meilleurs électeurs. Il n'y aurait qu'un moyen satisfaisant de résoudre la question des taxes de remplacement : ce serait l'établissement au profit de l'Etat d'un impôt personnel et global sur le revenu, permettant l'abandon aux communes de tout ou partie des impôts réels. Mais c'est une solution qui trouverait à l'*Economiste français* des contradicteurs éloquents et irréductibles.

12 janvier. — Un article de M. Hubert-Valleroux sur *la propriété urbaine et la taxation des plus-values.* Il s'agit de l'application de l'article 30 de la loi du 16 septembre 1807, ainsi conçu : « Lorsque, par suite des travaux déjà énoncés, lorsque, par l'ouverture de nouvelles rues, par la formation de places nouvelles, par la construction de quais ou par tous autres travaux publics généraux, départementaux ou communaux, ordonnés ou approuvés par le gouvernement, des propriétés privées auront acquis une notable augmentation de valeur, ces propriétés pourront être chargées de payer une indemnité qui pourra s'élever jusqu'à la valeur de la moitié des avantages qu'elles auront acquis... » Une délibération du précédent Conseil municipal de Paris a demandé la mise en application de cet article, et M. Hubert-Valleroux nous apprend que la préfecture de la Seine poursuit en ce sens une « *campagne obscure, mais tenace* ».

Il y est tout à fait hostile, non en théorie, mais pour des raisons pratiques. Quand y a-t-il plus-value ? Vous aviez un hôtel de famille dans une rue calme, rue Saint-Dominique, rue de l'Université ; la construction du boulevard Saint-Germain vous met en façade sur le bruit, le mouvement, les voitures et les tramways ; votre hôtel y gagne peut-être en valeur vénale, mais y perd en charme intime. Vous faudra-t-il encore payer une plus-value qui vous est désagréable ? Voilà l'objection ; personne ne niera d'ailleurs que l'application de la loi de 1807 ne puisse soulever d'assez sérieuses difficultés pratiques ; mais ces difficultés-là, on en vient toujours à bout lorsqu'on en a le ferme propos et qu'on y apporte de l'esprit de suite. Si l'on avait appliqué la loi dans la période de grande hausse des propriétés foncières, à partir de 1850, les finances publiques en auraient, quoi que paraisse dire M. Hubert-Valleroux, largement profité, et on aurait évité ce spectacle fâcheux d'un groupe d'intérêts individuels bénéficiant presque seuls d'une plus-value due à l'action de causes collectives. C'est tout de même un signe des temps qu'un principe posé par la loi impériale de 1807 soit maintenant considéré comme trop socialiste.

M. Pierre Leroy-Beaulieu attire l'attention sur l'*expansion politique et*

economique des Etats-Unis. Il croit que si jamais la Chine doit entrer dans
le mouvement de la civilisation moderne, c'est l'Amérique qui fournira
tout l'outillage et qui aura la plus belle part du commerce qui suivra cette
révolution. Une politique active en Extrême-Orient s'impose donc à elle, et
elle ne peut la soutenir qu'en assurant sa prépondérance dans tout le nord
du Pacifique. Nous voilà loin, on le voit, des conseils de prudence que
M. Rouxel adresse aux Etats-Unis dans le *Journal des Economistes*. M. Leroy-
Beaulieu donne quelques chiffres qui caractérisent l'expansion économique :
en 1900, les exportations des Etats-Unis se sont élevées à 7 milliards
600 millions de francs, et les importations à 4 milliards 275 millions ; les
exportations métallurgiques seules s'élèvent à près de 1 milliard, dont
60 millions de rails d'acier ; le mouvement d'immigration a repris :
460.000 personnes en 1900, alors qu'on était tombé en 1897 et 1898 au-dessous
de 250.000 ; enfin la flotte de commerce ressuscite ; les chantiers américains
ont produit, en 1900, 180.000 tonnes. La conclusion est que les Etats-Unis
paraissent devoir hériter au xxᵉ siècle de la prépondérance économique
dont l'Angleterre a joui au xixᵉ. On parle aussi de l'Allemagne comme
héritier présomptif ; il n'y a que nous, hélas ! qu'on ne mette point sur les
rangs.

19 janvier. — La production de l'or dans le monde en 1900, par M. Pierre
Leroy-Beaulieu, d'après les statistiques de l'*Engineering and Mining jour-*
nal (New-York). Malgré la fermeture des mines du Transwaal, elle s'est
élevée à 385.910 kilogrammes, soit une valeur en francs de 1.329 millions,
inférieure à la production de 1899 (1.625 millions) et de 1898 (1.500 millions). C'est encore cependant un chiffre énorme et qui montre que partout, abstraction faite du Transwaal, il y a comme un réveil dans la production de l'or : elle était tombée, en 1884, à 494 millions et n'était encore
que de 871 millions en 1890. Nous ne sommes probablement pas au bout
du mouvement ascensionnel : les montagnes Rocheuses, les terres polaires
de l'Alaska recèlent probablement bien des richesses ; la Sibérie est à peine
exploitée, Madagascar aussi ; la Chine n'est même pas explorée ; la Côte de
l'Or et son hinterland s'annoncent peut-être comme un pays de grande
production. Lorsque le Transwaal sera de nouveau ouvert, nul ne peut
prévoir à quels chiffres pourra monter la production annuelle. M. Pierre
Leroy-Beaulieu trouve que tout cela « est de bon augure ». Il y aurait
peut-être lieu de teinter cet optimisme d'un peu de mélancolie, car si la
production de l'or s'accroît sans cesse et dans une mesure beaucoup plus
rapide que la population et les échanges, que deviendra la stabilité de
l'instrument monétaire, avantage précieux entre tous ? Nous sommes encore,
pour cette partie de notre organisation économique, en pleine barbarie ;
que l'or soit trop rare, une portion du monde civilisé en souffre ; qu'il
devienne trop abondant, c'est au tour de l'autre portion d'être ruinée et de
gémir. De toutes les fatalités qui, plus que la volonté de l'homme, mènent
le mouvement économique, celle-là est la plus formidable.

26 janvier. — M. Edouard Payen examine la question du *salaire des fem-*
mes mariées. Tout le monde, à peu près, est d'accord qu'il y a dans le code
civil une lacune sur ce point, ajoutons et sur tous les points relatifs à

l'existence ouvrière. Le code civil est un code essentiellement bourgeois; ceci se manifeste notamment dans la partie relative aux régimes matrimoniaux; la règle, qui fait de la communauté légale le régime de tous les époux sans contrat de mariage, produit dans beaucoup de ménages ouvriers des résultats fâcheux. L'ouvrière mariée ne peut pas disposer de son salaire et le disputer, dans l'intérêt des enfants, à l'imprévoyance et au gaspillage du mari; il y a, il est vrai, la séparation de biens, mais ce n'est pas quelque chose de pratique pour les pauvres gens. M. Payen rappelle les propositions de loi qui ont pour objet de remédier à cet état de choses, et il déplore que, d'accord sur le fond de la question, on n'ait pas encore trouvé le moyen d'aboutir. Il rappelle également ce qui a déjà été fait par les lois de 1881, de 1886 et de 1895 pour les Caisses d'épargne et pour la Caisse des retraites.

2 février. — *La grève de Calais et les industries des tulles et des dentelles,* par M. Liesse. Renseignements intéressants sur l'origine et les développements de ces industries. C'est de Nottingham que la fabrication des tulles et dentelles a été importée à Calais, au commencement du xixe siècle, malgré les lois anglaises punissant de bannissement et même de mort quiconque exporterait des métiers à l'étranger. Il y a actuellement 1.850 métiers, dont 600 à 700 font de la dentelle de coton et 1.100 à 1.200 de la dentelle de soie. Ces métiers sont répartis dans 38 usines et exploités par environ 350 fabricants. Cela tient à ce qu'un grand nombre de petits industriels, propriétaires d'un, deux, trois métiers, installent ces métiers dans de grandes usines qui leur fournissent la force motrice. En somme, industrie peu concentrée; beaucoup de patrons sont d'anciens ouvriers. Le chiffre de la production annuelle varie de 50 à 80 millions; grand commerce d'exportation. Salaires élevés comme dans les industries d'art en général; ils peuvent atteindre 60, 80 et même jusqu'à 100 francs par semaine, lorsque les affaires battent leur plein; c'est un des éléments qui expliquent la possibilité pour les ouvriers d'accéder au patronat.

9 février. — Une vive critique, par M. Paul Leroy-Beaulieu, du projet de loi Millerand *sur l'arbitrage et les grèves.* Le sujet est d'actualité, nous le retrouverons dans le *Monde économique,* l'*Association catholique,* le *Mouvement socialiste;* le lecteur entendra ainsi toutes les cloches. M. Leroy-Beaulieu estime que le public a eu raison de qualifier le projet de M. Millerand du nom de projet « sur la grève obligatoire ». Il s'appuie surtout sur les observations présentées par l'*Union des Chambres syndicales lyonnaises;* le patron, si le projet est voté, n'aurait plus que le titre de chef sans en avoir le rôle et les pouvoirs; ce serait « *l'expropriation progressive* » du patron. « Il existe, dit en terminant M. Leroy-Beaulieu, sur le continent européen, trois grandes pétaudières publiques : le Parlement français, le Parlement italien, le Parlement autrichien...... Il n'en résulte pas que tout dans un pays, toutes les industries, tous les ateliers, doivent être transformés en pétaudières ».

23 février. Le rendement des impôts et les plus-values en France. — M. Paul Leroy-Beaulieu examine le rendement des impôts en 1900. L'ensemble des revenus de l'Etat, autres que les contributions directes et quelques recettes secondaires, s'est élevé à 2.880.541.996 francs, en augmentation de 47.118.496 francs sur l'année 1899. Cette plus-value, qui représente seulement 1,66 p. 100, est bien chétive pour une année d'Exposition et de grande activité industrielle. Il y a 30 ou 40 ans, on ne se tenait pas pour satisfait à moins de 3 p. 100 de plus-value annuelle. A l'heure actuelle, il y a un élément capital de plus-value qui nous manque, c'est l'accroissement de la population. Caveant Consules! Si l'on n'y prend pas garde, avec l'augmentation des dépenses, les projets de retraites ouvrières et « autres balivernes », on retombera dans les temps difficiles.

2 mars. Les grandes réserves d'énergie hydraulique en France. — M. Pierre Leroy-Beaulieu se préoccupe des modifications que l'emploi des forces hydrauliques peut amener dans le régime des industries modernes. Il lui paraît probable que la souplesse extrême de l'énergie électrique, en laquelle l'énergie hydraulique se transforme, la facilité avec laquelle elle se prête à être divisée et distribuée, tendront à maintenir ce qui reste de la petite industrie, et pourront même la faire renaître en certaines branches. Autre conséquence à prévoir : une répartiton nouvelle des régions industrielles. Les bassins houillers cesseront d'avoir une sorte de monopole; ils auront des rivaux dans les massifs de montagnes, surtout ceux où l'existence des glaciers — la houille blanche — assure aux cours d'eau un débit important en toute saison. Quels sont, à cet égard, les pays les plus favorisés? Les Etats-Unis, avec le Niagara et les Montagnes Rocheuses, l'Autriche-Hongrie, avec les Alpes et les Carpathes, la Suisse, l'Italie du nord. Au contraire, l'Angleterre, la Belgique, la Hollande ont peu de chutes d'eau; l'Allemagne en a relativement peu aussi. On verra peut-être une vie industrielle active naître dans la péninsule scandinave. En France, nous sommes assez bien partagés. En dehors même des Alpes, nous avons des forces considérables, dans les Vosges, dans le Jura, dans les Cévennes, dans les Pyrénées. Depuis dix ans, il s'est fondé dans les Alpes de grandes usines hydrauliques. D'après une enquête officieuse, qui date déjà de deux ans, 1er janvier 1899, il y a 58 usines employant une puissance totale de 250.000 chevaux.

A combien peut-on évaluer la force totale dont disposerait la région alpine? D'après une évaluation, qui n'a d'ailleurs pas la prétention d'être précise, de M. Tavernier (*Les grandes forces hydrauliques des Alpes, leur rôle économique, leur avenir*), la région alpine renfermerait une force hydraulique brute de 3 millions de chevaux pour la force minima d'étiage, et de 5 millions pour la force moyenne annuelle. M. Leroy-Beaulieu estime, il donne cela d'ailleurs comme une simple hypothèse, que les Alpes contiennent environ la moitié de la force hydraulique brute de l'ensemble de notre pays; celle-ci s'élèverait à 6 millions de chevaux comme force minima d'étiage et à 10 millions comme force moyenne annuelle.

16 mars. — Les chemins de fer de l'Europe. M. Paul Leroy-Beaulieu analyse le dernier tableau annuel publié par le ministère des travaux publics et qui se réfère à l'année 1899. A cette date, c'est l'Allemagne qui venait au premier rang pour l'étendue kilométrique des voies ferrées : 50.511 kilomètres. Puis l'Empire russe : 45.998, la Russie d'Asie (Sibérie et Turkestan) non comprise ; la France vient en troisième lieu, avec 42.211 kilomètres ; l'Autriche-Hongrie en quatrième, avec 36.275 ; la Grande-Bretagne en cinquième, avec 34.868 ; elle était la première, il y a vingt ans ; son réseau est presque stationnaire, n'augmentant plus que d'un demi p. 100 par an ; elle est arrivée au point de saturation.

Le classement le plus intéressant est celui qui se fait en prenant le rapport des voies ferrées soit à la superficie du territoire, soit à la population. En prenant le premier de ces rapports, la France vient au sixième rang, ayec 7 kilom. 9 de chemins de fer par myriamètre carré, précédée par la Belgique, la Grande-Bretagne, l'Allemagne, la Suisse, les Pays-Bas. En prenant le second, elle vient au cinquième rang, avec 10 kilom. 9 par 10.000 habitants, précédée par la Suède, la Suisse, le Luxembourg, la Suisse, le Danemark, se trouvant par conséquent en tête des grands pays : l'Allemagne, dans ce classement, vient au sixième rang ; la Grande-Bretagne, au neuvième seulement.

A signaler enfin, dans les n°s des *5 janvier, 19 janvier, 9 février, 23 février, 9 mars, 23 mars,* une série d'articles de M. Daniel BELLET, sous la rubrique : *Les enseignements de l'Exposition universelle,* études industrielles sur le papier, le chauffage, les ascenseurs, grues et ponts roulants, la construction des ponts, l'imprimerie, la céramique.

* *

Le Monde économique. — *5 janvier.* — M. PRET analyse le dernier rapport de M. Brabrook, chef du bureau de statistique et de législation des Sociétés de prévoyance en Angleterre. Quelques chiffres intéressants. En 1897, les Trade-Unions possédaient 2.138.296 livres sterling ; les Caisses d'épargne ordinaires, 53.699.532 ; les Caisses d'épargne postales, 108.098.641. Le total pour les diverses Sociétés de prévoyance s'élevait à 278 millions de livres, soit 6.950 millions de francs.

9 février. — Notice sur *les forêts en France.* La surface forestière de notre pays est de 9.550.000 hectares, dont 1.140.000 appartiennent à l'Etat. Il paraît que nous sommes exposés à manquer de bois d'œuvre, non seulement en France, mais d'une façon générale. Il n'y a que sept pays exportateurs de bois d'œuvre : Autriche-Hongrie, Suède, Finlande, Russie, Etats-Unis, Canada. Or, dans quatre de ces pays, l'excédent est fort menacé, soit par le développement industriel, soit par l'appauvrissement des forêts, et il ne reste que trois réserves forestières d'un certain avenir : Suède, Finlande et Canada, et si ces pays doivent alimenter seuls l'importation de tous ceux qui réclament du bois d'œuvre, leur capital forestier sera promptement dissipé. On marche donc vers la disette. Bonne nouvelle pour les propriétaires de forêts.

23 février et 2 mars. — M. BEAUREGARD consacre deux articles à l'étude du projet Millerand sur l'arbitrage et les grèves, sous ce titre : *l'arbitrage facultativement obligatoire.* Il dégage d'abord la portée juridique du projet, les deux points sur lesquels le projet innove et modifie le droit existant : en premier lieu, création d'un lien de droit entre les ouvriers et employés

d'un même établissement, donc transformation du contrat individuel en
contrat collectif, et, comme conséquence, soumission de la minorité aux
volontés de la majorité; en second lieu, possibilité pour les patrons et
ouvriers de convenir à l'avance que les conflits qui pourraient s'élever entre
eux seront tranchés par voie d'arbitrage. Sur le premier point, dérogation
au principe qui met le droit de travailler hors du commerce; sur le
second, à la règle d'après laquelle « la convention par laquelle on s'engage
à soumettre un conflit au jugement d'un arbitre doit indiquer l'objet de la
contestation, ce qui naturellement suppose que cette contestation est née ».

Ceci posé, M. Beauregard dirige contre le projet de loi les critiques suivantes.

Le projet, quoi que paraissent promettre ses auteurs, ne se borne pas à
donner aux intéressés une pure faculté. Sans doute, aux termes de l'article 1, tout patron occupant au moins cinquante ouvriers ou employés fera
connaître à son personnel, au moment de l'embauchage, si les contestations relatives aux conditions du travail seront ou ne seront pas soumises à
l'arbitrage tel qu'il est organisé par la loi nouvelle. Donc, en apparence, le
patron peut accepter ou rejeter ce régime nouveau. Mais la loi, dans son
article 4, délimite un autre domaine dans lequel l'obligation sera la règle.
Dans tout marché de fourniture ou de travaux pour le compte de l'Etat,
dans toute concession faite par lui, l'acceptation du régime facultatif sera
imposée à l'adjudicataire ou concessionnaire. Les départements et communes auront de même le droit d'imposer cette obligation dans les cahiers des
charges de leurs concessions et marchés. Cela revient à dire que tous les
patrons qui travaillent pour l'Etat et la plupart de ceux qui travaillent
pour les départements et communes seront soumis d'office, dans toute la
sphère de leur activité industrielle, au régime nouveau, car évidemment
ils ne pourront guère appliquer deux régimes, un pour les travaux qu'ils font
au compte des personnes morales publiques, l'autre pour les travaux qu'il
font au compte des particuliers.

D'autre part, l'acceptation du régime proposé deviendra un élément
important des relations entre ouvriers et patrons. Les Syndicats ouvriers
— s'ils sont ou deviennent partisans de ce système — chercheront à
l'imposer, et M. Beauregard voit là une nouvelle cause de conflits ajoutée à
celles qui existent déjà. D'ailleurs l'application du régime aux travaux de
l'Etat, des départements et des communes, aura en soi une force de propagande qui rendra la résistance bien difficile aux patrons.

Autre chose encore. Le patron, lui, sera bien soumis effectivement à la
loi, et contraint d'en observer toutes les prescriptions. Mais, du côté ouvrier,
on ne voit aucune responsabilité ni aucune sanction réelles. Donc l'égalité
théorique inscrite dans la loi n'est qu'un trompe-l'œil; elle ne se retrouvera
pas dans l'application.

Enfin il est à craindre que la présence auprès du patron des délégués
ouvriers n'affaiblisse singulièrement son autorité. On lui promet en revanche que l'organisation nouvelle sera propre à canaliser et régulariser le droit
de grève, qu'elle obligera les minorités tapageuses et remuantes à s'incliner
devant la volonté de majorités plus sages; et ceci peut se confirmer par le

fait de l'émoi que le projet a soulevé dans certaines organisations ouvrières connues pour l'ardeur qu'elles apportent dans la lutte sociale ; elles l'ont envisagé comme périlleux pour elles et pour leur influence. Soit, dit M. Beauregard, il y a peut-être dans tout cela quelque vérité théorique ; mais en fait l'avantage que l'on fait miroiter aux yeux du patron est problématique, tandis que l'affaiblissement de son autorité ne sera que trop certain. Il n'y a pas jusqu'à la compétence attribuée aux Conseils du travail pour rendre des sentences arbitrales qui ne soit fâcheuse. Les Conseils du travail, c'est une chose excellente en soi, mais qui, par le mode de désignation choisi par le Ministre du commerce, est devenue mauvaise ; on en a fait « l'arme d'un parti qui ne demande qu'à dominer ». Les industriels savent que dans les « sections compétentes » des Conseils du travail « ils ne trouveront ni compétence ni impartialité ».

Avec l'*Economiste français* et le *Monde économique*, nous voici au courant de l'accueil — prévu d'ailleurs — que l'école libérale fait au projet Millerand. Avec d'autres revues, nous verrons l'accueil des interventionnistes et des socialistes, sincèrement bienveillant chez les uns, très panaché et mêlé d'amertume chez les autres, car le projet se trouve entre deux feux, attaqué de droite et de gauche, ce qui ne prouve pas qu'il soit mauvais.

* *

Pour le prochain numéro, *le Mouvement socialiste, l'Association catholique, les Questions pratiques de législation ouvrière*. Désormais, il sera rendu compte, dans le premier numéro de chaque trimestre, des revues parues dans le trimestre précédent. Il a fallu cette fois, en raison des retards inhérents à l'organisation d'un service nouveau, retarder et scinder en deux parties le compte-rendu du premier trimestre. Les lecteurs de la *Revue* voudront bien m'en excuser.

H. TRUCHY.

BULLETIN BIBLIOGRAPHIQUE

Edmond Théry, *La France économique et financière pendant le dernier quart de siècle*. Paris (Bureau de l'*Economiste européen*) 1900, 420 pages in-12.

Nos lecteurs savent avec quel soin M. E. Théry s'efforce, dans son utile et intéressante revue hebdomadaire, de nous mettre au courant de tous les faits principaux d'ordre politique, économique et financier. Ses correspondances de l'étranger et ses chroniques monétaires, alors même qu'on ne partage pas toutes les opinions de leurs auteurs, sont une mine précieuse de renseignements. Nous en pouvons dire autant du substantiel volume que nous signalons ici.

La première partie, après avoir retracé la progression de nos budgets depuis trente ans, nous donne un tableau d'ensemble de l'outillage industriel de notre pays, de sa production minière et métallurgique, des principaux éléments de sa fortune et de son crédit. Un chapitre spécial est consacré à la population de la France dans le passé et le présent.

Etudiant le commerce extérieur de la France, M. Théry estime que la législation douanière de 1892 lui a été en somme salutaire. Il croit que si les statistiques ne sont pas plus favorables en apparence, cela tient à cette baisse générale des prix dont les *index numbers* anglais, allemands, américains nous ont révélé l'importance. Il est un peu gêné dans ses explications par le progrès de l'Allemagne dû en partie, cela n'est pas douteux, à une politique commerciale qui a été plus adroite que la nôtre. Mais il a raison de faire remarquer que le développement économique du nouvel Empire est dû surtout à ce formidable accroissement de la population qui est un puissant facteur de développement du commerce extérieur, « surtout parce qu'il maintient dans ce pays un important courant d'émigration et que les colonies d'émigrants allemands établies dans toutes les nations civilisées sont pour la production allemande des sources naturelles de consommation et de placement extérieurs qui font défaut à notre production nationale ».

M. Théry a consacré un très bon chapitre à étudier la puissance d'achat du marché français, à rechercher quelles sommes la population française dépense chaque année pour se gouverner et s'administrer, pour se nourrir, s'habiller, se chauffer, s'éclairer, se distraire et augmenter son épargne acquise. D'après lui, le pain représente chez nous une somme globale de 2.800 millions de francs (72 fr. 54 par an pour chaque habitant) ; la viande une somme de 2.650 millions de francs (68 fr. 65 par an) ; le vin environ 2.500 millions de francs (64 fr. 77 par an) ; le lait, le beurre, la crème, le fromage 2.200 millions (56 fr. 99 par an). Un Français ne dépenserait en moyenne, d'après lui, que 1 fr. 171 par jour pour sa nourriture.

Pour le logement, la dépense globale est évaluée à 2 millions, soit une dépense annuelle de 51 fr. 81 par habitant. La production annuelle de notre industrie doit être d'environ 12 milliards, dont 7 milliards et demi sont affectés aux dépenses de vêtements, linges, chaussures, ameublement, objets d'art de toute nature, bijouterie, etc..., ce qui représente par habitant une somme annuelle de 194 fr. 30. Les dépenses d'éclairage, chauffage, hygiène, santé, assurances, seraient, toujours d'après M. Théry, de 1.300 millions (33 fr. 68 par an). Il faut ajouter 2.400 millions de dépenses diverses (voyages, chevaux et voitures, théâtre, cercle, café, chasse, journaux, lectures, charités, enseignement, frais de justice, etc...). C'est encore une moyenne de 62 fr. 17 par habitant et par an. Enfin l'accroissement annuel de l'épargne ne peut être évalué à moins de 2.500 millions.

La population française dépenserait donc chaque année 36 milliards au moins ; le budget de chaque citoyen paraît s'équilibrer par une somme quotidienne de 2 fr. 56 ou une somme annuelle de 935 fr. 22.

La presque totalité des 36 milliards de francs représentent les dépenses annuelles d'existence de la population française est fournie par le travail permanent de cette population. Ce travail, travail patronal et travail ouvrier auquel il faut ajouter le travail animal et le travail à vapeur, représente 48.715 millions de journées. C'est la vapeur qui fournit déjà les quatre cinquièmes de l'effort dynamique exigé par les besoins toujours croissants de la collectivité française. C'est l'outillage perfectionné qu'elle met en œuvre qui a décuplé la puissance de notre production économique. Entre 1880 et 1898, la puissance du travail vapeur a doublé d'importance ; chaque citoyen français a aujourd'hui à son service *trois esclaves de fer* dont les frais de nourriture et d'entretien ne dépassent pas 0,05 par jour. Malheureusement ces esclaves de fer, qui ont d'ailleurs une influence bienfaisante sur toutes les couches sociales, travaillent surtout au profit de la minorité capitaliste qui les possède.

Nous nous bornons à mentionner les substantiels chapitres consacrés à l'examen des valeurs mobilières en France, et de leur rôle économique et social ainsi qu'à l'étude des grandes sociétés financières françaises. Des appendices sont consacrés aux finances de la ville de Paris, à l'agriculture française de 1875 à 1899, et au régime monétaire. L'ouvrage se termine par une revue des principaux événements politiques de 1871 à 1900.

G. BLONDEL.

REVUE D'ÉCONOMIE POLITIQUE

La *Revue d'Economie Politique* a reçu et publiera dans ses prochains numéros les **articles suivants :**

H. DENIS : *L'Union de crédit de Bruxelles* (suite). — GOBLOT : *La division du travail.* — HITIER : *L'agriculture moderne et sa tendance à s'industrialiser* (suite). — H. TRUCHY : *Le système de l'imposition directe d'Etat en France* (suite). — Maurice HEINS : *La notion de l'Etat* (suite). — DALLA VOLTA : *Francesco Ferrara et son œuvre économique.* — Laurent DECHESNE : *La spécialisation et ses conséquences* (suite). — Ch.-M. LIMOUSIN : *Le socialisme devant la sociologie.* — Albert AFTALION : *Le développement des principaux ports maritimes de l'Allemagne* (suite). — VANDERVELDE : *L'Economie rurale en Belgique.* — Dr R. THURNWALD : *L'Egypte ancienne.*

Son état social et économique. — A.-A. Issaïev (Saint-Pétersbourg)·: *Altruisme, égoïsme et intérêt de classe.* — Hauser : *Les origines du capitalisme.* — Jean Bergman (Stockholm) : *La lutte contre l'alcool en Suède.* — G. A. Frei (Haubinda) : *La réforme de l'instruction moyenne au point de vue social:* — Auguste Forel (Chigny) : *Le rôle social de l'alcool.* — R. Hotowetz : *Le cartel des sucres en Autriche.* — Pic : *Congrès international et association internationale pour la protection légale des travailleurs.* — A. Korn : *Quelques considérations sur le privilège des bouilleurs de cru et la loi du 29 décembre 1900.* — Bouvier : *La méthode mathématique en économie politique.* — Hector Lambrecht : *Le problème des classes moyennes.* — G. François : *Les banques anglaises.*

Liste des ouvrages déposés aux Bureaux de la Revue.

Bailly : *L'avenir économique et financier de l'industrie houillère et de la sidérurgie en France,* in-8 (Dunod).
Gruber : *Die Handels und Gewerbe Kammer in Prag,* 2 vol.
Loria : *Il capitalismo e la scienza. Studi e polemiche,* in-12 (Bocca, à Turin).
Wright : *L'évolution industrielle des Etats-Unis,* in-8 (Giard et Brière).
Sainéan : *Une carrière philologique en Roumanie (1885-1900).* — I. *Les péripéties d'une naturalisation,* in 8 (Larousse).
War department : *Washington report on the census of Porto-Rico, 1899,* in-8 cartonné.
Stehelin : *Essai de socialisme municipal,* in-8 (Auteur, à Dijon).
Porte : *Entrepreneurs et profits industriels,* in-8 (Rousseau).
Gily Pablos : *Estudios sobre el credito publico y la denda publica española,* in-8 (Auteur).
Denoël : *Catéchisme d'économie sociale,* in-8 (Cormaux, imp., Liège).
Aupetit : *Essai sur la théorie générale de la monnaie,* in-8 (Guillaumin et Cie).
Totomiantz : *Les sociétés de consommation sur le continent de l'Europe occidentale,* in-8 (Auteur).
Adler : *Leitfaden der Volkswirtschaftslehre,* 4 Aufl. (Gelhardt, libraire, Leipzig).
Marx : *Le capital,* liv. III. — *Le procès d'ensemble de la production capitaliste,* t. I (Giard et Brière).

POLITICAL SCIENCE QUARTERLY
Mars 1901.

Police administration (J.-A. Fairlie).
Colonial agencies in England (E.-P. Tanner).
A study of presidential Votes (W.-C. Hamm).
How govern the Philippine Islands? (W.-W. Cook).
The study of Economic Geography (L.-M. Keasbey).
The stock of gold in the United-States (M.-L. Muhleman).
The Chicago building trades dispute (E.-L. Bogart).

GIORNALE DEGLI ECONOMISTI
Avril 1901.

La situazione del mercato monetario (X.).
Commemorazione di francesco ferrara (T. Martello).
Un capitolo di storia sociale della francia (R. Dalla Volta).
La nuova scuola universitaria d'agricoltura fondata dalla cassa di risparmio di bologna (G. Valenti).
Corrispondenza (ancora sul censimento) (R. Benini).
Previdenza (la participazione alla mostra mondiale di parigi (Bottoni).
Cronoca (il ministero e il pane) (Papafava).
Rassegna delle riviste (Francesi, tedesche, americane.
Nuove pubblicazioni (U. Tombesi, E. Salzer, V. Giuffrida).

Le Gérant : L. LAROSE.

24,745. — BORDEAUX, IMPRIMERIE Y. CADORET, RUE POQUELIN-MOLIÈRE, 17.

REVUE
D'ÉCONOMIE POLITIQUE

LE DÉVELOPPEMENT DES PRINCIPAUX PORTS MARITIMES

DE L'ALLEMAGNE (*Suite et fin*) [1]

III

LE DÉVELOPPEMENT DE LA FONCTION

L'ensemble des ports allemands a grandement bénéficié des causes de prospérité que j'ai étudiées dans les pages précédentes. Les chiffres du mouvement commercial et maritime global des ports allemands témoignent d'une progression considérable et qui ne se ralentit pas. J'ai eu déjà à indiquer que le commerce maritime à lui seul se montait à 7 milliards de marks en 1899, alors que le commerce total de l'Allemagne ne dépassait guère 4 milliards en 1870. Le tableau suivant, relatif aux entrées et aux sorties réunies des navires dans l'ensemble des ports allemands, précisera les progrès du mouvement maritime en Allemagne de 1873 à 1898, la dernière année sur laquelle nous possédions des renseignements généraux.

Mouvement général de la navigation dans les ports allemands [2].

	VAPEURS		VOILIERS		TOTAL		NAVIRES CHARGÉS	
	Nombre	1.000 Tx de registre net	Nombre	1.000 Tx de registre net	Nombre	1.000 Tx de registre net	Nombre	1.000 Tx de registre net
1873....	17.089	6.438,8	77.598	5.902,8	94.687	12.341,6	70.485	9.786,6
1880....	27.851	9.813,9	82.452	5.724,7	110.303	15.538,6	85.227	12.571,2
1890....	56.648	21.678,7	73.145	4.512,9	129.793	26.191,6	101.346	21.108,8
1895....	65.970	26.124,0	67.860	4.344,8	133.830	30.468,8	107.384	24.453,2
1898....	90.837	30.223,8	83.464	5.293,5	174.251	35.516,5	139.141	28.496

[1] V. *Revue d'Economie politique*, février 1901, p. 163 et s., et mai 1901, p. 499 et s.
[2] V. *Vierteljahreshefte zur Statistik des Deutschen Reichs*, 1900, II, p. 31 ; *Statistik des Deutschen Reichs*. Neue Folge, 124, II, 22.

Le mouvement de la navigation en Allemagne a donc presque triplé en 25 ans. La navigation à vapeur a quintuplé [1].

Le trafic tend à se faire de plus en plus sous pavillon allemand :

	PAVILLON ALLEMAND		PAVILLON ÉTRANGER		PAVILLON ANGLAIS EN PARTICULIER	
	Nombre	1.000 Tx de registre net	Nombre	1.000 Tx de registre net	Nombre	1.000 Tx de registre net
1873....	60.342	5.964,0	34.345	6.377,6	9.361	3.383,5
1880....	79.614	7.291,2	30.689	8.247,3	10.107	5.117,0
1890....	93.954	13.605,8	35.839	12.583,7	10.336	7.694,8
1895....	97.375	15.938,3	36.455	14.550,5	11.453	9.555,5
1898....	131.106	19.210,7	43.145	16.305,8	11.130	9.229,7

En 1873, le trafic s'effectuait principalement sous pavillon étranger ; les 46 p. 100 du mouvement maritime seulement apparte-naient au pavillon allemand. En 1898, la situation est renversée. La proportion est de 54 p. 100 pour le pavillon national.

Mais si l'extension du mouvement commercial et maritime a été générale en Allemagne, elle n'a pas pris partout la même impor-tance. Les causes d'ensemble ont agi pour tous les ports, mais des causes spéciales ont permis à certains d'entre eux de tirer, plus que les autres, parti de l'état économique présent de l'Allemagne. Ce sont ces causes de prospérité ou de stagnation particulières à chaque port que je vais étudier maintenant en même temps que j'entrerai dans le détail de l'étendue du trafic de chacun d'eux. Mais je voudrais de suite montrer l'inégale importance et l'inégale rapidité de développement des principaux ports allemands par les tableaux suivants, dressés d'après les renseignements fournis par les rapports annuels des Chambres de commerce de ces ports.

[1] Ni en France, ni en Angleterre, on ne constate de tels progrès. D'après *Die Stei-gerung der Deutschen Seeinteressen* (Theil, IV), le mouvement maritime, cabotage national non compris, étant supposé à 100, en 1873, les *Index Numbers* seraient en 1898 :

	En Allemagne	En France	En Angleterre
Pour le pavillon étranger....	379	292	133
Pour le pavillon national....	469	177	196

En 1898, le mouvement maritime, cabotage non compris, est de 27,5 millions de tonneaux de jauge nette en Allemagne, de 26,7 millions en France, de 90,9 en Angle-terre. En 1899, il est de 29,1 millions en France (V. *Tableau du commerce et de la navigation en France*, 1899, II, p. 13). Mais en y comprenant le cabotage, le mouve-ment des ports français est sensiblement supérieur à celui des ports allemands : en 1898, il atteint 48,5 millions de tonneaux contre 35,5 en Allemagne (V. *Tableau général du commerce et de la navigation en France*, 1898, II, p. 3, 5).

Tableau des arrivages, en tonneaux de jauge nette, dans les principaux ports allemands.

	1871	1880	1890	1899	Part de chaque port dans le mouvement maritime général de l'Allemagne en 1898.
					P. 100
Hambourg.	1.887.505	2.766.806	5.202.825	7.765.950	41,4
Brême.	866.113	1.169.466	1.733.809	2.406.748	13,8
Stettin.	416.249	767.336	1.306.609	1.316.216	7,7
Dantzig	447.324	497.054	577.099	667.140	3,7
Kiel [1].	203.395	355.686	599.883	578.556	3,0
Lübeck [1].	220.752	318.215	514.790	544.400	3,0
Königsberg [1].	278.341	393.765	539.701	507.240	2,8

Si on suppose à 100 la jauge des navires arrivés dans les ports allemands en 1871, les *Index Numbers* seraient les suivants :

Index Numbers.

	1871	1880	1890	1899
Hambourg.	100	146	275	411
Brême.	100	134	200	277
Stettin.	100	184	313	316
Dantzig	100	111	129	149
Kiel	100	174	295	284
Lübeck	100	144	233	247
Königsberg	100	141	193	182

On constate dans ces tableaux toute la supériorité du trafic des ports de la mer du Nord, de Hambourg et de Brême sur les ports de la Baltique. Une distinction capitale doit être faite entre ces deux ordres de ports, et il convient de les étudier successivement. ·

I. Progrès maritime et commercial des ports de la mer du Nord. — Ce sont les villes de la mer du Nord qui ont le plus bénéficié des causes générales de la grandeur des ports que nous connaissons et qui ont pu parvenir à la plus brillante prospérité. D'une

_____

[1] Le mouvement relatif à Lübeck, Kiel et Königsberg est indiqué par les rapports des Chambres de commerce en mètres cubes. Je convertis les mètres cubes en tonneaux au taux de 2mc 833 pour un tonneau.

part, en effet, ces villes possèdent précisément cet arrière-pays industriel allemand si favorable aux larges importations de denrées alimentaires et de matières premières, et aux larges exportations de produits fabriqués. D'autre part, elles sont situées sur une mer ouverte de manière à pouvoir participer activement à ce commerce au-delà des mers, à ce commerce extra-européen qui tient aujourd'hui une si grande place dans le commerce maritime allemand [1]. Au contraire, les ports de la Baltique, peu privilégiés comme nous le verrons à ce double égard, n'ont pu atteindre ce même degré de grandeur. En 1875, les 54 p. 100 seulement du mouvement total de la navigation dans les ports allemands se faisaient par les places de la mer du Nord. En 1898, la proportion s'élève aux 66 p. 100. Les progrès des ports de la mer du Nord ont été à la fois absolus et relatifs.

§ 1. *Le port de Hambourg*. — Hambourg est aujourd'hui le premier port du continent, le second de l'Europe après Londres. A lui seul, il accapare un trafic presque égal à celui de l'ensemble des autres ports allemands. Il attire à lui un commerce de 3 milliards et demi de marks, soit près de la moitié du commerce maritime global de l'Allemagne. La jauge des navires qui opèrent dans ses bassins dépasse 15 et 16 millions de tonneaux, et entre pour plus des deux cinquièmes dans le chiffre total du mouvement de la navigation maritime en Allemagne. L'activité maritime de Hambourg a plus que quadruplé depuis 1871, son commerce a doublé depuis 1880.

Une situation exceptionnelle en effet appelait Hambourg à bénéficier plus qu'aucun autre port de l'état économique présent de l'Allemagne. Hambourg jouit d'un *hinterland* incomparable, sillonné de tout un système de voies ferrées qui convergent vers les cinq grandes gares de la ville, et surtout parcouru par la grande voie de l'Elbe, et prolongé, amplifié par le réseau des canaux de jonction allemands. Hambourg est ainsi l'aboutissant naturel de ce large courant d'exportations allemandes qui ne cesse de s'étendre, et qu'il dirige vers l'étranger. Surtout il est le point de départ de ce mou-

---

[1] Les 55 p. 100 du trafic *international* de Hambourg, 1.820.003 millions de marks, sur un total de 3.365 millions, les 73 p. 100 du trafic *international* de Brême, 647,5 millions sur un total de 879,8 millions se font avec les pays situés hors d'Europe.

vement croissant des importations exotiques qu'il écoule dans
toutes les parties de l'Empire.

Depuis Melnik en Bohême, à son confluent avec la Moldau,
jusqu'à son embouchure à Cuxhaven, l'Elbe offre un développement de 833 kilomètres de voies navigables. L'Elbe traverse
l'Allemagne de part en part, passe par Dresde et Magdebourg,
apportant à Hambourg les produits des riches régions qu'il arrose,
les objets fabriqués de l'industrie saxonne, et le sucre de la Saxe
prussienne et de Magdebourg.

Mais les affluents de l'Elbe élargissent encore l'arrière-pays
déjà si vaste de la grande ville hanséatique. Les 217 kilomètres
de routes navigables de la Moldau mettent plus complètement la
Bohême et Prague sous la dépendance économique de Hambourg.
Et en Allemagne, le second affluent principal de gauche, la Saale
canalisée, avec l'Unstrut, élargit la zone commerciale de Hambourg
vers la Thuringe et Halle, en attendant que Leipzig aussi, par
des canaux dont les projets sont à l'étude, puisse être relié à
l'Elbe.

L'affluent de l'Elbe le plus économiquement important pour
Hambourg se trouve à droite. C'est la Havel, qui, avec son propre
affluent, la Sprée, présente 480 kilomètres de voies navigables [1],
rattache Berlin au système fluvial de l'Elbe et fait dépendre de
Hambourg ce grand centre populeux et ses 1.884.000 habitants —
d'après le recensement de 1900 — pour leurs approvisionnements
en produits étrangers.

L'ensemble de ce réseau fluvial du bassin de l'Elbe, auquel Hambourg commande ainsi, comprend, en Allemagne seulement, 3.043
kilomètres de routes navigables, et traverse les parties de l'Empire
comptant parmi les plus riches et les plus denses.

Mais les canaux de jonction ont encore étendu au delà du bassin
de l'Elbe la zone commerciale de Hambourg. Par le vieux canal de
Finow et surtout par le canal de l'Oder à la Sprée, le bassin de
l'Oder, avec ses 2.189 kilomètres de voies navigables, est relié à
celui de l'Elbe : l'importante ville de Breslau et la Silésie industrielle appartiennent à l'*hinterland* de Hambourg aussi bien qu'à
celui de Stettin, et les réductions du fret sur l'Elbe détournent vers
Hambourg le trafic qui pourrait se diriger sur Stettin.

---

[1] V. *Der Elbstrom sein Stromgebiet und seine wichtigsten Nebenflüsse*, I, p. 305.

Ainsi, depuis Budweiss et Prague en Bohême, depuis Cosel et Ratibor près de la frontière polonaise, jusqu'à la côte de la mer du Nord, l'Elbe et l'Oder, avec les canaux de la Marche de Brandebourg, drainent vers Hambourg le trafic considérable des vastes régions qu'ils parcourent. A travers la Bohême, la Saxe, la province de Magdebourg, d'une part, à travers la Silésie, le Brandebourg et Berlin, d'autre part, deux routes fluviales, d'une haute importance économique, ont Hambourg comme point terminus. C'est vers Hambourg qu'affluent les exportations industrielles de la Saxe et de la Silésie, les exportations sucrières de la Saxe prussienne et de Magdebourg. Mais aussi c'est Hambourg qui alimente de denrées alimentaires et de matières premières étrangères les grands centres industriels et populeux de Berlin, Breslau, Magdebourg, Dresde et Prague. Les Allemands considèrent avec raison l'Elbe comme l'artère nourricière de Hambourg. Mais c'est Hambourg qui est la ville nourricière de l'Allemagne.

L'amélioration des voies fluviales, la correction de l'Elbe, de l'Oder et de ses affluents durant tout le cours du xixᵉ siècle, ont donné au vaste réseau navigable qui aboutit à Hambourg sa pleine valeur économique. Des bateaux de 800 tonnes partant de Hambourg peuvent aujourd'hui remonter jusqu'au delà de Magdebourg ; des bateaux de 600 tonnes atteignent la frontière autrichienne. Par la Havel et le canal de l'Oder à la Sprée, des chalands de 400 tonnes parviennent jusqu'à Cosel, près de la frontière polonaise. Hambourg peut encore recevoir par la Warthe, la Netze et le canal de Bromberg des bateaux de 150 tonnes venant de la Vistule.

Et on annonce que les travaux préparatoires du canal de l'Elbe au Danube, le « Donau-Moldau-Elbe-Kanal », ont déjà commencé. L'hinterland de Hambourg serait alors prolongé jusqu'à la péninsule balkanique jusqu'aux ports du Danube et de la Mer Noire.

Mais dès maintenant le trafic fluvial de Hambourg nous offre le spectacle d'une remarquable prospérité. Le total des entrées et sorties par l'Elbe supérieure à Hambourg se monte à 35.224 bateaux d'une capacité globale de 8.560.904 tonnes [1]. Le tableau suivant

---

[1] V. *Tabellarische Uebersichten der Handels und der Schiffahrt Hamburgs*, 1899, tabl. 2.

montré le progrès depuis un demi-siècle des arrivages fluviaux à
Hambourg.

	Nombre de bateaux	Tonnes.
1851-1860. . .	4.383	411.659
1861-1870. . .	5.112	525.785
1871-1880. . .	6.081	777.150
1881-1890. . .	10.783	1.889.141
1891-1895. . .	13.967	2.985.541
1898.	19.775	4.726.114
1899.	17.593	4.268.426

Le tonnage total des bateaux arrivés à Hambourg a donc décuplé
depuis 1851, plus que quintuplé depuis la moyenne de la décade
1871 à 1880.

Mais, pour mieux faire saisir l'étendue de la zone commerciale de
Hambourg et la diversité des régions comprises dans cette zone,
voici le tableau des places les plus importantes avec lesquelles la
grande ville hanséatique était en relations par la voie fluviale en
1899 [1] :

PROVENANCE DES BATEAUX CHARGÉS arrivés à Hambourg en 1899.			DESTINATION DES BATEAUX CHARGÉS partis de Hambourg en 1899.		
	Nombre de bateaux	Chargem¹ total en tonnes		Nombre de bateaux	Chargem¹ total en tonnes
Magdebourg (sur l'Elbe) . . .	1.203	421.567	Berlin.	3.056	673.101
Schonebeck » . . .	717	335.925	Magdebourg . .	1.450	514.566
Aussig (sur l'Elbe, en Bohême).	402	178.092	Aussig	975	379.363
Tetschenlaube (sur l'Elbe, en Bohême).	470	163.461	Tetschenlaube .	991	353.179
Breslau (sur l'Oder)	521	149.230	Dresde	816	249.481
Berlin (sur la Sprée)	941	117.398	Breslau.	621	169.588
Schönpriesen (sur l'Elbe, en Bohême).	213	90.920	Schönpriesen. .	431	165.148
Dresde (sur l'Elbe)	405	81.370			

Les transports en amont de Hambourg se font par bateaux
plombés sans dédouanement à Hambourg. La perception des
droits d'entrée a lieu au terme du voyage dans les ports fluviaux
allemands. Si les marchandises sont destinées aux places de la
Bohême, le transit s'effectue en franchise sur le territoire allemand.

Mais Hambourg ne se contente pas de servir d'intermédiaire au
trafic de l'Allemagne avec l'étranger. Il désire aussi que par son

---

[1] *Tabellarische Uebersichten...*, 1899, tabl. 38, 39.

entremise s'accomplisse le trafic des diverses parties de l'Allemagne entre elles.

On sait que si, grâce à tout un système de canaux, des lignes de jonction circulent entre les différents bassins fluviaux de l'Allemagne orientale et centrale, ces lignes s'interrompent lorsqu'elles arrivent à l'Elbe ; aucune communication fluviale ne rapproche l'Allemagne orientale de l'Allemagne occidentale et méridionale. C'est pour établir cette soudure entre les deux grandes sections de l'Empire qu'a été proposé le canal du centre, le canal de l'Elbe au Rhin. Hambourg se déclare nettement hostile au canal qui pourrait détourner vers le Rhin et les ports étrangers d'Anvers et de Rotterdam un trafic aujourd'hui nécessairement dirigé vers l'Elbe et Hambourg [1]. Brême, il est vrai, montre par des raisons plausibles que sa grande proximité du canal lui permettra d'attirer à elle, c'est-à-dire vers un port allemand, le commerce susceptible d'être déplacé par le creusement du canal. Mais les représentants de Hambourg ne redoutent pas moins, bien qu'ils ne le disent pas, l'extension à leur détriment du trafic de Brême, que la concurrence des ports belges et hollandais.

Hambourg affirme que la communication cherchée entre les deux tronçons de l'Allemagne prétendus isolés, existe déjà, et qu'il ne reste qu'à la rendre plus aisée. Le 11 août 1899, a été inauguré le canal de Dortmund à l'Ems, long de 270 kilomètres et aboutissant au port d'Emden. D'autre part, le canal de l'Empereur Guillaume relie la Baltique à la mer du Nord. Le charbon westphalien pourrait ainsi, en passant par ces deux canaux, être envoyé économiquement dans les ports de la Baltique, et, à l'inverse, le blé de la Poméranie pourrait être apporté à un prix de fret réduit aux populations de la Westphalie. Seulement, pour que la circulation entre Dortmund et les villes de la Baltique devienne plus active, le canal de Dortmund à l'Ems, au lieu de conserver une profondeur de 2^m 50 qui ne le rend praticable que par des bateaux de 600 tonnes, devrait être creusé jusqu'à 3^m 50, de manière à donner accès à des chalands de 900 tonnes capables de tenir la mer. Mais déjà aujourd'hui des allèges de mer de 550 tonnes et même d'un plus fort tonnage vont directement de Dortmund à Brême, à Hambourg et à la mer Baltique. Voilà de quelle manière, d'après Hambourg,

---

[1] *Jahresbericht der Handelskammer zu Hamburg*, 1899, p. 39, 40.

devrait s'effectuer et s'effectue déjà la jonction entre les provinces orientales et occidentales de l'Allemagne. Hambourg reconnait volontiers tous les avantages et toute l'importance économique de cette jonction. Mais il considère qu'elle doit avoir lieu par le Nord, c'est-à-dire par une voie au centre de laquelle se trouve Hambourg, au lieu de se faire, sans qu'elle lui profite, par l'intérieur, par le canal de l'Elbe au Rhin.

Hambourg pourrait accaparer ainsi le trafic de la Westphalie, de même que depuis l'ouverture du canal de l'Empereur Guillaume il a su détourner vers son port une partie du trafic qui s'accomplissait par Stettin. Grâce à ce canal, en effet, Hambourg tend à devenir en quelque sorte aussi un port de la mer Baltique. Les marchandises que les provinces allemandes du Centre et du Sud-Est exportent vers la Suède ou la Russie, au lieu de passer par Stettin, remontent jusqu'à Hambourg pour bénéficier des tarifs réduits du fret sur l'Elbe, et sont ensuite réexpédiées par le canal de l'Empereur Guillaume vers les Etats riverains de la Baltique. A l'inverse, les navires de Hambourg vont chercher le blé dans les ports russes, le conduisent à Hambourg à un prix de fret maritime supérieur de 1 à 2 marks seulement au prix du fret jusqu'à Stettin, et de Hambourg le blé est dirigé sur Berlin avec un fret fluvial inférieur de 3 marks à celui de Stettin à Berlin. Malgré le long circuit accompli, le transport complet se fait à plus bas prix par Hambourg que par Stettin qui déplore cet état de choses. L'Elbe permet ainsi à Hambourg de bénéficier d'un commerce qui, normalement, devrait s'effectuer par d'autres places.

Des causes complexes ont contribué aux progrès de Hambourg. Son facile accès du côté de la mer par la belle voie maritime que constitue l'Elbe inférieure, les remarquables installations du port, les qualités traditionnelles du personnel commerçant de la vieille ville hanséatique, et aussi la franchise partielle du port, ont été des facteurs importants de la prospérité de Hambourg. Mais deux causes principales ont fait la grandeur de cette ville. Une cause générale : la transformation de l'Allemagne en un Etat industriel avec l'incessant accroissement des importations et des exportations qui a résulté de cette évolution. Une cause spéciale : le magnifique *hinterland* que possède Hambourg, et dont il attire à lui tout le trafic par un vaste réseau de voies ferrées et fluviales. L'analyse du mouvement maritime et commercial de Hambourg va mieux prouver l'efficacité de l'action exercée par ces deux causes.

— Le total des entrées et des sorties de navires à Hambourg en 1899 se monte à 26.648 navires, jaugeant ensemble 15.545.657 tonneaux de registre net. Ce total se décompose ainsi [1] :

```
Arrivages. . . . 13.312 navires, jaugeant  7.765.950 tonneaux.
Départs. . . . .  13.336       —           7.779.707    —
```

Dans ce nombre, sont sortis sur lest 3.240 navires d'une jauge de 2.406.635 tonneaux. La proportion des navires sortant sur lest est de 24 p. 100 des navires entrés. Mais une fraction notable des navires partant sur lest sont des bateaux allant chercher du charbon en Angleterre, à une faible distance de Hambourg : le chiffre élevé des navires sortant sur lest à destination de l'Angleterre, à savoir 1.983 navires d'une jauge de 1.948.747 tonneaux, paraît bien le prouver. La proportion des navires obligés de quitter Hambourg sans chargement à cause de l'insuffisance du fret de retour dans cette ville se trouve par là fort diminuée.

Hambourg a ainsi conservé son rang de premier port du continent, de second de l'Europe après Londres [2]. Il passe avant Marseille, dont les arrivages atteignent 6.262.113 tonneaux en 1899, et bien avant le Havre, dont les arrivages restent à 2.917.606 tonneaux [3].

L'année 1899 a marqué pour Hambourg un nouveau progrès

---

[1] *Tabellarische Uebersichten der Handels und der Schiffahrt Hamburgs*, 1899, I, II. C'est à cette publication annuelle que seront empruntés tous les renseignements statistiques relatifs à Hambourg qui suivent.

[2] Hambourg vient après Liverpool si on considère le total du mouvement maritime : en 1899, en effet, Liverpool recevait 20.197 navires, jaugeant 9.468.125 tonneaux. Mais si on exclut de la comparaison le mouvement de cabotage, nécessairement fort élevé en Angleterre, pays tout en côtes, pour ne s'attacher qu'au seul mouvement intéressant, à celui des navires venant de l'étranger ou y allant, Hambourg a la primauté sur Liverpool. La jauge des navires arrivés de l'étranger a atteint :

	En 1898	En 1899
A Londres.	9.437.764 tonneaux.	9.437.950 tonneaux.
A Hambourg. . . .	6.667.158 —	7.039.219 —
A Liverpool	6.170.454 —	6.152.187 —

Le mouvement maritime international de Hambourg a donc dépassé celui de Liverpool de 500.000 tonneaux en 1898, et de 900.000 tonneaux en 1899. V. *Statistical Abstract for the United Kingdom*, n. 47.

Malgré leurs progrès, Anvers et Rotterdam sont encore distancés par Hambourg. En 1899, les arrivages à Anvers ont été de 6.842.163 tonneaux, et à Rotterdam de 6.143.833 tonneaux.

[3] V. *Tableau du commerce et de la navigation en France*, II, p. 18.

s'ajoutant aux progrès déjà réalisés dans les années précédentes, comme le montrent les chiffres suivants. Sont arrivés à Hambourg :

En 1801-1820. . . .	2.014	navires, jaugeant	154.954	tonneaux.	
1841-1850. . . .	3.613	—	427.323	—	
1851-1860. . . .	4 649	—	756.099		
1861-1870. . . :	5.092	—	1 260.675	—	
1871-1880. . . .	5.502	—	2.206.254	—	
1881-1890. . . .	7.015	—	3.870.047	—	
1891-1895 . . .	8.928	—	5.954.214	—	
1896. . . .	10.477	—	6.445.167	—	
1898. . . .	12.523	—	7.354.118	—	
1899. . . .	13.312	—	7.765.950 [1]	--	

L'augmentation est de 311 p. 100 depuis 1871, 180 p. 100 depuis 1880, 47 p. 100 encore depuis 1890· Depuis 1887, l'année qui a précédé l'incorporation de Hambourg au *Zollverein*, le tonnage, aux entrées, a presque doublé.

Ce progrès si considérable s'est accompli surtout sous pavillon allemand. Tandis qu'en 1871, encore, Hambourg est tributaire, pour le transport maritime, de l'Angleterre, on assiste depuis 1871 à une lente émancipation de ce port à l'égard de la marine marchande anglaise. En 1895, encore, le pavillon anglais a une importance supérieure à celle du pavillon allemand. En 1896, la situation est renversée. Et depuis, le pavillon anglais augmente à peine en chiffres absolus, et diminue relativement au pavillon allemand. En 1899, à elles seules, les entrées sous pavillon de Hambourg égalent celles des navires anglais. C'est ce que précise le tableau suivant :

Progrès des pavillons anglais, allemands et hambourgeois aux arrivages à Hambourg.

	PAVILLON ANGLAIS	PAVILLON ALLEMAND	PAVILLON DE HAMBOURG en particulier.	Part relative de chaque pavillon SUR 100 TONNEAUX		
				Pav. Anglais	Pav. Allemand	Pav. de Hambourg
	Tonneaux.	Tonneaux.	Tonneaux.			
1871-1880..	1.173.408	747.049	577.464	53	35	26
1881-1890..	1.776.261	1.605.812	1.285.925	46	42	33
1891-1895..	2.759.788	2.548.001	2.127.129	46	43	36
1896..	2.734.528	2.914.913	2.324.865	42	45	36
1899.......	2.984.257	3.903.597	2.956.854	38	50	38

[1] Le mouvement ascensionnel continue en 1900. Les entrées ont été, cette année, de 13.103 navires jaugeant 8.041.000 tonneaux (chiffres provisoires).

La part des autres pavillons est très faible. Le pavillon français entre pour 78.228 tonneaux, soit pour 1 p. 100 seulement, dans le mouvement total des arrivages à Hambourg.

La provenance des navires entrés à Hambourg est d'une diversité extrême. Il est peu de places maritimes importantes du monde avec lesquelles Hambourg ne soit pas en relation. Voici le nombre des lignes régulières de navigation entré Hambourg et :

les ports allemands	12	dont 12, sous pavillon allemand		
l'Angleterre	37	» 12,	»	
la Russie	9	" 6,		
la Suède	5	» 3,		
la Norwège	4	» 0,		
le Danemark	3	" 0,		
la Hollande	4	» 1,		
la Belgique	3	» 2,		
la France	2	» 0,	»	
les autres pays du bassin de la Méditerranée	6	» 4,		
Hors d'Europe :				
l'Amérique du Nord	6	» 6,		
l'Amérique du Centre	2	» 2,		
l'Amérique du Sud	8	» 6,.		
l'Afrique	6	» 4,		
l'Asie et l'Océanie	8	» 8,	»	
Soit, en Europe, 85 lignes,	avec 492 Vapeurs en service, et	5.966 voyages		
dont 40 allemandes,	» 229	»	2.755	»
et hors d'Europe 30 lignes,	» 358		852	»
dont 26 allemandes,	» 308		742	
Soit en tout 115 lignes,	» 850		6.818 [1]	

En 1890, Hambourg était en relations régulières avec les autres places du monde par 95 lignes seulement dont 45 allemandes.

— L'activité maritime intense que nous présente le port de Hambourg laisse déjà pressentir la grande importance du commerce maritime de cette ville. Voici pour 1899 les chiffres élevés auxquels est parvenu le commerce de Hambourg.

	Poids en tonnes	Valeurs en marks
Importation	9.178.073	1.984.450.750
Exportation	4.154.791	1.606.319.190
Total	13.332.864	3.590.769.940

C'est là un commerce de quatre milliards et demi de francs, supérieur au commerce de plusieurs Etats européens, tels que

[1] V. pour plus de détails, *Tabellarische Uebersichten...*, 1899, I, p. 59-61.

l'Italie, l'Espagne ou la Suisse et plus que double de celui de
Marseille ou du Havre [1]. Près de la moitié du commerce maritime
de l'Allemagne, prés du tiers de son commerce total, s'effectue par
Hambourg [2]. Un seul port, un seul point sur la mer du Nord accapare le tiers de tout le trafic qui se fait par l'ensemble des ports
éparpillés sur les 2.470 kilomètres de la côte et les 5.205 kilomètres de la périphérie terrestre de l'Allemagne.

Hambourg a tiré profit plus que les autres ports de l'extension
commerciale de l'Allemagne. Aussi, alors que depuis 1880 le commerce global de ce pays n'augmente en valeur que de 74 p. 100,
celui de Hambourg a progressé de 111 p. 100, et plus que doublé.
Depuis 1890, l'accroissement, de 32 p. 100 seulement pour l'Allemagne, a été de 37 p. 100 pour Hambourg. Depuis 1871, le tableau
du développement commercial de Hambourg nous apporte le témoignage d'une brillante ascension.

	IMPORTATIONS		EXPORTATIONS		COMMERCE TOTAL	
	1000 tonnes	Millions de marks	1000 tonnes	Millions de marks	1000 tonnes	Millions de marks
1871-1880......	2.102,2	874.5	968,4	597,0	3.070,6	1.471.5
1880..........	2.496,9	894,5	1.624,8	805,6	4.121,7	1.700,1
1881-1890......	3.495,9	1.045,7	2.000.0	981,4	5.495,9	2.027,1
1890..........	5.006,9	1.376,9	2.512,3	1.260,4	7.519,2	2.637,3
1891-1895......	5.755,7	1.558,9	2.692,8	1.267,1	8.448,5	2.826,0
1895..........	6.369,0	1.661,4	2.977,8	1.336,7	9.346,9	2.998,1
1897..........	8.066,6	1.790,8	3 683,7	1.435,2	11.750,4	3 226,0
1898..........	8.895,1	2.014,8	3.962,5	1.493,6	12.857,7	3 508,4
1899..........	9.178,0	1.984,4	4.154,7	1.606,3	13.352,8	3.590,7

Sauf cette différence que le progrès est plus accentué pour
Hambourg que pour l'Allemagne, on constate un parallélisme continu
entre l'essor commercial de l'Empire et celui de Hambourg. Ce
parallélisme, que nous allons suivre dans le détail, permettra de
démontrer que là prospérité de Hambourg est avant tout la conséquence de l'évolution économique de l'Allemagne.

La transformation de l'Allemagne en un état industriel se mani-

[1] Le commerce général de Marseille est en 1899 de 2.253 millions de francs, et celui
du Havre de 1.905 millions.

[2] Les statistiques de Hambourg ne nous donnent que les chiffres du commerce général, alors que les statistiques de l'Empire allemand n'indiquent, en valeur, que les
chiffres du commerce spécial. La comparaison entre ces deux ordres de chiffres ne
présente donc qu'un degré d'exactitude approximatif.

feste, on l'a vu, au point de vue commercial, par l'accroissement des *importations de denrées alimentaires et de matières premières,* et par l'augmentation des *exportations de produits fabriqués.* Ce sont les mêmes caractères généraux que l'on observe dans le mouvement du commerce de Hambourg.

Voici depuis 1870, par catégories de marchandises [1], le tableau des importations à Hambourg.

Importations maritimes à Hambourg.

	OBJETS D'ALIMENTATION		MATIÈRES PREMIÈRES ET MI-FABRIQUÉES		PRODUITS FABRIQUÉS	
	1.000 tonnes	Millions de marks	1.000 tonnes	Millions de marks	1.000 tonnes	Millions de marks
1870.....	135,5	93,5	1.109,1	299,1	63,1	120,9
1880.....	551,6	314,2	1.848,4	446,0	96,8	134,1
1890.....	1.228,3	469,1	3.655,2	774,2	123,3	133,4
1898.....	3.050,6	730,1	5.630,7	1.085,9	213,7	198,7
1899.....	2.743,7	631,5	6.211,5	1.148,4	222,7	204,2

Les importations d'articles alimentaires à Hambourg sont en poids 20 fois plus considérables qu'elles ne l'étaient en 1870. Mais, même en valeur, elles ont sextuplé depuis 1870, malgré la baisse des prix. Depuis 1880, le poids des importations alimentaires a quintuplé et depuis 1890, il a plus que doublé.

Pour les matières premières, le progrès, moins prononcé, reste cependant encore très remarquable. Leur importation a plus que quintuplé en poids depuis 1870, plus que triplé depuis 1880, et augmenté de 70 p. 100 depuis 1890.

Mais, pour les produits fabriqués, la progression est, au contraire, sensiblement plus lente. En valeur, leur importation n'a même pas doublé depuis 1870; elle est restée stationnaire entre 1880 et 1890; elle s'est accrue de 53 p. 100 depuis 1890.

En 1899, les denrées alimentaires entraient pour 32 p. 100 dans la valeur totale des importations, les matières premières pour 58 p. 100, les produits fabriqués pour 10 p. 100 seulement.

[1] La statistique de Hambourg distingue cinq classes de marchandises que je rassemble en trois classes pour la commodité de ma démonstration. La comparaison, néanmoins, ne peut se faire exactement avec le commerce de l'Allemagne. Dans la statistique générale de l'Allemagne, les produits mi-fabriqués sont groupés avec les produits fabriqués. Dans la statistique de Hambourg, au contraire, matières premières et objets mi-fabriqués sont totalisés ensemble.

Ce sont donc bien les besoins croissants d'articles d'alimentation dans un pays incapable de se suffire à lui-même, les larges demandes de matières premières pour des industries en progrès, c'est donc bien l'évolution économique générale de l'Allemagne qui a déterminé le mouvement ascendant des importations dans le commerce de Hambourg.

Le tableau des exportations de Hambourg nous fournira des inductions analogues.

Exportations maritimes de Hambourg.

	OBJETS D'ALIMENTATION		MATIÈRES PREMIÈRES ET MI-FABRIQUÉES		PRODUITS FABRIQUÉS	
	1.000 tonnes	Millions de marks	1.000 tonnes	Millions de marks	1.000 tonnes	Millions de marks
1880.....	919,4	374,5	478,6	183,4	124,5	247,6
1890.....	1.359,0	506,1	825,0	271,0	328,2	483,1
1898.....	1.896,8	539,2	1.628,3	414,9	437,3	539,0
1899.....	2.001,0	544,3	1.671,8	485,4	481,8	576,5

En 1899, ainsi, à l'inverse de ce que nous avons observé pour les importations, la valeur des exportations de produits fabriqués dépasse celle des exportations de denrées alimentaires ou de matières premières. Les sorties d'objets d'alimentation restent encore importantes : c'est que presque toute l'exportation sucrière de l'Allemagne se fait par Hambourg, où elle atteint 233 millions de marks en 1899. On remarquera cependant que, depuis 1880, les exportations alimentaires n'ont guère que doublé en poids et augmenté de 45 p. 100, seulement, en valeur. L'exportation de produits fabriqués a presque quadruplé en poids, dans le même intervalle, et s'est accrue de 133 p. 100 en valeur.

Pour l'exportation encore, Hambourg a grandement tiré avantage de l'évolution industrielle de l'Allemagne. C'est bien à cette évolution, d'une manière générale, que Hambourg doit, en grande partie, sa prospérité présente.

Une nouvelle analyse, sous un autre angle, du commerce de Hambourg, nous conduira aux mêmes conclusions. Si on considère les pays qui forment la clientèle commerciale de Hambourg, on trouve au premier rang, parmi les États importateurs, les pays producteurs de denrées alimentaires et de matières premières, parmi les pays où Hambourg exporte, les États agricoles, les États peu industriels, et aussi les pays ouverts qui n'arrêtent pas par des droits protecteurs l'entrée des marchandises fabriquées allemandes, ou encore, il est vrai, certains États industriels auxquels Hambourg envoie le sucre allemand.

Principales provenances des importations à Hambourg en 1899, en millions de marks.		Principales destinations des exportations de Hambourg, en 1899, en millions de marks.	
Etats-Unis	445,9	Angleterre	434,5
Angleterre	420,8	Etats-Unis	165,6
Amérique du Sud	327,5	Amérique du Sud	174,5
Indes anglaises	147,4	Etats Scandinaves	163,1
Russie	71,0	Russie	64,0
		Chine et Japon	60,9

Aux États-Unis, Hambourg demande 190 millions de marks de produits alimentaires, des céréales principalement (pour plus de 100 millions), 205 millions de matières premières de toutes espèces, métaux, coton, pétrole, et une cinquantaine de millions seulement de marchandises fabriquées. L'Angleterre envoie à Hambourg les riches produits de ses mines, les matières premières et fabriquées des industries métallurgiques et textiles. Dans l'Amérique du Sud, la République-Argentine importe à Hambourg sa laine (50 millions) et ses céréales (15 millions); le Brésil, son café (60 millions); le Chili, ses nitrates (71 millions). Des Indes anglaises, Hambourg tire des matières premières, du coton, du jute. De la Russie, Hambourg fait venir des céréales (38 millions) et du pétrole.

Aux exportations, Hambourg écoule en Angleterre du sucre pour 156 millions, des matières premières et aussi des produits manufacturés pour plus de 130 millions. Les États-Unis reçoivent également du sucre et 54 millions de marchandises fabriquées. En Amérique du Sud, l'exportation presque entière de Hambourg comprend des produits industriels. Dans les États Scandinaves et en Russie, outre des produits manufacturés, Hambourg réexporte aussi des denrées coloniales, du vin, des nitrates, et autres marchandises étrangères qui ne font que transiter dans son port. Ici apparaît l'influence de la franchise partielle du port. C'est une des fonctions non pas principales, sans doute, mais cependant notables, de Hambourg, comme on l'a vu, de servir d'entrepôt aux pays du Nord qu'il approvisionne de denrées exotiques.

Mais, sauf ces réexportations dont le total ne dépasse pas un chiffre assez faible relativement au commerce global de Ham-

bourg, cette ville exporte surtout à l'étranger des marchandises
nationales, de même que ses importations sont destinées à la consommation allemande. Hambourg joue simplement le rôle d'intermédiaire entre l'Allemagne et l'étranger. Aussi, comme j'ai eu déjà
à le faire observer dans les pages précédentes consacrées aux ports
francs allemands, le tableau du commerce de Hambourg avec
l'Allemagne intérieure est-il une fidèle image de son commerce
maritime avec l'extérieur.

Voici pour 1899 les chiffres du commerce de Hambourg avec
l'intérieur.

	IMPORTATIONS A HAMBOURG		EXPORTATIONS DE HAMBOURG		COMMERCE GLOBAL	
	Tonnes	Marks	Tonnes	Marks	Tonnes	Marks
Par l'Elbe supér^{re}..	2.435.439	453.453.460	3.514.107	690.172.700	5.949.546	1.143.626.160
Par chemin de fer...	2.200.790	885.257.160	1.163.527	719.786.800	3.364.317	1.605.043.960
Total..	4.636.229	1.338.710.620	4.677.634	1.409.959.500	9.313.863	2.748.670.120

J'ai déjà eu à noter combien ces chiffres se rapprochent de ceux
du commerce maritime, comment, en général, les chiffres des
importations par mer à Hambourg réapparaissent, à peine diminués,
dans les chiffres des exportations de Hambourg vers l'intérieur, et
comment à l'inverse les exportations par mer de Hambourg ne sont
pas de beaucoup supérieures à ses importations par terre. Je n'ai
qu'à faire remarquer ici toute l'importance du trafic qui emprunte
la voie fluviale. Un commerce de près de 6 millions de tonnes et de
plus de 1.100 millions de marks, soit les 64 p. 100 en poids et les
41 p. 100 en valeur du commerce total de Hambourg avec l'intérieur, s'effectue par l'Elbe. Ce que Hambourg doit au réseau fluvial
qu'il commande apparaît ainsi nettement [1].

Détaillé suivant la nature des marchandises, le commerce de Hambourg avec l'intérieur nous montre, en corrélation avec les caractères de son commerce maritime, les quantités considérables de
denrées alimentaires et de matières premières étrangères que Hambourg écoule en Allemagne, et de produits fabriqués nationaux qu'il

---

[1] Cf. Kurs, *Ueber den Antheil der Deutschen Binnenwasserstrassen an dem See-
handel der deutschen Hæfen*, Zeitschrift für Binnenschiffahrt, 1898, p. 261.

reçoit en vue de la réexportation maritime. Ce commerce se décomposait ainsi en 1899 :

	IMPORTATIONS A HAMBOURG					
	PAR L'ELBE SUPÉRIEURE		PAR CHEMIN DE FER		TOTAL	
	1.000 tonnes	Millions de marks	1.000 tonnes	Millions de marks	1.000 tonnes	Millions de marks
Objets d'alimentation	1.185,6	262,5	341,5	131,3	1.527,1	393,8
Matières premières et mi-fabriquées . . .	1.123,7	109,4	1.454,8	179,5	2.578,5	288,9
Produits fabriqués . .	126,1	81,5	404,3	574,4	530,4	655,9
	EXPORTATIONS DE HAMBOURG					
	PAR L'ELBE SUPÉRIEURE		PAR CHEMIN DE FER		TOTAL	
	1.000 tonnes	Millions de marks	1.000 tonnes	Millions de marks	1.000 tonnes	Millions de marks
Objets d'alimentation	1.164,3	205,3	353,3	197,6	1.517,6	402,9
Matières premières et mi-fabriquées. . . .	2.297,8	453,2	699,2	353,8	2.997,0	807,0
Produits fabriqués . .	51,9	31,6	110,9	168,3	162,8	199,9

Ces chiffres fournissent sur la nature des marchandises respectivement transportées par l'Elbe supérieure et par chemin de fer des indications fort intéressantes sur lesquelles je ne puis m'attarder ici. La part de l'Elbe est surtout considérable pour les denrées alimentaires, tandis que la presque totalité, les 7/8 des produits fabriqués, circulent en chemin de fer ; l'égalité se maintient, pour les matières premières, entre la voie ferrée et la voie fluviale. C'est l'Elbe qui apporte à Hambourg les 900.000 tonnes de sucre qu'il réexporte par mer. C'est par l'Elbe supérieure que remontent vers l'Allemagne une très grande partie des céréales (800.000 tonnes), du charbon (500.000 tonnes), des minerais et métaux venus à Hambourg par mer.

L'examen du commerce de Hambourg sous ses différents aspects a donc confirmé notre thèse générale. Que l'on considère la nature des marchandises entrant dans ce commerce, ou les pays qui constituent la clientèle commerciale de Hambourg, que l'on compare le trafic maritime de cette ville à son commerce avec l'intérieur, de toutes ces analyses particulières se dégage la même vérité, dans toutes, se manifeste l'étroitesse du lien de causalité qui ratta-

ché la prospérité de Hambourg à l'évolution économique présente
de l'Allemagne. Ce n'est pas son port franc qui a fait de Hambourg
la première place maritime du continent européen. La grandeur
de Hambourg provient du large mouvement commercial résultant
de la transformation de l'Allemagne en un Etat de plus en plus
industriel, mouvement que Hambourg a pu attirer et diriger vers
son port, grâce principalement à sa situation, au magnifique *hinterland* que lui assure le vaste réseau ferré et surtout fluvial dont
il tient les aboutissants.

§ II. *Le port de Brême.* — Brême n'a pas bénéficié d'un essor
commercial égal à celui de sa puissante rivale hanséatique. Mais
quand on tient compte de la situation naturelle défavorable où se
trouvait Brême, on peut s'étonner de l'énergie avec laquelle cette
ville a su triompher des obstacles qui s'opposaient à son développement pour parvenir au rang encore très enviable qu'elle occupe
parmi les ports allemands et même européens.

Aucun bassin fluvial comparable à celui de l'Elbe n'amplifie
l'*hinterland* de Brême. Les 366 kilomètres de la Weser supérieure,
de Brême à Münden, n'offrent même pas de mouillage suffisant
aux bateaux de 1 mètre de tirant d'eau, et la navigation fluviale
qui aboutit à Brême, malgré ses progrès, reste bien inférieure à
celle qui alimente Hambourg. En 1899, le total des arrivages et des
départs par la Weser supérieure atteignait 2.320 bateaux avec une
capacité de 577.336 tonnes seulement [1], soit un tonnage quatorze
fois moindre que celui du mouvement fluvial à Hambourg. Ces
bateaux transportaient 598.000 tonnes d'une valeur de 50 millions
de marks, soit un trafic fluvial dix fois plus faible en poids et vingt-
trois fois plus faible en valeur que celui de Hambourg.

Dépourvue ainsi d'un vaste arrière-pays commercial, Brême
avait cependant l'avantage de se trouver sur la mer du Nord, sur
la route par où passent ces grands courants d'importations et
d'exportations qui caractérisent aujourd'hui le commerce de l'Allemagne. Mais elle avait à redouter, à cet égard, la concurrence
du grand port allemand de la mer du Nord, de Hambourg. Brême
a réussi cependant à résister aux empiètements de sa rivale, à

[1] V. *Jahrbuch für Bremische Statistik*, 1899, p. 26.

conserver malgré la puissance d'absorption de Hambourg un commerce notable. Elle y est arrivée grâce aux travaux d'amélioration
du port, de correction de la Weser inférieure, que nous connaissons, grâce surtout à l'habileté persévérante de son monde commerçant et de ses armateurs. La grande Compagnie de navigation, le *Nord-Deutscher Lloyd,* la Compagnie la *Hansa,* dirigent
sur Brême un fret considérable. Les négociants de Brême ont su
faire de leur ville une place commerciale de premier ordre pour
certaines marchandises spéciales, pour le coton, le tabac et le riz.
La franchise partielle de leurs ports les a aidés d'ailleurs à maintenir chez eux, au marché de deux de ces produits, au tabac et au
riz, son importance traditionnelle. Enfin, la politique prussienne
des tarifs d'exception, en matière de chemins de fer, a un peu
remplacé pour Brême le fret réduit par la voie fluviale qui lui
manque. Elle lui a permis, on se le rappelle, les exportations au
loin vers la Westphalie, les provinces du Rhin, l'Allemagne méridionale, la Suisse et l'Autriche. C'est une longue suite d'efforts
artificiels et non pas des causes naturelles qui ont permis à Brême
de demeurer le second port de l'Allemagne.

Le mouvement maritime de Brême en 1899 a été le suivant [1] :

Arrivées.	4.128	naVires, jaugeant	2.406.748	tonneaux.
Départs	4.545	—	2.457.747	—
Total. . .	8.673	—	4.864.495	—

C'est au tonnage, un mouvement égal aux 30 p. 100 de celui de
Hambourg, aux 13 p. 100 de celui de l'Allemagne.

Sous pavillon de Brême sont arrivés en 1899, 1.917 navires
jaugeant 1.461.820 tonneaux. Tandis qu'à Hambourg, d'après les
chiffres de tonnage, les 38 p. 100 seulement des entrées s'effectuent
sous pavillon hambourgeois, ici les 60 p. 100 des arrivages se font
sous les couleurs de Brême. Cette différence montre tout ce que
Brême doit à sa marine marchande. Tandis que de tous les pays et
de tous les ports, les navires affluent à Hambourg, c'est la flotte de
Brême qui apporte à son port d'attache le trafic le plus considérable.

Comme le montre le tableau suivant, le développement des

---

[1] *Jahrbuch für Bremische Statistik,* 1899, p 2 et s., 14 et s.; *Statistiche Mittheilungen betreffend Bremens Handel und Schiffahrt,* 1899, p. 31 et s.

arrivages à Brême, moins rapide qu'à Hambourg, reste cependant
considérable. Sont arrivés à Brême :

En 1871.	3.237 naVires, jaugeant	866.113 tonneaux.
1880.	2.937 —	— 1.169.466 —
,1890.	2.950 —	— 1.733.809 —
1895.	4.083 —	— 2.183.274 —
1898.	4.462 —	— 2.464.800 —
1899.	4.128 —	— 2.406.748 —

Le progrès est de 177 p. 100 depuis 1871, de 105 p. 100
depuis 1880, de 39 p. 100 encore depuis 1890.

Le commerce maritime de Brême, en 1899, a atteint les chiffres
que voici :

	Tonnes	Marks
Importations	2.381.738	649.662.475
Exportations	1.321.719	394.438.273
Total.	3.703.457	1.044.100.748

Un commerce de plus d'un milliard de marks, de 1.300 millions
de francs, bien qu'égal seulement aux 28 p. 100 de celui de Hambourg, demeure encore un commerce fort appréciable. En France,
seuls les ports de Marseille et du Havre ont un trafic qui dépasse
ce chiffre.

Depuis une trentaine d'années, le commerce de Brême a presque quintuplé au poids et presque triplé en valeur [1] :

	IMPORTATIONS		EXPORTATIONS	
	1.000 tonnes	Millions de marks	1.000 tonnes	Millions de marks
1867-1871.	508,9	231,0	274,5	139,5
1877-1881.	977,3	346,0	442,5	161,9
1887-1891.	1.363,4	442,1	778,0	274,0
1892-1896.	1.780,9	502,5	957,2	328,7
1897-1899.	2.330,1	648,1	1.243,9	388,6

Comme à Hambourg, le développement du trafic de Brême
résulte des transformations économiques de l'Allemagne. Dans la
nature des marchandises entrant dans le commerce de Brême
apparaît encore le besoin allemand d'articles d'alimentation et de

[1] *Jahrbuch für Bremische Statistik*, 1899, p. 128; 277.

matières premières, et la capacité allemande des fortes exportations industrielles [1] :

	IMPORTATIONS		EXPORTATIONS	
	1.000 tonnes	Millions de marks	1.000 tonnes	Millions de marks
Objets d'alimentation	1.008,9	182,3	370,5	94,4
Matières premières et mi-fabriquées. . . .	1.319,8	421,9	825,5	170,4
Produits fabriqués.	41,2	45,3	125,6	129,5

Les chiffres relatifs aux produits fabriqués, très faibles à l'importation, se relèvent considérablement à l'exportation. Au contraire,
les introductions de matières premières et de denrées alimentaires
dépassent considérablement les sorties de marchandises corres-
pondantes.

Les trois quarts du commerce de Brême se font, en effet, avec
les pays extra-européens, pays producteurs de matières premières
et d'objets d'alimentation et besoigneux de produits industriels. Les
principaux pays où Brême va chercher ses importations sont, au
premier rang, les Etats-Unis (302 millions de marks d'importations
en 1899), et ensuite l'Angleterre (61 millions), la République
Argentine (58 millions), les Indes anglaises (40 millions), l'Australie
(24 millions), la Russie (23 millions). Parmi les pays où Brême
écoule ses exportations, il suffira de citer les Etats-Unis, l'Angleterre, la Russie, les Etats scandinaves, l'Amérique du Sud, la
Chine.

Ce sont les États-Unis qui approvisionnent de coton le marché
de Brême. Les importations de coton américain ont atteint 205 millions de marks en 1899 contre 234 en 1898. Les importations de
tabac, dont le commerce a également une grande importance à
Brême, se sont élevées à 44 millions de marks en 1899 et arrivent
des Antilles, du Brésil, des Etats-Unis. Les 31 millions de riz importés proviennent des Indes. Les 54 millions de céréales, de la
Russie et des Etats-Unis. Les 109 millions de laine, de la République-Argentine et de l'Australie. Brême exporte des produits manufacturés de l'industrie textile en quantités notables vers les Etats-
Unis, l'Amérique du Sud et l'Extrême-Orient.

[1] *Jahrbuch...*, 1899, p. 36 ; 140.

Le commerce de Brême avec l'intérieur de l'Allemagne démontrera mieux encore combien le développement du port de Brême est dominé par la situation économique de l'Allemagne. Voici à combien se montait ce commerce en 1899 [1] :

	Tonnes	Marks
Importations.	1.507.539	261.341.861
Exportations.	1.558.785	483.653.270
Total.	3.066.324	744.995.131

Si des chiffres de l'importation par mer à Brême, nous rapprochons les chiffres de l'exportation de Brême vers l'intérieur, il apparaîtra déjà que la plus grosse partie des importations maritimes de Brême se dirigent vers l'Allemagne. Mais, parmi les marchandises que Brême réexporte, une fraction notable est rechargée vers des ports allemands, de sorte qu'elle est également destinée à l'Allemagne, et doit être ajoutée à la somme des marchandises expédiées vers l'intérieur de l'Allemagne. Nous obtenons alors le tableau suivant en millions de marks [2] :

	Importations maritimes	Exportations vers l'intérieur	Exportations vers les ports allemands	Exportations vers l'intérieur et vers les ports allemands réunis.
Objets d'alimentation. . .	182,3	146.9	32,2	179,1
Matières premières	421,9	308,7	83,2	391,9
Produits fabriqués	45,3	27,9	7,8	35,7
Total.	649,6	483,6	123,2	606,9

La différence entre ce que Brême importe de l'étranger et ce qu'elle porte vers l'intérieur et les ports allemands n'est donc que d'une quarantaine de millions. La réexportation maritime à l'étranger doit être très faible [3]. Brême comme Hambourg ne peut être considérée que comme une place de transit pour les denrées étrangères destinées à la consommation allemande et pour les produits nationaux

---

[1] *Jahrbuch für Bremische Statistik*, 1899, p. 84 et 06.

[2] *Jahrbuch*, 1899, p. 82 et 204.

[3] Il ne faut voir dans le chiffre de 40 millions qu'une évaluation approximative. Pour parvenir à une indication plus exacte du montant des réexportations maritimes vers l'étranger, toute une série de corrections, soustractions et additions, un peu fastidieuses à exposer, deviendraient nécessaires.

destinés à l'exportation à l'étranger. Pas plus qu'à Hambourg, où
le commerce de *réexportation* n'a aussi, on l'a vu, qu'une importance secondaire, l'essor commercial à Brême ne provient du port
franc. Brême, comme les autres ports allemands, a tiré profit de la
même cause générale de prospérité : l'évolution économique de
l'Allemagne.

Seulement Brême juge que pour elle le profit reste insuffisant.
Elle souffre du défaut de communications fluviales avec l'intérieur.
Aussi attend-elle anxieusement l'adoption du canal de l'Elbe au
Rhin. Brême alors, reliée au canal par la Weser, qu'elle aura rectifiée et canalisée, jouira d'un vaste hinterland, depuis la Westphalie
et les provinces du Rhin à l'Ouest, jusqu'aux bassins de l'Elbe, de
l'Oder et même de la Vistule, à l'Est.

II. Progrès maritime et commercial des ports de la mer Baltique.
— Les ports de la Baltique ne nous offrent pas le spectacle d'un
développement comparable à celui des ports de la mer du Nord.
Tandis qu'il y a une trentaine d'années, encore, le mouvement
de la navigation dans ces ports entrait pour près de la moitié
dans le mouvement maritime total des ports allemands, il n'y entre
plus maintenant que pour un tiers. Hambourg seul nous présente
une activité maritime deux fois plus considérable en 1899 que
celle des cinq ports principaux de la Baltique ensemble, que celle
de Stettin, Lübeck, Kiel, Dantzig et Kœnigsberg.

C'est qu'en effet, pour un double motif, les causes générales qui
ont fait la grandeur des ports occidentaux de l'Allemagne, n'ont pas
agi avec la même force en faveur des ports de la Baltique.

L'expansion commerciale de l'Allemagne résultant de l'évolution
économique du pays a porté en grande partie sur le commerce
extra-européen. Leur situation dans une mer presque fermée n'a
pas permis aux ports de la Baltique de prendre part à ce trafic.
Tandis que le commerce transatlantique comprend la moitié du
trafic international total de Hambourg, et près des trois quarts de
celui de Brême, il atteint à peine le dixième de celui de Stettin, et
dans les autres ports de la Baltique, il n'existe pour ainsi dire pas.
Les places de la Baltique sont réduites aux relations avec les pays
étrangers que baigne la Baltique, avec la Russie, les États scandinaves, avec l'Angleterre aussi qui leur envoie son charbon, et à

une navigation de cabotage entre ports allemands assez active. Le canal de l'empereur Guillaume entre la mer du Nord et la mer Baltique pourra, il est vrai, augmenter la participation des ports de la Baltique au commerce extérieur et transatlantique de l'Allemagne. Mais d'autres circonstances s'opposeront encore à leur progrès. C'est le caractère économique de leur *hinterland*.

La transformation de l'Allemagne en un Etat de plus en plus industriel a été beaucoup plus accentuée dans la partie occidentale et centrale que dans la partie orientale de l'Allemagne. A l'Est, ce sont les provinces demeurées principalement agricoles du Mecklembourg, de la Poméranie, de la Posnanie, de la Prusse orientale et occidentale, c'est la vieille Prusse, la vieille Allemagne, la forteresse du parti conservateur et agrarien. Au Sud-Est, sans doute, la Silésie s'est engagée dans la voie industrielle où marche l'Allemagne occidentale, la Nouvelle Allemagne; mais on a vu comment, par les canaux de jonction, la Silésie a été englobée pour partie dans la zone commerciale de Hambourg. L'Est allemand resté donc agricole dans son ensemble n'est pas besoigneux de denrées alimentaires et de matières premières, ni capable de fortes exportations industrielles et n'offre, par suite, aux ports orientaux, qu'un arrière-pays, peu favorable aux larges courants d'entrée et de sortie de marchandises, peu propice à un grand essor du trafic commercial. J'ai dit que l'extension des ports allemands provenait principalement de la métamorphose économique de l'Allemagne. Les ports de la Baltique apportent à ma thèse une vérification en quelque sorte *a contrario*. Là où l'évolution ne s'est pas accomplie avec la même intensité, là où l'Allemagne économique a conservé sa physionomie ancienne, un puissant stimulant a manqué à l'essor commercial, et la prospérité des ports a été beaucoup moins prononcée.

A cet égard, cependant, une distinction doit être faite entre les places maritimes de la Baltique. Stettin et Lübeck peuvent encore prétendre à un hinterland se rattachant en partie à la nouvelle Allemagne. Grâce au canal de l'Elbe à la Trave, Lübeck a acquis, depuis quelques mois, un arrière-pays commercial qui se confond avec celui de Hambourg. De même, Stettin, malgré les détournements de Hambourg, reste néanmoins un des points par où communiquent avec la mer la Silésie industrielle et Breslau. Et du jour où sera creusé le canal qui la rejoindra à Berlin, datera pour

Stettin une époque de rapides progrès. Pareilles brillantes perspectives, au contraire, ne paraissent pas possibles, au moins avant un délai encore éloigné, pour les ports les plus orientaux de la Baltique, pour Dantzig et Kœnigsberg. L'hinterland de ces villes est, en effet, nettement et exclusivement agricole ; il est habité par une population peu dense, assez pauvre, incapable de larges acquisitions de produits étrangers ou de fortes exportations à l'extérieur. Cependant l'administration prussienne s'efforce de susciter aussi un certain mouvement industriel dans les provinces orientales de la Prusse. Elle appelle dans ces provinces les capitaux des autres régions plus riches de l'Empire, pousse à l'établissement de fabriques et d'usines, travaille surtout à la création et au développement d'industries semi-agricoles, utiles à la culture qu'elles rendraient plus intensive. Cette politique d' « industrialisation de l'Est prussien »[1], le jour où elle commencera à porter ses fruits, apportera nécessairement aux ports de Dantzig et de Kœnigsberg le supplément de trafic dont ils ont besoin.

Je rangerai donc dans un premier groupe Stettin, Lübeck et Kiel ; dans un second groupe, Dantzig et Kœnigsberg.

— *Stettin* a depuis longtemps supplanté Dantzig comme premier port allemand de la Baltique et comme premier port prussien. Sise sur l'Oder, Stettin commande à un réseau fluvial de 2.189 kilomètres de voies navigables et possède un vaste arrière-pays qui se prolonge jusqu'à Cosel et Ratibor près de la frontière polonaise. Cet arrière-pays aurait même dû assurer à Stettin une place plus éminente encore parmi les ports allemands, si Stettin n'était située sur la Baltique et si elle ne souffrait de la concurrence victorieuse de Hambourg. Bien que Hambourg soit notablement plus éloigné de Berlin et de Breslau que Stettin, les réductions du fret sur l'Elbe, la profondeur des cours d'eau de la Marche, lui permettent de comprendre dans sa clientèle le Brandebourg et Berlin, la Silésie et Breslau, de déposséder Stettin d'une partie de sa zone commerciale.

Le mouvement des entrées et des sorties de navires à Stettin, en 1899, a été de 9.237 navires d'une jauge nette de 2.625.153 tonneaux[2]. Ces chiffres représentent un progrès considérable sur 1871,

---

[1] V. Dix, *Die Deutschen Ostseestädte und die Grundlagen ihrer wirtschaftlichen Entwicklung*, Preussische Jahrbücher, septembre 1900.

[2] *Jahresbericht des Vorsteher-Amtes der Kaufmannschaft*, 1899, II, p. 3.

mais beaucoup moindre sur 1890, comme le montre le tableau suivant des arrivages à Stettin :

1871.	. . .	2.595 navires, jaugeant	416 249	tonneaux.
1880.	. . .	3.720	—	767.336	—
1890.	. . .	4.346	—	1.306.609	—
1895.	. . .	4.159	—	1.335.664	—
1898.	. . .	4.670	—	1.384.124	—
1899.	. . .	4.635	—	1.316.216	—·

L'augmentation a été de 215 p. 100 depuis 1871, de 71 p. 100 depuis 1880. Mais elle n'est que de 0,6 p. 100 depuis 1890, ce qui tient en partie, il est vrai, à des changements dans les procédés de calcul de la jauge des navires.

Stettin est reliée par 17 lignes régulières de navigation à la Russie et aux Etats scandinaves, et par une douzaine d'autres à l'Angleterre, la Hollande et les Etats-Unis. La navigation maritime qui aboutit à son port est principalement une navigation de cabotage allemand ou international. La navigation au long cours, le trafic avec les Etats-Unis, peu importants, se font même en grande partie sous pavillon hambourgeois, sur des paquebots appartenant à la *Hamburg-Amerika Linie*.

Le développement, depuis 1871, du commerce de Stettin, se manifeste par les chiffres suivants, en milliers de tonnes :

	Importations.	Exportations.	Commerce total.
1871. . . .	562,7	169,0	731,7
1880. . . .	862,8	477,6	1.340,4
1890 . . .	1.425,0	617,9	2.042,9
1898. . . .	2.413,0	765,7	3.178,7
1899. . . .	2.231,4	882,5	3.116,9

Le progrès au poids [1] a donc été de 319 p. 100 depuis 1871, de 131 p. 100 depuis 1880, de 51 p. 100 depuis 1890.

Stettin demande principalement à l'étranger des matières premières, du charbon à l'Angleterre (408.000 tonnes en 1899), du minerai de fer à la Suède (257.000 tonnes), du fer brut ou de la fonte à l'Angleterre (118.000 tonnes), du bois, des pierres, des engrais; des Etats-Unis et de la Russie lui parviennent des céréales (119.000 tonnes). Stettin exporte des produits agricoles, du sucre

[1] Les statistiques de la Chambre de commerce de Stettin ne fournissent pas d'indications sur le montant en Valeur du commerce de Stettin. On évalue ce commerce à quelques 400 ou 450 millions de marks.

(135.000 tonnes), des céréales et farines, des pommes de terre, et
aussi des produits métallurgiques bruts ou fabriqués.

La nature des marchandises figurant au commerce de Stettin
nous montre le caractère de son arrière-pays mi-agricole, mi-indus-
triel, d'un arrière-pays où entrent la Poméranie, la Silésie et un
peu aussi Berlin. Mais le trafic avec Berlin ne prendra une grande
activité que le jour où sera construit le canal de Berlin à Stettin.
Toutes les espérances de Stettin se concentrent dans la réalisation
de ce projet qu'elle attend vainement depuis de longues années.

— La navigation transatlantique, d'une importance déjà si faible à
Stettin, disparaît presque complètement du mouvement maritime
des autres ports de la Baltique, et en particulier de *Lübeck*. De
plus en plus, se resserre le cercle des relations commerciales, qui
ne comprend plus guère que la Scandinavie, la Russie et l'Angleterre.

Le mouvement de la navigation maritime à Lübeck en 1899,
entrées et sorties réunies, a été de 5.734 navires, d'une jauge
nette de 1.090.660 tonneaux, en augmentation de 147 p. 100 sur
1871, de 70 p. 100 sur 1880, et de 5 p. 100 seulement sur 1890 [1].

Le commerce global de Lübeck s'élève, en 1899, à 413.963 tonnes d'une valeur de 257.625.549 marks. Presque stationnaire de
1880 à 1896, le commerce de Lübeck bénéficie depuis cette dernière année d'une progression assez marquée, comme l'indiquent
les chiffres suivants en millions de marks :

	Importations.	Exportations.	Commerce total.
1880.	60,7	126,2	186,9
1890.	56,9	122,3	179,2
1896.	66,2	123,6	189,8
1898.	73,6	149,8	213,4
1899.	92,1	165,5	257,6

Sur les 257 millions de marks de 1899, le commerce de Lübeck
s'élevait à 110,5 millions avec les Etats Scandinaves, à 90,5 millions avec la Russie et la Finlande, à 4,2 seulement avec l'Angleterre et 0,3 avec les Etats-Unis. Le trafic avec les autres ports
allemands atteignait 49,7 millions. Ce sont des matières premières
et des articles d'alimentation que Lübeck reçoit de l'étranger. Elle

[1] *Tabellarische Uebersichten der Lübeckischen Handels*, 1899, tabl. VI.

exporte en quantités notables des marchandises fabriquées, et principalement des produits de l'industrie métallurgique [1].

— *Kiel*, le grand port de guerre allemand, dépourvu d'un arrière-pays suffisamment étendu, ne présente comme port de commerce qu'un très faible intérêt. Le mouvement de son port atteint bien en 1899, 8.746 navires d'une jauge nette de 1.162.511 tonneaux. Mais le tonnage des navires venus chargés à Kiel se monte à peine à la moitié du total, et celui des navires sortis au treizième seulement du total [2]. Kiel est donc surtout visité par des navires qui ne se livrent pas dans le port à des opérations commerciales, qui arrivent et repartent sur lest.

Le commerce de Kiel, dont la valeur ne nous est pas indiquée, s'élève, en 1899, à 478.547 tonnes, à l'importation. Mais si on met à part les 220.000 tonnes de charbon reçues d'Angleterre, c'est-à-dire des matières pondéreuses dont on peut estimer la valeur totale à quelques 4 millions de marks, et les 143.000 tonnes de marchandises venues de ports allemands, il reste peu de chose pour les importations des autres pays, des Etats scandinaves, de la Russie. L'exportation n'est que de 61.000 tonnes, dont 11 seulement vont à l'étranger, le reste en Allemagne [3].

— Les ports orientaux de la Baltique, *Dantzig* et *Königsberg,* présentent certains traits communs qui leur donnent une physionomie toute particulière dans l'ensemble des ports allemands. Tandis qu'à Hambourg, à Brême, à Stettin aussi et à Lübeck, en corrélation avec l'état économique de plus en plus industriel de l'Allemagne, des matières premières et alimentaires figuraient surtout à l'importation maritime et des produits fabriqués à l'exportation, à Dantzig et à Königsberg, le trafic prend les caractères généraux d'un commerce de pays agricole : la proportion des produits fabriqués devient principalement grande à l'importation, et celle des objets alimentaires à l'exportation.

Et, en effet, comme on le sait, l'hinterland de Dantzig et de Kœnigsberg a conservé son aspect ancien d'un pays encore agricole. En attendant que la politique d' « industrialisation » de l'Est prussien parvienne à produire des résultats sensibles, les provinces orientales de la Prusse demeurent réfractaires à ce mouvement

---

[1] *Tabellarische Uebersichten...*, 1899, tabl. LIII; XL et L.
[2] *Jahresbericht der Handelskammer zu Kiel*, 1899, III. p. 3 et s.
[3] *Jahresbericht...*, 1899, III, p. 14 et s.

général qui a métamorphosé l'Allemagne, a développé ses industries, et l'a poussée vers les mers et la conquête des débouchés lointains. L'Est prussien agricole a donc besoin de produits manufacturés que Dantzig et Kœnigsberg demandent principalement aux autres ports allemands, et il exporte des articles d'alimentation en Allemagne et à l'étranger.

De plus, l'arrière-pays de Dantzig et de Königsberg étant assez étroit en territoire allemand, et se continuant au delà de la frontière en territoire russe et polonais, dans le commerce de ces deux villes se reflète aussi l'état économique général de la Russie. Par l'intermédiaire de Dantzig et de Königsberg, la Russie envoie vers les provinces occidentales de l'Allemagne des denrées alimentaires et en reçoit des produits fabriqués. De manière que par une sorte de paradoxe, les exportations de marchandises industrielles allemandes destinées à la Russie figurent dans le tableau du commerce de Dantzig et de Königsberg dans la colonne des importations maritimes et les importations en Allemagne de produits agricoles russes y apparaissent à la colonne des exportations maritimes.

Les caractères particuliers du commerce de Dantzig et de Kœnigsberg proviennent donc en partie de ce que leur hinterland n'a pas participé à l'évolution économique allemande. Mais ils résultent aussi en partie de cette évolution elle-même. Par eux transitent une portion des denrées agricoles nécessaires à l'Allemagne orientale et centrale, et une certaine quantité des produits fabriqués que l'Empire exporte vers l'étranger, en particulier vers la Russie.

Seulement la Russie se montre hostile au passage par des ports étrangers des éléments de son commerce extérieur. Elle a adopté depuis une vingtaine d'années une politique de détournement en faveur de ses propres ports de la Baltique, Libau et Riga, et par le jeu des tarifs de chemins de fer causait, surtout avant le traité russo-allemand de 1894, et cause encore de grands préjudices à Dantzig et à Königsberg. L'exportation des céréales, par exemple, qui en 1878 atteignait 608.800 tonnes à Königsberg, et 309.000 à Dantzig, est tombée en 1899 à 323.000 tonnes pour la première de ces deux villes et à 111.000 pour la seconde [1].

---

[1] *Jahresbericht des Vorsteher-Amtes der Kaufmannschaft zu Königsberg*, 1880, p. 44; 1899, p. 41, 46; *Jahresbericht des Vorsteher-Amtes der Kaufmannschaft zu Dantzig*, 1899, p. 38, 39.

Aussi, à cause de la pauvreté de leur arrière-pays et de la politique russe en matière de chemins de fer, les ports de la Prusse orientale ont-ils progressé avec plus de lenteur que les autres ports allemands.

— *Dantzig*, qui, en 1871, restait encore la première place maritime allemande de la Baltique, s'est laissée distancer par Stettin, dont le mouvement maritime est aujourd'hui double du sien. En 1899, le chiffre des entrées et des sorties à Dantzig s'élève à 3.489 navires d'une jauge nette de 1.335.642 tonneaux [1].

Le commerce maritime de Dantzig s'est développé de la manière suivante, en millions de marks.

	Importations.	Exportations.	Commerce global.
1880.	53	58	111
1890.	62	93	155
1898.	102	105	207
1899.	107	109	216

Le commerce total de Dantzig, en 1899, presque double de ce qu'il était en 1880, s'élève à 1.465.873 tonnes, d'une valeur de 216 millions de marks [2]. Dans les 107 millions de l'importation figurent 14 millions de produits textiles, 22 millions de produits métallurgiques et de machines, marchandises fabriquées qui viennent en partie de l'Allemagne, et pour une bonne part se dirigent par chemin de fer et par la Vistule vers les provinces polonaises de la Russie, ou même vers la Galicie et l'Autriche. Dans les 109 millions de l'exportation, les céréales et farines entrent pour 22 millions, les sucres pour 32,8 millions et le bois pour 36,7 millions. Ces produits agricoles et forestiers arrivent à Dantzig de son arrière-pays russe et autrichien, aussi bien que d'Allemagne. Seulement la proportion des céréales indigènes exportées par Dantzig augmente tandis que diminue celle des céréales russes : d'une part, en effet, intervient contre l'exportation de céréales de Russie la politique des tarifs de détournement de ce pays; d'autre part, l'exportation de céréales allemandes est favorisée par la loi de 1894 relative aux bons d'importation.

— Les progrès de *Kœnigsberg* n'ont guère été plus rapides que

---

[1] *Jahresbericht...*, Dantzig, 1899, p. 101.

[2] *Jahresbericht des Vorsteher-Amtes der Kauffmannschaft zu Dantzig*, 1899, p. 102, 104.

ceux de Dantzig. Le mouvement maritime en 1899 s'y chiffre par
3.687 navires d'une jauge de 1 014.927 tonneaux [1], en augmentation de 82 p. 100 seulement sur l'année 1871. Le développement
commercial apparaît plus lent encore que le développement maritime. En millions de marks le commerce de Kœnigsberg a successivement été :

	Importations.	Exportations.	Commerce global.
1880.	74	68	142
1890.	67	77	144
1898.	80	82	162
1899.	121	82	203

Entre 1880 et 1890 et même 1898, les chiffres du commerce de
Kœnigsberg ne bénéficient que de légères variations. Ils se relèvent
seulement en 1899 où le trafic total est de 1.173.131 tonnes d'une
valeur de 203.819.871 marks.

Parmi les 121 millions de marks de marchandises importées par
mer, Kœnigsberg reçoit 25,3 millions de produits de l'industrie
textile, 22 millions de produits métallurgiques qui lui arrivent pour
la plus grosse part de ports allemands. Dans les 82 millions exportés, figurent 42,4 millions de céréales russes ou indigènes. Ici aussi
diminue la quantité de céréales étrangères exportées, bien qu'elle
demeure encore plus considérable que l'exportation des céréales
indigènes.

IV

CONCLUSION

L'étude du développement des principaux ports maritimes allemands a montré la complexité des causes qui ont déterminé la prospérité présente de ces ports. On a vu comment des circonstances
spéciales à chaque port ont tantôt entravé les progrès, comme à
Dantzig ou à Kœnigsberg et tantôt stimulé un magnifique essor,
comme à Hambourg. Mais par delà de ces causes particulières, on a
constaté toute l'efficacité des causes générales et principalement de
l'une d'entre elles, de l'évolution économique de l'Allemagne. Dans
les différentes places maritimes successivement considérées, mais
surtout dans celles de la mer du Nord, surtout à Hambourg, lors-

---

[1] *Bericht der Vorsteher-Amtes der Kauffmannschaft zu Kœnigsberg*, 1899, p. 166,
167.

que nous pénétrions dans le détail du commerce du port, lorsque
nous examinions les traits de ce commerce, la nature des marchandises importées et exportées, les caractères des pays étrangers
constituant la clientèle commerciale, derrière tous les progrès, nous
constations la puissance d'une même grande cause d'extension du
port. C'est la transformation de l'Allemagne en un État de plus en
plus industriel qui a poussé au développement des ports allemands
et a fait la grandeur de Hambourg.

Mais si les villes maritimes ont tiré un grand profit de l'évolution économique de l'Allemagne, on peut se demander si cette
évolution, malgré ses apparences brillantes et ses avantages certains, ne recèle pas cependant pour l'Allemagne de graves dangers.

Dans la première moitié du XIXe siècle déjà, Frédéric List vantait
à ses compatriotes les bienfaits de la Nation normale, de la nation
aux forces productives complexes. Mais on sait que, dans l'esprit
de List, l'État normal était surtout l'État industriel, et que List
passait rapidement sur les avantages de l'agriculture. C'est de
cette manière aussi que l'Allemagne est devenue un pays à économie complexe. Certes elle demeure un pays agricole en même temps
qu'elle se transforme en un État industriel. Il semble bien cependant
que l'équilibre soit rompu en faveur de l'industrie. La campagne
allemande se dépeuple rapidement alors qu'augmente le personnel
industriel des agglomérations urbaines. Le sol allemand ne suffit
plus à alimenter la population. Et les importations croissantes de
denrées alimentaires étrangères, la nécessité impérieuse des fortes
exportations industrielles commencent à susciter en Allemagne des
craintes légitimes.

Toute une littérature a surgi dans ce pays sur les problèmes des
mérites respectifs de l'*Industriestaat* et de l'*Agrarstaat*. Une
polémique s'est engagée à laquelle ont pris part certains des économistes les plus considérables de l'Allemagne, Adolph Wagner
dans un camp, par exemple, et Brentano dans l'autre [1].

Assurément l'argumentation des adversaires de l'État trop industriel ne paraît pas convaincante sur tous les points. Lorsqu'ils

---

[1] A. Wagner, *Industriestaat und Agrarstaat*. Die Zukunft, 1894, 8e vol., p. 437-451 ;
Brentano et Kuczinsky, *Die heutige Grundlage der deutschen Wehrkraft*, 1900. Cf.
les opinions en sens divers de Voigt, Dix, Kuczinsky, Julius, V. Blume, dans les
Preussische Jahrbücher, 1898, 1899 et 1900.

semblent appréhender que la pénurie de la production indigène
amène parfois des famines redoutables [1], et surélève considérablement le prix des denrées alimentaires nécessaires, ils exagèrent
bien quelque peu. Sauf en des circonstances exceptionnelles, les
pays producteurs étrangers sauront envoyer à l'Allemagne, et à
un prix que la concurrence entre eux empêchera de devenir excessif, les approvisionnements dont elle aura besoin. Seulement il
faudra pour cela que le pouvoir d'acquisition de l'Allemagne
demeure considérable, que ses exportations ne se restreignent pas.
Et c'est pour les exportations, beaucoup plus que pour les importations, que la dépendance de l'Etat industriel à l'égard de l'étranger
peut devenir la source de réelles difficultés.

L'Allemagne n'est pas seule à chercher pour ses produits des
débouchés de plus en plus larges au dehors. Autrefois l'Angleterre
jouissait pour certaines marchandises d'un véritable monopole à
l'étranger. Mais aujourd'hui l'Allemagne, les Etats-Unis, la France
aussi, augmentent leurs exportations. Et voici que les pays agricoles eux aussi travaillent à leur émancipation industrielle. L'Inde
développe son industrie textile. Le Japon devient pour les pays
européens un concurrent redoutable [2]. Ce n'est pas que les progrès
industriels des pays exotiques entraînent nécessairement un rétré-
cissement des débouchés. Les partisans de l'Etat industriel ont bien
su montrer, conformément à la théorie classique des débouchés,
que les pays les plus riches, les plus industriels sont aussi, grâce à
leur grande puissance d'achat, ceux qui offrent aux marchandises
des autres contrées les débouchés les plus amples [3]. L'Angleterre
reste le client le plus important de l'Allemagne. Seulement, si les
pays où l'industrie et la richesse se développent importent autant
de produits étrangers qu'auparavant et peut-être davantage, ils
n'importent plus les mêmes produits. Par suite, les pays vendeurs,
en attendant qu'ils puissent satisfaire les besoins nouveaux de leurs
chalands, en attendant qu'ils abandonnent certaines branches d'industrie pour se tourner vers d'autres, en attendant qu'ils se spécialisent davantage, sont acculés à de redoutables et douloureuses

[1] V. Wagner, loc. cit., p. 443 ; Karl Oldenberg, Ueber Deutschland als Industriestaat, 1897, passim.

[2] Wagner, loc. cit., p. 446 ; Oldenberg, op. cit., p. 14 s.

[3] V. Arndt, Wirtschaftliche Folgen der Entwicklung Deutschlands zum Industriestaat, 1899, p. 17 s.

crises. La théorie des débouchés peut nons trauquilliser sur la surproduction générale ; elle ne saurait reconnaître et ne méconnaît pas le péril certain des crises de surproduction partielle.

De même, à tout moment, l'établissement de droits protecteurs à l'étranger ou leur relèvement menace les industries d'exportation. Ou bien, ce sont des crises politiques, des désastres financiers qui amoindrissent les ressources, la capacité d'acquisition de la clientèle exotique. L'Allemagne fait depuis quelques années l'expérience amère de ce danger dans ses relations avec l'Amérique du Sud. Le chiffre de ses exportations dans l'Amérique du Sud demeure stationnaire ou même rétrograde, alors que le montant des importations sud-américaines en Allemagne ne cesse de s'élever [1]. Sans doute l'Allemagne a cherché et trouvé alleurs des débouchés susceptibles de compenser la perte éprouvée du côté de l'Amérique du Sud. Elle fait, en particulier, de grands efforts pour étendre son commerce avec l'Extrême-Orient, et elle y a en partie réussi [2]. L'exemple de l'Amérique du Sud n'en prouve pas moins que le péril des crises n'est nullement chimérique.

Cette menace des crises apparaît comme la rançon fatale d'une expansion industrielle disproportionnée. Le débouché lointain présente une inconstance, une mobilité, des intermittences, auxquelles on échappe lorsqu'on produit pour la demande nationale, pour la clientèle fidèle d'une population agricole nombreuse et riche. Le marché intérieur, plus compréhensif, lorsque l'équilibre se maintient entre l'industrie et l'agriculture, offre une sécurité, une stabilité, que l'on chercherait vainement dans le marché extérieur.

L'admiration légitime qu'inspire le puissant essor industriel de l'Allemagne doit donc s'atténuer de quelque réserve. Et on conçoit les appréhensions un peu pessimistes de certains penseurs allemands. Wagner souhaite qu'un homme d'Etat survienne, qui

---

[1] Les exportations allemandes dans les neuf pays principaux de l'Amérique du Sud, République-Argentine, Brésil, Chili, Vénézuéla, Colombie, Bolivie, Pérou, Equateur, Uruguay, ont reculé de 1893 à 1899 de 166 millions de marks à 160 millions. Au contraire, les importations de ces pays en Allemagne passaient, dans le même espace de temps, de 352 millions à 429 millions.

[2] L'Allemagne a exporté pour 91 millions de marks de marchandises en Chine et au Japon en 1899, au lieu de 52 millions en 1893. Des missions commerciales allemandes ont parcouru ces pays. Les compagnies de navigation de Brême et Hambourg s'efforcent d'acquérir les lignes de navigation entre ports de la Chine, ou entre ces ports et ceux des pays limitrophes, de substituer le pavillon allemand au pavillon anglais.

sache arrêter l'Allemagne dans la pente où elle se trouve engagée,
et imprime à sa vie économique une direction nouvelle [1]. Mais on
voit difficilement ce que des mesures gouvernementales ou législatives pourraient faire contre une évolution qui résulte de la nature
des choses. Malgré la hausse escomptée des rendements, la culture
allemande ne semble pas devoir suffire à l'alimentation d'une
population qui s'accroît tous les ans d'environ 800.000 âmes, qui
a atteint 56.345.014 habitants au recensement de 1900. En 1903,
lorsque la dénonciation des traités de commerce sera devenue
possible, on pourra sans doute relever le droit sur les blés, le
porter à 6, 7, 8 marks, ou même au-delà, comme les agrariens
l'ont demandé, établir même un système de double tarif analogue
au système français, et interdire des réductions trop fortes dans
les conventions commerciales, ces moyens augmenteront peut-être
la production agricole, mais ils ne l'augmenteront pas assez pour
une population toujours plus nombreuse. Dans ces conditions, des
mesures de protection rigoureuse en faveur de l'agriculture allemande, susceptibles d'amener des représailles, de fermer les
débouchés ouverts à l'étranger à l'industrie allemande, pourraient
compromettre l'avenir économique de l'Allemagne. Le mouvement
ascendant de la population a fait de la spécialisation industrielle de
l'Allemagne une nécessité inéluctable ; et on ne saurait d'ailleurs
nier que ce progrès de sa population, joint à son expansion industrielle, ne constituent pour l'Allemagne, malgré des inconvénients
certains, une source de force et de puissance.

. En France, la situation est toute différente. Sans doute les progrès de la production et de l'exportation industrielle, qui sont réels,
que les statistiques nous confirment, n'avaient pas besoin d'atteindre,
et n'ont pas atteint l'importance des progrès allemands. Mais, d'autre part, une population presque stationnaire permet à la culture
de satisfaire de plus en plus, par le perfectionnement de ses procédés, aux besoins cependant grandissants de la consommation.
L'équilibre entre l'industrie et l'agriculture a pu se maintenir
davantage et la dépopulation des campagnes, quoique manifeste,
est beaucoup moins accentuée qu'au delà des Vosges. Le développement économique de la France n'apparaît pas aussi brillant
que celui de l'Allemagne. Mais il est plus sûr, moins sujet aux sou-

---

[1] Wagner, *loc. cit.*, p. 451.

bresauts comme dans tout pays où le marché intérieur conserve
une importance relative considérable.

Il est vrai que cette prépondérance du marché intérieur n'est
pas de nature à favoriser un grand essor des ports maritimes.
Une cause puissante de prospérité, analogue à celle qui résultait de
l'évolution économique de l'Allemagne, a manqué aux ports français. La France vend moins à l'étranger que l'Allemagne. Surtout
elle y achète beaucoup moins. En l'absence d'un large courant
d'importations agricoles et d'exportations industrielles, égal à celui
de l'Allemagne, nos ports n'ont pu bénéficier d'une extension aussi
remarquable que celle des ports de ce pays. Il est bien excessif de
parler de leur décadence comme on l'a fait parfois. Mais le développement de leur activité maritime a certainement été beaucoup
plus lent que celui des ports allemands, comme l'indique le tableau
suivant :

	ARRIVAGES DANS LES PORTS en tonneaux de jauge nette			INDEX NUMBERS		
	1880	1890	1899	1880	1890	1899
Marseille.	3.523.149	4.785.277	6.262.113	100	135	177
Le Havre	2.267.483	2.877.453	2.917.606	100	126	128
Hambourg	2.766.806	5.202.825	7.765.950	100	188	280
Brême	1.169.466	1.723.809	2.406.748	100	148	205

En 1880 ainsi, le mouvement maritime de Marseille dépassait
celui de Hambourg, et celui du Havre n'était que légèrement inférieur à celui de la grande ville allemande. En 1899, l'activité de
Hambourg est notablement supérieure à celle de Marseille, et deux
fois et demie plus considérable que celle du Havre. Brême aussi se
développait plus rapidement que Marseille et que le Havre.

Mais c'est en ce qui concerne le commerce surtout que les progrès ont été beaucoup moins prononcés dans les ports français que
dans les ports allemands :

	COMMERCE GÉNÉRAL EN MILLIONS DE FRANCS			INDEX NUMBERS		
	1880	1890	1899	1880	1890	1899
Marseille	1.966	1.844	2.253	100	95	114
Le Havre	1.911	1.924	1.905	100	100	99
Hambourg	2.125	3.296	4.488	100	155	211
Brême	713	1.022	1.305	100	144	183

Le commerce de Marseille et du Havre reste donc stationnaire, alors qu'en ces vingt dernières années celui de Hambourg et de Brême a doublé.

Mais les divers problèmes de l'économie d'un pays se touchent, se pénètrent les uns les autres, et ne sauraient être considérés isolément. Il ne faut pas se hâter d'opposer les 2.250 millions du commerce de Marseille aux 4 milliards et demi de celui de Hambourg, et déplorer la ruine de nos ports. On doit remonter aux causes de cette différence entre les progrès des ports français et allemands. On reconnaît alors que la grandeur de Hambourg résulte d'un état de choses qui, à côté d'avantages éclatants, présente aussi des dangers très certains, et qui, en tout cas, bienfaisants peut-être pour l'Allemagne, ne convient pas à la France. La nature de son sol, sa richesse culturale avec sa richesse relativement moindre en minerais, son état de développement économique, la stagnation de sa population, commandent à la France un équilibre plus rigoureux qu'en Allemagne entre l'industrie et l'agriculture, moins d'expansion à l'étranger, mais plus d'échanges, une plus grande complexité, une plus grande pénétration mutuelle, une plus étroite coopération des forces productives à l'intérieur. On doit regretter que Marseille et le Havre ne parviennent pas à égaler dans la rapidité de leur progression Hambourg et Brême. Mais il serait désastreux de payer leur prospérité par de plus larges importations d'objets d'alimentation, par l'impuissance de la culture à satisfaire aux besoins de la population, par l'abandon de notre régime douanier, de notre système de protection de l'industrie et de l'agriculture nationale.

Parmi les causes de développement de ses ports, l'Allemagne nous montre des exemples utiles à suivre en ce qui concerne l'amélioration des voies fluviales, la politique en matière de tarifs de chemins de fer, le perfectionnement des installations maritimes et de l'outillage des ports. J'ai indiqué pourquoi son organisation des ports francs ne saurait être implantée en France. Et quant à la source principale des progrès des ports allemands, quant à l'évolution économique de l'Allemagne, il faut, tout en admirant ce qu'elle présente de remarquable, reconnaître les périls qu'elle pourra entraîner pour l'Allemagne, reconnaître surtout ce qu'une semblable évolution aurait de dangereux pour la France. On ne doit sans doute pas opposer un quiétisme optimiste aux exhortations chaleureuses, à la « bonne parole » que l'on nous a souvent rapportée d'Allemagne. Mais il faut se garder d'un pessimisme exagéré, considérer l'ensemble de la vie économique du pays, au lieu de s'attrister prématurément de certains de ses aspects, et faire la part des différences nationales.

Albert AFTALION,
Chargé de cours d'économie politique à l'Université de Lille.

LE SYSTÈME DES IMPOTS DIRECTS D'ÉTAT EN FRANCE

Suite et fin [1].

§5. Des revenus égaux peuvent être inégalement disponibles selon la source dont ils découlent. Une distinction essentielle est à faire à cet égard entre les revenus qui proviennent d'un capital et ceux qui proviennent du travail, c'est-à-dire de l'activité actuelle de la personne ; les premiers représentent une disponibilité économique plus considérable que les seconds. Il y a chez le bénéficiaire d'un revenu de travail un besoin qui n'existe pas, qui au moins n'existe pas au même degré chez le bénéficiaire d'un revenu de capital : c'est le besoin d'épargner, et la valeur sociale en est assez grande pour que le législateur en tienne compte. Les honoraires de l'avocat ou du médecin, le traitement de l'employé ou du fonctionnaire, sont des choses qui ne durent que ce que durent les services dont ils sont la contre-partie ; la maladie, la vieillesse, la mort y mettent fin. Un homme prévoyant devra donc, sur de tels revenus, prélever une épargne en vue de l'époque où la source en sera tarie ; il n'a pas, pour ses dépenses présentes, la libre et complète disposition de la somme qu'il gagne ; car elle doit aussi parer à des dépenses futures, et la puissance actuelle d'achat inhérente à ce gain se restreint de tout ce que gagne en longueur, par le fait qu'elle se prolonge dans l'avenir, la période de consommation. Le revenu de capital est au contraire indépendant de l'activité personnelle du bénéficiaire, et par conséquent soustrait à l'action des causes qui affaiblissent ou éliminent cette activité ; il dure autant que le capital même, et si le capital, quelle que soit sa forme d'investissement, est sujet à périr, il est cependant chose plus stable que l'activité personnelle d'un homme, qui est limitée par la durée de la vie et plus étroitement encore par la période de santé et de bon état de l'organisme. La considération des risques de perte que court le capital n'efface pas la différence ; sans doute un capital placé dans une affaire aventureuse pourra disparaitre entièrement ; mais c'est

[1] V. *Revue d'économie politique,* décembre 1900, p. 937 et s., mars 1901, p. 279 et s., avril 1901, p. 346 et s. et mai 1901, p. 467 et s.

là pour le capitaliste un risque volontaire : dans les conditions économiques actuelles, il peut faire des placements qui lui assurent la conservation pratiquement indéfinie de son capital et qui lui donnent tout ce que comporte de sécurité le train ordinaire des affaires humaines. Le revenu de capital est, selon l'expression allemande, un revenu fondé ; et, parce que fondé, permanent ; le capitaliste le touche sans travailler, et ses héritiers le toucheront après lui. Ceci d'ailleurs n'est pas pour déconseiller l'épargne au capitaliste ; mais, à prévoyance et à revenu égaux, le possesseur d'un revenu de capital n'a pas besoin d'épargner autant que le possesseur d'un revenu de travail ; ses ressources sont plus complètement disponibles et plus largement applicables à ses dépenses actuelles ; il a donc un revenu en réalité plus élevé, et une capacité d'imposition supérieure. Un système fiscal qui s'attache à la détermination subjective des facultés devra lui demander davantage.

Entre la catégorie des revenus de capital et celle des revenus de travail, il y en a une troisième qui participe des deux à la fois. Tel est par exemple le revenu du propriétaire foncier qui exploite lui-même sa terre ; tel est aussi le revenu de l'industriel qui a mis dans l'affaire ses propres capitaux. Le gain de l'un et de l'autre comprend l'intérêt de leur capital et la rémunération de leur activité personnelle. C'est un revenu mixte qui est en partie fondé et permanent et qui pour une autre fraction a le caractère instable des revenus de travail. La taxation différentielle des revenus d'après leur source doit donc comprendre au moins trois échelons : un pour les revenus de capital, un pour les revenus mixtes, un pour les revenus de travail. C'est ce qu'on appelle la discrimination des revenus.

L'impôt italien sur les revenus mobiliers comporte l'application du principe de discrimination sous la forme suivante. La loi fixe un taux uniforme pour tous les revenus mobiliers, mais ce taux uniforme n'est pas appliqué, dans la plupart des cas, à l'intégralité du revenu ; le revenu imposable n'est qu'une fraction du revenu réel, fraction plus petite pour les revenus mixtes que pour ceux dérivant du capital, et plus petite encore pour les revenus de travail. Il y a quatre catégories ou cédules [1].

---

[1] Lois du 24 août 1877 et du 22 juillet 1894. Voyez le texte dans : « L'impôt sur le revenu... »

A. Les revenus perpétuels, c'est-à-dire les revenus de capital. Parmi ceux-là, la loi fait des distinctions qu'il est sans intérêt de reproduire ici. Les uns sont cotisés d'après leur valeur totale, notamment les intérêts de la dette publique, et les autres, par exemple les prêts hypothécaires ou chirographaires, sont cotisés à raison des 30/40 de leur valeur intégrale.

B. Les revenus mixtes, à la formation desquels concourent le capital et le travail, c'est-à-dire les revenus du commerce et de l'industrie. Cotisation à raison des 20/40 de leur montant.

C. Les revenus temporaires, provenant du travail de l'homme sans le concours du capital, revenus professionnels, traitements et salaires privés (on y range aussi les rentes viagères et pensions). Cotisation à raison des 18/40.

D. Les revenus dérivant des traitements, pensions, rétributions, payés par l'Etat, les provinces et les communes. Cotisation à raison des 15/40. L'Etat ménage ses fonctionnaires, et j'ai indiqué précédemment par quelles raisons de fait ce ménagement se justifiait [1].

Le taux de l'impôt étant fixé par la loi du 22 juillet 1894 à 20 p. 100, ce taux, en apparence uniforme, se décompose de la façon suivante :

Catégories de revenus.	Taux réels.
A¹	20 » p. 100.
A²	15 » —
B.	10 » —
C.	9 » —
D.	7 50 —

En Prusse, l'Einkommensteuer ne comporte pas de taux différentiels selon l'origine des revenus ; mais le principe de discrimination n'en reçoit pas moins satisfaction dans le système prussien. La différence de traitement entre les revenus du capital et ceux du travail a été réalisée par l'introduction de l'impôt sur le capital qui se superpose à l'impôt sur le revenu et qui porte le nom significatif d'impôt complémentaire (Ergänzungssteuer). Un revenu, quelle qu'en soit la composition, est frappé deux fois en tant qu'il dérive du capital et une fois seulement en tant qu'il dérive de l'activité

[1] Les taux d'évaluation donnés ici sont ceux que fixe la loi de 1894. Pour le calcul des exemptions, on évalue les revenus imposables d'après les taux fixés par la loi de 1877 qui sont respectivement de 6/8, 5/8 et 4/8 pour les cédules B, C, D.

personnelle. Le taux de cet impôt complémentaire est d'ailleurs peu élevé : 1/2 p. 1.000 ; le capital inférieur à 6.000 marks n'est pas imposable et de même le capital inférieur à 20.000 marks dans le cas où le revenu du contribuable ne dépasse 900 marks.

Cette façon de réaliser la taxation différentielle des revenus présente certains avantages. D'une part, elle proportionne la différence de taxation à la somme d'éléments fondés que renferme chaque revenu. Les revenus mixtes se rapprochent tantôt plus et tantôt moins soit des revenus du capital, soit des revenus du travail. D'une industrie à une autre, d'un commerce à un autre, le capital mis en œuvre varie beaucoup. Frapper à un taux unique tous les revenus mixtes, c'est se contenter d'un à peu près ; et quant à vouloir poser des règles particulières pour chaque genre d'exploitation, c'est une tâche pratiquement impossible. L'impôt sur le capital résout la difficulté d'une façon en quelque sorte automatique. D'autre part, il s'agit d'atteindre, dans le revenu fondé, une qualité spéciale, celle de durée, de stabilité ; or, cette qualité ne s'accroît pas avec l'élévation du revenu ; au contraire, elle est, d'une façon générale, en proportion inverse du taux de l'intérêt, puisque ce sont les placements à gros intérêt qui sont les moins sûrs, la productivité exceptionnelle du capital étant la compensation des risques courus. Cependant l'établissement de taux différents sur les revenus selon leur origine frappe plus lourdement les placements à gros intérêts que les autres ; on atteint ainsi un excédent de revenu qui a d'autant moins le caractère « fondé » qu'il est plus élevé. Le procédé de l'impôt sur le capital permet d'éviter cette conséquence peu juste, puisque la valeur en capital, base de la taxe complémentaire, se forme en raison composée du taux de l'intérêt et de la sécurité du revenu.

Dans un grand nombre de cantons suisses, on trouve aussi réalisée la discrimination des revenus. La plupart du temps, il y a deux impôts distincts qui ne se superposent pas : un impôt sur le capital qui frappe les revenus fondés et un impôt sur le revenu qui frappe les revenus de travail [1], celui-ci avec des tarifs moins élevés que celui-là. La loi fixe en général le rapport qui doit exister entre

---

[1] Max de Cérenville, *op. cit.*, 2ᵉ partie, tit. I, p. 150 s. Pour les revenus mixtes, la règle en général est qu'ils sont frappés par l'impôt sur le revenu ; mais on en déduit l'intérêt des capitaux engagés qui ont supporté l'impôt sur le capital ; les éléments d'un revenu mixte sont donc taxés distinctement.

les tarifs de l'un et de l'autre. En voici un exemple : dans le canton de Vaud, le taux de l'impôt sur le produit du travail est (pour chaque catégorie, car l'impôt est progressif par catégorie), lié au taux de l'impôt sur le capital mobilier, de telle sorte-que quand le taux de l'impôt sur le capital est de 1 p. 1000, soit 2,50 du revenu calculé à raison de 4 p. 100 du capital, le taux de l'impôt sur le produit du travail est de 0,8 p. 100. D'ailleurs l'écart entre les deux tarifs paraît être en Suisse, dans un certain nombre de cas, trop considérable et s'explique vraisemblablement par des raisons de politique électorale. Quelques cantons ont un autre système : dans les cantons de Bâle-Ville, Bâle-Campagne, Tessin et Soleure, il y a un impôt sur le capital qui se superpose à l'impôt sur le revenu. C'est le système de l'impôt complémentaire prussien.

Nos projets français de réforme ne comportent pas, en général, la discrimination des revenus. Pour ceux qui ne proposent qu'une transformation de la contribution personnelle-mobilière, la discrimination ne peut pas, par la nature des choses, y trouver place, puisque ce n'est pas, en réalité, le revenu qui est frappé, mais une dépense. Dans ceux qui instituent plus ou moins franchement un impôt sur le revenu au sens propre, la discrimination a paru compliquer beaucoup un problème qui, sous sa forme la plus simple, est déjà bien difficile à résoudre, et on s'est dit sans doute qu'à chaque jour suffit sa peine. On a fait remarquer d'ailleurs, en ce qui concerne l'impôt assis sur la valeur locative, qu'il opérait de lui-même une sorte de discrimination, le contribuable qui n'a pas de capital se logeant moins au large, à revenu égal, que celui qui en possède un[1] ; et, en ce qui concerne l'impôt sur le revenu, qu'il pouvait ne pas tenir compte de l'origine des revenus, ceux du capital étant frappés une seconde fois par les impôts réels (foncier, patentes, taxe des valeurs mobilières), tandis que ceux du travail ne le sont qu'une fois. Observations qui ne sont pas assurément dénuées de vérité, mais qui ne suffisent pas à placer notre système fiscal parmi ceux qui réalisent la discrimination des revenus. L'esprit d'économie qui doit animer l'homme vivant de revenus temporaires peut se traduire par une moindre dépense de loyer ; mais ce n'est là qu'une des causes, entre beaucoup d'autres, qui sont de

---

[1] M. Leroy-Beaulieu a souvent développé cette idée, notamment dans son *Traité de la science des finances*, 6ᵉ édit., I, liv. II, chap. VII.

nature à faire varier la valeur locative. Quant à l'idée que nos impôts réels jouent, à l'égard des revenus fondés, le rôle de l'impôt complémentaire prussien, elle ne pourrait être tenue pour satisfaisante que si ces impôts formaient un système plus cohérent et ne présentaient pas entre eux ces multiples inégalités qui ont été signalées.

Le projet élaboré par la commission extra-parlementaire de l'impôt sur les revenus faisait application de taux différentiels aux revenus du capital, aux revenus mixtes et aux revenus du travail. Aucun ministère d'ailleurs n'a repris ce projet à son compte. Je ne l'indique ici qu'en passant, j'aurai un peu plus loin l'occasion d'y revenir et de l'apprécier.

*

§ 6. L'exemption du minimum d'existence, la prise en considération des charges de famille, la discrimination des revenus ne soulèvent plus guère en France d'opposition de principe. Les auteurs même le moins favorables aux innovations se montrent disposés à accepter celles-ci, et leur hostilité ou leur méfiance est devenue un scepticisme un peu railleur mais indulgent. Presque tous les projets de réforme en font état, ou du moins s'ils sont empêchés par les difficultés d'exécution ou la nécessité de sérier les problèmes, — c'est le cas par exemple pour la discrimination, — ils rendent hommage au principe. Au contraire, l'établissement de tarifs progressifs rencontre une hostilité vigoureuse ; ce n'est pourtant qu'un des éléments de la personnalité de l'impôt, tout-à-fait du même ordre que les autres. La progression est une conséquence, comme le minimum d'existence, comme les dégrèvements pour charges de famille, comme la discrimination, de l'appréciation subjective des facultés. Dès qu'on se préoccupe de considérer non plus seulement la grandeur objective du revenu, ce que fait notre système actuel d'impôts directs, mais ce que le revenu vaut pour le contribuable, ce qu'il représente pour celui-ci, en face de ses besoins, de pouvoir économique, on aboutit à substituer la progression à la proportionnalité [1].

Nos besoins ne sont pas tous placés au même rang ; il y a entre

---

[1] Il y a sur l'impôt progressif une littérature très abondante. On trouvera la bibliographie dans Seligman, « *Progressive taxation in theory and practice* » et dans Schäffle, « *Die Steuern* ».

eux comme une hiérarchie, et ils s'ordonnent les uns par rapport aux autres selon leur nécessité et par conséquent leur intensité décroissantes. C'est dans cet ordre qu'ils paraissent sur la scène de notre existence : d'abord les plus nécessaires, dont la satisfaction est indispensable au maintien même de la vie, puis d'autres qui le sont un peu moins, et à mesure que de nouvelles troupes de besoins entrent en scène, le caractère de nécessité s'efface, les nouveaux venus ne représentent plus que l'utile, le bien-être, le confort, le luxe, tout le développement complexe de l'être physique et moral. Chacun de nous les appelle ainsi à soi selon ses ressources; tout accroissement du revenu fait apparaître des besoins nouveaux et moins impérieux. La hiérarchie sans doute peut paraître s'effacer à un certain niveau social : il est peut-être aussi dur, quand on fait partie du Tout-Paris, de ne pas assister à une « première » sensationnelle ou au duel du jour que de se passer de dîner quand on est simplement un pauvre diable. Mais il suffira, pour remettre les choses en place, de supposer le membre du Tout-Paris jeté, tel Robinson, dans une île déserte; la hiérarchie naturelle des besoins reparaîtra. Si l'on divise idéalement les revenus en tranches superposées, chaque tranche correspond à des besoins dont la satisfaction est de moins en moins utile à mesure qu'on s'élève des plus basses aux plus hautes. L'impôt qui est prélevé sur les tranches du bas est le plus pénible à supporter, car il entreprend sur la satisfaction des besoins nécessaires; celui qui est prélevé sur les tranches du haut ne diminue que le superflu; en parcourant la série entière, l'impôt, à tarif égal, se fait un peu plus léger à chaque accroissement de revenu. C'est ce qu'on exprime en disant qu'il en coûte davantage de payer 100 fr. sur un revenu de 1.000 fr., que 10.000 fr. sur un revenu de 100.000 fr. : le sacrifice est moindre dans le second cas. Une législation qui se propose d'asseoir l'impôt selon la capacité contributive de chacun doit instituer un tarif qui progresse en même temps que le revenu, car en pareille matière l'égalité mathématique engendre l'inégalité de fait. La progression est la vraie proportionnalité, non pas celle de la somme prélevée au revenu, mais celle du sacrifice à la capacité de le supporter.

On a présenté la même idée sous une forme un peu différente en rattachant la théorie de l'impôt progressif à celle de l'utilité finale [1].

---

[1] Ce point de vue a été développé notamment par Sax, dans *Grundlegung der theoretischen Staatswirthschaft*, et dans un article *Die Progressivsteuer*, de la *Zeitschrift für Volkswirthschaft, Sozialpolitik und Verwaltung*, 1. Bd 1892.

La valeur d'un bien est déterminée par son utilité finale, c'est-à-dire par l'utilité de la fraction de ce bien qui en a le moins, étant employée à satisfaire ceux de nos besoins qui sont le moins impérieux. Plus il y a d'exemplaires d'un bien, plus l'utilité finale et la valeur de ce bien décroissent, puisque les derniers exemplaires peuvent satisfaire des besoins dont l'intensité s'affaiblit de plus en plus. La valeur d'une fraction donnée de revenu décroît, pour son possesseur, en raison du nombre de fractions semblables dont il dispose, puisque plus ce nombre sera considérable, moins intenses seront les derniers besoins satisfaits. Pour le possesseur d'un revenu composé par exemple de cent fractions de 1.000 fr. chacune, l'utilité finale de la ou des fractions prélevées par l'impôt sera petite ; elle sera beaucoup plus élevée pour le possesseur d'un revenu qui comprend seulement trois ou quatre de ces fractions ; si l'impôt leur prend à tous deux un dixième, le dixième du petit rentier a pour lui plus de valeur que le dixième de son riche voisin. Il n'y a pas prélèvement de valeurs équivalentes. D'où la nécessité d'un tarif progressif pour rétablir l'équilibre [1].

La progression fondée sur la proportionnalité des sacrifices ou sur l'équivalence des utilités finales ne doit pas logiquement être une progression indéfinie. Au delà d'un certain point, les derniers besoins satisfaits sont également peu intenses : ce sont des besoins de pur luxe, entre lesquels il n'y a de hiérarchie que celle que peut établir la fantaisie individuelle. La progression perd sa raison d'être. On aboutit à des conclusions tout autres lorsqu'on considère la progression comme un moyen de limiter les conséquences de l'inégalité sociale. Il n'y a pas lieu évidemment alors de supprimer les échelons supérieurs de la progression ; la conception de l'impôt progressif comme correctif de l'inégalité, qui est d'un maniement pratique un peu délicat, est d'ailleurs en dehors du point de vue auquel je me trouve placé dans cette étude.

L'impôt progressif peut aussi être envisagé comme impôt de redressement dont le rôle est de rétablir dans l'ensemble du système fiscal la proportionnalité plus ou moins gravement altérée par les

---

[1] M. Seligman analyse, op. cit., 2e partie, ch. III et appendice V, les œuvres de quelques écrivains hollandais qui ont approfondi par la méthode mathématique cette application de l'utilité finale à l'impôt progressif. On arrive ainsi, en dressant des courbes d'utilité différentes, à conclure indifféremment à l'impôt proportionnel, à l'impôt progressif et à l'impôt régressif, sur le fondement de l'utilité finale.

impôts de consommation. Ce point de vue a été développé à propos
du minimum d'existence. On peut, il est vrai, soutenir que cette
idée de compensation conduit plutôt à l'impôt dégressif qu'à l'impôt
progressif, et théoriquement cela paraît en effet exact. Mais il y a
en fait une limite parfois si incertaine entre la progression véritable
et la simple dégression que la remarque n'a pas une très grande
portée. Il n'en reste pas moins vrai que les deux idées sur lesquelles
se fondent les éléments couramment admis de la personnalité de
l'impôt — c'est-à-dire l'appréciation subjective des facultés et la
nécessité d'un contre-poids aux impôts indirects — impliquent aussi
la convenance de substituer dans l'impôt direct la progression à la
proportionnalité, et que la position de ceux qui, acceptant les
autres conséquences, rejettent celle-là, n'est pas entièrement logique.

Des objections de deux ordres sont adressées à l'impôt progressif.

Voici la première : les services que l'État rend aux contribuables
ne sont pas plus que proportionnels aux revenus de ceux-ci ; il n'y
a donc pas de raison pour que les contribuables payent plus que
proportionnellement. C'est la théorie de l'impôt-échange ; il en a
déjà été question, mais il y a lieu d'y revenir et de serrer la question de plus près.

Une remarque tout d'abord. L'objection, en la supposant fondée, ne serait valable que contre la théorie de la progression *in
abstracto,* de la progression considérée hypothétiquement comme
la règle de tout le système fiscal, mais non pas contre l'attribution
de tarifs progressifs à l'un ou quelques-uns des impôts directs pour
les faire servir de contre-poids aux impôts de consommation. Or en
fait l'impôt progressif, dans les limites où les diverses législations
l'admettent, n'a guère d'autre rôle.

Mais laissons de côté cette remarque et prenons l'objection en
elle-même. Nous nous apercevrons qu'elle a à peu près autant de
force contre l'impôt proportionnel lui-même que contre l'impôt progressif. Est-ce que l'État rend à chacun de nous des services proportionnels à son revenu ? Cela est tout à fait douteux. On a généralement en vue, lorsqu'on énonce cette formule, le service de
sécurité ; on pense à l'État-gendarme qui a une armée et une marine pour nous garder des agressions du dehors, une police et une
justice pour maintenir au dedans l'ordre matériel. Mais le service
que l'État rend en assurant la sécurité des personnes n'est-il pas le

même pour tous? Est-ce que le travailleur qui n'a que ses bras pour capital n'a pas autant d'intérêt à être protégé dans sa vie qu'un millionnaire? Peut-être même en a-t-il plus, car s'il disparaît, les siens risquent de mourir de faim.

Pour ce qui est de la sécurité des biens, l'idée de services proportionnels paraît plus soutenable. Et cependant que de doutes encore et de distinctions à faire! Les gens très riches, qui ont en portefeuille de bonnes valeurs mobilières de tous les pays, déposées chez un banquier de Londres ou de Berlin, seront moins atteints matériellement par une émeute à Paris que le petit commerçant qu'elle ruine, ou le paysan qu'elle empêche de vendre ses légumes ou ses volailles. Puis il y a le coût de production des services qu'il faudrait considérer pour être logique; quand j'achète une denrée sur le marché, je ne la paye pas d'après l'utilité spéciale qu'elle a pour moi, mais au prix qui, pratiquement, couvre les frais. En coûte-t-il deux fois plus cher à l'Etat de garantir la sécurité de ses biens à Pierre qui a cent hectares de terre, qu'à Paul qui en a cinquante? L'Etat dépense-t-il plus en traitements de juges et de procureurs pour le compte de Jacques, qui a 100.000 fr. de rente 3 p. 100 et qui a passé sa vie à détacher paisiblement ses coupons, que pour celui de Jean qui a 50.000 fr. de revenus en terres, et qui plaide à journée faite avec ses fermiers et ses régisseurs? D'ailleurs c'est une règle générale en matière de commerce que de consentir aux gros clients des tarifs de faveur; il en coûte proportionnellement moins cher d'assurer un bel immeuble en pierre de taille qu'une bicoque mal construite, ou de faire transporter dix tonnes de marchandises qu'un kilogramme. Quand je demande à l'Etat de me fournir une grande quantité de sécurité, il serait donc de bonne justice, selon nos usages, qu'il me la vendît moins cher qu'à ceux de mes concitoyens qui ont moins de choses à garantir. Ce n'est pas à la proportionnalité qu'on aboutit.

Mais il y a d'autres services que le service de sécurité. L'Etat conquiert des colonies et propage la civilisation, il extermine des nègres et des Chinois. Comment vais-je faire pour déterminer ma part d'intérêt matériel ou moral dans ces entreprises? L'Etat dispense l'instruction primaire, secondaire ou supérieure, l'une gratuitement, les autres au-dessous du prix de revient. C'est une de ses tâches les plus belles et les plus fécondes, mais le bénéfice que chaque Français en retire individuellement échappe à toute appré-

ciation et on ne peut sérieusement prétendre qu'il se mesure à son
revenu. L'État protège l'agriculture, l'industrie, la marine nationales. Il établit des droits de douane qui me font payer plus
cher mon pain, ma viande et mes vêtements. Il donne des primes à
la filature, à la sériciculture, à la marine marchande, et aussi aux
raffineurs pour que les Anglais puissent à nos frais avoir le sucre
à bon marché ; il proscrit le raisin sec après l'avoir, au temps du
phylloxéra, favorisé, et il inscrit au budget de 1901, 317.000 fr.,
qui deviendront bientôt plusieurs millions, pour associer l'armée
française au relèvement de la viticulture. Il se peut que tout cela
augmente la prospérité nationale ; mais dira-t-on que chacun participe à cet accroissement de prospérité à proportion de son revenu ?
La fiction est ici d'autant plus menteuse que le propre de pareilles
mesures, même si elles sont bonnes dans l'ensemble, c'est d'opérer
des déplacements d'activité économique et, en enrichissant les uns,
de ruiner ou de gêner les autres. L'État enfin encourage les arts ;
il subventionne l'Opéra : combien de Français y vont? Il entretient
des musées : combien de Français en profitent ?

Le budget ne pourvoit pas seulement aux services actuels de
l'État, il porte le fardeau des services d'autrefois ; non pas seulement des services, mais des erreurs, des fautes et des désastres.
Nous payons près de 1.300 millions d'arrérages de la dette publique,
et cela représente des travaux publics, des guerres, des invasions,
des révolutions. Quelle est donc, dans ce total historique, la part de
chaque Français d'aujourd'hui ?

Enfin, l'État s'est aperçu depuis quelques années qu'il y avait
une classe de gens qui ne possèdent rien que leur force de travail.
Il s'est préoccupé d'améliorer leur situation matérielle et morale.
Il leur donne l'instruction gratuite, il crée ou subventionne des
institutions de prévoyance, d'épargne, de crédit populaire, d'assistance. Par ses propres organes ou par les organes départementaux
et communaux, il travaille à l'assainissement des logements et des
voies publiques, il veille à l'hygiène des quartiers pauvres, il prend
des mesures contre les épidémies. Ce sont là des services et des
dépenses dont les classes aisées ne profitent pas, ou dont elles profitent moins, et ce sont ceux cependant qui tendent à se développer le plus dans les États modernes. De sorte que, si l'impôt est
pour chacun le prix individuel de sa participation aux services
collectifs, il arrivera qu'à mesure que l'État étendra ses fonctions

d'éducateur et de protecteur des faibles, ceux-ci devront payer une quote-part plus élevée, à raison des services institués pour eux et dont les gens aisés n'ont que faire. On devra logiquement conclure, non pas à l'impôt progressif, non pas même à l'impôt proportionnel, mais à l'impôt régressif, à tarif décroissant à raison de l'accroissement du revenu, et tendant lui-même à l'impôt de capitation.

La théorie de l'impôt-échange aboutit donc soit au néant, soit à l'absurde. L'insuffisance de la conception individualiste en économie financière est manifeste. Dans nos sociétés fondées sur la division du travail et l'entrecroisement des activités, il faut renoncer à dresser par doit et avoir le compte nominatif de chaque citoyen vis-à-vis de l'Etat. Nous sommes les éléments d'un organisme social et liés ensemble par une solidarité qu'il ne dépend point de nous de rompre. Bon gré, mal gré, nous travaillons les uns pour les autres, nous prospérons et nous pâtissons les uns par les autres. La même solidarité qui lie les vivants entre eux les lie aux générations mortes et aux générations à naître : nos budgets, qui sont par la dette publique un résumé de l'histoire nationale, préparent l'avenir par bien des dépenses dont nous ne profiterons pas nous-mêmes : quand nous fondons des colonies, c'est pour nos petits-enfants. Nous payons à la fois pour hier et pour demain. Il n'y a donc qu'une mesure rationnelle de l'obligation fiscale : c'est la faculté de payer, et nous savons que cela conduit à l'impôt progressif.

La seconde objection contre l'impôt progressif est beaucoup plus forte. Elle fait valoir l'arbitraire des tarifs progressifs et le danger éventuel d'une progression exagérée. La proportionnalité offre une règle simple, la même pour tous; le taux de l'impôt proportionnel n'est pas arbitraire; il est la résultante des besoins de l'Etat et de l'importance des revenus imposables; comme il ne ménage personne, l'Etat qui voudrait l'élever outre mesure rencontre une résistance universelle et se trouve ainsi incliné à la prudence et à la modération. La progression au contraire ne porte pas en elle-même sa règle; elle peut revêtir les formes les plus variées; un même produit d'impôt peut être obtenu, avec un tarif progressif, de bien des façons, selon qu'on dégrèvera plus ou moins les revenus d'en bas et qu'on frappera plus ou moins les revenus d'en haut; c'est un escalier, et un escalier peut être doux ou dur. L'Etat n'a plus en face de lui des contribuables unis et faisant bloc; il les a divisés

par catégories; les unes qui sont ménagées, les autres qui paient
pour les premières; même s'il veut rester impartial et modéré, il
sera poussé par les revenus d'en bas, qui sont le grand nombre et
par conséquent la force électorale, à établir des taux d'impôts
excessifs sur les revenus d'en haut. La progression est donc bien
de nature à inquiéter les classes aisées, rendre le capital timide
et le pousser à l'émigration, enrayer l'essor économique et tout
compte fait nuire à l'ensemble de la nation. On ajoute que, par
la logique même de son principe, elle a pour aboutissement la confiscation des grosses fortunes.

L'argument de la confiscation a été bien des fois développé.
Voici, par exemple, sous quelle forme le présente M. Leroy-Beaulieu [1] : « Si on ne l'arrête pas, elle finit bientôt par absorber la
totalité du revenu. Supposons que l'impôt triple toutes les fois que
le revenu double et que le point de départ soit un impôt de 5 fr. par
500 fr. de revenu, c'est-à-dire de 1 p. 100. Voilà une progression
qui, au premier abord, ne parait pas bien rapide et le taux initial
de l'impôt semble fort modéré : on arrive cependant avec cette
méthode au tableau suivant :

Revenu	Montant de l'impôt	Proportion p. 100
500	5	1
1.000	15	1,50
2.000	45	2,25
4.000	135	3,375
8.000	405	5,0625
16.000	1.215	7,6
32.000	3.645	11,4
64.000	10.935	17,0
128.000	32.805	25,6
256.000	98.415	38,4
512.000	295.245	57,6
1.024.000	885.735	86,5
2.048.000	2.657.205	129,7

Ainsi quoique le point de départ de la progression ne soit que
1 p. 100 du revenu et que le montant de l'impôt triple seulement
quand le revenu double, on arrive à une taxe de plus de 11 p. 100
pour les fortunes de 32.000 fr. de rente; de plus de 25 p. 100 pour
les fortunes de 128.000 fr. de rente et enfin, quand les fortunes

[1] Leroy-Beaulieu, *Traité de la science des finances*, 6e édition, p. 162.

dépassent 1 million de rente et approchent de 2 millions, la totalité du revenu est absorbée ».

Cette première considération, qui est la forme peut-être la plus répandue de l'objection au tarif progressif, est la moins sérieuse de toutes. De ce qu'un principe est susceptible, si par hypothèse il n'est contenu par rien, de produire certaines conséquences, il n'en résulte pas qu'il puisse les produire en fait, parce qu'en fait il rencontre d'autres principes qui le limitent. Il n'est qu'une tendance parmi d'autres tendances. Un organisme social est toujours le résultat de forces contradictoires. D'ailleurs il n'est pas exact qu'au point de vue purement logique le principe progressif ait pour aboutissement la confiscation. Quelque fondement qu'on lui assigne, soit l'idée de sacrifice proportionnel, soit l'idée de compensation, soit même qu'on le considère comme un moyen d'atténuer l'inégalité, il n'implique pas la socialisation de la propriété. L'impôt progressif est un impôt; il cesserait de l'être et par conséquent il serait infidèle à la logique de son principe, s'il servait à réaliser la transformation de la propriété privée en propriété collective. Je crois au surplus que, dans cet emploi, ce serait un instrument médiocre, lent, peu efficace, et que le jour où il y aurait une majorité dans un pays pour faire l'expérience de la socialisation de la propriété, elle prendrait d'autres et plus expéditifs procédés. Il est donc à la fois illogique et un peu puéril de présenter la progression comme un instrument de confiscation.

En fait, dans tous les pays où la progression existe, elle est limitée. Il y a pour cela plusieurs procédés. Le plus simple consiste à rendre à l'impôt le caractère proportionnel au delà d'un certain chiffre de revenu ou de capital. L'Einkommensteuer prussien s'élève, de 0,62 p. 100 pour les revenus de 900 à 1.050 marks, jusqu'à 4 p. 100 pour les revenus de 100.000 à 105.000 marks; au-dessus de ce chiffre, le tarif est proportionnel, l'impôt augmentant de 200 marks par chaque tranche de 5.000 marks de revenu en surplus [1]. Le projet d'impôt sur le revenu de M. Doumer faisait emploi du même procédé : le taux de l'impôt allait de 1 p. 100 pour les revenus de 2.500 à 5.000 fr., à 5 p. 100 pour

---

[1] Loi du 24 juin 1891, art. 17. Le tarif prussien n'est pas fait comme les nôtres; il indique, non pas le p. 100, mais la somme à payer pour chaque catégorie de revenus.

les revenus au-dessus de 50.000 fr. Ce projet combinait d'ailleurs ce procédé avec un autre consistant à fractionner chaque revenu en tranches et à frapper chaque tranche à un taux différent. Voici, en effet, comment s'exprimait l'art. 21 du projet :

« La fraction de revenu comprise :

Entre 2.500 et 5.000 francs n'est taxée qu'à raison de 1 p. 100.
Entre 5.001 et 10.000   —   —   2 —
Entre 10.001 et 20.000   —   3
Entre 20.001 et 50.000   —   4 —

Le droit plein de 5 p. 100 n'est perçu que pour la fraction de revenu supérieure à 50.000 fr. ».

Avec ce procédé, un revenu de 15.000 francs, par exemple, n'est pas frappé pour son intégralité au taux de 3 p. 100; il est divisé en quatre tranches :

La fraction de   0 à 2.500 francs paye 0 p. 100.
   —   2.500 à 5.000   —   1 —
   —   5.000 à 10.000   —   2 —
   —   10.000 à 15.000   —   3 —

Donc, lorsqu'on passe à une catégorie supérieure, l'accroissement de tarif ne s'applique pas à tout le revenu, mais seulement à l'excédent du revenu sur celui de la catégorie inférieure. Avec ce procédé, les revenus supérieurs au chiffre à partir duquel la progression s'arrête ne sont pas taxés d'une façon exactement proportionnelle; le taux, en ce qui les concerne, va se rapprochant sans cesse du taux maximum sans y atteindre jamais; la progression ne cesse donc jamais complètement; en même temps, cependant, elle a une limite supérieure qui, même pour les très gros revenus, n'est pas dépassée.

Ce procédé fonctionne en Suisse dans quelques cantons. Dans le canton de Vaud, il est appliqué par exemple à l'impôt sur le capital mobilier [1]; les capitaux mobiliers sont répartis en sept catégories; le taux de l'impôt est fixé annuellement pour chacune, mais de façon que, quel que soit le taux initial, celui-ci étant représenté par 1, les autres soient respectivement 1 1/2, 2, 2 1/2, 3, 3 1/2, 4. Les catégories sont fixées ainsi qu'il suit :

---

[1] Max de Cérenville, *op. cit.*, 2ᵉ partie, tit. Iᵉʳ, chap. III, p. 168 s.

1re catégorie, fraction comprise entre   1 et   25.000 francs.
2e   —   —   25.001 et   50.000
3e   50.001 et 100.000
4e   100.001 et 200.000
5e   —   200.001 et 400.000
6e   —   400.001 et 800.000
7e   au-dessus de   800.000

Le taux de la première étant, une année, de 1,20 p. 100, les autres sont respectivement de : 1,80, 2,40, 3, 3,60, 4,20, 4,80.

Un capital mobilier de 1 million ne payera pas intégralement, dans cette hypothèse, le taux de 4,80 p. 100 ; il sera divisé en sept fractions, chacune payant le taux de la catégorie à laquelle elle appartient, et la dernière seule, en l'espèce un capital de 200.000 francs, payera le taux maximum de 4,80 p. 100. Le même procédé fonctionne dans le canton de Vaud pour l'impôt sur le revenu.

Un procédé tout voisin, qui tend aussi à procurer une limitation automatique de la progression, est appliqué dans le canton de Zurich [1]. Ici, la progression n'est pas dans le taux de l'impôt, qui est fixé à un tant p. 100 uniforme quel que soit le montant du capital ou du revenu. Elle résulte de ce fait que le capital ou le revenu est divisé en catégories, et que chaque catégorie ne paie que sur une fraction de son montant réel, cette fraction devenant plus considérable à mesure qu'on s'élève sur l'échelle des catégories.

Dans l'impôt sur le capital, la fraction imposée se monte à :

5/10 pour les premiers   20.000 fr.
6/10   —   30.000 fr. suivants
7/10   —   50.000 fr.   —
8/10   —   100.000 fr.   —
9/10   —   200.000 fr.   —
10/10 pour le surplus.

Dans l'impôt sur le revenu, la fraction imposée se monte à :

2/10 pour les premiers   1.500 fr.
4/10   —   1.500 fr. suivants
6/10   —   3.000 fr.   —
8/10   —   4.000 fr.   —
10/10 pour le surplus.

En supposant le taux fixé dans l'impôt sur le capital à 4 p. 1.000.

[1] Max de Cérenville, *op. cit.*, 2e partie, tit. Ier, chap. III, p. 173 et 174.

on trouvera que par ce procédé un capital de 1 million payera 4 p. 1000 sur 923.000 francs seulement, soit 3.692 francs; les choses se passeront donc pour ce capital de 1 million comme si le taux était fixé à 3.692 p. 1.000. Il est facile de se rendre compte que le prélèvement opéré par l'impôt sur un capital quelconque correspond à des taux réels qui s'échelonnent de 2 p. 1.000, à 4 p. 1.000, ce dernier taux n'étant jamais effectivement atteint.

Il n'était pas inutile de placer, en face de la conception purement abstraite d'un impôt progressif se développant d'une façon spontanée, jusqu'à saisir tout le revenu ou tout le capital, conception d'ailleurs qui, même au point de vue purement logique, est fausse, quelques exemples de l'application pratique de cet impôt, qui le montrent tel qu'il est et non pas tel qu'on le figure hypothétiquement. Cela fait ressortir que l'argument usuel contre la progression n'a rien de bien sérieux.

Écartons donc ce spectre de la confiscation. Mais il subsiste encore contre la progression deux des considérations qui ont été présentées. La première est que le taux de la progression est arbitraire. Cela en effet est exact; les raisonnements qui servent à justifier l'impôt progressif ne permettent pas de conclure à une échelle déterminée de progression [1]; tout au plus donnent-ils l'indication de son caractère général de rigueur ou de modération : il est certain que la progression conçue comme un moyen d'atténuer l'inégalité sociale sera plus rigoureuse et poussée plus loin que la progression fondée sur la théorie du sacrifice proportionnel ou la théorie de la compensation. Sauf cette indication générale, l'adoption de telle ou telle échelle de progression implique un choix, l'appréciation d'éléments multiples et jusqu'à un certain point contradictoires, bref de l'arbitraire. Mais n'est-ce pas là les conditions ordinaires dans lesquelles nous légiférons ? Aussi longtemps que l'économie politique ne sera pas une science exacte, c'est-à-dire aussi longtemps qu'elle n'aura pas changé de nature, il faut nous résigner à ce qu'il en soit ainsi. Que l'on puisse critiquer telle ou telle application particulière de la progression, cela ne doit pas nous faire perdre de vue que la progression envisagée comme principe est plus conforme à la justice que la proportionnalité. Un

[1] Voyez cependant Seligman, *Opus citatum*, 2ᵉ partie, chap. III, appendice V, p. 182 et s.

tarif progressif sera sans doute plus ou moins satisfaisant, mais il a plus de chances de l'être qu'un tarif proportionnel, car celui-ci ne l'est certainement pas.

Reste enfin le danger éventuel d'un tarif de progression excessif. Ce danger est dans une certaine mesure réel, et je crois qu'il y aurait peu de bonne foi à le nier; nos délibérations parlementaires ont, plus d'une fois déjà, souffert du système de la surenchère; le désir de flatter l'électeur en « tapant sur les millionnaires » — comme le conseillait tout récemment un député [1] — n'est pas inconnu dans les assemblées. Jusqu'à quel point cela peut-il influer sur les destinées de l'impôt progressif ? Question que chacun résoudra selon son tempérament, ses idées ou, si l'on veut, ses préjugés. Car il arrive toujours un moment dans les problèmes économiques, au passage de la doctrine à la pratique, où la décision ne dépend plus, les éléments de la solution étant posés, que de quelque chose d'essentiellement contingent, la manière dont chacun de nous est impressionné par ces éléments. Ceux qui inclinent, parce qu'ils craignent l'abus, à condamner l'usage, repousseront l'impôt progressif; ceux-là au contraire l'accepteront, qui attachent le plus de prix à réaliser la justice dans les institutions économiques et qui savent combien les intérêts qui sont ou se croient lésés par une réforme sont habiles à en grossir les périls.

On ne peut s'empêcher de tenir les craintes manifestées au sujet de l'impôt progressif pour exagérées quand on considère qu'il est entré déjà dans la pratique fiscale d'un assez grand nombre de pays. La progression est installée notamment dans l'impôt sur le revenu en Prusse, en Saxe, en Autriche, dans l'impôt sur le revenu des capitaux mobiliers et dans l'impôt sur le revenu (qui n'est qu'un impôt sur certains revenus) en Bavière, dans l'impôt sur le capital et dans l'impôt sur les revenus professionnels en Hollande, dans la plupart des impôts, soit sur le revenu, soit sur le capital, des cantons suisses. Il n'apparaît pas jusqu'ici que ces multiples expériences aient tourné contre l'impôt progressif, et que dans les pays qui l'ont adopté la prospérité économique ni la paix sociale

---

[1] Le mot a en effet été prononcé par un député de la droite (*Journal officiel*, Chambre, Débats, n° du 23 février 1901, page 495) dans la séance où la Chambre a adopté un tarif progressif pour les droits de succession qui s'élève, au sommet de l'échelle, à 74 p. 100. Ce vote, qui a eu son heure de célébrité, n'a pas d'ailleurs été pris au sérieux par la plupart de ceux qui l'ont émis, et il y avait dans l'affaire beaucoup plus de politique que d'économie politique.

soient compromises. Et cependant la progression ne s'est pas introduite sans lutte dans ces législations ; dans quelques cantons suisses, par exemple, on raconte que des capitalistes ont émigré plutôt
que de se soumettre au tarif nouveau; ils sont partis, mais ils sont
revenus, ce qui prouve que le premier mouvement n'était pas le
bon [1], et ce qui réduit à sa juste valeur l'argument si souvent présenté de l'évasion des capitaux. On a toujours, il est vrai, la ressource de dire que ce qui convient aux uns ne convient pas aux
autres, et que chez nous la progression offrirait des dangers tout
particuliers. Ce genre de considérations est d'un usage extrèmement
fréquent, et il n'y a pas de discussion d'ordre économique dans
laquelle, à ceux qui opposent à notre timidité la hardiesse démocratique des pays étrangers, et notamment de quelques monarchies,
on ne démontre que pour une République les institutions démocratiques sont précisément tout ce qu'il y a de plus pernicieux.
Argument trop ingénieux pour être décisif. Il n'y a qu'un exemple
du dehors dont les adversaires de l'impôt progressif fassent état,
c'est celui de Florence aux xive et xve siècles. Nous devons rejeter
l'impôt progressif parce que Guichardin a dit qu'il avait été « le
bâton avec lequel les Médicis avaient assommé leurs adversaires » [2]. Il semble cependant d'une meilleure méthode de s'attacher
aux exemples contemporains qu'au *catasto* et à l'*estimo*.

L'impôt progressif entrera certainement dans notre système
d'impôts directs ; avec le budget de 1901 il vient déjà de pénétrer
dans les taxes successorales qui en sont les proches parentes. Mais
ce sera probablement sous des formes atténuées et préparatoires,
qui donneront la chose en permettant de ne pas inscrire le nom.
Il y a deux de ces formes qui sont toutes prêtes, c'est l'impôt avec
déduction du minimum d'existence, et c'est l'impôt dégressif.

Quand la déduction du minimum d'existence profite à tous les
revenus, quel qu'en soit le montant, au lieu d'être limitée à ceux qui
ne dépassent pas le minimum exempt, le taux de l'impôt cesse
évidemment d'être proportionnel; le taux proportionnel apparent
inscrit dans la loi devient une limite supérieure dont, sans jamais
l'atteindre, les taux réels se rapprochent à l'infini, à mesure que
dans le revenu la portion taxée s'élève au-dessus de la portion

---

[1] Sarraut, *L'impôt progressif sur le revenu, une enquête en Suisse.* Toulouse, 1898.
[2] Léon Say. *Les solutions démocratiques de la question des impôts,* I, 4e conférence, p. 246.

exemple. Soit une déduction de 1.000 fr. à faire sur tout revenu, un taux apparent de 10 p. 100, et quatre revenus de 1.001 fr., 10.000 fr., 100.000 fr. et 1.000.000 fr., on aboutit au résultat suivant [1] :

Revenu réel	Déduction	Revenu imposé	Taux apparent	Taux réel
1.001	1.000	1	10 º/º	0,01 º/º
10.000	»	9.000	»	9 »
100.000	»	99.000	»	9,9 »
1.000.000	»	999.000	»	9,99 »

Les choses se passent de même, *mutatis mutandis*, si au lieu d'une fraction totalement exempte, il y a dans tous les revenus une ou des fractions qui bénéficient de taux atténués. Par exemple dans le projet de M. Caillaux, le taux plein étant de 4 p. 100, il y a, comme cela a été indiqué, une fraction taxée à 0,50 p. 100, une autre à 1,50 p. 100, une troisième à 3 p. 100 ; l'importance de ces fractions varie selon les communes. On obtient ainsi, pour la ville de Paris, les taux réels suivants [2] :

Revenus pris pour types	Taux réel de l'impôt p. 100
2.500	0,50
3.000	0,67
3.500	0,79
4.000	0,87
5.000	1
6.000	1,42
8.000	1,92
10 000	2,25
12.000	2,54
16.000	2,90
20.000	3,12
25.000	3,30
30.000	3,40
40.000	3,56
50 000	3,65
60.000	3,70
80.000	3,78
100.000	3,82
125.000	3 86
150.000	3,88
200.000	3,91
500.000	3,96
1.000.000	3,98

La progression est assez accentuée pour les petits et moyens revenus et insignifiante pour les autres. Or ce procédé consistant à déduire une somme déterminée est admis par les adversaires mêmes de l'impôt progressif ; seulement ils se défendent d'instituer

[1] Max de Cérenville, *op. cit.*, p. 161.
[2] *Bulletin de statistique*, 1900, XLVII, p. 467.

par là des tarifs progressifs : c'est dégressifs qu'il faut dire. Le rédacteur du projet précité, après avoir, dans l'exposé des motifs, discuté et rejeté la doctrine de la progression, ajoute, en invoquant l'autorité de Léon Say : « A l'abri de ces très judicieuses réflexions nous avons combiné non pas un tarif progressif, mais un tarif dégressif, c'est à-dire que le projet implique l'unité de taux qui eût été exclue si nous avions fait choix d'un système progressif ».

Quelle différence y a-t-il donc entre la progression et la dégression ? Doctrinalement elle est bien simple et très connue. La taxe dégressive est, en principe, proportionnelle, mais pour les petits revenus elle comporte des atténuations plus ou moins fortes : c'est une taxe proportionnelle qui s'effrange par le bas. La dégression ne se fonde que sur la convenance de ménager dans l'impôt direct les contribuables qui sont relativement le plus atteints par les impôts de consommation ; elle se manifeste, comme le dit l'exposé des motifs du projet Caillaux, par l'unité de taux avec des exceptions. Mais, en pratique, la distinction est beaucoup moins nette, et le passage de la dégression à la progression se fait par une série de nuances. L'unité de taux ? mais n'est-elle pas purement apparente dans le projet Caillaux lui-même ? En se reportant au tableau dressé pour la ville de Paris, on voit que le taux réel est, pour un revenu de 5.000 fr., 1 p. 100 ; pour un revenu de 10.000 fr., 2,25 p. 100 ; pour un revenu de 20.000 fr., 3,12 p. 100 ; pour un revenu de 50.000 fr., 3,65 p. 100. Est-ce bien là de la simple dégression ? Il y a, d'autre part, des formes de progression qui comportent aussi l'unité apparente de taux : par exemple, dans le canton de Zurich. Le projet Doumer qui apportait bien l'impôt progressif, mot et chose à la fois, inscrivait cependant un taux uniforme de 5 p. 100 et ce taux était réduit à 1 p. 100, 2 p. 100, 3 p. 100, 4 p. 100 pour les fractions de revenus inférieures à 5.000 fr., 10.000 fr., 20.000 fr. et 50.000 fr. ; de sorte qu'on aboutissait à un tarif plus accentué, mais de même forme que le tarif dégressif de M. Caillaux. Avec la dégression, le taux redevient vite proportionnel, au-dessus d'une certaine limite ? Oui, en principe, et encore cela dépend-il du procédé adopté ; exemple : l'application du tarif Caillaux aux revenus parisiens. D'ailleurs, en fait, les tarifs progressifs existants ont aussi une limite supérieure, au delà de laquelle c'est la proportionnalité qui reparaît. La limite est placée plus haut, soit, mais il est sensible qu'entre la progression et la dégression, il n'y a qu'une différence de degré, non de nature. On sera souvent embarrassé de décider si un tarif gradué relève de l'une ou de l'autre. Nous serons encore à discuter sur les mérites comparés de l'impôt proportionnel et de l'impôt progressif quand celui-ci sera déjà dans la place sous le déguisement de la dégression.

IX

Ainsi s'est dégagé un type d'impôt très différent de nos impôts réels, proportionnels et à base indiciaire. Ce n'est pas d'ailleurs que la théorie nouvelle soit achevée dans toutes ses parties, car bien des éléments en sont encore un peu incertains, ni que tous les systèmes qui l'ont incorporée l'aient fait sous des formes entièrement satisfaisantes ; mais les idées directrices sont posées et l'orientation des principales législations étrangères se dessine avec netteté. L'impôt direct s'adapte de plus en plus étroitement à la capacité contributive subjectivement estimée ; il tend vers une individualisation croissante, et à mesure que les lois fiscales des autres pays réalisent cette conception le caractère archaïque des nôtres s'accuse davantage.

Nous sommes dans une situation quelque peu paradoxale. Nous avons le sentiment très clair que la structure de nos impôts directs a cessé d'être en harmonie avec les idées plus affinées de justice fiscale qui se sont peu à peu formées et réalisées autour de nous. Ceux mêmes qui n'acceptent pas la formule de l'impôt sur le revenu ne demandent pas le maintien pur et simple du système existant ; ils n'espèrent en sauver les principes qui leur paraissent essentiels qu'au prix de remaniements importants. Et de cette aspiration presque unanime à la réforme de l'impôt, rien n'est encore sorti que des rapports et des projets. On a ruiné théoriquement les bases du système ou de quelques-uns de ses éléments principaux, sans que l'accord se fît sur ce qu'il convenait de mettre à la place. La contribution des portes et fenêtres a été condamnée par la loi du 18 juillet 1892 ; le procès de la contribution personnelle-mobilière, du moins sous sa forme actuelle, est instruit par toutes les commissions parlementaires ou extra-parlementaires qui s'occupent de la réforme fiscale ; j'ai cité les projets ministériels qui en demandent la suppression ou la transformation ; on ferait plus qu'en doubler le chiffre avec les propositions d'initiative parlementaire. Nous vivons dans un édifice qui craque de toutes parts, et il est vraisemblable que nous y vivrons assez longtemps encore. L'excès même du zèle réformateur empêche d'aboutir. La formule de l'impôt sur le revenu aurait triomphé plus aisément si elle n'avait trouvé devant elle qu'une résistance passive et le refus de toute réforme. Mais on y a opposé deux autres formules qui ont dérivé et laissé se perdre une partie du courant. C'est la formule de l'impôt sur le revenu constaté au moyen de signes extérieurs, et celle de l'impôt sur les revenus. Quelques brèves considérations feront ressortir que ni l'une ni l'autre de ces deux formules n'impliquent une réforme sérieuse de l'impôt direct.

L'impôt sur le revenu constaté au moyen de signes extérieurs, c'est tout simplement le retour à la conception de la Constituante. La pièce maîtresse du système est la valeur locative de l'habitation; on y ajoute quelques autres éléments : l'emploi de domestiques attachés au service de la personne, les chevaux et voitures, les bateaux de plaisance, les chiens de chasse ou d'agrément. Il y a d'ailleurs plusieurs façons de présenter le nouvel impôt. On peut le donner comme une transformation de la contribution mobilière, et ou bien lui conserver ce nom, ou le qualifier de taxe d'habitation, ainsi que faisait le projet de M. Cochery ; on peut aussi le décorer du titre d'impôt général sur le revenu, ce qui est le procédé préféré par M. Peytral dans son projet du 25 octobre 1898[1] : cela ne change rien au fond des choses. Il importe peu également que l'impôt soit assis directement sur les éléments choisis, comme la contribution mobilière actuelle, ou que, revenant au détour imaginé par la loi de 1791, on commence par tirer de ces éléments le revenu, au moyen de présomptions légales, et que ce soit le revenu ainsi établi que l'impôt atteigne. L'idée reste toujours la même : étendre, fortifier et compléter le principe de la contribution mobilière. Même préoccupation pratique aussi, qui est d'individualiser l'impôt pour le rendre plus conforme à la justice, mais de le faire sans donner prise aux critiques que soulève l'impôt sur le revenu, c'est-à-dire sans « inquisition ni vexation ». Tous les efforts faits en ce sens sont donc autant d'hommages au principe de l'impôt personnel, et de tentatives pour le faire entrer dans les cadres du système

---

[1] *Bulletin de statistique*, 1898, XLIV, p. 526 s. Art. 1er du projet : « Il est établi... en remplacement des contributions personnelle-mobilière, et des portes et fenêtres, un impôt général sur le revenu ».

existant. Il y a une série de projets bâtis sur cette donnée : le
premier qui ait été sérieusement étudié est celui de M. Burdeau,
en 1894 [1] ; le dernier en date, celui qui a poussé le plus loin l'application de l'idée, est celui de M. Peytral en 1898. Ce dernier peut
être pris comme type, parce qu'il résume en quelque sorte les
précédents, et s'efforce de tenir compte des critiques qui leur avaient
été adressées.

En voici le résumé. Le revenu imposable est déterminé au moyen
des signes extérieurs suivants : valeur locative de l'habitation principale et des habitations secondaires ; domestiques attachés au
service de la personne ou de l'habitation; voitures, chevaux, et
vélocipèdes munis d'une machine motrice; chiens d'agrément ou
servant à la chasse, yachts de plaisance. Le revenu est obtenu en
appliquant aux valeurs locatives des coefficients calculés de façon
à tenir compte de deux faits : le loyer est d'autant plus cher que la
population de la commune est plus élevée; il tient d'autant plus de
place dans le budget du contribuable que ce budget est plus modeste.
Le coefficient à appliquer varie donc, d'une commune à l'autre en
raison inverse de la population, et dans la même commune en raison directe du montant de la valeur locative : on obtient ainsi des
coefficients échelonnés de 4 à 10 (art. 9 du projet). Quant aux
autres signes extérieurs, le procédé consiste à majorer le revenu,
en raison de leur présence, d'une somme qui varie selon la nature
du signe et la population de la commune; pour un domestique
homme, par exemple, c'est 2.400 fr. à Paris et 1.200 fr. dans les
communes au-dessous de 5.000 habitants. Le projet comportait enfin
des atténuations pour charges de famille, un tarif dégressif et
l'exemption d'un minimum.

Le projet de M. Peytral n'est jamais venu en discussion; aucun
des projets du même genre n'y est venu et n'a franchi le seuil des
commissions. Que tous ces projets, bien étudiés cependant et ingé-
nieusement agencés, aient été ainsi étouffés presque à leur naissance,
et sans lutte véritable, c'est un fait caractéristique et par où se
manifeste que le système n'est pas viable. L'idée d'un impôt assis
uniquement sur les signes extérieurs peut être séduisante de loin
et tant qu'elle demeure imprécise; mais il suffit qu'elle prenne corps
en un texte de loi pour que se révèlent son indigence théorique et

---

[1] *Journal officiel*, Chambre, Documents, 1894, n. 553, p. 444.

ses inconvénients pratiques. Lorsqu'il faut dresser le tarif des coefficients applicables à la valeur locative, on aboutit à quelque chose de tellement arbitraire qu'il est impossible d'en être satisfait : la critique précédemment faite de l'indice-loyer me dispense d'insister sur ce point. Cela apparaît avec évidence dans les projets qui, décomposant l'opération, font d'abord sortir le revenu de la valeur locative et de quelques autres signes extérieurs ; c'est un des mérites du projet de M. Peytral que d'avoir, en employant cette méthode, fourni contre la constatation du revenu par les signes extérieurs une démonstration par l'absurde tout à fait décisive. Mais l'inconvénient est le même dans les projets qui asseoient directement l'impôt sur la valeur locative ; ou bien on ne veut qu'établir une taxe sur les loyers et sur les domestiques ; et alors il n'y a point là une formule de réforme qu'on puisse opposer à celle de l'impôt sur le revenu ; ou bien on a la prétention que cette taxe fasse fonction d'impôt sur le revenu, et alors la critique dirigée contre le projet Peytral garde toute sa force. Ajoutez que ce prétendu impôt sur le revenu constaté au moyen de signes extérieurs se prête mal à être doté des caractères de l'impôt personnel. Il peut bien, dans la forme, comporter l'exemption d'un minimum, des atténuations pour charges de famille, un tarif dégressif ou progressif ; mais le fait même que l'impôt frappe non pas le revenu réel, mais un revenu fictif et présumé, enlève beaucoup de leur valeur aux caractères qu'on lui donne, comme je l'ai montré à propos de l'exemption du minimum. Quant à la déduction du passif et à la discrimination, elles sont exclues par le procédé même de constatation du revenu ; l'exposé des motifs du projet de M. Peytral en fait l'aveu. Cette formule de l'impôt sur le revenu présumé, qui a eu une fortune assez médiocre, n'en mérite pas en effet de meilleure. Le résultat pratique le plus clair d'un impôt de ce genre serait probablement de déterminer une crise des loyers et une crise des domestiques.

On a trouvé une autre formule : celle de l'impôt sur les revenus. Elle a été élaborée par la commission extra-parlementaire de l'impôt sur les revenus, nommée le 16 juin 1894 sur le rapport de M. Poincarré, ministre des finances, et dont les conclusions ont été exposées dans le rapport général de M. Coste [1]. La commission s'est inspirée des principes suivants :

[1] *Procès-verbaux*, II, p. 1021 et s.

1° La contribution des portes et fenêtres et la contribution mobilière, qui font office d'impôts sur le revenu global, doivent disparaître. La première n'a pas fait l'objet d'une discussion spéciale ; le rapport se borne à dire : « On en a parlé constamment comme d'une contribution dont le procès est terminé et dont les jours sont comptés ». Quant à la seconde, la commission a pensé, et que sous sa forme actuelle elle ne pouvait pas être défendue, et qu'il n'y avait pas lieu d'essayer de la corriger en appliquant aux valeurs locatives des coefficients variables, ou en adjoignant à l'indice loyer des indices accessoires comme les domestiques, chevaux et voitures, etc.

2° Chaque genre de revenus doit être frappé distinctement, par des procédés excluant toute déclaration et toute inquisition, et de manière, dit le rapport, « à composer un système qui conserve dans le détail le caractère français de la réalité, de l'impersonnalité de l'impôt ». C'est là une conception toute spéciale de l'impôt sur les revenus : la commission paraît considérer que l'impôt sur les revenus a un caractère essentiellement réel, et elle en fait l'antithèse de l'impôt personnel sur le revenu global. Rien n'est moins exact, bien que ce soit d'ailleurs une opinion assez généralement répandue en France. L'income-tax, que le rapport général se plaît à citer et qui a visiblement inspiré les délibérations de la commission, contient d'assez nombreux éléments de personnalité : la déclaration obligatoire dans certaines cédules, la défalcation des dettes, et ces dégrèvements gradués à la base qui impliquent, pour le contribuable désireux d'en bénéficier, la nécessité de totaliser ses revenus. On ferait la même constatation, et plus accentuée encore, dans le système bavarois d'impôts sur les revenus. C'est une remarque qui a son importance, parce que c'est un argument très fréquemment employé contre les partisans de l'impôt global et personnel que de leur opposer le système soidisant purement réel de l'impôt sur les revenus : on peut en effet concevoir l'impôt sur les revenus comme purement réel, ainsi que l'a fait la commission, mais il ne faut pas alors se réclamer des modèles étrangers. L'introduction chez nous de l'income-tax anglais soulèverait les mêmes objections et les mêmes résistances que celle de l'Einkommensteur prussien.

Sur la base des deux principes posés, voici le système de la commission. L'impôt sur les revenus comprendrait cinq cédules réparties en trois catégories :

1ʳᵉ catégorie : revenus provenant du capital.

Cédule A. Propriétés bâties.

Cédule B. Propriétés non bâties.

Cédule C. Autres capitaux.

2ᵉ catégorie : revenus mixtes provenant du capital et du travail.

Cédule D. Commerce, industrie, exploitations agricoles, professions diverses comportant l'emploi d'un capital, charges et offices.

3ᵉ catégorie : revenus provenant du travail.

Cédule E. Emplois publics et privés. Professions diverses ne comportant pas l'emploi d'un capital. Rentes viagères, pensions et retraites.

Dans la cédule A on placerait l'impôt actuel des propriétés bâties, avec quelques légères modifications, notamment la déduction des dettes hypothécaires. Dans la cédule B on placerait l'impôt foncier rajeuni par un renouvellement du cadastre et comportant également la déduction des dettes hypothécaires. Dans la cédule C, la taxe sur le revenu des valeurs mobilières, étendue aux rentes françaises et étrangères, et aux intérêts des créances hypothécaires. Dans la cédule D, l'impôt des patentes, après distraction de la patente des professions libérales ne comportant pas l'emploi d'un capital qui sont transférées à la cédule E ; la redevance des mines ; enfin un impôt sur les revenus de l'exploitation agricole, ces revenus étant estimés à la moitié de la valeur locative des terres. Dans la cédule E, les traitements et salaires publics, et ceux distribués par les sociétés qui sont dès maintenant soumises aux investigations du fisc, seraient imposés au moyen d'une retenue d'office ; pour les autres revenus du travail, l'impôt serait établi d'après la valeur locative d'habitation, avec faculté pour le contribuable d'opter pour le régime de la déclaration contrôlée.

Ce projet comportait, pour les revenus du travail seulement, la déduction d'un minimum, qui devait être calculé d'après une échelle graduée par catégories de communes, et en tenant compte des charges de famille. Il est à peine besoin de faire remarquer quelle supériorité présente sur cette exemption étriquée le large système dégressif de l'income-tax ; mais un système de ce genre donne à l'impôt un caractère personnel, et c'est justement ce dont la commission ne voulait pas. Le projet comportait aussi la discrimination des revenus, seul élément de personnalité qui ait paru pouvoir s'adapter à un système d'impôts réels : les revenus des trois catégories de cédules devaient être taxés, en descendant des revenus fondés aux revenus non fondés, dans la proportion de 4 à 3 et de 3 à 2[1]. Cette discrimination, quelque louable qu'en fût la pensée, était fort imparfaite, en raison des modes de constatation du revenu. Dire que, le taux de l'imposition des revenus fondés étant représenté par 4, celui des revenus mixtes sera représenté par 3, ce n'est satisfaisant que sur le papier, quand ces revenus mixtes ne sont pas frappés directement mais seulement dans certains signes extérieurs qui ne correspondent qu'à des moyennes et à des probabilités. En admettant que le principal de la patente soit en moyenne, selon les données de l'administration, de 3 p. 100 du revenu (4,08 avec les centimes généraux), et encore cela ne peut-il pas être rigoureusement démontré puisqu'on se refuse à constater les revenus réels, il n'en résulte pas du tout que pour tel ou tel contribuable il en soit ainsi ; ce sera la plupart du temps ou un taux supérieur ou un taux moindre, puisque le procédé indiciaire conduit à des inégalités individuelles flagrantes. On peut en dire autant du taux d'imposition des revenus du travail qui seraient en majorité, dans le système de la commission, des revenus simplement présumés. Il est certain que cela enlève beaucoup de valeur pratique à l'application faite dans ce système du principe de discrimination.

La commission de l'impôt sur les revenus a beaucoup travaillé ; ses procès-verbaux sont une mine précieuse de renseignements et de documents. Mais elle n'a abouti à aucun résultat pratique, et il ne reste d'elle que le souvenir d'un grand et infructueux effort. Aucun ministre des finances ne s'est approprié les conclusions de la commission ; M. Cochery, il est vrai, a qualifié son projet du 4 juin 1896, projet d'impôts sur les revenus, et il y a inséré quelques-unes des dispositions recommandées par la commission, par exemple l'impôt sur la rente et l'impôt sur les créances hypothécaires ; il a reproduit aussi le classement par cédules. Mais il a rejeté un des points essentiels de la réforme, la suppression de la contribution personnelle mobilière, ou plutôt, ayant supprimé cette contribution, il l'a rétablie sous le nom de taxe d'habitation : chose d'autant plus significative qu'à la commission extra-parlementaire

[1] En fait les taux de 4, 3 et 2 ne pouvant pas suffire à combler le trou creusé par la disparition de la contribution mobilière et de la contribution des portes et fenêtres, la commission proposait les taux suivants (impôts d'État seulement) : 5,17 p. 100 pour les revenus fondés ; 3,88 p. 100 pour les revenus mixtes ; 2,58 pour les revenus du travail.

M. Cochery avait plus rigoureusement que tout autre condamné
l'idée d'une contribution mobilière conservée comme impôt de
superposition. C'est qu'en effet le projet de la commission n'était
pas viable. Il entraînait, au point de vue pratique, des remaniements considérables : suppression de deux des impôts existants,
la contribution mobilière et celle des portes et fenêtres; création
de trois impôts nouveaux, sur la rente, sur les profits de l'exploitation agricole, sur les traitements et salaires, sans compter l'impôt
sur les créances hypothécaires; notification des taux d'imposition
existants, de telle sorte que si, d'une part, il devait y avoir dégrèvement pour la propriété non bâtie et pour les patentes, d'autre
part, la propriété bâtie et les valeurs mobilières étaient lourdement
surtaxées. Bref, un bouleversement du système existant, et pour
aboutir à quoi? A éliminer ce qui est l'élément rénovateur des
systèmes fiscaux modernes, la personnalité de l'impôt. On ne mène
à bien une réforme, en des matières qui touchent à tant d'intérêts,
que soutenu et porté par la pensée qu'on travaille à fixer dans les
choses quelques traits au moins d'une forme supérieure et plus
harmonieuse de justice. C'est à conserver des formes vieillies que
la commission de l'impôt sur les revenus a mis au contraire tous ses
soins, et la caducité de son œuvre témoigne de l'erreur commise.

On revient ainsi, après avoir fait le tour des solutions fiscales,
à la formule de l'impôt sur le revenu. La réforme de l'impôt se
fera par cette formule ou elle ne se fera pas; elle pourra être
retardée, elle l'est déjà, par la répugnance que nous inspirent les
procédés de constatation directe; mais cette répugnance finira par
céder devant les progrès de la conception de l'impôt personnel, et l'impossibilité de plus en plus clairement sentie de concilier le besoin de
mieux répartir la charge fiscale avec le maintien du système indiciaire. Il serait d'ailleurs dangereux de prétendre substituer tout de
suite au procédé des signes extérieurs le régime de la déclaration
contrôlée : ce ne doit être que le dernier terme d'une évolution
qu'il s'agit seulement de commencer. Dans cette question des impôts directs, il y a la lutte des deux tendances qui se partagent
toute l'économie politique : la tendance conservatrice, qui est plus
effrayée des difficultés pratiques inhérentes aux réformes; la tendance idéaliste, qui s'attache davantage à l'aspect rationnel des
problèmes. Le système existant des impôts directs a de grandes
qualités; il est commode et il est productif; mais en matière de

répartition des charges, il s'en tient à des à peu près, et ne représente qu'un effort médiocre vers la justice. Devrons-nous barrer la route à l'impôt personnel, plus adéquat aux facultés individuelles, en alléguant que son fonctionnement pratique soulève des questions délicates, et ces questions que les législations étrangères ont su résoudre, serons-nous bientôt les seuls qui refusions de les aborder? Toute la question est là. Elle s'est posée presque dans les mêmes termes pour la législation du travail; là aussi la tendance idéaliste s'est heurtée et se heurte encore à chaque instant, sur le terrain des faits, à des résistances et à des difficultés; cependant la formule de justice fait peu à peu sa trouée. Nous sommes moins avancés en matière fiscale. La phase de discussion doctrinale n'est pas encore terminée. C'est à peine si le principe de l'impôt réel et à base indiciaire paraît entamé; mais cet impôt n'est plus qu'une forme vieillie dont la vie se retire chaque jour, et il périra parce qu'il n'est plus en harmonie avec le milieu économique ni avec les conceptions théoriques de l'époque.

H. TRUCHY,
Professeur d'Economie politique à l'Université de Dijon.

ERRATA

PREMIER ARTICLE *(numéro de décembre 1900).*

Page 939, ligne 13, au lieu de : contibutions directes, lisez : contributions directes.
Page 940, ligne 4, au lieu de : établie par la oi, lisez : établie par la loi.
Page 943 (note 2), ligne 3, au lieu de : pour le budget que nous comparons, lisez : pour les budgets que nous comparons.
Page 943 (note 4), ligne 2, au lieu de : depuis le commencement du IX⁰ siècle, lisez : depuis le commencement du XIV⁰ siècle.
Page 945, ligne 13, au lieu de : leur produit a cru, lisez : leur produit a crû.
Page 948, ligne 16, au lieu de : soit justifie, lisez : soient justifiées.
Page 951, ligne 32, au lieu de : notre système mal bâti d'impôt sur les revenus le laisse passer, lisez : notre système mal bâti d'impôts sur les revenus les laisse passer.
Page 952, ligne 29, au lieu de qui la distribue, lisez : qui le distribue.
Page 952, ligne 33, au lieu de : les personnes morales, lisez : des personnes morales.
Page 955, ligne 17, au lieu de : concrète, lisez : concrètes.
Page 955 (note 1), ligne 1, au lieu de : Erganzungsheft, lisez : Ergänzungsheft.
Page 955 (note 1), ligne 2, au lieu de : franzosische, lisez : französische.
Page 957, ligne 29, au lieu de : sur le revenu, lisez : avec le revenu.
Page 957, ligne 30, au lieu de : des Villages, lisez : les Villages.
Page 959, ligne 16, au lieu de : des loyers, lisez : de loyer.
Page 960, ligne 25, au lieu de : 9961 ont été payés des deux cotes, lisez : 9961 ont payé les deux cotes.
Page 960 (note 1), ligne 8, au lieu de : pour la détermination des loyers matriciels des taux d'atténuation, lisez : pour la détermination des loyers matriciels, des taux d'atténuation.
Page 961, ligne 22, au lieu de : à allure progressive ², lisez : à allure progressive.
Page 961, ligne 23, au lieu de : la loi du 28 avril 1893, lisez : la loi du 28 avril 1893 ².

DEUXIÈME ARTICLE *(numéro de mars 1901).*

Page 286, ligne 8, au lieu de : les exclue, lisez : les exclut.

TROISIÈME ARTICLE *(numéro d'avril 1901).*

Page 361, ligne 9, au lieu de : Income-tax, lisez : income-tax.
Page 362, ligne 20, idem.

L'AGRICULTURE MODERNE ET SA TENDANCE A S'INDUSTRIALISER

Suite [1].

LE SECOND CHEF D'INDUSTRIALISATION

Les applications de la division du travail dans le domaine de la production agricole.

SOMMAIRE. — Généralités. Part restreinte faite par les traités d'économie rurale à la division du travail et à ses applications dans le domaine agricole. Absence d'une classification méthodique des différentes applications. Les grandes divisions de la matière.

§ 1. Le premier degré de spécialisation. L'agriculteur exclusivement agriculteur. La séparation de l'agriculture et des autres professions. Cette séparation réalisée dans la grande culture et méconnue dans la petite.

§ 2. Le second degré de spécialisation. I. L'entreprise agricole concentrant son effort sur une ou plusieurs branches de la production et négligeant les autres. Opposition de cette conception nouvelle et de la conception ancienne, en vertu de laquelle l'entreprise devait avoir pour but de se suffire à elle-même. L'agriculture moderne travaillant pour vendre tend à spécialiser chaque entreprise dans la production pour laquelle cette entreprise se trouve le mieux placée. L'influence du climat, du sol et du marché. II. L'opposition plus marquée des régions les unes aux autres, régions à vigne, régions à céréales, régions à herbe. III. La spécialisation dans la production animale. Séparation de l'élevage proprement dit et des opérations subséquentes sur le bétail : exemples pour le cheval et le bœuf. IV. La spécialisation dans la production végétale. L'apparente uniformité des grandes exploitations à culture intensive et la variété des types qu'elle couvre en réalité : fermes faisant prédominer la betterave, fermes faisant prédominer les céréales ; spécialisation de certaines fermes à paille, de certaines fermes à lait. V. Conséquences de la spécialisation au second degré : *a)* l'association complément de la spécialisation ; *b)* la solidarité des régions et des exploitations spécialisées, tributaires les unes des autres pour leurs produits respectifs.

§ 3. Le troisième degré de spécialisation. La spécialisation quant à l'utilisation des forces dont dispose l'entreprise. La spécialisation des tâches à l'intérieur de l'entreprise.

§ 4. La spécialisation des systèmes de culture complétant l'application de la division du travail dans le monde agricole.

Renvoi pour les §§ 3 et 4 à une prochaine étude.

La question des applications de la division du travail dans le domaine de la production agricole n'a guère été à notre connaissance qu'effleurée par la plupart des auteurs qui se sont occupés d'économie rurale. Depuis un siècle, on a vécu sur l'affirmation d'Adam Smith proclamant que la nature de l'agriculture ne comporte pas une aussi grande subdivision du travail que les manufactures ni une sépara-

---

[1] V. *Revue d'économie politique*, février 1901, p. 105 et s., avril 1901, p. 392 et s., et mai 1901, p. 429 et s.

tion aussi complète des travaux [1]. On s'est le plus souvent contenté
de reproduire cette formule, pour traduire par elle une des infériorités de l'agriculture comparée à l'industrie; à peine a-t-on pris
soin de rechercher le véritable sens de la formule, qui cependant
gagnerait à être précisé. Peut-être est-il assez facile d'expliquer
cette espèce d'indifférence et d'en trouver la double raison.

Il y a d'abord à tenir compte de ce fait que la théorie générale
de la division du travail est une des théories économiques qui ont
été le moins approfondies au cours du xixe siècle. Longtemps on a
paru croire qu'Adam Smith l'avait épuisée et ce n'est guère qu'à
une date très voisine de nous qu'on s'est aperçu de tout ce que
l'économiste écossais avait laissé à faire. L'étude du professeur
Buecher [2] est la meilleure démonstration de l'insuffisance des aperçus
de Smith, quoique la sévérité de ses appréciations sur l'économiste
écossais appelle quelques réserves. L'effort de Buecher, pour arriver
à classer rigoureusement les différentes espèces de division du travail et en déterminer les caractères respectifs, a marqué un très réel
progrès par rapport au vague des anciennes formules répétées
depuis Smith.

A côté de cette première raison d'ordre général il en est une
seconde d'ordre spécial à l'économie rurale, qui explique que l'étude
de la division du travail n'ait pas été poussée davantage au point
de vue particulier de la production agricole. Les hommes qui se
sont occupés d'économie rurale ont, en présence des perspectives
que les progrès de la technique agricole et les découvertes scientifiques ouvraient devant la culture intensive, fait porter leur principal effort sur les questions de cet ordre. Ils ont laissé au second
plan la division du travail et cela d'autant plus facilement que rarement la théorie précède la pratique. Tant que la spécialisation n'a
reçu dans la pratique que des applications rudimentaires, on ne s'est
pas préoccupé d'en écrire la théorie et d'en formuler les principes.
De temps à autre une observation jetée en passant, non pas le plus
souvent pour relever une application de la division du travail dans

[1] Adam Smith, *Richesse des nations, la division du travail,* liv. I, ch. I.
[2] K. Buecher, *Arbeitstheilung* dans *Die Enstehung der Volkswirthschaft,* 2e édit.;
traduction française sous ce titre : *Etudes d'histoire et d'économie politique,* par Hansay,
Paris, Bruxelles, 1901. — Cpr. dans la *Revue d'économie politique,* 1893, p. 397 et s.,
du même Buecher, *La division du travail, la formation des classes sociales* et toujours
dans la même *Revue* le travail en cours de publication de M. Laurent Dechesne, *La
specialisation et ses conséquences. Revue d'économie politique,* 1901, p. 118 et s.

le monde agricole, mais bien au contraire pour en constater la méconnaissance et c'est tout ou à peu près.

Tout cela ne constitue pas une théorie d'ensemble. Ces observations fragmentaires manquent de lien entre elles, et à-les supposer exactes comme indication des tendances générales du monde agricole, encore importe-t-il de faire les distinctions nécessaires, car, une fois les distinctions faites, peut-être pourrait-on conclure que le principe de la division a commencé à recevoir dans certaine branche des applications plus avancées que dans telle autre ou du moins que le principe n'est pas partout méconnu à un même degré.

Or, au point de vue de la satisfaction possible à donner dans le domaine agricole à l'idée de division du travail, la logique permet, avec *le seul* secours de l'analyse, d'établir une triple classification.

On conçoit d'abord une première application de la division du travail, qui conduit l'agriculteur à n'être qu'agriculteur et pas autre chose. L'homme qui donne tout son temps, toutes ses forces à l'agriculture à l'exclusion de tout autre métier réalise une première spécialisation.

En second lieu, cet agriculteur qui n'est qu'agriculteur peut, au lieu de disperser ses efforts sur l'ensemble des branches de la production, se vouer particulièrement à une branche donnée, en se consacrant à cette branche à titre exclusif ou du moins à titre principal et de ce chef il réalise une seconde spécialisation.

En troisième lieu à l'intérieur de l'entreprise exclusivement agricole que dirige l'homme qui nous occupe, entreprise vouée plus particulièrement à une production donnée, cet homme peut, à l'exemple du chef d'usine, s'efforcer de spécialiser les forces dont il dispose, forces humaines, forces animales, de façon à obtenir par cette spécialisation des forces en jeu le maximum de rendement dont elles sont susceptibles. Ce faisant il s'inspire encore du principe fécond de la division du travail et lui donne satisfaction sous une troisième forme.

La triple distinction que nous venons de formuler est indispensable à établir, quand on veut mettre quelque clarté dans la matière. Dire d'une manière générale que la division du travail est peu avancée dans le monde agricole, c'est se contenter d'à peu près ; il faut rechercher, pour être précis, si le principe est également et à un même degré méconnu sous chacun des trois chefs que nous avons dégagés ou si au contraire sous l'un ou l'autre des aspects indiqués il n'y a pas quelque progrès à signaler. Faute d'avoir établi ces distinctions préalables on est resté dans le vague. La rapide analyse que le professeur Backhaus a donnée des aperçus émis par ses devanciers en est la meilleure preuve ; elle nous montre combien peu a été poussée l'étude de la division du travail dans ses rapports avec la production agricole [1] et à ce défaut initial doit être attribuée la médiocrité des résultats obtenus.

C'est ainsi que Thaër [2] n'a que quelques maigres développements sur la spécialisation des forces à l'intérieur de l'entreprise agricole et quant au second chef de spécialisation, c'est-à-dire la concentration de l'effort à titre exclusif ou seulement principal sur une branche donnée de la production, il s'en montre plutôt l'adversaire, son idéal étant la multiplication des cultures différentes.

Thünen, dans l'état isolé, est à peu près muet sur la question.

Gottlob-Schulze [3] et von Pabst [4] n'ont guère en vue que les applications de la division rangées par nous sous le troisième chef, tandis qu'à une date plus récente Settegast [5] et Pohl [6] semblent avoir surtout aperçu les avantages de la spécialisation envisagée sous le second aspect au point de vue de la concentration de l'entreprise sur une branche donnée.

Qu'on cherche à compléter la revue sommaire présentée par Backhaus en se reportant aux auteurs qu'il a passés sous silence, les résultats de l'enquête ne seront pas sensiblement modifiés, la conclusion reste la même. Nulle part on ne trouve l'étude de la division du travail au point de vue agricole conduite avec quelque ampleur. On la chercherait vainement dans Roscher et vainement aussi chez Lecouteux ou Piret. Les quelques observations présentées par ces auteurs sur la matière restent à l'état fragmentaire [7].

---

[1] Backhaus, *Die arbeitstheilung in der Landw., tschaft, Jahrbücher für Nationalökonomie*, 1894, p. 321 s.

[2] Thaër, *Grundsätze der rationellen Landwirtschaft neue Ausg.* Berlin, 1880, S., 85.

[3] Gottlob-Schulze, *Lehrbuch der allgem. Landwirtsch.* Leipzig, 1863.

[4] Pabst, *Landwirt. Betriebslehre.* Darmstadt, 1848, S., 34.

[5] Settegast, *Die Landwirtschaft und ihr Betrieb.* Breslau, 1885, S , 421.

[6] Pohl, *Landwirtsch. Betriebslehre.* Leipzig, 1885.

[7] V. notamment Roscher, *Traité d'économie politique rurale*, § 19 *passim*, *l'agriculture et l'industrie ;* E. Piret, *Traité d'économie rurale*, III, ch. VII, *les débouchés ;* Lecouteux, *Cours d'économie rurale*, 2e édit., I, ch. II, sect. 1, *les régions agricoles*, II, tit. III, *les systèmes de cultu e, passim.* Lecouteux a d'autre part abordé à maintes reprises la question de la spécialisation en agriculture dans ses articles du *Journal d'agriculture pratique*, Voir *journal*, 1889, II, p. 10, p. 41, 1888, II, p. 597, etc. Lecou-

Par contre, il faut relever comme tentative intéressante, dans le
sens d'une étude méthodique de la division du travail au point de
vue agricole, l'article cité plus.haut de Backhaus. Kautsky n'a
guère fait qu'en résumer les grandes lignes et les idées essentielles dans son livre récent : *La question agraire* [1].

Le principal mérite de Backhaus c'est d'avoir mis plus de précision que ses devanciers dans sa terminologie. Il a su, à la différence
de ses prédécesseurs, ramener à deux idées essentielles tous ses
développements et classer sous deux chefs les différentes applications de la spécialisation, distinguant ce qui s'appelle la division
sociale, *wirtschaftliche Arbeitsteilung,* et la division technique,
technische Arbeitsteilung. Par la première, il entend la division
de l'agriculture ou différentes branches et la spécialisation des
entreprises agricoles se consacrant à telle ou telle de ces branches ;
par la seconde, la division quant aux différentes opérations que
comporte l'entreprise, le fait de spécialiser les forces en cantonnant
chaque ouvrier dans une partie déterminée de la production comme
l'explique Smith dans son exemple classique de la fabrication des
épingles [2]. Il y a là une détermination préalable des grandes lignes
du sujet, qui contribue à mettre plus d'ordre dans la matière et qui
permet de classer méthodiquement les cas d'application.

Si l'on rapproche cette tentative de théorie générale et les observations fragmentaires présentées par les auteurs cités plus haut,
de l'ensemble se dégage nettement la constatation d'une tendance
de plus en plus nettement marquée de l'agriculture moderne. L'agriculture moderne, à la différence de l'agriculture d'autrefois, tend à
s'inspirer chaque jour davantage de l'idée de spécialisation. Puisque

teux y envisage surtout la question de l'adaptation aux milieux des systèmes de culture,
la part respective à faire à la culture intensive et à la culture extensive, ce qui est
bien une des applications de la spécialisation.

[1] Kautsky, *La question agraire,* étude sur les *tendances de l'agriculture moderne,*
traduction Millaud et Polack dans la Bibliothèque socialiste internationale. Paris, Giard,
1900. Kautsky consacre quelques pages à la division au § 4 : *L'agriculture moderne,*
p. 53 et s. Il indique plusieurs applications de la division au § 10 : *La concurrence des
produits d'outre-mer et l'industrialisation,* p. 352 à 444, spécialement aux p. 378 et s.,
où il traite de ce qu'il appelle *la régression de la production des céréales.*

[2] Backhaus, p. 322. Le professeur de Göttingen n'a fait, du reste, que transporter dans
le domaine agricole la distinction qui est en puissance dans Smith à propos de la théorie
générale de la division du travail et qui a été nettement dégagée par la suite. — Voir
Buecher, *op. cit.,* et Laurent Dechesne, *Revue d'économie politique,* février 1901,
p. 129 et s. — Cf. Marx, *Le capital,* I, ch. XIV, § 4, où se trouve l'opposition de la
division *sociale* et de la division *manufacturière.*

suivant la formule de Smith la productivité du travail croît en proportion de l'extension de la division du travail, l'agriculture s'efforce d'augmenter sa puissance de production par une application rationnelle de l'idée de spécialisation. Sans arriver à pousser l'application aussi loin que l'industrie, l'agriculture atteint cependant des résultats qu'on n'aurait pas osé espérer autrefois. Par une plus judicieuse utilisation des forces dont elle dispose, l'agriculture augmente le rendement qu'elle tire de ses forces, c'est en travaillant dans ce sens qu'elle s'industrialise avec la seconde portée que nous avons reconnue au mot. Nous allons chercher à déterminer les grandes lignes de ce mouvement, qui oriente l'agriculture dans une voie nouvelle, en nous attachant à la division indiquée plus haut et qui nous paraît rationnelle; en étudiant successivement la spécialisation au point de vue social et la spécialisation au point de vue technique, c'est-à-dire la division du travail entre les entreprises agricoles se spécialisant chacune dans une branche donnée de la production, la division du travail appliquée dans le gouvernement de chaque entreprise, pour obtenir des forces en jeu par la spécialisation des tâches le maximum de rendement dont ces forces sont susceptibles. Mais, auparavant, conformément à la triple distinction que nous avons nous-même formulée plus haut, nous consacrerons quelques développements très brefs à la première application dans l'ordre logique, celle qui vise la séparation de la profession agricole d'avec les autres professions.

Enfin nous compléterons cet exposé de la division du travail dans le monde agricole, une fois épuisée l'étude que comporte la triple distinction posée, par un exposé qui en est le corollaire nécessaire. L'opposition des systèmes de culture, l'opposition de la culture intensive et de la culture extensive, c'est encore la spécialisation, c'est le complément de spécialisation dans la production. Tel système a sa place naturelle dans un région, dans une exploitation et constitue ailleurs une erreur économique grosse de mécomptes. Dégager cette idée et la mettre en relief, c'est encore contribuer à répandre dans le monde agricole l'application d'une des formes de la spécialisation et lui donner la place qui lui appartient.

§ 1. Le premier degré de spécialisation.

La première application, disons-nous, qui puisse être faite dans le domaine agricole de l'idée de spécialisation, consiste pour l'agricul-

teur à n'être qu'agriculteur à l'exclusion de toute autre profession.
Or, à peine cette formule très simple énoncée, on constate que la
vie d'une grosse partie du monde rural place ce monde aux antipodes de l'idée que traduit la formule et cela, semble-t-il, aux deux
extrêmes du monde agricole. Au bas et au sommet de l'échelle, si
l'on peut ainsi parler, cette première application de la spécialisation
est méconnue.

Au bas de l'échelle d'abord, c'est-à-dire dans la masse des petits
cultivateurs, que l'exiguité de leur culture force à s'adonner à d'autres occupations, parce que la seule culture du sol pratiquée dans
ces conditions ne saurait prendre tout leur temps ; au sommet ensuite, parce que nous voyons parfois dans les grandes exploitations,
c'est-à-dire à l'extrême opposé, la culture du sol pratiquée non pas
à titre exclusif, mais associée à des opérations nettement industrielles : distilleries, sucreries, féculeries sont jointes dans une
même entreprise, sous la direction d'un même chef, à l'exploitation
proprement dite du sol et ainsi au haut comme au bas de l'échelle
est méconnue la plus élémentaire application que comporte la division du travail, celle qui veut que l'homme concentre son effort sur
une profession unique, qui veut que dans l'espèce celui qui s'adonne
à l'agriculture s'y adonne tout entier, qu'il ne soit qu'agriculteur et
pas autre chose.

De cette prétendue méconnaissance de la spécialisation élémentaire par la grande culture, celle qui se pratiquerait à ce que nous
avons appelé le sommet de l'échelle, il ne faut pas exagérer l'importance.

La méconnaissance est plus apparente que réelle. C'est seulement
pour l'observateur superficiel que l'entreprise agricole et l'entreprise
industrielle se confondent. Pour qui sait voir le fond des choses,
les deux entreprises apparaissent nettement distinctes et séparées.
Chacune d'elles a sa vie propre, ses ressources, son personnel ; ce
sont des entreprises qui fonctionnent rapprochées, associées, pour
que la seconde transforme le produit que la première a fourni, non
pas pour cela confondues. Suivant les cas, suivant ses aptitudes
personnelles le plus souvent, celui qui est le chef commun des deux
entreprises associées se consacrera soit à l'entreprise agricole, soit
à l'entreprise industrielle, il se spécialisera, laissant à un lieutenant
la haute main sur celle des entreprises pour laquelle il se sent le
moins préparé et par là s'accuse l'autonomie des entreprises.

Cette autonomie de chacune des entreprises agricole et industrielle associées s'affirme avec une netteté très grande, quand, ce
qui arrive très fréquemment, l'entreprise agricole ne suffit pas à
fournir à l'entreprise industrielle associée la totalité de la matière
première que celle-ci met en œuvre. Or cette situation est la situation générale des exploitations agricoles liées à une sucrerie dans
la région betteravière. L'usine a besoin de répartir ses frais généraux, qui sont considérables, sur une grosse masse de produits bruts
et elle travaille en fait une quantité de betteraves quinze ou vingt
fois supérieure à celle que lui livrent la ou les exploitations agricoles qui lui sont associées. La plus grosse partie de la matière première qu'elle transforme est demandée par l'usine à des exploitations
indépendantes d'elle. En pratique, par une sorte de fiction, elle
traite les betteraves de ses propres exploitations comme celles qui
lui viennent des exploitations étrangères, elle se les achète à elle-
même, ses propres exploitations les lui vendent.

L'autonomie des entreprises se manifeste par des comptabilités
distinctes ; l'usine crédite la ferme pour la betterave reçue, la dé-
bite pour la pulpe fournie et lors de l'inventaire les comptes apparaissent séparés. Il n'est pas rare d'entendre dire par le chef de
ces entreprises associées que l'année a été bonne pour l'usine, médiocre pour la ferme ou réciproquement, et sans vouloir insister sur
les résultats d'une enquête personnelle, qu'il me soit permis de dire
que j'ai pu suivre chez tel fabricant cultivateur, dans ses livres de
comptabilité, l'histoire distincte des deux entreprises associées [1].

Si les entreprises agricoles et les entreprises industrielles associées ne méconnaissent qu'en apparence le principe de la spécialisation en respectant leur autonomie réciproque, il faut bien recon-

[1] Les lecteurs peu familiers avec la vie agricole du Nord se demanderont peut-être
quelle est la raison d'être de cette association fréquente de l'entreprise agricole et de
l'entreprise industrielle dans la région betteravière. Cette association trouve sa justification dans certains besoins de la pratique. On pourrait en indiquer plusieurs. Je me
borne à signaler la principale raison d'être de cette association. L'exploitation agricole, annexe de la sucrerie, est destinée à fournir un fonds d'approvisionnement en
matières premières, dont l'usine peut disposer à l'heure qu'elle juge la plus oppor-
tune. C'est avec ses propres betteraves qu'elle assure le plus souvent la mise en train
de la fabrication qu'elle a intérêt toujours à hâter, alors que ses fournisseurs étrangers se montrent peu pressés de commencer leurs livraisons, la betterave ayant encore
à gagner en poids. Par la suite si au cours de la fabrication une cause quelconque
ralentit les livraisons du dehors, la fabrique peut puiser à sa propre réserve et s'alimenter elle-même.

naître qu'au bas de l'échelle, par contre, la méconnaissance de la
spécialisation la plus élémentaire est la règle générale. Pour une
grosse partie du monde rural, les occupations agricoles, qu'elles
soient le principal ou l'accessoire dans la vie de celui qui s'y adonne,
ne sont pas des occupations exclusives ; il n'est agriculteur qu'à
certaines époques, à certaines heures, il donne une partie de son
temps à un autre métier, il est comme la négation vivante de l'idée
de spécialisation ; il ne s'est pas encore élevé au premier degré
qu'elle comporte. C'est là matière trop connue pour que nous voulions insister et les exemples abondent.

La majorité des paysans russes se trouve conforme au type que
je viens d'esquisser. En général le paysan russe n'est agriculteur
qu'une partie de l'année, le reste du temps il s'adonne à une industrie domestique, surtout dans les gouvernements du centre et du
nord. Là le climat ne laisse qu'une courte durée à la saison des
travaux agricoles, il faut remplir par d'autres travaux les périodes d'inactivité agricole [1].

Dans le même ordre d'idées, Backhaus cite pour certaines régions
de l'Allemagne des chiffres significatifs que nous lui empruntons.
Dans deux districts du duché de Weimar, on compte contre
5.577 exploitations purement agricoles 11.762 exploitations du type
mixte, c'est-à-dire dans lesquelles la production agricole est associée à une autre production. Pour le Wurtemberg, même constatation ; sur 117.000 familles rurales, 99.000 correspondent à ce que
nous appelons le type mixte [2].

Ce type mixte, la France nous le fournit elle aussi à chaque pas.
On le rencontre partout. Ceux que dans certaines régions on
appelle les *ménagers* [3] le réalisent d'une façon parfaite. Exerçant à
titre principal un autre métier que celui d'agriculteur, charpentier,
maçon, menuisier, etc., le chef de famille travaille de son état,
souvent au dehors du pays, ne rentrant que le soir, souvent que
le samedi, la semaine terminée, et cependant il a au village quelques coins de terre dont il est propriétaire ou fermier. Le travail

[1] Sagnier, *Excursion agricole en Russie*, p. 20, extrait du tome CXXXVIII, des *Mémoires de la Société nationale d'agriculture.*
[2] Cpr. les chiffres de la statistique générale pour l'Empire allemand de 1895. On a introduit dans cette statistique l'opposition des professions principale et accessoire. *Statistik des deutschen Reichs, Neue Folge Band*, 102, p. 2 s. — Cpr. Buecher, *op. laud.*, p. 228 s.
[3] Expression consacrée en Picardie.

de ces terres est fait à prix d'argent, quant aux grosses opérations culturales, par des cultivateurs proprement dits, qui *font les labours* de ces ménagers. Le ménager intervient pour couper la récolte, ensuite il là bat l'hiver aux périodes de chômage que comporte son métier. Il a généralement dans son étable une vache ou deux, quelques porcs ou quelques moutons, dont la femme s'occupe pendant que le mari travaille de son état. Il peut y avoir des variantes de détail, les grandes lignes du type se retrouvent à peu près partout. Incontestablement une pareille organisation ne correspond en rien à l'idée de spécialisation.

Au point de vue purement agricole les résultats du système ne sont pas brillants. La terre cultivée à prix d'argent par le *laboureur* des ménagers n'est pas soignée par lui comme la sienne propre. Le travail du ménager est souvent fait tardivement, à contre-temps, quand le *laboureur* a fini son propre travail ; les façons sont données à la hâte, plus superficielles que profondes. Ce sont là traditions anciennes des *laboureurs,* l'auteur de la *Nouvelle maison rustique* les signale au XVIIIᵉ siècle. Les résultats sont médiocres dans ces conditions, à l'exception des années éminemment favorables et les professionnels de l'agriculture, quand ils comparent la maigre végétation du champ du ménager leur voisin avec les riches promesses que donnent leurs propres exploitations, résument leur appréciation dans une formule, où il entre un peu de pitié et beaucoup de dédain : « *C'est,* disent-ils, *de la culture de ménager* ». ·

Cette formule, je l'ai pour ma part entendue souvent répéter et je ne crois pas qu'au point de vue de la production agricole et du rendement obtenu on puisse sérieusement contester l'infériorité qu'elle traduit. Seulement il est un autre aspect de la question, dont il y a lieu de tenir compte.

Cette organisation présente, au point de vue social, des avantages trop considérables pour qu'on puisse les négliger. Elle contribue à retenir dans les campagnes une partie de la population rurale, dont la tendance à l'émigration vers la ville n'est plus à signaler, elle enraye le mouvement et à ce titre elle constitue un véritable bienfait. Le fait d'être intéressé aux choses de la terre est une défense contre la tentation de la ville, le lien se renforce et devient définitif le jour, où à force d'économies le premier lopin de terre est acquis en propriété. C'est le péril conjuré[1].

---

[1] Il faut noter que ce qu'on appelle *la crise agricole* n'a pas touché gravement

Quand, enfin, les demi-agriculteurs qui sont en cause ici donnent à une industrie domestique le temps qu'ils ne consacrent pas
à la terre, il y a à la combinaison d'autres avantages sociaux
encore non moins appréciables. Schœnberg les a résumés dans
son *Manuel d'économie politique* [1]. La famille groupée travaille
sous la direction et la surveillance de son chef naturel ; les enfants
évitent l'atelier et tous les dangers qu'il présente. Peut-être est-ce
le point le plus important. Ajoutons enfin que l'alternance du travail agricole et industriel contribue à maintenir l'équilibre des forces
et donne une race plus vigoureuse et plus saine que le régime de
l'usine proprement dite.

Voilà bien des avantages d'ordre social qui compensent l'infériorité de production que présente l'organisation que nous venons
d'esquisser. Au surplus, la tendance paraît bien être à la diminution lente mais progressive de ce type mixte, parce que de moins
en moins l'industrie moderne peut se contenter de la forme
domestique. Elle vit par la machine et la machine appelle la concentration des forces ouvrières dans l'usine [2]. Dans ces conditions,
c'en est fait du partage de l'homme entre la terre et l'industrie. Il
faut opter : l'une des deux prend l'homme tout entier, et dans
l'ordre économique se trouve réalisée la parole de l'Ecriture : « Nul
ne peut servir deux maîtres ».

Alors la spécialisation au premier degré s'est opérée. L'agriculteur n'est plus qu'agriculteur. Il peut songer à s'élever au degré
de spécialisation supérieure, c'est-à-dire à concentrer ses efforts
sur une branche donnée de la production, au lieu de les disperser
sur un grand nombre de productions. C'est la seconde application

cette catégorie de demi-cultivateurs, dont nous nous occupons. La crise est une
crise de prix, elle touche la culture qui produit pour vendre, non pas celle qui produit
pour consommer. Pour peu que la famille soit nombreuse, la totalité des produits
est absorbée par la consommation, souvent même il faut acheter une partie de ce
dont la famille a besoin, le champ ne suffisant pas à lui assurer la totalité de son
pain. Dans ces conditions, elle bénéficie plus qu'elle ne souffre de l'avilissement des
prix. D'autre part la baisse de valeur de la propriété foncière a rendu plus facile
pour toute cette partie de la population rurale l'accession à la propriété, la crise agricole par là encore a plutôt tourné à son avantage.

[1] Schœnberg, *Handbuch der politischen Œkonomie*, 3e édit., II, p. 428.

[2] Kautsky, *La question agraire*, p. 271 ; *La prolétarisation des paysans*. Rapprocher,
sur la disparition de l'industrie domestique et les conséquences de cette disparition
quant à la dépopulation des campagnes, la discussion de la Société nationale d'agriculture, séance du 5 juin 1901, *Journal d'agriculture pratique* du 18 juin 1901, I,
p. 771.

de l'idée de division du travail dans le monde agricole, à laquelle
nous arrivons maintenant.

§ 2. *Le second degré de spécialisation.*

I

Ce que nous avons, avec Backhaus, appelé la division du travail au point de vue social, correspond à une conception relativement récente de l'entreprise agricole. On peut dire que la conception ancienne est même diamétralement opposée à celle que nous
voulons définir ici. La conception nouvelle correspond à l'idée de
l'agriculteur qui n'est et ne veut être qu'agriculteur, d'abord, qui,
en second lieu, non content de n'être qu'agriculteur, ne disperse
pas son effort sur un grand nombre de productions, mais le concentre, au contraire, sur une branche donnée ou tout au moins
fait prédominer dans son entreprise une production déterminée,
les autres étant reléguées au second plan et ne jouant que le rôle
de succédanées ou d'auxiliaires de la culture et de la production
principale.

La conception ancienne est tout autre ; c'est celle de l'entreprise
agricole se donnant pour but de se suffire à elle-même. Le chef
de famille, travaillant principalement pour sa consommation et
celle de ceux qui l'entourent, s'ingénie à produire tout ce qui est
nécessaire à la vie de la maison, quitte, pour atteindre ce résultat,
à faire parfois violence à la nature, s'obstinant à pratiquer certaines cultures en dehors de leur zone naturelle et n'obtenant pour
cette raison que des produits inférieurs comme qualité et quantité.
Columelle, dans sa description de l'entreprise agricole telle qu'il la
rêve, se place aux antipodes de l'idée de spécialisation. Son idéal,
c'est celui de la maison se suffisant à elle-même, faisant une part à
toutes les productions, ayant ses terres à blés et ses herbages, ses
oliviers et ses vignes, aussi ses *bois* et ses *carrières,* car il faut
penser aux constructions qui peuvent être nécessaires, et le but,
c'est de n'être tributaire de personne pour aucun besoin [1]. Cette

---

[1] Columelle, *De re rustica,* édit. Panckoucke, I, p. 45. L'antiquité, qui n'oppose pas
la production industrielle et la production agricole l'une à l'autre, pour la bonne raison qu'elle ne conçoit pas une opposition qui n'existe pas encore, vit sous le régime
de la production domestique. C'est l'époque de l'Oikoswirtschaft, comme disent les
Allemands, et le parasite de Pétrone traduit l'idéal de son temps dans e compliment

conception de l'antiquité, ón la retrouve à des dates plus voisines
de nous dans le *Théâtre de l'agriculture,* d'Olivier de Serres, dans
les éditions successives de la *Maison rustique* [1] ; elle compte
encore des partisans plus ou moins inconscients dans le peuple des
campagnes [2]. Elle nous apparaît comme une conception antiéconomique, parce que le progrès des théories et des idées nous a fami-
liarisés avec les avantages de la spécialisation, mais cela ne nous
empêche pas de reconnaître que l'ancienne conception trouve son
explication dans les conditions générales du milieu qui l'a vue
naître et se perpétuer.

D'abord, il faut tenir compte de ce fait que le monde agricole a
longtemps redouté et redoute encore dans ses couches inférieures
tout ce qui est sortie d'argent; c'est cette crainte quasi-instinctive
qui a longtemps retardé l'essor de la production agricole. Quand il
s'est agi de hâter le mouvement à coup d'argent par le système
des avances largement pratiquées vis-à-vis du sol, le monde agricole a hésité; il hésite encore devant la spécialisation, parce que
se spécialiser, c'est se condamner à acheter ce qu'on se résout à
ne plus produire.

Il faut tenir compte aussi d'une seconde considération. La difficulté des communications a exercé ici une influence incontestable.
La plupart des produits agricoles sont volumineux et lourds : les
transporter à grande distance était parfois impossible, presque
toujours très onéreux, faute de moyens économiques de communication. Dans ces conditions, on n'était guère tenté de se spécialiser
dans une production déterminée, dont l'écoulement présentait de
grosses difficultés; étant donné, d'autre part, que cette spécialisation rendait celui qui la pratiquait tributaire du dehors pour les
autres produits abandonnés et que les mêmes difficultés qui s'oppo-

qu'il adresse à son hôte : *Nec est quod putes, illum quidquam emere, omnia domi
nascuntur* (Sat. XXXVIII).

[1] « Il faut qu'il (le cultivateur) s'applique à ménager et varier si bien son fonds qu'il
lui rapporte, autant que faire se peut, tout ce qui lui sera nécessaire et utile dans son
ménage champêtre ». *Nouvelle maison rustique* de Liger, I, p. 72, 10ᵉ édit., 1775.

[2] Schmoller, La division du travail étudiée au point de vue historique. *Revue d'économie politique,* 1889, p. 586. « Toute économie domestique s'attache à produire elle-
même ses moyens de subsistances... Les anciennes exploitations agricoles avaient tendu
autant que possible à une certaine universalité de culture; aujourd'hui, beaucoup
tiennent encore fortement à l'idée de produire tout ce dont elles ont besoin. On élevait
toute espèce de bestiaux, on plantait de la vigne même dans les terrains où elle ne
pouvait réussir, on brassait sa propre bière avec sa propre orge ».

saient à l'écoulement de sa propre production se dressaient en face
de lui, quand il s'agissait de se procurer les produits de l'extérieur. C'est à cet ancien état de choses qu'il faut se reporter pour
comprendre le mot empreint de quelque exagération de Muench-
hausen sur ce qu'il appelle les biens de cocagne, dont le propriétaire était obligé de consommer lui-même les produits sur les
lieux, et où, pour fêter son hôte, on aimait mieux tuer un bœuf
élevé à la ferme qu'acheter un chapon au dehors [1].

Ainsi difficulté à écouler ce qu'on produit et difficulté à se procurer
ce qu'on ne produit pas, voilà la seconde raison qui poussait l'ancienne agriculture à faire un peu de tout suivant l'expression vulgaire, c'est-à-dire à se placer aux antipodes de l'idée de spécialisation. Il pouvait sans doute y avoir certaines exceptions, mais la
marque générale était bien celle que nous indiquons. Aujourd'hui,
avec l'ouverture de voies de communication économiques et nombreuses, le monde agricole se trouve placé en face de conditions nouvelles ; une véritable révolution l'a transformé ; de plus en plus il
travaille pour le débouché, c'est-à-dire qu'il produit pour vendre,
et quand on produit pour vendre, la loi de la concurrence oblige le
producteur à chercher par tous moyens à abaisser son prix de
revient, s'il veut soutenir la lutte contre ses rivaux. Se spécialiser s'impose alors à lui comme une nécessité : se spécialiser,
c'est-à-dire, suivant la définition de Kautsky « produire entre les
produits demandés, celui que selon la nature du sol, l'emplacement
des terres, selon les conditions des communications, selon l'importance de son capital et l'étendue de sa propriété, etc., chaque
cultivateur peut produire à meilleur compte » [2]. Cette spécialisation,
en concentrant les forces de l'entreprise sur une branche donnée
de la production agricole, aura sans doute pour conséquence de
rendre l'entreprise tributaire du dehors quant aux produits qu'elle
néglige désormais, mais cette dépendance de l'extérieur n'a plus les
inconvénients qu'elle présentait autrefois. Les mêmes voies qui
permettent l'exportation des produits de l'exploitation facilitent les
importations du dehors. Les produits s'échangent contre des produits. Libre de soucis quant à la possibilité de s'approvisionner de
ce qu'elle ne produit plus, chaque exploitation peut se spécialiser

[1] Roscher, *Traité d'économie politique rurale*, p. 60,
[2] Kautsky, *La question agraire*, p. 51.

dans la production pour laquelle elle est le plus avantageusement placée : « Les unes donnent la préférence à la culture du sol, les autres à l'élevage, d'autres encore à la pomiculture ou à la viticulture. Les agriculteurs et les éleveurs se divisent en de nombreux sous-genres ; les uns parmi les éleveurs se consacrant à la laiterie, d'autres à la production du bétail engraissé, d'autres à l'élevage des jeunes animaux » [1] et la spécialisation peut être poussée plus loin encore, des subdivisions s'établissent ; par exemple, dans la laiterie, on distingue la production du lait pour la vente à l'état frais de la production du lait pour la préparation du beurre, de la production du lait pour la préparation du fromage. Pour chaque production spéciale, on emploie les races animales et les méthodes les mieux adaptées [2]. Tout cela est une application chaque jour plus rigoureuse de l'idée de spécialisation dans le domaine agricole, ce sont les procédés et les méthodes de la production industrielle transportés dans le monde agricole. C'est l'*industrialisation* de l'agriculture au second sens que nous avons reconnu à la formule. De l'idée générale ainsi dégagée on peut relever d'innombrables applications, la difficulté c'est de classer ces applications. Nous allons cependant nous efforcer d'y parvenir.

II

De Gasparin a formulé une vérité profonde que les agriculteurs ne sauraient trop méditer et dont ils ne sauraient jamais assez s'inspirer, quand il a écrit :

« Chaque région a sa spécialité ; ce n'est qu'en s'y maintenant qu'elle arrivera à tout son développement et que les peuples obtiendront chaque produit à meilleur marché... C'est pour *vouloir produire de tout hors des conditions assignées par la nature* que l'on fait naître le besoin de protections, qui ne sont le plus souvent qu'une prime accordée à de fausses spéculations, que des encouragements à mal faire et à fausser l'ordre de la nature » [3].

Or, sans crainte d'être démenti, on peut dire que le monde agricole n'est pas resté indifférent en face de l'appel de Gasparin, le conviant à une spécialisation plus rigoureuse des cultures con-

---

[1] Kautsky, *op. laud.*, p. 51.
[2] Kautsky, *op. laud.*, p. 52.
[3] De Gasparin, cité par Lecouteux, *Journal d'agriculture pratique,* 1877, II, p. 706.

formément aux conditions de sol et de climat, et la preuve est facile à administrer.

Si l'on compare une carte de la France agricole de la fin du XVIIIe siècle et une carte de la France actuelle, on constate immédiatement que les zones des plantes cultivées tendent de plus en plus à représenter des zones naturelles de climat et de sol. Si l'on suppose les cultures indiquées par des teintes, ce qui frappe tout d'abord, c'est une moindre dispersion des taches [1]. Il y a là une application de l'idée de spécialisation et nous la saisissons très nettement pour toute une série de productions, en premier lieu pour la vigne.

La vigne, autrefois, s'étendait beaucoup plus au nord qu'aujourd'hui ; elle est signalée en Picardie, en Flandre, en Artois et certains noms locaux, tels que celui de *côte et de chemin des vignes* dans certain terroir des environs d'Amiens, attestent l'existence ancienne de la culture de la vigne aujourd'hui disparue complètement de ces contrées [2]. Volontiers, les habitants, quand on met la conversation sur ce chapitre, attribuent à un phénomène de refroidissement continu l'abandon de la culture de la vigne. La vérité c'est qu'on se contentait alors d'un vin dont on ne voudrait plus aujourd'hui. Faute de pouvoir faire venir facilement du vin des régions qui sont le domaine naturel de la vigne[3], on s'efforçait d'obtenir sur place quelques hectolitres de verjus destinés en grande partie aux usages religieux et employés comme vin de messe [4].

Par contre, si la culture de la vigne s'est resserrée comme

---

[1] Brunhes, *L'homme et la terre cultivée*, p. 2.

[2] Une charte de 1220, relative au comté de Guines, fait mention de la vigne. V. *Willemi chronica andrensis*, dans *Monumenta Germaniæ: Scriptores*, XXIV, p. 749. — Cpr. *Cartulaire de Saint-Barthelémy de Béthune*. Saint-O.ner, 1895, n. 80 et 120. Il y est question d'une redevance de deux setiers de vin, *vini melioris de Béthunia*. Béthune avait sa Porte de la Vigne et sa Cloche des Vignerons, *Cartulaire*, introd., p. XI.

[3] La difficulté de faire parvenir du vin du midi jusque dans la région du nord, il y a un siècle, était d'abord d'ordre si on peut dire naturel, alors que le chemin de fer ne supprimait pas les distances. Comme si cette première difficulté ne suffisait pas, les hommes s'étaient ingéniés à créer toute une série de difficultés d'ordre artificiel, multipliant barrières et entraves sur la route de terre ou d'eau. On pourra s'en faire une idée, en consultant dans les *Ephémérides du citoyen*, publiées, à la date de 1775, par l'abbé Beaudeau, un disciple de Quesnay, le récit du Voyage de quelques muids de vin, qu'il s'agit d'amener du Roussillon à Paris. Ce ne sont que droits de douane, péage et octrois, *Nouvelles Ephémérides économiques*, V, 1775.

[4] Backhaus, *op. cit.*, p. 327.

àire géographique [1], elle tend, dans les régions éminemment favorables, à prendre une place de plus en plus considérable, en réduisant celle des cultures rivales. Dans les départements à grosse production viticole, dans l'Hérault, le Gard, l'Aude, il's'est produit un phénomène digne d'attention au point de vue du progrès dans la voie de la spécialisation. Des domaines qui, il y a cinquante ans, étaient ce qu'on peut appeler des domaines mixtes, faisant une certaine part aux fourrages et aux céréales à côté de la vigne, culture principale, ont progressivement restreint la part accordée à l'élément non vigne, quelques-uns ont éliminé complètement cet élément, concentrant toutes leurs forces sur la production exclusive du vin.

L'invasion du phylloxéra a pu, pendant quelques années, arrêter le mouvement, celui-ci a repris plus marqué encore avec la reconstitution du vignoble, d'autant plus que souvent cette reconstitution est l'œuvre de sociétés par actions concevant l'opération comme une opération industrielle, conduites que sont ces sociétés par des hommes qui apportent dans l'opération l'esprit et les méthodes des entreprises industrielles [2].

Pour la nourriture de quelques animaux de trait réduits au strict minimum sur le domaine ces exploitations exclusivement viticoles se résignent facilement à être tributaires de l'extérieur. Les plaines du Lauraguais tendent de plus en plus à être leurs fournisseurs réguliers en avoines, pailles et fourrages, ces deux dernières catégories de denrées étant, à l'heure actuelle, transpor-

---

[1] Dans la monographie de M. Garola sur le département d'Eure-et-Loir, on trouve des renseignements intéressants sur la diminution progressive de la culture de la vigne en Eure-et-Loir, diminution qui s'accentue d'année en année. Il s'agit bien là de la culture de la vigne pratiquée au-delà de sa région naturelle, aussi tend-on de plus en plus à l'abandonner. Dans les vingt dernières années 68 p. 100 du vignoble d'Eure-et-Loir ont disparu. De 4.318 hectares en 1862, il tombe à 1.367 en 1882 et à 873 en 1892. Tandis que dans la région naturelle de la vigne, on a reconstitué le vignoble, tandis qu'on y lutte énergiquement contre les maladies cryptogamiques, on préfère renoncer purement et simplement à la vigne, là où elle n'a pas sa place naturelle. Garola, Monographie d'Eure-et-Loir, dans le *Bulletin du Ministère de l'agriculture*, 1898, p. 1333 et 1334.

[2] La tendance à une spécialisation de plus en plus rigoureuse dans les vignobles du midi, notamment de l'Hérault, est très heureusement signalée par M. Convert dans un rapport au Congrès international de 1889. Voir 1er Congrès international, *Rapports préliminaires*, p. 105 s. *La crise viticole dans les départements du littoral méditerranéen*, par M. Convert. Cpr. encore le *Mémoire sur le domaine du Mas Gentil*, de M. Duran (de Cette), pour le concours de 1895.

tées économiquement à des distances relativement longues grâce à l'emploi des presses qui les réduisent à un petit volume [1].

Bien que le blé soit, à la différence de la vigne, une des plantes qui s'accommodent le mieux des sols et des climats les plus variés, les rendements qu'il fournit diffèrent néanmoins très notablement, dans les diverses contrées et dans un même pays, d'une région à l'autre. En France, d'un département à l'autre, il est des années où les moyennes accusent des variations qui sont dans le rapport de 1 à 5 [2]. En 1896, par exemple, deux départements, le Gard et le Var, ne dépassent pas 5 à 6 quintaux, quand le Nord atteint 24 quintaux et que la moyenne générale oscille autour de 13,942. Quatorze départements, pour la plupart appartenant à la région méridionale, restent au-dessous de 10 quintaux [3] et ces chiffres, comme tendance générale, cadrent assez exactement avec ceux de la statistique de 1892.

Sans doute, ces faibles rendements de certaines régions seraient susceptibles d'être accrus sensiblement, si la culture savait employer là les méthodes et les procédés des grandes régions à céréales du Nord. Il est incontestable que, de ce chef, des progrès sont possibles, mais il est incontestable également qu'à côté de l'infériorité des procédés de culture, les conditions de constitution géologique, physique, chimique et aussi les conditions de climat sont pour beaucoup dans la faiblesse de ces rendements. L'homme a la nature contre lui au lieu de l'avoir pour alliée, quand il s'agit, dans l'ensemble de ces régions, de produire du blé et le tort de l'homme c'est précisément de vouloir s'obstiner dans cette lutte contre la nature.

Ceux que préoccupe l'avenir agricole de la France et qui sont mieux placés que les intéressés eux-mêmes pour juger sainement la situation, ont envisagé cette question et leur conclusion quant à la

[1] Il est à noter que les gros travaux de défoncement préliminaires de la reconstitution nous présentent aussi une application de la division du travail. Ils sont généralement réservés à des entrepreneurs à façon qui s'en sont fait une spécialité. Le plus souvent ils utilisent un matériel à vapeur. Quand l'opération est conduite avec des animaux, le caractère économique reste souvent le même, elle est assurée encore par un entrepreneur à façon ou à la journée, car, comme le remarque M. Convert, *op. laud.*, p. 117, « l'industrie des attelages tend, sur plusieurs points, à se séparer de la culture ».

[2] Grandeau, Le mouvement agricole, *Journal des Économistes*, nov. 1898, p. 185.

[3] Grandeau, *ibid.*

solution qu'elle comporte a été que le remède devait être cherché dans une application de l'idée de spécialisation [1].

De plus en plus, ont-ils dit, la culture du blé doit être restreinte aux terrains aptes par nature à donner de bonnes récoltes. Elle doit être éliminée sur les points où les conditions climatériques sont défavorables ainsi que sur les points où la nature physique du sol ne se prête pas à la culture du blé. Là où on produit à perte, et aux cours actuels on peut dire que sauf de rares exceptions tout rendement inférieur à 10 quintaux par hectare n'est pas rémunérateur [2], il faut résolument abandonner la culture du blé, l'abandonner pour lui substituer, suivant les aptitudes de chaque sol, ce qui est affaire d'espèce, suivant aussi les chances de débouchés, telle production qui sera économiquement plus avantageuse. La terre rebelle à la culture du blé peut souvent fournir d'excellents herbages et le bétail nourri sur ces herbages peut être une source de profits, surtout avec le développement des coopératives pour les laiteries, beurreries, fromageries. Souvent même le reboisement, malgré la longue échéance des produits, vaudrait mieux que le

[1] Cpr. dans la statistique agricole de 1882, les observations présentées sur la production du blé par les départements placés dans de mauvaises conditions physiques et climatériques, *Statistique agricole de 1882*, p. 23. Lecouteux, *Journal d'agriculture pratique*, 1882, I, p. 534; 1888, p. 43. M. Grandeau est, à maintes reprises, revenu sur cette question. V. notamment *Journal des Économistes*, nov. 1898, p. 186; nov. 1899, p. 181. — Cpr. Risler, *Géologie agricole*, 2ᵉ édit., I, introduction, *passim;* Dehérain, *Revue des Deux-Mondes*, mai 1896, p. 195; Paul Leroy-Beaulieu, *Économiste français*, 14 juil. 1900; Charles Simon, consul général de Roumanie à Mannheim, *Considérations sur la baisse du prix du blé en France et les moyens d'y remédier;* Kautsky, *La question agraire*, p. 380; Henri Hitier, La statistique agricole de la France, *Annales de géographie*, VIII, 1899, p. 354.

[2] Nous n'entendons pas indiquer par là qu'il y ait un rendement minimum absolu qu'on puisse fixer *a priori* et au-dessous duquel on produirait à perte. Cela supposerait qu'on peut établir un prix de revient uniforme en matière de blé et on ne saurait trop répéter, après les auteurs les plus compétents, qu'il n'y a pas un prix de revient pour le blé en général, mais autant de prix de revient que d'exploitations. Seulement quand on parle de la culture du blé en France, étant donné les charges fiscales, le loyer de la terre et le coût de la main-d'œuvre, etc. d'une part, les prix de vente de l'autre, on peut poser en principe que là où le coût de production, somme de ces différents éléments, est encore le plus faible, il ne peut pas être couvert par une récolte inférieure à 10 quintaux à l'hectare. C'est le chiffre admis par M. Grandeau (V. *Journal des Économistes*, nov. 1898, p. 187 s.). Ceci n'implique pas, par contre, qu'au-dessus de 10 quintaux, la récolte couvre partout les frais. Dans les régions à gros loyer des terres et à main-d'œuvre payée cher, une récolte de 15 à 18 quintaux peut encore être insuffisante pour couvrir les frais. Ce qui revient à dire que le prix de revient du quintal de blé est essentiellement variable. C'est à l'entrepreneur agricole à se rendre compte des conditions dans lesquelles il opère. — Cpr. Valenti, *op. laud.*, p. 140 et s.

maintien de la culture du blé. C'est l'obstination à faire du blé sur des terres qui *naturellement,* par suite de leur origine géologique ou par suite du climat, ne sont pas aptes à cette production, qui établit à un chiffre relativement bas la moyenne annuelle de la France, environ 17 hectolitres à l'hectare. Il fut un temps où, pour assurer le pain quotidien, faute de voies de communication suffisantes, cette culture avait sa raison d'être. Aujourd'hui, on peut dire qu'il n'y a à peu près plus en France de regïons où la culture des céréales reste *nécessaire* au sens que nous venons de donner au mot. Voilà pourquoi elle doit céder la place, partout où elle est reconnue la mal occuper, aux productions rivales mieux adaptées aux conditions de sol et de climat.

Cette vérité, dégagée avec beaucoup de force par les théoriciens agricoles, commence à pénétrer le monde des praticiens lentement sans doute, mais on sait que plus qu'ailleurs les transformations sont lentes à se produire dans le monde agricole. Les statistiques accusent une diminution sensible des surfaces consacrées aux céréales à dix ans de distance pour la France. En chiffres ronds, il y a pour 1898, par rapport à 1889, les diminutions suivantes :

Blé	75.000	hectares
Seigle	125.000	—
Méteil	62.700	—
Orge	59.000	—
Total	321.700	hectares.
A déduire en augmentation : avoine	129 000	hectares.

reste une diminution générale de 192.000 hectares dont 75.000 pour la seule culture du blé [1].

Il y a là un phénomène qui n'est pas particulier à la période immédiatement voisine de nous. C'est la continuation d'un mouvement qui est déjà indiqué dans la statistique de 1862, qui se dessine donc depuis l'époque où l'agriculture tend à s'industrialiser. En tenant compte des changements de territoire, la réduction a été de 105.000 hectares en vingt ans, de 1862 à 1882. Pendant la période décennale suivante, 1882 à 1892, cette réduction s'est accentuée, elle a été de 260.000 hectares et a porté sur l'ensemble des céréales, sauf l'avoine qui est en augmentation constante [2]. Ces indications, du reste, n'ont pas empêché les accroissements du

---

[1] Graudeau, *Journal des Economistes,* nov. 1899, p. 177.

[2] *Statistique de 1892,* p. 105. L'analyse des documents réunis à l'Exposition de 1900

rendement. La production totale s'est quand même accrue, parce que l'agriculture a su faire produire davantage aux terres qu'elle laissait aux céréales, les statistiques le prouvent [1]. Dans ces conditions, il faut tenir pour un progrès l'abandon de la culture du blé et plus généralement des céréales là où cette culture n'a pas sa raison d'être, contrariée qu'elle est par les conditions défavorables du milieu. Il est à noter que la diminution des emblavures porte, conformément à ce qu'il faut souhaiter, sur les régions à faible rendement [2], qui restituent petit à petit aux pâturages et aux bois

a permis de constater les mêmes phénomènes de réduction pour l'Europe occidentale comme le prouve le tableau suivant emprunté à M. Grandeau, Journal *le Temps* 10 septembre 1900.

Europe occidentale.	Surfaces en céréales en millions d'hectares.	
	1876-80	1896
Blé	19.601.000	18.748.000
Seigle	11.678.000	11.449.000
Orge	6.774.000	6.432.000
Maïs	3.562.000	3.467.000
Avoine	12.222.000	13 620.000

[1] *Statistique de 1892*, p. 105 et 106. L'accroissement du rendement, grâce à l'amélioration des procédés de culture, malgré la réduction des emblavures, est un fait général pour l'Europe occidentale. M. Grandeau estime cette augmentation à 31 millions et demi de quintaux pour l'ensemble des céréales, si l'on compare, année moyenne, la production quinquennale 1878-82 et 1893-97, c'est-à-dire qu'avec un million et demi d'hectares en moins consacrés aux céréales, à vingt ans de distance, on produirait cependant annuellement 31 millions et demi de quintaux de plus. *Le Temps*, 10 septembre 1900.

[2] Parmi les départements où ce mouvement s'accuse le plus nettement, on peut relever les Basses et les Hautes-Alpes. Les céréales y tombent, dans la période décennale 1882-92, de 75.415 h. et 47.541 à 71.380 et 45.203. Même observation pour les Vosges, les Ardennes et le Jura. Plus généralement pour les départements, dont une partie des terres occupe des altitudes élevées, la culture des céréales tend à se concentrer dans les régions basses. Sur tous ces points consulter les statistiques de 1882, tableaux p. 94 et 96 ; 1892, tableaux p. 108 et 110. Sur la transformation de terres de labour en prairies dans les Ardennes, voir la très intéressante monographie du canton d'Omont, par M. Le Conte (Mézières, 1898). Dans le nord du département de l'Aisne, pour la région de la Thiérache, M. Risler a signalé les heureux résultats d'une transformation identique. Le sol argileux de ces terres froides et humides ne donnait que de maigres récoltes de céréales et cependant il y a cinquante ans on s'obstinait encore en Thiérache à faire des céréales. Le canton de Nouvion y renonça le premier, puis le canton de Capelle. « Aujourd'hui la richesse a succédé à la pauvreté partout où les pâturages ont remplacé les champs. Tel terrain qui trouvait difficilement preneur à 60 francs l'hectare lorsqu'il était en culture, se loue 140 à 160 francs, les meilleurs, 200 francs ». Risler, *Géologie agricole*, II, p. 112. Rapprocher Chantriot, *La Thiérache*, *Annales de géographie*, 15 mai 1901, p. 220.

Des faits de même ordre sont, dès 1880, constatés par Baudrillart à propos de la Normandie. Il signale une tendance très marquée à convertir en pâturages et prairies des terres de labour. L'opération qui consiste « à *coucher en herbe* » des terres

les terrains qui leur appartiennent naturellement. Cette restitution
de leur domaine naturel aux prés et aux bois correspondant à la
diminution de la surface occupée par les céréales s'affirme dans
les statistiques. Les bois et forêts, qui n'occupaient que 16,11 p. 100
du territoire total en 1840, atteignent 17,16 en 1862, 17,88 en 1882,
18,03 en 1892, avec 9.521.568 hectares, c'est-à-dire un gain de
66.000 hectares par rapport à 1882 [1]. Même constatation pour les
prés naturels et herbages ; en 1862, avec 89 départements, ils
occupaient 5.021.246 hectares ; en 1882, malgré la perte de l'Alsace-
Lorraine, avec 86 départements, les prés et herbages avaient
gagné 900.000 hectares, ils atteignaient 5.946.260 hectares, et en
1892, 6.230.677 [2].

S'il nous est permis d'apporter ici les résultats d'une enquête
personnelle, nous pouvons citer des faits très significatifs dans
l'ordre de la diminution progressive de la culture des céréales pour
la région avoisinant Grenoble dans plusieurs cantons de la montagne
à des altitudes de 800 et 1.000 mètres. La culture des céréales y subit
depuis cinquante ans une réduction progressive, constatée par tous
ceux qui s'intéressent aux choses agricoles. Nous avons pu relever
certains chiffres grâce à l'obligeance de M. Rouault, le professeur
départemental de l'Isère, et nous empruntons à une monographie
de M. Rouault sur le canton du Villard de Lans la statistique
suivante :

	1856	1869	1899
	hect.	hect.	hect.
Blé	486	480	386
Méteil	973	1.051	721
Seigle	284	375	251
Orge	110	113	103
Avoine.	244	163	394
Totaux. . .	2.097	2.183	1.855

cultivées en céréales se trouve pour la Normandie souvent indiquée par le climat, dit
Baudrillart, et il ajoute que cette transformation a parfois augmenté du tiers ou du
double la valeur des terres. *Populations agricoles de la France*, Normandie, p. 296.

Pour certains départements, la réduction de la superficie occupée par les céréales de
1882 à 1892 a eu pour contre-partie l'extension du vignoble. Avec la reconstitution du
vignoble, l'Hérault, le Gard, l'Aude, pour ne citer que les principaux départements,
ont rendu à la vigne des terres qui lui appartenaient naturellement et qu'on avait
momentanément consacrées aux céréales au moins en partie, sans qu'on obtînt de
cette culture des résultats bien satisfaisants. De ce chef il y a eu encore une meilleure
adaptation de la production au sol et au climat, et par conséquent une application
rationnelle de la spécialisation des cultures.

[1] *Statistique de 1892*, p. 228.

[2] *Ibid.*, p. 158.

Ainsi diminution de 100 hectares environ sur le blé, de près de
300 hectares sur l'ensemble des céréales, et par contre augmentation
considérable des prés et herbages. Malheureusement ici quant aux
surfaces gagnées les renseignements sont incomplets. On peut dans
une certaine mesure combler cette lacune avec les deux indications
suivantes. La production totale en fourrages évaluée à 77.881 quintaux pour 1856 aurait atteint 112.885 quintaux en 1899 avec une
population bovine de 6.223 têtes en 1856, passée à 7.868 en 1899.
En présence de ces chiffres constatant un gros accroissement des
fourrages produits et du bétail entretenu, il n'est pas téméraire de
conclure à un accroissement correspondant des surfaces consacrées
aux prairies et herbages. C'est du reste un fait sur lequel s'accordent tous les habitants de la région.

Ce grand développement donné aux prairies et pâturages, conformément aux conditions de sol et de climat de ces hautes vallées :
900 à 1.000 mètres, est une heureuse application de la spécialisation.
Il a permis à la région de s'organiser pour la vente du lait frais, qui
est descendu deux fois par jour sur Grenoble par un service de
voiture, la spécialisation ici comme partout a facilité l'écoulement
du produit : une idée sur laquelle nous aurons à revenir.

Nous constatons les mêmes phénomènes dans les cantons de la
Mure et du Monestier de Clermont. Ces cantons, à des altitudes de
800 à 900 mètres, abandonnent de plus en plus les céréales pour
les fourrages et dans ces deux cantons le fourrage est surtout fait
pour l'exportation. La Mure et le Monestier ont un certain nombre
de marchands qui opèrent sur toute la contrée. Ces marchands ont
leurs presses à fourrages, leur personnel qui passe chez les cultivateurs et ils expédient le foin par balles sur toute la région du midi,
spécialement sur Marseille.

Malgré les progrès réalisés dans le sens indiqué pour ces régions
de montagnes, il reste encore là beaucoup à faire et la force de la
tradition y maintient encore sur beaucoup de points la culture des
céréales pratiquée dans des conditions anti-économiques. Quand on
est habitué à la culture des plaines du Nord, il est impossible de ne
pas être saisi d'un véritable étonnement, lorsqu'on aperçoit littéralement accrochés aux flancs de la montagne des champs de céréales,
presque toujours de seigle, balançant au vent leurs maigres récoltes.
On reste confondu en face de la somme d'efforts dépensés dans une
pareille culture. Ce champ de quelques ares a été à la lettre arrosé

des sueurs de celui qui le cultive. Souvent il a fallu y remonter la terre, qui tend sans cesse à descendre sous l'action des pluies et de la fonte des neiges. Pour rendre à ce sol les éléments de fertilité nécessaires, le montagnard a monté à dos de mulet les quelques charges de fumier dont il dispose et quand le mulet n'a pu gravir les dernières pentes, c'est à la hotte que l'homme, transformé en bête de somme, a achevé le transport. A l'heure de la récolte, les mêmes opérations recommencent, en sens inverse cette fois, quand il s'agit de descendre presque gerbe à gerbe la récolte du champ. Dix fois, vingt fois peut-être autant de travail dépensé que pour cultiver dans la plaine la même quantité de terrain et comme résultat une récolte arrivant au tiers ou au quart de ce qui est obtenu dans la plaine. Tel est le bilan de ces cultures anti-économiques qui seraient ruineuses, si leurs dimensions réduites ne les rendaient à peu près inoffensives.

Hérésie économique, dont ne se rend pas compte celui qui en est la principale victime. Son père, son aïeul, les propriétaires de la chaumière qu'il habite, ont dans des conditions identiques produit le pain noir, qui depuis des siècles nourrit ces générations de montagnards. Il se conforme à la tradition, sans se demander si ce qui pouvait avoir sa raison d'être il y a un siècle, n'est pas aujourd'hui devenu irrationnel. Jadis perdu dans sa montagne, privé de communications, le montagnard qui nous occupe devait à tout prix s'assurer le pain quotidien. Aujourd'hui les routes pénètrent jusqu'à lui ; le chemin de fer quelquefois l'atteint ou bien c'est le tramway sur route qui passe à proximité. Les plus avisés donnent le signal de la transformation. Ils comprennent que la plaine et la vallée vont leur envoyer l'excédent de leurs blés, et affranchis de tout souci de ce côté, ils suppriment ou au moins restreignent leur production en céréales ; ils rendent à l'herbe le terrain qui lui appartient, ils augmentent leur bétail ; le lait, le beurre deviennent leur grande industrie, l'association facilite l'écoulement des produits, soit par l'expédition du lait frais descendant vers les villes, soit par l'installation de fruitières pour la fabrication en grand du beurre et du fromage avec un matériel perfectionné. Beaucoup hésitent avant de se lancer dans la voie nouvelle. C'est que le monde rural n'est pas porté aux innovations, cette fraction là moins encore que toute autre, et puis il faut bien tenir compte d'un fait, quand on constate l'obstination des montagnards restant fidèles aux anciens errements.

Ces gens-là, à la différence du cultivateur des plaines qui travaille
pour le débouché, ne produisent que pour leur consommation. Ils
ne se préoccupent pas comme l'autre du prix de revient. Ce qu'ils
veulent, c'est ne pas débourser pour acheter leur pain et ils ne
comptent pas la valeur du travail et du temps dépensé. Voilà
les causes qui font si lent le mouvement de spécialisation; mais
pour lent qu'il soit, le mouvement se poursuit. Tôt ou tard, le principe de la spécialisation triomphera. Nous avons du reste beaucoup
à faire pour arriver dans cet ordre d'idées aux résultats qu'ont
atteints certains de nos voisins, qui nous ont précédés et dont on
peut proposer l'exemple.

L'Angleterre nous fournit incontestablement le type du pays qui
a su le mieux pratiquer cette intelligente distribution des cultures et
obtenir de la spécialisation les résultats les plus satisfaisants. Le
Royaume-Uni accuse des rendements très supérieurs aux nôtres,
comme le montre le rapprochement fait par la statistique de 1892
entre les moyennes comparées de nos voisins et de nous.

PRODUCTION EN HECTOLITRES PAR HECTARE

	France	Royaume-Uni
Froment.	18	31,1
Orge.	18,5	31,25
Avoine.	22,8	34,89

De cette énorme supériorité de rendement il n'y a pas une cause
unique, on en a signalé plusieurs, parmi lesquelles l'adoption de
meilleurs systèmes d'assolement et aussi la masse plus considérable
des engrais employés. Mais on a eu raison de signaler tout en première ligne l'influence d'une rigoureuse spécialisation. Depuis longtemps l'Angleterre s'applique à limiter la culture des céréales aux
sols qui conviennent tout particulièrement à cette culture. Ailleurs
elle fait de l'herbe et par l'herbe du bétail. Là est en grande partie
le secret de ses rendements supérieurs aux nôtres. Elle a su mieux
que nous adapter sa production aux conditions de son sol et de son
climat [1]. Elle n'a pas hésité a abandonner la culture des céréales
là où une autre culture promettait d'être plus rémunératrice.

[1] Henri Hitier, *Culture et rendement des céréales en France et en Angleterre. Journal d'agriculture pratique*, 1899, I, p. 458. C'est surtout la région de l'Ouest, exposée
aux vents de l'Atlantique, qui fait du bétail. Les comtés de l'Est, plus secs, cultivent les
céréales. Le Royaume-Uni a 25 p. 100 de son territoire total en céréales et 36 p. 100
en herbages; en France nous avons 48,8 p. 100 en céréales et 11,7 p. 100 en prés et

Dans le Royaume-Uni, la diminution a été progressive et constante quant à la culture du blé. De 1.458.000 hectares en 1867, la superficie sous froment est tombée en 1895 à 607.500 hectares, c'est une diminution de plus de moitié [1].

De l'exemple de l'Angleterre, il convient de rapprocher encore celui du Danemark. « L'agriculture danoise a donné une grande preuve d'intelligence, d'initiative et d'énergie, en transformant en très peu d'années tout son mode de culture, pour faire d'une exploitation prédominante de céréales une exploitation prédominante de laiterie » [2]. Mais là où le Danemark a conservé la culture des céréales ça a été pour en obtenir des rendements qui le classent au premier rang quant aux moyennes annuelles par hectare. L'exposition de 1900 a attesté cette supériorité du Danemark, qui marche à l'avant-garde du monde agricole au point de vue de l'intensité de la production et des progrès des méthodes. Or l'application du principe de la division du travail et une spécialisation rationnelle ont contribué pour une large part à faire cette supériorité du Danemark [3].

C'est en s'inspirant de pareils exemples que l'agriculture française tirera un meilleur parti de ses richesses naturelles. Aussi bien la réputation de certaines de nos régions, réputation qui remonte loin dans le passé, est-elle due en grande partie à ce qu'elles ont su intelligemment pratiquer le régime de la spécialisation agricole. C'est pour la vigne les exemples de la Bourgogne et du Bordelais, pour les herbages ceux de certaines parties de la Normandie, tout particulièrement du pays d'Auge et de la région d'Isigny, c'est pour les céréales l'exemple de la Beauce, de la Brie et des grandes plaines du Nord. On peut donc dire que l'idée de spécialisation n'est pas neuve, ce qui est nouveau, c'est la nécessité de jour en

herbages. — Cpr. sur tous ces points, de LaVergne, *Essai sur l'économie rurale de l'Angleterre*, 1855, 2e édit., ch. IV; *Les cultures, passim*. On trouvera encore nombre de renseignements intéressants dans l'article de notre collègue Souchon, *La dernière enquête sur la crise agricole en Angleterre, Revue d'économie politique*, 1900, p. 421 s.

[1] *Statistique agricole de la France*, 1892, p. 96. On trouvera à la page 94 et à la page 95 le tableau année par année des surfaces sous froment pour le Royaume-Uni, de 1867 à 1895. Les rédacteurs de la statistique de 1892 l'ont emprunté à une communication présentée en 1897 au Congrès de l'Institut international de statistique à Saint-Pétersbourg par le major Craigie, directeur de la statistique au *Board of Agriculture*.

[2] M. de Saint-Chamans, *Rapport sur l'état de l'industrie laitière en Danemark, Bulletin du ministère de l'agriculture*, 1899, p. 473.

[3] Henri Hitier, *Le Danemark, Journal d'agriculture pratique*, 1901, p. 747 s.

jour plus impérieuse avec les nouvelles conditions du marché de
chercher dans la spécialisation, dans l'adaptation de plus en plus
rigoureuse de la production au sol et au climat le moyen de lutter
contre les effets de la crise. En présence de la baisse des prix
et puisqu'il ne faut pas se leurrer de l'espoir de voir les cours
se relever d'une façon normale, c'est du côté de la diminution du
coût de production qu'il faut s'orienter et ceux-là produisant à
meilleur compte, qui sont servis par les conditions favorables de sol
et de climat, chacun doit s'imposer comme principe directeur de
toute entreprise agricole, petite ou grande, de concentrer son effort
sur la production pour laquelle la nature l'aide, abandonner les
branches pour lesquelles il n'a pas la nature avec lui; autrement la
lutte n'est pas possible contre les rivaux mieux armés; on est
vaincu d'avance.

Ce que nous disons du sol et du climat, il faut le dire également
du marché. Il faut travailler pour le produit qui, favorisé au point
de vue sol et climat, trouve en outre un débouché facile, économique. L'absence de débouché peut annihiler les avantages de sol et
de climat, il ne faut pas l'oublier, sans méconnaître toutefois combien le développement des voies de communication a au point de
vue du marché diminué la rente d'emplacement, si forte jadis.

Lecouteux a résumé ces idées maîtresses dans une formule concise. Il disait dès 1877 : « L'agriculture est soumise à la triple loi
du climat, du sol et du marché » [1]. Encore une fois l'idée n'est pas
neuve, mais jamais son application ne s'est imposée avec un caractère plus impérieux qu'aujourd'hui au monde agricole. Reste à
savoir jusqu'où peut être poussée l'application de la spécialisation,
et il faut se garder des exagérations.

III

Poussée à l'extrême, la spécialisation conduit logiquement à
l'adoption sur un domaine d'une production unique, elle implique
la séparation des opérations animales et végétales d'abord, puis, une
fois ce divorce consommé, l'entreprise concentrée sur telle branche
de la production animale, ou sur telle branche de la production
végétale. Des esprits plus théoriques que pratiques ont entrevu
cette perspective. Je ne crois pas qu'il y ait chance de voir leurs

[1] *Journal d'agriculture pratique*, 1877, II, 705.

idées suivies et il faut s'en féliciter, car pareille spécialisation serait irrationnelle et antiéconomique dans la grande masse des exploitations, elle ne serait obtenue qu'à grands frais et irait à l'encontre du but poursuivi, qui est la diminution du coût de production.

Certes il est possible de citer des exemples d'entreprises agricoles ayant poussé à l'extrême limite l'application de la spécialisation et s'étant confinées dans une production unique. Elles restent l'exception et ne peuvent être intéressantes à signaler que comme telles. C'est ainsi qu'à plusieurs reprises on a cité des cas isolés de fermes sans bétail, c'est-à-dire, à la différence de la quasi-unanimité des exploitations, des fermes se confinant dans la production végétale et s'interdisant les opérations animales [1]. Encore faut-il comprendre la portée de la formule. Il s'agit de la suppression du bétail de rente, les animaux de travail étant conservés, en attendant que les progrès de la traction mécanique dans un temps donné rendent possible la suppression également des animaux de trait, sans qu'il en soit encore sérieusement question pour l'instant. Avant la généralisation de l'emploi des engrais commerciaux l'entretien d'un bétail aussi considérable que possible sur une exploitation se livrant aux opérations végétales apparaissait comme une nécessité impérieuse. L'idéal proposé par les maîtres, c'était d'avoir une tête de gros bétail par hectare [2], le bétail étant l'agent essentiel de l'augmentation ou au moins du maintien de la fertilité du sol par la production du fumier. La possibilité de recourir aux engrais commerciaux a modifié ces conditions anciennes, surtout si on tient compte de ce fait que la pratique des engrais verts permet de reconstituer la matière organique dans le sol où elle est indispensable à l'entretien des propriétés physiques et que l'association des engrais chimiques et des engrais verts rend possible la suppression du bétail en tant qu'agent producteur de fumier.

En dépit du bruit mené autour de cette nouvelle conquête de la science moderne qui, au dire de ceux qui s'étaient constitués les champions de la ferme sans bétail, devait conduire à une spéciali-

---

[1] Pierre de Maillard, *Les fermes sans bétail en Allemagne, Bulletin du ministère de l'agriculture*, 1891, p. 509 et *Journal d'agriculture pratique*, 1891, II, p. 881 s. — Cpr. sur la question Lecouteux, *Journal d'agriculture pratique*, 1891, II, p. 830 s., et 1893, I, p. 370-410, Maerker, *Stallmist oder Kunstdünger*, Paul Porcy, Berlin; Von Goltz dans le *Handbuch de Schönberg*, Band II, 4e éd., p. 84 et les autorités citées; enfin Valenti; *op. laud.*, p. 179:

[2] C'est-à-dire 500 ou 600 kilogs de bétail (poids vif) nourri par hectare.

sation rigoureuse séparant les pays à céréales des pays à bestiaux, les applications ne sont restées qu'exceptionnelles conformément aux prédictions de Lecouteux [1]. Le type général quasi-universel de nos exploitations rurales est demeuré la ferme à production végétale et animale associée.

Dans les pays de culture proprement dite on continue donc à avoir des animaux de rente en grand nombre. Les opérations sur le bétail y sont couramment associées aux opérations végétales, parce que le bétail peut être bon payeur des fourrages et des pailles, bon payeur des pulpes qui reviennent de la distillerie ou de la sucrerie et que par lui est assurée la production en grosse masse du fumier employé dans les entreprises qui pratiquent la culture intensive. Voilà la règle presque universelle. Mais les fermes de culture intensive, si elles ne s'interdisent pas les opérations animales qu'elles combinent très largement avec les opérations végétales, n'en sont pas moins le théâtre d'un phénomène de spécialisation très intéressant en ce qui touche le bétail, phénomène qui se traduit par ce fait qu'elles sont de moins en moins des fermes à élevage ; *elles utilisent le bétail, elles ne le produisent pas,* et là nous trouvons une application importante de la spécialisation.

La plupart des fermes à culture intensive sont, pour le recrutement de leurs animaux, soit de travail, soit de rente, tributaires des pays d'herbage. Elles considèrent qu'outillées pour la production végétale, elles ont intérêt à ne pas éparpiller leurs efforts, elles recrutent leurs animaux en pleine force et en plein rendement et ceci conduit à une spécialisation bien marquée opposant les pays d'élevage à ceux qui utilisent l'animal fait, l'animal parvenu à l'état adulte.

Entre ces deux extrêmes, c'est-à-dire l'exploitation qui fait naître l'animal et l'exploitation qui le prend adulte, il s'est constitué des spécialisations intermédiaires. Des exploitations de transition se sont spécialisées dans une série d'opérations correspondant à la formation de l'animal. Lorsqu'il arrive à la ferme qui le prend adulte, l'animal a souvent passé par plusieurs exploitations, chacune d'elles ayant contribué à sa formation, s'étant spécialisée dans une des opérations que comporte cette formation, au bout de laquelle l'animal a pris toute sa valeur.

---

[1] Indépendamment des exemples cités par M. de Maillard, on pourra se reporter au *Journal d'agriculture pratique*, 1890, II, p. 510 et surtout aux *Mémoires de la Société nationale d'agriculture*, 1886, p. 62 s.

Il y a longtemps que cette application· de la division du travail a
été signalée par les hommes qui suivent d'un œil attentif l'organisation de notre production animale [1]. On en peut relever maints
exemples ; nous nous bornerons à deux particulièrement intéressants concernant le cheval et le bœuf et que la France nous fournit.

Tout d'abord, ces phénomènes. de division du travail sont
courants dans la production de nos deux grandes races françaises ·
de chevaux de trait pour les percherons et pour les boulonnais.

Le Perche, le berceau de la race qui lui doit son nom, région
somme toute de peu d'étendue, ne pourrait amener jusqu'à l'âge
adulte le très grand nombre de chevaux qu'elle produit chaque
année. Pays d'herbe, le Perche fait naître le poulain, il le conserve
jusqu'au sevrage, parfois jusqu'à l'âge de 18 mois et le gros de la
production quitte la région où il est né, réserve faite des mâles destinés à devenir des reproducteurs, des pouliches gardées pour la
même fin. Les poulains s'en vont dans les fermes de Beauce ; c'est
là qu'ils seront mis au travail d'une façon progressive. Le Perche,
pays d'herbe, n'est pas outillé pour faire l'éducation du jeune cheval.
Cette éducation est la spécialité de la Beauce, tout particulièrement
de la plaine de Chartres. Le genre de culture de la Beauce se prête
merveilleusement à ce genre d'industrie. On a su profiter des conditions favorables. Le jeune cheval doit être mis aux travaux légers
pour sa formation ; il faut lui éviter les gros efforts, les coups de
collier qu'exigent dans les pays à betteraves les charrois pratiqués
souvent dans les terres défoncées à la saison d'arrachage. Cette
catégorie de travaux n'est qu'exceptionnelle dans les plaines à céréales de la Beauce. Les façons culturales y sont la principale occupation des attelages et les jeunes chevaux n'ont pas à donner un effort
supérieur à leurs forces. C'est dans ces conditions qu'ils achèvent
de se former. A l'âge de cinq ou six ans, ils quittent la Béauce,
quand ils ont acquis toute leur valeur, sont vendus pour le commerce
ou passent dans les exploitations où on n'utilise que le cheval fait,
principalement dans celles de l'Ile-de-France.

Les mêmes pratiques, c'est-à-dire la même division du travail

---

[1] M. Zolla, dans son étude sur la ferme de Fresne, a fait très justement remarquer
que les non initiés ne se doutent pas de la complexité des opérations que comporte la
vie agricole moderne et il a fait cette observation à propos précisément de la séparation qui s'affirme entre les exploitations qui élèvent et celles qui s'interdisent ce genre
· d'opérations. *Questions agricoles d'hier et d'aujourd'hui*, 2ᵉ série, p. 10.

dans la production du cheval, s'observent pour la race boulonnaise. Les jeunes chevaux nés dans les herbages du Boulonnais et du Vimeux passent, pour leur mise au travail, dans les pays de culture proprement dits, dans certaines fermes à céréales du Pas-de-Calais et de la Somme, qui se sont fait une spécialité de l'éducation et de la mise au travail des poulains; certains sont exportés plus loin jusque dans la plaine de Chartres, pour recevoir à l'âge adulte leur destination définitive : être livrés au commerce pour les gros transports ou remonter les écuries des fermes à culture intensive ne prenant que le cheval fait [1].

Les phénomènes de spécialisation, qui viennent d'être relevés à propos du cheval, peuvent être repris à propos du bœuf, ce grand agent de travail de la région betteravière. La région betteravière, à de très rares exceptions près qui peuvent être négligées, n'élève pas les bœufs qu'elle utilise. Ce sont des animaux qu'elle importe des régions du centre, particulièrement du Charolais et du Nivernais. La seule couleur des attelages permet de s'en convaincre. Bœufs blancs, bœufs blonds couleur de froment font contraste dans les plaines de la Somme, de l'Aisne, du Pas-de-Calais, du Nord avec les robes d'un rouge foncé des flamands, la race bovine autochtone. Chaque année, vers la fin d'août et dans les premiers jours de septembre, des trains entiers amènent des pays d'élevage les bœufs dans le Nord. Ils sont mis aux labours d'automne et aux charrois de betteraves ; ils arrivent pour la période des gros travaux, tout formés, ayant souvent, comme les chevaux,

---

[1] En ce qui concerne la race percheronne, cons. Sanson, *Traité de zootechnie*, III, p. 103; Garola, Monographie d'Eure-et-Loir, *Bulletin du ministère de l'agriculture*, 1898, p. 1346. En ce qui concerne les Boulonnais, v. Sanson, *op. cit.*, III, p. 69.

Il ne faudrait pas croire qu'il y ait là une spécialisation particulière à la France. Le même fait nous est signalé sous l'empire des mêmes causes en Allemagne, pour une région de culture intensive, pour la Saxe, laquelle s'adresse à la Belgique, pour le recrutement de ses chevaux de culture. La Saxe demande à la Belgique le cheval lourd mais puissant qui convient aux pays de betteraves. V. *der Betrieb....*, p. 137 de la traduction française. D'autre part, en France, pour la production du mulet, une monographie de la Drôme signale que les écuries des exploitations de la Drôme servent de dépôt de transition pour les mulets, avant qu'ils ne descendent plus au sud. Achetés entre six et dix-huit mois à des marchands qui sont allés les chercher dans leur pays d'origine, les mulets sont gardés jusqu'à quatre ou cinq ans dans la Drôme et revendus alors pour l'extrême midi : l'Espagne, l'Algérie, la Tunisie. Il y a là une pratique analogue à celle signalée pour les chevaux. V. *Bulletin du ministère de l'agriculture*, 1898, p. 835.

passé déjà par deux ou trois exploitations, ayant accompli dans chacune d'elles une étape de leur formation. Ils sont enfin arrivés à leur étable définitive. La ferme qui les reçoit les gardera trois ou quatre ans pour le travail, jusqu'au jour où, l'âge venant, leur réforme sera décidée. Quelques mois de repos succèderont aux années de durs travaux avec la nourriture abondante et riche; une période de vie heureuse et tranquille, rappelant les jours d'autrefois·dans les herbages du centre avant la mise au joug. Puis, un matin, l'embarquement en chemin de fer, l'entassement en wagon, le débarquement au milieu des cris et des coups, la rampe du marché de la Villette, enfin l'abattoir, la pointe de fer enfoncée entre les deux cornes, et le bœuf tombe comme une masse ébranlant le sol de sa chute.

L'immense majorité du public ne soupçonne pas ces étapes successives de la vie du bœuf et la raison d'être économique de ces changements d'étable. Il ne faudrait pas croire, au surplus, que l'application de la spécialisation se limite à l'animal, bête de joug d'abord, et devenant, sur la fin de sa carrière, animal de boucherie. Même pour l'animal de choix, qui ne sera jamais animal de travail, parce qu'on lui demande de fournir la chair fine et savoureuse que l'on ne peut obtenir du bœuf qui a passé d'abord sous le joug, il s'opère encore une séparation des opérations successives qui l'amèneront en fin de compte à l'abattoir. Pas plus que son frère, le bœuf de travail, celui qu'on appelle le *bœuf d'herbe* ne passera sa carrière tout entière, quoique plus courte, sur une seule exploitation. Rarement, il sera engraissé là où il est né. Il ira, pour la seconde période de sa vie, quand il s'agira de l'engraissement proprement dit, dans une exploitation qui s'est spécialisée dans ce genre d'opération à raison de la richesse de ses herbages.

Le type classique de cette industrie de l'engraissement à l'herbage, c'est le pays d'Auge. Dans les *grands fonds*, expression par laquelle on désigne les herbages les plus réputés.de la vallée de la Touque, sols d'alluvion, enrichis perpétuellement par l'irrigation des fossés qu'alimente la rivière, on ne fait que de l'engraissement, parce que, suivant le mot local, l'*herbe pousse le bœuf* dans cette vallée privilégiée. De là, l'industrie toute particulière de l'herbager, auquel Baudrillart a consacré les pages peut-être les plus vraies et les plus vivantes de ses études sur les *populations agricoles.* Au début du printemps l'herbager se met en campagne, parcourant les foires, choisissant les bêtes maigres qu'il ramènera quelquefois de fort loin, de la Nièvre, de la Mayenne, du Cotentin, sans préoccupation de race, évaluant d'un coup d'œil quasi-infaillible ce que la bête donnera après quatre ou cinq mois de séjour dans la vallée d'Auge[1]. Ce qui le préoccupe, c'est l'aptitude de la bête à l'engraissement, car l'herbager ne fait que de l'engraissement et pas autre chose.

Cette division du travail dans la production du bétail et son utilisation a permis aux exploitations qui concentrent leur effort sur l'élevage proprement dit, de réaliser, toujours dans l'ordre d'idées qui nous occupe, de nouveaux progrès. Elle les a amenées à orienter leur production vers un type déterminé correspondant au débouché qui s'offrait au produit. A la spécialisation, à n'en pas douter, on doit la création des races distinctes à caractères bien tranchés : races de travail, races à lait, à viande, dont la séparation s'accuse de plus en plus dans l'espèce bovine, l'opposition des races à laine et des races à viande dans l'espèce ovine.

Nous ne pouvons ici entrer dans des détails qui relèvent de la zootechnie plutôt que de l'économie rurale, mais il est incontestable que c'est en se spécialisant que les éleveurs ont *fait* (c'est le mot qui convient), le Durham pour l'espèce bovine, le Southdown pour le mouton. Je cite ces deux exemples comme les plus frappants. Se donnant exclusivement pour but de faire des animaux de boucherie, Backewell pour le mouton, plus tard les frères Colling pour le bœuf, et leurs successeurs par la suite, concentrèrent tout l'effort de leur élevage sur la production hâtive et précoce de la viande, sacrifiant les autres aptitudes naturelles, et c'est par la concentration de l'effort qu'ils sont arrivés à modifier les races sur lesquelles ils opéraient[2].

---

[1] Baudrillart, *Les populations agricoles de la France, la Normandie*, p 228. Cpr. Boitel, *Prairies et herbages naturels*, p. 446; Henri Hitier, *Journal d'agriculture pratique*, 1897, II, p. 342 s. La même séparation des opérations d'élevage et d'engraissement est signalée, pour les bœufs d'herbe du Charolais destinés aux marchés de Paris et Lyon, dans la Monographie du département de Saône-et-Loire, *Bulletin du ministère de l'agriculture*, 1898, p. 464. « Les localités où on *embouche* (engraisse) sont généralement autres que celles où on élève, les prairies d'élevage n'étant pas aussi plantureuses et nutritives que celles d'engraissement ».

[2] Les procédés employés : sélections continues, accouplements répétés entre animaux de même sang appartiennent à la zootechnie; on peut, pour plus de détails, se reporter aux traités de zootechnie. Sur la création des Durhams et l'histoire de

Quelques grandes étables, réputées pour la beauté et la pureté de leurs produits, sont devenues les fournisseurs attitrés de reproducteurs disputés dans des ventes aux enchères publiques, dont l'annonce est un véritable événement dans le monde de l'élevage. On a vu les animaux mis en vente à généalogie authentique atteindre des prix fantastiques qu'on aurait pu croire être réservés à la seule production du cheval de pur sang et aux grands vainqueurs du turf[1]. Quelle que soit en pareille matière la part qu'il faille faire à l'engouement, il y a des résultats obtenus par la spécialisation de la production qu'il est intéressant, à notre point de vue, de relever et tout ceci nous permet de conclure à une spécialisation beaucoup plus avancée qu'on ne le soupçonne généralement dans l'ordre de la production animale. Il nous faut voir rapidement si les exploitations, qui sont principalement vouées à la production végétale, sont arrivées dans l'ordre de la spécialisation à des résultats aussi significatifs.

cette race, cons. Grollier, *Journal d'agriculture pratique*, 1892, II, p. 268. Sur la race Southdown, cons. Gayot, *Journal d'agriculture pratique*, 1865, II, p. 69 s.

[1] Il est utile de préciser ici les idées par l'indication de quelques chiffres. Je les emprunte à la plume d'un des principaux éleveurs de Durhams en France, M. Grollier. Lorsque, en 1810, le fameux taureau de Colling, *Comet*, atteignait le prix de 26.000 francs, on ne pouvait prévoir que certains Shorthorns, parmi ses descendants, seraient payés les sommes fabuleuses de 118.125 francs, prix du taureau *Duke of Connaught*, 1875, et 212.250 francs, prix de la vache *Duchess of Geneva*, 1873. A la même date, d'autres femelles étaient payées 183.000 et 160.000 francs. Cette période a été l'âge d'or du Durham, comme on l'a dit, car, à côté de ces prix exceptionnels, obtenus par des sujets d'élite, certaines étables atteignaient sur leurs ventes d'ensemble des moyennes de 13.230 francs (Vente de Willisroom, 1865), 12.800 francs (vente de Prestons-Hall, 1867), Grollier, *Journal d'agriculture pratique*, 1892, II, p. 268 s. Jamais, en France, pareils chiffres n'ont été atteints, ni à la Vacherie nationale de Corbon, dont le troupeau est aujourd'hui dispersé, ni chez les particuliers. Le *Bulletin du Herd-Book* du Syndicat du Durham français, en 1897, signalait les prix obtenus par des Durhams français, importés dans la République Argentine comme reproducteurs, et variant de 5.000 à 9.500 francs. Ce sont encore de très beaux prix. V. *Les Shorthorns français dans l'Argentine*, par M. de Clercq, *Journal d'agriculture pratique*, 1897, II, p. 982. En Angleterre, le temps des prix fabuleux paraît passé.

Des faits de même ordre peuvent être signalés pour l'espèce ovine. Certaines bergeries de race pure ont la spécialité de ventes annuelles de reproducteurs (tout ce qui dans leur élevage ne donne pas satisfaction complète étant réservé pour la boucherie) et leurs reproducteurs atteignent des prix fort élevés. On trouvera un exemple type de ce genre d'opérations dans l'étude de M. Convert sur le domaine de la Manderie. Les béliers southdown de la Manderie sont vendus souvent de 500 à 700 francs. Convert, *Journal d'agriculture pratique*, 1895, II, p. 560.

IV

Nous avons déjà relevé à propos de ces exploitations ou du moins des plus avancées d'entre elles la tendance à ne point pratiquer normalement les opérations d'élevage. Nous avons indiqué la raison de cette abstention et ce premier trait suffit à nous montrer que l'idée de spécialisation est familière à cette fraction du monde agricole. Rien d'étonnant à cela, si l'on songe que les grandes exploitations à culture intensive comme celles de la région du Nord et du rayon de Paris ont à leur tête l'élite des cultivateurs, des hommes d'esprit très ouvert, très au courant du mouvement des idées. Les avantages de la spécialisation n'ont pu leur échapper et ils ont dû lui faire dans l'organisation de leurs entreprises la place aussi large que le comporte la production végétale. Voilà ce qu'on est en droit d'affirmer *a priori*.

Or, de même qu'il y a dans les pays d'élevage des exploitations très spécialisées, pourquoi n'y aurait-il pas dans les fermes à production végétale une spécialisation absolue faisant des unes des fermes à blé, des autres des fermes à betteraves, d'une troisième catégorie des fermes à prairies artificielles, etc. Tout dans chacune de ces entreprises serait simplifié, comme matériel, comme personnel et la production devrait se trouver accrue, s'il est vrai que dans l'agriculture comme dans l'industrie la productivité d'une entreprise soit proportionnelle à la division du travail que cette entreprise réalise.

Des expériences célèbres telles que celles de Rothamsted ont établi que la culture d'une même plante, notamment du blé, était possible quasi-indéfiniment sur une même terre, à condition de rendre au sol les éléments exportés par la récolte [1]. La science moderne, en déterminant avec une exactitude presque absolue la somme des éléments exportés, fournit aux cultivateurs les indications nécessaires aux apports de restitution et rend possible la culture répétée chaque année de la même plante sur un sol donné. Dans ces conditions, il semble qu'une spécialisation absolue soit à la fois possible et avantageuse dans la production végétale et cependant nous ne la trouvons nulle part. L'entreprise agricole normale reste une

---

[1] Ronna, *Rothamsted, trente années d'expériences agricoles de MM. Lawes et Gilbert.*

entreprise essentiellement complexe associant les différentes productions et de cette complexité la raison est facile à donner.

D'abord la variété des opérations culturales reste l'objectif de l'agriculture, parce que celle-ci voit dans cette variété même une espèce d'assurance contre les risques que présenterait la concentration de toutes les forces d'une entreprise sur une production unique [1]. Soumise à l'action des agents naturels à un tout autre degré que l'industrie, l'agriculture n'éprouve pas le besoin de jouer la partie sur une seule carte suivant l'expression de Backhaus [2]; le proverbe bien connu du monde rural traduit l'idée sous une forme imagée, quand il conseille au cultivateur de ne pas mettre tous ses œufs dans le même panier.

En second lieu, l'expérience a démontré l'avantage de la succession des cultures variées sur un même sol. La culture nouvelle, n'ayant pas les mêmes exigences que l'ancienne, profite des éléments que la plante précédente n'a pas absorbés, de ceux même que la plante précédente a pu apporter, certaines plantes rapportant au sol tels éléments que les cultures antérieures avaient exportés et l'agriculture c'est la science de l'alternance et de la succession des cultures, la théorie des assolements c'est la théorie de la succession rationnelle des cultures. C'est ainsi que dans une terre plus ou moins épuisée par des cultures exportatrices d'azote, comme les céréales et la betterave, on reconstituera le stock d'azote diminué par la culture d'une légumineuse. La reconstitution pourrait se faire à grands frais par l'apport d'engrais azotés, il est plus avantageux de la demander à l'atmosphère par l'intermédiaire de la luzerne ou d'une autre légumineuse.

Cet exemple typique suffit à faire saisir l'idée ; inutile d'insister. L'association des cultures est un fait constant et de plus c'est une pratique rationnelle [3]. Mais du même coup se trouve écartée l'idée de spécialisation, tout au moins d'une spécialisation absolue. Cependant, dans les fermes de culture intensive dont nous étudions l'organisation, il y a presque toujours une application de la spécia-

---

[1] Lecouteux, *Journal d'agriculture pratique*, 1890-II, p. 410.

[2] Backhaus, *op. laud.*, p. 333.

[3] Il convient d'ajouter que la répétition trop fréquente de certaines cultures dans le même sol favorise le développement de certaines maladies pour la plante réapparaissant à intervalles trop rapprochés. Le fait est connu dans les régions betteravières, ou le développement de la nématode de la betterave a forcé à espacer le retour de la betterave. *A fortiori*, il y aurait là un obstacle à la culture continue.

lisation, celle-ci peut échapper à l'observateur superficiel, elle n'en existe pas moins. Il faut savoir la découvrir. Entre ces exploitations, qui apparaissent identiques aux profanes, il y a des différences qui tiennent précisément à la spécialisation ; les unes parmi ces exploitations faisant prédominer telle culture, les autres donnant la préférence à telle autre.

Dans les fermes de la région du Nord, la betterave est le plus souvent le pivot de la culture. C'est sa production qui est la grosse affaire de l'entreprise et c'est de ce côté que l'entreprise est orientée, mais cette organisation comporte des degrés. La ferme annexe d'une sucrerie, dont la raison d'être est précisément de fournir à l'usine une partie de la matière première dont elle a besoin, fera à la betterave une part plus forte que l'exploitation voisine indépendante de l'usine. A les supposer égales d'étendue, la ferme annexe de l'usine donnera facilement par exemple 100 à 125 hectares à la betterave sur les 250 hectares qu'elle cultive, alors que l'autre s'en tiendra à 70 ou 80, donnant, par contre, à l'avoine et aux prairies artificielles, une partie de la terre que la première consacre à la betterave [1].

Tandis que les grandes exploitations du nord s'adonnent surtout à la betterave, celles de Beauce sont, à raison de leur sol plus sec, moins profond, restées fidèles à la culture prédominante des céréales. Sur celles-ci portent leur principal effort. Mais la ferme à céréales n'est pas de type unique et parmi ces fermes il en est certaines, où la production de la paille prend par un renversement des conditions ordinaires un rôle presque égal à la production du grain. Avant le développement des voies ferrées, et depuis encore, quoique dans une mesure moindre mais sensible pourtant à cause du volume de la marchandise transportée, les exploitations

---

[1] Entre fermes de terres également favorables à la culture de la betterave et placées dans une même région, il y a, quant à la place faite dans l'assolement à la culture de la betterave, une cause de différence qui joue un grand rôle, c'est la distance de l'usine ou de la voie ferrée ou fluviale y conduisant. Les fermes, dont les champs sont à la porte de l'usine ou voisins d'une gare ou d'un canal, jouissent d'un avantage considérable, car le transport de la betterave est un élément très important dans les frais de culture et au-delà d'une certaine distance, les frais de transport diminuent sensiblement le bénéfice. Il faut trop d'attelages ou bien la livraison trop lente retarde la semaille du blé qui suit généralement la betterave et en compromet la réussite. De là, la réduction des surfaces consacrées à la betterave dans les exploitations mal placées au point de vue de la distance les séparant des lieux de livraison, en dépit de leur sol favorable à cette culture.

voisines des villes à gros effectifs de chevaux ont joui, pour la
vente de leurs pailles, d'une rente d'emplacement [1]. Elles avaient
et elles ont encore souvent des marchés de fourniture à l'année
leur assurant un écoulement rémunérateur de leurs pailles. Même
depuis que s'est propagée la pratique des presses à paille, ces
exploitations ont gardé leur avantage au point de vue des pailles
de choix pour les écuries de luxe [2]. C'est le cas des fermes de la
région de Chantilly qui fournissent les écuries de ce gros centre
d'entraînement ou encore des fermes voisines de Paris, de Versailles, etc. [3]. Les fournisseurs de ces marchés se préoccupent avec
raison de cultiver surtout des variétés de blé à grande et belle
paille et aussi à paille abondante, alors que tel de leurs voisins
qui ne s'est pas spécialisé dans cette production se préoccupe
avant tout du rendement en grain, donnant souvent la préférence
aux variétés à paille courte plus productives en grain et plus favorables au passage des moissonneuses à l'heure de la récolte [4].

Dans ces derniers exemples de spécialisation, c'est l'influence du
débouché qui apparaît prépondérante. L'exploitation s'oriente vers

[1] Roscher signale le fait. V. *Traité d'Economie rurale*, p. 151, et ce qui est dit ici
de la paille doit être appliqué aux fourrages.

[2] Cette industrie de la paille subit aussi, à l'heure actuelle, la concurrence de la
tourbe litière, qui remonte à une quinzaine d'années. C'est, en effet, dans la période
récente que de grandes écuries, telles que celles des omnibus de Paris, ont adopté la
tourbe comme litière de leurs animaux. Cette tourbe leur est surtout expédiée de
Hollande sous forme de balles pressées analogues aux balles de pailles et fourrages.
Sur cette matière cons. Henri Hitier, Etude sur l'utilisation des tourbes françaises en
agriculture, *Annales de l'Institut agronomique*, 1891, n. 12. La commission des douanes de la Chambre a dernièrement étudié le relèvement des droits sur la tourbe étrangère en présence de la mévente des pailles sur le marché français.

[3] Pour avoir une idée exacte de ces opérations sur la paille faites par certaines
exploitations, il faut ajouter qu'exportatrices de pailles elles sont en même temps
importatrices de fumier. Les attelages qui conduisent la paille ramènent le même
jour le fumier des écuries auxquelles la paille est livrée. Dans la monographie de la
ferme de Champagne située près de Juvisy, M. Lecouteux a donné un exemple de cette
organisation : Champagne conduit à Paris chaque jour de la paille et des fourrages
et ramène chaque jour 5.000 kilogs de fumier, ce qui ajoute 1.500.000 kilogs de fumier
annuellement à la production de la ferme. La ferme de Champagne, *Journal d'agriculture pratique*, 1891, II, p. 41 s.

[4] Si nous ne craignions d'abuser de la patience du lecteur, nous pourrions donner ici
des développements complets sur une spécialisation d'une autre espèce : celle des
exploitations qui s'adonnent à la production des semences. Elles font les reproducteurs
de l'ordre végétal comme certaines étables font les reproducteurs de l'ordre animal.
Cette industrie est particulièrement remarquable quant à la production de la graine de
betterave à sucre soit en Allemagne, soit dans le nord de la France. Nous nous bornons à signaler le fait.

une production, à raison du débouché qui s'ouvre à elle et sans quitter le rayon de Paris, on trouve une autre application de la spécialisation sous l'action du débouché qui mérite encore d'être relevée.

Quelquefois, dans le voisinage immédiat de la ferme, organisée pour la vente des pailles et fourrages, on rencontre une exploitation en apparence identique, d'où il ne sortira pas un brin de paille et de fourrage, où tout sera consommé sur place, c'est la ferme qui s'est spécialisée dans la production du lait frais [1]. Alors que dans l'exploitation voisine on ne rencontre qu'une ou deux vaches destinées à pourvoir à la consommation intérieure, ici on se trouve en face d'une vacherie de trente, quarante, cinquante bêtes, quelquefois plus, et la culture de la ferme est organisée de façon à assurer la nourriture la mieux appropriée à la production abondante du lait, d'où la place large faite dans les assolements aux fourrages et aux racines. La vacherie est comme le centre de la ferme. Ce qu'il y a d'intéressant à noter pour nous, c'est ici le phénomène bien marqué de spécialisation. Ou la ferme fait le lait en grand pour la vente ou elle n'en fait pas du tout. La vacherie tient la place prépondérante ou elle n'existe pas, il n'y a pas de milieu.

J'ajoute que les phénomènes de spécialisation s'accentuent encore davantage quand, au lieu d'être le fournisseur anonyme d'une entreprise de laiterie, la ferme s'est créé une marque et écoule son lait en flacons cachetés sous son propre nom. Elle a alors toute une organisation pour la vente et la livraison, voitures et dépôts dans Paris et tout cela suppose dans l'exploitation qui expédie le lait une spécialisation poussée à un très haut degré. On ne peut citer un meilleur exemple de cette industrie particulière que celui du domaine d'Arcy en Brie, avec son étable de 180 à 220 vaches.

Le propriétaire d'Arcy, M. Nicolas, a tenu, par le titre même du mémoire remis au jury de l'exposition de 1900, à préciser le

---

[1] Cette production du lait frais a pris autour des villes et particulièrement autour de Paris une grosse extension parallèlement au développement de la consommation. Le rayon de cette production s'est étendu autour de Paris avec la facilité des communications et c'est par wagons entiers que les brocs de lait sont expédiés quelquefois de 15 ou 20 lieues en gare de Paris, où les entreprises de laiterie en prennent livraison, pour en faire la distribution, dans ces grandes voitures que les Parisiens connaissent bien; attelées de chevaux vigoureux, ces voitures marchent toujours aux grandes allures, répandant par les rues le bruit de leurs brocs entrechoqués. .

caractère d'Arcy et à marquer la spécialisation de son exploitation : Le titre est ainsi rédigé : Mémoire sur l'exploitation d'Arcy en Brie *créée en vue de la production et de la vente du lait.* De fait Arcy, de 1889 à 1899, a livré à Paris une moyenne annuelle de 460.000 litres de lait frais. Avec une production de cette importance, Arcy a été organisé d'après les derniers perfectionnements que comporte l'industrie du lait frais. La ration des vaches est établie de façon à amener la bonne composition du lait et la relation normale entre les différents éléments [1]. Pour que ce lait arrive sans altération au consommateur, qui a le droit d'être exigeant, puisqu'il paie le litre de 60 à 70 centimes, la laiterie d'Arcy emploie les méthodes de pasteurisation [2], etc. Voilà certes un exemple très caractéristique d'une exploitation du type intensif [3] spécialisée dans la production du lait et pouvant apporter à l'organisation de sa laiterie tous les perfectionnements modernes à raison des grosses quantités de lait sur lesquelles elle opère.

V

Nous venons d'indiquer que la spécialisation suppose, pour être pratiquée économiquement, qu'on opère sur des quantités considérables. Ceci tendrait à en faire le monopole des grandes exploitation; s'il n'y avait à tenir compte de phénomènes complémentaires d'association que nous allons rencontrer, sur lesquels je voudrais attirer l'attention du lecteur en terminant, dans la conclusion de cette étude sur le second degré de spécialisation. Ces phénomènes se rattachent aux conséquences qu'entraîne l'application de la spécialisation et je les ramènerai à un double ordre d'idées 1° La spécialisation appelle comme complément l'association ; 2° la spécialisa

---

[1] On aura une idée de l'importance des opérations relatives à la Vacherie d'Arcy, par l'indication suivante. En sus des aliments fournis par la ferme, il a été importé à Arcy, pour la Vacherie, de 1872 à 1899, 2.433.073 kilogs de tourteaux et 2.709.266 kilos de son de remoulage, à 12 francs les 100 kilogs pour le son et 12 ou 16 francs, suivant nature, pour les tourteaux, *Mémoire sur l'exploitation d'Arcy,* tableau p. 55.

[2] *Mémoire sur l'exploitation d'Arcy,* p. 60 et 61.

[3] Arcy est en effet, au premier chef, une ferme de culture intensive. Ce que nous avons dit dans un précédent article de sa production et du chiffre des capitaux engagés en est la preuve. Le tableau de la page 22 du *Mémoire* sur Arcy, consacré à l'importation annuelle des matières fertilisantes, accuse de 1873 à 1893 l'importation de 22 millions de kilos d'engrais de toute sorte et cette seule indication suffit à donner une idée de l'intensité de la culture d'Arcy.

tion rend les régions et les exploitations spécialisées chacune dans
une branche donnée solidaires les unes des autres et en même temps
tributaires les unes des autres pour leurs produits respectifs.

La spécialisation, après avoir été pratiquée surtout dans les grandes'exploitations, est descendue si l'on peut dire jusqu'aux couches
inférieures du monde agricole et c'est un fait constaté que son
application dans le monde des petits producteurs ; elle a pu le conquérir en appelant à son aide l'idée d'association et les deux forces
réunies ont triomphé, assurant par leur alliance leur victoire commune.

L'association, c'est-à-dire la substitution de l'effort collectif à
l'effort individuel, a été dans l'ordre industriel et commercial la
caractéristique de la seconde moitié du XIXᵉ siècle. C'est par le
recours à l'association, multipliant à l'infini la puissance créatrice
de l'homme, qu'ont été menées à bien les grandes entreprises modernes, en particulier celles qui ont transformé le régime des transports par terre et par eau. Par la suite, le principe d'association a
pénétré dans le monde agricole et les vingt dernières années ont
été témoins de ses rapides progrès. Ceux-ci ont été liés à ceux de
la spécialisation.

Les régions se spécialisant dans une production déterminée, en
particulier dans la production du lait et du beurre, ont vu naître des
associations nombreuses pour la production et pour la vente. Nous
reviendrons plus tard sur les associations pour la vente, elles rentrent dans l'étude de ce qu'on peut appeler la tendance de l'agriculture à se commercialiser, elles se sont greffées sur les associations de production. Ces dernières ont permis les installations perfectionnées, l'acquisition des instruments coûteux, toutes choses
interdites au petit producteur isolé. Ce sont les laiteries et beurreries coopératives qui ont permis la spécialisation de régions
entières dans la production du lait et de ses dérivés. M. Zolla a
donné dans ses *Questions agricoles* le devis d'une laiterie coopérative de la Charente-Inférieure pour une quantité de lait à traiter
s'élevant à 1.600.600 litres par an ou 4.500 litres par jour[1] ; les frais
s'élèvent à 21.881.50 fr. soit une avance de 100 fr. pour chacun
des 250 associés que compte la laiterie de Chaillé, et cette avance

---

[1] Zolla, *Questions agricoles*, 1ʳᵉ série, p. 34, 2ᵒ série, p. 26. Comp. 2ᵉ série, p. 27, le
devis d'une coopérative belge travaillant 7.000 litres par jour.

minime permet aux associés de fabriquer leur beurre d'après les procédés perfectionnés, en ne travaillant que de la crème fraîche, condition indispensable mais irréalisable pour le petit producteur isolé et elle donne au produit supérieur comme qualité chance de trouver plus facilement un débouché.

Toute l'histoire de la transformation agricole du Danemark, arrivant avec ses associations de production et de vente à conquérir pour le beurre le marché de Londres, est la démonstration éclatante de ce que peut faire dans l'ordre agricole la puissance de l'association [1] et l'idée ne travaille pas, comme on pourrait le croire, que nos pays de vieille civilisation. Elle pénètre avec le Transsibérien au cœur de la Sibérie. Les colons russes, à peine arrivés dans les gouvernements de Tobolsk et Tomsk, y installaient des laiteries coopératives. On en comptait en Sibérie 334 dès 1899 dont 133 fondées en cette seule année, et ces laiteries produisaient cette même année 4.167.000 kilogs de beurre. Nous verrons plus tard comment pour assurer l'écoulement de cette production on a organisé trains et steamers spéciaux apportant à l'Europe ce beurre comme beurre frais [2]. Voilà les premiers résultats obtenus en Sibérie par la spécialisation et l'association combinées et il ne s'agit que d'un début.

Au surplus sur les relations des deux principes de spécialisation et d'association on pourrait s'étendre indéfiniment ; il nous suffit ici de les signaler et on peut tenir pour établi le premier point que nous avons indiqué, à savoir que la spécialisation appelle comme complément nécessaire l'association.

J'ai dit, en second lieu, que la spécialisation rendait plus étroite la solidarité des régions et des exploitations spécialisées, parce qu'elles deviennent tributaires les unes des autres pour leurs produits respectifs. C'est là une vérité d'évidence. Nous avons donné, chemin faisant, des exemples de cette solidarité, en montrant la

---

[1] Pour les détails d'organisation, je renvoie aux ouvrages spéciaux qui seuls peuvent donner l'idée des perfectionnements apportés à la production, d'où la perfection du produit et sa supériorité sur le marché. On trouvera des renseignements très complets dans le rapport déjà cité de M. de Saint-Chamans sur l'état de l'industrie laitière en Danemark, *Bulletin du ministère de l'agriculture*, 1899, p. 472 s. — Comp. Grandeau, *Le mouvement agricole, Journal des économistes*, 15 mai 1901, p. 196 et s.

[2] Henri Hitier, *Communication sur l'agriculture étrangère à l'Exposition de 1900*, à la Société des agriculteurs de France, session générale de 1901, 11 mars, *Bulletin de la Société*, 1er avril 1901, p. 176.

solidarité du domaine exclusivement viticole et du domaine agricole des régions voisines, ce dernier fournissant blé, paille, foin et avoine au domaine viticole et tributaire de lui pour le vin. Nous avons vu également la solidarité des régions d'élevage et des régions à culture intensive ; ces dernières utilisant l'animal adulte et le demandant tout formé aux premières. Il semble qu'il soit tout à fait superflu d'insister sur ce point de vue et cependant certains incidents récents ont démontré qu'il s'agit là d'une vérité parfois méconnue.

Lorsque l'an dernier, dans le courant de 1900, fut agitée la question de la suppression des primes à l'exportation des sucres et des modifications plus ou moins profondes à apporter à la loi de 1884, les promoteurs de l'idée prétendaient que la question n'intéressait somme toute que quelques départements et laissait indifférente la grosse masse du monde agricole en France. Or il fut très justement répondu que tout coup porté à la production sucrière du Nord aurait sa répercussion immédiate sur les principaux pays d'élevage, parce que les fermes à betteraves demandaient à ces pays leurs animaux de travail et de rente, leurs chevaux au Perche, au Boulonnais, à la Bretagne, aux Ardennes, leurs bœufs au Nivernais, au Limousin, à la Vendée, à l'Auvergne, à la Franche-Comté, etc. C'est l'idée de solidarité des régions, conséquence de la spécialisation, qui était très justement invoquée en cette circonstance [1] ; elle contribua à faire écarter les projets de modification de la législation sucrière mis en circulation.

Un mot encore en terminant. La spécialisation peut présenter, poussée très loin, un danger, quand elle conduit un pays à abandonner une production indispensable à l'alimentation de l'homme, telle que le blé. Quand un pays devient pour la plus grosse part de sa consommation tributaire de l'étranger, les complications extérieures peuvent à un moment donné compromettre les importations nécessaires. La perspective d'un pareil danger n'est pas étrangère à la préoccupation de l'Angleterre voulant rester maîtresse des mers. Pour assurer la vie anglaise il faut que toujours, sous la protection de sa flotte de guerre, les navires de commerce de l'Angleterre

---

[1] Henri Hitier, *Journal d'agriculture pratique*, 1900, II, p. 828. — Cpr. *Ibid.*, 1900, II, p. 847. Le seul arrondissement de Valenciennes, qui en 1855 ne comptait que 700 bœufs en compte aujourd'hui, avec le développement de la culture de la betterave, 11.500, importés pour la presque totalité des pays d'élevage surtout du Centre.

puissent apporter dans ses ports le blé qu'elle demande au monde entier. La France n'a pas à se préoccuper de pareille éventualité. Elle peut dans sa production se spécialiser autant qu'elle veut, parce que cette spécialisation ne la rend tributaire que d'elle-même; en se spécialisant ses fils se rendent tributaires les uns des autres, non de l'étranger [1]. La France, ne l'oublions pas, héritière de cette Gaule dont le géographe ancien disait qu'elle suffisait à démontrer l'existence d'une Providence, la France est, en quelque sorte, un résumé de l'Europe. « Intermédiaire par sa situation comme par son climat entre les diverses zones de l'Europe » (de Lapparent), elle jouit des sols et des climats les plus variés; pour elle se spécialiser c'est demander à chaque région ce que la région est le plus apte à donner, de façon à obtenir à meilleur compte le blé, le vin, le bétail, sans pour cela renoncer à les tirer d'elle-même. La spécialisation est pour la France une opération intérieure en quelque sorte. C'est une meilleure répartition de ses efforts, une économie rationnelle de ses forces, qui n'est pas de nature à compromettre, un jour donné, sa grandeur et sa prospérité, mais bien au contraire à l'accroître.

(à suivre) Joseph HITIER,

Professeur adjoint à la Faculté de droit
de l'Université de Grenoble.

[1] Henri Hitier, *Bulletin de la Société nationale des agriculteurs de France,* 1er avril 1901, p. 178.

CHRONIQUE ÉCONOMIQUE

La liquidation de l'Exposition universelle. — Les retraites ouvrières. —Les discours de M. Caillaux et le budget. — Le Congrès coopératif de Middlesborough. — La création de l'Association pour la protection légale des travailleurs.

Voici six mois déjà que l'Exposition a fermé ses portes d'or. Pourtant les ruines sont encore en partie debout, en sorte que le temps consacré soit à la construire, soit à la démolir, aura représenté six ou sept fois la durée de sa courte existence.

Elle aura laissé après elle, non seulement beaucoup de plâtras, mais aussi pas mal de déceptions, quoique pourtant on ait exagéré les pertes qu'elle a causées. Comme il arrive toujours en pareil cas, ceux qui ont fait de bonnes affaires — et ils ont été encore assez nombreux, nous en avons reçu le témoignage discret de plusieurs exposants étrangers — ont fait beaucoup moins de bruit que ceux qui avaient perdu de l'argent. Néanmoins, il est certain que beaucoup de restaurants et d'attractions ont perdu de grosses sommes. Ils avaient été grisés par les fortunes faites lors de l'Exposition de 1889 (le restaurant le plus favorisé avait gagné alors près de 2 millions, et le plus modeste encore 40.000 francs) et, stimulés par les prévisions imprudentes de l'Administration qui avait escompté un nombre de visiteurs double de celui de 1889, ils avaient aussi escompté des bénéfices doubles. De là, une concurrence effrénée qui ne pouvait aboutir qu'à un désastre financier pour les entrepreneurs. En 1889, il n'y avait que 37 restaurants concessionnaires. En 1900, il y en a eu 207, dont beaucoup, il est vrai, n'étaient que des sortes de buvettes, mais c'étaient précisément les plus fréquentées.

Les attractions aussi étaient beaucoup trop nombreuses. On avait fait le compte que pour aller à toutes il aurait fallu dépenser 600 francs. Je crois d'ailleurs ce compte exagéré. Un grand nombre, en tous cas, étaient sans valeur artistique et déparaient l'Exposition. Leur insuccès a été mérité. Et cependant l'Administration, très maternelle, a consenti à leur allouer des indemnités fixées par un tribunal arbitral.

Les entrepreneurs ont englouti dans ces spectacles et restaurants environ 80 millions de francs, capital qui devait être amorti en 200 jours, desquels encore il faut déduire presque 30 jours pendant lesquels l'Exposition n'était pas prête. Cela représentait donc, rien que pour frais d'amortissement, environ 500.000 francs par jour, somme qui doit être au moins doublée pour les frais de service, de personnel. Or, le nombre des entrées a été de 250.000 par jour. Il aurait donc fallu que chaque visiteur dépensât en moyenne de 3 à 4 francs par jour (10 à 20 francs par famille) au restaurant ou au spectacle, pour que ces établissements pussent seulement faire leurs frais. Le directeur d'un des restaurants, non le plus grand, m'a dit avoir payé 180.000 francs de concession et 220.000 fr. de construction — total 400.000 francs d'avances à amortir en moins de 200 jours, soit plus de 2.000 francs par jour — et ses frais généraux s'élevaient à 1.600 fr.

par jour, c'est-à-dire qu'avant de faire un sou de bénéfice net, il fallait d'abord prélever 3.600 francs sur la recette quotidienne! ou bien encore, le prix du repas étant à 3 fr. 50 et 4 francs, ce n'était qu'après le millième repas servi que les bénéfices commençaient! C'est de la démence.

Il y a eu 9 attractions (sur 58 en tout) qui ont dépensé en frais d'installation des sommes variant de 2 à 4 millions : Plateforme mobile, Grande roue, Vieux Paris, Village suisse, Globe céleste, Palais de l'optique, Palais du costume, Tour du monde, ce qui représentait pour chacune d'elles 10 à 20.000 francs par jour rien que pour l'amortissement du capital. Aucune foule, quand bien même les 65 millions de visiteurs attendus seraient venus, n'aurait pu jeter assez d'or pour combler ces gouffres!

D'autant moins que la foule qui est venue à l'Exposition et qui, quoique inférieure aux prévisions, a dépassé toutes les Expositions précédentes [1], — à certains jours le spectacle de cette mer humaine vu de la pente du Trocadéro était vraiment impressionnant — ne comptait pas beaucoup de riches. Aucune Exposition n'a eu une clientèle plus populaire que celle-ci : on ne voyait que des familles déjeunant et dînant sur les bancs ou sur les pelouses.

Le peuple, surtout de Paris et de la banlieue, y était attiré parce que l'entrée était quasi-gratuite, le ticket étant tombé presque tout de suite à 25 centimes. Et d'autre part, la clientèle riche était écartée par diverses raisons, et avant tout par l'incroyable manque de tout moyen de transport dans l'intérieur de l'Exposition. De pauvres diables pouvaient se résigner à piétiner pendant des kilomètres et des kilomètres, quittes, quand les jambes leur rentraient dans le corps, à s'étendre le long du quai ou au bord des allées, mais les messieurs et les dames, après avoir fait une expérience de ce genre, en avaient généralement assez. Ajoutez que « la bonne société » française a boudé l'Exposition, dont elle avait espéré l'avortement, et que dans la clientèle étrangère les Anglais ont fait défaut, moins encore par suite de la guerre du Transwaal, que parce que les éructations furibondes de beaucoup de nos journaux leur donnaient à craindre d'être mal reçus. Il est vrai que les Allemands sont accourus en masse, mais les marks allemands ne valent pas les guinées anglaises.

Si l'Exposition a fait perdre de l'argent à un certain nombre d'entreprises privées, il faut dire que, du moins, elle n'a rien fait perdre ni à l'Etat, ni à la ville de Paris, ni à notre commerce, ni à nos chemins de fer, ni à notre industrie, tout au contraire.

En ce qui concerne l'Etat, il a subi, il est vrai, un déficit apparent, les dépenses ayant été de 116 millions de francs et les recettes totales (émis-

---

[1] Voici les chiffres des entrées aux grandes Expositions :

1851 (Londres). . . .	6.000.000	1876 (Philadelphie) .	11.000.000
1855 (Paris)	4.500.000	1878 (Paris)	12.000.000
1862 (Londres). . . .	6.000.000	1889 (Paris)	28.000.000
1867 (Paris)	8.200.000	1893 (Chicago). . . .	30.000.000
1873 (Vienne)	7.000.000	1900 (Paris)	51.000.000

On voit que l'accroissement est régulier comme une progression arithmétique.

sion des tickets, concessions, etc.) ne s'étant élevées qu'à 74 millions en chiffres ronds, donc excédent de dépenses de 42 millions de francs environ [1]. Mais il faut tenir compte que dans ces dépenses ont été englobés les frais de construction du Grand et du Petit palais des Champs-Elysées, du Pont Alexandre et des serres de la ville de Paris, qui ne représentent pas moins de 35 millions et qui doivent à bon droit être défalquées, puisqu'il s'agit de constructions à demeure et restant acquises à l'Etat ou à la Ville: Cette défalcation faite, l'excédent des dépenses n'est plus que de 7 millions.

D'autre part, il faut tenir compte de l'excédent des revenus fiscaux pour

[1] Ce déficit avait d'ailleurs été prévu dans le budget et avait été couvert, par anticipation, par une subvention de 20 millions de l'Etat et 20 millions de la Ville de Paris. On peut donc dire que le déficit sur les prévisions a été insignifiant, moins de 2 millions.

En France, on a l'habitude de compter dans les recettes normales de l'Exposition les subventions votées par l'Etat et la ville de Paris, bien qu'en réalité ces subventions n'aient été votées que précisément afin de couvrir les déficits prévus. Voilà pourquoi, officiellement, l'Exposition de 1900 se solde par un déficit insignifiant de 2 millions, tandis que si l'on tient compte des 40 millions de subventions, le déficit réel est de 42 millions. C'est ainsi que l'Exposition de 1889 est citée comme une magnifique affaire ayant donné un boni de plus de 8 millions de francs (et qui, en effet, a rapporté aux heureux souscripteurs du capital de garantie 9 p. 100 du capital qu'ils avaient garanti et 450 p. 100 du capital qu'ils avaient effectivement versé), tandis que, si l'on déduit des recettes la subvention de 25 millions, ce boni apparent se change en un déficit réel de 17 millions

Si l'on fait ces rectifications, on constate que toutes nos Expositions sans exception se sont soldées en déficits.

1855 . . . . . déficit	9 millions.
1867 . . . . . —	8 —
1878 . . . . . —	38 —
1889 . . . . . —	17 —
1900 . . . . . —	42 —

Il est vrai que les mêmes remarques, que nous avons faites pour l'Exposition de 1900, doivent être plus ou moins appliquées aux Expositions précédentes, je veux dire que les déficits ont été en partie compensés par l'acquisition de certains monuments permanents (le palais du Trocadéro en 1878, la Galerie des machines en 1889, etc.).

Pour les Expositions étrangères, la comparaison est très difficile parce que nous ignorons si les recettes comprenaient des subventions de l'Etat ou des capitales et si, par conséquent, il y aurait lieu de faire les mêmes rectifications que nous venons de faire. Cette réserve faite, voici les résultats officiels :

1851 (Londres).	boni	2 600.000 francs
1862 (Londres).	déficit	4 000.000 —
1873 (Vienne)	déficit	49.000.000 —
1876 (Philadelphie)	déficit	4.500.000 —
1888 (Glascow).	boni	1.400.000 —
1891 (Chicago)	boni	6.600 000 —

On voit que de toutes les Expositions, la plus désastreuse a été celle de Vienne, mais que, somme toute, ce sont, financièrement parlant, de détestables entreprises.

l'Etat et des octrois pour la ville de Paris qui, pour l'année 1900 et pour la partie qui peut être attribuée à l'Exposition, a dépassé 30 millions de francs.

Les théâtres de Paris ont fait 45.765.000 francs de recettes au lieu de 33.159.000 francs, soit un tiers en plus.

Le commerce local a dû faire des bénéfices qu'il est impossible d'évaluer : on sait seulement qu'il n'y a eu que 1309 faillites au lieu de 1382 l'année précédente et que dans ces faillites, quoique moins nombreuses, on a pu répartir 8 1/2 millions au lieu de 6 1/2.

Les chemins de fer ont rapporté 1.478 millions de revenu brut au lieu de 1.384 l'année précédente. Cette plus-value de 87 millions a été moindre qu'on ne l'espérait : elle n'a pas beaucoup dépassé celle de 78 millions réalisée en 1889, année de la précédente Exposition. Il est donc très probable que la grande majorité des 50 millions d'entrées a été constituée par les Parisiens eux-mêmes.

La Banque de France a vu son encaisse or s'élever progressivement de 1.910 millions de francs en avril à 2.300 millions de francs en novembre, soit un accroissement de près de 400 millions de francs dans notre stock d'or.

On s'est demandé dans une Revue — et on a même, suivant l'usage, adressé des questionnaires à ce sujet — si cette Exposition serait la dernière ? On peut répondre négativement et sans hésiter. Il y en a déjà une qui vient de s'ouvrir à Glascow, une autre est en préparation à Liège, et nul doute que l'Allemagne n'en offre bientôt au monde une grandiose pour célébrer son étonnante fortune. Même en France, on peut compter qu'au terme des dix ans réglementaires, le projet d'une Exposition universelle reviendra sur le tapis. Trop de gens sont intéressés à ces grandes kermesses, architectes, industriels, ingénieurs, artistes, pour en laisser perdre la tradition. D'ailleurs, quand les titulaires des 33.000 médailles et des 3 ou 4.000 décorations seront morts ou auront été oubliés, le besoin d'une nouvelle pluie se fera sentir. Et même les sages doivent regarder les Expositions, si coûteuses qu'elles soient, avec indulgence, car dans ces temps de nationalismes féroces et d'armements imbéciles, elles apparaissent comme une faible, mais précieuse manifestation de politesse internationale. Les jours d'Exposition sont, pour une nation, comme les jours de réception pour une belle dame : on y échange des propos aimables, même quand on se hait, et c'est bien quelque chose.

On sait que les lendemains de fête sont généralement assez maussades. La France n'a pas échappé à cette fâcheuse règle. Cependant le chômage annoncé, et les troubles qui devaient en résulter, ne se sont pas réalisés. C'est grâce à une institution toute nouvelle, la Fédération des Bourses du Travail, que cette crise redoutée a pu être évitée : par son entremise (et avec l'aide, il est vrai, d'une subvention du gouvernement pour le rapatriement) le placement de 25.000 ouvriers environ a pu être assuré. C'est là un fait d'une portée économique considérable.

Néanmoins les soucis ne manquent pas. Grèves multipliées, grosses diminutions dans le rendement des impôts, dans les recettes des chemins de fer, et avec cela obligation de liquider beaucoup de promesses différées, telles que les retraites pour les ouvriers, qui sont un gros morceau.

La situation des vieillards indigents en France est un scandale. Il fallait à tout prix y mettre un terme. Mais il aurait fallu commencer par une loi sur l'*assistance*, comme celles récentes du Danemark et de la Nouvelle-Zélande, assurant à tout homme parvenu au terme de sa carrière le minimum nécessaire pour ne pas mourir de faim. Cela eût coûté gros, sans doute. Mais cela fait, l'Etat aurait suffisamment satisfait à son devoir de solidarité sociale et il aurait pu laisser à la charge des ouvriers et des patrons les mesures de *prévoyance*, c'est-à-dire, la constitution des caisses de retraite. Il y aurait eu lieu seulement d'examiner s'il ne conviendrait pas que l'Etat subventionnât ces caisses de prévoyance uniquement dans son propre intérêt, en vue de réduire pour l'avenir le nombre des vieillards indigents et, par conséquent, de réduire ses propres charges éventuelles d'assistance.

Le Gouvernement a cru devoir ajourner la question de l'assistance et commencer par celle de la prévoyance, soit parce que celle-ci lui a apparu comme une forme plus noble de la solidarité sociale, soit parce qu'elle lui a semblé moins coûteuse. Mais c'était mettre la charrue avant les bœufs. Nous craignons que le problème ne se trouve par là fort compliqué et que le projet de loi n'ait bien de la peine à aboutir ou ne donne que peu de résultats. Et il reviendra peut-être plus cher, car de toutes façons on ne pourra échapper à la nécessité d'assister tous les vieillards indigents, eussent-ils été imprévoyants.

D'après le projet déposé par M. Guieysse, moyennant un versement quotidien obligatoire de 5, 10 ou 15 centimes, suivant que le salaire serait inférieur à 2 francs ou supérieur à 5 francs, prolongé pendant trente ans, et une cotisation égale, obligatoirement aussi versée par le patron, la loi aurait garanti à tout ouvrier parvenu à l'âge de soixante-cinq ans une pension de retraite minimum de 360 francs et, en plus, s'il venait à mourir avant d'avoir atteint l'âge voulu, un petit capital de 500 ou 1.000 francs pour sa veuve ou ses enfants mineurs. C'étaient de belles conditions et telles qu'assurément les modiques cotisations cumulées de 6 ou 18 sous par semaine n'auraient pu suffire à les réaliser sans une subvention de l'Etat. Quelle aurait dû être cette subvention de l'Etat ? Elle était assez difficile à calculer. Toutefois on pouvait être sûr qu'elle s'élèverait à un bon nombre de millions, d'autant plus que comme on ne pouvait décemment ajourner le commencement d'application de la loi à la date où les premiers assurés auraient dû normalement commencer à en bénéficier, c'est-à-dire à trente-cinq ou quarante ans de date, il faudrait tout de suite et au fur et à mesure fournir une retraite à tous les ouvriers qui arriveraient successivement à l'âge de soixante-cinq ans et qui pourtant n'auraient rien ou presque rien versé. De ce chef donc et pour toute une longue période de transition de près de cinquante ans en attendant que le mécanisme d'assurance organisé par la loi pût jouer, l'Etat aurait à payer sans recevoir : on évaluait cette charge à 80 millions environ pendant un demi-siècle. Et on pouvait compter que dans un demi-siècle et même auparavant, l'âge de soixante-cinq ans paraîtrait beaucoup trop tardif et le minimum de 360 francs beaucoup trop minime !

Aussi le gouvernement, effrayé par l'aléa de ces charges éventuelles, surtout en présence d'un déficit déjà considérable sur le rendement des impôts, s'est refusé à assumer une telle responsabilité. Dans le nouveau projet qui est discuté en ce moment à la Chambre, l'État ne garantit plus rien du tout, sauf un minimum de 3 p. 100 comme taux d'intérêt des sommes placées. Mais, sauf cette légère faveur, il ne s'engage à rien ; la pension de retraite sera pour chacun ce qu'elle pourra être d'après ses versements.

Cependant comme l'État se trouve en face de la même impossibilité de fait, que nous venons de signaler, celle de faire attendre aux ouvriers pendant un demi-siècle le bénéfice de la loi, il a bien fallu qu'il s'engageât dans une certaine mesure pour toute la période transitoire. On aurait voulu pouvoir accorder tout de suite une pension modeste de 100 francs à tous les ouvriers âgés de plus de soixante-cinq ans, mais on a calculé qu'il y en avait 800.000, ce qui ferait une charge annuelle de 80 millions. C'était beaucoup. Le gouvernement a consenti seulement à inscrire au budget une subvention annuelle de 15 millions qui serait divisée sans doute en pensions de 100 francs et attribuée seulement aux plus vieux ouvriers existant au moment de la promulgation de la loi, par rang d'âge.

Le projet de loi contient une disposition qui nous paraît peu conforme à la justice et même serait de nature à provoquer des réclamations diplomatiques : tout patron qui emploie un ouvrier étranger devra verser une cotisation de 0 fr. 25 par jour « sans distinction d'âge ni de salaire ». Que le patron soit tenu de verser une cotisation égale pour l'ouvrier étranger et pour l'ouvrier français, c'est-à-dire de 0 fr. 05 à 0 fr. 15 par jour, nous l'admettons, quoique pourtant l'ouvrier étranger ne soit pas admis à bénéficier de la loi, mais on peut dire qu'il est juste que le patron supporte les mêmes charges pour celui-là comme pour les autres. Mais le projet de loi va bien au-delà puisqu'il impose au patron qui emploie un ouvrier étranger une cotisation qui, peut être le quintuple ou, en tous cas, plus du double de celle qu'il a à supporter pour l'ouvrier français ! C'est tout simplement une taxe sur les travailleurs étrangers, c'est le protectionnisme pour le travailleur national, succédant, ce qui est parfaitement logique d'ailleurs, au protectionnisme pour l'industriel ou l'agriculteur, mais plus dangereux pour l'avenir du pays, car c'est un effort pour boucher les fissures par lesquelles l'immigration étrangère pouvait encore s'introduire dans notre pays et suppléer à notre disette d'hommes. Il est vrai que cette taxe a aussi pour but de procurer des ressources supplémentaires à la caisse de retraites. On ne l'évalue pas à moins de 25 à 30 millions (400.000 ouvriers étrangers multipliés par 250 à 300 jours de travail et par 0 fr. 25). Mais seront-ils encore 400.000 quand cette taxe aura été établie ?

Nous ne disons rien de la grosse question de la capitalisation des cotisations versées et de l'idée très intéressante d'employer cet énorme capital à racheter la dette publique, ce qui fait que l'État aurait un jour pour créancier la classe ouvrière au lieu des rentiers actuels ; il sera temps d'y revenir si la loi est votée.

Si même cette loi est votée, elle laissera intacte, comme nous l'avons déjà dit, la question de l'assistance pour les vieillards indigents, non seulement pour la période transitoire, mais pour l'avenir, car ce serait une illusion de croire que du jour où les caisses de retraite auront été organisées même obligatoirement pour tous les ouvriers, il n'y aura plus de vieillards indigents. Le nombre en sera diminué, je le veux bien, mais il restera tout de même tous ceux qui n'ayant jamais été ouvriers, parce que trop riches ou trop paresseux, seront tombés dans la misère.

Puis, il y aura à construire des sanatoriums pour les tuberculeux, quelques centaines de millions au moins, si l'on veut que la lutte contre la tuberculose soit décisive, si l'on veut que les 150.000 Français qu'elle nous enlève chaque année — quatre fois le pauvre excédent de notre population ! — soit réduite de moitié, ce qui est très facile, puisque d'autres pays, moins favorisés que nous par le climat, comme l'Angleterre, y sont déjà presque arrivés.

Puis, il y aurait à construire des dépôts de mendicité et des maisons de travail forcé sans lesquelles la lutte contre le vagabondage et la mendicité est destinée à rester toujours inefficace, soit encore quelques centaines de millions. Puis des maternités pour sauver une partie de la population infantile que l'avortement, l'infanticide ou simplement l'absence de soins nous enlèvent...

Ce serait un travail des plus suggestifs que de dresser un projet du budget des dépenses d'ordre social, comprenant seulement celles qui s'imposent à toute nation qui voudrait remplir ses devoirs de solidarité. Il se chiffrerait par milliards et on serait épouvanté. Mais ces milliards, on les réclame, d'autre part, pour la guerre et la marine ! Quoique ce budget ait exactement doublé en France depuis un quart de siècle, tous les spécialistes s'acccordent à nous déclarer qu'il est tout à fait insuffisant. Du jour où l'on réduira le temps du service militaire à un ou deux ans, ce qui est inévitable, il faudra, pour conserver un effectif suffisant — c'est-à-dire pour maintenir une armée absolument hors de proportion avec notre population — nous assurer au moins 100.000 réengagés volontaires, militaires professionnels et pour cela les bien payer, et cela fera encore quelques centaines de millions !

* *

Le Ministre des Finances, M. Caillaux, vient de prononcer plusieurs intéressants discours sur notre situation financière. Ils valent la peine d'être lus, quoique plutôt optimistes.

La situation d'un gouvernement en France, quel qu'il soit, en ce commencement de siècle, est vraiment écrasante. Il doit chercher les moyens de conserver son rang dans cette course furieuse aux armements où toutes les nations, même celles réputées les plus pacifiques, se ruent avec un affolement de moutons enragés, et en même temps de satisfaire aux réclamations des masses ouvrières à qui on a promis la justice et, dans une certaine mesure, le bonheur. Aux grandes obligations historiques que la France ne saurait répudier, viennent s'ajouter les multiples obligations sociales qu'une république, fondée sur le suffrage universel, ne saurait non plus répudier et ce double fardeau ferait fléchir les épaules d'Atlas.

Il est vrai qu'il pèse plus ou moins sur les gouvernements de tous pays, mais ceux-ci peuvent le supporter plus aisément parce que la charge est répartie sur un nombre de têtes de plus en plus considérable et sur une production rapidement grandissante. L'essor des nations dans ces dernières décades a été vraiment extraordinaire. Voici l'époque des recensements quinquennaires et chaque nouveau chiffre affiché dépasse les prévisions. Voici l'Allemagne avec 55 millions, l'Autriche avec 47 millions, l'Angleterre avec 42, même l'Italie avec 32 millions — dans vingt-cinq ans, elle nous aura dépassés. L'accroissement des petits pays n'est pas moindre : la Belgique comptera probablement 7 millions d'habitants, la Suisse a dépassé 3 millions. Et ce développement de la population semble accompagné par un accroissement parallèle dans la production, dans l'industrie, dans le commerce. On a fait aussi et on va publier les résultats de notre recensement en France. Hélas ! qu'on ne se presse pas : nous les connaissons assez. Nous n'atteindrons pas encore le chiffre de 39 millions. Il nous aura fallu un quart de siècle pour rattraper la perte en population de l'Alsace-Lorraine.

Comment s'y prendre pour faire supporter à une population devenue stationnaire un budget sans cesse grandissant ? Depuis la guerre de 1870, depuis trente ans, le budget des dépenses a augmenté de 1.600 millions (en tenant compte des économies réalisées par les conversions) ayant passé en chiffres ronds de 2 milliards à 3.600 millions : c'est un accroissement de 80 p. 100 en une durée moindre que celle d'une génération, et le nombre des contribuables est à peu près le même qu'en 1870.

Et sans doute, quand bien même le nombre des contribuables n'augmenterait pas, si pourtant le montant de la richesse imposable augmentait, l'aggravation des charges budgétaires serait moindre qu'il ne paraît : nos ministres des Finances se rassurent en général, ou du moins cherchent à rassurer le pays, par cette interprétation. Mais exacte pendant longtemps, il semble que maintenant elle cesse de l'être. L'impôt sur le revenu des valeurs mobilières n'augmente plus guère. L'annuité successorale qui, de 1850 à 1880, augmentait en moyenne de plus de 100 millions de francs par an, n'a plus augmenté, de 1880 à la fin du siècle, que de 24 millions par an. La valeur de la propriété foncière, déjà très atteinte, subit en ce moment une dépréciation énorme par la mévente des vins qui frappe tout le vignoble français. Les recettes des chemins de fer, le commerce extérieur n'augmentent plus que très faiblement. Il semble que la marche de notre fortune tende à se régler sur celle de notre population, c'est-à-dire à devenir aussi quasi-stationnaire. Si tel est le cas, les théories de Malthus seront bien malades, mais nous le serons aussi !

Il est vrai que le ralentissement dans l'accroissement des valeurs mobilières peut n'être qu'apparent : il peut être expliqué par une émigration de capitaux français, car il est incontestable que toutes les banques de Genève, de Bruxelles et de Londres regorgent de capitaux français que les pères de famille, qui goûtent peu les doctrines solidaristes, (et aussi les congrégations religieuses), y expédient par paquets. J'en connais personnellement qui y ont placé la totalité de leur fortune. Le ministre des finances, M. Caillaux, dans son discours, a parlé de ce fait et sans le nier, car il n'est pas niable, il l'a traité un peu légèrement. Il a dit que « cette évasion des capitaux était très limitée » et que les capitalistes timorés « ne tarderont pas à reconnaître qu'ils ont fait un très faux calcul. Pour fuir le fisc français, ils risquent de tomber sous le coup du fisc étranger. En admettant même qu'ils échappent à ce danger, ils préparent à leurs héritiers des difficultés singulièrement graves dans le règlement de leurs successions ; ils les exposent à de redoutables pénalités ». Mais les pays étrangers se sont bien gardés jusqu'à présent de rebuter, en les frappant, les milliards de capitaux qu'on venait ainsi leur apporter sur un plateau d'argent et qui leur sont fort utiles, et d'autre part les banques étrangères ont pris toutes les mesures nécessaires pour éviter à leurs déposants « toute difficulté dans le règlement de leurs successions » en inscrivant le dépôt de titres au nom de telle personne que le déposant veut désigner. Notez bien que je ne suis pas assez nationaliste pour croire que les capitaux ainsi placés à l'étranger soient totalement perdus pour la France — ils peuvent en certaines occasions lui fournir des ressources précieuses — mais, ils sont tout de même perdus en tant que matière imposable et, dès lors, le problème que nous posions tout-à-l'heure : comment suffire à un budget qui sans cesse doit grossir, avec une population stationnaire et une richesse qui fuit à l'étranger ? — le problème demeure et il est vraiment angoissant.

Le congrès annuel des Sociétés coopératives anglaises vient de se réunir à Middlesborough. Le progrès continue avec une régularité qui devient presque monotone. De 1899 à 1900, l'accroissement est de 125 millions de francs pour le chiffre des ventes qui dépassent maintenant 1.260 millions de francs — nous ne parlons que des opérations des Sociétés et non de celles des fédérations (Wholesales) qui s'élèvent à 520 millions de francs, mais que nous ne comptons pas, comme on le fait à tort, parce qu'elles font double emploi avec les précédentes — et les profits ont augmenté de 18 millions de francs atteignant presque 200 millions de francs (195 exactement), et le nombre des membres s'est accru de près de 100.000 (98.966) élevant ainsi l'effectif de l'armée coopérative à 1.709.000 chefs de famille, ce qui représente 9 à 10 millions de personnes. L'accroissement annuel de la population coopérative a été de près de 7 p. 100, tandis que celui de la population britannique n'atteint pas 1 p. 100. A ce taux, il ne serait pas difficile de calculer le jour où les coopératives auront englobé toute la population anglaise.

Cependant le nombre des sociétés de consommation n'a pas augmenté et a même légèrement diminué (1.464 au lieu de 1.763), ce qui semble indiquer que dans ce domaine, la fameuse loi de la concentration des entreprises opère.

La production coopérative s'est développée aussi, quoique dans une moindre mesure. La production des deux Wholesales a monté de 75 millions de francs à 91, celle des 149 sociétés qui fabriquent aussi a passé de 68 millions de francs à 70,5 : au total donc 161 millions de francs.

C'est la production agricole qui fait le moins de progrès. Les 84 sociétés de consommation qui en ont essayé (y compris les Wholesales) n'occupent encore que 2.800 hectares représentant une valeur de 3.200.000 francs (soit moins de 1.200 francs l'hectare). Les unes ont fait 97.000 francs de bénéfices, les autres ont fait 38.000 francs de perte, de sorte que considéré en bloc, le bénéfice serait maigre, moins de 2 p. 100.

Ce que nous venons de dire s'applique aux domaines possédés et exploités par des sociétés de consommation, mais il y a, en outre, 3 sociétés de production agricole qui possèdent 200 hectares environ. Sur les 3, deux sont en perte de 3.000 francs et une a fait 1.600 francs de bénéfices.

Il ne paraît donc pas que dans le domaine agricole la propriété et l'entreprise individuelle soient à la veille de plier bagage pour faire place à la coopération.

* *

Le Congrès pour la réglementation du travail, réuni à Paris en juillet dernier, a voté par acclamation la création de « l'Association internationale pour la protection légale des travailleurs ». Un comité provisoire a été nommé, composé de MM. Scherrer, président (Suisse); Mahaim, secrétaire général (Belgique); Cauwès (France), Toniolo (Italie), von Berlepsch (Allemagne), de Philippovich (Autriche).

L'Association organisera un *Office international du travail* qui aura pour mission de publier en français, en allemand et en anglais, un *Recueil périodique de la législation du travail dans tous les pays,* ou de prêter son concours à une publication semblable.

L'Office international aura également pour mission de faciliter l'étude de la législation du travail dans divers pays et, en particulier, de fournir aux membres de l'Association des renseignements sur la législation en vigueur et leur application dans les divers Etats.

Il remplira cette tâche, grâce à un *Bureau de renseignements* distinct de l'Office de publication.

L'Office international aura encore pour attributions de favoriser, par la préparation de mémoires ou autrement, l'étude de la question de la concordance des diverses législations protectrices des ouvriers, ainsi que celle d'une statistique internationale du travail.

Enfin il aura à provoquer la réunion des Congrès internationaux de législation du travail.

Cette association internationale a cessé d'être une pure abstraction ; déjà elle existe effectivement. Des sections nationales sont créées et fonctionnent en Allemagne, en Suisse, aux Pays-Bas et en Belgique. D'autres vont l'être incessamment en Autriche et en Italie. Le Conseil fédéral suisse a voté une subvention de 8.000 francs à l'Association et un local a été mis à sa disposition dans la ville de Bâle.

La France, d'où est venue l'initiative du Congrès de 1900, n'est pas restée en arrière.

La section française vient de se constituer. La *Revue d'économie politique* a l'honneur de voir deux des membres de son comité de rédaction, MM. Cauwès et Jay, figurer comme président et secrétaire général du Comité directeur de la section française de l'Association internationale.

Ainsi que le disent ses statuts :

L'Association nationale pour la protection légale des travailleurs se propose de coopérer d'une façon générale à l'œuvre de l'Association internationale et de travailler spécialement à faciliter l'application et les progrès de la législation protectrice des travailleurs en France.

Dans ce but elle s'efforce

1º De gagner l'opinion publique à la cause de la législation protectrice des travailleurs à l'aide de conférences, de publications, etc. ;

2º De fortifier l'autorité morale de l'inspection du travail et de l'aider ainsi dans l'accomplissement de sa mission ;

3º De renseigner les intéressés (ouvriers, patrons, associations professionnelles, etc.) sur le sens et la portée des dispositions de la législation du travail, par l'institution notamment d'un bureau de consultations juridiques ;

4º D'étudier les progrès dont la législation protectrice des travailleurs est susceptible, d'appuyer auprès des pouvoirs publics les modifications législatives dont l'utilité lui aurait paru démontrée ;

5º D'encourager la création de groupements régionaux ou locaux destinés à rendre plus efficace l'action de l'Association dans les diverses régions et localités [1].

Ch. GIDE.

[1] La cotisation annuelle est fixée à 15 francs pour les personnes et les sociétés adhérentes.

Elle est réduite à 5 francs pour les personnes seulement qui ne demanderaient pas à recevoir les publications de l'*Office international*.

Le trésorier est M. de Seilhac, au Musée social, 5, rue Las-Cases, Paris.

F. Lohmann, *Die staatliche Regelung der englischen Wollindustrie vom XV bis zum XVII Jahrhundert (Forschungen de Schmoller*, vol. XVIII, n. 1).

M. Lohmann s'est proposé l'étude d'une période de l'industrie lainière anglaise où s'est exercée avec rigueur la réglementation gouvernementale ; il montre par l'histoire que la liberté commerciale et industrielle de l'Angleterre n'a été acquise qu'après une longue période de tutelle, pendant laquelle ses forces productives se sont développées grâce à d'étroites mesures de protection. A partir du XV° siècle, date où le commerce anglais s'affranchit des capitaux étrangers, l'auteur suit les progrès et les crises de l'industrie drapière ; et il est intéressant de comparer aux mesures imposées à l'industrie française celles que subissait l'industrie anglaise : réglementation de la concurrence, entre les villes et les contrées, entre les apprentis et les maîtres, des rapports entre patrons et ouvriers, prescriptions sur le type et la qualité des produits, la valeur des matières employées, contrôle actif des travailleurs, règles imposées au commerce extérieur et intérieur. On voit que l'Angleterre n'a négligé aucun moyen pour la tutelle de son industrie et n'a pas craint l'intervention de l'Etat pour arriver à ce but.

J. Boujansky, *Die gewerblichen Genossenschaften Belgiens*
(Forschungen, n. 3).

L'essor du mouvement coopératif en Belgique et ses manifestations sont le sujet de ces recherches ; l'auteur, après une revue rapide du développement des sociétés coopératives belges depuis le milieu du siècle, examine leur situation légale et économique actuelle ; laissant de côté les coopératives agricoles, il étudie d'abord des coopératives de consommation qui ne se rattachent à aucun parti politique, associations d'employés, pharmacies coopératives, auxquelles il consacre des pages intéressantes (en particulier au sujet des prix réduits que la concurrence a imposés aux pharmacies privées). Ensuite M. Boujansky s'attache plus particulièrement aux associations qui ont revêtu un caractère politique, les coopératives socialistes et catholiques. Les grandes associations socialistes, la Maison du Peuple de Bruxelles, le Vooruit de Gand, le Progrès de Jolimont ont acquis une incontestable puissance, due à leur excellente organisation, et elles ont été déjà l'objet d'études détaillées. En face ont été créées plusieurs associations coopératives catholiques, plus récentes ; quelques-unes se sont rapidement développées, comme les Ouvriers réunis de Charleroi, qui comptent autant de membres que le Vooruit. L'étude se termine par quelques renseignements assez peu connus sur un certain nombre de coopératives de production (typographes, cordonniers, tisserands, etc.) qui existent en Belgique, mais de date assez récente.

E. Rausch, *Franzœsische Handelspolitik vom Frankfurter Frieden bis zur Tarifreform von 1882 (Forschungen*, n. 2).

Cette étude, fort bien documentée et très complète, porte sur une période particulièrement intéressante de notre politique commerciale, celle de l'élaboration du tarif de 1882, période de lutte entre les principes libéraux de la politique impériale depuis 1860, et les idées protectionnistes qui commençaient à reprendre faveur en Europe. M. Rausch étudie en détail les alternatives de cette politique, conventions de commerce et lois élevant les droits de douane (loi de 1872 sur les matières premières) prorogations successives des traités de commerce pendant les travaux préparatoires du tarif de 1882, retards apportés au vote des nouveaux tarifs par le revirement de politique douanière déjà sensible dans certains pays. Les rapports et les débats parlementaires sont analysés avec soin, ainsi que les grandes enquêtes de la Chambre et du Sénat; l'ouvrage se termine par un examen du tarif nouveau et des traités de commerce qui le suivirent; il est fort intéressant à consulter pour l'histoire de notre récente politique douanière.

J. Conrad, *Grundriss zum Studium der Politischen Oekonomie*. I. Theil : *Nationalœkonomie*. Iéna, Fischer édit., 1900; 400 p. grand in-8.

M. Jean Conrad, professeur à l'Université de Halle, a publié il y a quelques années un résumé de ses cours d'économie politique (pure), de politique économique (pratique), de finances et de statistique, en quatre cahiers d'environ 100 pages chacun. Le succès de cette publication, qui fut fort appréciée par les étudiants des Universités d'Allemagne et d'Autriche, décida l'auteur à éditer son cours complet. La 3e édition présente de l'*Economie politique* est, en même temps, la première édition du livre aggrandi.

Il offre au lecteur une excellente orientation du sujet. Sa méthode est descriptive, en usant largement des données statistiques. La diction en est limpide et claire. L'étudiant y puisera une masse de faits précis, bien coordonnés, faisant aisément ressortir les opinions théoriques. Ce livre est certainement destiné à prendre en Allemagne, dans l'enseignement économique, la place qu'ont obtenus en France les *Principes* de M. Gide.

P. E.

H. Freese, *Das konstitutionelle System im Fabrikbetrieb*. Brochure de 95 p. Eisenach, Wilckens, 1900.

L'auteur de cette brochure, grand fabricant de jalousies à Berlin et Hambourg, s'est déjà fait connaître comme un des amis les plus généreux et les plus éclairés de la classe ouvrière, par deux publications qui ont eu en Allemagne un grand retentissement : « *Fabrikantensorgen* » et « *Fabrikantenglück* ». Le présent écrit, consacré à l'introduction des conseils d'ouvriers dans la fabrique, continue très heureusement la série.

M. Freese part de cette idée que les conflits qui éclatent trop souvent de nos jours dans l'exploitation industrielle viennent de ce fait qu'elle est encore organisée sur le type du régime despotique, et que le patron y est un monarque absolu. Il faut faire disparaître cet anachronisme, accomplir dans l'industrie cette transformation qui, dans l'ordre politique, a substitué le gouvernement constitutionnel au gouvernement autoritaire, « introduire le système constitutionnel dans l'industrie ». Il faut créer dans l'usine ou dans la manufacture un parlement ouvrier, élu en majorité par les ouvriers et, pour une part, par le chef d'industrie. Ce parlement aura pour tâche principale d'établir la « constitution, » le règlement d'industrie; il déterminera la durée du travail, les délais de congé, adoptera le tarif des salaires. Il s'occupera aussi des institutions de prévoyance, aplanira les difficultés qui surgissent entre l'employeur et les employés et évitera ainsi bien des crises : « la seule soupape de sûreté pour empêcher l'explosion, c'est, dans la fabrique comme dans l'Etat, le parlement ». L'auteur donne toutes les indications pratiques nécessaires à la création et au bon fonctionnement de ces conseils d'ouvriers. A ceux qui taxeraient ses idées d'utopies, il oppose l'exemple des industriels qui les ont réalisées en Allemagne et qui s'en sont fort bien trouvés, ainsi que les excellents résultats de l'expérience qu'il a faite lui-même dans sa maison, depuis 1884.

Cet opuscule n'intéressera pas seulement; il charmera aussi par l'accent particulier de bonne volonté et de loyauté qui s'en dégage, et qui témoigne une fois de plus de la conception très noble que l'auteur se fait des soucis et des joies du fabricant.

Edgard Allix.

Pierre Vialles, *La scission du marxisme*, brochure, 66 pages.
Montpellier, 1900.

M. Vialles, avocat à Montpellier, expose dans cette étude la querelle déjà fameuse, quoique de date récente, entre Bernstein et les Marxistes. Ceux que rebuteraient les exposés un peu ardus de cette question déjà donnés par Antoine Labriola, Benedetto Croce, et Sorel, pourront trouver ici un résumé clair.

D'ailleurs l'exposé est purement objectif, car l'auteur décline « la périlleuse prétention de prendre une part quelconque à ces graves débats ». Cependant, dans la conclusion, il exprime l'opinion que le programme de Bernstein ne recrutera guère d'adhérents en France, sinon « les ouvriers assagis et les bourgeois démocrates qui participent au mouvement mutualiste que dirige avec tant d'intelligence M. Paul Deschanel ». M. Paul Deschanel coadjuteur de Bernstein ! il en sera bien étonné et Bernstein encore plus !

Ch. G.

REVUE D'ÉCONOMIE POLITIQUE

La *Revue d'Economie Politique* a reçu et publiera dans ses prochains numéros les **articles suivants** :

II. Denis : *L'Union de crédit de Bruxelles* (suite). — Goblot : *La division du travail.* — Hitier : *L'agriculture moderne et sa tendance à s'industrialiser* (suite). — Maurice Heins : *La notion de l'Etat* (suite). — Dalla Volta : *Francesco Ferrara et son œuvre économique.* — Laurent Dechesne : *La spécialisation et ses conséquences* (suite). — Ch.-M. Limousin : *Le socialisme devant la sociologie.* — Vandervelde : *L'Economie rurale en Belgique.* — Dr R. Thurnwald : *L'Egypte ancienne. Son état social et économique.* — A.-A. Issaïev (Saint-Pétersbourg) : *Altruisme, égoïsme et intérêt de classe.* — Hauser : *Les origines du capitalisme.* — Jean Bergman (Stockholm) : *La lutte contre l'alcool en Suède.* — G. A. Frei (Haubinda) : *La réforme de l'instruction moyenne au point de vue social.* — Auguste Forel (Chigny) : *Le rôle social de l'alcool.* — R. Hotowetz : *Le cartel des sucres en Autriche.* — Pic : *Congrès international et association internationale pour la protection légale des travailleurs.* — A. Korn : *Quelques considérations sur le privilège des bouilleurs de cru et la loi du 29 décembre 1900.* — Bouvier : *La méthode mathématique en économie politique.* — Hector Lambrecht : *Le problème des classes moyennes.* — G. François : *Les banques anglaises.* — De Peez : *La Pan-Europe.* — Achille Loria : *Des méthodes proposées pour régulariser le cours de la monnaie.* — Bertrand : *Le mouvement coopératif en Belgique et ses résultats.*

Liste des ouvrages déposés aux Bureaux de la Revue.

Correa Moylan Walsh : *The measurement of general exchange-value*, in-8 cart. (Macmillan and Co, à New-York).

Bodley : *La France. — Essai sur l'histoire et le fonctionnement des institutions politiques françaises*, in-8 (Guillaumin).

Guyot (Yves) : *La question des sucres en 1901*, in-12 (Guillaumin).

Gimel, employé de commerce à Nevers : *Rapport sur l'Exposition universelle de Paris 1900*, in-18 (Auteur).

Finot : *La philosophie de la longévité*, in 12 (Schleicher).

Gibson : *Natural Economy, an introduction to political economy*, in-8 cartonné (Cornish, à Birmingham).

Paul Boncour : *Le fédéralisme économique*, in-8 (Alcan).

Sarraute : *Socialisme d'opposition. Socialisme de gouvernement et lutte de classes*, in-12 (Jacques et Cie).

Bertauld : *Trop de millions dans l'eau*, in-8 (Etudes agricoles, commerciales et industrielles, 59, rue de Provence).

GIORNALE DEGLI ECONOMISTI

Mai 1901.

La situazione del mercato monetario (X.).
Commemorazione di Angelo Messedaglia (A. de Viti de Marco).
Angelo Messedaglia (G. Valenti).
Il principio della convenienza economica e la scienza della quantita (P. Boninsegni).
Le casse postali di Risparmio in Austria-Ungheria (F. Sartori).
La reclame di una societa d'assicurazione (U. Gobbi).
Previdenza (pensioni e cumuli individuali di previdenza) (C. Bottoni).
Cronaca (gli spioperi e l'opinione pubblica) (F. Papafava).
Rassegna delle riviste (italiane, francesi, inglesi, americane).
Nuove pubblicazioni (Richard de Kauffmann, municipio di Milano, Masè-Dari).

Le Gérant : L. LAROSE.

24,802. — BORDEAUX, IMPRIMERIE Y. CADORET, RUE POQUELIN-MOLIÈRE, 17.

REVUE
D'ÉCONOMIE POLITIQUE

CONGRÈS INTERNATIONAL ET ASSOCIATION INTERNATIONALE
POUR LA PROTECTION LÉGALE DES TRAVAILLEURS [1].

L'étude consacrée par nous, il y a trois ans, dans cette *Revue,* au *Congrès international de législation du travail,* tenu à Bruxelles en septembre 1897 [2], se terminait par les conclusions suivantes : « Les deux comités de *Bruxelles* et de *Zurich* [3] fonctionneront ainsi parallèlement, se prêtant un mutuel appui, travaillant l'un et l'autre à dresser les bases de cette gigantesque statistique des législations ouvrières et des mesures d'exécution qui les complètent et les vivifient, qui ne saurait s'édifier en un jour ; sauf à fusionner, dans quelques années, à la suite du nouveau Congrès international de législation du travail, qui, selon toute vraisemblance, se réunira au seuil du xxᵉ siècle ».

Nos prévisions relatives à la possibilité d'une coopération des deux comités ont été dépassées. Non seulement, en effet, le Congrès que nous appelions de nos vœux a pu se réunir à Paris, au

[1] Congrès tenu à Paris au Musée social, du 25 au 28 juillet 1900 ; association fondée par le Congrès, dans sa séance du 28 juillet.

[2] *Congrès international de législation du travail,* par P. Pic et Ch. Brouilhet (*Rev. d'écon. pol.,* 1897, p. 1053 et s.).

[3] La commission permanente instituée par le *Congrès international pour la protection ouvrière* tenu à Zurich, en août 1897, avait pour mandat de travailler, de concert avec le conseil fédéral suisse, à la création d'un office international, institution publique, officiellement reconnue et dotée par les gouvernements, à l'effet de centraliser les documents statistiques de tous ordres relatifs à la protection ouvrière et de préparer un nouveau congrès qui compléterait l'œuvre commencée à Zurich. Le comité constitué à Bruxelles par le bureau du Congrès international de législation du travail tenu dans cette ville en septembre 1897, avait, au contraire, reçu pour mission de travailler à la création d'un *office privé* de statistique ouvrière, au fonctionnement duquel les gouvernements pourraient évidemment s'intéresser, mais qui n'en demeurerait pas moins affranchi de toute attache officielle.

Musée social, en juillet 1900, grâce aux efforts d'un comité d'organisation dont il serait superflu, dans cette *Revue*, de faire ressortir la haute compétence et le dévouement éclairé aux œuvres de solidarité sociale [1] ; mais l'accord entre les deux comités que nous envisagions comme une suite possible, plus ou moins lointaine de ce congrès, s'est réalisé dès avant son ouverture. Tous les interventionnistes, par l'effet de cette heureuse entente, se sont ainsi trouvés étroitement unis au Congrès de Paris, sans acception de partis ou d'opinions politiques et religieuses, sur le terrain commun de la protection légale due aux travailleurs industriels.

Il ne s'agissait plus, en 1900, de rouvrir un débat académique entre libéraux et interventionnistes, débat qui avait donné lieu à Bruxelles à de brillants tournois oratoires, mais dont la reprise eût été stérile et vaine ; mais uniquement d'instituer une controverse à la fois scientifique et pratique, à l'aide de documents fournis par les rapporteurs de diverses nations, sur certaines questions précises, d'un intérêt immédiat, la légitimité de l'intervention législative étant supposée reconnue de tous les congressistes [2].

---

[1] *Bureau de la commission d'organisation :* président, *M. Cauwès,* professeur à la Faculté de droit de l'Université de Paris ; vice-présidents, *MM. Fontaine,* directeur du travail du Ministère du commerce, et *Mabilleau,* directeur du Musée social ; secrétaires généraux, *MM. Jay,* professeur de la Faculté de droit de l'Université de Paris, et *L. de Seilhac,* délégué permanent au service industriel et ouvrier du Musée social ; trésorier, *M. de Seilhac.*

[2] « Les organisateurs de ce Congrès, lisons-nous dans la circulaire du comité d'organisation, ne veulent pas soumettre à une nouvelle discussion contradictoire le principe de l'intervention de la loi dans le contrat du travail. C'est un débat que le Congrès de législation de travail, tenu à Bruxelles en 1897, leur paraît avoir épuisé.

» Ils sont convaincus que la conscience des véritables intérêts des nations contemporaines, tout autant que le souci de remplir un devoir sacré, impose au législateur l'obligation de garantir à l'ouvrier des conditions de travail compatibles avec l'intégrité et le développement de sa personnalité physique et morale. Leur seule prétention serait d'offrir à tout ceux qui partagent leur conviction une occasion de se rencontrer, le moyen de mettre en commun le fruit de leurs observations et de leurs travaux, la possibilité enfin de s'entendre sur quelques points précis.

» Une pareille réunion semble destinée à hâter et à faciliter les progrès de la législation protectrice des travailleurs. Nombreux et redoutables sont les obstacles auxquels ces progrès se heurtent, vives encore et persistantes les appréhensions qu'ils soulèvent : mieux que des raisonnements abstraits, la connaissance et la comparaison des expériences tentées, des résultats obtenus, montreront comment les obstacles peuvent être franchis, les appréhensions calmées.

» Nous croyons que les membres du Congrès pour la protection légale des travailleurs emporteront des délibérations auxquelles nous les convions, une vue plus nette du but à poursuivre et des moyens de l'atteindre. Nous espérons plus : nous espérons que les hommes qu'une commune préoccupation de l'amélioration du sort des classes labo-

Parmi ces questions, figurait en vedette, au premier plan, la question de la constitution d'une association internationale pour la protection légale des travailleurs, et d'un comité ou office, dépendant de cette association, chargé de tenir à jour une enquête permanente sur l'application des lois ouvrières, dans les différents pays, et de poser ainsi les jalons en vue d'un rapprochement des législations particulières, voire même de préparer, sur certains points, l'internationalisation de la législation sociale, réclamée par le Congrès de Zurich, mais présentement irréalisable.

Un large libéralisme avait présidé au choix, par la Commission française d'organisation, du Comité international de patronage. Pour l'étranger, l'on y voyait figurer les noms de tous les économistes éminents, dont les travaux avaient rehaussé l'éclat des précédents congrès. Pour la France, les interventionnistes de toutes nuances avaient répondu à l'appel des organisateurs, si bien que l'on trouvait réunis dans le Comité MM. P. Deschanel et Vaillant, Gide et de Mun, Lagardelle et l'abbé Le Mire [1]. Cette tentative de rapprochement était hardie, elle a été couronnée d'un

rieuses aura momentanément groupés sauront créer entre eux des liens permanents.

» Le projet d'une association internationale pour la protection légale des travailleurs est né à Bruxelles en 1897. Depuis trois ans, l'idée n'a pas été abandonnée. Elle a déjà suscité la formation des groupes nationaux importants. Puisse l'accueil fait, en tous pays, à notre appel, permettre d'en tenter à Paris, en 1900, la complète et définitive réalisation ».

Programme : I. *La limitation légale de la journée de travail.* — Etude comparée des législations. La limitation légale de la journée de travail pour les enfants, adolescents, femmes et hommes adultes. Progrès et réformes désirables. Peut-on espérer et poursuivre la fixation, dans les principaux pays industriels, d'un même maximum légal de la journée de travail ?

II. *L'interdiction du travail de nuit.* — Les conséquences du travail de nuit. L'interdiction du travail de nuit dans les législations des divers pays. Peut-on l'interdire à toutes les catégories de travailleurs ? Une pareille interdiction comporterait-elle des exceptions pour certaines industries ? Une entente internationale est-elle nécessaire pour arriver à la suppression du travail de nuit ?

III. *L'inspection du travail.* — Organisations diverses données, suivant les pays, à l'inspection du travail. Avantages et inconvénients de ces organisations. Résultats obtenus. De la collaboration des ouvriers à l'inspection du travail : inspecteurs-adjoints, délégués élus par les ouvriers, contrôle par les syndicats.

IV. *Union internationale pour la protection légale des travailleurs.* — De l'utilité d'une association internationale pour le progrès de la législation du travail. Quel devrait être le rôle d'une pareille association ?

[1] V. la liste complète des noms des membres, français et étrangers, du comité de patronage et de propagande du Congrès, dans le volume édité par le Congrès. *Congrès international pour la protection légale des travailleurs, rapports et compte-rendu analytique des séances,* 1 fort vol. gr. in-8°, A. Rousseau, édit., Paris, 1901.

succès complet. C'est grâce à ce concours loyal d'interventionnistes de toutes nuances, appartenant à toutes les classes sociales,
professeurs et hommes politiques, patrons, ingénieurs, ouvriers et
ouvrières, inspecteurs du travail, conseillers prud'hommes, représentants des chambres syndicales, etc., que le Congrès, dégagé des
passions qui vers la même époque troublèrent la sérénité des débats
d'autres réunions du même ordre, a brillamment réussi et fait une
besogne utile dont les heureux effets commencent déjà à s'affirmer [1].

I

Le cadre de cette étude ne permet pas de relater en détail les
discussions approfondies auxquelles a donné lieu l'étude de chacune
des questions du programme. L'on en trouvera l'exposé très complet dans le volume récemment publié par les soins du bureau du
Congrès. Nous nous bornerons à en mettre en relief les traits saillants et à en dégager les tendances dominantes, nous réservant
d'ailleurs d'insister quelque peu sur l'œuvre capitale du Congrès,
c'est-à-dire sur la création de l'Association internationale.

Le Congrès s'est ouvert au Musée social le 25 juillet 1900, sous
la présidence de *M. Millerand,* ministre du commerce et de l'industrie. *M. Cauwès,* président de la commission d'organisation, a
pris la parole le premier. Après avoir retracé à grands traits l'évolution de la législation ouvrière dans les divers pays au cours du
siècle finissant, il a défini, avec une remarquable netteté, la mission incombant à l'Etat, mission systématiquement méconnue par
les individualistes. Au surplus, en pareille matière, les faits seuls
sont éloquents; aussi est-ce à l'examen impartial des faits, et spécialement à l'étude des résultats obtenus dans les principaux pays
industriels par l'application des lois sociales que la première partie
du programme du congrès est exclusivement consacrée. « La règlementation légale du travail, a dit excellemment l'orateur, ne vaut
que par l'application qui en est faite. Nous le savons bien en France
où, de 1848 à 1883, la limitation de la journée du travail de
l'homme adulte est restée lettre morte. L'applicabilité des lois ouvrières — si l'on peut s'exprimer ainsi — suppose non seulement
des conditions intrinsèques, c'est-à-dire une adaptation des mesu-

[1] V. les indications données *infra* sur la constitution des sections nationales de
l'Association.

res légales au milieu social et industriel propre à éviter les gènes
ou même les impossibilités pratiques, mais en outre la création
d'organes de surveillance et de contrôle véritablement efficaces...
Nous avions donc inscrit au programme les institutions relatives à
la création des lois ouvrières; l'inspection est un organe essentiel
qui fonctionne dans les différents pays industriels avec une efficacité
croissante... A propos des deux premières questions du programme
(limitation légale de la journée de travail, interdiction du travail de
nuit) il nous a paru utile d'appeler l'attention du congrès sur la possibilité ou les avantages d'une entente internationale. J'ai hâte de
déclarer que l'idée d'entente internationale n'implique aucunement
l'utopie de l'unification des lois protectrices... Mais les diversités
actuelles ne sont pas toutes destinées à subsister... On peut donc
constater les points de convergence... préparer et hâter peut-être
une évolution semblable à celle qui, dans une certaine mesure, s'est
déjà opérée... »

Mais le Congrès, après ces échanges de vues, n'aura accompli
que la moindre partie de sa tâche. Les quelques séances d'un
Congrès, quelque remplies qu'on les suppose, ne peuvent avoir
l'efficacité d'un groupement permanent, d'une *union internationale,* dans le genre des unions similaires déjà si nombreuses dans
le domaine commercial et économique (Union pour la protection de
la propriété industrielle, Union pour les transports internationaux,
etc.). Il faut donc constituer une union de ce genre qui sera, entre
les congrès successifs de l'avenir, le *trait d'union naturel.*

Après M. Cauwès, M. le ministre *Millerand* a pris la parole à son
tour, afin de témoigner hautement de son estime pour les organisateurs d'un congrès qui, a-t-il dit, marque une date dans l'histoire
de la sociologie. Si l'on met en parallèle le Congrès de 1900 et le
Congrès correspondant de 1889, l'on est frappé de l'évolution rapide des idées, qui a permis de mettre hors de cause en 1900 le
principe de l'intervention de l'Etat, si vivement contesté en 1889.
Il y a un véritable abîme entre les timides essais de protection
légale de l'enfant de huit ans consignés dans la loi de 1841 et la loi
du 30 mars 1900, réglant dans de certaines conditions jusqu'à la
journée même de l'ouvrier adulte ! L'orateur passe ensuite rapidement en revue les divers articles du programme et conclut en promettant l'appui moral et même matériel du gouvernement à la création projetée, d'un Office international privé du travail.

Aussitôt après l'audition de ces deux discours, salués par les applaudissements unanimes de l'assemblée, lecture est donnée de la liste des délégués étrangers, puis il est procédé à la nomination du bureau ; les noms proposés par la Commission d'organisation sont acceptés par acclamation [1].

Aussitôt le bureau installé, le Congrès décide de constituer immédiatement une Commission internationale chargée d'élaborer les statuts de l'Association projetée.

Sont désignés pour en faire partie : MM. Apostol, Baumé, de Berlepsch, Curti, J. Dubois, Fontaine, Mahaim, Mataja, de Philippovich, Scherrer, Sombart, Sytérényi, Toniolo, Waddington, Waxweiler, Willougby, Cauwès, Jay et de Seilhac.

Puis la séance est levée, après audition d'un vœu de MM. Baumé, Thierrard et Quillent, tendant à l'abrogation de la loi de 1872 sur l'Internationale.

II

Première question : *Limitation légale de la journée de travail* [2]. — La seconde et la troisième séance du Congrès, présidées

---

[1] Bureau du Congrès. — *Présidents* : MM. *Cauwès*, professeur à la Faculté de droit de Paris, président de la Commission d'organisation ; *de Berlepsch*, ministre d'Etat, ancien président de la Conférence de Berlin ; *Nyssens*, ancien ministre de l'industrie et du travail de Belgique ; *de Philippovich*, professeur à l'Université de Vienne ; *Scherrer*, avocat à Saint-Gall, ancien président du Congrès de Zurich.

Secrétaires : MM. *Jay*, professeur à la Faculté de droit de Paris, et *de Seilhac*, délégué au service industriel et ouvrier du Musée social, secrétaires généraux de la Commission d'organisation ; *Baumé*, secrétaire de l'Union des syndicats du département de la Seine ; *Blondel*, professeur à l'Ecole des hautes études commerciales ; *Lecoq*, *Lichtenberger*, délégué au service des publications du Musée social ; *Quillent*, conseiller prud'homme ouvrier ; *Souchon*, professeur à la Faculté de droit de Paris.

Délégués officiels des gouvernements étrangers. — *Autriche :* MM. le comte de *Auersperg*, conseiller au ministère de l'intérieur ; *H. Bach*, secrétaire du ministère du commerce ; *Mataja*, conseiller aulique au ministère du commerce ; *A. Toldt*, conseiller au ministère de l'agriculture.

Belgique : MM. *Dubois*, directeur général au ministère de l'industrie et du travail, et *Ver Hees*, chef de bureau à l'Office du travail.

États-Unis d'Amérique : MM. le Dr *Cummings*, professeur de science sociale à « Harvard University » et *W. J. Willoughby*, du department of Labor de Washington.

Mexique : M. *de Grevedo*, ingénieur.

Pays-Bas : M. *Struve*, inspecteur du travail.

Russie : MM. *Apostol*, de *Pogojeff*, *Raffalovich*, conseiller d'État.

[2] Treize rapports déposés ; Dr *Hilze* (Allemagne) ; Mlle *Hutchins* (Angleterre) ; M. *Métin* (Australie et Nouvelle-Zélande) ; Mme *Gumplovicz*, deux rapports, dont un spécial aux mines (Autriche) ; M. *Verhaegen* (Belgique) ; M. *Vedel* (Danemark) ;

respectivement par M. Cauwès et M. de Berlepsch, ont été consacrées à la discussion de cette première question, pour laquelle seize orateurs étaient inscrits.

Les débats se sont ouverts par un lumineux historique de la législation française depuis la loi du 21 mars 1841 [1] jusqu'à la loi du 30 mars 1900, présenté par *M. Jay*. L'orateur s'est appliqué à justifier le principe de cette dernière loi, aussi violemment attaquée par une partie du parti socialiste, ennemie des transactions, que par les adversaires systématiques de la réglementation. La loi de 1892 sur le travail des enfants et des femmes, malgré sa supériorité sur les lois antérieures, présentait des lacunes ou imperfections graves, signalées dans tous les rapports d'inspecteurs, et auxquelles il était urgent de remédier. Les griefs formulés contre cette loi pouvaient se ramener à quatre principaux : — 1° L'étendue d'applicàtion de la loi, limitée aux établissements industriels est trop restreinte; — 2° le texte de la loi de 1892 ne contient, à la différence des lois similaires étrangères, aucune disposition protectrice des ouvrières récemment accouchées; — 3° Le défaut de précision de l'art. 4 a permis à nombre d'industriels d'éluder la loi, tout en paraissant s'y conformer, au moyen des relais et équipes tournantes ou alternantes ; — 4° la fixation d'un maximum différent pour la journée de travail des enfants, des femmes et des hommes adultes, entraîne, dans la pratique, des complications regrettables qui rendent parfois l'inspection illusoire.

Laissant provisoirement de côté les deux premières réformes, l'une à raison de la complexité d'une réglementation étendue aux magasins, la seconde pour des motifs qui nous échappent, le Parlement a, au contraire, donné satisfaction aux autres critiques formulées en posant, dans la loi de 1900, un double principe : — 1° Principe de l'unification de la journée de travail pour les enfants et les femmes, et même pour les hommes adultes travaillant *dans les mêmes locaux,* sur la base de 11 heures dans le présent, 10 h. 1/2

M. de Cepeda (Espagne) ; *M. Jay, MM. Breton, Rivière, Worms* (France) ; *M. Szlérenyi* (Hongrie) ; *M. Den Tex* (Pays-Bas) ; *M. Schuler* (Suisse).

Plusieurs de ces rapports constituent des monographies de premier ordre, d'autant plus précieuses qu'elles nous renseignent sur les résultats obtenus par la mise en vigueur des lois réglementaires les plus récentes.

[1] Pour plus de développements sur la genèse de cette loi de 41, v. *Souchon, La situation des ouvriers en France à la fin du XIXe siècle* (*Musée social*, n° d'août 1899).

dans deux ans, et 10 heures dans quatre ans à compter de la promulgation ;

2° Interdiction pour l'avenir des organisations de travail signalées par les inspecteurs comme susceptibles de mettre obstacle à l'efficacité du contrôle. La réforme réalisée sur ce point par la loi de 1900 peut se résumer dans les propositions suivantes : — *a*. Le travail par *relais* (équipes dites tournantes ou volantes passant successivement sur tous les métiers et travaillant pendant que le reste du personnel est au repos) est interdit en principe, et doit disparaître dans les trois mois des usines où il est usité ; — *b*. Le travail par équipes *successives* est autorisé, pourvu que le travail de chaque équipe soit continu, ce qui équivaut à la prohibition des équipes dites *alternantes* [1] ; — *c*. Même dans les usines où le travail s'effectue par équipes successives, la tolérance d'après laquelle le patron pouvait faire commencer le travail de la première équipe à 4 heures du matin, et prolonger celui de la deuxième jusqu'à 10 heures du soir, pourvu que chacune d'elles ne fournît pas plus de 9 heures de travail effectif, cessera à l'expiration du délai de deux ans à partir de la promulgation de la loi ; — *d*. Le repos doit avoir lieu aux mêmes heures pour tout le personnel. — Au texte nouveau, deux exceptions sont admises : 1° Dans les usines à feu continu et les mines, les heures de repos peuvent n'être pas à la même heure pour tout le personnel ; 2° dans les usines à feu continu et les établissements à déterminer par un règlement d'administration publique, l'organisation par relais est autorisée.

M. Jay estime que la limitation à 11 heures de la journée de travail ne peut entraîner de difficultés sérieuses. L'ère des difficultés commencera dans deux ans et surtout dans quatre ans, lorsque la journée de 10 heures deviendra la règle ; mais la journée de 10 heures est une conquête sociale trop précieuse pour que le législateur se laisse arrêter par des difficultés transitoires qu'une meilleure organisation de l'usine permettra de surmonter.

Quant à la suppression des relais, l'orateur estime qu'elle doit être approuvée sans réserves, puisqu'elle mettra fin à des fraudes trop fréquentes et facilitera la mission des inspecteurs. Nous partageons absolument cet avis ; mais nous aurions désiré connaître

[1] Sur les relais ou équipes tournantes et sur les équipes alternantes, consultez notamment le rapport précité de M. Jay, et le rapport de M. Pic sur le travail de nuit *Compte-rendu officiel du Congrès,* p. 85 s., 165 s.).

l'opinion de M. Jay sur la délicate question de savoir si *toutes* les prescriptions de la loi nouvelle s'étendent aux adultes, ou si les dispositions relatives à la durée de la journée doivent seules leur être appliquées, à l'exclusion des articles concernant la simultanéité du repos pour tout le personnel, la prohibition des relais. etc... Cette question, depuis le Congrès, a vivement préoccupé les milieux industriels, spécialement à Calais et à Lyon, l'industrie du tulle et des dentelles mécaniques ayant jusqu'ici fait usage des relais ; et, bien que l'interprétation extensive puisse se réclamer, et de la circulaire ministérielle du 17 mai 1900, et de l'arrêt de la Cour de cassation, Chambre criminelle du 26 janv. 1901, rendu sur pourvoi dans l'intérêt de la loi (*Bulletin de l'office du travail,* 1901, p. 100), bien que, d'autre part, le gouvernement prépare en ce moment même le règlement d'administration publique prévu au texte, peut-être serait-il opportun de faire disparaître, par un texte interprétatif, les obscurités regrettables de l'art. 2 de la loi de 1900, relatif au travail des hommes adultes dans les établissements mixtes [1].

A M. Jay a succédé à la tribune *M. Struve,* inspecteur du travail, délégué officiel des Pays-Bas, qui a donné au Congrès des indications fort intéressantes sur les excellents résultats de la mise à exécution, à partir du 1er janvier 1890, de la loi *néerlandaise* réglementant le travail des enfants et des femmes. Avant sa mise en vigueur, la plupart des patrons s'étaient énergiquement élevés contre la journée de 11 heures, prétendant que cette limitation serait la ruine de l'industrie nationale livrée sans défense à la concurrence étrangère, et qu'elle aurait sa répercussion fatale sur le taux des salaires. Non seulement ces prévisions pessimistes ont été démenties par les faits, mais nombre de patrons, ayant constaté pratiquement que l'ouvrier pouvait en 11 heures bien employées fournir la même somme de travail qu'en 12, ont spontanément abaissé à cette limite la durée de la journée des adultes, même dans les établissements où ne travaillent pas concurremment des personnes protégées.

---

[1] Cons. sur cette délicate question : *Coignet,* vice-président de la Chambre de commerce de Lyon, *Travail dans les manufactures, application de la loi du 30 mars 1900,* broch. gr. in-8°, Rey, Lyon, 1901 ; *Pic, Rapport sur le travail de nuit* (Compte-rendu officiel du Congrès). V. aussi la chronique de jurisprudence des *Questions pratiques de législation ouvrière,* n° de mars 1901.

Les conclusions de *M. Bourguin,* professeur à la Faculté de droit de Lille, ne sont pas moins favorables que celles de M. Struve à la réglementation. De l'enquête personnelle à laquelle s'est livré M. Bourguin, qui en a résumé pour le Congrès, dans un lumineux exposé, les conclusions essentielles, il ressort que la journée de onze heures étant déjà usitée dans la plupart des industries, la loi de 1900 n'a eu sur la marche de celle-ci aucune influence perturbatrice. Effectivement, sauf dans certaines filatures de laine où l'intensité de travail était parvenue à son maximum et où l'outillage mécanique avait à peu près atteint le maximum de la perfection technique, et dans les peignages de laine, il a été possible de ramener la durée du travail de tout le personnel de douze heures à onze heures sans réduire sensiblement la production, grâce à une mise en train plus rapide des métiers, à un entretien plus minutieux de ceux-ci et à certains perfectionnements dans l'outillage; la production demeurant sensiblement égale, les salaires, pris dans leur ensemble, n'ont subi aucun fléchissement.

Le Congrès a eu l'agréable surprise d'entendre, après M. Bourguin, une déclaration interventionniste d'un éminent économiste étranger, qui passait jusqu'ici pour un adversaire résolu de l'étatisme, *M. Luzzati,* ancien ministre italien. Nous avions, dit-il, compté tout d'abord en Italie sur l'initiative individuelle; les faits nous ont donné un démenti et le législateur s'est vu obligé d'intervenir en faveur des faibles. L'orateur a cité, à l'appui de sa thèse, les abus scandaleux des exploitations soufrières de Sicile, véritable honte de la civilisation, et signalé l'insuffisance du service d'inspection du travail en Italie. Puis, passant par une ingénieuse transition du sujet en discussion à ses théories économiques familières, il a conclu en déclarant que le moyen le plus sûr, de la part des Etats industriels, d'améliorer la condition du travailleur, était de conclure entre eux deux séries d'accords se complétant mutuellement : des *traités de commerce,* en vue d'égaliser les conditions des échanges et des *traités de travail,* dans l'intérêt des ouvriers.

M. le président *Cauwès* ne pouvait laisser passer sans protestation certaines des affirmations de M. Luzzati : « Personne ici, a-t-il déclaré aux applaudissements de l'assemblée, ne fait passer la protection des travailleurs après celle des marchandises... Mais, tout en protégeant les travailleurs, on peut, à l'exemple des Etats-Unis, être amené à penser qu'il y a lieu aussi de protéger les marchandises; assurer le relèvement des salaires, c'est aussi une manière de protéger le travail... »

La séance du matin s'est close sur un discours fort intéressant de *M. de Berlepsch*. Tout en reconnaissant le caractère hautement progressiste de la loi française de 1900, l'une des premières qui aient eu la hardiesse de poser le principe de la journée de dix heures, l'orateur justifie la loi allemande d'avoir fixé un maximum différent pour les femmes et les enfants, ces derniers ne pouvant fournir un travail aussi intense que les adultes. La loi devrait assurément fixer un maximum légal même pour la journée des hommes adultes et, sur ce point, la loi allemande est à compléter ; mais le législa-teur allemand préfère ne procéder que par étapes successives et n'entreprendre une réforme nouvelle que lorsque la réglementation en vigueur aura fait ses preuves et qu'un progrès nouveau aura paru d'ores et déjà accepté par l'opinion. Au surplus, si la loi alle-mande ne réglemente le travail de l'adulte qu'au point de vue du repos du dimanche, il convient de noter que le Bundesrath a le droit de faire des règlements pour la salubrité des ateliers. Ce droit n'est pas resté purement platonique; il en a été fait usage en ce qui concerne la boulangerie.

La séance de l'après-midi, présidée par M. de Berlepsch, est ou-verte par un discours de *M. C. de Pieper,* secrétaire général de l'*Office central des Unions populaires pour l'Allemagne catholi-que.* M. de Pieper estime, comme M. de Berlepsch, que la réparti-tion des ouvriers en trois catégories ne nuit point à la bonne orga-nisation du travail, ni à la famille ouvrière, grâce aux mesures prises pour assurer l'entrée et la sortie simultanées des femmes et des enfants; il se déclare nettement partisan de la journée de dix heures pour les adultes et d'une journée plus courte encore pour les enfants, et croit que les groupements ouvriers allemands, lorsqu'ils seront plus fortement constitués, parviendront aisément à faire pas-ser cette réforme dans la législation positive. A ce point de vue l'in-dustrie minière est à l'avant-garde; dans plusieurs exploitations allemandes, l'expérience des trois huit a été tentée avec succès.

M. de Philippovich, professeur à l'Université de Vienne, sou-tient la même thèse que le précédent orateur. Il constate que, dans la plus grande partie de l'empire austro-hongrois, les mœurs ont précédé la loi et que les patrons ont spontanément consenti à ré-duire la journée de travail au-dessous de onze heures. La loi du

8 mai 1885, en fixant en principe à onze heures la durée de la journée légale de l'adulte, n'a donc fait que généraliser une réforme préparée par l'opinion ; une seule exception a dû être faite pour les filatures du Tyrol qui, menacées par la concurrence des fabriques italiennes où le travail est de quatorze heures, ont été autorisées à travailler treize heures. Si l'Italie adoptait le principe de la limitation du travail chez les adultes, il est certain que la loi de onze heures serait immédiatement étendue au Tyrol. Est-ce à dire que la solution du problème consisterait dans un accord international ? M. de Philippovich ne le pense pas. Bornons-nous d'abord à développer les mesures protectrices à l'intérieur de chaque État ; c'est par là qu'il faut commencer et non par l'élaboration de traités diplomatiques. L'accord moral des États européens, tous également menacés par le travail à bas prix de l'Extrême-Orient, doit précéder l'extension légale, difficilement réalisable à l'heure actuelle.

M. Rivière, ingénieur, membre de la Commission mixte de l'industrie du Livre, considère, pour sa part, que le problème de la réglementation et spécialement de la fixation d'une journée limitée variant entre huit et dix heures, suivant les industries, sera bien près d'être résolu lorsque le système des Commissions mixtes de patrons et d'ouvriers, qui a donné de si heureux résultats dans l'industrie du Livre se sera généralisé. La loi n'interviendrait que pour sanctionner les décisions de ces Commissions, basées sur des enquêtes consciencieuses.

Les derniers orateurs inscrits ont développé une série de vœux sur lesquels ils demandaient au Congrès de se prononcer :

1º Vœu de *M. Dron*, député, en faveur de la réglementation par toutes les législations du travail des hommes adultes et de l'introduction par la loi française d'une disposition protectrice des ouvrières récemment accouchées. Des dispositions de ce genre figurent, en effet, dans un grand nombre de lois étrangères, et l'orateur lutte sans succès depuis huit ans pour déterminer le Parlement à combler cette lacune inexplicable de notre législation réglementaire ;

2² Vœux de *M. Pourcines*, inspecteur départemental du travail, en faveur de la journée de dix heures pour les hommes adultes, de la réglementation du travail à domicile exécuté pour le compte d'un patron, de la fixation par la loi d'un minimum de salaires pour tous les ouvriers ;

3º Vœu du D*r Reichesberg*, professeur à l'Université de Berne,

en faveur de la journée de huit heures et de *M. Goultes,* inspecteur divisionnaire du travail, en faveur de la journée de dix heures ;

4° Vœu de *M. Thiérrart,* secrétaire-adjoint de la Confédération
du travail à Reims : journée de huit heures et minimum de salaire ;

5° Vœu de *M. Champy,* conseiller prud'homme ouvrier : journée
de huit heures et réforme de l'inspection du travail.

M. le Dr Hirsch, député syndic de la ligue des *Gewerkvereine*
allemandes, est venu combattre ces vœux. Partisan de la journée
de dix heures, il est cependant opposé à l'intervention législative
directe en faveur des hommes adultes ; c'est par l'association libre
que les ouvriers obtiendront, sans le concours de la contrainte
légale, les réformes nécessaires.

En présence de ces divergences de principe, qu'une discussion
contradictoire des vœux déposés n'eût pas manqué d'accentuer, au
risque de faire échouer l'objectif principal du Congrès, c'est-à-dire
la fondation d'une association internationale, le bureau, s'appuyant
sur l'article 9 du règlement, prit la détermination de ne soumettre
aucun vœu au vote du Congrès.

M. de Berlepsch se borna à constater, en clôturant la discussion,
que l'opinion générale du Congrès semblait nettement favorable à
la journée de 11 heures envisagée comme un *maximum* pour les
ouvriers adultes, et à sa réduction progressive à 10 heures dans
tous les pays industriels, sous l'action combinée de la loi et des
groupements ouvriers.

III

Deuxième question : *Interdiction du travail de nuit* [1]. — *M. Pic,*
signataire du présent article, a pris le premier la parole, pour défendre les conclusions de son rapport. Après avoir brièvement retracé l'évolution historique de la législation française sur le travail
de nuit, depuis la loi de 1874, qui ne prohibait le travail de nuit
que pour les enfants et les filles mineures, jusqu'à la loi de 1900,
en passant par la loi de 1892, qui a posé le principe de la prohibi-

---

[1] 4ᵉ séance, présidée par M. Scherrer. Cinq rapports déposés : Dr *Hirsch* (Allemagne) *M. Kuzmany* (Autriche), *X...* (Belgique), *P. Pic* (France), *Wegmann* (Suisse).
Adde : Rapports présentés à M. le Ministre du commerce par les inspecteurs div
sion-
naires du travail sur la question de l'interdiction du travail de nuit, broch. in-8°.
Imprim. nation., 1900.

tion du travail de nuit même pour les femmes adultes, sauf certaines exceptions, il s'est appliqué à mettre en relief les imperfections et les lacunes de la législation en vigueur. Des rapports concordants des inspecteurs, il ressort que l'application de la loi, en ce qui concerne le travail de nuit, a été satisfaisante. Elle n'a donné lieu qu'à deux critiques sérieuses concernant, l'une les relais et époques alternantes, l'autre les veillées.

Le premier grief a disparu depuis la mise en vigueur de la loi de 1900 (v. *supra*), mais le second subsiste, bien que tous les inspecteurs, spécialement ceux des grands centres et spécialement de Paris, avaient insisté sur les déplorables résultats des veillées.

Mais à ces deux griefs vient s'en ajouter un beaucoup plus grave parce qu'il est d'ordre général. La loi de 1892 ne s'occupe que des ouvriers et ouvrières de l'industrie.

Les négociants n'y sont pas soumis et ils peuvent retenir leur personnel féminin, ou les enfants qu'ils emploient, au delà de 9 heures du soir. Il y a là une lacune grave de notre législation contre laquelle on ne saurait trop s'élever [1].

Beaucoup plus délicate est la question de savoir s'il ne conviendrait pas de réglementer sévèrement le travail de nuit, même pour les hommes adultes. La plupart des inspecteurs s'accordent à relever les inconvénients multiples du travail de nuit, gravement préjudiciable à la santé des travailleurs, et d'une qualité généralement fort inférieure. Mais tous également signalent les dangers de la concurrence étrangère et l'infériorité dans laquelle une réglementation trop stricte pourrait placer l'industrie française, à moins qu'un accord international n'intervînt sur la question. Un tel accord ne semble pas pouvoir être négocié utilement en l'état actuel des relations économiques des puissances : peut-être sera-t-il un jour rendu possible par l'Association internationale nouvelle.

M. Hirsch, après avoir rappelé les déplorables conséquences hygiéniques du travail de nuit, s'est attaché à définir le rôle du législateur en cette matière. Il estime qu'une intervention directe et énergique s'impose en faveur des femmes et des enfants, et, prenant pour exemple la législation allemande de 1891, il démon-

---

[1] A noter en ce sens, le dépôt sur le bureau du Congrès, d'un vœu de *M. Beausoleil,* secrétaire du syndicat des employés, en faveur de l'extension *aux magasins de gros et de détail,* des lois réglementant le travail des femmes et des jeunes gens dans les ateliers.

tre que l'on pourrait sans inconvénient renforcer la prohibition, et réduire au minimum le nombre encore excessif des exceptions légales. En ce qui concerne les adultes, au contraire, l'intervention législative doit être beaucoup plus réservée, et l'Etat doit se contenter de garantir les conquêtes réalisées par la libre initiative des associations ouvrières [1]. Il serait bon cependant que la loi édictât certaines règles protectrices (obligation de faire alterner, tous les huit jours, les équipes de jour et de nuit, fixation à 8 heures de la durée maxima du travail de nuit autorisé. S'il s'établissait, entre les divers Etats, un accord exprès ou même tacite pour l'adoption de principes communs concernant le travail de nuit, un immense progrès serait réalisé, et l'Europe s'assurerait une pépinière d'ouvriers sains et robustes, prêts à soutenir victorieusement la concurrence des pays neufs.

M. Laporte, inspecteur divisionnaire du travail à Paris, a ensuite entretenu le Congrès des abus du travail de nuit dans certaines industries parisiennes, où les veillées sont tolérées sous certaines conditions (fréquemment éludées en pratique), notamment dans les industries du pliage des journaux, du brochage des imprimés et surtout dans l'industrie de la mode. A certains moments de l'année, couturières et modistes ne se contentent pas des tolérances légales ; il en est, surtout dans les quartiers élégants, qui ne craignent pas, dans les moments de presse, par exemple à la veille du Grand-Prix, de faire travailler leur personnel la nuit, au mépris de la loi. Le seul moyen efficace de faire disparaître de tels abus, serait de supprimer radicalement les veillées. Cette réforme aurait les plus heureux effets tant au point de vue moral qu'au point de vue hygiénique, pour une population féminine de 50.000 ouvrières au moins rien que pour la capitale, surtout si la clientèle riche voulait bien à l'avenir se montrer moins exigeante et songer un peu au bien-être des humbles femmes qui travaillent et peinent pour elle.

Une discussion fort intéressante s'engage ensuite entre plusieurs membres du Congrès sur l'opportunité d'une intervention immédiate du législateur tendant à prohiber en principe le travail de nuit même pour les hommes adultes. La thèse de la prohibition

---

[1] Actuellement, la loi *suisse* est la seule qui prohibe, en principe, le travail de nuit pour les hommes adultes. Sur la portée véritable de la loi française de 1900 à cet égard, v. les observations présentées *supra,* ainsi que notre rapport.

est défendue successivement par *M. Pourcines* et par *M. Le Blan,* président du syndicat de l'industrie linière du département du Nord. M. Pourcines est un adversaire résolu du travail de nuit sous toutes ses formes, travail qu'il considère comme inférieur, immoral et déprimant. Il faut donc l'interdire, et pour que l'interdiction soit efficace, il est indispensable de réprimer le travail *en chambre,* le domicile de l'ouvrière devant être considéré comme le prolongement de l'atelier. M. Le Blanc, vient à son tour déclarer que l'industrie linière demande la suppression de tout travail de nuit dans toutes les industries textiles, qu'il s'agisse de filature ou de tissage.

Beaucoup moins affirmatif est *M. Motte,* industriel et député de Roubaix. Tout en reconnaissant que le travail de nuit est antihygiénique, il s'efforce de démontrer au Congrès le danger d'une suppression immédiate du travail de nuit. Pour les filatures, cette suppression serait possible ; mais elle serait ruineuse pour le peignage de la laine, qui emploie un matériel d'un prix énorme et ne fait qu'un chiffre d'affaires très petit, d'où nécessité de recourir au travail de nuit, jusqu'au jour du moins où un accord serait intervenu pour sa suppression entre la France, l'Allemagne et la Belgique.

Moins affirmative encore a été *Mlle Kate Schirmacher,* l'une des leaders du féminisme allemand, qui a développé avec beaucoup d'humour les deux points de vue antinomiques entre lesquels se partagent actuellement les groupes féministes. Le Congrès des œuvres et institutions féminines, où l'élément français était prédominant, s'est posé en adversaire de toute réglementation spéciale à la femme. Sous prétexte de protection, dit-on, les lois protectrices spéciales à la femme n'ont d'autre résultat que d'assurer aux hommes le monopole de certaines industries, la typographie par exemple : n'a-t-on pas, au nom de la loi de 1892, condamné récemment le journal *la Fronde,* coupable d'avoir fait travailler la nuit son personnel féminin, comme si le travail de nuit n'était pas une nécessité pour les journaux du matin ? Mlle Schirmacher est moins absolue ; elle ne serait pas loin d'admettre, avec le groupe allemand, que les femmes, quel que soit leur courage, ne pouvant entreprendre impunément toutes les tâches, ont besoin d'être protégées contre elles-mêmes ; mais la réglementation du travail des femmes doit être intelligente, très souple, jamais tyrannique et vexatoire.

Le discours de Mlle Schirmacher a provoqué d'intéressantes

déclarations de *M. Keufer,* délégué permanent de la Fédération des travailleurs du livre, qui, après avoir disculpé les typographes français du reproche d'avoir visé l'exclusion des femmes, alors qu'ils ne poursuivaient qu'un but, obliger les patrons à ne faire travailler personne, hommes ou femmes, au-dessous du tarif syndical, a développé sur le fond une thèse relevant plutôt de l'éthique que du droit. Il ne suffit pas de décréter la suppression du travail de nuit pour le faire disparaître en fait. Il faut que l'éducation sociale intervienne pour empêcher l'ouvrier et le patron de s'entendre en vue de violer la loi et aussi pour modérer les exigences de la clientèle, cause première des infractions très fréquemment relevées par le service de l'inspection.

M. Jay a plus de confiance dans l'action directe de la loi. Il estime qu'il appartient au législateur d'extirper sans retard les abus constatés, sans reculer les réformes nécessaires jusqu'au jour encore lointain d'un accord international. Les Etats qui s'engagent résolûment dans la voie des réformes, sans attendre d'être suivis, ont rarement lieu de s'en repentir. C'est ainsi que la réglementation stricte édictée par la Suisse n'a ni compromis, ni ralenti son activité industrielle. Au surplus, l'intérêt des travailleurs doit passer avant la protection des intérêts purement matériels et mercantiles; ces derniers peuvent être sauvegardés par d'autres moyens, mais la nécessité de protéger la santé, la vie, l'âme des travailleurs doit primer toutes autres considérations.

En résumé, et sauf cette divergence de méthode plutôt que de fond entre M. Jay et les précédents orateurs, tous se sont accordés à reconnaître les inconvénients du travail de nuit. Aussi M. Scherrer a-t-il pu résumer les débats en constatant l'unanimité de l'assemblée à condamner en principe le travail de nuit, et à exprimer le vœu de sa suppression aussi prompte et aussi complète que possible, sauf dans les fabriques à feu continu.

IV

TROISIÈME QUESTION : *Inspection du travail*[1]. — Tous les orateurs inscrits ont insisté sur la nécessité de renforcer le service de l'ins-

[1] Cinquième séance présidée par *M. de Philippovich.* Huit rapports déposés : MM. *Fuchs* (Allemagne), *Miss Harrisson* (Angleterre), *Métin* (Australie), *Dr Mischler* (Autriche), *Varlez* (Belgique), *Breton* et *Fontaine* (France), *Otto Lang* (Suisse).

pection. Une législation ne vaut que par la façon dont elle est appliquée; or, il est évident qu'elle ne saurait être sérieusement appliquée que si les chefs d'industrie sont assujettis à des inspections fréquentes, par un corps de fonctionnaires suffisamment nombreux, ayant à la fois une compétence technique indiscutable, une autorité morale reconnue et la confiance de la population ouvrière placée sous leur tutelle.

Comment satisfaire à tous ces desiderata? D'abord en entourant de garanties sérieuses le recrutement de ces agents et en créant dans ce but plusieurs catégories d'inspecteurs [1]; en second lieu, en adjoignant aux inspecteurs proprement dits des délégués élus par les ouvriers, suivant l'exemple de la Belgique [2].

C'est sur ce second point que s'est pour ainsi dire concentrée la discussion. Presque tous les orateurs, *MM. Laporte,* inspecteur divisionnaire du travail, et *Fontaine,* directeur de l'Office du travail, pour la France; *Fuchs,* inspecteur des fabriques du Grand-Duché de Bade; *Brust,* délégué des *Christliche Gewerkschaften;* *Giesbert,* représentant des *Katholische Arbeitervereine,* pour l'Allemagne, se sont nettement prononcés pour le principe de la coopération active des organisations ouvrières à l'inspection des établissements industriels de tout ordre. Mais, sur le mode de cette coopération, deux opinions divergentes se sont fait jour. *M. Laporte* s'est déclaré l'adversaire de l'extension, aux industries diverses, du système des délégués ouvriers, auxiliaires de l'inspection officielle, déjà usité en Suisse dans l'industrie minière. Ces délégués, d'après lui, auraient un rôle trop inférieur : il faut qu'ils entrent par la même porte que les autres. En d'autres termes, la solution du pro-

---

[1] C'est ainsi qu'au *Canada,* d'après la communication très applaudie de *M. Guyon,* inspecteur des établissements industriels à Montréal, il existe, à côté des inspecteurs et inspectrices de fabrique, des inspecteurs spéciaux préposés au contrôle des établissements industriels au point de vue de la sécurité (inspection des chaudières, dispositifs protecteurs, etc.), et des inspecteurs d'hygiène recrutés dans le corps médical. En *Belgique,* un service d'inspection *médicale* a été aussi créé parallèlement au service d'inspection du travail proprement dit. Les deux services, autonomes, relèvent d'une autorité commune, celle du Ministre (communication de *M. Dubois,* directeur de l'Office du travail de Belgique).

[2] Il existe en Belgique 11 inspecteurs-ingénieurs, répartis en 9 districts, assistés de 4 *délégués ouvriers.* Ces délégués ont les mêmes droits que les inspecteurs-ingénieurs. *Ils peuvent dresser des procès-verbaux.* Ils sont convoqués avec les inspecteurs-ingénieurs, bien que placés sous leur dépendance. Mais cette subordination n'a rien d'humiliant. Ils jouissent même, dit *M. Dubois,* d'une grande considération auprès des industriels.

blème consiste à modifier les programmes, dans un sens pratique, de telle sorte que les ouvriers instruits puissent aborder le concours de l'inspectorat avec de sérieuses chances de réussite. M. le Ministre du commerce a fait un premier pas dans cette voie en supprimant le privilège de trente points jusqu'ici accordé aux élèves diplômés des grandes écoles (Arts et métiers, Ecole centrale, etc.).

M. *Fontaine,* au contraire, — et l'opinion qu'il exprime est aussi celle de la Commission supérieure du travail, — se déclare nettement favorable à l'adjonction, aux inspecteurs officiels, fonctionnaires recrutés par la voie du concours, d'auxiliaires ouvriers, pour l'élection desquels on pourrait opter entre divers systèmes : système français(spécial aux délégués mineurs)de l'élection directe par les ouvriers ; système belge, de la désignation par le gouvernement sur une liste de candidats, dressée par le Conseil supérieur du travail ; ou système anglais de l'inspection facultative inscrit dans la loi de 87 (faculté reconnue aux ouvriers de faire visiter à leurs frais, par des délégués de leur choix, quand ils le jugent à propos, les établissements où ils travaillent). Quel que soit le système adopté, la création de délégués ouvriers serait une heureuse innovation. Elle donnerait à l'inspection des auxiliaires précieux, et sanctionnerait le principe que les travailleurs ont le droit de veiller à leur propre sécurité.

Nous serions, pour notre part, partisan de la combinaison du système canadien et belge de la spécialisation des fonctions, et du système anglo-belge de l'adjonction aux inspecteurs de délégués élus. La création des inspecteurs spéciaux pour l'hygiène, recrutés dans le corps médical, aurait au point de vue de l'installation hygiénique des ateliers les plus heureux effets ; les inspecteurs ordinaires pourraient alors donner tout leur temps à l'inspection des usines au point de vue de la sécurité et à l'étude, si importante pour l'élaboration de la législation ouvrière, des questions de salaires et de statistique sociale.

L'adjonction de délégués ouvriers aux inspecteurs serait également très désirable. Quel que soit leur zèle, les inspecteurs ne peuvent exercer qu'une surveillance très intermittente sur les établissements industriels ; de l'aveu même de M. Fontaine, chaque établissement n'est visité en moyenne, que tous les deux ou trois ans ! Mieux vaudrait, dit M. Laporte, élargir les cadres de l'inspection pour y laisser pénétrer, par la voie d'un concours rendu plus pratique, l'élément ouvrier. Le procédé, à notre avis, serait des plus fâcheux. En effet, de deux choses l'une : ou bien les programmes seraient simplifiés au point de devenir accessibles à la moyenne des ouvriers et en ce cas les inspecteurs n'auraient plus cette cultûre générale et cette largeur d'esprit indispensables à l'exercice de leurs délicates fonctions [1] ; ou bien, et c'est l'éventualité la plus vraisemblable, cette simplification sera plus apparente que réelle, et, en ce cas, les ouvriers d'élite, pourvus d'une instruction très supérieure à celle de la masse, auront seuls l'espoir de réussir au concours. Il n'y aura au fond rien de changé à l'organisation actuelle, mais les groupements ouvriers seront fondés à se plaindre d'avoir été leurrés. Mieux vaut donc emprunter à l'industrie minière le système des délégués ouvriers élus, qui fonctionne chez nous depuis plus de dix ans à la satisfaction de tous. Sans avoir les droits des inspecteurs, les délégués fournissent à ces derniers un concours précieux au point de vue de la technique du métier.

Cette réforme, en soumettant les établissements industriels à un contrôle pour ainsi dire permanent, assurerait à nos lois réglementaires l'efficacité qui leur manque un peu, et permettrait de faire disparaître les abus trop réels signalés par divers orateurs, notamment Mlle *Bouvard,* membre du syndicat des fleuristes, qui s'est énergiquement élevée contre le caractère illusoire de l'inspection effectuée dans les couvents, ouvroirs et orphelinats. Il convient cependant de ne pas oublier que les lois les plus impératives et les plus complètes ont besoin, pour être appliquées dans leur esprit, du concours actif de l'opinion publique. Sans doute, il appartient au législateur de diriger, d'orienter l'opinion flottante et souvent faussée par les préjugés ; et l'on peut admettre, en un certain sens, avec M. le Dr *Golstein,* privat-docent à l'Université de Zurich, que le meilleur moyen de faire l'éducation du public est encore d'appliquer la loi d'une manière inflexible.

Mais il n'en est pas moins vrai, — et *M. Quillent,* conseiller prud'homme, membre de l'Union protectrice des jeunes travailleurs, a justement insisté sur cette idée, — que les lois réglementaires ne sont, le plus souvent, appliquées que mollement lorsque les pouvoirs publics ne se sentent pas soutenus, aiguillonnés par

---

[1] Consulter, pour le développement de ce point de vue, le rapport fort intéressant de M. *Fuchs,* inspecteur des fabriques du grand-duché de Bade (*Compte rendu officiel du Congrès,* p. 232 s.).

l'opinion publique. C'est aux organisations ouvrières, dans le genre de l'Union protectrice, qu'il appartient de soutenir le zèle des inspecteurs, de signaler les abus, et, finalement, de vaincre la force d'inertie que certaines administrations, chargées d'appliquer la loi, opposent parfois aux justes doléances de ceux que le législateur a entendu protéger.

Après le dépôt d'un vœu émané de MM. Baumé, Thierrad, Champy, Quillent et Beausoleil, délégués ou prud'hommes ouvriers, en faveur de l'élection des inspecteurs et inspectrices du travail par les organisations syndicales, M. de Philippovich a clos la discussion et résumé à peu près en ces termes l'opinion générale du Congrès :

« L'inspection du travail est une institution essentielle qu'il importe de renforcer dans tous les pays, notamment par l'aggravation des pénalités, la spécialisation des fonctions (création d'inspecteurs médicaux) et par l'adjonction aux inspecteurs de délégués élus par les ouvriers. Il est désirable que des relations permanentes s'établissent entre les corps d'inspecteurs des différents pays [1] ».

V

Quatrième question : *Formation d'une Union ou Association internationale pour la protection légale des travailleurs* [2]. — Tel était, avons-nous dit, l'objet essentiel du Congrès de Paris. L'idée d'un tel groupement n'était pas absolument nouvelle ; elle avait été émise, en effet, dès 1890, à la conférence de Berlin, par les délégués du gouvernement suisse, puis reprise en 1897 aux Congrès de Bruxelles et de Zurich ; et chacun de ces deux congrès avait nommé une Commission chargée d'élaborer les statuts de l'Association internationale future. Les efforts convergents de ces deux Commissions ont abouti à l'élaboration d'un projet rédigé par

---

[1] Depuis quinze ans, les inspecteurs du travail des Etats-Unis et du Canada tiennent un Congrès annuel. — V. Compt. rend. offic. du Congrès, disc. de M. Guyon, p. 528.

[2] VI⁰ séance présidée par *M. Nyssens*. Le rapport qui a servi de base aux discussions du Congrès était l'œuvre de *M. Mahaim*. V. ce rapport intitulé « *Union internationale pour la protection légale des travailleurs* » dans le Compte rendu officiel, p. 215 s. — Cpr. les rapports de MM. *Curti* sur « *Le bureau international pour la protection des ouvriers* », et *Waxweiler*, sur « *Le rôle d'une Association internationale pour le progrès de la législation du travail* ».

M. Mahaim, professeur à l'Université de Liège, ex-secrétaire général du Congrès de Bruxelles, étudié et amendé par la Commission internationale nommée dans la première séance (v. *supra*). Ce projet a finalement été voté à l'unanimité, moins une abstention, dans la dernière séance du Congrès.

La Commission avait à opter entre deux combinaisons :

a) Emettre un vœu en faveur de la création, par les gouvernements eux-mêmes, d'une Union internationale pour la protection ouvrière, ayant pour organe un bureau ou office international de statistique ouvrière, analogue aux nombreux bureaux ou offices internationaux constitués dans ces quinze ou vingt dernières années : unions pour la protection de la propriété industrielle ou de la propriété littéraire, unions postale ou télégraphique, union pour les transports internationaux par chemin de fer, etc.

b) Constituer immédiatement et sans plus attendre une association internationale ayant pour centre un office international *privé* de statistique ouvrière : Office sans attaches officielles, jouissant par conséquent d'une entière indépendance, même au regard des gouvernements qui, après s'être rendu compte des services qu'il peut rendre, jugeraient opportun de recourir à ses services et lui alloueraient à cet effet une subvention.

La Commission, et à sa suite le Congrès, ont résolument éliminé la première combinaison, pour laquelle s'était prononcé en principe le Congrès de Zurich, et ont voté la constitution immédiate d'un office privé. Il nous paraît facile de justifier cette détermination.

Le premier projet avait en effet deux vices graves :

Il risquait de renvoyer aux calendes la constitution de l'office projeté. Rien n'est plus lent à mettre en mouvement que la diplomatie.

Les souverains les plus puissants l'ont éprouvé à leurs dépens : Guillaume II en a fait l'expérience en 1890, lorsqu'il a, mais en vain, cherché à réaliser une entente internationale entre les divers Etats sur certains points, limitativement déterminés, de la législation ouvrière ; Nicolas II l'a expérimenté à son tour en 1899 lorsqu'il a vu échouer à la Haye son fameux projet de désarmement, ou plutôt de restriction des armements et a dû se rabattre sur les articles secondaires de son programme, tels que la réglementation de la guerre sur terre.

Il était infiniment vraisemblable que les gouvernements, qui auraient eu l'imprudence de provoquer une entente internationale sur

la législation ouvrière, ou même sur la constitution d'une union
destinée à préparer cette législation internationale de l'avenir, se
fussent heurtés aux mêmes obstacles. Comment trouver à bref
délai, par exemple, un terrain d'entente entre la conception française, belge ou anglaise, essentiellement égalitaire, basée sur la
reconnaissance légale des groupements professionnels libres, la
conception germanique ou russe, basée au contraire sur l'idée cor-
porative et sur la prééminence de l'autorité patronale, à la fois ren-
forcée et contrôlée par l'autorité administrative, et enfin la conception nettement socialiste des nouvelles sociétés anglo-saxonnes
(Australie, Nouvelle-Zélande), dont le trait caractéristique réside
dans l'affirmation du droit supérieur de l'Etat sur toutes les manifestations de l'activité sociale, et dans la prépondérance assurée
aux masses ouvrières sur l'élément patronal, au travail sur le
capital !

Ces points de vue sont inconciliables. La réussite des bureaux
internationaux précités ne prouve rien en faveur du succès probable d'un office international de protection ouvrière, attendu que
les bureaux existants ont un objet bien délimité, absolument indépendant de la politique générale et de la forme des gouvernements,
tandis qu'un bureau international du travail devrait fatalement
préconiser telle ou telle conception sociale, et par conséquent se
mettrait tôt ou tard en opposition flagrante avec les principes mêmes,
démocratiques ou aristocratiques, sur lesquels repose la constitution
de tel ou tel Etat adhérent.

Si, en fait, et malgré ces obstacles, les principaux gouvernements s'entendaient pour créer un office du travail, la diplomatie
jalouse et craintive de chaque Etat le tiendrait si bien en lisière,
par crainte des complications, qu'il serait obligé de faire le mort et
ne rendrait en somme aucun des services que l'on a le droit d'en
attendre.

Mieux vaut donc, à tous égards, un office privé.

Les avantages de cette indépendance de l'Office projeté au regard
des gouvernements ont été très heureusement mis en relief, soit par
M. Cauwès, soit par M. Millerand, dans leurs discours d'ouverture
du Congrès :

M. Cauwès : « Cette forme d'organisation plus modeste, dont
l'action serait plus indirecte et peut-être moins sensible que celle
d'un organe officiel, — si tant est qu'on parvînt à le créer — ra-

chèterait, à mon avis, cette infériorité par la possibilité d'étendre
davantage, par la suite, le cadre de ses attributions. Celles d'un
office public seront toujours, selon toute vraisemblance, assez jalousement circonscrites à cause des appréhensions des gouvernements.
Rien, au contraire, n'empêcherait qu'une association privée, *purement scientifique,* ne proposât à son activité, au fur et à mesure
que ses ressources le lui permettront, tous les buts répondant à son
objet... »

M. Millerand : « La création d'un office international *officiel* se
heurte à toute espèce de difficultés. Les gouvernements ne peuvent
ni résoudre par la voie internationale un problème social quelconque sans avoir à se préoccuper de la répercussion que la solution
qu'ils donnent peut et doit avoir non seulement au point de vue
même des problèmes qu'ils résolvent, mais au point de vue de tous
les intérêts dont ils ont la charge. Eh bien! quand des gouvernements ont à envisager des conséquences si multiples et si complexes, quand ils ne peuvent pas faire un pas sans se préoccuper
de savoir quelles seront les conséquences qu'il aura pour toutes les
relations internationales, aussi bien politiques qu'industrielles et
commerciales, on a tout lieu de craindre qu'un office créé dans ces
conditions ne vive que sur le papier... Un office *privé* n'a pas de
ces préoccupations parce qu'il n'a pas de ces responsabilités... »

Ces considérations ont paru décisives au Congrès qui, après avoir
approuvé la création d'une *Association internationale pour la
protection légale des travailleurs,* s'est prononcé pour la création
d'un bureau ou comité *privé* ayant son siège en Suisse : comité dont
les membres seront respectivement désignés par les sections nationales de l'Association internationale, sauf à s'adjoindre par cooptation les membres appelés à représenter les États ne possédant
pas de section nationale (V. art. 7 et 14 combinés des statuts) [1].

----

[1] V. à la suite du présent article, le texte intégral des statuts. — V. dans le *Compte
rendu officiel,* à la suite du magistral discours de M. Mahaim, les déclarations d'adhésion formulées, au nom de leurs États ou plutôt de leurs nationaux respectifs, par *MM. de
Berlepsch* (Allemagne), *de Philippovich* (Autriche), *Guyon* (Canada), *Cauwès* (France),
Toniolo (Italie), *Scherrer* et *Curti* (Suisse). — Cpr. l'adhésion de M. Sève, consul de
Belgique à Londres et vice-président du Cobden-Club, au nom des interventionnistes
anglais. — V. aussi, p. 546 s. du *Compte rendu officiel,* les déclarations de *MM. Keu-
fer, Lagardelle, Hirsch,* au nom des organisations ouvrières françaises et allemandes.
Sur le débat assez vif auquel donna lieu, entre *MM. Champy, Jay, Lagardelle* et
Keufer, la question de l'assimilation du Saint-Siège aux États proprement dits, au
point de vue de la désignation des délégués officiels prévue par l'art. 7 *in fine* des sta-

VI

APPRÉCIATION DE L'ŒUVRE DU CONGRÈS. — Telle est la création du Congrès de Paris; il nous reste à en apprécier l'utilité. La première objection à prévoir est celle-ci : une organisation de ce genre n'est-elle pas une superfétation ? L'association nouvelle réunira-t-elle plus de matériaux que n'en ont réunis et n'en réuniront encore les *Offices du travail,* institués dans la plupart des pays par les gouvernements eux-mêmes, ou les *Musées sociaux,* centres d'études et d'enquêtes sociales indépendantes, comme le Musée social de Paris, prototype du genre, ou les musées et offices privés plus, récemment créés à New-York, à Amsterdam, à Lyon et ailleurs ? L'Association enfin fera-t-elle plus et mieux que ces Congrès périodiques internationaux, qui sont entrés dans les mœurs et qui réunissent successivement, dans les principaux centres, les économistes et les délégués des groupements professionnels de divers pays?

L'objection ne nous paraît nullement décisive. Sans déprécier l'œuvre importante de ces offices, musées ou congrès de tous genres, il est bien permis de dire que ce qui manque à toutes ces enquêtes parallèles, c'est l'unité : unité dans le but poursuivi, unité dans les méthodes de recherche ou d'exposition. Ce qui leur fait défaut, en d'autres termes, c'est un lien permanent et durable, qui permette de faire profiter tous les États des enquêtes réalisées par l'un d'eux : enquêtes trop souvent ignorées aujourd'hui, faute d'un centre commun où tous les renseignements recueillis afflueraient et seraient mis en œuvre, pour le plus grand profit de la communauté internationale.

Ce centre commun, c'est l'Association nouvelle qui le constituera, si le succès répond aux efforts de ses fondateurs. Son utilité, à cet égard, peut se résumer dans une triple formule :

1o L'*Association favorisera le groupement de tous les docu-*

---

tuts, consulter *Compte rendu officiel,* p. 549 s. Les rédacteurs des statuts ont pensé, et le Congrès s'est rallié à leur avis, qu'*abstraction faite de toutes considérations religieuses,* le Saint-Siège, ayant au point de vue diplomatique les droits et prérogatives d'un gouvernement, devait être invité à désigner un délégué, concurremment avec les chefs d'États. Il n'en reste pas moins entendu que l'Association internationale devra rester absolument *neutre,* au point de vue confessionnel. — Sur l'offre de concours, formulée par *M. du Maroussem,* au nom de l'*Association internationale d'enquête,* v° *Compte rendu officiel,* p. 352.

ments législatifs et statistiques, concernant la législation ouvrière dans tous les pays civilisés. a) *Documents législatifs.* — Ces documents comprennent le texte même des lois, décrets et circulaires, les travaux préparatoires, qui vivifient en quelque sorte le texte de la loi, et enfin les documents officiels ou officieux relatifs à l'application des lois, tels que les rapports des inspecteurs ou des Commissions du travail. Une loi ne vaut que par la façon dont elle est appliquée; pour apprécier la valeur d'une loi quelconque et spécialement d'une disposition réglementaire, c'est donc moins à son texte qu'aux documents postérieurs, permettant d'en apprécier en quelque sorte le rendement effectif, qu'il convient de se référer.

Or, ces documents, où les trouver? Il est, depuis quelques années, relativement facile de se procurer d'assez bonnes traductions en langue française des lois étrangères, grâce aux *Recueils de la Société de législation comparée* ou aux publications des Offices du travail français ou belge. Mais il est beaucoup plus difficile de se procurer les documents parlementaires étrangers, et à plus forte raison les rapports des inspecteurs. L'Office international, une fois constitué, groupera tous ces documents, tous ceux du moins qu'il pourra se procurer soit directement auprès des administrations étrangères, soit par l'entremise des sections nationales constituées dans les différents pays. Sans doute, l'office ne saurait avoir la prétention de centraliser les innombrables documents afférents à la législation ouvrière publiés en tous pays et en toutes langues. Beaucoup de ces documents devront, comme par le passé, être consultés sur place ou dans les bibliothèques particulières des sociétés et des musées sociaux. Mais les publications périodiques éditées par l'Association fourniront tout au moins des indications précieuses pour les recherches, et dresseront peu à peu une bibliographie méthodique, un répertoire trilingue (français, allemand et anglais), unique en son genre, qui, au bout de quelques années, rendra d'inappréciables services. Ce répertoire facilitera, d'une part, la publication de mémoires originaux sur des points spéciaux, et, d'autre part, il constituera, pour tous les Parlements, un instrument de recherches très précieux.

b) *Documents statistiques.* Le bureau de l'Union doit être un office de *statistique ouvrière*. Il ne suffit pas, en effet, d'étudier les lois étrangères, ainsi que les documents qui s'y rattachent. Le plus utile peut-être, c'est de dresser une *statistique des institu-*

tions ouvrières, statistique permettant à l'aide de chiffres contrôlés
et rapprochés, de déterminer l'importance exacte des phénomènes
économiques que sollicitent l'intervention ou l'examen du législateur,
tels que la hausse ou la baisse des salaires, les fluctuations de la
production, la démographie ouvrière, le nombre, les causes et
les résultats des grèves ; le développement des coopératives de toutes catégories ; la proportion par régions, natures d'industrie, etc.,
des accidents, des maladies professionnelles ou des chômages.

Or, où en sommes-nous en fait de statistique ouvrière ? Certains
États, comme l'Allemagne, par exemple, possèdent des statistiques
nationales fort bien faites. Les offices du travail, spécialement les
offices français, belge et américain, ont entrepris, pour leurs pays
respectifs, des enquêtes approfondies sur les salaires ; mais la statistique *internationale* et comparative est encore dans l'enfance,
dans la période des tâtonnements et des généralisations hâtives.
La faute en est surtout à la difficulté de comparer entre elles des
statistiques établies sur des bases différentes, suivant des méthodes
divergentes. Le même terme n'a pas le même sens dans toutes les
statistiques ; c'est ainsi, par exemple, que sous la dénomination de
manufactures, chaque pays fait rentrer des industries différentes,
que la qualification de *patrons* est tantôt appliquée, tantôt refusée
aux tâcherons ; c'est ainsi également que certaines statistiques font
rentrer dans le salaire la rémunération en nature et que d'autres
l'en excluent, etc. [1].

Comment, dans ces conditions, comparer entre elles les diverses
statistiques nationales ? La création d'un Office international de
statistique ouvrière aurait un double avantage : 1° *unifier les méthodes*, fournir des cadres uniformes et des formulaires pour les
tableaux statistiques ; 2° faciliter les enquêtes *internationales*. Quelques-unes ont déjà été tentées ; mais, à part les enquêtes plutôt
économiques ou financières que sociales poursuivies par l'Institut
international de statistique et une enquête très consciencieuse de
l'Office belge sur le travail de nuit des ouvrières dans les principaux
pays européens, celles organisées par les soins des offices du travail
ressortissant aux ministères du commerce ou du travail (enquête

---

[1] Sur le défaut de concordance des statistiques, cpr. notamment, Waxweiler, *L'organisation internationale de la statistique du travail* (congrès de Bruxelles, p. 399 s.) ;
Brants, *Un mot sur la méthode de la législation comparée en matière économique*
(*ibid.*, p. 499 s.).

française sur le placement, sur la conciliation et l'arbitrage, enquête américaine sur les salaires) ou des Musées sociaux, sont forcément incomplètes et fragmentaires. Des enquêtes aussi vastes ne
peuvent guère être menées à bien qu'avec le concours d'agents
appartenant à chacun des pays intéressés, connaissant à fond le
terrain sur lequel ils opèrent. Lorsque l'association sera constituée,
son rôle sera d'organiser et de diriger les enquêtes confiées aux
sections nationales pour leurs pays respectifs, et de mettre en œuvre les documents une fois réunis.

2° *Le Bureau central de l'Association fonctionnera comme office de renseignements pour tous les membres adhérents.* Ceux-
ci, en effet, ne seront pas toujours en situation de consulter sur
place les documents réunis par le bureau central ou par les sections
nationales. Ils n'auront, en ce cas, pourvu que la question sur
laquelle ils désirent se documenter rentre dans le cadre des recherches de l'Office, qu'à écrire au bureau qui, dans le plus bref délai,
leur enverra les documents demandés ou les indications sur l'organisation adhérente, Musée ou Office social, par exemple, capable
de les leur procurer.

3° L'Office central aura, enfin, pour mission de *préparer la tâche
des Congrès futurs*, dans lesquels, périodiquement, se réuniront
les membres de l'association pour mettre en parallèle les diverses
lois, mesurer les progrès accomplis et discuter les réformes désirables. C'est ainsi que, progressivement, s'élaborera la législation
sociale future, sous la pression de plus en plus puissante d'une opinion publique mieux éclairée, plus consciente qu'elle ne l'est aujourd'hui du but à atteindre.

Il serait chimérique assurément de supposer que l'on parvienne
jamais à doter tous les pays d'une législation sociale *uniforme*.
Les traditions, les aptitudes particulières de chaque race, le développement plus ou moins grand de l'industrie suivant les régions,
la nature même des industries, enfin le sentiment profond de l'indépendance des nations, jalouses de n'obéir qu'à des institutions, inférieures peut-être à celles du voisin, mais imprégnées de l'esprit
national, toutes ces causes réunies s'opposeront, peut-être indéfiniment, en tout cas pendant fort longtemps encore, à une telle unification. Mais l'on verra, sans nul doute, d'ici peu d'années, se
dessiner de grands courants législatifs qui emporteront les parlements dans des voies parallèles. Ces courants, d'ailleurs, se dessi-

nent déjà ; et il suffit de comparer, par exemple, les lois ouvrières
françaises, allemandes ou anglaises d'il y a dix ans, aux lois actuellement en vigueur dans ces trois pays, pour constater ce rapprochement. Il y a, dès aujourd'hui, parenté étroite entre celles de
ces lois qui concernent l'hygiène des ateliers, le travail des enfants
et des femmes, voire même la responsabilité des accidents du travail.

Ce mouvement convergent n'est pas achevé, il ne fait que commencer. Les Congrès périodiques permettent d'en déterminer l'importance et l'orientation et, dans une certaine mesure, de le diriger, de préciser les points sur lesquels il doit se porter de préférence, ainsi que les écueils à éviter ; voire même d'indiquer les
questions spéciales, telles que le travail de nuit par exemple, sur
lesquelles il pourrait être, un jour ou l'autre, opportun de provoquer un accord diplomatique, actuellement irréalisable.

VII

LES SECTIONS NATIONALES : *Conclusions.* — Nous avons cherché à
définir le rôle de l'Association internationale naissante. L'activité
dont elle a fait preuve dès les premiers mois de son existence nous
paraît être d'un très bon augure. Sans doute le comité central ou
international, prévu par les statuts, n'est pas encore définitivement
constitué, et l'Association n'a aujourd'hui à sa tête qu'un comité
provisoire [1]. Mais ce retard est voulu ; il a paru, en effet, préférable, avant d'organiser le comité central, de constituer d'abord solidement dans chaque pays les *sections nationales* dont le comité ne
sera à vrai dire que l'émanation, puisque toute section régulièrement constituée (c'est-à-dire comprenant plus de 50 membres, individus ou sociétés) est appelée à élire le nombre de membres du
comité attribué par les statuts à l'État qu'elle représente (6 à 10
membres, art. 7 et 14 comb. des statuts) [2].

[1] Ce comité est ainsi composé : *M. Scherrer* (Suisse), président; *M. Mahaim* (Belgique), secrétaire ; *MM. Cauwès* (France), *de Berlepsch* (Allemagne), *de Philippovich*
(Autriche) et *Toniolo* (Italie), membres.

[2] L'art. 14 est rédigé d'une façon assez énigmatique. Il y aura lieu évidemment de le
réviser et de déterminer avec plus de précision le mode de calcul du nombre des délégués afférents à chaque section. En fait, les sections suisse et néerlandaise, faisant
abstraction de l'art. 14, ont, d'ores et déjà, désigné le nombre de délégués que leur
attribuait l'art. 7 : la première, ayant dès aujourd'hui plus de 250 adhérents, a désigné
10 délégués et la seconde en comptant plus de 150, a nommé 8 délégués (*Soziale
Praxis*, numéros des 31 janv. et 14 fév. 1901).

Dès le mois de décembre 1900, la section *suisse,* et la section *allemande* (*Gesellschaft für Soziale Reform*) ont reçu leur constitution définitive. La première a très rapidement recruté un grand nombre d'adhérents, parmi lesquels figure le gouvernement fédéral lui-même (qui a témoigné de sa sympathie pour l'œuvre par le vote d'une subvention), la plupart des gouvernements cantonaux, les fédérations ouvrières et les principales villes de la Confédération. La section allemande n'a pas été accueillie avec moins de faveur ; elle aussi se développe très vite, grâce au concours empressé des gouvernements, administrations provinciales et municipales, des universités et associations scientifiques de tout ordre, des corporations patronales et associations ouvrières ; des groupes régionaux (*Ortsgruppe*) se sont même constitués dans plusieurs villes, notamment à *Leipzig* et *Breslau* (V. *Soziale Praxis,* n° des 27 déc. 1900, 10 et 31 janv. 1901, 21 et 28 mars). Peu après, en février et mars, se sont constituées les sections *néerlandaise, belge* et *française* (V. ci-après les statuts de la section française, ou association nationale française pour la protection légale des travailleurs, votés par l'Assemblée générale constitutive du 2 mars, tenue au Musée social de Paris). La section *autrichienne* serait également sur le point de fonctionner.

Tout permet donc de prévoir que le comité international, élu des sections nationales, pourra se constituer définitivement avant la fin de l'année 1901, probablement en septembre. Ce comité aurait son siège à *Bâle,* et le directeur de l'*Office international de statistique* (lequel sera placé sous l'autorité du bureau, élu, du comité international) serait *M. Bauer,* professeur à l'Université de cette ville ; l'Office s'ouvrirait dès le commencement de mai[1] sous le contrôle du comité provisoire (*Sociale Praxis,* nᵒˢ 10 janvier et 21 mars 1901)[2].

---

[1] Des renseignements parvenus à notre connaissance depuis la rédaction de cet article, il résulte que l'ouverture de l'Office a eu lieu en mai, suivant nos prévisions, sous la direction de *M. Bauer,* et que la réunion générale du Comité international aura décidément lieu en septembre, à Bâle.

[2] L'assemblée générale de la section française a, dans sa séance du 2 mars, nommé un comité directeur de douze membres, qui sera ultérieurement porté à vingt-quatre. Ces membres sont : *M. Briat,* secrétaire général de la Chambre syndicale des ouvriers en instruments de précision, membre du Conseil supérieur du travail et de la Commission supérieure du travail ; *Cauwès,* professeur à la Faculté de droit de l'Université de Paris ; *Fontaine,* directeur du travail au ministère du commerce ; *Jay,* professeur à la Faculté de droit de l'Université de Paris, membre du Conseil supérieur du

Connaissant les promoteurs de l'œuvre entreprise, nous avons le droit d'escompter son succès. L'association étudiera scientifiquement les moyens légaux d'améliorer la condition des travailleurs sans recourir à la lutte des classes ; elle rapprochera, sur ce terrain d'études et d'actions communes, les penseurs et les hommes d'action, les théoriciens et les praticiens, les chefs d'industrie et les ouvriers, et coopérera ainsi efficacement à l'union des peuples. Notre conclusion sera celle du professeur Mahaim, l'un des maîtres de l'œuvre : il y a eu jadis une Internationale des travailleurs, organisation de combat d'une classe sociale ; l'Internationale nouvelle doit être, avant tout, une institution de paix sociale.

P. Pic,

Professeur de législation industrielle à l'Université de Lyon,
Membre du Comité directeur de l'Association nationale française
pour la protection légale des travailleurs.

ASSOCIATION INTERNATIONALE

POUR LA PROTECTION LÉGALE DES TRAVAILLEURS

STATUTS

ARTICLE PREMIER. — Il est formé une *Association internationale pour la protection légale des travailleurs*. Le siège de l'Association est en Suisse.

ART. 2. — Cette association a pour but :

travail ; *Lagardelle*, directeur du *Mouvement socialiste ; Laporte*, inspecteur divisionnaire du travail à Paris ; *Lichtenberger*, délégué au service des publications du *Musée social; Liébaut*, ingénieur, membre du Comité consultatif des arts et manufactures, et de la Commission supérieure du travail; *Lorin*, ingénieur ; *Pic*, professeur à la Faculté de droit de l'Université de Lyon ; *Quillent*, conseiller prud'homme ouvrier ; *de Seilhac*, délégué au service industriel et ouvrier du Musée social. Bureau du Comité : président, M. Cauwès ; vice-présidents : MM. Briat et Liébaut ; secrétaire, M. Jay ; trésorier, M. de Seilhac.

Les Comités directeurs des sections étrangères ont choisi respectivement pour présidents : la section *allemande*, M. de Berlepsch ; la section *belge*, M. *Mahaim;* la section *néerlandaise*, M. le Dr *Kordijk*, et la section *suisse*, M. *Frey*, membre du Conseil fédéral. Ainsi qu'on l'a fait observer *supra*, les sections suisse et néerlandaise ont déjà nommé leurs délégués au Comité international. La section allemande a désigné aussi six délégués, sauf à nommer un ou plusieurs délégués supplémentaires au fur et à mesure de l'accroissement du nombre des adhérents (V. *Soziale Praxis*, n° du 21 mars).

Les sections française et belge n'ont pas encore procédé à cette élection.

1° De servir de lien entre ceux qui, dans les différents pays industriels considèrent la législation protectrice des travailleurs comme nécessaire ;

2° D'organiser un *office international du travail* qui aura pour mission de publier en français, en allemand et en anglais, un *recueil périodique de la législation du travail dans tous les pays,* ou de prêter son concours à une publication semblable.

Ce recueil comprendra :

a) Le texte ou le résumé de toutes les lois, règlements et arrêtés en vigueur relatifs à la protection des ouvriers en général, et notamment au travail des enfants et des femmes, à la limitation des heures de travail des ouvriers mâles et adultes, au repos du dimanche, ou repos périodique, aux industries dangereuses.

b) Un exposé historique relatif à ces lois et règlements ;

c) Le résumé des rapports et documents officiels concernant l'interprétation et l'exécution de ces lois et arrêtés ;

3° De faciliter l'étude de la législation du travail dans les divers pays et, en particulier, de fournir aux membres de l'Association des renseignements sur les législations en vigueur dans les divers États ;

4° De favoriser par la préparation de mémoires ou autrement, l'étude de la question de la concordance des diverses législations protectrices des ouvriers ainsi que celle d'une statistique internationale du travail ;

5° De provoquer la réunion de Congrès internationaux de législation du travail.

ART. 3. — L'Association se compose de toutes les personnes et des Sociétés (autres que les sections nationales) qui adhèrent au but de l'Association tel qu'il est indiqué aux articles 1 et 2, et qui versent au trésorier une cotisation annuelle de 10 francs.

ART. 4. — Tout membre qui, au bout d'un an, aura négligé ou refusé d'acquitter sa cotisation, sera considéré comme démissionnaire.

ART. 5. — Les membres ont droit aux publications éventuelles de l'Association.

Ils ont également le droit de recevoir gratuitement du Bureau de renseignements qui pourra être institué, et conformément à son règlement spécial, les indications rentrant dans la compétence de ce Bureau.

ART. 6. — L'Association est dirigée par un Comité composé de membres appartenant aux divers États admis à y avoir une représentation.

ART. 7. — Tout État sera représenté au sein du Comité par six membres, dès que cinquante de ses citoyens auront adhéré à l'Association.

Au delà de ce nombre, chaque groupe nouveau de cinquante adhérents donnera droit à un siège de plus, sans que le nombre total des membres du Comité d'un même État puisse dépasser dix.

Les Gouvernements seront invités à désigner chacun un délégué, qui aura, au sein du Comité, les mêmes droits que les autres membres.

ART. 8. — La durée du mandat des membres du Comité n'est pas limitée et ce Comité se recrute par cooptation.

L'élection de nouveaux membres du Comité en remplacement des membres démissionnaires ou décédés se fera, sur la proposition des membres appartenant respectivement aux États ayant droit à des représentants.

Le vote a lieu au scrutin secret, dans une réunion du Comité, dont la convocation contient l'indication des candidats présentés. Les membres n'assistant pas à cette réunion peuvent envoyer au président leur vote sous pli cacheté.

Art. 9. — Le Comité est compétent pour prendre toutes les résolutions utiles à l'accomplissement du but de l'Association.

Il se réunit en Assemblée générale au moins une fois tous les deux ans.

Il peut être convoqué par le Bureau, chaque fois que celui-ci le juge nécessaire, ou quand quinze membres du Comité au moins le demandent.

Le choix du lieu de la réunion résulte de la consultation par écrit de tous les membres du Comité, faite par le secrétaire général, dans les délais fixés par le Bureau.

Art. 10. — Le Comité élit dans son sein, pour deux ans, un Bureau composé d'un président, d'un vice-président et d'un secrétaire général.

Le Comité nomme également le trésorier de l'Association.

Art. 11. — Le Bureau a pour mission de prendre les mesures nécessaires pour l'exécution des résolutions du Comité.

Il gère les fonds de l'Association.

Il fait chaque année un rapport au Comité sur sa gestion et sur ses opérations.

Il nomme les employés et autres personnes nécessaires au service de l'Association.

Il se met en rapport avec tous les États industriels, avec des spécialistes et des hommes compétents, disposés à fournir des renseignements sur les lois du travail et leur application. Ces personnes pourront recevoir le titre de correspondants de l'Association.

Art. 12. — Le Secrétaire général a la direction de la correspondance de l'Association, du Comité et du Bureau, ainsi que des publications et du service des renseignements.

Art. 13. — Le Trésorier perçoit les cotisations et a la garde des fonds. Il ne fait de paiement que sur le visa du Président.

Art. 14. — Une section nationale de l'Association pourra se former dans un pays, à la condition de compter au moins cinquante personnes et de verser à la caisse de l'Association une contribution annuelle minima de 1.000 francs. Les statuts de cette section devront être approuvés par le Comité.

Cette section aura le droit de pourvoir aux vacances qui se produiront, parmi les représentants de son pays, au sein du Comité.

Les membres d'une section nationale auront les mêmes droits que ceux de l'Association, sous cette réserve que les publications à lui fournir par l'Association, ainsi que sa représentation au sein du Comité, seront proportionnelles à sa contribution annuelle.

Art. 15. — Les présents statuts ne pourront être révisés, en tout ou en partie, que dans une Assemblée du Comité, à la majorité des deux tiers des voix des membres présents, et quand la proposition de révision aura été insérée dans la convocation.

ASSOCIATION NATIONALE FRANÇAISE
POUR LA PROTECTION LÉGALE DES TRAVAILLEURS

Statuts adoptés le 2 mars 1901.

ARTICLE PREMIER. — Il est fondé une Association nationale française pour la protection légale des travailleurs. Elle constituera la section française de l'Association Internationale pour la protection légale des travailleurs. Le siège de l'Association est à Paris.

ART. 2. — L'Association nationale pour la protection légale des travailleurs se propose de coopérer d'une façon générale à l'œuvre de l'Association internationale et de travailler spécialement à faciliter l'application et les progrès de la législation protectrice des travailleurs en France.

Dans ce but elle s'efforce :

1° De gagner l'opinion publique à la cause de la législation protectrice des travailleurs à l'aide de conférences, de publications, etc. ;

2° De fortifier l'autorité morale de l'Inspection du travail et de l'aider ainsi dans l'accomplissement de sa mission ;

3° De renseigner les intéressés (ouvriers, patrons, associations professionnelles, etc.) sur le sens et la portée des dispositions de la législation du travail, par l'institution notamment d'un bureau de consultations juridiques;

4° D'étudier les progrès dont la législation protectrice des travailleurs est susceptible, d'appuyer auprès des pouvoirs publics les modifications législatives dont l'utilité lui aurait paru démontrée;

5° D'encourager la création de groupements régionaux ou locaux destinés à rendre plus efficace l'action de l'association dans les diverses régions et localités.

ART. 3. — Sont membres de l'Association les personnes et les Sociétés qui considèrent la législation protectrice des travailleurs comme nécessaire et qui adhèrent aux présents statuts.

ART. 4. — La cotisation annuelle est fixée à 15 fr., pour les personnes et les Sociétés adhérentes. Elle est réduite à 5 fr. pour les personnes qui ne demandent pas à recevoir les publications de l'*Office International*.

ART. 5. — Tout membre de l'Association qui, trois mois après le rappel du trésorier, n'aura pas acquitté la cotisation sera considéré comme démissionnaire.

ART. 6. — L'Association est administrée par un Comité directeur élu par l'Assemblée des membres.

ART. 7. — L'Assemblée générale se réunit sur la convocation du Comité directeur à l'époque fixée par ce Comité et au moins une fois par an.

ART. 8. — Le Comité directeur est composé de vingt-quatre membres.

La représentation proportionnelle est appliquée à l'élection des membres de ce Comité, si 50 membres de l'Assemblée générale en font la demande.

Les membres du Comité directeur sont élus pour trois ans.

Par mesure transitoire, le Comité directeur nommé par la première assemblée générale ne sera composé que de douze membres ; une nouvelle assemblée générale, réunie au plus tard en janvier 1902, sera appelée à compléter le Comité par la nomination de douze nouveaux membres. Pour cette élection complémentaire et pour les élections ultérieures, le vote par correspondance sera admis.

Art. 9. — Le Comité directeur est renouvelé par tiers tous les ans.

Les membres sont désignés par le sort et sont rééligibles.

Le premier renouvellement par tiers aura lieu en janvier 1903.

Art. 10. — Le Comité directeur nomme son bureau et en détermine la composition et les attributions.

Le Comité directeur se réunit sur la convocation du président et du secrétaire. Il devra être réuni lorsque dix membres en feront la demande.

Art. 11. — L'Assemblée générale élit, sur la proposition du Comité directeur, les représentants de l'Association au sein du Comité de l'Association internationale.

La représentation proportionnelle peut, sur la demande de cinquante membres, être appliquée à cette élection comme à celle du Comité directeur.

Art. 12. — Le Comité directeur gère les fonds de l'Association. Il doit rendre compte une fois par an à l'Assemblée générale de son administration.

Art. 13. — Le Comité directeur tranche les questions non prévues par le présent règlement, sous réserve du droit de contrôle de l'Assemblée générale.

Art. 14. — Les présents statuts ne peuvent être révisés en tout ou en partie par l'Assemblée générale qu'à une majorité représentant les deux tiers des votants et quand la proposition de révision aura été insérée dans la convocation.

L'ASSURANCE CONTRE LES RISQUES D'ÉVICTION

DES PROPRIÉTAIRES FONCIERS AUX ÉTATS-UNIS

Les États-Unis d'Amérique ont pratiqué, pendant tout le cours du XIXᵉ siècle, un système de publicité réelle fort imparfait. Les conditions juridiques de la propriété ne sont sans doute pas identiques dans tous les Etats de l'Union, comme il n'y a pas de régime fédéral qui les ait jamais unifiées; mais malgré les différences qui existent entre les constitutions particulières, on peut dire qu'on rencontre partout les défauts inhérents à la clandestinité des attributions et des mutations de droits réels. Les actes sont bien transcrits sur des registres publics, mais sans que la transcription implique l'exactitude des indications qu'elle fournit. Le plus attentif examen laisse les acquéreurs dans l'ignorance des risques qui pèsent sur leurs titres. Et à cette incertitude s'ajoute la difficulté de reconnaître la position topographique des immeubles, et d'en vérifier les limites.

Heureusement que, sur la terre américaine, l'initiative privée supplée aux lacunes des lois, et, en ce qui concerne la protection des titres de propriété, on a vu s'établir des compagnies d'assurance qui ont pour but de parer aux chances d'éviction, de la même manière que la Nationale ou le Phénix nous garantissent contre d'autres sinistres. Ces compagnies se sont prodigieusement multipliées, et on en compte deux ou trois dans toute localité importante. Habituellement désignées sous le titre de *Title Guarantee Companies,* elles ne diffèrent guère les unes des autres par leurs principes ni par leurs procédés. La première a été constituée à Philadelphie en 1876 [1] et cet exemple fut rapidement suivi à Washington, à Baltimore, à Boston, à Chicago et ailleurs. La *Title Guarantee and Trust Company* de New-York date de 1883, et, aujourd'hui, dans certaines villes, la valeur des immeubles assurés contre l'évic-

----

[1] On peut trouver un bref historique de la question dans un article de la *Johnson's Universal Encyclopedia* (1897) publié au mot *Guarantee,* par M. Clarence H. Kelsey qui est précisément le président de la *Title Guarantee and Trust Company* de New-York.

tion se chiffre par des sommes variant de 150 à 250 millions de francs par an.

On n'aurait toutefois qu'une idée imparfaite de ces nouvelles sociétés d'assurance, si on se les représentait comme uniquement préoccupées de garantir aux propriétaires l'équivalent pécuniaire de leur immeuble, pour le cas où ils en seraient dépossédés. Cet avantage, qui aurait déjà son importance, n'exigerait que l'intervention, entre l'assureur et l'assuré, d'un contrat basé, comme les polices d'incendie, sur un simple calcul des probabilités. La plupart des propriétaires ne se sentiraient pas satisfaits par cet arrangement. Il leur faut la certitude de rester en possession, l'usage de l'immeuble valant souvent pour eux beaucoup plus que son prix nominal. De là, vis-à-vis des compagnies d'assurance contre l'éviction une exigence supplémentaire. Ceux qui s'assurent sur la vie n'ont jamais eu la prétention de voir la mort écartée de leur route par les soins de l'assureur. Et ceux qui s'assurent contre l'incendie, loin de vouloir que la compagnie les préserve du feu, appellent quelquefois ce sinistre de tous leurs vœux, dans l'espoir de toucher l'indemnité qui leur suffit. Mais ceux qui traitent avec une *Title Guarantee Company* lui demandent avant tout de les empêcher d'être dépossédés. Pour répondre à ces besoins, les compagnies ont organisé un système de vérification minutieuse des titres d'acquisition. Elles font ou refont l'origine de propriété avec plus de soins qu'un notaire. Elles ont, en effet, sur tout le territoire, des agents qui font des enquêtes sur la capacité des parties contractantes et de leurs auteurs, et sur toutes les circonstances d'où risquerait de naître, plus tard, une action en nullité. En outre, un service de presse les renseigne sur toutes les modifications que signalent les journaux dans l'état civil des personnes. On sait aussi dans quelles mesures les dévolutaires successifs d'un immeuble ont pu conserver leurs pouvoirs de disposition. Ce n'est qu'après avoir recueilli de la sorte des renseignements complets, que la compagnie dira à son assuré : « Payez votre prix sans crainte, votre auteur était propriétaire; il était maître de vendre ou de démembrer son domaine, et il n'était affecté d'aucune obligation pécuniaire dont les biens qu'il vous cède pourraient avoir à répondre plus tard. En cas de risques imprévus, nous vous indemniserions d'ailleurs complètement. » Lorsqu'on le leur demande, les compagnies d'assurance font même faire des travaux d'arpentage spéciaux pour déterminer rigoureu-

sement les limites de l'immeuble, et à leur garantie contre l'éviction elles ajoutent alors une garantie contre tout procès de bornage
et toute contestation concernant l'exacte superficie de la propriété.
Pour des services aussi précieux, les *Title Guarantee Companies*
opèrent dans des conditions relativement peu onéreuses. La dépense
de travail et d'argent varie évidemment suivant les cas et ne peut
être évaluée exactement, mais la faveur du public indique qu'il y a
une équitable proportion entre les avantages et les frais. Dans le
comté de Cook (Etat d'Illinois) on évalue à 1 million de dollars par
an le montant des primes perçues annuellement par les diverses
compagnies d'assurances, et ce chiffre s'élève à 10 millions de dollars pour l'Etat d'Illinois tout entier. Dans ce même Etat la moyenne
des demandes d'*abstracts* adressées à une seule compagnie d'assurance, avait passé de 42 par jour en 1885, à 90 par jour en 1889,
après avoir été successivement de 50, 59 et 62 pendant les cinq années
intermédiaires[1]. Il est facile de comprendre que les avantages de ce
système ne se mesurent pas au résultat obtenu lors d'une première
transaction. Lors des mutations ultérieures, les recherches se trouvent
simplifiées par le fait que l'origine de propriété établie une première
fois peut être invoquée de nouveau, et que la diminution des frais correspond alors à celle du travail. Les indications recueillies acquièrent
d'ailleurs, d'année en année, une certitude d'autant plus grande
qu'elles se trouvent confirmées par l'épreuve du temps. Pour couron-
ner ce résultat, les compagnies d'assurance ont le soin de classer leurs
archives par nom d'immeuble et non par nom de propriétaire, et
elles réalisent dès lors le mérite principal des livres foncier qui est
de grouper autour du plan de chaque parcelle les renseignements
relatifs à sa condition juridique ou économique. Malgré cette habile
organisation, la sécurité ne peut être qu'approximative, puisque la
porte reste ouverte à toutes les contestations. De plus, les garanties
acquises ne s'appliquent guère qu'aux immeubles urbains quoiqu'en
principe les immeubles ruraux puissent y prétendre. Aussi a-t-on vu
se manifester le besoin d'un système plus général et plus absolu,
qui s'appliquât à tout l'ensemble du territoire sans dépendre du bon
vouloir d'institutions privées, et qui permit de rendre complètement
inattaquables les titres de propriété.

L'exemple du système Torrens provoqua des projets d'immatri-

Rapport du Comité de l'*Illinois State Bar Association* pour 1891, pp. 28 et 29.

culation des droits réels. Les juristes américains se familiarisèrent d'autant mieux avec le régime australien qu'ils en avaient sous les yeux, dans les provinces du Canada, d'excellentes applications. On sait que les territoires du nord-ouest se sont graduellement soumis à l'*act Torrens* depuis quarante ans. Dès 1861, l'île de Vancouver avait commencé. En 1870 la Colombie britannique prenait modèle sur l'adaptation anglaise inaugurée par le Westbury act, et en 1885, la province d'Ontario copiait à peu près littéralement l'act Cairus que l'Angleterre avait substitué, dans l'intervalle, à l'act Westbury. L'influence de ces heureux précédents se reconnaît au fait que ce sont les Etats les plus voisins du Canada qui ont été les premiers à s'engager dans la même voie, et il est curieux de constater que, de Vancouver à Boston, le système Torrens a suivi une ligne orientée du nord-ouest au sud-est, comme celle qu'on avait pu remarquer dans l'Océanie où la réforme s'était étendue de l'Australie méridionale à la Nouvelle-Zélande, en passant par la Nouvelle-Galles du Sud, la colonie de Victoria et l'île de Tasmanie.

C'est au Congrès de la propriété foncière tenu à Chicago en 1893 que paraît avoir été donnée l'impulsion la plus décisive en faveur du nouveau système.

Plusieurs orateurs y exposèrent le profit que d'autres pays avaient déjà retiré de l'immatriculation des droits réels, et M. J.-H. Mason, président de la *Canada permanent loan and savings Company,* à Toronto, déclara notamment que ses compatriotes ne songeraient pas plus à rétablir le système antérieur de la clandestinité qu'à « s'éclairer avec des chandelles » (*sic*). Quoique diverses objections aient été formulées par M. Pence, de Chicago, le Congrès n'en vota pas moins, à l'unanimité moins deux voix, une résolution en faveur de l'adoption du système Torrens par les divers Etats de l'Union. L'Illinois fut le premier à répondre à cet appel. Dès 1892, une commission législative y avait été chargée d'élaborer un projet d'introduction du système Torrens, et, en 1895, ce projet fut voté par le Parlement local et approuvé par le gouverneur. Ce n'était pas encore un succès parfait, car l'*Act* fut déclaré inconstitutionnel par les tribunaux. On sait que la juridiction civile possède aux Etats-Unis un pouvoir analogue à celui que l'article 471 § 15 de notre code pénal confère à la juridiction répressive, en matière d'infraction aux arrêtés administratifs. Seulement, tandis que le droit de déclarer un texte illégal ne s'étend jamais chez nous aux

actes du pouvoir législatif, il reste sans limites pour le juge américain, et c'est à cette circonstance que doit être attribué le refus,
par les magistrats de l'Illinois, de considérer comme constitutionnelle la loi de 1895. Sans se décourager, les promoteurs remirent
l'*Act* sur le chantier, et firent voter un amendement de nature à
calmer les scrupules des tribunaux. Ainsi révisée, la loi est devenue
la *Convenance Act* de 1897, et s'applique aujourd'hui sans aucune
difficulté.

Dans l'Ohio et le Massachussetts, des projets semblables ont
donné lieu, presque simultanément, à des incidents de la même
nature. Le texte de l'Ohio, qui date de 1896, n'a pas encore, si nos
renseignements sont exacts, été remis au point[1]. Mais celui du
Massachussets, après les amendements nécessaires, est devenu
exécutoire sous le nom de *Land registration Act of* 1898.

Parfaitement distinctes dans leurs dispositions comme dans leur
sphère d'application, les lois de l'Illinois et du Massachussets ont
cependant des traits communs. Elles instituent, l'une et l'autre, un
pouvoir spécial chargé d'immatriculer, après examen, les actes
constitutifs de droits réels ; le pouvoir n'est représenté, dans l'Illinois, que par un simple fonctionnaire, le *recorder of deeds,* tandis
qu'il est constitué, dans le Massachussetts, par une *Court of registration* ayant les allures et la solennité d'un corps judiciaire. Cette
différence est celle qu'on observait déjà entre le système australien
et le système allemand. Dans l'un et l'autre Etat, l'immatriculation
est purement facultative et s'obtient par une demande spéciale
appuyée sur les documents nécessaires pour établir la prétention
du requérant. Les justifications exigées varient suivant les espèces,
mais sont si complètes qu'une fois l'immatriculation obtenue, il y a
bien peu de risques d'éviction à redouter. Néanmoins le titre n'est
pas inattaquable en droit, et la preuve contraire est admise de la
part de tous les intéressés. La seule garantie certaine est dans la
compensation pécuniaire assurée, et en prévision de ce cas, les
acquéreurs payent une prime de 1 p. 1.000 lors de l'immatriculation.

Cette dernière indication donne à penser que les lois nouvelles
n'ont pas réalisé sur le système des compagnies d'assurance un
progrès bien sensible et qu'elles se sont bornées à substituer une

---

[1] Voir Rackemann : *The land registration Act of Massachussets.*

organisation d'ordre privé. Mais il ne faudrait pas s'arrêter à cette
réflexion. C'est quelque chose que d'avoir inauguré une organisation générale, reposant sur la garantie de l'Etat, au prix d'une
dépense bien plus faible que celle qu'entraînent les compagnies
particulières.

Entre le taux de 1 p. 1.000 fixé par les lois nouvelles et celui de
1/2 p. 100 exigé par les sociétés d'assurance, il y a une différence
des quatre cinquièmes, et cet avantage suffirait à lui tout seul à
populariser la réforme. On ne saurait faire fi des questions d'économie dans le domaine économique, et c'est le bon marché des
transactions que réclamait avant tout le président du *Real Estate
Board,* de Chicago, au moment de l'élaboration du projet de l'Illinois. Mais cette économie de dépenses ne serait que peu de chose
à côté de la certitude qu'on peut avoir d'obtenir, dans un temps
plus ou moins prochain, la transformation des titres possessoires en
titres absolus. Par elles-mêmes les compagnies d'assurance auraient
pu arriver à diminuer les risques d'éviction, mais jamais elles n'auraient pu rendre la preuve contraire irrecevable. L'initiative de
l'Etat aboutira, au contraire, lorsque l'immatriculation aura fonctionné pendant quelques années, à faire décider que le titre imma-
triculé fera foi par lui-même de son exactitude. On le sent si bien
en Amérique que plusieurs autres Etats, notamment le Maine, le
Maryland, la Californie et l'Etat de New-York ont déjà nommé des
commissions à l'effet d'élaborer des projets semblables à ceux du
Massachussetts et de l'Illinois, et l'on peut se croire à la veille de
l'extension du système Torrens à tout le territoire de la grande
Confédération.

Jacques DUMAS,
Procureur de la république à Rethel.

LA SPÉCIALISATION ET SES CONSÉQUENCES

Suite [1]

CHAPITRE XI

LES DIVERSES ESPÈCES DE SPÉCIALISATION ET DE COOPÉRATION DE LA PRODUCTION

Les économistes, ainsi qu'on l'a vu, lorsqu'ils ont voulu établir des distinctions entre les différentes espèces de spécialisation de la production, se sont placés tantôt à un point de vue, tantôt à un autre ; et ceux mêmes qui ont tenté de véritables classifications, n'ont pu davantage s'empêcher d'employer plusieurs principes de division à la fois.

On peut en effet se placer à bien des points de vue quand on envisage la production. Chacun d'eux peut servir de fondement à un principe de distinction différent pour la fixation des notions diverses de spécialisation. Ou bien l'on envisage les facteurs productifs : qu'est-ce qui produit ? Ou bien le temps : quand produit-on ? Ou bien le lieu : où produit-on ? Ou bien enfin le mode : comment produit-on ? Qui, quand, où, comment ; répondre à ces diverses questions, c'est découvrir autant de principes de distinction qui peuvent servir à autant de classements des divers cas de spécialisation de la production.

Comme chaque cas concret de spécialisation peut s'envisager sous ces aspects divers, il trouvera sa place dans toutes les classifications à la fois. C'est ce qui explique que certains auteurs, en essayant d'établir un classement unique par l'emploi simultané de plusieurs principes de division, ont abouti, ainsi qu'ils ont dû le constater eux-mêmes, à des notions de spécialisation de la production qui, loin de s'exclure mutuellement, ainsi que tel serait le cas dans une vraie classification, empiétaient au contraire les unes sur les autres et se confondaient en partie. Ces expériences démontrent qu'il n'est pas possible de faire rentrer tous les cas concrets de spécialisation de la production dans un classement unique basé sur un

---

[1] V. *Revue d'Economie politique*, février 1901, p. 118 et s.

seul principe de division. Force est donc d'en établir plusieurs qui embrassent tous les cas, chacun de ceux-ci trouvant à la fois sa place dans chacun d'eux. C'est ce que nous allons essayer de faire, en envisageant la spécialisation de la production successivement quant aux facteurs productifs, quant au temps, au lieu et au mode d'organisation de la production spécialisée et coopérante.

§ 1. *Espèces diverses de spécialisation et de coopération de la production selon les facteurs productifs.*

.Il nous faut bien établir une subdivision. Car en présence d'une organisation de facteurs productifs spécialisés concourant à une production commune, on peut se poser deux questions fort différentes : 1º quels sont les diverses espèces de groupes concrets existant dans la réalité ; 2º quelles sont les diverses espèces économiques de facteurs productifs? D'où deux principes de classification distincts.

A. *Espèces diverses de spécialisation et de coopération de la production selon les ensembles productifs existant dans la réalité.* — Spécialisation et coopération impliquent certaines limites. Les diverses parties spécialisées qui concourent à un but commun forment par leur réunion un ensemble, une organisation *limitée*. Dans le domaine organique, ces limites seront celles de l'organisme si l'on considère la vie d'un seul individu ; et elles s'étendront à un groupe d'êtres de sexe différent, si l'on considère la vie de l'espèce. Dans le domaine économique, le but de l'activité étant la satisfaction des besoins humains (principalement celle des besoins matériels) l'ensemble (ou organisation) pour être complet, devra comprendre toutes les industries, toutes les entreprises particulières coopérant à la satisfaction des divers besoins.

Mais ce vaste ensemble économique qui poursuit la satisfaction de tous les besoins, c'est-à-dire l'organisation [1] sociale, renferme

---

[1] On a proposé ce nom au congrès international de sociologie de 1897, à la place de *organisme* social. On deVrait l'adopter. Puisqu'on est généralement d'accord pour reconnaître qu'il existe à la fois des analogies et des dissemblances entre l'organisme biologique et la société, le choix du mot *organisation* résoudrait parfaitement la contradiction existant entre les raisons qui plaident pour et contre l'expression d'*organisme*. Le mot *organisation* permettrait aussi de rendre en français d'une manière à la fois exacte et intelligible, les concepts analogues que les Allemands expriment par *Gemeinwirthschaft, Stadtwirthschaft, Volkswirthschaft*, etc., et qu'on traduirait par organisation communautaire, urbaine et nationale.

des groupements plus réduits, dont le but immédiat se borne à la satisfaction de certains besoins. Telles sont les entreprises industrielles. Ces groupements particuliers constituent aussi par eux-mêmes de véritables organisations, c'est-à-dire des ensembles complets de parties spécialisées coopérant à la réalisation d'une fin commune, fabrication de tel produit industriel, commerce de tel genre de marchandises, etc.

Chez les êtres vivants (supérieurs), les groupements de fonctions et d'organes spéciaux ou *organismes* se distinguent aisément; ils tombent facilement sous les sens, grâce à la *continuité* qui les caractérise. Dans la société, au contraire, ces groupes sont moins aisément reconnaissables. Malgré cet aspect moins net des groupements sociaux et quoique le phénomène de la coopération et de spécialisation ait été surtout envisagé comme une division du travail commun, cependant, la plupart des concepts différents de spécialisation économique qu'on a distingués, ont été également basés sur les apparences du groupe, de l'ensemble, des limites contenant les divers facteurs spéciaux. Par exemple Wakefield, lorsqu'il inventa son importante distinction de la coopération simple et de la coopération complexe, s'inspira surtout de l'idée d'ensemble, ainsi que le choix du mot *coopération* l'indique; de même Buecher, lorsqu'il distingue la « division de la production », qui comprend les diverses usines concourant à un même *processus* de fabrication; de même Marx, lorsqu'il étudie en particulier la division du travail qui s'opère dans les limites d'une manufacture, et qu'il lui oppose celle qui s'opère dans les limites de la société; List, quand par son principe de la persistance ou de la continuité du travail, il porte spécialement son attention sur les limites de temps qui renferment la coopération de plusieurs générations successives; de même Philippovich opposant la division sociale à la division technique du travail; Kleinwaechter et Spencer établissant la notion de la division topique du travail, etc.

Voici, à notre avis, les diverses espèces de spécialisation et de coopération de la production qu'il y a lieu de distinguer, quand on se place au point de vue des divers groupes producteurs existant dans la réalité.

a) La spécialisation et la coopération sociales de la production: Elles s'opèrent dans les limites d'une organisation sociale, c'est-à-dire dans des limites assez étendues pour renfermer les activités économiques différentes nécessaires à la satisfaction des divers besoins (surtout matériels) des membres de cette société. Ainsi caractérisée, la spécialisation sociale diffère essentiellement de celle qui se fait dans les limites d'une *partie* de la société, dans celles d'une industrie déterminée par exemple.

Tel est le concept théorique de la spécialisation sociale. Car, dans la réalité, il n'existe point de société produisant *tout* ce que consomment ses membres, point d'organisation économique se suffisant complètement à elle-même, tout à fait indépendante; rigoureusement parlant, il n'y a point d' « économie fermée » comme disent les Allemands, sauf dans des cas fort rares impliquant un état de civilisation extrêmement rudimentaire. Mais les sociétés réelles s'en rapprochent plus ou moins, les grandes nations davantage, et les petites à un moindre degré. En tout cas, la plupart d'entre elles renferment les professions les plus diverses, les productions les plus variées répondant, sinon quantitativement, au moins qualitativement à la satisfaction de tous les besoins essentiels de ses membres.

A l'origine, les limites de la spécialisation sociale étaient fort restreintes; généralement elles ne dépassaient pas un groupe de familles. Au moyen-âge, elles s'étendirent à toute une ville et à la campagne voisine. Plus tard enfin, à toute la nation. Et, quoiqu'on assiste depuis un quart de siècle à un mouvement de réaction contre les progrès de la spécialisation entre nations, celle-ci a pris déjà cependant un développement qui n'a fait que croître avec les siècles et qui tend à élargir encore les limites de la spécialisation et de la coopération sociales.

b) La spécialisation et la coopération nationales et internationales de la production : Nationales, quand les limites ne dépassent point celles de la nation ; internationales quand elles s'étendent à plusieurs nations. Ces deux notions se trouvent suffisamment définies d'ailleurs par leurs dénominations respectives; à moins d'indiquer ce qu'il faut entendre par nation, ce qui serait empiéter sur le domaine de la politique et de l'histoire.

La spécialisation nationale se confond le plus souvent avec la spécialisation sociale, dont on vient de parler, toutes deux désignant alors le même fait concret. Ainsi tel fut le cas dans la plupart des grands pays d'Europe, dès l'instant où l'organisation économique urbaine du moyen-âge fit place à l'organisation nationale de l'épo-

que moderne. Mais il arrive aussi que les limites de la spécialisation sociale et de la spécialisation nationale ne coïncident pas.
Ainsi, ni la nation anglaise, ni la nation belge, beaucoup trop
spécialisées pour pouvoir se suffire à elles-mêmes, ne peuvent être
considérées comme des organisations sociales, et dans ces deux
cas, les limites de la spécialisation sociale dépassent celles de la
spécialisation nationale [1]. Mais si ces deux espèces de spécialisation
ne coïncident pas toujours dans la réalité, elles y tendent cependant : pour peu qu'une spécialisation et une coopération sociales
se maintiennent pendant un certain temps avec les mêmes limites,
elles finissent par y amener aussi la spécialisation nationale. Cette
tendance apparaît par exemple dans le mouvement d'opinion qui
pousse actuellement à la consolidation de l'empire britannique :
unissant par un lien politique tous les pays de langue anglaise, ce
groupement national renfermerait presque tous les éléments d'une
organisation sociale dont la Grande-Bretagne ne représente actuellement qu'une partie.

Ces groupements sociaux-nationaux, dans les limites desquels se
manifestent ainsi la spécialisation et la coopération de la production, occupent des étendues de territoire déterminées ; ils présentent non seulement une certaine unité d'opinions, d'usages, d'institutions juridiques, mais une fortune et des revenus propres ; ils poursuivent une certaine politique économique en matière d'impôts, de
transports et de navigation, de colonies et d'émigration, en se
préoccupant surtout de l'intérêt de leurs membres.

Quant à la spécialisation internationale, elle intéresse directement
la politique commerciale extérieure, la question coloniale, celle des
émigrations et immigrations, et elle exerce sur elles une influence
décisive.

La croyance à une spécialisation et à une coopération internatio-
nates fort développées se trouve à la base du système libre échangiste [2]. Et qui ne voit que la spécialisation internationale, qui assi-

---

[1] V. Notre *Expansion économique de la Belgique*, Paris, Larose, 1900.

[2] A. Smith ne parle nulle part expressément de la division internationale de la production. Mais l'idée en est implicitement admise comme condition de son libre échange.
Quand il disait par exemple que « les avantages naturels qu'un pays a sur un autre en
produisant des marchandises particulières sont parfois si grands qu'il est reconnu par
tout le monde qu'il est vain de lutter contre eux », il reconnaissait ainsi que la spécialisation et la coopération internationales de la production s'imposent dans les cas de ce
genre.

gna aux Anglais le rôle de commerçants et de transporteurs maritimes pour le compte des autres nations du monde, est intimement
liée à cette autre spécialité qui est aussi la leur, l'industrie, et
qu'elle entraîna, comme conséquence, une politique commerciale
libre-échangiste et l'extension aussi grande que possible de leur
domaine colonial ?

Bref, chaque fois que la spécialisation de la production se trouve
envisagée dans ses rapports avec des faits d'un caractère national
ou international, les concepts de spécialisation nationale ou internationale de la production s'imposent tout naturellement à l'esprit qui
cherche à comprendre la réalité.

Cette distinction renferme cet important problème : tandis que la
spécialisation qui s'opère dans les limites nationales augmente de
plus en plus, peut-on en dire autant de la spécialisation internationale ? — Il est certain que, depuis un quart de siècle environ, l'on
assiste à une réaction nationaliste nettement caractérisée contre le
développement de la spécialisation et de la coopération internationales, chaque pays s'efforçant de développer chez lui les branches de
production les plus diverses et de se rendre, au point de vue économique, indépendant des autres nations : on pourrait apporter à
l'appui de cette thèse tout un dossier de documents instructifs et
probants. Cependant, ce n'est vraisemblablement qu'une réaction
passagère, l'évolution *générale* se faisant dans le sens d'une spécialisation internationale plus développée.

c) *La spécialisation et la coopération industrielles de la production :* L'organisation nationale renferme des organisations plus
petites qui, n'assumant qu'une partie de la tâche commune, pour-
voyent seulement à la satisfaction de certains besoins. Parmi ces
organisations, il en est de très importantes, qui présentent une
remarquable spécialisation. Telles sont les entreprises industrielles ;
dans leurs limites s'opèrent la spécialisation et la coopération *industrielles* de la production.

Ce fut cette espèce de spécialisation qui frappa surtout A. Smith ;
Marx l'examina sous la dénomination de division manufacturière
du travail, et Buecher l'appelle morcellement du travail. La généralité des économistes ont donc reconnu depuis longtemps l'utilité
de lui assigner une place particulière.

d) *La spécialisation et la coopération individuelles de la production :* Nous entendons par là celles que limite l'activité d'un seul

individu. Cette espèce de spécialisation n'a guère attiré l'attention.
Buecher examine bien, parmi les diverses espèces d'*association* du
travail, celle qui n'embrasse que les occupations d'une seule personne. Mais il la considère comme improductive ; il ne voit pas que
les aptitudes peuvent se *spécialiser* dans les limites de l'activité
individuelle, et gagner ainsi en productivité.

Spencer, se dégageant ici plus complètement des idées économiques traditionnelles, a su mettre cette vérité en lumière, au moyen
d'un exemple décisif [1]. Supposez, dit-il, qu'un commis soit chargé
de mettre sous enveloppe et d'expédier un grand nombre d'exemplaires d'une brochure. Si, procédant sans méthode, il coupe
d'abord un morceau de papier pour envelopper la brochure, s'il
pose ensuite le couteau pour prendre la brochure et la plier, s'il
prend alors le pinceau et colle l'enveloppe, puis remet le pinceau
à sa place et, regardant dans le livre d'adresses, trempe sa plume dans
l'encrier et écrit, il est clair qu'avant d'avoir terminé, il aura perdu
beaucoup de temps et de travail dans ces changements d'occupation et d'instrument. S'il a la pratique des affaires, il commencera
par couper d'abord toutes les enveloppes requises, puis il mettra
l'adresse sur chacune d'elles, et alors, disposant les feuilles l'une
sur l'autre de façon qu'un seul bord dépasse, il collera d'une seule
traite tous les bords en même temps. Ensuite il placera chaque
brochure de façon à mettre le bord muni de colle dans la position
convenable et il le pliera, puis fermera les enveloppes. Finalement
il y collera des timbres et en fera des paquets.

On voit que, si les occupations d'un individu peuvent parfois se
présenter sous un aspect qui n'offre aucun intérêt au point de vue
productif (l'ensemble des occupations diverses du sauvage, par
exemple) il existe aussi une spécialisation de l'activité individuelle
organisée en vue de la plus grande production.

On remarquera que, dans l'exemple cité par Spencer, la spécialisation individuelle est *successive,* la personne se spécialisant
successivement dans chaque genre d'opération, et la coopération
embrassant des actes consécutifs. Mais la spécialisation et la coopération individuelles peuvent aussi être *simultanées,* les diverses
espèces d'opération étant effectuées en même temps par la même
personne. Tel est le cas de l'organiste, dont chaque main touche

---

[1] *Institutions professionnelles,* § 70.

des notes différentes, pendant que les pieds meuvent des soufflets
et que les yeux lisent le papier de musique ; tels aussi le cas de
la couseuse à la machine, celui du modeleur ou du tailleur de
verre.

Spécialisation et coopération *sociales, nationales, internationales, industrielles et individuelles* de la production, telles sont donc
les diverses espèces qu'il y a lieu de distinguer, quand on envisage
les ensembles productifs, tels qu'ils se présentent dans la réalité.

Mais en se plaçant au point de vue de l'espèce économique des
divers facteurs, on peut faire d'autres distinctions :

B. *Espèces diverses de spécialisation et de coopération de la
production selon les genres économiques de facteurs productifs.* —
On a vu quelle erreur grosse de conséquences on a commise, en ne
voyant dans la question que nous étudions qu'un phénomène du
travail, et l'on a expliqué que ce fait concerne tout aussi bien les
autres facteurs de la production. Il convient de distinguer à ce
point de vue : *a)* la spécialisation du travail ; *b)* celle du capital et
particulièrement des machines ; *c)* enfin la spécialité de la nature.
Nous nous contentons de les rappeler ici, renvoyant pour de plus
amples détails à ce que nous avons déjà dit [1].

Tandis que les distinctions obtenues ainsi en se plaçant au point
de vue des facteurs productifs présentent une importance pratique,
on ne peut guère en dire autant, à notre avis, de celles qu'on pourrait faire en se plaçant au point de vue de l'objet produit. On a
pourtant essayé d'introduire une notion de division du travail qui
paraît procéder surtout de cette idée. Nous voulons parler de la
division du travail dite parcellaire ou sérielle, ou morcellement
du travail. Mais on ne voit guère l'utilité de ces distinctions.

§ 2. *Espèces diverses de spécialisation et de coopération de la production selon le temps.*

De nouveau, deux points de vue distincts se présentent ici : ou
bien l'on se préoccupe du *moment* du temps où se font les divers
actes spéciàux coopérant à la production commune, ou bien l'on
considère la *durée* pendant laquelle les facteurs productifs restent
spécialisés dans l'acte particulier qui leur est assigné.

A. *Espèces diverses de spécialisation et de coopération de la*

---

[1] *Supra,* ch. VIII.

production selon le moment du temps où se font les divers actes coopérant à la production. — Il y en a deux :

a) *La spécialisation et la coopération simultanées de la production :* Dans ce cas les diverses parties spéciales concourant à la même production fonctionnent simultanément. Ainsi à un même moment du temps, l'on rencontre dans la société une foule d'organisations économiques spéciales fonctionnant à la fois pour satisfaire les divers besoins de l'homme : établissements industriels, commerciaux, financiers, entreprises de transport, culture des terres, exploitations minières, etc.

b) *La spécialisation et la coopération successives de la production :* Les diverses parties spéciales concourant à la même production fonctionnent successivement. Déjà l'on s'est arrêté à cette notion, Roscher notamment et List avant lui en posant son principe de la persistance ou de la continuation du travail. Nous avons expliqué plus haut l'idée de List. Celui-ci avait surtout en vue la coopération qui unit les activités de *générations* successives. Cependant, la coopération et la spécialisation successives peuvent aussi embrasser des périodes beaucoup plus courtes. Ainsi, elles se rencontrent dans l'activité économique d'un seul homme ; on a cité le cas du commis chargé d'envoyer des brochures et qui, afin d'expédier plus rapidement sa besogne, se spécialise successivement dans les diverses opérations qu'elle comporte ; c'est là, non seulement une spécialisation *individuelle,* mais aussi une spécialisation *successive* de la production.

B. *Espèces diverses de spécialisation et de coopération de la production selon la durée.* — A ce point de vue, la spécialisation est, ou bien *momentanée,* ou bien *durable.* La spécialisation du commis dont on vient de parler est momentanée. Parmi les cas les plus importants de spécialisation durable, il faut citer celui de la spécialisation *professionnelle.*

Plus la spécialisation est durable, plus diminuent les pertes de temps résultant des mises en train et des changements d'occupation. « Un homme s'amuse généralement un peu en changeant ses mains d'une sorte d'emploi à une autre. Au moment où il commence sa nouvelle besogne, il est rarement très vif et très courageux ; son esprit, comme on dit, n'y est pas, et pendant quelque temps, il flâne, plutôt qu'il ne s'emploie utilement » [1]. D'autre part, une spé-

[1] Smith, liv. I, chap. I.

cialisation durable supprime les pertes de temps résultant des interruptions du travail; elle réduit « les pores de la journée » suivant
l'expression si pittoresque de Marx. « Un artisan qui exécute les
unes après les autres les différentes manipulations partielles qui concourent à la production d'une œuvre, doit changer tantôt de place,
tantôt d'instrument. La transition d'une opération à l'autre interrompt le cours de son travail et forme, pour ainsi dire, des pores
dans sa journée. Ces *pores* se resserrent dès qu'il emploie la journée entière à une seule opération continue, ou bien ils disparaissent
à mesure que le nombre de ces changements d'opération diminue » [1].

La spécialisation durable *du travail* conduit à la formation des
professions. Cette spécialisation durable du travail n'est pas nécessairement *continue*, c'est-à-dire exclusive de toute autre occupation,
ou même d'une autre profession, elle peut être aussi *intermittente*
ainsi que cela se présente lorsqu'un même individu exerce plusieurs
professions ; la même personne sera par exemple agriculteur ou
peintre pendant l'été, et respectivement artisan ou choriste pendant
l'hiver. Les cas nombreux d'emplois accessoires exercés en dehors
du métier principal par les mêmes individus rentrent dans la catégorie des spécialisations *durables intermittentes du travail*.

§ 3. *Espèces de spécialisation et de coopération de la production selon le lieu.*

Envisagée au point de vue du lieu, la spécialisation de la production se présente par cela même sous un aspect particulier. On
pourrait l'appeler alors *topique*, c'est-à-dire ayant rapport au lieu.
Cette expression a été employée par le traducteur des *institutions
professionnelles* de Spencer, et elle correspond assez bien à l'épithète de *raeumlich* donnée par Kleinwaechter à l'un de ses concepts de division du travail.

La spécialisation topique peut se présenter sous deux aspects
différents, ou bien les diverses parties concourant à la production
sont *concentrées* dans le même endroit, ou bien elles sont *dispersées*.

Essayons de préciser cette distinction en l'examinant successivement telle qu'elle se présente dans l'organisation sociale (celle qui

---

[1] *Capital*, vol. I, chap. XIV.

embrasse toutes les branches de l'activité économique nécessaires
à la satisfaction des divers besoins de l'homme) et ensuite dans les
limites d'une entreprise industrielle.

A. *Dans l'organisation sociale.* — La spécialisation sŏciale topique, ou selon les lieux; sera ou bien concentrée, ou bien dispersée.
Ces termes se définissent d'eux-mêmes.

Il existe des industries qui, devant nécessairement s'exercer dans
certains endroits, parfois fort éloignés des autres centres de production, ont entraîné de bonne heuɍe une spécialisation topique
très dispersée. Tel fut le cas pour la plupart des industries productrices de matière première ; on affirme qu'à l'époque préhistorique,
l'homme se servait de silex taillés provenant parfois de régions fort
éloignées, et bien avant le moyen âge, les membres des communautés primitives devaient faire venir du dehors le sel qu'ils ne
pouvaient trouver sur place ; on peut en dire autant de diverses
substances organiques propres à certains climats, des parfums, des
épices par exemple, qui, dès l'antiquité, donnaient lieu à un important trafic international. Dans tous ces cas, on dut bien coûte que
coûte surmonter les inconvénients résultant de la dispersion des
diverses spécialités de production, on se vit contraint de faire venir
ces produits exotiques indispensables des endroits qui les fournissaient et d'entretenir par conséquent avec eux des relations suivies.

Mais ces cas où la dispersion de la spécialisation sociale s'impose
par la nature même de la production sont exceptionnels. La plupart des industries peuvent s'exercer avec plus ou moins de succès
dans différents lieux ; si des terres disponibles à bas prix sont particulièrement favorables à l'élevage des bestiaux ou à la culture du
grain, si le voisinage des mines de houille et de fer convient surtout à la métallurgie, si une population ouvrière possédant de grandes aptitudes manuelles et du goût, s'adapte mieux que tout autre
aux industries d'art, ces diverses branches de production peuvent
cependant aussi s'exercer dans d'autres endroits, quoique ceux-ci
ne présentent point des conditions aussi favorables. Ici la dispersion topique de la spécialisation sociale de la production ne s'impose pas, elle est seulement sollicitée par les circonstances.

Ces circonstances qui peuvent engager le producteur à préférer
un lieu à un autre sont de deux espèces, ou bien elles facilitent
l'écoulement des produits, et alors elles poussent le producteur
dans le voisinage des consommateurs, ou bien elles favorisent la

production en fournissant soit des forces motrices naturelles peu coûteuses, soit du charbon ou des matières premières à proximité, soit enfin de la main-d'œuvre habile, abondante et à bon compte. Or il est rare que ces deux groupes de circonstances se rencontrent à la fois dans le même lieu. Le plus souvent, ils se trouvent séparés par des distances considérables. Dans cette occurrence, le producteur est pris entre deux alternatives, ou bien se rapprocher des conditions de production les plus favorables, et alors il doit se priver des avantages d'une vente facile, ou bien s'établir à proximité des consommateurs, et alors il lui faut renoncer à la jouissance des conditions les mieux adaptées à sa production et faire venir à grands frais la matière première qui lui manque sur place. Quel parti prendre en de telles conjonctures? Afin de fixer son choix, il se demandera laquelle est la moins désavantageuse, de ces deux alternatives, l'éloignement des consommateurs, ou celui des meilleures conditions de fabrication.

Quelque décision qu'il prenne, il devra supporter soit les inconvénients de l'éloignement des consommateurs avec lesquels il ne se trouvera plus aussi aisément en contact, soit ceux de l'éloignement des lieux producteurs de matière première qu'il se procurera plus difficilement, inconvénients se résolvant dans les deux cas en frais de circulation : transport, correspondance, échange. Or, sous ce rapport, sa situation sera bien différente selon qu'il se placera dans l'une ou l'autre de ces alternatives. En effet, la vente des fabricats exige des actes de circulation plus nombreux et plus complexes que le ravitaillement en matière première. Les produits devant s'adapter aux goûts changeants de consommateurs nombreux et divers, leurs qualités apparaissent comme très variées et variables et bien plus difficiles à établir, par conséquent, que celles des matières premières offertes ou demandées, qui généralement ne comprennent qu'un nombre relativement restreint de types connus peu variables, sur la nature et la valeur desquels il est assez facile de s'entendre. L'écoulement des fabricats dépend de relations personnelles suivies, plus ou moins intimes, entre vendeur et consommateurs, dans une bien plus large mesure, que les transactions portant sur la matière première. Les achats que font les consommateurs sont aussi plus petits et plus fréquents que les achats de matière première effectués par le fabricant, de sorte que, pour réaliser un même chiffre d'affaires, il faudra entre celui-ci et

les consommateurs des transactions infiniment plus nombreuses
qu'entre lui et le fournisseur de matière première. On voit donc
que toute fabrication exige, pour l'écoulement de ses produits
variés, une activité circulatoire bien plus considérable·que pour
son ravitaillement en matière première.

S'il en est ainsi, il faut donc s'attendre à voir le fabricant préférer la proximité des consommateurs à celle des lieux producteurs
de matière première.

Mais en réalité cette conclusion ne se confirme par l'expérience
que dans les cas où l'appareil circulatoire est peu développé, c'est-
à-dire dans les sociétés primitives : on sait, en effet, ainsi que
Roscher l'a établi, que dans les sociétés peu développées l'industrie se localise là où le besoin se fait sentir, tandis que dans les
sociétés plus avancées, elle prospère là surtout où les conditions de
production sont les meilleures [1].

D'où provient cette différence? Du plus ou moins de perfection
des moyens servant à la circulation des richesses, et de la différence des frais qu'elle entraîne par unité produite. Car, pour bien
comprendre le rôle que la circulation joue ici, il ne suffit pas de la
considérer en elle-même en se préoccupant uniquement des distances, ou du nombre et de la complexité des transactions : ce qui intéresse, c'est le point de vue économique, c'est de savoir quel est le
coût de cette circulation, y compris le montant de la prime servant
à couvrir les risques qu'elle comporte, de façon à se faire une idée
de son importance par rapport à une certaine valeur de production
déterminée; c'est de cette importance relative du coût de la circulation que dépendra celle des économies de circulation réalisables
par le producteur en préférant la proximité des consommateurs à
celle du fournisseur de matière première.

Or cette économie, très considérable dans les sociétés primitives, à circulation peu développée, devient pour ainsi dire nulle
dans les sociétés avancées, les progrès accomplis dans l'organisation des communications et des échanges rendant beaucoup plus
aisées et moins dispendieuses les relations entre fabricant et consommateurs. Canaux, routes, chemins de fer, postes et télégraphes,
téléphones, moyens d'information, organisation commerciale,
liberté et sécurité des échanges, unification des monnaies, poids et

Roscher, *Grundlagen*, § 50.

mesures, progrès du droit commercial, y ont abaissé dans des proportions énormes, le coût des transactions, et diminué l'importance des économies réalisables sur les actes de la circulation [1].

Mais puisque la balance entre les désavantages provenant de la vente des fabricats à des consommateurs éloignés, et ceux qui dans l'hypothèse contraire résulteraient des difficultés de ravitaillement en matière première, se prononce toujours en fin de compte en faveur de la proximité des consommateurs, pourquoi dans les sociétés avancées les industriels s'établiraient-ils de préférence dans les lieux les mieux adaptés à leur genre de production? Somme toute, nous n'avons fait que reculer le problème : nous ne l'avons point encore résolu.

Si l'on veut y parvenir, il faut examiner de plus près la nature des avantages qui, au point de vue de la production, peuvent faire préférer un endroit à un autre. Or parmi ces avantages, il en est de transportables, tels que les matières premières ou accessoires, le charbon ou certains moyens de production, comme les machines; en s'éloignant du lieu qui les fournit, on s'impose uniquement le sacrifice représenté par leur déplacement, c'est-à-dire un coût de circulation. Mais à côté de ces facteurs transportables, il en est d'autres qui ne le sont point, certaines forces motrices naturelles, par exemple, telles que des chutes d'eau, ou bien des rentes peu élevées, ou encore de la main-d'œuvre habile, abondante et peu coûteuse, ou enfin la présence d'industries accessoires. Or ces dernières conditions de production n'étant pas susceptibles de déplacement, leur éloignement se résout en une perte sèche qui reste la même quel que soit le perfectionnement de l'appareil circulatoire. Et comme, d'autre part, l'avantage résultant du voisinage des consommateurs a diminué avec le coût de la circulation, cette perte acquiert une importance *relative* qu'elle ne possédait pas auparavant; et elle se trouve à tel point accrue, qu'elle finit par dépasser

---

[1] On peut se faire une idée des progrès réalisés dans les pays civilisés en ce qui concerne les transports quand on leur compare la Chine actuelle, où les moyens de communication par terre se bornent, comme on le sait, à quelques mauvaises routes. Au témoignage d'un voyageur, le coût de transport d'une tonne de charbon par kilomètre, dépassait en 1900, dans la province de Tsé-Chouan, 0 fr. 75, tandis que, en Europe centrale, il n'atteint pas 0 fr. 05 par chemin de fer, et la moitié moins par canal. Aussi ne peut-on guère utiliser, dans l'intérieur de la Chine, le charbon indigène à plus de 30 kilomètres de son lieu d'extraction, malgré son prix de revient exceptionnellement bas. — V. notre article *Notes de voyage de sir Archibald Little*, dans la revue *Chine et Sibérie*, juillet 1900.

la petite économie de circulation que le fabricant pourrait encore réaliser en s'établissant dans le voisinage des consommateurs.

Résumons et précisons cette démonstration au moyen de quelques chiffres. Dans les sociétés primitives, par rapport à une production de 100, la proximité des consommateurs représentait un avantage de 20, celle des éléments de production les plus favorables, susceptibles de déplacement, représentaient un avantage de 10, et celle des éléments non transportables un avantage de 5. Dans ces conditions, le fabricant devait préférer le voisinage des consommateurs, car il y trouvait pour une production de 100, un avantage de 20 — 15 ou de 5. Mais lorsque, dans les sociétés avancées, le coût de la circulation des richesses se fut abaissé au point de devenir par exemple 10 fois moindre que par le passé, la situation changea de face. La proximité des éléments de production les plus favorables non susceptibles de déplacement continuant à représenter un avantage de 5, celle des éléments transportables ne représenta plus que 1, et le voisinage des consommateurs, un avantage de 2. Dès lors, ce fut en se fixant dans les endroits les plus favorables à la production, que le fabricant put jouir des avantages les plus considérables, ceux-ci dépassant les inconvénients engendrés par l'éloignement des consommateurs, de 5 + 1 — 2 ou de 4.

On voit comment il se fait que, dans les sociétés primitives à circulation peu développée, les industriels s'établissent de préférence dans le voisinage des consommateurs, tandis que, dans les sociétés avancées à circulation facile et peu coûteuse, ils se fixent au contraire dans les endroits où les conditions de production sont les plus favorables. Eh bien, cette différence entraîne des conséquences extrêmement importantes au point de vue de la spécialisation sociale topique de la production, déterminant, dans le premier cas, la concentration de celle-ci, et, dans le second, sa dispersion.

Dans les sociétés primitives, tous les producteurs, ou à peu près, s'établirent donc à proximité des consommateurs. Ceux-ci trouvèrent ainsi dans leur voisinage tous les producteurs chargés de satisfaire la plupart de leurs besoins, les paysans pour leur fournir le grain, les légumes et le laitage, aussi bien que les artisans pour transformer la matière première en objets de consommation, et tous les individus capables de rendre les services personnels indispensables. Or la réunion d'un certain nombre de consommateurs et de producteurs échangeant entre eux richesses et services n'est possible que sur une certaine surface de territoire nécessaire à la construction des habitations et des ateliers, à l'élevage des bestiaux et à la culture ; ces deux derniers genres de production surtout exigent des terres relativement étendues. Dès qu'un groupe social prend certaines proportions, il devient matériellement impossible à ses membres de se trouver à proximité les uns des autres, et l'on se heurte alors à ces difficultés de circulation que les sociétés primitives cherchèrent à tout prix à éviter. Aussi, à ce stade de développement peu avancé, le nombre des consommateurs et des producteurs échangeant les biens nécessaires à leur existence, c'est-à-dire le groupe social, ne pouvait-il être que fort restreint, afin de n'occuper qu'un territoire peu étendu. En d'autres termes, la spécialisation sociale topique de la production s'y trouva nécessairement concentrée.

Dans les organisations économiques communautaires, elle ne devait pas comprendre plus d'une demi-lieue de rayon, telle une commune rurale de notre temps : un simple village entouré de quelques champs et de quelques pâturages. Dans les organisations économiques urbaines du moyen âge, les progrès réalisés dans la circulation permirent une spécialisation sociale moins concentrée ; toutefois, celle-ci ne dépassa guère l'étendue d'une province d'aujourd'hui, la distance du centre à la périphérie se limitant à la longueur d'une étape, telle que les campagnards pouvaient la franchir, soit à pied, soit au moyen de procédés de transport très primitifs, quand ils devaient se rendre à la ville, siège de l'administration générale de la plupart des industries et des échanges.

Enfin, à l'époque contemporaine, lorsque le perfectionnement de l'appareil circulatoire eut rendu, pour ainsi dire, dérisoires les avantages que pouvaient offrir la proximité des consommateurs, les autres, consistant dans les meilleures conditions de production non transportables, prirent une importance relative prépondérante, et attirèrent de plus en plus les producteurs ; la spécialisation sociale topique ne connut dès lors plus de bornes, et prit ainsi dans les sociétés avancées un caractère de dispersion nettement accusé.

B. *Dans les entreprises industrielles.* — Jusqu'ici, on n'a envisagé la distinction entre spécialisation concentrée et spécialisation dispersée que dans les limites de l'organisation économique sociale. Mais cette distinction se présente aussi dans des limites plus étroites, dans celles de la production industrielle.

L'industrie à spécialisation topique concentrée est celle qui réunit dans le même lieu les divers facteurs concourant à une certaine production. La spécialisation industrielle, telle qu'elle se présente dans une fabrique, est concentrée, et celle de la production à domicile, dispersée.

Lorsque les divers facteurs concourant à la production d'un même fabricat se trouvent éloignés les uns des autres, il peut en résulter des pertes de temps et de travail considérables, occasionnées par le transport du fabricat d'un atelier à l'autre. Ainsi l'on peut évaluer à une cinquantaine de kilomètres le parcours que doit effectuer un canon de fusil avec ses principaux accessoires, dans le district manufacturier de Liège, avant d'arriver pour la dernière fois au comptoir du fabricant[1]. La concentration dans une seule usine des divers facteurs spéciaux servant à la même production supprime, non seulement les dépenses qu'occasionnent ces transports, mais les obstacles qu'ils opposent à une direction rapide, aisée et vraiment efficace de la fabrication. Elle permet d'employer des machines perfectionnées, en les groupant autour du moteur puissant qui les anime ; elle empêche les ouvriers de prodiguer ou de soustraire de la matière première; elle crée un obstacle à la dépréciation de la main-d'œuvre par les ouvriers disposés à exécuter des journées de travail d'une durée excessive, ainsi que le cas se présente fréquemment dans la production à domicile; enfin, elle offre des conditions relativement favorables au point de vue hygiénique et en ce qui concerne la rémunération des travailleurs.

La concentration topique peut aussi s'entendre de la réunion, dans une même localité, de diverses entreprises industrielles se rapportant à la même spécialité. Ce fait est même devenu général à notre époque; non sans raison, d'ailleurs, car il offre, entr'autres, cet avantage important, de grouper de grandes masses ouvrières de profession identique. De la sorte, les entrepreneurs peuvent se procurer aisément en qualité et en quantité désirées la main-d'œuvre dont ils ont besoin, tandis que, de leur côté, les ouvriers ont le choix entre un plus grand nombre de patrons pour le placement de leur travail.

Enfin, dans une acception plus générale encore, la concentration topique peut comprendre la réunion, dans une même région, des

[1] M. Ansiaux, *L'industrie armurière liégeoise*, Bruxelles, 1899.

diverses industries et activités économiques *connexes*. Un endroit où se trouvent concentrés l'extraction de la houille indispensable à l'alimentation des machines à vapeur, celle du fer nécessaire à la fabrication de l'outillage, les ateliers de construction mécanique et les autres industries accessoires de la branche principale de production, et qui, en même temps, renferme les activités commerciales dont celle-ci a besoin, un grand marché de matières premières, par exemple — un tel endroit se présente dans des conditions économiques particulièrement favorables.

Tous ces avantages, que présente la concentration topique de la production industrielle, font défaut à la spécialisation industrielle dispersée. Aussi le progrès de l'industrie se manifeste-t-il dans le sens de sa concentration, au contraire de celui de la spécialisation topique *sociale*, qui, ainsi qu'on l'a vu, se fait dans le sens de la dispersion.

§ 4. *Espèces diverses de spécialisation et de coopération de la production selon le mode d'organisation.*

A plusieurs reprises, nous avons appelé organisation l'ensemble des parties spéciales coopérant à une production commune. Toute spécialisation implique en effet un ensemble organisé : la tâche commune étant décomposée en un certain nombre d'opérations particulières, celles-ci apparaissent comme des moyens par rapport au but de l'ensemble ; elles doivent y concourir chacune de leur côté en maintenant entre elles une certaine coordination ; la coopération des parties implique un plan commun, afin qu'elles ne se contrarient point dans leur action, mais se complètent mutuellement, afin que toutes les opérations s'accordent entre elles en qualité et en quantité et qu'aucune ne soit omise ; bref, il faut qu'il règne une harmonie parfaite entre les diverses parties, qu'elles constituent un tout *organisé*.

Comment peut se réaliser cette organisation ? — A ce point de vue on peut faire deux classements.

A. *Spécialisation et coopération directes ou indirectes.* —Tandis que les premières sont préparées à l'avance, c'est-à-dire directement, les secondes au contraire s'obtiennent indirectement *a posteriori* et d'une manière approximative par voie d'échange-marchandage. La première se rencontre par exemple dans les ateliers industriels, et la seconde, dans la société actuelle, considérée dans son ensemble. Dans la division manufacturière de l'atelier, dit **Marx**, le nombre proportionnel qui maintient l'équilibre entre les diverses sphères de production gouverne *a priori,* à titre de règle, la masse d'ouvriers attachés à chaque fonction particulière ; dans la division sociale du travail, il n'agit qu'*a posteriori,* comme une nécessité fatale, cachée, muette, saisissable seulement dans les variations barométriques des prix des marchés. — Effectivement, les fluctuations des prix, en excitant et en décourageant tour à tour les diverses branches d'industrie, tendent constamment à rétablir l'équilibre entre les besoins et la production, sans jamais y parvenir tout à fait, à la manière des vagues qui s'élèvent et s'abaissent sans cesse au dessus et au-dessous du niveau de la mer, sans jamais s'y arrêter. Ces oscillations, parfois, sont formidables, écrasant alors tout ce qu'elles rencontrent, engendrant ces crises douloureuses dont on connaît, hélas! mieux les funestes effets, que le mécanisme de leurs causes, et le moyen de les prévenir.

La spécialisation et la coopération directes impliquent non seulement une direction capable de donner une impulsion unitaire à l'ensemble, mais une certaine hiérarchie entre les diverses parties, afin de lui permettre de se communiquer jusqu'aux moindres rouages. Cette organisation hiérarchique atteint souvent un développement remarquable. A titre d'exemple, on peut citer, indépendamment des diverses branches de l'administration publique, des entreprises privées. Le personnel d'un établissement industriel d'une certaine importance comprend de nombreuses classes d'employés superposées les unes aux autres. Dans telle usine de Birmingham, rien que la direction se partage entre deux classes de rang différent : dans la première ; se trouvent les patrons, dont l'un est le chef ; dans la seconde, figurent l'ingénieur en chef, le directeur des travaux, le chef du département des évaluations, le caissier en chef et le chef du dépôt des marchandises achevées; vient ensuite la troisième classe, celle des femmes préposées soit à la composition des factures, soit à la garde du magasin, soit à la caisse; la quatrième classe forme la limite entre le travail intellectuel et le travail manuel ; elle comprend le chef d'équipe du département de la fonte et le contre-maître mécanicien, enfin, parmi les ouvriers proprement dits, on peut distinguer onze spécialités au premier rang, neuf au second, et sept au troisième [1]. Ajoutons qu'on peut

---

[1] Cet exemple est emprunté à Spencer, *Institutions professionnelles,* § 75.

relever une hiérarchie analogue dans l'outillage : le moteur dont le régulateur commande l'allure, transmet sa force au moyen de courroies ou d'autres appareils de transmission servant uniquement à cette fin aux diverses machines spéciales de l'usine, et il leur impose son rythme de travail ; qu'une machine particulière se brise, la marche de la fabrique ne se trouve guère modifiée ; au contraire, le moteur s'arrête-t-il, toute activité cesse à l'instant, car il domine tout le reste de l'outillage : il y occupe la première place hiérarchique.

Quoique, dans l'organisation sociale moderne, les intérêts individuels et immédiats dominent en maîtres, déterminant les conditions de l'offre et de la demande et la formation des prix, on peut cependant y distinguer des cas de spécialisation directe plus ou moins développée. Ainsi, la spéculation s'applique à prévoir l'importance des récoltes et celle des besoins à satisfaire, et à fixer, en conséquence, des prix adaptés à la situation probable du marché[1]. Si les syndicats de production et de vente arrivent parfois à donner des résultats plus satisfaisants que l'action inorganisée de l'offre et de la demande individuelles, ce n'est qu'en étendant la spécialisation directe à des groupes importants d'entreprises industrielles. Les services publics s'inspirent généralement de ce principe ; et comme ils vont élargissant le domaine de leur action, ils tendent à substituer de plus en plus, même dans nos sociétés modernes, la spécialisation directe à la spécialisation indirecte ; la réalisation du collectivisme intégral en étendrait l'application à toutes les branches de l'activité sociale.

Mais on n'est pas encore là. En attendant, c'est la spécialisation indirecte qui domine. Elle présente d'ailleurs des avantages tels, qu'elle apparaît comme indispensable à l'existence des sociétés avancées. Cependant, il n'en fut pas toujours ainsi ; dans les sociétés primitives, dans les organisations économiques communautaires, la spécialisation s'opérait *directement,* comme celle de nos entreprises industrielles privées actuelles. Toute spécialisation sociale n'est donc pas nécessairement indirecte ; et il ne faut pas confondre la distinction selon les *limites* des groupes organisés,

---

[1] On ne parle ici que de la spéculation *normale,* à l'exclusion des accaparements et autres combinaisons de ce genre. Autant la première est productive au point de vue économique général, autant les autres sont nuisibles, en développant le goût du jeu, et en détournant les activités des travaux productifs.

avec la distinction selon leur *mode d'organisation*, ainsi que Marx l'a fait en considérant ce que nous appelons la spécialisation directe comme l'un des caractères propres à toute spécialisation sociale.

B. *Spécialisation et coopération spontanées ou autoritaires*. — C'est toujours en nous plaçant au point de vue du mode d'organisation de la spécialisation, qu'il convient de faire cette nouvelle distinction. Celle-ci n'intéresse à proprement parler que le facteur productif *travail*. Car ce n'est qu'en parlant de l'homme qu'il peut être ici question de spontanéité ou d'autorité. La spécialisation *autoritaire* implique une contrainte exercée sur les facteurs productifs, une coercition qui en contrarie les aspirations. D'autre part, la spécialisation et la coopération *spontanées* proviennent directement, librement des individus qui y participent. On aura plus loin l'occasion d'utiliser cette distinction dont la portée est extrêmement importante[1].

Tableau synoptique des espèces diverses de spécialisation et de coopération de la production.

1. Selon les facteurs productifs.

A. Selon les ensembles productifs existant dans la réalité :
   a) Spécialisation et coopération sociales de la production ;
   b)   —   —   nationales et internationales ;
   c)   —   —   industrielles ;
   d)   —   —   individuelles.
B. Selon les espèces économiques de facteurs productifs :
   a) Spécialisation et coopération du travail ;
   b)   —   —   du capital (machines) ;
   c)   —   —   de la nature.

2. Selon le temps.

A. Selon le moment du temps :
   a) Spécialisation et coopération simultanées ;
   b)   —   —   successives.
B. Selon la durée :
   a) Spécialisation et coopération momentanées ;
   b)   —   —   durables (professionnelles).

3. Selon le lieu.

   a) Spécialisation et coopération concentrées ;
   b)   —   —   dispersées.

---

[1] V. *infra*, ch. XVIII. Cette distinction diffère de celle qu'établit Spencer entre la coopération consciente et inconsciente. V. *supra*, ch. XVII.

4. *Selon le mode d'organisation.*

A. Suivant la nature du lien organisant les parties :
  a) Spécialisation et coopération directes ;
  b)   —   —   indirectes.
B. Au point de vue de la liberté :
  a) Spécialisation et coopération autoritaires ;
  b)   —   —   spontanées.

(*A suivre*).   Laurent Dechesne.

L'AGRICULTURE MODERNE ET SA TENDANCE A S'INDUSTRIALISER

Suite [1].

LE SECOND CHEF D'INDUSTRIALISATION

Les applications de la division du travail dans le domaine de la production agricole (suite).

§ 3. *Le troisième degré de spécialisation.*

Sommaire. — I. Les conditions de fonctionnement de la ferme opposées à celles de l'usine en ce qui concerne l'organisation du travail. Tandis que le travail de l'usine reste uniforme, l'activité de la ferme se porte successivement, à chaque changement de saison, sur des travaux nouveaux. Conséquence : infériorité de la ferme quant à l'application de la spécialisation. La ferme ne peut pas au même degré que l'usine pratiquer la division du travail. Différence toutefois entre les exploitations à raison de leur étendue. II. La spécialisation à peu près complètement méconnue dans les petites exploitations. III. La spécialisation recevant dans les grandes exploitations des applications intéressantes. Exemples : la spécialisation du personnel attaché aux animaux de trait et l'organisation du travail des attelages. La spécialisation du personnel attaché aux animaux de rente. La spécialisation des tâcherons. La spécialisation dans les opérations de la moisson et du battage.

§ 4. *La spécialisation des systèmes de culture.*

I. Le but uniforme des entreprises agricoles : l'obtention du produit net maximum. Le moyen d'atteindre ce but : la variété des systèmes de culture et l'adaptation des systèmes aux conditions du milieu. Les classifications générales : l'agriculture intensive, régime de l'Europe occidentale; l'agriculture extensive, régime de l'Europe orientale et du Nouveau Monde. II. Portée toute relative de l'opposition ainsi formulée; dangers des classifications trop absolues. Variété des systèmes de culture appliqués dans un même pays suivant les régions, appliqués dans une même exploitation sur les différentes terres. Le domaine de Cerçay en Sologne et l'exemple de Lecouteux.

§ 3. *Le troisième degré de la spécialisation.*

I

L'agriculteur qui s'adonne exclusivement à la profession d'agriculteur réalise, avons-nous dit dans une précédente étude, une première application de la spécialisation ; il se conforme en second lieu au même principe de spécialisation, quand il fait porter son effort à titre principal, sinon unique, sur une branche de la production agricole par préférence aux autres. Il reste, conformément au plan que nous nous sommes tracé, à voir comment l'idée de

---

[1] V. *Revue d'économie politique,* février 1901, p. 105 et s., avril 1901, p. 392 et s., mai 1901, p. 429 et s., et juin 1901, p. 630 et s.

spécialisation reçoit satisfaction à un troisième point de vue, comment elle inspire à l'intérieur de chaque entreprise agricole la répartition des tâches. C'est la question de la spécialisation technique. Or, pour nous jeter tout de suite *in medias res,* on sait combien la spécialisation technique, c'est-à-dire la division du travail à l'intérieur de l'usine, a développé la puissance productrice de l'industrie ; il suffit de rappeler l'exemple classique de la fabrique d'épingles de Smith, dans laquelle la confection de l'épingle est répartie entre 15 ou 20 ouvriers avec les avantages que comporte cette division du travail, économie de forces et de temps, habileté plus grande développée chez l'ouvrier spécialisé dans une opération limitée. Or voici la question qui se pose : ce qui a été fait dans l'industrie par la spécialisation technique, a-t-il été fait au même degré dans le monde agricole ? La ferme pratique-t-elle avec la même rigueur que l'usine la division du travail au point de vue technique et dans quelle mesure par conséquent peut-on dire qu'à ce point de vue particulier l'*agriculture s'industrialise ?*

Tout d'abord, une remarque préliminaire, il faut tenir compte en cette matière des conditions que la nature impose à la production agricole et qui ne permettent pas l'application de la spécialisation technique au même degré dans la ferme que dans l'usine. Il y a là une vérité d'observation. L'usine d'un bout de l'année à l'autre répète les mêmes opérations. La laine, le coton, entrent à l'état de matières premières, pour subir une série de transformations toujours les mêmes ; les machines et les hommes ont reçu une affectation invariable dans cette œuvre de transformation. Pénétrez dans l'usine en hiver ou en été, au printemps ou à l'automne, les opérations se poursuivent identiques ; les mêmes machines travaillent, servies par les mêmes hommes, qui répètent aujourd'hui le geste qu'ils ont fait hier et qui le répéteront demain. C'est le triomphe de la spécialisation technique.

Par la force même des choses la vie de la ferme se présente toute différente de celle de l'usine. Elle comporte une adaptation constante aux saisons, laquelle exige que l'activité de la ferme s'exerce successivement sur des besognes différentes les unes des autres. Il y a les travaux d'automne et de printemps, d'été et d'hiver correspondant à des opérations essentiellement distinctes, le temps des semailles, le temps de la fenaison et de la moisson, le temps du battage, etc., et chacune de ces périodes concentre pour quelques semaines l'activité de la ferme sur une opération ou une série d'opérations que ramènera seulement l'année suivante. Les conditions mêmes du fonctionnement de l'entreprise agricole empêchent la ferme de pousser la spécialisation technique au même degré que l'usine. Les forces utilisées à la ferme ne peuvent être spécialisées aussi rigoureusement que celles de l'usine par cette raison bien simple que la ferme passe d'une opération à une autre suivant les saisons, tandis que l'œuvre de l'usine se poursuit identique à elle-même d'un bout de l'année à l'autre [1].

C'est là, comme nous le disions plus haut, une vérité d'évidence, mais il ne suffit pas de la· proclamer, il faut pousser plus loin l'analyse et l'analyse va nous révéler que toutes les exploitations agricoles ne méconnaissent pas au même degré le principe de la spécialisation technique et qu'il y a des distinctions à faire. Il existe en effet entre les exploitations au point de vue de l'application ou de la méconnaissance du principe des différences considérables. Certaines d'entre elles, sans arriver, la nature des choses s'y opposant, aux mêmes résultats que l'usine, ont réalisé cependant dans la voie de la spécialisation de sérieux progrès ; il suffit pour s'en convaincre de descendre un instant dans le détail de leur fonctionnement.

Or, ces exploitations plus avancées au point de vue de la spécialisation technique, quelles sont-elles ? Le simple raisonnement donnant ici des résultats qui concordent avec ceux obtenus par la méthode d'observation permet de les déterminer. Ce sont les grandes exploitations. Elles seules peuvent pratiquer le régime de la spécialisation des forces d'abord parce qu'elles sont seules, il est presque naïf de le rappeler, à employer des forces multiples, ce qui est la condition primordiale ; en second lieu, parce que les différentes opérations prises séparément peuvent, dans les grandes fermes, dans celles-là seulement, à raison de l'importance de

---

[1] L'observation présentée au texte s'applique rigoureusement aux exploitations qui font de la culture proprement dite. C'est sur la vie de ces fermes que les changements de saison ont le plus d'action. Ces changements exercent une influence moins sensible sur les exploitations consacrées exclusivement au bétail et à l'élevage. La vie y est forcément plus uniforme que dans les exploitations du premier type, sans que cependant elle arrive à l'uniformité absolue. C'est ainsi que le régime de la belle saison avec les animaux au pâturage ne saurait être le même que le régime d'hiver avec stabulation. D'autre part, le temps de la fenaison est, dans les exploitations du second type, le signal d'une activité particulière, etc.

chacune d'elles, suffire à absorber une force déterminée en la concentrant sur une besogne unique sinon pendant toute l'année, du moins pendant des périodes assez longues. C'est la constatation à laquelle aboutissent les rares auteurs qui ont traité, il serait plus exact de dire qui ont effleuré la question [1].

II

Les raisons que nous venons d'énoncer comme rendant possible l'application de la spécialisation technique à l'intérieur des grandes exploitations nous expliquent du même coup et par *a contrario* pourquoi cette spécialisation ne saurait trouver place dans les petites exploitations. D'abord le petit cultivateur est seul ou à peu près pour suffire aux opérations multiples, que comporte la vie très complexe de son entreprise. Il ne sera pas rare pour lui de passer par quatre ou cinq opérations différentes en une même journée et cela selon les heures, et, d'autre part, chacune des besognes prise isolément, à raison de la faible étendue de l'exploitation, n'est ni susceptible d'absorber beaucoup de temps ni ne réclame l'affectation d'une force humaine ou animale spécialisée. Véritable maître Jacques agricole, le petit cultivateur connaît une variété d'occupations de nature à réjouir le cœur d'un disciple de Fourier, mais de nature par contre à attrister un partisan convaincu de la division du travail. De là, l'opposition des grandes et petites exploitations.

Du reste il convient, pour être exact, de ne pas forcer les ombres du tableau. Dans la pratique, le petit cultivateur est chef de famille et il a des collaborateurs dans la personne de sa femme et de ses enfants, ce qui conduit à une spécialisation embryonnaire.

Même dans la petite exploitation il se produit une répartition des tâches et des travaux et, pour imparfaite et rudimentaire que soit cette spécialisation, il serait injuste de la méconnaître. D'une façon générale, c'est au chef de famille, à l'homme, que reviennent les travaux du dehors, les opérations de culture proprement dite, c'est lui qui conduit les animaux de trait, il est le *laboureur* au sens large du mot, tandis que la femme, tout en vaquant aux soins du ménage, s'occupe de la *cour* c'est-à-dire de tout ce qui concerne l'intérieur de la ferme, soignant les animaux de rente, vaches, porcs, etc.,

---

[1] Kautsky, *La question agraire*, p. 53; Backhaus, *Jahrbücher für Nationalökonomie,* 1894, p. 349 et s.

confectionnant le beurre, le fromage, etc., plus ou moins aidée, suivant leur âge, par les enfants, auxquels reviennent les travaux légers et presque toujours le soin de mener paître les animaux. Il y a là une répartition toute naturelle des travaux conformément aux aptitudes de chacun des membres de la famille, répartition qui s'opère traditionnellement dans les familles paysannes depuis un temps immémorial. J'ajoute qu'il ne faudrait pas croire qu'avec cette organisation la part afférente à la femme soit légère. En fait, la femme ne connaît guère les jours de repos, car c'est à elle que revient la partie la plus absorbante de la besogne, celle qui ne comporte ni interruption ni chômage.

Certes la vie de la femme que nous venons d'esquisser est une vie complexe, mais il est à noter qu'elle ne varie guère d'un bout de l'année à l'autre et qu'elle reste uniforme dans sa complexité même. La vie de l'homme dans les petites exploitations est bien différente et son activité change d'objet avec les saisons. Quand vient le moment des foins et de la moisson, le laboureur abandonne la charrue pour la faux, reprend la charrue au temps des semailles, l'abandonnant à nouveau plus tard pour le fléau ou la pioche suivant les travaux qu'il a à exécuter, et nous touchons ici du doigt ce qui est le vice essentiel de cette organisation de la petite culture. Que l'homme passe de la charrue à la herse, au rouleau, etc., qu'il passe de la culture aux charrois, rien à dire, il y a là une nécessité de la vie rurale, car ce sont là toutes opérations devant se succéder dans la conduite d'une exploitation agricole. Ce qu'il y a de fâcheux, au point de vue de la bonne utilisation des forces dont il dispose, c'est de voir le petit cultivateur, à certains moments, abandonner la besogne où il a ses animaux comme collaborateurs pour une besogne où il est seul à peiner, ce qui se produit toutes les fois qu'il délaisse la conduite des animaux pour saisir la faux, le fléau, la pelle ou la pioche.

Économiquement parlant, il y a là une organisation défectueuse, car le défaut de spécialisation a pour conséquence nécessaire de laisser inutilisés pendant un certain nombre de jours les animaux de travail, faute de conducteur. Le cultivateur, transformé en faucheur, plus tard en batteur, laisse forcément ses animaux en repos pendant le temps qu'il donne à ses travaux où sa force à lui seul est utilisée. Il en résulte une perte sèche quant au rendement en travail des animaux de l'exploitation, c'est à notre avis le plus gros

inconvénient de cette pratique des petites exploitations. Celui qui
est, en réalité, la principale victime de cette organisation mauvaise
se refuse le plus souvent à reconnaître son erreur. Il ne voit qu'une
chose : en peinant beaucoup lui-même, il économise la main-d'œuvre étrangère qu'il lui faudrait rémunérer à haut prix aux périodes
de la grande activité des travaux agricoles. Il évite de débourser,
ce qui reste à ses yeux l'idéal du cultivateur prévoyant et entendu,
il ne compte pour rien la perte qui résulte de l'inaction des animaux entretenus au repos. Là, est précisément son erreur économique. Si le cultivateur pouvait établir qu'aux périodes d'inactivité
laissée ainsi à ses bêtes, il n'y aurait pas eu, avec la meilleure volonté du monde, de travail à leur donner, son raisonnement serait
juste ; en fait, il n'en est pas ainsi. Presque toujours le cultivateur
qui, pour se transformer en tâcheron, abandonne ses animaux,
aurait à les employer utilement ; s'il sacrifie ainsi 50 ou 60 jours
dans l'année, c'est presque toujours le temps qu'il aurait pu donner
à des améliorations foncières, lesquelles sont, à raison de pareilles
pratiques, indéfiniment reculées, sans compter que souvent aussi ces
pratiques conduisent à négliger les opérations culturales proprement dites que le cultivateur se trouve amené à retarder.

III

Dans les grandes exploitations domine une conception toute différente.

La règle est d'affecter chacun à une besogne déterminée, et, une
fois l'affectation fixée, de l'en détourner le moins possible. La chose
est frappante, d'abord en ce qui concerne les charretiers et bouviers. Ils sont considérés comme ne devant être sous aucun prétexte séparés de leurs animaux. Le maître, qui gouverne une entreprise comportant par exemple une quinzaine de chevaux et une
trentaine de bœufs au joug, estime avec raison que toute journée
d'inaction de ces forces animales représente pour lui une perte
sérieuse, qu'en conséquence aux jours de repos consacrés par
l'usage et à ceux qu'imposent trop souvent les conditions atmosphériques [1] il ne faut pas en ajouter d'autres, pour ainsi dire à

---

[1] L'obligation d'interrompre les travaux extérieurs en cas de mauvais temps, alors
que souvent la besogne presse, constitue une grosse infériorité pour la ferme par rapport à l'usine, qui travaille à l'abri des intempéries et ne connaît pas de chômage de ce
chef.

plaisir, du fait d'une mauvaise organisation de l'entreprise. Le gros
effort d'organisation porte alors sur l'utilisation constante des animaux de trait, ce qui suppose comme condition nécessaire que
jamais les hommes affectés à la conduite de ces animaux ne recevront une autre affectation ; ce qui suppose en outre qu'on aura
toujours quelque occupation à donner aux attelages. Ce dernier
point appelle quelques explications, lesquelles nous feront pénétrer
plus avant dans le fonctionnement des grandes entreprises agricoles.

C'est une opinion très répandue dans le monde des profanes
étrangers aux choses agricoles qu'il est des périodes où l'activité
de la ferme s'arrête et pendant lesquelles les animaux restent au
repos faute de travail à leur donner. Volontiers les gens qui ne
sont pas du métier disent aux professionnels rencontrés par hasard
à la ville un jour de marché : « Vous ne devez rien avoir à faire
en ce moment », marquant dans cette formule leur ignorance de la
vie rurale.

A la vérité, il est des périodes où la besogne presse tout particulièrement à la ferme et où on demande aux attelages tout ce
qu'ils peuvent donner. Ce sont la période de la semaille d'automne
coïncidant avec l'arrachage de la betterave dans la région du Nord
et la période de la semaille de printemps, la période de la rentrée
des foins, des blés et des avoines. Ce sont les époques de coups de
collier, ce qui n'implique pas qu'il y ait aux autres périodes arrêt
de la vie de la ferme au point de vue des travaux à exécuter avec
le concours des attelages et l'observation s'applique à la fois à l'hiver et à l'été.

En hiver d'abord, tant que le gel ne durcit pas la terre ou que
les pluies excessives ne la détrempent pas, les attelages sont
employés aux gros labours, aux labours profonds qui précèdent la
betterave ou aux labours destinés aux avoines de printemps. Dès
que le gel interrompt ces labours, les attelages sont mis aux charrois, qui sont facilités sur les terres durcies, charrois de fumier
d'abord, charrois des marnes, charrois de matières fertilisantes de
toute nature tirées de l'extérieur, telles que gadoue, boues de route,
écumes de défécation ramenées des sucreries, charrois de matières
destinées à l'alimentation du bétail telles que les pulpes obtenues
après traitement de la betterave à l'usine et les labours reprennent
après les quelques jours de dégel qui sont toujours des jours d'interruption forcée pour tout travail extérieur.

En été, ce sont encore les charrois qui constituent la principale occupation des attelages. Dans l'ancienne culture à base de jachère, le travail de la terre laissée au repos prenait le plus clair de temps des animaux et de leurs conducteurs pendant le cours du l'été. On multipliait les façons, labours, hersages, roulages, etc., dont on avait reconnu empiriquement les heureux effets [1] et ces pratiques sont encore suivies aujourd'hui, là où la jachère s'est maintenue. Mais là où elle est complètement abandonnée, dans les fermes de culture intensive, une fois les derniers ensemencements de printemps effectués, on chercherait vainement un pouce de terre qui ne soit pas sous récolte. Ce n'est donc pas dans le travail de la terre qu'on peut chercher le moyen d'occuper les attelages, et un ou deux animaux suffisent aux houes à cheval qui passent à plusieurs reprises entre les lignes de betteraves, dans l'intervalle des binages à la main. Que deviennent alors les autres ?

Il faut remarquer d'abord que la période d'été est précisément celle où, dans ces fermes, l'effectif des attelages est réduit à son minimum. A la différence des anciennes exploitations à culture triennale, qui avaient d'un bout de l'année à l'autre un nombre à peu près constant d'animaux de trait, les exploitations du type moderne ont dans leur effectif des variations très considérables. Nous avons indiqué déjà la chose au cours d'une précédente étude [2], il convient d'y revenir : Parmi les bœufs de travail, la réforme a été commencée aussitôt les gros travaux d'automne terminés, elle s'achève, une fois terminés les ensemencements de printemps. On se trouve, quand arrive l'été, avoir mis à l'engrais, par séries successives, le tiers, la moitié et quelquefois les trois quarts des bœufs de l'exploitation [3], ce qui réduit considérablement le nombre des animaux de trait dont on dispose et ce qui permet de trouver dans les charrois de quoi les occuper.

Comme en hiver, ces charrois portent surtout sur les matières fertilisantes, fumiers, marnes, écumes de défécation, etc. Faute de pouvoir les répandre immédiatement sur les champs couverts de récoltes, on amène ces matières jusqu'au bord des pièces aux-

---

[1] V. *Revue d'économie politique*, mai 1901, p. 430.

[2] V. *Revue d'économie politique*, juin 1901, p. 661.

[3] Sur cette pratique, consulter Convert, *La ferme de Fresne*, p. 15. A Fresne, 46 bœufs sur 56 passent à l'engraissement de janvier à mai ; c'est une proportion plus forte que celle des étables ordinaires.

quelles elles sont destinées, on en fait des dépôts; ce qui par la suite · permettra une économie de temps. Plus tard, le champ devenu libre après la récolte enlevée, il suffit de quelques jours pour conduire sur le champ même et pour y répandre les matières fertilisantes qu'on a mis parfois plusieurs semaines à apporter à pied d'œuvre, quand il s'agit de marnes, d'écumes de défécation, de gadoues et boues de ville, tirées parfois de très loin.

Sans doute cette pratique des dépôts nécessite double main-d'œuvre, puisqu'il faut au dépôt recharger les matières apportées antérieurement, mais c'est à cette condition seulement qu'il est possible de réaliser des améliorations foncières, qu'on ne pourrait mener à bien faute de temps, si on attendait l'heure où le champ est libre pour aller chercher les matières fertilisantes à leur lieu d'origine [1].

Voilà comment, d'un bout de l'année à l'autre, dans les fermes de culture intensive, le personnel attaché aux attelages n'est jamais à aucun moment distrait de sa fonction normale et comment on tire des animaux le maximum de rendement en travail qu'ils peuvent fournir. Que les charretiers et bouviers passent de la charrue à la herse, au rouleau, au semoir, au tombereau peu importe, c'est une nécessité de la vie agricole, l'essentiel c'est qu'ils restent toujours attachés à la conduite de leurs animaux et par là la ferme moderne applique d'une façon rationnelle le principe de la spécialisation [2].

---

[1] Il faut ajouter que pendant cette période d'été, il est encore effectué des charrois de matériaux pour la réfection et l'entretien des chemins de culture. Or ces chemins sont souvent pendant la saison de betteraves, quand les charrois se font en temps pluvieux, transformés en véritables fondrières et leur remise en état exige de gros transports de matériaux.

[2] Une double observation complètera utilement ce qui est expliqué au texte quant à l'organisation du travail des attelages. Les fermes, qui emploient à la fois le cheval et le bœuf, affectent de préférence les chevaux à certaines catégories de travaux et les bœufs à d'autres. Les chevaux sont surtout affectés aux travaux où il y a intérêt à utiliser leur allure plus vive. Semoirs, herses, rouleaux, moissonneuses, faucheuses sont généralement réservés aux chevaux. Les bœufs sont affectés plutôt aux gros labours. En outre, quand il y a des charrois et des opérations de culture proprement dite s'effectuant simultanément, comme cela arrive au moment de l'arrachage et de la livraison des betteraves coïncidant avec les semailles d'automne, les bœufs sont laissés de préférence au travail du sol, les chevaux employés aux charrois. D'une façon générale, on trouve avantage à mettre les bœufs dans les terres et les chevaux sur la route, sans qu'il y ait rien d'absolu à cette répartition, mais parce qu'on s'accorde à reconnaître que cette organisation du service des attelages permet de mieux utiliser les aptitudes respectives du cheval et du bœuf.

Il convient d'ajouter une autre remarque, toujours à propos de la spécialisation des

Tout naturellement et par une conséquence nécessaire les multiples besognes de la ferme, qui ne rentrent pas dans la conduite des attelages, réclament un personnel différent de celui qui reste confiné dans cette première catégorie d'occupations et plus la ferme est considérable plus pour ces autres besognes la spécialisation des affectations peut être appliquée.

D'abord, en se plaçant dans l'ordre du bétail de rente, il y a une spécialisation presque universellement pratiquée, c'est celle du berger. D'un bout de l'année à l'autre le berger n'a d'autre occupation que le soin de son troupeau, que celui-ci soit tenu à l'étable, qu'il soit conduit au dehors et qu'il couche au parc suivant la saison. De même là où il y a une vacherie avec orientation nette de l'exploitation du côté de la vente du lait frais et *à fortiori* quand il y a production de beurre ou de fromage, un personnel spécial est affecté, plus ou moins nombreux, aux opérations que nécessite ce genre d'industrie et d'un bout de l'année à l'autre il y reste attaché [1].

Jusqu'ici nous trouvons, somme toute, dans l'organisation du travail de la ferme, une application rationnelle de la spécialisation. Les résultats sont moins satisfaisants en ce qui concerne le travail de ceux qu'on appelle proprement les ouvriers agricoles, les tâcherons, par opposition aux domestiques à gages. Ces ouvriers agricoles, la plupart du temps, ne peuvent être spécialisés, ils passent d'une besogne à une autre, sans affectation fixe, employés aux tâches variées que comporte la vie de la ferme. Chaque ferme a un personnel de tâcherons qu'elle conserve toute l'année et qu'elle est obligée de mettre ainsi à toutes les besognes. Elle renforce à certaines époques ce personnel permanent, quand vient le moment

---

animaux. Dans les fermes du type que nous décrivons, la séparation est absolue entre les animaux de rente et les animaux de trait. Application encore de la division du travail. Tandis que dans les petites exploitations la vache est mise au joug et fournit un travail médiocre au détriment de la production en lait, jamais pareille pratique ne se rencontre dans les grandes exploitations. Il y a plus ; dans ces dernières, du jour où le bœuf de travail est réformé et mis à l'engrais, la cessation du travail est complète. Rayé de l'effectif des bœufs de travail, l'animal mis à l'engrais est soumis à un régime alimentaire nouveau et généralement il passe dans une autre bouverie, ou sont réunis les bœufs soumis à l'engraissement.

[1] On trouvera des chiffres intéressants dans la notice déjà citée d'Arcy, en Brie, p. 42. Le personnel de la vacherie compte 9 vachers, la laiterie 6 employés, et on peut remarquer que la vacherie et la laiterie ont chacune leur personnel distinct, c'est un degré de spécialisation de plus, rendu possible à Arcy par l'importance et le développement de chacun des services.

des gros travaux, par un personnel supplémentaire, lequel va nous apparaître, au contraire, spécialisé. C'est ce qui arrive au temps de la moisson.

Dans le personnel qu'emploie la ferme aux heures de grands travaux, on trouve l'ensemble de ses tâcherons ordinaires renforcé d'ouvriers supplémentaires engagés pour un temps et une besogne limités. Ces ouvriers viennent souvent de loin; dans la région de Paris, en Beauce, en Brie ce sont la plupart du temps des Belges ou des Bretons, qui viennent ainsi renforcer la main-d'œuvre locale aux périodes de presse [1]. Il faut insister un instant sur ce qu'est pendant la moisson l'organisation du travail des grandes fermes, car je ne crois pas qu'on puisse trouver une période de leur vie annuelle, où le principe de la division du travail au point de vue technique inspire plus rigoureusement leur fonctionnement.

Le grand principe en matière de moisson c'est d'aller vite. Il faut savoir profiter du temps favorable, éviter que le grain et la paille ne soient avariés par les pluies, éviter aussi que le grain trop mûr ne tombe de l'épi sous l'action du soleil souvent très ardent aux mois de juillet et d'août. Plus l'opération est conduite rapidement, plus le cultivateur a de chance de « rentrer » la récolte dans de bonnes conditions; plus l'opération se prolonge, plus les chan-

---

[1] Ces ouvriers étrangers sont généralement constitués en groupes ou *équipes* sous la direction de l'un d'entre eux. Une partie de ces équipes arrivent dans les régions de grande culture vers le mois de mai pour le binage de la betterave, opération à laquelle elles sont exclusivement occupées jusque vers les premiers jours de juillet. Ces ouvriers passent alors aux travaux de moisson. Le plus grand nombre des équipes n'arrive que pour le temps de la moisson, lequel dure quelquefois pour elles deux mois à deux mois et demi, parce qu'il n'est pas rare qu'une même équipe sous la conduite de son chef fasse successivement deux et trois moissons. Amenés par trains spéciaux à tarifs très réduits jusque dans le centre, les Belges font une première moisson qui les conduit jusqu'au 20 ou 25 juillet environ. Ils remontent aussitôt plus au nord, moissonnant en Brie et en Beauce fin juillet premiers jours d'août, pour gagner ensuite les régions à maturité plus tardive comme la Somme et l'Aisne, où la moisson ne s'achève souvent que dans les premiers jours de septembre. Le chef d'équipe, le seul souvent qui sache un peu de français, a la plupart du temps engagé sa troupe par correspondance avec les deux ou trois chefs d'exploitation, chez lesquels lui et ses compagnons travaillent successivement. Nous avons personnellement rencontré quelques équipes de Belges descendues jusque dans l'Isère près de Bourgoin. Ce concours de la main-d'œuvre tirée des pays à population dense est de plus en plus nécessaire à l'agriculture française en présence de la dépopulation des campagnes. Ce concours serait encore très insuffisant, si l'emploi généralisé de la machine ne permettait pas une économie croissante de main-d'œuvre.

ces contraires augmentent. Pour obtenir des forces dont il dispose le maximum de rendement qu'elles sont susceptibles de donner, le cultivateur avisé s'inspire de la formule de Smith proclamant cette vérité que la productivité du travail est en proportion de sa division.

Dans l'œuvre d'ensemble chacun est affecté à une tâche, à laquelle il reste attaché pendant toute la moisson. On évite de la sorte les pertes de temps qu'entraînent les changements de besogne. C'est ainsi que, conformément aux principes d'une spécialisation bien entendue, faucheurs et sapeurs ne font que couper et lier la récolte[1], une fois les gerbes réunies en tas de dix à vingt bottes de formes variables suivant les pays, ils vont entamer une nouvelle pièce, le reste ne les regarde plus. C'est l'affaire d'une autre partie du personnel, affecté à une seconde série d'opérations : *la rentrée* de la récolte suivant l'expression courante.

Lorsque le cultivateur constate que les gerbes sont dans l'état voulu pour être mises en grange ou en meule, il envoie sur le champ où ont opéré les faucheurs un personnel nouveau, composé des fourcheurs et des charretiers avec leurs attelages, c'est l'opération de la rentrée qui commence et qui comporte une spécialisation très marquée pour chacun des acteurs. Les fourcheurs ou calviniers ne quittent pas le champ qu'il s'agit de débarrasser de ses gerbes amoncelées. Sans interruption ils tendent aux charretiers qui se succèdent les gerbes que ces charretiers entassent sur leurs voitures. Avec cette organisation point de perte de temps comme dans la petite culture, quand l'attelage unique retourne à la grange accompagné de son conducteur et du fourcheur, lequel, à raison de cinq à six trajets de ce genre dans une journée, arrive à perdre quatre à cinq heures de travail, pour peu que les distances soient longues. Dans les grandes exploitations, les voitures accompagnées du seul homme qui est nécessaire à leur conduite arrivent à la grange ou à la meule, attendues par une équipe nouvelle, dont la fonction est de décharger sans arrêt ces voitures qui se succèdent;

[1] De plus en plus les machines soit moissonneuses simples, soit moissonneuses lieuses sont employées dans les exploitations agricoles. On réserve alors aux faucheurs et sapeurs les pièces versées, où le travail de la machine est toujours moins satisfaisant. Derrière la moissonneuse simple il reste à effectuer par le travail de l'homme le liage et la mise en tas des gerbes; cette dernière opération reste la seule à accomplir après le passage de la moissonneuse-lieuse.

chacun dans la grange ou à la meule a sa place fixée et ne la quitte pas pour une autre [1].

Voilà comment sont conduites, d'après les principes d'une spécialisation rigoureuse, les opérations de la moisson telles qu'on les pratique dans les grandes exploitations. Cette organisation avait droit à une description un peu détaillée, étant donné l'ordre de recherches auquel nous nous plaçons. Nous devons ajouter que dans ces mêmes fermes la dernière opération que comporte la culture des céréales, je veux dire le battage, donne lieu toujours, au point de vue de la spécialisation, à des phénomènes intéressants. Dans ces exploitations, cultivant 100 à 150 hectares de céréales, tant blés qu'avoines, le nombre des gerbes récoltées atteint et dépasse souvent 100.000. On comprend quelle importance prend alors l'opération du battage et comment elle peut engendrer des phénomènes de spécialisation.

Pour battre ces grosses récoltes le procédé le plus usité dans les grandes fermes consiste pour chaque ferme à avoir sa machine à battre à elle, mue par un manège ou par la vapeur et alors on attache à la machine à battre une équipe d'ouvriers, qui est occupée au battage pendant une grosse partie de l'année et n'en est détournée qu'au cas de travail urgent au dehors. Pendant 150 ou 200 jours, par an la machine à battre emplit de son bruit monotone la cour de la ferme, servie par un personnel spécial et, ici encore, c'est l'importance et la durée du travail à accomplir qui permet la spécialisation [2].

D'autres parmi les grandes exploitations préfèrent employer un

---

[1] Cette organisation pour la rentrée de la récolte s'appelle dans le Valois une *bricolle*. On dit d'une ferme qu'elle marche avec une ou deux bricolles, suivant qu'elle fonctionne avec une ou deux équipes dans les conditions que je viens de décrire. On se fait difficilement idée de ce que peut donner comme rapidité de travail une semblable organisation. Chaque homme arrive à manier dans sa journée 6 à 7.000 bottes. Pour le travail qui s'accomplit à la meule, le rôle principal appartient à celui qui fait la meule. Celui-là est un professionnel. Il faut une véritable habileté pour bien réussir comme forme et comme aplomb ces énormes gerbiers de 6 à 8.000 bottes qui, après la moisson, se dressent autour des fermes du Valois, du Soissonnais, de la Brie. Ainsi chaque ferme a son spécialiste, embauché pour cette besogne unique, et c'est pour lui une humiliation quand il faut étayer une meule qui manque d'aplomb, d'autant plus que ses rivaux des fermes voisines ne lui ménagent pas alors les sarcasmes.

[2] Nous aurons l'occasion, dans une prochaine étude, de revenir sur cette organisation, lorsque nous étudierons la convention qui intervient entre le cultivateur et son équipe de batteurs quant à la rémunération du travail, laquelle est souvent fixée à forfait : tant par quintal de grain battu.

système différent, tout aussi intéressant comme application de la spécialisation. Elles font appel aux entreprises de battage qui se sont constituées de tous côtés et qui conduisent de ferme en ferme leur matériel à grand travail [1]. Ce faisant, elles recourent à un procédé qui a été créé surtout pour la petite et la moyenne culture, mais auquel la grande culture peut trouver, elle aussi, un avantage, car la ferme s'évite les frais d'acquisition et d'entretien du matériel de battage. Elle profite de ce que l'industrie du battage tend de plus en plus à devenir une industrie autonome et à se séparer des opérations purement agricoles. Grâce au développement de ces entreprises spécialisées, les avantages du battage mécanique par les machines à grand travail deviennent communs à toutes les exploitations, quelle que soit leur étendue, et ce que nous disons des phénomènes de spécialisation qu'implique cette organisation s'applique, non plus seulement à la grande culture, mais même à la moyenne et à la petite culture. Il convient seulement de remarquer que le recours à l'entrepreneur s'impose à la moyenne et à la petite culture, qui veulent procéder mécaniquement au battage, tandis que la grande culture a le choix entre ce second procédé et le premier que nous avons indiqué. Il faut compter, en effet, que l'entrepreneur, qui se spécialise dans ce métier de batteur, consacre un capital de 8 à 10.000 francs à l'acquisition de la batteuse et de la machine à vapeur qui l'actionne (chiffres moyens). Une pareille mise de fonds ne saurait être effectuée par un cultivateur qui, à raison de 2.000 ou 2.500 gerbes par jour, battrait sa récolte en trois ou quatre jours, quelquefois en une journée et même moins quand il s'agit des petits cultivateurs. Grâce à l'entrepreneur spécialisé, la petite culture peut participer aux avantages de la machine à grand travail [2].

[1] Monographie du département du Nord, par M. Comon, *Bulletin du ministère de l'agriculture*, 1898, p. 407; monographie de la Drôme, par M. Biéheret. « Les batteuses sont à grand travail et actionnées par des locomobiles, elles appartiennent toutes à des entrepreneurs », *Bulletin*, 1898, p. 841. — Cpr. monographie de Saône-et-Loire par M. Battanchon, *Bulletin*, 1898, p. 470; Monographie de la Gironde par M. Vassillière, *Bulletin*, 1898, p. 104.

[2] Les variétés de types sont, du reste, très nombreuses. A côté des machines à grand travail actionnées par la vapeur, quelques-unes par le pétrole, il y a les machines plus modestes, avec des chevaux, soit de l'ancien type à manège, soit du type trépigneuses. Ce qui varie beaucoup aussi, c'est l'organisation quant au fonctionnement du battage. Le plus souvent, la machine est servie par un personnel de deux hommes attachés à elle à poste fixe, l'accompagnant de ferme en ferme. Ces hommes condui-

Nous pouvons, ce semble, arrêter ici la série de nos exemples ; ils suffisent à justifier la conclusion que nous voulions établir, à savoir que la spécialisation technique n'est pas aussi étrangère qu'on pourrait le croire aux entreprises agricoles modernes. Dans la mesure du possible, l'agriculture moderne s'efforce, quant à l'organisation du travail, de réaliser la spécialisation des travaux et des tâches et, par conséquent, se rapproche de l'usine. Sans doute, nous avons constaté que les grandes exploitations sont à peu près les seules à pratiquer ce régime, mais nous avons fait observer qu'elles se trouvent être les seules, pour lesquelles de par les conditions mêmes de nature l'application de la spécialisation technique soit possible. On ne peut donc pas faire grief aux petites exploitations de ce qu'elles méconnaissent un principe qui ne rencontre pas chez elle la possibilité d'une application rationnelle ; mais on peut

sent, à proprement parler, la machine ; l'un d'eux « engraine », c'est-à-dire introduit la gerbe déliée dans la batteuse, tandis que l'autre veille à la marche de la batteuse et alimente la locomobile qui actionne la batteuse. Les ouvriers et ouvrières qui passent les gerbes, relient la paille, transportent les sacs, sont généralement fournis par le cultivateur et payés par lui. Quelquefois l'entrepreneur de battage arrive avec son équipe d'ouvriers et le cultivateur n'a alors à s'occuper de rien si ce n'est de surveiller ce personnel généralement peu digne de confiance, recruté souvent qu'il est par les entrepreneurs parmi des gens de moralité plus que douteuse, rouleurs de grands chemins et quelquefois moins encore.

Le phénomène signalé à propos du battage n'est pas, du reste, un phénomène unique dans le monde agricole. Les causes qui ont conduit à la spécialisation de l'industrie du battage ont conduit à la spécialisation pour d'autres opérations d'ordre agricole. Quand il s'agit d'un travail exigeant un matériel d'un prix élevé et ne pouvant être d'un usage courant, il est naturel que le cultivateur préfère n'en pas faire l'acquisition, quitte, pour l'opération à laquelle correspond ce matériel, à s'adresser à un entrepreneur qui, propriétaire du matériel en question, se charge du travail. C'est ce qu'on peut observer pour les opérations de défoncement quant à la reconstitution du vignoble. Les viticulteurs s'adressent à des entrepreneurs qui se sont spécialisés dans ce genre de travail et procèdent au défoncement avec un matériel leur appartenant, après avoir convenu d'un prix de avec le propriétaire du sol à défoncer. Ceux-ci trouvent à cette combinaison une grosse économie et l'entrepreneur, en passant d'un domaine à un autre, trouve à utiliser son matériel spécial.

Là où, sans recourir pour le défoncement aux charrues à vapeur, on veut procéder à la main à cette opération préliminaire de la reconstitution du vignoble, la pratique a reconnu encore les avantages de la spécialisation. M. Vassillière, dans sa monographie de la Gironde, indique que les défoncements sont effectués le plus souvent, dans le Bordelais, par des équipes d'Espagnols recevant à forfait de 500 à 1.000 francs par hectare, suivant les difficultés de l'entreprise (*Bulletin du ministère de l'agriculture*, 1898, p. 103 et 104). On peut ajouter que dans la reconstitution du vignoble les opérations du greffage donnent lieu assez souvent à des phénomènes de spécialisation également intéressants. Il s'est constitué des équipes de greffeurs qui, spécialisés dans les opérations de greffage, passent d'un domaine sur un autre.

regretter qu'elles aient à subir les conséquences de leur constitution même. Ce n'est pas, soit dit en passant, un des moindres
arguments à faire valoir au bénéfice de la grande culture comparée
à la petite, que cette évidente supériorité de la première sur la
seconde, en ce qui touche l'application de la spécialisation technique.

§ 4. *La spécialisation des systèmes de culture.*

Nous venons de voir, au cours de la présente étude, le principe
de la spécialisation recevoir sous différentes formes application
dans le monde agricole. A cette étude de la division du travail dans
la ferme il faut un complément. Ce complément, nous croyons
pouvoir le présenter sous cette rubrique : « La spécialisation des
systèmes de culture » et voici l'idée essentielle que nous voulons
dégager, sans avoir le moins du monde la prétention de la présenter comme neuve, mais avec la conviction qu'on ne saurait trop
insister sur la vérité qu'elle traduit. Il n'y a pas un système de culture, un type unique que l'on puisse recommander aux cultivateurs
et cela est dans la logique des choses, puisque l'agriculture est l'art
d'exploiter des forces essentiellement variables. Il doit donc de toute
nécessité y avoir adaptation du système de culture au milieu ; le système de culture doit varier avec les forces mêmes qu'il s'agit d'exploiter. Il ne peut y avoir une seule façon de comprendre et de
diriger les entreprises agricoles, il y en a une infinie variété qui,
par des gradations insensibles, s'étagent entre deux types : le type
intensif et le type extensif opposés l'un à l'autre comme types
extrêmes.

C'est bien l'idée indiquée par Roscher [1], quand il dit que l'économiste distingue entre les systèmes d'agriculture, suivant qu'ils
dotent faiblement ou largement le sol de capital et de travail. C'est
aussi avec une variante légère celle de Lecouteux, quand il oppose
la culture à grands rendements pratiquant les grosses avances et
les fortes fumures à la culture à faible rendement mais sans gros
frais. Dans la culture intensive comme dans la culture extensive
on cherche toujours le produit net, mais on le cherche au premier

---

[1] Roscher, *Traité d'économie politique rurale*, § 23.
[2] Lecouteux, *Économie rurale*, II, 2e édit., p. 347. — Cpr. Valenti, *La base agronomica della teoria della rendita*, p. 143.

cas dans les gros produits bruts et on le trouve dans les faibles
produits bruts au second, à condition que ces faibles produits
soient obtenus à peu de frais.

Or, de même que le chef d'une entreprise agricole doit, en s'inspirant des conditions de sol, de climat, de milieu, faire porter son
principal effort sur une opération ou une série d'opérations de préférence aux autres, en un mot se spécialiser quant à la production,
de même il doit opter entre les systèmes de culture qui s'offrent
à lui et compléter la spécialisation réalisée quant à la production
par l'adaptation rationnelle à cette production du système de culture
le mieux approprié aux conditions du milieu dans lequel il opère.

Pour tout agriculteur travaillant en vue du débouché, produisant pour vendre, le but poursuivi, c'est l'obtention du produit net
le plus élevé possible et le meilleur système de culture, c'est celui
qui lui donne le maximum de produit net. Il n'y a pas de système
s'imposant *à priori,* duquel on puisse dire qu'il existe d'une façon
absolue une supériorité à son profit. C'est une question toute relative, une question d'adaptation aux conditions du milieu dans lequel
on opère.

De Gasparin l'a dit excellemment : « Le produit net le plus élevé
n'est pas toujours le produit brut le plus élevé possible pour une
étendue de terre déterminée. Les circonstances locales peuvent
faire varier infiniment les profits que l'on peut recueillir sur un
espace de terrain, sans altérer le profit que l'on peut faire sur le
capital employé. Le haut prix de la rente et des travaux comparativement à celui des engrais peut conduire à une culture très intensive, dans laquelle on fera produire à un seul hectare autant qu'à
deux placés dans d'autres circonstances. Le haut prix des engrais,
le bas prix de la rente et des travaux nous amèneront au contraire
à économiser les engrais et à cultiver de plus grandes surfaces » [1].

Voilà l'opposition nettement formulée et c'est bien à l'une ou à
l'autre de ces deux conceptions que se ramène en dernière analyse
tout système de culture. C'est en tenant compte de ces deux conceptions maîtresses et suivant que l'agriculture d'un pays, d'une
région prise dans son ensemble s'inspire de l'une ou de l'autre
qu'on peut procéder à une première classification forcément d'ordre très général, qui ne prétend pas à une exactitude de détail

[1] *Journal d'agriculture pratique,* 1877, II, p. 706.

mais opère par grosses masses, avec la préoccupation de dégager les caractères dominants.

C'est parce que, prises dans leur ensemble, l'agriculture de l'Europe occidentale et l'agriculture de l'Europe orientale s'inspirent chacune de l'une des deux conceptions opposées qu'on a pu justement opposer les deux agricultures l'une à l'autre [1]. La première cherche l'accroissement de ses rendements dans l'augmentation de la puissance productrice des terres déjà mises en culture de vieille date ; la seconde cherche le même accroissement des rendements dans l'extension des surfaces cultivées, quitte à se contenter, pour chaque hectare sous culture, d'un résultat inférieur à celui obtenu ailleurs. Même opposition entre l'agriculture de l'Europe occidentale et celle du Nouveau-Monde, spécialement des Etats-Unis [2].

En réalité dans les deux systèmes opposés l'agriculteur cherche le même but, à savoir le produit net. Il l'obtient par des procédés différents suivant les cas ; il y a identité de but et différence de moyens. L'agriculture des pays de vieille civilisation, opérant sur des terres de prix élevé, supportant de lourds impôts et recourant à une main-d'œuvre chèrement payée, est obligée de chercher les gros rendements par unité de surface, de façon à pouvoir répartir ses frais considérables sur un gros produit brut ; c'est pour elle le moyen d'abaisser son prix de revient, d'où régime de l'incorporation au sol des grosses quantités de capital et de travail. Au contraire l'agriculture des pays neufs, placée dans d'autres conditions que sa rivale, disposant notamment de grandes surfaces mises à sa disposition à bas prix, cherche le produit net par des procédés adaptés au milieu. Elle se contente des faibles rendements par unité de surface, trouvant la compensation dans l'étendue des surfaces cultivées. Somme toute, elle trouve avantage à agir sur les grandes étendues territoriales à bon marché plutôt que par les gros capitaux concentrés sur une faible surface soumise à un régime intensif [3].

---

[1] Grandeau, *L'agriculture étrangère à l'exposition de 1900,* journal *Le Temps,* nos du 10 septembre et du 5 octobre 1900, *Journal des économistes,* novembre 1900, p. 189 s.

[2] Lecouteux, *Cours d'économie rurale,* 2e. édit., II, p. 349 et 350. — Cpr. Grandeau, *Journal des économistes,* 15 fév. 1901, p. 219.

[3] Lecouteux, *Cours d'économie rurale,* 2e édit., II, p. 348.

II

Quand on oppose ainsi l'une à l'autre l'agriculture du vieux monde et celle du nouveau, on ne cherche à dégager que la physionomie d'ensemble et on sacrifie l'exactitude des détails, de même quand il s'agit de l'opposition de l'Europe occidentale et de l'Europe orientale, on ne veut marquer que les traits généraux et de fait ces classifications sont beaucoup trop absolues. Le Nouveau Monde et l'Europe orientale, d'une part, connaissent la culture intensive ; celle-ci, pour avoir là une place restreinte, y a sa place pourtant ; d'autre part, ce serait folie de poser en principe que l'Europe occidentale tout entière doive s'interdire absolument la culture extensive. Il est chez elle des terres, plus rares sans doute que dans les pays qu'on lui oppose [1], où la culture extensive a sa place naturelle et pour lesquelles l'heure n'a pas sonné de la culture intensive. Affirmer la nécessité d'attendre cette heure ce n'est pas se mettre en travers du progrès agricole, c'est se rendre compte des conditions mêmes du progrès et éviter bien des mécomptes.

Il n'y a pas, disons-nous, un système de culture unique applicable par région. Il faut aller plus loin encore et reconnaître qu'il n'y a pas le plus souvent un seul et unique système applicable à l'ensemble des terres qui composent un domaine. A l'intérieur du domaine il appartient au chef d'entreprise d'adapter le système de culture à chacune des catégories de terres qui composent le domaine, de spécialiser en un mot les terres, en tenant compte de leur inégalité de puissance d'absorption quant au capital et au travail. Le simple bon sens indique qu'il ne peut y avoir un système d'exploitation unique pour des terres à 4.000 francs l'hectare et pour des terres à 400 francs. Or, il n'est pas rare de rencontrer de ces variations du simple au décuple sur l'ensemble d'un domaine

[1] Il suffit de citer pour la France l'exemple le plus frappant, celui de la Sologne, et de rappeler que la mise en valeur de la Sologne s'est faite par la culture extensive; l'histoire du domaine type de Cerçay que nous rappelons plus loin est à citer comme modèle. A côté de nous la Belgique, qui passe à bon droit pour le pays type de la culture intensive, a ses régions pauvres, où on pratique la seule culture qui y soit rémunératrice, la culture extensive; c'est le cas de la Campine, qui fait antithèse à ce point de vue avec les Flandres. V. *Journal d'agriculture pratique*, 1878, II, p. 544. On y trouvera l'analyse d'un rapport de de Laveleye sur l'agriculture belge à l'occasion du congrès de la Société des agriculteurs de France en 1878. Ce rapport montre la transformation de la Sologne belge, poursuivie par les mêmes procédés que la transformation de la Sologne française : régime du boisement par le pin sylvestre sur de grandes étendues, effort de la culture proprement dite concentré sur quelques terres choisies.

de quelque étendue Les constater, c'est condamner l'unité dans le système d'exploitation. Entre ces deux extrêmes, il y a généralement une série d'échelons intermédiaires dans la valeur des terres et adapter à chacune des catégories de terres le système de culture qui est susceptible de lui faire donner le maximum de produit net, c'est la science du cultivateur [1].

Or des erreurs ont été et sont encore commises aujourd'hui dans les deux sens opposés. Il y a des cultivateurs qui ne savent pas faire à la culture à gros capital la place qui lui revient, qui mesurent trop parcimonieusement à des terres de haute valeur les incorporations de capital et de travail, et ces terres restent au-dessous de ce qu'elles pourraient utilement absorber. Ces cultivateurs pèchent par excès de timidité. D'autres pèchent par excès d'audace. Ils attribuent à leurs terres une puissance d'absorption qu'elles n'ont pas, la terre se refuse à assimiler des doses de capital et de travail qui sont au-dessus de ses forces, il y a gaspillage des forces et là encore mécompte.

[1] On ne saurait formuler de règles *a priori*, et une foule d'éléments entrent en ligne de compte qu'il appartient au cultivateur d'apprécier. La question de fertilité naturelle, de puissance d'absorption du sol quant au capital incorporé et d'aptitude à s'assimiler les éléments mis à la disposition de la plante est la première chose à considérer. Mais il y a aussi à tenir compte de la question de distance, j'entends de la distance séparant chaque pièce de terre de la ferme. En principe, au fur et à mesure qu'on s'éloigne de la ferme, à égalité de fertilité, les terres se prêtent de moins en moins à l'application de la culture intensive. Il est facile de comprendre en effet qu'avec la distance s'accroissent les frais de culture du chef du temps perdu pour les ouvriers et les attelages se rendant au travail, du chef du temps de plus en plus long réclamé par les charrois soit pour le transport des fumiers, soit pour la rentrée des récoltes Il peut y avoir intérêt, en conséquence, à réduire à raison de la distance croissante l'intensité de la culture pour diminuer les frais de travail. Mais il ne faut pas poser de règle absolue ici encore, et, à notre avis, la formule donnée à la fin d'une publication souvent citée, *Der Betrieb der deutschen Landwirtschaft*, est beaucoup trop précise. Je reproduis textuellement le passage : « La distance normale, théoriquement s'entend, serait de 750 mètres ; supposé que les bâtiments de l'exploitation se dressent au centre de la propriété, ce serait donc 250 hectares qu'on pourra exploiter intensivement. Pour les distances plus grandes on aura ce que nous appellerons des zones distinctes avec une exploitation plutôt extensive ». *Der Betrieb*, p. 195 de la traduction française. Pour se convaincre que l'on ne peut ainsi fixer des chiffres, même approximatifs, il suffira d'une simple observation. Ce n'est pas toujours à la ferme que doit être ramené le produit du champ. Il est souvent exporté, surtout quand il s'agit de betteraves, dans une direction autre que celle de la ferme, si la sucrerie ou la gare de chemin de fer se trouvent à l'opposé de la ferme, et alors la distance du champ par rapport au lieu de livraison importe plus que la distance du champ par rapport à la ferme, quand revient la betterave dans l'assolement. Il peut y avoir intérêt, dans ces conditions, à faire de la culture intensive, si le sol s'y prête par sa nature, aux extrémités du domaine.

Ceux qui ont été les victimes de cette erreur initiale ont été séduits par une sorte de mirage. En face des merveilles de la culture à gros produit brut ils ont subi une espèce de fascination ; ils ont cru à un type unique d'agriculture, dont chacun, quelles que fussent les conditions économiques au milieu desquelles il agissait, devait s'inspirer. Comme nous le disions dans une précédente étude, ils ont compromis la cause qu'ils prétendaient servir. Installés le plus souvent dans des régions pauvres, ces domaines à culture intensive ruineuse ont constitué comme une sorte de gageure, comme un défi au sens commun, discrédité le principe de la culture intensive, alors que le principe même n'aurait pas dû être mis en cause, puisqu'il s'agissait d'une application à contre-temps du système.

Il y a toujours eu, même aux heures de grand engouement pour la culture à gros produit brut, des voix autorisées pour rappeler aux enthousiastes qu'il n'y avait pas de système de culture universel et que, pratiquée là où elle n'avait pas sa place, la culture intensive ne conduisait qu'à la ruine et aux déceptions. Quand Royer fut appelé, en 1838, à professer à Grignon le premier cours d'économie rurale qui fut institué en France, son principal souci fut de mettre ses élèves en garde contre la tentation de transporter partout où la destinée les fixerait les procédés de culture que la ferme annexée à Grignon mettait sous leurs yeux. Il chercha à leur inculquer cette idée que la diversité des systèmes de culture est la règle, qu'une entreprise agricole en Sologne par exemple ne pouvait être conçue, sous peine de ruine, sur le même type qu'une entreprise de l'Ile de France ou de la Flandre. Vers la même époque Rieffel, le directeur de Grandjouan, témoin des opérations de défrichement de landes en Bretagne, témoin des échecs multiples de novateurs trop hardis, qui avaient cru pouvoir à coup d'argent gagner de nouvelles exploitations à la culture intensive et qui avaient par leur insuccès compromis la cause qu'ils croyaient servir, Rieffel concluait à l'engazonnement et au reboisement de terres que la charrue ne remuait qu'à perte [1]. Par cette conclusion, il était le précurseur des Lecouteux, des Grandeau, des Risler, des Tisserand, c'est-à-dire des hommes qui, en France, ont été ou sont encore les apôtres les plus convaincus de la culture intensive, mais de la culture intensive limitée aux terres qui la comportent.

[1] Lecouteux, *Journal d'agriculture pratique*, 1877, II, p. 704.

Le principal mérite de Lecouteux, c'est d'avoir, par la parole, par la plume, et aussi par l'exemple dans la conduite de son exploitation de Cerçay en Sologne, vulgarisé cette vérité essentielle : à savoir que le premier principe des entreprises agricoles c'est de s'adapter aux conditions du milieu où elles opèrent, qu'il n'y a pas de système absolu, que suivant les circonstances la culture extensive peut être une erreur coûteuse et que par contre on peut être un homme de progrès, en s'interdisant la culture intensive ou en ne se la permettant que sur une fraction très limitée d'un domaine. Cette doctrine, Lecouteux l'a enseignée dans son cours de l'Institut agronomique en y revenant sans cesse, il l'a reprise pendant des années dans ses articles du *Journal d'agriculture pratique* [1], il l'a en quelque sorte codifiée dans ses deux ouvrages de principe : Son *Cours d'économie rurale* et l'*Agriculture à grands rendements ;* il l'a enfin appliquée pratiquement pendant plus de trente ans dans la conduite de Cerçay.

Quand Lecouteux, en 1857, se rendit acquéreur d'un domaine de 600 hectares en Sologne, au prix moyen de 400 fr. l'hectare, ce fut avec l'idée d'en faire un domaine de démonstration si l'on peut dire. Lui qui avait jusqu'alors vécu en contact permanent avec les chefs des exploitations les plus intensives de France et de l'étranger ne s'installait pas en Sologne avec la folle prétention d'y pratiquer un système de culture à 1.000 fr. de capital par hectare. Comme il l'a raconté lui-même, il se fit propriétaire-agriculteur en Sologne pour établir « *que le plus haut produit brut n'est pas toujours et partout la preuve infaillible du maximum du produit net* » [2].

A cet effet, Cerçay fut divisé en trois parts. Sur la plus grosse partie du domaine, il fut procédé à des boisements en essences résineuses, c'étaient les terres les plus pauvres qui furent aussi utilisées. Sur le reste Lecouteux installa la culture proprement dite, partie intensive, partie pastorale ; les bords d'un ruisseau, affluent du Beuvron, furent consacrés à l'établissement des prairies. A Cerçay, c'est le point capital à retenir, 500 hectares furent laissés au régime de l'exploitation à peu de frais, en parcours et en pins ; la culture intensive se concentra sur 125 hectares représentant les meilleures terres du domaine, les seules capables de rémunérer les

---

[1] Consulter toute la collection du *Journal d'agriculture pratique*, de 1875 à 1893, spécialement 1880, II, p. 125 et 629 ; 1885, II, p. 584 et 618 ; 1889, II, p. 11 et 41.

[2] *Journal d'agriculture pratique*, 1893, I, p. 587.

hautes doses de capital et de travail qu'on y incorporait [1]. Pendant trente-six ans, Lecouteux poursuivit son œuvre, combinant les systèmes de culture et quand, en 1893, il jetait un coup d'œil restrospectif sur son entreprise de Cerçay [2], il pouvait se rendre ce témoignage qu'il n'avait pas travaillé en vain. Il avait démontré par l'exemple ce que font, pour la mise en valeur économique de beaucoup de domaines, l'alliance de la sylviculture et de l'agriculture, la pratique combinée du régime intensif et du régime extensif ; il avait démontré qu'à chaque terre il faut savoir adapter le système d'exploitation qui lui convient [3], en prenant toujours et partout en considération la valeur foncière et locative du sol, pour savoir jusqu'à quel point il est lucratif de pousser les améliorations et les immobilisations de capital.

Il était juste, en terminant cet article consacré aux applications dans le monde rural de la spécialisation, sous ses différentes formes, de rappeler le nom de Lecouteux. Il a été l'un des apôtres les plus convaincus de l'idée que nous avons cherché à dégager au cours de cette étude. Il a mis le monde agricole en garde contre les déceptions que lui ménagent les adeptes trop ardents de la culture intensive qui, oubliant la loi de spécialisation, ont parfois introduit cette culture intensive trop hâtivement sur des domaines où elle n'avait pas sa place et qui n'ont abouti qu'à des échecs lamentables. Ces initiatives téméraires ont du moins un résultat : elles fournissent la contre-épreuve de la vérité que nous avons cherché à mettre en lumière, à savoir qu'on n'échappe pas à la loi de spécialisation des systèmes de culture et que, si le succès des entreprises agricoles s'obtient par l'adaptation des systèmes de culture au milieu, par contre à vouloir méconnaître cette loi on risque de marcher à la ruine.

(à suivre)

Joseph Hitier,

Professeur adjoint à la Faculté de droit de l'Université de Grenoble.

[1] *Ibid.*, 1893, I, p. 478.

[2] *Ibid.*, 1893, I, p. 478, 512, 548, 585, trente-six ans de culture améliorante en Sologne.

[3] « Il faut se convaincre, disait Lecouteux, que le labourage trop développé n'a englouti que trop de capitaux ».

On pourra rapprocher de l'histoire du domaine de Cerçay celles d'autres domaines de Sologne, et, pour une région différente, l'histoire du domaine des Feuillades dans le Tarn. V. *Vingt-sept années d'agriculture dans la Montagne noire. Mémoire sur diverses améliorations exécutées aux Feuillades*, 1871-1898, par M. Cormouls-Houlès. On trouvera aux Feuillades la même alliance rationnelle des systèmes de culture qu'à Cerçay et le même éclectisme intelligent.

CHRONIQUE LÉGISLATIVE

Mai 1901.

I. Débats parlementaires

Les Chambres se sont réunies le 14 mai.

§ 1. Chambre.

Propositions de loi tendant à modifier la loi du 9 avril 1898, relative aux accidents du travail.

La Chambre des députés a longuement discuté sur le point de savoir s'il ne serait pas opportun de faire afficher la Déclaration, voire même les Déclarations des Droits de l'homme et elle a été visiblement embarrassée. Après avoir voté l'affichage de la Déclaration de 1791, elle s'est crue obligée de faire afficher celle de 1793, la Révolution française formant un tout indivisible, un *bloc,* comme on avait dit jadis. Sur quoi, un anti-ministériel irréconciliable s'est donné le malin plaisir de relire à la tribune toutes les dispositions de la Déclaration des droits de 1793, dont quelques-unes ne sont pas précisément en honneur aujourd'hui. Après avoir voté l'affichage dans toutes les écoles, la Chambre l'a voté dans les ministères, puis dans toutes les églises de tous cultes, voire même dans les casernes. On lui a même demandé d'ordonner en même temps l'affichage du programme de Saint-Mandé. Alors la Chambre a commencé à s'apercevoir qu'on lui faisait faire des... *dépenses inutiles* et elle a renvoyé toutes les propositions votées par elle à la Commission du budget, pour connaître la note à payer. Tout est bien qui finit bien ! La Chambre a pu se mettre alors à discuter la première des *quarante* interpellations qui figurent à son ordre du jour.

Elle a concurremment abordé l'examen des diverses propositions de loi tendant à modifier certaines dispositions de la loi du 9 avril 1898, relative aux accidents du travail, sur le rapport de M. Mirman. M. Ferrette aurait voulu qu'on profitât de l'occasion pour fixer en des termes simples et précis les dispositions de l'article 1er, qui définit imparfaitement les industries visées par la loi. Les patrons ne savent à quoi s'en tenir ; ils peuvent, sans doute, consulter le comité consultatif institué auprès du ministère du com-

merce, lequel a tendance à faire rentrer toutes les industries dans
les termes de la loi ; mais l'opinion du comité consultatif ne lie pas
les tribunaux et la solution reste incertaine. Mais le rapporteur a
demandé à la Chambre, au nom de la commission, de réserver
toutes les questions relatives à l'étendue d'application de la loi, qui
sont de nature à soulever des discussions délicates et longues, pour
réaliser immédiatement les améliorations proposées dans le fonctionnement de la loi. Sur l'invitation du ministre du commerce, la
Chambre a adopté ce mode de procéder, a prononcé la disjonction
de l'amendement de M. Ferrette, qui disposait que la loi serait
applicable à tous les employés de l'industrie et du commerce et l'a
renvoyé à la commission.

Voici le texte du nouvel article 2, voté par la Chambre : « Les
ouvriers et employés désignés à l'article précédent ne peuvent se
prévaloir, à raison des accidents dont ils sont victimes dans leur
travail, d'aucunes dispositions autres que celles de la présente loi.
Ceux dont le salaire annuel dépasse 2.400 francs ne bénéficient de
ces dispositions que jusqu'à concurrence de cette somme. Pour le
surplus, ils n'ont droit qu'au quart des rentes stipulées à l'article 3,
à moins de conventions contraires élevant le chiffre de la quotité. »

Voici maintenant comment la Chambre détermine les indemnités dues en cas d'accident par le texte nouveau qu'elle propose
de substituer à l'article 3 : « Dans les cas prévus à l'article 1er,
l'ouvrier ou l'employé a droit : Pour l'incapacité absolue et
permanente, à une rente égale aux deux tiers de son salaire
annuel ; pour l'incapacité partielle et permanente, à une rente égale
à la moitié de la réduction qne l'accident aura fait subir au salaire ;
pour l'incapacité temporaire, à une indemnité journalière, sans
distinction entre les jours ouvrables et les dimanches et jours fériés,
égale à la moitié du salaire touché au moment de l'accident, si
l'incapacité de travail a duré plus de quatre jours et à partir du
premier jour. Cette indemnité est payable aux époques de paye
usitées dans l'entreprise, sans que l'intervalle des paiements puisse
excéder seize jours et à la résidence de la victime ».

En cas de mort, la rente viagère à servir est de 20 p. 100 du
salaire annuel pour le conjoint non divorcé ou séparé de corps et,
pour les enfants, orphelins de père ou de mère, âgés de moins de
seize ans, de 15 p. 100, s'il n'y en a qu'un, de 25 s'il y en a deux,

de 35 s'il y en a trois et de 40 s'il y en a quatre ou un plus grand
nombre ; enfin, elle est de 20 p. 100 par enfant, pour les enfants
orphelins de père *et* de mère. C'est cette progression de la rente,
suivant les charges, qui a été si souvent critiquée comme devant
être un obstacle grave au placement des ouvriers chargés de
famille. La loi dispose toutefois que l'ensemble des rentes faites aux
enfants ne peut dépasser 40 p. 100 du salaire pour les enfants
orphelins de père *ou* de mère et 60 p. 100 pour les orphelins de
père *et* de mère. De plus, la Chambre a adopté un amendement
de M. Andrieu, portant que, en aucun cas, l'ensemble des rentes
faites au conjoint et aux enfants ne peut dépasser le 100 p. 100 du
salaire. Enfin, si la victime n'a ni conjoint, ni enfant, les père et
mère et aussi les ascendants, s'ils étaient à sa charge, auront droit
à une rente viagère de 10 p. 100 du salaire, sans que l'ensemble
puisse dépasser 80 p. 100. M. Haussmann proposait de n'allouer
une rente aux père et mère que s'ils étaient dans le besoin. Cette
restriction n'a pas été adoptée. Il a été d'ailleurs formellement
expliqué que ce n'est qu'à défaut des père et mère que le droit
s'ouvre au profit des ascendants. La Chambre a adopté encore un
amendement portant que « lorsque la victime, en plus du conjoint
et des enfants, a aussi des petits-enfants orphelins à sa charge,
chacun de ceux-ci aura droit, jusqu'à seize ans, à une rente égale
à 10 p. 100 du salaire, sans que le montant total de ces rentes
puisse dépasser 15 p. 100. Cela n'est pas très clair et il eût mieux
valu, ce semble, appliquer ici purement et simplement le droit de
représentation.

En ce qui concerne le paiement des rentes, la Chambre a adopté
la disposition suivante : « Les rentes constituées en vertu de la
présente loi sont payables dans le canton de la résidence du titulaire, ou, si elles sont servies par la Caisse nationale des retraites,
chez le préposé de cet établissement qu'il a désigné. Elles sont
payables par trimestre et à terme échu ; toutefois le tribunal peut
ordonner le paiement d'avance de la moitié du premier arrérage.
Ces rentes sont incessibles et insaisissables ». Une discussion, d'un
intérêt secondaire, s'est élevée sur le droit de choisir le médecin. Le
président de la commission a ainsi expliqué les changements proposés par la commission à l'ancien état de choses : « D'après la loi
de 1898, le chef d'entreprise devait, non seulement fournir à l'ouvrier une indemnité pendant le temps où il est resté malade, mais

en outre donner à cet ouvrier les moyens de se soigner et de se
guérir. La pratique a démontré qu'en présence surtout de ces sortes d'abonnements qui existent de la part des compagnies vis-à-vis
d'un certain nombre de médecins, les ouvriers ne paraissaient pas
avoir un droit assez nettement établi de choisir leur médecin. On a
voulu affirmer le principe que l'ouvrier a le droit absolu de choisir
son médecin et son pharmacien : ce médecin sera payé suivant le
tarif de l'assistance médicale gratuite, s'il existe des tarifs, et, s'il
n'en existe pas, selon l'appréciation du juge de paix, d'après les
usages locaux. S'il s'agit d'un accident grave, entraînant des opérations, il faut engager l'ouvrier à se faire soigner à l'hôpital, parce
qu'il y sera infiniment mieux soigné que chez lui ; et, dans ce but,
outre les frais d'hospitalisation, son indemnité journalière lui sera
payée intégralement. » La Chambre s'est ralliée à ces vues.

Le nouvel article 7 contient une dérogation au droit commun,
qui mérite d'être signalée : « Indépendamment de l'action résultant de la présente loi, la victime ou ses représentants conservent
contre les auteurs de l'accident autres que le patron ou ses ouvriers
ou préposés, le droit de réclamer la réparation du préjudice causé
conformément aux règles du droit commun. L'indemnité qui leur
sera allouée exonérera à due concurrence le chef d'entreprise des
obligations mises à sa charge. *Elle devra être attribuée sous forme
de rentes servies par la caisse nationale des retraites* ». Cette
dernière disposition n'est nullement, comme le dit le premier alinéa, *conforme au droit commun* et M. Fernand David en a montré à la Chambre le caractère exorbitant; néanmoins la Chambre
l'a votée, mais seulement pour le cas où l'accident a entraîné la
mort ou une incapacité permanente.

Le nouvel article 15 dispose que les contestations entre victimes
d'accidents et chefs d'entreprise relatives tant aux frais funéraires
qu'aux frais de maladie ou aux indemnités temporaires jusqu'au
jour du décès ou jusqu'à la consolidation de la blessure, sont jugées
en dernier ressort par le juge de paix *dans les quinze jours de la
demande*. La Chambre a voulu par là faire cesser des conflits
d'attribution qui s'étaient produits et a voulu que le juge de paix
fût seul compétent pendant la première période qui commence au
jour de l'accident et qui finit au jour de la consolidation; elle a
voulu aussi que le juge de paix fût seul compétent pour dire que la
consolidation est ou non effectuée; enfin, que la décision fût ren-

due dans les plus brefs délais. Il a été entendu que le juge de paix n'aurait pas à se prononcer sur la question de savoir s'il y a ou non incapacité permanente, totale ou partielle, mais seulement sur le point de savoir si la première période, celle des indemnités journalières, est terminée.

§ II. Sénat.

Projet de loi ayant pour objet la protection de la santé publique.

Le Sénat a repris la discussion du projet de loi ayant pour objet la protection de la santé publique. Il a admis le principe de la vaccination obligatoire au cours de la première année et de la revaccination au cours de la onzième et de la vingt-et-unième (article 6). Nous allons ainsi du premier bond aux dernières limites de la réglementation ! Si pourtant on nous inocule officiellement d'autres maladies ! Plus indiscutable dans son principe est l'article suivant, qui prescrit la désinfection dans tous les cas de maladie contagieuse : les procédés de désinfection devront être approuvés par le ministre de l'intérieur, après avis du Comité consultatif d'hygiène publique de France. Il a d'ailleurs été entendu que, les procédés ayant été approuvés, tout le monde pourra les employer et qu'il n'y aurait pas de monopole.

L'article 9 indique les mesures administratives à prendre lorsque, pendant trois années consécutives, le nombre des décès dans une commune a dépassé le chiffre de la mortalité moyenne en France : c'est le problème de l'assainissement des villes. M. Méric a, dans un excellent discours, justifié l'intervention de la loi en pareille matière et M. le commissaire du gouvernement nous a appris que les Anglais attribuaient à la vie humaine une valeur de *5.000 francs*. Comme ce n'est là qu'une moyenne, chacun a la consolation de se dire que la sienne vaut mieux que cela.

L'article 11 soumet à l'approbation de l'administration les plans de toute maison à construire dans les agglomérations de 20.000 habitants et au-dessus : il est permis de trouver que cela est excessif. L'article 12 détermine dans quels cas et suivant quelle procédure l'administration peut prononcer l'interdiction d'habiter une maison.

Sur le titre II, relatif à l'administration sanitaire, une discussion assez longue s'est élevée sur le point de savoir si cette administration rentrerait, à Paris, dans les attributions du préfet de police ou du préfet de la Seine ; la question a été renvoyée à la commission.

M. Paul Strauss a plaidé pour la préfecture de la Seine, en laissant clairement entendre que le Conseil municipal n'était pas en bons termes avec la préfecture de police et il a donné des chiffres intéressants sur les résultats du service de désinfection organisé par le Conseil municipal et la préfecture de la Seine, en 1891 ; dans la période 1887-1891, la mortalité totale à Paris était de 52.995 et la mortalité proportionnelle, de 22,47 p. 1000 ; de 1892 à 1896, la mortalité totale s'est abaissée à 51.265 et la mortalité proportionnelle, à 20,14 p. 1000. La commission a proposé un nouveau texte relativement aux compétences respectives, qui consacre l'état de choses actuel, et M. Strauss s'est déclaré satisfait.

La loi a été votée dans son entier, sauf l'article 26, qui a été renvoyé à la commission des finances et M. Hervé de Saisy a clos la discussion en disant que « la France tout entière va être tranformée en un vaste lazaret ».

II. Documents officiels

Le *Journal officiel* du 26 mai contient le rapport ministériel annuel sur les opérations des caisses d'épargne ordinaires en 1899. Nous y voyons que, au 31 décembre 1899, il y avait 6.998.213 livrets et le solde dû aux déposants montait à 3.407.310.726 fr.

Juin 1901.

I. Débats parlementaires.

§ I. Chambre.

Propositions de loi sur les retraites ouvrières.

Un débat de capitale importance, et par les principes qu'il met en jeu et par ses conséquences sociales et financières, s'est ouvert devant la Chambre : c'est la question des retraites ouvrières. Nous croyons devoir résumer la discussion générale, qui n'a pas rempli moins de six séances.

Le rapporteur, M. Paul Guieysse, a tout d'abord rappelé cette sorte de *Déclaration des droits* qu'il avait écrite dans son premier rapport, en 1893 : « Tout être humain faisant partie du corps social » a droit, dès sa venue au monde, à la conservation de son exis- » tence. Si c'est pour lui un devoir, quand il en a l'âge, de contri- » buer suivant ses facultés au développement de la société, c'est

» aussi *pour celle-ci un égal devoir de le mettre en état d'exister*
» *librement suivant les conditions naturelles, c'est-à-dire de se*
» *créer une famille qu'il puisse faire vivre et prospérer par son*
» *travail* ». « Chaque citoyen, dans un organisme social, doit
» coopérer à la conservation et au progrès de cet organisme. *S'il*
» *naît à l'état de débiteur envers la société comme participant*
» *aux bénéfices accumulés par les générations antérieures, il faut*
» *reconnaître aussi qu'il en est créancier comme coopérant à la*
» *formation de ces bénéfices par son travail et par son énergie*
» *Mais la balance est loin d'être juste entre la dette et la créance.*
» C'est à la rendre égale que doivent tendre nos efforts : c'est au
» rétablissement de cet équilibre que nous devons viser ». — J'ai
tenu à reproduire cette phraséologie creuse, pour montrer comment
on se paie facilement de mots à notre époque. Le principe des retraites
ouvrières, bien combiné, peut se défendre par d'excellentes raisons ;
mais que signifient celles-là ? Il y a, dans le monde, des individus
vivant à côté les uns des autres, unis par des liens qui constituent
un tout et forment ce qu'on appelle une société ; mais cette société
n'est autre chose qu'une manière d'être des individus. Comment
comprendre dès lors que l'individu naît *débiteur?* de qui et de
quoi? Tous les autres individus ne seraient-ils pas débiteurs, comme
lui ? Et comment comprendre qu'il est en même temps *créancier?*
Sur qui et de quoi? Débiteur et créancier : opérez tout de suite
une compensation et que tout soit dit! — Mais revenons à la question.

M. Guieysse en a fait l'historique. Ce fut d'abord une proposition
de M. Martin Nadaud, « concluant à la nomination d'une commis-
» sion chargée de présenter un projet de loi relatif à la création
» d'une caisse de retraites en faveur des ouvriers de l'industrie et
» de l'agriculture » : elle n'aboutit pas, mais fut le point de départ
de propositions nombreuses, restreintes d'ailleurs et dont plusieurs
ont reçu satisfaction dans des lois spéciales.

La première proposition générale fut déposée par M. Jaurès :
elle avait pour objet d'étendre le principe de la loi proposée pour
les ouvriers mineurs aux ouvriers de toutes les industries, groupées
corporativement par cantons et de créer des sociétés de prévoyance
professionnelles corporatives; c'est-à-dire de véritables sociétés de
secours mutuels, qui devenaient obligatoires lorsque les trois cinquièmes des voix se seraient prononcées pour l'obligation. Les res-

sources provenaient des versements des ouvriers et des patrons et des subventions de l'Etat.

La deuxième proposition de loi, datant de la même époque (1886), était signée du comte de Mun et de M⁰ʳ Freppel. Elle concluait également au groupement corporatif professionnel, non plus par cantons, mais par grandes circonscriptions correspondant aux circonscriptions de l'inspection du travail. Elle demandait le versement obligatoire des ouvriers et des patrons, jusqu'à concurrence, pour chaque partie, de 3 p. 100 du salaire au maximum; l'intervention financière de l'Etat n'était pas demandée ; mais le but n'aurait guère pu être atteint sans elle avec les ressources indiquées.

A partir de 1889, les propositions abondent, à ce point, nous dit le rapporteur, qu'on n'en compte pas moins aujourd'hui de 59 ou 60. La plupart adoptent les versements corrélatifs des ouvriers et des patrons, avec ou sans intervention de l'Etat. Quelques-unes mettent purement et simplement les retraites ouvrières à la charge de l'Etat, au moyen de taxes spéciales à créer.

La commission, nous dit le rapporteur, n'a pas oublié une masse de petits artisans, de petits fermiers, qui ne sont pas moins intéressants que les salariés; mais elle a pensé qu'il valait mieux les réserver pour une loi spéciale, qui serait très promptement établie, lorsque celle-ci serait acquise.

La participation de l'Etat peut se concevoir sous diverses formes. La forme la plus fréquemment présentée dans toutes les propositions déposées est celle d'une majoration des pensions en vue d'atteindre une valeur déterminée. C'était le système adopté d'abord par la commission, qui mettait à la charge de l'Etat le complément à 360 fr. de la pension lorsque celle-ci était au-dessous de ce chiffre. On peut concevoir encore que l'Etat verse une somme égale ou proportionnelle aux versements des ouvriers et des patrons, comme dans la proposition Constans-Rouvier de 1891 ; — ou bien encore que l'Etat s'engage à payer, au moment où le travailleur vient à jouir de sa retraite, une somme correspondant à une fraction de cette retraite; — ou bien que, comme l'Etat allemand, il fournisse une majoration fixe (qui est, en Allemagne, de 50 marks, ou 62 fr. 50). Le gouvernement a fait accepter par la commission un autre système : l'Etat garantira un minimum de 3 p. 100 pour la constitution des rentes, de telle sorte que les travailleurs sauront exactement, chaque année, en raison de leurs versements et des versements patronaux, quelle rente sera produite par les sommes ainsi inscrites.

La question capitale, pour le rapporteur, était celle de l'emploi des sommes versées, et il y avait à opter entre deux systèmes : celui de la capitalisation et celui de la répartition. Dans le système de la capitalisation, les sommes versées sont placées à intérêts et ces intérêts servent à payer les rentes ; dans le système de la répartition, ce sont les sommes versées qui servent immédiatement à payer les rentes, et, comme on l'a dit, « ceux qui versent paient ceux qui reçoivent ».

Le principe de la capitalisation a été adopté, mais avec des dispositions transitoires, destinées à faire fonctionner dès maintenant le système des retraites. Car, a dit le rapporteur, « je ne puis » admettre que l'on demande aux ouvriers actuels de faire des » sacrifices *pour réparer la faute que la société a commise en ne* » *s'occupant pas plus tôt des retraites des ouvriers* ». — Voilà, soit en dit en passant, des paroles dangereuses et mal fondées ; car elles ont le tort de présenter comme un *droit* ce qui, en tout cas, ne serait qu'un *bienfait*.

Le rapporteur passe en revue les législations étrangères et il reconnaît qu'en fait, sauf en Allemagne, on a reculé partout devant le principe de l'obligation et on s'est borné à donner des encouragements à toutes les personnes qui constituent des retraites par leurs efforts personnels. Mais, dit le rapporteur, c'est le régime que nous avons en France et « nous savons combien sont médiocres les » résultats de l'initiative individuelle, même fortement encouragée, » et ceux des sociétés de secours mutuels pour les retraites ».

Voici, finalement l'économie du projet :

Tout ouvrier gagnant moins de 2 fr. 50 par jour versera 0 fr. 05 par jour ; tout ouvrier gagnant de 2 fr. 50 à 5 francs versera 0 fr. 10 ; tout ouvrier gagnant plus de 5 francs versera 0 fr. 15. Les patrons verseront une somme égale. De plus, tout patron versera 0 fr. 25 par jour pour chaque ouvrier étranger employé par lui. L'assurance en cas de décès, qui était dans le projet primitif le complément de l'assurance en cas de vie, a été supprimée et remplacée par la faculté d'option, pour l'ouvrier, entre la rente à capital aliéné et la rente à capital réservé, c'est-à-dire le remboursement des sommes versées. Les caisses régionales, que prévoyait le projet primitif, ont été remplacées par une caisse unique, centralisant tout le travail des comptes individuels. L'âge de la retraite est fixé à 65 ans. L'Etat intervient par la simple garantie d'un minimum de 3 p. 100 d'intérêt.

Un point, nous dit le rapporteur, a fait l'objet de longs débats entre le gouvernement et la commission. Il s'agit des travailleurs âgés de 65 ans et plus, qui n'ont pas fait de versements, et auxquels la commission attribuait immédiatement une retraite de 150 francs du moment qu'ils pouvaient justifier de trente années de travail. Le gouvernement proposait de s'occuper d'eux au moment de la loi d'assistance qui doit être votée. La commission a obtenu l'inscription d'un crédit de 15 millions, qui, doublé au moins des ressources provenant des versements patronaux faits pour les ouvriers étrangers, sera réparti entre tous ceux qui justifie- ront de trente années de travail, sans que la répartition puisse dépasser 100 francs.

D'après les chiffres déjà connus du recensement de 1896, le nombre des travailleurs serait de 10 millions. Suivant ces données, on partirait du chiffre de 585.000 têtes de 65 ans et plus, pour arriver au plein à 1.400.000 rentes, avec 664 millions d'arrérages ; le capital de garantie serait de 14 milliards. D'après le ministère des finances, on partirait de 700.000 têtes, pour un plein de 1.700.000 rentes, avec 800 millions d'arrérages ; le capital de garantie serait de 17 milliards.

Voilà le résumé du rapport. Quant à justifier le principe de l'obli- gation soit pour les salariés, soit pour les patrons, le rapporteur ne s'en est pas mis en peine, tant la chose lui paraît simple !

M. Mirman a constaté, d'après les chiffres produits par l'assis- tance publique, que chaque Français, en dehors de Paris, ne payait pas plus de 2 fr. 04 par an du chef de l'assistance sociale. La Caisse nationale des retraites a donné des résultats insignifiants. Elle sert 35 millions d'arrérages annuels à 237.000 rentiers, et, parmi ces rentes, il y en a 43 p. 100 dont les bénéficiaires touchent par an de 2 à 50 francs ; mais il y a à côté d'eux quelques gros déposants, bourgeois aisés, qui trouvent là un excellent place- ment. Une enquête récente a été faite par les inspecteurs du tra- vail pendant les années 1896 et 1897 ; elle a porté sur 2.656.000 ouvriers de l'industrie (en dehors de ceux des mines et des che- mins de fer, qui sont soumis à un régime spécial) ; elle a constaté que les ouvriers membres de caisses de retraite autonomes ou affiliés à la Caisse nationale étaient au nombre de 98.000 environ, soit 3,71 p. 100 de l'ensemble! M. Mirman trouve le projet beaucoup trop étroit ; il laisse en dehors de ses prévisions une foule de travailleurs des plus intéressants ; et, d'autre part, il en critique les bases : ce n'est pas aux ouvriers et aux patrons qu'il faut s'adresser, c'est à la nation tout entière ; s'il faut 360 millions pour assurer des rentes aux invalides du travail, c'est par une taxe portant sur tous les revenus et non par le dangereux système de la capitalisation qu'il faut se les procurer. « Pour la protection con- » tre la misère des invalides et des vieillards, de tous ceux qui ne » peuvent pas gagner leur pain par leur travail, de tous nos frères » malheureux de la famille française, demandons à chaque Fran- » çais, selon ses ressources, donnons à chaque Français selon ses » besoins ».

M. Drake a combattu le projet de loi. Il s'est attaché à mettre en lumière ses résultats financiers. Il faut d'abord une annuité normale de 45 millions pour les rentes d'invalidité et de vieillesse de tous les ouvriers qui n'ont pas encore versé à la caisse des retraites. Il faudra payer les frais généraux de la caisse : on les estime à 15 millions annuellement, sans compter, a dit le ministre des finances, les frais de premier établissement. Il y a le forfait de 15 millions promis par le gouvernement pour ceux qui ont déjà dépassé l'âge de la retraite. Enfin, il y a la garantie d'intérêts de 3 p. 100. Le ministre des finances propose de racheter le 3 1/2 p. 100 (convertible à partir de 1902) pour placer les fonds de la caisse. La nation sera privée du bénéfice de la conversion. La conversion semblerait pouvoir être faite en 2 1/2 ; mais, avec le système proposé, on ne peut convertir qu'en 3 p. 100, et, au lieu d'un bénéfice de 67 millions, on n'aura qu'un allègement de 33 millions ; c'est donc, en réalité, une nouvelle charge de 33 millions. Tout cela fait environ 108 millions. Quant à la contribution imposée aux ouvriers et aux patrons, c'est une taxe de 375 millions, d'après la Commission, qui va peser sur le salaire et le travail français [1]. Tout cela dérive du principe de l'obligation, que M. Drake a vivement critiqué. Si l'on peut, a-t-il dit, imposer au grand patronat, à la grande industrie des

---

[1] M. Paul Delombre affirmait, dans la dernière séance de la Société d'économie politique, que la charge ne serait pas inférieure à 526 millions, savoir : 250 millions pour les ouvriers, 250 millions pour les patrons, plus les versements pour l'emploi d'ouvriers étrangers.

charges, qu'ils acquittent déjà du reste, puisque la plupart des grandes entreprises ont déjà organisé la retraite pour leurs ouvriers, cette nouvelle charge serait presque intolérable pour le petit patron, pour celui qui emploie un, deux, trois, quatre ouvriers, c'est-à-dire pour les 8 ou 9 dixièmes de la population patronale. — La question est plus haute encore et l'orateur aurait pu demander de quel droit et au nom de quels principes on met·à contribution une *catégorie spéciale de citoyens* à l'effet de constituer des rentes à une autre catégorie. Il n'y a ici aucune des raisons qui justifient pleinement, à notre avis, l'obligation mise à la charge du patron de réparer le dommage .résultant d'accidents survenus dans le travail industriel. On peut dire là que ce dommage est la conséquence presque fatale de l'outillage et que le patron, propriétaire de l'outillage, dont il recueille les profits, doit en répondre. Mais la maladie (sauf peut-être le cas exceptionnel où elle serait la conséquence de la nature du travail)? Mais la vieillesse? A quel titre mettre tout cela spécialement à la charge du patron ?

Et que dire de l'obligation mise à la charge de l'ouvrier. « Je me » demande de quel droit l'Etat dirait à l'ouvrier : Vous allez écono- » miser ou épargner de telle ou telle manière. Est-ce que l'épargne » ne doit pas être libre ? Est-ce que, dans notre pays, chaque ouvrier, » chaque travailleur n'apporte pas, pour ainsi dire, en naissant, le » droit d'employer comme il veut ce qu'il a gagné, ce qu'il a pu » épargner sur son travail ? Est-ce qu'à la campagne, est-ce qu'à la » ville, il n'y a pas pour chaque ouvrier une forme d'épargne spé- » ciale, qui le séduit plus ou moins ? A la campagne, il cherche à » acheter un lopin de terre ou une maison ; à la ville, il s'efforce » d'épargner pour se constituer un capital-outil qui fera de lui, à un » moment donné, un petit patron ou un petit commerçant... ou bien » encore pour acheter un petit titre de rente ou une obligation à » lots ». Est-ce que ce n'est pas son droit ? Est-ce que l'Etat a qualité, non seulement pour imposer la prévoyance, mais pour en régler souverainement la forme ? Il y a là, contre le projet en discussion, une objection capitale !

M. Drake a encore fait observer ceci : Sur un salaire de 1 franc ou de 1 fr. 25, vous allez prélever 6 p. 100 ; pour les gros salaires, au contraire, la proportion ne sera que de 1,8 p. 100. Vous demanderez beaucoup à ceux qui gagnent peu et peu à ceux qui gagnent davantage. Il aurait pu ajouter : Vous demanderez la même somme au célibataire et au père de famille chargé d'enfants, à celui qui est soutenu par les siens et à celui qui a tous les siens à soutenir, sans tenir aucun compte des situations individuelles !

M. de Bismark avait vu dans la loi d'assurance obligatoire un moyen de centraliser l'Allemagne et de la tenir sous sa domination, d'étendre sur tout ce pays, qui n'était pas encore très homogène, une règle générale et uniforme, qui lui servît à asseoir la puissance centrale de Berlin. Notre situation, en France, est différente; « et » c'est, dit l'orateur, au moment où vous avez une infinité de pro- » jets sur la décentralisation de nos institutions administratives, » que vous voulez constituer le plus grand engin de centralisation » que l'on puisse rêver ! »

« Comment, dit-il encore, vous avez sous la main 2 millions de » mutualistes au moins; vous avez près de 12.000 sociétés de » secours mutuels, qui ne demandent qu'à faire le service des » retraites... Vous-même, vous les y avez encouragées; vous avez » fait la loi de 1898, qui leur a ouvert cet horizon... Là tout le » monde peut être admis ; le patron peut y figurer à côté de ses » ouvriers ; il y a là un centre où tous les éléments de la société » peuvent fraterniser ensemble, relever leur niveau moral par la » conscience du devoir qu'ils accomplissent et le service qu'ils se » rendent mutuellement... Et, par votre loi, vous passerez à côté » de vos mutualistes, en leur disant d'un geste dédaigneux : Oui, » vous avez fait une œuvre que nous avons voulu encourager ; » mais tout cela n'est rien ; il n'y a qu'une chose, c'est la caisse » de l'Etat ! » Le budget de l'ouvrier n'est pas indéfiniment exten- sible : quand vous lui demanderez de verser à la caisse d'Etat, il cessera de verser à celle de la société de secours mutuels !

M. Vaillant a apprécié le projet de loi au point de vue socialiste. D'après lui, on aurait dû faire de la pension d'invalidité et de retraite une part de restitution du prélèvement capitaliste pendant la vie active de l'ouvrier. On veut que le prolétariat, possesseur de rentes, au lieu de poursuivre ses revendications révolutionnaires, devienne, pour ainsi dire, un agent de conservation de l'ordre capitaliste. Son système, à lui, peut se résumer en deux mots : l'assurance *légale* et *totale*. Il voudrait que tous les services d'as- sistance fussent supprimés et transformés en services d'assurance : l'assurance sociale devrait comprendre tous les risques et, par conséquent, ceux auxquels s'applique actuellement l'assistance.

M. Plichon, qui lui a succédé, a reconnu que l'obligation de faire verser à des travailleurs une partie de leur salaire pour se constituer une retraite *est véritablement une idée révolutionnaire ;* mais cela ne l'arrête pas, et il estime que le but à atteindre autorise des dispositions *brutales* dans le genre de l'obligation. Quant au fonctionnement de la loi, M. Plichon préférerait le système de la répartition à celui de la capitalisation : la loi entrera en application immédiate et l'on n'aura pas cette effroyable accumulation de capitaux qui résulte de la capitalisation, en même temps qu'on évitera des frais de gestion considérables. La répartition coûtera plus cher ; mais il faudra, dans l'autre système, servir des pensions transitoires pendant une période de 30, 35 ou 40 ans, et le résultat financier ne sera guère différent.

Pour M. Dubuisson, une caisse de retraites gérée par l'Etat et alimentée par les ressources du pays est ce qu'il y aurait de plus simple et de plus équitable.

Puis, on a entendu M. Fournière, qui veut que « l'œuvre de soli- » darité sociale qu'on se propose d'accomplir par la création de » cette caisse de retraites soit *une des nombreuses amorces que la* » *société d'aujourd'hui tend vers la société de demain* » et qui propose « d'employer les fonds disponibles de cette caisse nationale » à créditer les associations ouvrières de production et de consom- » mation ».

M. Lerolle accepte, lui aussi, le principe de la loi ; il est arrivé à cette conviction que, si l'on veut faire une réforme utile et complète, l'obligation de l'assurance est une nécessité de fait, et qu'elle n'a rien de contraire aux véritables principes sociaux. « Je suis de » ceux qui croient que l'Etat doit laisser la plus large mesure pos- » sible à la liberté humaine ; je me méfie de son omnipotence. Je » crains son intrusion dans mes affaires privées parce que cette » intrusion mettrait ma vie en tutelle et confisquerait peu à peu » mon indépendance... ». — Et, avec ces principes, M. Lerolle se croit très logique en admettant l'idée de l'obligation ! — Comme application, il proposerait de demander simplement un sacrifice de 0 fr. 20 par semaine aux ouvriers et autant aux patrons, soit en tout 10 fr. par an pour chacune des parties. Des sommes ainsi récoltées, on ferait deux parts : les cotisations ouvrières seraient versées dans une caisse où elles se capitaliseraient. Quant aux cotisations patronales, chaque année on les répartirait entre tous les ayants-droit et l'on pourrait ainsi, pendant la période de transition, donner aux ouvriers, sans aucun secours de l'État, des retraites au moins équivalentes à celles du projet. L'État pourrait réserver ses subventions pour les sociétés libres, et ainsi la mutualité, loin d'en souffrir, trouverait là une cause nouvelle de prospérité. L'orateur préférerait d'ailleurs — et il a pleinement raison — des caisses régionales à la caisse centrale unique que le gouvernement y a fait substituer. « Les » administrateurs des caisses régionales connaîtraient mieux le » pays où elles seraient instituées; ils seraient mieux renseignés » sur la sécurité des placements; ayant autour d'eux des besoins » nombreux à aider, ils seraient moins tentés de faire de leurs fonds » un emploi uniforme, mais ils les répartiraient facilement entre » les diverses branches de l'industrie humaine... Mieux que l'État, » les caisses régionales connaîtraient les intérêts locaux et leurs » placements en seraient à la fois plus sûrs et plus utiles ». Et l'orateur a terminé en disant : « Si nous arrivons, par l'effort commun » et sincère, à voter une bonne loi sur les retraites ouvrières, j'estime, à la lumière des doctrines morales qui dirigent ma vie, que » nous aurons fait un acte excellent de christianisme pratique, » pénétrant notre société de plus de justice et de plus d'humanité ».

M. Louis Puech trouve, lui aussi, qu'on ne peut pas ajourner davantage l'accomplissement des promesses faites aux travailleurs, il y a un siècle, par la Constituante et la Convention ; et il trouve trop mesquine la réalisation qu'on propose. Il n'admet pas qu'on oblige cet ouvrier, peut-être chargé de famille, qui gagne 3 fr. 50 par jour, à verser 36 fr. par an, sur son nécessaire, pour fournir des retraites aux autres Il rappelle, d'après des enquêtes récentes, la vileté de certains salaires et il demande à la Chambre si elle entend « donner un nouveau tour de vis à cet abominable pressoir ». Il appelle aussi son attention sur tous ces petits patrons qui ont toutes les peines du monde à se maintenir et qui gagnent à peine, à force de persévérance et de travail, de quoi joindre les deux bouts : où veut-on qu'ils prennent cette contribution relativement considérable, puisqu'elle doit égaler l'ensemble des cotisation de leur personnel ? « Ces petits patrons, eux, ne sont pas com- » pris dans le bénéfice de la loi, de telle sorte que vous arriverez » dans bien des cas à cette situation tout à fait injuste qu'un » homme qui aura pendant dix ou quinze ans contribué sur son » propre travail à la retraite de ses ouvriers, une fois retombé dans

» le prolétariat, n'aura pas de retraite lui-même ! » — « Dans un
» État démocratique, ajoute M. Puech, tout homme qui est inca-
» pable de se livrer à un travail rémunérateur, que ce soit par suite
» d'infirmité, de maladie ou par suite de l'âge, doit être à la charge,
» non pas d'une catégorie de citoyens, mais de l'ensemble des con-
» tribuables ». Et il demande qu'on discute d'abord le *rapport sur
l'assistance* de M. Bienvenu Martin. On trouvera des ressources
dans l'impôt progressif sur les successions, voté par la Chambre.

M. Millerand, moins avancé, a défendu le projet qui est sorti de
l'accord de la commission et du gouvernement, dont il a de nouveau expliqué l'économie générale. Il évalue le nombre des bénéficiaires de la loi, d'après le recensement de 1896 et les recherches
de l'Office du travail, à 9.200.000. « N'est-ce pas un événement
» capital que le vote d'une loi *qui fait de 9 millions de travail-
» leurs les créanciers légaux de la société ?* » — Capital, en effet,
et peut-être serait-il bon de savoir quelle est l'importance de la
créance de chacun! — C'est un nouveau Grand-Livre qui s'ouvre,
comme le disait Barrère, le Grand-Livre des citoyens malheureux,
des vieillards indigents.

Arrivant à la question qui est vraiment la question capitale du
projet, celle de l'obligation, M. Millerand affirme que l'obligation
est licite, qu'elle est juste et qu'elle est nécessaire. Elle est licite
au même titre et par les mêmes raisons que l'obligation de l'instruction, de l'impôt et du service militaire, qui toutes sont imposées à la fois dans l'intérêt de la société et dans celui de chacun de
ses membres. Elle est juste, soit du côté du patron, *auquel on
demande d'inscrire à ses frais généraux l'assurance et l'amortissement de son personnel humain,* comme il y inscrit l'assurance
et l'amortissement de son matériel et de ses machines — voilà qui
est flatteur pour l'ouvrier ! —, soit du côté de l'ouvrier, qui doit
contribuer et pour sa dignité et pour son intérêt même; car c'est
dans cette participation qu'il puise le droit de contrôle reconnu
par le projet sur la gestion des fonds qu'il a contribué à constituer.
Enfin elle a été reconnue nécessaire par des hommes de toutes les
opinions, depuis M. de Mun jusqu'à M. André Lebon, en passant
par MM. Plichon et Lerolle ; cette nécessité est démontrée jusqu'à
l'évidence par l'expérience même qui a été faite dans notre pays :
ou l'obligation, ou pas de retraites ouvrières !

Après l'éloquent plaidoyer du ministre, M. Ribot a attaqué le principe de la loi. Lui aussi — et il a cent fois raison — il aurait voulu qu'on commençât par la loi d'assistance, qui devait logiquement précéder celle-ci. Il critique l'obligation en se plaçant au point de vue politique et se demande si ce n'est pas une entreprise formidable que d'étendre cette obligation à 13 millions de personnes, sans s'être assuré d'avance qu'elles y sont toutes préparées. En 1895, personne dans cette Chambre ne voulait de l'obligation et M. Léon Bourgeois constatait lui-même que personne n'était assez hardi, assez audacieux pour demander l'obligation universelle. On voulait alors encourager l'épargne, la prévoyance volontaire. On croyait faire ainsi une œuvre meilleure, parcequ'on faisait une œuvre morale et qu'il n'est pas indifférent pour un pays de savoir si c'est en vertu d'une contrainte ou si c'est par un mouvement volontaire, aidé par l'État, que l'ouvrier fait un prélèvement sur son salaire. M. Ribot a vanté l'exemple de la Belgique, qui a reculé devant l'obligation, mais est arrivée à des résultats très appréciables par la voie de l'encouragement et il a mis en évidence les conséquences fâcheuses du projet, soit pour les assujettis, soit pour les finances publiques, soit enfin pour la mutualité. Il a obtenu un vif succès.

M. de Gailhard-Bancel voudrait qu'on fît maintenant une caisse d'assistance en faveur des invalides et des vieillards et qu'on ajournât l'établissement d'une caisse de retraites jusqu'au jour où, le régime corporatif étant beaucoup plus développé en France, on pourra établir des caisses corporatives professionnelles.

M. de Ramel croit à la nécessité actuelle de constituer législativement un organisme qui assure la vieillesse de l'ouvrier, puisqu'elle ne peut plus trouver la sécurité des vieux jours dans le foyer familial déserté. Mais il voudrait que l'ouvrier eût le droit de déclarer devant le juge de paix qu'il ne veut pas supporter les charges de la caisse et y participer : avant sa déclaration définitive, on lui lirait les dispositions essentielles de la loi, les articles qui indiquent les avantages qu'il y peut trouver. S'il persistait dans sa volonté, il en serait dressé procès-verbal et, dans ce cas, il ne serait pas tenu aux obligations de la loi, mais il conserverait toujours le droit de revenir sur sa déclaration et de participer aux avantages de la loi. On respecterait ainsi son droit de donner à son épargne une autre destination. Mais le patron serait tenu à un versement minimum de 0 fr. 05, en tous cas obligatoire, et cela commencerait à former un

fonds de retraite que l'ouvrier pourrait doubler en versant lui-
même. On devrait faire commencer les versements à 18 ans et
l'État verserait pour lui pendant la durée du service militaire :
0 fr. 10 par jour pendant 3 ans, cela représente, à 65 ans, un supplément de pension de 75 francs; si l'on y ajoute le versement
minimum imposé au patron, on arrive, *sans que l'ouvrier ait déboursé un sou,* à constituer à son profit une pension de plus de
200 francs.

La discussion a été close sur un discours de M. le Ministre des
finances, qui a démontré la supériorité du système de la capitalisation sur celui de la répartition, discours suivi d'une réplique de
M. Castelin, qui est d'un avis tout différent, et enfin de quelques
mots de MM. Allemane et Denys Cochin et l'urgence a été votée par
486 voix contre 75.

Nous avons tenu à résumer fidèlement la discussion générale d'un
projet qui est, à coup sûr, un des plus graves qui aient été depuis
longtemps agités devant les Chambres françaises.

Ce qui nous frappe, dans toute cette discussion, c'est, d'une part,
la force impulsive de certains courants d'opinion en France et,
d'autre part, le peu de cas qu'on fait des principes, à l'heure
actuelle, dans les sphères gouvernementales.

L'idée même qui est la base fondamentale du projet et qui semble
s'être emparée de la plus grande partie de la Chambre, à gauche
comme à droite — et cette adhésion des partis extrêmes est tout
à fait remarquable — celle de la prévoyance obligatoirement imposée à tous, est née d'hier. M. Ribot a pu dire, sans être contredit,
qu'en 1895 nul n'eût osé la soutenir ; et voici qu'aujourd'hui elle
semble acceptée d'avance, comme par un courant irrésistible, par
une grande majorité! Les situations sociales n'ont pas à ce point
changé en quelques années. Les exemples de l'étranger ne sont pas
venus en foule accuser chez nous une lacune sociale : il a été maintes
fois répété que l'expérience n'a été tentée qu'en Allemagne et sur
des bases plus modestes que celles que l'on propose ; aucune autre
nation n'a suivi encore cet exemple et chacun sait qu'en Allemagne
des considérations politiques qui ne nous touchent pas n'ont pas été
étrangères à cette tentative sociale. Donc, ce qui a changé chez
nous, ce sont les esprits. Ce changement s'explique dans une certaine
mesure, par ce courant socialiste qui s'est depuis quelques années
emparé de l'opinion, si malléable en France, si impressionnable et

si docile à la mode ; mais il est malheureusement indéniable que les intérêts électoraux et peut-être même les intérêts de parti ont eu leur grande part d'influence.

Voilà une question qui met en jeu les principes essentiels du gouvernement : l'Etat a-t-il le droit de prélever obligatoirement sur le travailleur, quels que soient sa situation de famille et ses besoins, une portion de son salaire, c'est-à-dire de la propriété la plus sacrée, pour la consacrer obligatoirement à telle forme de prévoyance qu'il lui a plu de choisir et d'imposer à tous ? L'Etat a-t-il le droit de mettre à contribution non pas tous les citoyens, vous entendez bien, mais une catégorie spéciale de citoyens qu'il lui plaît de choisir, pour constituer des rentes viagères à une autre catégorie spéciale ? Voilà des questions qui méritaient bien d'être traitées à fond : il n'en est pas de plus grave dans la science politique ! Le rapporteur du projet n'en a même pas dit un mot ! Seul, dans cette discussion, M. Drake les a sérieusement abordées ; nul ne l'a suivi sur ce terrain et il nous est impossible de prendre au sérieux la réponse que M. Millerand a faite en passant. L'obligation, a-t-il dit, est licite, juste et nécessaire. Laissons de côté la prétendue nécessité, qui semble avoir été l'argument déterminant ; car une chose qui ne serait ni licite ni juste ne saurait être nécessaire. Elle est licite, nous dit M. Millerand, au même titre que l'obligation de l'instruction, de l'impôt et du service militaire... — Est-ce sérieux ? De ce que les parents doivent l'instruction à leurs enfants au même titre que la nourriture du corps et que la loi leur impose très légitimement l'accomplissement de cette obligation naturelle ; de ce que chacun doit contribuer pour sa quote-part aux dépenses publiques et à la défense nationale, sans quoi la société ne pourrait évidemment pas subsister, il résulte que l'Etat a le droit *d'obliger chacun à épargner dans la mesure et sous la forme qu'il lui plaît de décréter !* En d'autres termes, de ce que l'Etat peut imposer certaines restrictions à la liberté individuelle, absolument indispensables au maintien de l'ordre social, il résulte qu'il est le maître absolu de l'individu, qu'il peut disposer de sa propriété et lui imposer la vertu par décret !

L'obligation est juste, nous dit encore M. Millerand, soit qu'on regarde du côté du patron, soit qu'on regarde du côté de l'ouvrier. Du côté du patron, auquel on ne fait que demander d'inscrire à ses frais généraux l'assurance et l'amortissement de son personnel

humain, comme il y inscrit l'assurance et l'amortissement de son
matériel et de ses machines. — Voilà qui dépasse les bornes du
paradoxe! Le patron assure, *si bon lui semble,* amortit son matériel et ses machines, *parce que c'est sa chose, sa propriété, payée
de ses deniers,* et qu'il faudra remplacer matériel et machines
quand il seront hors de service. L'assurance et l'amortissement ont
pour objet de ne pas l'induire en nouveaux frais quand la machine
se détraque et cesse de fonctionner. L'ouvrier est-il aussi sa chose,
sa propriété? Et quand il aura assuré une retraite aux ouvriers
d'aujourd'hui, n'aura-t-il plus de salaire à payer à ceux de demain?

Voilà comment on traite les principes aujourd'hui et cela n'est
pas rassurant pour l'avenir de notre société. Je m'étonne et je
m'afflige, quand j'entends tel député de la droite proclamer que la
mesure proposée est à la vérité *révolutionnaire,* mais qu'il n'y a
pas moyen de ne pas la voter!

Je repousse résolument toute obligation en pareille matière. J'admets une intervention très large de l'Etat; car elle est nécessaire,
en présence de l'inertie et de l'égoïsme des classes dirigeantes. Je
ne reculerais, pour ma part, devant aucun sacrifice de l'Etat, mais
à la condition, d'une part, qu'on ne viole pas outrageusement la
liberté et la propriété individuelles, et, d'autre part, que l'intervention de l'Etat soit telle qu'elle suscite et encourage véritablement la
prévoyance, mais qu'elle ne la paralyse pas en dispensant l'individu de tout effort. Le législateur, disait Herbert Spencer, devrait
toujours, dans toute mesure qu'il édicte, se poser cette question :
« Quel type de structure sociale est-ce que je tends à produire »?
— Malheureusement, c'est une question qu'il ne se pose jamais!

Quand on entre dans la voie du socialisme d'Etat, il n'y a pas
de raison pour s'arrêter. M. Vaillant a été logique et il n'a pas
reculé devant la proposition suivante, qu'il a soumise à la Chambre
à titre de contre-projet : « Toute personne vivant de son travail,
» ou dont le chef de famille vit de son travail, sans y employer de
» salariés, toute personne dépourvue de ressources et secours,
» quels que soient son âge, son sexe et sa nationalité, née en France
» ou y résidant à demeure, est assurée par l'Etat contre tous ris-
» ques sociaux, notamment ceux résultant de l'abandon, de l'infir-
» mité, de l'invalidité, de la vieillesse, du chômage, de la maladie
» et des accidents ». — Et cette proposition a réuni 145 voix dans
la Chambre!

Après M. Vaillant, c'est M. Chauvière qui propose carrément
» ceci : « Tout citoyen français, à partir de 60 ans, aura droit à
» une retraite de 600 francs. — Cette retraite pourra être majorée
» par la commune où il a son domicile depuis 10 ans ». Il excepte
seulement « les membres des professions libérales, les proprié-
» taires (??), les rentiers ayant plus de 600 francs de rentes, les
» patentés, les employés d'administration ou de mines soumis à
» l'ancien régime des retraites ». — Son contre-projet est également repoussé.

M. Mirman voudrait assurer une rente viagère, variant de
180 à 360 francs, à tous les Français à partir de 16 ans, s'ils sont
atteints d'une infirmité ou d'une maladie reconnue incurable ou
si l'usure produite par l'existence de labeur met l'ouvrier dans
l'état d'invalidité ; pour ceux qui seront notoirement connus comme
ayant vécu dans l'oisiveté, il propose l'hospitalisation. — Après
une longue discussion, ce contre-projet, qui aurait entraîné la
création de 4 à 500 millions d'impôts nouveaux, a été repoussé,
mais à une assez faible majorité, par 277 voix contre 256.

Puis viennent les contre-projets de M. Castelin, qui développe
une proposition assez voisine de la précédente ; de M. Coutant, de
M. Allemane (qui voudrait distribuer entre les invalides et les vieillards le produit des successions en ligne collatérale et « restituer
» ainsi aux travailleurs une faible partie des richesses qu'ils ont
» créées »), de M. Dubuisson. Tous ces contre-projets sont repoussés.

Un des rares adversaires de l'obligation, M. Drake, a proposé le
système suivant : « Lorsqu'un ouvrier ou employé de l'industrie,
» du commerce ou de l'agriculture, travaillant seul ou non, se sera
» constitué par versements successifs une retraite, soit par l'inter-
» médiaire d'une société de secours mutuels, ou d'une société de
» de secours et de prévoyance servant des pensions de retraites,
» soit par l'intermédiaire de la caisse nationale des retraites,
» il aura droit, de la part de l'Etat, à une majoration annuelle
» fixée conformément aux articles suivants ». — Mais, en présence
des dispositions non équivoques de la Chambre, M. Drake a retiré
son contre-projet.

La même idée inspirait un contre-projet déposé par M. Audiffred
et qui a été repoussé par 318 voix contre 245.

Nous connaissons déjà le fond du contre-projet proposé par
M. de Ramel, qui n'a réuni que 67 voix contre 375.

La Chambre à également repoussé d'autres contre-projets, de M. Carnaud, de M. Chénel, de M. Lemire, de M. Cauvin, de M. Massabuau, et elle a abordé la discussion des articles du projet. Nous y reviendrons dans·notre prochaine chronique.

§ 2. Sénat.

Proposition de loi relative à la situation des mécaniciens, chauffeurs et agents des trains. — Projet de loi relatif au contrat d'association.

Le Sénat a discuté la proposition, votée par la Chambre, relative à la situation des mécaniciens, chauffeurs· et agents des trains. Après différents discours de MM. Gourju et Prevet (qui demandait le renvoi à la Commission des finances), de M. Jules Godin, rapporteur, et de M. Paul Strauss, le ministre des travaux publics, M. Baudin, a pris la parole dans la discussion générale. La question qui est soumise au Sénat, a-t-il dit, touche à l'organisation des chemins de fer. On peut dire que, suivant la solution adoptée, il faudra remanier tout le roulement des agents des compagnies, modifier considérablement les horaires et peut-être remanier de fond en comble le fonctionnement des services. Le Gouvernement ne peut conseiller au Sénat d'adopter la proposition votée par la Chambre. Il ne faut pas faire luire aux yeux un espoir qu'on saurait être irréalisable. Le ministre fait ensuite l'historique de la question. Il fait ressortir les inconvénients, en pareille matière, d'une réglementation trop absolue ou trop étroite. La Chambre a voté, malgré le Gouvernement, le principe de la proposition de loi de MM. Berteaux et Rabier, fixant une durée journalière de travail toujours identique, sans l'élasticité du roulement. Le mécanicien, le chauffeur serait obligé d'abandonner le train à la station où il arrive à l'heure qui se rapproche le plus de celle fixée pour la fin de sa journée. On voit tous les inconvénients qui, tout étant solidaire dans les transports par chemins de fer, se répercuteraient sur le travail des gares et de l'aiguillage. D'autre part, peut-on traiter un mécanicien d'express ou de rapide, qui fait 100 ou 120 kilomètres à l'heure, comme un mécanicien de petite ligne, qui fait la navette sur une machine conduisant un train omnibus ? La réglementation aurait pour conséquence d'imposer aux premiers un service beaucoup plus fatigant que celui qu'ils ont jamais fait. Et le ministre rappelle les dispositions des arrêtés qu'il a pris en 1899 : ils assurent, au cours de chaque période décadaire, un repos de 24 heures ;

ils fixent un maximum pour la journée de travail, 12 heures ; ils
établissent comme moyenne maxima 10 heures et ils déterminent, par
la réglementation des repos, des temps d'arrêt dans la journée de
l'agent, que la moyenne seule ne garantirait pas suffisamment contre
le surmenage. Le Sénat peut faire davantage, en suivant sa commission ; mais it faut s'avancer dans cette réglementation avec beaucoup
de prudence. Après quoi, et sur l'invitation du ministre lui-même, le
Sénat a décidé de passer à la discussion des articles. Après avoir
rejeté divers contre-projets de M. Strauss et de M. Monestier, qui
contenaient une réglementation plus étroite, il a voté le texte proposé par la Commission. « La durée du travail des mécaniciens et
» chauffeurs des chemins de fer d'intérêt général ne peut dépasser
» 90 heures par décade avec un maximum de 12 heures de travail
» effectif entre deux grands repos. — La durée du travail des
» agents des trains ne peut dépasser 140 heures par quinze jours,
» avec un maximum de 12 heures de travail effectif entre deux
» grands repos ». Les articles suivants déterminent ce qui compte
comme travail effectif et ce qu'il faut entendre par « repos ».
L'article 7 dispose, en outre, que « tout mécanicien, chauffeur
» ou agent des trains a droit annuellement à 10 jours de congé,
» aux époques fixées par la Compagnie, mais avec faculté par lui
» de réunir tout ou partie de ces 10 dix jours en un seul congé ».
Le Sénat a rejeté différents articles qui avaient été votés par la
Chambre, notamment l'article relatif aux accidents, qui n'avait plus
de raison d'être depuis le vote de la loi de 1898 ; et il a disjoint
l'article 5, relatif aux retraites.

Après quoi, le Sénat a voté, à grandes journées, le projet de loi
relatif au contrat d'association. Il n'a fait que peu de retouches au
texte sorti des délibérations de la Chambre. La principale est relative à l'article 18. D'une part, le délai imparti aux congrégations
non autorisées pour demander l'autorisation est réduit de six mois
à trois mois. D'autre part, et surtout, la procédure de la liquidation
des biens, en cas de dissolution, est déterminée avec précision ; elle
est confiée à un séquestre ; en ce qui concerne l'attribution des
valeurs provenant de la liquidation, le nouveau texte détermine les
catégories d'ayants-droit qui pourront y prendre part et, après avoir
sauvegardé les intérêts des œuvres d'assistance que pouvaient
avoir en vue certains bienfaiteurs, détermine les conditions et les
délais auxquels le droit des revendiquants est subordonné ; il pré-

voit l'allocation d'une pension aux membres de la congrégation dissoute dans des conditions à déterminer par un règlement d'administration publique, lorsque l'Etat, à défaut des divers ayants-droit indiqués par l'article, demeurera le bénéficiaire du reliquat du produit de la liquidation et lorsque les membres qui réclameront la pension seront dépourvus de ressources ou justifieront avoir contribué par leur travail personnel à l'acquisition des valeurs liquidées. La Chambre a accepté le texte voté par le Sénat et l'ensemble du projet a été voté par elle par 313 voix contre 249.

II. DOCUMENTS OFFICIELS

Le *Journal Officiel* du 7 juin contient le rapport ministériel sur les opérations de la caisse nationale d'épargne postale et des caisses d'épargne ordinaires pour l'année 1899. — Nous y relevons les chiffres suivants : Au 31 décembre 1899, il y avait 10.316.674 comptes. Les sommes dues aux déposants montaient à 4 milliards 336.765.008 francs, ce qui donne une valeur moyenne à chaque livret de 420 francs. Un tableau synoptique donne la progression de l'épargne française depuis 1882 (époque où la caisse nationale d'épargne a commencé à fonctionner). Nous y voyons que, en 1882, le nombre des livrets était de 4.645.893 et le solde dû, 1.802 millions ; en 1885, 5.630.188 livrets et un solde de 2.365 millions ; en 1890, 7.266.096 livrets, et un solde de 3.325 millions ; en 1895, 8.984.894 livrets, avec un solde de 4.148 millions, et enfin, en 1899, comme on l'a dit, 10.316.674 livrets, avec un solde de 4.336 millions. Le nombre des livrets, qui était, en 1882, de 123 par mille habitants est passé à 267 en 1899 ; et le solde dû par 1 000 habitants, qui représentait 48 francs pas tête en 1882, en représente 112 en 1899. « Cette situation, dit le rapporteur en ter- » minant, est des plus satisfaisantes, surtout quand on se rappelle » que la clientèle des Caisses d'épargne se recrute principalement » parmi les salariés et les artisans. On ne peut que se réjouir à » constater le développement manifeste de l'esprit d'économie et » de prévoyance dans notre démocratie ».

Dans le numéro du 13 juin, on trouvera une circulaire adressée aux préfets par le ministre du commerce au sujet de la taxe additionnelle établie par l'article 25 de la loi du 9 avril 1898 sur les accidents du travail.

Dans celui du 18 juin est un rapport du ministre de l'agriculture sur les résultats obtenus, au cours de l'année 1900, par l'administration de l'agriculture dans le fonctionnement des caisses régionales de crédit agricole mutuel. — Le service des avances aux caisses régionales instituées par la loi du 31 mars 1899 n'a pu commencer à fonctionner de façon effective et suivie qu'à partir du mois de mai 1900. Des crédits montant à la somme totale de 914.000 francs ont été accordés à un certain nombre de caisses régionales de crédit agricole mutuel. D'une enquête faite par le ministre de l'agriculture, il résulte que, au 31 décembre 1900, il y avait 37 caisses régionales instituées conformément à loi du 31 mars 1899, 189 sociétés locales créées en vertu de la loi du 5 novembre 1894 et 326 sociétés réglées par la loi du 14 juillet 1867 : en tout, 552 institutions de crédit agricole.

Deux décrets en date du 27 juin *(J. O.* du 30) règlent les pouvoirs du gouverneur général de l'Agérie à l'égard des autorités militaires et placent sous son autorité le personnel des officiers publics et ministériels de l'Algérie.

Edmond VILLEY.

ENQUÊTE SUR LA TRANSMISSION DES PROFESSIONS

La Société de Sociologie de Paris est d'avis que, à défaut d'une statistique régulière ou pour suppléer aux insuffisances de celle-ci, il y aurait intérêt à réunir des enquêtes individuelles sur la question suivante :

« Sous le régime de la liberté du travail institué par la Révolution française, et à la suite des progrès économiques et sociaux réalisés au xixe siècle, observe-t-on une moindre tendance à la continuation par les fils des professions exercées par leurs pères? »

Pour constater cette moindre tendance, il faut une comparaison. La comparaison pourrait s'établir de deux manières : 1º d'une génération à une autre, en observant, d'une part, les faits relatifs aux hommes de vingt-cinq à quarante ans, et, d'autre part, ceux relatifs aux hommes de cinquante-cinq à soixante-dix ans; — 2º d'une couche de population à une autre, en observant séparément, d'une part, les campagnes et les petites villes, d'autre part, Paris et les grandes villes.

La question devra être étudiée au point de vue purement social, plutôt qu'au point de vue physio-psychologique de l'hérédité des aptitudes et des goûts. Il faut donc envisager non les fonctions abstraites d'ingénieur, de rédacteur, de teneur de livres, d'ouvrier, de surveillant, etc., mais les professions concrètes, définies par leur objet utilitaire, les métiers proprement dits : par exemple, telle ou telle branche de l'agriculture, de l'industrie, des arts et métiers, du commerce, des transports, tel ou tel emploi public ou judiciaire, ou médical, ou professoral, etc.

Afin de mieux préciser les causes de la discontinuité professionnelle, on fera bien de considérer distinctement trois catégories de professionnels :

a) Ceux qui sont propriétaires des fonds exploités par eux (terre, usine, atelier, magasin, fonds de commerce, office ou charge), et qui ont été plus ou moins liés à la profession par la spécialité de leur héritage ;

b) Les professionnels qui ne sont pas propriétaires des fonds exploités, mais qui ont dû subir un long apprentissage, et ont été ainsi plus ou moins liés à la profession par la spécialité de leur éducation ;

c) Les professionnels occupés dans les emplois dont l'apprentissage est facile et l'accès aisé.

Il est évident que la discontinuité des professions des catégories *a*) et *b*) serait beaucoup plus concluante que celle des professions de la dernière catégorie, dont le personnel est essentiellement variable.

Dans une enquête de ce genre, les constatations statistiques sont naturellement fort importantes, et l'on fera bien d'y insister autant qu'il sera possible. Néanmoins, vu la difficulté de réunir des résultats numériques suffisamment complets, on pourra se borner à des appréciations motivées. Dans ce cas même, pour éviter les auto-suggestions, il sera bon d'établir son enquête non sur les exemples que la mémoire peut fournir, mais sur des listes de noms déjà existantes, et que l'on n'aura pas dressées soi-même pour les besoins de l'enquête.

Sous le bénéfice de ces observations, la Société de Sociologie de Paris propose aux personnes de bonne volonté le questionnaire suivant :

QUESTIONNAIRE :

Y a-t-il, en France, une tendance à une moindre continuation par les fils des professions paternelles ?

Cette tendance est-elle générale ? ou spéciale à la population des villes et surtout à Paris ?

Cette tendance s'observe-t-elle notamment dans les professions où le titulaire est propriétaire du fonds exploité ? et aussi dans les professions exigeant un long apprentissage, et dont l'accès est difficile ?

Cette tendance est-elle due à la mobilité plus grande des capitaux et à la transmissibilité plus facile des fonds de terre, d'industrie et de commerce ?

Ou à la diffusion de l'instruction générale et spéciale ?

Ou à la restriction de la natalité, qui exalte les ambitions des parents pour leurs enfants uniques et les pousse à les élever au-dessus de leur propre situation ?

Ou à telle autre cause que pourra suggérer l'enquête ?

Les réponses au questionnaire devront être adressées à la *Société de Sociologie de Paris,* Hôtel des Sociétés Savantes, 28, rue Serpente, à Paris.

REVUE DES REVUES FRANÇAISES

Premier trimestre (*suite*).

Mouvement socialiste. — *1ᵉʳ janvier.* — Le *cas Millerand*, après les deux congrès, national et international, de 1900, continue à agiter l'opinion socialiste. Le *Mouvement socialiste,* qui avait, dans un numéro précédent, donné les principaux passages de l'article de *Karl Kautsky,* dans la *Neue Zeit,* — article qui commentait sa motion du Congrès international, — reproduit, dans ce numéro, un article de *Vollmar,* publié dans le *Sozialistische Monatshefte,* et qui est une réponse au précédent. On comprend d'ailleurs fort bien l'émoi que l'entrée de M. Millerand dans un ministère bourgeois, a causé dans le parti. C'est l'acte le plus décisif qui, au point de vue socialiste, ait été accompli depuis longtemps, et le plus gros de conséquences prochaines ou lointaines. Il marque à la fois la puissance, la maturité politique du parti socialiste, et le déclin du doctrinarisme marxiste : non pas, d'ailleurs, qu'il s'agisse d'abandonner le principe de la lutte des classes et de l'expropriation du capitalisme, mais il y a quelque vraisemblance que, honorés comme auparavant des hommages officiels du parti, ces principes n'auront plus le premier rôle dans la direction de sa conduite pratique ; la réalisation en apparaîtra de plus en plus comme subordonnée à des conditions d'éducation et de développement des classes ouvrières qui la rendent de plus en plus lointaine. Il en sera du programme socialiste comme du programme républicain de 1869 : il laissera beaucoup de lui-même aux ronces du chemin. On s'explique sans peine que les dépositaires du dogme, comme M. Kautsky en Allemagne ou M. Guesde en France, ne voient pas sans effroi l'orientation nouvelle du socialisme. Une doctrine qui ne se contente plus d'être une abstraction hautaine et qui cherche à s'incorporer aux réalités existantes est condamnée par cela même à une sorte de déchéance ; elle ne peut naître à la vie pratique qu'en s'amoindrissant. Le socialisme ne sera plus le dieu voilé que les foules adorent ; il sera une chose humaine, contingente, discutable, qui aura des succès et des revers ; de doctrine intangible qu'il était, il deviendra une politique, et une politique doit batailler, ruser, transiger, concéder. Voilà probablement ce qu'il y a dans le possibilisme de M. Jaurès et de M. Bernstein, qu'ils le veuillent ou non, et ce qui est en germe dans le cas Millerand. D'ailleurs, bien que cette tendance nouvelle soit dans la logique des choses et résulte nécessairement de l'accroissement de force électorale et parlementaire du parti socialiste, elle ne triomphera pas sans lutte. Il est vraisemblable qu'il en sortira une scission peut-être définitive ; le Congrès de Lyon paraît le prouver. Un parti qui approche du pouvoir doit se différencier et se diversifier ; ce n'est nullement un signe de faiblesse, c'est une évolution naturelle à laquelle je ne crois pas qu'aucun parti ait jamais échappé.

Revenons à l'article de Vollmar. En voici le résumé : Vollmar discute d'abord la question de savoir dans quel esprit le Congrès international a voté la motion Kautsky [1]. Celui-ci, dans son article, a donné, après coup, au vote de la motion la signification d'un blâme contre l'entrée du socialiste Millerand dans le ministère. Vollmar croit, au contraire, que la majorité des congressistes était favorable à l'acte accompli. C'est un point sur lequel il est bien difficile de se faire une opinion, au moins lorsqu'on n'a pas assisté au Congrès et qu'on en est réduit au compte rendu officiel; la préoccupation principale des orateurs paraît avoir été de ménager à la fois les deux fractions du socialisme français.

La situation majeure exigée par la résolution Kautsky existait-elle? L'entrée de M. Millerand dans le ministère était-elle nécessaire au salut de la République? Sur ces deux points, l'auteur est très affirmatif, et il rappelle que Kautsky lui-même condamnait précédemment la politique d'abstention de Jules Guesde lorsqu'il exprimait à Jaurès, dans une lettre, son admiration pour la manière dont celui-ci « avait sauvé l'honneur du socialisme français dans l'affaire Dreyfus ».

Enfin, quelle a été l'œuvre de M. Millerand au ministère? Il serait assurément naïf, dit Vollmar, d'attendre des miracles de la participation d'un socialiste au gouvernement, et d'en espérer, par exemple, l'avènement du régime socialiste. Mais une preuve a été faite, celle de la maturité politique du prolétariat. En outre, une œuvre sociale importante a été accomplie ou préparée : la réorganisation de la Bourse du travail de Paris, la réglementation des conditions du travail dans les travaux publics, la création des Conseils du travail, le projet de loi sur l'arbitrage et la grève. La résolution Kautsky débute par une phrase qui est précisément la justification de l'œuvre du ministre socialiste : « La conquête du pouvoir politique par le prolétariat ne peut être le résultat d'un coup de main, mais bien d'un long et pénible travail d'organisation prolétarienne sur le terrain économique et politique... » C'est ce travail d'organisation que favorise la participation d'un socialiste influent et écouté à un gouvernement bourgeois.

La conclusion de l'article est que, lorsque le « cas Millerand » sera terminé, la question ne sera pas, comme le prédit Kautsky, « enterrée pour longtemps, peut-être à jamais ». Les ouvriers ont vu maintenant ce qu'on peut atteindre grâce à la participation d'un socialiste au pouvoir politique. Ils ne comprendront pas que, d'une part, les socialistes réclament toutes les réformes actuellement possibles dans l'intérêt de la classe ouvrière, et que, d'autre part, ils s'interdisent à eux-mêmes de les accomplir en prenant part au gouvernement, et s'en remettent de ce soin à des hommes politiques bourgeois. Ils sauront que le socialisme est maintenant assez fort pour entrer dans toutes les institutions bourgeoises sans être absorbé par elles. M. Millerand aura bien été le premier ministre socialiste, mais non le dernier.

---

[1] Rappelons-en la phrase essentielle : « L'entrée d'un socialiste isolé dans un gouvernement bourgeois ne peut pas être considérée comme le commencement normal de la conquête du pouvoir politique, mais seulement comme un expédient forcé, transitoire et exceptionnel ». Voir le texte complet dans le compte-rendu analytique officiel du 5e Congrès international, p. 114-116.

1er janvier, 15 janvier et 1er février. — Enquête intéressante sur l'opinion de la presse socialiste étrangère relativement au projet sur l'arbitrage et la grève. Cette opinion est, comme on va le voir, très incertaine, en fin de compte cependant défavorable.

Le *Vorwaerts* a donné tout d'abord, dès la publication par la presse française du résumé du projet de loi, un commentaire sympathique. Le projet, disait-il, est démocratique en ce qu'il étend à la fabrique les pratiques parlementaires; il est aussi essentiellement révolutionnaire, parce qu'il accorde au travailleur dans la question de production le droit légal de donner son avis et d'avoir part au débat. Le détenteur de l'exploitation cesse, par le fait même, d'être le maître absolu dans sa propre maison. D'ailleurs, le *Vorwaerts* réservait son opinion définitive jusqu'à plus ample examen; mais il trouvait au premier abord dans le projet le droit de grève, l'obligation à la grève, et la protection de la grève.

Un peu plus tard, en réponse à un article de *Parvus*, qui avait violemment critiqué le projet, le *Vorwaerts* en a pris encore la défense. Le projet, sans doute, présente de nombreux défauts; le programme développé à Lens par son auteur n'a pu être que très incomplètement réalisé. Tel qu'il est, c'est cependant un essai intéressant, parce que c'est un acte révolutionnaire que de rendre la grève obligatoire pour tous lorsque la majorité la veut.

Enfin, un article de *Legien,* dans le même *Vorwaerts,* quelques semaines plus tard, exprime une opinion défavorable, sans méconnaître d'ailleurs les avantages du projet. Ces avantages consistent : dans le fait qu'il y a délibération en commun et décision de la majorité; en ce que le travail en temps de grève votée est déclaré déshonorant; en ce que les ouvriers sont représentés légalement auprès du patron. Mais l'inconvénient majeur, qui efface tous les avantages, c'est que le projet empêcherait d'atteindre le but le plus important du mouvement ouvrier, le contrat collectif; ou plutôt il ne donnerait qu'un pastiche du véritable contrat collectif, de celui auquel tendent les syndicats, et il affaiblirait d'autant la poursuite de celui-ci. Le vrai contrat collectif, c'est celui dans lequel les conditions du travail sont déterminées par les ouvriers organisés de toute une branche de production; le projet, au contraire, s'en tient au contrat formulé en commun par les ouvriers d'une usine ou d'une entreprise et leur patron. Le projet de loi est faux dans sa base parce qu'il remet le pouvoir de contracter, non à la corporation tout entière, mais à des groupes particuliers. Il empêcherait plutôt qu'il ne les favoriserait la formation et le développement des syndicats. A un autre point de vue, il est prématuré de prétendre maintenant, dans les conditions actuelles, édicter pour la réglementation des grèves des dispositions détaillées. Ce qui importe pour le moment, c'est de fortifier et d'étendre l'organisation syndicale en obligeant tous les ouvriers à en faire partie. Il en sortira naturellement une organisation des grèves.

La même note est donnée dans le *Correspondenzblatt* de Hambourg, l'organe officiel des syndicats allemands. L'article est d'ailleurs plus dur, car le projet y est qualifié de projet sans queue ni tête. Le reproche fondamental est identique : c'est que le projet fait de la grève l'affaire particulière

d'une entreprise et non de la corporation. Sans doute cette sorte « d'exploitation constitutionnelle » que le projet tend à établir, et dans laquelle
entrepreneurs et ouvriers règlent en commun leurs rapports mutuels, est
de nature à faire bénéficier les ouvriers de plus d'un progrès, mais elle ne
donne pas le contrat de travail collectif. Il faudrait pour cela l'organisation
par branches d'industrie, et l'accord de l'entrepreneur, non pas avec les
ouvriers de son exploitation, mais avec le syndicat de sa branche d'industrie. Le projet est de nature à retarder l'établissement de cet état de choses,
et c'est pour cela qu'il est mauvais, quelles que soient les bonnes intentions
dont il est plein. Même conclusion que dans l'article de Legien : il faut
d'abord affirmer les droits et l'influence des syndicats.

Au contraire l'*Arbeiter Zeitung* de Vienne est nettement sympathique au
projet. Le signataire de l'article, M. BENNO KARPELES, le déclare révolutionnaire dans sa tendance générale, et tout en admettant que bien des critiques
puissent y être faites, il se réjouit de ce que dans le Parlement d'un grand
Etat on fasse un effort sérieux pour donner une valeur légale à quelques-
unes des revendications essentielles de la force ouvrière organisée. Il s'attache surtout aux points suivants. L'institution des délégués ouvriers élus ;
les conditions ne seront plus dictées à l'ouvrier isolé par l'entrepreneur,
mais convenues entre celui-ci et les représentants des ouvriers ; c'est le
principe du contrat collectif. Nous voyions tout à l'heure affirmer le contraire.
En France d'ailleurs, dès avant le projet Millerand, le contrat collectif au
sens où l'entend l'auteur fonctionne en fait dans la grande industrie ; c'est
entre un syndicat et le patron que le contrat de travail se conclut, par
exemple à Montceau. L'organisation de la grève : l'époque des grèves « sauvages » est terminée ; chose heureuse pour la classe ouvrière ; il n'y a que
les grèves mûrement délibérées qui réussissent. L'introduction du principe
des majorités : cette conception est déjà familière aux ouvriers ; ce sera la
disparition du « sarrazin », du « jaune », du renégat qui continue à travailler alors que ses camarades ont décidé la grève. Peut-être l'auteur se fait-
il des illusions sur ce point, car le projet ne comporte pour ce cas que des
sanctions morales, consistant dans la privation de quelques droits électoraux ; si le patron continue à donner du travail à la minorité, et si celle-ci
désire travailler, malgré le vote de la grève, il ne peut être question ni de les
en empêcher, ni de leur refuser, si des violences se produisent, la protection de la force armée. C'est un principe élémentaire de notre droit public,
et un principe auquel le projet ne peut porter aucune atteinte. La conclusion de l'article est que le projet Millerand signifie *victoire de la pensée
prolétarienne sur l'ordre et le droit bourgeois.*

Voilà quelques échantillons de l'opinion socialiste étrangère sur le projet
relatif à l'arbitrage et à la grève. Il y en a, comme on voit, pour tous les
goûts.

1er mars. — Quelques pages de M. Edgard MILHAUD sur la *Propagande auprès des femmes dans le parti socialiste allemand.* Les premiers efforts pour
former des groupements d'ouvrières ne sont pas venus des socialistes ; ce
sont des femmes de la bourgeoisie, engagées dans le mouvement féministe,
qui en ont pris l'initiative, et leur but était d'élever le niveau intellectuel

des ouvrières. Le premier groupe, fondé à Berlin en 1869, s'intitulait : *Verein zur Fortbildung und gesteigen Anregung der Arbeiterfrauen*. La plupart de ces groupes furent délaissés par les ouvrières, parce qu'ils ne s'occupaient pas de leur situation matérielle. De nouvelles sociétés, issues de la collaboration de bourgeoises et d'ouvrières, se proposèrent de prendre souci des intérêts matériels comme des intérêts moraux. Leur direction passa bientôt presque complètement aux mains des ouvrières, et les questions économiques y furent désormais au premier plan. Ainsi ce mouvement, purement intellectuel au début, se trouva orienté dans les voies de la lutte économique et des intérêts de classe. En 1896, ces groupes d'ouvrières refusèrent de prendre part au congrès féministe international de Berlin, organisé par des femmes de la bourgeoisie. Depuis le Congrès socialiste international de Paris en 1889, les ouvrières ont envoyé des déléguées à tous les congrès de la démocratie socialiste allemande.

Comment les ouvrières peuvent-elles s'organiser? Dans les syndicats, c'est la seule forme de groupement qui, la plupart du temps, leur soit accessible dans l'état présent de la législation allemande. Les Etats les plus importants de l'empire allemand interdisent aux femmes de faire partie de sociétés politiques. On a cherché à opérer le groupement des ouvrières dans des sociétés ayant les objets les plus divers : par exemple une « *Caisse de secours en cas de maladie et pour les inhumations* », ou des « *Sociétés d'instruction pour les femmes (Frauenbildungsvereine)* ». Depuis qu'a pris fin le régime d'exception contre les socialistes, c'est le syndicat qui est la forme principale de l'organisation féminine ouvrière.

Des *Commissions de propagande parmi les femmes*, composées de cinq à sept femmes chacune, avaient été fondées en 1889 à la suite du congrès international de Paris. Elles ont été en 1895 considérées par l'autorité comme sociétés politiques, et supprimées. On a alors adopté le système des *personnes de confiance,* élues en réunion publique et chargées du soin de la propagande. Ce sont elles qui convoquent les réunions de propagande, organisent la distribution des brochures, etc. *Une personne de confiance pour toute l'Allemagne* sert d'intermédiaire entre elles ; leurs principaux collaborateurs sont des propagandistes féminins qui prennent la parole dans les réunions, ou rédigent les brochures et feuilles volantes écrites spécialement pour les ouvrières. Il y a enfin un journal, l'*Egalité,* chargé de la défense des intérêts des ouvrières.

*
* *

Association catholique. — Dans le *numéro du 15 janvier*, M. Le Cour Grandmaison résume — d'après un exposé qu'il a fait au *Congrès-général des catholiques du Nord* — l'œuvre des cercles catholiques. Il s'agit d'ailleurs moins de l'œuvre en elle-même que de l'influence exercée par les doctrines du petit groupe d'hommes qui l'ont fondée. L'œuvre des cercles est en elle-même peu de chose et, sans vouloir rechercher si ses fondateurs n'avaient pas conçu pour elle de plus grandes espérances qui ne se sont pas réalisées, on peut admettre avec M. Le Cour Grandmaison que ça a été principalement un « champ d'expérience », et qu'on a demandé surtout à l'œuvre de synthétiser une doctrine et de créer un mouvement d'idées. C'est du moins le point de vue de l'auteur, et un point de vue qui, bien que contestable historiquement, rend compte des aspects essentiels de l'œuvre.

L'œuvre des cercles a donné deux résultats principaux. — Sur le terrain social, elle a contribué à restaurer la corporation, elle a été le point de départ de la renaissance du mouvement corporatif dont la loi de 1884 est à la fois un des résultats et un des facteurs les plus efficaces. — Sur le terrain politique, elle a engagé la lutte contre l'esprit et l'œuvre de la Révolution; dans l'ordre intellectuel, les fondateurs de l'œuvre ont affirmé la nécessité d'une autorité infaillible; dans l'ordre pratique, ils ont attaqué le dogme de la souveraineté du nombre, et c'est pour cela qu'ils placent la corporation à la base de l'organisation politique et sociale, parce que la corporation est une association permanente dans laquelle « la tradition sert de modérateur et de règle aux entraînements de la majorité ». Ces idées, qui ont paru au début si étranges, et qui n'ont eu d'abord « qu'un succès de surprise... presque de scandale », ont fait depuis leur chemin. Elles ont achevé de discréditer « l'ancienne Ecole des économistes libéraux, qui ne trouve plus maintenant de défenseurs que parmi les politiciens vieillis et dans certains milieux où règne une demi-science ». L'auteur salue avec joie le retour qui s'est opéré aux principes d'autorité et de tradition, et cet abandon des « dogmes révolutionnaires » qu'il constate aussi bien chez les disciples de Taine, que chez ceux de Le Play.

On a reproché à l'œuvre des cercles catholiques d'avoir versé dans le socialisme : critique injuste et mal fondée. Au contraire la doctrine catholique sociale est l'antidote du socialisme, elle combat l'ensemble « de négations et de destructions » que le socialisme comporte. Elle ne conçoit pas l'Etat comme une société anonyme chargée uniquement du bon ordre et de la police des rues — et par là elle a mis fin à une des plus dangereuses erreurs du libéralisme moderne — mais elle ne veut pas non plus d'un Etat qui concentrerait en lui l'activité économique et qui socialiserait la propriété. Le régime corporatif qu'elle préconise créerait précisément des centres de résistance autonomes qui rendraient impossible l'usurpation par l'Etat et l'absorption des patrimoines privés.

L'article se termine par l'examen de la part prise par les fondateurs ou les adeptes de l'œuvre au travail législatif des dernières années, notamment aux lois ouvrières votées ou en projet. En somme l'étude de M. Le Cour Grandmaison reflète bien les deux tendances essentielles du catholicisme social et de l'*Association catholique* en particulier : beaucoup de générosité et de hardiesse dans les questions ouvrières, et d'autre part, au point de vue politique, un certain air ancien régime, une hostilité irréductible chez quelques-uns des chefs à cet esprit de la Révolution qui s'est d'ailleurs sensiblement transformé depuis plus d'un siècle qu'il agite le monde, dont il est plus facile de parler que de le définir, mais qui est tout de même resté la ligne de partage des Français et qui fait que les uns sont des « bleus » et les autres des « blancs ». C'est ce double caractère qui explique le peu d'extension chez nous du catholicisme social : il est suspect aux ouvriers par son caractère politique, il effraie les bourgeois conservateurs par son caractère social; les uns le trouvent réactionnaire et les autres révolutionnaire. Et cela lui fait parmi les écoles économiques une situation toute particulière.

Dans le *numéro du 15 mars*, M. Henri Savatier étudie le *projet de loi Millerand sur l'arbitrage et la greve obligatoires*. Il constate tout d'abord « qu'aux deux pôles extrêmes du capitalisme et de l'anti-capitalisme » l'opposition s'est manifestée ardente contre ce projet. Du coté capitaliste, le journal la *Liberté* a organisé une sorte d'enquête auprès des patrons, des chambres de commerce et des Unions syndicales; on a répondu que l'arbitrage obligatoire serait « la ruine de l'industrie nationale » (Chambre de commerce de Roanne), ou que le projet Millerand serait une « organisation de la grève générale » (Chambre de commerce de Lyon). L'*Economiste français* impute au gouvernement la responsabilité des grèves qui se sont récemment produites, et il exprime l'avis que le projet ne ferait qu'aggraver cette situation. Du côté socialiste, le *Petit sou* a écrit que le projet était l'œuvre de ministres « teintés de socialisme chrétien », ce qui a évidemment dans les colonnes de ce journal une signification tout à fait désobligeante; M. Guesde a déclaré à Montceau-les-Mines (21 février 1901) que les ministres étaient « les meilleurs soutiens du cléricalisme et du militarisme »; le *Comité de la grève générale* de Paris a lancé un appel aux travailleurs, où le projet est qualifié de « loi scélérate ».

M. Savatier le juge d'une façon beaucoup plus favorable. Il est d'ailleurs sympathique à l'œuvre ministérielle déjà accomplie de M. Millerand. Il considère comme des tentatives très sérieuses et dignes d'attention « la protection ouvrière sur le terrain efficace des travaux publics, la mise en présence des représentants mandatés des patrons et des ouvriers, le développement de l'organisme syndical, le recours à cet organisme pour la constitution de conseils représentatifs et pour la solution des conflits industriels ». Il y a là un plan d'organisation du monde du travail que le ministre suit d'une façon ferme et impartiale. Son projet actuel reproduit les traits principaux de la méthode qui lui est familière : les travaux publics servant d'exemple et de moyen pour introduire les réformes ouvrières, les explications organisées entre patrons et délégués des ouvriers; l'intervention de l'organisme syndical des conseils du travail. Le mérite du projet est de heurter de front l'esprit anarchique qui des deux côtés, travail et capital, fait tant de mal. Mais les auteurs du projet ont-ils discerné exactement les possibilités et gardé les ménagements nécessaires ? M. Savatier paraît faire sur ces points quelques réserves. Il se réfère à l'intéressante étude que M. Métin a publiée dans la *Revue d'économie politique* (n. de janvier 1901) pour montrer la prudence que commande l'intérêt de notre commerce extérieur : l'arbitrage obligatoire en Nouvelle-Zélande a amené une hausse des prix des objets fabriqués, et la protection douanière apparaît comme le complément des lois ouvrières; seulement, que devient alors le marché extérieur ?

La partie du projet qui organise l'arbitrage semble être la meilleure; elle soulève moins de difficultés que la partie relative à la réglementation du droit de grève, à propos de laquelle on peut se demander si l'introduction dans les grèves du principe des majorités n'est pas quelque chose de pré-

maturé et qui serait malaisément praticable, étant données les profondes
racines du sentiment individualiste. M. Savatier n'est d'ailleurs pas insensible à l'objection que plusieurs organes du socialisme étranger et notamment allemand ont dirigée contre le projet : le reproche de diminuer le
rôle et l'influence des syndicats, de détourner les ouvriers du véritable
contrat collectif en y substituant un *constitutionalisme* d'usine (voir *supra*).
C'est bien aussi le sentiment de M. Savatier, qui regrette que le projet ait
délaissé le terrain syndical, et se soit ainsi écarté « des voies de solutions
déjà esquissées par la pratique pour arriver à une certaine régularisation
des grèves ». Il conclut cependant que, en dépit des réserves à faire, le
dépôt du projet de loi aura été une œuvre utile, qu'un débat approfondi
s'impose sur le mal des grèves, et qu'il faut chercher le remède « en dehors
de l'individualisme anarchique ».

Questions pratiques de législation ouvrière et d'économie sociale
(n° de janvier 1901). M. le Dr Pic donne la fin d'une intéressante étude sur
les *sanatoria populaires*, dont le début a paru en décembre 1900. Les conditions du développement de la tuberculose sont essentiellement au nombre
de trois : le surmenage, l'insuffisance d'alimentation, le défaut d'aération
des habitations. Il faut donc y opposer, comme conditions thérapeutiques,
le repos, l'alimentation abondante, et par dessus tout la respiration d'un
air pur, exempt de poussières, de fumée et de tous les agents pathogènes
dont ces particules constituent le support. D'où l'institution de maisons
de santé spéciales pour les tuberculeux.

Mais au début le sanatorium n'était à la portée que des riches. Et pourtant c'est parmi les pauvres que la tuberculose fait le plus de ravages : ce
qui montre, soit dit en passant, combien illusoire est cette théorie de la
compensation que M. Leroy-Beaulieu esquisse dans son *Essai sur la répartition des richesses* lorsqu'il déclare que la pauvreté n'est pas le seul ni le
principal des maux dont les hommes peuvent souffrir, qu'il y a aussi les
maladies, les infirmités, tout le cortège des souffrances physiques ; il oublie
d'ajouter que ce sont là des maux qui souvent sont une conséquence de la
pauvreté et s'y ajoutent au lieu de s'y opposer. Voici quelques-uns des chiffres que cite le Dr Pic : la mortalité par tuberculose est 21,9 par 10.000 habitants dans le viie arrondissement de Paris (faubourg Saint-Germain), et de
80 dans le xive (Montrouge, Plaisance). On ne peut songer à envoyer les
ouvriers dans des établissements où le prix minimum de pension varie de
12 à 20 fr. par jour. De là l'idée des sanatoria populaires.

En Allemagne l'institution a pris un très grand développement, d'ailleurs
tout récent. En 1895, il se fonda à Berlin, sur l'initiative de M. Pannwitz,
médecin militaire de la Croix-Rouge allemande, un comité central dans le
but de créer des sanatoria podulaires ; la même année, le premier sanatorium, le sanatorium type, fut fondé à Grabowsee. Au Congrès de Naples
(1900) M. Pannwitz évaluait à 80 le nombre des sanatoria, dans lesquels
20.000 tuberculeux sont soignés annuellement.

En France, deux sanatoria seulement fonctionnent à l'heure actuelle : celui d'Hauteville, créé par des capitaux lyonnais, et celui d'Angicourt. D'autres sont en construction ou simplement projetés à Nancy, à Lille, au Havre, à Rouen, à Amiens, au Mans, à Orléans.

La mise de fonds est assez considérable : pour les frais d'installation, un lit de sanatorium représente, d'après l'expérience allemande, de 5.000 à 6.000 francs ; pour les frais d'entretien, M. Schulzen (de Berlin) les évalue en moyenne à 3 marks par jour et par malade. En Allemagne, les fonds ont été en partie fournis par les caisses d'assurances contre les maladies ou contre l'invalidité et la vieillesse ; ces caisses trouvent dans l'économie qui résulte pour elles du retour à la santé des tuberculeux la compensation des frais qu'elles avancent. On a obtenu, par une combinaison du même genre, de quoi subvenir, pendant la durée du traitement, aux besoins de la famille des tuberculeux ; car c'est là une des difficultés de la question, et il ne sert à rien d'envoyer le père de famille tuberculeux dans un sanatorium, si pendant ce temps la femme et les enfants meurent de faim. M. Pic cite une convention curieuse passée entre la Caisse hanséatique d'assurance contre l'invalidité et la vieillesse et les Caisses d'assurance-maladie, de façon que ce soient celles-ci qui s'occupent de la famille des malades que la Caisse hanséatique envoie dans des stations de cure ou des sanatoria. En somme, étude très documentée et intéressante.

H. Truchy.

Georg Simmel, *Philosophie des Geldes*. Leipzig, Duncker et Humblot, 1900,
XVI-554 p., gr. in-8.

Le présent ouvrage témoigne de la part de l'auteur d'un effort de pensée
considérable. Il ne sera pas sans en exiger également du lecteur qui voudra
s'assimiler ces 554 pages de grand format et de petit texte, dont la langue
abstraite et métaphysique pourrait, par endroits, rivaliser d'obscurité avec
celle de Hégel.

La philosophie, dit l'auteur dans sa préface, a un double objet ; elle trouve
sa place, pour ainsi parler, aux deux extrémités du domaine des sciences
positives : à leur point de départ, elle scrute les principes premiers sur lesquels elles s'appuyent ; à leur point d'arrivée, tant qu'elles ne sont pas
parvenues à systématiser leurs résultats, elle condense leurs données fragmentaires dans une conclusion provisoire et dans une vue d'ensemble. La
philosophie de l'argent comprend donc nécessairement deux parties : la
première, analytique, remonte aux prémisses philosophiques indispensables
pour comprendre la nature de l'argent : à la constitution de l'esprit, aux
rapports sociaux, à la structure logique du monde des réalités et des
valeurs. La seconde, synthétique, est un aperçu général du rôle de l'argent
dans le monde, de son action sur la vie affective des individus, sur l'enchaînement de leurs destinées et sur la civilisation. Il s'agit là, ajoute M. Simmel,
de connexions qui, par leur nature, sont individuellement susceptibles
d'investigations exactes, mais qui ne le sont pas, en fait, dans l'état actuel
des connaissances, de sorte qu'il convient d'en aborder l'étude « d'après le
type philosophique », c'est-à-dire en procédant à de vastes généralisations
et en raisonnant sur des concepts abstraits.

La première partie s'ouvre par une analyse de la valeur. Après avoir
indiqué que toute valeur est subjective en ce sens que c'est l'individu qui
l'attribue aux choses, M. Simmel montre comment le phénomène de l'é-
change arrive à donner à la valeur un aspect objectif, en dissimulant pour
ainsi dire le rapport qui relie la chose à l'individu, pour établir un système
de rapports de chose à chose. C'est là une idée qui, d'ailleurs, ne nous
parait exprimer rien que la distinction traditionnelle entre la valeur
d'usage et la valeur d'échange. L'argent est l'instrument qui permet de con-
crétiser cette valeur objective qui est de nature forcément abstraite, puisqu'elle n'est que la relation d'échange des choses entre elles. L'argent est
le signe, la représentation sensible de ce rapport idéal : c'est « la relativité
des choses devenue substance ».

D'ailleurs, pour exprimer et mesurer la valeur, il n'est pas nécessaire,
contrairement aux opinions courantes, que l'argent soit lui-même une
valeur. Une chose peut être mesurée par une chose d'essence absolument
différente : par exemple, le degré d'une sensation par le degré de l'excita-

tion physiologique. Il suffit, pour cela, qu'aux variations de l'une correspondent des variations parallèles de l'autre. L'argent peut être la mesure de la valeur des choses, sans être une valeur lui-même, si la quantité d'argent qui constitue le prix de chaque chose est dans le même rapport vis-à-vis de la quantité totale d'argent existant, que la valeur respective de ces choses vis-à-vis de la valeur totale des marchandises. L'essence de l'argent est d'être un symbole; la matière plus ou moins précieuse dans laquelle il s'incarne n'en est que le support et l'accessoire, et la tendance de l'évolution sociale est précisément de réduire de plus en plus la part de la matière dans la monnaie, pour en faire une représentation purement fiduciaire de la valeur des choses.

Dans la seconde partie, l'auteur étudie l'influence de l'argent sur les conditions de la vie humaine : l'argent est un des facteurs de la liberté individuelle; il est, en effet, un symbole général et indéterminé, la forme commune et non différenciée de toutes les valeurs. Lorsque les rapports entre les hommes, et les obligations qui les lient revêtent la forme-argent, la personnalité se trouve affranchie d'une foule d'entraves, puisqu'à des prestations portant sur un objet précis et engageant dans une voie plus ou moins étroitement délimitée l'activité et l'individu, s'en substituent d'autres qui s'appliquent à cette chose essentiellement anonyme et impersonnelle qu'est l'argent. Grâce à l'argent, la sphère de la personnalité se trouve de moins en moins entamée dans nos contacts journaliers avec les autres hommes; il est l'intermédiaire absolument neutre par lequel nous communiquons avec eux, sans nous livrer nous-mêmes, et sans rien aliéner de notre individualité. L'association du moyen-âge absorbait l'individu tout entier, nos sociétés financières ne groupent que des capitaux et laissent la personne en dehors de leur rayon. Nous devenons de moins en moins esclaves de ce que nous possédons, ce que M. Simmel exprime savamment en disant que par l'argent l'Etre et l'Avoir se dissocient.

Une autre conséquence de ce caractère abstrait et indéterminé de l'argent, c'est qu'il nous répugne de plus en plus de le considérer comme l'équivalent de certaines choses qui ont pris à nos yeux une valeur hors pair, incommensurable avec celle des autres choses : par exemple, la vie humaine ou l'amour. Le *Wehrgeld* et la *Coemptio* sont les institutions primitives de sociétés encore mal différenciées et où les unités sociales s'équivalent plus ou moins. Enfin l'argent agit également sur « le style de la vie » en sollicitant par son caractère abstrait les facultés spéculatives de l'esprit, et en favorisant le développement de l'intellect au détriment de la sensibilité.

L'idée qui a présidé à la conception de cet ouvrage, c'est, nous l'avons dit, que la philosophie a pour fonction de suppléer au silence des sciences exactes. C'est ainsi qu'on écrivait des « Philosophies de l'Histoire » avant que la sociologie n'ait pris à son compte la recherche des lois d'évolution des sociétés. Mais n'est-il pas un peu tard pour écrire une « Philosophie de l'Argent? » Si tous les problèmes qu'aborde M. Simmel n'ont pas encore reçu de solution positive, il semble du moins qu'ils sont aujourd'hui classés déjà dans le domaine de diverses sciences, qui ont commencé à les aborder avec des procédés plus rigoureux et plus exacts que ceux indiqués par l'auteur. Il n'est pas douteux, en particulier, que l'économie politique autrichienne n'ait fourni à l'étude du problème de la valeur, des contributions plus précises que la métaphysique de M. Simmel. Il a tenu, pour employer un mot qu'il affectionne, à « *sublimer* » et à replacer dans les régions supérieures de l'abstraction philosophique une foule de questions qui étaient déjà descendues sur le terrain plus solide de la science. On aurait pu le regretter, si cette émancipation des règles assujettissantes de la méthode positive ne lui avait permis d'autre part de laisser le champ libre aux richesses de son imagination, et d'y semer à pleines mains les aperçus originaux, les rapprochements inattendus, et les digressions ingénieuses qui sont l'attrait principal de son livre.

Edgard ALLIX.

Seulesco, *Le régime fiscal des successions*. Paris, Giard et Brière, 1899, 240 p. in-8.

L'étude de M. Seulesco comprend trois parties. L'auteur, dans la première, se propose de traiter de la théorie générale du droit fiscal en matière successorale, et de fournir quelques données essentielles sur les questions du degré de parenté et du taux de la taxe, ainsi que sur les principes opposés de la proportionnalité et de la progressivité. La deuxième a trait à la législation ancienne et moderne, française et étrangère. Enfin, dans la troisième, est abordé l'examen des réformes proposées et discutées en France pour modifier le système en vigueur (qu'une loi récente est venue changer depuis).

La matière était copieuse et aurait dû, semble-t-il, largement déborder les 240 pages que lui consacre M. Seulesco. Aussi a-t-il été obligé, pour la faire tenir dans les dimensions un peu étroites de son livre, de se borner à un résumé parfois trop bref. La première partie, relative à la théorie générale, a particulièrement souffert d'être réduite à 15 pages. Ce qu'on appréciera davantage dans ce travail, c'est une analyse claire et consciencieuse de la législation française depuis la loi de Frimaire, et l'indication des principaux projets déposés au parlement pour corriger les vices de notre régime d'imposition successorale.

Edgard ALLIX.

André Lichtenberger, *Le Socialisme et la Révolution française*, 1 vol. grand in-8°, 316 p. Paris, chez Alcan, 1899.

Nous sommes un peu en retard pour parler du nouveau livre de M. Lichtenberger. Il en vaut bien la peine cependant, car il traite un sujet non seulement considérable au point de vue historique, mais précieux comme indication de ce qui pourrait nous advenir au cas non improbable d'une révolution nouvelle.

Quand j'étais étudiant, je me rappelle avoir suivi à l'Ecole libre des Sciences politiques qui venait de s'ouvrir, quelques leçons de M. Paul Janet, précisément sur cette question : la Révolution française a-t-elle été socialiste ? La conclusion était catégoriquement négative et me semble appuyée par de fortes raisons. J'ignore si ces leçons ont été publiées. Récemment M. Espinas, dans son livre *La philosophie sociale du* XVIIIe *siècle et la Révolution,* dont nous avons rendu compte dans cette Revue, a soutenu la thèse contraire. Mais M. Lichtenberger reprend à son tour la négative et j'aurais cru que ses conclusions, appuyées sur une formidable enquête où l'auteur, nous dit-il, « a étudié tous les documents originaux les plus importants pour l'histoire des idées sous la Révolution : grandes collections de journaux, documents officiels, mémoires, discours, plus une masse énorme de livres, de pièces, de brochures », pouvaient être considérées comme définitives, si M. Aulard à son tour ne venait de reprendre l'affirmative.

M. Lichtenberger passe successivement en révue « les cahiers » des assemblées primaires et secondaires qui précédèrent la réunion des Etats-généraux, les brochures publiées pendant la Révolution, les discours et les articles de journaux des hommes marquant de la Révolution, les faits et actes par lesquels s'est manifestée l'opinion publique, les actes législatifs par lesquels s'est affirmé l'esprit même de la Révolution — et chaque chapitre se termine par la même conclusion : Il y a eu des déclarations sentimentales, des imprécations furibondes, de vagues plans de reconstitution sociale faisant suite aux romans communistes des siècles précédents, même des mesures violentes dirigées contre les riches et inspirées par la haine des riches. Mais il n'y a rien eu dans tout cela qui ressemble à un mouvement socialiste, surtout si on donne à ce mot son acception actuelle, celle de collectivisme.

Et la conclusion finale de l'auteur est celle-ci : « En résumé, c'est tout à fait à bon droit que, sous certains rapports, les partisans de l'individualisme se réclament de la Révolution française. Les idées socialistes n'y ont jamais été proclamées ouvertement; elles sont généralement demeurées utopiques, n'ont guère pénétré dans les masses et n'ont inspiré aucune législation. De plus, le résultat caractéristique des réformes sociales de la Révolution est directement opposé aux tendances socialistes ».

Il y a eu cependant la conjuration de Babeuf à laquelle M. Espinas a accordé une importance considérable, mais nous croyons que M. Lichtenberger est plus près de la vérité quand il écrit : « Nous n'avons nulle raison sérieuse de croire que la conjuration de Babeuf ait eu quelque popularité. Il semble au contraire à peu près certain que la masse du peuple y fut indifférente ».

On ne manque pas non plus de citer l'abolition des droits féodaux et la confiscation des biens du clergé. Mais il est facile de démontrer que ces mesures s'accordaient au contraire très bien avec le respect de la propriété individuelle : en effet, d'une part, les droits féodaux n'étaient pas considérés comme une forme de propriété individuelle, mais au contraire comme des servitudes grevant cette propriété, et la propriété des églises et congrégations, la main-morte, n'était pas non plus un mode de propriété individuelle, mais plutôt sa négation, puisqu'elle dépouillait les individus au profit de personnes collectives, d'abstractions.

Néanmoins M. Lichtenberger fait remarquer, et cette remarque en effet est grave et très digne d'attention, que non seulement pour les dépossédés mais même pour la plupart de ceux qui avaient vécu jusqu'alors,-les droits féodaux et les biens ecclésiastiques constituaient des formes parfaitement légitimes et normales de la propriété, et que par conséquent ils étaient en droit de considérer la mesure prise par la Révolution comme une expropriation pure et simple. Si aujourd'hui elle nous apparaît comme très légitime, c'est tout simplement par suite de l'idée que nous nous faisons de la propriété individuelle. Mais s'il en est ainsi, rien ne prouve que ce concept de la propriété ne changera pas plus tard. Rien ne prouve que si une nouvelle révolution, par exemple, exproprie les capitalistes, cet acte n'apparaîtra pas à nos petits-fils comme très légitime, même comme s'accordant très bien « avec le respect de la propriété individuelle ». Il suffira pour qu'il en soit ainsi que la classe arrivant au pouvoir donne de la propriété une définition dans laquelle le capital ne serait pas compris et, ajouterons-nous, que cette définition nouvelle soit consacrée par la science économique et juridique d'alors. Et c'est avec beaucoup de raison que l'auteur ajoute : « La Révolution a montré comment une classe, tout en prétendant respecter la légalité et la justice, pouvait en déposséder complètement une autre ; et il me semble qu'à ce point de vue les événements de la Révolution méritent d'attirer sérieusement notre attention ». Et par là la thèse de M. Lichtenberger se rapproche beaucoup de celle de M. Espinas.

Ch. GIDE.

————

Fernand Worms, *Le droit des pauvres sur les spectacles,* 1 vol. in-8,
286 pages. Paris, chez Larose.

Ce livre n'a qu'un rapport assez éloigné avec l'économie politique ou sociale, d'autant plus que le côté économique ou social de la question est un peu négligé. « Il n'est pas d'impôt, dit l'auteur, qui ait été l'objet de plus violentes critiques et de plus vigoureuses défenses ». Mais il se borne à exposer huit arguments contre le droit des pauvres et six pour, le tout en trois pages. La seconde solution est évidemment celle de l'auteur, mais elle ne nous convainc pas. « N'est-ce point une idée heureuse que de faire servir le plaisir du riche au soulagement des pauvres » ? *Heureuse* peut-être bien, il faut le croire, puisqu'elle a été adoptée par la plupart des pays, mais *morale* non. Si le plaisir en question, celui d'aller au spectacle, peut être considéré comme un luxe légitime et socialement bienfaisant, il n'y a pas plus de raison pour le taxer au profit des pauvres que tout autre luxe, celui d'un bon dîner par exemple. Et si le plaisir est considéré comme immoral, la rançon trop commode qu'on demande au riche, cette espèce de trafic des indulgences, est lui-même immoral. J'en dirai autant du prélèvement fait sur les bénéfices du pari mutuel et je sais des établissements charitables qui se sont refusés à en accepter leur part.

Mais l'intérêt du livre de M. F. Worms est dans l'abondance des renseignements historiques, juridiques, administratifs et bibliographiques qu'il fournit sur la matière. On trouvera les détails les plus minutieux sur les diverses catégories de spectacles imposés, sur les modes de perceptions, et en plus comme annexes tous les textes législatifs sur le sujet, ainsi qu'une volumineuse bibliographie qui, à elle seule, a dû représenter un travail considérable.

Ch. Gide.

Tchernoff, *Le parti républicain sous la monarchie de juillet*, 1 vol. grand in-8, 496 pages. Paris, chez Pédone.

Le livre de M. Tchernoff est en dehors du cercle de notre Revue : il relève de la science politique. C'est, comme le dit le sous-titre, une étude sur « la formation et évolution de la doctrine républicaine en France » et, comme le dit M. Esmein dans sa préface, sur « l'âge héroïque du parti républicain ». Elle a pour but d'expliquer, et explique en effet très clairement, par l'histoire des idées, la genèse de la Révolution de 1848 qui reste « vraiment inexplicable pour qui se confine dans l'histoire des faits ».

Cependant les doctrines socialistes « qui exercent une influence sur la formation de l'idéal politique et social des républicains » sont analysées dans un chapitre du livre. Il accorde une influence considérable à Pierre Leroux pour avoir « adapté le Saint-Simonisme à la forme républicaine » et à Fourier pour avoir « offert l'idéal d'un groupement des efforts qui réalise l'idéal de la solidarité ». Cette influence, surtout celle de Leroux, est très visible dans plusieurs romans de Georges Sand, à tel point qu'elle pouvait écrire que ce qu'il y avait de meilleur en eux était de lui, et bien que ces écrits soient postérieurs à l'époque que M. Tchernoff a choisie, cependant il aurait pu y trouver, croyons-nous, des preuves intéressantes à l'appui de sa thèse.

Ch. Gide.

REVUE L'ÉCONOMIE POLITIQUE

La *Revue d'Economie Politique* a reçu et publiera dans ses prochains numéros les **articles suivants :**

H. Denis : *L'Union de crédit de Bruxelles* (suite). — Goblot : *La division du travail.* — Hitier : *L'agriculture moderne et sa tendance à s'industrialiser* (suite). — Maurice Heins : *La notion de l'Etat* (suite). — Dalla Volta : *Francesco Ferrara et son œuvre économique.* — Laurent Dechesne : *La spécialisation et ses conséquences* (suite). — Ch.-M. Limousin : *Le socialisme devant la sociologie.* — Vandervelde : *L'Economie rurale en Belgique.* — Dr R. Thurnwald : *L'Egypte ancienne. Son état social et économique.* — A.-A. Issaïev (Saint-Pétersbourg) : *Altruisme, égoïsme et intérêt de classe.* — Hauser : *Les origines du capitalisme.* — Jean Bergman (Stockholm) : *La lutte contre l'alcool en Suède.* — G. A. Frei (Haubinda) : *La réforme de l'instruction moyenne au point de vue social.* — Auguste Forel (Chigny) : *Le rôle social de l'alcool.* — R. Hotowetz : *Le cartel des sucres en Autriche.* — A. Korn : *Quelques considérations sur le privilège des bouilleurs de cru et la loi du 29 décembre 1900.* — Bouvier : *La méthode mathématique en économie politique.*

— Hector Lambrecht : *Le problème des classes moyennes.* — G. François : *Les banques anglaises.* — De Peez : *La Pan-Europe.* — Achille Loria : *Des méthodes proposées pour régulariser le cours de la monnaie.* — Bertrand : *Le mouvement coopératif en Belgique et ses résultats.*

Liste des ouvrages déposés aux Bureaux de la Revue.

Worms : *Das gesetz der Güterconcentration inder individualistischen rechts-und Wirtschaftsordnung,* in-8 (Fischer, libraire, Iéna).
Artaud : *Défendons-nous!* in-8 (Aubertin et Rolle).
Milioukov : *Essais sur l'histoire de la civilisation russe,* in-8 (Giard et Brière).
Annales de l'Institut international de sociologie, tome VII, in-8 (Giard et Brière).
D'Eichthal : *Socialisme, communisme et collectivisme,* in-12 (Guillaumin).
De Pouvourville : *La crise des mandarins,* in-12 (Schleicher frères).
Cabouat : *Traité des accidents du travail,* in-8 (Lois nouVelles).
Ripert : *Le marquis de Mirabeau.* — *L'ami des hommes,* in-8 (Rousseau).
Bremer : *Jurisprudential anteka drianal qual supersunt,* in-12 (Teubner).

GIORNALE DEGLI ECONOMISTI
Juin 1901.

La situazione del mercato monetario (X.).
Utilita limite e costo di riproduzione *(contin. e fine)* (D. Berardi).
Le associazioni agrarie in Italia dalla costituzione del l'unita politica ad oggi (F. Colletti).
Il dazio sul grano difeso da un professore di economia politica (E. Giretti).
Sul quarto tomo inedito delle « memorie leggi ed osserVazioni sulle campagno e sull annona di Roma » (C. de Cupis).
Per la bibliographia di Angelo Messedaglia (A. Bosco).
Previdenzia (Le casse pensioni) (G. Bottoni).
Cronaca (La riforma tributaria e i nichilisti) (Papafava).
Rassegna delle riViste (Sarah Scowill Whittelsey, Aldo Contento, Report on the Wages and Earnings of Agricoltural Labourers in the Onited Kindgom, Report by the chieflabours correspondent of the board of trade on Trade Union).
Errata corrige.
Indice del Volume xxii della série ii.

POLITICAL SCIENCE QUATERLY
Juin 1901.

The economic ages (J.-H. Giddings).
The Chicago building trades dispute (E.-L. Bogart).
The trust companies (A.-D. Noyes).
Municipal activity in England (Elsie Watson).
Mississipi during the civil war (J.-W. Garner).
The private issue of token coins (R.-P. Falkner).

THE ECONOMIC JOURNAL
Juin 1901.

Stationary wage-bate (Wood).
The future of the income-tax (Blunden).
Municipal industries and the rate-payer (Smart).
The new companies act (Barlow).
ReViews. Notes and Memoranda.

Le Gérant : L. LAROSE.

24,912. — BORDEAUX, IMPRIMERIE Y. CADORET, RUE POQUELIN-MOLIÈRE, 17.

REVUE
D'ÉCONOMIE POLITIQUE

LA MÉTHODE MATHÉMATIQUE EN ÉCONOMIE POLITIQUE

La question de méthode en économie politique a soulevé de tout temps bien des doutes et des controverses. Induction ou déduction, méthode métaphysique ou historique, expérience et expérimentation ou raisonnement mathématique, tous les procédés ont trouvé des défenseurs convaincus.

Le problème est d'autant plus important que les méthodes employées primitivement n'ont pas donné de très brillants résultats. Elles ont abouti à des conclusions qui ne sont rien moins que certaines, à tel point qu'il est difficile aujourd'hui de citer une théorie économique absolument incontestée. On ne voit plus les solutions, et, chose plus grave, on ne voit plus la méthode qui s'imposerait pour les découvrir toutes. Il faut donc en venir à la révision des doctrines et des méthodes antérieures. Wagner constate que les discussions de l'école historique avec l'école abstraite ont réclamé un nouvel examen des principes [1]. Les partisans de l'école historique ont nié les principes d'autrefois, les « prétendues » lois formulées anciennement et la science elle-même. D'autres, plus convaincus, se sont remis au travail et ont cherché à la reconstruire d'après des procédés nouveaux et plus sûrs. L'école autrichienne fait appel à la psychologie. Un certain nombre d'économistes ont eu recours, au contraire, à la méthode mathématique. C'est ainsi que MM. Léon Walras, Vilfrédo Paréto, d'autres encore, se sont efforcés de trouver dans les procédés du calcul des solutions nouvelles ou tout au moins la justification de solutions non encore démontrées.

L'application de la méthode mathématique aux diverses bran-

[1] Wagner, *Grundlegung der politischen Oeconomie* (*Fondement de l'Economie politique*), I, 3e édit., 1892 ; Introduction.

ches de connaissances est en faveur aujourd'hui. Les relations
entre la physique expérimentale et la physique mathématique font
l'objet d'études répétées et approfondies [1]. La chimie est également intéressée à ce mouvement; la physico-chimie est née, bien
jeune encore, mais qui permet déjà beaucoup d'espérances [2]. Les
mathématiques ont touché aussi à la psychologie et à la métaphysique : on a cherché à mesurer les sensations et à déduire de
cette mesure des lois générales. Il suffit de rappeler la loi de
Weber, d'après laquelle « la plus petite différence perceptible
entre deux excitations de même nature est toujours due à une différence réelle, qui croît proportionnellement avec ces excitations
mêmes », et la loi de Fechner qui n'en est que la conséquence.
Celle-ci, encore plus célèbre que la précédente, est exprimée
« d'une manière concise et élégante », a-t-on dit, par cette rédaction : « La sensation est proportionnelle au logarithme de l'excita-
tion » [3]. C'est là une application bien connue de la méthode
mathématique; elle constitue ce qu'on a appelé le *psychophysique*
« science exacte, dit Fechner, des rapports entre l'âme et le corps,
entre l'existence psychique et l'existence corporelle ».

Les notations algébriques ont été mises encore à contribution
pour l'éclaircissement de certaines parties du droit. A ma connaissance, elles n'ont été employées, il est vrai, que pour des points
spéciaux, mais non comme méthode générale de recherche ou de
raisonnement. C'est ainsi que plusieurs jurisconsultes, M. Gros et
M. Chénon notamment, ont soumis au calcul la célèbre question
du concours entre les enfants légitimes et les enfants naturels
appelés à une même succession; on a même fait intervenir à ce
sujet les intégrales [4]. On s'est aussi demandé s'il ne serait pas

---

[1] Henri Poincaré, *Les relations entre la physique expérimentale et la physique
mathématique*, dans la *Revue générale des sciences*, 1900, p. 1163.

[2] *Id.*, p. 1175.

[3] V. dans la *Revue philosophique* de M. Ribot plusieurs articles consacrés à ce
sujet, notamment Delbœuf, *La loi psychophysique*, 1877, I, 225, et 1878, I, 35 et 127;
Tannery, *Critique de la loi de Weber*, 1884, I, 15. — V. aussi Ribot, *La psychologie allemande*, p. 155 s.

[4] V. les *Recherches sur les droits successifs des enfants naturels*, 1882, par Louis
Gros, conseiller à la Cour d'appel de Lyon. — *L'art. 757 du Code civil, application
des mathématiques à la jurisprudence*, par Chéfik-Bey, 1880. — *Des droits successifs
des enfants naturels en concours avec des enfants légitimes*, par Emile Chénon,
ancien élève de l'Ecole polytechnique et professeur à la Faculté de droit de Paris,
deux notes, 1898.

possible d'en faire autant pour l'ensemble du droit, et si l'on ne pourrait pas utiliser la méthode mathématique au moins pour la partie générale de cette science. L'idée, qui ne semble guère réalisable, a été examinée par M. Roguin ; il se prononce d'ailleurs pour la négative [1].

Il n'est donc pas étonnant que l'économie politique ait subi à son tour l'évolution. Ceci est d'autant plus important que la question de méthode se pose dans les mêmes termes pour la science financière, qui n'est, d'après l'opinion généralement admise aujourd'hui, qu'une partie de l'économie politique [2] ; la théorie des impôts, par exemple, est un domaine indiqué pour les notations algébriques et graphiques. On a désigné quelquefois sous le nom de *chrématistique* [3], expression au reste peu employée, la théorie mathématique des richesses.

La méthode consiste à employer ici les formules ou formes algébriques, à appliquer aux recherches théoriques d'économie politique les symboles de l'analyse mathématique, à fixer, dans la forme du calcul, les définitions et les principes économiques. Les raisonnements sont faits par les équations, les courbes, etc. ; les représentations géométriques se combinent avec les formules ; les hypothèses sont exprimées algébriquement. Les partisans du système déterminent par les intégrales, les fonctions, la solution des problèmes sur la valeur, la fixation du salaire de l'ouvrier, le prix des différents produits sur le marché, etc. Ils emploient les procédés mathématiques principalemennt pour la construction de l'économie politique pure, c'est-à-dire la partie générale et abstraite de la science. M. Léon Walras, par exemple, résume tout son système en deux propositions :

1° *L'économie politique pure est la détermination des prix sous un régime hypothétique de concurrence absolue;*

2° *Cette théorie de la détermination des prix est une théorie mathématique,* c'est-à-dire que si l'exposition *peut* s'en faire dans le langage ordinaire, la démonstration *doit* s'en faire mathématiquement.

---

[1] Roguin, *La règle de droit*, n. 13.
[2] Roscher, *System der Finanzwissenschaft,* 4e édit., § 5 ; — Ad. Wagner, *Finanzwissenschaft,* 3e édit., § 12. — V. aussi Schwiedland, dans la *Revue philosophique,* 1884, 2, 216.
[3] *Grande Encyclopédie,* v° *Mathématiques.*

M. Walras consacre tout son traité à l'établissement de ces deux propositions.

Cette manière d'envisager les problèmes économiques et financiers ne va pas sans soulever des objections dont il s'agit d'apprécier la portée.

Etant donné l'existence de l'économie politique pure, il convient d'èxaminer les assertions formulées par les partisans de l'école mathématique. Pour eux, l'application des notations algébriques, des représentations géométriques, etc., est toujours possible en économie politique, et d'autre part elle est souvent nécessaire. L'exactitude de ces deux points est à vérifier.

I

LA MÉTHODE MATHÉMATIQUE EST-ELLE POSSIBLE ?

§ Ier. *Première solution : impossibilité de réduire l'économie politique aux mathématiques. Incertitude et complexité des données économiques.*

La difficulté, dans l'économie politique pure, est d'arriver à établir la loi véritable, la règle, la « norme ». Il s'agit de parvenir à dégager des lois suffisamment générales pour s'appliquer à tous les milieux, à toutes les civilisations, susceptibles de s'accommoder des frottements nécessaires dans la vie économique; il faut trouver une « constante », de façon à constituer une science véritable, une « discipline ».

Peut-on formuler des lois générales dans les sciences sociales, cela est admis par beaucoup, qui ajoutent aussitôt : « Mais pas des lois analogues à celles des mathématiques, pas par des procédés analogues ». On reconnaît bien que tout phénomène doit s'expliquer par une loi générale, mais on prétend que la notion de la loi varie avec chaque science. Evidemment il y a des lois générales que l'on sait exister théoriquement, « aprioristiquement », mais il s'agit des lois *connaissables,* et connaissables par nos instruments de travail; c'est une question de connaissance. Quant à présent, dit M. Boutroux, la mathématique et la société sont deux extrêmes séparés par un abîme [1]; les mathématiques ne sont pas d'une

---

[1] E. Boutroux, *De l'idée de loi naturelle dans la science et la philosophie contemporaine,* p. 132.

application universelle, et les objets des différentes sciences ne se laissent pas entièrement pénétrer par elles ; chacune comporte des données spéciales qui ne sont point réductibles aux mathématiques [1].

En ce qui concerne spécialement l'économie politique, on prétend que ces données présentent un double caractère qui s'oppose à tout emploi des signes et des symboles. Elles ne sont pas certaines, positives, comme celles des mathématiques, et en même temps elles sont extrêmement nombreuses et complexes. Des auteurs, qui consentent à l'existence des lois économiques et à la généralisation en cette matière, résistent fortement quand on leur parle d'équations. Il y a là une controverse spéciale qui ne fait pas double emploi avec la question de l'économie politique pure. Il convient donc d'y insister, d'autant plus que c'est peut-être le point capital de la discussion.

Les propositions de l'économie politique, dit-on, sont d'abord essentiellement variables, avec les temps, les milieux, les individus. Elles sont soumises à des modifications et à des changements perpétuels. Une loi économique, bonne pour un moment, une région, un individu, ne vaudra plus rien dans d'autres circonstances, par suite de transformations opérées par l'effet naturel des choses ou par la volonté et l'action de l'homme. Les phénomènes économiques et financiers, et, comme conséquence, les lois qui en résultent, sont mobiles parce que les conditions de civilisation et de développement économique et financier sont elles-mêmes mobiles ; il ne peut donc pas y avoir ici de vérités rationnelles ayant une portée absolue et universelle. Les quantités mathématiques, elles, sont invariables. L'algèbre démontre des propositions qui ont été, qui sont et qui seront toujours vraies. Dans une science abstraite, le savant part de faits que rien ne peut modifier à son insu. En géométrie, les parallèles sont toujours parallèles. Etant admis que deux lignes sont telles, on peut, par le raisonnement, tirer de là une foule d'autres propositions absolument exactes, sans qu'aucune circonstance fortuite vienne changer les données. Les bases du raisonnement économique, au contraire, sont loin d'être aussi stables ; des circonstances imprévues peuvent survenir et les bouleverser, en troubler les résultats déjà obtenus. L'économie politique

[1] *Id.*, p. 139.

n'est pas une « science exacte ». Sans aller jusqu'à l'appeler, suivant le mot bien connu, « la première des sciences inexactes »,
on peut penser qu'elle n'offre pas un degré de certitude bien
avancé.

La complexité des éléments économiques et financiers, qui sont
innombrables, n'est pas non plus à négliger. Les quantités mathématiques sont en petit nombre; le savant prend comme point de
départ de ses recherches des faits rigoureusement limités. N'est-il
pas, au contraire, à peu près impossible d'établir, en économie
politique, une loi initiale suffisamment complète, comprenant en
ses conséquences un ensemble de faits assez étendu pour que la
loi soit intéressante? Ne se trouve-t-on pas, dans ce domaine, en
présence d'une telle complexité, d'autant plus frappante que les
notions manquent de précision, qu'il doit être extrêmement difficile de formuler mathématiquement des lois économiques réellement générales?

Des auteurs l'affirment énergiquement. Ils invoquent surtout
l'existence d'un facteur vraiment insaisissable à raison de la mobilité qui le caractérise, les passions et les sentiments de l'homme.
On touche ici à l'objection classique contre l'application de la
méthode mathématique; elle a été formulée bien souvent. Il semble
difficile, a-t-on dit, que l'on puisse mettre en formules l'intérêt
personnel avec tous les facteurs qui s'y rattachent et le combiner
par des syllogismes et des sorites mathématiques (substitutions ou
réductions, équations et conjointes) avec les forces naturelles, le
milieu si complexe du conflit avec l'intérêt de l'homme [1]. M. Maurice Block, qui se propose de résumer l'état actuel de la science,
d'exposer les « vérités acquises », ne manque pas de rappeler cet
argument tiré « de la nature de l'économique ». Cette science, dit-
il, est fondée en grande partie sur la psychologie; or, les sentiments et les passions (les besoins et leur satisfaction) ne se laissent
pas mesurer ni calculer avec exactitude [2]. « On ne met pas la
liberté humaine en équations ».

Mais c'est surtout M. Paul Leroy-Beaulieu qui a développé ce
raisonnement, en le renouvelant avec ce qu'il nomme « la loi de
substitution ». D'après lui, le procédé dont nous parlons est « ineffi-

[1] Fr. Bernard, dans le *Journal des économistes*, 1885, 2, 14.
[2] *Les progrès de la science économique*, 2ᵉ édit., I, p. 44.

cace et décevant ». Les relations économiques ne peuvent pas être
des rapports mathématiques. Il s'agit, en effet, des lois qui influen-
cent l'esprit humain dans la production ou la distribution des richesses ; or l'esprit des différents hommes est sans doute influencé par
les mobiles économiques, mais il l'est à des degrés très inégaux [1].
« Ce qui ajoute, dit-il, à la difficulté de prévisions absolument précises et par conséquent revêtant la forme mathématique en pareil
cas, c'est que la généralité des objets qui peuvent satisfaire un
besoin humain ont ce que l'on appelle des succédanés, c'est-à-dire
des objets non pas semblables, mais un peu analogues et pouvant,
dans une mesure sans doute diverse, pourvoir au même besoin ».
Ainsi pour le froment, non seulement le seigle, mais les pommes
de terre, etc., peuvent être considérés comme des substitutions qui
viennent diminuer la demande de froment quand celui-ci renché-
rit. Les exemples abondent : un cas frappant est celui de la rareté
du vin naturel à l'époque du phylloxéra en France ; l'usage du
cidre, de la bière, du vin de raisins secs, etc., a suppléé à l'usage
du vin ordinaire pour un grand nombre de consommateurs. Dès
lors, c'est en vain que l'on considèrera des équations et des courbes
pour tel produit donné. « Cet emploi des succédanés déjoue absolument tout calcul précis et par conséquent tout recours aux mathématiques en ce qui' concerne la prévision des prix suivant les
variations de l'offre et de la demande. C'est là la *loi de substitution,* « obstacle absolu », dit M. Paul Leroy-Baulieu, à l'emploi
efficace des mathématiques en économie politique. Elle existe d'ailleurs entre les besoins et les désirs humains comme entre les choses ». Par exemple, si un objet désiré est trop cher, l'homme en
désirera un second : un désir ou un besoin se substitue à un autre.
Comment apprécier tous les mobiles qui se substituent ainsi rapidement les uns aux autres ? Le recours aux mathématiques en une
matière aussi subtile, dont les éléments sont si difficilement saisis-
sables, est *une pure chimère, une vraie duperie* » [2]. Ailleurs il
remarque encore que la « loi de substitution a une influence marquée sur l'offre et la demande », et il ajoute, avec la violence d'un
polémiste plutôt qu'avec l'esprit critique du savant, en ayant soin
de souligner ses conclusions : « *C'est pour cette raison que l'école*

[1] *Traité théorique et pratique d'Économie politique,* I, p. 85.
[2] *Id.,* p. 86-88.

dite mathématique n'a aucun fondement scientifique, ni aucune application pratique; c'est un pur jeu d'esprit, un ensemble de fictions en dehors de toute réalité et contraire à toute réalité. Cet exercice d'esprit ressemble à la recherche de martingales à la roulette de Monaco » [1].

C'est dans le même ordre d'idées que s'est placé M. Cauwès, mais d'une façon plus pondérée, quand il s'élève contre les généralisations de la science économique pure. Il dit autrement ce que dit M. Paul Leroy-Beaulieu. Il observe que l'homme n'est pas partout le même ; il ne se comporte pas toujours de la même manière dans la poursuite et l'usage de la richesse. Il écarte la notion mathématique de l'économie politique parce qu'elle porte l'attention sur les choses considérées comme quantités au lieu de la fixer sur les hommes. Or, l'être humain n'est pas une donnée *constante*, comme les données quantitatives ou les propriétés de la matière. C'est un sujet ondoyant et divers. Les règles qui le concernent ont une valeur *subjective* et non une valeur *objective*. Voilà ce qu'ont oublié les partisans de l'économie politique spéculative, et il cite ces mots de Wolowski : « En contact avec les procédés rigoureux de la spéculation mathématique, l'homme devient une *constante* pour tous les temps et pour tous les pays, tandis qu'en réalité il est une variante » [2].

Il est certain que ces considérations, particulièrement celle déduite de la « loi de substitution », ont un certain caractère de gravité, et je comprends qu'elles aient pu séduire nombre de personnes. Il semble, en effet, que l'étude de l'économie politique pure, comprise à la façon des économistes mathématiciens, ne peut servir absolument à rien, qu'elle reste une théorie abstraite, sans aucune possibilité d'application pratique. M. Léon Walras, on l'a vu, veut arriver à la détermination des prix sous un régime *hypothétique* de libre concurrence *absolue,* ce qui n'existe dans aucun milieu économique. Il part de *suppositions;* il pose les problèmes à sa guise. Il raisonne sur ce qui pourrait se passer dans « notre pays hypothétique », expression qui revient souvent dans son livre (p. 453, 457, etc.). Au milieu de ses calculs, Cournot avertit qu'il négligera telle circonstance de fait ; il prévient qu'il laissera sciem-

[1] *Id.*, III, p. 62.
[2] Cauwès, *Cours d'Économie politique,* I, n. 9 et 14, p. 23.

ment de côté tel inconvénient ou avantage dont le symbole ne pourrait rentrer dans ses formules [1].

Cette manière de faire a attiré aux partisans du système le reproche d'« introduire, dans l'énoncé de leurs problèmes, des abstractions dont l'énoncé met à l'abri leur responsabilité de géomètre »[2], de « n'aboutir qu'à des résultats conditionnels; l'économiste mathématicien arrive toujours aux résultats qu'il a prévus »[3]. « Le calcul, correctement établi selon les règles des mathématiques, dit l'économiste allemand Knies, l'un des représentants de la méthode historique, est inattaquable, que les données soient réellement ou non prises dans la vie économique ou que les résultats soient ou non conformes aux phénomènes constatés »[4]. Le procédé apparaît ainsi comme singulièrement dangereux et surtout stérile quand il s'agit de descendre sur terre; aucun résultat ne pourra subsister quand on passera à la réalité; le calcul algébrique, intégral ou différentiel, ne correspond pas aux faits de la vie normale et pour l'application des formules obtenues il faudra tout modifier. Dès lors pourquoi se donner tant de peine et recourir à des représentations aussi compliquées, qui n'ont pas même le mérite de l'utilité pratique? A quoi bon construire une chrématistique purement spéculative, qui n'aboutit, pour employer un mot de M. Cauwès, qu'à « une sorte de mathématique ou d'algèbre sociales? » L'économie politique et l'économie financière reposent avant tout sur l'observation des faits, c'est-à-dire sur la réalité concrète; les lois économiques et financières doivent être induites de phénomènes observés et vérifiés ou conduire à l'observation et à la vérification des phénomènes. Il s'agit avant tout de s'occuper de ce qui est, puisque

---

[1] « En traduisant en formules, dit M. Joseph Bertrand, la question si complexe de la liberté commerciale, après avoir démontré mathématiquement que la nation qui exporte accroît son revenu et que celle qui reçoit des marchandises diminue le sien, Cournot ajoute : « Nous ne tenons pas compte, en déduction de cette diminution réelle » de revenu, de l'avantage résultant, pour les consommateurs qui achètent par suite » de la baisse, de ce qu'ils font ainsi de leurs revenus un usage plus à leur conve- » nance ». Supposons, par exemple, que le prix du drap baisse de moitié chez la nation qu'on déclare appauvrie. Ceux qui portaient des vêtements de coton en hiver pourront les remplacer par des costumes de drap, et en faisant ainsi de leurs revenus *un usage plus à leur convenance,* diminuer la mortalité. C'est un avantage, Cournot le reconnaît; mais, ne pouvant l'évaluer dans ses formules, il prévient simplement qu'il n'en tiendra pas compte ». (*Journal des savants,* 1883, p. 503).

[2] Joseph Bertrand, *loc. cit.*

[3] Maurice Block, *op. cit.*, p. 44.

[4] Knies, *Die politische Economie,* cité par M. Block, p. 45.

ces deux sciences étudient les efforts de l'homme pour arriver à la satisfaction *effective* de ses besoins ou de ses désirs. « Il vit de bonne soupe et non de beau langage ». L'économique opère sur la matière vivante, et son but final, c'est de déterminer le salaire *effectif* de l'ouvrier, le prix *réel* des denrées pour le consommateur, le taux *vrai* de l'impôt, marqué en chiffres connus et non par une lettre x ou y, a ou b, sa répartition juste entre les diverses classes de contribuables, en un mot la solution pratique de toutes les questions sociales qui s'agitent aujourd'hui avec tant d'âpreté.

Toutes ces critiques se résument en une double proposition. Les données économiques sont trop incertaines, trop soumises aux influences de toute sorte pour se plier à la rigueur du raisonnement mathématique ; elles sont trop complexes pour entrer dans les formules algébriques, — et par suite, d'autre part, les résultats qu'on pourrait à la rigueur obtenir ne présenteraient aucune utilité pratique.

Il convient d'examiner les réponses apportées par les partisans de la méthode.

§ II. *Deuxième solution : possibilité de réduire l'économie politique aux mathématiques.*

A. *La recherche des lois générales.*

L'application des mathématiques à l'économie politique paraît parfaitement possible *a priori*. Qu'elles puissent avoir pour objet les problèmes et les données économiques et financières, on peut l'admettre par la très simple raison que la science économique raisonne sur des quantités. Partout où les objets étudiés sont susceptibles de *plus* ou de *moins,* dit Stanley Jevons [1], les lois et les relations sont d'essence mathématique. C'est pourquoi on a pu songer à utiliser cette forme d'analyse, même pour la psychologie et la métaphysique. Quant à la théorie de la richesse sociale, elle est désignée pour prendre le caractère exact ; beaucoup de ses éléments peuvent être figurés par des chiffres ou des lignes et sont susceptibles plus ou moins aisément de se traduire en notations mathématiques. Qu'il en soit ainsi pour tous sans exception, c'est peut-être discutable ; mais que ce soit vrai pour un grand

---

[1] Cité par le *Journal des Economistes,* 1885, 2, 17.

nombre d'entre eux, c'est absolument certain. L'utilité est une quantité, dit M. Vilfrédo Paréto [1] ; la valeur d'échange est une grandeur,
dit de son côté M. Walras [2], et les mathématiques ont pour objet
d'étudier les quantités, notamment les grandeurs. Toute la théorie
de la valeur et de la fixation des prix, la loi de Malthus, la loi de
Gresham, d'autres encore, sont des théories essentiellement mathématiques. Les lois de la population, par exemple, se prêtent admirablement au calcul ; elles peuvent être discutées et exprimées au
moyen de notations algébriques ou de représentations graphiques.
Si j'admets qu'à un instant donné l'accroissement de population
pour un pays est proportionnel à la population existant à cet instant, j'en déduirai mathématiquement ce fait que, si le temps croît
en progression arithmétique, la population doit croître en progression géométrique, c'est-à-dire qu'au bout d'un temps double, tri-
plè..., la population sera quatre, huit... fois plus considérable
(Malheureusement cette loi est plus que fréquemment contrariée).
Voilà un cas où apparaît très clairement la possibilité de réduire
les données économiques aux mathématiques. C'est ainsi que, dans
un ouvrage récent, M. Cauderlier expose au moyen des mathématiques les différentes faces du problème de la population. Il fait de
cette manière la « démonstration directe de la loi de la fécondité »,
il donne une « formule de mortalité », etc., le tout en s'appuyant
sur la réalité, c'est-à-dire sur les données de la statistique [3].

Il ne faut donc pas dire, comme l'ont fait quelques-uns, que la
théorie des richesses rentre dans les sciences appelées quelquefois
matérialistes.

Cournot a fort bien répondu qu'elle n'est pas plus matérialiste
que l'arithmétique et la géométrie, dont elle se rapproche en tant
qu'elle procède des idées du nombre et de la mesure [4]. On a insisté
aussi sur l'analogie des phénomènes économiques avec les phénomènes mécaniques ; le parallèle est fait d'une façon très serrée par
M. Vilfrédo Paréto. Quant à M. Walras, il déclare que l'économie
politique « est la mécanique elle-même » [5].

---

[1] *Cours d'Economie politique*, I, n. 20.
[2] *Eléments d'Economie politique pure*, n. 30.
[3] Cauderlier, *Les lois de la population*, 1900. — V. notamment note 16, p. 509,
note 18, p. 528, etc.
[4] Cournot, *Principes de la théorie des richesses*, 1863, préface, n. 9.
[5] Vilfrédo Paréto, *Cours d'économie politique*, II, n. 592, note 1. — Léon Walras,
Études d'économie politique appliquée, p. 449-450.

Les problèmes et les données économiques sont donc réductibles aux procédés de calcul. Il est possible d'appliquer les signes mathématiques, et il y a tout avantage à le faire, à l'expression de rapports et d'idées qui sont certainement de ce ressort. L'économie mathématique ou chrématistique fait partie des sciences mathématiques appliquées, comme la physique par exemple, et les modes de raisonner seront les mêmes. M. Poincaré les expose très bien dans son étude sur « les relations entre la physique expérimentale et la physique mathématique ». Avant tout, dit-il, le savant doit prévoir. Ce sont précisément les mathématiques qui, en lui permettant de s'élever au-dessus de l'observation et de généraliser les résultats de ses expériences, lui donnent les moyens de prévoir. Il commence par résoudre le phénomène complexe donné directement par l'expérience en un certain nombre de phénomènes élémentaires. La connaissance du phénomène élémentaire permet de mettre un problème en équation ; il ne reste plus qu'à en déduire par combinaison le fait complexe observable et vérifiable. C'est que qu'on appelle l'*intégration ;* c'est là l'affaire du mathématicien. La généralisation dans les sciences physiques, dit M. Poincaré, prend volontiers la forme mathématique. C'est d'abord parce que l'on a à exprimer des lois numériques ; c'est ensuite parce que le phénomène observable est dû à la superposition d'un grand nombre de phénomènes élémentaires *tous semblables entre eux ;* ainsi s'introduisent tout naturellement les équations différentielles. La simplicité des faits élémentaires et l'homogénéité approchée de la matière étudiée par les physiciens ont été les conditions essentielles pour la naissance de la physique mathématique [1].

Il n'en sera pas autrement pour l'économie politique mathématique. La manière de procéder sera la même pour elle que pour les sciences physiques et tout ce qui vient d'être dit est vrai ici mot pour mot. Avant tout l'économiste doit prévoir, c'est-à-dire généraliser. « Ce sont précisément les mathématiques, peut-on dire pour lui comme M. Poincaré le dit pour le physicien, qui, en lui permettant de s'élever au-dessus de l'observation et de généraliser les résultats de ses expériences, lui donnent les moyens de prévoir. Il commencera par résoudre le phénomène complexe donné directement par l'expérience en un certain nombre de phénomènes

---

[1] *Revue générale des Sciences*, 1900, p. 1168.

élémentaires, très simples d'ailleurs. La connaissance du phénomène élémentaire permet de mettre le problème en équation ; il ne
reste plus qu'à déduire par combinaison le fait observable et vérifiable ; c'est l'intégration, affaire du mathématicien ». Les mathématiques se prêtent à des généralisations de plus en plus grandes
et c'est là ce qui fait le propre de toute science vraie [1]. La généralisation peut prendre la forme mathématique aussi bien en économie politique qu'en physique, parce qu'il s'agit encore d'exprimer
des lois numériques et que les phénomènes élémentaires sont toujours semblables entre eux ; il y a place, ici aussi, pour les équations différentielles ; il y a « homogénéité approchée de la matière
étudiée ». Le phénomène de l'échange se présente partout dans
les mêmes conditions d'ensemble, identiques « pour les Esquimaux
ou les Africains » : que l'objet utile et rare soit un produit du Nord
ou du Midi, que la circulation de la richesse s'opère sous l'équateur
ou dans les régions polaires, les lois générales seront toujours
vraies. C'est la différence avec les sciences empiriques. Au contraire de ce qui a lieu en géométrie, la matière, au lieu d'être homogène, est, dans les notions empiriques, un principe de diversité.
Aussi les sciences empiriques sont irréductibles aux sciences mathématiques [2].

Il est alors facile d'apercevoir à combien peu se réduit « l'opposition absolue » que l'on a voulu établir entre l'économique et les
sciences exactes. Jourdan, par exemple, déclare qu'elles ont une
perfection et une rigueur qui se reconnaît à un triple caractère [3] :

1° Les principes, les théorèmes, les solutions, tout est absolument
vrai sans la moindre parcelle d'erreur ; la vérité est toute d'un
côté ;

2° De ces principes on peut tirer toutes les conséquences qu'ils
renferment ; vous serez toujours dans le vrai et personne ne pourra
vous dire que vous allez trop loin ;

3° Les sciences exactes comportent des définitions rigoureusement exactes.

Au contraire, en économie politique :

1° Les théorèmes ne sont pas absolument vrais. La vérité absolue n'a qu'une face ; dans les sciences morales à l'inverse on peut

---

[1] Fr. Bernard, *Journal des Economistes*, 1885, 2, 20.
[2] Louis Liard, *Des définitions géométriques et des définitions empiriques*, p. 132.
[3] A. Jourdan, *Cours analytique d'économie politique*, p. 25-27.

considérer les choses sous des aspects très divers et les données de certains problèmes sont tellement compliquées qu'on en néglige forcément quelqu'une ;

2° On ne peut tirer d'un principe d'ordre moral des conséquences à l'infini, toujours vraies ;

3° Enfin les définitions en matière de sciences morales sont chose difficile, dangereuse ; on l'a dit spécialement pour le droit, *omnis definitio in jure periculosa ;* il en est de même en économie politique.

Laissons donc toute comparaison, conclut Jourdan, entre les sciences morales et les sciences mathématiques, qui sont « les antipodes les unes des autres ».

Voilà bien une manifestation de l'esprit étroit qui ne veut pas voir les liaisons des différentes branches d'études. Au fond, toute l'argumentation se ramène à ceci : en mathématiques les principes et les définitions sont exacts, et d'autre part les déductions logiques sont possibles indéfiniment.

Il est facile de répondre que tout ceci n'est pas plus vrai pour les mathématiques que pour l'économie politique, et que c'est aussi vrai pour l'économique que pour la mathématique. Je montrerai plus loin que le raisonnement mathématique est sans doute l'un des plus sûrs que l'homme puisse utiliser et que les vérités mathématiques sont parmi les plus certaines. Mais enfin il est toujours téméraire d'affirmer qu'on tient la vérité absolue : Dieu seul le peut et l'homme doit tenir compte de la faiblesse de son intelligence. Nous possédons la vérité « autant qu'il nous semble », autant que nous le permet la perfection plus ou moins relative de nos moyens, mais pas plus.

Pour les définitions, les sciences dites « exactes » en comportent si peu de rigoureusement vraies que d'abord elles n'en donnent souvent pas. Pascal a montré qu'elles ne définissent ni le mouvement, ni les nombres, ni l'espace, sur les propriétés desquels elles raisonnent pourtant à perte de vue, et qu'elles ne *peuvent pas* les définir [1]. Elles partent d'un certain nombre d'axiomes ou de propositions indémontrables, de l'affirmation pure et simple que la ligne droite est le plus court chemin d'un point à un autre, que deux quantités égales à une troisième sont égales entre elles, etc.

[1] Pascal, Fragments de l'*Esprit géométrique*, II, p. 287 de l'éd. Havet, 1880.

Comme l'a dit un autre philosophe, les lois mathématiques impliquent des éléments impénétrables à la pensée et qu'on est forcé d'admettre[1]. Les axiomes sont indémontrables, et l'existence de ces axiomes qui *ne peuvent pas* être démontrés s'impose[2]. Quant aux définitions données par les mathématiques, par la géométrie en particulier, elles sont tout aussi critiquées que celles des sciences morales; ceci a fait l'objet de longues dissertations[3].

Jourdan ajoute qu'on ne peut tirer d'un principe d'ordre moral des conséquences à l'infini, toujours vraies, tandis qu'en mathématiques on sera toujours dans le vrai et « personne ne pourra vous dire que vous allez trop loin ». J'avoue ne pas bien saisir la portée de cette assertion. Ce qui est sûr, c'est que, qu'il s'agisse du raisonnement mathématique ou d'un autre, il n'existe aucun critérium certain pour affirmer qu'on a raisonné juste. Nous n'avons qu'un moyen de vérifier l'exactitude des déductions logiques, c'est l'expérience et l'observation; elle seule pourra montrer si le résultat est vrai ou absurde. Or elle est possible pour les matières économiques comme pour les autres.

La différence entre les sciences dites exactes et les sciences morales revient, on le voit, à une question de degré, mais non de principe. Toutes comportent une part de vérité et une part d'incertitude. Que cette part soit plus ou moins grande, que la part d'incertitude l'emporte dans l'économique, nul ne le contestera. Mais il ne s'ensuit pas qu'on doive prendre deux voies de recherches absolument opposées; la méthode peut être la même. Bien mieux, si la méthode mathématique donne des conclusions particulièrement sûres, c'est une raison pour l'employer. L'argumentation de Jourdan arrive à dire ceci : nous sommes en présence d'un instrument d'une grande précision donnant de bons résultats; écartons-le. C'est, au contraire, pour ce motif qu'il faut précisément le conserver. Si les propositions de l'économie politique sont flottantes, tâchons de les fixer et, par le moyen d'un procédé sûr, de les rendre moins variables et plus générales s'il est possible.

Ainsi les économistes mathématiciens traitent l'économie politi-

---

[1] E. Boutroux, *De l'idée de loi naturelle*, p. 24.

[2] Louis Liard, *La science positive et la métaphysique*, p. 240 et 247.

[3] V. notamment Louis Liard, *Les définitions géométriques et les définitions empiriques*, p. 99 s., et Delbœuf, *L'ancienne et les nouvelles géométries; Revue philosophique* de M. Ribot, 1895, 1, 344.

que sous une forme abstraite particulière qu'ils ont adoptée. Etant donné que la généralisation est possible dans cet ordre d'idées, ils y arrivent par les procédés déductifs de l'algèbre, des représentations géométriques et graphiques, etc., ce qui est leur droit. Ils recherchent et ils expriment à leur manière les lois générales.

Mais alors se dresse la grosse objection, la complexité des faits et des données économiques. Elle est telle, dit-on, qu'il doit être impossible d'établir dans notre science des lois mathématiques suffisamment générales pour être intéressantes. La formule exacte peut être d'une utilité immense dans les raisonnements en matière compliquée; mais peut-elle empêcher l'économiste de mal voir dès son point de départ, « et surtout l'assure-t-elle de tout voir » [1]? Le problème économique est malheureusement bien compliqué, beaucoup plus que tous les exemples qu'on peut prendre. Il y a un grand nombre d'inconnues, ce qui rend nécessaire un grand nombre de conditions, c'est-à-dire d'équations.

La réponse naturelle est le souci de s'astreindre à avoir toujours autant d'équations que d'inconnues dans chaque problème. MM. Walras et Vilfrédo Paréto ont donné à ceci la plus grande attention [2]. Le premier, par exemple, regarde les problèmes de l'échange, de la production, de la capitalisation et de la circulation, par la manière dont il les pose, comme des problèmes déterminés, c'est-à-dire comportant des équations en nombre rigoureusement égal à celui des inconnues (p. xv et xx).

Mais tout n'est pas dit. Il reste à savoir si ces inconnues sont elles-mêmes en nombre suffisant, autrement dit si elles ne sont pas liées à beaucoup d'autres quantités qu'il faudrait joindre à elles pour avoir la solution complète des difficultés. Ainsi, pour la loi de Malthus, si l'accroissement de population à un instant donné dépendait *exclusivement* de la population à cet instant et en dépendait suivant la simple proportionnalité, la conséquence que j'en ai tirée mathématiquement se vérifierait. Il n'en est rien, parce que les données du problème sont infiniment plus compliquées. Elles le sont tellement qu'on se demande s'il est possible d'exprimer bien nettement et sans rien omettre tous les facteurs qui gouvernent à

[1] A. Beaujon, *A propos de la théorie du prix; Revue d'économie politique*, 1890, p. 17.
[2] Vilfrédo Paréto, *Cours d'économie politique*, II, n. 597, 601, etc.

un instant donné l'accroissement de population [1]. La même question pourrait être posée pour tous les problèmes économiques. Aussi Cournot, on l'a vu, négligeait de parti-pris une foule d'inconnues. Sans vouloir les négliger, on peut commettre un oubli. C'est ainsi qu'on a cru trouver, « au cœur même de l'œuvre magistrale que nous donne M. Walras », une lacune autorisant à affirmer que sa théorie de prix ne serait point complète [2]. Voilà la difficulté.

Il semble qu'il se soit manifesté, en ce qui la concerne, quelque hésitation chez les partisans du système. Ils répondent sur tel ou tel point donné, c'est-à-dire qu'ils montrent que tel problème donné, très complexe, a pu être mis en équations d'une façon parfaite. Mais la réponse générale n'a pas encore été fournie. Les réponses particulières ne manquent pas de valeur et il convient d'en dire un mot.

En ce qui regarde spécialement la loi de Malthus, on a soutenu que les lois sur la population « peuvent être facilement ramenées à des formules comprenant *tous les facteurs* qui influent sur les mouvements de la population (ressources que la population tire de son travail ou du travail des générations antérieures, valeur moyenne des besoins de l'existence d'après le milieu, etc.) » [3]. Il serait curieux de vérifier ces assertions dans le travail d'un économiste mathématicien.

La « loi de substitution », envisagée sous ses deux aspects : substitution d'un produit à un autre, substitution d'un désir ou besoin à un autre, a donné lieu à des développements encore plus intéressants. M. Paul Leroy-Beaulieu, on se le rappelle, soutient que les équations et les courbes établies pour tel produit donné seront faussées par l'intervention d'un succédané de ce produit ; les conséquences mathématiques de l'offre et de la demande ne se trouveront plus vraies. D'autre part, si un besoin ou désir de l'homme ne peut être satisfait ou ne peut l'être que très difficilement, un autre besoin ou désir remplacera le premier ; l'individu

---

[1] Il faudrait, de plus, que les conditions énoncées fussent assez précises pour être exprimées mathématiquement. Mais l'examen de ceci rentre dans les conditions développées précédemment sur la possibilité de réduire aux mathématiques les données économiques.

[2] A. Beaujon, *loc. cit.*

[3] Cauderlier, *Théorie de la population*, dans le *Journal des économistes*, 1900. 4. 389.

qui ne peut faire le voyage d'agrément souhaité désirera un tableau, un objet de luxe, etc. [1].

Cette dernière considération, basée sur la substitution des désirs ou besoin entre eux, n'est certainement pas pour arrêter les mathématiciens. Remarquons d'abord que c'est encore là un raisonnement dont on voudrait bien à tort faire une arme spéciale contre eux. Il serait valable, s'il était exact, contre toute vue d'ensemble et toute généralisation ; il irait à l'encontre de toute loi économique qui prétendrait être générale, formulée ou non au moyen du calcul. C'est ainsi que M. Gide a discuté la question du libre-arbitre combiné avec les lois économiques en général [2].

Pour les mathématiciens spécialement, ils respectent la liberté humaine et en admettent toutes les manifestations, ce qui écarte l'objection à leur égard. On leur disait en effet : « Un des éléments de la détermination du prix en libre concurrence est la liberté humaine dont on ne peut calculer les décisions ». Or jamais, répond M. Léon Walras, nous n'avons essayé de calculer les décisions de la liberté humaine ; nous avons seulement essayé d'en exprimer mathématiquement les effets. Chaque échangeur, dans notre théorie, peut être supposé établissant comme il l'entend ses courbes d'utilité ou de besoin. Ces courbes une fois établies, nous montrons comment les prix en résultent sous un régime hypothétique de libre concurrence [3].

Wolowski a donc commis une grave erreur en avançant que l'homme, en contact avec les procédés rigoureux des mathématiques, devient une constante alors qu'il est une variable. Les mathématiciens lui laissent toute sa variabilité et sa mobilité d'esprit ; ils le considèrent comme un être pensant, intelligent et libre ; ils se bornent à analyser les effets que son caractère de variable peut engendrer. Et M. Walras se met à railler les économistes qui, sans savoir les mathématiques, sans savoir même exactement en quoi consistent les mathématiques, « ont décidé qu'elles ne sauraient servir à l'éclaircissement des principes économiques ». Il ne craint pas de se moquer de ceux « qui s'en vont répétant que la liberté humaine ne se laisse pas mettre en équations, ou que les mathé-

---

[1] P. Leroy-Beaulieu, op. cit., I, p. 85.
[2] Cf. sur la liberté humaine et le libre-arbitre combinés avec les lois économiques, Gide, Principes d'économie politique, Notions générales, III.
[3] Léon Walras, Eléments d'économie politique pure, n. 222.

matiques font abstraction *des frottements qui sont tout dans les sciences morales,* et autres gentillesses de même force » (p. xix). C'est une réponse à l'adresse de M. Paul Leroy-Beaulieu.

Pour la substitution d'un produit à un autre, les mathématiciens soutiennent qu'elle est parfaitement compatible avec leurs calculs. Ils remarquent d'abord que certaines marchandises n'ont pas de succédanés ; tel est le sel de cuisine. D'autres en ont matériellement, mais en manquent quand on veut demeurer dans les limites des prix existants ; tel est le pétrole. Enfin il en est qui ont des succédanés, mais en très petit nombre ; tels sont le sucre, l'alcool, le tabac, et alors il n'y a presque pas lieu de s'en occuper [1].

Mais il faut raisonner sur des produits qui peuvent se remplacer les uns par les autres. Cette considération n'a pas échappé aux économistes mathématiciens. « Les biens économiques, dit M. Vilfrédo Paréto, forment de grandes catégories dans lesquelles un bien peut se substituer à un autre » [2]. Il dit encore : « Un genre de dépendance entre les consommations de biens économiques est celui des biens qui peuvent se substituer l'un à l'autre dans la consommation » [3]. Ils se sont donc efforcés de tenir compte de ces nouveaux éléments. L'intervention du succédané est un facteur supplémentaire qu'on devra faire entrer en jeu. C'est une inconnue de plus, ou tout au moins la modification d'une donnée déjà notée ; c'est une cause perturbatrice à introduire dans les formules. Après avoir étudié l'échange de deux ou plusieurs marchandises entre elles en supposant qu'elles figurent seules sur le marché, on étudiera l'échange en supposant qu'elles sont doublées par des marchandises analogues remplissant sensiblement le même rôle économique, c'est-à-dire ayant pour le possesseur ou l'acquéreur une utilité sensiblement égale. Il conviendra alors d'établir un nouveau système d'équations et de courbes, ou de modifier au moyen de nouveaux éléments le système déjà obtenu. On pourra calculer à quelles conditions un produit (ou un besoin ou désir) sera remplacé par un autre.

C'est ce que fait M. Vilfrédo Paréto. Il considère d'abord des biens dont la consommation est indépendante, et il obtient en conséquence certaines équations. Puis il introduit la considération des

---

[1] Vilfrédo Paréto, *Cours d'économie politique*, n. 974.
[2] Vilfrédo Paréto, *Cours d'économie politique*, n. 974.
[3] Vilfrédo Paréto, *Cours d'économie politique*, n. 693.

succédanés. Appelons r_a la quantité d'une marchandise A échangée par un individu quelconque, r_b la quantité d'une marchandise B échangée par un second individu, etc. « Les biens qui pensent se substituer les uns aux autres ne sont que des cas particuliers
d'une catégorie plus générale : celle des biens dont les consommations ne sont pas indépendantes, mais sont liées par certaines
équations. Alors on ne peut plus considérer r_a, r_b..., comme des
variables indépendantes, ainsi qu'on l'avait fait précédemment,
mais il faut tenir compte des équations de liaison entres ces variables ». Et il montre comment le système d'équations doit être
modifié et complété quand on est en présence de deux marchandises A et B et qui peuvent se substituer l'une à l'autre. On ne peut
plus alors faire varier r_a indépendamment de r_b. La demande
de r_a seule décroît quand le prix augmente. Cette conséquence en
subsiste plus quand la consommation de A n'est pas indépendante
de celle de B, parce que les équations primitives doivent être remplacées par d'autres [1].

Les lois indiquées par M. Walras s'accommodent également du
rôle des succédanés. Après avoir formulé la loi mathématique
d'établissement des prix d'équilibre pour l'échange de deux ou plusieurs marchandises, il recherche la loi de variation de ces mêmes
prix [2]. Il montre que cette variation peut tenir notamment à un
« changement dans l'utilité des marchandises ». Or je remarque
que l'augmentation ou la diminution d'utilité d'un produit pour le
possesseur ou l'acquéreur peut provenir précisément de l'intervén-
tion d'un succédané, ou de la substitution d'un besoin ou désir à
un autre. Le blé présente à un moment donné tel degré d'utilité
pour un individu ; la possibilité d'acquérir du seigle, qui satisfera
le même besoin, diminuera ce degré d'utilité. A côté de la « loi de
substitution » il faut rappeler la « loi d'indifférence » de Stanley
Jevons : il ne peut jamais y avoir sur un même marché qu'un même
prix pour des marchandises remplissant la même fonction. Toutes
les fois qu'il nous est indifférent d'acquérir l'un ou l'autre de deux
objets parce qu'ils satisfont également le même besoin ou désir, nous
ne consentirons pas à payer l'un plus cher que l'autre [3].

[1] Vilfrédo Paréto, Cours d'économie politique, n. 974, note 1.
[2] Léon Walras, Eléments d'économie politique pure, n. 102 et 131 s.
[3] Gide, Principes d'économie politique ; La valeur d'échange.

Dans l'explication de cette loi, on prend généralement pour exemple des objets appartenant au même genre ; on montre que tout le blé de telle qualité se vend au même prix sur le marché. Mais il en est exactement de même si l'on considère des objets appartenant à des genres différents et pouvant se remplacer mutuellement, par exemple si au lieu d'une quantité de blé et d'une autre quantité de blé, on considère une quantité de blé et une quantité de seigle. Un produit tend à se fixer à un prix très élevé, l'arrivée d'un succédané sur le marché le ramènera à un prix plus bas, et les prix des deux produits tendront finalement à l'égalité. Voilà un phénomène qui paraît bien pouvoir être calculé mathématiquement.

Les formules des économistes algébristes sont donc suffisamment compréhensives pour embrasser la « loi de substitution » et ses conséquences. Il faut reconnaître que certains d'entre eux les ont déterminées avec beaucoup de soin, M. Walras par exemple. Il déclare que le théoricien, après avoir supposé les éléments des prix invariables, doit se rapprocher de la réalité et « se souvenir que ces éléments sont essentiellement variables » (n. 102). Il fait remarquer, en conséquence, ce qui prouve le souci qu'il a de la vérité, qu'il a pris toutes les précautions nécessaires « pour énoncer à cet égard des propositions générales » (n. 103). J'ai insisté particulièrement sur ce point pour faire voir comment les résultats mathématiques détruisent les objections de M. Paul Leroy-Beaulieu.

Ainsi sur ces parties spéciales, on trouve des réponses. Mais on est toujours en présence de la question d'ensemble : les procédés du calcul peuvent-ils comprendre toutes les inconnues, en nombre suffisant, correspondant à tous les facteurs économiques de la réalité ? Peuvent-ils tenir compte de l'extrême complexité et complication de toutes les données en général ?

L'impartialité oblige à avouer que les partisans du système n'ont pas répondu jusqu'à présent d'une façon décisive. On a bien dit que les procédés mathématiques peuvent seuls, précisément, « être des guides dans le dédale des faits enchevêtrés et compliqués » [1], que, pour faire de la science, il faut avoir réellement toutes les conditions de l'équilibre économique, qu'elles ne soient

---

[1] Akin-Karoly, *Revue d'économie politique*, 1887, p. 348.

ni trop nombreuses, ni insuffisantes, et que c'est là un des motifs
rendant nécessaire l'usage de l'analyse mathématique, « celle-ci
seule pouvant, dans l'état actuel de nos connaissances, nous faire
connaître si cette condition est remplie » [1]. Mais ce n'est pas là la
réfutation péremptoire qui enlève toute espèce de doute. Stanley
Jevons avance même que certaines équations, auxquelles devrait
avoir recours l'économie mathématique, seraient tellement complexes qu'elles dépasseraient toute possibilité d'analyse, affirmation
étrange, comme on l'a remarqué avec raison, chez un écrivain qui
a répété souvent que l'économie *ne peut être* qu'une science mathématique [2].

Il y a, je crois, mieux à dire, tout en retenant cette appréciation
d'un spécialiste. On ne voit aucun motif pour restreindre à la
théorie de l'échange ce qui vient d'en être dit. Il s'agit d'établir,
pour les autres théories comme pour celle-là, des systèmes d'équations susceptibles d'être modifiées et complétées suivant le nombre des données, de trouver des formules dont la forme générale
ne variera pas, dans laquelle un symbole pourra être remplacé
par un autre. La possibilité de ce procédé a été indiquée souvent.
Elle l'a été par M. Pantaléoni, « l'enfant terrible » de l'école
mathématique, d'une façon paradoxale peut-être en la forme, mais
juste au fond. Pour tenir compte de la réalité, d'un élément perturbateur, il suffira, dit-il, « d'intervertir les signes de chaque
équation ». Cette conclusion, « étourdissante à première vue »,
dit M. Gide dont la pondération ne saurait être suspecte, se trouve
en effet, quand on y réfléchit, « logiquement vraie » [3].

M. Poincaré s'exprime de même. J'aime à citer un mathématicien, d'une compétence indéniable, disant des choses générales
qui s'appliquent à toutes les sciences. On constate, dit-il, deux
tendances inverses dans l'histoire de leur développement.

« D'une part, on découvre à chaque instant des liens nouveaux
entre des objets qui semblent devoir rester à jamais séparés; les
faits épars cessent d'être étrangers les uns aux autres; ils tendent
à s'ordonner en une imposante synthèse. La science marche vers
l'unité et la simplicité.

---

[1] Vilfrédo Paréto, *Cours d'économie politique*, II, n. 588.

[2] Cossa, *Histoire des doctrines économiques*, trad. Bonnet, p. 103.

[3] Gide, Compte-rendu de l'ouvrage de Pantaléoni, *Revue d'économie politique*,
1890, p. 325.

» D'autre part, l'observation nous révèle tous les jours des phénomènes nouveaux; et non seulement nous découvrons des phénomènes nouveaux, mais dans ceux que nous croyions connaître
et où nos sens grossiers nous montraient l'uniformité, se manifestent des aspects imprévus, nous apercevons des détails de jour en
jour plus variés; ce que nous croyions simple redevient complexe
et la science paraît marcher vers la variété et la complication.

» De ces deux tendances inverses qui semblent triompher tour
à tour, laquelle l'emportera » [1]?

Il faut évidemment que ce soit la première. C'est à cette condition que la science est possible, sinon elle ne serait qu'une description; elle se réduirait à « l'enregistrement d'innombrables
recettes ». Elle doit donc se résoudre, dans toutes ses branches, à
tenir compte des variétés et complications des phénomènes. Sans
doute « tout ce qu'on dit n'est jamais qu'approché et à chaque instant nos formules exigent de nouveaux termes. Néanmoins les
cadres ne sont pas rompus; les rapports que nous avions reconnus
entre des objets que nous croyions simples, subsistent encore entre
ces mêmes objets quand nous connaissons leur complexité, et c'est
cela seul qui importe. Nos équations deviennent de plus en plus
complexes, c'est vrai, afin de serrer de plus près la complication
de la nature, mais rien n'est changé aux relations qui permettent
de déduire ces équations les unes des autres. En un mot, conclut
M. Poincaré, la *forme* de ces équations a résisté » [2].

Ce qui dissimule un peu cette notion, c'est que le désir de simplifier a pu porter les auteurs à considérer séparément les différentes conditions des problèmes : ils en ont traité à part les différentes parties. La chose n'aura pas d'inconvénients pourvu que
l'on se rappelle toujours que l'on n'étudie ainsi qu'un aspect des
phénomènes et que l'on ait soin de réunir ensuite, par la synthèse,
les parties isolées par l'analyse [3].

Il en est pour l'économie politique comme pour les autres
sciences. Si l'on hésitait devant la complexité des phénomènes et
des données, on serait arrêté non seulement en matière économique, mais en physique, en mécanique, où il se produit des

---

[1] Poincaré, *Les relations entre la physique expérimentale et la physique mathématique; Revue générale des sciences*, 1900, p. 1172 et 1174.

[2] Poincaré, *op. cit.*, p. 1174.

[3] Vilfrédo Paréto, *op. cit.*, II, n. 601.

« frottements » réels dont il faut bien tenir compte, et dans toutes les études qui constituent les différents domaines des mathématiques appliquées; on serait réduit, pour la généralisation, aux mathématiques pures. Il appartient au contraire au savant de montrer et de prouver, après avoir découvert des lois vraiment générales, que les formules et les équations peuvent s'adjoindre tel élément inédit, tel facteur imprévu. M. Walras, par exemple, est arrivé à « généraliser convenablement ses formules » (n. 104). Il a pu également tenir compte de certaines critiques que lui adressait M. Joseph Bertrand et ajouter une donnée de plus dans ses équations [1]. Cette facilité d'adaptation des formules est une des meilleures réponses à faire à l'objection. D'une façon générale, le professeur de Lausanne déclare qu' « il est peut-être imprudent et certainement inutile d'affirmer qu'aucun progrès ultérieur de la science ne permettra d'introduire et de faire figurer les causes perturbatrices dans les équations » (n. 222).

Tout compte fait, il n'existe aucune bonne raison de douter de ces progrès. La science en a fait de si grands jusqu'à présent qu'il faut lui continuer encore la confiance si bien justifiée par les précédents. A l'inverse du poète se plaignant «.d'être venu trop tard dans un monde trop vieux », on doit regretter « d'être venu trop tôt dans un monde trop jeune », pour ne voir que les essais d'une foule de sciences qui auront leur développement nécessaire dans l'avenir. L'économie mathématique est probablement de celles-là. Admettons qu'une lacune subsiste dans l'état actuel des connaissances : ce n'est pas un motif pour repousser l'emploi de la méthode; c'est un motif pour essayer de la perfectionner, pour chercher des formules définitives, à la fois complètes et claires. On ne pourrait désespérer définitivement que si, après de longues recherches, après des travaux poursuivis pendant des années, on n'arrivait qu'à des conclusions négatives. Il appartient aux mathématiciens de se défendre eux-mêmes en faisant de nouveaux pas dans la voie du progrès, et de prouver l'excellence de leurs procédés en soumettant des résultats neufs à notre appréciation.

B. *Les applications pratiques.*

La possibilité des applications pratiques pour les formules et les equations n'est qu'une conséquence naturelle de ce qui précède.

---

[1] V. *Journal des savants*, 1883, p. 507, et *Journal des économistes*, 1885. 2. 69.

Elle résulte nécessairement du fait que l'on peut faire entrer dans les calculs tous les éléments complexes, toutes les causes perturbatrices qui se présentent dans la nature des choses. Les formules deviennent ainsi la reproduction de la réalité ; elles peuvent donc s'y appliquer. Il importe de rechercher jusqu'à quel degré elles en sont la reproduction plus ou moins exacte et, par suite, quelle utilité pratique on peut en retirer. Ce qui va être dit à cet égard n'est que la continuation des développements qui précèdent sur la possibilité de formuler mathématiquement des lois économiques générales, et une démonstration de plus de leur existence.

Les spéculations abstraites conduisent, dans toutes les branches de connaissances, à des résultats pratiques utiles. La géométrie donne des indications pour l'architecture ; l'astronomie sert à la navigation ; la mécanique rationnelle mène à la mécanique appliquée. Les applications pratiques les plus minutieuses viennent quelquefois des spéculations théoriques les plus désintéressées [1]. C'est le passage de la science à l'art. Et qu'on n'objecte pas le caractère abstrait et théorique des lois scientifiques, paraissant au premier abord si éloignées de ce qui existe et de ce qui se passe dans la vie réelle. L'objection serait d'une inanité évidente. Chacun sait parfaitement, remarque M. Walras, pour si peu qu'il ait fait de géométrie, que les rayons d'une circonférence ne sont égaux entre eux, et que la somme des trois angles d'un triangle n'est égale à celle de deux angles droits, que dans une circonférence et dans un triangle abstraits et idéaux. Dans la nature, il n'existe pas de sphère parfaite, pas de polygone régulier, pas de lignes vraiment parallèles, pas même de lignes ni de points véritables, conformes à la ligne et au point géométriques sans épaisseur ni largeur. Il est banal, dit Stuart Mill, de constater, après tant d'autres, « qu'il n'y a dans l'espace ni dans la nature aucun objet exactement conforme aux définitions de la géométrie » [2].

Et pourtant les théorèmes de la géométrie ne demeurent pas dans le domaine de la pure spéculation. La réalité ne confirme qu'approximativement les définitions et démonstrations, mais elle en permet néanmoins une très riche application. S'agit-il de l'étude des phénomènes naturels que présente le mouvement, ce sont les

---

[1] V. des exemples curieux dans A. Fouillée, *L'échec pédagogique des savants et des lettrés*, *Revue politique et parlementaire*, 10 mars 1901, p. 492.

[2] Stuart Mill, *Système de logique*, liv. II, chap. V.

résultats de la mécanique rationnelle qu'on fera intervenir, bien que les faits soient en contradiction avec les conceptions abstraites [1].

Un philosophe, M. E. Boutroux, donne un exemple topique. Le caractère essentiel d'un phénomène mécanique est la réversibilité. Dans la mécanique abstraite, un mobile qui vient de parcourir le chemin A B devra, si l'on change le sens du mouvement, repasser exactement par les mêmes positions de B en A. Mais, dans la mécanique concrète, le frottement empêche la réversibilité. Le pendule qui va de A à B dans notre atmosphère ne reviendra jamais à son point de départ; il a dû surmonter une résistance, produire ainsi un travail et perdre une partie de son énergie. Les phénomènes concrets, conclut M. Boutroux, sont donc irréversibles [2]. Et pourtant l'on fait de la mécanique abstraite, et elle sert pour la mécanique appliquée.

Ainsi les procédés mathématiques, d'une façon générale, ne sont pas si éloignés des faits qu'on pourrait le croire. Ils permettent de formuler des lois universelles, mais en même temps réelles, c'est-à-dire régissant les faits qui arrivent tous les jours. « On ne peut pas dire, observe encore M. Boutroux, que les mathématiques sont une pure convention, un simple jeu de l'esprit. *C'est un fait qu'elles s'appliquent à la réalité* » [3]. Cette application est déjà vraisemblable en elle-même; nous la conjecturons parce qu'il y a vraisemblablement une certaine analogie entre notre nature intellectuelle et la nature des choses; autrement, si l'homme imaginait des lois générales sans aucune espèce de portée dans le domaine des faits, il serait isolé dans l'univers, il serait une exception, une anomalie [4]. D'autre part, c'est l'examen des lois propres et concrètes de la nature qui nous apprendra jusqu'à quel point les lois mathématiques gouvernent effectivement la réalité; l'expérience consécutive, l'observation des phénomènes nous donnera cette certitude.

Il n'en va pas autrement en économie politique. Quand on passe de la science pure à l'économie appliquée, on rencontre aussi « ces frottements qui sont tout en matière sociale » et qui cependant ne doivent pas empêcher la soumission des faits concrets aux lois théori-

[1] *Grande Encyclopédie*, vº *Mécanique*, p. 485.
[2] E. Boutroux, *De l'idée de loi naturelle*, p. 53.
[3] *Id.*, p. 27.
[4] *Id.*, p. 30.

ques et abstraites. L'économie pure déterminera, sur un marché *idéal,* des prix *idéaux* qui seront dans un rapport rigoureux avec une offre et une demande idéales [1]. Ces résultats idéaux auront pour la pratique la même utilité effective que les théorèmes abs-traits et idéaux de la géométrie : ils serviront à déterminer les rapports des prix *vrais,* sur un marché *vrai,* avec une demande et une offre *vraies,* comme les lois sur les figures géométriques ser-vent à déterminer les propriétés des triangles, des carrés, des cir-conférences, etc., plus ou moins imparfaits qui existent dans la nature.

Ceci répond entièrement à l'objection. On dit, par exemple, que la libre concurrence absolue n'est qu'une hypothèse, tandis que dans la réalité elle est entravée par une infinité de causes perturba-trices ; il n'y a donc aucun intérêt quelconque, sinon de curiosité scientifique, à étudier la libre concurrence en elle-même et dégagée de ces éléments de perturbation dont aucune formule ne saurait tenir compte.

M. Walras réclame d'abord le droit de satisfaire cette curiosité scientifique pour elle-même ; elle porte sa première raison d'être en soi. Mais il y a mieux. Il soutient, et c'est là sa deuxième réponse, que les études théoriques ne sont nullement destinées à rester stériles. Il se fait fort de montrer que les vérités d'économie politique pure fourniront la solution des problèmes les plus impor-tants, les plus débattus et les moins éclaircis d'économie politique appliquée et d'économie sociale (n. 30).

J'ai dit, en effet, quelles précautions souvent minutieuses il prend pour n'énoncer que des propositions vraiment générales, ce qui prouve le souci qu'il a des applications pratiques. Toujours aussi il s'efforce de « se rapprocher de plus en plus de la réalité des choses » (n. 322). Pour lui, la vraie méthode consiste à formuler d'abord un système d'équations, puis « à établir que l'enchaîne-ment des *phénomènes de la réalité* constitue bien la résolution empirique de ce système d'équations » (n. 370, p. 427). Ailleurs encore, après avoir démontré scientifiquement, par le seul calcul mathématique et algébrique, le principe de la libre concurrence, il ajoute qu'elle devient un principe d'intérêt ou une règle, dont il n'y a plus qu'à poursuivre l'application détaillée à l'agriculture, à

---

[1] Léon Walras, *Éléments d'économie politique pure,* n. 30.

l'industrie, au commerce. Ainsi, dit-il, « la conclusion de la science pure *nous met au seuil de la science appliquée* » (n. 222). Il remarque que, par ce fait, les objections à sa méthode tombent d'elles-mêmes. A supposer que les équations de l'échange et de la production ne soient pas perfectibles, et qu'aucun progrès ultérieur de la science ne permette d'y introduire « les causes perturbatrices », ces équations, *telles qu'elles sont,* n'en conduisent pas moins à un résultat pratique considérable, c'est-à-dire à la règle générale et supérieure de la liberté de la production, ce qui est évidemment du domaine de la réalité. « La liberté procure, dans certaines limites, le maximum d'utilité ; donc les causes qui la troublent sont un empêchement à ce maximum, et quelles qu'elles puissent être, il faut les supprimer le plus tôt possible » (n. 222).

Ainsi l'étude de la vérité scientifique pure mène aux « applications pratiques », les mathématiciens prétendent même que l'on doit débuter par elle, sous peine de rester presque toujours dans le domaine des affirmations gratuites ; c'est elle qui permet le plus souvent de donner des démonstrations quand il s'agit d'adopter une solution courante. M. Cauwès soutient naturellement le contraire. Pour lui, les lois mathématiques de la valeur, de l'échange, des richesses considérées comme quantités, ne peuvent être que la partie accessoire de l'économie politique, science morale ; la science économique va plus loin et s'élève plus haut que la chrématistique [1], tandis que pour M. Walras, elles sont la partie fondamentale. A son estimation il est indispensable de partir de l'économie politique pure pour faire utilement de l'économie politique appliquée. « L'économie ne sera une science que le jour où elle s'astreindra à démontrer ce qu'elle s'est à peu près bornée jusqu'ici à affirmer gratuitement » (p. 19, 427), et la démonstration n'est possible, dans nombre de cas, qu'au moyen de la méthode mathématique.

Les deux points de vue sont donc opposés. Je comprends qu'on puisse hésiter entre eux, bien que mes préférences aillent au dernier. Mais dans tous les cas je ne saurais approuver l'opinion exprimée un peu légèrement par M. Maurice Block. Après avoir rappelé la confiance de M. Léon Walras dans les vérités d'économie politique pure pour « la solution des problèmes les plus importants, les plus débattus et les moins éclaircis », il se contente d'ajouter

---

[1] Cauwès, *Cours d'économie politique*, I, n. 14.

dédaigneusement : « C'est un optimisme que rien ne justifie »[1]. Il semble au contraire que les justifications présentées ont une certaine gravité et qu'elles mériteraient dans tous les cas une réfutation sérieuse ou tout au moins un examen approfondi. L'argument tiré de l'analogie avec les applications pratiques de la géométrie et de la mécanique rationnelle est particulièrement frappant.

Les critiques de Knies, de leur côté, ne paraissent pas non plus avoir une portée décisive. « En se proposant, dit-il, de séparer l'économie politique appliquée de l'économie politique pure, pour transformer cette dernière en une science complètement exacte, les mathématiciens n'arrivent pas à établir une économie pure, mais une mathématique appliquée. C'est un problème de mathématique qu'on entreprend de résoudre par des procédés mathématiques »[2].

Ceci manque un peu de précision. Il est parfaitement exact que l'application des mathématiques aux phénomènes économiques constitue une mathématique appliquée, comme l'application qu'on en fait aux phénomènes physiques ou mécaniques. C'est précisément dans cette application que consiste l'économie politique pure.

« Le calcul, continue Knies, correctement établi selon les règles des mathématiques, est inattaquable, que les données soient réellement ou non prises dans la vie économique, ou que les résultats soient ou non conformes aux phénomènes constatés ». Cette critique est doublement fausse. Elle oublie d'abord l'induction préalable qui est à la base de toute science. Conformément à cette intuition préliminaire, l'économie politique pure, on l'a vu, commence par emprunter à l'expérience des types d'échange, d'offre, de demande, etc., et ensuite elle dégage des types idéaux de ces types réels. La critique ne serait juste que si les économistes mathématiciens parlaient de données *a priori*, en oubliant complètement la réalité, et s'ils négligeaient ensuite d'appliquer en pratique les conséquences obtenues.

Il est vrai que certains économistes mathématiciens ont pu négliger quelques facteurs qui seraient entrés difficilement dans leurs

---

[1] Maurice Block, *Progrès de la science économique*, I, p. 45.

[2] Cité par M. Block, *eod. loc.*, qui, dans ce passage, traduit *abschneiden*, par *séparer complètement*. Le mot peut en effet être pris dans ce sens. Il est bien possible que Knies ait voulu prêter aux mathématiciens l'idée d'une telle séparation radicale, mais il est dans tous les cas certain que cette idée n'est pas la leur; le souci qu'ils ont d'accorder la science avec la pratique en est la preuve.

formules, et faire ainsi des raisonnements trop abstraits. C'est ce que l'on peut reprocher à Cournot. Il avait poussé l'abstraction à l'extrême, à l'excès, pourrait-on dire. Sans méconnaître l'importance de l'observation des faits, il ne s'en était jamais préoccupé. Il faut diviser le travail, et le sien était autre. Il étudiait les lois, laissant à d'autres les chiffres. Ses formules, où n'entrent que des lettres, comme on l'a remarqué, sont hérissées de fonctions inconnues; en s'appliquant à les chercher, il aurait cru sortir de son rôle [1]. Cette préférence pour le côté exclusivement synthétique et abstrait n'a pas peu contribué au discrédit de ses ouvrages; elle n'était d'ailleurs qu'une conséquence de l'état encore imparfait de la science.

Mais ses successeurs, tout en conservant une partie de leurs efforts au travail de généralisation, ne sont pas tombés dans ce travers. Après avoir établi les lois en elles-mêmes, ils ont cherché à en tirer quelque chose d'utile et à prendre contact avec les phénomènes courants. M. Léon Walras a tenu compte, dans ses équations et ses courbes, d'un bien plus grand nombre d'éléments empruntés à la réalité pour un même problème, et l'on a vu qu'il considère comme téméraire l'affirmation que toutes les causes perturbatrices des lois économiques ne pourront jamais entrer dans le calcul. Aussi M. Joseph Bertrand, un mathématicien, estime que son œuvre est bien supérieure à celle de Cournot, les raisonnements sont plus accessibles, les résultats plus voisins de l'application [2]. L'observation de M. Cauwès, déclarant qu'avec la distinction de la science et de l'art « on fait dégénérer la science en créations dogmatiques artificielles, sans support dans la réalité » [3], ne s'adresse donc pas aux économistes mathématiciens. C'est le reproche fait au contraire à l'ancienne école classique, et qui doit être réservé à certains adeptes intransigeants de l'économie orthodoxe, à M. Yves Guyot, par exemple, un adversaire précisément de l'école mathématique. M. Yves Guyot n'admet pas « que rien puisse contrôler, limiter, tempérer, encore moins contredire les lois scientifiques; *elles sont inéluctables, indiscutables* » [4]. M. Cauwès a parfaitement

---

[1] Joseph Bertrand, *Journal des savants*, 1883, p. 500.

[2] *Idem*, p. 504.

[3] Cauwès, *Cours d'économie politique*, I, n. 14, p. 34.

[4] Yves Guyot, *La science économique*. — Cf. p. 114, où l'auteur donne cette formule pour la loi de l'offre et de la demande : « La Valeur d'une utilité est en raison

raison contre cet esprit de parti-pris, mais on reconnaîtra qu'il n'est nullement le fait des mathématiciens. Ils combattent comme lui et avec lui « les créations dogmatiques artificielles sans support dans la réalité ». Ils ne négligent jamais la réalité, puisqu'ils prennent comme point de départ des données fournies par l'observation. D'autre part, une fois le raisonnement mathématique établi et terminé, ils rentrent dans l'expérience pour appliquer leurs théories, et il est clair que si l'expérience ne les confirme pas, elles devront être déclarées fausses. C'est M. Yves Guyot qui sera obligé de ne pas tenir compte des faits, dans le cas où ils viendraient à « tempérer ou contredire » les lois qu'il a posées *a priori*. Que faire si un phénomène les contredit? Les mathématiciens déclareront qu'ils se sont trompés, ainsi que l'a déclaré très simplement M. Léon Walras sur une critique du mathématicien Joseph Bertrand, alors que M. Yves Guyot sera obligé de plier tous les phénomènes possibles, qui sait de quelle façon? A ses lois scientifiques, puisqu'elles sont inéluctables et « indiscutables ».

Il ne sert donc à rien de montrer, comme l'a fait encore Knies, que le calcul algébrique ne correspond pas aux faits de la vie réelle. Jamais les économistes mathématiciens n'ont prétendu à l'existence d'une similitude de ce genre, pas plus que les géomètres ne prétendent que les rayons d'une circonférence sont égaux dans la réalité. « Ils ne se sont pas laissés prendre au piège de leurs propres spéculations », dit M. Gide [1]. Il est bien évident que l'identité absolue entre leurs abstractions et les faits n'existe pas, mais elle n'est pas nécessaire.

En dehors même des mathématiques, la science véritable ne peut jamais faire connaître un phénomène concret dans tous ses détails; nous pouvons seulement, comme remarque Vilfrédo Paréto, connaître des phénomènes idéaux qui se rapprochent de plus en plus du phénomène concret. Nous ne pouvons, dit-il, avoir que des *approximations successives* de la réalité concrète. Ainsi quelle est la forme de la terre? L'astronomie nous indique une

inVerse de l'offre et en raison directe de la demande ». Et il ajoute : « Cette loi est *la plus indiscutable* de la science économique ». Or cette formule, on le Verra ci-dessous, est à peu près unanimement abandonnée aujourd'hui, par les économistes mathématiciens comme par les autres. Elle est donc bien « indiscutable », mais pas dans le sens où l'entend M. Yves Guyot.

[1] *Principes d'économie politique,* Introduction, n. V.

forme se rapprochant de celle d'un sphéroïde. Mais ce n'est là
qu'une première approximation. La géographie en fournit une
seconde, en représentant les continents, mers, îles, etc., sur le
sphéroïde. La topographie donne une troisième approximation, en
tenant compte des collines, ruisseaux, etc. Mais aucune description n'arrivera à tenir compte de tous les détails de cette forme.
D'une manière semblable, conclut l'auteur que je cite, « l'économie
politique pure nous indique la forme générale du phénomène ;
l'économie politique appliquée fournit une deuxième approximation, en indiquant les perturbations produites par des causes qu'on
avait négligées dans la première approximation ; mais aucune
théorie n'arrivera jamais à nous dire comment sera réglée la vie
économique de chaque individu »[1]. Nous n'avons, dit M. Gide,
aucun intérêt, quand il s'agit de faits économiques, à prévoir la
conduite de Pierre ou de Paul ; nous n'avons besoin, pour nos prévisions et nos calculs, que de *moyennes*[2].

M. Cossa a exprimé ceci d'une autre façon en remarquant que
les lois découvertes par l'économie politique sont plutôt des « tendances » ; elles expriment la tendance de certaines causes à produire des effets donnés. Ceci a fait dire quelquefois que l'économie
politique est une science hypothétique. Mais ce caractère incontestablement hypothétique, que l'on retrouve d'ailleurs dans d'autres sciences, physiques ou déductives, peu importe, n'enlève rien
à la valeur scientifique de ces tendances. Elles sont néanmoins
universelles et constantes et se retrouvent sous la complexité des
phénomènes modifiés par les causes perturbatrices. Ces causes,
tout accidentelles, ne détruisent pas la loi ou tendance générale.
Le vol d'une plume dans l'air ne démontre pas l'inexistence de la
loi de la pesanteur ; la diminution de population dans un pays
donné ne démontre pas la fausseté du principe de Malthus, qui
indique une tendance générale[3]. M. Cauderlier, qui a appliqué
les procédés mathématiques aux recherches sur la population, a
soin d'avertir que « ses formules ne doivent pas être prises dans
le sens rigoureusement algébrique, mais dans le sens sociologique,
c'est-à-dire qu'elles indiquent la tendance prédominante qui règle
les rapports entre les phénomènes sociaux, sans que ces rapports

[1] Vilfrédo Paréto, *Cours d'économie politique*, I, n. 35.
[2] Gide, *Principes d'économie politique*, Notions générales, III.
[3] Cossa, *Histoire des doctrines économiques*, Trad. Bonnet, p. 87-88.

réalisent exactement ces formules » [1]. Certaines objections à la théorie de la valeur, dit dans le même sens M. Vilfrédo Paréto, sont assez semblables à celles qu'on pourrait faire en montrant le Mont Blanc comme preuve que la terre n'a pas la forme d'un sphéroïde [2].

En d'autres termes, les abstractions de l'école mathématique sont des hypothèses, nécessaires pour l'établissement de la science pure, comme les abstractions de la mécanique rationnelle ou de la géométrie. Toute généralisation est une hypothèse, dit M. Poincaré, l'hypothèse a donc un rôle nécessaire que personne n'a jamais contesté [3].

Les mathématiciens généralisent à leur façon : ils considèrent des phénomènes idéaux, un « homme-type », construit de toutes pièces, que M. Pantaleoni, par exemple, appelle l'*homo œconomicus*. Cet homme-là, demande M. Gide, peut-il nous servir à quelque chose dans la pratique pour travailler au bien-être des hommes de chair et d'os? Les adversaires de l'école déductive le nient. « Mais ils ont tort. Sans doute l'*homo œconomicus* ne ressemble pas plus à cet être infiniment complexe qui est vous ou moi, qu'un squelette à un corps vivant. Mais de même que le médecin ou le physiologiste ne peuvent guère se passer, soit qu'ils veuillent étudier les lois de l'organisme humain, soit qu'ils aient à le guérir, de quelque squelette suspendu dans leur armoire et qu'ils regarderont à l'occasion, de même il est bon que l'économiste possède, dans quelque loge de son cerveau, un *homo œconomicus* bien construit auquel il se référera de temps en temps » [4].

Le calcul algébrique répond donc aux phénomènes économiques concrets comme il répond aux phénomènes mécaniques naturels, comme les théories géométriques répondent à l'état véritable des corps dans la nature, comme les lois astronomiques et géographiques répondent aux détails de forme sur la surface du sol. Il n'y répond pas plus, mais autant, ce qui est bien suffisant. On est habitué aux rapports de mathématique avec les phénomènes de la

[1] *Théorie de la population; Journal des économistes*, 1900, 4, 389.
[2] Vilfrédo Paréto, I, n. 36.
[3] *Revue générale des sciences*, 1900, p. 1166. — Cf., sur le rôle de l'hypothèse, Stanley Jevons, *The principles of science*, 1892, p. 504 s.
[4] Gide, *Compte-rendu du livre de Pantaleoni, Revue d'économie politique*, 1890, p. 326.

physique ou de la mécanique, et on n'est pas habitué à leurs rapports avec les phénomènes de la richesse sociale. Mais c'est le résultat de l'habitude ; c'est affaire d'éducation. Au fond, il y a ici une simple illusion, et il n'existe pas de raison pour distinguer. Elles peuvent servir de la même manière pour tous les faits, qu'ils soient astronomiques, physiques, économiques, etc. Voilà la vraie portée de la méthode mathématique.

On arrive ainsi à cette conclusion que la méthode mathématique est possible en économie politique ; la question n'est plus de savoir si on peut mettre cette science en équations. Le procédé est même utile, au point de vue rationnel et scientifique, en ce qui concerne les recherches théoriques, et aussi pratiquement. Voilà les résultats acquis déjà dans cet examen.

On se demande si l'on doit franchir un degré de plus. La méthode est-elle nécessaire? S'impose-t-elle pour la découverte de lois ou de phénomènes nouveaux que l'expérience n'aurait pas encore révélés, ou tout au moins pour la démonstration et l'explication? C'est ce qu'il reste maintenant à rechercher.

(A suivre).   Emile Bouvier.

LE SOCIALISME DEVANT LA SOCIOLOGIE

La logique nous commande, si nous voulons parler ou même simplement raisonner d'une façon congrue d'une question quelconque, de définir les principaux termes dont nous aurons à nous servir, afin que le lecteur, l'auditeur ou le raisonneur sache bien ce dont il est question. Ainsi dois-je faire à propos des expressions *socialisme* et *sociologie*.

Le mot *socialisme* a diverses acceptions : il sert concurremment à dénommer : 1° toute conception de modification dans la société ; 2° l'ensemble des systèmes de réorganisation radicale de la société ; 3° la foi — compliquée de fanatisme comme toutes les croyances — en un état social nouveau et nécessaire, quelque chose comme le *Millenium* auquel crurent pendant des siècles des millions de chrétiens. C'est du socialisme entendu de cette dernière manière que je veux vous parler ici ; je devrai cependant, de temps à autre, faire allusion aux autres acceptions du mot.

La sociologie ou *cénécosophie* est la science objective qui étudie les sociétés dans leur état à un moment donné et dans leurs évolutions. La sociologie n'est pas plus le socialisme que la science des religions n'est une religion quelconque. La sociologie étudie le phénomène *socialisme* et le phénomène *individualisme* en se basant sur les faits, sans préjugés favorables ni défavorables, comme la science des religions étudie toutes les religions en écartant toute préférence.

**

On a beaucoup écrit sur le socialisme depuis l'époque où Louis Reybaud, reprenant le mot forgé par Pierre Leroux en 1828, le lança définitivement dans l'usage pour dénommer un ensemble d'idées parentes qui causaient une grande agitation vers 1846 ; cependant, nous croyons que tout n'a pas encore été dit et que le sujet n'a pas été considéré de tous les points de vue.

Les nombreux auteurs qui ont parlé du socialisme se sont placés à trois points de vue différents : les uns en ont fait l'apologie, les autres l'ont combattu, les derniers l'ont critiqué dans le sens de jugé, en s'efforçant sans parti pris d'en déterminer la valeur. Il semble

qu'il ne puisse être un quatrième point de vue ; il existe cependant :
il consiste à considérer le socialisme comme un fait, un phénomène
social, sans se préoccuper de la valeur économique du système. Ce
doit être la manière de procéder du sociologue, qui, envisageant les
phénomènes d'une manière purement objective, les analyse dans
leurs caractères internes et externes, puis détermine leurs rapports
avec d'autres phénomènes.

C'est à ce quatrième point de vue que je me suis placé. Ecartant
toute subjectivité et toute métaphysique, j'ai posé les principes
suivants comme point de départ de mon étude : 1° Le socialisme
est un état psychique collectif affectant un certain nombre de
membres de certaines sociétés humaines ; 2° les sociétés humaines
sont dans la nature, par conséquent les phénomènes qui s'y accomplissent sont des phénomènes naturels, soumis à des lois comme
tous les phénomènes de la nature ; 3° tous les phénomènes de la
nature sont la conséquence de la concordance de plusieurs phénomènes antérieurs, et en constituent, en quelque sorte, la synthèse ;
4° la formation de cette synthèse a lieu conformément à une loi ;
aucun des phénomènes qui se produisent ne pouvait ne pas se produire, les phénomènes antérieurs s'étant produits ; 5° les phénomènes
qui se produisent dans les sociétés, comme tous les phénomènes de
la nature, étant la synthèse de phénomènes antérieurs, ne pouvaient
pas ne pas se produire les phénomènes antérieurs s'étant produits ;
6° en d'autres termes, les phénomènes qui se produisent dans les
sociétés sont *nécessaires* comme tous ceux qui se produisent dans
la nature. Par suite, le socialisme est un phénomène *nécessaire*.

Ces principes une fois posés, j'ai étudié le socialisme dans les
sociétés où il se manifeste, et je suis arrivé à déterminer un certain
nombre de caractères que je vais d'abord présenter brièvement
d'ensemble, et que je reprendrai ensuite par le détail des observations :

1° Le socialisme est un phénomène social, ce qui n'est pas la
même chose qu'un phénomène dans la société ;

2° Le socialisme est une aspiration des esprits — vague chez la
majorité de ceux qui l'éprouvent, précise chez une minorité —
vers un autre état social ;

3° Le socialisme ne doit pas être confondu avec l'économie
sociale dont il se distingue sur un point fondamental ;

4° Le phénomène social dénommé socialisme est déterminé dans l'espace, localisé, ne se manifeste que chez certains peuples, et pas chez tous ceux ayant atteint le même stage de civilisation ;

5° Le même phénomène est déterminé dans le temps, il ne s'est manifesté qu'à partir d'une époque récente ; antérieurement, il était ignoré ;

6" Le socialisme, en tant que manifestation d'un particularisme de classe, ne remonte pas au delà de 1840 ; il s'affirma à la création de l'Association internationale des travailleurs ;

7° Le socialisme est une transposition du sentiment religieux du christianisme ; la « révolution sociale » est un succédané du paradis et du *millénium* ;

8° Le socialisme a les caractères principaux d'un dogme religieux, et le parti socialiste ceux d'une église ;

9° Bien que constitué en parti de classe — de la classe des ouvriers, — le socialisme recrute ses chefs dans la classe supérieure : « la bourgeoisie » ;

10° Le socialisme étant, en tant que croyance en une transformation sociale brusque — reposant sur la communauté des biens — contraire aux lois· naturelles qui régissent les relations d'intérêts entre les hommes, n'aboutira pas à une réalisation ; il disparaîtra par l'accroissement de la richesse et de sa meilleure répartition ; il n'aura joué que le rôle d'un stimulant.

Nous allons maintenant reprendre un à un ces divers caractères et voir par quelles observations de fait ils sont déterminés.

.

Le socialisme est un « phénomène social » qualité qu'il ne faut pas confondre avec celle d'un « phénomène dans la société ».

Le fait social fondamental est celui des relations qu'ont entre eux les hommes composant les sociétés. Ces phénomènes de rapports sont d'ordre divers, se produisant simultanément et s'influençant réciproquement. Ils affectent deux formes : tantôt ils se répètent incessamment ou pendant une période fort longue : exemples l'esclavage, le servage, le vasselage et le salariat; tantôt ils constituent un changement en comparaison des phénomènes antérieurs, ont un caractère perturbateur. Les phénomènes de rapport qui se répètent sont la marque d'un état social stationnaire, dans lequel les fils, les petits-fils, les arrière-petits-fils mènent la même vie que leurs pères et ancêtres. C'est ce que l'on peut appeler la « statique sociale » ou

plus exactement la *cénécostatique* [1]. Les phénomènes qui ont un
caractère perturbateur ont pour effet de changer le mode de vie des
générations successives, c'est ce qu'on peut appeler l'évolution de
la société ou la *cénécométamorphose*. D'autres fois, se produisent
des phénomènes de perturbation, mais dans un champ très restreint,
et ils n'ont aucune influence modificatrice ni dans l'espace en agissant sur les familles voisines, à plus forte raison sur les sociétés
voisines, ni dans le temps, en ce sens que les enfants ne continuent
pas la vie modifiée de leurs parents, mais reviennent à la vie normale de leurs grands parents. Les phénomènes de *cénécostatique*
et les perturbations sans suite, je les nomme « phénomènes dans
la société », tandis que les phénomènes perturbateurs qui entraînent un changement dans le mode de vie, je les nomme des « phénomènes sociaux ». Le socialisme est un phénomène social.

* *

*Le socialisme est une aspiration des esprits, vague chez la
la majorité de ceux qui l'éprouvent, précise chez une minorité.*

Le socialisme est une aspiration commune à un grand nombre
d'hommes vers un état social différent de celui existant ; ces hommes constituent un parti politique qui lutte, comme tous les partis
politiques, pour la conquête du pouvoir afin de réaliser son programme. Ce programme ne tend à rien moins qu'à la transformation radicale de la société existante, et à son remplacement par une
société nouvelle. C'est ce que, dans le langage spécial du parti, on
appelle la « révolution sociale ». Le terme « social » est mis là pour
marquer que contrairement aux révolutions ordinaires, qui changent les institutions et le personnel politiques, mais laissent subsister l'organisation des rapports de répartition de la richesse, cette
révolution là changerait ce mode de rapports. Le point principal
du programme socialiste est la suppression du salariat, de la propriété et l'établissement de la communauté de la terre, de l'outillage
et des capitaux.

L'établissement de la communauté des terres, des outils et des
capitaux, implique la nécessité d'une répartition de ceux-ci aux
travailleurs — à titre de détenteurs et non de propriétaires — pour

[1] Des mots grecs : *koïnos* : commun, *oïkos* : maison, ensemble ; maison commune
ou société, et *statikos* : qui se tient en équilibre ; ensemble, équilibre de la société,
perpétuation du même état de société.

qu'ils s'en servent et en tirent des moyens d'existence aussi larges que possible. Qui peut faire cette répartition ? La société, l'Etat. Mais la société, l'Etat constitue une entité, cette entité n'agit ni ne pense, et se réduit finalement à un ou plusieurs hommes, composant le gouvernement. De même y a-t-il à organiser la mise en œuvre de la terre, de l'outillage et du capital? Ici encore, c'est le gouvernement qui doit intervenir. Ce gouvernement peut être personnel ou collectif, héréditaire, conquérant ou électif. Les socialistes tiennent pour le gouvernement collectif, électif ou démocratique.

Un gouvernement répartissant les terres, les outils et les capitaux entre les travailleurs, organisant leur mise en œuvre et la répartition des fruits du travail, rentrerait plus intimement que ceux d'aujourd'hui dans la vie des citoyens, rencontrerait plus de résistance, et devrait être d'autant plus fort. Socialisme et liberté sont des termes contradictoires.

Cette constatation émeut les socialistes, qui, en général, ne sont pas grands clercs en sociologie, ni simplement en économie politique. La liberté étant traditionnellement en honneur dans les pays civilisés depuis la révolution française de 1789, ils ne peuvent admettre d'en être les ennemis, et entreprennent, au contraire, de prouver que la liberté serait plus grande dans l'état social de leurs rêves. Pour cela, ils procèdent comme Gorenflot, baptisant carpe un poulet. Ils donnent de la liberté une définition qui leur est propre et la fait ressembler singulièrement au despotisme. Ils argumentent sur ce point avec autant de subtilité que des casuistes de n'importe quelle religion.

Consciemment ou non, plutôt inconsciemment, les socialistes professent la doctrine sociologique d'Hégel, d'après laquelle l'individu n'est rien et la collectivité tout. L'individu, n'étant rien, n'a aucun droit, la collectivité, étant tout, a tous les pouvoirs. Hégel a professé cette doctrine a grand renfort de syllogismes, et Karl Marx, son disciple, la lui a empruntée; mais en cette matière pas plus qu'en d'autres, le grand abstracteur de quintessence n'avait rien inventé. La conception de la souveraineté absolue de l'Etat, ou plus exactement du gouvernement qui le représente, fut admise comme vérité dans l'Antiquité; ce fut, ensuite, celle des légistes français du XIIIe siècle à la fin du XVIIIe. Le gouvernement étant alors personnifié par un monarque, les légistes proclamèrent le droit absolu du souverain sur ses sujets, Louis XIV exprima la pure doctrine en disant « l'État c'est moi ! »

Cette tendance a même trouvé, à notre époque, une formule scientifique parmi les sociologues, particulièrement parmi les sociologues russes. Ces sociologues professent une doctrine dénommée par eux l'*organicisme*, laquelle, concluant de certaines analogies à l'identité, veut absolument considérer les sociétés comme des organismes vivants, c'est-à-dire comme des êtres. Les individus humains ne seraient que des cellules, moins que des cellules — la cellule étant la famille — des molécules constituant les cellules. La conclusion pratique de l'organicisme est le socialisme monarchique, ou tout au moins oligarchique : le pouvoir, dans l'organisme social comme dans l'organisme animal, devant appartenir aux cellules supérieures : ici, les cellules du cerveau, là les familles monarchiques ou aristocratiques.

Cette conception sociologique ou *cénécosophique*[1] a pour origine la constatation : 1° d'une analogie entre une société avec fonctions publiques diverses, et l'organisme animal, dont le gouvernement est conféré au cerveau ; 2° de l'incapacité certaine des individus pris au hasard dans la masse, d'exercer la fonction gouvernementale dans la société.

Cette conception analogique n'est pas d'ailleurs nouvelle : on la trouve chez Turgot et chez Pascal, et aussi chez des philosophes de l'Antiquité. C'est que la méthode de l'analogie, sur laquelle reposèrent les sciences pendant des siècles, est des plus séduisantes. Il suffit d'admettre que les divers règnes de la nature sont conformés d'après un plan unique jusque dans les moindres détails, pour aboutir à cette conclusion que l'étude d'un seul compartiment suffit pour les faire connaître tous.

En face de l'école des sociologues *organicistes* se dresse une autre école, celle des sociologues individualistes, qui est non moins ancienne que la précédente. Ces deux écoles ont successivement prévalu parmi les philosophes en vertu d'une loi d'oscillation déterminée par l'excès des idées dépassant par trop la juste mesure, tantôt dans un sens, tantôt dans l'autre. Un sociologue belge, M. Jules Vieujant, a établi un historique intéressant des oscillations de la psychique collective des sociologues avant le nom.

[1] De *cénéco* : social et de *sofia* : sagesse dans le sens de science ; ensemble science de la société, laquelle est ordinairement dénommée du nom hybride de *sociologie*.

Il y a eu d'ailleurs une autre cause à la formation de ces deux tendances, cette fois parmi des hommes qui n'étaient point philo-sophes. Depuis l'origine des sociétés, il a existé des hommes qui, ne pouvant se défendre seuls, soit contre la nature, soit contre les animaux, soit contre les autres hommes, ont eu recours, pour cela, à la puissance collective, c'est-à-dire à l'association. De tout temps aussi, il a existé des hommes forts, s'estimant en état de se défen-dre par eux-mêmes, et ne voulant, par suite, pas s'astreindre à la diminution de liberté que comporte toute association. La lutte entre ces deux tendances ou plutôt entre les deux groupes d'hommes dans lesquels elles s'incarnaient a été l'une des conditions du progrès des sociétés. Les forts, en effet, comprenaient la liberté au point de vue absolu, non respectueux de la liberté d'autrui, allant jusqu'au meurtre, à la spoliation et à l'asservissement du plus faible. Les faibles, de leur côté, réclamaient la soumission absolue, l'asservisse-ment de l'individu, aux points de vue intellectuel, moral et écono-mique aussi bien qu'au point de vue politique. L'antagonisme entre ces deux groupes s'est résolu par une série de transactions pré-caires : les forts individuels ayant des libertés plus étendues que celles des faibles, mais cependant limitées par la force collective de ces mêmes faibles. Ce fut le régime du patriciat et de la féodalité. Au fur et à mesure que les faibles, par une action collective, res-treignaient la liberté excessive des forts, ils conquéraient eux-mêmes, par suite de l'accroissement de la sécurité, une plus grande liberté personnelle.

La Révolution française de 1789 a paru, pendant un temps, devoir être la conclusion de cette lutte millénaire, et elle l'a été théoriquement au point de vue purement civil. Elle a, en effet, for-mulé une déclaration des droits de l'homme et du citoyen, qui, plaçant tous les membres de la société sur un pied d'égalité, déter-mine — un peu vaguement il est vrai — les libertés individuelles que l'autorité collective devra à l'avenir respecter.

Il n'y a plus d'inégalité légale de conditions dans les sociétés les plus avancées, mais il subsiste des inégalités de fait, particulière-ment l'inégalité des fortunes, allant de zéro à des millions. C'est entre ces deux classes sociales qu'a repris la lutte. D'un côté sont les hommes à qui le libéralisme dans les relations d'intérêts est avantageux, de l'autre sont ceux qui le croient désavantageux pour eux. Ce sont ces derniers qui professent le socialisme et qui cons-tituent le parti socialiste des ouvriers.

Récapitulant les différents points de la définition que nous venons de donner du socialisme, nous dirons : 1° que c'est une aspiration vers un état social meillleur ; 2° que les hommes qui éprouvent cette aspiration constituent un parti politique ; 3° que le point fondamental du programme de ce parti est l'abolition de la propriété et l'établissement de la communauté du sol cultivable, de l'outillage et des capitaux ; 4° que la conséquence, comprise ou non de ce programme, serait l'extension du domaine de l'autorité et la restriction de celui de la liberté ; 5° que le socialisme, s'il est une incidence sociale, est néanmoins la manifestation d'une tendance première de l'esprit humain laquelle pousse les hommes faibles à s'associer pour multiplier leurs forces ; 6° que l'antique organisation légale des classes familiales ayant disparu, la lutte a repris entre la minorité détentrice de la richesse, et la majorité des pauvres, parmi lesquels s'est constitué le parti socialiste.

*
* *

Le socialisme ne doit pas être confondu avec l'économie sociale ou cénécobeltie [1].

De tous temps, il a existé parmi les membres de la classe supérieure, des philanthropes s'apitoyant sur la condition de la classe inférieure, et s'efforçant d'améliorer cette condition. Il y a eu de bons seigneurs, de bons rois, de bons gouverneurs ou intendants, de bons magistrats, des hommes charitables qui ont fondé des institutions diverses en faveur des malheureux, particulièrement des hôpitaux et des hospices. L'espèce n'en est pas éteinte, et aujourd'hui encore il existe des philanthropes qui se préoccupent du sort des pauvres, spécialement de celui des travailleurs salariés de l'industrie.

Si la philanthropie n'est pas nouvelle, les philanthropes ont modifié leurs procédés de bienfaisance, ou du moins certains d'entre eux les ont modifiés, par suite de l'entrée en scène du socialisme. Les philanthropes de cette seconde catégorie, bien convaincus de l'absurdité du socialisme, ont compris que l'on perdrait sa peine à vouloir démontrer cette absurdité à des hommes ignorants, déterminés dans leurs opinions et leurs actions par leur état

---

[1] De *cénéco* : social et de *beltiosis* : amélioration ; ensemble, amélioration de la société.

de misère. Ils ont alors pensé que ces opinions et ces actions se modifieraient si la société actuelle était plus favorable aux pauvres et, pour obtenir ce résultat, ils ont imaginé diverses institutions qu'ils ont entrepris de réaliser : sociétés de secours mutuels géné- rales ou d'usines, caisses de maladies et d'accidents aux frais de l'employeur industriel, caisses de retraites, maisons hygiéniques dont le locataire devient propriétaire par un amortissement lent ; voire même établissements de bains, bibliothèques, sociétés musica- les, etc. La plupart des économistes sociaux ou *cénécobeltistes* sont des disciples de feu M. Le Play.

Puisque le nom de M. Le Play vient sous ma plume, j'en veux dire quelques mots. M. Le Play aurait presque droit au titre de socialiste, car lui aussi a préconisé une réorganisation de la société par voie législative. Seulement, sa conception était d'ordre aristo- cratique et constituait une régression. Elle consistait dans la recons- titution sinon de la féodalité, du moins du patriciat. La perpétuité de la fortune dans les familles des chefs d'industrie aurait été assurée par la liberté de tester et la coutume de choisir l'un des fils comme héritier et chef de famille successeur. Ces familles de chefs d'industrie, véritablement patronales, auraient groupé autour d'elles les familles d'ouvriers, leur fournissant les moyens d'exister par le travail et étendant sur elles une tutelle affectueuse. La liberté de tester et la coutume du choix d'un héritier auraient maintenu la stabilité parmi les familes d'ouvriers comme parmi les familles patronales. La philanthropie des chefs d'industrie aurait été complétée par le lien commun de la religion, enseignant aux uns et aux autres leurs devoirs. Il existe d'ailleurs une entreprise indus- trielle organisée sur ce modèle — moins la liberté de tester — c'est celle du Val-du-Bois, créée par M. Harmel.

Les disciples de M. Le Play ont pensé qu'il ne fallait pas atten- dre que les ci. constances rendissent possible la réalisation du sys- tème intégral de leur maître, et ils se sont mis à l'œuvre. Ils ont trouvé le concours d'autres hommes de même condition sociale ne provenant pas de l'école Le Play. L'un de ces hommes, le comte de Chambrun, a créé, sous le nom de *Musée social,* une sorte de con- servatoire de l'économie sociale, qui a les allures et la gravité d'un véritable ministère.

Les institutions philanthropiques en faveur des ouvriers se sont multipliées dans les grandes entreprises industrielles, elles en sont devenues en quelque sorte une condition nécessaire. Les chefs d'industrie philanthropes ont, en effet, trouvé, dans ces institutions, un moyen d'assurer la stabilité de leur personnel, et de se mettre, parfois, à l'abri des grèves. Les compagnies de mines, de chemins de fer pratiquent l'économie sociale ; la loi est même intervenue pour la rendre obligatoire dans une certaine mesure. Les économistes sociaux ne reculent pas, d'ailleurs, devant le moyen socialiste de l'intervention du gouvernement. Plusieurs lois récentes : celle sur le travail des femmes et des enfants, celle sur l'hygiène des ateliers, celle sur l'inspection des mines, celle sur l'assurance contre les accidents du travail sont du domaine de l'économie sociale.

Certains chefs d'industrie, praticiens de l'économie sociale, se sont heurtés à une difficulté. Désireux de veiller au bien-être moral de leurs ouvriers autant qu'à leur bien-être matériel, convaincus qu'il n'y a de véritable bien-être moral que celui qui repose sur la religion, poussés par leurs croyances personnelles, ils ont voulu rendre la religion obligatoire. Contre cela, les ouvriers ont protesté et cela a jeté un ferment de discorde dans des milieux où la bonne harmonie aurait dû régner. Il faut ajouter que les ouvriers, en général, s'ils sont portés vers le socialisme qui est une doctrine anti-libérale, n'aiment pas à subir, dans leur vie privée, la tutelle même philanthropique de leurs chefs de travail, et que la charité leur est désagréable. Il faut beaucoup de tact pour pratiquer l'économie sociale, elle devient facilement vexatoire.

Par une conséquence naturelle, l'économie sociale, qui est une mixture de libéralisme et d'autoritarisme, est mal vue des libéraux économistes et des socialistes. Ces derniers lui reprochent d'être un expédient machiavélique, destiné à rendre la société moins insupportable aux malheureux, et à empêcher la « révolution sociale ». Ils sont particulièrement heureux, s'il se produit une grève dans un établissement industriel où l'on pratique l'économie sociale.

*
* *

Le phénomène social appelé socialisme est localisé, ne se manifeste que chez certains peuples et non chez tous, et pas chez tous ceux qui sont arrivés au même stade de développement.

Le socialisme ne se manifeste pas chez tous les peuples : on l'ignore chez les sauvages, chez les barbares et même chez beaucoup de civilisés. Aucun des renseignements publiés sur les Hindous

les Chinois, les Japonais, les peuples civilisés musulmans ne parle
d'une aspiration collective des classes misérables vers une meilleure
société, encore moins d'une agitation entreprise dans ce but. Le
socialisme est à peu près localisé dans l'Occident continental de
l'Europe. Il a ses sièges principaux en France, où il est né et a
reçu son nom, en Allemagne et en Belgique. Il s'est étendu, par
une sorte d'endosmose, en Hollande, en Autriche, en Italie et en
Espagne; mais il n'a pas, dans ces derniers pays, l'importance
qu'il a dans les premiers.

Circonstance bizarre, le socialisme n'existe ni en Angleterre, ni
aux Etats-Unis. Cette affirmation peut paraître controuvée; elle n'en
est pas moins la manifestation d'un fait certain. Il existe en Angleterre et aux Etats-Unis de puissantes organisations de travailleurs
employés dans l'industrie, mais ces organisations ne se proposent pas
pour but la suppression de la société actuelle, basée sur le salariat,
et son remplacement par une autre, nouvelle de toutes pièces. Elles
tendent simplement à l'amélioration de la condition des ouvriers,
et particulièrement de leurs membres au sein de la société existante
et du salariat. Il y a sans doute des socialistes en Angleterre et aux
Etats-Unis, mais ils ne sont qu'une minorité sans importance qui
se recrute particulièrement parmi les lettrés.

Les coopérateurs anglais et américains, eux-mêmes, qui suppriment le marchand intermédiaire entre le producteur et le consommateur, n'imaginent pas que cela puisse être une « révolution
sociale ». Ils ne voient, dans leurs associations, que des moyens de
mieux vivre, toujours dans la société actuelle. Quand les socialistes
français, allemands ou belges, parlent de leurs frères du prolétariat
anglais ou américain, ils prennent leurs désirs pour des réalités.
Lorsque sont tenus des congrès socialistes internationaux à Londres
ou ailleurs, les ouvriers anglais s'y prêtent de bonne volonté, se
battent les flancs pour s'échauffer, mais reviennent bien vite à leurs
préoccupations d'ordre immédiat. Ils sont bien mieux à leur place
dans les congrès d'ouvriers de même profession, nationaux ou
internationaux, où l'on discute les conditions à imposer aux employeurs d'ouvriers, afin de faire élever les salaires ou réduire la
durée de la journée de travail.

Cette constatation vient détruire la théorie de Karl Marx d'après
laquelle le socialisme, la constitution du prolétariat en un parti de
classe, poursuivant la conquête du pouvoir pour l'organisation d'une

nouvelle société — celle inventée par Karl Marx, — serait la conséquence de l'organisation de la grande industrie, de « l'industrie
capitaliste », comme on dit en langage socialiste. L'Angleterre et les
Etats-Unis sont les deux pays où la grande industrie, « l'industrie
capitaliste », a acquis les plus grands développements, et cependant
le socialisme n'y existe pas, ne peut parvenir à s'y implanter. Il se
manifeste au contraire, avec beaucoup d'intensité, dans des pays de
petite industrie, et même d'industrie domestique.

*. .

*Le phénomène socialisme est déterminé dans le temps ; il ne
s'est produit qu'à une certaine époque, et antérieurement il était
inconnu là où on le constate aujourd'hui.*

Nous avons vu que le phénomène social appelé socialisme, remplit deux conditions : 1° Ceux qui le professent constituent un parti
politique de classe, faisant une guerre de classe à une autre classe
sociale, dans le but d'arriver à réaliser un programme de classe ;
2° Ce programme de classe comporte une transformation radicale
de la société. Or, ces deux phénomènes ne sont pas nouveaux.
Dans l'Antiquité et au Moyen-âge, il y a eu des partis de classes :
à Athènes, les *maigres* et les *gras ;* à Rome, les plébéiens et les
patriciens. D'autre part, on a vu de tout temps des *utopistes* voulant réorganiser la société. Mais ces deux phénomènes n'ont pas
été connexes. Jamais les *maigres* d'Athènes, ni les plébéiens de
Rome, même quand ils se retiraient sur le Mont Aventin ou s'ameu-
taient à la voix des Gracques, ne réclamèrent une réorganisation
de la société. Ce qu'ils voulaient, c'était plus d'avantages pour
eux et moins pour les *gras* ou pour les patriciens dans la société
existante. Même les esclaves révoltés sous les ordres de Spartacus
ne visaient pas une « révolution sociale » : ils ne voulaient plus
personnellement être esclaves, mais ils se seraient fort bien accom-
modés d'en posséder eux-mêmes. La bourgeoisie des diverses
sociétés chrétiennes du moyen-âge était animée du même esprit
que les plébéiens de Rome. Les paysans insurgés ressemblaient à
l'animal qui devient furieux par l'effet de mauvais traitements
excessifs, mais ni la bourgeoisie ni les paysans en réclamèrent une
nouvelle société. Que, par suite d'une évolution, résultant des conquêtes de la bourgeoisie d'abord, de celles du peuple ensuite, une
société absolument différente de la société du moyen-âge ait fini par

se constituer, c'est un fait incontestable ; mais il n'y a pas eu « révolution sociale », il y a eu transformation lente, évolution. Une seule fois dans l'histoire, une révolution véritable a paru se produire, c'est au moment de la révolution politique de la France à la fin du XVIIIe siècle ; mais la suite a montré que cette révolution n'avait pas eu lieu. L'état d'esprit du peuple était si peu différent de celui existant sous l'ancien régime avant la révolution, que ce peuple a accepté le rétablissement, presque complet en fait, de l'ancien régime par le premier Empire et la Restauration. que la bourgeoisie ne s'est réellement émancipée qu'en 1830 et le peuple en 1848 au point de vue politique.

En ce qui concerne les *cénécopoètes* [1] ou inventeurs de sociétés, ils n'ont jamais recueilli assez de disciples pour que l'agitation créée par ces disciples constituât un phénomène social. D'ailleurs, ces disciples, sauf en ce qui concerne Cabet et Louis Blanc, n'étaient pas en majorité des ouvriers. Seul, Karl Marx a eu la fortune de voir son système devenir l'idéal du parti politique des prolétaires.

Il y a eu cependant, dans l'Antiquité, au Moyen-âge, à l'époque moderne, des phénomènes sociaux que l'on peut considérer comme précurseurs du socialisme. Il s'agit des communautés des Esséniens en Palestine, des premiers Chrétiens à Rome et peut-être ailleurs, de celles de différentes sectes chrétiennes tels que les Frères Moraves pendant le Moyen-âge et à l'époque de la Renaissance. Cela se rencontre encore en Russie, chez certaines sectes hétérodoxes, et aux Etats-Unis sous l'influence de doctrines religieuses spéciales. Seulement ce n'était pas et ce n'est pas encore là du socialisme. Les organisateurs de ces communautés et leurs disciples ne se sont pas proposé de réaliser le bonheur sur la terre, mais simplement de mener une vie pure qui les mît à l'abri du péché, et leur facilitât l'accession du Paradis.

* *

Les origines du socialisme considéré comme phénomène social.
Le premier fait historique qui puisse être considéré comme une manifestation du socialisme phénomène social, se produisit en 1840. Il fut bien modeste et est aujourd'hui oublié même par les socialistes, surtout par eux. Ce fut la fondation d'une publication men-

[1] De *cénéco* : social et de *poiea* : fabrication. *Cénécopée* : fabrication d'une société, *cénécopoète* : fabricateur d'une société (nouvelle, sous-entendu).

suelle intitulée l'*Atelier,* dont le rédacteur en chef était M. Corbon,
ouvrier typographe, plus tard sculpteur sur bois, mort sénateur
inamovible de la troisième république, et le gérant, M. Leneveux,
également ouvrier typographe, qui fut plus tard conseiller municipal de Paris. Tous les rédacteurs et tous les actionnaires de cette
publication était également des ouvriers, et leur journal avait les
allures d'un organe de classe. Il mourut de la loi qui, en 1848,
rétablit le timbre et le cautionnement des journaux, en l'étendant
même aux publications mensuelles.

Nonobstant leur esprit de classe, qui leur faisait repousser avec
une intransigeance jalouse toute immixtion de « bourgeois » dans
leur journal, les rédacteurs de l'*Atelier* était cependant, pour la
plupart, disciples d'un *utopiste* bourgeois, M. Buchez, le premier
des socialistes catholiques. A côté d'eux, les fréquentant, se trouvait
un groupe de jeunes gens ayant reçu la culture universitaire qui,
s'ils n'écrivaient pas sous leurs noms, les influençaient certainement. Ce n'est donc que parce qu'il fut la première manifestation
de la « conscience de classe » des ouvriers, selon l'expression
marxiste, que j'ai mentionné l'*Atelier.*

L'insurrection de juin 1848, quoi qu'on en ait dit, n'eut rien de
socialiste. Elle fut la conséquence de la dissolution, volontairement
brutale, des « Ateliers nationaux » — laquelle jeta instantanément sur
le pavé des milliers d'ouvriers — ainsi que des excitations des partis
monarchiques (royalistes ou bonapartistes) qui s'efforçaient de pêcher
en eau trouble. Toutefois, la férocité de la répression, qui fit un objet
d'exécration du général Cavaignac, jeta les ferments d'une haine
de classe, qui devait se réveiller vers la fin du second empire et
contribuer à l'insurrection de la Commune. Celle-ci, non moins
durement traitée, multiplia les premiers germes et contribua senti-
mentalement au développement du parti socialiste. Le parti socialiste voit, actuellement, dans ces deux événements, les premières
étapes de la lutte du prolétariat contre la bourgeoisie.

La deuxième manifestation socialiste — dans le sens actuel du
mot socialisme — fut une agitation qui se produisit vers 1849 dans
un milieu mixte d'ouvriers et de « prolétaires intellectuels », c'est-
à-dire lettrés, pour la constitution des « corporations ouvrières ».
Le programme de cette agitation, qui tendait à l'organisation des
ouvriers en groupes de profession, avait une certaine allure de
réaction vers le régime des jurandes et maîtrises d'avant 1790 ;

mais dans l'évolution des sociétés tout n'est qu'action et réaction. Le coup d'Etat du 2 décembre 1851 mit fin à cette agitation comme à celles de la politique, en faisant peser sur la France le silence du despotisme.

Ce mouvement corporatif recommença — bien timidement étant donné le régime du Second Empire — en 1860. Un homme qui avait coopéré au précédent, un avocat israélite, M. Armand Lévy, ami du prince Jérome-Napoléon, réunit quelques ouvriers intelligents, particulièrement des typographes, et le groupe publia un certain nombre de brochures. Lorsque survint l'exposition universelle de Londres en 1862, le groupe s'avisa qu'il serait bon que des ouvriers fussent délégués par leurs camarades pour aller étudier les procédés de travail des peuples étrangers. Le prince Napoléon, commissaire général pour la France, accueillit l'idée et la fit accepter par Napoléon III, chez qui le socialiste d'antan — auteur d'un système d'*Extinction du Paupérisme* — n'était pas complètement mort. Nonobstant l'opposition des ministres, l'élection des délégués, avec l'organisation de comités qu'elle comportait, fut autorisée, et une somme de 20.000 francs fut consacrée aux frais de voyage.

Quelques délégués, à Londres, grâce aux proscrits politiques républicains, nouèrent des relations avec des chefs du mouvement *trade unioniste*. La plupart des rapports des délégués à leurs camarades — également publiés aux frais de la commission de l'Exposition — continrent, après la partie technique, une partie sociale ou économique, dont le thème principal fut la constitution des « corporations ouvrières ». Disons immédiatement, pour n'y pas revenir, que cette agitation pour les « corporations ouvrières » fut l'origine des syndicats d'ouvriers et même de commerçants et d'industriels, lesquels furent d'abord tolérés et n'obtinrent l'existence légale qu'en 1884.

En 1863, aux élections générales pour le corps législatif, on vit surgir à Paris une « candidature ouvrière », celle de M. J.-J. Blanc, ouvrier typographe, metteur en page du journal l'*Opinion Nationale*, dont les attaches avec le prince Jérome-Napoléon étaient connues, dont le rédacteur en chef, M. Adolphe Guéroult, était un ancien Saint Simonien, et qui soutenait le mouvement des corporations ouvrières depuis le début. Ce fut contre M. Havin, directeur politique du *Siècle*, que M. J.-J. Blanc se présenta. Il fut naturellement battu. L'année suivante, dans une élection partielle du 11e ar-

rondissement, ce fut M. H. Tolain, mort questeur du Sénat, qui se
présenta contre M. Garnier-Pagés : il eut un peu plus de 300 voix.

Peu de temps après, fut lancé, grace au concours complaisant de
l'*Opinion Nationale,* un manifeste qui du nombre de ses signataires
prit le nom de « manifeste des soixante ». Ce manifeste frappa
P.-J. Proudhon, qui publia un livre intitulé : « De la capacité politique des classes ouvrières », lequel, pour les hommes mêlés au
mouvement dont nous parlons, fut un véritable coup de clairon. Ils
y virent l'évangile d'une société nouvelle, dans laquelle « la classe
ouvrière » de rien deviendrait tout comme la bourgeoisie de Sieyès.
Peu de temps après, trois délégués parisiens, MM. Tolain, Perra-
chon et Antoine Limousin se rendaient à Londres, y assistaient à
une série de conférences où l'on accepta les statuts d'une association
internationale des travailleurs, puis à un grand meeting public qui
en fut le lancement solennel. A ces conférences prit part un proscrit allemand qui n'avait pas encore fait grand bruit, appelé Karl
Marx, lequel fut l'auteur du manifeste accompagnant les statuts,
manifeste qui se terminait par cet appel : « Travailleurs de tous
les pays, unissez-vous! ».

Nous ne raconterons pas l'histoire de l'Internationale, comme on
nomma cette association ; nous nous contenterons de marquer le
mécontentement qu'elle inspira dès le début aux partis d'opposition
« bourgeois », notamment aux républicains. Ceux-ci y virent un
abandon ou plutôt une tentative de détournement de l'armée des
ouvriers sur laquelle ils comptaient pour la révolution, toujours espérée, qui devait renverser l'empire. Dès le début de l'agitation des
ouvriers, un contre-effort avait été fait par la création du « Crédit
au Travail », banque de commandite et d'escompte pour les sociétés
coopératives ou « ouvrières ». La liste des actionnaires comprenait
toutes les notoriétés du parti républicain. Le Crédit au Travail suc-
comba au bout de quelques années, tué par sa clientèle.

Quand l'Internationale fut fondée, des hommes politiques « bourgeois » essayèrent de prendre la direction de la branche française,
ils furent éliminés et dès lors un antagonisme latent exista : les
ouvriers de l'Internationale affectant de placer tous les « bourgeois »,
même républicains, sur le même rang ; les républicains « bourgeois »
insinuant que l'Internationale était secrètement protégée par le
gouvernement impérial. De fait, l'Internationale jouit à Paris d'une
liberté incompatible avec le régime de l'époque. Le gouvernement

impérial trouvait cet antagonisme utile à sa politique, mais il n'y
eut rien de plus. M. Armand Lévy était depuis longtemps éliminé
ainsi que d'autres hommes passés du service de la branche cadette
à celui de la branche aînée.

En 1865, une feuille hebdomadaire et *littéraire* — ce qui permettait de se passer de l'autorisation et de ne pas déposer de cautionnement — intitulée la *Tribune ouvrière*, fut fondée à Paris.
Elle vécut un mois, fut tuée pour avoir manifesté qu'elle n'était
pas impérialiste, et valut à son gérant et rédacteur en chef — l'auteur du présent travail — un autre mois... de prison et cent francs
d'amende.

A ce moment, tout le monde caressait les ouvriers et voulait
travailler à leur « émancipation ». En 1865, un groupe d'Orléanis-
tes à la tête de desquels était M. Léon Say, fondait la « Caisse d'escompte des associations populaires », concurrence au « Crédit au
travail », et qui eut la même fin que celui-ci. Peu après, le gouvernement créait la « Société du Prince impérial », avec le sous-
titre : « Crédit de l'enfance au travail », qui vivota et mourut
en 1870.

En 1866, 1867, 1868 et 1869 l'Association internationale eut ses
congrès internationaux, où le groupe parisien, principalement composé de disciples de Proudhon, entra en luttes oratoires avec les
communistes français et allemands. En 1869, au milieu de l'agitation révolutionnaire de la fin de l'empire, le gouvernement, jugeant
qu'il n'y avait absolument rien à tirer de l'Internationale, fit un procès au Comité parisien, le fit dissoudre et distribuer quelques mois
de prison à ses membres. Ce fut l'occasion d'une nouvelle manifestation ouvrière, et une sorte de réhabilitation républicaine.

. Dans la bagarre de la fin de l'Empire, la théorie de la distinction des classes et les hommes de l'Internationale ne jouèrent qu'un
rôle effacé. Les Internationaux furent même considérés comme
d'abominables modérés. Vinrent la guerre de 1870, le siège de
Paris, et l'insurrection du 18 mars 1871. Dans la « Commune »
les membres de l'Internationale qui s'y trouvaient furent encore
des modérés. Cela n'empêcha pas qu'après la défaite, l'Internationale ne fût considérée comme la grande coupable, dénoncée au
monde. On parla de son existence mystérieuse, des millions qu'elle
avait dans sa caisse ; on la dénonça comme vendue à l'Allemagne.
Enfin, on fit contre elle une loi bien inutile dans un pays où n'exis-

tait pas la liberté d'association ; cette loi n'est pas encore abrogée, mais est tombée en désuétude.

Nous n'avons parlé ici que de la France, ou plutôt de Paris, parce que ce fut sur ce point que se produisit la gestation du socialisme des ouvriers qui constitue actuellement un phéno-mène social. En Allemagne, avait existé, vers 1847, un groupe correspondant à celui de l'*Atelier,* formé autour d'un homme oublié nommé *Ronge.* Vers 1864 se produisit Ferdinand Lasalle, un lettré israélite, qui recueillit d'assez nombreux disciples, mais dont le programme se résumait dans l'établissement de sociétés coopérati-ves commanditées par l'État. Le romanesque socialiste tué en duel, son parti subsista, mais il se trouva en face du parti démocrate socialiste que venait de constituer M. Liebknecht, ancien proscrit de 1848, ayant vécu en Angleterre à côté de Karl Marx. Après s'être combattus, les deux partis fusionnèrent en un seul dans un congrès tenu à Eisenach. Dès lors, le parti prit le caractère d'un parti de classe, conformément à la doctrine de Karl Marx, et en vertu également de la force des choses. En 1870, le parti avait deux représentants dans le parlement de l'Allemagne du Nord, grâce au suffrage universel octroyé en 1866. Ces deux députés, MM. Liebknecht et Bebel, protestèrent contre la continuation de la guerre après la bataille de Sedan, et furent enfermés dans une for-teresse.

Après la guerre, le parti se développa parallèlement à l'industrie. M. de Bismarck s'en inquiéta, établit le régime du « petit état de siège » à l'usage des socialistes. Comme il arrive toujours des demi-persécutions, cela accrut la force des persécutés. Aujourd'hui le parti est l'un des plus puissants de l'empire allemand.

En Belgique, toutes les agitations de la France ont leur contre-coup : il y eut en 1848 des révolutionnaires, des républicains, des socialistes. La France tombant dans le silence en 1852, ces agitations diverses se tournèrent en anti-cléricalisme. En 1865, lorsque je me rendis à Bruxelles pour faire imprimer la *Tribune Ouvrière* saisie en France, je révélai l'existence de l'Internationale à mon imprimeur Désirée Brismée et à son gendre César de Paepe. Celui-ci assista trois mois après à la seconde conférence de Londres et y fut nommé délégué belge. En 1868, lors du congrès international de l'Association tenu à Bruxelles, le parti s'était beaucoup déve-loppé. Après 1871, il continua de s'étendre, et aujourd'hui, en Bel-

gique comme en Allemage, le parti socialiste est un des plus puissants, aussi puissant que le parti libéral historique qu'il a un moment
supplanté.

Récapitulons brièvement : Le parti socialiste des ouvriers est
né en France. Sa première manifestation a été la feuille mensuelle
l'*Atelier* publiée en 1840, sa seconde manifestation fut l'agitation
pour les « corporations ouvrières » de 1849, sa troisième manifestation fut la nouvelle agitation pour les « corporations ouvrières »
qui aboutit en 1864 à la fondation de l'Association internationale
des travailleurs, dont sont sortis le parti « socialiste ouvrier »
français, le parti « démocrate socialiste » allemand, le parti socialiste belge, ayant tous les trois le même programme : la « révolution sociale ».

* *

*Le socialisme est un phénomème récent parce qu'il est une
transposition du sentiment religieux.*

La constatation que nous allons faire surprendra et indignera
même, parmi nos lecteurs, les socialistes et les hommes religieux.
Seuls les sociologues, habitués à considérer la religion comme un
phénomène social, me comprendront. Pour cette raison, et afin
d'éviter toute confusion, je crois devoir, en débutant, donner une
définition sociologique de la religion.

La religion est un phénomène aussi ancien que les sociétés, car
on ne trouve pas, je crois, dans l'histoire, d'exemple de peuple
n'ayant pas une religion, au moins rudimentaire. Elle est la manifestation et la satisfaction de quatre facultés et de quatre besoins
correspondants à des passions de l'esprit humain : 1° le besoin de
conceptions générales; 2° la prévoyance personnelle; 3° l'enthousiasme esthétique ; 4° le sentiment de solidarité.

La religion donne satisfaction au besoin d'idées générales parce
qu'elle repose sur une cosmogonie ou système de création et de
gouvernement du monde; elle donne satisfaction à la passion de
prévoyance parce qu'elle incite les hommes à se concilier la faveur
de la puissance créatrice et gouvernante en vue d'un résultat immédiat ou ultérieur; elle satisfait la passion d'enthousiasme esthétique
par la disproportion entre l'intimité de l'homme et l'immensité de
l'Univers dont il se sait une partie consciente ; enfin, elle satisfait
le sentiment de solidarité parce que l'homme religieux se persuade
que les désobéissances de son prochain aux volontés de Dieu pour-

raient avoir pour lui-même des conséquences dangereuses, ce qui l'amène à contraindre ledit prochain à l'observance desdites volontés.

Ces points posés, voyons quel rôle la religion a joué dans le passé. Dans l'Antiquité, c'est-à-dire avant le christianisme, il ne semble pas que la religion ait établi entre cette vie et la vie future hypothétique, d'autres rapports que ceux affectant les individus. Avec le christianisme, cela change. Le Christianisme se produisit pendant l'empire romain, au milieu de la dissolution des nationalités antérieures, dans une société reposant sur l'esclavage et l'exploitation des peuples, tant par l'empire que par ses fonctionnaires ou les riches. A cette situation, personne n'aperçoit d'issue. Qui donc songerait à se soustraire au joug de Rome, et quelle raison d'espérer que la conquête de l'indépendance nationale amènerait un changement dans la société ?

Le Christianisme paraît ; il se présente avec des promesses de réparation ou plutôt de compensation. « Dans le Paradis, déclare-t-il, les premiers seront les derniers, et les derniers seront les premiers ; il est aussi difficile à un riche d'entrer dans le Paradis qu'à un câble de passer par le trou d'un aiguille ». Voilà l'antagonisme de classe posé et la « révolution sociale » annoncée. Seulement le Christianisme transpose la question. Il dit aux malheureux : « Souffrez avec résignation pour avoir la certitude de la rétribution ultra vitale », et aux riches « Prenez garde ! les supplices de l'Enfer vous attendent ». Il ne néglige pas cependant la vie temporelle, mais c'est pour prescrire la discipline à y pratiquer en vue de la vie future. En outre des pratiques cultuelles, il enseigne aux malheureux la résignation, aux heureux, la charité. Comme la perspective d'une vie future n'est pas suffisante pour agir sur tout le monde, il y joint l'annonce de la prochaine fin du monde, où Dieu viendra, accompagné de son fils, juger les hommes et leur accorder à tous la rétribution à laquelle ils ont droit. La fin du monde n'arrivant point, et le christianisme ayant pris racine, on inventa le *millenium :* la fin du monde mille ans après la naissance ou la mort du Christ. Alors, selon la prédiction d'Isaïe, on devait voir de nouveaux Cieux et une nouvelle Terre : le fer du glaive serait transformé en soc de charrue, l'agneau dormirait à côté du lion. Il n'était pas apparent que cela ne se réaliserait que dans le Paradis ; après la résurrection des corps, cela pouvait bien se passer sur la terre. Voilà la « révolution sociale » !

Que la résignation des malheureux et la charité des riches et des puissants dans la mesure où elle fut excitée par la crainte de l'Enfer aient été profitables au point de vue de la durée de la société, c'est possible, mais c'est un point que nous n'avons pas à examiner ici. Nous nous bornerons à constater que le système de la compensation régna, nonobstant tous les à coups, jusqu'à la fin du xviiie siècle en France, jusqu'au milieu du xixe siècle dans les pays de l'Europe occidentale et dans l'Amérique du Nord, qu'il subsiste dans le reste de la chrétienté.

· La révolution française de la fin du xviiie siècle fut, on le sait, à la fois anti-monarchique, anti-aristocratique et anti-religieuse. Ce dernier point nous intéresse seul en ce moment. Le peuple français semble avoir alors rejeté son antique croyance comme un homme quitte un vêtement usé. Seulement, en renonçant à l'espérance de la compensation, ce même peuple devait, en même temps, renoncer à la résignation dont elle était le prix. Cela ne se vit pas de suite : la lutte contre les défenseurs de la religion imposée, les événements politiques absorbèrent l'attention ; mais il vint un moment où le complément de l'évolution se produisit. Ce fut vers 1830, quand la liberté religieuse se trouva définitivement conquise. Alors, le peuple songea à lui-même ou plutôt la faible fraction consciente du peuple songea pour la masse.

Seulement, les grandes ambitions excitées par la promesse du bonheur paradisiaque offert par la religion n'avaient pas disparu ; elles étaient à nouveau transposées. Ce n'était pas dans l'autre vie qu'on les plaçait, mais dans celle-ci ; non pour les générations futures, mais pour celle existante. Juste, à ce moment, se produisit l'*utopie* saint-simonienne, bientôt suivie de l'*utopie* fouriériste, — qui, bien que première en date, n'arriva à la notoriété qu'en deuxième. Ces deux utopies promettaient tout simplement la reconstitution du Paradis Terrestre et à brève échéance. C'était le *Millenium* autrefois attendu. Mais le Saint-Simonisme et le Fouriérisme étaient bien compliqués pour les masses populaires : les divers systèmes communistes de Cabet, Louis Blanc, Pierre Leroux, Pecqueur, beaucoup plus simples ou *simplistes,* naquirent et entraînèrent les foules.

· Pour que les espérances à brève échéance de ces diverses révélations fussent bien accueillies, même parmi les classes instruites, il fallait une ignorance complète de l'économie politique — encore

à son enfance d'ailleurs → et une forte dose de mysticisme. L'ignorance et le mysticisme sont deux états d'esprits naturels aux foules.
D'ailleurs, vers le même temps, par l'effet de la loi naturelle de
l'oscillation des idées collectives, se produisit le renouveau de religiosité marqué par les écrits de Lamennais, Montalembert, Lacor-
daire, Buchez et d'autres. Tous les *utopistes* socialistes étaient
religieux et pour la plupart même catholiques.

Quand le socialisme prit la forme dont l'état actuel est le développement naturel, en 1864, l'oscillation s'était produite en sens
inverse : le socialisme fut athée, matérialiste, et cela n'a pas cessé.
Cela ne lui a pas enlevé, d'ailleurs, son caractère religieux confor-
formément à la définition donnée plus haut. Le socialisme nouveau
a le même dogme que le précédent : « la révolution sociale ». Au lieu
de plusieurs doctrines, jouant le rôle de la théologie, il n'y en a plus
qu'une : celle de Karl Marx. C'est la forme actuelle de la conception
générale, la prévoyance se manifeste par l'espérance, la quasi-cer-
litude du triomphe prochain ; l'enthousiasme est excité par la disproportion entre l'individu et la société dont il fait partie ; enfin le
besoin esthétique est satisfait par l'amour de la justice qui est à
la base de l'agitation.

Nous trouvons, dans la constatation du caractère religieux transposé du socialisme, l'explication de l'insuccès de celui-ci en Angleterre et aux États-Unis. Dans ces deux pays, le peuple a gardé la
croyance en la compensation ultra vitale, ce qui fait que, dans cette
vie, il ne cherche qu'une amélioration et non le Paradis de la
« révolution sociale ».

L'état actuel du socialisme.

Le caractère religieux du socialisme s'est manifesté tout récemment en Allemagne et en France.

En Allemagne, un ancien disciple de Karl Marx — à qui le séjour
en exil, à Londres, a peut-être donné l'isolement nécessaire à la
reprise de possession de soi-même — M. Bernstein, ayant publié un
livre dans lequel il démolissait la doctrine économique du maître,
fut violemment attaqué dans le congrès annuel du parti tenu en
1899. Que les chefs du parti fassent *in petto* des réserves, c'est
vraisemblable, c'est même ce qu'on devine aux réticences de leur
langage enflammé. Mais, ils sont d'avis qu'on ne change pas d'objectif au milieu d'une bataille ; ils comprennent que s'ils laissaient

mettre en doute le dogme, la perspective de la « révolution sociale » disparaîtrait, et que leurs soldats se disperseraient. Cependant, après de virulentes diatribes, M. Bernstein ne fut pas excommunié : vraisemblablement parce qu'il avait trouvé des défenseurs, et que les habiles politiques qui conduisent la démocratie socialiste ne voulaient pas diviser leur armée.

En France, les dogmatistes n'ont pas eu la même prudence.

La situation, dans notre pays, peut, à première vue, paraître plus favorable au socialisme qu'en Allemagne. En Allemagne, le socialisme paraît condamné à jouer pendant longtemps encore le rôle de l'opposition ; en France, au contraire, le chef parlementaire du même parti est entré dans le ministère, paraît destiné à y rester tant que ce cabinet durera et à y revenir avec l'oscillation ultérieure de la politique. Le parti républicain, en effet, ne peut plus rien sans le parti socialiste, de même que celui-ci ne peut rien sans le parti républicain. Pour un parti qui a inscrit sur son programme la conquête du pouvoir, il semble donc qu'il y ait là un premier pas très important.

Oui, en apparence, en réalité non. Le parti socialiste, depuis qu'il s'est décidé à exercer une action politique, a proclamé qu'il voulait conquérir le pouvoir pour réaliser son programme, c'est-à-dire faire la « révolution sociale », supprimer la propriété, réorganiser le travail. Or, M. Millerand, depuis près de deux ans, n'a rien fait et ne peut rien faire de cela. Il n'a fait, il ne peut faire que de l'économie sociale Il paraît même être en coquetterie réglée avec les anciens disciples de Le Play, et autres économistes sociaux catholiques. Il les appelle au Conseil supérieur du Travail, les décore, leur confère des fonctions.

Grande colère ou plutôt grande satisfaction et grande colère feinte des dogmatistes : MM. Guesde, Lafargue, Vaillant, et de ceux qui les suivent, lesquels n'admettent pas les demi-mesures et veulent tout ou rien. Pour eux, M. Millerand, en entrant dans un ministère « bourgeois », a commis une véritable trahison ; toutes les mesures qu'il prend, toutes les lois qu'il fait voter sont, non pas même des palliatifs, mais des trompe-l'œil destinés à endormir les prolétaires.

La question a été portée devant le congrès national en 1899 ; mais là, les dogmatistes ont rencontré un redoutable adversaire dans M. Jaurès, ancien député du parti, directeur du journal la

Petite République, entouré lui aussi d'un état-major. Après une
lutte d'une violence inouïe, on fit un replâtrage et l'on exécuta une
promenade enthousiaste, bannières déployées, au chant de l'*Internationale* de Pottier. Le lendemain, les organes du parti procla-
maient devant les « partis bourgeois », la reconstitution de l'Unité ;
mais les chefs, de part et d'autre, se préparaient à une nouvelle
bataille.

Cette nouvelle bataille a eu lieu en 1900. Les deux camps se
sont accusés réciproquement d'avoir manipulé, chacun par un
procédé différent, la matière électorale, c'est-à-dire les « groupes »,
« alliances », « fédérations » et « agglomérations » du parti. La
victoire est restée à M. Jaurès et aux « ministériels ». Les orthodoxes sont partis après des scènes de violences, et sont allés
ailleurs proclamer que leur Congrès était le vrai Congrès. De part
et d'autre, on se livre à une propagande active pour s'enlever des
adhérents, et aboutir de nouveau à l'*unité* par l'écrasement de
l'adversaire.

L'unité ! Que faut-il entendre par ce mot ? M. Jaurès, qui l'a eu
constamment à la bouche ou sous la plume au cours de la bataille,
ne l'a pas défini, vraisemblablement avec intention. S'agit-il d'une
unité dogmatique, d'un socialisme en quelque sorte catholique
c'est-à-dire universel, ou d'une unité d'action politique ? On pourrait
croire qu'il s'agit de la première, en entendant et lisant M. Jaurès.
Il a proclamé bien haut qu'il ne fallait renoncer ni à la «révolution
sociale », ni à la suppression de la propriété, ni à aucun point de
la doctrine de Marx ; c'est donc de l'unité dogmatique qu'il a
voulu parler. Mais d'autre part, il a suivi les traces de M. Bernstein,
en critiquant les prévisions du maître au sujet de la concentration
nécessaire de la propriété du sol par le développement de la
« société capitaliste ». Il admet, en outre, que l'on publie dans la
Petite République des articles où l'*unité* est comprise dans le sens
de l'action politique contingente.

Le vraisemblable est que M. Jaurès et les autres chefs de parti
qui marchent avec lui sont animés du même esprit politique que
MM. Liebknecht, Bebel, Singer, Kautsky en Allemagne. Ils comprennent l'utilité de l'esprit religieux et du dogmatisme, et lui font
la concession de proclamer leur foi ardente en dissimulant leur
scepticisme. Ils courraient, en outre, le danger de se voir enlever
leurs soldats par les orthodoxes s'ils agissaient autrement. M. Mille-

rand, lui-même, malgré la réserve que lui commande son titre de
ministre, et le danger qu'il pouvait y avoir au Parlement, est allé
à Lens, confesser de nouveau le programme de Saint-Mandé, et
affirmer qu'il voulait toujours l'abolition de la propriété... Pour plus
tard, bien plus tard ; mais qu'il le voulait toujours... en principe.

En Belgique, les mêmes dissentiments ne se sont pas produits,
et les chefs ont pu faire de l'économie sociale tout en se déclarant
révolutionnaires, sans soulever de tempêtes.

Mais, qu'ils soient dogmatistes ou transigeants, qu'ils s'enfer-
ment dans la doctrine comme dans une forteresse inexpugnable ou
qu'ils fassent de l'économie sociale sans le dire, il est une condition qui s'impose aux chefs socialistes comme à tous les conducteurs d'hommes : c'est de suivre leurs soldats quand ceux-ci engagent une bataille, même mal à propos. Les batailles ici ce sont les
grèves, et les ouvriers qui se mettent en grève n'ont pas toujours
raison. Souvent les chefs sont pris à l'improviste, embarrassés,
mécontents, mais ils doivent marcher sous peine de se voir sup-
planter par de plus ardents, abandonnés par leurs soldats. Pour
eux, des ouvriers, quoi qu'ils fassent, quoi qu'ils disent, doivent
avoir toujours raison... de droit divin. D'ailleurs, les grèves, même
suivies d'un échec, surtout quand elles ont causé de grandes souffrances, sont utiles au parti socialiste. Elles suscitent ou surexci-
tent la haine de classes, premier principe du marxisme.

*
* *

Le socialisme recrute ses chefs dans la bourgeoisie.

J'ai parlé de la superbe intransigeance « ouvrière » des rédacteurs de l'*Atelier* et des fondateurs parisiens de l'Internationale.
La « classe ouvrière » devait tout faire par elle-même ; ce qu'elle
poursuivait c'était « l'émancipation des travailleurs par eux-
mêmes » ; cependant, à l'heure présente, les chefs du parti socialiste
en France, en Allemagne, en Belgique, en Hollande, en Suisse, en
Italie sont des « bourgeois » Il y a, parmi eux, des ouvriers ou
d'anciens ouvriers tels que M. Bebel, mais c'est la minorité. Je ne
connais pas assez le personnel allemand pour entrer dans quelques
détails, mais je sais que si M. Bebel, homme de grand talent, est
un ancien ouvrier, M. Liebknecht était un journaliste, M. Singer
est un grand industriel, et que la majorité de l'état-major du parti
est formée de « bourgeois », parmi lesquels les juifs — ces

surbourgeois — occupent une place importante. En Belgique,
MM. Vandervelde, La Fontaine et Furnémont sont des avocats et
des hommes très riches ; M. Desfuisseaux est un gros industriel ;
M. Anseele est un ancien ouvrier. Le tribun italien M.-Ferri est, je
crois, professeur.

En France, MM. Millerand, Viviani et Sembat sont des avocats ;
M. Jaurès est agrégé de l'Université et brillant ancien élève de
l'Ecole Normale ; M. Vaillant est un ancien industriel très riche,
M. Rouanet est homme de lettres, M. Fournière, homme de lettres
également, est ancien ouvrier ; M. Allemane est ouvrier typographe ;
M. Jules Guesde est homme de lettres, M. Paul Lafargue est rentier très cossu. L'élément ouvrier, ici encore, est en minorité.

Ces bourgeois lettrés ne sont pas les moins ardents — ils le sont
même plus que les ouvriers — à proclamer la guerre de classes, à
affirmer la nécessité de la séparation du prolétariat d'avec la bourgeoisie, à prophétiser la révolution sociale qui abolira la propriété
et les ruinera. Il ne m'appartient pas de contester leur sincérité.

L'avenir du parti socialiste.

Qu'adviendra-t-il du parti socialiste, qui est, je le répète, à l'heure
actuelle, un phénomène social ? Tant qu'il sera dans l'opposition et
hors d'état de tenter la réalisation de son programme — ce qui est le
cas en Allemagne et vraisemblablement en Belgique — il pourra prolonger son existence. Il pourrait en être autrement en France. Non
que je considère comme possible la conquête intégrale du pouvoir
par lui ; mais quand auront été édictées toutes les mesures d'économie sociale qui peuvent être présentées comme d'ordre préparatoire,
alors que, poussée par les intransigeants, la masse réclamera encore
autre chose, on doit se demander ce qui arrivera. Les chefs reculeront-
ils d'eux-mêmes ; alors, ils seront balayés et remplacés par d'autres ;
tenteront-ils d'entrer dans la voie de l'abolition de la propriété et
dans celle de l'organisation étatiste du travail ? Alors, c'est de l'autre
côté que viendra la résistance et peut-être une bataille sanglante —
dans laquelle la défaite du parti socialiste est certaine — s'enga-
gera. Les chefs « bourgeois » porteront la peine de leur habileté.
Ils se seront efforcés, pendant des années, de se mettre au niveau
intellectuel de leurs soldats afin de pouvoir les mener ; ils n'auront
rien fait pour leur donner un commencement d'éducation écono-

mique et seront victimes des préjugés ainsi que de la foi dans la
transformation radicale et instantanée qu'ils auront entretenus.

Ils auront maintenu leurs fidèles dans la croyance que le *salariat* est, en soi, une institution mauvaise, que la propriété est la
cause de tous les maux sociaux ; ils auront fait survivre l'opinion,
juste en partie autrefois, qu'il existe des *prolétaires,* c'est-à-dire
des hommes n'ayant d'autre droit social que de proliférer. — Alors
qu'en fait les ouvriers sont aujourd'hui électeurs, éligibles et même
élus aux fonctions de conseiller municipal, maire, député ou sénateur. — Ils les auront grisés de déclamations contre la « société
capitaliste », le « régime capitaliste », et leurs clients viendront
leur réclamer l'accomplissement de la « révolution sociale ».

Après une crise à prévoir, le socialisme continuera à marquer le
pas, à remplir la fonction de stimulant au progrès. Pendant ce
temps, les causes naturelles d'amélioration des sociétés continueront
leur action, commencée depuis bien longtemps, mais qui est allée
sans cesse en s'accélérant pendant le cours du xixe siècle. La principale de ces causes est l'application des sciences mécanique, physique et chimique à l'agriculture et à l'industrie, laquelle multiplie
sans cesse la puissance de l'effort humain. Cette augmentation de
la puissance de l'effort humain a pour conséquences : $1°$ de réduire
le prix des choses nécessaires à la vie et de permettre la satisfaction de besoins naguère encore ignorés du peuple ; $2°$ de permettre
à la masse des petites gens de satisfaire leur besoin si intense de
prévoyance et d'épargne, déjà si actif que, selon l'expression de
M. Alfred Neymark, la propriété mobilière est aujourd'hui divisée
en une véritable poussière de titres produisant une vapeur de revenus. Que sera-ce en 1950 ou en 2000 ? $3°$ La réduction de la journée
de travail assurera aux salariés de l'industrie et de l'agriculture, des
loisirs qu'ils utiliseront pour s'instruire, s'éduquer, apprendre à
raisonner. Ainsi sera comblé le fossé existant aujourd'hui entre la
classe sociale supérieure et la classe sociale inférieure. Ce sera là
une véritable « révolution sociale », mais une révolution comme la
nature en accomplit, par une évolution progressive plus ou moins
rapide, mais sans faire de saut.

**

Au cours de ce travail, je n'ai pas eu un instant l'intention de
blâmer ni de critiquer. Ainsi que je l'ai dit en commençant, je con-

sidère le socialisme, parti de classe, anti-propriétariste,· révolutionnaire, millénaire, comme un phénomène social, résultat, comme
tous les phénomènes, des lois de la nature, c'est-à-dire nécessaire
dans ses détails, aussi bien que dans son ensemble.=Quand il aura
accompli son cycle, qu'il ne sera plus qu'un souvenir, les passions
ou besoins psychiques de la collectivité qui l'auront produit demanderont un nouvel emploi, se manifesteront dans un nouveau phénomène social. Quel sera ce nouveau phénomène ? Il n'est pas plus
possible de le prévoir qu'il n'était possible de prévoir le socialisme
en 1789. N'empiétons-pas, d'ailleurs, par des suppositions téméraires sur le domaine de l'avenir, laissons à nos enfants et petits-
enfants le soin de faire leur œuvre en tant que philosophes et sociologues aussi bien qu'en tant qu'hommes d'action. A chaque siècle
suffit sa tâche.

Ch.-M. Limousin.

LA NOTION DE L'ÉTAT

Suite [1].

CHAPITRE II

LA GENÈSE DES SOCIÉTÉS HUMAINES

XV. Tout groupement social, de quelque amplitude qu'il soit, existe donc pour un but unique : la conservation des individus, laquelle assure la perpétuation de l'espèce.

Les sociétés humaines ne sont pas autrement faites que les sociétés animales. L'homme, en effet, est un animal sociable; il a acquis le caractère de sociabilité. Et l'humanité, quand on l'étudie dans l'espace et dans le temps, présente, partout et toujours, les caractères que nous avons reconnus aux sociétés animales [2].

XVI. Dans tout groupement, dans toute association, il y a un accord, il y a un concours de consentements, il y a convention, il y a contrat [3].

Jean-Jacques Rousseau n'avait pas les éléments dont les sociologues modernes disposent pour étudier et comparer les sociétés humaines et les sociétés animales, dans l'espace et dans le temps; et il s'en plaignait [4].

Mais il dut reconnaître que toute société dérive d'un accord, d'un concours de tendances, et il formula, pour les sociétés humaines, l'idée du « Contrat ou pacte social ».

On a qualifié cette idée d'hypothèse; mais nous avons vu que c'est un fait, un fait purement naturel; et que la seule erreur que l'on puisse commettre, en parlant du contrat social initial, dérive

---

[1] V. *Revue d'Économie politique* de décembre 1900, p. 988.

[2] Aristote, *Politique* (traduction Barthélémy Saint-Hilaire), liv. III, chap. IV, p. 241 ; liv. I, chap. I, p. 15.

[3] La synonymie de tous ces mots est complète, au point de vue où nous nous plaçons ; car toutes les conventions d'un individu avec un autre, quel que soit leur but, quelle que doive être leur durée, sont des « sociétés ».

Le langage diplomatique emploie, pour qualifier certaines conventions internationales, une expression latine dont l'application, ici, est on ne peut plus littérale. L'accord social est un *modus vivendi*, un moyen de vivre, un moyen de continuer à vivre.

[4] Voir notamment la note 10 de l'*Inégalité parmi les hommes*, p. 168, édition Bibliothèque nationale.

d'un préjugé. Nous nous figurons que ce contrat social primitif a dû ressembler aux innombrables conventions que la vie actuelle nous oblige à conclure; et nous nous refusons à croire que les premiers hommes aient fait une convention de ce genre, une convention qui devait les lier, eux et leurs descendants, à toute perpétuité.

L'accord social, le groupement primitif a été, de par la nature même des choses, un concours de volontés, un contrat, un *modus vivendi*.

Et c'est aussi la nature des choses qui a fait que le groupement social a perduré ; de sorte que l'instinct de sociabilité nous apparaît maintenant comme un caractère de l'espèce humaine...

XVII. « Instinct tant que l'on voudra », dit-on ; mais nous expliquerez-vous pourquoi nous nous demandons, parfois, si la société dont chacun de nous fait partie, est si réellement nécessaire, naturelle, inéluctable, quand nous sentons qu'elle nous oblige à faire des actes qui nous déplaisent, qui nous causent un mal?

Il y a plusieurs choses à répondre à cela. D'abord, l'animal humain est devenu un animal qui raisonne même ses instincts, qui « réfléchit » sur eux et qui cherche à connaître la cause de ses instincts. Quand il a trouvé ou quand il croit avoir trouvé cette cause, l'instinct n'en est pas moins resté un instinct. Ainsi en est-il de l'instinct de sociabilité [1].

XVIII. Ensuite, il se peut parfaitement que la société dont nous faisons partie nous oblige à accomplir un acte qui nous déplaît. Mais il faut voir si cette société — ou du moins ceux qui agissent en son nom, agissent bien conformément au but qui a été assigné à la société et puis il faut voir, aussi, si l'acte qui semble nous causer un mal ne nous protège pas contre un mal plus grand, et si, par conséquent, ce n'est pas un bien relatif, ou enfin si ce n'est pas un bien, tout au moins pour l'ensemble de la société, sinon pour nous.

XIX. En troisième lieu, c'est que si l'on peut très bien concevoir « la société humaine », une société humaine universelle, en fait cette société n'existe pas.

Ce n'est qu'un concept, une idée. Il y a des groupements humains très réels, très matériels, très tangibles et très distincts les uns des autres. Ces groupements constituent « les sociétés

---

[1] Et de l'instinct de l'alimentation, de la reproduction, etc.

humaines » qui sont en nombre indéterminable ; et si l'on doit reconnaître que les différences naturelles des races sont les causes principales de ce fractionnement de l'espèce humaine en sociétés distinctes, on doit ajouter que ce fractionnement est dû, aussi, à des phénomènes météorologiques, géographiques et autres qui tiennent de la physique du globe.

Et il faut penser, en outre, aux phénomènes purement sociaux qui ont groupé, sur des territoires donnés, des individus qui n'avaient aucune affinité ou propension naturelle à se réunir. Ce sont des groupements accidentels, artificiels, des sociétés d'origine historique, qui ont été formées, à un moment donné de l'évolution humaine, par les hommes eux-mêmes ou tout au moins par ceux qui commandent dans leurs sociétés.

Ces groupes forment les sociétés organisées qui se partagent la terre [1].

Or, si nous sentons qu'il nous est loisible de quitter *une* société, un groupement social qui nous déplaît, nous savons aussi qu'il est devenu impossible à aucun homme de ne pas vivre dans un groupement social quelconque. Il peut vouloir changer de groupe ; mais il ne peut, en fait, vivre à l'état d'isolement complet, puisque toute la terre habitable est partagée, tout au moins nominalement, en groupements sociaux d'amplitude variée.

XX. Nous pourrions nous arrêter ici, puisque nous croyons avoir prouvé que « la société » est un fait naturel inéluctable et que chacun de nous est dans un groupe social quelconque, parce qu'il n'y a pas moyen d'être autrement.

Mais on pourrait nous en vouloir de ne pas insister sur cette considération que l'animal humain, comme nous l'avons dit tout à l'heure, réfléchit sur tout, même sur ses instincts, et que nous sommes, par conséquent, portés à rechercher quelle est la raison d'être du groupe social dont nous faisons partie et jusqu'à quel point nous sommes liés à lui.

Il n'est évidemment pas question d'un contrat effectif, c'est-à-

---

[1] Quetelet pensait (II, p. 219) que « la vie des peuples tient à la classe des phénomènes périodiques » comme la succession des saisons, les phénomènes astronomiques, etc. Mais il s'agit plutôt d'une évolution continue, et si, parfois, un Etat disparait après avoir brillé, c'est par l'effet de la guerre dont nous parlerons plus loin, ou par l'effet de la colonisation. Il n'y a pas, croyons-nous, de périodicité naturelle en cette matière, et la formation des Etats organisés est un phénomène purement humain.

dire d'un consentement que *nous* aurions donné pour constituer la société dont nous faisons partie [1].

XXI. Les éléments du problème sont les mêmes que ceux qui nous ont conduits à la conclusion de la nécessité des sociétés en général : notre personnalité d'un côté et l'ensemble des individus du groupe social, dont nous ne sommes qu'une unité.

Quel est le pouvoir du second élément sur notre personnalité. Comment s'explique-t-il et jusqu'où s'étend-il?

Nous sommes tous — tout comme jadis nos ancêtres et tous les êtres vivants — placés dans la nature avec la faculté d'en jouir, pour notre existence et notre développement, sauf à « lutter » contre elle pour en tirer ce dont nous avons besoin.

Or, nous avons besoin de nous nourrir pour croître et nous développer, et nous éprouvons le besoin de perpétuer l'espèce.

XXII. Pour perpétuer l'espèce, nous devons, nécessairement, nous associer avec un être de l'autre sexe. Il en dérive l'obligation, pour l'un des associés, tout au moins, de subvenir à la protection et à l'entretien de la progéniture pendant un temps plus ou moins long.

De toute façon donc, nous devons nous nourrir, et, le cas échéant, nourrir notre progéniture. Or si, tous, nous sommes dans la même position vis-à-vis des forces naturelles, qu'arrive-t-il?

La concurrence vitale, la lutte pour l'existence est le lot des hommes comme celui de tous les êtres vivants. Si chaque individu doit lutter contre *tous* les éléments extérieurs pour vivre, il se conçoit qu'il ait aussi, dans une situation donnée, à lutter contre un autre individu.

Si donc l'homme doit lutter contre un autre homme pour la conservation de son existence, s'il n'est pas assez fort pour triompher dans cette lutte, il succombera. Mais il pourra aussi se résigner, se soumettre et confier, alors, la protection de son existence à ceux qui sont plus forts que lui Et c'est une association !

XXIII. En second lieu, l'expérience apprend aisément aux hom-

---

[1] Aussi quand les Constituants français, imprégnés, cependant, des idées du *Contrat social* de Rousseau, voulurent chercher les bases réelles de l'association politique qui portait le nom de France, ils ne songèrent plus à employer le mot « contrat ». « Tous les Français sont frères », dit le décret du 8 janvier 1790, « et ne composent qu'une famille ». On invoquait donc une espèce de communauté d'origine basée sur le dogme religieux de la « création » du premier couple humain par la Divinité. Tous les enfants de ce couple, tous les hommes, étant, par conséquent, des frères.

mes, comme aux autres animaux qui ont de la mémoire, que le
nombre peut suppléer à la force défaillante.

Le nombre, c'est-à-dire l'association, est donc la recherche d'une
« plus grande force » en vue de la protection de l'existence.

XXIV. L'expérience apprend, enfin, aux hommes, comme à tous
les autres animaux sociables, que la meilleure manière de jouir de
la nature, le plus longtemps possible, sans s'entretuer, c'est de
de s'entendre, de s'accorder.

Et cet accord existe, en fait, sans qu'il soit besoin d'aucun contrat, quand nous réglons nos actions de manière à ne pas exciter
les autres individus à user de leur supériorité sur nous pour nous
priver de l'existence. Cette supériorité, ne l'oublions pas, résulte
d'un simple fait mathématique ; elle résulte de la loi du nombre :
2 est plus que 1.

XXV. Chez la plupart des hommes, c'est la raison, c'est-à-dire
une éducation spéciale et perfectionnée des organes intellectuels,
qui fait comprendre que l'association, mieux que l'isolement, peut,
de toute manière, leur assurer l'existence, leur assurer la conservation de leur personnalité.

Mais tous les hommes ne raisonnent pas, tous ne savent même
pas raisonner !

Il ne reste, dès lors, rien d'autre à dire que ceci : c'est que nous
sommes tous dans un groupe social déterminé, le plus souvent par
le seul motif que nous y sommes nés, puis, parce que notre intérêt
nous commande d'y rester et, enfin, parce qu'il n'y a pas moyen
d'être autrement.

XXVI. De quelque côté que l'on envisage la question, de quelque
manière que l'on cherche à la résoudre : que ce soit par le raisonnement appliqué à l'analyse de l'origine des groupements des animaux sociables, que ce soit par l'observation des groupes humains
dans le temps et dans l'espace, ou que ce soit par le raisonnement
appliqué à l'étude de la position de chacun de nous dans la nature,
on aboutit, toujours, à la conclusion de la nécessité absolue du
groupement, de l'association, et nommément de ce groupement
universel primordial qui est celui où les individus sont réunis
pour assurer la continuité de l'existence de chacun d'eux, et la perpétuité de l'espèce.

C'est là le principe-créateur et directeur de l'association-mère, de
l'association-type, de la société, en un mot. Et cette association
n'aurait pas de raison d'être si elle n'avait pas ce but.

XXVII. Un mot pour finir, dans cet ordre d'idées.

L'assimilation de la société humaine à un corps vivant, à un organisme pluripartite, est vieille comme la pensée humaine elle-même [1].

Et l'on peut aller très loin dans cette dissection et dans ces comparaisons [2]. Nous-mêmes, nous aurons quelquefois recours à cette assimilation, parce que cela facilite beaucoup la compréhension. Mais la difficulté est que l'on ne pourra jamais assigner, en fait, à un individu, c'est-à-dire à l'élément simple de la société humaine, une seule et unique fonction ; comme il est permis de croire, au contraire, que, dans chaque être vivant, chaque cellule a sa fonction et n'a que celle-là.

D'autre part, dans la société, chaque cellule — pour employer le même mot — peut se déplacer par rapport à une autre, tandis que dans un organisme vivant, il y a des cellules qui se forment et meurent à la même place par rapport à leurs voisines [3].

Enfin, notre esprit se refuse à assimiler l'ensemble des hommes qui forment une société et qui, dans cette société, sur un espace de terrain donné, se déplacent et vivent de leur vie individuelle, indépendamment les uns des autres, notre esprit se refuse à assimiler cet ensemble, à l'identifier avec chacune des unités qui le composent.

Chaque homme est bien un être spécial, distinct, qui a un commencement, une continuité de matière, une contiguïté et une fin dans le temps et dans l'espace ; tandis qu'un groupe d'hommes, s'il a un commencement et une fin dans le temps, n'a aucune continuité ni contiguïté dans l'espace.

CHAPITRE III

L'ORDONNANCE SOCIALE

XXVIII. Nous avons vu que l'animal vivant ne vit en sécurité que quand il est *habitué,* adapté à un certain milieu. Ce n'est que

---

[1] Aristote, *Politique*, traduction Barthélemy Saint-Hilaire, II, p. 355.

[2] A mesure que la science biologique se développe et analyse les éléments des corps vivants, on voit des philosophes et des sociologues faire état de ces découvertes pour les appliquer à la dissection de la société humaine.

[3] V. *Revue bleue*, 10 juillet 1897, p. 49 : « La cellule vivante joue le rôle qu'elle doit jouer et n'en peut jouer un autre ; tandis que la cellule sociale — c'est-à-dire l'individu — est libre de jouer le rôle ou de ne le pas jouer ». J.-P. Laffitte sur Worms : *Organisme et Société.*

quand tout ce qui l'entoure se développe sans éveiller en lui l'insécurité, sans lui occasionner, par conséquent, un mal, que l'être
vivant vit réellement, heureusement, intégralement.

Il y a là un état d'équilibre où toutes choses restent à leur rang,
à leur fonction, à leur place.

De là découle que, dans toute société, la sécurité consiste dans
un état d'équilibre [1] où tous les associés ont une fonction, une place,
un rang particulier.

L'ensemble des associés affecte une forme, une organisation, une
ordonnance déterminée, qui est *l'ordonnance sociale* [2].

XXIX. Cette ordonnance n'est et ne peut être que le fait, que le
résultat des actions de tous les individus réunis en société. Elle
est, pour chaque groupe social, l'aspect global que revêt, à chaque
moment, ce groupe ; elle est la résultante de l'évolution et le fruit
de toutes les expériences des individus qui ont composé et composent le groupe.

Les actions que réalisent les individus lorsqu'ils restent dans
cette ordonnance se font avec « ordre ». L'ordonnance sociale
suppose donc nécessairement l'ordre, c'est-à-dire l'exécution, par
chaque individu, de son rôle dans la société [3].

XXX. Remarquons que cette ordonnance sociale, cet équilibre
social, est précisément le but que les individus veulent atteindre
en s'associant, puisqu'il leur garantit la meilleure existence, l'existence la plus assurée, la plus « secure », comme disent les Anglais.

XXXI. Or, si les sociétés dérivent toutes d'un même besoin, d'une
même action naturelle, on peut en induire *a priori* qu'elles ont,
toutes, une ordonnance identique ou que, tout au moins, l'ordonnance de toutes repose sur des bases, sur des principes identiques.

La Nature n'a pas deux manières d'agir, puisqu'elle est Une.

Si donc nous analysons les raisons naturelles qui conduisent à
la formation des sociétés, nous trouverons, nécessairement, les
bases, les principes fondamentaux de l'ordonnance sociale.

XXXII. Une société quelconque n'existe que pour la conserva-

---

[1] La loi de l'équilibre est une loi universelle. Toutes choses oscillent entre deux
états extrêmes. Et, ainsi que nous l'avons dit plus haut, l'état normal est entre les
deux, il est une moyenne. C'est le juste milieu, le *in medio* des anciens.

[2] On peut aussi dire : La statique sociale, la structure sociale, etc. (conf. Spencer,
Principes de sociologie, traduction).

[3] Nous dirons un jour, si nous en avons le loisir, dans un volume consacré à *la
Liberté*, ce que comporte cette exécution.

tion des individus et la perpétuation de l'espèce. Tous les individus
qui forment cette société sont, naturellement, instinctivement, d'accord sur ce but.

Comment faut-il régler l'existence sociale pour-atteindre ce
double but ?

Il faut protéger les individus adultes ainsi que leur progéniture.

L'idée d'obligation qui se trouve dans cette phrase, l'obligation
qu'il y a à tendre vers un but, implique déjà l'existence de quelque
chose de supérieur qui agit, à la fois, sur chaque individu et sur
l'ensemble des individus associés.

Si l'individu (d'une espèce sociable) ne peut pas ne pas être dans
une association, ainsi que nous l'avons vu, il ne peut pas non plus,
lors même que ses instincts naturels ne le pousseraient pas à s'associer avec d'autres individus, ne pas vouloir le but que se propose
l'association, c'est-à-dire la conservation de l'espèce.

Ce principe directeur de l'association s'impose donc à tous les
membres de l'association, d'une façon péremptoire. Et chaque individu y est soumis, subordonné.

Ce principe s'impose même à ceux qui, dans la société, sont lès
« plus forts »; car, comme les autres, ils ont l'instinct, le besoin de
perpétuer l'espèce et cet instinct leur commande de protéger
d'abord l'existence de leur progéniture « plus faible » qu'eux, puis,
par un besoin dérivé, tous les autres membres de l'association.

Cette subordination de chaque individu au principe dominateur
des sociétés correspond à une supériorité de ce principe.

Cette supériorité, c'est l'*autorité*.

· Toute société possède donc l'autorité sur chacun des individus
qui la composent.

Le principe d'autorité est donc le premier caractère commun à
toutes les sociétés.

Dans toutes il y a l'autorité, une autorité.

XXXIII. Nous devons immédiatement ajouter ce corollaire primordial que l'autorité n'ayant pas d'autre domaine, pas d'autre
champ d'action que la poursuite du but de l'association, il n'y a
plus d'autorité en dehors de ce champ [1].

---

[1] Nous verrons d'ailleurs, plus loin, qu'il y a une impossibilité d'ordre physiologique,
d'ordre matériel à ce que l'autorité agissante sorte de sa mission, sans cesser d'être
légitime.

XXXIV. La protection des individus, qui est la fonction des sociétés, comprend la protection de la progéniture.

Or, pour protéger la progéniture, il faut que la manière d'élever les jeunes à partir de leur naissance soit déterminée, réglée. Il faut, nécessairement, que quelqu'un prenne soin de ces jeunes[1].

Cette besogne incombe aux parents, à l'un des parents, à n'importe qui, mais elle incombe à quelqu'un dans la société.

Ce quelqu'un ou ce quelque chose, nous l'avons déjà appelé « famille » et nous dirons donc que la seconde base, le second principe des sociétés, de toutes les sociétés est la famille, c'est-à-dire la manière de régler l'élevage de la progéniture[2].

Il n'y a pas de sociétés sans « la famille ».

XXXV. Le « moi » de tout être vivant comprend non seulement son organisme, mais aussi tout ce qui, même en dehors de son organisme, sert à le faire vivre, à le maintenir en vie. Il comprend, pour chaque être vivant, tout ce qui est *lui* et tout ce qui est *pour lui,* tout ce qui lui est propre, toute sa propriété[3] en un mot.

Et si nous gardons ce mot *propriété,* faute d'un autre aussi court, pour déterminer la manière dont, dans toute société quelconque, est réglée l'action, le pouvoir des individus sur les choses qui sont en dehors de leur organisme et dont ils ont besoin pour vivre, nous pourrons dire que la troisième base, le troisième principe de toute société est le principe de propriété, c'est-à-dire qu'il n'y a pas de société sans « la propriété ».

XXXVI. Nous aurons beau, maintenant, chercher encore s'il existe d'autres caractères communs à toutes les sociétés, animales pures ou humaines, nous n'en trouverons plus parce qu'il n'en faut plus d'autre pour atteindre le but des sociétés.

Il y a donc trois bases, trois principes communs à toute ordonnance sociale et il n'y en a que trois.

C'est autour de ces trois principes qu'a évolué l'ordonnance de

---

[1] C'est, évidemment, par exagération de l'instinct de sociabilité que l'on peut concevoir que la protection et l'éducation des enfants seraient l'affaire de l'ensemble de la société et non, exclusivement, celle des parents ou, à tout le moins, celle de la mère.

[2] Nous n'avons plus à revenir ici sur l'origine et la nécessité de « la famille » dans la société humaine. Nous en avons assez dit dans nos précédentes études. — V. *La population,* p. 52.

[3] Nous étudierons plus à fond la notion de la propriété dans un autre ouvrage et nous en montrerons non seulement la nécessité, mais même le caractère purement naturel, par conséquent inéluctable.

toutes les sociétés ; et, selon les caprices des milieux et des circonstances, ces principes ont été appliqués des façons les plus variées.

Chaque individu, agissant sur le milieu ambiant et régi par ce
milieu, a cherché à s'adapter le mieux possible à ce milieu, et les
caractères ainsi acquis par lui se sont transmis et affermis par l'hérédité. Ensuite, quand les individus ont trouvé une meilleure façon
de vivre en société dans un milieu donné, ils en ont transmis la connaissance aux générations issues d'eux. Enfin, chaque fois qu'une
situation nouvelle se présentait, soit par le fait d'une découverte,
d'une invention ou d'un autre acte individuel, soit par le fait de
la nature, il a fallu rechercher un nouvel état d'équilibre ; et la
société, partant de l'état d'équilibre antérieur, a cherché à établir
une nouvelle manière d'être, tenant compte du fait nouveau.

Et c'est après que l'expérience a montré que cet état d'équilibre
nouveau était avantageux, à la fois, à l'existence du corps social
et à l'existence des individus, qu'il est devenu une habitude, un
caractère du groupe social.

XXXVII. Les applications qu'ont reçues, dans chaque groupe
social humain, les trois principes de toute ordonnance sociale forment la manière d'être, les mœurs des races et des peuples... Ce
sont elles qui constituent et caractérisent l'ordonnance sociale.

La force de l'habitude et la peur des changements, c'est-à-dire
l'horreur de l'insécurité [1], font que chaque peuple considère ces
manières d'être comme inséparables de son existence.

Elles forment la tradition, les traditions ; et ces traditions offrent
cette caractéristique de s'imposer, pour ainsi dire, de génération
en génération, parce que les « anciens » ne veulent pas en changer sans de grands motifs et imposent celles qui existent aux
« nouveaux ».

Ceci constitue la tendance au conservatisme qui existe partout,
chez tous les peuples, mais à des degrés divers [2].

---

[1] On remarque, en fait, par une foule de symptômes, que c'est l'insécurité qui,
dans tous les pays, arrête toutes les activités dès qu'il y a des troubles ou seulement
même des menaces de trouble.

[2] Elle existe au degré suprême, par exemple, chez les Chinois, qui ont le culte des
ancêtres poussé à l'extrême et qui répugnent à accepter des procédés de travail moins
fatigants parce que leurs ancêtres ne les pratiquaient pas.

Spencer exprime cette vérité comme suit : « Bien que, pour que la coopération soit
possible, et par conséquent que la croissance sociale soit facilitée, il doive y avoir une
organisation, celle-ci, une fois constituée, met obstacle à une croissance ultérieure,

Il n'entre pas dans nos intentions et il ne nous serait évidemment pas possible d'étudier et de décrire ici les manières d'être (dont les nuances sont innombrables) qui caractérisent les différentes sociétés humaines et constituent l'ordonnance de chacune d'elles. Nous devons, nécessairement, rester dans les généralités. Les livres de sociologie expérimentale comparative ne manquent pas, au surplus !

(*A suivre*.) Maurice HEINS.

puisque cette croissance ultérieure implique une réorganisation à laquelle s'oppose l'organisation existante » (*Principes*, III, p. 357). Et plus loin : « L'autocrate est obligé de respecter et de conserver l'ensemble des institutions et des lois, produits des sentiments et des idées du passé auxquels s'attache une sanction religieuse » (*id.*, p. 441).

Les *Droits de l'homme et du citoyen*, proclamés le 29 mai 1793 par la Convention, portaient, en leur article final, qu'« une génération n'a pas le droit d'assujettir à ses lois les générations futures ». Cela a les apparences d'une naïveté, mais c'est une protestation contre le conservatisme exagéré de l'ancien régime.

LA QUESTION DES RÈGLEMENTS D'ATELIER EN FRANCE

Lorsque le patron et l'ouvrier se sont engagés l'un à donner du travail et l'autre à le faire, ce ne sont là simplement que des préliminaires. Il faut ensuite aviser aux conditions d'exécution du contrat. Dès que le travailleur met le pied dans une usine, il cesse de s'appartenir pour faire partie d'une organisation complexe ayant ses règles propres et sa discipline intérieure. L'ordre et la régularité étant nécessaires pour assurer la bonne exécution du travail, l'obligation toute naturelle s'impose à l'ouvrier, d'être respectueux et soumis envers ceux qui doivent veiller au bon fonctionnement de l'établissement dans lequel il vient d'entrer.

Pour arriver à ce résultat indispensable, le patron rédige ce qu'on appelle un règlement d'atelier. Ses différents articles concernent l'heure d'entrée et de sortie de l'usine, l'heure et la durée des repas, le mode d'exécution du travail, l'époque et le mode de paiement des salaires, les règles de morale et d'hygiène à observer, les dispositions prises pour assurer la sécurité matérielle, les pénalités sanctionnant les manquements au règlement, comme les amendes, la réprimande, la mise à pied et le renvoi; en un mot, tout ce que le patron juge opportun d'y insérer dans l'intérêt du bon ordre et dans celui de ses affaires.

On voit, sans que nous insistions davantage, quelle est l'importance du règlement d'atelier, importance telle qu'à nos yeux, l'ouvrier n'est édifié véritablement sur la nature du contrat du travail conclu par lui, que lorsqu'il en connaît parfaitement les conditions d'exécution. L'accessoire, cela est évident, engage en fait beaucoup plus gravement le travailleur que le contrat lui-même. Or, tandis qu'en théorie le contrat est accepté et rédigé librement, après discussion contradictoire par les deux parties contractantes, les règlements d'atelier, au contraire, sont l'œuvre exclusive du patron.

Dans son livre sur *Le Contrat de Travail,* M. Hubert Valleroux justifie cette pratique en ces termes : « Ces règlements sont seulement coutumiers et le résultat de l'habitude dans la petite industrie, ils sont écrits pour les exploitations d'une certaine importance.

Rédigés alors par le chef d'industrie, qui, parfois, et à titre absolument gracieux et spontané, consulte son personnel, ils sont imprimés et affichés dans l'atelier, et chaque ouvrier est présumé, par le fait de son entrée, les avoir acceptés. C'est par cette acceptation tacite que se forme le contrat ». Qu'il y ait là une véritable acceptation, au sens propre du mot, formant véritable contrat, lorsque l'ouvrier n'est pas appelé à présenter ses observations, touchant les clauses du règlement, c'est ce que nous refusons absolument d'admettre. Il est vrai qu'on nous objecte, après Frédéric Bastiat : l'ouvrier n'est-il pas libre de ne pas donner son consentement? s'il ne dit rien, c'est qu'il ne trouve rien à dire, il accepte donc tacitement. Eh bien! non! il n'y a pas ici acceptation libre, car il n'y a pas absence de contrainte. Considérer qu'en général l'ouvrier adhère librement au règlement d'atelier, c'est ne pas voir la réalité des faits; c'est subir l'influence de la vieille sentence romaine : *Coacta voluntas tamen voluntas est;* qui faisait dire au jurisconsulte Paul : *Quamvis si liberum esset noluissem, tamen volui.*

'Heureusement les études psychologiques ont progressé depuis le temps où vivait le jurisconsulte romain. Pourquoi donc qualifier d'acte volontaire et libre un acte qui n'a pas ce caractère? Prenons un exemple. Supposons qu'un homme se trouve surpris par un autre lui demandant la bourse ou la vie. S'il craint la mort, et, nous ne calomnions pas l'humanité en disant que la plupart des hommes la redoutent, il donnera sa bourse. Eh bien! il se trouve encore aujourd'hui des personnes pour affirmer, en toute tranquillité d'âme, que le volé a choisi et par conséquent accepté. Un raisonnement pareil nous confond absolument. Comment! voilà un homme qui ne veut pas mourir, il ne peut donc avoir qu'une seule pensée dans l'esprit, celle de donner sa bourse, puisque l'idée de préférer recevoir la mort ne l'arrêtera pas même une seconde. Il n'est pas libre, donc il n'accepte pas. L'acte qui lui fait donner sa bourse n'a pas pour cause un libre choix, mais la peur de mourir, ce qui est bien différent.

Ceci dit, nous pensons que l'ouvrier qui se voit imposer, sans discussion préalable, un règlement d'atelier, est, la plupart du temps, dans une situation analogue à celle que nous venons de décrire. Accepte-t-il, en effet, ce règlement? Non! il le subit. M. Bodeux, dans ses *Études sur le Contrat de Travail,* rappelait, à

ce propos, l'avis d'un inspecteur général suisse, qui fait bien voir
l'intérêt de la question. « Le règlement de fabrique, disait cet inspecteur, ne peut valoir comme convention écrite; il n'a pas, en
réalité, le caractère d'une convention, d'un contrat dans le sens
propre du mot, parce qu'il n'est qu'un ordre, un ensemble de
devoirs imposés par l'un des contractants, le patron, à l'autre con-
tractant, l'ouvrier, ensemble de devoirs que le travailleur doit
accepter à son entrée dans la fabrique, conditions sous le bénéfice
desquelles il reçoit de l'ouvrage. Le travailleur n'est pas libre, si
on lui donne une place, de récriminer contre l'une ou l'autre disposition du règlement, ni même de demander un changement; il
doit prendre le réglement de fabrique tel qu'il est, sinon il ne reçoit
pas de travail; ainsi le règlement n'a pas le caractère d'une convention..... Bien plus, doit-il y avoir une distinction entre *convention écrite* et *règlement de fabrique*. Ces deux expressions ne
sont pas identiques et ne se peuvent remplacer l'une l'autre... On
a cherché à plusieurs reprises à donner le caractère d'une convention écrite au règlement, parce que le travailleur à son entrée doit
le soussigner. Cette manière de faire ne peut rien changer à la
chose, parce que l'ouvrier sans place ne peut pas, dans la pratique,
étudier ni peser les dispositions du règlement à lui soumis; il ne
peut lui être demandé de discuter chaque point et de juger l'ensemble à la simple lecture. Dans la plupart des cas, il ne se ris-
quera pas même à lire le règlement, particulièrement s'il est long
et si le fabricant ou le directeur se tiennent près de lui; il le signera
simplement parce qu'il est sans travail et doit gagner sa vie; et
qu'au refus de sa signature, il ne serait pas employé. La signature
peut tout au plus servir à démontrer que le règlement de fabrique
a été remis à l'ouvrier à son entrée ». Cette analyse pénétrante met
bien en relief la complexité du problème et les difficultés à vaincre;
elle est l'œuvre d'un homme qui ne se contente pas de belles paroles et qui s'est appliqué à saisir sur le vif la réalité des faits.

L'autorité du patron, que nous constatons si grande lorsqu'il
s'agit d'imposer à son personnel ouvrier les conditions d'éxécution
du contrat, n'est pas moindre lorsqu'il s'agit de sanctionner son
règlement. L'amende, la réprimande, la mise à pïed, le renvoi
viennent frapper celui que le maître juge, à tort ou à raison, coupable de porter atteinte à la discipline. Assurément, et, si nous ne
le disions pas, nous aurions tort, il ne manque pas de patrons bien-

veillants et justes pour appliquer ces pénalités en toute équité.
Cependant n'oublions pas que le patron, si bon soit-il, est un
homme après tout, avec ses qualités sans doute, mais aussi avec
ses défauts. Il peut être vif, susceptible, colère, s'il n'est pas des-
pote. Or lorsqu'il applique le règlement, il est juge et partie et ses
décisions sont sans appel. Pas de recours contre lui, s'il sait habilement se servir d'expédients que la nécessité lui fera trouver bien
vite. Quelle tentation pour lui d'abuser de son autorité! Quelle
sagesse, quel héroïsme même s'il y résiste! Cela lui est d'autant
plus difficile qu'il partage souvent sur ce point des préjugés funestes. En effet, si trop de maîtres ignorent, rejettent ou négligent les
devoirs de protectorat, qui découlent si naturellement de la notion
chrétienne du patronat, en revanche, ils aiment assez à se considérer comme des dépositaires d'une autorité semblable à celle de l'antique père de famille romain, dont le despotisme, sur ceux qu'il diri-
geait, n'était limité que par l'opinion publique, et devant qui s'arrêtait l'intervention même de l'Etat. De plus l'évolution du régime
légal du travail sépare, dans la grande industrie, l'ouvrier du
patron souvent forcé de s'en remettre, pour l'application du règlement, à des intermédiaires presque toujours plus rigoureux que le
maître. De là des abus que l'industriel ignore et dont il admet difficilement l'existence, lorsque des plaintes arrivent jusqu'à lui. Il
arrive un moment où la coupe déborde, et, à la suite d'un événement parfois insignifiant, la haine et la violence se donnent libre
carrière et donnent aux emportements regrettables des ouvriers
une force irrésistible. Ils ne voient plus dans l'ordre établi, dans la
discipline, que des obstacles à renverser. Sans se préoccuper de ce
qui suivra, les exaltés entraînent les indécis, et des crimes viennent
quelquefois ensanglanter l'usine dont le chef n'a pas su comprendre
le devoir strict de veiller minutieusement à ce que l'application du
règlement ne serve pas à couvrir des injustices, ou de s'efforcer de
dissiper des malentendus, qu'une simple explication suffirait souvent à faire disparaître.

On nous dira, peut-être, que l'intérêt bien entendu commande
au patron de ne pas user mal de son pouvoir en mécontentant ou
en laissant vexer par ses subordonnés son personnel ouvrier, que
des abus trop nombreux ou trop grands feraient déserter son usine,
qu'il risquerait de voir disparaître sa fortune avec la prospérité de
son industrie.

Nous savons tout cela, et nous n'avons pas dit, qu'aujourd'hui surtout, le patron n'ait d'autre limite à son autorité que son bon plaisir. Sans doute il est plus facile à l'ouvrier contemporain qu'à celui d'autrefois de faire capituler le riche industriel ou la puissante compagnie. On l'a vu, par son refus de travailler, leur infliger des pertes énormes. Cependant, il faut bien faire attention que là encore l'égalité entre les deux parties contractantes n'existe pas. Le patron, par la fermeture temporaire de son usine, par l'utilisation de son crédit et de ses ressources, peut engager la lutte avec l'espérance de vaincre et non sans raison. L'ouvrier, au contraire, sait-il s'il pourra manger dans huit jours, ou même le lendemain de la cessation du travail?

En fait, bien qu'il connaisse de mieux en mieux la force du nombre, la puissance des syndicats, le tort que cause aux industriels une grève habilement conduite, la crainte qu'excite dans leurs âmes les menées révolutionnaires, en fait, l'ouvrier hésite longtemps, d'autant plus longtemps que sa famille est plus nombreuse, à se révolter et à mettre le marché à la main au patron qu'il sait assez riche pour lutter longtemps. C'est que le maître terrorisé ou découragé peut se retirer des affaires, et l'on avouera bien que l'ouvrier se trouve absolument désarmé devant une telle solution. Qu'il réduise son personnel, et parmi les ouvriers victorieux, certains resteront sans travail malgré la réussite de la grève.

Un ouvrier intente-il un procès à une compagnie puissante, il devra lutter longtemps avant de remporter la victoire. N'ont-elles pas à leur service des avocats experts connaissant admirablement toutes les ressources de la procédure? Battues en première instance, elles interjettent appel; vaincues encore une fois, elles se pourvoient en cassation. Comment l'ouvrier, même assuré de son bon droit, ne se découragerait-il pas à l'idée de triompher de pareilles résistances, lorsque l'argent lui manque, lorsqu'il lui est impossible de consacrer son temps à suivre toutes les péripéties de son procès?

Si nous rappelons ces choses, ce n'est pas pour donner un prétexte à des déclamations détestables, ni pour accentuer des conflits dont nous regrettons l'existence tout le premier. Nous reconnaissons sans difficulté que les ouvriers ont des défauts et des vices. Mais ces défauts et ces vices ne sauraient excuser l'indifférence, la mollesse ou la négligence de ceux qui les dirigent, surtout à une époque où l'état social actuel est attaqué avec violence.

Quand bien même il serait vrai, au dire des statisticiens, qu'environ 50 p. 100 des grèves tournent à l'avantage des travailleurs, ces succès partiels ne compensent pas à nos yeux les souffrances causées pendant la période de lutte, les dangers que font courir à la société les menées révolutionnaires, les agressions contre les personnes, les violations des propriétés, les destructions de capitaux, et surtout l'antagonisme sans cesse grandissant entre les patrons et ceux qu'ils emploient. Ne vaudrait-il pas mieux s'attacher à prévenir de tels conflits par des mesures sagement appropriées à notre caractère et à nos mœurs? Or, il se trouve que les règlements d'atelier sont une source de fréquentes contestations dans le monde du travail. Au moment où les questions ouvrières préoccupent, à juste titre, beaucoup d'esprits en France, il nous a semblé qu'il serait bon de rappeler d'abord la théorie de la jurisprudence en matière de règlements d'atelier, ensuite les réformes proposées devant la Chambre, le Sénat, le Conseil supérieur du Travail, en rappelant les critiques dont elles furent l'objet, de rechercher enfin ce que devrait contenir un règlement d'atelier obligatoire qui fournirait une garantie sérieuse à l'ouvrier tout en sauvegardant l'autorité du patron. Tel est l'objet de notre étude, guidé que nous sommes par le seul souci de la vérité désintéressée.

L'Ancien Régime, discrédité par ses abus, venait de s'écrouler sous les efforts de la Révolution, les corporations avaient disparu avec les jurandes et les maîtrises, la liberté du travail était proclamée depuis plusieurs années, lorsque le gouvernement s'aperçut qu'il ne suffisait pas de renverser l'ancien état de choses pour faire régner le calme et la paix. Au début du consulat, Chaptal, alors ministre de l'intérieur, donna l'ordre à Louis Costaz de rédiger l'exposé des motifs d'un projet de loi concernant les manufactures et les gens de travail de toutes professions.

Ce document, longtemps ignoré et retrouvé récemment par M. Marc Sauzet, professeur à la Faculté de droit de Paris, qui l'a publié dans la *Revue d'économie politique* de 1892, offre à nos yeux un grand intérêt. En le lisant, on s'aperçoit bien vite que Louis Costaz n'éprouve pas une grande inclination pour les ouvriers. Mais, témoin des troubles et des discussions violentes dont les relations entre patrons et ouvriers donnaient alors le spectacle, il avait reconnu le danger pour l'État de se désintéresser de ces questions brûlantes, et de n'avoir pas essayé de fixer quelques règles générales destinées à remplacer les usages anciens, qui ne convenaient plus à l'état de choses nouveau. Nous relevons dans cet exposé des motifs des passages qui se rapportent directement à notre sujet.

« Les conventions, disait Costaz, qui se forment entre les ouvriers et ceux qui leur donnent du travail, ont pour objet de régler le salaire de l'ouvrier et d'établir ses obligations, qui sont ordinairement que l'ouvrier ne pourra quitter avant un certain terme, ou sans prévenir quelques jours d'avance... *Il est essentiel que ces conventions fondées sur l'utilité réciproque des deux parties et émanées de leur consentement mutuel*, soient fidèlement exécutées... Il n'est aucune spéculation de négoce qui ne soit sujette aux plus grands périls, et qui ne puisse devenir la ruine de son auteur, *si les éléments sur lesquels elle est fondée peuvent être arbitrairement changés. La loi doit veiller avec le même soin à l'exécution des conditions favorables à l'ouvrier :* si on lui a promis de l'occuper pendant un certain temps, il faut qu'il le soit ou qu'on l'indemnise; car on doit présumer qu'il a modéré le taux de son salaire, pour obtenir l'assurance d'une occupation constante... La fidélité des engagements *n'est pas la seule condition* importante dans les relations des ouvriers avec les entrepreneurs; il est également nécessaire, pour assurer le meilleur emploi des efforts de la classe laborieuse, *que celui qui dirige le travail, soit exactement obéi dans tout ce qui y est relatif.* Il faut qu'il puisse établir la subordination entre les ouvriers, suivant les divers degrés d'habileté et conformément à l'intérêt de l'établissement, qu'il puisse régler la manière dont se feront la distribution des matières premières et la recette des matières fabriquées; enfin qu'il puisse décider sur une foule de circonstances qui sont importantes quoique minutieuses, car elles contribuent toutes à l'économie et à la perfection de la main-d'œuvre. On se flatterait vainement de pourvoir à tous ces détails par des règlements émanant de l'autorité publique; le règlement convenable pour la police d'une manufacture n'est pas uniquement déterminé par la nature des choses qu'on y fabrique; il dépend aussi, et de la manière dont le chef a conçu son entreprise, et des fonds qui y sont affectés, et surtout des procédés qu'il veut suivre; en sorte qu'il faudrait faire des règlements pour toutes les professions, et dans chaque profession il en faudrait presque autant que d'établissements ».

En conséquence, d'après le projet de loi, les manufacturiers, les fabricants, les entrepreneurs et généralement tous ceux qui sous quelque dénomination que ce fût, faisaient travailler des ouvriers, étaient autorisés à déterminer par des règlements particuliers les conditions auxquelles ils admettaient à travailler et l'ordre qu'ils voulaient faire observer dans le travail. Un règlement de ce genre devenait obligatoire pour l'ouvrier par le fait seul de l'acceptation du travail ; sans préjudice des conditions particulières qui devaient avoir leur plein et entier effet. Le juge de paix était chargé de résoudre les contestations qui s'élèveraient à ce sujet.

On retrouvait dans l'exposé des motifs de Costaz cet optimisme qui était destiné à garder longtemps encore des partisans convaincus. « L'ouvrier, affirmait-il, ayant toujours le pouvoir de faire des conventions particulières, et n'étant soumis à ces règlements intérieurs qu'autant qu'il lui plaît d'accepter du travail dans l'établissement, il ne peut raisonnablement se plaindre qu'une telle autorisation ait été donnée aux chefs des manufactures ; l'abus qu'ils en pourraient faire a sa limite dans leur intérêt même ; celui d'entre eux qui prescrirait à ses ouvriers des règles offensives, n'en trouverait pas qui voulussent travailler pour lui, et serait obligé d'abandonner sa manufacture ».

Ajoutons cependant, pour être juste, que sa confiance dans les manufacturiers n'était pas sans limites. Selon ses propres expressions, il fallait prévenir les surprises, et s'efforcer d'empêcher qu'on ne substituât arbitrairement des règlements nouveaux à ceux sous lesquels les engagements avaient été pris. Ainsi le juge de paix ne devait pas reconnaître comme valable le règlement qui n'aurait pas été affiché de telle manière que les ouvriers pussent toujours en prendre connaissance, et dont une copie n'aurait pas été déposée à la mairie du lieu.

S'il est permis de trouver que l'ouvrier n'était pas suffisamment protégé par de semblables dispositions, du moins les mesures proposées valaient assurément mieux que rien. Dans tous les cas, elles auraient dû faire l'objet d'un examen approfondi et d'une discussion sérieuse de la part des rédacteurs du Code civil. Or, que firent-ils ils à ce sujet? La réponse est aussi courte que facile à donner. Rien.

Quelles sont les raisons de cette abstention? L'opinion de M. Bodeux est qu'ils ne voulurent pas réglementer le louage, parce qu'ils détestaient tout ce qui rappelait les anciennes corporations, ne

se sentaient pas du tout portés pour le peuple, étaient les captifs
de leur esprit de juriste, enfin qu'ils vivaient à une époque où l'industrie se trouvait désorganisée par la Révolution et par la guerre.
Quels que fussent leurs motifs à cet égard, les rédacteurs du Code
civil se contentèrent de rédiger deux articles visant les rapports
entre patrons et ouvriers. L'article 1781, abrogé depuis, décidait
que le maître devait être cru sur son affirmation, pour le paiement
du salaire de l'année échue et pour les acomptes donnés pour l'année courante. Pour contrebalancer cette faveur injustifiable faite au
maître, l'article 1780 défendait à l'ouvrier d'engager ses services
autrement qu'à temps et pour une entreprise déterminée. Mais s'ils
étaient restés muets, ou à peu près, sur le louage de travail, les
rédacteurs du Code civil s'étaient bien gardés d'oublier de rappeler
au preneur qu'il doit à la conservation du cheptel les soins d'un
père de famille.

S'en remettaient-ils à la liberté des conventions pour résoudre
les conflits qui s'élevaient entre patrons et ouvriers? Cela est plus
que probable. L'avenir devait montrer les inconvénients graves
d'une pareille abstention. « C'est une erreur de dire, remarque très
justement M. Glasson, que le principe de la liberté des conventions
suffit à tout. Le législateur l'a lui-même reconnu pour les autres
contrats et ce qui a paru utile d'une manière générale pour tous
ces contrats, l'est aussi en particulier pour le louage de services.
Le silence de la loi oblige les contractants à tout prévoir ou à s'en
rapporter à des usages trop souvent douteux et incertains. De là
de fréquents procès entre patrons et ouvriers ».

Le législateur n'ayant pas réglé la question qui nous occupe, la
jurisprudence admit que le règlement affiché dans l'atelier constituait un contrat librement conclu entre le patron et l'ouvrier, faisant par conséquent la loi des parties et des tribunaux sur tous les
points qu'il prévoyait. Elle sanctionna sans hésitation toutes les
clauses, même abusives, de ce règlement, et la Cour de Cassation
a nettement approuvé la théorie de la jurisprudence.

En 1864, une ouvrière avait été frappée d'une amende de 10 fr.,
pour être entrée en sabots dans l'usine, bien que le règlement le
lui défendît. Le conseil des prud'hommes d'Aubusson fut mis en
demeure de décider si le patron avait le droit d'imposer une péna-
lité aussi exorbitante. Le conseil n'hésita pas sur la question de droit :
le patron était resté dans la légalité en infligeant une amende. Seu-

lement l'application du principe lui paraissant dépasser ce qu'exigeait la justice, il réduisit l'amende à 0 fr. 50, se fondant sur cette idée que la convention avait été exécutée en partie, et donnait le droit aux prud'hommes, en vertu de l'article 1231 du Code civil, d'opérer une réduction sur le montant de l'amende. Cette opinion fut rejetée par la Cour de Cassation. S'appuyant sur les articles 1134 et 1152 du Code civil, elle affirmait que les conventions légalement formées tenaient lieu de loi à ceux qui les ont faites et que lorsque la convention portait que celui qui manquerait à l'exécuter paierait une somme à titre de dommages-intérêts, il ne pouvait être alloué à l'autre partie une somme plus forte ni moindre. D'autre part l'article 1231 du Code civil, portant que la peine pouvait être modifiée par le juge, lorsque l'obligation principale avait été exécutée en partie, devenait ici inapplicable. En conséquence, le jugement du conseil des prud'hommes d'Aubusson fut cassé.

Pour tout dire, il semble bien que juridiquement cette argumentation était meilleure que la précédente. En effet, si on l'on admettait qu'il y avait eu convention librement consentie entre le patron et l'ouvrière, en ce qui regarde le règlement d'atelier, si le fait de l'entrée de l'ouvrière dans l'usine était réputé comme faisant preuve de son acceptation tacite, il paraît bien difficile de soutenir, en droit, que la convention avait été exécutée en partie. En effet, l'ouvrière était censée avoir accepté l'interdiction d'entrer dans l'usine avec des sabots; telle était la convention prétendue. L'ouvrière y avait contrevenu, donc la convention n'avait pas été exécutée à moitié, elle ne l'avait pas été du tout. Est-ce à dire que nous adoptons l'argumentation de la cour de cassation? En aucune manière, puisqu'à notre avis le règlement de fabrique avait été imposé à l'ouvrière et n'avait pas fait l'objet d'une convention.

Ce qui nous semble exorbitant, c'est que l'on puisse infliger à l'ouvrier des amendes, parfois considérables, sans que la volonté du patron sur ce point ne soit pas soumise à quelques règles. Qu'il soit indispensable d'infliger des amendes pour assurer la discipline dans l'atelier, nous n'y contredirons pas. Mais le patron étant juge et partie, ne se rend pas toujours un compte exact qu'une amende, minime à ses yeux, peut être cependant très lourde pour l'ouvrier. Nous verrons qu'en cette matière malheureusement les abus n'ont pas manqué.

En 1877, la question de la validité des règlements d'atelier fut

portée une seconde fois devant la Cour de Cassation. Un fabricant
de chaudronnerie avait décidé, dans son règlement, que la paye des
salaires aurait lieu les samedis suivant les 1er et le 15 de chaque
mois. Tous les ouvriers congédiés recevaient immédiatement leur
compte. Mais voulait-on quitter l'usine lorsque la date du paiement
n'était pas encore arrivée, il fallait attendre le jour de paye pour
toucher son dû.

Un ouvrier, ayant volontairement quitté l'atelier, prétendit recevoir son salaire sur le champ. Refus du patron et plainte de l'ouvrier devant le Conseil des prud'hommes de Paris. Ce dernier déclara que l'ouvrier qui voulait sortir de l'atelier devait être payé à
l'instant du salaire qui lui était dû, et qu'un règlement contraire à
cette obligation du patron était non obligatoire et nul. En conséquence, le Conseil des prud'hommes donna raison à l'ouvrier.

Le patron, ne se tenant pas pour battu, se pourvut devant la
Cour de Cassation, comptant bien gagner sa cause. Son espérance
ne fut pas déçue. Dans un arrêt du 7 août 1877, la Cour affirma
que la stipulation concernant le paiement des salaires et contenue
dans le règlement d'atelier, constituait entre les intéressés une
convention n'ayant rien de contraire à l'ordre public. Le jugement
du Conseil des prud'hommes fut donc cassé.

On voit donc que la jurisprudence n'hésitait pas à admettre qu'un
ouvrier consentait librement à ne pas être payé le jour il lui plairait
de sortir de l'atelier, lorsque ce jour n'était pas un jour de paye.
Une pareille théorie conduit inévitablement à sanctionner des injustices notoires et l'on comprend qu'elle ait fini par soulever dans notre
pays une opposition assez vive pour que le Parlement s'en occupât.

Le 29 mai 1890, une proposition de loi fut déposée par M. le député Ferroul. Dans ce document, on interdisait formellement au
patron de se faire justice lui-même du dommage qu'il pouvait
encourir du fait de ses ouvriers. L'amende était supprimée dans
tous les cas. Des délégués élus par les ouvriers des diverses industries et par les employeurs dans chaque centre industriel, devaient
former des commissions du travail ayant pour but de réviser les
règlements d'atelier actuels, et d'accepter les règlements d'atelier
nouveaux, après audition des ouvriers et des patrons intéressés et
consultés séparément. Toute infraction était punie d'une amende de
1.000 à 3.000 francs, d'une amende double et d'un emprisonnement de six jours à trois mois, en cas de récidive.

Dans l'*Exposé des motifs,* on soutenait que la Révolution de 1789 ayant supprimé les justices seigneuriales, il fallait faire disparaître les justices patronales qui leur ressemblaient, affirmait-on, parce que « le patron ne fait pas seulement la loi, il l'applique lui-même. Après avoir édicté la peine de l'amende, il fixe, prononce et prélève lui-même, c'est-à-dire que, sans délégation aucune de la société, sans investiture, il est à la fois législateur, juge et percepteur à son propre profit ». L'état actuel était non seulement considéré comme scandaleux, mais encore comme substituant une féodalité nouvelle, qu'on appelait la féodalité capitaliste, à l'autre féodalité terrienne et nobiliaire détruite à la fin du xviiie siècle.

L'occasion était bonne pour fixer les droits et les devoirs du patron en matière de règlements d'atelier. Il était indispensable de rechercher, en toute impartialité, s'il était bon de le laisser jouir toujours du droit exclusif de rédiger sans aucun contrôle un document d'un telle importance. Or, il semble bien que le Parlement ait été plus disposé à s'occuper de questions de détail, intéressantes sans aucun doute, mais qui n'auraient pas dû faire oublier l'objet principal de cette réforme pacifique et nécessaire.

La commission du travail ayant rédigé un projet de loi sur les règlements d'atelier, il fut discuté à la Chambre des Députés le 4 novembre 1892. M. Ferroul avait déposé un contre-projet dans lequel il demandait la création, dans tous les centres industriels, d'une commission du travail composée en nombre égal de délégués élus par les ouvriers des diverses industries et par les employeurs. Cette commission devait réviser les règlements anciens et soumettre les règlements nouveaux à un examen sérieux, après audition des intéressés, et cela sous peine de nullité du règlement.

M. Saint-Romme prit la parole pour défendre le projet de la commission et donner les raisons qui, suivant lui, empêchaient d'adopter la proposition Ferroul. « Lorsque M. Ferroul, dit-il, déposa la proposition de loi qu'on vous a soumise, le ministre du commerce fit faire une enquête. Cette enquête s'adressa aux inspecteurs divisionnaires du travail qui se trouvent dans toute la France, et elle s'adressa également à tous les conseils de prud'hommes de France. Or je ne sache pas que, dans aucune des réponses qui aient été faites et dont j'ai l'analyse, on ait cru devoir demander l'application du système proposé par M. Ferroul. Ceci dit, j'entre immé-

diatement dans la seule question qui nous divise. M. Ferroul vous
propose de décider que le règlement d'atelier sera préparé concurremment par le patron et les ouvriers. C'est là tout l'esprit de sa
proposition. Nous ne saurions l'admettre. En effet, que se passe-t-
il? C'est le patron qui fournit l'atelier, c'est-à-dire l'outil que l'ouvrier mettra en action ; c'est donc à lui d'en assurer le fonctionnement et cé n'est qu'à cette condition que le patron pourra être responsable d'une manière absolue de tous les accidents qui pourront
arriver... Ce qui constitue l'essence même de ce contre-projet,
c'est que l'ouvrier est appelé à faire avec le patron le règlement
d'atelier. Comme conséquence, l'ouvrier aura, de par la confection
de ce règlement, sa part de responsabilité devant le mauvais fonctionnement de l'usine ; si, par suite d'un travail mal réglé, d'un
règlement incomplet, cette usine vient à chômer, ce sera l'ouvrier
qui en souffrira, et s'il se retourne vers le patron, celui-ci lui ré-
pondra : Vous avez collaboré avec moi à la rédaction du règlement, vous partagez donc ma responsabilité... Serrant de plus près
l'objection qui m'est faite, j'ajoute que l'ouvrier appelé à rédiger
avec le patron le règlement d'atelier manquera d'indépendance
vis-à-vis du patron ; car remarquez bien que ce règlement se fait
au moment où une nouvelle usine est créée et va s'ouvrir, alors les
ouvriers n'y seront admis qu'à la condition d'aliéner leur indépendance et d'accepter tout ce que le patron leur proposera. Un patron
peu consciencieux peut encore grouper autour de lui des ouvriers
décidés à accepter toutes ses propositions ; mais quand l'usine aura
fonctionné pendant quelque temps, peut-être pendant un nombre
d'années fort minime, il ne restera aucun ouvrier ayant collaboré à
ce règlement, qui sera subi par d'autres ouvriers dont il deviendra
la loi ». M. Mesureur déclara fort justement que le patron ne pouvait
avoir une compétence absolue et qu'il y aurait intérêt pour lui à se
servir de l'expérience spéciale, technique de ses ouvriers. Le rapporteur fit remarquer que le texte, proposé par la commission, ne
défendait pas au patron de s'entourer des conseils de ses ouvriers.
Il s'attira la réponse suivante : « Lorsque les ouvriers demanderont
— cela peut devenir une de leurs revendications très légitimes —
à être entendus et à collaborer dans une certaine mesure à la rédaction de ces règlements d'atelier qui les touchent directement,
vous le reconnaissez, lorsqu'ils feront valoir cette revendication
très modeste, les patrons s'appuieront sur le texte de la loi pour

déclarer que seuls ils ont la faculté, le droit et le devoir de rédiger ces règlements ».

Malgré les efforts de M. Dumay, la commission du travail repoussa la suppression des amendes. Elle trouvait bon que les règlements d'atelier pussent au besoin contenir cette sanction. Le danger serait trop grand pour l'ouvrier, s'il ne subsistait plus comme seules pénalités la mise à pied et le renvoi. Seulement, pour éviter des abus, on pouvait décider que l'ensemble des amendes encourues dans la même journée ne pourrait pas dépasser le salaire de cette journée. En faisant cette proposition, la commission voulait, tout en ne supprimant pas les amendes, empêcher que l'ouvrier fût victime d'une exploitation ayant pour conséquence de lui enlever le pain qu'il aurait gagné. Par leur modicité, les amendes ne se présentaient plus que sous la forme d'un avertissement.

Dans la séance du 5 novembre 1892, la Chambre des Députés adopta le texte du projet de la commission du travail, après lui avoir fait subir quelques modifications dont la plus importante visait la suppression des amendes.

Le texte voté renfermait les dispositions suivantes : Le patron restait libre d'établir un règlement d'atelier sur l'organisation du travail, sur la police de la fabrique, du magasin ou du chantier, sur les conditions d'admission ou de sortie, sur le paiement du salaire, sans être obligé de consulter son personnel ouvrier. Mais il lui était interdit d'infliger des amendes. En cas de préjudice pour malfaçon, le patron devait, en cas de contestation, porter l'affaire devant le conseil des prud'hommes ou, à son défaut, devant le juge de paix. Le règlement d'atelier et les modifications à y apporter devaient être homologués par le conseil des prud'hommes ou, à son défaut, par le juge de paix du canton, et dès lors liait l'ouvrier et le patron. L'impression en gros caractères et l'affichage bien en vue dans la fabrique de ce règlement était obligatoire ainsi que son dépôt au greffe de la justice de paix où l'ouvrier pouvait en demander la remise. Un mois après l'affichage, l'homologation du règlement devenait définitive.

Puis venaient certaines dispositions statuant que le contrat intervenu entre le patron et l'ouvrier ne pouvait prendre fin qu'après l'expiration d'un délai de prévenance dont la durée ne pouvait être inférieure à une semaine, quels que fussent les usages locaux à cet égard.

Lorsqu'il s'agissait de travaux temporaires à durée déterminée lors de l'embauchage, si l'ouvrier se montrait incapable de terminer le travail, ou se rendait coupable d'une violation très grave du règlement de la fabrique, ce délai de congé ne s'appliquait pas. Il pouvait être donné par l'ouvrier si le patron ne remplissait pas ses obligations envers lui. L'ouvrier devait recevoir son salaire au moins toutes les quinzaines, au comptant, en monnaie ayant cours légal et dans la fabrique ou le chantier. Le règlement d'atelier était-il muet sur ce point, le paiement était obligatoire à la fin de chaque semaine. Pour le travail aux pièces, les conditions de paiement étaient fixées de gré à gré par les intéressés. En cas de mise à pied d'une durée supérieure à trois jours l'ouvrier, contrairement à ce qu'avait décidé la Cour de Cassation, recevait immédiatement son salaire. Les retenues sur le salaire n'étaient valables que si elles résultaient d'une convention écrite entre l'ouvrier et le patron, et lorsqu'il ne s'agissait pas d'amendes. Le rapporteur justifiait cette disposition en ces termes : « Il est des cas, et ils sont nombreux, où l'ouvrier, pour avoir le crédit nécessaire pour se procurer le pain de sa famille, doit remettre entre les mains de son patron une convention écrite lui donnant la certitude qu'on lui fera crédit chez le boulanger auquel le paiement de sa fourniture est dès lors assuré par le patron lui-même. Si vous enlevez cette faculté à l'ouvrier, vous ne lui donnez plus aucune garantie, vous le mettez dans un état d'infériorité, vous lui enlevez un crédit dont il peut avoir besoin ». Nous dirons à ce propos que si le crédit chez le boulanger est nécessaire, le crédit chez le cabaretier est funeste et nous ne verrions pas d'inconvénients à ce que la convention écrite ne pût pas s'appliquer à toute sorte de fournitures. Il y aurait peut-être là un moyen de combattre indirectement les ravages de l'alcoolisme. Ajoutons que si une convention écrite de ce genre peut avoir une utilité incontestable, elle présente des dangers pour l'ouvrier. Nous pensons que des garanties légales ne sont pas de trop pour empêcher le patron de faire des retenues abusives pour le paiement de ce qu'il vend à ses ouvriers, comme des habits, des denrées, etc.

(*A suivre*).   Edouard CAILLEUX.

CHRONIQUE LÉGISLATIVE

Juillet 1901.

I. DÉBATS PARLEMENTAIRES.

Projet et proposition de loi sur les retraites ouvrières.

Les Chambres ont terminé leur session ordinaire le 6 juillet, après avoir voté le projet de loi relatif aux contributions directes.

La Chambre des députés a continué la discussion des propositions de loi relatives aux retraites ouvrières. Nous avons assez complètement résumé la discussion générale dans notre précédente chronique pour n'avoir pas à nous y arrêter longtemps.

M. Vaillant et quelques-uns de ses amis voulaient que la loi fût applicable aux ouvriers étrangers comme aux ouvriers français : la Chambre a repoussé son amendement par 432 voix contre 107.

MM. Gauthier de Clagny, Poulain, Berry et Fournier auraient voulu ramener à 60 ans, au lieu de 65, l'âge de la retraite (rappelons que cet âge a été fixé à 70 ans par la loi allemande). Le ministre du commerce a dit, avec l'appui du ministre des finances, que de semblables amendements rendraient la loi inapplicable. « Vous n'avez, a répliqué M. Lasies, au lieu de faire payer les travailleurs, qu'à aller chercher de l'argent chez les riches ». La Chambre a cependant repoussé l'amendement, mais seulement par 291 voix contre 243. Mais elle a adopté, malgré le ministre des finances, le système du paiement mensuel au lieu du paiement trimestriel des rentes.

Puis, au moment même où la Chambre venait de voter une motion portant que « résolue à poursuivre la discussion de la Caisse des retraites ouvrières à l'exclusion de tout autre projet, elle comptait sur le concours du Gouvernement pour lui en faciliter les moyens », elle a eu à statuer sur deux propositions « invitant le Gouvernement à soumettre le projet de loi à l'avis de toutes les associations professionnelles, patronales et ouvrières », et la Chambre en a ainsi décidé, malgré l'opposition du ministre du commerce.

Nous verrons ce qui sortira de cette grande consultation.

II. Documents officiels.

Le *Journal Officiel* du 2 juillet contient le texte de la loi relative au contrat d'association.

La loi relative aux contributions directes et aux taxes y assimilées de l'exercice de 1902 a été promulguée dàns le numéro du 11 juillet.

Dans celui du 12 on trouvera le texte de la loi nouvelle sur l'assistance judiciaire, modifiant celle du 22 janvier 1852.

Le *Journal Officiel* du 19 contient le texte de la loi garantissant leur travail et leur emploi aux réservistes et aux territoriaux appelés à faire leur période d'instruction militaire. Elle dispose que, « en matière de louage de services, si un patron, un employé ou un ouvrier est appelé sous les drapeaux comme réserviste ou territorial pour une période obligatoire d'instruction militaire, le contrat de travail ne peut être rompu à cause de ce fait » et elle déclare passible de dommages-intérêts la partie qui violerait cette disposition.

Une loi du 8 juillet, promulguée au *Journal Officiel* du 25, institue des Caisses régionales de crédit agricole mutuel en Algérie.

Le *Journal Officiel* du 26 contient un rapport au Président de la République par la Commission supérieure des caisses d'assurances en cas de décès et d'accidents sur les opérations de ces caisses pendant l'année 1900.

Une loi du 20 juillet (*Journal Officiel* du 27) modifie l'article 6 de la loi du 5 novembre 1894 relative à la création de sociétés de crédit agricole, relatif à la responsabilité des administrateurs.

Edmond Villey

BULLETIN BIBLIOGRAPHIQUE

Georges Blondel, *La France et le marché du monde*. Paris, Larose, 1901, in-12, XI et 161 p.

La stagnation de notre commerce extérieur est un thème sur lequel on ne saurait trop insister. Aussi faut-il féliciter M. Georges Blondel d'avoir présenté au public la substance des conférences qu'il a faites sous les auspices du Comité de défense des intérêts nationaux. Nul n'était mieux qualifié que l'observateur exact et avisé de l'essor économique de l'Allemagne pour montrer les progrès de nos rivaux et de nos clients. Les renseignements sont puisés aux meilleures sources, principalement dans les rapports des agents diplomatiques et consulaires. M. Blondel analyse les causes de l'état stationnaire de nos échanges : faible natalité, individualisme et esprit d'isolement, défauts d'éducation, insuffisance des voies de navigation intérieure ; à cette occasion, il donne des renseignements intéressants sur l'importance et l'utilité des transports par eau en Allemagne.

Peut-être ne faut-il pas s'exagérer le péril que nous font courir les progrès des pays neufs et le réveil de l'Asie. Les filatures chinoises et même japonaises, dont la situation est actuellement peu brillante, ne nous menacent pas encore sur nos propres marchés ; et si l'ouvrier asiatique de grande industrie devient un jour aussi habile et laborieux que celui de l'Europe, on peut croire que, parvenu au même développement, il aura les mêmes exigences. Quant à la dépréciation de l'argent vis-à-vis de l'or, elle ne donne plus aucun avantage aux pays comme l'Inde et le Japon, qui ont renoncé à la frappe libre de l'argent. Il est vrai que les progrès industriels des pays neufs et des vieux pays d'Asie peuvent priver certaines industries européennes de leurs débouchés ; mais il est difficile de croire qu'en fin de compte les pays exportateurs ne profiteront pas d'un accroissement de richesses, de circulation, de puissance économique et de besoins chez leurs clients. L'essentiel est de ne pas se laisser éliminer de ces marchés d'outre-mer par des rivaux entreprenants ; là est le vrai péril pour la France, et le mérite de M. Blondel est de l'avoir fait ressortir.

M. Georges Blondel reconnaît d'ailleurs que nous donnons des preuves incontestables d'activité industrielle, et même d'intelligence commerciale ; mais il observe avec raison que c'est surtout sur le développement du marché intérieur que porte notre effort. Je ne dirai pas comme lui que ce développement correspond surtout à un déplacement d'argent et n'enrichit guère la France ; un pays devient plus riche quand il produit plus de blé, de vin, de machines, de tissus, lors même qu'il les destine à sa propre consommation ou à une production ultérieure, au lieu de les échanger contre des produits étrangers ou contre de l'argent. Mais ceci n'est qu'une observation accessoire dans la thèse de M. Blondel. Ce qui reste vrai, c'est qu'un pays, malgré ses réserves, ses positions acquises, ses placements à l'étranger, s'amoindrit politiquement et économiquement lorsqu'il ne développe pas son commerce extérieur et sa marine marchande au milieu de nations qui progressent à pas de géants.

Voilà ce que M. Blondel a parfaitement montré, par un emploi judicieux de la méthode d'observation. Ne lui reprochons pas d'avoir dépeint notre position commerciale dans le monde sous des couleurs trop sombres; il faut frapper fort pour stimuler les énergies latentes de notre race.

Maurice BOURGUIN.

Edmond Demolins, *Comment la route crée le type social*. Paris, chez DIDOT, 1 vol., 462 pages.

C'est toujours avec plaisir que l'on voit apparaître un nouveau livre de M. Demolins, car on est sûr qu'on le lira jusqu'au bout, ce qui est, en somme, sinon le plus beau témoignage qu'on puisse rendre à un livre, du moins celui sans lequel tous les autres ont peu de prix.

On sait que M. Demolins professe la doctrine du matérialisme économique le plus absolu, ce qui ne laisse pas que d'étonner un peu chez un disciple de Le Play et le fondateur de l'école de Roches.

Pour lui, toute la vie sociale et économique d'un peuple est déterminée par le terrain sur lequel il a vécu et même, comme dans le présent volume, par la route qu'il a suivie.

Il est vrai que la théorie laisse une part à la liberté en ceci : M. Demolins dit que les peuples sont libres de choisir leur route. « Oh! qu'il est important pour un peuple d'avoir bien su choisir sa route! » C'est ce que n'ont pas su faire les populations que leur mauvaise étoile a engagées sur la route des *toundras*.

C'est la route circumpolaire.

Il faut avouer en effet qu'elles n'ont pas eu de chance! Elles n'y ont rien trouvé à cultiver et pas grand'chose à manger. Par suite, elles ont été condamnées à la vie de communauté et ont été « totalement dépourvues des grands organismes de la vie publique », c'est-à-dire de gouvernements constitués, et par suite, d'histoire et de politique. « Qui pourrait signaler une seule invasion de Lapons, d'Esquimaux ou de Samoyèdes? »

Il en est pourtant qui ont été plus malheureux encore : ce sont ceux qui ont eu l'imprudence de suivre « la route des forêts », celle qui va produire le dernier degré de désorganisation sociale auquel l'humanité puisse tomber. Ceux-là sont devenus les cannibales des bords de l'Orénoque et de l'Amazone. Cependant je croyais que les Germains et les Francs avaient suivi aussi pendant de longs siècles « la route des forêts » et celle-là n'avait eu nullement pour effet de les dégrader. Mais il faut croire qu'il y a forêts et forêts.

D'autres ont suivi « la route des déserts », de l'Euphrate à l'Atlantique. Ceux-là ont été contraints à s'associer en caravanes, à prendre la forme de gouvernement patriarcal, à devenir commerçants.

D'autres ont suivi « la route des lacs », d'autres celle des « montagnes »,
d'autres celle « de la vallée », — il nous semble qu'ici l'auteur confond un
peu la route avec l'habitat ; du reste, peu importe ; — d'autres celles « des
ports » (les Phéniciens et les Carthaginois). Mais les plus réussis sont ceux
qui ont suivi plusieurs routes parce que, de cette façon, ils ont fait leur
éducation intégrale. Ainsi « le type grec fut le résultat du croisement de
trois routes : la route de la vallée, la route du port, la route de la montagne. Il a fallu ce croisement pour produire le Grec complet ».

Pour le Romain, on ne voit pas si clairement qu'il est le produit du croisement de trois routes ou, du moins, M. Demolins nous le montre simplement comme résultant du croisement de trois races : les Latins, les Sabins,
les Étrusques, mais les pages où il nous le dépeint comme « un type réussi
du paysan économe » et comme travaillant à la fois, en labourant les
marais Pontins, à créer une propriété individuelle plus absolue que celle
que le monde avait jamais connue et à dégager l'individu de la cité, sont
parmi les meilleures du livre.

M. Demolins est plein de foi « dans la science nouvelle » qu'il a constituée
avec M. de Tourville et qui « est appelée à renouveler une partie de nos connaissances ». Cette foi ne va pas, comme toute foi d'ailleurs, sans quelque
ingénuité. Les Algonquins, qui habitaient un territoire très giboyeux, pouvaient nourrir plusieurs femmes : « aussi les Algonquins pratiquaient-ils la
polygamie ». Mais les Hurons habitaient un territoire moins giboyeux.
« aussi les Hurons pratiquaient-ils la monogamie ». Enfin chez les Iro-
quois, l'homme était pauvre parce qu'il chassait, tandis que la femme était
riche parce qu'elle cultivait le maïs : « Une femme pouvait donc nourrir
plusieurs hommes et de plus il lui en fallait plusieurs pour s'assurer le
gibier dont elle avait besoin. Aussi certaines Iroquoises pratiquaient-elles
la polyandrie ». C'est de la sociologie à la Chateaubriand.

Autre exemple encore plus curieux. M. Demolins consacre une page à
démontrer, avec trois preuves numérotées à l'appui, que « la plupart des
tribus sibériennes sont venues du Midi ». Certes ! d'où auraient-elles pu
venir, je vous prie ? Supposons que M. Demolins rencontre au pôle Nord
l'infortuné Andrée ; en l'abordant, il lui dirait : « Je suis sûr que vous venez
du Midi. — Comment le savez-vous ? répondrait l'infortuné explorateur
émerveillé. — Par la méthode sociale ». — Et si c'eût été au Pôle Sud
qu'il l'eût rencontré, il eût affirmé qu'Andrée devait venir de quelque
part dans le Nord, et cette fois encore il aurait vu juste ! « C'est par ces
sortes de rapprochements et par ces vérifications de faits que s'affirme la
science, qu'elle triomphe des théoriciens et qu'elle s'impose peu à peu à
tous les esprits ».

Au fond, comme nous en avons déjà fait la remarque, ici même, à propos
d'un des autres livres de M. Demolins, cette méthode soi-disant d'observation est tout ce qu'il y a de plus *a priori*. M. Demolins met à nu cette
méthode à propos des Chinois. Il remarque, ce qui est connu d'ailleurs, que
les Chinois sont un peuple de petite culture et de petite industrie et pratiquent la communauté familiale. Il s'agit de savoir pourquoi ? Le problème
se pose ainsi : trouver une route capable de dresser les gens à la culture, à

l'industrie et au commerce, mais exclusivement à la petite culture, à la
petite industrie et au petit commerce. Il est nécessaire de plus que cette
route ne fasse pas perdre aux populations leur formation communautaire
de famille, mais au contraire qu'elle la·fortifie, etc. Cette route existe,
c'est celle du Thibet. Ainsi si les Chinois sont ce qu'ils _sont, c'est parce
qu'ils sont entrés en Chine par le Thibet ». Aujourd'hui le doute ne me
paraît plus possible, je crois que nous tenons enfin la route qui a amené
en Chine sa population et qui seule explique ce curieux et mystérieux pays ».
On voit le procédé, il est tout à fait simpliste et rappelle les devinettes qui
sont à la dernière page des journaux illustrés. Il est d'ailleurs infaillible,
car on trouve toujours ce qu'on a la ferme intention de trouver.

Ce volume n'est que le premier d'une série, il ne nous conduit que jusqu'aux Romains. Les volumes suivants nous expliqueront ce que·sont les
peuples modernes en nous montrant par quelle route ils ont passé. Et
comme depuis deux mille ans ils ne paraissent pas avoir bougé de place,
notre curiosité est très-surexcitée.

Ch. Gide.

Jacques Dumas, *Registering title to land,* petit in-8, 106 pages.
Chicago, 1900.

M. Jacques Dumas, jeune magistrat et collaborateur de cette Revue à
laquelle il a déjà fourni des études sur la publicité des droits réels, a été
appelé l'année dernière à donner des conférences à l'Université d'Yale. Ce
sont ces cinq conférences réunies qui forment le présent volume. Elles ont
été données en langue anglaise ce qui n'est pas un petit mérite pour un
conférencier français, et sont publiées dans la même langue. Je regrette
qu'elles ne soient pas rééditées en langue française, car c'est certainement,
quoique peut-être sous une forme un peu sèche à force de concision, le
meilleur résumé qu'on puisse trouver de cette inextricable question.

Dans sa première conférence d'introduction, M. Dumas recherche pourquoi le besoin d'un mécanisme de publicité pour la propriété foncière a été
si long à se faire sentir et il fait la réflexion très juste que ce besoin ne
pouvait se faire sentir que du jour où la propriété foncière est entrée dans le
commerce. C'est aussi ce qui explique, comme l'auteur le dit ailleurs, pourquoi l'Angleterre a été en retard dans cette voie sur d'autres pays, c'est parce
que le nombre des propriétaires y est très restreint et que même ce petit
·nombre ne vend guère. L'histoire de l'évolution du droit romain, qui a conduit du contrat de fiducie au régime hypothécaire, est claire et intéressante.

Dans les conférences suivantes, M. Dumas expose d'abord les systèmes des
pays qui ont adopté le système d'enregistrement complet, Australie, Allemagne, Autriche, Canada et Tunis, et ensuite les systèmes d'enregistrement
incomplet, notamment ceux de l'Angleterre et de la France, avec quelques
brefs renseignements sur la Belgique, la Suisse, etc.

Ce qui caractérise le système d'enregistrement complet, c'est d'abord que
l'enregistrement est obligatoire et secondement qu'il confère un titre inat-

taquable. Le système type à cet égard est celui de l'Australie, la terre natale du Système Torrens, où le titre une fois délivré ne peut être invalidé alors même qu'il aurait été conféré par erreur ou fraude ; en ce cas il y a seulement recours du véritable propriétaire contre l'Etat qui lui paie une indemnité. Mais c'est là une rigueur par trop formaliste, semblable aux paroles sacramentelles du vieux droit romain qui entraînaient la perte du droit par le seul fait qu'elles étaient inexactement prononcées. Généralement on ne considère pas le véritable propriétaire comme exproprié par le seul fait de quelques lignes d'écriture couchées sur un registre et on se borne à accorder la compensation pécuniaire à l'autre, c'est-à-dire au propriétaire indûment enregistré.

En Angleterre, c'est seulement depuis 1897, après plusieurs expériences législatives plus ou moins infructueuses, que le système Torrens a été appliqué. Encore n'est-il pas obligatoire dans toute l'Angleterre mais là seulement où les conseils de Comté l'ont ainsi décidé ; et pour le moment il n'y a qu'un seul comté, le plus important il est vrai, celui de Londres qui ait ainsi statué. Curieux cas d'expérimentatation législative ! Pour la France, on lira avec intérêt la page originale et philosophique où l'auteur explique pourquoi les rédacteurs du Code civil crurent devoir proclamer que « la propriété se transfère par le seul consentement », comme affirmation de la souveraineté absolue de l'individu sur sa chose et abolition de toute investiture ou saisine. Même la simple formalité d'un enregistrement eût apparu comme une sorte de servitude.

Ch. GIDE.

Paul Strauss, *Dépopulation et puériculture*, 1 vol. in-8º. Paris, chez Charpentier, 1901.

« Puériculture ou viriculture, cette belle œuvre de prophylaxie bienfaisante, d'éducation maternelle et de protection des nourrissons doit être au premier plan d'une politique nationale ou humanitaire ».

En effet, sur 850.000 nouveau-nés environ que compte annuellement la France, presque le cinquième, plus de 150.000, meurent dans la première année de leur existence. Or, il est certain que l'on pourrait réduire le taux de cette mortalité presque de moitié ; la preuve, c'est qu'elle l'est (et même dans une proportion encore plus grande) pour les classes riches : ce seraient donc 75.000 enfants qu'on pourrait conserver annuellement à la France et pour un pays dont la population est quasi-stationnaire, un tel gain ne serait certes pas à dédaigner, toute question de charité mise à part.

M. Strauss étudie dans ce livre toutes les causes qui mettent l'enfance en péril : maternité clandestine et honteuse, mise en nourrice, indigence de la mère et plus encore ignorance, nécessité pour elle de travailler à l'atelier — et il expose les remèdes : *le tour*, aujourd'hui avantageusement remplacé par le système de *dépôt* pratiqué par l'Assistance publique de Paris et qui offre, avec les mêmes garanties de discrétion pour la mère; plus de garanties pour l'enfant, les *asiles de maternité* secrète où la mère qui se cache peut attendre sa délivrance et qui offre ainsi une protection à l'enfant même avant sa naissance, les *crèches* pour recevoir l'enfant dont la mère est au travail, l'œuvre de la *Goutte de lait* pour les nourrissons, la surveillance des enfants envoyés en nourrice, la prohibition légale du travail pour la mère avant ses couches, etc.

M. Strauss va assez loin dans la voie de l'interventionisme. Il demande que toute famille ayant un enfant de moins d'un an soit tenue de produire tous les trois mois un certificat d'un médecin — celui qu'elle voudra — constatant que l'enfant est soigné « conformément aux règles de l'hygiène ». En cas d'abstention de la famille, la visite sera faite d'office par le médecin des enfants assistés. Nous n'avons pas d'objection de principe contre cette mesure, seulement quand nous voyons que la loi Roussel sur les enfants mis en nourrice n'est plus appliquée malgré les magnifiques résultats qu'elle avait donnés, nous nous demandons quelle serait l'efficacité de la loi nouvelle. Il ne faut pas oublier que la France souffre depuis longtemps d'un mal pire encore que la dépopulation : c'est le mépris des lois.

Ch. GIDE.

_____

Chailley-Bert, *Java et ses habitants,* 1 vol. in-8. Paris, chez Colin, 1900.

L'auteur nous avertit « qu'il a, délibérément, écarté de ce volume tout ce qui touche à l'économique ». Par là même ce volume serait mis en dehors du cercle de notre bibliographie. Cependant un des chapitres porte le titre : « La concurrence économique », la concurrence des Chinois et des Arabes. Il parait que le Chinois est le juif de là-bas et que parfois il a été massacré. M. Chailley-Bert propose toutefois non de les expulser, mais de les taxer à l'entrée d'un droit protecteur énorme, 1.000 ou au moins 500 florins, de « les cantonner sur certains points, dans les villes, leur interdire le colportage dans la campagne, en un mot restreindre leur activité économique », le tout à seule fin de permettre aux Javanais, mis provisoirement à l'abri de leur concurrence, de développer leurs aptitudes personnelles fortifiées par une éducation professionnelle. Dans un demi-siècle la transformation pourra être effectuée — et alors on pourra sans inconvénients désentraver les Chinois. C'est ici un chapitre curieux du système dit de protection-tutelle. Malheureusement l'expérience a démontré que quand il s'agit de la concurrence des produits, jamais l'industrie en tutelle ne juge que le jour de l'émancipation est venu : il est probable qu'il en sera de même de la concurrence des races et que les indigènes de Java protégés contre le Chinois, seront aussi désireux de rester protégés dans un demi-siècle voire même dans un siècle que maintenant.

L'organisation économique de Java, cette espèce de collectivisme féodal si curieux, est à peine esquissé dans ce livre, ainsi d'ailleurs que l'auteur nous en a prévenus. L'impression cependant est que ce système fonctionne mieux qu'on ne pourrait le croire et qu'en somme les populations indigènes sont plus heureuses que dans toute autre colonie. Si l'accroissement rapide de la population est un signe de bonheur, on n'en saurait douter, puisque du chiffre de 3 millions, évaluation du commencement du xixᵉ siècle, elle s'est élevée à 25 millions! C'est presque la fameuse progression géométrique de Malthus.

L'auteur en attribue le mérite, et sans doute a-t-il raison, à l'admirable administration des Hollandais. « Je n'en sais pas au monde, dit-il, de plus instruite et plus pénétrée de son devoir. Leur science administrative défie la critique, leur conscience professionnelle dépasse l'éloge. Il y a en eux de l'apôtre ». Le fait est que c'est la seule colonie où la loi donne au résident hollandais vis-à-vis du régent indigène le titre officiel de « frère aîné » et le seul où l'administration paraît s'efforcer de prendre ce titre au sérieux.

Le livre de M. Chailley-Bert n'est ni un simple récit de voyage, enrichi de réflexions politiques et philosophiques, comme celui du baron de Hubner par exemple, ni une monographie coloniale proprement dite : il tient des deux à la fois, ce qui en rend la lecture à la fois instructive et agréable. Il donne bien l'impression de la vie. Certaines scènes, comme celle de l'élection d'une municipalité dans un petit village indigène, semblent des photographies et même un cinématographe. La forme est très poussée, presque trop littéraire. Le moi tient peut-être un peu de place, mais ce n'est pas un grand mal dans un livre qui a précisément pour but de nous faire voir par les yeux de l'auteur. « J'ai fait moi aussi de l'analyse spectrale. J'ai dissocié les éléments primordiaux de l'âme du Javanais ». Evidemment le vieux Marco Polo mettait dans ses impressions de voyage moins de science et plus de bonhommie. Mais Marco Polo n'était qu'un marchand de Venise, tandis que M. Chailley-Bert est un économiste de Paris, secrétaire de l'Union coloniale et qui s'est fait une réputation méritée de spécialiste par ses études sur la colonisation. Il est en ce moment en voyage dans l'Inde anglaise d'où il nous rapportera certainement un volume non moins documenté et non moins personnel.

Ch. Gide.

H. **Hauser**, *L'Or*, 1 vol. in-4ᵒ, 594 pages. Paris, chez Nony, 1901.

Ce volume, magnifiquement illustré, a été publié comme livre d'étrennes pour le nouvel an. Néanmoins, il intéressera plus les économistes que les enfants. Ils y trouveront, en effet, à peu près tout ce qui peut leur être utile de savoir sur le précieux métal dont ils parlent à chaque instant, sur ses propriétés physiques et chimiques, sur ses gisements géologiques, sur ses procédés d'extraction (c'est la partie du volume la plus développée), sur l'histoire des découvertes des principales mines, sur le monnayage, et sur ses emplois industriels, y compris un rapide historique de l'orfèvrerie. Le champ est immense, comme on le voit; il était plus que suffisant et peut-être l'auteur aurait-il pu se dispenser d'y joindre certaines digressions sur le mono-métallisme et bi-métallisme, sur le taux de l'escompte et sur le cours du change qui sont trop sommaires pour pouvoir intéresser les économistes et suffisantes peut-être pour ennuyer les lecteurs amateurs. Il y aurait d'ailleurs sur ces points certaines réserves à faire. Ainsi (p. 324), il n'est pas exact, je crois, d'affirmer que la baisse dans le taux de l'intérêt est une conséquence et une preuve de la baisse du taux de l'or, car l'intérêt tout aussi bien que le capital n'est-il pas compté en or? N'est-ce pas un principe d'arithmétique qu'en faisant varier également les deux termes d'un rapport, ce rapport ne change pas? Si 1.000 francs d'or rapportent 50 francs d'or et si la valeur de l'or vient à baisser de moitié, les 1.000 francs n'en vaudront plus que 500, mais les 50 n'en vaudront plus que 25, et dès lors le taux d'intérêt ne change pas. Il est vrai que la rareté de l'or peut provoquer une hausse dans le taux de l'escompte de la Banque, comme l'auteur l'indique plus loin, mais ceci est un phénomène spécial et d'un autre ordre.

En revanche, l'auteur aurait peut-être pu consacrer un beau chapitre à une idée qu'il ne fait qu'indiquer en quelques mots à la fin de son livre, à savoir « si l'or jouera toujours le rôle qu'il a joué jusqu'à présent et restera toujours le régulateur souverain des transactions, la commune mesure des échanges? » Quoique ce soit ici, il est vrai, « la part du rêve », quand il s'agit de l'or il est bien permis de rêver un peu.

Mais ces réserves faites, on trouvera dans le beau livre de M. Hauser tout ce que qu'on peut désirer en fait de renseignements instructifs, amusants, précis, qui supposent une somme de travail et de recherches vraiment incroyable. Et personne ne pourrait imaginer que l'auteur n'est nullement un spécialiste, ni géologue, ni physicien, mais professeur d'histoire et auteur d'un livre savant sur le régime corporatif au moyen-âge. Il est vrai que l'Exposition universelle de 1900 a fourni à l'auteur une admirable documentation dont il a su tirer bon parti. Les belles gravures qui se trouvent à chaque page et qui sont presque toutes des reproductions photographiques, le style de l'auteur qui est vif, spirituel, parfois même peut-être un peu facétieux pour un gros volume in-quarto, ne contribuent pas peu à l'agrément du lecteur.

Les économistes liront avec intérêt l'explication des procédés admirables par lesquels on est arrivé à exploiter avec profit des minerais qui ne contiennent que 4 à 7 grammes d'or par tonne de minerai, soit une proportion de 1/200.000e (l'équivalent d'un morceau de sucre dissous dans 6 barriques d'eau), mais il apprendra avec étonnement aussi que « plus le procédé est rudimentaire, plus la limite d'exploitabilité peut être basse ». L'orpailleur chinois peut descendre à 1 gramme par tonne; les puissantes compagnies des mines de Victoria ne peuvent guère descendre au-dessous de 8 à 10 grammes par tonne. Si le fait est exact, et nous n'avons pas de raison de le mettre en doute, voilà qui déconcerte toute notre mentalité économique, tout ce que économistes et collectivistes nous ressassent à l'unisson (c'est même le seul point sur lequel ils soient d'accord), à savoir la supériorité nécessaire et universelle de la grande production sur la petite. Du reste si ce sont eux qui se sont trompés, j'en serai, pour mon compte, fort aise.

Pour le jour de l'an prochain, M. Hauser nous doit un autre volume sur la houille.

Ch. Gide.

Compte-rendu du 9ᵉ congrès de l'Association protestante pour l'étude pratique des questions sociales.

Fondée en 1887 par un groupe de jeunes pasteurs et deux laïques, l'Association qui porte le titre un peu long indiqué ci-dessus se réunit dans des Congrès périodiques : elle a déjà fait son tour de France et l'année dernière elle revenait à Nîmes où elle avait tenu son premier Congrès en 1888. C'est le compte-rendu du Congrès de Nîmes que nous avons sous les yeux. La collection des neuf volumes contenant les comptes rendus des neuf Congrès, et dont quelques-uns déjà sont très rares, constituera des documents précieux pour l'histoire (s'il doit en avoir une) du protestantisme social français.

Le volume contient, en dehors d'un discours d'ouverture du président, M. de Boyve, et du rapport du secrétaire général M. Gout, des rapports de MM. Quiévreux et Wilfred Monod sur les œuvres d'activité sociales dite *Les solidarités;* de M. Merlin, sur l'*Assurance contre la vieillesse;* de M. Sarrut, avocat-général à la Cour de cassation, sur *La condition légale de la femme;* une conférence de M. Comte sur *La pénétration des classes,* et une prédication de M. W. Monod, sur *Le Royaume de Dieu.*

Le rapport sur l'assurance de M. Merlin conclut contre l'assurance obligatoire par l'Etat : le rapporteur la veut facultative et seulement par le concours de l'ouvrier et du patron.

Le rapport de M. Sarrut ne peut guère se résumer, car il passe en revue tous les textes régissant la capacité juridique des femmes en France : il est à la fois libéral et conservateur. Il réclame un certain élargissement des droits de la femme mais n'admet ni la recherche de la paternité ni les droits politiques.

Dans sa conférence, M. Comte a exposé les causes économiques et sociales qui doivent amener peu à peu la fusion des classes, la coopération pour la vie, la solidarité sociale.

Quant aux discussions, elles ont été aussi courtes qu'anodines.

Ch. G.

REVUE D'ÉCONOMIE POLITIQUE

La *Revue d'Economie Politique* a reçu et publiera dans ses prochains numéros les **articles suivants :**

H. DENIS : *L'Union de crédit de Bruxelles* (suite). — GOBLOT : *La division du travail.* — HITIER : *L'agriculture moderne et sa tendance à s'industrialiser* (suite). — Maurice HEINS : *La notion de l'Etat* (suite). — DALLA VOLTA : *Francesco Ferrara et son œuvre économique.* — Laurent DECHESNE : *La spécialisation et ses conséquences* (suite). — VANDERVELDE : *L'économie rurale en Belgique.* — Dr R. THURNWALD : *L'Egypte ancienne. Son état social et économique.* — A.-A. ISSAÏEV (Saint-Pétersbourg) : *Altruisme, égoïsme et intérêt de classe.* — HAUSER : *Les origines du capitalisme.* — Jean BERGMAN (Stockholm) : *La lutte contre l'alcool en Suède.* — G. A. FREI (Haubinda) : *La réforme de l'instruction moyenne au point de vue social.* — Auguste FOREL (Chigny) : *Le rôle social de l'alcool.* — R. HOTOWETZ : *Le cartel des sucres en*

Autriche. — A. KORN : *Quelques considérations sur le privilège des bouilleurs de crú et la loi du 29 décembre 1900.* — BOUVIER : *La méthode mathématique en économie politique* (suite). — HECTOR LAMBRECHT : *Le problème des classes moyennes.* — G. FRANÇOIS : *Les banques anglaises.* — DE PEEZ : *La l'an-Europe.* — Achille LORIA : *Des méthodes proposées pour régulariser le cours de la monnaie.* — BERTRAND : *Le mouvement coopératif en Belgique et ses résultats.*

Liste des ouvrages déposés aux Bureaux de la Revue.

Romet : *Etude sur la situation économique et sociale des marins pêcheurs,* in-8 (Auteur).
Studies in history, economics and public law, tome XIII, n. 2, 3.
—   —   —   tome XIV, n. 1, 2.
Leroy-Beaulieu, etc. : *Congrès des sciences politiques de 1900. Les Etats-Unis d'Europe,* in-8 (Société française d'imprimerie, à Poitiers).
Weiss : *L'exploitation des mines par l'Etat. Mines fiscales de la Prusse et régime minier français,* in-8 (Rousseau).
Frascara : *Discorso sul bilancio di assestamento,* 10 maggio 1901, in-8.
Gavelle : *De la création, au profit de tous les travailleurs, d'une caisse générale de retraites pour la vieillesse,* 2e édition, in-8 (Auteur).
Marx et Engels : *Le manifeste communiste,* fasc. I (Société nouvelle de librairie).
Salvadori Guglielmo : *La scienza economica e la teoria dell'evoluzione,* in-8 (Lumachi, à Florence).
Répertoire bibliographique des principales revues françaises pour l'année 1899 (*Jordell*) (Per Lamm).
Dr Joseph von Korosy : *Die finanziellen ergebnisse der actiongesellschaften während des letzten vierteljahrunderts* (1874-1898). *Erstes heft,* in-8 (Puttkammer et Mühlbrecht, libraires, Berlin).

GIORNALE DEGLI ECONOMISTI

Août 1901.

La situazione del mercato monetario (X.).
Salvatore cognetti de martiis (L. EINAUDI).
La finanza italiana dal 1862 al 1900 (V. TANGORRA).
Un paese in progresso : il Messico (F. SARTORI).
La pagliuzza nell'occhio dol fratello (U. GOBBI).
Il principio della convenienza economica e la scienza delle quantita (P. BONINSÈGNI).
Il difesa del principio della convenienza economica (U. GOBBI).
Il concetto dell' importanza nell' economia pura (P. BONINSECNI).
Previdenza (Gli scioperi nel febrarese) (C. BOTTINI).
Cronaca (La politica estera) (F. PAPAFAVA).
Rassegna delle riviste (tedesche, inglesi).
Nuove pubblicazioni (Bassano Gabba, Sée, Bücher).

Le Gérant : L. LAROSE.

24,964. — BORDEAUX, IMPRIMERIE Y. CADORET, RUE POQUELIN-MOLIÈRE, 17.

REVUE
D'ÉCONOMIE POLITIQUE

LE PROBLÈME SOCIAL DE LA PETITE BOURGEOISIE EN BELGIQUE

L'importance sociale du maintien d'une classe moyenne a été appréciée en Belgique comme dans les pays voisins.

Lorsque les questions économiques arrivèrent au premier plan des préoccupations publiques, le problème ouvrier prit les devants (1886), mais ce ne fut point pour un temps bien long.

En 1894, la Ligue Démocratique elle-même se souciait des inconvénients qu'il y aurait de ne point donner à la bourgeoisie industrielle et commerçante un appui semblable à celui qu'on réclamait pour la classe ouvrière, et, après avoir mis la question à l'ordre du jour de son congrès, prenait à l'unanimité la résolution suivante :

« Considérant que les classes moyennes ont de tout temps défendu les » masses laborieuses;

» Considérant que, tout en empêchant le développement excessif de la » charité publique, elles ont protégé constamment les ouvriers contre la » domination et l'usure des grands;

» Considérant que les classes moyennes prises dans leur ensemble cons- » tituent la meilleure sauvegarde pour la moralité publique et l'esprit de » saine indépendance;

» Le Congrès émet les vœux suivants :

» 1º Que loin de pousser à leur disparition, on protège et soutienne les » classes moyennes; 2º que les classes moyennes montrent fréquemment » aux ouvriers la situation de la petite bourgeoisie comme un idéal à attein- » dre, comme la récompense d'une vie de travail, d'ordre et d'économie, » comme les appuis du droit et de la liberté » [1].

Si le problème de la petite bourgeoisie n'a pas d'emblée conquis

---

[1] V. compte rendu du Congrès tenu à Anvers les 9-10 septembre 1894. Louvain, Charpentier, p. 4 à 8.

la place qui lui revenait, c'est peut-être parce qu'on ne lui donna pas toujours l'ampleur qu'il comporte. Quelques groupements furent effectués parmi les intéressés et aussitôt après ils se présentèrent au public sous la dénomination d'*anticoopérateurs*.

Un débat de principe tenté à la Chambre des représentants, le 2 avril 1897, à l'occasion d'une pétition de commerçants de l'arrondissement de Bruxelles, servit excellemment à mettre en évidence les difficultés d'aboutir dans cette voie et l'improbabilité d'un résultat économique suffisant, pour le cas où une réforme législative eût été admise restreignant la clientèle des coopératives.

Dans l'intervalle, le Collège échevinal de la ville de Gand avait décidé (7 janvier 1897) de constituer une commission d'étude et d'enquête sur la situation de la petite bourgeoisie.

Déjà le programme s'élargissait. Le questionnaire comportait neuf chapitres : I. La bourgeoisie gantoise et la concurrence ; II. Le commerce et le crédit ; III. Le commerce et le système fiscal ; IV. Le commerce et les frais généraux ; V. Le commerce et les faillites ; VI. Le commerce et les autres classes sociales ; VII. Les consommateurs ; VIII. Les frais de justice ; IX. Législation et réglementation.

L'enquête, comme manifestation de la vérité, ne fut pas un succès. Sur 11.060 patentés inscrits aux rôles de 1897, on en écarta 5.049 comme n'appartenant pas à la classe sociale de la petite bourgeoisie, 1.128 ne furent pas retrouvés et 4.523 reçurent un questionnaire.

Trois faits exercèrent une influence défavorable sur la valeur de l'enquête :

a) L'abstentionnisme. Ainsi sur 43 associations professionnelles, chambres syndicales, etc. auxquelles on adressa le grand questionnaire en neuf chapitres, huit seulement répondirent.

b) L'intervention de quelques associations qui dictèrent une réponse identique à leurs membres, quelle que fût d'ailleurs la différence de leur situation.

On compte ainsi 104 réponses stéréotypées émises par les *Vereenigde Vleeschouwers* et 462 par la *Vakvereeniging der gentsche Kruideniers*.

c) Le laconisme des réponses : 4.448 énoncent un grief sans l'expliquer ni le motiver.

La commission d'études se préoccupa alors de réunir des documents d'autre façon et essaya d'une discussion plus scientifique sur rapports[1]. Ses travaux ne sont pas terminés.

Le problème social de la petite bourgeoisie fut véritablement posé au Sénat par M. Gérard Cooreman dans la séance du 27 juin 1896.

« Tout le monde s'intéresse aujourd'hui à l'amélioration de la
» condition morale et du sort de la classe ouvrière, et tout le
» monde a raison, car la cause est juste et l'avenir de la société y
» est engagé. Mais le maintien, la prospérité de la classe moyenne
» est une cause non moins juste, et l'intérêt général exige que cette
» cause aussi ne vienne pas à péricliter. Il importe à l'équilibre
» social qu'entre la classe capitaliste et la classe ouvrière la distance
» soit comptée par la classe moyenne, qui caractérise la réunion,
» dans les mêmes mains, du capital et du travail. Il est indispen-
» sable au règne de la bonne harmonie dans la société que l'échelle
» présente entre son échelon le plus bas et son échelon le plus
» élevé, une série d'échelons intermédiaires reliant les extrêmes
» par des degrés plus nombreux qu'espacés..... La crise aiguë qui
» atteint si rudement, à l'heure actuelle, un grand nombre de
» bourgeois, provient de l'évolution économique qui substitue
» chaque jour davantage la grande industrie et le grand commerce
» aux petites et moyennes entreprises. La production et la vente à
» bon marché par l'économie des frais généraux et le rapproche-
» ment du producteur et du consommateur : tel est le caractère de
» la concurrence dont souffrent la production et le négoce que
» n'alimente pas la concentration capitaliste..... Cette concurrence
» du bon marché, la moyenne et la petite production ne peuvent la
» soutenir qu'en luttant de bon marché avec elle par l'association
» ou en lui opposant la qualité, la spécialité, l'originalité ».

L'honorable sénateur, devenu ministre de l'Industrie et du Tra-vail, s'empressa d'appliquer ces doctrines. A la séance de la Chambre du 11 juillet 1899, il aborda de front la critique des programmes trop étroits qui servaient jusqu'alors au mouvement bourgeois. Il

---

[1] Ont paru les rapports suivants : 1. *Le crédit à donner*, par Gérard Cooreman ; 2. *Les marchés et les déballages*, par Victor de Muynck ; 3. *Même objet*, par Verbauwen et Bayens ; 4. *Les ventes publiques en détail*, par Ch. Callebaut ; 5. *Le colportage*, par Oscar Pyfferoen ; 6. *Les sociétés coopératives*, par Ed. Goossens ; 7. *Het brood en de Maatschappyen*, par J. Speltinck ; 8. *Le conseil supérieur du commerce et de l'indus-trie*, par E. Bayens.

y substitua un autre programme, scientifique et pratique à la fois ;
et en prépara l'introduction en chargeant désormais son département de « répandre des notions économiques, saines et justes, sur
la situation et les intérêts de la classe moyenne » [1].

« En fait, la plupart des questions soulevées (en cette matière),
disait encore M. le Ministre Cooreman, ont trois aspects différents :
un aspect fiscal, un aspect juridique et un aspect économique ».

La vérité de cette constatation frappe quiconque essaie de passer
du terrain des considérations générales et vagues sur le terrain des
applications concrètes, quiconque veut traduire une tendance en
un texte de loi.

Le ministère de l'Industrie et du Travail, compétent pour amorcer
toutes les réformes, n'est peut-être pas à même d'en achever une
seule.

Si chaque réforme a besoin d'être examinée sous un triple aspect,
pour se traduire en mesure législative, on peut cependant trouver,
au point de vue scientifique, un aspect dominant.

C'est ainsi que j'arrive à créer trois groupes : l'un serait principalement économique, l'autre principalement fiscal, le troisième
principalement juridique.

Ces trois chapitres, auxquels il faut en ajouter un quatrième
intitulé : *Les grandes réformes de l'avenir,* paraissent pouvoir
renfermer toutes les questions actuellement soulevées et dont
l'ensemble formerait le problème des classes moyennes.

CHAPITRE PREMIER

Des noms très familiers, et je les soulignerai au passage, viennent
se placer d'eux-mêmes dans le groupe des questions dont le centre
est avant tout économique.

Si je cherche une idée unique pour synthétiser les aspirations
auxquelles je fais allusion, je trouve celle-ci : écarter certains écueils
qui ont paru funestes à la vie bourgeoise.

Ces écueils, le petit bourgeois les a rencontrés tandis qu'il tra-

---

[1] Un crédit de 5.000 francs proposé par M. Theodor et accepté par le gouvernement
figure au budget pour encourager l'esprit d'association dans les classes moyennes.

vaillait ; il en a aussi rencontré tandis qu'il se préoccupait de mettre en réserve le surplus du travail présent pour le chômage à venir.

I

Ce grand écueil du travail porte un nom scientifique : le principe de la liberté de la concurrence.

Dans le monde industriel, on a déjà soulevé la question de la liberté de la production ; et nous avons entendu développer cette thèse que le régime actuel, c'est l'anarchie, parce qu'aucune mesure n'est prise pour subordonner la production à la consommation.

C'était un des angles du problème essentiel de la liberté de la concurrence ; nous avons un aspect un peu autre ici, mais la difficulté est la même.

Après le problème de la réglementation de la concurrence dans son principe, vient celui plus restreint, de certaines pratiques de concurrence. Le nom familier est : *La concurrence déloyale.*

Beaucoup d'intéressés donnent une extension considérable à ce terme ; cependant, là où le principe de la liberté de la concurrence forme la pierre angulaire du régime économique, on doit soutenir que la concurrence par elle-même est un fait loyal et licite.

Dans l'acte de concurrence, certains peuvent commettre des fautes : le qualificatif va à la personne non à l'acte.

Ces fautes peuvent être de deux espèces : tromperies à l'égard du consommateur, acte méchant et nuisible à l'égard d'un concurrent.

Les unes semblent devoir être définies dans le Code pénal, certainement très incomplet sur ce point ; les autres pourraient s'abriter sous l'égide de l'art. 1382 du Code civil.

A ces deux sanctions, pénale et civile, correspondraient des actions de droit commun.

On peut demander aussi que ces fautes soit réprimées par une sorte d'action publique, donnée à tous, ou réservée à un syndicat professionnel. On se rapproche alors de la réglementation de la profession, de la fixation d'un honneur professionnel, et ainsi s'efface de plus en plus la notion primitive de concurrence déloyale.

Le fonds des griefs classés sous des titres en apparence divers : question du *colportage* (II) des *déballages* (III) des *marchés* (IV), des *ventes publiques de marchandises neuves* (V), est une lutte de concurrence.

C'est la lutte entre le commerce sédentaire et le commerce ambulant ou intermittent.

J'en dirais autant des questions des *coopératives* (VI), du *travail
des prisonniers* (VII), des *grands magasins* (VIII), qui sont l'écho
de la lutte entre une forme et une autre forme.

Bien entendu, mon observation préliminaire ne doit pas être
perdue de vue : ces questions, surtout économiques, ne se présentent jamais pures de tout alliage.

Ainsi, pour le colportage, il en est qui demandent sa suppression
absolue, parce qu'il aurait cessé de répondre à un besoin actuel :
modification au principe de la liberté de la concurrence.

Mais d'autres se bornent à demander aux lois fiscales les fonctions du pesage et du handicap aux courses : apprécier et rétablir
les chances des concurrents.

D'autres invoquent des arguments de police et de sécurité pour
réglementer moins le colportage que la personne des colporteurs.
Dès lors, comme ci-dessus, la question prend une allure de réglementation industrielle.

Quel que soit d'ailleurs le terrain d'action préconisé, les intéressés
bourgeois s'y rallient dans l'espoir d'y trouver un avantage dans la
lutte pour la concurrence. Si ce résultat n'était pas atteint, ils se
déclareraient évidemment déçus, et c'est un argument dont il faut
tenir compte dans les discussions, lorsqu'il est question de proposer
telle ou telle mesure.

C'est ce qui m'a permis de grouper ici ces questions.

Le groupement synthétique a toujours pour avantage de mettre
chaque chose en sa place rationnelle.

Les détails auxquels je vais m'arrêter maintenant ne feront plus
perdre de vue l'esprit général des réformes réunies en ce chapitre ; la
liberté de la concurrence doit être leur critère commun et inflexible.

I. M. le Ministre Cooreman s'est exprimé avec force au sujet de la
concurrence déloyale. « Il y a une concurrence déloyale, illégale,
illicite, et cette concurrence-là le gouvernement doit, par tous les
moyens en son pouvoir, la combattre, la réformer, la faire disparaitre dans la pleine mesure du possible.[1] ».

Séance de la chambre, 11 juil. 1899, *Annales*, p. 1947.

Depuis lors, l'attention a été attirée,fréquemment sur la loi allemande contre la concurrence déloyale (27 mai 1896).

En voici les dispositions principales :

La loi n'envisage pas le problème de la concurrence dans toute
son étendue ; ce n'est point que le danger de certains abus ait
échappé à ses auteurs, mais ils ont voulu s'en tenir strictement à
la notion courante que les mots *concurrence déloyale* ont reçue
dans la langue juridique de tous les pays [1].

Cinq méthodes vicieuses de pratiquer la concurrence reçoivent
une condamnation expresse dans la loi.

a) Les abus de la réclame (art. 1 à 4). La loi définit avec beaucoup de précision quelle est la publicité requise, pour que l'acte
de réclame puisse être soumis à la règle tracée dans ces articles ;
dès que la publicité existe, sont proscrits : les tromperies ou indications inexactes sur la nature marchande des objets *(geschäft-
liche verhaltnisse)* ; c'est un terme général, après lequel on énumère, mais à titre exemplatif seulement, les tromperies sur les
qualités propres de la marchandise *(Beschaffenheid)* ; sur leur
mode de production *(Herstellungsart)* ; sur le prix, ce qui n'interdit
pas la vente en dessous du prix de revient des articles-réclame,
mais bien certains trucs qui dissimulent ce que l'acheteur aura à
payer en fin de compte ; sur leur mode de transport (thé de caravanes, marchandise dans l'enveloppe originale du producteur) ;
sur leur origine ; sur les distinctions (médailles honorifiques, prix
de concours) échues au producteur [2].

La tromperie doit avoir eu pour effet de faire croire qu'on était
en présence d'une offre exceptionnellement favorable.

Disposition importante : la répression et la responsabilité n'atteignent pas uniquement les auteurs de ces actes, mais encore les
rédacteurs, imprimeurs et distributeurs de journaux, dans lesquels
ces réclames irrégulières ont paru, du moment où il est établi que
la tromperie était connue d'eux.

La répression est énergique : trois actions peuvent être inten-
tées aux contrevenants.

---

[1] L'Ober-regierungsrath C. Hans, le principal auteur de la loi et son premier
commentateur, s'exprime avec une grande netteté à l'égard des Cartels, Rings, Boy-
cott et autres méthodes vicieuses de pratiquer la concurrence. Voir son commentaire
Einleitung, p. 25, Berlin, Guttenlag, 1896.

[2] Cf. la loi française du 26 avril qui édicte des peines correctionnelles pour usurpation de distinctions honorifiques.

Tout concurrent lésé dans ses droits peut réclamer réparation du dommage qu'il a éprouvé (art. 1382 Code Nap.).

Tout commerçant, toute corporation, ou toute association intéressée, peut exiger la cessation immédiate de l'annonce incriminée.

Enfin, l'action pénale, si elle aboutit à établir une violation formelle de la présente loi, aura pour effet une amende de 1500 marks au maximum; et, en cas de récidive, un emprisonnement cumulatif jusqu'à 6 mois.

b) Les tromperies sur les quantités (art. 5). Il est des objets que le consommateur est habitué à acheter dans des proportions déterminées : le fil en bobines, la laine en échevaux, la bière en bouteilles ou en verre, etc.

La tromperie s'exerçait facilement tout en maintenant l'aspect extérieur de la marchandise. D'autant plus que le public, distrait, ne regardait pas si l'enveloppe contenait une garantie de quantité, quantité qu'il n'avait pas d'ailleurs les moyens de vérifier.

Désormais pour les marchandises qu'il plaira au Conseil fédéral de désigner, il sera interdit de les mettre en vente autrement que par quantités légales. De cette façon, l'aspect extérieur renseignera le public sur la contenance effective, même en l'absence de toute indication ou garantie de quantité. La sanction consiste en une amende de 150 marks maximum. Il n'y a pas d'action civile de ce chef.

c) Les imputations préjudiciables (art. 6 et 7).

La définition pénale de la calomnie (Strafgezetzbuch, II⁰ part., XIVᵉ sect., art. 187 ss.), ne suffit pas à couvrir toutes les imputations préjudiciables qu'on répand sur le compte de ses concurrents, sur son commerce, ses marchandises, etc.

La loi actuelle réprime toute imputation à condition qu'elle soit fausse. C'est là une distinction essentielle d'avec la loi française.

Deux actions sont attachées à cette disposition : une action en dommages-intérêts du moment où l'intéressé peut établir l'existence d'un dommage; une autre action ayant pour objet de faire cesser les imputations.

Mais si la fausseté des imputations était connue de celui qui la répand, une troisième action, pénale cette fois, pourra être intentée contre lui, pour aboutir à une condamnation à 1500 marks et à un an de prison au maximum.

d) L'abus des noms et firmes commerciales (art. 8) [1].

Le Code de commerce allemand contient des prescriptions étendues sur la réalité des firmes; il s'agit uniquement ici des confusions qu'on cherche à créer entre des établissements rivaux, dans le but de dérouter ou d'accaparer la clientèle. L'imitation des firmes commerciales, des enseignes, du papier et des vignettes imprimées, est nominativement proscrite. Sanctions : l'action en dommages-intérêts et l'action en cessation.

e) Violation des secrets professionnels (art. 9-10).

Une amende de 3000 marks, avec ou sans un emprisonnement d'un an, attend le préposé, l'ouvrier ou l'apprenti qui, étant en service, révèlent à des concurrents de leur employeur les secrets commerciaux dont ils n'ont' connaissance qu'à raison de leurs fonctions.

Celui qui profite de ces indiscrétions ou les propage, encourt les mêmes pénalités ; la provocation à ces délits, même non suivie d'effet, est punissable d'une amende de 2000 marks avec ou sans 9 mois de prison, tous droits à la réparation civile étant au surplus réservés au profit de l'intéressé.

La Suisse a d'abord suivi une tendance législative pareille. Maintenant il y a une réaction, due principalement à l'interprétation très restrictive que certaines cours allemandes ont donnée à la loi de 1890 ; on est encore à se demander si la protection générale de l'art. 1382 Code Napoléon, jointe à l'extension de la notion pénale de fraude et de falsification, ne serait pas un régime préférable à celui d'une législation spéciale.

En Angleterre, c'est le *Merchandise Marks Act* qui permet d'attaquer les plus saillantes fraudes de la concurrrence.

Quoi qu'il en soit de ce débat, il a paru évident que la loi ne serait observée en Belgique, si des groupes professionnels d'intéressés ne concouraient à son exécution ; et, en attendant que les unions professionnelles surgissent, la question a subi un temps d'arrêt.

II. La question du *colportage,* telle que la posaient plusieurs associations bourgeoises, était surtout une question de concurrence, et l'on ne demandait rien moins à la loi que de supprimer directement ou fiscalement cette forme de concurrence.

---

[1] Cf. le projet de loi de M. Bozérian en France, *Journ. Off.*, 4 juin et 4 août 1879 et le *Congrès de la propriété industrielle,* 1875, p. 106, 595 s.

Ceci explique, historiquement, les deux premières conclusions du Conseil supérieur de l'industrie et du commerce, saisi de la question par dépêche ministérielle d'octobre 1897.

1. — Après une discussion approfondie de la question du colportage, le Conseil supérieur reconnait, à l'unanimité, l'impossibilité de définir clairement et de délimiter nettement le commerce de colportage.

2. — Tous les membres du Conseil supérieur ont reconnu l'utilité et la légitimité du colportage.

Les autres décisions du Conseil supérieur sont plus suggestives.

3. — Quant à la classification pour la perception du droit de patente, il y a lieu de tenir compte de l'importance des affaires des colporteurs taxés.

Le Conseil supérieur de l'industrie et du commerce n'a pas les éléments nécessaires pour faire cette classification.

4. — Au point de vue de l'application du droit de patente, le Gouvernement doit rechercher l'égalité de la taxe pour toutes les branches de commerce, sans se préoccuper du système employé pour la vente des marchandises. L'importance du chiffre d'affaires seule doit servir de base à l'échelle des droits.

Le Conseil supérieur de l'industrie et du commerce demande en conséquence de modifier la loi de 1842, en réduisant le chiffre de la patente du colporteur au taux de celle du commerçant sédentaire.

Il réclame l'application des principes du droit commun et la suppression des régimes d'exception.

Aucun commerce ne doit être privilégié aux dépens des autres.

5. — En ce qui concerne les taxes communales pouvant frapper le colportage, le Conseil supérieur de l'industrie et du commerce exprime le vœu de voir le Gouvernement établir un barème indiquant les taux maxima pouvant être appliqués par les administrations communales.

Les taux maxima du barème devront être fixés de manière à ne pas entraver la liberté du commerce, la libre concurrence. Les taxes en faveur des communes ne doivent pas constituer une protection pour les uns aux dépens des autres.

6. — La législation fiscale mise en harmonie avec les principes indiqués ci-dessus devra être appliquée rigoureusement.

7. — Il y a lieu d'interdire l'exercice du colportage aux enfants en âge d'école.

8. — Le Conseil supérieur insiste sur la nécessité de prendre d'énergiques mesures contre le vagabondage, notamment celui pratiqué sous le couvert du colportage.

Cette délibération avait été précédée d'une consultation officielle par le gouvernement des associations industrielles et commerciales (anciennes chambres de commerce). Ce document, très intéressant à consulter, laisse néanmoins la question de fait dans la plus complète incertitude; pour ne citer que cet exemple, la *Chambre de commerce de Liège* répond que le colportage n'a pas pris d'extension et ne donne lieu à aucun abus sérieux (p. 2), tandis que la *Sauvegarde du commerce de Liège* assure qu'il a pris une grande extension et pratique les abus les plus graves (p. 24).

La commission d'enquête de la ville de Gand, de son côté, est arrivée aux conclusions suivantes :

I. Que la loi du 18 juin 1842 sur le droit de patente des marchands ambulants doit être revisée :

1° En modifiant, s'il y a lieu, à l'art. 1, les bases de la perception des patentes des marchands ambulants, de façon à proportionner ces dernières, comme celles des autres commerçants à l'importance présumée de leurs affaires, tout en laissant aux communes le droit d'établir sur le colportage les taxes qu'elles jugent nécessaires dans les limites maxima déterminées par la loi;

2o En prescrivant au marchand ambulant qui exerce sa profession le port permanent et à découvert d'un insigne portant un numéro d'ordre et qui lui sera délivré en même temps que la quittance du droit de patente et par les mêmes fonctionnaires. Cet insigne ne sera valable que pour un an;

3° En interdisant le colportage des matières et objets pouvant présenter des dangers pour la vie des citoyens ou pour leur santé, ainsi que des écrits, objets ou images obscènes;

4° En rétablissant l'obligation du certificat de moralité;

5° En permettant le colportage des petits articles sans imposition de taxes.

La commune déterminera nettement la nature de ces articles;

6° En formulant des sanctions pénales combinées de façon à mieux assurer l'exécution de la loi.

II. Que le législateur doit inscrire en outre dans la loi les dispositions suivantes :

1° Le certificat de moralité pourra être refusé lorsque : *a*) le requérant a été condamné depuis moins de trois ans à une peine d'emprisonnement d'au moins trois mois, *b*) aux individus condamnés du chef de vagabondage ou de mendicité.

Le colportage sera interdit :

2° Aux mineurs masculins de moins de 14 ans; femmes de moins de 16 ans;

3° Le colportage pourra être interdit : *a*) aux étrangers ; *b*) à ceux qui ont contrevenu depuis moins d'un an aux dispositions réglementant le colportage.

La question du colportage offre un exemple typique de la complexité des réformes qu'on peut préconiser.

Ainsi, à l'exemple des nombreuses législations suisses et de la loi allemande du 6 août 1896, on peut interdire aux ambulants la vente de certains objets : les boissons spiritueuses, les vieux vêtements, literies ou cheveux humains ; les objets en or et en argent et les montres de poches, les cartes à jouer, les titres ou valeurs ainsi que les billets de loterie ; les matières explosives ; les huiles minérales inflammables ; les armes de toute espèce ; les poisons et médicaments, les instruments d'optique et les lunettes, les semences, arbres, etc. L'art. 56 de la loi allemande a interdit ensuite de se livrer à l'exercice de l'art de guérir, de solliciter des souscriptions à des valeurs ou loteries, de solliciter des achats d'alcools ou d'eaux-de-vie, ou de vendre des marchandises sous la forme d'une loterie.

Ce faisant, on s'inspire des besoins de la sécurité ou de la salubrité publiques.

On peut aussi soumettre la personne des ambulants à un contrôle sévère. Alors s'impose la distinction entre voyageurs de commerce sollicitant des commandes sur échantillons, ambulants servant à domicile les clients de leur ville, gagne-petits ou marchands des quatre saisons et colporteurs proprement dits qui s'en vont de place à place (porte-balle).

Ces derniers seuls présentent à toute évidence quelques dangers au point de vue de la sécurité.

V. *Vente publique en détail des marchandises neuves.* — L'idée de faire intervenir l'Etat pour favoriser une forme de commerce plutôt qu'une autre n'est pas neuve en Belgique. Une loi du 24 mars 1838 avait expressément pour objet « d'assurer au commerce en détail et à demeure une protection efficace contre la concurrence qui lui était faite à l'aide des ventes à l'encan » [1].

Mais « le défaut d'une définition exacte fournit à la cupidité, toujours ingénieuse, les moyens d'en éluder les principales dispositions [2]. Il fallut une loi interprétative (L. 31 mars 1841).

---

[1] Rapport de la section centrale et le projet devenu la loi du 20 mai 1846. Cpr. la loi française de 1840.

[2] *Ibid.*

Seulement « les ventes en détail de marchandises neuves continuèrent à se reproduire. Ceux qui avaient obtenu la faculté de
vendre à l'encan les marchandises neuves appartenant au fonds de
magasin reprirent leur commerce aussitôt les ventes effectuées, et,
peu de temps après, on les vit recourir aux mêmes mesures ».

Malgré la généralité des termes, il ne faut pas conclure qu'on
visait ici les liquidations fictives. En réponse à une question de
M. Janet, le Ministre de la justice spécifia bien qu'il ne s'agissait que
des ventes à cri public. Les autres ventes au rabais dans les magasins
ou bazars restaient complètement hors du champ d'action de la loi.

C'est dans ces conditions que la Chambre vota, par 40 voix
contre 21 et le Sénat à l'unanimité des 26 membres présents, le
texte suivant qui devint la loi du 20 mai 1846.

Article premier. — Sont interdites les ventes en détail des marchandises
neuves à cri public, soit aux enchères, soit au rabais, soit à prix fixe
proclamé, avec ou sans l'assistance des officiers ministériels.

Art. 2. — Sera considérée comme faite en détail, toute vente qui, quant
aux espèces de marchandises désignées ci-après, comprendra une quantité
inférieure à celles qui sont indiquées au présent article, savoir :

1° Les objets de quincaillerie, de tabletterie, de bimbeloterie et de mercerie, par lots de cent francs au moins ou par grosses de même espèce ;

2° Les étoffes ou tissus de toute espèce, par deux pièces entières ayant
cap et tête, ou par une pièce entière si elle mesure au moins trente mètres ;

Les étoffes et tissus qui ne seraient pas en pièces entières, par lots de
quarante mètres au moins ;

Les étoffes qui ne se débitent point à l'aunage, telles que châles, foulards
et autres semblables, et, en général, toutes les étoffes de mode et d'habillement, par douze pièces au moins de même espèce ;

Les mouchoirs et cravates, par six douzaines au moins ;

3° La bonneterie et la ganterie, par deux douzaines de pièces au moins
de même espèce ;

4° La porcelaine, la faïence et la poterie, savoir :

Les assiettes, par six douzaines au moins ;

Les plats, par douze pièces au moins ;

Les soupières, par six pièces au moins ;

Les tasses avec leurs soucoupes, par six douzaines au moins ;

Les jattes, par douze pièces au moins ;

Et tous autres objets de même nature, par six douzaines au moins ;

5° La verrerie et la cristallerie, par lots de cent francs au moins ;

6° La chapellerie, par douze pièces au moins ;

7° La cordonnerie, par douze pièces au moins ;

8° Les fils et rubans, par grosses et douzaines de même espèce, suivant
l'usage du commerce en gros ;

9° Les livres, par douze exemplaires au moins du même ouvrage ;

10° Les vins, par pièces de cent litres ou par cent bouteilles au moins, sauf le cas où le vendeur ne ferait pas le commerce de vins et ferait la vente par suite d'un changement de domicile ;

11° Toutes marchandises neuves, manufacturées, qui ne sont pas désignées ci-dessus, par quantités de même espèce, d'une valeur de cent francs au moins.

La valeur des lots sera estimée, aux frais du vendeur, par deux experts nommés par le collège des bourgmestre et échevins.

Art. 3. — Ne sont pas comprises dans la défense portée par l'article 1ᵉʳ, les ventes prescrites par la loi, ou faites par autorité de justice ou par les monts-de-piété, non plus que les ventes après décès, faillite ou cessation de commerce, ou dans les autres cas de nécessité dont l'appréciation sera soumise au tribunal de commerce.

Sont également exceptées les ventes à cri public d'objets de peu de valeur, connus dans le commerce sous le nom de *menue mercerie*.

Art. 4. — Dans les cas mentionnés à l'article 3, les ventes publiques et en détail ne pourront être faites que dans les formes prescrites, et par les officiers ministériels ayant à ce qualité légale, et de plus, en ce qui concerne les ventes après cessation de commerce et dans les autres cas de nécessité, avec observation des formalités prescrites par l'article suivant.

Art. 5. — Les ventes publiques et en détail après cessation de commerce, ou dans les autres cas de nécessité prévus par l'article 3 de la présente loi, ne pourront avoir lieu qu'autant qu'elles auront été préalablement autorisées par le collège des bourgmestre et échevins, sur la requête du commerçant propriétaire, à laquelle sera joint un état détaillé et en double des marchandises.

L'autorisation ne sera délivrée qu'après que le collège des bourgmestre et échevins aura reconnu que le fait qui donne lieu à la vente est réel ou a été constaté par l'autorité judiciaire, et que le commerçant, directement ou indirectement, personnellement ou sous un nom interposé, n'a pas joui de la même faveur depuis cinq ans au moins.

Le collège des bourgmestre et échevins constatera, par l'acte d'autorisation, le fait qui donne lieu à la vente ; il indiquera le jour où commencera la vente qui sera continuée sans désemparer, sauf les jours fériés. Si la vente a lieu par cessation de commerce, elle se fera dans le local où ce commerce s'exerçait. En cas de nécessité, dont l'appréciation appartient au tribunal de commerce, le collège des bourgmestre et échevins indiquera le lieu de la vente.

L'autorisation ne pourra être accordée, pour cause de nécessité qu'au marchand sédentaire, patenté et ayant son domicile réel, depuis un an au moins, dans la commune où la vente doit être opérée.

L'autorisation et l'état détaillé des marchandises seront transcrits dans les affiches apposées à la porte du lieu où se fera la vente ; ces affiches seront rendues publiques huit jours au moins avant la vente, et ne pourront être retirées que lorsque la vente sera entièrement terminée.

Le collège des bourgmestre et échevins sera tenu de statuer dans la huitaine de la demande. Celui auquel l'autorisation aura été refusée pourra se pourvoir auprès de la députation permanente du conseil provincial.

Art. 6. — Il est expressément défendu de comprendre dans les ventes autorisées par l'article 3, des marchandises autres que celles qui font partie du fonds de commerce ou du mobilier que la vente concerne.

Art. 7. — Nulle société ne peut obtenir, pour cause de cessation de commerce, l'autorisation requise par l'article 5, qu'autant qu'aucun de ses membres ne continue pas le même commerce pour son compte particulier ; s'il arrive qu'une société ayant obtenu semblable autorisation et en ayant profité, l'un de ses membres, pour son compte particulier, recommence le même commerce dans l'année, il y aura lieu à l'application des peines comminées ci-après.

Art. 8. — Les ventes publiques aux enchères de marchandises en gros continueront à être faites par le ministère des officiers ministériels, ayant à ce qualité légale, aux conditions et selon les formes prescrites par les lois et règlements.

L'officier, chargé de la vente, est tenu de faire au bourgmestre, quatre jours au moins avant celui de la vente, une déclaration en double et détaillée des objets à mettre en vente. Un double, visé par le bourgmestre, sera remis au déclarant.

Art. 9. — Toute contravention aux dispositions ci-dessus sera punie de la confiscation des marchandises mises en vente, et, en outre, d'une amende de 50 à 1.000 francs, qui sera prononcée solidairement, tant contre le vendeur que contre l'officier public qui l'aura assisté, sans préjudice des dommages-intérêts, s'il y a lieu.

En cas de récidive dans les trois années, le *maximum* de la peine sera toujours appliqué.

Art. 10. — Seront passibles des mêmes peines les vendeurs ou officiers publics qui comprendraient sciemment dans les ventes faites par autorité de justice, sur saisie, après décès, faillite, cessation de commerce, ou dans les autres cas de nécessité prévus par l'article 3 de la loi, les marchandises neuves ne faisant pas partie du fonds ou du mobilier mis en vente.

Art. 11. — Le droit d'enregistrement à percevoir sur les ventes publiques de marchandises neuves, est porté à 5 p. 100, sauf en ce qui concerne les ventes publiques et en détail autorisées par l'article 3, sur lesquelles on continuera à percevoir le droit fixé par l'article 13 de la loi du 31 mai 1824.

M. le Ministre de l'industrie et du travail soumit par message du 17 janvier 1898 au Conseil supérieur de l'industrie et du commerce la question de l'utilité d'une révision de la loi de 1846.

Ce conseil émit les vœux suivants :

1° Que les ventes en détail de marchandises neuves à cri public visées par la loi du 20 mai 1846 soient désormais autorisées avec l'assistance des officiers ministériels, mais à la condition expresse que les objets mis en vente soient obligatoirement adjugés au plus offrant et dernier enchérisseur, celui-ci fût-il le vendeur lui-même.

2° Que toutes les autres conditions restrictives énoncées dans ladite loi de 1846 soient supprimées.

3° Que les droits fiscaux et les formalités qu'ils comportent soient établis de manière à placer les commerçants sur un pied d'égalité de quelque façon qu'ils exercent le commerce.

La commission d'enquête de Gand ne s'est pas beaucoup écartée de ce texte. Voici ses conclusions :

1° Maintenir le principe de la loi du 20 mai 1846, protégeant le petit commerce contre les ventes publiques de marchandises, neuves en détail, avec cette modification toutefois que ces ventes seront dorénavant permises aux artisans producteurs directs et aux détaillants agissant pour leur compte personnel.

2° De maintenir le droit de 9 p. 100 établi sur ces ventes.

3° D'instituer par la loi des commissions de surveillance et de contrôle.

4° D'insérer dans la loi que les objets mis en vente seront obligatoirement adjugés au plus offrant et dernier enchérisseur, celui-ci fût-il le vendeur lui-même.

La ville où l'application de la loi de 1846 est surveillée de plus près, c'est Gand, grâce à une commission consultative d'une quarantaine de membres, nommés par le collège échevinal, parmi les commerçants établis dans la ville [1].

Les poursuites répressives en vertu de cette loi se font de plus en plus rares. Au congrès d'Anvers, on n'a demandé que deux réformes : l'augmentation des quantités formant un lot, et l'extension aux cessionnaires de la défense de faire une liquidation à l'encan dans les cinq années [2].

Insensiblement d'ailleurs le problème se déplace, et devient celui des liquidations fictives ; ce qui n'est pas fait pour faciliter la solution, les hésitations actuelles de la jurisprudence allemande en témoignent.

* *

Lorsqu'il travaille, le bourgeois rencontre encore une série d'écueils dans certaines habitudes du public.

[1] Arrêté du 29 décembre 1887.

[2] Compte rendu sténographique du congrès international de la petite bourgeoisie tenu à Anvers les 17-18 septembre 1899, p. 382-383.

Pour le détaillant et l'artisan, le *paiement au comptant* (IX) est
un rêve ; on porte volontiers le louis d'or chez le marchand de
primeurs, tandis que la verdurière du coin inscrit patiemment les
fournitures sur le carnet.

Et, chose étrange, plus petit est le fournisseur, plus grande est
la négligence du client. Or le capital des petits est limité, et plus
d'un a déposé son bilan dont l'actif dépassait le passif, à moins
qu'il n'ait lutté au point de tout laisser aux prêteurs d'argent.

M. le Ministre de l'industrie et du travail disait à la séance du
11 juillet 1899 de la Chambre des représentants : « Ce qui ruine
surtout la petite bourgeoisie, le petit et le moyen commerce, c'est
le crédit énorme qu'elle est obligée de consentir à la clientèle parfois très riche... Les grands magasins et les sociétés coopératives
qui se font payer au comptant jouissent, même en faisant des ris-
tournes, d'un immense avantage : ils ont la libre disposition d'un
capital que les petits industriels ou commerçants habitués à vendre
à crédit sont obligés de se procurer moyennant de très gros
intérêts. Je le répète, et c'est là le plus grand fléau de la petite
bourgeoisie, c'est l'élément qui contribue le plus à porter une
entrave à son développement, et s'il se formait une ligue de consommateurs dont les membres voulussent bien s'astreindre à payer
leurs achats au comptant, les citoyens dont se composerait cette
association auraient vraiment bien mérité du pays ».

A la commission d'enquête de la petite bourgeoisie à Gand,
M. Gérard Cooreman, rapporteur, indiqua plusieurs moyens dont
l'emploi simultané pourrait amener la réforme des usages trop
généralement reçus en cette matière.

Les détaillants devraient s'entendre pour accorder un escompte
au comptant et exiger des intérêts après trois mois.

Une *Ligue du commerce et de l'industrie,* fondée à Gand en 1878,
procure à ses associés des renseignements sur les clients qui paient
après crédit et poursuit pour leur compte ceux qui voudraient ne
pas payer du tout.

Cependant c'est aux consommateurs à seconder ce mouvement.
L'honorable rapporteur entre à cet égard dans des détails intéres-
sants au sujet de la *Ligue du paiement comptant* qui fonctionne à
Tournai depuis cinq ou six ans.

Les pouvoirs publics ont leur part dans l'action commune : permettre aux fournisseurs de faire traite sur la clientèle est un

moyen qui, même s'il devenait légal, ne sera peut-être pas facilement introduit en pratique ; la faillite des non commerçants vaudrait mieux, comme aussi la simplification des formalités de procédure et la réduction des frais d'exécution des petites créances [1].

Le prix fixe, avec le paiement comptant, semble une faveur réservée aux maisons plus importantes. Cependant le *marchandage* (X) est une cause d'ennuis, de pertes souvent, une école de déloyauté toujours, et on a raison de s'y attaquer au nom de la bourgeoisie.

L'exigence du client en ce qui concerne les réassortiments est aussi un trait caractéristique des relations du consommateur avec le petit commerce. On admettra sans sourciller que le grand magasin ne puisse fournir, même après quelques semaines, le coupon d'étoffe qui permettra un « arrangement » ; mais le petit fournisseur, sous peine d'être écrasé de mépris, aura non seulement un assortiment complet le premier jour, mais devra conserver des réassortiments pendant des années : ce qui lui cause une très importante *perte sur l'immobilisation de fournitures et stocks invendables* (XI).

II

Le nom familier de l'écueil qui attend le petit bourgeois, lorsqu'il cherche à se prémunir contre le chômage à venir, c'est l'*abus de bourse* (XII).

Sous sa plus grande ampleur, ce problème n'est pas autre que celui de la moralité sociale de la finance.

Il y a une trop grande concentration des moyens de production ; Léon XIII le constate et le déplore [2]. C'est surtout aux dépens de la classe moyenne que cette concentration s'opère. Comment? Ce n'est ni par le travail, ni par l'économie. Le travailleur le plus heureux ne saurait former ces fortunes mondiales qui constituent une nuisance sociale.

La spéculation seule improvise des milliardaires.

[1] Ville de Gand, Commission d'enquête, etc., rapport Cooreman, *Le crédit à donner*, p. 20, 22, 30.
[2] Encyclique *Rerum Novarum*, § 1.

Ce problème met en question la valeur sociale de l'action au porteur qui a créé la Bourse, et des opérations à terme qui l'alimentent.

D'autres, restreignant le débat, disent que ce sont là des instruments qu'il faut apprécier par l'usage qu'on en fait.

Ils préconisent l'assainissement du régime financier, par la proscription des abus de la Bourse.

Le législateur allemand marche vers la suppression de l'opération à terme et la réglementation étroite des opérations de dépôt, d'émission, etc. [1].

Une commission extraparlementaire belge a préparé trois projets de loi en s'inspirant, plus timidement, de doctrines semblables.

En résumé, on peut demander au législateur de contrecarrer énergiquement la fièvre de spéculation et la passion du jeu qui semblent envahir la bourgeoisie en y substituant la paresse et la dépense irréfléchie du gain facile, à l'esprit de travail et de sobriété prévoyante.

L'écueil a donc deux versants : d'un côté, on rafle les économies péniblement acquises, de l'autre on détruit la vertu de prévoyance elle-même.

CHAPITRE II

Bien souvent les mesures d'ordre fiscal sont préconisées, non pour leur vertu propre, ni par un sentiment de justice particulièrement chatouilleux, mais à cause de leur répercussion sur le terrain économique de la concurrence.

Dans le problème bourgeois, comme en d'autres occasions, on a voulu faire jouer à l'impôt le rôle de redresseur de torts.

Pour les uns, il doit rétablir l'équilibre des conditions de concurrence ; pour d'autres, diminuer cette concurrence en écrasant un parti déterminé, et faire indirectement ce qu'une réglementation directe n'oserait tenter.

Les villes du Sud de l'Allemagne ont ainsi commencé une campagne contre les coopératives de consommation et les grands bazars, en leur imposant une taxe spéciale sur le chiffre d'affaires (*Umsatzsteuer*), prohibitive dans plusieurs endroits.

Quelques villes belges ont suivi la même politique à l'égard du

[1] Lois des 22 juin 1896 et 5 juillet 1896.

colportage. C'était servir la lutte du commerce sédentaire contre le commerce ambulant, dont les limites sont d'ailleurs difficiles à poser.

On peut, parmi les arguments de cette tendance, voir figurer celui-ci : que le droit fiscal doit équilibrer les charges entre les diverses classes d'intéressés, même celles qui proviennent des frais généraux, comme le loyer, les frais d'éclairage, et à l'égard desquelles chacun suit librement son génie des affaires.

A l'opposite de cette manière de voir, se place une doctrine qui demande la séparation absolue de l'ordre économique et de l'ordre fiscal. Les impôts doivent être examinés en eux-mêmes, en vertu de lois qui leur sont propres, et répondre aux exigences de la justice distributive.

Ceci n'écarte pas toute discussion ultérieure, car il y a l'assiette et il y a la répercussion ; ensuite, l'un fait consister la justice dans la proportion, l'autre dans la progression.

La loi belge du 6 juillet 1891 n'a pas clos le débat ; les petits commerçants affirment que, malgré son allure proportionnelle, l'impôt des patentes est progressif en un sens défavorable aux petits ; que la part prélevée sur les petits et aux environs de la taxe minimale, est bien supérieure à la part prise sur les grands.

Et, renchérissant sur le système, d'autres demandent une véritable progression ; un droit dont le multiplicateur s'élèverait avec le chiffre d'affaires.

Telle la loi française des patentes sur les grands magasins.

Lorsqu'il faut résoudre ces questions à leur point de vue naturel, et pour des fins véritablement fiscales, la tâche paraît plus ardue.

La thèse : imposer le bénéfice industriel et commercial, est plus aisée à développer qu'à réaliser en une formule efficace.

La patente, proportionnelle ou progressive, simple ou multiple, n'épuise pas la matière de ce chapitre : diverses dispositions fiscales en matière de frais d'actes, d'enregistrement d'emprunts, de frais de justice, sont encore dénoncées par les intéressés.

C'est lorsqu'on se trouve en présence d'un commerce ambulant ou intermittent, que l'assiette d'un impôt équitable présente des difficultés peu ordinaires.

De là la grande part qui est faite à la fiscalité, lorsqu'on traite des questions des *déballages* (III), des *marchés* (IV), des *ventes publiques de marchandises neuves* (V).

Une loi qui établit l'impôt sur le chiffre d'affaires pour ces dernières (V) et non pour les deux autres formes (III, IV), peut être taxée d'inconséquente. Et il est délicat d'établir une équation de sacrifices entre le droit proportionnel ainsi perçu et les classes arbitraires des patentes établies pour d'autres commerces.

D'autre part, une même base convient-elle à l'industrie sédentaire, à l'industrie ambulante et à l'industrie intermittente?

* *

On a vu plus haut comment le Conseil supérieur de l'industrie et du commerce s'employa à ramener les questions du *colportage* et des *ventes publiques de marchandises neuves* sur un terrain exclusivement fiscal.

Un projet de loi, voté par la Chambre des députés de France et actuellement soumis au Sénat, innove de manière intéressante au sujet des *déballages*.

Depuis 1893, le déballeur était assimilé au forain, et payait une patente semblable pourvu qu'il ne séjournât pas plus de 6 mois dans la même localité. D'après le projet, la classification fiscale est différente suivant le poids ou le volume des marchandises et d'après le mode de transport.

De plus, en arrivant dans une commune, le déballeur doit immédiatement déposer sa patente à la mairie.

S'il prolonge son séjour au-delà du huitième jour, la commune le taxera comme commerçant sédentaire.

Quant à la taxation fiscale des coopératives, le projet français n'est pas moins intéressant à consulter.

Le régime français admet qu'il y ait des coopératives ayant le caractère de sociétés civiles.

Dès lors, pas de patentes pour celles-là; et tel fut l'amour du gouvernement pour ce principe qu'il préféra laisser sombrer une intéressante révision des lois sur les sociétés coopératives, après dix ans de débats parlementaires, plutôt que d'accepter l'amendement Nioche, voté au Sénat le 13 mars 1896, qui soumettait les coopératives, sans aucune distinction, au droit commun de la patente.

En fait, sur 781 coopératives de consommation connues du fisc, fin 1897, 275 étaient sujettes à patentes, et 506 jouissaient d'une immunité absolue.

La distinction, on le sait, s'établit sur cette question de fait : la vente est-elle réservée exclusivement aux associés?

De 1873 à 1891, le fisc belge suivit la même règle : la loi du 6 juillet 1891 supprima définitivement toute distinction, et imposa la patente.

Le nouveau projet français ne va pas aussi loin.

Il laisse subsister l'immunité, si les cinq conditions suivantes se trouvent remplies :

1° La coopérative justifiera qu'elle est régulièrement constituée, soit conformément aux articles 1832 à 1872 du Code civil, soit d'après les articles 48 à 54 de la loi du 12 juillet 1867 sur les sociétés commerciales.

2° Les administrateurs exerceront gratuitement leurs fonctions.

3° La vente se fera exclusivement aux associés porteurs d'actions de capital.

4° Les associés acheteurs ne pourront pas être riches, c'est-à-dire leur contribution personnelle mobilière, en ce qui concerne la part de l'Etat, ne devra pas dépasser 20 francs.

5° Les bénéfices seront ristournés aux acheteurs au prorata de leurs achats.

En Belgique d'ailleurs, d'après l'interprétation de M. de Smet de Naeyer, la ristourne aux sociétaires-acheteurs échappe à la patente.

La législation fiscale allemande est celle qui a appliqué dans la plus large mesure les formules suggérées par les associations bourgeoises.

Depuis des années, la petite bourgeoisie allemande réclamait des taxes spéciales sur les bazars, les grands magasins, les magasins à succursales.

L'impôt commercial est affaire, non de l'Empire, mais des Etats souverains.

C'est donc dans les parlements locaux, les anciennes diètes, que l'on trouve l'écho de ce mouvement, mené avec une grande persévérance par les associations bourgeoises.

La Saxe donna le branle.

Des communes se mirent à frapper d'une taxe spéciale les coopératives, puis les grands magasins.

La question de limite et la demande de généralisation furent posées à la fois au Parlement saxon, la première par les adversaires, la seconde par les promoteurs du système.

Le gouvernement saxon se tint à peu près à mi-chemin. Il déclara que les taxes ne dépassant pas 2 p. 100 du chiffre d'affaires n'étaient pas contraires aux lois générales, mais d'autre part il ne voulut pas reprendre à son compte cette base d'impôts.

Une douzaine de villes saxonnes émirent cette taxe.

Ceci se passait en 1896-97.

Le Parlement prussien fut aussitôt saisi de demandes analogues.

M. von Miquel, mis en présence d'un vote formel de la Chambre des députés, essaya de s'en tirer à la façon de la Saxe. Il recommanda aux communes de battre monnaie.

Mais les communes n'en firent rien.

Cependant, les interpellations se succédèrent et, comme c'est vraiment tenter le diable que de supplier un ministre des finances d'établir de nouveaux impôts, M. von Miquel se laissa faire une douce violence.

Il inséra donc dans le discours du trône de 1899 un paragraphe annonçant l'impôt sur les grands magasins.

La Bavière, ayant à réviser ses impôts industriels précisément en ce moment, se hâta d'en profiter et taxa par sa loi du 9 juin 1899 les grands magasins de 1 1/12 à 3 p. 100 de leur chiffre d'affaires.

Avant de présenter le projet de loi à la signature de son souverain, le ministre von Miquel voulait se rendre compte de l'accueil qu'on ferait à son projet.

Il fit donc publier un texte au *Moniteur* et l'envoya à l'avis des chambres de commerce.

Ce projet, très compliqué, se ramenait à peu près à ceci :

La taxe spéciale était imposée aux maisons vendant au détail des objets rentrant dans trois des cinq groupes établis par la loi, pour autant que ces maisons occupaient plus de 25 employés ou se servaient d'installations locatives dépassant certaines limites.

Ces limites étaient une valeur locative de 6.000 marks, 12.000 m., 20.000 m., 30.000 m. pour autant qu'on vendait 4, 3, 2, 1 catégorie d'objets (pour Berlin les valeurs locatives étaient portées de 10.000 m. à 50.000 m.).

Basée sur les employés, la taxe était de 20 m. par employé pour deux catégories d'objets, de 30 m. pour trois catégories, etc.

Basée sur la valeur locative, la taxe était de 10 p. 100 de cette valeur pour deux catégories d'objets, de 15 p. 100 pour trois catégories, etc.

Les associations (coopératives) exemptées de l'impôt industriel de la loi générale de 1891, parce qu'elles ne font d'affaires qu'avec leurs membres et n'ont point pour objet la spéculation commerciale, étaient également exemptées de la taxe spéciale.

Les chambres de commerce furent unanimes à rejeter le projet.

On peut ne point s'en étonner, parce que ce n'est point le petit commerce qui y a la majorité.

Le 17 février 1900, le gouvernement prussien déposa un nouveau projet, devenu en juin la loi appelée : impôt des bazars.

Les classes tracées entre les articles sujets au commerce de détail sont ramenées à quatre.

L'impôt spécial est dû par tout commerçant qui vend des objets appartenant à deux de ces classes, en faisant un chiffre d'affaires de 400.000 marks.

D'ailleurs il n'est fait aucune distinction s'il réalise ce chiffre dans un seul établissement ou dans une série de filiales, ou même à l'aide d'une série d'ambulants et sans aucune exposition au public.

L'impôt est progressif : partant de 1 p. 100 du chiffre d'affaires, il va jusqu'à 2 p. 100 (1 million de marks d'affaires). C'est la limite extrême ; au-delà du million, chaque centaine de mille marks donne lieu à une augmentation de taxe de 2.000 marks.

La Saxe, Bade, le Wurtemberg et la Hesse, ne tardent pas à suivre l'exemple de la Prusse.

Bien entendu, ceci n'est qu'une indication générale de la portée de cette loi de 1900, dont le seul texte remplirait plusieurs pages de ce recueil.

CHAPITRE III

Toute loi soulève des questions d'ordre juridique.

C'est entendu.

Mais ce caractère est prédominant lorsqu'il s'agit de toucher à une organisation créée de toutes pièces par le régime juridique, comme c'est devenu le cas pour l'organisation légale des sociétés.

Tel est le véritable aspect de la *question des coopératives* (VI), si le législateur devait l'aborder à présent.

Ceux qui demandèrent les premiers une révision de notre loi de 1873 sur les sociétés commerciales, pensaient sans doute à cette concurrence, et leurs désirs les portaient sur le terrain économique.

Mais la question, placée sur le terrain législatif, prend une autre allure, et il paraît impossible de toucher à la loi de 1873, sans se

préoccuper de maintenir l'harmonie dans l'ensemble de notre Code
de commerce, au titre des Sociétés.

Aussi voyons-nous surgir des thèses d'ensemble.

Il s'agirait de tracer aux sociétés anonymes et coopératives des
champs d'action déterminés : aux premières, les très grosses entreprises, utiles à la prospérité publique, pour lesquelles le capital privé
est trop restreint ou dans lesquelles les chances sont trop aléatoires.

Donc un gros capital toujours et pas de petites coupures.

· Aux coopératives l'autre moitié de l'échiquier : donc un faible
capital, parcimonieusement mesuré à l'entreprise, des petites coupures, pas de gros actionnaires.

Une autre doctrine préconise un régime se rapprochant du système français : un type nouveau de sociétés commerciales, la société
à capital variable, répondant aux besoins qui ont fait adopter par
certains la formule coopérative ; tandis qu'on établirait des coopératives civiles avec une allure syndicale ou professionnelle.

Les premières vivraient du droit commun ; les autres d'un régime
de faveur et d'exemptions fiscales, avec, pour contrepoids, des
limites dans le choix des membres, etc.

Au début, on croyait pouvoir procéder par voie d'amendement
partiel de la loi de 1873 : ajouter aux publicités exigées par les art.
104, 105, 106 des sanctions pénales contre les administrateurs,
peut-être même le retrait de la personnalité civile; en tout cas prononcer ce retrait, d'office, en cas d'emploi des bénéfices autrement
qu'en dividendes aux actionnaires [1].

Restaient quelques mesures qu'explique surtout le désir d'opérer
en matière de concurrence : restreindre les affaires aux seuls affiliés, restreindre les affiliations à certaines classes sociales déterminées.

Mais, avant même que ces réformes eussent été introduites, leurs
partisans virent qu'elles serviraient très imparfaitement leurs visées.

Lorsque les listes nominatives des membres d'une coopérative
seront déposées tous les six mois, cela ne voudra pas dire que la
bourgeoisie commerçante aura gagné un seul client de plus ; lorsqu'un dividende est acquis en vertu d'un bilan adopté en assemblée
générale, rien n'empêche que chaque membre délègue à un tiers,
par exemple au secrétaire d'une association politique, le droit de

---

[1] Cf. O. Pyfferoen, *Les Coopératives.* Bruxelles, Schepens et Cⁱᵉ.

le toucher pour lui et d'en faire tel emploi politique déterminé. Et ainsi de suite.

D'autre part, il n'y a pas que les coopératives qui font la concurrence aux détaillants ; et comment empêcher que les clients qu'on enlève plus ou moins spontanément à la coopérative aillent se fournir dans le grand bazar ou le magasin à filiales ?

Aussi voyons-nous à la Commission d'enquête de Gand les propositions du rapporteur (anticoopérateur), M. Goossens, proposer un régime tout à fait nouveau dans lequel la *société anonyme* de consommation serait interdite et la fondation de coopératives de consommation soumise à une autorisation gouvernementale préalable [1].

La Commission elle-même arriva après quatre séances de votes aux résolutions suivantes :

1° Une nouvelle législation devrait être adoptée concernant les sociétés coopératives et *anonymes ;*

2° Les sociétés coopératives de consommation devraient être obligées de déposer à date fixe leurs bilans, la liste de leurs administrateurs et l'indication du nombre de leurs membres au greffe d'un tribunal d'arrondissement où chacun pourra en prendre connaissance ;

3° La liste complète des membres sera déposée en permanence à l'examen des seuls sociétaires au siège de la coopérative ;

4° Les bénéfices d'une société coopérative ne pourront être affectés à autre chose qu'à la distribution des dividendes et à la réserve ou à l'extension des installations, si le vote n'a pas eu lieu au scrutin secret ;

5° Les sociétés coopératives de consommation devraient être traitées comme les autres sociétés commerciales, pour ce qui concerne les droits de timbre, d'enregistrement et les autres dispositions fiscales ;

6° Il y a lieu d'organiser les responsabilités des sociétés coopétives et de leurs administrateurs pour contravention à la loi.

Autre réforme juridique : le régime des faillites ; il y a une inégalité dans l'application actuelle ; le particulier reçoit une flétrissure

[1] Ville de Gand, rapport Goossens, p. 87-89.

morale, la société met ses membres à l'abri de toute sanction de ce genre.

Le concordat préventif de la faillite est une arme à deux tranchants, tel qu'il est pratiqué de nos jours.

J'ai entendu soutenir, dans le cercle des intéressés, que la facilité avec laquelle on accorde un concordat lorsque par le moyen de la séparation de biens de l'épouse il n'y a aucune sanction aux engagements pris, est des plus nuisibles. Toutes ces pertes se répartissent dans les classes moyennes; les créanciers sont rarement de très grands établissements.

Certaines dispositions dans les lois sur la procédure gratuite et les frais de justice ne gênent peut-être pas les seuls petits bourgeois, ce qui n'est pas, d'ailleurs, un motif suffisant pour les écarter d'une façon absolue dans l'exposé du problème actuel.

CHAPITRE IV

Parmi les grandes réformes de l'avenir, c'est l'association qui tient le premier rang, parce qu'elle paraît à la fois la plus importante en elle-même, et le premier anneau indispensable aux progrès futurs.

Je prends pour l'instant l'association dans son acception la plus étendue, telle qu'elle trouverait sa formule dans l'Union professionnelle reconnue par la loi du 31 mars 1898.

Que peut-elle réaliser ?

1° A l'esprit d'isolement (notez que je ne dis pas d'individualisme), elle peut substituer le sentiment de la solidarité, la compréhension du besoin qu'on a de s'entendre, de s'entraider.

On est alors à la veille d'obtenir une définition de l'honneur professionnel, et de voir s'établir des sanctions volontairement acceptées.

La concurrence s'assainit, et cela avec une rapidité qui dépassera certes celle de l'influence d'une loi répressive, fixant des actes de tromperie.

Les conflits s'apaisent par un arbitrage équitable et non suspect, conflits entre patrons concurrents, ou conflits entre patrons et ouvriers. Et peut-être trouverons-nous ici un organisme de conciliation plus efficace que ne le furent les Conseils de l'industrie et du travail.

2° A ce premier groupe de conséquences, que j'appellerais volontiers la règlementation industrielle de la bourgeoisie, se joint bientôt un second groupe : celui des institutions économiques.

C'est ce que l'honorable ministre de l'industrie et du travail appelait « le point culminant de la question », « le moyen de salut ».

Ces institutions économiques ont pour trait commun de réduire les frais généraux de la production (le commerce étant d'ailleurs producteur d'utilité par déplacement) ; car, pour ce qui concerne le crédit, il mérite un paragraphe spécial.

On ne saurait produire la liste exhaustive des formules ; l'esprit d'association possède une fertilité d'invention qui n'est égalée que par son efficacité.

L'Allemagne et l'Autriche, qui nous ont devancés dans cette voie, pratiquent couramment certains types.

La *Rohstoffgenossenschaft* unit les membres pour l'achat en commun des matières premières employées. Elle peut n'être qu'un commissionnaire, mais souvent elle agit avec ses propres capitaux, possède un magasin central, et traite ferme avec les producteurs.

Dans ces cas, elle organise elle-même une sorte de crédit à l'usage de ses membres ; consacrant son capital à payer comptant les marchandises, elle fournit à crédit à ses associés, dans certaines limites déterminées.

Ce type se trouve parfois uni avec une *Absatzgenossenschaft*, c'est-à-dire qu'après avoir fourni au membre la matière première, l'association intervient encore comme intermédiaire de vente lorsque le produit est achevé.

La propagande entreprise en Belgique par des conférences et des tracts pour développer l'esprit d'association dans les classes moyennes, a fait naître en un an une douzaine de syndicats d'achat de matières premières, notamment parmi les tapissiers, coiffeurs, ébénistes et cabaretiers.

La *Magazingenossenschaft* organise l'exposition en commun des objets fabriqués séparément. Elle répond ainsi au goût du public pour les grands étalages, les magasins à multiples spécialités.

Selon les endroits, on voit créer ainsi des *Gewerbehalle,* espèces de halles aux produits, ou des maisons de confections, ou des expositions permanentes d'ameublements.

Dans ce dernier cas, plusieurs professions se mettent ensemble : les industries du bois avec les tapissiers, bourreliers, etc.

La *Werkgenossenschaft* permet l'acquisition d'outils perfectionnés, l'emploi de la force motrice, l'installation de machines.

Elle arrive en ce dernier cas à rendre nécessaire l'établissement d'ateliers centraux, où chacun s'inscrit à tour de rôle pour exécuter les parties dont il a la commande.

Les boulangers d'Anvers, pour lutter contre la fabrication mécanique du pain, ont dû recourir à un syndicat analogue.

Le *Wareneinkaufsverein* est le nom plus spécial de l'association entre détaillants. Par elle se contractent les grands marchés à livrer pour denrées coloniales, etc., qui font revenir les marchandises aux conditions les plus favorables, et permettent de lutter de prix avec les firmes à nombreuses filiales.

Deux syndicats d'épiciers belges pratiquent cette formule d'association.

Toutes les formules précitées ont pour trait caractéristique qu'elles ne nuisent pas à l'individualisme des intéressés, c'est-à-dire qu'elles n'absorbent ni leur personnalité, ni leurs affaires.

Chacun reste, en définitive, le fondateur ou le chef de *sa maison*, et établit sa clientèle propre.

Le développement de ces cinq types a contrebalancé en Allemagne celui des coopératives de production proprement dites (*Produktivgenosschenschaften*).

3° L'association doit encore servir à former, à éduquer ses membres.

La troisième des grandes réformes d'avenir vise précisément cette éducation ; mais dès à présent il convient d'indiquer la large part que l'association peut et doit prendre dans la réalisation des *desiderata* dont je réserve l'exposé.

Une conception très rationnelle de l'*enseignement professionnel* (XIII), technique ou commercial, nous le montre dirigé et créé par les unions professionnelles, chaque branche préparant ses recrues futures, suivant le dernier mot de la science. Sept syndicats bourgeois belges ont commencé cette œuvre importante.

En tous cas, la fréquentation effective des écoles ne peut résulter que de l'action soutenue des associations d'intéressés.

C'est à elle qu'il incombe de combiner la leçon de l'école avec les premiers pas dans la vie active, et la *question de l'apprentissage* (XIV) n'a jamais, en aucun temps, reçu de solution satisfaisante sans l'intervention des associations.

Lorsqu'on envisageait la possibilité de faire une loi sur le *contrat d'apprentissage* (XV), comme suite aux lois sur le contrat de travail, on a toujours rencontré ces deux obstacles invincibles : le défaut de souplesse des dispositions générales, le défaut de sanction efficace.

4° L'association enfin doit participer à certains services généraux. Elle peut organiser et maintenir à jour une véritable statistique de la petite production ; de cette façon, elle donne une collaboration très utile à cette meilleure adaptation de la production à la consommation.

Par là on saurait si certains métiers sont encombrés au-delà de toute possibilité de vivre ; si la progression des débits est en rapport avec celle de la population.

La situation économique serait plus aisée à fixer, si, avec la liste de ceux qui surgissent, on établissait l'obituaire de ceux qui succombent, car ce ne sont pas les faillites seules qui nous renseignent à ce sujet. Que de naufrages silencieux, où tout est perdu sauf l'honneur !

Ce sont les associations qui doivent réaliser, à l'aide de ces recherches et d'une collaboration loyale avec les pouvoirs, ce rêve de millénaire : la justice dans les impôts.

Déjà plusieurs d'entre elles ont organisé pour leurs membres l'analyse des denrées, le service de renseignements sur la solvabilité des clients, etc.

Des lois prochaines leur préparent une action importante, par l'obligation où seront les petits patrons de s'associer pour la réparation des accidents du travail.

Du reste, en toute matière de législation économique, les associations sont les collaborateurs indiqués du pouvoir, qu'il s'agisse de réglementer les établissements incommodes, dangereux, de prescrire pour l'hygiène industrielle ou la sécurité des ateliers, etc., ou qu'on veuille assurer l'observation efficace des lois déjà portées.

*   *

Le crédit est aux affaires ce que l'air est aux poumons : phrase devenue banale à force d'être répétée.

Et pourtant cet air vivifiant manque en bien des parties de l'organisme petit bourgeois.

Le crédit réel est le seul qu'on ait songé à développer ; pourtant le crédit personnel doit être le premier en date, et le besoin qu'on en a est essentiel.

Mais voilà : pas de crédit personnel sans associations. Quand celles-ci se développeront, celui-là pourra naître.

Si l'on prend pour principe directeur que l'emprunt est régi par sa destination, on soutiendra aisément l'opinion que l'*organisation actuelle du petit crédit* (XVI) en est encore à la période chaotique.

Une adaptation convenable n'existe pas plus pour la forme que pour le taux, la durée ou la modalité des emprunts.

Pas de distinction entre les capitaux fixes et les capitaux circulants, entre l'emprunt par annuités et l'emprunt reconstitué en bloc.

Enfin, le crédit au travail est parfaitement introuvable.

La réforme essentielle et première à apporter dans nos organismes de crédit urbain, c'est la réforme de tendance.

Il faut y amener l'esprit qui vivifie les œuvres, la volonté de faire le bien pour lui-même, indépendamment des avantages personnels qui en peuvent découler.

C'est à préparer cette réforme que travailleront ceux qui défendent notre thèse : le petit crédit est une œuvre avant d'être une affaire.

Attendre que toutes les bonnes volontés aient spontanément écarté les abus réels qu'on rencontre dans certaines banques populaires, serait presque une naïveté. Le temps semble venu de réclamer au législateur une réglémentation.

Beaucoup de pays nous ont devancés dans cette voie, et vraiment la matière du petit crédit est trop importante pour qu'on la laisse aux hasards des conceptions individuelles.

Le Congrès international du crédit populaire, tenu à Paris en 1900, s'est prononcé en ce sens, en indiquant en même temps les principes d'une législation sur le crédit coopératif.

La majorité de l'assemblée les a formulés comme suit :

« Les principes applicables en toute législation coopérative pour ce qui concerne la coopération de crédit sont les suivants :

a) Donner à l'association le plus de liberté possible, notamment pour la formation du capital et sa variabilité, l'exercice du crédit même avec les tiers, les dépôts, les unions ;

b) Poser les règles essentielles qui résultent des caractères économiques de la coopération, notamment la limitation de l'intérêt à allouer aux actions, la répartition des bénéfices en quelque mesure entre les emprunteurs, soit au moyen de l'abaissement du taux de crédit, soit au moyen de la ristourne d'une part des bénéfices aux emprunteurs ;

c) Considérer l'association comme une société de personnes plutôt que de capitaux, ce qui entraîne notamment le caractère personnel des parts et les conditions de leur transmissibilité, la limitation de la part de chaque sociétaire, l'unicité de vote dans les assemblées ;

d) Lui conférer la personnalité juridique quand les statuts ont été déposés auprès d'une autorité compétente et sous les conditions de publicité légale ;

e) Lui donner toute latitude d'option entre la responsabilité illimitée et la responsabilité plus ou moins limitée, et régler les effets de cette responsabilité soit entre les associés, soit au regard des tiers ;

f) Lui laisser le libre choix des formes légales, sans que la forme de société commerciale soit obligatoire ;

g) Simplifier le plus possible les formalités de constitution et réduire au minimum les charges fiscales ».

Ces règles essentielles qui résultent des caractères économiques de la coopération de crédit et que le législateur doit consacrer, le congrès a tenu à les discuter en détail. Les voici :

A. — Les associés ont la charge et la direction de l'entreprise destinée à satisfaire leurs besoins de crédit ; ils en supportent les risques et en retirent le profit.

B. — Leurs opérations doivent toujours être effectuées d'après les principes d'affaires.

C. — L'association doit accorder avec prudence des encouragements aux plus modestes travailleurs, soit par le crédit personnel, soit par le prêt d'honneur, soit par le crédit ouvert aux sociétés de consommation et de production.

D. — Par des prélèvements aussi importants que possible sur les bénéfices nets, il doit être constitué un fonds de réserve destiné à accroître la confiance des dépôts d'épargne, à parer aux risques de pertes, à fortifier le patrimoine propre de l'association.

E. — Il y a lieu de limiter le nombre des parts sociales pouvant être possédées par chaque associé.

F. — Les autres fonds sont fournis par des emprunts basés sur le crédit collectif de tous les membres.

G. — Les profits doivent être répartis de manière à donner satisfaction au pcaital, au travail, à l'intelligence.

H. — Les parts sociales peuvent être libérées en une seule fois ou par petits acomptes.

I. — L'entrée dans l'association ne doit pas être limitée à une catégorie déterminée de professions; il est désirable au contraire que les professions soient variées.

J. — L'association doit interdire l'immobilisation de capital et le prêt hypothécaire, pouvant seulement recevoir hypothèque ou tout autre sécurité en garantie de ses opérations.

K. — Quoique en principe les prêts soient consentis pour un court délai, ils peuvent s'amortir par remboursements partiels.

L. — Par son développement progressif, l'association deviendrait le banquier de ses membres pour toutes leurs affaires.

M. — L'association doit s'interdire toute spéculation et toute opération aléatoire.

Nos institutions pourraient utilement être développées.

Déjà au Congrès international de la petite bourgeoisie, tenu à Anvers en 1899, plusieurs rapporteurs ont présenté des propositions détaillées. Ils demandaient :

1° Une application à la bourgeoisie de la loi sur le crédit agricole de 1884 ;

2° Une adaptation des caisses Raiffeisen aux métiers et négoces ;

3° Exemption pour les sociétés de crédit mutuel des frais d'enregistrement des actes, etc. ;

4° Le crédit sur créances, tel qu'il fonctionne dans une partie des banques lombardes d'Italie et à Menton ;

5° L'étude des organisations de métiers des villes d'Allemagne, et la création des *gewerbe halle* suisses ;

6° Que la loi accorde un privilège nouveau au profit de la petite bourgeoisie, tel que cela s'est fait pour les agriculteurs ;

7° Une étude sur l'application de la nouvelle loi française sur les warrantages ;

8° Une propagande acharnée en faveur du paiement comptant des factures ou tout au moins plus rapproché que les délais actuels.

M. Titz, directeur de la Banque populaire de Louvain, émettait de son côté les vœux :

1° De voir établir des banques populaires dans toutes les villes de quelque importance.

2° Qu'elles se prêtent un mutuel appui pour l'escompte du papier et l'encaissement des effets, ainsi que pour les renseignements qui peuvent être utiles aux membres.

3° Que tous les hommes de métier, commerçants ou artisans, fassent partie de la banque populaire, qui non seulement se chargera de leur procurer du crédit, mais les assistera au besoin par des conseils et les aidera pour leur comptabilité et leurs écritures.

4° Que les banques populaires dont le capital est insuffisant puissent emprunter de l'argent à la Caisse d'épargne de l'État au taux de 3 p. 100 moyennant des garanties à convenir.

Et comme le *Comité permanent de défense de la petite bourgeoisie,* issu de ce Congrès, avait mis la question du crédit à l'étude, dans l'une de ses sections de travail, M. Titz, en collaboration avec un éminent théologien social, le R. P. Vermersch, s'empressa de lui envoyer un mémoire que je résume comme suit.

Il s'agit d'obtenir :

1° *Des particuliers,* le paiement comptant ou à des époques plus rapprochées ;

2° *Des négociants, artisans* et petits bourgeois en général :

a) La bonne tenue des livres de commerce ;

b) La coopération de tous à une Banque populaire administrée avec sagesse et dans des vues désintéressées ;

c) La généralisation de l'escompte ;

d) La formation de syndicats de métiers qui, consultés au préalable par la Banque, donneraient leur avis sur les demandes de crédit et en garantiraient la bonne fin.

3° *De l'Etat :*

a) Une loi faisant courir les intérêts légaux après trois mois ;

b) Une sanction efficace des règles essentielles de la comptabilité;

c) Des faveurs analogues à celles dont jouit le crédit agricole.

La commission d'enquête de la ville de Gand n'a pas encore délibéré sur cet objet. Voici les conclusions du rapporteur, M. Cooreman, ancien ministre de l'Industrie et du Travail :

1° Vote d'une loi permettant aux fournisseurs de tirer une lettre de change sur leurs débiteurs, non commerçants, avec l'obligation pour ceux-ci d'accepter la traite et avec droit de constater par protêt le refus d'acceptation ;

2° Institution de la faillite et de la banqueroute des non commerçants ;

3° Simplification des formalités de la procédure pour le recouvrement des créances de faible importance; réduction des frais de poursuite et d'exécution; extension de la compétence du juge de paix; comparution obligatoire sur convocation des juges de paix;

4° Extension du privilège établi par l'article 19, 3° et 5° de la loi hypothécaire du 16 décembre 1851.

Quant au crédit à obtenir, les remèdes vont ou à l'*allègement* des charges ou à l'*organisation* du crédit de la petite bourgeoisie. Les voici :

1. Exemption ou modération d'impôts ou de frais en matière de crédit hypothécaire;

2. Extension aux habitations de petits bourgeois des dispositions de la loi du 9 août 1889 et de celle du 30 juillet 1892, relatives aux habitations ouvrières et aux sociétés de crédit ayant pour objet de faire des prêts en vue de la construction ou de l'achat d'immeubles destinés à de telles habitations;

3. Organisation du crédit d'avances à la petite bourgeoisie contre garanties personnelles;

4. Appeler à une utile valeur de gage des objets qui en sont dépourvus, par le vote d'une loi autorisant le warrant sans déplacement, analogue à la loi française sur les warrants agricoles;

5. Organisation du crédit mobilier à long terme, à bon marché et amortissable contre engagement sans escompte;

6. Emission d'obligations, à un taux modéré, par des organismes du crédit bourgeois, amortissables à long terme;

7. Amélioration des conditions du petit escompte et réduction de son coût;

8. Assurance des petits commerçants contre les risques de maladie, d'invalidité, de mort prématurée;

9. Assurance d'amortissement pour crédit amortissable non gagé par hypothèque, à l'exemple de l'assurance d'amortissement adoptée par certaines institutions de crédit foncier;

10. Donner une valeur de gage aux créances sur la clientèle et création d'un organisme de crédit mutuel considérant comme des éléments de crédit les créances de ses membres établies par une comptabilité bien tenue, à charge de clients solvables;

11. Profiter de l'appui financier accordé par la Caisse générale d'épargne et de retraite aux organismes distributeurs de crédit au petit commerce, dans des conditions déterminées;

12. Placement à revenu modeste de l'épargne bourgeoise en vue d'alimenter le crédit bourgeois.

En résumé le développement, devenu indispensable, peut porter sur différentes parties de l'organisme.

Une série de propositions tendent à perfectionner le crédit réel, c'est-à-dire l'argent qu'on obtient sur sa propre fortune, en donnant des garanties. C'est l'emprunteur qui en quelque sorte se prête à lui-même, ou, pour me servir d'un terme scientifique, mobilise son avoir. Tels seraient le warrant sans déplacement sur fonds de magasin, le crédit sur créances inscrites dans des livres, etc.

Une autre série de propositions tendent à perfectionner le crédit personnel, c'est-à-dire l'argent qu'on obtient au delà de sa propre fortune, mais en vue d'une commande à exécuter, d'un marché à passer. Telles sont les mutualités de crédit auxquelles les syndicats professionnels sont en train de donner naissance.

Une troisième série de propositions tendent à perfectionner l'activité des banques elles-mêmes en leur procurant l'argent en quantité plus abondante et à de meilleures conditions. Tous les parlements, les uns un peu plus tôt que les autres, se trouvent amenés à faire quelque chose. En Allemagne, l'Etat a créé une caisse centrale de réescompte, qu'il a dotée de 50 millions de marks, rentes au pair, en France le gouvernement a utilisé 40 millions de francs que la Banque de France offrait pour renouveler son privilège.

En Belgique, pour le petit crédit rural, la loi a ouvert les caves de la caisse d'épargne officielle. Le petit crédit urbain est dirigé vers la même source par M. Cooreman, ancien ministre du travail, qui, au commencement de ce mois, ralliait la commission d'enquête de Gand à sa manière de voir.

« Cette concurrence..., la moyenne et la petite production ne peuvent la soutenir qu'en luttant de bon marché... par l'association, ou en opposant la qualité, la spécialité, l'originalité » [1].

Une meilleure éducation sera, sans contredit, un facteur important dans la lutte économique de demain. Quelquefois le génie commercial triomphe de l'ignorance, mais rarement il en sera de même dans les métiers; et si le défaut de préparation a nui à un grand nombre, on ne s'imagine pas le réciproque.

[1] M. Cooreman, séance du 27 juin 1896, Sénat.

J'emploie à dessein le mot *éducation,* pour réunir en une dénomination générale tout un système d'efforts.

La première étape, c'est l'école.

Quelles sont les limites de l'*enseignement professionnel* (XIII)?

Tout enseignement doit avoir pour objet de préparer l'enfant à sa destinée future; l'enseignement professionnel doit donc être la règle; l'école littéraire, l'exception. Pour les ruraux, l'enseignement primaire lui-même doit être professionnel, puisque l'enfant ne retournera plus à l'école plus tard.

La bourgeoisie doit voir développer deux groupes d'écoles, parce qu'elle-même se divise en artisans et détaillants. Il faudra enseigner la petite production et enseigner aussi le petit commerce.

Certaines notions seront communes : la comptabilité, l'économie politique, la législation industrielle, parce que le besoin s'en fera sentir également dans les deux carrières.

Vers la fin de l'âge d'école, se place l'apprentissage. C'est la première rencontre de l'enfant avec les réalités de la vie, et ce sera en ce moment là qu'il jugera de l'utilité de l'enseignement d'école.

A cause de cela, il conviendra de continuer, le soir, un enseignement trés spécialisé, suivant la branche d'industrie à laquelle s'arrête l'apprenti. Ce sont les *écoles professionnelles supérieures* (XVII), d'où sortiront les artisans-artistes.

L'influence personnelle du patron est grande sur la formation du jeune homme. Ses mœurs, son application, sa sobriété seront ce qu'on les a faites en cette période décisive de la vie.

Aussi l'Allemagne est-elle sévère dans ses lois pour ceux qui entreprennent cette mission dans un but d'exploitation de la main-d'œuvre à bon marché, qui négligent les devoirs spéciaux et nombreux que cette influence entraîne; impitoyable pour ceux dont les mœurs ou la conduite privée ne peuvent être proposées à l'imitation.

La loi peut certes intervenir en cette question de l'apprentissage, mais, je l'ai dit ailleurs, c'est de l'association qu'il faudra attendre le succès pratique de la législation.

Après cette deuxième période, se place l'entrée du bourgeois dans la lutte pour la vie.

L'école est déjà lointaine, le progrès a marché. Il convient de rappeler les bonnes aspirations d'autrefois, de tenir à jour les notions d'art ou de science appliquées. C'est l'objet que poursuivront les expositions industrielles ambulantes.

Aux uns elles fourniront des modèles d'art, aux autres des outils perfectionnés ou des produits nouveaux.

A l'école, l'enseignement de l'économie politique aura prédisposé les bourgeois à adopter le progrès.

Tout à la fin de l'enseignement se place l'expérience réelle, la mise en pratique des théories; et lorsqu'une propagande pour l'association est entreprise, à l'aide de formules véritablement pratiques, sur un terrain ainsi préparé, on peut tout attendre et tout proposer. Ainsi, de l'enfant au patron déjà installé, l'éducation de la petite bourgeoisie est une œuvre importante, qui ne comporte ni interruption, ni lacune.

Vous me direz : Comme nous sommes loin de tout cela ! Cela prouve qu'il y a un problème des classes moyennes, et que ce n'est pas trop de toutes les bonnes volontés réunies pour s'y atteler.

Hector Lambrechts.

LES TRAITÉS DE COMMERCE ENTRE LA FRANCE ET L'ANGLETERRE

SOUS L'ANCIEN RÉGIME

Les relations commerciales de la France avec l'Angleterre n'ont pas fait jusqu'ici l'objet d'une étude complète et spéciale. Le sujet est pourtant intéressant.

L'Académie des sciences morales et politiques a invité, en 1898, les historiens économistes à le traiter en proposant comme sujet de concours, *l'Histoire des relations commerciales de la France et de l'Angleterre depuis Henri IV jusqu'à la Révolution française.* Elle a réussi. Quatre mémoires, inégaux en développement et en mérite, mais ayant tous du mérite, ont été envoyés à l'Académie. Deux de ces mémoires, qui sont très différents par le mode de composition, sont des travaux très solidement établis sur des documents originaux, imprimés et manuscrits et combleront, lorsqu'ils auront été publiés, une lacune de notre histoire économique. L'histoire des relations commerciales de la France et de l'Angleterre pourra être reprise et développée dans certaines parties, mais on peut dire que dans l'ensemble, elle est faite.

Nous désirons que la publication de ces ouvrages se fasse très prochainement. Il nous a paru qu'il y aurait intérêt pour les auteurs, comme pour les lecteurs, à donner de ces relations un aperçu sommaire que nous extrayons du rapport présenté à l'Académie et dont presque tous les matériaux sont empruntés aux quatre manuscrits, surtout aux deux principaux : c'est à eux que revient tout le mérite des recherches.

La France et l'Angleterre, deux pays voisins et différents par le climat et le sol, entretenaient l'un avec l'autre, dès l'antiquité, des relations de commerce que des circonstances politiques ont développées au moyen-âge. La Normandie a eu les mêmes maîtres que l'Angleterre après la conquête de Guillaume et les Rouennais, qui étaient renommés pour leurs draperies, ont joui d'un port spécial à Londres ; la Bretagne, qui doit son nom aux émigrations venues de la grande île, fournissait de la toile à l'Angleterre ; la Saintonge avait presque le monopole du sel et de l'eau-de-vie qu'on y consommait; Bordeaux, qui, pendant la guerre de Cent ans, a été pour ainsi dire une capitale anglaise, approvisionnait l'Angleterre de vin et de pastel. Les relations ont été continues; le choc même des armées et des lois prohibitives ne les ont jamais interrompues complètement.

Lorsque les peuples et les rois commencèrent à concevoir une politique économique, des barrières s'élevèrent pour diriger et souvent pour gêner le courant des échanges.

Dès 1337, les Anglais interdirent l'exportation de la laine et l'importation des lainages étrangers; en 1380, ils déclarèrent n'admettre l'exportation que par navire anglais; en 1463, le parlement prohiba les draps étrangers et les corporations firent des perquisitions pour les saisir.

En France, Charles VII, libérateur du pays, interdit, en 1443, l'importation de la draperie anglaise « afin que l'or, l'argent, le billon et autres finances ne soient plus portés en l'obéissance de nos anciens ennemis les Anglais ». Louis XI, obéissant surtout à des considérations politiques, accorda, il est vrai, par le traité de Picquigny (1475), certains avantages aux marchands anglais, et il déclara ensuite qu'il ne concéderait de privilèges qu'à ceux qui feraient venir ou sortir les marchandises par navires français. Plus tard (1585), François Ier fit défense d'introduire en France et d'y vendre aucuns draps de Flandre, d'Angleterre et de Catalogne. Charles IX, par l'édit d'Amboise (janvier 1572), considérant que l'étranger venait acheter à « petits prix la laine, le lin et le chanvre en France et apportait draps et linges qu'il vend à prix excessif », prohiba l'exportation de ces matières premières et l'importation de ces produits : cet édit, rendu sans doute sous l'influence du garde des Sceaux, René de Birague, est cité par Sismondi[1] comme le premier acte officiel du mercantilisme en France. C'est du moins un des germes de ce système qu'a suscité tout d'abord l'éblouissement produit par les métaux précieux. Voyant ces métaux posséder la puissance d'acquérir toute espèce de marchandise, on fut porté à les considérer comme la richesse suprême et, en conséquence, désireux d'organiser le commerce extérieur de manière qu'il sortît du pays le moins possible de métaux précieux en paiement des

---

[1] Sismondi, XIV, p. 125.

importations et qu'il en entrât le plus possible en retour des exportations. Ce système prit corps, et se développa dans le cours du xvi° siècle ; il avait déjà ses théoriciens, tels que Bodin et du Haillan, qui voulaient qu'on défendît « le trafic des choses non nécessaires qui ne sont que de volupté », et ses politiques. Les États de Blois demandent, en 1576, qu'on interdise l'exportation des matières premières et l'importation des draperies, afin que les sujets du roi n'étant habillés que de laines manufacturées en France, on puisse « sauver de grands deniers du royaume ».

II

C'est quatre ans auparavant, l'année de l'édit d'Amboise, que fut signé le premier traité de commerce entre la France et l'Angleterre. Il y avait bien eu dans les traités antérieurs quelques stipulations relatives à la navigation et au commerce, mais à titre pour ainsi dire accessoire. Dans le traité de Blois, du 29 avril 1572, au contraire, les articles commerciaux forment le fonds principal. Catherine de Médicis, qui cherchait un appui à l'étranger, avait essayé de marier son plus jeune fils avec Elisabeth ; ce projet n'ayant pas réussi, elle voulait au moins cimenter une alliance défensive. Les Anglais en profitèrent pour assurer des avantages à leurs marchands : traitement de la nation la plus favorisée, droit d'établir des magasins à Dieppe, à Rouen, à Caen, à Bordeaux, d'y former des hanses, de vendre librement tous les jours, à l'exception du dimanche.

Les deux souverains renonçaient au bénéfice du droit d'aubaine et promettaient de faire imprimer leurs tarifs de douane ; mais le roi de France prenait seul l'engagement de « ne pas augmenter les charges ni en imposer de nouvelles sous quelque prétexte que ce soit ».

Aucun des traités de paix antérieure n'avait eu la vertu de faire cesser la piraterie. Le traité de Blois ne l'eut pas davantage. Il n'existait guère alors de droit maritime international. Sur terre, les seigneurs s'appropriaient les épaves ; sur mer les marins rançonnaient ou pillaient les navires étrangers. La piraterie sévissait, en temps de paix presqu'autant qu'en guerre, et, comme dans la Manche et la mer du Nord, les Anglais étaient les plus forts par le nombre, la marine française était la plus maltraitée. Les rois du xvi° siècle ont plusieurs fois envoyé des agents diplomatiques à Londres pour se plaindre non seulement du pillage des cargaisons, mais de la vente des hommes de l'équipage comme esclaves : plaintes qui trouvèrent peu d'écho dans une cour où le grand amiral et la reine elle-même touchaient une part des prises.

Les droits dont jouissaient les commerçants étrangers étaient très différents dans l'un et l'autre pays. La France les admettait assez facilement à trafiquer dans ses foires et à résider dans ses villes. L'Angleterre était beaucoup plus exclusive, surtout depuis que l'immigration flamande avait éveillé en elle des ambitions manufacturières.

III

Henri III avait, à son avènement, confirmé le traité de Blois. Henri IV ne l'avait pas fait, de sorte que le droit d'aubaine s'était trouvé rétabli. Mais le Béarnais, qui était l'obligé d'Elisabeth, ne pouvait pas rester dans cette situation. Quand, en 1596, il signa le traité de Greenwich, il fut stipulé que les marchands jouiraient de part et d'autre du même traitement que les nationaux : stipulation vague qui resta sans portée. Cependant, on négocia un véritable traité de commerce ; une commission anglo-française fut constituée en 1599 ; elle s'occupa à préparer un projet (1602) qui n'eut pas de suite, surtout parce que Henri IV demandait la réciprocité et que les Anglais ne voulaient pas l'accorder. Ils ne renonçaient à rien, pas même à la visite des navires français, renonciation que les commissaires anglais n'avaient laissé insérer qu'à regret dans le projet de 1602. Le débat s'envenima. Sur les réclamations des drapiers de Paris, de Rouen et d'autres villes, il fut décidé, par arrêt du 21 avril 1600, que les tissus étrangers subiraient la visite des jurés de la corporation de la localité, avant d'être mis en vente. A Rouen, une très forte cargaison de draps, jugée défectueuse, fut saisie ; la restitution n'eut lieu que plus tard ; elle est stipulée dans un article du traité de 1606. En 1602, les Marseillais furent autorisés, par représailles, à s'emparer des bâtiments anglais dans la Méditerranée. Lorsqu'après la mort d'Elisabeth, Sully se rendit en ambassade auprès de Jacques Ier avec un cortège brillant, on sait qu'il s'embarqua sur un vaisseau anglais, que, le gouverneur de Calais ayant voulu l'escorter avec un bâtiment français, l'amiral anglais exigea, à coups de canon, que ce bâtiment baissât pavillon devant lui : les Anglais ne toléraient pas d'égaux sur mer.

Ce n'est qu'en 1606, que la matière commerciale fut enfin réglée, par le traité de Windsor (25 avril 1606). Jacques Ier, à la suite de la conspiration des poudres, était devenu plus conciliant que l'altière Elisabeth. Le principe de réciprocité fut admis, nominalement au moins : Français et Anglais purent trafiquer en liberté et avec sécurité. Les bâtiments français, qui avaient été obligés jusque-là de transborder leur cargaison sur des chalands anglais à quelque distance de Londres, furent autorisés à remonter la Tamise jusqu'aux quais de cette ville; même concession sur d'autres estuaires. L'exemption du droit d'aubaine fut confirmée. Dans l'un et l'autre pays, les villes qui avaient coutume de lever des taxes spéciales, durent produire leurs titres; les tarifs généraux des douanes durent être imprimés; des commissions mi-partie, sous le titre de conservateurs du commerce, durent être instituées dans les principaux ports, Londres, Rouen, etc., pour juger les différends commerciaux. Ce n'était pas l'égalité complète, car les Français étaient soumis en Angleterre à des droits multiples, qui n'existaient pas en France; depuis très longtemps ils étaient astreints, pour être admis à trafiquer, à fournir caution en argent et à s'engager à faire le remploi, en marchandises anglaises, du prix de leurs importations; ils furent dispensés par le traité du dépôt d'argent, mais ils durent prêter serment de faire ce remploi : obligation qui n'était pas imposée aux Anglais en France. Néanmoins, le traité de 1606 mit les commerçants des deux États dans une condition régulière, partant meilleure, quoiqu'il n'ait eu complétement raison, ni de la piraterie, ni des empêchements par lesquels les usages locaux gênaient le trafic des Français. Ainsi, par exemple, l'Angleterre continua, comme par le passé, à n'autoriser le transport des vins de Bordeaux en Angleterre que par navires anglais. Ce traité fut confirmé en 1610.

La théorie mercantile régnait des deux côtés de la Manche dans les conseils des souverains. En Angleterre, une grande enquête provoquée par la diminution de commerce qu'occasionnait la guerre de Trente ans, aboutit à un programme protectionniste, à des augmentations de taxes d'importation qui, de 1603 à 1641, quintuplèrent le produit des douanes, à une proscription plus sévère de la draperie et de la quincaillerie étrangères, à des mesures qui furent le prélude de l'acte de navigation. Alors parut l'*England's Treasure by forraign trade,* ouvrage qui est la glorification de la balance du commerce. En France, les Etats généraux de 1614 demandèrent, à l'imitation de ceux de Blois, la prohibition absolue, à l'entrée des produits de l'étranger et, à la sortie, celle des matières premières. Montchrétien publia, à la même époque, son *Traicté de l'œconomie politique.* Un article du code Michau exauça une partie des vœux des Etats : il renouvela la défense, toujours mal exécutée, d'introduire en France, des draperies étrangères et prescrivit que toute exportation, à l'exception de celle du sel, fût faite par navire français, quand il s'en trouvait dans le port. Lé tarif douanier, qui avait été augmenté en 1581, le fut encore en 1632, en 1644, en 1654, en 1657.

Richelieu eut des démêlés avec l'Angleterre ; mais s'il la trouvait en travers de sa route quand il brisait le parti protestant, il cessait de voir en elle une ennemie, quand il intervenait contre l'Empereur dans la guerre de Trente ans. Les relations commerciales subirent le contre coup de cette double politique. En 1623, Richelieu négocie le mariage d'Henriette de France avec le prince de Galles et signe un traité (14 août 1623) confirmatif de celui de 1610. En 1627, à la suite d'une brouille entre Charles Ier et la reine, le ministre anglais autorise les corsaires à courir sus aux bâtiments français et le roi de France répond à cette injure par la saisie des biens appartenant à des Anglais et par la défense de laisser entrer « aucuns draps, serges, laines, plomb, étoffes, bas, couteaux, charbons de terre... » : c'étaient les importations ordinaires d'Angleterre.

Le traité de Suze (24 avril 1629) rétablit la paix, mais il ne résolut pas le désaccord commercial, l'Angleterre ne cédant, ni sur le droit de visite, ni sur le salut du pavillon, ni sur le monopole du transport de France en Angleterre, et la France refusant de lever la prohibition des draps anglais. Le traité de Saint-Germain en 1632, qui rendit à la France ses colonies, reproduisit les clauses de 1606 et de 1610, mais ne trancha le différend que relativement à la visite, qui dut, désormais, se borner à la présentation du connaissement. Il n'empêcha pas le gouvernement français de prohiber, par la déclaration du 24 octobre 1648, l'entrée des draperies et soieries anglaises, les marins français de profiter des troubles de l'Angleterre pour exercer eux-mêmes la visite et confisquer les marchandises destinées à l'Espagne ; il n'empêcha pas non plus le gouvernement anglais de renouveler la défense d'exporter les laines, etc., de promulguer l'acte de navigation (1651), d'écarter les pêcheurs français de la mer du Nord, en prélevant une dîme sur les bateaux.

La piraterie persistait; il est juste de dire qu'elle était pratiquée de l'un et de l'autre côté. Un rapport français daté de 1652, s'exprime en ces termes : « Un marchand français ne saurait aller sur l'Océan, ni sur la Méditerranée sans que le monde lui coure sus parce que les corsaires français courent sur tout le monde... Les Anglais sont enragés contre nous et leur acharnement n'est dépassé par celui d'aucun autre peuple... Nous avons commencé les premiers ». « N'est-ce pas une chose honteuse, écrivait à Mazarin en 1655 un de ses correspondants, que nos pirates n'aient épargné ni Anglais, ni Hollandais »? Ceux-ci rendaient le mal avec usure : « L'Anglais est pire encore que le Hollandais, nation superbe, indolente, intéressée, qui veut tout pour elle » [1]. Dans un mémoire que M. Chéruel pense avoir été rédigé à cette époque (1653 ou 1654) par Colbert, il est dit que, depuis la guerre, le commerce français subit des pertes considérables et qu'il serait possible d'obtenir de Cromwell des conditions meilleures.

Mazarin, quoique hésitant à reconnaître la république anglaise, négocia. Cromwell, sollicité par l'Espagne et par la France, se décida pour celle-ci et signa le traité de Westminster (3 novembre 1655), traité commercial en apparence, politique au fond. Il contenait, pour la première fois, une définition de la contrebande de guerre, mais il se bornait à reproduire les traités antérieurs sans accorder aux Français la réciprocité qu'ils réclamaient depuis un demi-siècle. « Ce royaume, disait au parlement l'envoyé de France, a pu changer de face, et de monarchie devenir république, mais les peuples demeurent toujours voisins et intéressés l'un vers l'autre par le commerce ». Le commerce en effet, reprit un cours régulier. Ce fut pour peu de temps ; car, après la mort de Cromwell, Fouquet, voulant répondre à l'acte de navigation et relever la marine française qui était entièrement tombée durant la guerre et avait laissé tout le trafic passer aux marines hollandaise et anglaise, fit rendre une ordonnance (31 mars 1659) prescrivant qu'il ne serait permis, en règle générale, qu'à des navires français de charger des marchandises françaises, que des navires étrangers ne pourraient le faire que s'ils se munissaient d'une permission spéciale, — obli-

[1] Cité par le mémoire n. 3.

gation, qui d'ailleurs, avait déjà été inscrite dans des ordonnances antérieures — et que cette permission ne leur serait octroyée que contre un paiement de 50 sous par tonneau. Les ports de France, dont le mouvement n'était guère entretenu que par les marines étrangères, ne furent pas moins prompts à réclamer contre cette mesure que les étrangers eux-mêmes ; Fouquet, par ordonnance du 21 juin 1659, supprima la permission spéciale, mais maintint le droit de 50 sous.

La France depuis longtemps fournissait à l'Angleterre du vin, du sel, de l'eau-de-vie, du vinaigre, des fruits, souvent du blé, du pastel, du bois, et, comme articles manufacturés, des toiles, des lainages, des soieries, des chapeaux, des draperies légères, de la mercerie, du verre, etc. L'Angleterre, de son côté, expédiait des laines qui, depuis longtemps, ne sortaient plus que par contrebande et pénétraient principalement de Jersey en Normandie où elles alimentaient l'industrie textile, du fromage, du suif, du plomb, du cuivre, des poissons, du bœuf salé d'Irlande, de l'étain, du charbon de terre et des produits manufacturés, surtout des bas, des draps et des cuirs. L'Angleterre avait développé ses exportations en France en même temps qu'elle développait son industrie.

Elle faisait par ses propres navires presque tout le trafic d'exportation et d'importation entre les deux pays ; à peine le pavillon français couvrait-il dans ce commerce un bâtiment contre dix bâtiments anglais ; l'acte de navigation de 1651, corroboré par celui de 1660, n'avait fait à cet égard que consolider une prépondérance qui datait du moyen-âge et que la position insulaire de la Grande-Bretagne expliquait autant que la politique. C'est en 1660 que l'Angleterre, par représailles contre les 50 sous par tonneau, mit un impôt de 5 schellings par tonneau sur tout navire français qui embarquerait ou débarquerait des marchandises ou des passagers en un lieu quelconque de l'Angleterre. Les rigueurs de la police économique à l'égard des marchands français, le « headmoney », le « savage », l'obligation de vendre par l'intermédtaire de courtiers anglais, etc., s'expliquent à la fois par la politique et par le caractère âpre et tenace des Anglais.

IV

La France n'avait pas eu une politique aussi résolument protectionniste. Elle l'eut avec Colbert. Le grand ministre était partagé

entre le désir d'étendre les relations commerciales et celui de réserver au travail français le marché de France. « Il n'y a rien,
disait-il, de plus avantageux à l'Etat que de favoriser, augmenter
et soutenir le grand commerce du dehors et le petit commerce du
dedans ». « Tout ce qui tend à restreindre la liberté et le nombre
des marchands ne peut rien valoir ». Mais, d'autre part, il tenait
beaucoup à ce que la balance du commerce lui fût favorable. Les
publicistes français s'efforçaient de démontrer qu'elle était défavorable et s'alarmaient ; mais, de l'autre côté de la Manche, les Anglais déclaraient aussi qu'elle leur était défavorable et réclamaient
de nouvelles barrières contre l'exportation. Comme il n'y avait pas
encore de statistique générale du commerce et que la contrebande
avait trop d'importance pour qu'un relevé officiel fût probant, la
carrière était ouverte à toutes les hypothèses.

Colbert essaya d'importer des moutons anglais afin de se passer
de l'importation de laine finé ; il créa des haras en vue de ne plus
acheter de chevaux anglais ; après avoir créé les deux Compagnies
des Indes, il interdit aux étrangers tout commerce avec les colonies françaises d'Amérique (1668) ; il confirma, en 1662, le droit de
50 sous par tonneau, tout en accordant sur ce point aux Hollandais
des réductions auxquelles il n'admit pas les Anglais ; il fit de Dunkerque un port franc (1662), comme l'était déjà Marseille ; il s'appliqua, et avec succès, à accroître la marine marchande et il fit
construire pour la protéger, la plus puissante marine militaire que
la France eût eue jusque-là. Il rédigea le tarif des douanes, de
septembre 1664, que des résistances locales ne lui permirent d'appliquer qu'aux provinces dites depuis ce temps « Provinces des
cinq grosses fermes » : tarif très modéré par lequel se trouvaient
réduits les droits de sortie. Ce tarif réglait les droits d'entrée sur
les marchandises étrangères de manière à « diminuer, comme le
disait Colbert, tout ce qui sert aux manufactures », à protéger la
fabrication française, surtout celle des tissus ; il augmentait légèrement certaines taxes, sans demander cependant plus de 10 p. 100
aux marchandises non dénommées. Il est vrai que Colbert le trouva
bientôt insuffisant et le remplaça par le tarif du 18 avril 1667, tarif
vraiment protectionniste, non pour l'agriculture, mais pour l'industrie, qui portait très peu sur l'exportation et sur l'importation des
denrées et matières premières, le charbon de terre excepté, mais
qui doublait et triplait les droits sur beaucoup de produits manu-

facturés, surtout ceux d'Angleterre et de Hollande ; par exemple,
la taxe sur les draps anglais fut élevée de 40 à 80 livres par pièce
de 25 aunes, celle des bas de soie de 15 sous à 2 livres.

·Des tarifs du même genre, mais un peu moins forts, furent établis dans les provinces qui ne faisaient pas partie des cinq grosses
fermes.

Les Anglais, que le tarif de 1664 paraît avoir laissés indifférents,
s'émurent, comme les Hollandais, de celui de 1667. Ils n'avaient
pas attendu jusque-là pour augmenter leurs propres taxes, par le
« Great statute on Book of rates » de 1660 et par divers actes parlementaires qui, entre autres inégalités, faisaient payer à toute
marchandise transportée sous pavillon français une surtaxe d'un
quart sur le droit payé sous pavillon anglais.

Ils crurent devoir répondre directement à ce dernier tarif en
augmentant encore (1668 et 1672) les droits sur les vins français,
qui se trouvèrent en 1674 payer 80 à 90 p. 100 de leur valeur pour
les Bordeaux ordinaires. Louis XIV avait à sa dévotion Charles II
qu'il pensionnait et auquel il aurait voulu faire signer un traité
d'alliance offensive, mais comme cette alliance avait contre elle
l'opinion anglaise, c'était sous la forme de traité de commerce
qu'on espérait pouvoir former le lien ; aussi, dès 1662, lorsque la
France avait traité avec la Hollande, Charles II avait-il proposé un
projet en vingt-six articles qui n'aboutit pas et auquel furent subs-
titués ensuite d'autres projets sans qu'en définitive l'entente se fît.

Colbert, d'ailleurs, n'était pas engoué d'une pareille négociation.
« Je doute fort, écrivait-il en 1667 à l'ambassadeur, qu'il y ait rien
à gagner pour nous dans ce traité, en sorte qu'il ne sera pas à
propos de s'empresser beaucoup ». C'est que les Anglais exigeaient
l'ébrèchement de tout son édifice économique : traitement égal à
celui des bourgeois français, exemption de la visite pour les importations anglaises, suppression du droit de 50 sous par tonneau et
du tarif de 1667. Louis XIV, de son côté, ne voulait traiter que sur
le pied d'une égalité absolue de traitement, « seul fondement de la
durée », écrivait l'ambassadeur Colbert de Croissy, et les Anglais
n'admettaient pas plus alors qu'auparavant cette égalité. En 1668,
Charles II écrivait à sa sœur qui était devenue l'âme de la négociation : « Mes dispositions sont toujours les mêmes. Seulement il
y a sur la route deux empêchements. Le premier, c'est le grand
souci qu'on se donne en France pour se créer un commerce et pour

être une puissance maritime importante. C'est un si grand sujet
d'ombrage pour nous qui ne pouvons avoir d'importance que par
notre commerce et nos forces de mer que chaque pas que la France
fait dans cette voie perpétue la jalousie entre les deux nations. Ce
sera un grand obstacle à l'établissement de relations tout à fait
amicales et vous ne pouvez vous refusez à croire qu'il serait très
dangereux de faire un pacte, du moins absolu, avec la France jusqu'à ce que le premier de nos intérêts, c'est-à-dire celui de notre
commerce, ait été garanti ». « Le commerce est l'idole que l'on
adore en Angleterre, écrivait de son côté Colbert de Croissy ; pour
faire agréer l'alliance, il faut reprendre le traité de commerce ».

On le reprit en effet. Le ministre anglais, Arlington, remit en 1669
au négociateur français un projet qui admettait la liberté mutuelle
de trafiquer dans les ports, qui accordait aux Anglais les mêmes
droits qu'aux bourgeois français à Paris et dans cinq autres villes,
tandis que les Français n'auraient eu dans les villes anglaises que
les droits dont ils jouissaient antérieurement, qui reconnaissait aux
Anglais le droit d'importer en France toute espèce de marchandise
tandis que le droit des Français en Angleterre aurait été borné aux
seules marchandises spécifiées dans le traité. « Eh quoi ! dit Colbert, les Anglais auront le droit de trafiquer à Rouen comme les
Rouennais et les Parisiens n'ont pas ce droit ». Les visées des deux
parties étaient trop divergentes pour aboutir à un point commun
d'entente. Aussi le traité secret de Douvres (mai 1670) ne fut-il
qu'un traité politique : c'est tout ce que désirait Louis XIV.

On continua à négocier, mais pour la forme. Colbert de Croissy
quitta l'Angleterre où il fut remplacé par Courtin. Les Anglais
tiraient un profit de la guerre entre la France et la Hollande, parce
qu'ils faisaient à peu près seuls les transports maritimes ; mais,
d'autre part, comme beaucoup de navires hollandais, pour échapper aux corsaires français, naviguaient sous pavillon anglais, les
corsaires les attaquaient quand ils le pouvaient et s'emparaient parfois même de navires vraiment anglais. D'où récriminations en
Angleterre et insistance pour obtenir un traité de commerce qui mît
fin à ces violences. En même temps, des pamphlets répandus à pro-
fusion s'ingéniaient à démontrer que le tarif de 1667 avait rendu
la balance du commerce défavorable à l'Angleterre et invoquaient
aussi la conclusion d'un traité de commerce.

Un nouveau ministère hostile à la France venait d'être nommé et, quoique la France eût reconnu par convention de février 1677 que le pavillon couvrait la marchandise, Charles II fut obligé de signer, le 31 décembre 1677, un traité d'alliance avec la Hollande et de déclarer le blocus de tous les ports de France. Le 8 mars 1678, le Parlement, « étant reconnu par une longue expérience que l'introduction des marchandises de France a considérablement épuisé le trésor de la nation », vota la prohibition de toutes les marchandises françaises.

Quelques mois plus tard, la Hollande signa la paix de Nimègue et obtint pour elle le retour au tarif de 1664. Quant à l'Angleterre, elle maintint, en principe au moins, la prohibition absolue, puis, en 1685, le Parlement, lorsqu'il l'eut levée à regret — et plus encore au regret des Hollandais qui faisaient l'intercourse — crut nécessaire, comme compensation, ou comme consolation pour les drapiers anglais, qui s'étaient réjouis de la hausse de prix occasionnée par l'absence de concurrence, d'ajouter une surtaxe à l'entrée des vins français et d'ordonner que tout Anglais fût vêtu de laine pendant six mois

V

La raideur de Louvois et l'animosité de Guillaume d'Orange contre la France n'étaient pas propres à faciliter un rapprochement. La théorie mercantile était, plus que jamais, en vogue et le progrès de l'industrie dans les deux pays, en Angleterre particulièrement, à la suite de la révocation de l'édit de Nantes et de l'émigration des artisans protestants, augmentait le nombre des fabricants et des marchands intéressés à la prohibition et permettait davantage, à chacune des deux nations, de se passer des produits de l'autre ; on faisait en France des dentelles, des draps fins, des bas au métier comme en Angleterre ; en Angleterre, on faisait des soieries comme en France ; le pastel n'y était plus demandé et les vins de la péninsule ibérique s'étaient ouvert un large marché, qui rétrécissait celui des vins français.

Louvois fit décider qu'on reviendrait à une application rigoureuse du tarif de 1667 pour la bonneterie et la draperie, sur lesquelles les fermiers-généraux ne levaient, par tolérance depuis 1678, que le droit de 1664 ; il limita à Calais et à Saint-Valéry les ports dans lesquels les draps anglais pouvaient entrer en France ; il recommanda la sévérité dans la visite des marchandises et institua, à cet effet, des inspecteurs spéciaux. Plusieurs arrêts du Conseil furent rendus, en 1687 et en 1688, qui imposèrent, à raison de 5 livres le quintal, le bœuf salé d'Irlande, et augmentèrent le droit sur les cuirs, les serges, les chapeaux de castor, la faïence, le plomb, etc.; le beurre, par exemple, qui était taxé à 12 sous le quintal en 1664, le fut à 3 livres en 1687 et à 6 livres en 1688. Le 17 mai 1689, la guerre était déclarée.

Guillaume prit argument de ces arrêts, dont l'objet, disait-il, était « de détruire le commerce des Anglais, source unique de leur richesse et de leur puissance », pour interdire tout commerce avec la France (22 août 1689), et convint avec la Hollande de saisir tout bâtiment, de quelque nationalité qu'il fût, qui se rendrait en France ou qui aurait à bord des marchandises françaises. Le commerce ne fut pas entièrement anéanti, mais la contrebande qui l'entretenait encore et qui opérait surtout par Dunkerque, Calais, Boulogne et entre Jersey et Cherbourg, ou entre Bordeaux et l'Irlande, fit payer chèrement ses services. Les Anglais surchargèrent de taxes les produits français (entre autres, le « french duty » de 1696, qui imposait de 25 p. 100 les produits français), ceux que des importateurs introduisaient en fraude, grâce à une tolérance nécessaire de la douane, et ceux qui provenaient du système des licences, c'est-à-dire de passeports acquis moyennant finance, qui autorisaient un armateur à introduire des marchandises prohibées[1]. Par suite des aggravations de droits, les vins français, en 1713, après la cessation des hostilités, payèrent de 670 à 803 livres tournois le tonneau, soit au moins trois fois leur valeur, tandis que les vins portugais ne payaient que 269 à 368 livres. Les ports de France étaient dans le marasme, les vignobles aussi. Le Languedoc gémissait : « On a prohibé, disait-il, les marchandises d'Angleterre, parce qu'on croyait qu'elle ne pouvait se passer des nôtres. Mais l'expérience a prouvé le contraire... Cette interruption est ruineuse ».

La paix de Ryswick amena un relâchement, mais elle ne stipula rien relativement au commerce et elle ne modifia pas la législation fiscale des deux Etats.

Cependant, il fut encore une fois question de traité de commerce au moment où les deux souverains s'entendaient pour le partage

---

[1] Ces licences étaient achetées surtout par l'étranger. « Le nombre des passeports, lit-on dans un mémoire français, est si grand qu'il n'y a presque plus d'emploi pour les vaisseaux français ».

éventuel de la succession d'Espagne. C'est la guerre qui sortit
de cette succession. Un des premiers actes du gouvernement
français fut l'arrêt du Conseil du 6 septembre 1701 qui est une
sorte d'acte de navigation dirigé contre l'Angleterre.[1]. Le préambule faisait ressortir, non sans quelque partialité, la différence de
traitement. Les Anglais introduisaient, disait-on, directement en
France les marchandises de leur pays et celles des pays étrangers;
les Français, au contraire, ne pouvaient introduire en Angleterre
que les produits de provenance française et ils ne trafiquaient que
par l'intermédiaire de courtiers ; les Français supportaient des taxes
diverses et élevées ; ils se heurtaient à beaucoup de prohibitions,
ils payaient 5 schilling, soit 3 livres 10 sous par tonneau, tandis
que les Anglais payaient 50 sous. Le rédacteur de l'arrêt aurait pu
ajouter que les douanes, étant en régie en Angleterre, étaient
administrées plus sévèrement qu'en France où les fermiers généraux avaient plus d'intérêt à laisser entrer des marchandises payant
un droit qu'à faire observer les prohibitions. Pour établir l'égalité,
le roi, par l'arrêt du 6 septembre 1701, prohibait un certain nombre
de marchandises : mercerie, droguerie, tannerie, coutellerie, quincaillerie, horlogerie, bonneterie, draperie, ganterie, et frappait de
confiscation et de 3,000 livres d'amende tout marchand qui mettrait
ces articles en vente ; il n'autorisait plus les navires anglais à apporter d'autres marchandises que les produits de provenance anglaise
non prohibés ; il élevait le droit de tonnage à 3 livres 10 sous.

La prohibition fut la loi commune des deux États pendant la
guerre de la succession d'Espagne. Le commerce en souffrit beaucoup. On estime qu'au milieu du xviie siècle, l'Angleterre s'était
élevée au second rang parmi les nations qui prenaient part au
commerce extérieur de la France ; en 1716, d'après un relevé
officiel, très imparfait sans doute, elle se trouve au cinquième rang
avec un total de 21,8 millions dont 8 seulement avaient été enré-
gistrés en douane, le reste représentant le contingent probable de
la contrebande. Le *British Merchant* et les protectionnistes anglais
se réjouissaient de cette diminution, en calculant que la balance
restait à leur avantage ; en France, les manufacturiers étaient dans
le même sentiment et s'applaudissaient de la diminution des
importations anglaises. Mais, en réalité, malgré l'accroissement du

[1] Dans le Conseil du commerce quatre députés se prononcèrent contre cette mesure,
sept pour.

commerce général que constatait l'Angleterre et le profit qu'elle commençait à retirer au Portugal du traité de Methuen (1703), sa richesse, comme celle de la France, se trouvait atteinte par ce défaut de circulation, et des hommes d'Etat songeaient à rétablir le courant.

Dès 1709, les whigs avaient préparé un projet de traité de commerce, tout à leur avantage, qu'ils comptaient imposer en même temps que le traité de paix, comme prix de leurs victoires. Les torys héritèrent de cette idée. « Si l'on eût accordé toutes les demandes des Anglais, écrivait Torcy, elles auraient ruiné, en quelques années, le commerce de la France ». On négocia. La France se résigna à d'immenses sacrifices. Après avoir signé les préliminaires le 8 octobre 1711, le roi chargea un avocat, député au Conseil du commerce, Ménager, de discuter les clauses d'un traité de commerce, à Londres d'abord, à Utrecht ensuite, où il assista le maréchal d'Uxelles et l'abbé de Polignac. Les plénipotentiaires anglais appuyèrent dans les conférences les plénipotentiaires français, mais ils n'abandonnaient pour cela rien de leurs propres prétentions commerciales ; et, tout en maintenant de leur côté l'acte de navigation et les droits différentiels, ils demandaient, du côté de la France, le tarif de 1664, l'abolition de toutes les taxes et mesures établies postérieurement à ce tarif, l'admission en France des produits des Indes britanniques, quoique ces produits ne fussent pas admis en Angleterre, l'entrée des marchandises du Levant apportées par navire anglais. « Il paraît, disait le contrôleur général en 1713, que le ministre d'Angleterre voudrait se faire honneur au Parlement d'avoir conclu le traité de commerce. Dans la situation où nous sommes, ce qu'on peut espérer de mieux est, en faisant la paix, de ménager si bien notre commerce qu'il ne soit pas entièrement détruit par les avantages qui seront accordés aux Anglais ».

Le traité de commerce et de navigation fut signé à Utrecht, le 11 avril 1713, le même jour que le traité de paix.

Déjà l'Angleterre, qui avait beaucoup redouté que le rapprochement des deux couronnes de France et d'Espagne n'eût pour conséquence la main mise du commerce français sur les colonies espagnoles, était rassurée par le traité général et s'était munie elle-même d'un privilège considérable, celui de l'Asiente, c'est-à-dire du droit d'envoyer tous les ans aux Indes occidentales, un navire de 500 tonneaux avec une cargaison de nègres, lequel, en fait, fut un navire

de 1,000 tonneaux, chargé de toute espèce de marchandises, sta-
tionnant en permanence et continuellement ravitaillé et qui devint
un entrepôt inépuisable de contrebande.

Le traité de commerce comprenait 39 articles. Il consacrait à
peu près dans les mêmes termes que les précédents, la liberté réciproque du commerce; il supprimait le droit de tonnage de 50 sous
et celui de 5 schellings, l'obligation de prendre des courtiers, le
droit de bris et le droit d'aubaine; il autorisait, en France, la vente
directe du tabac par les marchands anglais; il définissait et consacrait le droit des neutres; il spécifiait les marchandises de contrebande. Les articles 8 et 9 méritent une mention spéciale. Le premier
portait, que les deux peuples « useront et jouiront respectivement
dans toutes les terres et lieux de leur obéissance des mêmes privilèges, immunités, libertés sans aucune exception dont jouit et
pourra jouir la nation la plus aimée ». Le second : « Il sera par
une loi pourvu à ce qu'il ne soit exigé sur les effets et marchandises
qui seront portés de France dans la Grande-Bretagne aucun impôt
ni droit plus grand que sur les effets de quelque pays que ce soit
situé dans l'Europe et que toutes les lois contraires depuis 1664
seront abrogées quand le tarif français de 1664 sera observé ». Quatre
articles cependant (natron, huile de baleine, serge, draps) faisaient
exception et devaient payer au taux du tarif de 1699.

Des conventions additionnelles, du 11 avril et du 15 mai, com-
plétèrent quelques clauses. Il restait à fixer les détails des tarifs et
à obtenir le vote du Parlement, à la ratification duquel pour la première fois, la reine Anne voulait soumettre le traité.

Or, il se produisit en Angleterre un déchaînement d'opposition,
sincère ou forcé, contre ce traité. Les whigs, qui n'étaient plus au
pouvoir, les Hollandais dont la marine gagnait à la mésintelli-
gence des deux peuples, les réfugiés français qui avaient la haine
au cœur, les commerçants en relation avec le Portugal, les fabricants de draperies, de soierie, d'eau-de-vie qui redoutaient la concurrence, soufflèrent le feu. Le *British Merchant* prédit une balance défavorable. Un journal poussa l'exagération jusqu'à dire :
« Lorsque la capitale fut envahie par les flammes, le pays n'avait
pas été enveloppé dans le désastre, tandis que, si le traité de commerce venait à être adopté, les ouvriers réduits à la dernière misère se verraient forcés d'aller demander du travail dans les pays
étrangers ». Malgré l'appui que Daniel Foë prêta au ministère, dans

le *Mercator,* la Chambre des Communes. après avoir fait une première brèche aux stipulations du traité par un amendement du 11 juin 1713, rejeta les articles VIII et IX, par 193 voix contre 185.

Bolingbrooke, qui ne voulait pas rester sous le coup d'un échec, insista alors auprès du ministre français, pour que le traité fût néanmoins considéré comme valable, sans quoi, disait-il, le peuple anglais serait bientôt entraîné à recommencer la guerre. Louis XIV, qui ne voulait pas exposer son royaume à une telle éventualité, donna comme instruction à son ambassadeur que « les contestations n'attaquant ni le traité de paix, ni l'esprit du traité de commerce, les articles VIII et IX n'étant que conditionnels, il convenait de regarder les actes d'Utrecht comme existant et devant être exécutés » et il envoya de nouveau (février 1714) en Angleterre, ses deux agents Anisson et Fénelon, en apparence pour régler les détails, en réalité pour atermoyer. D'ailleurs, les prétentions anglaises, croissant avec le succès, rendaient la solution difficile ; elles allaient jusqu'à vouloir retrancher la clause relative aux quatre marchandises réservées et, par l'expression « bona mercesque Magnæ Britanniæ », comprendre les produits coloniaux, c'est-à-dire autoriser les commerçants anglais à introduire en France même les toiles de l'Inde qui y étaient prohibées (excepté pour certains apports de la Compagnie des Indes) et qui l'étaient même, comme nous l'avons dit, en Angleterre.

La mort de la reine Anne mit fin à cette négociation que le ministère britannique était peut-être seul à conduire sincèrement. Les négociateurs français l'avouent pour leur part dans une lettre écrite un mois avant cette mort. « Rien n'est plus important pour sauver notre commerce avec ces gens que de nous tirer de ce pays-ci, l'occasion se présentant de le faire sans blesser la bienséance et nous n'imaginons point d'autre parti pour nous tirer des engagements si préjudiciables à notre commerce que nous avons pris avec eux en 1713 ». Ils n'avaient pas à craindre sous ce rapport les sollicitations du nouveau premier ministre, Stanhope, qui disait qu'aucun traité de commerce avec la France ne convenait à l'Angleterre.

La navigation resta. jusqu'en 1786, régie par le traité d'Utrecht, que confirmèrent les traités de 1717, de 1748 et de 1763. Mais il n'y eut pas de législation déterminée pour le commerce ; en Angleterre, l'acte de navigation et les droits prohibitifs furent maintenus et même aggravés ; en France, l'arrêt du Conseil de 1701, fit loi pour les importations anglaises. Il y eut bien, pendant le ministère du cardinal Dubois, des pourparlers au sujet d'une convention commerciale ; mais ils n'eurent pas de suite, non plus que ceux qui furent entamés après le traité d'Aix-la-Chapelle. L'administration se montra, suivant les hommes et les circonstances, plus rigide ou plus tolérante, dans l'application du principe de la prohibition.

De 1782 à 1784, l'Angleterre doubla presque les droits sur les vins français ; elle se réservait toujours le droit exclusif de les transporter de Bordeaux dans ses ports ; elle faisait payer un tonnage de 5 schellings aux navires français ; elle interdisait la sortie des laines, comme par le passé, celle des chiffons, des métiers à bas, des machines en général ; elle permettait, en temps de paix, l'exportation du bétail et des salaisons ; elle encourageait même, par des primes, l'exportation du blé et, à l'époque de Louis XVI, celle du sucre raffiné, si bien que les épiciers préférèrent le sucre anglais, parce qu'il était à meilleur marché. C'est pourquoi les raffineurs français en demandèrent la prohibition ; ils ne pouvaient deviner à ce moment qu'à la fin du XIXe siècle, leurs successeurs feraient exactement en Angleterre ce que les Anglais faisaient alors en France.

En France, l'arrêt de 1701, n'avait pas inscrit le poisson parmi les articles prohibés ; les Bretons se dirent lésés et ils obtinrent la prohibition des sardines et une surtaxe sur les harengs anglais. Le droits sur le charbon de terre fut plusieurs fois modifié, parce que deux intérêts opposés se trouvaient en présence, celui des propriétaires de mines et celui des industriels. Le plomb était prohibé par l'arrêt de 1701 ; mais, comme le plomb d'Angleterre était préféré à celui d'Allemagne, on le faisait venir par la Hollande et, quoique la douane eût fini par exiger sept certificats pour constater la provenance, il entra toujours comme étant expédié de Hambourg. La contrebande approvisionnait seule le marché en tissus anglais, dont la consommation vers la fin de l'ancien régime devint considérable, malgré la douane, qui alla jusqu'à retenir au port de débarquement les robes de chambre en toile peintes des passagères et des passagers, sauf à les leur restituer à leur départ.

En temps de guerre les rigueurs redoublaient. Malgré l'article XIX du traité d'Utrecht qui accordait six mois aux marchands étrangers pour liquider leurs affaires, les corsaires saisissaient immédiatement

les bâtiments qu'ils rencontraient. Les Anglais le firent, même
avant la déclaration de guerre en 1744 et en 1755, année où, à la
suite de l'attentat de l'amiral Boscaven, 300 bâtiments de commerce
ou de pêche devinrent, en quelques mois, la proie des corsaires.
Louis XV réclama, mais le roi d'Angleterre, dans sa déclaration
de guerre du 17 mai 1756, eut l'impudence de le dénoncer à l'Europe comme l'agresseur : « Le procédé insoutenable des Français
aux îles et dans l'Amérique septentrionale depuis le traité d'Aix-la-
Chapelle, leurs usurpations et les invasions qu'ils ont faites sur les
territoires et les établissements de nos sujets dans ces pays-là,
particulièrement dans notre province de la Nouvelle-Ecosse, ont
été si notoires et si fréquents qu'on ne saurait s'empêcher de les
regarder comme une évidence d'un dessein et d'une résolution
formée dans cette cour de poursuivre invariablement des mesures
tendantes à avancer efficacement leurs vues ambitieuses sans aucun
égard aux traités et aux engagements les plus solennels ».

La France n'était pas équipée de manière à se passer complètement de l'étranger, même pendant les hostilités ; en 1745 le ministre dut autoriser Bordeaux à accorder des licences à des bâtiments
anglais pour enlever les vins qui sans cela n'auraient pas trouvé
de preneurs. Mais les corsaires français faisaient rage et, comme
il y avait sur les mers beaucoup plus de bâtiments anglais que de
bâtiments français, ils avaient plus d'occasions de prises : le
témoignage même des Anglais l'atteste. On sait d'ailleurs quelle
tyrannie l'Angleterre exerçait alors sur les mers et comment elle
détermina la ligue des neutres pendant la guerre d'Amérique.

VI

Les colonies étaient soumises à un régime commercial beaucoup
plus exclusif encore que celui des métropoles. Lord Sheffield le
caractérisait en disant : « Le seul usage des colonies, c'est le monopole de leur consommation et le transport de leurs produits ».
Les Anglais interdisaient à leurs colonies tout commerce avec
l'étranger et exigeaient, depuis 1662, que les bâtiments anglais qui
portaient aux colonies des produits du continent européen relâ-
chassent dans un port d'Angleterre avant de faire voile pour l'Amérique. Des croiseurs gardaient continuellement les côtes des colonies. En 1726, un navire de la Martinique, ayant été forcé par une

avarie de relâcher dans un de leurs ports, ils le confisquèrent, parce qu'un des passagers, étant descendu à terre, avait proposé à un colon une pièce de mousseline. Mais les Anglais, avec leur nombreuse marine, approvisionnaient régulièrement leurs colons et, sous ce rapport au moins, il ne paraît pas y avoir eu de réclamations dans les Antilles britanniques.

Il n'en était pas de même dans les Antilles françaises. La France n'avait pas assez de marine pour assurer toujours leur approvisionnement. Aussi avait-elle toléré les marines étrangères, jusqu'au temps où fut créé la Compagnie des Indes occidentales (1664). Un arrêt du conseil du 10 juin 1670 défendit à tout navire étranger d'aborder dans les colonies françaises ; le règlement de 1698 renouvela la défense et interdit même aux colons toute correspondance avec les étrangers ; les lettres patentes de 1717 interdirent aux colons de transporter leurs produits à l'étranger, aux capitaines de navires de prendre à l'étranger des cargaisons pour les îles et désigna les ports français par lesquels devaient se faire les expéditions, les retours devant avoir lieu au même port. Les colons subissaient les conséquences du monopole des armateurs français, vendant à bas prix leurs denrées et payant cher les produits de la métropole, qu'ils n'avaient pas même à leur suffisance ; ils se plaignaient souvent. Pour les calmer, Colbert avait pendant quelque temps autorisé l'établissement de raffineries aux îles, mais il avait cru devoir plus tard (1682) les supprimer sur les plaintes des raffineurs de France et même des armateurs dont le chargement s'était trouvé par là fort réduit.

Les gouverneurs prenaient quelquefois sur eux, surtout quand venaient à manquer les arrivages de morues et de salaisons, d'autoriser l'apport par navires étrangers. Mais aussitôt, les chambres de commerce de France formaient une plainte et le gouverneur était rappelé à ses devoirs. La contrebande se jouait de ces interdictions, parce qu'il y avait, vu la cherté de toute chose, de beaux bénéfices à réaliser ; en 1630 on signalait dix navires anglais à la Martinique. Comme la fourniture des nègres était une des plus importantes, les Anglais s'appliquaient à contrarier sur les côtes de Guinée les achats des Français de façon à rendre leur propre intervention nécessaire aux Antilles. Pendant la guerre de la succession d'Autriche, ce furent les Hollandais qui firent le commerce des colonies françaises ; ils continuèrent après la signature de la paix :

ce fut un des sujets de plainte des chambres de commerce. La farine venait des colonies britanniques de l'Amérique du Nord par contrebande à bien meilleur marché que de France ; aussi la France fournissait-elle moins du cinquième de la consommation ; avec la farine entraient bien d'autres marchandises; autre sujet de plainte pour les armateurs français.

Ils montraient plus de patriotisme quand ils suppliaient le gouvernement de ne pas céder le Canada. « La durée de la guerre est cruelle, écrivait la Chambre de commerce de la Rochelle en 1661, mais la perte du Canada le sera bien plus à l'Etat ». Malheureusement la force pour le reconquérir manquait. Quand l'humiliante paix de Paris eut été signée (1763), les ports continuèrent à dénoncer le commerce interlope des Anglais. Choiseul promit de sévir; mais reconnaissant la nécessité où se trouvaient les colonies, il autorisa, en 1765, les navires anglais à y porter la morue, en payant un droit de 8 livres par quintal et il désigna deux ports dans lesquels seraient admises les importations étrangères de vivres. C'était une brèche au pacte colonial. Les armateurs se récrièrent ; le ministre leur accorda des exemptions de droit, sans parvenir à les calmer. Cependant la population, la culture et le commerce augmentaient aux colonies ; la seconde moitié du XVIIIe siècle est la plus brillante période de l'histoire des Antilles françaises. Déjà, en 1754, un publiciste anglais évaluait ce commerce à 140 millions de livres, tandis que celui des Antilles britanniques ne dépassait pas 40 millions. Ce commerce s'accrut beaucoup encore après la guerre de Sept ans, mais plus par l'intermédiaire de la marine anglaise que de la marine française : le gouverneur de la Martinique écrivait que, de 1763 à 1773, les navires français n'avaient introduit que le quart des nègres nécessaires aux planteurs.

D'autre part, le commerce français ne sut pas conserver le marché américain que l'alliance avec les Etats-Unis lui avait ouvert ; les Anglais y rentrèrent et y restèrent.

VII

Cependant les idées sur la théorie du commerce se modifiaient durant cette seconde moitié du XVIIIe siècle. On s'éclairait sur la nature véritable et sur les causes de la richesse. En même temps, des intérêts se déplaçaient. L'Angleterre, qu'effrayait au XVIIe siècle la perspective de la concurrence française et qui avait été pendant

plusieurs siècles protectionniste à outrance, prenait plus confiance
dans son industrie, depuis qu'elle la voyait se développer merveilleusement par les inventions de Watt, d'Hargreaves, d'Arkwright,
de Wedgwood et autres et qu'elle avait assuré sa suprématie sur les
mers. Des écrivains libéraux agissaient sur l'opinion : Locke, bien
que mercantiliste, Hume, qui désirait une union commerciale
de la France et de l'Angleterre, Adam Smith surtout, dont le grand
ouvrage, malgré l'opposition qu'il souleva, eut cinq éditions de
1776 à 1789. La pratique administrative, il est vrai, restait très
exclusive : ainsi l'exportation des machines était prohibée et l'ouvrier anglais qui, s'étant expatrié, ne rentrait pas sur l'injonction
de l'ambassadeur, subissait la peine de la confiscation de ses biens.
Parmi les hommes politiques, il y en avait que le libéralisme avait
conquis, lord Shelburne, par exemple, qui s'exprimait à cet égard
avec netteté : « Je regarde le monopole du commerce comme une
chose odieuse, comme un vice dont la nation anglaise est affectée
plus qu'aucune autre. Si une nation doit être la première à rejeter
le monopole, c'est bien la nation anglaise dont l'industrie est plus
développée que celle des autres nations ». Une considération d'un
autre genre fit impression sur les financiers, qui en présence de la
lourdeur de la dette, cherchaient des ressources. « Je suis forcé de
convenir, dit Pitt à la Chambre des communes, qu'on regardait
autrefois comme un paradoxe la prétention d'augmenter les recettes
en réduisant les droits, mais l'expérience nous a prouvé maintenant
que c'était très praticable ».

En France, la grande industrie, malgré les progrès qu'elle avait
faits, était moins avancée qu'en Angleterre, et les industriels,
grands ou petits, étaient non moins attachés à la protection que
leurs concurrents d'outre Manche. Cependant les philosophes accom-
plissaient leur œuvre. Déjà Montesquieu, tout en adhérant au
mercantilisme, écrivait au milieu du siècle que « la vraie manière
est de n'exclure aucune nation de son commerce, c'est la concurrence qui met un juste prix aux marchandises ». Après lui Quesnay
fondait l'école des physiocrates, dont la liberté du travail est un des
principes fondamentaux ; Gournay apportait dans le bureau du
commerce la même idée et la doctrine du Colbertisme cessait d'être
l'oracle indiscuté de l'administration. Des directeurs, comme Tru-
daine, des ministres comme Bertin et surtout comme Turgot, s'inspiraient de sentiments libéraux.

Après la signature du traité de 1763, les ministres anglais avaient parlé de renouveler le traité de commerce de 1713. « Le traité n'a jamais existé » répartit Choiseul qui ne se souciait pas d'en conclure un. Vergennes, qui avait été collègue de Turgot, s'en soucia. « On ne s'enrichit pas, pensait-il, avec les nations entièrement pauvres. Le champ de l'industrie est si vaste qu'il y a à moissonner pour tout le monde ». Gérard de Rayneval, son homme de confiance, qu'il avait envoyé dès 1782 à Londres, déclarait que « le système prohibitif était vicieux et vexatoire » et qu'il fallait convenir avec l'Angleterre qu'il n'y aurait plus de marchandises prohibées entre les deux nations ». Vergennes savait qu'en traitant il produirait une secousse dans l'industrie et exciterait des clameurs ; il s'y résignait, persuadé que « c'était à l'intérêt général qu'il fallait donner la préférence ». Aussi, dans les préliminaires du traité de Versailles (20 janvier 1783) il fut dit qu'on confirmerait les anciens traités de commerce et qu'on ferait des arrangements sur le fondement de la réciprocité : c'est pourquoi des négociateurs furent envoyés de part et d'autre, Gérard de Rayneval à Londres et Oswall à Paris. Mais, sur ces entrefaites, le ministère anglais que présidait Shelburne fut renversé et, Fox, qui prit le portefeuille des affaires étrangères, était hostile à la France et à un nouveau traité ; il trouvait les intérêts de ses concitoyens satisfaits par celui d'Utrecht qui avait été provisoirement remis en vigueur, moins les articles 8 et 9. Le texte définitif du traité (3 septembre 1783) porta cependant (art. 18) qu'un traité, basé sur la réciprocité, devait être conclu dans l'espace de deux ans ; mais, en notifiant à leurs sujets le texte de ce traité, les deux rois manifestèrent des tendances divergentes : celui de France parlait de rectifier, d'après les règles de la réciprocité et les convenances mutuelles, ce que le traité d'Utrecht pouvait avoir de défectueux ; celui d'Angleterre annonçait que les privilèges et avantages particuliers du traité d'Utrecht seraient non seulement conservés, mais augmentés, si faire se pouvait.

Vergennes sentait bien que la réciprocité absolue ne serait pas admise et il s'y résignait. « La réciprocité est censée établie, écrivait-il au négociateur, dès que cette puissance ne traite personne plus favorablement que la France ». Ne connaissant pas par lui-même le détail de la question, il s'éclaira surtout des avis de Gérard de Rayneval, fonctionnaire honnête et travailleur appliqué, mais, peu versé cependant dans les questions du négoce, et de

Dupont de Nemours, inspecteur général des manufactures, ami de Turgot et physiocrate déterminé. Le contrôleur général, Calonne, intervint peu dans la négociation, par jalousie, dit-on ; il se contenta de donner, comme agents à Vergennes, deux hommes de vues opposées en matière commerciale, l'économiste Dupont et un colbertiste, Boyetet. Les Anglais ne se pressèrent pas ; beaucoup suspectaient le projet, dans lequel ils croyaient voir des embûches. Dans les deux nations fermentaient de vieilles haines réciproques, que la rivalité des marines et la suite des guerres entretenaient et avaient même avivées depuis la guerre de Sept ans, bien que les lettres eussent rapproché les esprits et que la mode eût triomphé des prohibitions. Une société s'était formée, en Angleterre, de patriotes protectionnistes qui faisaient serment de ne se servir d'aucun objet de provenance française. Un évêque avait été jusqu'à dire en plein Parlement : « La prospérité de la France, c'est la ruine de l'Angleterre ».

Aussi le ministère anglais temporisait il, bien que Pitt ne partageât pas tous les préjugés de ses concitoyens. « C'est une faiblesse et un enfantillage, dit-il plus tard au parlement, de supposer qu'une nation puisse être à tout jamais l'ennemie d'une autre. La vérité, c'est que la France et l'Angleterre sont faites pour être étroitement unies et leur politique jalouse leur a fait sacrifier leurs réels intérêts ». Ce n'est qu'en mars 1784 qu'il se décida à nommer un commissaire, Crawford, qui lui-même ne se rendit à Paris qu'en septembre. Le ministre anglais, Carmarten, répondit un jour à l'ambassadeur de France, Adhémar, qui le pressait : « Comme c'est la France qui demande des changements, c'est à elle de faire connaître en quoi elle désire qu'ils consistent ; nous n'avons guère d'intérêt à des arrangements nouveaux, parce que nous nous en tiendrons au traité d'Utrecht ».

Vergennes, impatienté, recourut à des mesures qui précisément enlevèrent aux importateurs anglais le bénéfice de ce traité. Un arrêt du 17 juillet 1785 renouvela, en les aggravant même, les prescriptions de l'arrêt de 1701 ; un second arrêt du 21 octobre prohiba spécialement les fers, étoffes et plusieurs autres produits anglais et l'administration fit exécuter ces mesures avec rigueur. L'émoi fut grand en Angleterre ; les marchands, dont les communications se trouvaient subitement coupées avec un marché si riche et si empressé à leur acheter, sentirent qu'il fallait céder. Crawford

remit à Rayneval une note, par laquelle il lui notifia qu'il était prêt
à entamer les négociations. Pitt demanda un délai de douze mois
et annonça qu'il avait nommé comme négociateur William Eden.

Cet homme, rompu aux affaires, que Pitt avait l'adresse de détacher ainsi du parti de Fox, se mit aussitôt à l'œuvre à Londres,
compulsant les statistiques, interrogeant les manufacturiers et les
commerçants qui, comme d'ordinaire, demandaient tout et ne con-
cédaient rien, garnissant son arsenal, afin de pouvoir discuter perti-
nemment. Quand il vint en France, quelques mois après, il procéda
de même, visitant des fabriques, interrogeant et écoutant. Dans
l'esquisse de projet en dix articles qu'il présenta en mai 1786, il
plaça en vedette le principe de la liberté et du traitement réciproque de la nation la plus favorisée, mais il inséra une clause par laquelle les conventions conclues avec d'autres États seraient maintenues et chacune des deux parties pourrait concéder des privilèges
particuliers à d'autres États.

Ce projet fut soumis au Conseil d'État, avec un rapport de Rayneval qui, se bornant à des traits généraux, affirmait, sur la foi
des physiocrates, que l'industrie doit être subordonnée à l'agriculture, que le consommateur doit être libre, que la concurrence est
utile et que c'est une erreur de penser qu'un pays puisse fabriquer
toute espèce de marchandise ; il insistait sur le débit qu'auraient
nos vins, qui payaient 99 livres sterling le tonneau, tandis que ceux
d'Espagne, d'Allemagne et de Hongrie n'en payaient que 50 et
ceux de Portugal que 46. Eden offrait 61 livres ; c'était trop peu.
Quant il eut consenti à accorder le même taux qu'au Portugal, les
principales difficultés se trouvèrent levées, le négociateur français
ayant consenti à ne pas insister sur la soierie, dont Eden disait ne
pouvoir pas lever la prohibition.

Le traité fut signé le 26 septembre 1786 ; il est connu sous le
nom du négociateur anglais : traité d'Eden. C'était vraiment un
traité libéral qui améliorait beaucoup la condition du commerce
des deux côtés de la Manche : renouvellement, en termes plus
précis, des articles du traité d'Utrecht relatifs à la navigation, autorisation pour les étrangers de résider, même en temps de guerre,
s'ils n'occasionnaient pas de trouble et, s'ils étaient expulsés, délai
de douze mois pour faire leur liquidation ; permission pour chaque
État d'établir des consuls dans les villes de l'autre État, suppression de la visite des marchandises et de la confiscation, traitement

de la nation la plus favorisée. L'article VI portait que les vins de France ne payeraient pas plus que ne payent actuellement les vins de Portugal ; d'autres articles imposaient la bière à 30 p. 100 *ad . valorem ;* la quincaillerie à 10 p. 100 au maximum, et même pour divers menus articles et par convention complémentaire du 15 janvier 1787, à 5 p. 100 ; le coton, les lainages, les modes, la verrerie, la porcelaine à 12 p. 100. D'autres articles stipulaient que si des prohibitions ou augmentations de droits venaient à être décrétées par un des deux gouvernements, elles devraient s'appliquer à tous les Etats sans distinction, que si un des deux accordait des primes à l'exportation, l'autre pourrait imposer sur la marchandise primée un droit correspondant. L'acte de navigation restait intact en vertu, disait-on, « de la convenance mutuelle ». La soierie, par prétérition, demeurait prohibée.

Libéral, le traité l'était assurément et il marquait à plusieurs égards un notable progrès pour la facilité des échanges. Egal pour les deux parties, il ne l'était pas, parce que l'Angleterre faisait des réserves et parce que les importations reçues de France s'adressaient presque toutes à la classe riche (le vin payait encore environ 1 fr. le litre), tandis que les importations d'Angleterre étaient surtout des articles de grande consommation.

En Angleterre, le traité, comme tout acte de ce genre, souleva des récriminations, celles par exemple des brasseurs qui craignaient le vin, celles des drapiers qui craignaient les draps fins. A la Chambre des communes le débat fut vif : *Timeo Danaos et dona ferentes* fut le thème des whigs. Pitt soutint que le traité était plus avantageux à l'Angleterre qu'à la France et s'excusa ensuite auprès de l'ambassadeur. « Il faut, lui dit-il, se montrer Anglais et surtout préoccupé de nuire à la France ». En somme, la Chambre des communes consacra l'œuvre par 236 voix contre 116 et l'opposition se calma.

Le traité fut en vigueur à partir du 10 mai 1787. En France, si les ports et les vignerons se réjouirent, Lyon s'affligea d'avoir été oublié ; la Chambre de commerce de Picardie gémit : « L'expérience seule, dit-elle, peut montrer tout le mal que nos fabriques ressentiront ». Et déjà elle signalait une réduction du nombre des métiers battant ; celle de Normandie, plus mesurée dans l'expression, critiquait cependant sévèrement les négociateurs. On disait que le traité était une surprise, parce que les intéressés n'avaient pas été consultés et que les droits étaient mal pondérés. Dupont défendit l'acte auquel il avait collaboré et fit observer que, s'il y avait crise dans les faïenceries, c'est qu'elles étaient mal établies, puisqu'elles prospéraient dans la Lorraine qui, étant province d'étranger effectif, n'avait jamais été protégée par le tarif douanier, que si trois provinces manufacturières protestaient bien haut, le reste du pays, agriculteurs et consommateurs, se taisait et était satisfait; « le bonheur est silencieux ». Dupont fut traité d'Anglais, Rayneval de vendu, et plus tard Boyetet, dans une brochure publiée en 1789, les accusa d'avoir « sacrifié la nation ».

En réalité, l'application du traité fut très imparfaite. D'un côté, sur la réclamation de l'ambassadeur de Portugal, Pitt qui aurait craint d'indisposer un si bon client, s'empressa de réduire d'un tiers le droit sur les vins portugais : l'égalité de traitement n'existait donc pas. Néanmoins la vente des vins français augmenta. La douane anglaise se montra taquine, n'autorisant l'entrée des batistes que par assortiment de cent pièces, celle des vins que par fût de 60 gallons au moins, saisissant, dit un rapport rédigé sous la République, un carrosse sous prétexte qu'il avait des coussins de soie et que les soieries étaient prohibées. De l'autre côté, en France, les droits ne furent pas payés intégralement parce que les importateurs anglais facturaient leurs marchandises fort au-dessous de la valeur réelle et en faisait entrer à la fois une très grande quantité, de sorte que les douaniers français n'osaient pas user de leur droit de préemption, parce qu'il leur aurait fallu risquer trop d'argent. L'ouverture de tous les ports, au lieu de deux que portait le texte primitif, facilita la fraude. Des contemporains affirment que les marchandises anglaises ne payèrent pas plus de 7 à 5 p. 100 en moyenne, quelques-uns disent même 4. Les Anglais qui s'étaient préparés à l'ouverture du marché français et qui savaient que la mode leur était propice, expédièrent tout d'abord des quantités considérables, envoyèrent partout leurs commis-voyageurs et séduisirent la clientèle par leurs bas prix.

En Angleterre, a dit plus tard, en 1790, un fabricant de mousseline, député à l'Assemblée constituante, des faillites et une crise ont été la conséquence de la spéculation à prix réduit tentée en France et, d'autre part, des fabricants français ont appris par la concurrence à imiter les articles anglais que, grâce à la différence du taux des salaires dans les deux pays, ils parvinrent en 1790 à livrer à meilleur marché. En effet, durant la seconde moitié du règne de Louis XVI, l'industrie, surtout l'industrie mécanique, fit un effort très sérieux pour s'outiller à l'instar des Anglais.

La statistique du commerce extérieur éclairerait l'histoire sur les résultats de ce traité, si elle était plus précise et si les chiffres qu'elle a recueillis ne se rapportaient pas à des années troublées par des causes autres que les rapports directs de la France et de l'Angleterre. En 1788, il y a eu une mauvaise récolte, un hiver très rigoureux, beaucoup de misère; en 1789 a commencé la Révolution. En 1776, avant la guerre d'Amérique, la statistique officielle porte le commerce de la France avec l'Angleterre à 13,3 millions de livres à l'entrée et à 10,9 à la sortie; en 1784, après la guerre, à 13,2 à l'entrée et à 20 à la sortie, non compris, bien entendu, la contrebande, qui introduisait, disait-on, une valeur d'une dizaine de millions. En 1787, année où le traité a été appliqué pendant huit mois, l'importation a été de 58 à 63 millions, l'exportation de 34 à 37 suivant les autorités; en 1789 elle s'est élevée à 61 millions pour l'importation et à 35 pour l'exportation. L'exportation aurait donc augmenté, d'après ces données, de 15 millions entre 1784 et 1789 et l'importation de 38 millions. Mais, dans l'accroissement de cette importation figurent les matières premières, principalement le coton, et les denrées alimentaires qui ont heureusement atténué les effets de la disette; les produits manufacturés de l'Angleterre comptent pour 16 millions en 1784, pour 33 en 1787, année d'engouement; pour 23 seulement en 1789; il n'y a donc pas eu « inondation » de ce chef. Il ne faut pas oublier que le commerce extérieur de la France était alors en progrès, qu'il avait dépassé le milliard et que l'Angleterre n'était pas alors au premier rang parmi les pays avec lesquels la France entretenait des relations.

Nous n'avons pas la statistique de 1790 et de 1791; l'augmentation que marque celle de 1792 ne prouve rien, étant due à la dépréciation des assignats. La guerre était déclarée en 1793 et le traité disparaissait. L'équilibre définitif n'a pas eu le temps de s'établir. L'expérience n'a donc pas été complète; elle n'a été faite, ni dans des conditions équitables, ni dans un temps favorable; elle ne peut pas être considérée comme concluante. Ce n'est qu'en 1860 que le commerce de la France avec l'Angleterre s'est dégagé des entraves de la prohibition et des droits quasi-prohibitifs.

Si nous essayons de résumer en quelques mots les deux siècles
de cette histoire, nous dirons que, depuis Louis XI jusqu'à la mort
de Mazarin, les relations ont été relativement assez faciles sous le
rapport douanier, parce que le système protecteur n'était pas encore
constitué et que les principaux obstacles se trouvaient dans la piraterie sur mer et dans les coutumes locales sur terre ; que ces relations ont été plus gênées durant la seconde moitié du XVIIe siècle
sous l'influence du mercantilisme et du developpement d'une
industrie qui, dans les deux pays, était jalouse de se réserver le
marché national ; qu'au XVIIIe siècle l'industrie, continuant à se
développer et devenant de plus en plus méfiante de la concurrence,
un régime presque prohibitif a prévalu, que toutefois la contrebande
en a pallié le mauvais effet, jusqu'au jour où de nouveaux intérêts
en Angleterre et des idées plus libérales des deux côtés de la Manche ont permis la négociation du traité de commerce de 1786. Il
est à remarquer que, du commencement à la fin, l'Angleterre est
restée plus hérissée d'obstacles et plus fermée que la France, surtout plus attentive, sinon par la politique des Stuarts, du moins par
la vigilance du peuple, à ses intérêts économiques, gênant beaucoup la circulation de la richesse qui lui arrivait de l'étranger et
laissant assez libre la production nationale, tandis que la France
a beaucoup réglementé depuis Colbert à l'intérieur son industrie et,
dans ses relations extérieures, s'est laissée guider davantage par
des considérations politiques ou par des idées théoriques.

À la science économique on peut signaler comme un spectacle
singulier, intelligible d'ailleurs, la défiance réciproque des deux
industries persistant pendant deux siècles et croissant même avec
le progrès et dénoncer le dommage que les générations ont dû
éprouver de la privation ou de la cherté résultant, je ne dis pas des
droits fiscaux qui étaient légitimes et pour ainsi dire nécessaires
lorsqu'ils n'excédaient pas un certain taux, mais de la prohibition
et des vexations qui n'ont pas été pendant deux cents ans profitables à l'industrie. On peut lui faire remarquer aussi que, lorsque
deux pays ont besoin l'un de l'autre, les interdictions gouvernementales gênent, mais ne parviennent pas à empêcher les rapports
et qu'elles ont nécessairement pour résultat de fausser la valeur
des choses.

De la suite de ces périodes, la théorie économique a peu d'enseignements à tirer parce que le développement de l'industrie en France

et en Angleterre tient à des causes diverses et non, dans l'un et l'autre pays, aux prohibitions et que la principale expérience libérale de commerce, celle de 1786, n'a pas été continuée assez longtemps.

L'histoire économique, au contraire, en tirera un grand profit par la connaissance plus approfondie, méthodiquement suivie et bien enchaînée, des relations commerciales de deux grandes nations.

E. Levasseur.

LA QUESTION DES RÈGLEMENTS D'ATELIER EN FRANCE

Suite [1]

La Chambre ne s'était pas ralliée à l'idée du règlement d'atelier obligatoire et s'était bornée à décider que, lorsqu'il n'y en aurait pas, les contestations seraient tranchées par le conseil des prud'hommes ou, à son défaut, par le juge de paix dans sa plus prochaine audience. Il en était de même pour les difficultés qui naîtraient de l'application du règlement d'atelier. Sauf en matière de délai de congé, une amende de 15 francs prononcée par le juge de paix, jugeant en simple police, était jugée suffisante pour réprimer les contraventions à ces dispositions, sans préjudice, naturellement, de la responsabilité civile.

Le 24 avril 1894, le Sénat fut appelé à se prononcer sur la proposition de loi adoptée par la Chambre des Députés. Malheureusement on abandonna complètement l'idée principale : celle de savoir si le patron pouvait seul et sans contrôle rédiger un règlement et sans être assujetti à certaines règles.

La question des amendes et celle du paiement des salaires attiraient presque exclusivement l'attention des esprits.

Le rapporteur, M. Maxime Lecomte, se rendait bien compte qu'il proposait au Sénat de faire une toute autre œuvre que la Chambre. « Les dispositions, disait-il, que nous vous proposons d'adopter, d'accord avec le Gouvernement, ont toutes trait, comme vous venez de le voir, au paiement des salaires des ouvriers, et nous vous demandons par conséquent de vouloir bien intituler la loi, non pas « loi sur les règlements d'atelier », mais « loi sur le paiement des salaires des ouvriers ».

Quant à imposer au patron l'obligation de faire un règlement d'atelier, le rapporteur la déclarait n'être pas d'accord « avec les mœurs industrielles de notre pays, avec le caractère et le tempérament français ».

Il se prononçait avec vigueur contre l'idée de soumettre les règlements d'atelier à une autorité quelconque, par exemple à l'approbation du conseil des prud'hommes, comme l'avait admis la

---

[1] V. *Revue d'économie politique* d'août-septembre 1901, p. 890 et s.

Chambre des députés. « Or, disait-il, nous concevons, quant à nous, très difficilement qu'une autorité judiciaire qui va être appelée à juger les contestations que feront naître l'interprétation, l'application de ces règlements, soit chargée de donner son avis et d'être l'autorité suprême, lorsqu'il s'agit de la confection même des règlements. Il y avait là une confusion évidente et nous ne pouvions pas admettre cette intervention de l'autorité judiciaire.

» On pouvait faire d'autres objections encore à l'approbation des règlements d'atelier par les conseils de prud'hommes. Ce qu'il y a d'intéressant à ce sujet, c'est que les conseils de prud'hommes eux-mêmes n'étaient pas unanimement d'accord sur les pouvoirs qu'on voulait leur concéder..... On a semblé craindre de voir se glisser dans les règlements d'atelier des dispositions contraires aux lois, aux règlements généraux, contraires même à l'ordre public et aux bonnes mœurs..... On reconnaissait que le patron, propriétaire de l'usine, a pour mission d'assurer le bon fonctionnement de son atelier, d'y faire régner le bon ordre; qu'il a le droit d'établir un règlement, soit de son propre chef, soit après avoir pris l'avis de ses ouvriers ou d'une délégation de ses ouvriers.

» Or, je suppose que le patron ait fait d'une façon quelconque un règlement d'atelier, il le porte au conseil des prud'hommes et lui demande de l'approuver. Le conseil des prud'hommes fait des objections à ce règlement. Que se passera-t-il dans le système de la Chambre? Il arrivera une chose fort vraisemblable, c'est que le patron, devant la résistance du conseil des prud'hommes qui ne voudra pas homologuer tel qu'il est ce règlement d'atelier et demandera l'introduction ou la suppresion de certaines clauses, le patron retirera purement et simplement son règlement, puisqu'il a la faculté de ne pas en faire, et s'en remettra au droit commun et aux usages locaux ». Le mode de paiement des salaires, la question des amendes, devaient seuls, au dire du rapporteur, retenir l'attention du Sénat.

Ce dernier, consulté, fut de cet avis et vota un certain nombre de dispositions dont voici l'analyse.

Les ouvriers acquéraient le droit formel d'être payés en monnaies métallique ou fiduciaire, ayant cours légal, nonobstant toute convention contraire, à peine de nullité du paiement effectué. Sauf pour le travail aux pièces, les salaires devaient être réglés au moins deux fois par mois, à seize jours au plus d'intervalle.

Mais ici les conventions contraires étant permises, le patron restait en fait maître d'agir à sa guise.

Interdiction d'effectuer les paiements dans les débits de boisson
ou dans les magasins de vente au détail.

Le Sénat, à l'encontre de ce qu'avait décidé la Chambre, rétablissait les amendes, mais sous certaines conditions qui les rendaient efficaces en leur enlevant tout caractère oppressif. En effet,
le règlement déposé depuis un mois au moins au secrétariat des
conseils de prud'hommes ou, à défaut, au greffe de la justice de
paix, devait prévoir les amendes. L'affichage du règlement était
obligatoire dans l'atelier. Le montant des retenues ne devait pas
excéder, pour une même journée, le quart du montant du salaire
de cette journée. Chose importante, le produit de ces retenues ne
pouvait être employé que directement dans l'intérêt des ouvriers
de l'atelier; par exemple, pour alimenter des caisses de secours
ou de prévoyance à leur profit. Les déductions de salaire pour
malfaçon, comme il était juste, restaient soumises aux règles du
droit.

Qu'il y eût dans le projet de loi voté par le Sénat des dispositions sages, utiles et bienfaisantes, c'est ce que nous ne songeons
pas un instant à contester. Mais le patron restant libre de ne pas
faire un règlement, ou pouvant le faire sans contrôle, sauf sur quelques points, tout le bien qu'on pouvait attendre d'une semblable
réforme n'aurait pas produit dans la pratique des effets notables.

Quoi qu'il en soit, les choses en restèrent là durant plusieurs
années. Les projets de réformes avaient suscité des critiques très
vives. On s'était attaqué tout particulièrement aux votes de la Chambre des Députés.

L'intervention du législateur en cette matière paraissait à certains esprits tout-à-fait inutile, sinon nuisible. D'autres, tout en
admettant la possibilité de faire quelque chose, se montraient très
circonspects. « En résumé, disait M. E. Gruner, dans un rapport
à la Société d'encouragement pour l'industrie nationale, l'utilité
d'une loi sur les règlements d'atelier ne nous semble pas clairement démontrée et, en cela, nous sommes bien près d'être d'accord
avec la commission du travail puisqu'elle se contente de dire :
« tout patron pourra établir » et non pas « devra établir ». Elle ne
change donc rien à l'état actuel : il n'est point besoin d'une loi
pour constater un droit ancien. Un ajournement de ce projet, jus-

qu'à un moment où la question ait pu être plus nettement élucidée, nous paraîtrait donc la solution la plus désirable. Si cependant des considérations d'ordre social devaient faire désirer le vote d'une loi de cette nature, il nous semble qu'elle devrait se proposer seulement de prévenir certains abus : 1° Elle limiterait la quotité des amendes, sauf dans les services contrôlés par l'État, et en attribuerait le montant à des œuvres créées en faveur des ouvriers ; 2° elle spécifierait que la paye aurait lieu dans la fabrique ou le chantier, en monnaie légale, que des acomptes seraient donnés au moins une fois par semaine, mais que le règlement définitif pourrait n'avoir lieu qu'une fois par mois ; 3° elle fixerait en principe à huit jours le délai minimum réciproque de prévenance pour les fabriques et manufactures, mais laisserait explicitement en dehors aussi bien les industries du bâtiment que les travaux temporaires proprement dits et les industries ou corps de métiers dans lesquels les inconvénients de ce délai seraient reconnus ; 4° elle n'imposerait que le simple dépôt du règlement à la préfecture et stipulerait que le règlement est de droit exécutoire dans le délai d'un mois à moins d'opposition motivée du préfet, basée sur le fait de la violation de la loi ou des règlements généraux. Limité à ces grandes lignes, pour sa partie obligatoire, le règlement général d'atelier ne soulèverait plus les mêmes objections. D'autres lois, en préparation, imposeraient sans doute d'autres règlements, et, en particulier, ceux pour prévenir les accidents dont l'utilité est grande et réelle, à condition, toutefois, qu'ils se contentent, eux aussi, de tracer les règles générales, laissant au progrès et à l'initiative individuelle une large part ».

Au Conseil supérieur du Travail, M. Keufer avait, en sens contraire, montré avec beaucoup d'insistance la nécessité de combler le plus tôt possible les lacunes de notre législation en ce qui concerne l'ouvrier. Dans un rapport présenté à la deuxième session (juin-juillet 1892), il signalait en s'appuyant sur les faits les conséquences regrettables de l'abstention du législateur. « Une des causes des contestations incessantes entre patrons et ouvriers est le mode de rémunération du travail, la fixation du salaire, généralement considéré comme la rétribution matérielle et rigoureuse d'un service rendu, matériellement appréciable, réduit à une simple formule arithmétique. Selon les économistes, suivis par presque tous les patrons, la valeur travail est strictement rétribuée par la valeur argent, et, cet échange opéré, les opérations réciproques cessent.

» Il n'y a pas d'autres motifs à invoquer pour expliquer l'état des relations actuelles entre patrons et ouvriers : les premiers, au nom de la concurrence, demandent la plus grande somme d'efforts pour une indemnité aussi limitée que possible ; les seconds luttent sans cesse pour maintenir et améliorer leur salaire et limiter la force physique ou intellectuelle à dépenser. C'est aujourd'hui la base tacite ou avouée du contrat entre employeur et travailleur.

» Les relations de cordialité, de confiance mutuelles deviennent chaque jour plus rares, le patron finit par ne plus connaître ses ouvriers et, par conséquent, une fois qu'il les a payés, il n'y a plus rien de commun entre eux. C'est là malheureusement un phénomène qui devient de plus en plus fréquent et qui maintient une division funeste, surtout dans les entreprises exploitées par des compagnies ou sociétés anonymes, représentées par un directeur qui ne s'occupe que des intérêts des actionnaires. Cette situation a tout naturellement contribué à diminuer le zèle des ouvriers au travail, à leur faire prendre le rôle de machine, à les dispenser de toute responsabilité et, pour suppléer aux lacunes, aux inconvénients qui en résultent, les patrons ont pris le parti d'établir des règlements d'atelier... L'application de ces règlements d'atelier ayant acquis pour ainsi dire force de loi par l'habitude, est devenue une source nouvelle de difficultés et de mécontentement entre patrons et ouvriers et, cela en raison des dispositions abusives, quelquefois contraires à la loi, contenues dans ces règlements élaborés, imposés et appliqués sans le consentement des intéressés, mis dans l'alternative ou de quitter un atelier et même la localité ou de se soumettre au dit règlement, quelque rigoureux, quelque préjudiciable qu'il soit ». L'enquête faite par ordre du Ministère du Commerce auprès des inspecteurs départementaux et des conseils de prud'hommes de France, afin d'en soumettre le résultat à l'examen du conseil supérieur du travail, avait donné des indications utiles à recueillir.

La plupart des inspecteurs, sinon la totalité, approuvaient l'idée d'instituer une législation spéciale, relative au règlement d'atelier, de fixer un maximum pour les amendes proportionnées au taux du salaire, et enfin de désigner l'emploi de ces amendes, en demandant qu'elles fussent versées dans les caisses de secours, de retraites et de bienfaisance.

Sur 139 conseils de prud'hommes invités à se prononcer sur la question des règlements d'atelier, 115 seulement avaient répondu. Sur la question de savoir si les règlements d'atelier devaient être soumis à l'approbation préalable, 79 Conseils avaient répondu affirmativement et 25 négativement, 8 s'étaient abstenus et 3 avaient émis des avis divers. Pour les partisans de l'approbation préalable, les règlements devaient être examinés, soit par l'assemblée générale du conseil de prud'hommes, soit par le bureau de ce conseil. Un simple dépôt au secrétariat du conseil de prud'hommes suffisait à ceux qui rejetaient l'admission préalable. Pour la question des amendes, 20 conseils avaient rappelé que dans les ateliers de leur ressort, il n'en existait pas et restaient les adversaires d'un changement à cet égard. Un maximum proportionné au taux des salaires fixé pour les amendes était jugé nécessaire par 63 conseils. Il y avait eu sur ce point abstention de 11 conseils, tandis que 12 avaient émis des avis divers. Le versement du produit des amendes à une caisse de secours était approuvé par 63 conseils, combattu par 8, tandis que 12 avaient émis des avis divers et que 32 s'étaient abstenus, la plupart parce qu'ils n'admettaient pas les amendes.

Pour prouver l'utilité d'une législation spéciale aux règlements d'atelier, M. Keufer affirmait qu'en thèse générale, il n'était pas exagéré de dire que si les conflits étaient rares et les difficultés peu nombreuses, la résignation absolue et l'impuissance en étaient la cause. Cette assertion se trouvait confirmée par des faits trop évidents. Ainsi, dans nombre d'usines, le règlement portait, malgré l'article 1780 du Code civil, que les ouvriers pouvaient être congédiés sur le champ, tout en leur refusant le droit de donner leur congé immédiat. Ce n'est pas tout, le brusque renvoi, d'après le règlement, entraînait pour eux la perte de leur masse ou du salaire gagné par leur travail. Mais, dira-t-on, les tribunaux pouvaient leur accorder des indemnités.

Les patrons avaient prévu cette éventualité, fâcheuse pour eux, en faisant signer à leurs ouvriers des règlements entraînant soit renonciation à toute indemnité, soit la fixation de cette indemnité.

Une grande union de syndicats parisiens, qui trouvait dans cette pratique un moyen commode de tourner la loi du 28 décembre 1890, avait essayé de faire triompher ce système aussi simple qu'illégal.

Le règlement d'atelier donnait à des industriels du département de l'Est le pouvoir effectif d'imposer à ceux qu'ils employaient un travail de douze heures et demie, malgré le maximum de douze heures fixé par la loi de 1848. On comprend bien que les amendes n'étaient pas oubliées dans le règlement fait par des gens qui se savaient à l'abri de tout contrôle. Dans un établissement de la Somme, on arrivait à fixer des amendes portant retenue de dix-neuf jours de salaire, représentant 80 à 90 francs.

Dans des ateliers du Maine-et-Loire, des ouvriers ne gagnant pas 1 fr. 50 ou 2 francs par jour pouvaient être condamnés pour absence jusqu'à 3 francs d'amende par jour. Des dispositions analogues se retrouvaient dans des règlements du département de la Seine-Inférieure et du département des Vosges.

Dans cette dernière région, un règlement n'accordait son congé à l'ouvrier que s'il avait donné un avertissement quinze jours avant la paye. Un seul ouvrier à la fois pouvait demander ce congé. S'en présentait-il deux ou plusieurs, le plus ancien seul recevait satisfaction, les autres devaient attendre la paye suivante.

Nous savons bien que l'on peut dire en faveur des patrons qu'il leur est parfois difficile de lutter contre la paresse ou les habitudes d'ivrognerie de leurs ouvriers, trop réelles, hélas! On ajoutera peut-être que nombre d'industriels édictent dans leurs règlements d'atelier des pénalités draconiennes, sans avoir envie de les appliquer. Nous répondrons qu'elles n'en sont pas moins abusives et doivent, par conséquent, être interdites. Le législateur ne doit jamais perdre de vue cette idée essentielle qu'il faut soigneusement veiller à ce que les lois protectrices des ouvriers ne soient pas plus éludées que celles qui protègent les patrons. M. Keufer ne pensait pas que l'État dût rester neutre et indifférent, et il s'attachait à faire ressortir les vrais principes à suivre dans l'accomplissement d'une tâche assurément délicate à remplir. « Nous nous sommes efforcés, ajoutait-il, de faire comprendre aux chefs industriels, aux patrons, que les circonstances où nous vivons leur imposent le devoir de s'inspirer davantage des conditions pénibles dans lesquelles se trouvent les travailleurs et de se familiariser avec cette pensée que plus les relations seront fréquentes et bienveillantes avec l'ouvrier, plus celui-ci s'habituera à remplir ses obligations consciencieusement; il comprendra mieux qu'il doit à sa dignité d'éviter des pénalités. En modifiant peu à peu dans ce sens les relations avec les travailleurs, les patrons contribueront à les élever à une notion plus juste de leur responsabilité, de la place qui doit leur appartenir dans notre organisation sociale, en aidant leur éducation. Ce qui importe surtout, c'est de ne pas laisser se perpétuer cette opinion, encore trop accréditée dans certains esprits qui transportent cette fausse et cruelle théorie de l'écrasement des faibles par les forts dans le domaine social, qu'il n'y a et qu'il n'y aura d'un côté que les heureux et les forts, et de l'autre que les deshérités et les faibles abandonnés à eux-mêmes. S'il est vrai que les classes ne doivent pas être divisées, que la solidarité doit les unir, il faut le justifier par des actes, par une conduite pleine et sincère et une affective sollicitude envers la masse qui travaille, qui souffre et qui est de plus en plus sans lendemain au milieu de cette inquiétante perturbation dans les relations sociales ».

Comme conclusion des débats sur les règlements d'atelier, un projet de vœu, adopté par la commission, fut soumis à l'approbation du Conseil supérieur du Travail. On y proposait d'instituer une législation ayant pour but de fixer les conditions d'élaboration des règlements d'atelier. Ces règlements, pour avoir force de loi, seraient soumis à l'approbation des conseils de prud'hommes réunis en assemblée générale, les intéressés pouvant être consultés séparément avant l'approbation des règlements. A défaut des conseils de prud'hommes, le dépôt et l'approbation étaient confiés au juge de paix assisté d'un ouvrier et d'un patron, désignés par leurs collègues.

En cas de désaccord pour l'approbation d'un règlement, des arbitres, désignés par le conseil des prud'hommes, devaient statuer définitivement. Le système des amendes était supprimé et remplacé par les avertissements, la suspension et le renvoi comme mesure extrême. Une échelle de primes devait être établie en faveur de ceux qui n'auraient pas enfreint le règlement dans une période à fixer.

Le Conseil supérieur du Travail, après discussion, adopta la presque totalité de ces dispositions. Il exprima le vœu que le législateur se prononçât sur celles qu'il jugeait bonnes. Mais sur un point il refusa de donner son adhésion. Il ne voulut pas prendre de résolutions concernant les amendes, pour cette raison qu'il y aurait danger à introduire dans la législation le principe des amendes alors qu'il ne s'y trouvait pas. Il considérait comme une entrave à la liberté des ouvriers l'introduction de ce principe dans la loi.

Tous ces votes, toutes ces décisions ne plaisaient pas à tout le monde. La majorité des hommes ayant besoin de faire effort pour penser aux autres, on conçoit la résistance que rencontraient les idées de réforme. Nombre de patrons préféraient s'en remettre aux lois économiques pour améliorer la situation de leurs ouvriers. Il semblait que certains eussent pris à tâche d'implanter dans l'esprit des privilégiés de la fortune cette confortable conviction que pour ne pas empirer le sort, d'ailleurs inévitable, de ceux qu'ils employaient, il fallait bien se garder de légiférer en leur faveur. Ce n'est pas à dire qu'ils fussent insensibles aux souffrances des classes laborieuses; ils les déploraient comme les autres, mais ils croyaient imperturbablement à la guérison de tous les maux dont les ouvriers étaient les victimes par le libre jeu des forces économiques. Si les réformes proposées paraissaient inquiétantes ou trop hâtivement étudiées à M. Gruner, un économiste, M. Georges Michel, les stigmatisait dans un numéro de l'*Economiste français* (2 juin 1894). « Voici qu'aujourd'hui, écrivait-il, on songe à codifier les règlements intérieurs des usines et à enserrer les manufacturiers dans des règles entre lesquelles on entend les empêcher de se mouvoir; jusque maintenant, tout industriel était libre de dresser pour ses ouvriers le règlement qui lui convenait; on ne lui demandait que de se conformer aux conventions générales d'administration publique relatives au travail dans les manufactures, et personne n'avait d'observation à lui faire sur la manière dont il entendait réglementer son personnel. Les ouvriers, de leur côté, toujours libres d'entrer dans une usine ou de chercher du travail dans une manufacture concurrente, connaissant toujours par avance le règlement qui les concernait, choisissaient de leur plein gré celui qui leur convenait le mieux et prenaient l'engagement tacite de se conformer exactement à celui de l'usine dans laquelle ils se faisaient embaucher..... Aujourd'hui tout va changer paraît-il ».

Il continuait en déclarant que le règlement d'atelier étant la base du contrat de louage qui se forme entre le patron et l'ouvrier, on ne concevait pas qu'une autorité quelconque pût intervenir dans des rapports purement privés. Concéder le droit de vote aux con-

seils de prud'hommes ou, à leur défaut, au juge de paix du canton,
était, à son avis, tout à fait anormal. Il en donnait cette raison que
les tribunaux qui auraient donné au règlement une approbation
tacite ou expresse n'auraient plus la liberté nécessaire pour apprécier les litiges que l'application des règlements pouvait entraîner.
Il constatait, il est vrai, que la Suisse, l'Autriche, la Hongrie,
l'Allemagne avaient édicté ou allaient édicter des dispositions
législatives en cette matière. Mais il ne s'y arrêtait pas et demandait pourquoi l'on se donnerait la peine de faire des lois spéciales,
quand le Code civil, affirmait-il, pouvait amplement suffire à tout.

L'opinion de M. Georges Michel ne prévalut pas au Parlement.
Seulement, lorsque le 6 décembre 1898 les débats recommencèrent
à la Chambre, on se contenta de régler des points de détail. Les
députés se refusèrent à traiter la question dans toute son ampleur.
« Il est bien entendu, Messieurs, disait M. Jules Goujon, avec
l'approbation du rapporteur, M. Dubief, que nous n'aurons pas,
quant à présent du moins, à nous occuper des règlements d'atelier
et de la police privée des usines et des manufactures. Nous n'aurons pas à rechercher dans quelles conditions ces règlements peuvent être pris, s'ils peuvent être l'œuvre du patron, comme corollaire des responsabilités très lourdes qui pèsent sur lui, ou s'ils
doivent résulter de l'accord commun des deux parties qui figurent
au contrat de travail. Nous devons surtout nous abstenir de rechercher si ces règlements doivent être approuvés par des commissions
spéciales, par des syndicats ou les bourses de travail ». Ainsi l'on
s'efforçait de préciser les différents points à régler dans une loi sur
les règlements d'atelier, et l'on spécifiait en même temps que l'on
ne s'en occuperait pas. Les députés se contentèrent de rechercher
comment les salaires devaient être payés, dans quelles conditions
de lieu et de temps le paiement devait être effectué, et si les
patrons pouvaient légitimement ou non payer le salaire en nature.
Les dispositions votées furent les mêmes que celles adoptées par
le Sénat en 1894, sauf que les amendes, les retenues par mesure
disciplinaire, étaient formellement interdites.

Depuis cette époque, le Parlement semble avoir renoncé à résoudre la question des règlements d'atelier. Nous allons essayer
d'indiquer ce qu'il nous semble bon de faire en pareille matière,
tout en réfutant les objections principales soulevées à ce sujet.

Il est assez commun en France d'essayer de décourager les tentatives faites pour opposer une barrière aux excès de l'individualisme débordé, de les noter en quelque sorte d'infamie. Certains ne manquent pas de les représenter comme funestes pour l'ordre social. On est toujours, a-t-on dit, le socialiste de quelqu'un. Nous tenons, nous, à ne l'être aux yeux de personne. Pour éviter toute équivoque, tout malentendu, disons nettement que pour nous le socialisme est la doctrine préconisant l'appropriation des moyens de production, admettant le pouvoir absolu de l'État en matière de répartition, et reconnaissant, logiquement, comme légitime son ingérence illimitée en ce qui regarde le mariage et la famille. Cette doctrine, nous la répudions sans hésitation et sans réserve. Mais ceci bien convenu, nous affirmons que l'État peut et doit intervenir lorsqu'une classe d'hommes se trouve manifestement désarmée devant la cupidité, et que son développement physique et moral se trouve entravé.

Assurément nous préférons de beaucoup à cette intervention l'action des associations, des syndicats, mais à condition qu'elle soit vraiment efficace. Pour nous, la question de savoir quand et comment l'État doit intervenir est une question de fait qui se pose différemment suivant les âges et le développement de la civilisation. Plus que tout autre, le législateur doit bien étudier les faits et se défier de toute conception hasardeuse. « Si le papier souffre tout, disait Catherine II, la peau de l'homme est bien plus sensible ». Les hommes qui veulent refondre complètement, et d'un seul coup, la société ne se laisseraient pas séduire par tant de dangereuses abstractions, s'ils daignaient tenir compte de ce sage conseil. Si donc le législateur ne doit pas tout régler à l'aveugle et préparer une loi comme l'on fait un roman, il ne lui est pas davantage permis de se refuser à remplir une tâche, que l'histoire, l'expérience, la réalité des faits méthodiquement observés lui montrent comme bienfaisante et réalisable.

Pour que la réforme dont nous nous occupons produise des fruits durables, il est de toute nécessité de ne pas porter atteinte à l'unité de direction de l'entreprise, puisque l'entrepreneur demeure responsable. D'un autre côté, l'ouvrier a besoin de sérieuses garanties de liberté et de sécurité. Une loi sur les règlements d'atelier devra donc ménager ces intérêts divers, en fixant les points principaux dont nous commençons l'examen [1].

[1] Le système que nous allons esquisser fonctionne en Belgique depuis 1896.

1° *La loi devrait-elle exiger la rédaction obligatoire du règlement?* Oui, car de la sorte on tarirait du même coup une source de procès intarissables. Qui pourrait s'en plaindre? Il faut que le patron et l'ouvrier soient nettement fixés sur l'étendue de leurs obligations réciproques. Mais, dira-t-on, l'usage suffit, puisque bon nombre d'établissements industriels ont leurs règlements. L'objection n'en est pas une pour nous. Si les règlements sont rédigés comme ils doivent l'être, la loi ne gênera pas ceux qui s'y seraient conformés par avance, et il est indispensable de forcer ceux qui s'en passent ou qui en ont d'abusifs à quitter leurs anciens errements.

2° *Le règlement obligatoire s'étendrait-il à toutes les exploitations?* Il vaudrait mieux commencer par ne l'étendre qu'aux entreprises industrielles et commerciales d'une certaine importance, comme celles qui occupent au moins 10 ouvriers ou 20 ouvriers par exemple. On pourrait plus tard, si les circonstances étaient favorables, l'étendre aux entreprises occupant 5 ouvriers, comme en Belgique depuis 1899. Le chef de famille travaillant avec son ménage, ou avec des membres de sa famille habitant avec lui, ou travaillant avec des ouvriers considérés comme domestiques ou gens de maison, ne serait pas soumis à cette obligation. Quelques-uns prétendront peut-être que cette exception ne se justifie pas. Nous la maintenons cependant, parce que nous pensons qu'une procédure minutieuse exercée dans les familles serait de nature à susciter des haines et à causer des troubles graves. Le législateur ne peut faire tout à la fois, il doit effectuer progressivement les réformes. Il serait donc meilleur de laisser à l'avenir le soin de montrer quelles mesures seraient assez efficaces pour réprimer, avec prudence, les abus qui se rencontrent dans le milieu familial.

3° *Quelle serait la teneur du règlement?* Pour ne pas entraver le commerce et l'industrie par des prescriptions trop étroites, le législateur indiquerait les points principaux à insérer obligatoirement. Mais remarquons que le patron ne serait forcé d'obéir à cette injonction que dans la mesure où le comporterait la nature de l'entreprise. Des enquêtes soigneusement faites par des hommes compétents détermineraient pour chaque industrie les clauses à insérer dans le règlement. Cette latitude laissée aux industriels permettrait de négliger l'objection souvent formulée et consistant à dire qu'une loi en cette matière soumettrait toutes les industries à un régime uniforme, tyrannique et absurde. Le règlement devrait, en principe, indiquer quand commencé et quand finit la journée de travail régulière, fixer les intervalles de repos, les jours de chômage réguliers. Il serait bien entendu que si, dans certaines industries, il était notoirement impossible de remplir toutes ces conditions, l'industriel n'encourrait pas de pénalités. De même si des nécessités urgentes justifiaient des modifications au règlement, l'application de la loi serait suspendue, après avis des inspecteurs du travail et d'autres personnes compétentes. L'industriel n'omettrait pas de mentionner dans le règlement la manière dont le salaire est rétribué, à l'heure ou à la journée, à la tâche où à l'entreprise. Il est en effet de stricte justice que le patron exécute ponctuellement ses obligations sur ce point, puisqu'en général l'ouvrier n'a que son salaire pour vivre. Le patron chercherait les moyens de faire connaître aussi exactement qu'il le pourrait le mode de mesurage et de contrôle lorsque l'ouvrier serait rétribué à la tâche ou à l'entreprise. Il s'aiderait, pour cette tâche délicate, des lumières et des conseils des inspecteurs du travail, des renseignements fournis par les corps consultatifs de l'industrie, et spécialement de l'expérience de ses ouvriers. Les époques du paiement des salaires (le paiement par quinzaine rencontre beaucoup d'approbation) seraient indiquées nécessairement, car le travailleur achète souvent à crédit ce dont il a besoin pour sa subsistance et celle de sa famille. Dans le règlement seraient prévus les droits et devoirs du personnel de surveillance et le mode de recours ouvert aux ouvriers en cas de plainte. Il y aurait là un moyen de mettre fin soit aux tracasseries de certains surveillants, soit aux exigences condamnables ou à l'indiscipline des inférieurs.

Les règles spéciales adoptées pour assurer la salubrité, la sécurité de l'atelier, ainsi que les règles de convenance et de moralité ne seraient jamais omises dans le règlement. On a soutenu que ces prescriptions sont inutiles. Nous sommes pleinement convaincu du contraire. Les négligences, en cette matière, volontaires ou non, sont trop faciles à commettre, surtout lorsqu'il faut faire quelques dépenses pour améliorer l'état de choses existant.

Pour nous résumer, nous dirons qu'il y aurait des clauses qui se retrouveraient dans tous les règlements d'atelier; ce seraient celles visant des points qui se présentent dans toute entreprise, quelle qu'elle soit, comme les heures du travail et de repos, les époques de paiement des salaires, etc. Il y aurait aussi des clauses qui ne

se retrouveraient que dans certaines industries et dont l'insertion
dépendrait de la nature et de l'organisation propre à ces industries. La législation sur les règlements d'atelier serait donc assez
précise pour protéger les ouvriers et assez souple pour se plier aux
exigences des diverses entreprises.

4° *Quel serait le mode de confection et de mise en vigueur du
règlement?* Les controverses ardentes n'ont pas manqué à ce sujet.
Actuellement le patron fait tout seul son règlement, lorsqu'il veut
bien en faire un. On a émis cette idée que le patron ne pût le
mettre en vigueur sans avoir obtenu l'approbation de ses ouvriers.
Théorie séduisante, mais contre laquelle se dressent les objections
les plus graves. D'abord le patron endosse une responsabilité
assez lourde et, s'il devait la garder, jouirait-il en ce cas de l'autorité nécessaire pour assurer à son atelier l'unité de direction
indispensable? Nous en doutons fort. N'oublions pas que, par la
force des choses, le patron, dans son établissement, doit être considéré comme un supérieur. Or, si les articles du règlement étaient
soumis à l'approbation de ses ouvriers, sous peine de nullité, il
arriverait ceci que ces derniers se considéreraient comme les égaux,
voire même comme les associés du maître, en ce qui concernerait
l'organisation du travail. Une semblable pratique, à l'heure où le
principe d'autorité est attaqué sans relâche, ne produirait pas de
bons résultats. Seulement le patron serait obligé de consulter ses
ouvriers et de tenir à leur disposition des registres où ils pourraient
consigner leurs observations. L'inspecteur du travail du ressort
pourrait aussi recevoir ces observations et devrait les communiquer
au patron, sans divulguer le nom des réclamants dès que ceux-ci
en exprimeraient le désir. Il y aurait ainsi pour les parties contractantes une occasion de rapprochement et un bon moyen d'éducation sociale. On nous dira que les chefs d'industrie ne tiendraient
aucun compte des avis formulés par leurs ouvriers. Cela n'est pas
si sûr que cela. L'usage, l'opinion publique, le souci de l'intérêt
bien entendu, une compréhension plus juste du devoir social et de
leur responsabilité, finiraient, plus rapidement qu'on ne pense, par
créer une entente si désirable. D'ailleurs, on peut penser que l'inspecteur du travail se ferait mieux écouter des patrons qui se résou-
draient difficilement à suivre les avis de leurs subordonnés. L'inspecteur du travail serait appelé à jouer un rôle modérateur d'autant
plus efficace vis-à-vis des ouvriers, qu'il est là pour les protéger

contre l'arbitraire et les vexations. Une copie du règlement serait
envoyée au conseil des prud'hommes, à l'inspecteur du travail et à
la préfecture. Il serait de droit exécutoire dans le délai d'un mois,
à moins d'opposition motivée du préfet, pour cause de violation de
la loi. Chaque travailleur recevrait aussi une copie imprimée de ce
règlement, portant le nom et la demeure de l'inspecteur du travail.
La dépense ne serait pas bien grande, et cette mesure ne ferait
pas double emploi avec celle de l'affichage obligatoire. En effet,
l'inconvénient de faire mal noter par le patron l'ouvrier qu'il verrait trop soucieux de connaître ses droits n'existerait plus.

5° *Le règlement contiendrait-il des pénalités?* Parmi les pénalités, les amendes ont été l'objet d'attaques très vives, et dans les
discussions à ce sujet, la déclamation s'est donné libre carrière.
Les amendes sont distinctes des indemnités pour malfaçons. On ne
peut en effet assimiler aux amendes les indemnités dues pour dommages causés, tels que bris, détériorations, perte d'instruments,
malfaçons, etc. On l'a parfois tenté, mais à tort selon nous. Il serait
tout à fait injuste de vouloir faire supporter par le patron le préjudice de cette espèce causé par ses ouvriers.

Les coupables doivent être mis en demeure de le réparer autant
que possible en tenant compte du degré de culpabilité et des ressources de l'ouvrier. Méconnaître cette règle au profit des travailleurs serait, à notre sens, donner une prime au désordre, au gaspillage, disons le mot, au vol. Nous réservons le nom d'amendes aux
sommes versées pour manquement à la discipline et à l'ordre de
l'atelier. Les patrons resteraient libres de les supprimer ou de les
maintenir s'ils le jugeaient à propos. La suppression des amendes
nous plairait fort si nous étions convaincu, d'une part, que les ré-
primandes sont toujours efficaces, et si, d'autre part, nous ne con-
sidérions les renvois et la mise à pied comme des mesures trop
radicales et rigoureuses, dont l'emploi trop fréquent contribuerait
à grossir l'armée si redoutable des déclassés et des révoltés. Les
ouvriers malheureusement ne sont pas encore arrivés à posséder
une éducation morale et sociale suffisante pour qu'on enlève à
tout jamais au patron, un moyen pratique d'assurer l'ordre et la
discipline dans son atelier. Lors donc que le patron estimerait qu'il
ne peut supprimer les amendes ou d'autres pénalités, il devrait les
indiquer dans le règlement et n'appliquer que celles-là. Le législateur établirait le total que les amendes infligées ne pourrait dépasser

par jour, et le produit serait exclusivement affecté à des œuvres
au profit des ouvriers. Le patron serait ainsi garanti contre l'indiscipline et l'ouvrier ne souffrirait pas de la cupidité ou de l'injustice
de ceux chargés d'appliquer ces pénalités, car l'inspecteur serait
appelé à vérifier le livret dans lequel elles seraient consignées après
avoir été notifiées le plus tôt possible au délinquant.

Nous croyons que de telles dispositions ne nuiraient pas au développement légitime de l'industrie et qu'elles ne porteraient pas
atteinte à l'intérêt bien compris des industriels. Beaucoup d'abus,
commis en secret, disparaîtraient par le fait même qu'ils n'oseraient
s'étaler au grand jour. L'assurance de l'impunité est pour beaucoup
dans le mal commis, et si l'on ne peut espérer supprimer tous les
délits, il est permis de penser qu'un contrôle sagement organisé
en réduirait sensiblement le nombre.

En terminant, disons bien haut qu'une loi, si bonne soit-elle, ne
peut pas à elle seule procurer la paix sociale, elle ne peut que la
faciliter. Ce serait une chimère de penser qu'il suffirait, pour maintenir la paix entre les individus, de l'application en quelque sorte
automatique des articles d'un code. Ne faudra t-il pas toujours des
hommes loyaux pour les respecter, des juges intègres et sagaces
pour les interpréter? On ne pourra jamais supprimer les obligations
de la conscience. Tous les remèdes proposés, tous les moyens mis
en œuvre pour prévenir ou rendre moins aigus les conflits nés de
la crise ouvrière, tout tout cela restera vain, si chacun ne se pénètre profondément du précepte évangélique « Aimez-vous les uns
les autres ».

Edouard CAILLEUX.

LES ACCIDENTS AGRICOLES EN FRANCE

Le temps semble passé, où, dans l'élaboration des lois sociales, on pouvait n'avoir en vue que l'industrie et se désintéresser de l'agriculture, soit en s'abstenant de légiférer pour elle, soit, comme il arriva en 1884, pour la loi des Syndicats, en lui appliquant par ricochet, et comme par hasard, une législation qui n'avait pas été préparée pour elle. Aujourd'hui l'agriculture appelle d'une façon plus énergique que par le passé l'attention sur ses besoins et sur ses intérêts. On ne peut plus affecter d'ignorer l'existence à côté des travailleurs de l'industrie, de 6 millions et demi [1] de travailleurs agricoles, qui ont droit à la même sollicitude de la part des pouvoirs publics et à une sollicitude consciente de ce qu'il y a de spécial, de caractéristique dans leurs conditions de vie. Pour assurer à ces travailleurs un sort égal à celui qu'il assure à leurs confrères de la ville, le législateur ne saurait se contenter du procédé facile qui consisterait à les admettre purement et simplement au bénéfice des lois faites pour ceux-ci. Quelqu'heureux résultats qu'une telle manière d'agir ait pu donner pour une fois, lors du vote de la loi de 1884 — résultats plus considérables qu'on ne le pensait et qu'on ne l'avait désiré peut-être — il serait téméraire de s'en fier à cet exemple. C'est désormais avec une connaissance aussi approfondie que possible des divergences qui existent entre les deux grandes productrices, industrie et agriculture, et les deux grandes catégories de travailleurs, ruraux et urbains, qu'il importe d'élaborer, là même où les besoins, les aspirations sont d'une façon générale les mêmes, une législation tenant compte de ces divergences radicales. Radicales puisqu'elles ont leur origine dans la différence même qui existe à bien des points de vue dans l'évolution des deux grandes économies [2].

---

[1] Le chiffre des travailleurs agricoles d'après l'enquête de 1892, s'élève à 4.814 870 cultivateurs, propriétaires ou non + 1.832.174 domestiques agricoles, soit au total 6.647.044. Ce chiffre est inférieur à celui de 1882, comprenant 4.941.237 + 1. 954.251 = 6.895.538 travailleurs et à celui de 1862 qui en comprenait 5.257.073 + 2.095.777 = 7.352. 850.

[2] V. Hitier, L'agriculture moderne et sa tendance à s'industrialiser, *Revue d'Economie politique*, 1901. — V. aussi les analyses, parfois contestables, mais presque toujours intéressantes, de Kautsky dans son Agrarfrage.

La compréhension de ce fait qu'un même problème peut réclamer deux solutions différentes, suivant qu'il s'agit de l'industrie ou de l'agriculture, cette compréhension s'est imposée au législateur, en ce qui concerne une des plus notables lois sociales qui aient jusqu'ici été votées en France, je veux dire la loi du 9 avril 1898 sur les accidents du travail, loi qui renouvelait sur un point important les principes de notre droit, en consacrant la théorie du risque professionnel. C'est, en effet, à l'industrie presque exclusivement, que cette loi prétend s'appliquer et si elle vise — dans une mesure que nous aurons à déterminer — certains accidents de l'agriculture, ce sont des accidents formant une catégorie restreinte et d'une nature qui les rapproche de ceux de l'industrie. Quant à l'ensemble des accidents purement agricoles, ils ne sont encore l'objet d'aucune loi, bien qu'à plusieurs reprises cette loi ait été promise et notamment par M. Boucher, alors ministre du commerce, en 1898, lors des débats qui aboutirent à l'adoption de la loi du 9 avril [1].

Plus de trois années se sont écoulées depuis ce moment, sans que la promesse faite alors ait reçu sa réalisation. On peut s'étonner d'un tel retard, établissant, dans un pays démocratique, une inégalité entre deux classes de salariés également intéressantes. On le peut surtout si, jetant un coup d'œil au dehors, on se rappelle que dans d'autres grands États, monarchiques ceux-là, les accidents des travailleurs agricoles font l'objet de législations dont certaines relativement anciennes déjà. Telle est la loi allemande du 5 mai 1886 qui a suivi à peu de distance celle du 6 juillet 1884 concernant les accidents industriels; telle est la loi autrichienne du 28 décembre 1887, laquelle, d'ailleurs, concerne les deux catégories d'accidents. Il n'est pas jusqu'à l'Angleterre où une loi récente du 30 juillet 1900 ne soit venue étendre aux ouvriers de l'agriculture les avantages de la loi de 1897 sur la réparation des accidents de travail.

On réfléchira cependant que le retard dont il s'agit s'explique par différentes considérations, les unes, d'ordre intrinsèque; les autres, d'ordre extrinsèque.

Parmi ces dernières, il faut rappeler la date, à tout prendre récente, de la loi de 1898 et la date, plus récente encore, de sa

[1] Déclaration de M. Boucher, sur une observation de M. Giraud, dans la séance du 3 mars 1898.

mise en application ; il faut également se souvenir que cette loi même n'a pas échappé à la critique d'une élaboration un peu hâtive, critique que semble confirmer la quantité de propositions déposées en vue de la modifier. Mais, en réalité, ce qui a surtout jusqu'ici constitué la pierre d'achoppement de la législation des accidents agricoles, ce sont les conditions spéciales dans lesquelles se pose pour l'agriculture le problème de la réparation des accidents. Tandis, en effet, que des raisons théoriques puissantes militent dans un sens, d'autre part des obstacles résultant de la nature des choses se dressent, et peuvent apparaître comme presque insurmontables.

De là, deux attitudes, adoptées l'une et l'autre par certains esprits : les uns, impressionnés surtout par les difficultés d'application, estiment qu'on doit s'en tenir à la loi de 1898 et n'admettre dans l'agriculture le principe du risque professionnel qu'en ce qui concerne certains accidents spéciaux, ceux occasionnés par des machines à moteur inanimé. C'est la conception qui semble avoir prévalu dans la loi du 30 juin 1899 dont nous aurons à parler plus loin. Et cependant au cours même de la discussion de cette loi le vœu d'une législation générale concernant tous les accidents agricoles fut émis à plusieurs reprises. Cette idée d'une législation agricole parallèle à la législation industrielle des accidents, c'est la seconde conception, celle qui, avant tout, s'inspire de la contemplation de motifs théoriques et refuse de se laisser arrêter par les difficultés d'application, conception qui vient d'être concrétée le 13 décembre dernier dans une proposition de loi déposée par M. Mirman sur le bureau de la Chambre des députés [1].

D'une façon générale, cette opposition d'idées nous fournira le cadre de cette étude. Nous aurons d'abord à rechercher quelle est la législation actuelle et de quelle façon elle est appliquée ; puis nous aurons à examiner les réformes proposées et notamment celles contenues dans la proposition Mirman.

I

La législation actuelle des accidents agricoles, telle qu'elle résulte de la loi du 9 avril 1898 et de celle du 30 juin 1899, se présente en quelque sorte avec les caractères d'un compromis. Certains de

[1] V. *Journal officiel*, Chambre, doc. parl., annexe n. 2028.

ces accidents, ceux qui sont occasionnés par une machine à moteur inanimé, sont assimilés à ceux de l'industrie. Les autres ne sont, au contraire, pas visés et ne sont pas soumis à la législation nouvelle. Pour expliquer qu'on ait cru devoir s'en tenir à un système d'apparence aussi peu logique, il faut analyser d'une part les motifs qui poussaient le législateur à étendre à l'agriculture le régime appliqué à l'industrie, d'autre part, les résistances que les faits opposaient à une semblable tentative.

Les motifs d'étendre à l'agriculture le régime de l'industrie peuvent se résumer dans une idée d'égalité des travailleurs ruraux et urbains. Réaliser cette égalité est, à la fois, semble-t-il, accomplir un devoir de justice et prendre une mesure d'utilité sociale. Il ne semble pas, en effet, d'un côté, qu'il y ait aucune raison pour refuser aux travailleurs des champs ce qu'on accorde aux travailleurs des ateliers, et que s'il est une égalité nécessaire, c'est l'égalité des travailleurs devant l'accident professionnel. Et, au second point de vue, il est bon, dans une époque où l'on se plaint de la dépopulation des campagnes, de ne pas ajouter aux attraits de la vie urbaine un avantage important en garantissant à l'ouvrier des villes une sécurité dont ne jouirait pas le travailleur rural [1].

Il ne faudrait pas d'ailleurs s'imaginer que l'ouvrier industriel se trouve plus exposé en général que l'ouvrier agricole. C'est là une impression qu'il est facile d'avoir lorsqu'on met en parallèle l'activité du premier déployée au milieu d'un machinisme compliqué, aux atteintes dangereuses, à la fois brutales et sournoises, et le travail paisiblement accompli par le second au milieu du calme des champs. Mais, en réalité, cette impression ne correspond à rien de réel en ce qui concerne les plus ou moins grandes chances de la réalisation du risque. L'accident professionnel est surtout l'accident causé par l'insouciance de l'ouvrier, insouciance fatalement développée en lui par cela seul qu'il exerce une « profession ». Par cela seulement, parce qu'il a acquis une certaine habitude des conditions de milieu dans lesquelles il déploie son activité, parce que la pratique de chaque jour lui a rendu familiers les dangers auxquels il est exposé, il est forcé qu'enfin son attention se relâche, qu'il cesse de veiller au péril quotidiennement effleuré et cela d'autant plus que ce danger est moins apparent. Or nulle part l'insouciance n'est plus

---

[1] « On a pu protéger l'agriculture, on n'a rien fait pour le paysan », M. Engerand, *Musée social*, mai 1901, p. 129.

développée que chez le paysan en ce qui concerne le milieu où il travaille, puisque ce milieu, il y vit continuellement et depuis le premier jour de son existence. Et qu'on ne dise pas qu'il n'y a là un paradoxe : la statistique se présente pour prouver qu'il n'en est rien et que, contrairement à une opinion assez répandue, le nombre des accidents dans l'agriculture n'est pas moindre que dans l'industrie. Alors que, en Allemagne (année 1896), sur 1.000 assurés, on comptait[1] dans l'agriculture 4 accidents indemnisés[2] ayant entraîné la mort ou une incapacité de travail de plus de 13 semaines, les chiffres afférents à différentes industries étaient les suivants :

Carrières	4,70
Tuileries	4,11
Cuir	4,65
Métaux	3,94
Verreries	3,61
Papier.	3,39
Imprimerie . . .	2,40
Vêtement	1,97
Industrie textile.	1,26
Soie	1,26

Un grand nombre d'industries, même réputées assez dangereuses, comportent donc, si l'on s'en rapporte à ces chiffres, moins de chances d'accidents que l'agriculture. Et l'on aboutit à une conclusion analogue, si l'on considère, non plus les accidents en général, mais les accidents mortels seulement. On a alors les chiffres suivants :

Agriculture . . .	2,2	pour 10.000 assurés.
Verrerie.	2,1	—
Mécanique fine .	1,8	—
Métaux	1,1	—
Papier.	1,0	—
Imprimerie . . .	0,8	—
Vêtement. . . .	0,7	—
Industrie textile.	0,3	—
Soie	0,2	—

Certaines industries, comme les mines, ont, il est vrai, un taux beaucoup plus fort. Mais c'est exceptionnel. Exceptionnelle encore

---

[1] V. prop. Mirman, *Exposé des motifs*.

[2] Encore doit-on remarquer que la proportion des accidents indemnisés est vraisemblablement moins grande dans l'agriculture que dans l'industrie par rapport au nombre total des accidents, par suite de l'ignorance plus grande des paysans et de la moindre facilité des déclarations.

bien plus la conduite des voitures, de tous les genres d'activité le plus périlleux, mais que l'on ne peut guère appeler une « industrie » et qui, en tous cas, se présente au moins comme une industrie semi-agricole, en ce sens qu'une grande partie des charrois sont effectués pour le travail des champs.

La comparaison paraîtra peut-être plus saisissante encore si nous considérons les chiffres fournis par les statistiques autrichiennes [1].

En Autriche, en effet, nous voyons le chiffre des accidents indemnisés s'élever dans l'industrie :

```
Pour les années 1890 à   7,18 pour 1.000 assurés (dont cas de morts 0,58)
              1891 à   8,75      —              —        0,56
              1892 à   9,00      —              —        0,55
              1893 à   9,81      —                       0,58
              1894 à  10,74      —              —        0,58
              1895 à  11,47      —                       0,58
              1896 à  12,22      —                       0,62
              1897 à  12,28      —                       0,59
              1898 à  12,32      —                       0,58
```

Dans l'agriculture, il semble, à première vue, que le nombre des accidents soit beaucoup plus restreint ; les chiffres correspondants aux précédents sont en effet les suivants :

```
Pour les années 1890 à   0,90 pour 1.000 assurés (dont cas de mort 0,09)
              1891 à   0,97      —              —        0,06
              1892 à   1,04      —              —        0,05
              1893 à   0,99      —                       0,06
              1894 à   1,11      —                       0,05
              1895 à   1,11      —                       0,05
              1896 à   1,08      —                       0,04
              1897 à   1,17      —                       0,04
              1898 à   1,15      —                       0,05 [2]
```

[1] V. article des Amtliche Nachrichten, reproduit dans la *Revue d'administration*, mars 1901.

[2] Remarquons en passant que tandis que le chiffre total des accidents croît d'année en année, soit dans l'agriculture, soit dans l'industrie, surtout dans celle-ci, celui des accidents mortels reste stationnaire ou diminue. Ceci, nous semble-t-il, peut s'expliquer de deux façons : d'une part, une des causes d'augmentation dans le nombre des accidents en général consiste dans l'omission d'un certain nombre de cas dans les statistiques des premières années. Or, ces omissions ont dû être moins nombreuses pour les cas particulièrement graves que pour les accidents bénins. D'autre part, s'il est vrai, comme on l'a soutenu, que l'introduction d'une législation favorable aux ouvriers a développé chez ceux-ci l'insouciance professionnelle, il est évident que cette insouciance existe surtout en ce qui concerne les situations comportant des risques d'accidents peu graves et que l'attention reste éveillée autant qu'auparavant quand il s'agit de risques mortels.

Les accidents agricoles sont-ils donc aux accidents industriels dans la proportion — pour un même nombre d'assurés — de 1,15 à 12,32 en 1898 ? En réalité, la situation est loin d'être aussi favorable au travailleur agricole et c'est lui au contraire le plus menacé. Dans le calcul précédent, en effet, on se borne à envisager le chiffre des travailleurs assurés, sans rechercher combien de temps ils sont annuellement soumis au régime de l'assurance. Or, il se trouve que, pour certains travailleurs ruraux, ce temps est fort court. Afin d'obtenir des termes de comparaison exacts, il faut donc, ainsi que le fait ensuite la statistique autrichienne, réduire de part et d'autre les travailleurs réels en des « travailleurs complets », dont le nombre est obtenu en divisant le total annuel des heures de travail effectuées par 3.000, c'est-à-dire par le nombre normal d'heures de travail d'un ouvrier ne chômant pas pendant l'année. En appliquant cette méthode, les chiffres exprimant le taux des accidents indemnisé pour 1.000 travailleurs deviennent :

Pour l'industrie en 1890 à 8,06 (dont cas de mort 0,65)

1891 à 10,06	—	0,65
1892 à 10,41		0,64
1893 à 11,40		0,68
1894 à 12,54		0,67
1895 à 13,20		0,68
1896 à 14,31		0,73
1897 à 14,40		0,69
1898 à 14,86		0,69

Les chiffres ne subissent donc qu'un léger accroissement. Ils en reçoivent au contraire un énorme pour les accidents agricoles montant :

pour 1891 à 16,56 (dont cas de mort 1,02)

1892 à 14,53	—	0,70
1893 à 15,12	—	0,93
1894 à 17,60	—	0,85
1895 à 20,05	—	0,98
1896 à 21,29	—	0,78
1897 à 22,23	—	0,73
1898 à 23,91	—	0,99

Rien ne vient donc diminuer pour l'ouvrier agricole la force de l'argument qu'on peut tirer en sa faveur de la situation faite aux ouvriers de l'industrie et du droit qu'il a, en principe, à un traitement d'égalité.

Et nous ne pouvons passer sous silence une considération qui vient au contraire renforcer cet argument. Il s'agit de la difficulté que rencontre le travailleur rural à se défendre par ses seuls moyens contre la misère qui le menace en cas d'accident, difficulté plus grande encore pour lui que pour l'ouvrier de l'industrie, par suite de l'infériorité des salaires, par suite aussi de ce fait que pour de nombreux travailleurs agricoles, les domestiques de ferme, ce salaire n'est que très partiellement payé en argent. C'est ainsi que d'après l'enquête décennale de 1892 cette classe de travailleurs logés et nourris ne touche qu'un salaire quotidien de 1 fr. 85, salaire d'été, et 1 fr. 30, salaire d'hiver, pour les hommes, et de 1 fr. 08, salaire d'été, et 0 fr. 79, salaire d'hiver, pour les femmes [1]. Quant aux journaliers, leur rétribution atteignait une moyenne de 2 fr. 94, salaire d'été, et de 2 fr. 04, salaire d'hiver, pour les hommes; de 1 fr. 78, salaire d'été, et 1 fr. 31, salaire d'hiver, pour les femmes [2]. Il est évidemment bien malaisé de prélever sur d'aussi faibles ressources les éléments d'une prime d'assurances.

Risques considérables, faibles salaires, telle est la situation du travailleur rural, situation qui apparaît bien comme imposant la nécessité de mesures réparatrices en cas d'accident. Mais lorsqu'on en vient à l'application, des difficultés surgissent, qui semblent bien malaisées à surmonter.

Quelles sont donc ces difficultés qui rendent plus délicate la réparation dans l'agriculture qu'elle ne l'est dans l'industrie? Ces difficultés sont de plusieurs sortes, mais tiennent les unes et les autres à un même fait, que l'on peut trouver dans le degré relativement inférieur de concentration de l'agriculture.

En effet, tandis que l'industrie met en présence une minorité de patrons et une forte majorité de salariés, l'agriculture, elle, renverse les proportions. La statistique agricole de 1892 comptait contre 3.604.789 propriétaires cultivant leurs terres, fermiers et métayers, 3.058.346 auxiliaires salariés seulement, régisseurs, domestiques de ferme, journaliers, soit, sur 100 travailleurs agricoles, 54,10 de la première catégorie contre 45,90 de la seconde. Encore parmi ceux-ci, plus d'un dixième, soit 588.950, étaient-ils en même temps propriétaires de quelque bien. De plus, et le fait

---

[1] Salaires en légère diminution, du moins pour les hommes, sur ceux de 1882.

[2] Salaires en diminution par rapport aux chiffres de 1882 : hommes, 3 fr. 11 (été) et 2 fr. 22 (hiver); femmes, 1 fr. 87 (été) et 1 fr. 42 (hiver).

est important à signaler, tandis que la première classe est, depuis
1862, en voie d'accroissement, la seconde paraît en voie de diminution. Le chiffre des propriétaires cultivant exclusivement leur
bien notamment, qui constituent le plus gros contingent de la première classe, s'est élevé de 1.802.358 à 2.199.220 [1], tandis que
celui des domestiques qui forme le principal groupe de la seconde
est tombé de 2.095.777 à 1.832.174 [2]. Sur un ensemble de
4.193.739 exploitations agricoles, nous ne trouvons que 2.469.396
salariés, uniquement salariés.

La première conséquence d'un tel état de choses, c'est que,
parmi les exploitations qui emploient des salariés, la plupart n'en
occupent qu'un très petit nombre, le plus souvent un ou deux seulement, lesquels partagent à peu de chose près le genre d'existence
de leur patron. Nous ne nous trouvons donc plus en présence d'un
industriel placé par sa situation de fortune dans une sphère très
différente de celle des personnes pour qui on vient lui demander
d'assumer le risque professionnel. Cette charge, il s'agit de l'imposer maintenant à un cultivateur qui a peine à vivre lui-même.

Il a peine à vivre lui-même... Et là surgit la seconde difficulté.
Ce petit cultivateur, bien loin de pouvoir assumer des risques nouveaux, n'a-t-il pas besoin, au contraire, qu'on vienne le soulager
des siens propres? N'est-il pas, au même titre que ceux qu'il
emploie, un travailleur manuel, accomplissant la même tâche
qu'eux, courant les mêmes dangers, exposé aux mêmes accidents
et sans beaucoup plus de ressources qu'eux pour parer à la misère
qui en est la suite? Il est compris parmi ces travailleurs sur lesquels porte la statistique des accidents. Comme l'ouvrier, il lui
fournit un contingent. Il est presque impossible de songer à établir
entre lui et le salarié une démarcation absolue et d'assurer au
domestique une indemnité en cas d'accident, alors que celui qui
l'emploie, victime du même accident peut-être, en sera réduit à

---

[1] En revanche, il est vrai, celui des fermiers est tombé de 648.836 à 475.778 pour
ceux qui ont en outre des terres à eux; mais il est monté de 386.533 à 585.623 pour
les fermiers simples. Celui des métayers a décru aussi de 203.860 à 123.297 pour ceux
qui ont des terres à eux, et s'est élevé de 201.527 à 220.871 pour ceux qui n'en ont
pas.

[2] Celui des journaliers sans terres à eux est tombé de 869.254 à 621.131 et celui des
journaliers possédant des terres a subi une chute considérable de 1.134.490 à 588.950.
C'est la catégorie qui a subi la diminution proportionnelle la plus considérable de
1862 à 1892.

envier le lendemain le sort de son subordonné et de son compagnon de labeur de la veille. Edicter le principe du risque professionnel ne suffit donc plus : il en est trop parmi les travailleurs agricoles qui seraient laissés sans secours si l'on s'en tenait à ce principe seul.

Enfin, il est une dernière difficulté que l'on a pu éluder dans la loi de 1898, mais qu'il est impossible d'aborder autrement que de front en ce qui concerne les accidents agricoles. Je veux parler de l'organisation de l'assurance. A tort ou à raison [1] le législateur a cru pouvoir, en 1898, se désintéresser presque entièrement de la question. Une pareille attitude ne saurait être de mise en ce qui concerne les accidents agricoles. Si le petit patron rural n'est pas contraint d'assurer son personnel, il arrivera bien souvent que le droit reconnu à l'ouvrier sera sans effet pratique, étant donnée l'insolvabilité de la personne responsable. C'est là encore une conséquence de ce fait du peu de distance sociale qui existe entre beaucoup de petits exploitants ruraux et le ou les salariés qu'ils occupent sur leur domaine. Ceci surtout si l'on considère que cet exploitant peut être un fermier, même un simple métayer [2]. Encore faut-il remarquer que le risque d'insolvabilité du patron n'est pas la seule raison qui rende indispensable le recours à l'assurance : il est un cas où, le patron ne fût-il pas insolvable, elle doit néanmoins fonctionner, pour procurer l'indemnité, c'est le cas où le petit patron est lui-même la victime de l'accident, où c'est lui qui doit être indemnisé, si on a accepté en principe que la réparation ne doit pas être limitée au seul salarié. Mais cette assurance, qui en paiera les primes, sinon l'exploitant rural, petit ou grand? Et alors ne va-t-il pas y avoir de ce chef une surcharge au détriment de l'agriculture en général?

De la lutte qui s'engage ainsi entre la poussée de certains principes et la résistance de certains faits, s'est dégagée, comme un compromis, la législation actuelle des accidents agricoles telle qu'elle est contenue dans les lois de 1898 et 1899. Le principe du risque professionnel a été introduit dans l'agriculture, mais dans

[1] A tort suivant des opinions autorisées (V. notamment Pic, La loi du 9 avril 1898, p. 54).

[2] Il y aurait, pour le métayer, à se demander s'il devrait seul supporter la charge de l'indemnité, étant donnée la part que le propriétaire prend à l'exploitation pour les terres données à métayage.

une mesure restreinte. On a essayé de concilier l'intérêt de l'exploitant et celui du salarié. Et la conciliation s'est faite, — en tant qu'elle s'est faite — en ménageant surtout l'intérêt du premier. On verra plus loin qu'il n'en est pas de même en ce qui concerne le projet de loi Mirman.

Dès le vote de la loi de 1898, l'émotion fut grande dans le monde agricole. De tous côtés, suscitant des réponses diverses, cette question fut posée : la loi nouvelle s'applique-t-elle à l'agriculture, et dans quelle mesure? De nombreux articles, des consultations officieuses, des interprétations émanant de conseils contentieux parurent dans les journaux spéciaux. Mais l'inquiétude ne cessait pas. Un point semblait à peu près acquis, c'est que l'exploitation rurale proprement dite restait hors du cercle d'application de la loi [1], mais en dehors de cette constatation, l'incertitude régnait.

Quels étaient les termes de la loi?

« Les accidents survenus par le fait du travail ou à l'occasion du travail aux ouvriers et employés occupés... et en outre dans toute exploitation ou partie d'exploitation dans laquelle sont fabriquées ou mises en œuvre des matières explosives, ou dans laquelle il est fait usage d'une machine mue par une force autre que celle de l'homme ou des animaux, donnent droit au profit de la victime ou de ses représentants à une indemnité à la charge du chef d'entreprise, à la condition que l'interruption du travail ait duré plus de quatre jours » (art. 1er).

Quelle portée fallait-il donner à ce texte? L'application de la loi de 1898 qu'il entraînait devait-elle englober toute l'exploitation? Et sinon à quelle « partie » de celle-ci devait-elle s'étendre? En cas de fonctionnement temporaire de la machine à moteur inanimé, l'exploitant tombait-il pour toute l'année sous le coup de la loi? Question des plus importantes, puisque les machines les plus fréquemment employées dans l'agriculture, les batteuses par exemple, ne servent dans la plupart des fermes que pendant un temps très limité, quelques jours par an, parfois quelques heures?

---

[1] L'exploitation rurale proprement dite a été définie par M. J. Goujon à la tribune de la Chambre, celle qui a pour objet principal, le travail ordinaire des champs, sans emploi de moteurs inanimés.

Cette courte durée d'emploi des machines n'entraînait pas seulement un doute sur la durée même d'application de la loi. Elle entraînait de plus, indirectement, la position d'un problème de responsabilité. Il arrive, en effet, que les petits exploitants, précisément parce qu'ils n'ont qu'un besoin très limité de l'engin mécanique, emploient souvent des machines louées à des entrepreneurs qui leur fournissent, pour un temps donné, une batteuse, par exemple, en y adjoignant un personnel chargé de la diriger. Qui, dans cette hypothèse, du propriétaire de la récolte à battre ou de celui de la batteuse, devait assumer les risques? La question était délicate et se compliquait de ce fait que le personnel mis au service de la machine est souvent mixte. L'entrepreneur de battage se contente fréquemment de fournir une partie du personnel nécessaire [1] auquel vient s'adjoindre un personnel supplémentaire pris parmi les domestiques de la ferme ou les journaliers embauchés par les propriétaires de la récolte. Parfois même, le surplus de bras indispensables est demandé par le paysan à ses voisins, parents ou amis qui lui apportent une aide non rétribuée et qui attendent de lui à leur tour un pareil service. Dans ces différents cas, quelle solution devait recevoir le double problème de l'indemnité et de la responsabilité?

Les désirs des propriétaires ruraux, de ce que l'on appelle parfois « l'agriculture », étaient de voir trancher ces deux questions dans un sens favorable à la petite exploitation rurale, et cela de deux façons : en ce qui concerne la question d'indemnité, en interprétant aussi restrictivement que possible la loi de 1898, et en étendant le moins possible le nombre des cas où une indemnité serait due; en ce qui est de la question de responsabilité, en transférant celle-ci de l'exploitant rural à l'exploitant de la machine, ce qui, en fait, devait avoir pour résultat d'exonérer fréquemment le petit agriculteur au profit d'un industriel à proprement parler. C'est ainsi que la Société des agriculteurs de France formulait un vœu en faveur de l'adoption d'un article de loi ainsi conçu :

« La loi du 9 avril 1898 n'est pas applicable aux exploitations rurales hors le cas d'emploi d'une machine à moteur inanimé et seulement pour les accidents occasionnés par ce moteur ou cette

---

[1] D'après M. Tramu, député, en Franche-Comté, le propriétaire de la batteuse ne fournit que deux hommes; le cultivateur en fournit une dizaine.

machine et dont seront victimes les personnes, quelles qu'elles
soient, occupées à la conduite ou au service de ce moteur ou de
cette machine. Ces accidents sont à la charge de l'exploitant du
dit moteur » [1].

La nécessité de préciser de quelle façon et dans quelle mesure
la loi de 1898 s'appliquait à l'agriculture s'imposa au Parlement. A
la date du 1er juin 1899, à propos d'une discussion sur la proposition Gervais (tendant à faire prononcer la résiliation de plein droit
de tous les contrats d'assurance intervenus en matière d'accidents),
la question fut soulevée par M. Goujon de savoir sous quel régime
l'agriculture allait vivre désormais et notamment de fixer la situation d'une exploitation agricole qui n'emploie de machine à moteur
inanimé que pendant une période de temps très restreinte. A cette
question, M. Goujon voulait donner pour solution la formule suivante contenue dans un amendement par lui déposé : « La loi du
9 avril et la présente loi ne sont pas applicables aux agriculteurs
qui ne se servent qu'accidentellement de moteurs inanimés ».

Un débat s'engagea sur ce point et se compliqua bientôt, ainsi
qu'il fallait s'y attendre, de cette autre question : en cas d'accident
agricole causé par une machine à moteur inanimé, qui sera responsable ? Le cultivateur ou le propriétaire de la machine ? M. Mirman,
nommé rapporteur, dégagea nettement les éléments principaux du
débat (séance du 8 juin) et la Chambre vota un article unique ainsi
conçu : « Les accidents occasionnés par l'emploi de machines
agricoles mues par des moteurs inanimés et dont sont victimes, par
le fait ou à l'occasion du travail, les personnes, quelles qu'elles
soient, occupées à la conduite ou au service de ces moteurs ou
machines, sont à la charge de l'exploitant dudit moteur.

» Est considéré comme exploitant l'individu ou la collectivité qui
dirige le moteur ou le fait diriger par ses préposés.

» Si la victime n'est pas salariée ou n'a pas de salaire fixe, l'indemnité due est calculée selon les tarifs de la loi du 9 avril 1898,
d'après le salaire moyen des ouvriers agricoles. »

[1] *Journal d'agriculture*, 1er juillet 1899. V. aussi entre autres, *Journal d'agriculture*, 1899, I, p. 722, une lettre de M. Brandin, président de la Société d'agriculture
de Melun, adressée au ministre, sur la question de savoir si l'existence d'une batteuse
à vapeur dans les bâtiments d'une ferme fait peser sur le fermier, conformément à la
loi de 1898, la responsabilité pour des laboureurs, moissonneurs, etc., occupés sur les
terres de la même ferme. — V. encore Vassart et Nouvion-Jacquet, *La loi du 9 avril
1898*, I, p. 103 et sq.

Au Sénat, des discussions eurent lieu au sujet d'un amendement de M. F. Martin, comportant deux alinéas et ainsi conçu :

« Dans les exploitations agricoles où il est fait temporairement usage d'une machine telle qu'une batteuse, mue par une force autre que celle de l'homme ou des animaux, les accidents visés par la présente loi sont exclusivement ceux qui sont dus à l'usage de ladite machine et les indemnités sont à la charge de l'exploitant de cette machine.

» Si l'exploitant de cette machine ne s'est pas couvert par une assurance contre les accidents entraînant une incapacité temporaire et s'il est insolvable, l'ouvrier blessé aura recours, pour cette incapacité temporaire, contre le propriétaire ou fermier avec lequel il est lié par son contrat de travail ».

La Commission adopta le premier alinéa de l'amendement et l'incorpora dans la proposition ; mais le deuxième alinéa fut rejeté, et la loi votée par le Sénat, votée à nouveau par la Chambre, devint définitive le 30 juin 1899 [1].

Par cette loi satisfaction semblait donnée aux vœux de « l'agriculture » sur les deux points que nous avons signalés.

Tout d'abord le nombre des cas où l'indemnité était due se trouvait restreint. Il résulte, en effet, des deux premiers paragraphes de l'article unique, que seuls, parmi les ouvriers de l'exploitation rurale, ont droit éventuellement à une indemnité, ceux employés directement « à la conduite ou au service » du moteur ou de la machine qu'il met en action. Par conséquent la loi ne s'applique ni aux travailleurs occupés dans d'autres parties de l'exploitation (supposez par exemple une ferme à laquelle est adjointe une distillerie ou une sucrerie), ni à ceux occupés dans la partie même de l'exploitation où se trouve le moteur, pendant les périodes de l'année où la machine n'est pas en service, ni même lors de la période d'activité de la machine, aux travailleurs qui ne sont pas strictement employés « à la conduite ou au service » de celle-ci ou de son moteur. Le § 2 précise même encore, en indiquant que les accidents visés au cas d'emploi temporaire d'une machine à moteur inanimé sont seulement ceux dus à « l'usage de cette machine ».

La jurisprudence a sanctionné ces dispositions et distingué certaines hypothèses par des arrêts déjà nombreux. C'est ainsi que les

[1] V. *Journ. Off.* du 1er juillet.

tribunaux ont refusé l'indemnité à des ouvriers parce que l'accident était survenu en dehors de l'emploi d'un moteur inanimé[1], notamment dans des coupes de bois [2]. D'autres décisions ont dénié le droit à indemnité à des ouvriers, en se basant sur ce qu'il n'y avait pas eu « usage » du moteur, comme dans le cas d'un ouvrier blessé au cours du transport d'une machine, la machine n'ayant pu nuire dans ce cas que par son poids et sa masse, en tant qu'objet inerte, et non en sa qualité de machine, et l'ouvrier ne pouvant être dit occupé au service ou à la conduite du moteur [3].

Un point cependant semble douteux. Parmi les ouvriers occupés au service ou à la conduite de la machine ou du moteur, faut-il ne considérer comme ayant droit à l'indemnité que ceux qui seraient victimes d'un accident résultant de la machine elle-même, blessés par le contact de celle-ci ou d'une de ses parties? La question s'est posée notamment à propos d'une femme qui, travaillant auprès d'une batteuse pour lui fournir le blé à battre, avait été atteinte d'un coup de fourche maladroitement lancé par une de ses compagnes de travail. Le tribunal de Nantes, saisi, avait accordé une indemnité; mais la cour de Rennes crut devoir réformer le jugement, considérant l'accident survenu comme indépendant de la machine [4]. Il semble pourtant que la blessée se trouvait bien, rigoureusement parlant, « au service de la machine », puisqu'elle coopérait à l'alimenter et que le fonctionnement de la batteuse exigeait cette coopération. La cour de Caen [5] a toutefois donné la même solution que la cour de Rennes dans une hypothèse analogue (chute, pendant le travail, d'un ouvrier également occupé à alimenter une batteuse); le tribunal de Soissons [6], au contraire, a

---

[1] Tribunal de Saint-Fargeau (Yonne), 31 sept. 1900. — V. *Le Droit rural*, 1901, p. 28 (accident survenu dans une coupe de bois). — Cour d'appel de Caen, 31 octobre 1900, *Le Droit rural*, 1901, p. 24 (accident survenu dans un travail domestique et agricole).

[2] Des controverses se sont élevées au sujet du caractère des coupes de bois. Doit on les considérer comme constituant une opération purement agricole? Il semble bien qu'il en soit ainsi, et qu'il n'y ait pas une différence de nature entre l'acte qui consiste à couper des arbres et celui qui consiste à couper du blé. Le Comité consultatif des assurances a cependant cru devoir donner, sous certaines conditions, une solution contraire. — V. *Le Droit rural*, 1900, p. 80.

[3] Trib. de Montauban, 22 mars 1900, *Droit rural*, 1901, p. 33). — *Id*. Trib. et cour de Limoges, 29 déc. 1899 et 13 fév. 1900, *Droit rural*, 1900, p. 46 et 79.

[4] 26 juill. 1900, *Droit rural*, 1901, p. 84.

[5] 31 juill. 1900, *Droit rural*, 1901, p. 87.

[6] 28 nov. 1900, *Droit rural*, 1901, p. 88.

jugé que l'ouvrier pouvait obtenir une indemnité, même s'il n'était
pas atteint par le moteur ou l'un de ses organes, pourvu que
l'accident fût arrivé au service de la machine; et cette solution
nous semble plus en harmonie avec l'esprit de la loi qui, selon les
termes très précis du rapporteur, M. Mirman, vise « tout le groupe
de travailleurs coopérant de façon directe, d'un effort commun, à
l'opération qui s'exécute » [1].

Il n'y a d'ailleurs pas de distinction à faire entre ces travailleurs
suivant les catégories sociales auxquelles ils appartiennent. Peu
importe que ce soient des ouvriers au service de l'exploitant du
moteur ou des ouvriers dépendant de l'exploitation rurale et temporairement mis au service du moteur, ou encore que ce soient des
voisins prêtant leur concours de bonne volonté et sans rétribution
pécuniaire. « Les personnes quelles qu'elles soient », dit la loi
nouvelle, § 1, et pour parer à l'objection que l'on aurait pu élever
sur la difficulté de calculer l'indemnité en l'absence d'un salaire à
prendre comme base de calcul, elle ajoute dans son dernier paragraphe : « Si la victime n'est pas salariée ou n'a pas de salaire
fixe, l'indemnité due est calculée selon les tarifs de la loi du
9 avril 1898 d'après le salaire moyen des ouvriers agricoles ».

En somme, satisfaction était donnée aussi grande que possible
aux exploitants ruraux sur la question de l'étendue des cas d'indemnité. Une satisfaction au moins apparente leur était accordée
également sur le second point touchant la responsabilité des accidents survenus.

Nous avons indiqué quel était le principal intérêt de la question :
dans un nombre de cas très grand qui, au cours des débats, a été
évalué à 90 ou 94 p. 100 [2], le propriétaire de la machine n'est pas
le propriétaire de la récolte, l'exploitant rural. Il en est ainsi
notamment pour la batteuse, la machine agricole par excellence [3],
celle que tous les orateurs ont prise comme exemple à la tribune du
Parlement. Les très grands exploitants seuls peuvent avoir intérêt
à en posséder une. Les petits cultivateurs se contentent d'utiliser

---

[1] A ce point de vue, il est assez intéressant de signaler la rédaction de la loi espagnole du 30 janvier 1900, art. 2, § 7 : « ... Dans ces travaux, la responsabilité du
patron existera seulement vis-à-vis du personnel *exposé au danger des machines* ».

[2] Discours de M. Goujon, 1er juin 1899.

[3] Sur l'importance relative du nombre des batteuses comparée au nombre total des
machines agricoles, v. Kautsky, *Question agraire*, ch. VI.

des machines qui appartiennent à un industriel et qui leur sont
louées, ou qui sont mises à leur disposition par la commune ou par
un syndicat. Dans cette hypothèse du dédoublement de la personne
de l'exploitant, à qui doit s'attacher la responsabilité de l'accident
agricole?

Les débats furent très vifs sur ce point. En faveur de la théorie
qui rejetait la charge sur l'exploitant de la machine, on faisait
valoir, non seulement l'argument général que nous avons signalé
déjà sur la difficulté pour le petit propriétaire, le fermier, le métayer, de supporter les frais de l'assurance, mais aussi des considérations d'opportunité : en déclarant cet exploitant responsable,
on substituait une seule police souscrite par lui pour un mois par
exemple, à quinze ou vingt polices souscrites pour un jour ou
deux par quinze ou vingt petits cultivateurs. Substitution dont
l'avantage n'était pas seulement de constituer une simplification :
car elle supprimait l'inconvénient à redouter que, parmi ces cultivateurs, plusieurs peut-être, espérant bien ne pas voir se réaliser
la chance d'accident pendant une aussi courte durée d'emploi de
la machine, ne négligeassent de s'assurer. Enfin, il est peut-être
préférable de mettre en rapport avec les Compagnies d'assurance,
un industriel ayant l'habitude de contracter avec elles, plutôt que
des agriculteurs moins expérimentés. Le système des polices flottantes, s'appliquant à un nombre déterminé d'ouvriers non nominativement désignés, permettait du reste facilement d'édicter la
responsabilité de l'exploitant de la machine.

A toutes ces raisons, l'on objectait l'intérêt des ouvriers agricoles
et spécialement de ces ouvriers occasionnels, fournis et embauchés par le propriétaire et mis au service de la machine, à laquelle
l'industriel n'attache souvent que quelques travailleurs, tels que
des mécaniciens capables de diriger l'opération, mais ne pouvant
l'effectuer à eux seuls. Si, l'accident survenu, les ouvriers se trouvaient en présence d'un exploitant insolvable, leur situation n'était-
elle pas digne d'intérêt ? La responsabilité de l'exploitant excluant
celle du propriétaire ou fermier, n'allaient-ils pas se trouver absolument dépourvus ? Et n'y allait-il pas y avoir là une injustice,
puisque, à la différence des ouvriers fournis par l'exploitant de la
machine, ils n'auraient pas, eux, traité avec celui-ci, mais avec
l'exploitant rural ? En cas de mort ou d'incapacité permanente de
travail, on pouvait encore compter sur l'intervention du fonds de

garantie. Mais pour les accidents n'occasionnant qu'une incapacité temporaire de travail ? Accidents si nombreux d'ailleurs relativement aux autres ? C'est sous l'influence des ces idées que M. F. Martin, au Sénat, proposa le second alinéa de son amendement, dont nous avons reproduit le texte plus haut, et qui avait pour objet d'établir la responsabilité de l'exploitant rural, subsidiairement à celle de l'exploitant de la machine et pour le cas où celui-ci ne se serait pas couvert par une assurance. Mais le Parlement refusa de s'engager dans cette voie. Il admit avec le rapporteur du Sénat, M. Legludic, qu'il ne pouvait y avoir deux responsabilités superposées, et se borna à substituer purement et simplement dans tous les cas la responsabilité de l'exploitant de la machine à celle de l'exploitant agricole, sauf à frapper celui-ci comme exploitant de la machine quand il cumule les deux caractères. L'agriculture fut ainsi laissée en dehors du domaine des responsabilités : « Est considéré comme exploitant l'individu ou la collectivité [1] qui dirige le moteur ou le fait diriger par ses préposés » (§ 3).

En réalité, cette disposition n'est pas aussi avantageuse pour l'exploitant rural, ni aussi désavantageuse pour le salarié qu'il peut paraître tout d'abord. Pour ce qui est du premier, il est bien évident que l'exploitant de la machine, s'il fait l'avance de la prime d'assurance, fera ensuite tous ses efforts pour recouvrer ce qu'il aura dépensé, en augmentant son prix de location et il est probable qu'il y réussira, du moins en partie [2]. Il ne sera donc en réalité que le collecteur des primes d'assurances, dont il fera l'avance plutôt que le déboursé définitif, et dont l'incidence finale retombera plus ou moins complètement sur le cultivateur.

Quant aux salariés, la loi les laisse bien, dans certains cas, exposés au risque de l'insolvabilité de l'exploitant industriel. Mais comme il s'agit d'indemnités pour incapacité temporaire de travail, par conséquent d'indemnités relativement peu élevées, il est permis de penser avec le rapporteur au Sénat que l'exploitant de la machine, même non assuré, est la plupart du temps assez riche pour payer les indemnités de ce genre. Il ne faut pourtant pas se dissimuler qu'un certain aléa reste à courir pour l'ouvrier.

La loi de 1899 n'institue aucun organe nouveau en ce qui con-

[1] Le syndicat ou la commune, par exemple.
[2] V. R. Worms, *Journal d'agriculture*, 1899, II, p. 152.

cerne l'assurance [1]. Les exploitants industriels et ceux des agriculteurs qui ont intérêt à s'assurer, ont la ressource, pour les frais de
maladie et d'indemnités temporaires (pendant les 30, 60 ou 90
premiers jours), de l'affiliation à des sociétés de secours mutuels
sous certaines conditions. En dehors de ce procédé, ils peuvent
avoir recours à trois différents modes d'assurance, desquels,
malheureusement, l'un est illusoire, et un deuxième incomplet. .

Le premier est celui de l'affiliation à des syndicats de garantie,
tels qu'ils sont réglementés par le décret du 25 février 1899. Ce
décret semble peu applicable à l'agriculture, puisque les syndicats
en question doivent comprendre 5.000 ouvriers et 10 patrons au
moins, et parmi ceux-ci 5 au moins occupant plus de 300 ouvriers.

Le second mode est l'assurance au moyen de la Caisse nationale
d'assurance en cas d'accident [2], qui offre l'avantage de la sécurité
et celui d'une administration ne cherchant pas à réaliser de bénéfices, mais qui, malheureusement, ne fonctionne pas en ce qui
concerne les incapacités temporaires de travail, qui sont très fréquentes. La loi du 24 mai 1899 en effet, laquelle a autorisé cette
caisse à étendre ses opérations aux risques prévus par la loi du
9 avril 1898, ne concerne que les accidents ayant entraîné la mort
ou une incapacité de travail permanente (qui peut d'ailleurs être
soit absolue, soit partielle).

Reste comme troisième et dernière ressource l'assurance par les
compagnies, dont un arrêté du 5 mai 1899 exige, pour qu'elles
soient admises à assurer les accidents agricoles, outre les garanties
de droit commun prescrites par le décret du 22 janvier 1868, un
cautionnement fixé pour la première année à 40.000 fr. et pour les
années suivantes, à une somme calculée d'après le chiffre des
hectares et celui des salaires assurés [3]. Les compagnies acceptent
d'ailleurs d'assurer tous les risques en dehors même de la sphère
des lois de 1898 et 1899, c'est-à-dire dans toute celle de l'art. 1382
C. civ. C'est alors une assurance globale [4].

Ajoutons, en ce qui concerne la caisse nationale, que pour le cal-

[1] V. Larnaude, *La loi sur les accidents du travail et l'agriculture.*

[2] V. dans le Bulletin du Comité permanent du Congrès international des accidents
du travail, année 1899, n. 2, la note concernant l'assurance des accidents causés dans
les exploitations agricoles par l'emploi de batteuses mues par des moteurs inanimés.

[3] Les autres conditions sont : l'existence d'un capital de garantie, d'un fonds de
réserve, la surveillance et le contrôle de l'État.

[4] V. Larnaude, *op. cit.*

cul des primes d'assurances, la base est fournie par le gain annuel
du travailleur, mais la prime n'est due que pour le temps pendant
lequel court le risque visé. C'est notamment ce qui a été expliqué
par le ministre du commerce à la tribune de la Chambre, lors du
débat du 1er juin 1899. C'est aussi ce qui est indiqué dans une note
du Bulletin du Comité des accidents du travail [1] où il est dit que la
prime s'élèvera à 2 francs par jour et par machine employée (batteuse). Cette prime n'est due et l'assurance ne court que pour les
journées de travail déclarées d'avance. Pour mettre en pratique
cette faculté de ne rendre le contrat effectif que pour le temps de
travail réel, l'agriculteur peut faire usage d'un carnet à souches
dont il détache un bulletin quand il veut faire entrer son assurance
en vigueur. Il lui suffit alors de mentionner sur le bulletin le nombre de jours pendant lequel il entend être assuré. Mais ces mesures
ne constituent que des facilités données à l'exploitant agricole, qui
reste libre de ne pas s'assurer.

En somme, et pour résumer en ses traits essentiels la législation
régissant actuellement les accidents agricoles, application du principe du risque professionnel à une catégorie spéciale d'accidents,
attribution de la responsabilité à l'exploitant de la machine ; enfin,
assurance facultative, tels sont les caractères principaux du régime
en vigueur. Ces principes ont paru trop étroits à certains esprits
qui n'hésitent pas à penser qu'il y a lieu d'élargir le domaine de la
loi et de fortifier l'assurance, en vue de garantir dans tous les cas,
et non plus dans certains cas seulement, la réparation pécuniaire
des accidents agricoles.

II

Parmi les propositions de réforme qui peuvent être faites et qui
ont été faites concernant la législation actuelle des accidents agricoles, la plus importante est celle qui touche à la généralisation de
cette législation, restreinte jusqu'ici aux accidents occasionnés par
des machines à moteur inanimé. Mais si l'on veut entrer dans cette
voie, on est bientôt conduit par une conséquence presque inéluctable à d'autres réformes qui découlent de la première. Il est donc
doublement intéressant de rechercher comment celle-ci se justifie.

La conception d'une limitation de la législation aux seuls acci-

[1] Année 1899, n. 2.

dents provenant de l'emploi de machines à moteur inanimé, cette
conception se comprendrait aisément, si, en réalité, de tels accidents
étaient dans l'agriculture les plus fréquents et si l'introduction des
machines dans le travail agricole avait seule rendu celui-ci dangereux, de relativement inoffensif qu'il aurait été auparavant. Mais,
précisément, la statistique ne nous permet pas de nous arrêter à
cette croyance. En effet, d'après la publication de l'Office du Travail concernant les accidents du travail en Allemagne et en Autriche, on a constaté que sur 100 accidents agricoles, il fallait en attribuer :

23,7 à des chutes (d'une échelle, d'une lucarne, etc.).
19,4 à la conduite des Voitures.
12,7 aux animaux domestiques.
7,5 à des éboulements, chutes d'objets, etc.
6,7 à l'emploi d'outils manuels.
6,0 à la manutention des fardeaux.
8,4 à des causes diverses.

soit près de 90 accidents dus à des causes autres que l'emploi des
machines. Encore faut-il remarquer que sur les 10 ou 12 accidents
occasionnés par l'emploi de celles-ci, l'on doit défalquer ceux causés par des machines à moteur animé. L'emploi des machines à
moteur inanimé, s'il aggrave les dangers de l'agriculture, ne les
aggrave que dans une proportion moindre qu'on ne se l'imagine
aisément et le travail des champs reste, par lui-même et par lui seul,
assez meurtrier pour qu'on ait à s'occuper des victimes qu'il fait
journellement. Au cours des débats de la loi de 1898 et à plusieurs
reprises, une loi fut promise aux salariés agricoles; on ne peut dire
que le vote de la loi de 1899 ait dégagé le législateur envers eux.

Mais si l'on veut étendre à tous les accidents agricoles la législa-
lation réparatrice, nous ne trouvons plus pour supporter la responsabilité des risques que l'exploitant rural, propriétaire, fermier ou
métayer. L'exploitant industriel ne peut plus être interposé et jouer
le rôle de bouc émissaire auquel le condamne, en apparence au
moins, la loi de 1899. Et si l'on se décide à édicter la responsabilité de l'exploitant agricole, on est immédiatement entraîné à une
troisième réforme, l'organisation de l'assurance obligatoire.

Deux motifs, en effet, rendent cette organisation presque indispensable, une fois admises les précédentes modifications. D'abord,
si l'on ne prend aucune mesure pour sanctionner la responsabilité
du petit cultivateur envers les salariés qu'il emploie, son insolvabi-

lité rendra bien souvent cette responsabilité illusoire, et le droit de
l'ouvrier à une indemnité sera en fait un droit inutile. Ensuite
le petit exploitant, nous l'avons vu, étant fréquemment un travailleur manuel dont la situation et le genre de vie ne diffèrent guère
de celle du salarié que par la possession d'un lopin de terre, ce
petit exploitant peut se trouver, en cas d'accident aussi, dans un
besoin de secours presque aussi grand que le salarié même. Peut-
on se désintéresser de lui et ne s'occuper que de ce dernier? Si l'on
s'y refuse, l'assurance, qui apparaît comme très utile au premier
point de vue, le semblera davantage encore au second, car enfin,
si l'ouvrier est blessé, le patron peut être solvable ; si le patron lui-
même est atteint, à qui demandera-t-il une indemnité, puisqu'il a
été blessé à son propre service?

Ces trois réformes, extension de la législation à tous les accidents, responsabilité de l'exploitant agricole, assurance obligatoire,
ces trois réformes ainsi enchaînées l'une à l'autre, se trouvent contenues dans la proposition déposée par M. Mirman, le 13 décembre 1900. L'article premier, aussi général que possible, déclare que
« toute personne participant à un travail agricole et victime par le
fait ou à l'occasion de ce travail d'un accident entraînant une incapacité d'au moins quatre jours, a droit, à son profit ou à celui de
ses représentants, à une indemnité » [1]. Cette indemnité est proportionnelle au salaire et fixée d'après les tarifs de la loi du 9 avril
1898. Et comme la victime de l'accident peut n'être pas salariée, on
prend alors pour base de l'indemnité le salaire moyen des ouvriers
agricoles de la commune (art. 3).

« Toute personne participant à un travail agricole », c'est-à-dire
aussi bien le petit exploitant que le salarié à ses ordres.

L'art. 4 édicte à la fois la responsabilité de l'exploitant agricole
et la nécessité pour lui d'assurer la totalité de son personnel, y
compris lui-même s'il se comporte comme un des travailleurs :
« Le personnel s'entend de tous ceux, quels qu'ils soient, qui, de
façon permanente ou occasionnelle, participent aux travaux de
l'exploitation ; en particulier, et s'ils remplissent cette dernière
condition, sont compris dans le personnel, le chef d'exploitation
lui-même et les membres de sa famille ».

[1] Le 7 fév. 1901, M. A. Poullain a déposé une proposition comportant l'extension
de la loi de 1898 à tous les salariés, mais aux salariés seulement (J. Off., annexe
n. 2179, Chambre, doc. parl.).

Obligatoire dans son principe, l'assurance reste libre au point de vue des institutions d'assurance auxquelles le cultivateur peut s'adresser. Il lui est loisible, en effet (art. 5 et 6), de s'adresser soit aux sociétés ou compagnies d'assurances privées soumises au contrôle et à la surveillance de l'Etat, soit à la caisse nationale. Mais c'est au chef d'exploitation à faire la preuve qu'il a contracté une assurance envers une compagnie. Faute de quoi (art. 6), il sera considéré comme adhérent à la caisse nationale. Cette adhésion pourra d'ailleurs être retirée, mais seulement six mois après qu'aura été établie la preuve d'une assurance contractée auprès d'une compagnie (art. 7).

Deux dernières dispositions doivent être signalées dans la proposition ; l'une est contenue dans l'art. 6, § 2 : « Les primes devront être calculées de manière que les risques et les frais généraux d'administration soient entièrement couverts sans qu'il soit nécessaire de recourir à la subvention prévue par la loi du 14 juillet 1866.

» Les opérations relatives à l'exécution de la présente loi constitueront une comptabilité distincte de celle de toutes autres opérations effectuées par la même caisse ».

L'autre résulte de l'art. 8 : « Les accidents occasionnés par l'emploi de machines agricoles mues par des moteurs inanimés restent soumis à la loi du 30 juin 1899 ». Deux législations resteraient donc en présence, ce que justifie jusqu'à un certain point le caractère spécial de cette catégorie d'accidents dont on peut faire incomber la responsabilité à l'exploitant de la machine. Il semble pourtant bizarre que, alors que les victimes d'accidents ordinaires se verraient l'indemnité garantie par un système d'assurances, les ouvriers frappés d'un accident de cette catégorie continueraient à courir le risque de l'insolvabilité de leur débiteur. Un certain manque d'harmonie subsisterait donc dans l'ensemble de la législation.

En somme, la principale critique que l'on puisse adresser à la proposition que nous venons d'analyser consiste dans les charges qu'elle fait peser sur le petit exploitant rural, forcé d'assurer lui-même les siens et les salariés qu'il emploie. Il est certain que cette perspective n'est pas faite pour éteindre les inquiétudes des cultivateurs calmées un instant par la loi de 1899. D'autant plus qu'il est probable que les exploitants agricoles ne pourront guère rejeter

le fardeau sur d'autres épaules. Au reste, il n'y a là rien de spécial à l'organisation de la réparation des accidents agricoles. Dans
toutes les lois récentes votées ou à voter, qui ont pour objet l'assurance ou la prévoyance sociales, sous une forme quelconque, les
difficultés financières sont au premier plan. On le sait de reste en
ce qui concerne par exemple les retraites ouvrières [1].

Peut-être cependant l'obstacle n'est-il pas insurmontable. La
proposition soumise à la Chambre ne se présente pas comme non
susceptible de modifications. Si elle fait trop bon marché de l'intérêt de l'exploitant rural pour s'occuper avant tout de généraliser
la réparation des accidents au profit de tous les travailleurs ruraux,
une étude approfondie permettra peut-être de concilier mieux les
éléments du problème.

Il est pourtant difficile de concevoir, si le principe de l'indemnité
est adopté, que la charge afférente soit supportée par d'autres que
par l'exploitant. Une cotisation de l'ouvrier agricole ne saurait
guère être réclamée alors qu'on n'en demande point à l'ouvrier
industriel, et serait d'ailleurs en contradiction avec le principe du
risque professionnel. Il en serait de même d'une participation de
l'Etat que rendrait d'ailleurs bien malaisée l'état actuel de nos
finances. La triple coopération du patron, de l'ouvrier et de l'Etat,
qui est de mise en matière de retraites pour la vieillesse, ne peut
donc guère être invoquée ici. Quoi qu'il en soit, il semble bien que
le premier principe à faire prévaloir c'est celui de l'égalité du travailleur agricole et du travailleur industriel devant l'accident du
travail ; du moment que l'on a accepté le principe de l'indemnité
pour l'un d'eux, on doit l'admettre pour l'autre.

Il est vrai que l'assimilation n'existe plus lorsqu'il s'agit du petit
patron agricole (propriétaire, fermier, métayer) ; et sans doute certains esprits tenteront-ils de dissocier son sort de celui du salarié.
Nous avons indiqué pourquoi cette séparation apparaît comme pratiquement malaisée à réaliser, et si l'on se décide à voter l'assurance obligatoire du salarié par le petit patron rural, il sera difficile
de ne pas compléter le système en édictant l'assurance de celui-ci
par lui-même. La véritable solution du problème sera peut-être
dans une organisation de cette assurance assez ingénieuse et bien
comprise pour que la charge inéluctable imposée au patron rural

[1] Cet article est écrit au commencement de juin.

soit du moins une charge aussi légère que possible [1]. C'est là surtout, si l'on veut adopter résolument le principe de la réparation
des accidents agricoles, que doit porter l'effort du législateur. A
cette condition, il est permis d'espérer que, de même que l'industrie a supporté plus aisément qu'on ne l'appréhendait les charges
résultant de la loi de 1898 [2], de même l'agriculture ne fléchira pas
sous celles qui seront l'effet de la loi prochaine. Du moins faudrait-
il à ce sujet avoir une conviction bien forte de son impuissance à
les supporter pour refuser aux travailleurs agricoles le bénéfice de
dispositions analogues à celles dont jouissent depuis trois ans déjà
leurs frères de l'industrie.

René GONNARD,

Docteur ès sciences économiques et politiques,
Docteur ès sciences juridiques.

---

[1] Nous nous proposons d'examiner cette question dans une prochaine étude.
[2] V. Boissard, La loi du 9 avril 1898, *Revue d'économie politique*, 1900, p. 265 et sq.

BULLETIN BIBLIOGRAPHIQUE

Bancel, *Le coopératisme,* petit in-8, 222 pages. Paris, chez Schleicher.

Les livres sur les associations coopératives — et même les thèses de doctorat, ce qui est symptomatique — sont assez nombreux depuis quelque temps. Evidemment il y a un fort courant en ce sens, non seulement dans les esprits mais dans les faits, car cette forme d'association se multiplie beaucoup. Cela ne suffit pas encore cependant pour permettre de croire à de grands résultats prochains, en France du moins.

Ce petit livre de M. Bancel, bien que faisant partie d'une série de publications intitulée pompeusement « Les livres d'or de la science », n'est pas un livre de science mais de propagande : je veux dire qu'il n'y faut point chercher la discussion des principes économiques sur lesquels le coopératisme prétend se fonder, mais l'exposé de toutes les manifestations de la coopération dans le monde entier et de ses bienfaits. L'auteur s'abstient même d'apprécier les faits, quoique d'ailleurs il ne dissimule pas sa sympathie pour le coopératisme, mais le livre est écrit d'une façon toute objective et certainement nul ne se douterait, en le lisant, que l'auteur est socialiste de l'école anarchiste.

La plus grande partie du volume est consacrée aux sociétés de consommation et c'est sur elle en effet que se fonde le coopératisme, mais la coopération de production, de crédit, de construction et même de travail simplement (que M. Yves Guyot vient d'inventer), la participation aux bénéfices, ne sont pas oubliées. Et comme l'auteur est généralement très bien documenté, son livre servira de *vade mecum* à tous les apôtres de la coopération et à tous les orateurs des Universités populaires. C'est le succès que nous lui souhaitons.

Ch. GIDE.

André Korn, *L'alcoolisme en France et le rôle des pouvoirs publics dans la lutte contre le cabaret,* 1 vol. grand in-8°, 340 p. Paris, chez Larose.

Si l'alcoolisme ne rétrograde pas en France d'ici à peu de temps, il y aura de quoi désespérer de toute lutte contre le mal, car vraiment la campagne menée contre ce fléau est vigoureuse et rallie les partis les plus opposés — l'armée et l'école, les chrétiens et les anarchistes — et il semble bien qu'elle produit quelque effet, car la consommation, depuis quelques années, est du moins stationnaire, sinon même légèrement décroissante.

Le livre de M. Korn, quoique volumineux, ne traite pas la question de l'alcoolisme dans son ensemble, mais seulement par un de ses côtés : le cabaret et la lutte contre les cabarets. Les divers systèmes de prohibition totale, de *local option,* d'interdiction partielle, etc., y sont discutés. Celui auquel l'auteur donne la préférence n'est pas celui qui, à première vue, paraîtrait le plus efficace : c'est celui des droits de licences très élevés (et *non* proportionnels à la vente ni à la valeur locative) sur les cabaretiers.

L'auteur pense que ce système serait beaucoup plus facile à appliquer que celui de la limitation du nombre des débits et donnerait le même résultat. Sans doute il pourrait avoir pour effet, comme aux Etats-Unis, de faire surgir des *gin-palaces* plus attractifs, semble-t-il, par le luxe de leur installation et par là même plus dangereux que les petits débits, mais M. Korn ne se laisse pas arrêter par l'objection et lui oppose l'observation psychologique de M. Rivière : « Le débit dangereux c'est le petit cabaret intime où l'hôte est un ami qui pousse à la consommation, sait offrir une tournée pour en provoquer quatre ou cinq autres ». Il fait d'ailleurs observer que le cabaretier lui-même, sa famille et ses garçons qui représentent peut-être 2 millions de personnes, sont tous plus ou moins des alcooliques professionnels et représentent à eux seuls un gros contingent de l'armée des buveurs; et la diminution du nombre des débits ne ferait-elle que réduire le nombre de ces buveurs par métier, ce serait déjà un résultat fort appréciable.

La lutte des sociétés coopératives de consommation contre les débits est à peine indiquée et celles des femmes, riche pourtant en incidents pittoresques, aux Etats-Unis surtout, est passée sous silence, à moins que nous n'ayons pas su la trouver. A ce propos nous ferons remarquer qu'une table alphabétique ou en tout cas détaillée serait indispensable pour compléter ce volume et permettre d'utiliser les renseignements très intéressants qu'il contient.

On pourra rapprocher utilement de ce volume le *tract* publié par M. et Mme Legrain, *La Réforme du Cabaret et les Restaurants de Tempérance*. Il développe cette idée originale et vraie qu'il faut chercher non à supprimer le cabaret, mais à en faire « un foyer de sociabilité vraie » en éliminant du cabaret l'alcool.

Ch. GIDE.

Le P. Gratry, *Les sources de la régénération sociale*, 3ᵉ édit., petit in-8, 112 pages. Paris, chez Douniol.

Le petit livre du père Gratry a été écrit en 1848 au moment de la Révolution. Il date donc de plus d'un demi-siècle. Et en effet il date un peu. Il est probable que l'auteur lui-même hésiterait à écrire encore aujourd'hui que la France est le « point le plus avancé du globe sous le rapport social », notamment parce « qu'on y trouve la plus grande tendance à la pratique réelle de la fraternité ». Il est écrit sous la forme d'un catéchisme par demandes et et réponses, et de temps en temps par objections, qui sont mises dans la bouche de ce qu'on appelle l'avocat du diable, puis réfutations. Bien que cette forme familière à l'Église catholique nous paraisse très déplaisante, il est possible (quoique nous n'en soyons pas certain) qu'elle puisse avoir une valeur de propagande. Et c'est là son but.

La dernière parole du livre c'est « qu'il faut manifestement conclure qu'on ne peut rien pour le progrès contre l'Église catholique ou sans elle ». Néanmoins il est écrit dans un esprit relativement libéral quant aux doctrines économiques qu'il contient. Elles sont assez sommaires : la nécessité de la propriété individuelle et de l'hérédité, le devoir imposé à la Société de supprimer le paupérisme, mais sans indiquer d'autre moyen pratique sinon « de pratiquer la vertu sociale », affirmer la richesse comme « une fonction », et de considérer les riches « comme administrateurs du bien des pauvres ». C'est à peu près tout.

Ch. GIDE.

REVUE L'ÉCONOMIE POLITIQUE

La *Revue d'Economie Politique* a reçu et publiera dans ses prochains numéros les **articles suivants :**

H. DENIS : *L'Union de crédit de Bruxelles* (suite). — GOBLOT : *La division du travail.* — HITIER : *L'agriculture moderne et sa tendance à s'industrialiser* (suite). — Maurice HEINS : *La notion de l'Etat* (suite). — DALLA VOLTA : *Francesco Ferrara et son œuvre économique.* — Laurent DECHESNE : *La spécialisation et ses conséquences* (suite). — VANDERVELDE : *L'économie rurale en Belgique.* — Dr R. THURNWALD : *L'Egypte ancienne. Son état social et économique.* — A.-A. ISSAÏEV (Saint-Pétersbourg) : *Altruisme, égoïsme et intérêt de classe.* — HAUSER : *Les origines du capitalisme.* — Jean BERGMAN (Stockholm) : *La lutte contre l'alcool en Suède.* — G. A. FREI (Haubinda) : *La réforme de l'instruction moyenne au point de vue social.* — Auguste FOREL (Chigny) : *Le rôle social de l'alcool.* — R. HOTOWETZ : *Le cartel des sucres en Autriche.* — A. KORN : *Quelques considérations sur le privilège des bouilleurs de cru et la loi du 29 décembre 1900.* — BOUVIER : *La méthode mathématique en économie politique* (suite). — G. FRANÇOIS : *Les banques anglaises.* — DE PEEZ : *La Pan-Europe.* — Achille LORIA : *Des méthodes proposées pour régulariser le cours de la monnaie.* — BERTRAND : *Le mouvement coopératif en Belgique et ses résultats.*

Le Gérant : L. LAROSE.

25,012. — BORDEAUX, IMPRIMERIE Y. CADORET, RUE POQUELIN-MOLIÈRE, 17.

LA MÉTHODE MATHÉMATIQUE EN ÉCONOMIE POLITIQUE

Suite [1]

II

LA MÉTHODE MATHÉMATIQUE EST-ELLE NÉCESSAIRE?

L'examen d'une question préalable s'impose. On a reproché à la méthode mathématique d'être abstraite et surtout technique. Elle est faite, dit-on, par un petit nombre d'hommes très forts en mathématiques, tandis que la théorie de la richesse sociale doit être largement divulguée. Le calcul intégral, différentiel, les propositions basées sur le rôle des fonctions, des courbes, etc., ce sont là des domaines fermés au vulgaire. On doit à la fois connaître l'économie politique et avoir le goût des abstractions algébriques et géométriques pour fixer, dans la forme du calcul, les définitions et les principes économiques et pour les comprendre sous cette forme. On ne peut donc songer à qualifier de nécessaire une méthode aussi obscure, comportant des procédés aussi ardus. Une très petite fraction du public, dit M. Maurice Block, est en état de suivre un exposé de ce genre; si l'emploi de l'x devait prévaloir, le champ d'action de la science économique se rétrécirait considérablement au grand préjudice de l'humanité, car tout le monde est intéressé à en connaître la théorie et la pratique [2].

Ces derniers mots contiennent déjà les éléments d'une réponse.

On a vu que les symboles algébriques et graphiques ont principalement pour objet l'étude approfondie de l'économie politique pure. Ils ont trait aux généralisations, à la partie tout à fait géné-

[1] V. *Revue d'économie politique,* août-septembre 1901, p. 817.
[2] *Progrès de la science économique,* p. 44.

rale et abstraite de la science. Les applications d'ordre pratique
peuvent être examinées et développées à l'aide du langage ordinaire. L'exposé même et le résumé des théories abstraites peuvent
être faits de la même manière, de sorte que le public en profitera,
sans besoin de connaissances techniques spéciales. Après avoir
formulé ses systèmes d'équations et obtenu les résultats cherchés,
le savant n'aura qu'à traduire ceux-ci et à les présenter d'une
façon lisible pour tous; les initiés auront toujours la faculté de les
vérifier.

M. Léon Walras a développé ceci très clairement. Après avoir
rappelé comment l'emploi du langage et de la méthode mathématique lui ont permis d'asseoir le principe de la libre concurrence,
il ajoute très justement que l'exposition du système et sa confirmation par le raisonnement sont deux choses distinctes. Elles sont
réunies dans son travail, parce qu'il a voulu le faire complet et
esquisser une théorie vraiment scientifique de la richesse sociale,
mais elles pourraient à la rigueur être séparées l'une de l'autre.
Je ne m'oppose en aucune façon, dit-il, à ce que ceux de mes
lecteurs qui seront économistes sans être mathématiciens laissent
de côté la seconde de ces deux parties pour faire exclusivement
leur profit de la première. Il remarque avec raison que bien peu
d'entre nous sont en état de lire les *Principes mathématiques de
philosophie naturelle* de Newton ou la *Mécanique céleste* de
Laplace : et cependant nous admettons tous, sous la foi des hommes
compétents, la description qui nous est faite du monde des faits
astronomiques conformément au principe de l'attraction universelle.
Pourquoi n'admettrait-on pas de la même manière la description
du monde des faits économiques conformément au principe de la
libre concurrence ? [1]

Rien ne fait donc obstacle à ce qu'on laisse ainsi de côté la
démonstration du système, une fois faite, et à ce qu'on en retienne
seulement l'affirmation pour l'utiliser dans l'étude des questions
d'économie politique appliquée ou d'économie pratique, ou dans
l'enseignement économique. On peut séparer l'étude et l'enseignement. Le professeur peut se contenter, par exemple, de donner au
cours le résultat des recherches poursuivies ailleurs. Si l'on veut
bien me permettre de citer un exemple personnel, je dirai que c'est

[1] Léon Walras, *Éléments d'économie politique pure*, n. 370, p. 428.

ce que j'ai fait moi-même. Sans chercher à reproduire les pages
d'équations de M. Léon Walras ou de M. Vilfrédo Paréto, j'ai pu
utiliser quelques-unes de leurs propositions devant les élèves de
l'Ecole supérieure de commerce de Lyon, dont la très grande
majorité n'avait pourtant aucune éducation mathématique préalable.
C'est une question de vulgarisation qui ne doit pas être confondue
avec l'examen scientifique.

Il importe d'ailleurs de rechercher ce que vaut l'objection d'après
laquelle l'économie politique doit être largement divulguée, et son
champ d'action étendu le plus possible, tandis que « les mathématiques sont difficiles à comprendre ».

Sur cette nécessité d'une divulgation étendue, tout le monde est
d'accord : on ne connaîtra jamais trop, peut-être jamais assez,
l'économie politique. Mais il y a manière de la répandre. Les
adversaires de la méthode mathématique veulent donner à une
proposition juste une portée qu'elle ne comporte pas du tout; ils
essaient de la faire dévier de son sens véritable.

Pour la diffusion dans le grand public, d'abord, il faut s'entendre. Elle est évidemment nécessaire pour les résultats et les préceptes; le public demande, et très légitimement, à en être instruit et
à les comprendre avec facilité. Mais on ne voit pas que les recherches
et les démonstrations doivent être divulguées ici plus que pour les
autres sciences. Le droit — et l'on pourrait en dire autant de la
médecine — présente pour la vie courante une utilité de premier
ordre; tous sont intéressés à le connaître, et pourtant les procédés
de recherche et de raisonnement, les théories, sont réservés aux seuls
jurisconsultes. La théorie de la cause, des obligations divisibles et
indivisibles, l'analyse de la subrogation, le fondement juridique de
l'art. 2279 du code civil, et bien d'autres parties du droit sont loin
d'être accessibles à la foule. J'ajoute qu'elle n'a nullement besoin
de les approfondir; peu lui importe, par exemple, de savoir
comment et pourquoi l'on est arrivé, au point de vue scientifique
et rationnel, à analyser la subrogation en une cession de créance
ou en un paiement. Il lui suffit de constater les résultats pratiques
et de s'en servir pour la solution des difficultés de tous les jours;
elle est satisfaite quand elle connaît la règle si commode posée par
la loi française pour l'acquisition des meubles. C'est alors aux
jurisconsultes à faire, au moyen des raisonnements juridiques et de
la technique du droit, la construction systématique. Il en est de

même pour l'économie politique ; le travail doit être divisé de semblable manière.

Mais, dit-on, ce n'est pas seulement pour le grand public que l'économie mathématique apparaît mystérieuse, c'est aussi par les spécialistes dans les autres sciences. Eux non plus ne parviennent à avoir une idée nette de tous ces symboles algébriques et graphiques. Ceci est exact : que les mathématiques soient « difficiles à comprendre » pour ceux qui ne les connaissent pas, le point ne saurait faire doute, comme sont difficiles à saisir tous procédés ou notions techniques par les non-professionnels.

Il est vrai que certains auteurs ont parfois exagéré le système en prenant une voie que les mathématiciens eux-mêmes trouvent malaisée. Chez Cournot, par exemple, les idées, dit M. Joseph Bertrand, se dérobent sous l'abondance des signes algébriques [1]. D'autres sont allés jusqu'à une complication excessive, et ont permis ainsi de dire quelquefois, comme le fait M. Cossa, que les mathématiques emploient dans certains cas « un chemin long et aride pour arriver à un résultat qu'on obtiendrait bien plus vite autrement » [2]. On a remarqué que le mathématicien en fait n'écrit que pour les mathématiciens et qu'il lui suffit d'être compris de ceux qui occupent les premiers rangs. L'obscurité est un peu à la mode et on la prend pour un signe de profondeur, dit M. Tannery, et sa critique a d'autant plus de poids qu'il est lui-même un éminent mathématicien ; on conçoit qu'il pourra venir une époque où un savant sera regardé comme d'autant plus puissant qu'il sera complètement compris dans un cercle plus étroit [3].

Ce n'est pas aux écrivains de ce genre que l'on doit penser dans la discussion présente. Aussi bien le reproche n'est pas spécial aux mathématiciens. Il peut s'adresser à bien d'autres, aux philosophes notamment. Les errements habituels des purs philosophes, dit encore M. Tannery, leur brièveté affectée, leur tendance à s'élever le plus tôt possible à des notions très générales, mais d'ordinaire et pour cela même confuses, sont un sujet d'effroi pour qui n'est pas familier avec leurs travaux. Telle page de Kant fera, sur la plupart des algébristes, le même effet qu'une page d'algèbre supérieure sur le commun des philosophes, et peut-être, ajoute spirituel-

---

[1] Joseph Bertrand, dans le *Journal des savants*, 1883, p. 500.
[2] Cossa, *Histoire des doctrines économiques*, trad. Bonnet, p. 105.
[3] *La connaissance mathématique*, dans la *Revue philosophique*, 1884, 1, p. 429.

lement l'auteur, la chose n'est pas à l'avantage de ces derniers [1].

L'obscurité naturelle ou affectée doit être résolument laissée de côté ; tous les esprits vraiment scientifiques en sont ennemis. Ce n'est pas dans les choses extraordinaires et bizarres, dit Pascal, que se trouve l'excellence de quelque genre que ce soit ; « il ne faut pas guinder l'esprit » [2]· Il n'y a aucun argument à tirer de « l'enflure vaine et ridicule » dont veulent se parer quelques-uns. On doit considérer l'œuvre des savants qui se proposent un autre idéal. Les procédés mathématiques sont encore bien imparfaits, mais il est des hommes, et M. Léon Walras est du nombre, qui cherchent une simplicité au moins relative ; ils s'efforcent, en attendant les progrès nécessaires de la science, de rendre leurs procédés accessibles au plus grand nombre de lecteurs. Ainsi comprises, les mathématiques ne sont pas un langage plus mystérieux que d'autres. Elles sont un langage non pas secret, mais technique, ce qui est bien différent. Ce n'est pas seulement pour elles qu'il faut une éducation particulière, c'est pour toute espèce de sciences : on ne les connaît généralement pas toutes et l'on est bien forcé de s'en rapporter aux spécialistes. Si l'observation de M. Maurice Block était exacte, il faudrait aller plus loin et bannir toutes recherches faites dans les diverses branches de connaissances par des procédés qui ne seraient pas à la portée de tout le monde. Toute spécialisation comme toute étude approfondie serait irrémédiablement prohibée, et le domaine de la science se restreindrait ainsi singulièrement devant l'obligation où l'on serait de se condamner soi-même à rester superficiel à perpétuité. Le tout est de présenter les résultats avec toute la clarté et la simplicité compatibles avec la technique.

Mais, dit-on, même avec cette simplification, « on ne comprend rien » à ces pages remplies entièrement de lignes d'équations et de courbes. — J'ai bien peur de formuler ici l'objection très spécieuse qui exerce en fait l'influence la plus considérable contre la méthode mathématique. Il est hors de doute que les livres de M. Léon Walras sont souvent plus ardus à lire que ceux de M. Paul Leroy-Beaulieu. Les économistes français, pas plus que les jurisconsultes du reste, ne sont en général, et sauf d'honorables exceptions, familiers avec les x ; ils sont donc rebutés par des formules dont il ne

[1] Id. p. 428.
[2] Pascal, *Fragments de l'Esprit géométrique, in fine.*

devinent pas immédiatement la portée. N'est-ce pas alors leur ignorance seule qui en est cause ? Comment peuvent-ils décider *a priori*
que les équations sont des chimères s'ils ne sont pas capables
d'apercevoir ce qu'elles contiennent ? Cette insuffisance d'instruction
les prive d'un précieux secours. Qui sait si les mathématiques ne
sont pas un instrument de travail indispensable comme le latin, le
grec ou les langues étrangères ? Ceux qui ne liraient pas le latin
trouveraient le Digeste bien compliqué ; il le paraît déjà suffisamment à ceux qui connaissent la langue de Gaius et de Papinien ;
que serait-ce autrement ? Ceux qui ne savent pas le grec trouvent
le droit des Athéniens bien obscur. La science moderne est devenue
exigeante : il est impossible aujourd'hui, pour se tenir au courant
des résultats de la vaste collaboration internationale à laquelle nous
assistons et pour travailler soi-même, de se passer par exemple
des langues étrangères. La connaissance des idiomes va de pair
avec les connaissances de fond. Outre l'allemand et l'anglais, il
faut lire l'italien et l'espagnol si l'on aborde le droit comparé ; l'espagnol est indispensable à raison des législations fort nombreuses
de l'Amérique du centre et du sud, intéressantes pour nous parce
qu'elles se rattachent au groupe latin tout en ayant subi l'influence
des idées allemandes. Comme il faut consulter le droit musulman,
un des systèmes les plus importants par son influence, à raison du
grand nombre de ses justiciables, on arrive à la nécessité des
notions techniques de l'arabe. Certaines pages de la *Zeitschrift der
deutschen morgenlendishen Gesellschaft,* remplies de caractères
arabes, sont encore bien moins compréhensibles, pour ceux qui ne
sont pas spécialistes, qu'une page d'équations et de formules. Il faut
alors pouvoir au moins se servir des travaux des gens compétents,
des orientalistes qui ont creusé la matière. N'en serait-il pas de même
pour les mathématiques en économie politique ? Ne sont-elles pas
devenues un instrument de travail nécessaire comme les langues
étrangères ?

Ceci revient à rechercher si les deux propositions fondamentales
de M. Léon Walras sont inséparables. On a vu que tout son système
se résume de la manière suivante :

1° L'économie politique pure est la théorie de la détermination
de prix sous un régime de libre concurrence absolue ;

2° C'est là une théorie essentiellement mathématique, c'est-à-dire
que la démonstration *doit* s'en faire mathématiquement.

Mais ne pourrait-on accepter la première proposition seulement? Ou bien au contraire pourrait-on construire une théorie de la détermination des prix sans recourir aux mathématiques?

Plusieurs points de vue sont à envisager.

§ I. *Nécessité de la méthode mathématique pour l'ensemble ou pour certaines parties de l'économie politique.*

Les partisans de la méthode soutiennent qu'elle doit être utilisée pour toutes les parties de la science et qu'elle seule fournit les procédés possibles pour la construction de toutes les théories d'ordre économique et financier.

Stanley Jevons voit dans le calcul par symboles le seul guide sûr pour les investigations de l'économie politique ; il pense qu'en dernière analyse cette science doit se ramener à la méthode mathématique sous peine de n'être pas une science [1]. M. Léon Walras affirme de son côté et en même temps s'applique à démontrer que sa méthode doit être utilisée exclusivement. C'est un point sur lequel il revient à plusieurs reprises. Toute la théorie de la détermination des prix, dit-il, repose sur la théorie de l'échange, et la mathématique seule, d'après certaines raisons qu'il donne, peut nous apprendre quels en sont les éléments [2]. Plus loin, après avoir rappelé que les économistes classiques ont affirmé, sans le démontrer, le principe du *laisser faire, laisser passer,* tandis que les socialistes, sans autres preuves, se contentaient d'affirmer le contraire, il s'efforce de faire voir *pourquoi,* en dehors des mathématiques, il n'avait pas été possible de fournir des preuves. Comment les économistes auraient-ils pu démontrer que les résultats de la libre concurrence étaient bons et avantageux, s'ils ne savaient pas au juste quels ils étaient ? Et comment l'auraient-ils su quand ils n'avaient aucun moyen de le savoir ? La méthode mathématique, au contraire, a pu donner une démonstration solide et définitive du principe, parce qu'elle a d'abord posé les définitions, qu'elle a ensuite formulé les lois qui s'y rapportent et qui les constatent, parce qu'elle a fait apparaître les résultats qui en découlent [3]. Ailleurs encore il montre que, pour fournir la formule et la démonstration

---

[1] Cité par le *Journal des économistes*, 1885. 2. 17.

[2] Léon Walras, *Eléments d'économie politique pure*, p. 14-15 ; *Etudes d'économie politique appliquée*, p. 464 s.

[3] Léon Walras, *Eléments d'économie politique pure*, n. 223.

de la loi de l'offre et de la demande, il était nécessaire de définir l'offre effective, la demande effective et d'étudier le rapport de l'offre et de la demande effectives avec le prix, de définir la rareté et d'étudier aussi le rapport de la rareté avec le prix, « toutes choses qu'il est impossible à faire sans recourir au langage, à la méthode et aux principes mathématiques. D'où il ressort, en fin de compte, que la forme mathématique est pour l'économie politique pure non seulement une forme possible, mais la forme nécessaire et·indispensable » (p. 144 ; v. encore p. 427).

Ceci contient une grande part de vérité. Il est clair, comme on l'a remarqué souvent, que « beaucoup de lois économiques sont de simples énoncés de théorèmes mathématiques dont la démonstration suit une marche plus ou moins analogue à celle d'un théorème de géométrie » [1]. Telle est la loi de Malthus, qui se prête au calcul avec la plus grande facilité ; la plupart de ceux qui se sont occupés des mouvements de la population les ont exprimés au moyen de symboles [2]. Telles sont encore les lois de variation des prix signalées par Georges King et Davenant, expliquées par M..de Molinari [3], les théories sur la monnaie, la loi de Gresham et autres, etc. Ainsi, avec la loi de Gresham, on doit déterminer le rapport entre une quantité constante ou croissante, la mauvaise monnaie, avec une quantité décroissante, la bonne monnaie, ce qui est tout à fait mathématique. Que ces lois soient exactes ou inexactes, ce n'est pas l'occasion ici de se prononcer, il suffit de faire comprendre que, pour en discuter la vérité ou la fausseté, la méthode que nous examinons est indiquée, et qu'elle est nécessaire pour la démonstration de la solution qui sera juste. Pour la théorie de l'échange international et des valeurs internationales, Bastable a cru devoir employer les lettres [4]. Karl Marx a eu recours au même procédé, notamment dans ses raisonnements sur l'achat et la vente de la force du travail et sur le taux de la plus-value [5]. Dans certains cas, l'eco-

---

[1] Fr. Bernard, *De la méthode en économie politique; Journal des économistes,* 1885. 2. 15.

[2] V. par exemple Bernard, *eod. loc.,* et Cauderlier, *Théorie de la population, Journal des économistes,* 1900. 4. 389.

[3] Fr. Bernard, *eod. loc.;* Vilfrédo Paréto, *Cours d'économie politique,* II, n. 979; Yves Guyot, *La science économique,* p. 119.

[4] Bastable, *La théorie du commerce international,* trad. Sauvaire-Jourdan. V. notamment p. 53 s.

[5] Karl Marx, *Le capital,* ch. VI]et IX, éd. franç. ; ch. VI et VII, 4ᵉ éd. all.

nomiste a une propension pour ainsi dire naturelle à aborder, sans
idée préconçue, les formules algébriques ou géométriques ; il y est
poussé par la force même des choses, et sa pensée trouve en elles,
sans parti pris, une manifestation en quelque façon inévitable. Il
en sera ainsi, par exemple, lorsqu'il s'agira de trouver des formules générales pour calculer la valeur de la monnaie en autre
monnaie ou en marchandise d'autre sorte, ou encore, comme l'a
fait récemment M. de Foville, qui pourtant n'était nullement acquis
par avance à l'école mathématique, le prix du métal argent dans
des pays différents employant des unités de poids ou des unités
monétaires différentes [1], ou dans d'autres hypothèses semblables [2].

M. Levasseur insiste également sur l'utilité de transformer,
dans l'enseignement, les chiffres principaux en figures géométriques, c'est-à-dire en graphiques [3].

---

[1] *La consécration de la baisse de l'argent et la cote de ce métal à Paris,* par A. de
Foville, dans l'*Economiste français* du 29 décembre 1900. La Compagnie des agents
de change de Paris a adopté un nouveau mode de cotation pour l'argent : la cote officielle exprime désormais, en francs et centimes, depuis le 2 janvier 1901, le prix du
kilogramme d'argent fin. Pour les praticiens, le point intéressant est de voir comment
notre nouvelle cote peut se relier à la cote anglaise, Londres restant le grand marché
régulateur de l'argent, ou à la cote américaine. La cote anglaise est assez compliquée.
La première idée qui vient naturellement à l'esprit, c'est le recours aux formules mathématiques pour établir le rapport entre le prix de l'argent à Paris et à Londres, et
c'est ce que fait M. de Foville. Les formules qu'il adopte présentent même beaucoup
d'analogie avec l'une des formules-types que M. Léon Walras indique dans ses *Eléments d'économie politique pure* (n. 29). V. aussi une *Note sur la solution du problème monétaire anglo-indien,* dans la *Revue d'économie politique,* 1887, p. 633,
mais elle est de M. Léon Walras, et l'emploi des formules mathématiques n'est pour
lui que l'application de sa méthode ordinaire.

[2] On pourrait être tenté de citer encore l'exemple de M. Yves Guyot. Il condamne
la méthode mathématique et recommande l'emploi des graphiques. « Grand partisan
des tableaux graphiques, dit-il, je suis étonné que leur usage ne soit pas répandu davantage » (*La science économique,* p. 36-37). Aussi les a-t-il multipliés dans son livre.
Le graphique 2 (p. 119), sur la baisse de la récolte et la hausse des prix, présente
même quelque analogie dans sa contexture avec certaines courbes de M. Léon Walras.
Toutefois M. Yves Guyot ajoute, ce qui ne me paraît pas très clair : « On commet un
abus de langage si, en les appliquant à l'économie politique ou à la statistique, on désigne leur usage par l'expression : méthode graphique » (p. 37). Peut-être verra-t-on
dans cet emploi des graphiques une application de la méthode mathématique, un emprunt de ses procédés sans que l'auteur veuille en convenir, et par suite un aveu que
les mathématiciens n'ont pas tort, en somme une contradiction manifeste. Je n'insiste
pas sur ce point, parce que j'avoue ne pas saisir très bien la pensée de M. Yves Guyot ;
on n'aperçoit pas s'il veut faire des graphiques de simples moyens d'exposition, clairs
et frappants, ou s'il prétend en tirer des conclusions par déduction.

[3] Levasseur, *L'enseignement de l'économie politique au Conservatoire des Arts et
Métiers; Revue internationale de l'enseignement,* t. XLI, 1901, p. 295.

Mais ce sont là des cas spéciaux et il s'agit de décider si, d'une façon générale, la méthode mathématique s'impose pour l'élaboration des théories et des lois économiques. Telle est bien la thèse de M. Léon Walras. Ce n'est pas qu'il doive être rangé parmi ces hommes qui tendent à ne considérer comme sciences véritables que celles dans lesquelles on peut introduire des formes algébriques ; aucun esprit éclairé n'ira jusque-là et les mathématiciens eux-mêmes avouent que certaines branches de connaissances, les sciences naturelles, par exemple, doivent recourir à d'autres modes de généralisation [1]. Mais M. Walras prétend, en considérant seulement l'économie politique, que la forme mathématique lui est indispensable ; elle seule notamment. permet de fournir des démonstrations et « l'économie politique ne sera une science que le jour où elle s'astreindra à démontrer ce qu'elle s'est à peu près bornée jusqu'ici à affirmer gratuitemement » (p. 427). Les *Eléments d'économie politique pure* sont d'un bout à l'autre une plaidoirie en ce sens et une démonstration perpétuelle de cette assertion.

Serait-il possible de citer des exemples en sens contraire, c'està-dire de désigner une théorie vraiment scientifique établie par le langage ordinaire sans l'emploi d'aucun procédé algébrique, graphique ? La recherche est intéressante à essayer.

On serait tenté de faire un emprunt à M. Léon Walras lui-même, non pas dans le but mesquin de le mettre en contradiction avec lui-même, mais avec la pensée légitime de profiter de sa forme si claire, de ses exposés si lumineux pour toutes les personnes n'ayant pas une instruction mathématique spéciale quand il veut bien laisser de côté pour un moment les équations et les courbes. Dans ses *Etudes d'économie politique appliquée*, il développe « l'impossibilité de liquider les émissions de billets de banque » et il présente sa démonstration en langage ordinaire. Une émission pour une certaine somme permet une augmentation dans la quantité du capital pour une somme égale. Cette augmentation porte sur la quantité du capital fixe consistant en bâtiments, machines, instruments, outils ; les billets de banque sont bien en eux-mêmes des titres de propriété de capital circulant, mais ils sont, en dernière analyse, représentatifs du capital fixe, vu que le supplément de capital qu'ils procurent

---

[1] Poincaré, *Les relations entre la physique expérimentale et la physique mathématique*, dans la *Revue générale des sciences*, 1900, p. 1168.

ne peut être employé qu'en capitaux fixes. Une émission n'est donc pas liquidable immédiatement par remboursement des billets émis, parce que, indépendamment de la crise de circulation qui se produirait par raréfaction de la monnaie, on ne pourrait pas liquider en un instant des bâtiments, usines, machines, etc.; le capital fixe ne se transforme que difficilement et lentement en capital circulant. La production serait en partie arrêtée jusqu'à ce que les épargnes, à supposer qu'il s'en formât, eussent comblé le déficit. Il faudrait alors décréter le cours forcé et l'expérience s'accorde avec le raisonnement sur cette nécessité pour éviter des catastrophes [1]. Dans toute cette démonstration, M. Léon Walras n'emploie pas une équation; qu'elle soit vraie ou fausse, ce n'est pas ici le point à discuter, il suffit de constater qu'elle est si simple que j'ai pu la résumer aisément en quelques lignes. Voilà donc une proposition importante établie sans l'aide des mathématiques, et l'on pourrait en trouver d'autres.

Mais le savant auteur serait en droit d'observer qu'il s'agit là d'économie politique *appliquée* et non pas d'économie politique *pure* et que l'économie appliquée n'est que la suite de l'autre et de ses déductions mathématiques. Il avertit lui-même que si la détermination des prix est une loi d'ordre essentiellement mathématique, l'exposé peut s'en faire par le langage ordinaire (p. 14 et 427). Après s'être livré à tous ses calculs et avoir établi de solides conclusions, le savant peut en faire un abrégé et les traduire pour tous ceux qui n'ont pas les connaissances techniques nécessaires. Il faudrait donc rechercher si le travail par notations algébriques n'est pas une condition préalable indispensable, sinon au développement sur la liquidation des émissions de billets de banque, du moins à tel ou tel que l'on pourrait citer. Ainsi l'exemple choisi n'est pas complètement probant.

En voici un qui l'est davantage. M. Walras expose admirablement les différents systèmes sur l'origine de la valeur d'échange, sur les causes qui la déterminent et la font varier (n. 157). Il indique la théorie exacte, d'après lui, et la démontre par le procédé mathématique : c'est la théorie de « l'intensité du dernier besoin satisfait » ou du « degré final d'utilité », théorie produite et démontrée de la même manière que Stanley Jevons. Or sur ce point qui

---

[1] *Études d'économie politique appliquée*, p. 361-366.

rentre dans l'économie politique pure. M: Karl Menger, le professeur autrichien, est arrivé aux mêmes conclusions par le langage ordinaire et sans recourir aux moyens analytiques. Il a appelé son système « théorie de la moindre jouissance » ou de «« la valeur-limite » identique à celle du « degré final d'utilité » [1]. Stanley Jevons, MM. Léon Walras et Karl Menger ont travaillé d'une façon indépendante et ont abouti à des résultats sensiblement concordants, ce qui est même un puissant argument en faveur de l'exactitude de la théorie. M. Menger n'a pas été au courant des recherches mathématiques entreprises d'un autre côté, pas plus que M. Walras n'a connu les travaux du professeur de Vienne. Ceci écarte pour l'un comme pour l'autre tout soupçon de plagiat, contrairement à ce qu'avaient avancé, un peu à la légère, certains auteurs italiens [2].

Voilà donc un économiste qui est parvenu à une découverte incontestée sans aucun emploi de l'x. On arrive ainsi à cette conclusion que les mathématiques ne sont pas un instrument nécessaire d'une façon universelle en économie politique, mais qu'elles sont nécessaires dans certaines parties. Si telle théorie peut s'en passer, telle autre ne le peut pas. On pourra citer des questions économiques et financières qui ne comportent pas l'usage des équations. Il serait évidemment exagéré de prétendre qu'elles sont d'une application universelle ; je reconnais volontiers que « les objets des différentes sciences ne se laissent pas *entièrement* pénétrer par les mathématiques » et qu'au contraire chaque science comporte certaines données spéciales « qui ne sont point réductibles aux mathématiques » [3]. Admettons donc que certains côtés de l'économie politique soient dans ce cas. On devra admettre, par contre, que, pour d'autres côtés, le calcul s'impose ; il est indiqué notamment pour les rapports essentiellement quantitatifs, comme les rapports de valeur. Wagner, qui s'est livré, lui aussi, à une révision des

---

[1] *Grundsätze der Volkswirthschaftlehre*, Vienne, 1878. La théorie de la « Valeur-limite » (*Grenznutzen*) est analysée par M. Maurice Block dans les *Progrès de la science économique*, 2ᵉ édit., I, p. 158 s. La théorie de M. Vilfrédo Paréto sur l'ophélimité élémentaire (*Cours d'économie politique*, I) et qui est, elle, postérieure aux précédentes, est également la même au fond.

[2] V. Cossa, *op. cit.*, p. 104, qui repousse « toute accusation de plagiat » à cet égard. Cf. Walras, *Eléments d'économie politique pure*, n. 162 s. et Vilfrédo Paréto, *op. cit.*, I, n. 26.

[3] E. Boutroux, *L'idée de loi naturelle dans la science et la philosophie contemporaines*, p. 139.

lois et des méthodes économiques, admet la déduction et rien n'empêche, d'après lui, qu'on lui donne la forme mathématique. « Contre la méthode mathématique de l'économie politique pure, dit-il, il n'y a pas d'objection de principe, mais il faut dire que le cercle de son application est extrêmement étroit » [1]. L'étude de ce cercle ne peut être déterminé dès à présent ; des investigations sont nécessaires. Finalement on pourrait classer, à un point de vue tout spécial, les théories sur la richesse sociale en deux groupes : celles qui sont *nécessairement réductibles* aux mathématiques et celles qui *y répugnent absolument*.

Mais ne pourrait-on en trouver une troisième catégorie, le groupe des théories où l'emploi des équations est *une simple faculté,* et procure en même temps des avantages tels qu'on ne doit pas hésiter à y recourir? En d'autres termes, en supposant que les mathématiques ne soient pas toujours nécessaires, ne sont-elles pas très souvent utiles à différents points de vue, particulièrement aux points de vue de la facilité d'exposition, de la certitude qu'elles donnent et des découvertes auxquelles elles peuvent conduire? C'est ce qu'il convient de rechercher maintenant.

§ II. *Nécessité de la méthode mathématique comme moyen d'exposition et de contrôle.*

On a remarqué que les formules ou formes algébriques sont une manière brève et nette, élégante parfois, de présenter une *proposition certaine*. C'est un excellent moyen d'exposition et aussi de contrôle.

Tout d'abord le procédé mathématique donne l'expression scientifique exacte des vérités des lois de l'économie politique. Les économistes de cette école expriment à leur manière les lois économiques, ce qui est leur droit. Tout le monde reconnaît qu'il y a là un excellent moyen d'exposition, une manière de résumer des démonstrations qui, tentées dans le langage ordinaire, risqueraient d'être très longues. L'algèbre aboutit à des formules lapidaires précieuses. Comme on l'a dit, l'immixtion des mathématiques dans les sciences a le grand avantage de donner à la pensée une précision absolue et de supprimer toute difficulté d'interprétation pour les lois déduites par

---

[1] Wagner, *Grundlegung der politischen Œconomie*, I, 3ᵉ édit., 1892, Introduction.

cette voie. Elles sont la science de la clarté[1]. Dès lors, conclut
M. Walras, « quant au langage, pourquoi s'obstiner à exprimer
très péniblement et très incorrectement, comme l'a fait souvent
Ricardo, comme le fait à chaque instant John Stuart Mill dans ses
Principes d'économie politique en se servant de la langue
usuelle, des choses qui dans la langue des mathématiques peuvent
s'énoncer en bien moins de mots, d'une façon bien plus exacte et
bien plus claire ? [2]

L'avantage est donc ici du côté des mathématiciens. Mais ce n'est
pas tout. Les procédés de calcul offrent des ressources précieuses
pour contrôler des conclusions obtenues autrement par les procédés de raisonnement ordinaire. Ils sont un moyen de vérification.
Tout le monde en convient encore. M. Cauwès, par exemple,
regrette qu'on n'ait pas borné leur rôle à celui « d'un moyen de
vérification ou de contrôle »[3]. Dans bien des cas ils démontrent la
justesse d'une théorie construite sans leur secours. Ainsi les théories mathématiques de Stanley Jevons et de M. Léon Walras sur
la valeur servent de contrôle à la théorie psychologique de M. Karl
Menger, qui, on le sait, s'en tient au raisonnement déductif ordinaire. Dans d'autres cas, les mathématiques autorisent à affirmer
d'une façon non équivoque l'erreur de certains auteurs. On l'a vu
notamment dans les rares applications qui en ont été faites au droit.
Elles ont montré que des jurisconsultes usant du langage ordinaire
pour résoudre les difficultés en cas de succession de plusieurs
enfants légitimes, étaient parfois obligés d'admettre que $5 = 4$.
L'absurdité des systèmes a été ainsi démontrée, on peut le dire, par
$a + b$.

Aussi l'on a insisté sur le grand avantage qu'il y aurait, pour les
économistes, à se familiariser avec les notions mathématiques.

Elles leur faciliteraient certainement l'exposé de leurs théories.
M. Bourguin, par exemple, a présenté des études très recherchées
sur la mesure de la valeur. Il a dû employer forcément l'arithmétique pour parler de la valeur du métal, de la monnaie, du caractère de l'étalon monétaire, etc.[4]. Peut-être l'emploi de l'algèbre lui
aurait-il été également utile.

---

[1] Fr. Bernard, dans le *Journal des économistes*, 1885, 2, p. 14 et 20.
[2] Léon Walras, *Eléments d'économie politique pure*, n. 30.
[3] *Cours d'économie politique*, I, n. 27, note 3.
[4] Bourguin, *La mesure de la valeur*, *Revue d'économie politique*, 1895.

Les mathématiques feraient aussi éviter bien des erreurs théoriques causées par la négligence non seulement du langage mais des procédés mathématiques. Les économistes devraient savoir par exemple qu'une « formule », dans le sens exact du mot, c'est-à-dire l'expression d'un rapport, « contient des quantités *variables* ou *constantes,* et qu'il s'agit d'en tirer une des variables sous forme de *fonction* des autres *éléments* ». Alors il leur arrive, dans leur ignorance de ces notions, de considérer comme constante une quantité variable. Ou bien, ajoute l'auteur à qui j'emprunte cette observation, « ils se disputent sur la question de savoir si le prix dépend de tel ou tel fait, leur esprit étant réfractaire à l'idée que le prix peut dépendre de plusieurs éléments à la fois, dont l'un ou l'autre, suivant les circonstances, prédomine; autrement dit ils ne sont pas familiers avec la notion d'une quantité qui est la fonction de *plusieurs* autres grandeurs variables » [1]. Cette critique, malheureusement trop juste, de l'ignorance des économistes en mathématiques montre toute l'utilité qu'ils tireraient, dans des hypothèses déterminées, de cet ordre de connaissances.

Les théoriciens de l'économie politique mathématique insistent particulièrement sur ce point de vue de l'utilité. Ils reconnaissent que, à la rigueur, on pourrait procéder autrement qu'ils ne le font, mais avec moins d'avantages.

Doit-on voir là une contradiction avec leurs affirmations répétées sur la nécessité du système? Il est évidemment très délicat de les mettre en opposition avec eux-mêmes. Ils paraissent tellement convaincus de cette nécessité, qu'on serait tenté de voir dans les passages qui vont suivre, au lieu d'une contradiction, une concession temporaire à l'éloignement du public et des savants contemporains pour les mathématiques, en attendant le triomphe définitif des procédés algébriques et graphiques.

Traitant par exemple le problème de l'équilibre de l'échange, les quantités échangées pour deux marchandises et le point précis où s'arrêtera l'échange, M. Vilfrédo Paréto déclare : « Nous sommes loin de prétendre que cette démonstration ne puisse être donnée sans faire usage des mathématiques, mais il faudrait pour cela disposer d'un espace assez considérable. Même avec la géométrie, la démonstration n'est pas très courte. Avec l'analyse elle se fait en peu de

[1] Akin-Karoly, *Revue d'économie politique,* 1887, p. 349.

mots » [1]. M. Léon Walras sait aussi « que beaucoup de personnes ont de la répugnance à apprendre les mathématiques », mais néanmoins elles permettent « une analyse bien plus exacte, plus complète, plus claire et plus rapide que le raisonnement ordinaire ; elles ont, sur ce dernier, la supériorité du chemin de fer sur la diligence pour les voyages » [2]. Ceux qui dédaignent les mathématiques font comme des voyageurs qui voudraient absolument, aujourd'hui encore, prendre la diligence pour aller de Paris à Lyon ; on conçoit que matériellement ce ne serait pas impossible, mais combien long et fastidieux ! Ceux qui, par ignorance, ne peuvent recourir aux équations, ressemblent à des gens qui, n'ayant par les moyens de prendre le chemin de fer, se trouveraient réduits à aller à pied ou en voiture ; ils doivent regretter, et je suis le premier à le regretter profondément, leur abstention forcée pour un instrument qui reste hors de leur portée. Un jour viendra où de nombreux savants en connaîtront le maniement.

Telle est, à mon avis, la portée de la proposition que les mathématiques sont nécessaires en économie politique. Elles le sont d'abord quelquefois d'une façon absolue. Elles le sont ensuite comme application d'une méthode perfectionnée, dans le même sens que les chemins de fer sont devenus à l'heure actuelle un mode de locomotion nécessaire, ce qui après tout n'exclut pas les autres.

§ III. *Nécessité de la méthode mathématique comme instrument de découverte.*

Doit-on aller plus loin et employer les mathématiques non pas seulement comme mode d'exposition de propositions connues, mais comme moyen de trouver des choses nouvelles ? Beaucoup le nient, et c'est là encore une des objections adressées au système. L'algèbre ou l'analyse mathématique, dit-on, peuvent bien résumer, exposer ou contrôler des conclusions obtenues d'autre part, mais elles ne sont pas par elles-mêmes un instrument de découverte ; il est bizarre de demander à des équations, au calcul intégral ou différentiel, la découverte de prétendus principes ou la solution des questions sociales [3]. Ce n'est pas ainsi qu'on peut faire avancer la solution des questions sociales.

---

[1] *Cours d'économie politique*, I, n. 52, note 1.
[2] *Etudes d'économie politique appliquée*, p. 68.
[3] Cauwès, *Cours d'économie politique*, I, n. 27, note 3.

Les partisans de la méthode essaient de démontrer le contraire. M. Walras est un de ceux qui affirment le plus énergiquement que les mathématiques peuvent donner des résultats neufs et contribuer aux progrès de la science économique. Pour bien comprendre ceci, il faut examiner au préalable l'assertion, assez contestable à mon avis, que l'analyse mathématique n'est pas un instrument de découverte.

Toute méthode déductive en général est d'abord un instrument de découverte. C'est à ce titre qu'elle a été employée en matière de droit [1]. Mais la méthode mathématique, ici encore, pousse cet avantage beaucoup plus loin. Elle perfectionne une utilité qui existe déjà. On peut très facilement se rendre compte que les mathématiques sont un instrument de découverte.

1° En elles-mêmes, c'est-à-dire si on fait simplement *la mathématique,* si on étudie les lois mathématiques en elles-mêmes ;

2° Quand on en fait l'application aux sciences expérimentales ;

3° Quand par suite on en fait l'application à l'économie politique.

En premier lieu les mathématiques pures conduisent par elles-mêmes à des résultats nouveaux. Il est certain, sans doute, qu'elles ne créent rien avec rien. On a dit d'une façon un peu familière, mais juste, qu'elles sont un moulin, et comme tout moulin, ne rendent que ce qu'on y a mis. Seulement leur puissance de transformation est telle que le produit obtenu peut différer du tout au tout de la matière première, bien qu'il n'en puisse être autre chose que la conséquence logique. A ce point de vue on peut donc dire qu'elles sont un instrument de découverte, puisqu'elles conduisent à des vérités qu'il eût été fort difficile et quelquefois impossible de deviner sans elles. C'est alors à l'observation à intervenir, et à faire voir si la loi ou le phénomème indiqués par le procédé mathématique se réalisent en fait. L'expérience doit donc toujours suivre le raisonnement mathématique à titre de vérification. Elle consistera, par exemple, à faire des applications numériques des résultats établis au moyen du calcul algébrique. Mais l'expérience n'a ici que ce rôle de vérification, et l'instrument de découverte, c'est la mathématique.

Ce qui obscurcit généralement ceci, c'est que l'étude des éléments de mathématiques, pas plus que l'enseignement qu'on en donne,

[1] Léon Duguit, *L'Etat, le droit objectif et la loi positive,* préface, *loc. cit.*

ne met ce fait en évidence. Elle est faite d'une façon presque exclusivement synthétique. On énonce d'abord la vérité à démontrer ;
on la démontre ensuite, assurément en la déduisant des vérités
antérieures, mais sans se préoccuper de dire comment elle apparut
pour la première fois comme conséquence de ces vérités antérieures. Par exemple quand le professeur aborde le théorème du carré
de l'hypoténuse, il se contente, après l'avoir énoncé, d'en prouver
logiquement l'exactitude. Mais on se demande évidemment d'où il
vient et par quelle divination un cerveau humain a pu trouver pour
la première fois cette ingénieuse vérité. Dans l'enseignement, on
néglige l'induction préalable, qui est, on l'a vu, à la base de tous
les raisonnements déductifs. On laisse croire qu' « ils sont tombés
du ciel », pour employer l'expression de Cl. Bernard [1]. De là, la
grosse question de savoir comment doivent être enseignées les mathématiques, la géométrie notamment ; doit-on bannir toute intuition, doit-on au contraire mettre entre les mains des commerçants
des figures concrètes, des triangles palpables, des cercles en bois
ou en fer, pour montrer comment certaines propriétés ont pu
d'abord être observées, et comment l'on a ensuite cherché à les
démontrer par le raisonnement, c'est la difficulté qui se pose [2].
Les savants ne voient de même que la déduction et les intérêts
captivants qu'elle présente. La mathématique est une prodigieuse
machine à déduire ; la construction de cette machine et son incessant perfectionnement sont l'objet des études mathématiques pures.
Ceux qui s'y livrent se laissent d'ordinaire absorber par la considération des vérités en elles-mêmes, sans penser toujours à en
rechercher l'origine. Mais si l'on avait soin de faire cette recherche,
on retrouverait le fait connu que les mathématiques les plus abstraites partent de certaines vérités préexistantes pour arriver à en
faire découvrir d'autres par le raisonnement. Seulement, ce raisonnement tire des faits observés des conséquences telles, qu'elles
ont un caractère de nouveauté incontestable et qu'elles sont vraiment des découvertes. De plus, elles n'ont pu apparaître que grâce
à lui.

[1] Cl. Bernard, *Introduction à la médecine expérimentale*, p. 80.
[2] V. notamment sur cette question d'enseignement, Tannery, *La connaissance mathématique*, *Revue philosophique*, 1884. 1. 446 ; A. Rebière, *Les mathématiques primaires et la géométrie de Clairaut*, article dans la *Revue pédagogique*, 1899. 2. 27, et
qui discute la méthode euclidienne ; *Dictionnaire de pédagogie*, v° *Géométrie*.

Les mathématiques sont donc en elles-mêmes un instrument de découverte.

Si cette qualité reste dans l'ombre dans l'étude des mathématiques pures, elle se manifeste d'une façon bien plus évidente si l'on passe à l'application que l'on en fait aux phénomènes naturels, physiques, chimiques, mécaniques, astronomiques, et qui constitue la science mathématique appliquée. Cette application aux sciences expérimentales montre, à tout instant, les transformations de calcul mettant sur la trace d'un phénomène non encore observé et qui doit forcément se produire si la loi mathématique d'où l'on est parti est sans défaut, c'est-à-dire en concordance constante avec la nature. L'expérience, ici encore, doit suivre à titre de vérification ou d'application.

Les exemples à citer seraient innombrables. Je n'en rappellerai qu'un. Le Verrier constate que le mouvement de certains astres ne peut rester d'accord avec la loi newtonienne de la gravitation qu'à condition d'ajouter un élément au système planétaire connu de son temps : il faut y adjoindre une nouvelle planète, qui devra exister et se mouvoir dans des conditions déterminées par les calculs qu'il a faits, et qui sont la conséquence logique de la loi de Newton. Il s'agit donc de guetter les régions du ciel où, à un instant donné, *doit* se trouver le nouvel astre, et on finit en effet par l'y apercevoir.

Voilà, entre autres, une découverte *qu'il faut* attribuer aux mathématiques : c'est la discordance entre les conséquences *mathématiques* de l'existence des planètes connues avant Neptune et les observations faites de leur mouvement, qui a amené à conclure à l'existence de cette nouvelle planète dont on a pu dès lors, au moyen de la machine à déduire, calculer mathématiquement par avance le mouvement. Il y a donc eu ici une double vérification expérimentale des raisonnements mathématiques : la première a fait voir que la réalité n'était pas d'accord avec eux, et que par conséquent il y avait quelque chose de nouveau à découvrir, c'est-à-dire qu'une planète encore inconnue *devait* exister ; la seconde a fait voir que la nouvelle planète, révélée par eux, existait véritablement. Voilà l'exemple d'un résultat neuf fourni par les mathématiques ; le fait matériel d'observer l'astre avec un instrument d'optique n'était qu'une vérification et une confirmation.

Les découvertes dues à l'analyse mathématique en mécanique,

par exemple, ne sont pas moins importantes. « Le physicien, dit
M. Ribot, mesure les forces motrices par les mouvements produits,
et de l'observation de ceux-ci il infère les lois, — *absolument
inaccessible à ses sens,* — suivant lesquelles les forces agissent [1].
En physique on a pu, par le même procédé, apprendre bien des
choses nouvelles. M. Poincaré a très finement observé que, en partant de certains faits connus donnés par l'observation, on peut
arriver par là à d'autres faits inconnus que l'on n'aurait probablement jamais découverts autrement, ou que l'on n'aurait découverts
que plus tard et par hasard. On n'y aurait vu alors rien d'extraordinaire ; on n'aurait pas pu les expliquer ; on n'aurait pas, dans
bien des cas, aperçu le lien les rattachant aux phénomènes antérieurs ; on n'aurait pu enfin en tirer aucune conséquence. Les mathématiques, conclut le savant mathématicien, augmentent donc
« le rendement de la science » [2].

En voilà assez, je crois, pour montrer qu'elles sont un admirable
instrument de découverte. Elles ont pu d'abord être étudiées pour
elles-mêmes, mais elles se sont ensuite développées logiquement,
en amenant en même temps, cela n'est pas douteux, un progrès
dans la connaissance de la nature à laquelle elles ne cessent de
s'appliquer. L'invention, en mathématiques, consiste à la fois dans
le perfectionnement de l'engin de déduction et dans l'application
de ses multiples organes aux phénomènes naturels. Du reste les
deux choses sont intimement liées et il est bien difficile souvent de
les démêler. Un mathématicien seul pourrait expliquer ceci clairement; on pourra consulter notamment à cet égard l'étude de
M. Poincaré.

Toutes les notions précédentes s'appliquent à l'économie politique. Il est possible que la mathématique soit un instrument de
découverte dans le domaine des faits économiques. Si j'admets par
exemple qu'à un instant donné l'accroissement de population pour
un pays soit proportionnel à la population existante à cet instant,
j'en déduirai mathématiquement ce fait que, si le temps croît en
progression arithmétique, la population doit croître en progression
géométrique. Il est clair que ce trop simple exemple, tout théorique,
a uniquement pour but d'éclairer cet exposé. Mais il en résulte

---

[1] Ribot, *La psychologie allemande*, p. 222.
[2] Poincaré, *Les relations entre la physique expérimentale et la physique mathématique ; Revue générale des sciences*, 1900, p. 1164.

aussitôt ceci : s'il est possible de traduire un fait ou un ensemble
des faits économiques par une loi ou une formule mathématique
suffisamment simple pour se prêter aux procédés ordinaires de
calcul, ces procédés, qui sont après tout des modes de déduction
plus puissants que le langage ordinaire, pourront conduire à des
faits nouveaux, c'est-à-dire non encore observés. Ces faits ne seront
sans doute que des conséquences logiques des faits initiaux d'où
l'on est parti, mais ils pourront néanmoins présenter par eux-
mêmes un véritable intérêt. Ici aussi, d'ailleurs, l'expérience devra
suivre, la statistique notamment sera une partie expérimentale. La
vérification des faits découverts sera capitale pour reconnaître si
par hasard, et ce sera souvent, on n'a pas, au milieu de la complexité des faits, oublié quelques conditions initiales faute desquelles
la loi d'où l'on est parti est incomplète ou erronée. Je reprends la
loi de Malthus. Il est clair qu'elle est incomplète. Si le peuplement
y était exclusivement soumis, la conséquence relative à l'accroissement de la population après des temps égaux et que je viens de
signaler, devrait se vérifier en fait. Or ceci est loin d'être vrai. On
ne doit donc jamais négliger de faire une observation.

　Aussi des auteurs qui ne sont pas mathématiciens, comme M. Cossa,
regardent comme une erreur la croyance que la méthode discutée
ici ne peut servir qu'à la démonstration et n'a aucun rôle dans la
découverte. M. Cossa rappelle que beaucoup de résultats, théoriquement importants, ont été obtenus à l'aide des mathématiques,
et il cite comme exemple certaines propositions sur la théorie de la
valeur dues à l'Anglais Marshall [1]. M. Léon Walras affirme de son
côté que les vérités d'économie politique pure « fournissent la solution des problèmes les plus importants, les plus débattus et les
moins éclairés d'économie politique appliquée et d'économie sociale »
(p. 30). Il ne s'en tient pas d'ailleurs à cette assertion générale,
il met en relief les « découvertes » dues à la méthode qu'il emploie.
Je citerai notamment la réfutation des théories anglaises sur le
salaire et l'intérêt, par exemple de la théorie de Stuart Mill sur le
taux des salaires : « Le taux des salaires se règle par le rapport de
la population aux capitaux » (p. 415). Il soutient aussi que les procédés mathématiques ont donné la formule scientifique de la loi de
l'offre et de la demande, « loi fondamentale dont il n'a été fourni

[1] Cossa, *op. cit.*, p. 104.

jusqu'ici que des expressions dénuées de sens ou erronées » (p. 143).
A son avis « jusqu'à ce jour, la loi fondamentale de l'économie
politique n'a jamais été, non seulement démontrée, mais même formulée correctement » (p. 144).

Mais c'est surtout en ce qui touche à la libre concurrence en
matière de production que le savant auteur insiste. D'après lui, la
méthode mathématique a, la première, établi ce grand principe, ce
qui, dit-il, *n'avait jamais été fait jusqu'ici*. Les économistes ont
préconisé le *laisser faire, laisser passer*. « Malheureusement, il
faut bien le dire, ils ont moins démontré leur *laisser faire, laisser passer* qu'ils ne l'ont affirmé à l'encontre des socialistes anciens
et nouveaux, qui de leur côté affirment, sans le démontrer davantage, l'intervention de l'Etat » (p. 233).

Ainsi sur ce point capital on n'avait trouvé antérieurement que
des affirmations sans preuves de part ni d'autre, ce qui conduisait
à la confusion, à l'affirmation à la fois du faux et du vrai, à l'incertitude de l'opinion : « Elle s'arrête, indéfiniment tiraillée en sens
contraire par des adversaires qui ont, les uns et les autres, raison
et tort tout ensemble ». Tels sont les dangers « de la science traitée
en littérature » (p. 234), tandis qu'on est aujourd'hui, grâce aux
équations, aux courbes etc., en présence d'un résultat neuf. Ici,
M. Walras pousse un véritable cri de triomphe : il proclame le
succès de sa méthode; il en vante les conséquences; il met ses
adversaires en demeure de s'incliner devant l'exactitude qu'elle
présente. « Peut-être, conclut-il, voudra-t-on bien enfin reconnaître
l'importance de l'économie politique pure élaborée scientifiquement » (p. 231).

La conclusion des mathématiciens est que leurs procédés constituent des instruments de découverte, et même précieux, pour l'économie politique et financière comme pour les sciences physiques
par exemple. Ils en concluent que les mathématiques s'imposent
encore en tant qu'elles comportent des moyens d'invention qui leur
sont propres, et qu'elles mènent à une connaissance plus étendue
des phénomènes et des lois dans l'ordre économique et financier.
Du moment qu'elles constituent un agent de transformation d'une
puissance incomparable, une « machine à déduire » d'une efficacité
beaucoup plus énergique que les autres, on peut dire qu'elles sont
indispensables en un certain sens : il ne serait pas raisonnable de
se priver volontairement d'un mécanisme qui donne un véritable

point net. Si l'on trouve deux moyens d'arriver à la vérité, on ne voit pourquoi l'on en sacrifierait un, quand cette vérité est si difficile à découvrir ou même à approcher.

§ IV. *Incertitudes et contradictions des mathématiciens. Nécessité de la méthode mathématique comme moyen de certitude.*

Les adversaires de l'algèbre, du calcul différentiel ou intégral, etc., ne se rendent pas encore. Admettons, disent-ils, l'emploi de ces symboles abstraits, réduits, si l'on veut, au minimum de complication, mais mystérieux encore pour une grande partie du public. Ont-ils au moins l'avantage de donner la certitude de fonder des raisonnements rigoureusement exacts, de conduire à la possession de la vérité absolue ? Il n'en est rien, dit-on, et l'on parle avec complaisance des incertitudes et des contradictions des mathématiciens. Elles seraient innombrables à signaler. Cournot a commis plusieurs erreurs dénoncées par MM. Joseph Bertrand[1] et Vilfrédo Paréto[2]. M. Bertrand en relève une à la charge de M. Léon Walras, mais en se trompant à son tour, erreur mentionnée par M. Vilfrédo Paréto[3]. La théorie de M. Walras sur les prix a été contestée par deux mathématiciens allemands, MM. Auspitz et Lieben[4]. On a cru trouver une lacune grave, je l'ai dit plus haut, dans sa théorie du prix[5]. Il a critiqué de son côté les formules de Stanley Jevons sur les variations de valeur de la monnaie[6]. On a montré encore la fausseté de certaines lois économiques formulées mathématiquement ; M. Leroy-Beaulieu a fait voir, par exemple, que la loi de l'offre et de la demande ne comporte aucune expression mathématique : on commet une erreur certaine si l'on dit que la valeur varie en raison directe de la demande et en raison inverse de l'offre[7]. Enfin pour borner là ces citations faciles, il résulte de la préface de Stanley Jevons à sa *Théorie d'économie politique* que « les mathématiciens peuvent se tromper et qu'ils ne se comprennent pas tou-

---

[1] *Journal des savants*, 1883, p. 500 et s.

[2] *Cours d'économie politique*, I, n. 145 et p. 74.

[3] *Id.*, I, n. 145.

[4] *Revue d'économie politique*, 1890, p. 320 ; L. Walras, *Eléments d'économie politique pure*, p. 483.

[5] A. Beaujon, *A propos de la théorie du prix*, Revue d'économie politique, 1890, p. 17.

[6] *Etudes d'économie politique appliquée*, p. 29 et s.

[7] P. Leroy-Beaulieu, *Traité théorique et pratique d'économie politique*, III, p. 62.

jours entre eux ». Cela coupe court à tout, ajoute M. Maurice
Block. C'était déjà un grave défaut pour la méthode d'être inintel-
ligible à la grande majorité des économistes, mais il y avait une
compensation, l'infaillibilité. Celle-ci étant contestée, toute l'utilité
de la méthode mathématique croule et disparaît [1].

Doit-on attacher grande importance à ces considérations, je ne
le crois pas. Elles constituent une sorte d'argument *ad hominem,*
qui a une portée tout apparente et en réalité se trouve plus faible
que ceux développés précédemment.

Tout d'abord il convient de dégager les mathématiques des
reproches qui ne s'adressent pas vraiment à elles. La méthode a
été compromise par des auteurs qui, n'étant pas mathématiciens,
ont voulu néanmoins se servir de ses procédés, les ont employés
alors sans discernement et on fait apparaître des résultats manifestement faux. M. Léon Walras proteste, et ici on ne peut que
l'approuver sans réserves, contre toute assimilation entre cette
manière de faire et la sienne. Il cite « des échantillons de ces
théories » dont la seule différence avec les siennes consiste en ceci,
qu'il s'astreint à avoir toujours autant d'équations que d'inconnues
dans ses problèmes, tandis que « ces Messieurs », dit-il, se réservent tantôt de déterminer une même inconnue au moyen de deux
équations, et tantôt de faire servir une seule équation à déterminer deux, trois et quatre inconnues (p. xx). Je citerai comme exemple son exposition et sa réfutation des théories anglaises du salaire
et l'intérêt ; sur ce point la doctrine anglaise, d'après lui, prétend
déterminer deux inconnues avec une seule équation (p. 415 s.).

De même la critique relative à la loi de l'offre et de la demande
porte entièrement à faux. On l'a traduite quelquefois en disant :
« La valeur varie en raison directe des quantités demandées et en
raison inverse des quantités offertes ». Cette formule, qui a
l'aspect d'une formule mathématique rigoureuse, est de tous points
inexacte. Elle semblerait signifier, dit M. Paul Leroy-Beaulieu, que
si la quantité offerte d'un objet vient à doubler soudainement, la
valeur baissera de moitié, et inversement si la quantité demandée
vient à doubler, la valeur doublera aussi. Or les faits donnent à
cette assertion un démenti formel. M. Leroy-Beaulieu s'efforce d'en
donner le motif. Il fait intervenir la « loi de substitution » des

[1] *Progrès de la science économique*, 2ᵉ éd., I, p. 45.

besoins humains les uns aux autres suivant les degrés de satisfaction que chacun a reçus, et la substitution même entre eux des
divers moyens de satisfaire chaque besoin, c'est-à-dire des différentes denrées qui y peuvent pourvoir. « Il ne faut pas oublier que
l'offre et la demande d'une denrée ne sont pas, pour la plus grande
partie du moins, une offre et une demande absolues ; ce sont une
offre et une demande conditionnelles, c'est-à-dire subordonnées,
pour la demande, à ce que la valeur de l'objet ne dépasse pas un
certain quantum auquel on est habitué ou que l'on avait présumé
également » [1]. Et il tire de ceci un argument qu'il considère comme
décisif contre la méthode. Il en résulte, dit-il, qu'il est « d'une
impossibilité absolue » de recourir aux mathématiques pour établir
des propositions exactes entre les variations de l'offre ou de la
demande d'un objet et les variations de sa valeur ; c'est à ce propos qu'il appelle les recherches mathématiques en économie politique *un pur jeu d'esprit,* et qu'il les assimile « à la poursuite des
martingales à la roulette de Monaco ».

Ceci serait fort bien si c'étaient les mathématiciens qui avaient
donné cette formule rigoureuse. Mais elle n'est pas leur fait, elle
est au contraire l'œuvre de leurs adversaires. On le trouve par
exemple dans le livre de Jourdan, qui prend résolument parti contre les mathématiques, et qui prétend démontrer, on l'a vu, une
« opposition absolue entre les sciences exactes et les sciences
morales » [2]. Après avoir indiqué sa formule dans sa forme rigoureuse,
Jourdan ajoute cependant que « si l'offre diminue de moitié, ce
déficit de moitié ne doublera pas le prix. *Il y a ici,* dit-il, *bien des
distinctions à faire* ». Tout ceci ne se comprend pas bien. A quoi
bon, si tant de distinctions sont nécessaires, commencer par poser
une formule dont l'aspect mathématique ne peut que prêter à la
critique ?

On la trouve encore sous la plume de M. Yves Guyot. Dans sa
Science économique, il la présente sans aucune restriction et en
la soulignant :

« *La valeur d'une utilité est en raison inverse de l'offre et en
raison directe de la demande* ».

Et il ajoute que « cette loi est la plus indiscutable de la science

[1] P. Leroy-Beaulieu, *loc. cit.*
[2] Jourdan, *Cours analytique d'économie politique,* p. 445.

économique », bien que de temps en temps « on entend des rêveurs la maudire » [1].

M. Yves Guyot affectionne particulièrement cette façon lapidaire d'exprimer ce qu'il considère comme des vérités économiques. Son livre, après avoir dénoncé les « prodigieuses erreurs » de la méthode mathématique, est parsemé de « progressions arithmétiques et géométriques », de « rapports directs et inverses ». Il prend pour son compte, par exemple, la loi de Davenant et de Grégory King : « *Lorsque le rapport des quantités des deux denrées offertes en échange varie en progression arithmétique, le rapport des valeurs de ces deux denrées varie en progression géométrique* » [2]. Il la reproduisait encore récemment dans un journal, en ces termes mêmes, lors de la discussion sur les bons d'importation [3]. Or M. Vilfrédo Parêto, qui emploie couramment le calcul, les courbes, etc., déclare que « la loi de King ne saurait s'appliquer actuellement à l'Angleterre » et qu'elle n'exprime pas du tout le rapport existant entre la quantité de blé consommée et le prix de cette céréale [4]. C'est donc un ennemi des mathématiques, M. Yves Guyot, qui la proclame, et un mathématicien, M. Vilfrédo Parêto, qui la repousse.

Quant à la formule de la loi de l'offre et de la demande, les

---

[1] Yves Guyot, *La science économique*, 1881, p. 114.

[2] Yves Guyot, *op. cit.*, p. 121. « Il faut ajouter, dit l'auteur : *L'exactitude de cette loi est en raison inverse de la facilité des moyens de transport* ». — Cf. p. 107 : « *La production est en raison géométrique de la rapidité de la circulation* » ; — p. 113 : « *La valeur des capitaux fixes est en raison directe de l'abondance des capitaux circulants et la valeur des capitaux circulants est en raison inverse de la puissance des capitaux fixes* » ; — p. 162 : « *La richesse d'une nation est en raison directe de la valeur de ses capitaux fixes et en raison inverse de la valeur de ses capitaux circulants* » ; — p. 225 : « *La valeur de l'homme comme celle de tous les capitaux fixes est en raison de l'abondance des capitaux circulants.* » ; — p. 346 : « *Les frais de production sont en raison inverse de la grandeur du débouché* ». Les procédés des mathématiciens sont laissés bien loin en arrière par cette avalanche de progressions plus ou moins géométriques et de raisons directes et inverses !

[3] La discussion sur les bons d'importation a eu lieu au Sénat au mois de mars 1901. M. Yves Guyot écrivait à ce propos dans le *Siècle* du 7 mars 1901 : « Les partisans des bons d'importation préparent des prix de famine avec une inconscience qui prouve leur ignorance des plus simples notions économiques. Autrement ils connaîtraient le phénomène économique qu'on appelle la loi de Davenant et de King. Si le déficit, par rapport à la consommation moyenne, est égal à 1/10, 2/10, 3/10, 4/10, 5/10, la hausse par rapport au prix moyen sera de 3/10, 8/10, 16/10, 28/10, 45/10. M. G. de Molinari a donné de cette loi la définition suivante : *Lorsque le rapport des quantités de deux denrées offertes en échange, varie en progression arithmétique, le rapport des valeurs de ces deux denrées varie en progression géométrique* ».

[4] Vilfrédo Parêto, *Cours d'économie politique*, II, n. 979.

mathématiciens, bien loin d'en être les auteurs, en sont, autant que M. Paul Leroy-Beaulieu, les adversaires déclarés. M. Léon Walras l'attaque dans un style moins pittoresque et moins dur dans la forme, mais tout aussi énergique, que les sarcasmes de M. Leroy-Beaulieu. Il déclare que, jusqu'à présent, on n'a fourni de la loi de l'offre et de la demande que des expressions « dénuées de sens ou erronées », et il montre que le prix n'est pas déterminé par le rapport de l'offre et de la demande, qu'il ne varie « pas plus en raison directe de la demande et en raison inverse de l'offre qu'en raison inverse de la demande » (p. 143). Ceci, je pense, est décisif. M. Leroy-Beaulieu a l'air de croire que les mathématiciens sont les auteurs de la loi mathématique contre laquelle il s'insurge, et il les combat au nom d'un principe et en invoquant une formule qu'ils combattent également. La persistance dans de telles confusions rendrait l'entente bien difficile. Laissons donc de côté les critiques imméritées ; c'est la condition première d'un examen impartial de s'en tenir aux erreurs et aux contradictions indéniables..

Celles-ci ne doivent pas émouvoir outre mesure. Que les mathématiciens se contredisent parfois, c'est évident ; qu'ils se trompent plus souvent encore, ce n'est pas douteux. Ce sont là les tâtonnements de la science ; toute construction à ses débuts, et c'est le cas pour la construction mathématique de l'économie politique, doit passer forcément par une période de mécomptes ; elle a une quantité donnée de fautes à commettre. Dans les sciences physiques il y a eu des erreurs successives ; leur histoire, de l'aveu des spécialistes eux-mêmes, n'est presque que l'histoire de leurs erreurs ; « les ruines s'accumulent sur les ruines »[1]. Les illusions des anciens astronomes ou des chimistes d'autrefois n'ont pas empêché l'astronomie ou la chimie de se constituer à la longue comme sciences ayant aujourd'hui une existence reconnue ; si des erreurs sont découvertes, il ne s'ensuit pas la « faillite de la science ».

Les fautes des économistes mathématiciens sont, après tout, fort admissibles dans des matières aussi délicates. Les personnes adonnées à l'étude du droit seraient d'ailleurs mal venues, devant les divergences si profondes des jurisconsultes, les revirements incessants de doctrine et de jurisprudence sur des points d'une application quotidienne, à leur adresser des reproches. Il y aurait

---

[1] Poincaré, *La physique mathématique et la physique expérimentale*, dans la *Revue générale des sciences*, 1900, p. 1168.

également imprudence, de la part des économistes, à regarder les contradictions des algébristes comme une fin de non-recevoir absolue. Les doutes et les vues opposées des écoles classique, historique, interventionniste, sur le libre-échange, la protection, la rente, le salaire et tant d'autres questions, sont de nature à imposer plus de réserve et de prudence dans l'appréciation des théories et des procédés d'autrui.

Il faut donc écarter l'objection : elle est puérile en soi, elle est une arme à double tranchant puisqu'elle peut être retournée aisément contre ses auteurs, enfin elle ne prouve rien, sinon que la méthode n'a pas encore atteint le point précis où elle pourra défier toutes les attaques. Que l'on signale par exemple une lacune dans la théorie des prix de M. Walras, ses procédés en général ne sont point renversés. Que la lacune soit réelle, c'est possible ; il n'y a pas lieu de le rechercher ici. Tout ceci est affaire de progrès et de perfectionnement. Les sciences écrites ont mis des siècles à se constituer ; l'économie mathématique a droit légitimement à quelque crédit ; elle ne peut pas avoir la prétention d'arriver dès le début à la perfection. Ses partisans eux-mêmes en conviennent quand ils signalent mutuellement leurs erreurs, ne redoutant pas de fournir ainsi des armes contre eux-mêmes. S'ils n'hésitent pas à le faire, c'est qu'ils regardent leur œuvre comme inachevée encore.

En attendant cet achèvement, les procédés mathématiques, tout imparfaits qu'ils soient, donnent des résultats précieux pour la certitude. Si l'on veut apprécier sainement les choses, on reconnaîtra que, loin de favoriser les méprises, ils peuvent souvent amener à un degré d'infaillibilité que l'on ne rencontre pas toujours ailleurs. Incontestablement nul ne peut affirmer que le raisonnement mathématique est sûr, ni qu'il conduit d'une façon certaine à la possession de la vérité, mais on peut affirmer qu'il s'en rapproche plus que beaucoup d'autres.

D'abord il a été établi avec un désintéressement complet de la part de ceux qui l'ont étudié. Personne n'avait intérêt à démontrer le théorème du carré de l'hypoténuse, à établir que la somme des angles d'un triangle est égale à deux angles droits ou à prouver toute autre loi mathématique. Si donc on l'a fait, c'est qu'on a cru voir dans ces propositions l'expression de la vérité[1]. Les adeptes des

---

[1] *Grande encyclopédie*, v° *Mathématiques*.

diverses sciences peuvent par conséquent se servir avec assurance d'un instrument construit dans de telles conditions d'impartialité.

D'autre part, la rigueur des déductions, la puissance logique qu'il comporte, voilà autant de qualités qui lui sont propres. Les procédés mathématiques obligent à formuler avec beaucoup de précaution et de précision les prémisses du raisonnement ; ils présentent une série de propositions dont on découvre l'enchaînement à vue d'œil, et où l'on constate facilement les erreurs qui ont pu s'y glisser [1]. L'idéal serait évidemment de suivre la méthode indiquée par Pascal et qui « consisterait en deux' choses principales : l'une, de n'employer aucun terme dont on n'eût auparavant expliqué nettement le sens ; l'autre, de n'avouer jamais aucune proposition qu'on ne démontrât par des vérités déjà connues, c'est-à-dire, en un mot, à définir tous les termes et à prouver toutes les propositions » [2]. Mais c'est là un moyen théorique, auquel la géométrie elle-même n'arrive pas. Elle ne définit pas tout et ne prouve pas tout, ajoute le philosophe de Port-Royal ; elle traite des figures égales ou semblables, et elle ne définit ni l'égalité, ni les semblables qui sont en grand nombre, ni bien d'autres choses. Malgré ces lacunes, les mathématiques engendrent la conviction autant qu'il est possible avec la faiblesse de l'entendement humain. Leur supériorité à cet égard sur les sciences empiriques est considérable.

Les définitions empiriques, de la botanique ou de la zoologie par exemple, sont loin d'être assurées et immuables. D'abord les savants ne sont pas d'accord sur les caractères des espèces et des genres, et même s'ils se mettaient d'accord, les définitions, comme on l'a fort bien remarqué, seraient encore loin d'être complètes et définitives : elles ne contiendront jamais l'essence entière des êtres définis [3]. Les démonstrations des sciences empiriques comportent également bien des imperfections, tandis que Pascal a montré la supériorité de la géométrie pour les démonstrations, et par géométrie il entendait toutes les sciences mathématiques [4]. Bien qu'elle

---

[1] Cossa, *op. cit.*, p. 104.

[2] Pascal, Fragments de l'*Esprit géométrique*.

[3] Louis Liard, *Des définitions géométriques et des définitions empiriques*, p. 195.

[4] « La géométrie prend ces trois noms de mécanique, d'arithmétique et de géométrie, ce dernier nom appartenant au genre et à l'espèce ». Le nom de géométrie n'appartient aujourd'hui qu'à l'espèce ; on ne désigne le genre que par celui de mathématiques. E. Havet, *Pensées de Pascal*, 3ᵉ éd., II ; fragments de l'*Esprit géométrique*, p. 287, note 1.

ne suive pas le procédé tout à fait idéal qui mènerait à la vérité
absolue, « elle seule observe la véritable méthode » ; elle procède
avec un ordre sans doute inférieur à un ordre « absolument accompli », mais qui est néanmoins « l'ordre le plus parfait entre les
hommes ». Après les fragments de l'*Esprit géométrique* il n'y a
plus rien à dire.

Enfin le raisonnement mathématique donne la certitude par la
vérification à laquelle il peut lui-même être soumis. Après tout il
n'existe pas de critérium infaillible pour reconnaître que l'on raisonne juste. Le contrôle de l'expérience est le seul possible pour
faire voir que l'on ne s'est pas trompé. L'expérience consiste, en
mathématiques, à faire des applications numériques des résultats
établis, ou bien à examiner des cas particuliers permettant de retrouver, par des considérations différentes de celles déjà employées,
des propositions déjà acquises [1]. Malgré ce doute « qui plane sur
toute proposition émanant de l'intelligence humaine », les vérités
mathématiques doivent être regardées comme celles qui sont le
plus solidement établies [2].

La théorie mathématique de la richesse sociale comporte donc
toute la certitude des sciences exactes. Comme elles, elle admet,
elle provoque, dans toutes les parties susceptibles d'une construction scientifique, le contrôle du raisonnement par l'expérience .
Ceci lui donne la prééminence sur beaucoup d'autres connaissances,
et spécialement, comme Cournot l'a remarqué dans un de ses derniers ouvrages, sur le droit : il n'y a nul moyen, dit-il, d'appliquer
le contrôle de l'observation à la déduction juridique le plus généralement acceptée ; on peut bien constater par l'expérience que les
effets d'une loi sont salutaires, mais non pas qu'un jurisconsulte a
raisonné juste [4]. L'application des mathématiques à la philosophie
a été contestée pour le même motif. Si les conclusions de la psychophysique, à l'appréciation de M. Delbœuf, sont loin d'atteindre le
degré de certitude auquel on arrive en mécanique, en physique,
en chimie et même en physiologie [5], c'est surtout parce qu'il est
impossible de les contrôler expérimentalement. La loi de Wéber et

---

[1] *Grande encyclopédie*, vᵒ *Mathématiques*, p. 396.
[2] *Grande encyclopédie*, vᵒ *Mathématiques*, p. 397.
[3] Cournot, *Principes de la théorie des richesses*, 1863, *Préface*, n. 9.
[4] Cournot, *loc. cit.*
[5] Delbœuf, *La loi psychophysique; Revue philosophique*, 1878. 1. 37.

la loi de Fechner ont été attaquées parce que la vérification effective ne peut s'en faire pour toutes les classes de sensations ; elles sont rigoureusement scientifiques quant à la forme, mais il est difficile de les mettre rigoureusement d'accord avec les faits minutieusement observés [1]. L'économie mathématique, au contraire, échappe à ce reproche ; elle admet essentiellement la preuve par les faits. J'ai insisté plus haut sur ce point dont la conséquence capitale apparaît maintenant : c'est la certitude des raisonnements et des résultats.

Cette certitude n'est même pas ébranlée si l'expérience vient démontrer l'inexactitude d'une proposition établie par les mathématiques. L'écart entre elle et les phénomènes de la réalité prouve que telle proposition spéciale est fausse ; il ne prouve pas que le système de raisonnement mathématique soit mauvais en soi. Bien au contraire, la démonstration de l'erreur a encore son utilité : elle avertit que l'on a commis une faute, elle en donne l'assurance et évite d'y persister, alors qu'avec d'autres méthodes on peut très bien ignorer que l'on s'est trompé et n'avoir aucun moyen de découvrir les points faibles. L'erreur prouvée conduit encore à la vérité, en ce sens qu'elle indique toujours *un chemin à ne pas prendre,* un danger à éviter ; il s'agit alors d'essayer une autre voie. M. Poincaré avait déjà fait cette remarque pour le savant dont les conclusions en physique mathématique sont contredits par l'expérience. Il devrait « être plein de joie », dit-il, car il vient de trouver une occasion inespérée de découverte. Son hypothèse n'avait pas été adoptée à la légère ; elle tenait compte de tous les facteurs connus qui semblaient pouvoir intervenir dans le phénomène. Si la vérification ne se fait pas, c'est qu'il y a quelque chose d'inattendu, d'extraordinaire ; c'est, conclut M. Poincaré, « qu'on va trouver de l'inconnu et du nouveau » [2].

En somme, vérifié ou non, le raisonnement mathématique offre autant de certitude que l'on en peut souhaiter, et beaucoup plus que n'en présentent les autres méthodes. Qu'il procède par des moyens défectueux sur beaucoup de points, tout le monde en conviendra ; que ces moyens soient perfectibles et susceptibles de con-

[1] E. Boutroux, *De l'idée de loi naturelle,* p. 112; Tannery, *Critique de la loi de Wéber; Revue philosophique,* 1884. 1. 17.
[2] Poincaré, *Les relations de la physique expérimentale et de la physique mathématique ; Revue générale des sciences,* 1900, p. 1166.

duire à une approximation de plus en plus grande de la vérité, c'est ce que l'on peut légitimement et solidement affirmer.

III

LA PÉNÉTRATION DE L'ÉCONOMIE POLITIQUE PAR LES MATHÉMATIQUES

L'école mathématique, représentée principalement par Stanley Jevons et M. Léon Walras, et aussi par M. Vilfrédo Paréto et par d'autres, s'est efforcée d'appliquer à l'économie politique et financière les procédés numériques et graphiques, les équations, les courbes, etc. Les lecteurs qui ont bien voulu suivre les développements donnés à ce sujet [1] ont pu se rendre compte de la valeur des résultats acquis.

Si l'on examine impartialement la méthode, l'emploi qu'il est possible d'en faire et les conclusions auxquelles elle aboutit, on devra reconnaître qu'en somme il ne s'élève aucune objection décisive contre elle. Au fond, le caractère technique qu'elle présente est pour le moment la grosse objection. Elle se heurte principalement à l'ignorance mutuelle des mathématiciens et des économistes pour leurs études respectives. Chez nous, les économistes sont rebutés par un langage qui leur est à peu près interdit, par des formules qu'ils ne comprennent pas et dont ils ne peuvent vérifier ni la portée, ni l'exactitude. Les mathématiciens, de leur côté, voient, dans les problèmes économiques soumis à l'algèbre et à la géométrie, des équations sans conséquence, des raisonnements de fantaisie, parce qu'à leur tour ils possèdent peu les notions économiques suffisantes, ou même qu'ils n'en possèdent pas du tout. L'économie mathématique se trouve donc placée entre deux groupes de savants qui, chacun pour leur part, ne veulent pas s'en occuper pour des raisons diverses.

La conclusion est bien simple. Elle est dans la combinaison des divers ordres de recherches, dans la synthèse de plusieurs connaissances chez les mêmes individus. Jusqu'à présent, elles ont été séparées, ce qui a pu amener la stagnation et la stérilité. Si la France du xixe siècle, qui a vu naître la science nouvelle avec

---

[1] V. les numéros précédents de la *Revue*. Depuis le début de ce travail a paru le *Traité d'économie politique* de M. Colson, qui fait, pour la théorie de la valeur, un grand usage des courbes.

Cournot, s'en est complètement désintéressée par la suite, cela tient à cette conception « d'une étroitesse bourgeoise », dit M. Léon Walras, de la culture intellectuelle qui la lui fait partager en deux zones distinctes : l'une, produisant des calculateurs dépourvus de connaissances philosophiques, morales, historiques, économiques, et l'autre où fleurissent des lettrés sans aucunes notions mathématiques. Le XXᵉ siècle, conclut le professeur de Lausanne, sentira le besoin, même en France, de remettre les sciences sociales aux mains d'hommes d'une culture générale, habiles à manier à la fois l'induction et la déduction, le raisonnement et l'expérience [1].

Doit-on attendre des bons effets de cette extension des connaissances, c'est-à-dire doit-on encourager les économistes à sortir du domaine exclusif et restreint de leur science propre, les pousser à aborder les domaines plus vastes des sciences voisines et en particulier des mathématiques, c'est ce que je veux rechercher brièvement.

§ Iᵉʳ. *Nécessité des méthodes nouvelles en économie politique.*

Si les personnes comme M. Léon Walras ont essayé de faire de l'économie mathématique, si elles ont tenté de demander au calcul la démonstration de certaines lois ou tendances générales ou la solution de certains problèmes sociaux, économiques et financiers, elles y ont été poussées par l'insuffisance des méthodes antérieurement suivies.

Il faut bien le dire : l'économie politique, telle qu'elle est étudiée et appliquée non seulement en France, mais souvent encore à l'étranger, repose avant tout sur des affirmations, et sur des affirmations présentées le plus souvent dans le but de satisfaire un intérêt donné. Les individualistes affirmeront la légitimité de la propriété individuelle, parce que telle classe de la société a intérêt à la maintenir ; les socialistes affirmeront la supériorité de la propriété collective, parce que telle autre classe a un intérêt diamétralement opposé ou croit l'avoir. Pour certains, le régime actuel des salaires est, pour l'ouvrier, un régime de fer ; c'est « la loi d'airain », une loi cruelle désignant la tendance à une situation de plus en plus mauvaise ; pour d'autres, c'est « une loi d'or », une loi bienfaisante indiquant une amélioration continue et nécessaire.

[1] Léon Walras, *Économie politique pure*, préface, p. xx.

Pour les uns, l'ordre social et économique est parfait; tout est bien, parce que des groupes d'hommes, aux sentiments conservateurs, ont intérêt à ne rien modifier à ce qui existe; ce sont les optimistes, les « égoïstes de Manchester » et d'ailleurs. Pour d'autres, il faut procéder au plus tôt aux réformes à outrance, au bouleversement social parce que d'autres groupes d'hommes y ont évidemment intérêt.

L'Angleterre a préconisé longtemps la liberté commerciale parce qu'elle y avait intérêt à raison de sa situation climatérique et géographique et comme transporteur universel des produits du monde entier; le développement nécessaire de son commerce maritime était à ce prix. Aussi les économistes anglais ont-ils été les champions du libre-échange. En France et en Allemagne, des partis puissants ont parlé très haut en faveur de la protection, dans l'intérêt des industries nationales, et l'Angleterre semble y arriver à son tour, parce que ses intérêts au début du xxe siècle ne sont plus les mêmes qu'au cours du xixe. Ceci prouve le peu de fondement scientifique de ses anciennes doctrines. D'ailleurs, remarque M. Levasseur, la législation économique a de tout temps porté l'empreinte des intérêts prépondérants dans le corps politique : le protectionisme sous la Restauration et de nos jours en est un exemple[1].

Nous avons ainsi une économie politique bourgeoise, et en face une économie politique ouvrière; nous avons une politique économique libre-échangiste et une politique économique protectionniste. Partout triomphe la « politique des intérêts ». Mais où est l'économie politique vraiment scientifique, l' « économique » sans épithète, la science intégrale, la vérité absolue? L'école classique, au moins à ce que disent ses adversaires, reposait sur une série de dogmes, le mot étant pris dans son vrai sens d'affirmations extra-scientifiques; toute l'économie politique orthodoxe comportait des formules intangibles, bien que non démontrées : elle prétendait faire de la science avec des procédés non scientifiques. On a pu reprocher à ses adeptes et même aux plus brillants, Bastiat, Léon Say, M. Paul Leroy-Beaulieu, l'étroitesse de leur philosophie, qui repose, en dernière analyse, sur les mêmes postulats que celle de ses adversaires, les socialistes[2]. On a relevé les paroles de Léon Say, dans

---

[1] LeVasseur, *L'enseignement de l'économie politique au Conservatoire des Arts et Métiers; Revue internationale de l'enseignement*, t. XLI, 1901, p. 388.

[2] Bouglé, *Les sciences sociales en Allemagne*, p. 159.

une séance publique annuelle de l'Académie des sciences morales et politiques, quand il disait : « Le socialisme, c'est l'ennemi ». Et M. Walras, qui rapporte ce mot, ajoute : « Ainsi le socialisme n'est pas, pour eux, un adversaire scientifique; c'est *l'ennemi*. Ils ne lui apposent pas des arguments; *ils forgent des armes* pour le combattre. Autrement dit, ils ne cherchent pas laborieusement et consciencieusement la vérité; ils défendent, par tous les moyens, l'organisation sociale actuelle pour le compte de tous ceux qui s'en trouvent bien » [1]. Aussi a-t-il été facile aux doctrines socialistes de lutter contre l'économie politique et de tirer d'elle-même des arguments contre elle; on sait tout ce qu'elles doivent par exemple à Ricardo. De sorte que, au défaut de vérité scientifique, l'ancienne école joignait, comme conséquence naturelle et nécessaire, un danger perpétuel pour ses propres théories; elle fournissait elle-même des armes pour sa propre ruine. On a essayé de la disculper, de démontrer qu'à tort elle a été qualifiée d'école « orthodoxe ». M. Paul Leroy-Beaulieu déclare qu'« il ne peut s'agir, en économie politique, ni de dogmes, ni d'orthodoxie, puisqu'on ne se trouve pas en présence d'une foi » [2]. Mais on arrivera difficilement à une pareille réhabilitation; on ne fera pas que les affirmations de la doctrine classique se transforment de plein droit en démonstrations.

Ceci explique le discrédit profond dans lequel elle est tombée, si bien qu'elle est à peu près universellement abandonnée. Tout le monde s'en éloigne, et les adeptes eux-mêmes de ses théories la répudient. Il faut voir avec quelle insistance M. Leroy-Beaulieu, qui pourtant veut la justifier, se défend de lui appartenir. « On nous rattache nous-même à cette école, dit-il; *rien n'est plus faux*. Nous ne nous rangerons à aucune des écoles diverses qui sont écloses dans ces derniers temps, sous les noms d'école historique, éthique, sociale, positive, psychologique, mathématique, etc., non plus qu'à ce que l'on appelle quelquefois, d'un mot dont nous avons déjà démontré l'inexactitude, l'école orthodoxe, ou bien encore l'école optimiste ou l'école déductive et logique » [3]. La désertion est donc complète.

L'école historique est venue ensuite. Comprenant parfaitement le néant des procédés antérieurs, elle a voulu serrer les phénomè-

---

[1] Léon Walras, *Études d'économie sociale*, p. 462.
[2] Paul Leroy-Beaulieu, *Traité théorique et pratique d'économie politique*, I, p. 36.
[3] *Id.*, p. IV, n. 1, et p. 83.

nes de plus près et faire aux données positives la place qui leur
était due. C'était un effort louable. Mais livrée à elle-même, elle n'a
pas abouti à la construction d'une science véritable; elle préconise
outre mesure les « descriptions »; elle a montré une « indifférence
philosophique » excessive. Une méthode purement inductive ne
peut pas aboutir à la découverte de lois scientifiques.

Les économistes ont dû alors se montrer éclectiques. M. Cauwès
a fait une remarquable tentative pour concilier les deux points de
vue, et se dégager de toute idée conçue *a priori*, il n'a pas voulu
embrasser de parti pris la défense de tel ou tel intérèt. Il a cherché des solutions avec le seul souci de la vérité. Il s'est prononcé
par exemple pour un système de liberté commerciale transaction-
nelle, de « protection rationnelle », et l'on sait ce que cette conclusion pourtant raisonnable lui a attiré de critiques. M. Gide, dans
son *Précis*, a le rare mérite d'essayer de se montrer impartial.
D'autres, sous couleur d'éclectisme, n'ont pas fait autre chose que la
juxtaposition de la méthode classique et de la méthode historique;
ils ne sont pas allés jusqu'à la synthèse et n'ont en somme abouti
à rien de nouveau.

De cette façon, nous sommes encore en présence, sur une infinité
de problèmes les plus pressants de l'économie politique et financière, d'une série de points d'interrogation. Tout n'est pas démontré, il s'en faut. De nombreuses questions, et des plus pratiques,
de celles qui se présentent tous les jours sur la propriété individuelle, les salaires, les échanges internationaux, la coopération,
etc., attendent toujours une solution. La science véritable, formulant des lois certaines et générales, reste l'idéal à atteindre. On n'a
pas constitué la « discipline » qui ne soit pas une arme de combat
comme l'ont été jusqu'à présent les théories en faveur de la bourgeoisie ou du prolétariat; on n'a pas exprimé les préceptes certains qui ne soient pas destinés à justifier quand même et par des
idées préconçues telle ou telle institution ou tel ou tel état de choses. Il en est ainsi comme pour la science du droit, où les anciennes méthodes sont accusées de stérilité, où l'école des « interprètes
du Code civil » est dénoncée comme condamnée à se mouvoir dans
un cercle étroit d'idées sans profit pour la science comme pour la
pratique [1]. Les procédés suivis jusqu'ici en économie politique et

[1] Gény, *Méthode d'interprétation et sources en droit privé définitif;* — Edouard

financière n'ont pas donné beaucoup plus de résultats ; ils ont montré depuis longtemps les quelques effets utiles qu'ils étaient susceptibles de fournir. Quels qu'aient été les efforts des éclectiques, ils n'ont pas pu se rendre indépendants complètement de leurs prédécesseurs, et ils n'ont pas fondé la science nouvelle.

On doit donc *d'abord* faire autre chose que ce qu'on a fait précédemment. Les économistes doivent, comme les jurisconsultes, répudier les traditions antérieures s'ils veulent mettre un terme à la stagnation de leur science, s'ils désirent sincèrement lui faire faire un pas décisif en avant et la mettre au niveau des progrès réalisés dans les autres branches d'études. Si au contraire ils refusent de s'y résoudre, ils assisteront à la décadence fatale des théories sur la richesse sociale, et ils seront de plus en plus impuissants à exercer une influence quelconque sur les événements du domaine économique.

Un remède à essayer est précisément la pénétration de l'économie politique et financière par des sciences voisines ; elle doit leur emprunter des méthodes et des procédés. C'est de cette manière que ces autres sciences se sont déjà vivifiées.

§ II. *Pénétration des diverses sciences les unes par les autres.*

On a pu assister à un mouvement très intéressant qui s'est produit chez nous pendant ces dernières années, le mouvement de rapprochement des diverses études. Le rapprochement a coïncidé avec la création des Universités, l'un des faits les plus remarquables en France de la fin du xix° siècle. Les auteurs de cette création, et en particulier M. Liard, l'éminent directeur de l'Enseignement supérieur, ne se sont pas trompés sur l'influence bienfaisante exercée par la transformation de notre organisation universitaire. Ils ont voulu réagir contre l'isolement qui séparait les savants d'autrefois, contre l'éloignement des sciences les unes pour les autres, contre la stérilité des recherches poursuivies en dehors de vues ou d'efforts communs.

Le groupement des Facultés en Universités a été le moyen puissant mis en œuvre. La forme universitaire, dit M. Liard, qui unit en un même faisceau toutes les branches du savoir humain, comme

Lambert, *Une réforme nécessaire des études de droit civil; Revue internationale de l'enseignement,* 1900 ; — *Etudes de droit commun législatif,* Introduction.

sont unies en fait toutes les puissances de l'esprit et tous les phénomènes de la nature, est, pour le progrès et le développement de
la science, un milieu autrement favorable que des Facultés séparées [1]. Au-dessus des savoirs spéciaux et particuliers, il y a un
esprit commun auquel tout aboutit et duquel tout dérive. Or, cela,
la Faculté isolée ne peut le fournir sûrement. Elle enseigne le
droit, la médecine, les sciences et les lettres ; mais « elle tient les
esprits comme entre deux murs et ne leur laisse apercevoir qu'un
segment de la réalité » [2]. La Faculté isolée « ne s'ouvre que sur
un côté de la science et des choses ». Dans le savoir total, elle ne
voit que le fragment qui est le sien. Elle ne prend ou ne reçoit
que ce qui peut contribuer à son objet. Il en résulte fatalement
qu'elle est « spécialiste et professionnelle et que la rigidité est
souvent pour elle un état inévitable et souvent aussi la stérilité » [3].

C'est contre ce caractère spécialiste à outrance, et partant exclusif, qu'il faut réagir à tout prix. Chaque étude doit faire appel à
des auxiliaires. Fréquemment, en effet, dit encore M. Liard, sauf
dans les mathématiques, ce n'est pas du dedans d'une science
constituée que sortent les germes par lesquels elle se développe et
se renouvelle, mais des alentours, des sciences circonvoisines.
« Voyez, dit-il, la médecine. C'est d'elle-même qu'elle a tiré l'aus-
cultation. Mais c'est, d'ailleurs, de la chimie, de la physique, de
la biologie, que lui sont venues les méthodes expérimentales qui,
pénétrant en elle *et souvent malgré elle,* en ont changé la face.
Voyez aussi le droit. Longtemps la méthode en avait paru fixée
d'une façon immuable. Il s'y fait cependant, depuis un certain
temps, de notables transformations sous l'influence de l'esprit historique. Mais ce n'est pas du droit lui-même, c'est d'ailleurs qu'a
soufflé cet esprit » [4].

Aussi voit-on se dessiner une tendance marquée dans le sens de
la pénétration et de la synthèse des diverses sciences. On a vu
déjà les progrès réalisés en médecine par l'étude de la chimie, de
la physique, etc. L'astronomie puise des connaissances nouvelles

[1] Louis Liard, *Pourquoi il faut des Universités, Raisons scientifiques, Revue des Deux-Mondes*, 15 mai 1890, p. 401 ; *Universités et Facultés*, p. 144.
[2] Louis Liard, *Revue des Deux-Mondes*, p. 402 ; *Universités et Facultés*, p. 148.
[3] Louis Liard, *Universités et Facultés*, p. 144.
[4] Louis Liard, *loc. cit.*

dans les sciences physiques, en particulier dans l'analyse spectrale, la photométrie ét la photographie ; ces combinaisons donnent une science nouvelle : c'est l'astro-physique. La chimie et la physique à leur tour, la physique et les mathématiques se sont rapprochées pour leur plus grand profit [1]. La géographie et l'histoire coloniales veulent s'adjoindre des sciences accessoires [2]. Les exemples pourraient être facilement multipliés.

Mais c'est le droit qui profite particulièrement de la transformation. Il semble enfin se décider à abandonner les cadres trop étroits de ses anciennes conceptions. Un puissant mouvement d'opinion s'opère actuellement en faveur d'une rénovation des méthodes de droit civil [3]. L'école comparatiste, par ses recherches dans les différentes législations du passé et du présent, aspire à constituer une science véritablement nouvelle, destinée, suivant l'énergique expression de mon collègue Edouard Lambert, à « balayer, dans un avenir plus ou moins proche, les méthodes stérilisantes de l'école des interprètes du code civil » [4]. D'autrès réclament une organisation rationnelle et complète pour l'enseignement des « sciences auxiliaires de l'histoire du droit », ou même de l'histoire en général, et en attendant ils le pratiquent avec les moyens qu'ils peuvent avoir à leur disposition [5]. D'une façon géné-

---

[1] Poincaré, *Les relations de la physique mathématique et de la physique expérimentale; Revue générale des sciences*, 1900, p. 1163.

[2] H. Froidevaux, *Cours libre de sciences auxiliaires de la géographie et de l'histoire coloniales; Revue internationale de l'enseignement*, 1900, XL, p. 119.

[3] Edouard Lambert, *Etudes de droit commun législatif ou de droit civil comparé*, introduction, p. 29. — Cf. sur ce mouvement d'idées, Saleilles, dans *Revue internationale de l'enseignement*, 1890, XIX, p. 482, et 1891, XXII, p. 39; Bartin, *Etudes sur le régime dotal*, 1892, introduction, p. 4; Planiol, *Traité élémentaire de droit civil*, I, préface, p. 9, et p. 5 et 39; Souchon, *Revue internationale de l'enseignement*, 1898, XXXV, p. 415, et enfin la bibliographie citée par M. Edouard Lambert, *op. cit.*, p. 29, note 1. — V. aussi Gény, *Méthode d'interprétation et sources en droit privé positif*, et Léon Duguit, *L'Etat, le droit objectif et la loi positive*, introduction, p. 13, qui se place au point de vue du *droit social*. « Toute notre législation positive, dit-il, a été établie sur le fondement du droit individuel, et le droit est social, exclusivement social ». Aussi, dit M. Duguit, « l'édifice tout entier s'effondre, sa chute définitive est inévitable ».

[4] Edouard Lambert, *Etudes de droit commun législatif*, p. 53.

[5] Collinet, *L'enseignement des sciences auxiliaires de l'histoire du droit; Revue internationale de l'enseignement*, 1900, XL, 481; E. Lelong, *Les sciences auxiliaires de l'histoire du droit*, 1900, XXXIX, p. 5; Langlois, *L'enseignement des sciences auxiliaires de l'histoire du moyen âge à la Sorbonne; Bibliothèque de l'école des chartes*, 1888, XL, p. 609.

rale, le droit doit s'aider des autres sciences, de toutes les sciences
sociales, sous peine de n'être pas une science lui-même. Il y a
nécessité de l'étudier avec la science des religions, l'économie politique, l'histoire économique, l'histoire comparative des institutions, etc. Si l'on néglige un de ces côtés, on a forcément une vue
fausse de la science du droit. Le droit civil comparé, en particulier, se prête à une très intime pénétration de l'économie politique
et de ses sciences accessoires. Il n'a pas, en effet, pour objet unique, de constater les divergences existantes entre les législations,
il doit aussi « peser la valeur des systèmes en présence. Pour procéder avec quelque compétence à ce travail d'appréciation, il est
indispensable de demander un appui et une direction continue à
l'économie politique et à quelques sciences complémentaires comme
la statistique » [1]. Pour certaines parties, le droit recourra avantageusement aux mathématiques. On est heureux de voir un homme
comme M. Chénon, réunissant les qualités d'ancien élève de l'Ecole
polytechnique et d'agrégé des Facultés de droit, mettre au service
du jurisconsulte les ressources du mathématicien, et l'on souhaite
qu'il rencontre des imitateurs [2]. Pour d'autres parties, très importantes, le droit a besoin de la médecine. La médecine ne s'occupe
pas seulement de l'étude et de la guérison des maladies; elle peut
encore être utile en mettant ses connaissances spéciales au service
de l'organisation et du fonctionnement du corps social. Les légis-
lateurs, les magistrats, les administrateurs pour la pratique, comme
les jurisconsultes pour la science, devront faire appel à ses lumières. Ce rôle social, ces rapports nombreux de la médecine avec la
législation, la justice et l'administration, constituent la médecine
légale ou politique, l'hygiène sociale, la police médicale, la médecine judiciaire [3]. Pour la construction du droit comme pour la
solution des difficultés courantes, les notions qu'elle fournit sont
indispensables. Elles le sont pour la théorie des actes de l'état
civil, quand il s'agit, par exemple, de distinguer, dans les cas
douteux, le sexe d'un enfant dont la naissance est déclarée, et de
dégager les conséquences juridiques de ce fait [4]; elles le sont

---

[1] Edouard Lambert, *Etudes de droit commun législatif ou de droit civil comparé*,
p. 49.
[2] Chénon, *Des droits successifs des enfants naturels en concours avec des enfants
légitimes*, 1898.
[3] Lacassagne, *Précis de médecine judiciaire*, 2ᵉ éd., p. 1.
[4] Lacassagne, *Les actes de l'état civil*.

encore pour la détermination de la viabilité, ce qui présente de
l'intérêt en matière de désaveu, de succession, etc., autant de
points sur lesquels le code civil français n'est manifestement plus
en harmonie avec les progrès réalisés au cours du xix⁰ siècle [1]. Le
droit demande encore à la médecine ou même à la graphologie
des éclaircissements sur les maladies mentales, ce qui peut faire
modifier le régime des aliénés [2]. En matière pénale, des voies nouvelles ont été ouvertes par l'anthropologie judiciaire et criminelle,
et les premiers faits rassemblés peuvent permettre d'espérer, pour
un avenir prochain, des résultats plus importants encore [3]. Le
droit se soumet donc à la pénétration d'une foule de sciences auxiliaires. Si le jurisconsulte voulait, au contraire, persister à s'abs-
traire complètement de ce qui l'entoure, il ne ferait que ce qu'il a
fait jusqu'ici, et qui est si fortement attaqué aujourd'hui.

Quelles sont au juste les études qu'il pourra utiliser, c'est une
question subsidiaire que je n'ai pas à élucider ici ; il suffit de
signaler la nécessité de réunir plusieurs ordres d'idées. On a voulu
par exemple expliquer les phénomènes sociaux par la « biologie
sociale », par une statique ou une dynamique sociale. Il s'est
produit un certain mouvement tendant à faire intervenir les sciences
naturelles dans l'étude du droit. M. de Lapouge a présenté par
exemple une « théorie biologique du droit de succession » ; les bases
en sont empruntées à une science expérimentale et d'observation,
à la biologie. L'auteur veut fonder la théorie légale des successions
sur le fait physiologique de la parenté. Il prétend démontrer « les
rapports d'approximation croissante du droit successoral avec les
lois de l'hérédité biologique » [4]. M. Hauriou, de son côté, a entre-

---

[1] La question de la viabilité a été transformée par l'invention des « couveuses d'enfants ». Les médecins admettaient autrefois que la viabilité ne commençait pas avant
le septième mois de la gestation, mais on doit tenir compte aujourd'hui de l'emploi de
la couveuse, qui a eu pour effet de rapprocher la viabilité réelle (200 jours environ)
de la viabilité légale (180 jours). Grâce à la couveuse, des enfants nés au sixième
mois ont pu continuer à vivre. Supposons qu'un enfant, né le 178⁰ ou 177⁰ jour après
la célébration du mariage, soit ainsi conservé à l'existence. L'art. 314 du code civil
permet au mari de la mère, et l'art. 317 à ses héritiers, dans certaines conditions, de
le désavouer ; ces deux textes ne sont plus d'accord avec les données médicales. —
Garnot, *Etude sur l'écriture ou langage écrit et sur ses troubles au point de vue
médico-légal*, p. 3-5 ; Tourdes et Metzquer, *Traité de médecine légale*.

[2] Garnot, *Etude sur l'écriture, etc.*

[3] Lacassagne, *Les actes de l'état civil*, introduction.

[4] De Lapouge, *Etudes sur la nature et sur l'évolution historique du droit de
succession ; Revue générale de droit*, 1885, p. 205 et 1886, p. 408. — Cf. Ammon,

pris d'expliquer la société par les principes de la mécanique rationnelle et les lois de la thermodynamique, ce qui, du reste, n'a pas rencontré grande faveur[1]. Un autre sociologue, M. Léon Winiarsky,
expose l'application de la mécanique aux sciences sociales, et notamment « les applications des principes de la mécanique à la théorie de
la famille et de la propriété », ce qui, à première vue tout au moins,
paraît bien un peu artificiel[2]. Un autre encore, M. Durckheim,
compare la densité des peuples à celle des liquides, et il laisse
entendre que la même nécessité régit les mouvements des uns et
des autres. On n'a pu s'empêcher de trouver qu'il y a là plus
d'analogie de mots que de choses[3]. C'est peut-être en effet aller
un peu loin, et l'on peut penser, malgré toute la propension qu'on
ait pour les nouveautés et les méthodes de progrès, qu'il y a peut-
être quelque témérité à vouloir identifier ainsi les faits sociaux
avec les phénomènes physiques ou biologiques, et que ce procédé
de recherche est beaucoup moins sûr que ceux de l'école comparative, par exemple. M. Léon Duguit déclare cependant que ces
systèmes, « évidemment exagérés et tombés aujourd'hui dans le
discrédit, sont néanmoins venus à leur heure et ont rendu des
services, ils ont établi par exemple que la société n'est point un fait
voulu et artificiel, mais un fait spontané et naturel »[4]. Sans
vouloir prendre parti sur la valeur de ces essais et en laissant à leurs
auteurs la responsabilité de leurs tentatives, je me contente de constater l'existence du mouvement de pénétration. Il est clair que l'on
devra faire encore bien des faux pas. Il ne s'agit nullement de transporter à l'aveugle tous les procédés quelconques d'une science à
une autre. Un choix devra s'exercer : l'expérience dira ce qui, de
tous les essais successifs, devra être conservé définitivement par
sélection. Le point important, c'est que l'on tente de sortir des
errements suivis jusqu'à présent.

La pénétration des diverses sciences avec leurs méthodes diffé-

---

L'ordre social et les lois naturelles, compte rendu dans la Revue générale, 1900,
p. 575.

[1] Hauriou, Le mouvement social, 1899.

[2] Léon Winiarsky, Annales de l'Institut international de Sociologie, t. VII, 1901,
p. 229 et Rivista italiana di sociologia, novembre 1899. M. Winiarsky est également
l'auteur d'un ouvrage sur La méthode mathématique dans l'économie politique et la
sociologie; Paris, 1894.

[3] Durckheim, cité par Bouglé, Les sciences sociales en Allemagne, p. 155.

[4] Léon Duguit, L'État, le droit objectif et la loi positive, introduction, p. 17.

rentes ne doit donc plus être contestée. Evidemment il y a des gens
qui la contestent encore. Pour moi, elle m'apparaît comme étant
d'une évidence au-dessus de toute discussion, et je crains de dire
des choses qui me semblent banales. J'y insiste pourtant, parce que
j'ai rencontré, même parmi mes collègues des Facultés de droit, des
personnes se refusant à admettre qu'un économiste puisse être en
même temps mathématicien, qu'un jurisconsulte puisse connaître
utilement la médecine ou un mathématicien le droit.

Mais je dois dire aussi que, chez beaucoup d'autres, la tendance
nouvelle domine. Ce qu'on discute très sérieusement à l'heure
actuelle parmi les adeptes de la pénétration, c'est la question de la
sociologie générale. Il s'agit de savoir s'il faut constituer une discipline distincte, une méthode particulière pour exercer cette pénétration des sciences les unes par les autres ; au lieu de se pénétrer
mutuellement par leur simple contact, elles se pénétreraient par
l'intermédiaire d'une science supérieure qui aurait ses méthodes
propres, qui donnerait immédiatement pour une branche particulière
l'utilisation des résultats des autres.

La sociologie, contrairement d'ailleurs à ce qu'on pourrait croire,
est quelque chose de vague ; la méthode sociologique est difficile à
préciser [1]. Ce sont ses adversaires surtout qui, pour la combattre,
ont été obligés d'abord de chercher à en saisir les grandes lignes
tout au moins, et qui n'y sont arrivés qu'avec assez de peine. Il est
donc préférable de laisser les sociologues et de s'adresser aux non
sociologues pour se faire une idée du système. D'après M. Deslandres, qui a montré l'insuffisance de la sociologie, le principe fondamental est le suivant. « Si les sociétés, les phénomènes sociaux
constituent un ordre de choses et des phénomènes particuliers, qui
doivent être l'objet d'une science particulière, ces phénomènes ne
diffèrent pas de ceux que nous pouvons observer dans la nature ;
ils sont liés entre eux par un rapport inflexible de causalité ; ils
obéissent à un déterminisme rigoureux, et par suite la science qui
s'en occupe est une science positive, qui, par l'observation et l'induction, cherche à déterminer les lois qui les régissent » [2]. La

---

[1] Deslandres, *La crise de la science politique; Revue de droit public* de M. Larnaude,
1900, XIII, 252.

[2] Deslandres, *id.,* p. 253. — V. aussi Bouglé, *Les sciences sociales en Allemagne,*
p. 148, 160, et R. Beudant, *Application des méthodes biologiques à l'étude des sciences sociales; Revue de droit public,* 1896, V, 434. — Cf. 1896, VI, 66 et 469.

méthode sociologique semble donc être celle de l'observation, de la classification et de l'induction.

En somme, dans le mouvement sociologique, on trouve deux choses :

1° Une tendance qui n'est nullement propre aux sociologues : ils admettent l'impossibilité de dissocier les sciences sociales les unes des autres. Idée évidente pour les comparatistes et les partisans de la pénétration, qui sur ce point sont d'accord avec les sociologues ;

2° Mais va-t-on pouvoir vivifier les sciences sociales par une autre science ? La sociologie générale veut employer une méthode différente des autres. Elle demande à être autre chose que la somme des sciences sociales ; elle déclare avoir un domaine propre, plus général, qui est autre chose que cette somme des sciences sociales, qui est l'étude de la société en soi. C'est une sorte de métaphysique sociale, qui prétend vivifier ainsi les sciences sociales. De là, par exemple, l'assertion étrange d'un sociologue, affirmant que « la politique deviendra science par la sociologie » [1].

C'est ce second point de vue qui est fort discuté. Beaucoup se refusent à admettre ce rôle et ces procédés de la sociologie, pour l'heure actuelle tout au moins. Plus tard, dans quarante, cinquante ans, peut-être dans un plus grand nombre d'années encore, elle opèrera utilement. La sociologie générale suppose en effet que les diverses sciences sociales sont déjà constituées, qu'elles sont arrivées de leur côté à des résultats sérieux sur lesquels on puisse tabler. Ce n'est pas le cas pour le moment. La complexité augmente à mesure qu'on s'élève dans l'échelle des sciences ; les sciences morales sont plus compliquées et plus complexes que les sciences physiques ou naturelles. On peut craindre alors que la transposition irréfléchie des méthodes actuelles ne donne rien de bon : elles étaient faites pour une science simple ; elles ne seront peut-être pas, telles quelles, utiles de tous points pour une autre. On doit les prendre, dit-on, comme simple instrument d'utilisation et de travail, mais non pas les substituer purement et simplement à la méthode propre de telle recherche. On peut très bien les utiliser en partie, mais non pas d'une façon exclusive. On reconnaît donc que l'étude des méthodes voisines peut donner dès aujourd'hui des

---

[1] Gumplowicz, *Précis de biologie*, cité par Deslandres, *Revue de droit public*, 1900, XIII. 251.

résultats, à condition de ne pas opérer une transposition pure et simple.

C'est là la divergence entre les spécialistes et les sociologues.

Personne, bien entendu, n'a la témérité de nier que la sociologie ait droit à l'existence. On nie seulement qu'elle existe présentement à l'état de science constituée. Elle est un domaine exploité, à l'heure actuelle, surtout par les philosophes, par des esprits hardis comme MM. Hauriou et Winiarsky, qui appliquent la mécanique à la société, à la famille et à la propriété, ou par des esprits fantaisistes comme M. de Lapouge. Mais les savants n'en ont pas encore commencé le défrichement. Et cela s'explique aisément. Chacune des sciences sociales spéciales, la science du droit, par exemple, étudiée avec la méthode comparative, n'aboutit pour le moment qu'à des conclusions entrevues plutôt qu'acquises, et encore sur un petit nombre de points. La sociologie, dit M. Vilfrédo Paréto, apparaît comme un arbre qui aurait une seule branche bien développée, celle de l'économie politique, et d'autres à peine formées ; l'économie politique a fait des progrès considérables ; elle est devenue une science pure qui a la rigueur logique de la mécanique rationnelle, tandis que les autres sciences sociales sont bien loin d'un tel degré de perfection. La preuve en est, remarque-t-il, que le *Traité des économiques,* attribué communément à Aristote, ne peut pas être comparé au *Traité d'économie politique* d'Adam Smith, ni à plus forte raison à celui de M. Léon Walras, tandis que la *Politique* d'Aristote supporte victorieusement la comparaison avec les ouvrages modernes sur le même sujet et leur reste même supérieure en beaucoup de points [1]. Pour que la science sociale générale puisse commencer utilement son œuvre de fécondation, en comparant et synthétisant les conclusions de chacune des sciences sociales, il faut que celles-ci fournissent d'abord des points d'appui suffisamment stables. Ceux qui travaillent vraiment, à l'heure actuelle, à jeter les premiers fondements d'une science sociale générale, ce sont les savants spécialisés dans chaque branche. Mais chercher à utiliser dans une des sciences sociales positives les théories de la sociologie actuelle, c'est-à-dire de la métaphysique sociale, c'est multiplier de parti-pris les risques d'erreur

[1] Vilfrédo Paréto, *Les problèmes de la sociologie, Rivisia italiana di sociologia,* mars 1899.

auxquels l'imperfection de nos moyens de recherches nous exposent déjà. Voilà ce que les spécialistes peuvent objecter aux tentatives de sociologie générale.

Mais derrière le mouvement sociologique moderne, il y a, en revanche, une idée dont on doit reconnaître la justesse et la fécondité : c'est la conscience de la dépendance réciproque de toutes les sciences sociales et de la nécessité pour chacune d'elles de tenir continuellement le contact avec les autres. Ainsi, sans entrer dans l'examen approfondi de la controverse entre les spécialistes et les sociologues, il me suffira de retenir l'idée capitale, qui réunit aujourd'hui un si grand nombre d'adhésions, du groupement des sciences et des méthodes. C'est là un point que l'on doit considérer comme acquis.

La conséquence s'impose : nous devons modifier nos méthodes de travail.

Ce qui a dominé partout à la fin du xixᵉ siècle, c'est la spécialisation. La division du travail intellectuel a été poussée à l'extrême, chacun s'est spécialisé à outrance. Il est indéniable que c'était là une étape nécessaire; il est impossible d'approfondir une matière quelconque si l'on ne s'y consacre pas exclusivement. Aussi les résultats scientifiques de cette division du travail ont-ils été aussi précieux qu'abondants. Pour certaines études, on peut dire qu'ils ont été merveilleux.

Mais il n'en est pas moins vrai qu'à un moment donné il faudra bien arriver à la généralisation et faire la synthèse de toutes les découvertes particulières. Une instruction générale présente bien aussi ses avantages. Elle permet d'avoir des vues d'ensemble qui échappent quelquefois au spécialiste. Le spécialiste prend l'habitude de n'apercevoir qu'un côté des choses. Il est porté à s'imaginer que, seul, il possède la vérité; quelques-uns sont volontiers portés à considérer, même de bonne foi, les théories des autres non pas comme des opinions, mais comme des erreurs. La pénétration des diverses sciences et leur synthèse aura pour premier avantage de faire sortir les savants des points étroits, des habitudes intellectuelles souvent intransigeantes, des déformations mêmes qui font voir les idées et les phénomènes toujours sous un angle identique, d'après une conception exclusive et personnelle. La généralisation fera disparaître bien des préjugés persistants jusqu'à présent; elle habituera les spécialistes à des principes nouveaux, autres que les leurs, et à des contradictions qu'ils se refusent encore à admettre. Elle augmentera l'impartialité, la largeur d'esprit nécessaire aux discussions fécondes; elle donnera des vues libérales et étendues. Elle persuadera à certaines personnes que ceux qui pensent autrement que nous ne se trompent pas toujours, qu'une opinion divergente peut être une opinion et non pas une erreur. Elle apprendra à d'autres, et ce sera peut-être à beaucoup, que nous ne devons pas traiter de fous ceux qui voient autrement que nous ne le faisons ou qui emploient d'autres méthodes et que nous avons à respecter même ce que nous ne comprenons pas, jusqu'à ce qu'il nous soit démontré que nous sommes en présence d'une erreur certaine.

Au point de vue matériel, les avantages pourront être également appréciables. Celui qui connaîtra plusieurs sciences aura à sa disposition des moyens de recherches dont le spécialiste absolu sera nécessairement privé. Il possédera une compétence plus étendue ; il pourra se livrer ainsi à des rapprochements fertiles et arriver à des découvertes que des études exclusives n'auraient pas permises. En un mot, il se trouvera à même de pratiquer avec succès la « méthode comparative », qui apparaît comme la meilleure méthode pour la formation de l'esprit et comme un excellent procédé de compréhension scientifique [1]. Il se trouvera aussi mieux à même pour comprendre matériellement et juger les travaux des autres; il aura des connaissances techniques qui le mettront en mesure de profiter des œuvres édifiées en dehors de lui. On ne saura peut-être pas *plus* qu'avec la spécialisation, mais on saura *autrement;* la somme des connaissances pour un individu donné restera peut-être la même, mais elles seront distribuées d'une façon différente.

Cette extension du savoir, jointe à l'esprit d'impartialité et de tolérance, évitera bien des malentendus et des erreurs. On ne verra plus de sévérités d'appréciations injustifiables comme celles du président Troplong, reprochant à la médecine légale, en termes même assez vifs, de n'avoir apporté aucun progrès sérieux aux doctrines reçues dans la jurisprudence sur les maladies mentales et ajoutant qu'elle ne doit en rien modifier ces doctrines. On n'aura plus à formuler de critiques semblables à celles adressées par réciprocité au même Troplong sur sa facilité à trancher, en quelques lignes, et

---

[1] Deslandres, *La crise de la science politique; Revue de Droit public,* juillet 1900, p. 61 et suiv.

sans compétence particulière, les questions les plus délicates et les plus graves de la médecine mentale, alors que les aliénistes spéciaux sont parfois très perplexes [1]. On n'assistera plus à une réprobation comme celle qui accueillit les *Prolégomènes philosophiques de la géométrie* de M. Delbœuf ; par la réunion du caractère philosophique et du caractère mathématique de son ouvrage, l'auteur s'attira le blâme des philosophes aussi bien que des géomètres : « Le mathématicien, lui fut-il dit, trouvera que sa critique philosophique est parfois captieuse ; la partie mathématique rebutera le philosophe par l'aridité des formules dont elle est hérissée » [2]. Voilà où conduisent l'esprit étroit et la spécialisation excessive, alors qu'au contraire une étude devrait, dans bien des cas, puiser un premier élément de succès dans le seul fait qu'elle s'inspire de plusieurs sciences et de plusieurs méthodes.

Ce n'est pas tout. Les développements et les progrès de la science sont intéressés encore autrement aux recherches d'ordre général. On ne peut pas laisser chacun se cantonner indéfiniment dans sa petite sphère, sans quoi les résultats obtenus séparément resteraient en partie stériles. Ils présentent bien une valeur et une utilité en eux-mêmes. Mais il y a mieux : ils peuvent et ils doivent être utilisés d'une façon plus universelle, dans leurs rapports les uns avec les autres. Il faut que les matériaux soient préparés, appareillés chacun en son lieu, chacun en son temps, « pour que de leur réunion sorte plus tard l'édifice » [3]. A côté des spécialistes, il y aura donc des généralisateurs. Le xxᵉ siècle sera le siècle de la science, après le xixᵉ qui a été celui de l'histoire [4]. Il faudra reconstituer le savant complet, comme Aristote, au moins par grandes masses d'études. Il devient en effet impossible peu à peu de distinguer quelque chose dans l'infinité des détails ; dans l'immensité de la production économique, juridique, scientifique de toute sorte, qui se manifeste dans tous les pays civilisés, comment

---

[1] V. Troplong, *Traité des donations entre-vifs et des testaments*, I, n. 451 et 454 ; Vibert, *Précis de médecine légale*, 1896, p. 643 ; Garnot, *Etude sur l'écriture ou langage écrit et sur ses troubles*, p. 193.

[2] Delbœuf, *L'ancienne et les nouvelles géométries ; Revue philosophique* de M. Ribot, 1893. 2. 449.

[3] Louis Liard, *Universités et Facultés, Les résultats scientifiques*, p. 110 ; *Revue des Deux-Mondes*, 15 février 1890, p. 880.

[4] A. Fouillée, *L'échec pédagogique des savants et des lettrés ; Revue politique et parlementaire*, 10 mars 1901, p. 470.

se reconnaître et s'orienter au milieu de cet océan de littérature ?
On a besoin de guides, et les guides seront les hommes qui auront
des connaissances générales, au moins pour les méthodes. Ils
généraliseront certaines parties de la science. Puis d'autres viendront qui travailleront à leur tour sur ces premières généralisations,
pour arriver à former alors de vastes compartiments où seront
résumées les connaissances que tous pourront alors utiliser. C'est
ainsi que les travaux de tous profitent à chacun, et les travaux de
chacun à tous. Il ne saurait être question d'appeler les esprits à
tout apprendre, mais il est nécessaire de « leur donner la vision
de la France entière, de leur faire sentir, au-dessus des divers
départements du savoir, leur considération et leur unité » [1].

Il ne s'agit donc pas, qu'on le remarque bien, d'abandonner la
division du travail ; il s'agit de lui adjoindre quelque chose. Au lieu
d'un ordre de travailleurs, on en aura deux. A côté des spécialistes
qui continueront à ne pas comprendre les spécialités d'autrui, on
verra des savants qui seront à même d'en comprendre plusieurs.
Tout en utilisant le principe de la spécialisation des connaissances,
on utilisera aussi le principe de l'association, de l'union des forces
scientifiques, de la communauté d'efforts vers la poursuite de la
vérité. On ajoutera simplement à ce qui existe déjà, sans rien
sacrifier des acquisitions du passé, et il y aura ainsi tout profit
pour tout le monde comme pour toutes les sciences.

§ III. *Pénétration de l'économie politique par les mathématiques.*

L'emploi des mathématiques en économie politique et financière
n'est, on le voit par ce qui précède, que l'application à un point
spécial d'une méthode qui tend aujourd'hui à devenir générale.
L'économique ne doit pas rester en retard sous peine de n'être pas
vraiment scientifique. Ici encore l'utilité et même la nécessité de la
pénétration par les sciences voisines me semblent évidentes. Mais
sans parler des personnes opposées à l'idée même de pénétration,
j'en connais d'autres qui sont convaincues pour l'application de la
pénétration au droit, et qui résistent quand il s'agit de l'économie
politique. Les raisons de décider sont pourtant les mêmes.

L'étude combinée de la mathématique et de l'économie politique

---

[1] Louis Liard, *Universités et Facultés*, p. 148 ; *Revue des Deux-Mondes*,
15 mai 1890, p. 402.

aura pour premier résultat de faire apparaître des hommes versés, comme M. Léon Walras ou M. Vilfrédo Paréto, dans l'une et l'autre science. Par là se produira une largeur de vues qui a singulièrement fait défaut jusqu'à présent. Ici encore les spécialistes n'ont pas ménagé l'ironie ou le dédain à une méthode qui leur était étrangère. On sait que M. Paul Leroy-Beaulieu notamment a fort malmené l'économie mathématique, « simple jeu de l'esprit », poursuivant des fantômes aussi peu sérieux que « la recherche d'une martingale à la roulette de Monaco » [1]. Les économistes mathématiciens ont raillé de leur côté « ces Messieurs qui prétendent traiter la science en littérature » [2]. Pour M. Walras, la théorie de Ricardo sur la rente foncière est « une théorie grossière et enfantine ». Il méprise les critiques des économistes pour ne faire attention qu'à celles des mathématiciens [3]; M. Vilfrédo Paréto montre aussi une certaine commisération pour « les dissertations éthico-poétiques ».

On a donc exagéré des deux côtés, il y a réciprocité des torts et compensation des fautes. Ce sont là autant d'appréciations qui n'avancent absolument à rien et qui doivent être résolument laissées de côté. Si même cette modeste étude contribuait seulement à écarter cette forme acerbe de langage, elle ne serait pas inutile et j'estimerais n'avoir pas perdu mon temps en la présentant. Il importe d'examiner avec impartialité quels sont les résultats possibles, et de montrer quelque indulgence les uns pour les autres. Que l'on ne comprenne rien ou à peu près rien à une page de calcul intégral, c'est le résultat bien excusable d'une éducation scientifique incomplète, mais la vraie largeur d'esprit consiste à comprendre qu'on puisse y comprendre quelque chose.

La somme des connaissances se trouvera également augmentée. Les économistes auront à leur disposition un mode d'investigation de plus, ce qui fera croître le nombre de chances pour arriver à la vérité. D'autre part, on ne sera plus rebuté par les côtés techniques et les moyens de travail seront accrus en même temps que l'esprit de tolérance.

Ainsi quand on déclare qu'il faut à la fois connaître l'économie

[1] P. Leroy-Beaulieu, *Traité théorique et pratique d'économie politique,* I, p. 85 et III, p. 62.

[2] Léon Walras, *Eléments d'économie politique pure,* p. 19, n. 223, etç.

[3] Léon Walras, *Un économiste méconnu; Journal des économistes,* 1885. 2. 79.

politique et avoir le goût des abstractions mathématiques pour fixer, dans la forme du calcul, les définitions et les principes économiques, on croit faire la critique du système ; en réalité on en fait l'éloge. La grosse objection contre l'emploi des mathématiques, c'est l'ignorance où l'on est à leur égard. Ceux qui en disent le plus de mal ne sont précisément pas mathématiciens et c'est, avant tout, pour cause d'incompétence qu'ils refusent d'examiner les théories nouvelles. Ce qui serait décisif contre elles, ce serait une condamnation par des mathématiciens. Mais elle n'est pas encore intervenue. M. Joseph Bertrand a pu faire des critiques de détail, mais il n'a pas écarté le système en lui-même [1]. Le grand obstacle à l'usage qu'on peut en faire reste donc l'ignorance des économistes pour certaines notions techniques ; on doit poursuivre la disparition de cet empêchement. Comme on l'a dit, la routine et les préjugés doivent crouler devant une génération plus pénétrée de l'étude des mathématiques que celle à laquelle nous appartenons [2].

Il ne s'agit pas d'ailleurs de transformer radicalement la science économique en en faisant exclusivement une mathématique appliquée. Une telle transformation entraînerait d'abord le transport des études et de l'enseignement économiques des Facultés de droit dans les Facultés des sciences. Ceci a été discuté bien souvent, mais il y a trop de rapports entre le droit et l'économie politique pour qu'ils puissent être séparés ; la démonstration en a été faite péremptoirement [3]. On a même constaté avec regret, depuis quelque temps, que les jeunes économistes savent moins de droit qu'autrefois. Certaines parties seulement doivent être traitées d'une façon nécessaire par l'algèbre ou la géométrie ; d'autres peuvent l'être d'une façon utile par les mêmes moyens. A celles-là, il convient de réserver l'usage de ces procédés auxiliaires, au lieu de les appliquer à tort et à travers à la première théorie venue. Personne ne consentirait à être rangé dans une école qui ne considérerait comme sciences réelles que celles où l'on pourrait introduire les formules

---

[1] Joseph Bertrand, dans le *Journal des savants*, 1883, p. 499 s.

[2] Gros, *Recherches sur les droits successifs des enfants naturels*, p. 135. — Cf. Léon Walras, *Études d'économie politique appliquée*, p. 454.

[3] Sur l'enseignement de l'économie politique dans les Facultés de Droit ou des Sciences, v. notamment une discussion à la Société d'Économie politique, séance du 4 avril 1874, reproduite dans le *Journal des économistes*, 1874, II, 143 et Jourdan, *De l'enseignement de l'économie politique ; Revue d'économie politique*, 1887, p. 11.

algébriques. « La bonne méthode, comme le bon ouvrier, se reconnaît à l'œuvre, dit M. Vilfrédo Paréto. Nous nous sommes servi, sans aucun parti-pris, de tous les moyens qui nous semblaient propres à découvrir la vérité. Lorsque nous nous sommes trouvé en présence de quelque théorie qui ne devient claire et féconde qu'en s'appuyant sur les mathématiques, nous n'avons pas cru devoir refuser le secours de cette puissante logique, de même que nous avons laissé aux faits historiques intéressants leur vraie valeur » [1].

Il ne saurait donc être question d'une transcription pure et simple de méthode, mais d'un choix éclairé. La déduction mathématique ne doit effacer ni l'observation, ni l'induction ; le lecteur qui aura bien voulu me suivre jusqu'ici doit en être convaincu.

La conséquence, c'est que les recherches sur la richesse sociale ne devront pas rester concentrées dans les Facultés de droit ; dans l'avenir, elles devront être attribuées *en partie* aux Facultés des sciences. On ne voit pas pourquoi une branche donnée de connaissances resterait l'apanage exclusif d'une Faculté. La classification des études en catégories distinctes et nettement tranchées s'expliquait, sans se justifier d'ailleurs, quand nos Facultés françaises étaient encore isolées, avant la création des Universités. On avait pu constater alors, quand on examinait l'organisation de l'enseignement économique, combien l'absence des Universités était regrettable [2]. Aujourd'hui l'isolement fâcheux a disparu ; les rapprochements d'idées sont fréquents. L'histoire est étudiée et enseignée, sous des aspects différents, dans les Facultés de droit et des lettres. La chimie, la physique, la botanique appartiennent en même temps aux Facultés des sciences et de médecine. De même, les cours d'économie politique pourront être faits dans les Facultés de droit et des sciences, soit sur des parties afférentes à l'économie politique, soit d'après une méthode différente d'élaboration et d'enseignement [3]. Les jurisconsultes, l'économie politique ne devant jamais être isolée du droit, et les mathématiciens pourront ainsi collaborer à l'avancement de la science.

---

[1] Vilfrédo Paréto, *Cours d'économie politique*, préface. — Cf. Léon Walras, *Éléments d'économie politique pure*, n. 30.

[2] Discussion à la Société d'économie politique, séance du 4 avril 1874, *Journal des économistes*, 1874, II, p. 143.

[3] Jourdan, *De l'enseignement de l'économie politique ; Revue d'économie politique*, 1887, p. 11.

De cette façon, la théorie de la richesse sociale profitera de la compétence des professeurs dans les Facultés des sciences et elle rencontrera un public également approprié. Les étudiants des Facultés de droit ne sont pas préparés à un enseignement mathématique et ce n'est pas celui qu'ils viennent demander. M. Vilfrédo Paréto intitule son livre : « Cours professé à l'Université de Lausanne ». Il serait intéressant de savoir si son ouvrage est la reproduction fidèle de son cours et si dans sa chaire il établit et discute des systèmes entiers d'équations, avec les moyens matériels de la craie et du tableau. Il est d'ailleurs à supposer qu'il ne le fait pas, parce qu'il reconnaît lui-même que le professeur dans sa chaire doit se plier aux méthodes usuelles. Il est nécessaire, dit-il, que les étudiants apprennent par les cours d'Université et connaissent la science exposée d'après l'enseignement courant ; on doit tenir compte des devoirs didactiques [1]. Dans tous les cas, ce qui est peut-être permis dans une Université étrangère serait difficile dans les nôtres ; la tournure d'esprit de l'auditoire peut n'être pas la même. Aussi convient-il de tenter les recherches mathématiques approfondies devant le public des Facultés des sciences et les essais de vulgarisation, en même temps que la continuation des procédés ordinaires, devant le public des Facultés de droit. Ce sont là des points fondamentaux à vérifier.

Dans ces conditions, on arrivera à préciser le domaine exact des mathématiques dans l'économie politique ; des investigations poursuivies à la fois dans les deux ordres de Facultés le détermineraient peu à peu. Puisqu'on parle ici d'expérience et d'expérimentation, que l'on fasse d'abord l'expérience de la méthode mathématique. On verra ainsi les avantages exacts qu'elle peut procurer et les théories qui doivent lui rester définitivement acquises.

L'expérience présentera un autre côté utile. Il importe de tenir compte de l'ignorance actuelle de beaucoup d'économistes français pour l'algèbre, le calcul intégral, différentiel, etc. Il est donc indispensable de placer à leur portée les résultats obtenus par ces procédés ; il faut les mettre à même d'en apprécier la valeur.

C'est pourquoi ces résultats doivent être contrôlés par de nouvelles études mathématiques. M. Léon Walras affirme l'excellence de son

---

[1] Vilfrédo Paréto, *Note sur les équations de l'équilibre dynamique; Giornale degli Economisti*, septembre 1901.

système et même il la démontre ; mais tout le monde n'a pas les notions suffisantes pour le suivre dans ses démonstrations. Il ne doit donc ni s'étonner ni s'irriter si l'on demande des experts pour vérifier ses prétentions. S'il a raison et précisément parce qu'il déclare avoir raison, il ne craindra pas d'en demander aussi. Tout le monde doit accepter la méthode mathématique au moins comme méthode accessoire ; elle est possible et elle est même nécessaire sur des points spéciaux ; il y a des parties où il faut des chiffres et des calculs, d'autres où il peut y en avoir utilement. Mais il s'agit de savoir si l'on peut renouveler l'économie politique tout entière par les principes et les procédés mathématiques employés comme moyen principal, s'ils permettront d'arriver à une discipline vraiment scientifique, dégagée du dogme et de l'esprit doctrinaire. Pour la science du droit, ce n'est certainement pas possible : les mathématiques ne peuvent servir alors que comme méthode accessoire sur des points spéciaux, et non comme moyen général de rénovation [1]. Mais qu'en sera-t-il en économie politique ? Les partisans de la méthode mathématique soutiennent qu'elle a ici une portée bien plus considérable et une application bien plus générale que dans le droit. Elle sert, en effet, tout d'abord et prin-

---

[1] On est naturellement porté à recourir aux équations pour résoudre certains problèmes juridiques isolés. C'est ainsi que j'ai trouvé une manifestation de cette tendance dans une œuvre essentiellement pratique, un recueil périodique de jurisprudence. Les *Pandectes françaises* ont publié un jugement du Tribunal civil de Lisieux relatif à la réduction des legs et des donations portant atteinte à la réserve. L'auteur anonyme de la note accompagnant cette décision s'exprime ainsi : « Lorsque la réserve a été épuisée ou seulement entamée par des libéralités, il faut la reconstituer, et, pour y arriver, il est indispensable de réduire les legs et parfois les donations. Les auteurs citent habituellement des exemples de réduction tellement simples que l'esprit saisit immédiatement, et sans effort, quel est le montant de la réduction à opérer sur tel ou tel legs. Mais, dans la pratique, il n'en est, pour ainsi dire, jamais ainsi ; les chiffres ayant un rôle à jouer ne sont pas toujours des nombres ronds ; ils peuvent être accompagnés de fractions, et nous croyons nécessaire de présenter une formule qui s'applique à tous les cas, qu'il s'agisse de la réserve à reconstituer ou de l'insuffisance des biens héréditaires pour acquitter les legs dans leur intégralité.

» ... On arrive à la solution de notre problème à l'aide d'une proportion mathématique, dont trois termes sont connus, et dont le quatrième, qui est le but de l'opération, c'est-à-dire la réduction que tel ou tel legs doit subir, est à déterminer. Les trois termes connus sont : 1° ce qui manque à la réserve pour qu'elle soit complète ; 2° la valeur totale des choses léguées ; 3° le montant total des legs, dont le *quantum*, après réduction, doit être fixé. On comprend aisément que le rapport existant entre le total de la réduction à faire et le montant des legs est égal à celui qui doit exister entre la réduction qu'un legs déterminé doit subir et le montant de ce legs. Par suite, si on désigne par R la réduction à opérer sur la valeur de tous les legs, par L le mon-

cipalement à faire la théorie de la valeur, qui est, on l'a vu, à peu
près toute l'économie politique pure, et d'où découle, comme l'a
montré M. Léon Walras, toute l'économie politique appliquée. Ce
qui obscurcit cette vérité, c'est la vieille division classique en quatre parties : Production, Circulation, Répartition, Consommation
des richesses. Avec cette division, la théorie de la valeur devient
un simple chapitre de l'échange, tandis qu'elle forme, en réalité,
toute une grande partie, l'économie politique théorique, scientifique. Dans le plan indiqué par M. Léon Walras [1], la théorie de la
valeur reprend sa véritable place; elle domine l'économie politique
tout entière, et l'on voit alors que les mathématiques planent avec
elle sur l'ensemble de la science économique, qu'elles ont une portée générale et ne sont plus un accessoire pour un simple chapitre.
Tandis que, dans le droit, elles ne fournissent que des solutions
spéciales et isolées, elles donnent à l'économie politique la ressource
d'une méthode générale et elles permettent de généraliser.

tant de ces legs, par X la réduction à subir par tel legs, et par l le *quantum* de ce
legs, les calculs conduisent à l'équation suivante :

$$\frac{R}{L} = \frac{X}{l}$$

et, par suite, à :

$$X = \frac{R\ l}{L},$$

ce qui signifie, dans le langage arithmétique, que, pour fixer la réduction à opérer sur
tel legs, il faut : 1° multiplier le chiffre de la réduction totale par le montant de ce
legs; 2° diviser le produit ainsi obtenu par le montant de tous les legs ». Note sous
Trib. civ. Lisieux, 3 janv. 1900, *Pand. franç. pér.*, 1901. 2. 297.
    Les données de ce problème juridique étaient donc essentiellement réductibles aux
mathématiques. C'est là encore un cas où le jurisconsulte était conduit, d'une façon
invincible, pour ainsi dire, à l'emploi de l'algèbre ; il y trouve, en effet, une formule
claire et précise au lieu d'un raisonnement qui, en langage ordinaire, serait long et
compliqué. Puis, la solution mathématique une fois dégagée, il la traduit dans ce langage ordinaire pour le public.
    Il est très curieux de constater cet emploi spontané des véritables procédés scienti-
fiques par les praticiens. J'ai été particulièrement heureux de citer cet exemple pris
dans un Recueil de jurisprudence ; il démontre la justesse de mes raisonnements,
puisque je suis d'accord avec un annotateur que je ne connais pas, travaillant dans
un tout autre esprit et dans un ordre d'idées complètement différent de celui auquel
je me suis attaché de mon côté. Mais je dois ajouter immédiatement qu'il s'agissait
d'un point spécial et isolé, d'un cas où le procédé mathématique se trouvait employé
comme procédé accessoire de la méthode juridique et non pas d'une application générale de la méthode mathématique à la science du droit.
    [1] *Eléments d'économie politique pure*, p. 12 s.; *Etudes d'économie politique appli-
quée*, p. 462 s. V. aussi le récent *Traité d'économie politique* de M. Colson, qui abandonne complètement l'ancienne division classique.

Mais c'est ici que l'on demande à M. Léon Walras et aux partisans de sa méthode d'insister et de démontrer, encore plus qu'ils ne l'ont fait jusqu'à présent, le mérite propre de leurs procédés. L'école historique avait voulu réagir contre l'économie dogmatique, mais elle n'aboutissait qu'à des vérités fragmentaires ; les résultats qu'elle fournit ne sont pas généraux. Il est certainement plus tentant de généraliser au lieu de se livrer à des recherches partielles ; on travaille peu volontiers pour l'avenir ; il est regrettable de se dire qu'on amasse des matériaux pour celui qui viendra dans cent ans, dans deux cents ans peut-être. On s'est aperçu qu'il faudrait longtemps pour trouver tous les éléments de la science, et c'est pourquoi l'on se hâte, peut-être trop disent les historiens, de généraliser. Il ne faudrait pourtant pas se laisser entraîner ; il faut craindre d'aboutir à des conclusions générales, mais fausses, au lieu d'obtenir des conclusions vraies, mais fragmentaires et partielles. L'école mathématique ressemble beaucoup à l'école psychologique ; la méthode est toujours l'abstraction, la déduction ; c'est la réaction contre l'école historique ; il s'agit toujours de généralisations, mais faites au moyen de formules algébriques. Et alors on pourrait se demander si nous ne sommes pas en présence d'un retour à l'école classique, malgré les apparences. Tout le monde a combattu l'école classique, et elle était facile à combattre parce qu'elle s'exprimait en langage clair ; il ne s'agit pas de refaire ce qu'elle a fait, mais en langage algébrique, de remettre à neuf l'économie orthodoxe et de nous la présenter sous une autre forme. Voilà ce qu'il faut avant tout éviter, et c'est pourquoi des vérifications sont nécessaires.

Si alors la tentative continuée avec persistance réussit, l'économie politique y aura gagné une nouvelle autorité. Elle aura fait de grands progrès ; les partisans du langage ordinaire auront appris, avec tout le monde, que leur conception n'est pas la seule possible et qu'il y a quelquefois avantage à accepter les idées des autres et cela sans qu'il se produise la « révolution » dont parlait Cournot. Si au contraire l'expérience échoue, on ne parlera plus de la méthode mathématique et ses adeptes perdront, en même temps que leurs illusions, leur assurance et le droit de parler haut comme ils le font aujourd'hui. Dans tous les cas, les mathématiciens, qui ont une réputation d'obscurité et d'exclusivisme auprès de beaucoup de gens, seront amenés à sortir des abstractions et à vulgariser leurs conclusions; les autres apprendront à ne pas se contenter d'à peu près et à devenir plus exigeants pour la rigueur des méthodes et des preuves, à ne pas faire uniquement « de la science en littérature ». Mais à l'heure actuelle il est impossible, dans l'état présent de la science, de se prononcer formellement pour ou contre. On doit donc éviter à la fois de condamner *à priori*, comme le fait M. Paul Leroy-Beaulieu, une méthode qui après tout peut être précieuse, et à l'inverse de s'enthousiasmer à l'aveugle par ces raisonnements qui, quoi qu'en dise M. Léon Walras, comportent encore quelques points non suffisamment précisés.

Tout le problème est de déterminer, dans l'emploi simultané et nécessaire des deux méthodes, inductive et déductive, le rôle de la déduction mathématique, et de dire finalement si on doit lui attribuer autant d'importance que lui en accordent les économistes mathématiciens. Voilà ce qu'exigent l'impartialité et le sang-froid.

La parole est donc aux chercheurs qui voudront bien travailler en même temps l'économie politique et le calcul. Sans doute il eût été préférable de donner l'exemple au lieu de disserter d'une façon toute philosophique. Voilà de bien longs développements sur la méthode, et certes mieux vaudrait une démonstration par les faits ; il faudrait prouver le mouvement en marchant. Mais les systèmes d'équations et de courbes exigent une compétence spéciale que je ne possède pas, à mon très grand regret, et j'en suis réduit à encourager les autres pour pouvoir profiter moi-même de leurs études.

C'est surtout aux jeunes économistes et aux jeunes mathématiciens que l'appel s'adresse. Ils ont à explorer un domaine encore peu fréquenté, au moins en France, et la nouveauté des recherches de cet ordre doit être bien faite pour les tenter. Ils peuvent nous montrer la solidité ou le néant d'une méthode qui, dans tous les cas, vaut qu'on s'occupe d'elle au moins pendant quelque temps. Les méthodes anciennes ont été en grande partie stériles et il faut à tout prix chercher autre chose. Commençons par constater que nous ne sommes pas arrivés et que nous avons à travailler, qu'il y a des lacunes à combler et même des dommages à réparer, que par conséquent nous avons presque tout à faire ou à refaire. Trouvera-t-on la rénovation par les mathématiques, par une tendance psychologique comme le veulent les économistes autrichiens, ou par quelque autre moyen, c'est ce que l'on ne sait pas encore. Encourageons, en attendant, toutes les tentatives ; on verra plus tard quelle est la bonne. L'école nouvelle a le mérite d'essayer une voie différente des précédentes ; on doit observer avec intérêt ses efforts et même les seconder. Si, après expérience, elle n'aboutit à rien, on s'adressera encore ailleurs. Mais avant tout, et ce sera là ma conclusion, il est nécessaire de sortir d'abord de l'ornière actuelle.

Emile Bouvier.

LA SPÉCIALISATION ET SES CONSÉQUENCES

Suite [1]

CHAPITRE XII

LA TENDANCE A LA PLUS GRANDE PRODUCTIVITÉ COMME CAUSE DE LA SPÉCIALISATION DE LA PRODUCTION

La cause principale de la spécialisation et de la coopération de la production réside dans cette tendance de l'activité économique à rechercher la plus grande productivité, c'est-à-dire à obtenir le *maximum* de valeur avec la moindre dépense. Sans doute, il faut de plus qu'une occasion propice permette à la spécialisation de se manifester ; il faut, par exemple, que l'ensemble producteur soit assez considérable pour renfermer une diversité suffisante de facteurs productifs ; d'autre part, on n'oublie pas non plus que la spécialisation peut être favorisée par certaines circonstances, telles que l'emploi de machines perfectionnées qui, par leur nature, ne peuvent exécuter que des opérations très simples. Mais ces occasions et ces circonstances sont variables et passagères ; à elles seules, elles ne pourraient engendrer la spécialisation de la production, tandis que la tendance à la plus grande productivité subsiste en toutes circonstances, du moins à l'état latent, partout où l'activité économique se rencontre.

Nous ne faisons que suivre ici, en la précisant, la doctrine des grands économistes. Une théorie toute différente a été défendue par Durkheim dans son livre sur la *Division du travail* (Paris, 1893), dans lequel il est d'ailleurs beaucoup moins question de division du travail qu'on ne s'y attendrait. Cet auteur considère comme cause de la spécialisation (division du travail) l'augmentation de la masse et de la densité des sociétés et de l'âpreté de la lutte pour la vie qui en résulte. « Nous disons, déclare-t-il, p. 290, non que la croissance et la condensation des sociétés *permettent,* mais qu'elles *nécessitent* une division plus grande du travail ». C'est le contrepied de l'opinion admise depuis Smith. Selon Durkheim, de

[1] V. *Revue d'économie politique,* février 1901, p. 118 s., et juillet 1901, p. 730 et s.

même qu'un grand nombre d'insectes d'espèces différentes peut
vivre sur un seul arbre en se nourrissant les uns de l'écorce, les
autres des feuilles, etc., qui ne le pourraient pas si, appartenant à
la même espèce, ils devaient se nourrir des mêmes aliments, de
même l'augmentation de masse et de densité des sociétés oblige
les hommes à se spécialiser davantage. Comparaison fausse,
évidemment; car chez ces insectes, il s'agit de la spécialité de la
consommation, tandis que chez les hommes appartenant tous à la
même espèce et consommant par conséquent des produits identiques, il s'agit d'une spécialité de *production :* ce n'est point
pour varier l'espèce de leur consommation que les hommes se
spécialisent, mais simplement pour augmenter la quantité des biens
consommables, grâce précisément à un accroissement de productivité. Cherchant des arguments dans les faits économiques,
M. Durkheim cite le cas de l'extension du marché qui, en appelant
à l'échange des producteurs mieux situés, oblige les anciens à se
spécialiser dans de nouvelles fonctions. Mais en réalité, le plus
souvent, la conséquence de ce fait est simplement de repousser les
coucurrents éliminés vers des branches de production *déjà existantes moins encombrées* que les autres ; même quand les artisans
éliminés par la concurrence de la grande industrie de fabrique se
transforment en salariés, il ne s'opère que l'extension d'une spécialité existant déjà, et sa véritable cause réside, nous le répétons,
dans la tendance à la plus grande productivité possible. Bref,
M. Durkheim procède ici d'un point de départ inexact ; il s'appuye
sur une comparaison avec la biologie qui n'est qu'apparente, et il
emprunte à l'économie politique des arguments sans fondement
sérieux.

CHAPITRE XIII

COMMENT LA SPÉCIALISATION FAVORISE LA PRODUCTION

Quand il y a spécialisation et coopération de la production, chaque opération particulière est confiée au facteur productif le plus
apte à l'exécuter [1]. Rien qu'en rappelant ce caractère de la spécialisation, on pressent déjà comment il se fait qu'elle favorise la
productivité.

[1] V. *supra,* ch. IX, § 2.

Poussons plus loin l'analyse : demandons-nous comment peut
se réaliser cette organisation telle que chaque opération soit attribuée au facteur le plus apte à l'exécuter. Elle se réalise de deux
manières : 1° par un choix convenable de l'opération et du facteur
qui se conviennent le mieux; 2° par l'adaptation réciproque de
l'opération et du facteur [1].

§ 1. *Choix convenable des facteurs et des actes productifs.*

Une union convenable des opérations particulières et des facteurs spéciaux qui leur conviennent le mieux, permet d'utiliser les
forces et les aptitudes disponibles les plus variées.

Babbage insista particulièrement, en ce qui concerne le travail
dans les manufactures, sur cet avantage négligé par Smith. « Le
maître manufacturier, écrivait-il, en divisant l'ouvrage à exécuter
en diverses opérations exigeant chacune de l'adresse et de la
force à des degrés différents, peut acheter de chacune d'elles
exactement la quantité qui lui est nécessaire pour chaque opération, tandis que si l'ouvrage était confié à un seul ouvrier, celui-ci
devrait posséder assez d'adresse pour s'acquitter des tâches les
plus difficiles et assez de force pour exécuter les plus pénibles » [2].

Mais ce principe a une portée plus vaste; il ne s'applique pas
seulement au travail, mais aux autres facteurs de la production.
C'est ainsi qu'il permet de tirer parti de l'adresse d'un ouvrier peu
vigoureux, *en confiant à la machine* cette partie de l'opération
qui requiert un grand effort, ce qui était impossible autrefois faute
d'un outillage perfectionné actionné par un moteur. Par exemple,
un ouvrier capable de beaucoup de dextérité, mais peu vigoureux,
ne pouvait exercer jadis ni la profession de tondeur de draps, ni
celle de tisserand de fines étoffes, car chacune d'elles exigeait le
concours de ces deux qualités. Mais plus tard, grâce aux progrès
de l'industrie mécanique, cet obstacle disparut : la machine fournissant presque tout l'effort, il devint possible d'utiliser les aptitudes des ouvriers les moins vigoureux. L'application de la vapeur
au tissage rendit le maniement des métiers tellement facile que les

[1] En ce qui concerne le travail, elle peut se réaliser aussi par l'économie du temps
qu'exige le passage d'une occupation à une autre; mais, à la vérité, le résultat provient moins de la spécialisation elle-même que de sa continuité. V. *supra.*

[2] Ch. Babbage, *Economy of machinery and manufactures.* Londres, 1832, p. 137.

femmes y purent prendre parfois la place des hommes; quant à la
tonte des draps, la machine accomplissant presque tout l'effort
physique, on put occuper des ouvriers peu vigoureux à la ton-
deuse mécanique, leur tâche se bornant à surveiller la marche du
tissu venant de lui-même présenter sa surface poilue au long couteau en spirales mu par la vapeur.

Enfin, les diverses branches de la production ne conviennent
pas indifféremment à n'importe quelles conditions *naturelles ;*
mais une certaine adaptation des unes aux autres s'impose également. Dans les occupations agricoles et minières et dans la pêche,
la nécessité d'une union convenable des genres de production et
des facteurs productifs apparaît immédiatement à l'esprit. En
matière de commerce et d'industrie, des faits analogues se présentent : au moyen âge, le commerce florissait surtout dans les
villes situées sur les cours d'eau navigables, soit à leur embouchure, qui offrait un accès facile avec la mer, soit en amont, aux
endroits où des îles favorisaient l'établissement de ponts et augmentaient l'étendue des quais; de même, la situation géographique
des républiques italiennes constituait une condition indispensable
à leur prospérité commerciale, qui déclina dès que la découverte
de l'Amérique et d'une voie nouvelle vers les Indes en eut modifié
la position relative dans le réseau des communications de l'époque.
Enfin, certaines transformations industrielles de matière première
s'exercent avec plus d'avantage dans certains endroits : lorsque,
en Angleterre, la grande industrie de fabrique rendit indispensable
de grandes quantités de charbon et une population ouvrière pauvre et docile, la fabrication des tissus se concentra dans le comté
d'York, parce que les conditions naturelles et la main-d'œuvre s'y
adaptaient mieux que partout ailleurs au développement de la nouvelle forme de production [1].

L'homme apporte parfois en naissant des aptitudes exceptionnelles, des facultés particulièrement vives. Si ces aptitudes ne déterminent pas sa vocation, s'il ne réussit pas, comme on dit, à trouver
sa voie, il devient un être inutile, un malheureux, faute d'avoir pu
appliquer ses aptitudes naturelles à l'objet qui leur convenait le
mieux.

Mais les aptitudes personnelles peuvent aussi résulter du milieu,

[1] V. notre *Evolution économique sociale,* cit.

de l'éducation, de l'instruction. Ainsi les juifs excellent dans le commerce, les Allemands dans les industries qui requièrent beaucoup de science, les Français dans les occupations qui exigent du goût. La productivité personnelle de l'ouvrier provient parfois d'aptitudes tellement spéciales, qu'on s'est heurté à des difficultés insurmontables, quand on a voulu introduire dans un pays une industrie pour laquelle la population ne possédait pas les qualités requises : tandis que l'immigration des étrangers entraînait de suite le succès [1].

« L'idéal pour une nation est de fournir à chacun de ses enfants le travail qui lui convient » [2]. Ceci est vrai, non seulement au point de vue de la paix sociale, mais au point de vue productif. La publication des offres et demandes de services et les institutions de placement s'efforcent de réaliser cet idéal. Et quand la science politique réclame que les emplois publics soient confiés aux plus capables, elle ne fait qu'appliquer le principe de l'union assortie des genres de production et des facteurs productifs. Aussi, dans un Etat bien organisé, ne choisira-t-on point un économiste pour enseigner le droit international, ou un théologien lié par des dogmes, pour enseigner la vérité philosophique, de même qu'on ne fait point réparer sa montre par un dentiste. A chacun la tâche qui lui convient.

Ce principe est surtout observé dans les sociétés avancées. On n'en trouve point d'application chez des peuples tout à fait primitifs, chez les sauvages les plus arriérés, tels que les Peaux Rouges et les Hottentots ; on y constate bien une différence entre les occupations habituelles des hommes et des femmes, mais le choix de celles qui reviennent aux uns et aux autres ne se base point sur leurs aptitudes respectives, mais sur la supériorité brutale des hommes ; ceux-ci s'attribuent arbitrairement les occupations les plus attrayantes de la guerre, de la chasse et de la pêche, et abandonnent aux femmes les autres, plus pénibles et plus désagréables, telles que la culture du sol et les soins domestiques. C'est seulement chez les sauvages plus avancés et les peuples civilisés, qu'on rencontre une certaine adaptation des opérations productives aux aptitudes provenant de la différence des sexes ou de

[1] V. notre étude sur la productivité du travail et les salaires, chap. III, § 3.
[2] Le prof. Mahaim, au congrès colonial de Bruxelles en 1897.

tout autre cause [1]. Toutefois, quoique l'application de ce principe soit générale dans nos sociétés modernes, il se présente encore des cas nombreux qui excluent toute idée d'un choix raisonné, et sont même parfois dominés par un principe de force brutale qui ne manque pas d'analogie avec celui des Peaux Rouges et des Hottentots. Si la maxime *The right man in the right place* était universellement observée, on n'éprouverait pas le besoin de l'invoquer aussi souvent qu'on le fait.

Parmi les faits cités plus haut, on en trouvera peut-être l'un ou l'autre où il est difficile de distinguer si l'union harmonique des aptitudes et des facteurs productifs provient uniquement d'un choix convenable, ou bien si ces aptitudes ne dérivent pas, dans une certaine mesure, de l'adaptation du facteur productif à ses fonctions. Ce doute peut surgir parfois à propos des talents professionnels. En tout cas, c'est un fait certain qu'on se trouvera très souvent en présence d'aptitudes particulières données, qu'il n'est pas possible de modifier du jour au lendemain, et auxquelles il est indispensable d'attribuer des tâches judicieusement choisies, si l'on veut atteindre le plus haut degré de productivité.

§ 2. *Adaptation réciproque des actes et des facteurs productifs.*

L'augmentation de productivité résultant de la spécialisation et de la coopération de la production peut provenir, non seulement d'une union convenable des actes et des facteurs, mais aussi d'une transformation appropriée de ces derniers, de telle sorte qu'ils se rencontrent finalement de la manière la plus favorable à la production. En d'autres termes, l'accroissement de productivité peut résulter aussi de l'adaptation réciproque des facteurs et des actes productifs.

Ou bien c'est l'acte qui s'adapte, ou bien c'est le facteur.

A. *Adaptation de l'acte productif au facteur.* — Le cas le plus remarquable est celui du morcellement de la production nécessité par l'emploi des machines. Le même homme peut bien s'adapter à des productions diverses, et même le spécialiste manuel exécute dans l'exercice de son métier des travaux relativement complexes comprenant plusieurs espèces d'actes différents. Mais la même machine ne se prête pas aisément à des opérations variées. Par sa

[1] Spencer, *op. cit.*

nature, elle est un facteur productif très spécial, capable seulement
d'accomplir des actes fort simples. En conséquence, son emploi
exige une adaptation préalable de l'opération productive, consistant
dans la décomposition de celle-ci en mouvements pour ainsi dire
élémentaires. Aussi le passage de la grande industrie manufacturière, au sens étymologique du mot, à la grande industrie *mécanique*, s'accompagne-t-il d'une multiplication des manipulations
diverses auxquelles on soumet la matière première pour la transformer en fabricat.

· La cordonnerie nous en fournit un exemple curieux. Dans une
manufacture de chaussures, on compte trois opérations pour le
dessus ou la tige, exécutées successivement par les coupeurs de
tiges, les garnisseurs de tiges et les poseuses d'œillets et de cro-
chets. Vient ensuite la préparation des pièces qui devront servir à
la fabrication du dessous ; le brocheur découpe le cuir en premières,
contreforts, semelles et talons, au moyen d'une presse à découper à
pédale ou à bras. Les tiges et les pièces de dessous ainsi préparées
sont distribuées aux ouvriers externes, qui les rassemblent et en
font des chaussures qu'ils rapportent ensuite à la manufacture. Ici
s'opère enfin le finissage et la mise en boîtes pour l'expédition. La
fabrication comporte ainsi 6 à 8 manipulations différentes. Dans
les manufactures possédant quelques outils plus perfectionnés, elles
peuvent s'élever à 12 ou 20. Dans la grande industrie mécanique
employant la force motrice, le nombre des opérations devient plus
considérable encore. Voici, par exemple, les diverses opérations
que subit, dans une fabrique moderne, une paire de bottines pour
dame, à boutons, cousues en trépointe : 1° les doublures de coutil
sont découpées à la scie par une ouvrière spéciale ; 2° une autre
ouvrière découpe les bandes pliées et les bords de dessus ; 3° le
chef coupeur donne des renseignements au coupeur ; 4° le magasi-
nier lui fournit les peaux nécessaires ; 5° le coupeur découpe au
couteau les différentes parties de la tige ; 6° celles-ci rentrent au
guichet où elles sont remises à une employée qui y joint la mercerie
(tirants, boutons, doublure, etc.) ; 7° la patte à boutons est faite par
deux machines mues par la vapeur, l'une découpant les bouton-
nières, l'autre cousant les pourtours de soie ; 8° l'arrêt des bouton-
nières est l'objet d'une main-d'œuvre spéciale ; 9° la garnisseuse
rassemble les différentes parties de la tige ; 10° une apprentie y
coud les boutons et y imprime le numéro d'ordre. Entre temps, on

a préparé le dessous : 11° à 15° les diverses parties du dessous
sont découpées à l'emporte-pièce par des ouvriers différents, l'un
coupant les contreforts, le second les premières, le troisième les
semelles, le quatrième les sous-bouts et le cinquième les bons-bouts;
16° les contreforts sont amincis à la machine; 17° les premières
sont gravées (formation de rainures où doit se loger le fil); 18° les
sous-bouts sont assemblés afin d'obtenir la hauteur voulue du talon ;
19° une machine y place des pointes pour maintenir le talon à l'emboîtage ; 20' un ouvrier reçoit tiges et fournitures pour en opérer le
montage ; 21° une jeune ouvrière faufile la tige à la première ; 22° cousage de la trépointe ; 23° rafraîchissage de la première ; 24° rabattage de la trépointe au moyen du marteau mécanique; 25° pose de
la cambrure; 26° pose du remplissage; 27° affichage de la semelle;
28° rabattage de la semelle et de la trépointe ; 29° gravure de la semelle ; 30° cousage à petits points de la semelle ; 31° rabattage de la rai-
nure et de la semelle; 32° clouage de l'emboîtage; 33° pose du
talon ; 34° pose du bon-bout ; 35° fraisage de la lisse; 36° fraisage
du talon ; 37° terrage du talon ; 38° mise en noir du talon ; 39° déforme à froid du talon ; 40° grattage du dessous ; 41° mise en noir
du dessous ; 42° déforme à froid de la semelle ; 43° finissage du
dessous (à la main) ; 44° pose des premières intérieures ; 45° nettoyage de l'intérieur ; 46° mise en boîtes. Nous voilà loin des dix
opérations de la manufacture ! Et cependant, la chaussure dont on
vient de suivre la fabrication n'est pas la plus compliquée; car si
certains articles exigent moins d'opérations, il en est d'autres qui
en requièrent environ un tiers de plus[1].

B. *Adaptation du facteur à l'acte productif*. — Elle ne peut
guère s'entendre que du travail de l'homme. C'est l'adaptation de
l'homme à ses occupations spéciales qui paraît avoir le plus frappé
les économistes, non sans raison, d'ailleurs, car elle offre un grand
intérêt pratique.

Elle est tantôt *volontaire*, tantôt *involontaire*.

Dans ce dernier cas, l'adaptation de l'homme à son travail
s'opère sous l'influence directe de la spécialité de son occupation.

[1] Dans la petite industrie de métier, le nombre de manipulations est naturellement
beaucoup moindre que dans l'industrie mécanique et dans la manufacture : dans un
atelier de cinq ouvriers, on ne compte guère que trois mains-d'œuvres différentes : la
coupe de la tige, la confection de la tige et celle du dessous. Nous devons ces divers
renseignements à l'obligeance de MM. Crutzen, anciens manufacturiers, actuellement
fabricants de chaussures en grande industrie mécanique à Dison (Belgique).

En même temps, la productivité matérielle [1] de ses efforts s'accroît ; car, en répétant constamment un acte simple ou en concentrant l'attention sur lui, on arrive peu à peu, par l'expérience, à atteindre l'effet utile voulu avec la plus petite dépense de forces [2]. C'est ainsi qu'une partie des aptitudes professionnelles spéciales découle directement du fait même de la spécialisation : « La différence de talent naturel entre les hommes est, en réalité, beaucoup moindre qu'elle ne le paraît, déclarait Smith, et la grande différence de caractère (*genius*) qui semble distinguer des hommes de professions différentes lorsqu'ils ont atteint leur plein développement est, dans beaucoup de cas, bien moins la cause que l'effet de la division du travail » [3].

Cependant, il ne faudrait pas exagérer l'importance de l'adaptation *involontaire* résultant du fait seul de la spécialité des occupations. On ne doit pas perdre de vue que c'est surtout dans la production manuelle, encore très répandue au temps de Smith, qu'intervient ce genre d'adaptation ; or, les progrès de l'industrie mécanique l'ont, depuis lors, rendue inutile dans bien des cas. Smith n'avait pas encore assisté non plus à ce développement extraordinaire des études professionnelles qui s'est manifesté de nos jours et qui concourt à créer chez l'individu des aptitudes spéciales, avant même qu'il n'ait cherché à les appliquer.

L'enseignement professionnel pourrait se définir : une adaptation volontaire et systématique du facteur travail à certaines fonctions productives spéciales. Cette période est improductive ou à peu près ; plus se resteindra sa durée, plus augmentera, par conséquent, la productivité de l'ouvrier. Or, telle est précisément l'une des conséquences de la spécialisation, de permettre un enseignement professionnel moins long.

De même, l'apprentissage est une adaptation volontaire à peu près improductive pendant sa durée, et les progrès de la spécialisation, en l'abrégeant, mettent plus rapidement l'ouvrier en mesure d'entrer dans la période productive. Babbage a très bien mis ce point en lumière [4] : Cependant, il faut ajouter que la brièveté de

---

[1] Par opposition à la productivité économique, v. notre étude sur la productivité du travail et les salaires.
[2] Marx, *Capital*, liv. I, ch. XIV, 2.
[3] A. Smith, liv. I, ch. II, *medio*.
[4] « On admettra aisément, dit-il, que la portion de temps consacrée à l'apprentis-

l'apprentissage ne dépend pas seulement du degré, mais du genre de spécialisation. L'industrie mécanique, en prenant la place de l'industrie manufacturière, assigna une importance plus considérable à la spécialisation des machines qu'à celle du travail, et ce fut le plus souvent en rendant superflue toute dextérité manuelle particulière qu'elle abrégea la période improductive de l'apprentissage.

Pour que l'adaptation des aptitudes personnelles à des occupations spéciales se manifeste, il n'est pas indispensable que ces occupations deviennent des spécialités professionnelles exclusives. Elle se présente aussi lorsque la même personne exerce plusieurs professions, par exemple lorsque l'agriculteur est en même temps tisserand. Toutefois, si l'exercice de métiers accessoires, n'empêche point toute adaptation, il s'oppose à ce que celle-ci soit aussi complète, et accroisse par conséquent dans une aussi large mesure la productivité du travailleur. C'est pour la même raison que la spécialisation individuelle offre encore moins d'avantages.

Les trois cas que nous venons d'envisager successivement sont respectivement des cas de spécialisation *continue, intermittente* et *momentanée,* c'est-à-dire de moins en moins durable. C'est la brièveté de plus en plus caractérisée de la spécialisation qui empêche l'adaptation et, en conséquence, l'accroissement de productivité. On comprend maintenant comment il se fait que la durée de la spécialisation influe sur la productivité [1].

L'adaptation des aptitudes d'une personne à certaines occupations est accompagnée d'une adaptation de son organisme. Toute adaption *économique* du facteur travail implique donc une adaptation *organique* au sens biologique du mot. Par ce côté, la question économique de l'adaptation des facteurs aux actes productifs touche à la question biologique de l'adaption des organes à leurs fonctions. Mais celle-ci, purement organique, est immédiate et

sage d'un art quelconque dépendra de la difficulté qu'il y a de l'exercer, et que plus grand sera le nombre des opérations distinctes, plus long sera le temps que l'apprenti deVra consacrer à son apprentissage... Mais si, au lieu d'apprendre toutes les opérations différentes nécessaires à la confection d'une aiguille, par exemple, son attention est limitée à une seule d'entre elles, il ne deVra dépenser sans profit que très peu de temps au début ». *Economy of machinery,* p. 132 ; à titre d'exemple, on peut citer aussi les sept années d'apprentissage qu'on exigeait autrefois dans l'industrie de la laine en Angleterre. — V. notre *Evolution, cit.*

[1] Cf. *supra,* ch. XI, 2, B.

inconsciente ; en cela elle diffère de l'adaptation du travail humain en tant que le facteur productif ; car celle-ci même, quand elle est involontaire, est rarement inconsciente.

L'adaptation du facteur à l'acte productif, nous l'avons dit, ne concerne guère que le travail. Néanmoins, il y a lieu parfois de parler aussi d'une adaptation de la nature au sens économique du mot, considérée comme l'un des trois grands facteurs de la production et opposée, à ce point de vue, au travail et au capital. Ici il ne s'agit plus d'une adaptation déterminée directement par la spécialisation. Contrairement à la nature biologique, la nature au sens économique ne s'adapte point d'elle-même : on peut seulement l'adapter à certains actes productifs spéciaux en faisant intervenir le travail et le capital. Creuser des canaux, tracer des routes, construire des digues, qu'est-ce, sinon adapter la nature à des opérations productives particulières ; de même lorsque, par le labourage et la fumure, on approprie des terres à la culture.

Enfin, même le capital peut être adapté à certaines productions particulières. Tel est le cas des machines ; car il va de soi que pour en obtenir un effet productif déterminé, on doit préalablement leur donner une forme appropriée à leur fin. Mais ce n'est que d'une manière tout à fait exceptionnelle et dans des limites très restreintes, que la machine s'adapte spontanément, par le seul fait de son fonctionnement, à l'opération qui lui est assignée : par exemple lorsque, après avoir tourné pendant une ou deux semaines, une nouvelle machine, grâce au polissage des surfaces de frottement, atteint une productivité *matérielle* [1] supérieure à celle du début.

CHAPITRE XIV

LES LIMITES DE LA SPÉCIALISATION ET DE LA COOPÉRATION DE LA PRODUCTION

Etant donnée la tendance de l'homme à réaliser la plus grande productivité possible, il faut s'attendre à le voir pousser très loin là spécialisation, qui lui en fournit le moyen. Cependant, celle-ci est insignifiante à l'origine des sociétés, et l'histoire nous apprend

---

[1] Ce que les ingénieurs appellent le *rendement*. Nous nous sommes expliqué sur le sens de l'expression *productivité matérielle* dans notre étude sur la productivité du travail et les salaires déjà cité.

qu'il lui a fallu des siècles pour atteindre ce degré où elle est arrivée aujourd'hui. C'est que ses progrès dépendent de certaines conditions indispensables : la spécialisation de tout facteur se heurte, soit à des *limites externes,* l'étendue de l'organisation sociale, soit à des *limites internes,* les effets pernicieux que peut engendrer dans le facteur productif une spécialisation excessive. Examinons successivement ces deux modes de limitation de la spécialisation de la production.

§ 1. *Limites externes.*

Trois industriels, qui fournissent à leur groupe social tous les tissus de laine dont il a besoin, fabriquent indistinctement trois espèces de drap, produisant chacun annuellement 30 du drap A, 30 du drap B et 30 du drap C, soit ensemble 90 de chaque espèce. En se spécialisant davantage, ils accroîtraient dans une forte mesure leur production. D'abord, ils pourraient recourir à la spécialisation *intermittente,* chacun ne fabriquant qu'une seule espèce de drap pendant quatre mois consécutifs; ils augmenteraient ainsi d'un tiers leur production, de sorte que, au lieu de fabriquer ensemble annuellement 90 A, 90 B et 90 C, ils atteindraient le chiffre de 120 pour chaque espèce de drap. Enfin, ils pourraient réaliser un nouveau progrès, en se spécialisant chacun d'une manière *continue* dans la production exclusive d'une seule espèce : de cette manière, ils accroîtraient de moitié leur production, qui atteindrait le chiffre total de 180 pour chaque sorte de tissu. Mais on a dit que l'organisation économique dont ils font partie ne peut en consommer que 90 annuellement; dès lors, on ne voit pas quel profit ils pourraient tirer d'un progrès de la spécialisation; dans notre cas, celle-ci ne peut se développer à cause des limites trop restreintes de l'organisation économique : elle se trouve arrêtée par ses limites *externes*.

Mais nos trois fabricants ne pourraient-ils éviter cet inconvénient, en réduisant chacun l'importance de leur usine, de moitié environ, de façon à ne produire que la quantité de tissus consommable ? — Nullement, car la spécialisation de la production entraîne précisément l'emploi de machines plus spécialisées, qui ne peuvent fonctionner continuellement qu'en fournissant un *minimum* de production. De plus, limiter l'importance des entreprises entraînerait d'un autre côté les désavantages d'une régression de spécialisation. Car, dans une usine d'une importance de moitié moindre qu'auparavant, chaque fabricant ne pourrait plus utiliser que la moitié de ses aptitudes professionnelles; il en serait de même des directeur, contremaître, comptable, voyageurs de commerce, etc., à moins de cumuler diverses occupations qui auparavant formaient des professions distinctes; enfin, on ne pourrait peut-être plus employer avec profit la machine à vapeur, ou tirer tout le parti de la chute d'eau dont on dispose. Dès lors, à quoi bon les avantages d'un progrès de spécialisation sur un point, si ces avantages devaient être compensés par les pertes résultant d'une régression sur d'autres, sans compter les inconvénients pratiques et les dépenses qu'occasionnerait un tel changement? On le voit, un progrès de spécialisation ne peut présenter ici d'avantage, qu'à la condition d'étendre en même temps les limites du groupe social, de façon à pouvoir écouler le surplus de production obtenu.

On peut donc poser en principe que, dans toute organisation sociale, la spécialisation de la production de chaque espèce de bien se trouve limitée par la quantité que l'ensemble peut en absorber; quantité dont la valeur comprend, par rapport à celle des biens de toute espèce, une proportion égale à celle que la consommation de ce bien représente dans le budget moyen de consommation des membres de la société.

Ceci nous permet de comprendre comment il se fait que la spécialisation de la production n'a pu s'opérer que par étapes, au cours des temps. Ses progrès se trouvant subordonnés à l'étendue de l'organisation sociale, ils ne pouvaient se réaliser qu'au fur et à mesure que celle-ci augmentait de dimensions. Elle ne put guère se manifester dans les limites trop étroites de l'organisation primitive, mais plus tard seulement dans l'organisation plus étendue du moyen-âge, où l'on vit les fonctions agricoles, industrielles et commerciales, se spécialiser rapidement.

Dans l'organisation primitive ou communautaire, c'était l'étendue restreinte de la communauté qui limitait la spécialisation de la production; on ne peut pas dire encore que c'était le marché, puisque l'échange-marchandage n'existait pas, sinon d'une manière tout à fait exceptionnelle. Plus tard seulement, lorsque le mode contractuel d'échange des biens (troc, achat, vente) devint courant, alors le développement de la spécialisation se trouva limité par le marché. Un marché étendu apparaît donc aujourd'hui

comme la condition indispensable de toute spécialisation développée.

Poussés par leur tendance naturelle à la plus grande productivité possible, mais retenus par un marché trop restreint, les hommes ont souvent cherché à en étendre les limites à seule fin de leur
permettre de réaliser des progrès dans la spécialisation de la production. Un fabricant de chaussures veut-il transformer sa manufacture en usine mécanique, il lui faudra occuper continuellement
une trentaine de machines différentes qui, exécutant chacune une
opération spéciale très simple, livreront journellement une masse
énorme de chaussures. Comment pourra-t-il écouler ces quantités
de produits peu variés, dépassant de beaucoup la puissance de
consommation du marché qu'alimentait l'antique manufacture? Il
devra nécessairement s'assurer ce large débouché qui lui manque.
C'est pourquoi les peuples parvenus à l'état de nations industrielles
pourvues d'un outillage perfectionné, se voient amenés généralement à étendre leurs relations commerciales, soit par les moyens
pacifiques, soit même par la force des armes.

Les progrès de la spécialisation s'accompagnent donc d'une
tendance des organisations sociales à accroître leur masse, afin
de reculer ainsi les limites externes de la spécialisation de la production.

§ 2. *Limites internes.*

La spécialisation se heurte aussi à des limites internes, qui sont
données par les effets pernicieux qu'elle peut engendrer dans le
facteur productif. Ceci ne concerne qu'une seule espèce de facteur : le travail humain, et en particulier la spécialisation professionnelle. En d'autres termes, ce sont les inconvénients résultant
d'une spécialisation professionnelle excessive, qui constituent les
limites internes de la spécialisation de la production.

Soumettre un homme à une subdivision du travail, c'est une
condamnation à mort s'il a mérité la sentence et un assassinat, s'il
ne l'a point méritée; la division du travail est l'assassinat d'un
peuple, s'écrie un auteur au spectacle des maux engendrés par la
spécialisation! La plupart des sociologues ont déploré ces inconvénients, depuis Ferguson jusqu'à Roscher et Schmolter.

Cependant, il ne faut pas les confondre, ainsi que l'a fait plus
d'un économiste (Lemontey entre autres) [1], avec ceux, bien moins

[1] Lemontey, *L'influence morale de la division du travail.* Paris, 1829.

graves, que peuvent présenter les machines, et que rachètent d'ailleurs des avantages importants. L'inconvénient le plus sérieux du travail mécanique paraît provenir de l'état de sujétion où il place l'ouvrier. Tandis que l'artisan à la main réglait lui-même l'intensité de son travail, l'interrompant ou le prolongeant à sa guise selon qu'il se trouvait bien ou mal disposé, l'ouvrier de fabrique doit, par un effort constant de volonté, se plier au rythme uniforme et monotone imposé par la machine, insensible aux différences d'humeur individuelle. Mais, de combien cet inconvénient n'est-il pas surpassé par les avantages ! Premièrement, la machine, en assumant elle-même la partie la plus difficile de l'acte productif, a rendu inutile ce long apprentissage que requérait autrefois l'acquisition des aptitudes manuelles, et elle a permis à l'ouvrier de changer plus aisément de spécialité. Secondement, le travail mécanique est moins fatigant et plus hygiénique. Enfin la machine, accomplissant elle-même l'effort physique, en libère l'ouvrier, qu'elle élève ainsi du rang d'homme de peine à celui de surveillant de l'outillage, tâche plus noble, toute d'intelligence et d'attention. Dans l'antiquité, la civilisation reposait sur un monde d'esclaves, dont la plupart fournissaient uniquement la force motrice nécessaire à la production ; de nos jours, les millions de chevaux-vapeur de l'industrie mécanique permettent d'espérer l'émancipation de millions de journaliers. « Ce n'est plus de pauvre chair saignante, mais de métal dur et insensible, que seront construits désormais les soubassements de la société humaine »[1]. Bref, la machine, loin d'ajouter ses désavantages à ceux de la spécialisation, tend au contraire à les atténuer.

Cette remarque faite au sujet des machines, il est indéniable que la spécialisation professionnelle présente certains inconvénients, parfois assez graves pour surpasser les avantages qu'elle peut offrir. Ces inconvénients sont de deux sortes : ou bien la spécialisation affaiblit la productivité du travail humain, ou bien, rompant l'harmonie entre les buts particuliers et ceux de toute l'organisation, elle compromet ainsi la coopération de ses membres.

A. *Affaiblissement de la productivité du travail.* — L'affaiblissement de la productivité du *travail* résulte à la longue de l'exercice continuel, excessif, d'une occupation spéciale. Ou bien il affecte

[1] J. Izoulet, *La cité moderne.* Paris, 1895.

surtout l'organisme; alors, il se manifeste sous la forme de ces innombrables maladies professionnelles : le saturnisme des peintres, la nécrose phosphorée des allumettiers, la carie du tibia des tourneurs de nacre, le charbon des trieurs de laine, la déformation du thorax des cordonniers, le tremblottement des yeux (*nystagmus*) des personnes occupées loin de la lumière solaire, l'anémie particulière aux haveurs, la tuberculose des houilleurs et de tous les ouvriers travaillant habituellement dans la poussière, la colique des électro-techniciens [1], les crises d'affaissement nerveux des personnes exerçant les professions libérales, etc. Ou bien encore, l'abus d'une occupation spéciale exclusive affecte les facultés artistiques, intellectuelles et morales : l'exécution monotone de la même opération émousse peu à peu le sentiment, obscurcit l'intelligence, énerve la volonté, transformant ainsi la personne humaine en un être indifférent, stupide et sans initiative.

Ces conséquences proviennent moins de la spécialité des occupations que de leur durée journalière ; ce n'est point l'occupation spéciale qui est nuisible, mais son exercice trop prolongé. La diminution de la journée de travail apparaît ainsi comme la condition indispensable d'une spécialisation croissante, si l'on veut que celle-ci porte les fruits qu'on en espère. Sinon, il faut s'attendre aux pires calamités, à l'alcoolisme, à la dégénérescence de populations entières et à leur anéantissement final, car on ne voit guère le moyen de s'arrêter sur cette pente une fois qu'on s'y est laissé entraîner.

Lorsque la spécialisation du travail en arrive à engendrer de pareils maux, elle ne favorise plus la production, mais elle en épuise la source la plus précieuse, l'homme. Alors on peut dire qu'elle a dépassé ses limites internes.

B. *Rupture de la coopération.* — La seconde espèce d'inconvénient d'une spécialisation excessive est de rompre l'harmonie entre les buts particuliers et ceux de l'organisation économique, en compromettant la coopération des membres qui en font partie.

Certaines vertus morales sont indispensables pour que le travail soit productif [2]. Au-dessus des préoccupations individuelles, le souci de l'intérêt général s'impose comme une nécessité de la vie

---

[1] Maladie constatée en Allemagne et en Suisse notamment. V. la *Sociale Praxis*, IX, n. 52.

[2] C'est un des éléments de la productivité personnelle de l'ouvrier. V. notre *Etude sur la productivité du travail et les salaires.*

sociale. Les buts particuliers étant des moyens de réaliser les fins
générales, les premiers doivent se subordonner aux secondes, et
ceci n'est possible que si les individus, tout en remplissant leurs
fonctions spéciales, connaissent en même temps ces fins générales
et se montrent disposés à y conformer leur conduite, soit spontanément, soit contraints.

   La subordination de l'intérêt particulier à l'intérêt général trouve
son application la plus complète dans l'organisation des armées.
Une dure discipline y a même paru le meilleur moyen de réaliser
la coopération la plus efficace de tous à l'œuvre commune. Des officiers qui, au mépris de la discipline, placeraient au premier rang le
soin de leur gloire personnelle, auraient bientôt transformé en défaite
la victoire qu'ils attendaient. En politique, l'esprit de faction des
démagogies peut faire courir à la nation les plus grands périls en
favorisant les intérêts particuliers et immédiats d'un parti aux
dépens du reste des citoyens. Aussi longtemps que, dans une nation,
la conscience des intérêts généraux et lointains ne se dégage point
spontanément de la masse des citoyens, il apparaît comme indispensable qu'elle subisse la direction d'un élément gouvernemental
stable, se prolongeant loin dans le passé et dans l'avenir, sachant
unir à la clairvoyance d'une longue expérience un esprit de prévoyance à grande portée soutenu par la conscience de la stabilité
de son pouvoir; un monarque héréditaire, par exemple. Sinon, la
nation est menacée de la pire des calamités politiques, la guerre civile,
jusqu'à ce qu'enfin, épuisée, avide de repos, elle se livre aveuglément au joug de quelque aventurier de génie, démagogue ou soldat
de fortune, qui lui imposera la direction qu'elle fut incapable de se
donner à elle-même.

   Il ne serait pas possible de conserver longtemps une situation
économique prospère là où le souci du bien général ferait totalement
défaut et où les intérêts particuliers régneraient en maîtres. Souvent
les intérêts privés se trouvent en contradiction avec ceux de la collectivité, de telle sorte que le sacrifice des premiers aux seconds
s'impose pour le bien de tous. La spéculation des marchés à terme
rend certes de grands services dans notre organisation économique ;
mais si les intérêts privés de quelques spéculateurs viennent à prédominer, les transactions dégénèrent en marchés fictifs, en jeux ;
la formation des prix se fausse et ne correspond plus aux conditions
véritables de l'offre et de la demande ; le fonctionnement de l'appa-

reil circulatoire est profondément troublé ; alors éclatent des catás-
trophes financières qui ruinent les spéculateurs, bons et mauvais,
ainsi que leurs créanciers, banquiers, commerçants ou industriels.
Autre exemple : lorsque les dangers d'une crise de surproduction
se font sentir, l'intérêt général des fabricants et de leurs ouvriers
réclame une réduction momentanée de la production ; au contraire,
l'intérêt particulier de chaque fabricant l'engage à pousser au *maximum* sa production, afin de réduire son prix de revient et de vente
et d'accaparer ainsi momentanément les commandes aux dépens de
ses concurrents. De la sorte, il traversera peut-être la tourmente
sans trop de pertes ; mais en favorisant la surproduction et la baisse
des prix, il aura précipité la crise et accru la détresse de tous les
autres. Enfin l'intérêt particulier peut pousser un industriel à réaliser de gros bénéfices en fournissant des produits défectueux qu'il
écoulera aisément à la faveur de la bonne renommée dont jouit son
district ; mais en agissant ainsi, non seulement il portera préjudice
au moment même aux concurrents et aux consommateurs, mais il
compromettra pour longtemps la réputation de toute sa région ; d'où
l'estampillage officiel des produits, qui se conserve encore dans
certaines industries, comme celle des armes à feu. C'est le souci
supérieur de l'intérêt général, qui explique et légitime toute cette
législation économique des nations même les plus attachées à la
liberté, législation garantissant la sécurité des propriétés, réglant les
transactions commerciales, protégeant le public contre la falsification des denrées alimentaires, contre les industries insalubres ou
incommodes, enfin contre les épidémies et la détérioration de la race
qui pourraient résulter d'une exploitation de la main-d'œuvre inspirée par un esprit de lucre exagéré.

Le particularisme local peut aussi produire des effets funestes
au bien public. Au moyen âge, il concourut à la ruine des communes flamandes. Souvent, l'intérêt d'une nation réclame que le
mouvement commercial et maritime y soit concentré dans certains
endroits ; le particularisme local, en poussant au contraire à sa
dissémination, peut l'empêcher d'être aussi profitable à tous.

Le souci de l'intérêt général, qu'impose la coopération des diverses parties d'un ensemble organisé, doit s'étendre même parfois
à plusieurs générations successives. Si les intérêts particuliers de
l'une d'elles l'emportaient sur les intérêts généraux de cette suite
de générations qu'embrasse l'existence de la société, on n'éprou-

verait aucun scrupule à faire peser sur ses descendants le poids de dépenses dont on tirerait seul avantage ; et l'on grossirait ainsi démesurément la dette nationale, au point de rendre parfois la banqueroute inévitable.

La subordination de tous au bien commun ne présente pas seulement de l'importance dans ces grandes organisations économiques que sont les sociétés, mais dans les organisations de moindre étendue qui la composent, telles que les entreprises industrielles privées. Si, dans une usine, les efforts du personnel ne convergent pas vers le but commun de l'entreprise, si la direction est défectueuse ou si les employés restent totalement indifférents au succès de la production, il faut s'attendre à de mauvaises affaires. C'est précisément l'impossibilité de réaliser dans une mesure suffisante le concours de tous à l'intérêt commun qui s'oppose à la constitution de certaines branches de production en sociétés anonymes.

Ainsi donc, qu'il s'agisse de la coopération des diverses parties spéciales qui constituent, soit l'organisation sociale, soit les organisations économiques privées, le souci des intérêts communs s'impose impérieusement à leurs membres, sous peine de compromettre la réalisation des fins que poursuivent ces organisations et, par le fait même, leur existence. Cette conséquence découle directement des caractères essentiels du phénomène de la spécialisation et de la coopération de la production.

Or, l'un des dangers de la spécialisation professionnelle est de rendre l'individu indifférent aux intérêts généraux, en concentrant trop fortement son attention sur les buts particuliers de sa spécialité, de telle sorte qu'au lieu de favoriser la production générale, elle arrive, au contraire, à la mettre en péril en nuisant à la coopération sans laquelle cependant elle ne peut donner aucun résultat. Développée à l'excès, elle engendre un exclusivisme professionnel funeste au bien commun : elle pousse le commerçant à réclamer immédiatement des facilités d'échange parfois incompatibles avec les nécessités actuelles de l'existence nationale ; les agriculteurs et les éleveurs exigent des droits de douane sur les blés et les bestiaux étrangers, aux dépens de la masse des consommateurs de leur pays ; les industriels demandent, malgré les protestations des commerçants, qu'on protège leur industrie, soit en entravant l'importation des produits similaires à ceux qu'ils fabriquent, soit en diminuant les droits sur les blés afin d'abaisser le coût de la main-

d'œuvre, alors que les agriculteurs voudraient, au contraire,
qu'on les accrût. De leur côté, les ouvriers réclament des garanties légales en faveur de leurs associations, des lois qui les sous-
trayent aux risques d'accident, de maladie et de chômage, et qui
leur assurent une pension dans leurs vieux jours ; les patrons, au
contraire, s'opposent à ces mesures qu'ils jugent nuisibles à leurs
intérêts.

Délicate est certes la tâche du législateur qui se voit ainsi sollicité en sens divers. Il faut qu'il s'en acquitte, pourtant, qu'il parvienne à tout prix à combiner ces intérêts particuliers contradictoires ; et il doit le faire en s'inspirant de l'intérêt suprême de la
société. S'il ne peut y parvenir, si les intérêts privés l'emportent
sur ceux de toute la nation, la spécialisation sociale de la production se trouvant faussée dans l'un de ses principes essentiels, la
coopération ne peut plus réaliser son but ; le concours harmonique
de toutes les forces sociales est brisé, et l'organisation entière,
s'épuisant en luttes intestines, s'affaiblit et se ruine [1].

De nouveau, la spécialisation professionnelle a dépassé ses limites internes ; mais cette fois ce n'est pas seulement en affectant
directement la productivité du *travail* mais en compromettant la
coopération, sans laquelle elle ne peut engendrer aucun résultat
favorable.

CHAPITRE XV

LA HIÉRARCHIE

De même que les diverses parties de l'organisme, celles de l'organisation économique n'ont pas toutes la même importance ; les
unes jouent un rôle plus considérable que les autres ; bref, il existe
entre elles une hiérarchie.

---

[1] Le particularisme professionnel est parfois poussé très loin. On pourrait citer tel
pays civilisé dont le gouvernement se trouve depuis des années dans l'impossibilité de
combattre sérieusement l'alcoolisme qui dévore sa population, pour cette unique raison que les intérêts des cabaretiers et des distillateurs y font obstacle. Or, ironie des
choses, le monarque de ce pays, dont l'intervention reste impuissante auprès de ses
propres sujets, a résolu ce problème d'une manière très satisfaisante dans un État
nègre de l'Afrique centrale dont il est aussi le souverain. C'est évidemment avec raison que M. Lavisse réclame l'organisation, dans les universités, d'un enseignement des
sciences sociales conçu au point de vue de l'*éducation* sociale et qui serait commun
à toutes les facultés. V. la *Revue de droit public* de 1894.

Certaines d'entre elles occupent une place prépondérante, au point qu'on ne pourrait s'en passer sans interrompre la production ; que la force motrice fasse défaut dans une usine, et aussitôt tout l'outillage cesse de fonctionner ; ou bien, qu'on supprime la direction du personnel, et le travail se désorganise et finit par devenir impossible.

L'importance hiérarchique des divers facteurs se manifeste de plusieurs manières.

D'abord, elle se traduit par le degré d'influence qu'ils exercent sur la production. Telle pièce de l'outillage, qui sert uniquement à accélérer légèrement le travail ou à prévenir des accidents extrêmement rares, pourra disparaître sans que la production s'en ressente sensiblement, de même on pourra se passer à la rigueur de certains ouvriers, de ceux, par exemple, qui n'exécutent que des opérations de finissage dans le but de donner simplement au produit une plus belle apparence. Mais il n'en serait plus de même si le moteur ou le personnel de direction venait à manquer, leur rôle dans la production étant tout à fait indispensable.

De plus, le facteur productif qui occupe dans la hiérarchie un rang élevé est généralement plus difficile à remplacer que les autres. Le chirurgien peut, en faisant une opération, trancher impunément une foule de vaisseaux sanguins aussi longtemps que les vaisseaux voisins, s'hypertrophiant, continuent à entretenir la circulation ; mais s'il lèse un organe essentiel dont les fonctions ne peuvent être remplies par d'autres, il doit s'attendre à une issue fatale. De même, dans les organisations économiques, on ne supplée pas avec une égale facilité aux fonctions des divers facteurs productifs. On verra bien, dans certains ateliers de tissage, plusieurs tisserands arriver en retard à la besogne, sans que cela nuise à la production, parce que les ouvriers présents pourront suppléer à leur absence en surveillant, en même temps que leurs propres métiers, ceux de leurs compagnons. Mais on ne verra pas le travail continuer son cours normal en l'absence, soit du contremaître qui devait distribuer et surveiller la besogne, soit des régleurs chargés d'ajuster convenablement l'outillage.

Cette importance hiérarchique inégale des divers facteurs, découle du fait de la spécialisation. La tâche étant répartie entre plusieurs facteurs spéciaux, il faut bien maintenir entre eux une certaine harmonie, organiser leur coopération à l'œuvre commune.

S'il s'agit de coopération directe, le pouvoir central donnant l'impulsion à l'ensemble et distribuant à chacun sa besogne particulière, on voit manifestement les divers facteurs prendre une place hiérarchique différente aux divers échelons qui les séparent du pouvoir directeur. S'il s'agit de spécialisation indirecte, les degrés hiérarchiques apparaissent moins nettement. Ils existent, cependant. Dans la société, là même où il n'y a pas d'organisation hiérarchique expressément instituée, la classe dirigeante se distingue nettement du reste du peuple. Au-dessus de la foule plane l'élite morale, intellectuelle et artistique, qui lui indique l'idéal à poursuivre, lui donne des opinions et lui forme le goût, élite éclairée et consciente des intérêts collectifs, qui seule connaissant les joies, les responsabilités et les souffrances de l'initiative sociale, traîne à sa suite la masse des humbles, incapables d'opinions personnelles, plus ou moins passifs et inconscients des intérêts généraux et des buts lointains.

CHAPITRE XVI

L'INTERDÉPENDANCE

Partagez en deux un simple agrégat de cellules homogènes : chaque partie peut subsister seule, puisque chaque cellule prise isolément remplit toutes les fonctions nécessaires à la vie. S'il s'agit au contraire d'un organisme, il en est tout autrement : la vie de chacune de ses parties étant subordonnée à celle des autres, aucune ne peut subsister seule. Cet état d'interdépendance où elles se trouvent les unes vis à vis des autres, est la conséquence de la spécialisation : les fonctions étant spécialisées et réparties entre autant d'espèces d'organes différents, aucun d'eux ne peut se suffire à lui-même, puisqu'il ne remplit qu'une seule des fonctions diverses qui sont indispensables à son existence, et il doit bien recourir au secours des autres pour celles qu'il ne remplit pas. Chaque organe, fonctionnant dans sa sphère spéciale dans l'intérêt de l'ensemble, en reçoit en échange les autres espèces de service qu'il ne rend pas lui-même et dont il a cependant besoin. C'est le principe, chacun pour tous et tous pour chacun, qui trouve ici son application. Bref, les diverses parties de l'organisme se complétant mutuellement ne peuvent se passer l'une de l'autre, et se trouvent entre elles dans une situation d'étroite interdépendance.

Telle est l'image de l'interdépendance que la spécialisation de la production établit aussi dans les organisations humaines, sociales ou autres. Il y a spécialisation ou spécialité de la production, avons-nous dit, lorsque l'acte productif total est divisé en un certain nombre d'opérations différentes, attribuées chacune d'une façon plus ou moins durable aux diverses parties (ou facteurs productifs) de l'ensemble, de sorte que chaque opération est confiée à la partie la plus apte à l'exécuter. La conséquence qui en résulte est qu'aucune partie de l'organisation économique ne peut réaliser le but commun sans le secours des autres. Qu'adviendrait-il d'une entreprise industrielle dont le directeur, les employés, les ouvriers ou les machines viendraient à manquer?

Consommateurs, nous ne pouvons nous passer du boulanger qui nous fournit le pain, du boucher pour la viande, de la laitière pour le lait et le beurre, du maraîcher pour les légumes, non plus que des tailleur, chapelier, cordonnier, mercier, pour le vêtement, ou de l'entrepreneur de construction et de ses artisans, ébénistes et tapissiers, pour l'habitation, ni des fumistes et lampistes pour le chauffage et l'éclairage, etc. Tous ces fournisseurs dépendent eux-mêmes des marchands et ceux-ci des fabricants qui, de leur côté, ne peuvent se passer des producteurs de matière première et de machines dont ils obtiennent respectivement ce dont ils ont besoin pour satisfaire leur clientèle. D'autre part, marchands, fabricants et fournisseurs de matière première ou de produits naturels ne peuvent vivre non plus sans le secours de leurs clients, puisque c'est d'eux qu'ils reçoivent ce revenu qui leur permettra de se procurer à leur tour, en qualité de consommateurs, tout ce qu'ils ne produisent pas eux-mêmes et dont ils ne peuvent cependant se passer.

Il n'y a pas que des biens matériels, qui nous soient indispensables, mais aussi divers services, y compris ceux qui répondent à nos besoins les plus élevés : l'instruction et l'éducation, qui ouvrent l'intelligence, affinent le sentiment et disciplinent la volonté, donnant à l'individu les aptitudes et les connaissances variées qui seules peuvent en faire un citoyen utile, non seulement capable de produire au jour le jour le nécessaire, mais possédant les vertus sociales sans lesquelles il ne peut comprendre la situation qu'il occupe dans l'ensemble de l'organisation, ni avoir conscience de l'importance de sa fonction, ni coopérer efficacement à l'œuvre commune. On aperçoit ici l'importance de l'enseignement des sciences sociales, comme moyen de développer l'esprit public.

L'état d'interdépendance qui résulte de la spécialisation de la production nous met dans l'impossibilité de subsister sans le secours des autres. Celui qui voudrait s'isoler de ses semblables courrait à une mort certaine ou à une déchéance physique et morale, qui serait peut-être pire encore. L'exemple de Robinson Crusoé ne suffit pas à nous donner une idée d'une telle situation ; car le fameux naufragé n'avait pas toujours vécu seul : il avait joui de l'éducation et de l'instruction que procure la vie sociale, et il avait pu sauver du naufrage toute une provision de richesses diverses, fruits de la spécialisation et de la coopération d'une civilisation avancée. Et cependant, dans quelle misérable condition ne se trouvait-il pas ! Si son isolement avait commencé dès son enfance, il aurait manqué de la plupart des aptitudes et des connaissances qui lui furent d'un si grand secours dans sa détresse ; il aurait été condamné à l'existence du sauvage le plus arriéré ; et si la délivrance n'avait pas interrompu son exil, comment se serait terminée sa misérable vie ? Par la folie, sans doute, et par une mort prématurée.

L'interdépendance entre les hommes augmente avec les progrès de la spécialisation, sous quelque forme qu'ils se manifestent. A mesure que l'individu se spécialise dans une occupation plus particulière, on voit augmenter le nombre des genres de production qui échappent, l'un après l'autre, à son activité, et pour la jouissance desquels il se trouvera dorénavant sous la dépendance des autres facteurs qui en auront fait leur spécialité. Voudrait-il plus tard se soustraire à cette dépendance en reprenant les genres de production qu'il pratiquait autrefois, qu'il ne le pourrait guère, à cause des transformations opérées en lui par son adaptation à la fonction spéciale qu'il a choisie.

Ceci est vrai de toute espèce de facteur productif. Dès que l'outil qui servait d'abord à plusieurs espèces d'opérations a été spécialisé dans une seule d'entre elles, il a reçu une forme appropriée qu'il ne peut plus abandonner pour se plier de nouveau aux autres opérations auxquelles il servait autrefois. De même, la nature, une fois appropriée à l'industrie extractive des carrières ou aux transports, reprendra bien difficilement une forme convenant à l'agriculture ou à l'élevage. L'homme lui-même, enfin, voit ses aptitudes se trans-

former à tel point par leur adaptation à certaines occupations spéciales, que son incapacité à en exercer d'autres s'imprime souvent
d'une manière indélébile dans toute sa personne. La complexion
délicate et nerveuse du tisserand lui ferme l'accès des travaux des
champs et de la mine; les gros doigts des agriculteurs rendent
ceux-ci impropres à certaines occupations de l'industrie textile. Les
financiers et les marchands, en développant leur pondération d'esprit, leur sang-froid et leur sens pratique, émoussent leur impres-
sionnabilité esthétique, et deviennent incapables d'exercer des professions artistiques; et, inversement, l'imagination et l'impression-
nabilité de l'artiste sont généralement incompatibles avec la pratique des affaires.

Mais les progrès de la spécialisation se manifestent aussi par
l'extension de ses limites *externes*. L'interdépendance, qui n'existait d'abord qu'entre les diverses parties de la communauté primitive, s'étend bientôt à toute une région, puis à une nation et même
souvent au monde entier. Le ravitaillement de la petite communauté de village ne dépendait que des diverses branches de production de l'endroit (sauf en ce qui concerne quelques denrées peu
nombreuses, telles que le sel, qui ne pouvait s'obtenir sur place).
Aujourd'hui, l'alimentation de tel pays industriel dépend de l'état
des récoltes du monde entier. Et tandis que le tisserand de l'organisation économique primitive ne demandait qu'au voisinage la
laine dont il avait besoin, le fabricant de l'Europe contemporaine
doit recourir à l'Amérique, au Cap et à l'Australie, qui seuls peuvent la lui fournir en qualité convenable et en quantité suffisante.

On voit cette augmentation d'interdépendance se manifester
aussi dans des organisations économiques autres que la société,
dans les entreprises industrielles, par exemple. Le petit artisan
d'autrefois, qui, avec ses propres outils, confectionnait seul ses
produits, était indépendant dans les limites de sa petite entreprise.
Mais du jour où un outillage plus important ou plus perfectionné
requit le secours de mains autres que les siennes, dès qu'il dut
prendre à son service un certain nombre d'ouvriers salariés, il se
plaça sous la dépendance de ceux-ci pour l'exercice de sa profession,
et, de leur côté, les salariés, trop pauvres pour pouvoir entrer en
possession des outils indispensables à la pratique de leur métier, se
trouvèrent sous la dépendance du capitaliste entrepreneur d'industrie.

Dans ces admirables organisations économiques privées à spé-cialisation directe, que sont nos grandes usines actuelles, cette interdépendance non seulement apparaît dans cette savante hiérar-chie qui les organise, mais dans les relations des diverses espèces d'ouvriers qu'elles emploient. Si les ouvriers des premiers stades de fabrication ne fournissent pas du travail en proportion suffisante, ils vouent à l'inaction ceux des stades suivants ; si la matière pre-mière est mal préparée, celui qui confectionne le demi-fabricat en éprouvera du préjudice ; et si ce dernier fournit un demi-fabricat défectueux, c'est l'ouvrier qui doit y mettre la dernière main qui en souffrira. Si, dans l'atelier de menuiserie d'une usine de cons-truction mécanique, les ouvriers n'exécutent pas exactement les diverses pièces du modèle, ils rendront d'autant plus pénible la tâche du monteur, et si celui-ci, à son tour, livre un modèle dé-fectueux, les ouvriers des stades suivants en pâtiront. Ou bien, si dans un atelier de tissage le régleur n'a point soigné convenable-ment l'ajustage du métier, sa négligence se traduira, pour le tis-serand, en pertes de temps consacrées à réparer les accidents et en malfaçons entraînant des frais de nettoyage qui seront déduits de son salaire.

Cette interdépendance qui résulte de la spécialisation a des con-séquences juridiques importantes. Dans une usine où diverses caté-gories d'ouvriers travaillent successivement au même produit, elle rend souvent très difficile la fixation des responsabilités en cas de malfaçon, et elle donne lieu à des contestations lorsqu'il s'agit d'établir le montant des retenues sur les salaires qui peuvent en résulter, en matière de tissage par exemple.

Dans l'organisation sociale, elle engendre des conséquences plus graves. Parfois l'individu dépend des autres à tel point qu'il con-vient de faire la part des évènements dont il n'est pas responsable et de le protéger contre les maux qui peuvent en résulter, en en rejetant les effets, soit sur des collectivités, soit sur des personna-lités particulièrement résistantes au point de vue économique.

Il existe, disons-nous, une foule de maux dont aucun individu en particulier ne peut être considéré comme responsable. Ils résultent d'une foule confuse de phénomènes agissant et réagissant les uns sur les autres d'une manière tellement complexe, qu'il devient impossible de discerner les causes individuelles et d'en prévoir les effets. Ces maux relèvent des *risques* sociaux de l'activité économique. Lorsqu'ils sont de peu d'importance, il n'y a aucun inconvénient à en laisser supporter les effets par les individus qu'ils atteignent. Mais souvent, ils frappent avec une telle violence, qu'on ne peut plus, sans danger, en laisser porter tout le poids par l'individu ; car on courrait alors le grave péril de le plonger dans un dénuement, une démoralisation de nature à engendrer chez lui et les siens une incapacité productive irrémédiable, s'étendant même parfois à ses descendants.

Il ne faut pas oublier qu'il est d'intérêt général, dans la société, que le résultat obtenu par ses membres dépend de la peine qu'ils se donnent ; d'une manière plus précise, il doit exister un certain rapport entre leur revenu et la productivité de leur travail [1]. Aussi considère-t-on généralement comme immoraux les jeux de hasard, les jeux de bourses et les loteries ; et avec raison, car ils découragent du travail productif [2].

Mais s'il importe de tarir les revenus qui ne proviennent d'aucun effort productif, il n'importe pas moins d'empêcher la démoralisation des travailleurs utiles. Il convient de les protéger contre les risques sociaux dont les atteintes seraient trop violentes, relativement à leur puissance de résistance économique, en en reportant les effets, soit sur d'autres personnes présentant une résistance suffisante, soit sur des collectivités. La théorie du risque industriel, dont s'inspire le principe de la responsabilité en matière d'accidents, peut être considérée comme une application de cette manière de voir ; elle libère l'ouvrier d'un risque social, en le reportant sur le capitaliste, qui, par sa puissance économique, peut le supporter plus aisément. Les assurances ouvrières contre le chômage et celles des commerçants contre les faillites rejettent sur des collectivités l'un des risques sociaux les plus nettement caractérisés, celui qui résulte des fluctuations des conjonctures économiques

---

[1] Nous disons « un certain rapport » car l'effort seul ne peut servir de base à la rémunération du travail ; il faut aussi tenir compte de son degré d'utilité ; il importe, en effet, que la rémunération varie avec l'utilité de l'effort si l'on veut obtenir une production adaptée aux divers besoins, ainsi que cela s'opère dans nos sociétés actuelles par les variations de prix résultant des changements de l'offre et de la demande.

[2] Il est étonnant que certains Etats organisent encore aujourd'hui des loteries publiques. Si celles-ci constituent une source de revenu facile, on ne peut faire valoir aucune bonne raison pour les légitimer. V. Sieghart, *Die œffentlichen Glueckspiele*, Vienne, 1899, et le compte rendu que nous en avons donné dans la *Revue d'économie politique*.

et des crises en particulier. Les assurances qui s'édifient sur cette base, loin de décourager l'esprit d'initiative et de responsabilité personnelles, les entretiennent au contraire et les réconfortent pour le plus grand bien des particuliers et du public ; elles favorisent la productivité, la santé et la moralité économiques d'un peuple.

Enfin l'interdépendance résultant de la spécialisation engendre aussi la solidarité, dont nous allons nous occuper.

CHAPITRE XVII

LA SOLIDARITÉ

L'usage du mot solidarité, dans le sens qu'on lui donne habituellement aujourd'hui, est relativement récent. Il peut être considéré comme l'indice de la transformation qui s'opère dans la conception de l'individu envisagé par rapport à la société. Tandis que certains théoriciens s'en tenaient à la conception individualiste-égalitaire que la philosophie du xviii⁰ siècle s'était faite de la liberté, tandis que d'autres, la poussant par le moyen d'une impitoyable logique aux limites extrêmes de l'absurde, aboutissaient aux utopies de l'anarchisme, il se forma un courant contraire de l'opinion qui, réagissant contre ces tendances d'un radicalisme simpliste, gagna rapidement les esprits en les groupant autour d'une conception toute différente désignée d'un mot ancien : la solidarité. Mot magique ! Il en est peu qui aient eu un succès aussi rapide et aussi complet. Prononcé d'abord par quelques novateurs, il vola rapidement de bouche en bouche, gagnant toutes les couches sociales, tous les partis ; et l'on ne fait plus guère aujourd'hui de discours officiel sans le mettre bien en évidence[1].

Il est remarquable que ce mot prestigieux a fait la conquête du monde, avant que les théoriciens aient eu le loisir d'en donner une définition tant soit peu satisfaisante, depuis Aug. Comte insistant sur « l'intime et universelle solidarité » qui unit les divers organes de cette « immense et éternelle unité sociale » que constitue, d'après lui, l'espèce humaine, — jusqu'à Durkheim, qui reconnaît cependant à la solidarité une importance capitale, puisque, selon

---

[1] On parle même actuellement d'une nouvelle école, celle de la solidarité. V. Gide, *L'idée de solidarité et l'école nouvelle*, Genève, 1890.

lui, c'est en elle que consiste la conséquence la plus intéressante de la spécialisation, et non point dans les progrès de la productivité.

La solidarité, prise dans son acception nouvelle, a surtout attiré l'attention des moralistes. C'est le point de vue moral qui préoccupait Sécrétan lorsqu'il écrivait : « La solidarité des destinées humaines nous atteste l'unité de la chute » [1]. De même, Marion, qui semble avoir compris par solidarité cet état où se trouvent les hommes et qui fait qu'ils réagissent sur la moralité les uns des autres [2].

Dans le langage ordinaire, la solidarité désigne, suivant Littré, la « responsabilité mutuelle qui s'établit entre deux ou plusieurs personnes ». — Cependant, on emploie aussi très fréquemment ce terme dans le sens vague de fraternité, de dévouement à l'intérêt commun, quand on invoque, par exemple, la solidarité humaine ou lorsqu'on fait appel à l'esprit ou au sentiment de solidarité.

Comme terme de physiologie, la solidarité organique désigne, selon Littré, « la relation nécessaire d'un acte de l'économie avec tel ou tel autre acte différent ou s'accomplissant dans une région éloignée... ». Le Dr Clavel, disciple dissident de Littré, a précisé davantage le sens de la solidarité organique : après avoir constaté que les organes se donnant réciproquement ce qui est nécessaire à leurs fonctions respectives, participent aux mêmes prospérités et aux mêmes souffrances, « ce sort commun, ajoute-t-il, qui résulte

---

[1] Ch. Sécrétan, *Philosophie de la liberté*, Paris, 1866 et 1872. — Voici, en quelques mots, son raisonnement. Le mal existe dans le monde ; or, il ne peut venir de Dieu qui est toute bonté ; il vient donc de l'homme et est la conséquence de sa faute ; or, manifestement, l'individu souffre très souvent de maux dont il n'est pas l'auteur, dont il n'est pas personnellement responsable. — Comment concilier ceci avec la justice divine? — En admettant que l'homme est responsable, non point d'une faute qu'il a commise personnellement, mais dont l'humanité considérée dans son ensemble comme un seul être, s'est rendue coupable ; le fait que l'homme est responsable de la chute de l'humanité prouverait donc, d'après Sécrétan, qu'une étroite solidarité morale unit tous les individus qui la composent.

[2] H. Marion, *La solidarité morale*, Paris, 1880. — Voici sa définition de la solidarité sociale : « C'est l'ensemble des actions et réactions qu'exercent sur la moralité les uns des autres les hommes vivant en société ; c'est le réseau des influences réciproques auxquelles donne lieu le commerce de deux ou plusieurs individus, et par lesquelles ils tendent à s'améliorer ou à se corrompre mutuellement ; ce sont, en un mot, tous les phénomènes moraux résultant de la vie collective et desquels résulte à son tour la valeur morale d'un groupe humain pris dans son ensemble ». — Définition bien longue et bien vague. Elle est d'ailleurs inadmissible en bonne logique ; car la solidarité ne peut être à la fois un ensemble d'actions, un réseau d'influences et une totalité de phénomènes ; elle est une qualité et non un objet ou une action.

de la mutualité, prend le nom de solidarité et fait que les organes
ont un même intérêt dans le maintien de la vie » [1].

N'oublions pas, enfin, que ce mot possède depuis l'antiquité dans
la langue du droit, une autre acception bien définie : il y a, en
droit civil, solidarité entre plusieurs débiteurs, lorsque le paiement
de la dette qui leur est commune peut être exigé en totalité de l'un
quelconque d'entre eux, et il y a solidarité entre les créanciers
quand l'un quelconque de ceux-ci peut exiger le paiement de toute
la dette.

Quel peut bien être l'élément commun à ces sens divers? Y a-t-
il moyen de découvrir une notion à la fois précise et assez large
pour les renfermer tous? Oui, à la condition d'entendre par solidarité la situation où se trouvent les diverses parties d'un tout vis-à-
vis l'une de l'autre, telle qu'un changement de l'une d'elles affecte
en même temps les autres de la même manière. En morale, il
s'agira d'un changement en bien ou en mal, c'est-à-dire susceptible
d'un jugement moral. En biologie, il sera question d'un change-
ment·affectant la vitalité. Enfin, en matière économique, ce sera
une modification influant sur le bien-être matériel.

En ce qui concerne l'organisation économique, on comprendra
donc par solidarité cet état où se trouvent ses diverses parties vis-
à-vis l'une de l'autre, tel qu'une variation de productivité ou de
revenu — c'est-à-dire de bien-être — de l'une d'elles, influe aussi
sur les autres dans le même sens [2].

Découvre-t-on, par exemple, dans une exploitation minière un
nouveau filon d'une grande richesse qui accroisse la productivité de
l'entreprise, non seulement les actionnaires verront s'élever le
dividende, mais les ouvriers bénéficieront d'une hausse des salaires. Au contraire, si un coup d'eau inonde la mine, la diminution
de productivité de l'entreprise entraînera une baisse des dividendes
et des salaires. De même, dans une usine, un accroissement de
productivité de l'outillage n'améliorera pas seulement la rémuné-

---

[1] Clavel, *Les principes au XIXᵉ siècle*, Paris, 1877.

[2] Il n'y a point lieu de séparer ici le revenu de la productivité : on peut les considérer comme deux phénomènes inséparables et concomitants. On peut admettre,
en effet, qu'il n'y a point de revenu sans productivité, et que le premier varie avec la
seconde. Touchant la première proposition, on reconnaîtra qu'elle est conforme à la
généralité des cas; il en est de même de la seconde, surtout en ce qui concerne les
revenus distribués sous forme de salaires, ainsi que nous avons eu l'occasion de le
vérifier dans notre étude sur la productivité du travail et les salaires (Larose, 1899).

ration du capitaliste, mais aussi celle des ouvriers, tandis que, d'autre part, la baisse de prix des produits profitera aux consommateurs en augmentant leur revenu réel [1]. Autre exemple : le directeur très capable d'une entreprise industrielle ou commerciale est remplacé par un autre aux aptitudes médiocres ; aussitôt, la diminution de productivité de la direction se répercute sur toute l'entreprise et sur la rémunération de ses divers facteurs.

La solidarité, non seulement unit les parties qui constituent une organisation économique privée telle qu'une entreprise industrielle ou commerciale, mais elle s'étend à toute l'organisation sociale. De mauvaises récoltes de grain et de pommes de terre ont-elles jeté la misère parmi les campagnards, ceux-ci ne pouvant payer les impôts, font baisser le revenu public et affectent ainsi directement la prospérité de la nation ; de plus, obligés de limiter leurs dépenses au strict nécessaire, ils restreignent la demande de produits industriels et compromettent la prospérité des fabricants ; plusieurs de ces derniers font faillite, quelques-uns même se suicident ; enfin le renchérissement des pommes de terre, du grain et du pain empire à tel point la situation matérielle du peuple, que celui-ci, poussé à bout par la misère, se soulève en masse, et des émeutes jettent un trouble profond dans toute l'organisation sociale. C'est ainsi qu'au commencement du xixe siècle on vit en Angleterre des troubles extrêmement graves éclater à la suite du renchérissement des vivres.

La solidarité qui unit les différents facteurs productifs de l'organisation sociale, se traduit d'une manière frappante dans les phénomènes qui caractérisent les fluctuations des conjonctures économiques. Les périodes de productivité croissante ou d'inflation s'accompagnent de toute espèce de faits précis affectant les facteurs productifs les plus divers : hausse des prix, accroissement du mouvement commercial, hausse de l'intérêt et de l'escompte. Il en est de même dans les moments de crise et de dépression, où ces phénomènes se manifestent en sens inverse.

En même temps que la spécialisation, sortant de plus en plus des limites nationales, va sans cesse augmentant l'étendue de son action, la solidarité s'établit plus étroite entre les peuples les plus

[1] Réel est pris ici dans un sens analogue à celui qu'il a dans l'expression salaire réel.

éloignés : aussi n'est-il guère possible de nos jours qu'une crise
économique de quelque importance frappe un pays civilisé, sans
qu'elle se répercute aussitôt sur les principaux marchés du dehors.

La solidarité est inhérente au fait même de la spécialisation, elle
découle directement de l'interdépendance où se trouvent les divers
facteurs spéciaux, et elle ne peut que s'accroître avec elle. Car,
qu'est-ce à dire que les divers facteurs de toute organisation économique se trouvent dans un état d'interdépendance, sinon qu'aucun
d'eux ne peut produire isolément ni recevoir aucun revenu sans
le concours des autres ? Or le concours de ceux-ci sera plus ou
moins efficace selon qu'ils se trouveront eux-mêmes dans des conditions économiques plus ou moins favorables. Si les producteurs de
houille en fournissent de mauvaise qualité ou en quantité insuffisante
ou à des prix exagérés, les transports et presque toutes les industries
s'en ressentent. Si un fabricant fournit de la camelotte à l'étranger
il nuit non seulement à ses clients, mais à ses confrères du même
centre industriel, qu'il déconsidère ; au contraire, s'il livre de bonne
marchandise, il concourt à établir la renommée industrielle de sa
région, il fait du bien à ses clients et à ses concitoyens, en même
temps qu'à lui-même, car il aura dans l'avenir plus de chances
d'obtenir de nouvelles commandes.

L'ouvrier ne tire pas seul avantage de sa productivité personnelle, qui lui assure de hauts salaires, mais la productivité des
autres facteurs et la prospérité de toute entreprise se trouvent aussi
favorisées ; d'autre part, les progrès de productivité de l'entreprise profitent également à l'ouvrier, en permettant de lui distribuer
un salaire plus rémunérateur, et pour peu que cette augmentation
se maintienne, il en résulte une amélioration de son niveau d'existence, qui, à son tour, réagit favorablement sur sa productivité
personnelle.

Enfin, la productivité des consommateurs et par conséquent leur
revenu et leur bien-être, influent sur ceux des producteurs. Non
seulement c'est du succès de leurs efforts que dépend la masse de
richesse qu'ils peuvent fournir à la communauté, mais aussi, leur
solvabilité donne la mesure des biens qu'ils peuvent acheter aux
producteurs. Si l'agriculture languit, le ravitaillement en denrées
alimentaires devient difficile, et l'industrie souffre du manque de
consommateurs.

On voit à quel point le bien-être d'une partie de l'organisation économique réagit sur celui des autres, comment ses divers facteurs se trouvent unis par une solidarité de fait imposée par les conditions mêmes de la production spécialisée, c'est-à-dire telle qu'elle se présente dans toute société quelque peu avancée.

Cette solidarité de fait, qui lie les membres de toute organisation sociale, entraîne des conséquences morales importantes. Puisque nous dépendons à tel point les uns des autres, puisque la productivité du travail des uns est si étroitement liée à celle des autres, on ne peut rester indifférent à leur bien-être commun. L'individu n'apparaît pas seulement comme fin à lui-même, mais comme moyen du bonheur des autres, de même que les fins sociales concourent à celui des individus. La solidarité, à laquelle il ne nous appartient pas de nous soustraire, nous conduit à associer le souci de notre bien-être à celui des autres. L'homme, quelque modeste que soit sa condition, n'apparaît plus comme une unité isolée, mais il peut et doit se concevoir dans toute l'importance de son rôle social. Son âme s'élargit ainsi en même temps qu'il prend conscience de la situation qu'il occupe dans l'ensemble. Son idéal s'élève à mesure qu'il sait mieux se passionner pour le bien de tous, à mesure qu'il apprend à rechercher le bonheur non seulement pour lui, mais pour les autres, à mesure qu'il s'habitue à s'affirmer, à augmenter sa liberté, sa puissance, son prestige, non seulement pour lui, mais pour la société, qui ne serait rien sans lui et sans laquelle il ne serait rien, à mesure qu'il s'accoutume à considérer comme la fin la plus désirable de ses aspirations et de ses efforts, le bien de tous.

CHAPITRE XVIII [1]

LA LIBERTÉ

L'homme n'est donc pas un être isolé, capable d'agir à sa guise et d'arranger sa vie comme il lui plaît. Non seulement ses imperfections intellectuelles et morales et les lois physiques limitent sa liberté, mais les conditions économiques de son existence l'empêchent de se suffire à elle-même. La spécialisation l'attache par des liens indissolubles au milieu social et en fait un membre, simplement, des organisations avec lesquelles il échange les forces productives et les moyens de subsistance.

Or, les progrès de la spécialisation ne font que multiplier et resserrer ces liens et accroître l'interdépendance où se trouvent les hommes vis-à-vis les uns des autres. Que devient dès lors la liberté ?

Si l'on entend par liberté l'état d'indifférence, d'indétermination de la volonté, on peut répondre qu'elle ne court aucun péril pour la raison bien simple qu'elle n'a peut-être jamais existé ; car le problème de la liberté, ainsi posé, est-il vraiment susceptible d'une solution ? Ne peut-on pas toujours répondre à celui qui prétend avoir choisi librement entre plusieurs alternatives : vous n'étiez pas libre de choisir autrement que vous ne l'avez fait, vous vous abusez en croyant que vous auriez pu choisir autrement !

Mais s'il n'est guère utile de discuter sur une liberté conçue comme le pouvoir d'agir sans détermination, il paraîtra plus fructueux de l'envisager telle qu'elle se révèle véritablement à notre conscience, c'est-à-dire comme le pouvoir d'agir, non pas sans cause, mais conformément à nos désirs, à nos aspirations. Tel peuple qui préfère au prix de sa propre sécurité et d'avantages multiples, un milieu où il puisse manifester sa volonté avec le moins d'empêchements possible, fût-ce même d'une manière désordonnée et déraisonnable, se sentira lésé dans l'exercice de sa liberté par les restrictions sociales nombreuses qui, dans un pays plus avancé que le sien, ont pour objet de maintenir une organisation plus perfectionnée ; tandis que, au contraire, l'habitant de ce dernier pays ne s'estimera nullement gêné par ces règles, parce qu'elles répondent précisément à ses propres aspirations.

Ce qui est vraiment intéressant dans la notion de la liberté, ce qui paraît essentiel, c'est en réalité le pouvoir d'agir conformément à nos aspirations, spontanément, c'est la *spontanéité*.

Or, si on la comprend ainsi, il n'est rien moins que certain que les progrès de la spécialisation soient de nature à la compromettre. Ces progrès s'accompagnent plutôt d'une transformation favorable à la liberté, la spécialisation et la coopération devenant de moins en moins *autoritaires* et de plus en plus *spontanées*[1]. La tribu primitive nous fournit l'exemple de la coopération la moins spontanée qui existe ; quelques personnes pourvues d'un pouvoir illimité gouvernent la communauté d'une manière absolue. L'antiquité connut un régime de travail nettement autoritaire, l'esclavage. Plus tard le

[1] Sur le sens de ce terme, v. *supra*, ch. X, § 4, B.

servage, diminuant la contrainte, fit une place plus large à la liberté. Enfin, avec le salariat, la coopération apparut sous sa forme la plus spontanée, la forme contractuelle.

La coopération *indirecte*[1], qui, si elle n'est pas toujours spontanée, n'est cependant pas non plus autoritaire, se développa surtout à la fin de l'ancien régime. Jusque là, le pouvoir social avait pris une part directe relativement importante à l'organisation de la production. A l'époque mercantiliste, l'Etat apparaissait encore comme le tuteur suprême. de toute activité économique, il intervenait largement dans les intérêts privés en matière commerciale, industrielle et sociale[2]. Les physiocrates inaugurèrent une ère nouvelle : ils affirmèrent le fondement naturel de la liberté individuelle la plus complète ; dans le domaine économique, ils déclarèrent que chacun devait librement poursuivre la défense de ses intérêts particuliers, que l'ordre public en sortirait de lui-même ; qu'il existait, selon eux, une harmonie préétablie entre les aspirations individuelles ; bref, découvrant les lois économiques de la coopération *indirecte*, les physiocrates déclarèrent qu'il fallait apporter le moins d'entraves possible à leur action. .

Mais ils en exagérèrent l'influence salutaire. Croyant à l'égalité naturelle des hommes, ils ne pouvaient prévoir les dangers d'une concurrence effrénée entre des individus inégaux, en réalité, de mille manières. Ils perdirent aussi de vue que, dans certains cas, une organisation préalable de la production s'impose, dans les entreprises industrielles, par exemple. La coopération *directe* y est indispensable, et elle ne fait que croître avec les progrès de la grande industrie et des grandes entreprises commerciales, avec la multiplication des sociétés anonymes, avec l'apparition des syndicats de production : toute une renaissance de coopération directe, incontestablement.

Cependant ce réveil de la coopération directe n'implique pas nécessairement un retour à la coopération autoritaire d'autrefois ; car elle ne réapparaît le plus souvent que sous une forme juridique toute différente : celle du contrat. Non seulement ceci s'applique aux entreprises particulières, mais l'intervention de l'Etat a beaucoup perdu de son caractère autoritaire ; ce n'est plus au nom d'un

[1] V. *Supra, ibid.*, A.
[2] V. notre EVolution économique et sociale de l'industrie de la laine en Angleterre, 1900.

monarque absolu tenant directement de Dieu une autorité sans limite, qu'elle se manifeste, mais c'est le plus souvent la nation elle-même qui gouverne par l'organe de représentants à qui elle délègue ses pouvoirs en vertu du contrat social.

Sans doute, il existe et il existera encore longtemps une part importante d'autoritarisme dans les diverses organisations publiques et privées, il se présentera encore des cas où l'obéissance passive apparaîtra comme indispensable ; il se pourrait même que dans certains pays, où d'emblée on a fait une part trop large à la coopération spontanée contractuelle, un raffermissement du principe d'autorité parût momentanément désirable. Mais, en fin de compte, le progrès *général* de l'humanité se traduit cependant par la substitution de la coopération spontanée à la coopération autoritaire, à mesure que les intelligences s'éclairent et que les volontés s'affermissent. Le jour où les aspirations individuelles seront toutes conformes à la vérité et à la justice, alors commencera véritablement le règne de la liberté complète ; la coopération spontanée suffira partout aux besoins de la vie et le pouvoir social pourra s'organiser sur une base intégralement contractuelle.

Laurent DECHESNE.

CHRONIQUE LEGISLATIVE

DOCUMENTS OFFICIELS

Le *Journal Officiel* du 24 août contient un rapport au Président de la République, suivi d'un décret fixant le taux des primes d'exportation des sucres à partir du 1er septembre 1901 pour la campagne 1901-1902.

Dans le n° du 26 est un décret portant réglementation sur la recherche et l'exploitation de l'or et des métaux précieux dans les colonies et pays de protectorat de l'Afrique autres que l'Algérie et la Tunisie.

· Une loi du 31 juillet 1901 (*J. O.* du 6 septembre) rend applicables l'article 463 du Code pénal et l'article 1er de la loi du 26 mars 1891 aux délits et contraventions en matière de pêches maritimes et de navigation.

Dans le *J. O.* du 11 septembre est une circulaire adressée au préfet par le Ministre du Commerce et de l'Industrie, relative à la création de l'Office national des brevets d'invention et des marques de fabrique et à la publication des brevets.

Le *J. O.* du 13 septembre contient un rapport du Ministre des Travaux publics au Président de la République, suivi d'un décret, d'un arrêté et d'une circulaire réglementant la circulation des automobiles.

Dans celui du 26 septembre, on trouvera le rapport annuel au Président de la République sur l'administration de la justice civile et commerciale en France et en Algérie pendant l'année 1898.

I. DÉBATS LÉGISLATIFS

Les Chambres se sont réunies en session extraordinaire le 22 octobre. Le Sénat n'a tenu que deux séances sans intérêt.

Chambre.

Interpellations. — Suite de la discussion sur le régime des admissions temporaires du froment. — Projet de loi relatif à la marine marchande.

A la Chambre, au contraire, deux questions particulièrement importantes sont venues en discussion : celle de l'admission temporaire des blés et celle de la marine marchande.

La Chambre a repris d'abord la discussion des propositions de loi relatives au régime de l'admission temporaire des blés et M. Thierry a continué un discours interrompu par le décret de clôture du 5 juillet. Il attribue la mévente des blés, non à une opération secondaire comme le trafic des admissions temporaires, mais à un mauvais outillage économique et au manque d'organisation dans l'écoulement des produits. En Allemagne et en Belgique, les syndicats d'acheteurs qui se sont créés pour les engrais, pour les graines, pour l'outillage, sont également organisés pour la vente de leurs produits. Mais le principal remède est, pour lui, dans le rendement. Il est plus avantageux de produire sur la même surface deux hectolitres à 15 fr. qu'un seul à 20 fr. La moyenne du rendement a été, dans la période 1890-1898, de 17 hectolitres à l'hectare, ce qui nous met au huitième rang de la production européenne, alors que la production moyenne de la Belgique et de l'Angleterre est de 25 hectolitres à l'hectare et que le rendement minimum qu'on peut obtenir par l'emploi des engrais chimiques est de 30 hectolitres.

Quant à l'admission temporaire, son fonctionnement a le grand avantage de décharger les régions surproductrices en rechargeant les régions déficitaires sans transport et sans frais : le montant du droit de douane se répartit entre l'importateur et l'apurateur de l'acquit comme un moyen de nivellement entre le marché étranger et le marché français. Et, après avoir fait la critique des différentes propositions soumises à la Chambre, l'orateur a défendu un contre-projet d'après lequel toute exportation de blé ou de farine pourrait donner lieu à l'ouverture d'un crédit de douane, dont l'exportateur serait libre de disposer, les opérations de sortie et d'entrée devant être balancées par le même bureau de douane, moyennant quoi l'admission temporaire pourrait être supprimée.

En lui répondant, M. le Ministre de l'agriculture a très bien expliqué le mécanisme des acquits-à-caution et les griefs, parfois fondés, qu'on lui adresse. Il est certain, a-t-il dit, que l'importateur, au lieu de 7 fr., ne paie, suivant les cours des acquits-à-caution, que 3 ou 4 fr. Sur les 36.000 meuniers de France, a-t-il ajouté, il y en a 34.000 qui travaillent à façon et seulement 2.334 qui font de l'industrie et du commerce; encore est-il que, sur ces 2.334, il n'y en a pas plus de 200 qui fassent de l'admission temporaire : on ne peut pas sacrifier à 200 minotiers les intérêts de tous les producteurs de blé!

Le contre-projet de M. Thierry n'a réuni que 24 voix contre 504 et la Chambre a adopté la proposition de M. Castillard, à laquelle s'était rallié le Ministre de l'agriculture : paiement du droit à l'importation, sauf restitution ; titre incessible; réexportation dans le délai de deux mois; mise en entrepôt non considérée comme réexportation. Elle a décidé, en outre, que la sortie de la farine ne pourrait s'effectuer que dans le même bureau de douane où se sera faite l'importation du blé.

La Chambre a ensuite abordé la discussion du projet de loi sur la marine marchande, sur lequel l'urgence a été déclarée[1]. L'amiral Rieunier a fait l'historique de la question. Il a conclu à une protection énergique pour la marine marchande : primes à la construction et à la navigation, surprimes pour favoriser la navigation au long cours, réserve de l'intercourse coloniale à la marine française et enfin surtaxe du pavillon tiers.

M. Maurice Sibille a vivement critiqué le principe du projet de loi : il voudrait que les primes fussent, comme sous le régime de la loi de 1893, réservées aux seuls navires de construction française.

M. Rispal a de même attaqué le principe de la compensation d'armement, qui, en subventionnant la construction étrangère, ruinerait nos chantiers, frapperait notre industrie, compromettrait notre budget et porterait atteinte à notre flotte.

Le discours du ministre du commerce, plus désintéressé dans la question que les représentants des intérêts en jeu, a été particulièrement intéressant. Il faut bien voir, a-t-il dit, le mal auquel on veut porter remède : c'est l'abaissement dans des proportions effrayantes, surtout si l'on compare notre situation à celles des nations rivales,

---

[1] V. sur ce sujet un intéressant article de M. Paul Leroy-Beaulieu dans l'*Economiste français* du 2 novembre 1901.

du nombre et de la valeur des unités de notre flotte marchande.
La loi de 1893 a établi l'échelle des primes de façon telle que le
nouveau système a tourné au plus grand bénéfice des voiliers et à
la ruine des vapeurs. Elle a aussi établi au bénéfice des constructeurs un monopole de fait. Or, on n'a jamais contesté l'écart entre
es prix de fabrication française et étrangère : d'après les estimations les plus compétentes, cet écart varie de 20 p. 100 au minimum à 80 p. 100 et plus. M. Thierry, dans son rapport, l'estime à
40 p. 100 en moyenne. Il faut que l'armateur paie cela sur sa
prime de navigation, qui revient au constructeur en plus de la
sienne propre. Si l'écart monte à 40 p. 100, l'armateur touche 23 p.
100 de sa prime et le constructeur 77 p. 100! Cependant les armateurs ne pouvaient s'adresser à la construction étrangère; car, si
abaissé que fût son prix, il était encore trop élevé pour leur permettre de supporter les charges afférentes au pavillon français ; à
moins d'acheter à l'étranger de vieux vapeurs au rabais, ce qui a
été fait; de telle sorte que la loi de 1893 a eu ce résultat inattendu
d'éloigner des chantiers nationaux la clientèle qui leur était destinée. Il est vrai que, sous ce régime, la construction des voiliers
augmente de 168 p. 100, tandis que la construction des vapeurs
diminue de 56 p. 100. De 1892 à 1900, sous le régime de la loi de
1893, notre flotte à voiles s'accroît de 25 p. 100, tandis qu'elle
diminue partout à l'étranger. Comme conséquence de cet état de
choses, la part du pavillon français, qui était, dans le mouvement
de la navigation de concurrence, de 30 p. 100 dans la période
1881-1892, celle des pavillons étrangers étant de 70 p. 100, descend à 23 p. 100 sous le régime de la loi de 1893, celle des pavillons étrangers montant à 77 p. 100, et, en 1900, la part du pavillon
français n'est plus que de 20 p. 100, celle des pavillons étrangers
s'élevant à 80 p. 100!

Il faut transformer la loi de 1893 ; il faut remettre les choses à
l'endroit en favorisant la navigation à vapeur au lieu de la navigation à voiles; il faut soustraire les armateurs au monopole de fait
auquel on les a livrés. Le ministre cite l'exemple de deux voiliers
qui, pour un voyage de moins d'un an, ont touché l'un 89.000 fr.
de primes et l'autre plus de 75.000 fr., et ont rapporté à leurs actionnaires des dividendes de 22 et de 31 p. 100. Et cependant les
voiliers sont d'un secours fort minime pour la flotte. Ce n'est pas
de gabiers, mais de chauffeurs, de mécaniciens, d'équipages comme

d'officiers rompus au fonctionnement des machines que notre marine militaire a besoin.

Le ministre expose ensuite le mécanisme du projet de loi. Nous y reviendrons lors de la discussion des articles. « Je crois pouvoir dire, a ajouté le ministre en terminant, qu'une loi qui nous a fait marcher au rebours du progrès, qui a accru notre flotte à voile sans augmenter notre marine à vapeur, qui a diminué progressivement la part de notre pavillon national dans le mouvement de la navigation et qui, pour obtenir de tels résultats, a exigé des contribuables jusqu'à 24 millions de sacrifices annuels, constitue un défi au sens commun ». Ce discours a obtenu un vif succès.

M. Brindeau est revenu à la charge contre le projet. Il estime qu'il faut entretenir nos chantiers de construction dans l'intérêt de notre marine militaire, qui a besoin d'eux sans pouvoir leur suffire. Sans doute, la loi de 1893 a fait beaucoup trop pour les voiliers et n'a pas assez favorisé les bateaux à vapeur : il n'y a qu'à augmenter la prime des vapeurs et à diminuer celle des voiliers. Et, après avoir fait en détail la critique du projet primitif de la commission, modifié à la vérité par des amendements sur la portée desquels on n'est pas encore fixé, il a exhorté la Chambre à réformer la loi de 1893, mais à repousser la compensation d'armement proposée.

La discussion générale semble être à peu près épuisée. Nous reviendrons dans notre prochaine chronique sur le vote des articles de cet important projet.

II. Documents officiels

Le *Journal officiel* du 16 octobre contient le rapport adressé au Président de la République par le Garde des sceaux sur l'administration de la justice criminelle en France, en Algérie et en Tunisie pendant l'année 1899.

Dans celui du 17 se trouve le rapport au Président de la République sur l'application, pendant l'année 1900, de la loi du 2 novembre 1892, sur le travail des enfants, des filles mineures et des femmes dans les établissements industriels.

Le numéro du 25 octobre donne la statistique des travaux du Conseil de prud'hommes de France et d'Algérie pendant l'année 1900.

Edmond VILLEY.

REVUE DES REVUES ÉCONOMIQUES ITALIENNES

La Riforma sociale. — Il n'est guère aujourd'hui de fascicule de revue économique à tendances libérales qui ne se fasse l'écho des préoccupations causées à tous par les progrès si rapides et si troublants du socialisme. Dans le numéro du 15 janvier 1901, de la *Riforma sociale,* par exemple, M. Bonandi pousse un cri de guerre qui ressemble bien à un cri de détresse, sinon même de désespoir. Organisons-nous ! tel est le mot d'ordre qu'il croit utile de lancer pour rallier toutes les forces libérales de la péninsule autour du drapeau de la défense sociale de plus en plus menacée, là comme partout, par les victoires répétées des sectes socialistes. Sans doute, des dissensions s'accusent dans le sein même du parti socialiste, qui rendent moins dangereuse son ascension et moins prochain peut-être son triomphe : mais ce n'est point pour cela l'heure de s'endormir, c'est le moment de se ressaisir, au contraire, c'est maintenant que le parti libéral doit montrer que, loin d'être moribond, il a retrempé ses forces dans l'épreuve et qu'il se prépare avec une vigueur et une énergie plus grandes que jamais à entrer en lice contre un parti qui donne de tous côtés des signes de faiblesse et presque de désagrégation. M. Bonandi, d'ailleurs, ne se dissimule pas les difficultés de la tâche qui consiste à grouper autour d'un programme unique tous ceux qui, sous des étiquettes différentes, se réclament du grand mot de liberté : il y a tant de variétés de libéraux, échelonnés entre les conservateurs intransigeants et les collectivistes! Aussi ne parle-t-il point de l'*union* de tous les libéraux, mais seulement de leur *organisation,* en tant qu'il s'agit de les rallier autour d'un programme commun de défense sociale et de réformes économiques, tout en laissant à chaque groupe son individualité et ses caractères distinctifs. Que l'on comprenne enfin que les temps étant changés, il est grand temps aussi de changer les idées et d'opposer des remèdes nouveaux aux besoins croissants du moment, que les libéraux s'inspirent de la tactique socialiste, plutôt que d'opposer aux revendications sociales une fin de non-recevoir absolue basée sur la nécessité de défendre envers et contre tout des institutions vieillies et qui ne répondent plus aux exigences du temps présent ! Qu'ils se fassent fermes avant tout, qu'ils se placent résolument en face des conditions nouvelles de la société moderne et qu'ils se constituent les champions des réformes pratiques et réalisables dont il serait imprudent d'abandonner le monopole aux seules écoles socialistes.

Certes, ce programme est beau et peut utilement servir de thème aux méditations des libéraux de tous les pays : mais M. Bonandi est-il bien sûr qu'il suffise de l'adopter et même de le mettre en pratique pour désarmer immédiatement les adversaires de l'ordre existant, et ne se fait-il point illusion quand il croit apercevoir dans la crise du socialisme scientifique le signe précurseur de la crise prochaine du socialisme militant ? Il est permis, croyons-nous, de faire sur ces deux points les plus expresses réserves.

Dans le même numéro, M. Bonin, député au parlement italien, étudie après tant d'autres le problème de l'Extrême-Orient. Après avoir posé en excellents termes les données si complexes de la question, il nous montre que le conflit actuel entre l'Empire du Milieu et la civilisation occidentale se produit dans des conditions tout à fait différentes de celles dans lesquelles s'étaient accomplies jusque là les grandes entreprises coloniales des divers peuples. Il ne s'agit plus de la prise de possession, par une nation plus avancée en civilisation, mieux disciplinée et mieux armée, de territoires appartenant à des races inférieures, sur lesquels les nouveaux conquérants viennent peu à peu s'implanter. Ici deux races essentiellement distinctes se trouvent en présence, qui auront du mal à se fondre et à se mélanger en une race nouvelle, parce qu'aucune des deux n'est inférieure à l'autre par la vitalité ni par la vigueur physique et intellectuelle. Sans doute, l'une d'elles est une race vieillie, cristallisée dans ses formes antiques ; mais elle puise dans son antiquité même une confiance inébranlable en elle-même, et cette foi lui donne une force de résistance exceptionnelle qui la rend à peu près impénétrable à la civilisation occidentale.

Faut-il en conclure, comme le font quelques-uns, que la régénération de la Chine est impossible, que la civilisation chinoise diffère trop de la civilisation japonaise pour qu'on puisse espérer voir l'Empire du Milieu suivre l'exemple de son puissant voisin et se refaire une vie nouvelle, que son destin, enfin, est d'être partagé entre les grandes puissances du monde civilisé ? M. Bonin ne le pense pas et sagement il conclut que de toutes les solutions du problème celle-là est la moins désirable dans l'intérêt de la paix universelle. Car elle ne pourrait être appliquée et encore moins maintenue sans violences et sans commotions intérieures qui se répercuteraient dans tout le monde civilisé. Il serait très difficile de trouver le juste équilibre entre les rivalités internationales, mais plus difficile encore d'établir l'autorité de la race blanche sur une autre race aussi différente, aussi nombreuse, aussi compacte, qui jouit encore d'une vitalité des plus robustes : au lieu de s'efforcer à superposer ou à substituer une race à l'autre, il est une tâche plus digne de la civilisation occidentale, c'est de créer en Chine un état de choses dans lequel les deux races puissent vivre côte à côte en parfaite intelligence, en consacrant les ressources dont chacune dispose et qui se complètent mutuellement au développement des richesses infinies qui gisent encore inertes dans ces régions inexploitées.

C'est à cette noble entreprise que M. Bonin convie les nations civilisées, soucieuses d'adopter une politique prudente, entièrement conforme à leurs intérêts : c'est elle surtout qu'il recommande aux hommes d'Etat de son pays et peut-être trouvera-t-on qu'il fait preuve de sagesse en préférant pour son pays cette œuvre d'extension économique à la politique d'aventure dans laquelle il est parfois téméraire de se lancer quand on n'est pas suffisamment armé pour la mener à bien et pour la pousser jusqu'au bout. Il nous permettra pourtant de regretter qu'il ait cru devoir en passant assigner à la France un rôle trop modeste dans la solution de cette question de l'Extrême-Orient, dans laquelle pourtant, il le reconnaît lui-

même, elle aurait le droit de parler haut, étant donné la longueur et l'intensité de l'action militaire qu'elle a exercée dans ces contrées. La France,
dit-il, n'est point prête pour un rôle efficace de puissance colonisatrice !
C'est là certes une affirmation contestable : que notre tendance excessive à
la bureaucratie nous mette à cet égard en état d'infériorité vis-à-vis de
certaines autres nations qui laissent une part plus large à la libre initiative
et à toutes les audaces, c'est possible ; mais qu'on s'appuie, pour proclamer
notre incompétence en cette matière, sur l'insuffisance des résultats obtenus par notre politique coloniale, c'est pousser les choses un peu loin, et
fermer volontairement les yeux sur l'extension progressive, incomplète
sans doute, mais constante de ce magnifique domaine colonial que tant de
peuples nous envient.

De quelque manière qu'elle se pose, la question du prix du blé est une
question vitale pour toutes les nations chez lesquelles le pain est la base
même de l'alimentation. Si ce prix est avili par l'abondance de l'offre dans
un pays de grande production, il fait aux producteurs une situation difficile, s'il ne les met pas au moins à couvert de la totalité du prix de revient ;
s'il s'élève à l'excès, en cas de mauvaise récolte ou dans un pays de production insuffisante, qui a fermé rigoureusement ses portes aux importations étrangères, c'est le consommateur qui est atteint et qui souffre du
renchérissement d'une denrée aussi essentielle. Ce second cas est celui de
l'Italie, qui, à la suite d'une récolte déficitaire en 1900, a vu le blé, l'hiver
dernier, renchérir dans des proportions inquiétantes, dont se préoccupe
M. Giretti dans le numéro du 15 février. Pour lui, il n'y a qu'un remède à
ce renchérissement, c'est de supprimer purement et simplement le droit
d'importation, ou tout au moins de le réduire de manière à donner aux
importateurs la facilité d'introduire dans la péninsule la quantité de blé
nécessaire pour combler le déficit. Encore la réduction ne lui sourit-elle
guère, car elle ne résout la question que dans le seul intérêt des agriculteurs, auxquels elle conserve une protection encore considérable, qui se
traduit par un impôt très lourd sur le reste de la nation. Quant à transformer le droit fixe en un droit variable suivant les oscillations du marché, il faut se garder des illusions que ce procédé fait naître dans l'esprit
de quelques-uns. Car l'échelle mobile a tout au moins le défaut de faire
varier la protection en raison inverse du besoin qu'en ressent l'industrie
ou la culture qu'on veut protéger. Tandis, en effet, que cette protection est
très grande dans les années de récolte abondante, alors qu'elle serait inutile, en raison de la modicité relative du prix de revient par rapport aux
résultats obtenus, elle devient illusoire et peut même disparaître dans les
années où le coût de production s'est élevé parce que les produits sont
plus rares. En somme, la seule solution possible, la seule vraiment efficace
c'est d'abolir complètement et définitivement les droits d'entrée sur
les blés, car, avec tous les libre-échangistes de conviction, M. Giretti
préfère sacrifier en toute hypothèse le producteur au consommateur,
plutôt que de faire varier la solution suivant les circonstances, en tenant
un compte égal de tous les intérêts en jeu et en se préoccupant de l'avenir non moins que du présent de la production nationale.

Au fond, l'histoire économique se répète tout comme l'histoire politique et nous avons vu nous aussi, il n'y a pas bien longtemps, et nous reverrons peut-être bientôt, le protectionnisme rendu responsable du renchérissement excessif des grains et forcé de capituler, momentanément tout au moins, devant les plaintes, justifiées d'ailleurs, des consommateurs. Ceci prouve, entre parenthèses, qu'il y a bien quelque exagération à considérer le protectionnisme comme une forme de socialisme, ainsi que le fait en passant M. Giretti. Si c'est faire œuvre de socialisme que de prendre la défense d'une branche particulièrement éprouvée de la production nationale, n'est-ce point agir de même que de sacrifier les intérêts du producteur à ceux du consommateur et dans les deux cas l'Etat n'aboutit-il point, soit par son intervention, soit par son abstention, à garantir à telle catégorie particulière de citoyens plutôt qu'à telle autre un minimum de jouissances ou de revenus? Tant il est vrai qu'en matière économique il est bien difficile, pour ne pas dire impossible, de poser des conclusions absolues, donnant satisfaction à tous les intérêts et à tous les besoins.

Moins sujettes à contestations sont les affirmations de M. Invrea, en ce qui concerne l'importance de la dernière encyclique pontificale sur la *démocratie chrétienne*. L'auteur croit, et avec raison selon nous, que ce document est appelé à exercer une influence considérable sur le développement du mouvement démocrate chrétien. Sans refaire ici l'histoire de ce grand mouvement de faits et d'idées qui a marqué d'une empreinte si particulière les dernières années du XIXᵉ siècle, histoire que M. Invrea retrace à grands traits avec ses caractères essentiels, il faut convenir que des discussions assez graves s'étaient élevées entre les catholiques, relativement à certains points du programme d'action qu'il convenait d'adopter pour faire pénétrer dans les mœurs et dans les lois l'esprit social de l'Église. Certains n'étaient pas sans s'effrayer des audaces de l'avant-garde ou des concessions parfois excessives faites par le gros de l'armée à l'esprit d'interventionnisme; d'un autre côté, chacun des camps dissidents était porté à invoquer en sa faveur l'appui de la célèbre encyclique « *Rerum novarum* » qui la première avait posé des bases du programme de revendication et d'action des catholiques sociaux. C'est précisément pour faire cesser ces querelles et ces dissensions, naturellement contraires aux intérêts du parti et fatales à l'extension du mouvement, que l'encyclique nouvelle du 26 janvier dernier est intervenue, calmant avec sagesse l'impatience des uns, stimulant l'ardeur des autres, éclairant, pour tous, les points restés imprécis des enseignements pontificaux. Faut-il penser que de cet exposé nouveau de la pensée de Léon XIII naîtra l'union et la concorde entre les catholiques vraiment soucieux de travailler à rendre moins pénible la condition des classes laborieuses ? M. Invrea n'en doute pas et nous espérons avec lui que le mouvement si considérable déjà de la démocratie chrétienne deviendra, avec un peu plus de discipline et de sagesse, un facteur social dont l'importance ira chaque jour en grandissant.

Si la place ne nous manquait pour sortir du cadre économique, nous aurions plaisir à analyser ici deux articles qui, sans se rattacher à notre ordre d'études, n'en présentent pas moins un réel intérêt, l'un paru dans

le même numéro de la *Riforma sociale* du 15 février et dans lequel M. Arco-
leo, professeur de droit constitutionnel à l'Université de Naples, analyse
les conditions présentes de la vie politique italienne, l'autre sur l'Etat
actuel de la Bulgarie, publié dans le fascicule suivant du 15 mars et dû à la
plume d'un professeur de l'Université de Sofia, M. Minzes. Mais les questions
économiques nous offrent un champ assez vaste pour que nous limitions
notre examen aux plus intéressantes d'entre elles, et force nous est bien
de passer outre en nous arrêtant seulement aux très intéressantes observations que M. Masié-Dari, professeur d'Economie politique à l'Université
de Messine, nous présente sur l'état actuel des finances communales italiennes, dans le numéro du 15 mars. En Italie, comme partout, sévit le fléau
envahissant de l'accroissement continu des dépenses publiques : Etat,
provinces, municipalités, tout le monde semble subir la même influence
maladive et c'est à qui grossira chaque année les charges de son budget.
Certes, tout n'est pas à blâmer dans cette augmentation des dépenses des
communes ou de la nation, et M. Masié-Dari n'a pas de peine à démontrer
que certaines d'entre elles se justifient par la complexité croissante des
rouages administratifs et l'extension normale des fonctions de tous les
pouvoirs publics. Mais à côté de cela, que de dépenses improductives et
imprudemment engagées, que de gros pillages inutiles des deniers des contribuables ! Pour n'en citer qu'un exemple, prenons avec l'auteur le développement inconsidéré du fonctionnarisme, qui, chez nos voisins non
moins que chez nous, grève de charges parfaitement inutiles tous les budgets municipaux. Sur les 8.260 communes du Royaume, 240 seulement ont
un budget en équilibre, tandis que dans 4.485 le budget se solde en un déficit total de 37 millions, les autres faisant figurer sur leurs comptes un
boni purement arithmétique et virtuel de moins de 17 millions : en moins
de trente ans, la dépense totale de ces communes a passé de 186 millions
à 454 ! Or d'où vient cet accroissement considérable des charges municipales ? De causes multiples, sans doute, mais surtout de deux causes essentielles que M. Masié-Dari fait ressortir avec une lumineuse netteté : 1º de
la tendance générale à rendre stables et définitives des dépenses qui, à
l'origine, n'avaient qu'un caractère transitoire et passager, à considérer
prématurément comme obligatoire, ce qui était essentiellement et ce qui
pouvait, longtemps encore et sans dommage aucun, rester facultatif : 2º de
l'augmentation ininterrompue du personnel employé dans les différents
services. Ainsi, dans les neuf principales villes du royaume, les dépenses
inscrites à ce titre aux différents budgets atteignent presque 30 millions,
et absorbent le tiers des dépenses totales incombant à ces municipalités !
C'est si commode et si tentant, comme le remarque l'auteur, de se créer
des électeurs et des amis en recrutant dans la petite bourgeoisie et les
classes inférieures les fonctionnaires municipaux auxquels on confie une
sinécure nouvellement créée ! Le mal est si grand partout que M. Masié-
Dari, va jusqu'à s'écrier : « O France ! ta réputation de terre classique du
fonctionnarisme pâlit et s'efface devant le rayonnement de l'organisation
communale italienne ! » Hélas ! ce nous est peut-être une consolation que
de savoir que nous ne sommes pas seuls à souffrir de ce ver rongeur, para-

site de tous nos budgets, mais cela ne nous guérit pas et nous n'en sommes pas moins réduits à souhaiter, comme nos voisins d'Italie, qu'on remédie si possible, à un état de choses des plus fâcheux.

La question du pain, que nous rencontrions tout à l'heure à propos des droits de douane, est reprise à nouveau par M. Ricardo Dalla Volta qui, sous le titre de « *La question du pain et la coopération* », nous donne dans le même numéro le résumé d'une conférence faite par lui le 5 décembre 1900 à l'Association générale·des employés civils de Florence. Après avoir protesté avec juste raison contre les conditions dans lesquelles se fait actuellement, dans la plupart des pays, la fabrication du pain, M. Dalla Volta recommande l'organisation de boulangeries coopératives comme le meilleur moyen de remédier aux défauts que présente presque partout la préparation d'un aliment aussi essentiel que celui-là. Il montre, par des exemples, que le consommateur a tout à gagner à cette organisation, tant au point de vue de la qualité du produit qu'au point de vue du prix. Sans doute, de grandes difficultés sont à vaincre, bien des préjugés sont à combattre, mais l'importance sociale de l'œuvre à accomplir doit nous faire passer outre aux obstacles posés sur la route. Qu'on mette en balance les raisons sociales et économiques ou même les motifs d'hygiène qui militent en faveur de l'extension de cette forme spéciale de la coopération et les objections que peuvent lui adresser les adversaires irréconciliables de toute œuvre de solidarité, et l'on sera vite convaincu, M. Dalla Volta nous l'affirme et nous le croyons avec lui, que c'est là pourtant le moyen le plus sûr de réaliser le problème si important du bon pain à bon marché.

Le développement des voies de communication et particulièrement des chemins de fer a été l'un des phénomènes économiques les plus caractéristiques du XIXᵉ siècle. C'est l'histoire de ce mouvement prodigieux d'extension des chemins de fer à travers le monde que l'ingénieur Trochia étudie en quelques pages où les considérations économiques cèdent le plus souvent le pas à la statistique et aux faits. La longueur des principales voies ferrées dans l'ensemble de l'univers et dans chacune des grandes nations d'Europe et d'Amérique, le prix de revient de chacune d'elles et la dépense totale occasionnée par leur établissement, les recettes moyennes et le produit net obtenu dans les principaux pays, le mouvement des voyageurs et des marchandises, le nombre moyen des wagons et des agents employés dans les différents services, enfin les perfectionnements techniques récemment apportés dans l'exploitation·des lignes, dans la vitesse des trains, dans l'aménagement des voitures, tout cela est successivement passé en revue avec une réelle compétence et constitue un document précieux à consulter pour qui veut s'éviter de longues recherches à travers les statistiques officielles.

Plus proprement économique est l'étude de M. Fabricio·Natoli sur la « *Valeur du monopole* », qui ouvre le quatrième et le cinquième fascicules de 1901, celui du 15 avril et celui du 15 mai. C'est une intéressante application de la théorie de l'utilité-limite à la détermination du prix dans tous les cas où la quantité offerte peut se maintenir d'une manière continue au-dessous du niveau de la quantité demandée. C'est un fait constaté que

quiconque cède une richesse dont l'offre est limitée peut exiger et obtenir
en échange une autre richesse qui représente une quantité plus considérable de travail et, par suite, une valeur plus élevée : et si la restriction de
l'offre provient non pas d'un obstacle déterminé s'opposant à la libre reproduction du produit, mais de l'exercice d'un monopole jalousement détenu
par un producteur qui seul restreint à sa guise l'offre d'un produit qui sans
cela serait indéfiniment reproductible, elle n'a pas d'autres limites que la
volonté même du producteur. Mais pourquoi donc un produit monopolisé
a-t-il une valeur aussi élevée ? Est-cela seule raréfaction de l'offre qui détermine ce phénomène ? Nullement, et il n'en serait point ainsi si le produit
monopolisé ne correspondait point à des besoins concrets, fortement sentis
par ceux qui en font la demande et dont l'estimation subjective de l'objet
cédé détermine à elle seule l'augmentation de valeur. Car le producteur
monopoleur ne réussit à obtenir en échange de son produit la cession d'une
richesse qui représente une quantité de travail plus considérable que celle
qui est incorporée dans le produit monopolisé qu'à la seule condition que
celui-ci offre aux acquéreurs une valeur au moins égale au prix de revient
de la richesse qu'ils cèdent en échange; mais ceux-ci ne tiennent aucun
compte de ce que le produit monopolisé a coûté à son producteur.

Après avoir ainsi posé le problème, M. Natoli conteste l'affirmation de
Smith et de Ricardo d'après laquelle le prix de monopole serait toujours et
nécessairement le plus élevé qu'il puisse être; il analyse et discute les
théories de Mac-Culloch, de de Quincey, de J.-B. Say, de Dupuit, de
Walras; il décompose les diverses évaluations subjectives de chacun des
compétiteurs du produit monopolisé, il examine l'influence de chacune de
ces évaluations sur la détermination du prix, et finalement il nous montre
que le prix qui sera définitivement adopté par le monopoleur, celui auquel
il se rangera après une série plus ou moins longue de tâtonnements, sera
celui qui lui fera réaliser le maximum de profit : il réglera donc sa production de manière à obtenir une quantité de produits exactement proportionnelle à celle que le marché peut absorber au prix ainsi fixé. Il conclut que
la valeur normale des produits monopolisés n'est point déterminée par leur
coût de production, comme sous le régime de libre concurrence, mais que
pourtant on ne peut nier l'influence que ce coût de production exerce en
tant qu'il est l'un des éléments que le monopoleur prend en considération
pour la détermination du prix. Enfin, examinant les effets des impôts mis
à la charge des monopoleurs ou des primes qui leur sont accordées sur la
détermination du prix, il montre que tous les impôts ne préjudicient pas
également aux consommateurs du produit monopolisé et il termine en
affirmant que l'Etat doit se montrer très circonspect en ce qui concerne
l'attribution des primes et avoir toujours soin de se demander si « la perte
d'utilité que les citoyens subissent comme contribuables est compensée
avec avantage par l'utilité relative qu'ils gagnent comme acquéreurs du
produit, toutes les fois qu'il en résulte une diminution de prix ».

Nous ne citerons encore que pour mémoire l'étude de M. Angelo Majo-
rana, député au parlement italien, sur le gouvernement parlementaire au
commencement du xxᵉ siècle, qui contient cependant d'intéressants aperçus

sur l'évolution future de ce régime et des vues très personnelles sur la nécessité de donner une direction plus spécialement psychologique aux études de droit public et de science politique, et le tableau que M. Damion
Isern, membre de l'Académie royale de Madrid, a dressé de main de maître
de la situation politique, économique et financière de l'Espagne depuis sa
guerre malheureuse contre les Etats-Unis. Quant à l'étude que M. Augusto
Graziani, professeur d'économie politique à l'Université de Naples, donne
dans le numéro du 15 avril sur les nouveaux projets d'impôts actuellement
en discussion au parlement italien, elle présente un intérêt trop exclusivement national pour comporter ici une analyse détaillée. Il en est de même
de la critique, très étudiée d'ailleurs, de M. Nina sur le programme financier du ministère Zanardelli, parue dans le numéro du 15 mai. Mais il est
intéressant de signaler avec quelques détails l'important mémoire de
M. Masié-Dari sur « *La crise agricole dans la région de Mantoue* » (numéro
du 15 mai). Comme dans toute l'Italie, cette crise est intense et elle sévit
durement sur les propriétaires et sur les fermiers, dont la condition est
relativement plus mauvaise que celle des salariés ruraux, des *contadini*.

D'après M. Masié-Dari, en effet, on a trop assombri d'ordinaire le tableau
de la situation économique des classes rurales inférieures de la haute Italie.
Comparé à la grande majorité de ses collègues italiens, le *contadino* mantouan, au contraire, est dans une situation relativement privilégiée. Les
maisons qu'il habite, presque toutes de construction récente, sont générale-
lement plus confortables que partout ailleurs : parfois même elles pourraient faire envie aux petits propriétaires et aux fermiers du Piémont, de
la Romagne ou de la Lombardie. Les hommes ne connaissent guère les
chômages, étant occupés toute l'année d'une manière presque ininterrompue. Quant aux vieillards, aux femmes, aux enfants, ils trouvent facilement
une occupation dans des travaux proportionnés à leur capacité et à leurs
forces. Le salaire varie sans doute d'une saison à l'autre suivant la
durée de la journée de travail, mais il n'est jamais inférieur à 1 fr. 75 pour
les hommes et à 1 fr. 10 pour les femmes en été, à 1 fr. et à 0 fr. 75 respectivement en hiver; dans certains travaux spéciaux comme le battage du
grain, le personnel qui en est chargé reçoit en moyenne 3 fr. 50. La journée de travail est interrompue par un repos d'une heure au milieu du jour,
en hiver; en été, elle comporte un repos d'une heure le matin, un autre de
deux heures à midi, un troisième d'une demi-heure vers cinq heures de
l'après-midi. En outre de son salaire, le *contadino* peut compter sur le
gain que lui procure presque partout l'éducation des vers à soie. C'est ce
qui lui permet de supporter sans trop de peine les chômages, qui, là comme
partout, lui sont imposés par les nécessités mêmes de l'industrie agricole :
en fait, il n'y a guère plus de 280 jours de travail utile sur lesquels il puisse
compter, ce qui, avec une moyenne de salaire de 1 fr. 55 par jour, porte
à 480 fr. par an environ le montant de sa rémunération, à laquelle
s'ajoute la part du salaire de la femme et des enfants employés dans la culture, par intermittences sans doute, mais d'une manière assez régulière
cependant pour que leur gain apporte à la famille un supplément de ressources appréciable.

Quant aux salariés domestiques, attachés d'un bout d'année à l'autre à l'exploitation, laboureurs, bouviers, vignerons, charretiers, etc., ils sont généralement chargés d'un travail plus pénible et sont relativement moins bien payés que les journaliers libres de tout engagement permanent. Ce salaire d'ailleurs leur est le plus souvent payé en nature, ce qui ne manque pas de présenter de graves inconvénients, étant données les variations des prix des denrées qu'ils reçoivent. Toutefois, actuellement, le salaire moyen d'un domestique de ferme, calculé en argent d'après le prix courant des céréales, est évalué par M. Masié-Dari à 550 fr. Il est vrai que, si cette catégorie de salariés jouit d'une plus grande sécurité au point de vue de la régularité et de la continuité de l'emploi, il ne faut pas oublier qu'ils ont moins d'indépendance que les journaliers, qu'ils sont employés à des travaux plus pénibles et plus longs, qu'ils sont entièrement à la disposition de l'exploitant qui les occupe, et que leur journée de travail va de douze heures en hiver, à dix-huit heures en été! Encore faut-il ajouter que leur habileté technique et leur capacité professionnelle n'a fait aucun progrès depuis cinquante ans : le *contadino* mantouan est, paraît-il, un *unskilled labourer* par excellence ! C'est ce qui fait que, d'une part, il se montre si peu exigeant sur la détermination de son salaire tant dans son pays même que lorsqu'il émigre à l'étranger, et que, d'autre part, malgré les progrès techniques incontestables de la culture italienne en général, les résultats obtenus restent sensiblement inférieurs à ceux des pays voisins.

Plus défectueuse pourtant est encore la situation des paysans et des fermiers. Dans la région de Mantoue on pratique peu le colonage partiaire : on ne connaît guère que l'exploitation directe par le propriétaire et le fermage. Avant la crise actuelle, beaucoup de fermiers étaient parvenus à s'élever au rang de petits propriétaires, mais aujourd'hui le nombre de ces derniers tend constamment à se réduire, et ceux qui subsistent ont singulièrement aggravé dans ces dernières années leur dette hypothécaire. Pourtant, au milieu des circonstances les plus défavorables, en dépit de la diminution des revenus, les propriétaires mantouans, grands et petits, ont entrepris et mené à bien, par des améliorations de toute nature, la reconstitution économique et technique de l'exploitation du sol. Mais ce courageux effort n'a point arrêté la baisse du prix des denrées, qui, dans quelques cas, a dépassé 40 p. 100; d'un autre côté, l'aggravation des impôts, l'augmentation de la dette hypothécaire, la hausse continue du prix de la main-d'œuvre, s'élevant jusqu'à 60 p. 100 dans certaines régions, ont rendu inutiles les tentatives de relèvement des cultivateurs mantouans et ont contribué à abaisser sensiblement le taux de la rente foncière même dans les régions où par l'intensification et l'industrialisation des cultures elle prend de plus en plus le caractère de profit. Et l'on constate que, dans l'ensemble de la province, bien que la productivité de l'unité de superficie du sol ait doublé dans les dix dernières années, le revenu foncier est resté ce qu'il était auparavant avec une production égale à la moitié de ce qu'elle est aujourd'hui, tant les dépenses se sont accrues, tant les prix se sont abaissés! Si bien qu'en somme ce sont les propriétaires et les fermiers qui profitent le moins des progrès de la technique et de la science agricole!

Il est vrai qu'il en est de même à peu près dans tous les pays, que partout les mêmes causes produisent les mêmes effets, que dans tous les milieux ceux qui seuls supportent les risques de l'entreprise sont le plus exposés à voir réduire leurs bénéfices tandis que s'améliore sensiblement la condition de ceux qu'ils emploient. Ce n'est certes pas une raison pour détourner les agriculteurs des améliorations et des perfectionnements techniques dans la voie desquels ils se sont engagés avec beaucoup de raison, et grâce auxquels ils finiront sans doute par triompher des difficultés dont ils souffrent encore, mais c'en est une, tout au moins, pour conclure, avec M. Masié-Dari, que le capital est encore à tout prendre le meilleur facteur du progrès, sous ses différentes formes. La situation de l'agriculture dans la région de Mantoue est, au dire de l'auteur, beaucoup plus florissante que dans n'importe quelle contrée de l'Italie : or cette prospérité est due uniquement à l'énergie des propriétaires et des fermiers, à leurs sacrifices pécuniaires, à leur ténacité, à leurs intelligentes initiatives, ce qui n'empêche pas le socialisme agraire de faire son œuvre d'invasion et de souffler de plus en plus aux salariés ruraux, qui seuls jusqu'ici ont profité de ces progrès, la haine jalouse du capital et de ceux qui le possèdent!

La question de la *représentation proportionnelle* et *professionnelle* est à l'ordre du jour des discussions soit dans les Parlements, soit devant l'opinion, depuis surtout que la Belgique est si résolument entrée dans la voie des applications pratiques. M. Enrico Alloati l'aborde à son tour dans le numéro du 15 juin et se demande si ce n'est point là qu'il faut aller chercher le remède aux inconvénients du parlementarisme. Après avoir successivement analysé le concept même de cette réforme qui doit garantir le droit des minorités, diminuer l'âpreté des luttes électorales et élever le niveau des assemblées législatives, et retracé l'histoire des systèmes proposés pour sa mise en pratique depuis Condorcet et Saint-Just jusqu'à Thomas Hare et d'Hondt, il en examine en détail le fonctionnement dans la législation du Danemark, de la Belgique et de certains cantons suisses, et conclut à la nécessité, pour l'Italie, de rajeunir son régime électoral en s'inspirant de l'exemple donné par ces différents peuples. Il y met une condition, toutefois, c'est qu'à la représentation proportionnelle proprement dite vienne s'ajouter la représentation professionnelle qui fasse des assemblées législatives ou communales l'interprète autorisé de tous les intérêts agricoles, industriels et commerciaux de la nation. Mais, même avec cette réserve, on ne peut que souhaiter que sa voix soit entendue, car, en matière politique non moins qu'en matière sociale, l'observation est le meilleur procédé pour avancer avec méthode dans la voie du progrès, et plus les expériences de cette nature se multiplieront, mieux on pourra se rendre compte des avantages et des inconvénients de la mise en pratique d'une idée juste en soi et tout à fait séduisante, mais dont la réalisation n'est pas sans soulever de nombreuses difficultés.

Le problème de l'*émigration* est pour nos voisins d'au-delà des Alpes l'objet de préoccupations constantes et de craintes très justifiées. Depuis vingt ans surtout, sous l'influence d'une crise économique sans précédent, l'émigration des populations italiennes vers l'Amérique du Sud s'est accen-

tuée dans des proportions inquiétantes pour l'avenir même du pays. Quelles
sont les causes et quelles peuvent être les conséquences immédiates ou
lointaines de ce phénomène économique persistant, c'est ce que recherche
M. Giuseppe Prato dans une étude quelque peu teintée d'optimisme où il se
plaît à entrevoir l'avenir glorieux de l'expansion italienne dans ces pays de
l'Amérique latine où « une nouvelle Italie est déjà sortie des solitudes et
des forêts en donnant au monde entier une preuve étonnante de vitalité ».
Il n'est cependant point indifférent de constater qu'un pays qui perd chaque année, du chef de l'émigration, un nombre toujours considérable
d'habitants, ne semble guère être en voie de prospérité, et que certaines
classes de la population tout au moins ne trouvent point sur le sol national
les éléments essentiels à leur entretien. Il est vrai que ce dont se préoccupe surtout M. Prato ce n'est point tant de cette émigration définitive qui
entraîne vers des pays lointains des familles entières résolues à oublier
peu à peu la mère-patrie et à s'implanter à demeure sur un sol d'adoption
que de cette émigration temporaire qui, tous les ans, dépeuple les campagnes italiennes et des provinces entières de la haute Italie des paysans que
l'exploitation du sol national ne suffit point à nourrir lesquels vont dans les
contrées voisines chercher fortune ou simplement un moyen de vivre
moins misérablement. Mais ce second aspect du problème n'est pas moins
inquiétant que le premier si l'on songe qu'il se traduit par un exode qui
va croissant chaque année, passant de 83.588 unités en 1870, à 177.031 en
1879, pour atteindre 149.368 dans le premier semestre de 1900 seulement. Il
l'est surtout si l'on prend en considération l'état précaire de tous ces travailleurs, chargés, dans des milieux souvent hostiles, des besognes les plus
ingrates et des travaux les moins rémunérateurs. Et l'on comprend dès lors
l'utilité et l'importance des efforts faits de tous côtés pour améliorer la
condition matérielle et morale de ces malheureux émigrés que des œuvres
de bienfaisance, comme celle que préside l'évêque bien connu de Crémone,
Mgr Bonomelli, ont pour but d'assister et de secourir. Les résultats obtenus
par l'*Opera di assistenza degli emigrati* tant en Suisse qu'en Belgique, en
Allemagne, en Angleterre, dans le Luxembourg et même en France, semblent d'ailleurs satisfaisants, et de l'exposé très détaillé que M. Prato nous
en donne nous pouvons conclure qu'il a été fait beaucoup dans ces dernières années pour tirer l'émigré italien de l'état d'isolement où il se
trouve à l'étranger pour le plus grand dommage de sa moralité. Mais il
reste aussi beaucoup à faire et c'est en somme un nouvel appel à la charité
et à la solidarité que M. Prato adresse en terminant à tous ceux de ses compatriotes qui ont à cœur les véritables intérêts de la race et l'avenir même
de la nation.

Cet appel apparaît d'ailleurs d'autant plus justifié qu'à la suite de l'étude
de M. Prato figure un rapport de M. Ugo Cafiero sur la visite d'inspection
qu'au nom de l'œuvre d'assistance des émigrés il a faite récemment dans
les principaux centres d'émigration. Là sont étalées sous nos yeux toutes
les misères et toutes les turpitudes de ces milieux si particuliers où la traite
des enfants constitue l'une des plaies les plus répandues et les plus douloureuses. Chaque année des centaines d'enfants sont ainsi vendus pour

quelques *lire* par leurs parents, puis employés dans certaines fabriques de France, de Belgique et de Suisse, notamment dans les sucreries et les verreries, où leurs acquéreurs les louent pour des travaux au-dessus de leurs forces en se réservant pour eux-mêmes le meilleur de leurs salaires. Il y a là certes une situation particulièrement grave, une exploitation honteuse des forces de l'enfant et de la misère des parents contre laquelle les pouvoirs publics ne sauraient trop réagir et qui justifie certainement les doléances du rapporteur, sans qu'il y ait lieu toutefois, et cette réserve n'est pas de trop, d'imputer la responsabilité de ces pratiques si condamnables aux patrons des usines dans lesquelles les enfants sont placés, puisqu'ils ignorent le plus souvent, pour ne pas dire toujours, les conventions intervenues entre parents et traitants.

Au surplus la situation des adultes que des agences d'émigration plus ou moins respectables expédient en masse vers le Nouveau-Monde n'est pas beaucoup plus satisfaisante que celle des « *fanciulli* » cédés à bas prix par des parents sans conscience, et la presse italienne nous apporte souvent l'écho des plaintes que ces malheureux font entendre en implorant de tous côtés le secours de la mère-patrie.

Notons toutefois qu'en face de ces misères trop souvent constatées, il est aussi des situations moins précaires et plus encourageantes. C'est ce que nous apprend, dans le même numéro de la « *Riforma* », la voix autorisée du consul italien de Cordoba, M. Francisci, dont M. L. Einaudi analyse l'intéressant rapport sur les colonies agricoles des provinces de Cordoba et de Santa-Fé, dans la République Argentine. C'est vers cette contrée que se porte toujours le gros de l'émigration italienne. Sans doute, l'émigration vers les villes s'est un peu ralentie depuis une dizaine d'années parce que le travail dans les grands centres n'était plus ni assez abondant ni assez rémunérateur. Mais il n'en est pas de même de l'exode des paysans italiens vers les campagnes argentines où ils occupent aujourd'hui une place importante. Dans les 46 colonies agricoles du département de San-Justo, par exemple, on ne compte pas moins de 2,663 familles italiennes sur un total de 2,939 familles; et dans ce nombre figurent 753 propriétaires, 234 fermiers et 535 métayers. Dans la colonie de San Pedro, presque tous les principaux colons sont d'origine piémontaise : l'un d'eux est propriétaire de 26 concessions de 25 hectares chacune, un autre possède 300 hectares et un troisième 400. Dans le district de Marcos-Juarez, 1,911 familles italiennes sur 2,519 et plus de 1,000 propriétaires italiens sur 1,300 sont répartis dans les 66 colonies existantes, et se livrent à la culture des céréales et à l'élevage des chevaux et du bétail. Il y a là, certes, un mouvement considérable d'extension de la race italienne, dans des conditions de succès et de prospérité qui contrastent singulièrement avec les descriptions lugubres des misères supportées par les émigrés dans d'autres contrées. L'auteur d'ailleurs ne manque pas de s'en enorgueillir et avec M. Francisci, lui-même, il attribue presque exclusivement au travail de ses nationaux l'augmentation progressive de la production agricole dans la République Argentine qui voit chaque année s'accroître la superficie et le rendement de ses terres emblavées; aussi fait-il appel, en terminant, à tous ceux de ses

compatriotes que la colonisation tenterait : la terre à défricher ne manque
pas dans la province de Cordoba. Sur 10 millions d'hectares, il n'y en a pas
même 2 millions de colonisés jusqu'ici, et la province de Santa-Fé offre de
son côté d'immenses ressources agricoles encore inexploitées. Avec l'extension progressive des voies ferrées, de nouveaux centres coloniaux ne peuvent manquer de surgir et l'on verra se fonder définitivement « le futur
empire colonial italien », la « grande Italie transatlantique ». Souhaitons,
pour nos voisins, que ce ne soit point au détriment de leur agriculture nationale et qu'il reste néanmoins assez de bras pour exploiter un sol qu'il y
aurait bien quelque intérêt à ne point laisser en friche, en l'absence de
capitaux et de main-d'œuvre partis trop loin au-delà des mers. Certes la
colonisation est chose utile et bonne, mais encore faut-il qu'elle serve de
débouché à un trop plein de population ou de produits : or est-ce bien là
le cas de l'Italie?

Signalons, en terminant, un article de M. Guido Cavaglieri, professeur de
science de l'administration à l'Université de Rome, sur la *situation du personnel des chemins de fer italiens,* réclamant énergiquement l'intervention du
législateur pour limiter les heures de travail des différents employés, de
manière à leur assurer le temps de repos nécessaire, et cela dans l'intérêt
même du service et de la sécurité publique. En Italie, comme ailleurs, les
compagnies concessionnaires en prennent à leur aise avec les cahiers des
charges et M. Cavaglieri estime qu'il y a lieu de les rappeler au respect plus
scrupuleux de leurs obligations, en les forçant notamment à employer un
personnel assez nombreux et suffisamment capable pour donner aux voyageurs toutes les garanties possibles de régularité dans le service et de sécurité. Dans une prochaine chronique, nous analyserons les principaux
articles parus récemment dans l'*Economista*.

F. LEPELLETIER,

Professeur à la Faculté libre de droit de Paris.

BULLETIN BIBLIOGRAPHIQUE

G. Schmoller, *Grundriss der allgemeinen Wolkswirthschaftslehre.* 1ᵗᵉʳ Theil.
  Leipzig, Duncker et Humblot, 1900. IX-482 pages, grand in-8.
Victor Brants, *Les grandes lignes de l'économie politique.* Louvain, Peeters,
  1901, XX-615 pages in-8.
J. Conrad, *Leitfaden zum Studium der Nationalœkonomie.* Iéna, Fischer,
  1901. VII-92 pages, grand in-8.

   Le nouveau traité d'économie politique de M. G. Schmoller, impatiem-
ment attendu depuis longtemps, est le fruit de trente-six années d'enseignement et d'un enseignement fécondé par une activité politique, économique
et sociale considérable. Ces trente-six dernières années du xixᵉ siècle
forment d'ailleurs une période d'une importance capitale dans l'histoire
du peuple allemand, une période dont les historiens de l'avenir pourront
dire qu'elle marque l'un des tournants (*Wendepunkte*) les plus accentués
qui se soient jamais produits dans l'évolution générale du pays : substitution presque complète de l'unité au particularisme, accroissement considérable de la population, développement inouï de la grande industrie,
transformation partielle des populations agricoles en populations industrielles, tels en sont les traits les plus caractéristiques.

   M. Schmoller n'a pas été un simple spectateur de ces transformations.
Membre de l'Académie des sciences et de la Chambre des seigneurs, il a été
mêlé à quelques-uns des principaux événements qui se sont déroulés en
Allemagne depuis 1864. Par la fondation du *Verein für Socialpolitik* dont il
est toujours le principal directeur, par la publication du *Jahrbuch für
Gesetzgebung* et des *Forschungen*, il a suscité quelques-uns des travaux qui
font le plus d'honneur à la science allemande. Peu de professeurs ont eu
sur leurs élèves une action plus profonde et plus légitime.

   Le manuel que nous venons de lire ne pourra que confirmer la haute
opinion que tous ceux qui le connaissent ont de ce maître éminent, orateur
et écrivain, historien et juriste, économiste et sociologue.

   Bien que nous n'ayons encore sous les yeux que le premier volume,
nous pouvons déjà nous rendre un compte assez exact de cette « Somme »,
dans les cadres de laquelle l'auteur a fait entrer beaucoup de développements que nos manuels d'Economie politique laissent systématiquement de
côté. Elle débute par une série de chapitres sur la signification du mot *Volkswirthschaft* et sur les fondements psychologiques, moraux, juridiques,
qui servent de base à la vie économique des peuples. M. Schmoller nous
montre ensuite à quel point l'organisation économique dépend des facteurs
naturels, ce qui le conduit à d'intéressants développements sur le sol, le
climat, la faune et la flore, les diverses races, la natalité et la longévité, les
rapports entre les sexes, puis sur la technique et les efforts faits depuis les
temps les plus reculés pour mettre en valeur cette terre nourricière qui à

été le point de départ de tous les progrès de l'humanité. La seconde partie
est consacrée à l'organisation sociale : régime de la famille, condition de
la femme, modes d'installation des populations sur le sol, formation des
villes, organisation progressive de l'Etat et de la commune, division du travail, évolution de l'agriculture, du commerce, de l'industrie, conceptions
des hommes en matière de propriété, formation des classes et des divers
groupements sociaux, esprit d'entreprise dans ses diverses manifestations
(métier, fabrique, entreprises commerciales, sociétés par actions, etc.).

Ces indications suffisent déjà pour montrer combien le livre de Schmoller diffère de nos manuels et à quel point nos vieilles divisions traditionnelles sont abandonnées. C'est presque une vue d'ensemble sur la civilisation que nous trouvons ici.

Ne pouvant entrer dans l'examen détaillé de chacun des chapitres, nous
voudrions essayer de mettre en lumière les principales idées de l'auteur
sur le caractère et les méthodes de cette science économique dont il est
aujourd'hui l'un des maîtres les plus écoutés.

La définition même qu'il donne montre à quel point il se sépare de l'école
classique qui déclare si hautement qu'il faut partir de principes généraux
pour en déduire par voie de conséquences une série de propositions. « La
tâche de la science économique, dit-il (p. 76), c'est de tracer des phénomènes économiques un tableau basé sur des investigations scientifiques propres tout à la fois à faire comprendre les phénomènes économiques tant en
eux-mêmes que comme partie de la vie générale des peuples. Il faut, d'autre
part, exposer les faits particuliers dans leurs rapports avec les causes qui
les ont engendrés, montrer comment les révolutions économiques se sont
accomplies, prédire s'il est possible celles qui surviendront dans l'avenir ».

L'école historique à laquelle il se rattache ainsi a ses origines dans les
travaux, un peu méconnus aujourd'hui, des anciens « caméralistes », fortement influencés, à partir du xixe siècle, par les idées de Savigny qui
disait déjà qu'on ne pouvait considérer l'organisation juridique d'un peuple comme un produit de sa conscience nationale, sans être conduit à une
conclusion analogue en ce qui concerne sa conscience économique. L'école
historique ne se préoccupant guère que de rétablir les institutions économiques dans leur milieu, de découvrir l'influence que les autres institutions
sociales ont eue sur elles, de déterminer leurs actions et réactions réciproques. C'est ainsi que Schmoller se soucie peu de formuler des théories
générales et ne paraît pas chercher à découvrir (sans méconnaître cependant qu'elles existent), les « lois » de la science économique ; ce qu'il veut
surtout, c'est décrire avec précision les organismes économiques au milieu
desquels nous vivons : travail, capital, entreprise, en montrant que chacun
de ces organismes est une catégorie historique, une étape plus ou moins
longue dans l'évolution de l'humanité, étape au cours de laquelle l'attention doit se porter sur un certain nombre de faits qui se justifient par leur
adaptation même aux nécessités et aux besoins du moment.

Il importe beaucoup moins, à ses yeux, de chercher les lois générales régissant l'homme « abstrait » que les lois historiques qui dominent les rapports entre les hommes vivant dans une société déterminée à une époque

déterminée. C'est une distinction surannée que la vieille distinction entre l'art et la science, c'est une erreur aussi de croire que nous pourrions modifier les institutions économiques dans un autre sens que celui qui est imposé par l'histoire. C'est dans ce sens-là seulement que nous pouvons et que nous devons agir. On peut donc dire que la science renferme l'art comme le passé contient l'avenir. Et c'est parce que la science ainsi envisagée a un but pratique que les lois positives ont une grande importance et sont un facteur essentiel de l'évolution sociale.

Aussi en matière de politique commerciale Schmoller n'est-il ni protectionniste ni libre échangiste de parti pris. On ne doit pas, d'après lui, ériger la protection et le libre échange en systèmes absolus et se retrancher, quelles que soient les circonstances, dans une seule des deux opinions. La valeur de chacun des deux systèmes provient surtout de l'état actuel des nations. C'est au génie des hommes d'Etat qu'il appartient de comprendre la situation économique à un moment donné, de marquer le point où il convient de s'arrêter dans la voie de la protection. Et c'est pourquoi, en ce qui concerne l'Allemagne actuelle, il faut voir à quel point elle en est de son développement, il faut étudier avec soin la question des débouchés, se demander quel est l'avenir des colonies allemandes, quels sont les rapports de l'Empire avec les autres peuples, etc.

Mais nous serions injuste envers l'auteur en laissant croire qu'il se confine dans l'observation et l'analyse. Il reconnaît et proclame l'importance de la déduction. « Ceux, dit-il (p. 110), qui s'attachent aujourd'hui en Allemagne à la méthode inductive ne condamnent pas la déduction en elle-même. Ils se défient seulement des déductions qui s'appuient sur des prémisses superficielles, insuffisantes. Ils cherchent à les remplacer par des données plus exactes fournies par l'observation ». Aussi se préoccupe-t-il au plus haut point de l'influence du milieu, des conditions de tout genre dans lesquelles s'est déroulée jusqu'ici la vie de l'humanité. Quoiqu'il s'en défende, les idées de Hégel ont eu certainement sur son esprit une profonde action. Et son livre peut être regardé, bien plus que ceux de W. Roscher, comme le meilleur produit de la méthode historique que la science allemande nous ait livré jusqu'à ce jour.

Hostile aux tendances individualistes qui ont exercé une si grande et souvent si regrettable influence sur nos économistes français, Schmoller n'attache qu'une médiocre importance à cette loi du moindre effort à laquelle les adversaires de toute intervention gouvernementale ont accordé tant de crédit, que certains croient presque la raison d'être de la vie des sociétés. Il ne pense pas que chacun doive être le régulateur de son propre travail, que chacun sache mieux que qui que ce soit quel est l'effort utile qu'il peut fournir, et comment, soit seul, soit associé à d'autres, il peut contribuer le plus efficacement à accroître la production et faire profiter la collectivité des fruits de son travail. Il n'estime pas que la morale jaillisse de la concurrence, et que les compétitions tournent nécessairement à l'intérêt général.

C'est avec ces idées qui ont réagi sur l'ordonnance de l'ouvrage tout entier qu'il décrit avec une remarquable finesse les différents types des entre-

prises commerciales et industrielles, et retrace l'évolution (encore inachevée) des sociétés coopératives, des syndicats, des trusts, des rings, etc.
Sous l'influence de ces conceptions, les détails prennent un relief et un
intérêt particuliers. Peu d'ouvrages éclairent d'une plus vive lumière l'évolution contemporaine de l'humanité.

‐ Parmi les chapitres les plus suggestifs, nous pouvons signaler celui qui
concerne la division du travail. L'auteur ne se borne pas à considérer cette
division purement mécanique des fonctions à laquelle s'attachent la
plupart des manuels. Il nous montre la division du travail comme une
adaptation générale et permanente du travail humain à certaines formes
spécialisées de l'activité humaine, adaptation qui fait que l'individu ne
travaille pas seulement pour lui-même, mais pour son pays, et même pour
les autres peuples. Et, partant de là, Schmoller met en parallèle les vues
optimistes de l'économie politique classique et celles des socialistes. Cette
division du travail, dit-il, n'aboutit ni à un rythme parfaitement harmonieux
de l'activité humaine ni à une anarchie de la production. C'est une forme
de l'évolution sociale qui découle de l'unité des pensées et des désirs de
l'homme, de ses conceptions morales, et qui s'appuie sur une certaine
unité des mœurs, des lois, de nécessités commerciales. La progression dans
la division du travail est comme un champ de bataille où tantôt la force,
tantôt les erreurs, ont laissé leurs traces. Mais c'est en même temps un
moyen de paix sociale et de progrès moral.

· Fort remarquables également, les pages qu'il consacre aux progrès de la
technique, à ceux des divers outillages, des instruments agricoles, et à la
réaction que ces progrès ont eue sur la vie de l'humanité. Il montre à
quel point l'utilisation des forces naturelles, du vent, de l'eau, de la vapeur,
de l'électricité, a agi sur la production. Et c'est avec un choix très varié de
statistiques qu'il décrit l'âge du machinisme, les accroissements effrayants
de la production, les dangers de la concurrence et les conséquences du
développement des voies de communication et des moyens de transport.

Schmoller reste naturellement très partisan de l'action de l'Etat : On
peut toujours le considérer comme un « socialiste de la chaire ». Mais quoique fort hostile à la doctrine du laissez-faire, il reconnaît que l'interventionnisme doit avoir ses limites (p. 323). « L'ingérence de l'Etat ne peut,
dit-il, augmenter indéfiniment dans toutes les directions, et on comprend
que les partis se disputent pour savoir si on n'est pas déjà allé assez loin ».
Cependant le mouvement qui tend soit à la socialisation, soit à la munici-
palisation d'un certain nombre de services économiques lui paraît s'accentuer encore, quoique cette tendance « ne lui semble pas avoir dans l'avenir
un champ d'action bien vaste devant elle ».

Cette question si débattue de l'intervention de l'Etat ne doit pas être
tranchée, dit-il ailleurs avec raison, par le degré différent de richesse des
nations, par l'état plus ou moins avancé de la technique, ni même par la
situation respective des classes sociales. Ce dont il faut surtout tenir compte
c'est du tempérament même du peuple, de sa situation géographique, de
son histoire, de son régime politique, et d'une façon générale, des rapports
de l'Etat avec les individus.

Et en parlant de l'Etat, Schmoller ne se laisse pas égarer par une sorte
de statolatrie qui, bien que moins dangereuse en Allemagne qu'en France,
serait partout peu favorable au développement des initiatives particulières
et au sentiment de la responsabilité. Il répudie la théorie abstraite d'une
puissance centrale tendant à absorber tous les rouages de la vie nationale.
C'est dans le cours de son évolution historique qu'il étudie l'Etat, en déclarant que ses devoirs suivent la civilisation dans ses différentes étapes, et
que par là même son action doit être tantôt plus large, tantôt plus restreinte. Mais c'est une erreur, selon lui, de dire que l'Etat est un « mal nécessaire », et qu'il faut réduire son rôle le plus qu'on peut. L'Etat est aujourd'hui plus que jamais un grand institut d'éducation pour les hommes.
Lui seul bien souvent est capable de s'élever au-dessus des intérêts égoïstes
des classes, et de faire prévaloir le sentiment du bien commun. Lui seul
peut empêcher le fossé de se creuser indéfiniment entre les riches et les
pauvres, et assurer une répartition meilleure des biens d'ici-bas. Moins radical que Wagner, Schmoller reste au fond très idéaliste, il affirme qu'il faut
une direction morale et que le rôle de l'Etat consiste surtout à agir sur
la répartition des richesses. Il ne veut pas que l'individu soit absorbé par
lui, et déclare que les progrès de la centralisation doivent être contreba-
lancés par un respect de plus en plus grand de la liberté individuelle, des
progrès moraux et intellectuels des hommes. Il estime au surplus que la
marche vers le progrès, après avoir été d'abord presque involontaire, devient
de plus en plus consciente, et par suite il pense que la volonté publique ou
privée a une action toujours plus grande sur l'organisation sociale.

Ajoutons que ce bel ouvrage, si remarquable par l'élévation de la pensée
et la beauté sévère de la forme, renferme çà et là des pages brillantes, des
descriptions pleines d'éclat et de force. Tel par exemple, dans sa brièveté,
ce portrait du jeune Américain qui, dès son enfance, se précipite vers la
course aux dollars. Ce n'est pas que les préoccupations d'ordre moral soient
absentes de son esprit. On retrouve encore dans ces vieilles colonies anglaises des restes de puritanisme, de même qu'on rencontre à New-York
quelque chose de la diligence des Hollandais. Dans la Virginie et les États
du Sud, les traditions de l'aristocratie anglaise n'ont pas disparu. A Boston
et à Philadelphie on peut découvrir une sorte de combinaison de l'érudition
anglaise avec le puritanisme américain. Les idées anglaises en matière de
morale et de religiosité sont partout prépondérantes, les caractères aussi
se ressemblent partout. Mais si les Américains sont en définitive des hommes intelligents et capables, ils n'ont qu'une culture superficielle, sans
grâce, sans enjouement, sans amabilité. Aux Etats-Unis tout le monde travaille et spécule, gagne ou perd. L'enthousiasme y est chose rare et en
voyant le Niagara un Américain commence par se dire : « Que de force
motrice inutilisée ! »

Le livre, dont nous n'avons pu que très imparfaitement signaler le mérite,
n'échappera cependant pas complètement aux reproches d'indifférence
philosophique adressés à l'école historique. Suffit-il de chercher dans la
« conscience sociale » de l'humanité les principes directeurs de la vie économique ? Ne convient-il pas d'apprécier ces principes? Comment le faire

si on n'a pas une conviction sur la nature de l'homme, sur sa destinée et
son rôle ici-bas ?

Schmoller invoque plus d'une fois les principes de la morale et de la justice. A quelle conception philosophique les rattache-t-il ? Il faut à toute
sociologie une base philosophique. Avant de se préoccuper d'améliorer le
sort de l'homme sur cette terre, il faut se demander pourquoi il y est.
Avant de juger la marche des sociétés, il faut se demander quelle est leur
raison d'être. Le grand défaut de l'historisme c'est d'ébranler la fixité de la
doctrine morale, de l'entraîner dans une série de transformations, de faire
d'une évolution matérielle la loi suprême de la vie sociale, d'emporter la
·morale elle-même dans le tourbillon du devenir.

On ne pourra adresser le même reproche au livre de M. Brants, professeur à l'Université de Louvain, qui a eu l'excellente idée de reprendre, avec
des remaniements importants, et quelques développements nouveaux, les
vues sur la science économique qu'il avait publiées dans trois volumes
antérieurs (*Lois et méthodes de l'économie politique. — La lutte pour le pain
quotidien. — La circulation des hommes et des choses*).

L'auteur, catholique convaincu, s'efforce de montrer que l'économie
politique est dominée par des lois supérieures, et s'attache à mettre en évidence le mélange intime des phénomènes économiques, sociaux, moraux,
qui éclate jusque dans l'analyse de la valeur et domine la théorie de l'usage
des biens.

Il montre avec raison combien était fausse la conception de ceux qui
cherchaient à dégager *l'homme économique*, comme si on pouvait négliger
les influences multiples, psychologiques et morales, dont la vie humaine est
pénétrée. Mais tout en déclarant qu'il ne faut jamais perdre de vue la *finà-
lité supérieure* de l'économie politique, il reconnaît qu'elle a son objet propre, qu'elle a un domaine technique étendu, qu'elle correspond à un paragraphe important dans le grand problème du labeur humain.

Et cherchant à ne pas empiéter sur les autres sciences, il évite de parler
des questions telles que le droit de propriété, le droit d'hérédité, le régime
des associations, questions qui rentrent en effet plutôt dans le droit proprement dit. Il ne fait exception que pour le long chapitre qu'il a cru
devoir consacrer à la question sociale, cette question immense qui touche
à tout. Ajoutons que tout en mettant à la place d'honneur les principes,
M. Brants entend rester *pratique* et s'efforce d'orienter les esprits vers les
solutions immédiatement possibles en s'inspirant des conseils donnés par
Léon XIII dans ses Encycliques sur la condition des ouvriers et la démocratie chrétienne.

La définition même qu'il donne de l'économie politique montre quelle
est l'idée qu'il se fait de cette science : « C'est, dit-il, la science des rapports
des richesses matérielles avec le bien de l'homme. Elle est donc subordonnée à la loi morale et à la loi religieuse ».

La première partie de l'ouvrage est consacrée à l'étude des facteurs de
l'ordre économique, des lois, des faits, de la méthode. Le principal moteur
économique c'est à ses yeux l'intérêt, moteur légitime, car il est inhérent

à la personnalité humaine, moteur qu'on ne pourrait supprimer comme le veulent les socialistes, sans briser le ressort du progrès. Mais ce moteur est lui-même dominé par des lois : loi du travail, loi du profit, loi d'économie des forces. Malheureusement si l'expansion de l'intérêt a provoqué un grand essor d'activité industrielle, cette activité a eu de fâcheuses conséquences parce qu'on ne s'est pas assez préoccupé de placer à côté d'elle le contrepoids qui était indispensable. La liberté d'action qui lui a été laissée a engendré une concurrence presque illimitée et les nouveautés techniques devenues la proie d'une exploitation effrénée n'ont pas répandu uniformément leurs bienfaits sur l'ensemble de l'humanité. Appliquée au monde du travail, la théorie de la liberté illimitée a suscité de déplorables antagonismes.

M. Brants a consacré un intéressant chapitre aux questions de méthode, cherchant à combiner les deux méthodes inductive et déductive qui ont, d'après lui, chacune leur légitimité. C'est vers la première que vont ses préférences, mais il estime que l'étude des faits est le complément nécessaire de la théorie au point de vue du détail de l'existence sociale et il reconnaît la haute importance de la méthode d'observation. Il tient surtout à se séparer nettement des partisans de la méthode historique, qui, en confondant le fait et la loi en une sorte de fatalisme social, n'arrivent pas à constituer cette philosophie sociale indispensable à ses yeux pour comprendre le sens de la vie humaine et la marche des sociétés. L'historisme ébranle la fixité de la doctrine morale et, quoiqu'il s'en défende, il tend la main au socialisme qui se présente comme le terme de leur évolution.

M. Brants est loin d'ailleurs de méconnaître l'importance du rôle de l'Etat en matière économique. L'État, dit-il, a non seulement le droit, mais le devoir d'intervenir pour promouvoir le bien. Cette intervention peut se manifester soit par voie réglementaire, soit par voie directe. L'Etat peut même se faire producteur et industriel s'il y a une raison décisive d'intérêt social. Mais son rôle doit être surtout d'encourager les initiatives privées, plus fécondes à ses yeux que les ingérences du pouvoir public, dans l'ordre économique comme dans l'ordre social.

Sous ce titre un peu énigmatique « l'hypothèse économique moderne », il étudie avec beaucoup de finesse ce qu'on peut appeler plus simplement « l'entreprise » en y rattachant les problèmes si compliqués de la concurrence et des débouchés, du « libéralisme économique » dont il montre les dangers, de la division du travail, des progrès de la technique et de la structure industrielle contemporaine. Il est amené à conclure, dans un chapitre sur les « crises », que ces phénomènes, qui semblent aujourd'hui chroniques et causent de si vives souffrances, sont « la réaction, la liquidation nécessaire, la conséquence de la libre concurrence et du développement illimité du lucre qui caractérise nos sociétés ». C'est la nature des choses, c'est l'ordre qui se venge, comme la maladie du corps humain est souvent la réaction contre les abus des forces physiques. C'est une erreur de faire de la production le but de l'activité humaine. L'humanité paie aujourd'hui les conséquences de la vie irrationnelle dans laquelle elle s'est engagée.

Les deux livres suivants, consacrés l'un aux facteurs économiques (travail, capital, agents naturels, direction), l'autre aux problèmes de l'échange et de la circulation, nous éloignent moins des traités ordinaires d'économie politique. Nous y avons relevé des pages excellentes comme celles consacrées au problème de la « rente » où, tout en combattant la doctrine socialiste, l'auteur reconnaît ce qu'il y a de juste dans la théorie de l'*unearned increment of land,* et celles où il met en relief la responsabilité des classes dirigeantes.

L'ouvrage se termine par l'exposé d'une question qui n'est pas à proprement parler une question d'économie politique, la question sociale, qui est principalement, l'auteur le reconnaît (p. 13) d'ordre moral et religieux. C'est d'ailleurs surtout le côté économique de cette question qu'il a entendu envisager. S'il est certain que les rancunes des cœurs, les passions et les cupidités ne se domptent point par une simple élévation des salaires, il faut reconnaître que les améliorations matérielles de la condition des travailleurs ont une grande importance. La question du « bon emploi des biens » a une immense portée sociale. S'inspirant de saint Thomas d'Aquin, M. Brants essaye de montrer que les biens extérieurs ne sont donnés à l'homme que pour les faire servir à la fin qu'indique la raison. La proportion entre l'acte et la fin résulte de la vertu de prudence qui dans l'ordre domestique porte le nom d'économie. Quant à la richesse, il l'envisage essentiellement comme la *potestas procurandi et dispensandi,* il combat le luxe avec d'autant plus de force qu'il a pu constater, en Belgique même, que le courant mondain entraîne souvent les riches dans une voie de dépenses inutiles et frivoles. L'examen de la question ouvrière lui fournit l'occasion d'examiner dans ses traits généraux les œuvres propres à améliorer le sort des travailleurs. C'est avec raison qu'il insiste sur la nécessité de former les esprits et les caractères, de travailler plus qu'on ne l'a fait jusqu'ici à l'éducation économique et sociale de la démocratie contemporaine.

Quant au petit volume que M. Conrad a modestement intitulé un *Leitfaden,* il rendra certainement aux étudiants allemands de grands services. Sa lecture peut être aussi recommandée à tous ceux qui désirent avoir une idée de ce qu'est l'enseignement de l'économie politique dans les universités allemandes : c'est en effet le résumé substantiel d'un des cours les plus appréciés. La qualité maîtresse de ce livre est une grande clarté. Il ne faut y chercher ni discussions approfondies, ni polémiques. Il y a même fort peu de considérations générales; on y trouve en revanche des indications précises sur les problèmes qu'agite aujourd'hui l'économie politique, répartis en deux sections : la première consacrée à la production, la seconde à la répartition.

Dans la première, de beaucoup la plus considérable, M. Conrad passe en revue les éléments de la production, les problèmes monétaires, les divers types d'organisation économique *(Naturalwirthschaft, Geldwirthschaft, Kreditwirthschaft),* le crédit dans ses diverses manifestations, les prix, les banques et les bourses, sans oublier la question des crises. Il estime lui aussi qu'une meilleure répartition du revenu (due par exemple à une élévation des salaires) ne suffirait pas, comme le prétendent les socialistes, à empêcher les crises, car il est impossible de pouvoir calculer exactement la production future et cette impossibilité est une des causes principales de ces crises à la périodicité desquelles nous savons maintenant qu'on ne peut échapper. Il pense au surplus que les crises financières ou crises de bourse qui font tant de bruit n'entraînent pas autant de changements dans la vie économique du pays qu'on l'a quelquefois prétendu.

La seconde section est essentiellement consacrée au revenu et à sa répartition. De même qu'au point de vue intellectuel les hommes de haute intelligence et de grande érudition seront toujours une minorité, de même c'est chimère de vouloir une égalité absolue de revenu qui serait néfaste à la prospérité du pays. Mais une trop grande inégalité a aussi de graves inconvénients, elle multiplie les dépenses de luxe, entraîne la production dans une voie fausse, détourne les capitaux de l'emploi le meilleur qui pourrait leur être donné. Ce qu'il faut souhaiter au point de vue économique et social, c'est une rémunération plus élevée du travail personnel et par suite il ne faut pas regretter de voir s'abaisser le taux de l'intérêt. Il faut souhaiter surtout l'existence d'une large couche de classes moyennes ayant un revenu convenable, mais vivant avec la pensée que cette situation sociale ne peut se maintenir que par le travail et l'épargne.

M. Conrad s'élève avec force contre les projets de répartition plus équitable des revenus qui serait obtenue par la force. Il estime que les inégalités actuelles résultant les unes du jeu de la libre concurrence, les autres du hasard ou des circonstances, sont en définitive plus supportables que ne le serait une répartition arbitraire imposée par les hommes. Il semble d'ailleurs convaincu que la répartition se fait d'elle-même d'une façon plus satisfaisante que ne le prétendent les socialistes. Les classes moyennes ont en définitive considérablement augmenté, et il ne faut pas récriminer outre mesure contre le profit de l'entrepreneur, dont le rôle peut être comparé à celui du général qui, sur le champ de bataille, sait par une habile stratégie, assurer la victoire.

L'excellent manuel de M. Conrad est complété, comme celui de M. Brants, par une courte esquisse de l'histoire de l'économie politique. Il renferme aussi, annexées à chacun des chapitres, les indications bibliographiques les plus utiles pour les étudiants.

G. Blondel.

Rapport au Ministre des finances par le Directeur de l'Administration des Monnaies et Médailles (6ᵉ année) (en vente à l'hôtel des Monnaies; prix 4 fr.).

Nous croyons devoir signaler aux lecteurs de la Revue le 6ᵉ rapport au Ministre des finances par le Directeur de l'Administration des Monnaies et Médailles, qui vient de paraître. Cette très intéressante publication, commencée par M. de Foville, a été très heureusement continuée par son successeur, M. Arnauné. Le 6ᵉ rapport est conçu sur le même plan que les précédents et comprend comme annexes : 1° toutes les statistiques concernant la France, ses colonies et les pays de protectorat ; 2° le système monétaire des autres pays de l'Union latine : Belgique, Grèce, Italie et Suisse ; 3° le système monétaire des pays ne faisant pas partie de l'Union latine ; 4° des statistiques générales sur la production des métaux précieux, le monnayage de l'or et de l'argent, les stocks monétaires et la consommation de l'or et de l'argent ; 5° enfin, les lois monétaires de la Belgique (le précédent rapport contenait l'exposé complet des lois monétaires françaises depuis l'an XI). Il y a là une mine précieuse de renseignements pour ceux qui se proposent d'étudier la question monétaire.

Edmond VILLEY.

K. Th. Eheberg, *Finanzwissenschaft* (*Science des finances*). Sixième édition augmentée. Leipzig, 1901, chez A. Deichert (Georges Rœhme). 1 vol. de 506 pages in-8.

Le traité des finances que nous annonçons, a tous les avantages d'un *classique* pour étudiants. Aussi le signalons-nous particulièrement aux éditeurs français. Il est clair, concis, suffisamment complet et contient les statistiques nécessaires. L'auteur, professeur à l'Université d'Erlangen en Bavière, rend, par sa nouvelle édition remaniée, aux professeurs comme aux étudiants un nouveau service, dont nous aimerions voir profiter nos confrères en France.

E. S.

Léon de Seilhac, *La verrerie ouvrière d'Albi*. Paris chez Rousseau, 175 pages.

Voici déjà quelques années que M. de Seilhac s'était fait l'historiographe de la verrerie ouvrière d'Albi et ce petit volume contient l'histoire complète de cette très intéressante expérimentation socialiste. On ne saurait la désirer mieux documentée ni plus impartiale. Elle va jusqu'en mai 1900 et l'historien a en effet le droit de s'arrêter à cette date, car elle marque la fin de la première période, celle de l'enfantement et des crises du premier âge. Dorénavant, l'entreprise s'affirme non seulement comme viable, mais comme prospère. De 1898 à 1899, le chiffre des ventes et celui du bénéfice ont doublé ; l'usine ne suffit plus aux demandes.

Et bien elle fait ! car c'est précisément maintenant, quand il s'agira de partager les bénéfices, que les difficultés vont peut-être commencer. Il s'agira de savoir si l'usine conserve le caractère nettement collectiviste qui lui a été imposé par le baptême, ou si elle évolue dans le sens coopératiste. Ceci constituera un second chapitre de son histoire plus instructif encore et que M. de Seilhac sans doute ne manquera pas de nous donner.

Depuis la publication du livre de M. de Seilhac, les résultats de l'exercice de 1900 ont été publiés. Ils sont éloquents. Le chiffre des ventes s'est élevé à 750.000 francs et celui des bénéfices à 116.000 francs. Il est vrai qu'elle doit encore un peu plus de 300.000 francs, ce qui fait qu'elle ne distribuera point encore des bénéfices cette année.

M. de Seilhac a ajouté à son étude quelques renseignements intéressants sur *la verrerie stéphanoise* et sur *la verrerie de Rive-de-Gier* et il signale le projet ambitieux des employés des omnibus et des employés du gaz de Paris qui, les uns et les autres, songent à transformer ces grandes entreprises en coopératives. La réalisation est encore loin, mais rien que le projet dénote que l'association coopérative ne se sent plus effrayée par la pensée d'aborder les grandes industries.

Ch., GIDE.

Jacques Bardoux, *John Ruskin*. Paris, chez Calmann-Lévy, 550 pages, petit in-8.

Dans ce livre qui a été présenté comme thèse de doctorat ès-lettres, M. Bardoux étudie Ruskin sous tous ses aspects, comme écrivain, comme critique d'art, comme philosophe, comme moraliste et comme économiste. Ce n'est que sous ce dernier aspect que nous avons à le considérer ici. Du reste, l'auteur consacre à ce côté des théories ruskiniennes un chapitre important de son livre, 100 pages, sous le titre un peu énigmatique *la Bible de l'économie politique*. Je pensais que M. Bardoux avait voulu écrire *l'Economie politique de la Bible* et montrer que Ruskin avait tiré de la Bible et de l'Évangile sa doctrine économique comme il nous montre, plus tard, qu'il lui a emprunté, dans une certaine mesure, son style. Mais ce rapprochement n'est indiqué qu'en passant et l'auteur n'en a pas tiré, croyons-nous, tout le parti que nous pouvions attendre. Le rôle très important de Ruskin comme inspirateur du christianisme social ne semble pas avoir attiré l'attention de M. Bardoux ou en tout cas il l'a jugé quasi-négligeable. Sans doute il déclare que l'idéal de Ruskin fut toujours « ce rêve d'amour et de justice qui fut prêché il y a deux mille ans sur les collines de Galilée », mais c'est dans le domaine moral seulement que M. Bardoux recherche les manifestations de cette inspiration évangélique. Or, ne pourrait-on pas les chercher et les trouver aussi dans ses théories économiques, dans la supériorité attribuée à la consommation sur la production, dans ses anathèmes contre l'argent, l'échange, le profit, le machinisme et par sa façon d'asseoir toute l'économie politique, comme il le dit lui-même, sur cet unique fondement : le travail fait en conscience (Sound work)?

Inspirateur du christianisme social, ai-je dit? Disons plutôt d'une des écoles sociales chrétiennes, celle qu'on pourrait appeler aristocratique, celle qui prêche aux riches le devoir, aux pauvres l'obéissance, celle qui caresse un salariat idéal où le patron sera le fils aîné et l'ouvrier le frère cadet. C'est plutôt le catholicisme social que le protestantisme social qui peut revendiquer Ruskin comme un de ses maîtres. C'était un fils de saint François d'Assises plus que de sa presbytérienne de mère. Il n'est pas de l'école de ces révérends Kingsley et Maurice dont il fut pourtant l'ami et qui l'initièrent aux questions ouvrières. Il ne goûta point leur

république coopérative, quoique le coopératisme ait été pourtant indiqué
comme l'essence même du christianisme social. M. Bardoux constate ce
dernier.point. Pourquoi? Parce que, dit-il, « la coopération était contraire
à sa conception de la Société et de l'Etat». En effet, il ne disait pas au
peuple comme les Pionniers de Rochdale : le salut est en vous! Il disait au
peuple : le salut ne peut vous venir que d'en haut, que des vaillants, que
des héros.

Et Ruskin voulut être et fut en effet un de ces héros. Rien de plus émou-
vant que la page où M. Bardoux raconte comment, dans diverses écoles de
jeunes filles en Angleterre, on célèbre le 1er mai la fête de Ruskin. On
nomme un petite reine qui distribue à ses amies des exemplaires du livre
du Maître et la journée se termine par une sorte de litanie chantée à sa
gloire : « Que les saints anges, sans cesse, veillent sur lui ! »

On trouvera dans ce volume beaucoup de belles pages de Ruskin et elles
sont bien encadrées dans l'écriture très magnifique aussi de son jeune
commentateur. La seule critique que nous serions tentés de faire, c'est que
le commentateur nous semble avoir subi un peu et dans le fond et dans la
forme, l'influence de Ruskin lui-même. Il s'est laissé emporter dans ce
tourbillon d'idées et d'images et ne s'en est pas suffisamment dégagé. Le
lecteur emportera de cette lecture beaucoup d'idées nobles, peu d'idées
précises. Je sais bien que M. Bardoux a une excellente excuse, c'est que
Ruskin lui-même n'en avait point. Mais c'est le rôle d'un commentateur
pieux que de prêter à son héros ce qui lui manque.

Ch. Gide.

G. des Marez (Archiviste de la ville de Bruxelles), *La lettre de foire à
    Ypres au XIIIe siecle*. Contribution à l'étude des papiers de crédit. Bruxel-
    les, Lamertin, 1901, 392 pages et une planche (Extrait des mémoires
    publiés par l'Académie royale de Belgique).

Une collection de documents inédits, découverts à Ypres en 1895, ont
fourni la matière de ce travail. Leur publication comprend plus de la moitié du volume. Se basant sur ces documents, l'auteur nous fait connaître en
détails la lettre de foire, qui, au XIIIe siècle, paraît avoir joué dans l'Europe
du Nord un rôle analogue à celui de la lettre de change dans le Midi. Dans
son exposé, il s'en tient à la méthode qu'il a suivie dans son étude sur la
Propriété urbaine au Moyen-Age, parue à Gand en 1898, c'est-à-dire qu'il
fait revivre la lettre de foire dans son milieu historique. Il n'a point négligé
le point de vue économique : c'est ainsi qu'il a pu établir, au moyen de ses
documents, la valeur marchande de diverses monnaies du moyen-âge. Ce
travail rendra des services à tous ceux qui s'intéressent à l'histoire économique et particulièrement à celle des moyens d'échange.

Laurent Dechesne.

REVUE D'ÉCONOMIE POLITIQUE

La *Revue d'Economie Politique* a reçu et publiera dans ses prochains numéros les **articles suivants :**

GOBLOT : *La division du travail.* — HITIER : *L'agriculture moderne et sa tendance à s'industrialiser* (suite). — Maurice HEINS : *La notion de l'Etat* (suite). — DALLA VOLTA : *Francesco Ferrara et son œuvre économique.* — VANDERVELDE : *L'économie rurale en Belgique.* — Dr R. THURNWALD : *L'Egypte ancienne. Son état social et économique.* — HAUSER : *Les origines du capitalisme.* — Jean BERGMAN (Stockholm) : *La lutte contre l'alcool en Suède.* — G. A. FREI (Haubinda) : *La réforme de l'instruction moyenne au point de vue social.* — Auguste FOVEL (Chigny) : *Le rôle social de l'alcool.* — R. HOTOWETZ : *Le cartel des sucres en Autriche.* — A. KOHN : *Quelques considérations sur le privilège des bouilleurs de cru et la loi du 29 décembre 1900.* — G. FRANÇOIS : *Les banques anglaises.* — DE PEEZ : *La Pan-Europe.* — Achille LORIA : *Des méthodes proposées pour régulariser le cours de la monnaie.* — BERTRAND : *Le mouvement coopératif en Belgique et ses résultats.* — Charles RIST : *Les transformations du contrat de salaire et leur influence sur la rétribution de l'ouvrier.* — Luïo BRENTANO : *Le concept de l'éthique et de l'économie politique.* — MUTSCHLER : *Le mouvement coopératif en Suisse.*

Liste des ouvrages déposés aux Bureaux de la Revue.

Pedro de Veiga-Filho : *A crise agricola,* in-8 (Auteur, à Sao-Paulo, Brésil).

V. Inama : *Deutsche Wirtschafts geschichte,* III, fasc. 2 (Duncker et Humblot, libraire, Leipzig).

Administration des Monnaies et Médailles : *Rapport au Ministère des Finances,* 6e année, 1901, in-8 cart. (Administration des Monnaies).

Perroud : *Essai sur le billet de banque,* in-8 (Rousseau).

Denis : *Les théories de la valeur et les conceptions du système monétaire,* 4e étude. A. Kitson, in-8.

Deport : *Vade-Mecum financier de l'assureur et de l'assuré contre les accidents du travail, d'après les tarifs officiels,* in-8 (Ve Dunod, libraire, Paris).

Halévy : *Essai sur le mouvement ouvrier en France,* in-12 (Société nouvelle de librairie).

Bourgin : *Proud'hon,* in-12 (id.).

Van Zanten : *Die Arbeiterschutzgesetz-gebng in der europaïchien länder,* in-8 (Fisher, libraire, Iéna).

Pierson : *Problemi odierni fundamentali dell' Economia e delle finanze,* in-8 (Roux e Viarengo, libraires, Turin).

Brocard : *Les doctrines économiques et sociales du Marquis de Mirabeau dans l'Ami des hommes,* in-12 (Giard et Brière).

Cairnes : *Le caractère et la méthode logique de l'économie politique,* in-12 (id.).

Huber : *Deutschland als Industrie Staat,* in-8 (Librairie Cotta, à Stuttgart).

De Olascoaga : *Estudio sobre el papel moneda,* in-8 (Auteur).

Office du Travail belge. — *Annuaire de la législation du travail.* 4e année, 1900 (Ministère du commerce, à Bruxelles).

Charton : *La réforme fiscale en France et à l'étranger,* in-8 (Guillaumin).

Association nationale des porteurs français de Valeurs étrangères : *Rapport annuel. Exercice 1900-1901,* in-8.

Cauderlier : *Les causes de la dépopulation de la France,* in-18 (Guillaumin).

Bulletin russe de statistique financière et de législation, 2e série, 1re année, 1901, A.

Marion : *L'impôt sur le revenu au XVIIIe siècle, principalement en Guyenne,* in-8 (Privat, libraire, Toulouse).

Solvay : *L'école des sciences sociales et l'Institut sociologique,* in-8 (Mayoles et et Audiarte, libraires, à Bruxelles).

Ministère de l'Instruction publique. — Archives nationales. — Conseil du Commerce et Bureau du Commerce (1700-1791). — *Inventaire analytique des procès-verbaux, par Pierre Bonnassieux.* — *Introduction et Table, par Eugène Lelong,* in-4° (Ministère de l'Instruction publique, Archives).

GIORNALE DEGLI ECONOMISTI

Août 1901.

La situazione del mercato'monetario (X.).
La riforma tributària dell'on Wollemborg (C. A. Conigliani).
Una replica del Loria ai suoi critici (A. Graziani).
Le scritture nell'azienda dello stato (C. Chidiglia).
Polemica sul Dazio del grano (E. Giretti).
Previdenza (il risparmio in Italia al 31 dicembre 1900 — Confronti colla Francia, l'Inghilterra, la Prussia, la Sassonia) (C. Bottoni).
Cronaca (Berra. — Trattati di commercio. — Là crisi) (F. Papafava).
Rassegna delle riviste (Italiane, Francesi).

Septembre 1901.

La situazione del mercato monetario (X.).
Le nuove teorie economiche (V. Pareto).
Appendice : le equazioni dell'equilibrio dinamico (V. Pareto).
Sorgenti di reddito pel compenso dello sgravio dei consumi (L. Nina).
La nuova tariffa doganale tedesca e le soverchie preoccupazioni italiane (A. Bertolini).
Previdenza (le abitazioni per gli operai e le casse di risparmio) (C. Bottoni).
Cronaca (l' on. Carcano studia) (F. Papafava).

Octobre 1901.

La situazione del mercato monetario (X,).
Nota sui caratteri delle posizioni iniziali e sull' influenza che le posizioni inizìalì esercitano sulle terminallì (M. Pantaleoni).
Designo di una riforma razionale del sistema tributario italiano (G. Alessio).
Gladstone e la riforma tributaria in Inghilterra (R. Dalla Volta).
Su una critiqua ad un libro di critica (E. Barone).
Previdenza (concorso a premi fra le casse di risparmio ordinarie) (C. Bottoni).
Cronaca (questioni urgenti e interessi meridionali) (F. Papafava).
Rassegna delle riviste (italiane).

POLITICAL SCIENCE QUARTERLY

Septembre 1901.

John Marshall (J. B. Moore).
Expansion after the War, 1805-1871 (T. C. Smith).
Responsible County Government (S. C. Sparling).
The Declin in English Liberalism (William Clarke).
Monopolies and the Law (J. B. Clark).
The Principles of Economic Geography (L. M. Keasbey).
The Decisions in the Insular Cases (J. W. Burgen).

TABLE DES MATIÈRES

du tome **XV** (Année 1901).

I. Table alphabétique

1° Articles de fond.

2° Chroniques.

a) **Chronique économique** (rédigée par M. Ch. GIDE).

b) **Chronique législative** (rédigée par M. VILLEY).

c) **Revue des revues.**

3° **Bulletins bibliographiques.**

II. **Table générale**

Le Gérant : L. LAROSE.

25,251. — BORDEAUX, IMPRIMERIE Y. CADORET, RUE POQUELIN-MOLIÈRE, 17.